中华傅氏通谱

贵州卷

《中华傅氏通谱·贵州卷》编委会　　编

方志出版社
Publishing House of Local Records

图书在版编目（CIP）数据

中华傅氏通谱·贵州卷 / 《中华傅氏通谱·贵州卷》编委会编. -- 北京：方志出版社，2014.12
ISBN 978-7-5144-1545-2

Ⅰ.①中… Ⅱ.①中… Ⅲ.①氏族谱系-中国②氏族谱系－贵州省Ⅳ.①K820.9

中国版本图书馆CIP数据核字(2014)第311535号

中华傅氏通谱·贵州卷

编　　者：《中华傅氏通谱·贵州卷》编委会
责任编辑：王笃银
出 版 人：冀祥德
出 版 者：方志出版社
地址 北京市朝阳区潘家园东里9号（国家方志馆4层）
邮编 100021
网址 http://www.fzph.org
发　　行：方志出版社发行中心
电话（010）67110500
经　　销：各地新华书店
策划编排：金华天下谱局信息发展有限公司
印　　刷：舟山市定海同润图文印刷中心
开　　本：889×1194　1/16
印　　张：59.5
字　　数：1274千字
版　　次：2014年12月第1版　2014年12月第1次印刷
印　　数：0001～5000册
ISBN 978-7-5144-1545-2/K·1265　定价：218.00元

“中华傅氏通谱”贵州卷编委会

排名不分先后

主　　编：傅治华

副 主 编：傅长文（毕节）　傅培良（赫章）　傅钦臣（大方）　傅升亮（仁怀）
傅忠元（道真）　傅恩贤（黔西）　傅贵兴（修文）　傅仕策（瓮安）
傅兰瑜（大方）　傅舒福（六枝）　傅其春（乌当）　傅安招（金沙）
傅劲勇（黔西）　傅　勇（贵阳）　杨鼎英（毕节）　傅家碧（黔西）
傅大华（威宁）　傅道军（黔西）　傅万全（黔西）　傅锡品（六枝）
傅安友（百管）　傅成才（贵阳）　傅爱平（黔西）　傅家平（黔西）
傅咏梅（黔西）　傅爱松（黔西）　傅爱林（黔西）　傅家谷（贵阳）
傅相均（桐梓）　傅汉江（毕节）　傅报和（织金）　傅江波（务川）

总 顾 问：傅传耀

特邀顾问：罗再麟（贵阳）　张桂江（贵阳）　曾庆文（黔西）　滕居位（黔西）
傅梦乡（云南）　傅剑波（綦江）

顾　　问：傅汝吉（贵阳）　傅伯能（桐梓）　傅克宇（兴义）　傅舒荣（六枝）
傅翰生（贞丰）　傅绍先（织金）　傅克铭（安龙）　傅益顺（罗甸）
傅正恒（盘县）　傅作明（威宁）　傅志磊（贵阳）　傅和先（平塘）
傅有義（遵义）　傅书文（大方）　傅天德（普安）　傅克儒（黔西）
傅兴成（大方）　傅绍红（毕节）　傅举贤（贵定）　傅光汉（大方）
傅书国（黔西）　傅庆福（凯里）　傅志坚（白云）　傅宪邦（盘县）
傅毕立（威宁）　傅定柱（普安）

委　　员：傅庆军（镇远）　傅全开（务川）　傅永祥（龙里）　傅善辉（贵定）
傅　凯（贵阳）　傅朋昌（印江）　傅书乾（思南）　傅顺炎（凯里）
傅运华（凯里）　傅辅臣（习水）　傅厚璋（锦平）　傅　华（遵义）
傅玉波（修文）　傅宇江（习水）　傅明勇（晴隆）　傅舒强（贵阳）
傅正友（兴仁）　傅正昌（兴仁）　傅国胜（赫章）　傅宇英（习水）
傅业贵（修文）　傅先全（威宁）　傅成柏（威宁）　傅　瑶（威宁）
傅应芳（晴隆）　傅汝湖（普安）　傅　帆（威宁）　傅艺平（毕节）
傅善学（毕节）　傅才贵（威宁）　傅先朝（威宁）　傅先伟（宜良）
傅先远（威宁）　傅先贵（威宁）　傅先华（威宁）　傅大德（威宁）
傅正银（威宁）　傅兴章（黔西）　傅明生（普安）　傅洪云（普安）

“中华傅氏通谱”贵州卷编委会

排名不分先后

委　　员：傅成祥（盘县）　傅汝云（普安）　傅汝斌（普安）　傅文宝（乌当）
傅鑫亚（大方）　傅启能（黔西）　傅祥书（福泉）　傅国修（盘县）
傅忠贵（盘县）　傅辅平（金沙）　傅辅远（遵义）　傅家祥（六盘水）
傅　伟（毕节）　傅少俊（贵阳）　傅芝伦（正安）　傅开艺（正安）
傅顺平（遵义）　傅登明（遵义）　傅嘉儒（遵义）　傅大利（织金）
傅启江（贞丰）　傅贵和（贞丰）　傅　虘（贞丰）　傅光荣（兴义）
傅汝海（兴义）　傅正明（兴仁）　傅正刚（兴仁）　傅先旺（宜良）
傅正德（兴仁）　傅昭全（瓮安）　傅大林（瓮安）　傅朝骥（瓮安）
傅　奎（威宁）　傅桂贤（威宁）　傅照忠（威宁）　傅成章（威宁）
傅成休（威宁）　傅振伦（水城）　傅锡芳（三穗）　傅守义（黔西）
傅　伟（黔西）　傅俊人（黔西）　傅兰友（黔西）　傅元贵（叙永）
刘洪姬（黔西）　傅光文（黔西）　傅廷碧（普定）　傅长福（普安）
傅安祥（普安）　傅朝亮（盘县）　傅和海（罗甸）　傅国钧（六盘水）
傅朝权（罗甸）　傅华勇（赫章）　傅华申（赫章）　傅臣平（六盘水）
傅伦祥（瓮安）　傅启贵（瓮安）　傅永久（瓮安）　傅海山（驻马店）
傅相礼（桐梓）　傅相学（桐梓）　傅辅坤（桐梓）　傅忠明（关岭）
傅君权（公安）　傅兴华（福泉）　傅德学（福泉）　傅青松（福泉）
傅耀明（大方）　傅朝相（长顺）　傅立超（毕节）　傅善翁（毕节）
傅命祥（百里）　傅与奎（百管）　傅忠明（安顺）　傅忠华（安顺）
傅大宪（安顺）　傅占彪（仁怀）　傅宗华（仁怀）　傅家财（黔西）
傅万昌（黔西）　傅和斌（罗甸）　傅　毅（黔西）　傅元义（叙永）
傅文忠（威宁）　傅文义（威宁）　傅廷贵（威宁）　傅仁洪（平塘）
傅仁勇（平塘）　傅仁建（平塘）　傅仁权（平塘）　傅朝臣（盘县）
傅光权（绥阳）　傅绍芳（镇雄）　傅堂亮（罗甸）　傅先金（宜良）
傅先迅（宜良）　傅先银（威宁）　傅勇昌（赫章）　傅顺阳（百管委）
傅立举（赫章）　傅荣书（黔西）　傅顺华（黔西）　傅顺友（黔西）
傅顺忠（黔西）　傅元友（黔西）　傅兰军（黔西）　傅德希（普安）
傅先连（威宁）　傅文书（乌当）

编　　辑：林雪峰

副 编 辑：傅命红　傅颖　高义　刘波　胡波　黄艳琴

傅姓共祖 傅说

——画像选自《中国历代名人画像谱》(中国历史博物馆保管部编/2003)

傅姓族徽

傅姓是社会职司的族称。傅是由“甫”、“寸”和“人”组成。甫是天齐表木，又是树立博山天齐表木的地方。扶桑氏在古代发明了大山纪历，以山头作为日月出入升落的坐标，将东西方的两座山称为“博山”，以二者中央的山称为“天脐”，意思是“天地之中”，在中央山上选一棵高大的树木称为“扶桑木”，或“樽木”，或“建木”。“甫”下的“田”表示天地四方。下面的“寸”是用手契刻太阳月亮，再表示东西两侧运行的高度。“傅”左侧的“亻”是扶桑氏族象形，上为“扶桑树”，下为“人”形。“傅”姓是伏羲氏的人方，中华傅氏始祖傅说。

说明：族徽图中“傅”字选自《中国现代名家画集•傅抱石画集》（北京工艺美术出版社，2003年12月版）傅抱石所刻图章，周边配以龙的图案。

山西省平陆县傅相祠傅说像

江西清江石头傅氏开基祖署公像

江西高安珠湖傅氏开基祖菜公像

颍国公傅友德公像(明洪武征南大将军)

桐梓魁岩傅氏共祖崇节公像

山西省平陆县傅相祠大殿（2010年重修）（2010年摄）

山西省平陆县傅相陵（2009年重修）（2010年摄）

江西高安珠湖傅氏宗祠（2011年摄）

珠湖傅氏宗祠始建于明万历四年。抗日战争时期，为高安县政府办公地，后改为学校，1949年由地方政府收归公有，1981年返还珠湖村所有。1983年定为江西省高安县级文物保护单位。是贵州大多数傅氏的共祖宗祠。

明征南大将军颖国公丽江王傅公友德祠（傅国公庙）（2012年摄）

遵义市桐梓傅氏宗祠（2013年摄）

黔南自治州瓮安傅氏宗祠（2012年摄）

六盘水市盘县傅氏宗祠（2012年摄）

遵义习水傅氏宗祠（2012年摄）

山西省太原西郊中华傅山园（2007年建成）（2007摄）

浙江温州龙港孙店傅氏宗祠（2012年摄）

贵阳花溪傅氏祖祠（2013年摄）

贵阳市南明河甲秀楼（2009年摄）

遵义会议会址（遵义市）（2012年摄）

2006年11月17日“中华傅氏通谱”工作会议在北京五棵松饭店召开。傅治华作了题为“同根话联谊，盛世续新编”的大会发言，傅传松作了题为“中华傅氏源流考”的重要发言，受到参会者的一致好评。傅治华出资复印了傅传松的研究资料，参会代表100余人，人手一份。傅治华另组织参会代表合影，资料费及照相费均由傅治华承担。

2007年11月，傅治华、傅明、傅炎顺一行三人到福建闽西地区宣传通谱工作时合影

2008年3月1日，《中华傅氏通谱》编纂工作南昌会议集体合影
（世界傅氏宗亲联谊总会常务副会长、中华傅氏通谱执行主任傅治华组织召开）

2008年8月6日，傅治华、傅恩贤、李大全参加广东湛江通谱工作研讨会，
暨湛江傅氏联谊会成立大会代表合影

2008年9月26日，在山西省平陆宾馆召开的全国第二届傅圣文化学术研讨会参会代表合影
（贵州代表傅治华、傅福远参会）

2010年4月24日，贵州傅圣文化研讨会贵阳会议合影

傅长文全家福（2010年摄）

傅培良一家祖孙三代全家福（2010年摄）

傅其春全家福（2013年6月26日摄）

傅建明全家福（2013年摄）

万义（崇节）公墓（2012年摄）

万鼎公墓（2012年摄）

盘县傅氏古墓群（2011年摄）

桐梓傅氏宗祠牌坊（2013年摄）

征南将军傅友德率兵途经赫章时刻"威服仁怀"（2011年摄）

普安古城（2012年摄）

征南大将军傅友德始建于明洪武二十二年（1389年），筑有四门，东雍熙，南广居，西崇仁，北镇远。门拱石砌，为典型的明代并列拱，建筑水平较高，现已列为贵州省文物保护单位。

天龙屯堡景区：傅友德三十万大军入关处（2012年摄）

傅友德公引军军旗

镇远门复修门楼（2010年摄）

镇远门（2010年摄）

2007年傅长文、傅培良等宗亲恭贺傅治华花甲、乔迁志喜匾额

2007年傅自福贺傅治华吉迁、寿喜匾额

中华傅氏通谱·贵州卷捐赠

功　德　榜

表（一）

姓　名	地　址	捐赠金额	姓　名	地　址	捐赠金额
傅治华/楊登芬	黔西县	100000	傅培良	赫章县	2000
傅劲勇/刘波	傅治华四儿/媳	100000	傅相均	桐梓县	2000
傅传耀/闵崇艺	贵阳市	10000	傅明勇	晴隆县	2000
傅道军	黔西县	15000	傅舒祥	贵阳市	2000
傅其春	贵阳乌当区	13000	傅明相	毕节市	2000
傅勇/胡敏华	黔西县	12000	傅育红	黔西县	2000
傅爱平/周敏	傅治华大儿/媳	10000	傅恩丽(女)	黔西县	2000
傅咏梅/陈刚	傅治华女儿/婿	10000	傅安招	金沙县	2000
傅爱松/黄艳玲	傅治华三儿/媳	10000	傅　军	晴隆	2000
傅爱林/胡波	傅治华小儿/媳	10000	傅正昌	兴仁县	1500
傅升亮	遵义仁怀市	10000	傅正友	兴仁县	1500
傅万全	黔西县	10000	傅天德	普安县	1200
傅建明	遵义习水县	10000	傅国盛	赫章县	1200
傅锡品	六枝特区	10000	傅宇江	习水县	1000
傅长文/李涵超	毕节工校	6000	傅宇英	习水县	1000
傅大华	六盘水市	6000	傅业贵	修文县	1000
傅兰瑜	大方县	5000	傅先全	威宁县	1000
傅贵兴	修文县	5000	傅成柏	威宁县	1000
杨鼎英	毕节市	5000	傅克宇	兴义市	1000
傅家碧/何志远	黔西县	5000	傅舒福	六盘水建行	1000
白云傅氏	贵阳白云傅氏联谊会	5000	傅　瑶	六盘水中山区	1000
傅承才	贵州电信	5000	傅　帆	六盘水中山区	1000
傅家平	黔西县	5000	傅应芳	晴隆县碧痕镇	1000
傅国俊	盘县	5000	傅汝湖	普安县新店	1000
傅家谷	贵阳	5000	傅艺平(女)	毕节市	1000
傅玉波	修文县驾校	2200	傅善学	毕节市七星关区	1000
傅　华	遵义市	2000	傅辅远	遵义公路局	1000

中华傅氏通谱·贵州卷捐赠
功　德　榜

表（二）

姓　名	地　址	捐赠金额	姓　名	地　址	捐赠金额
傅一川	松桃县	1000	傅大宪	安顺市普定县	200
傅　勇	仁怀市中枢镇	白酒一件	傅芝伦	遵义正安县土坪镇	200
曾加仙	黔西园丁小区	600	傅开艺	遵义正安县土坪镇	200
傅先伟	云南宜良	500	傅顺平	遵义县尚嵇镇	200
傅先朝	威宁云贵	500	傅登明	遵义县尚嵇镇	200
傅先远	威宁县云贵	500	傅嘉儒	遵义县茅粟镇	200
傅先贵	威宁县兔街	500	傅大利	织金三棵树	200
傅先华	威宁县老街	500	傅启江	贞丰县者相镇	200
傅大德	威宁县二塘镇	500	傅贵和	贞丰县者相镇	200
傅正银	威宁县草海镇	500	傅　虘	贞丰县平街乡	200
傅兴章	黔西县红林乡	500	傅汉生	贞丰县岷谷镇	200
傅明生	普安县盘水镇	500	傅先旺	云南宜良	200
傅洪云	普安县楼下镇	500	傅光荣	兴义市坪东广场	200
傅成祥	盘县新民乡	500	傅汝海	兴义市开发区	200
傅报和	贵州省织金县	500	傅正明	兴仁县潘家镇	200
傅汝云	普安县新店乡	500	傅正刚	兴仁县潘家镇	200
傅汝斌	普安县青山镇	500	傅正德	兴仁县潘家镇	200
傅钦臣	贵州省大方县	500	傅昭全	翁安转华	200
傅文宝	贵阳市乌当区	500	傅大林	翁安中坪	200
傅鑫亚	大方县城关镇	500	傅朝骥	翁安县雍阳镇	200
傅启能	黔西甘棠镇	400	傅　奎	威宁县玉龙乡	200
傅祥书	福泉市牛场镇	400	傅桂贤	威宁县羊街镇	200
傅书国	黔西园丁小区	300	傅照忠	威宁县品改站	200
傅国修	盘县国税局	300	傅毕立	威宁县猴场镇	200
傅辅平	金沙西洛乡	300	傅作明	威宁菜园路	200
傅少俊	贵阳市花溪区学士路	300	傅成章	威宁菜园路	200
傅　伟	贵州毕节卷烟厂	300	傅成休	威宁菜园路	200

中华傅氏通谱·贵州卷捐赠
功 德 榜

表（三）

姓 名	地 址	捐赠金额	姓 名	地 址	捐赠金额
傅元贵	四川叙永后山镇	200	傅永久	翁安县江界河镇	200
傅振伦	水城县老鹰山镇	200	傅相礼	桐梓县傅家湾	200
傅锡芳	三穗县八号镇	200	傅相学	桐梓景黑塘	200
傅守义	黔西县莲城办	200	傅辅坤	桐梓河滨南路	200
傅 伟	黔西县谷里镇	200	傅忠明	关岭县板贵乡	200
傅俊人	黔西县谷里镇	200	傅君权	河南公安县白沙	200
傅兰友	黔西县城关镇	200	傅兴华	福泉市牛场镇	200
刘洪姬	黔西合作巷	200	傅德学	福泉市马场坪	200
傅光文	黔西东门变电站	200	傅青松	福泉龙昌磷肥厂	200
傅廷碧	普定县城关镇	200	傅耀明	大方县黄泥乡	200
傅长福	普安县盘水镇	200	傅朝相	长顺县睦化乡	200
傅安祥	普安县盘水镇	200	傅立超	毕节阴底菁口	200
傅定柱	普安县城	200	傅善翁	毕节七星区	200
傅朝亮	盘县羊场傅家小河	200	傅命祥	百里杜鹃管委会	200
傅宪邦	盘县白果镇	200	傅与奎	百管区嘎木街上	200
傅和海	罗甸县董王乡	200	傅忠明	安顺镇宁县街上	200
傅朝权	罗甸县董王乡	200	傅忠华	安顺镇宁县	200
傅益顺	罗甸边阳街上	200			
傅大华	六盘水钟山区	200			
傅国钧	六盘水市钟山区	200			
傅臣平	六盘水市钟山区	200			
傅庆福	凯里市北京西路	200			
傅华勇	赫章县珠市乡	200			
傅华中	赫章县珠市乡	200			
傅海山	河南驻马店	200			
傅伦祥	贵州翁安	200			
傅启贵	贵州翁安	200			

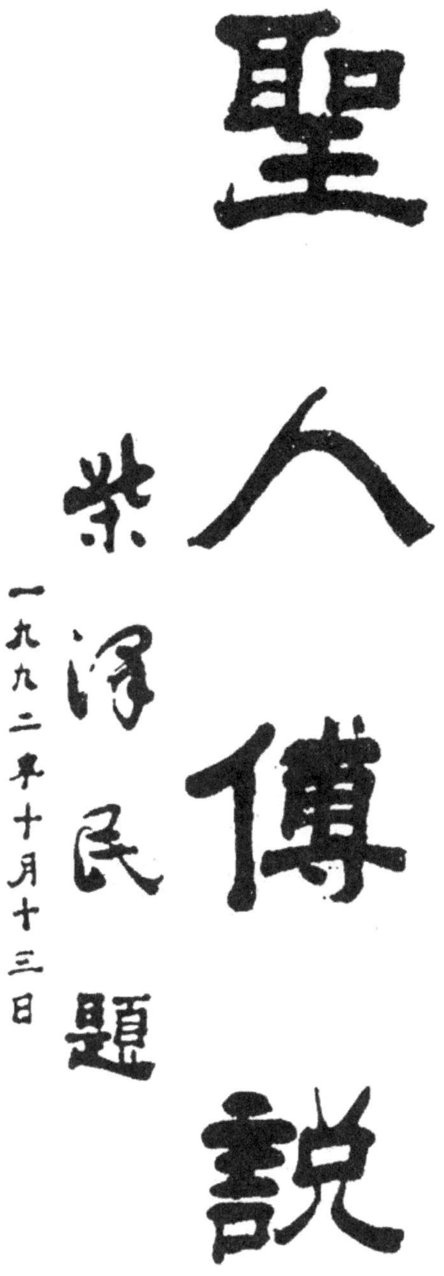

新中国首任驻美国大使柴泽民题词

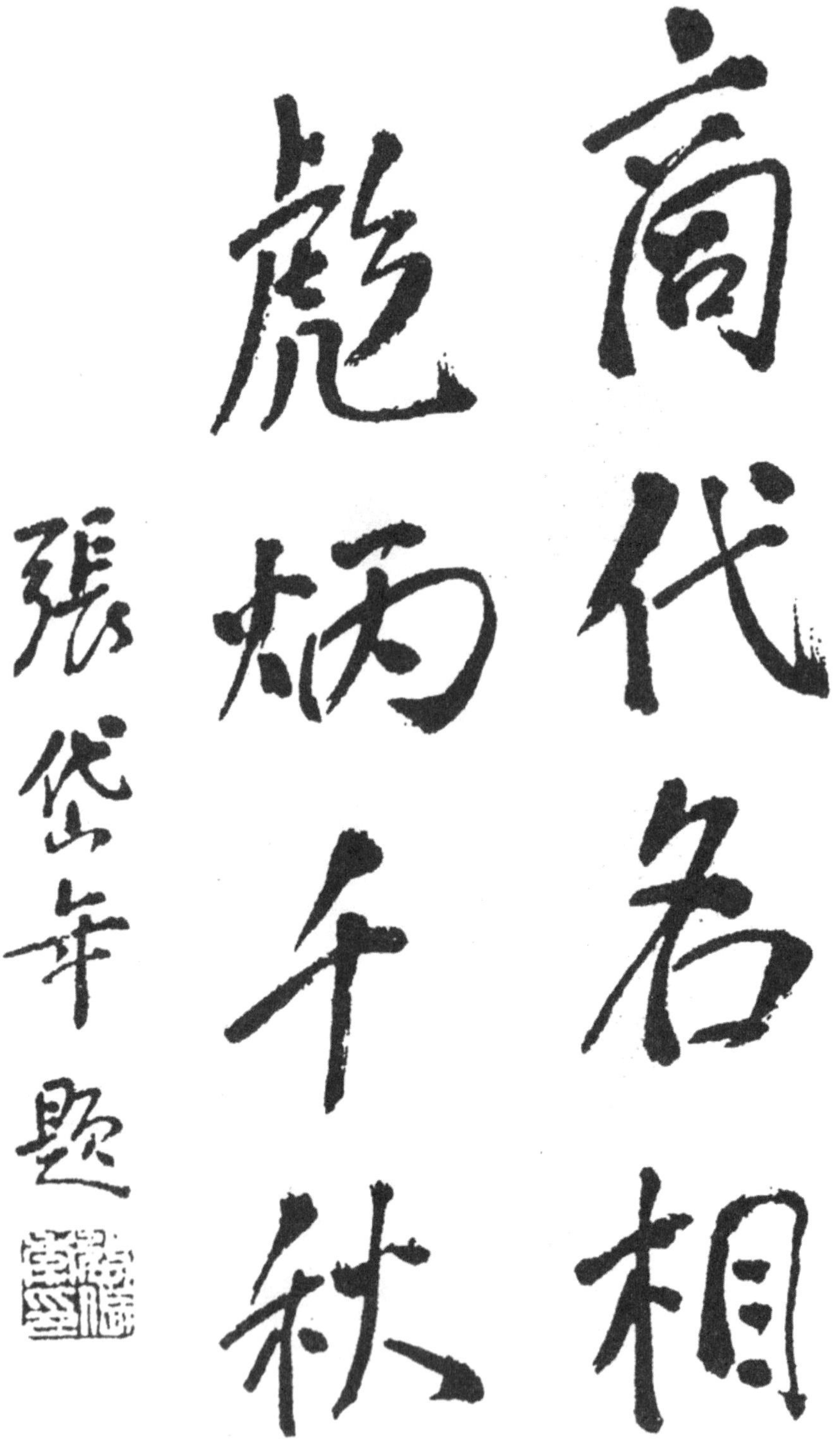

国学大师张岱年题词

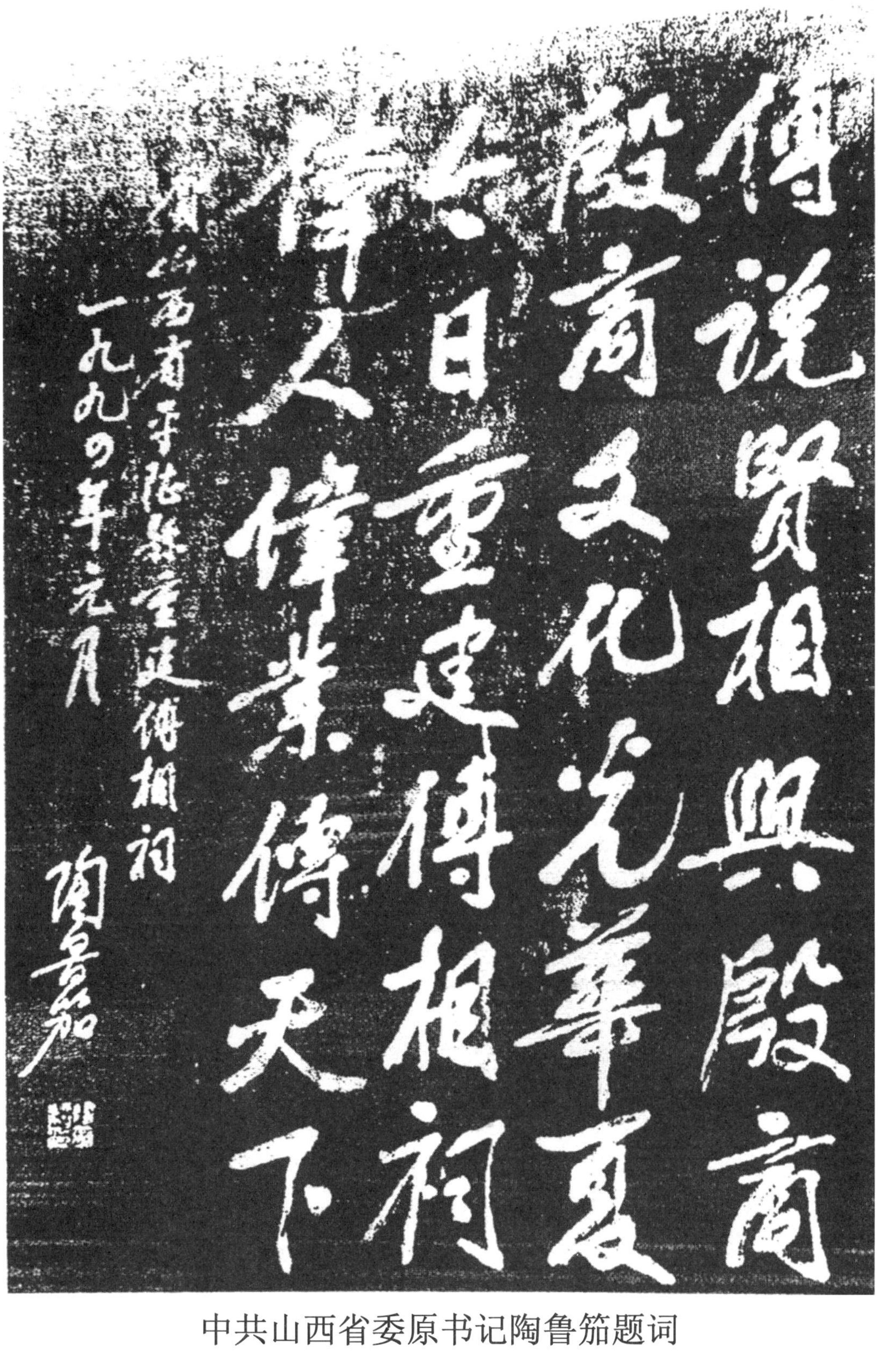

中共山西省委原书记陶鲁笳题词

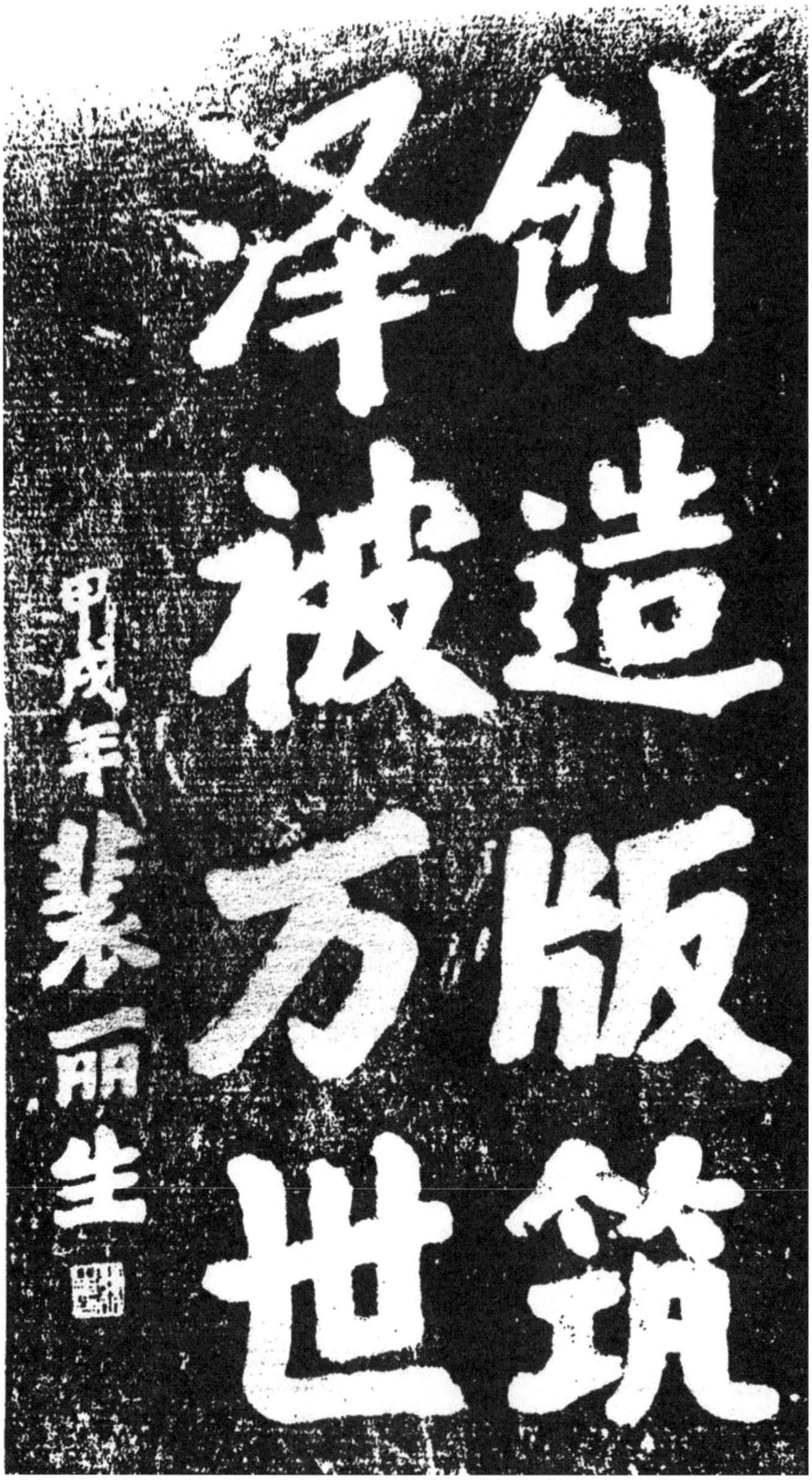

新中国山西省第一任省长裴丽生题词

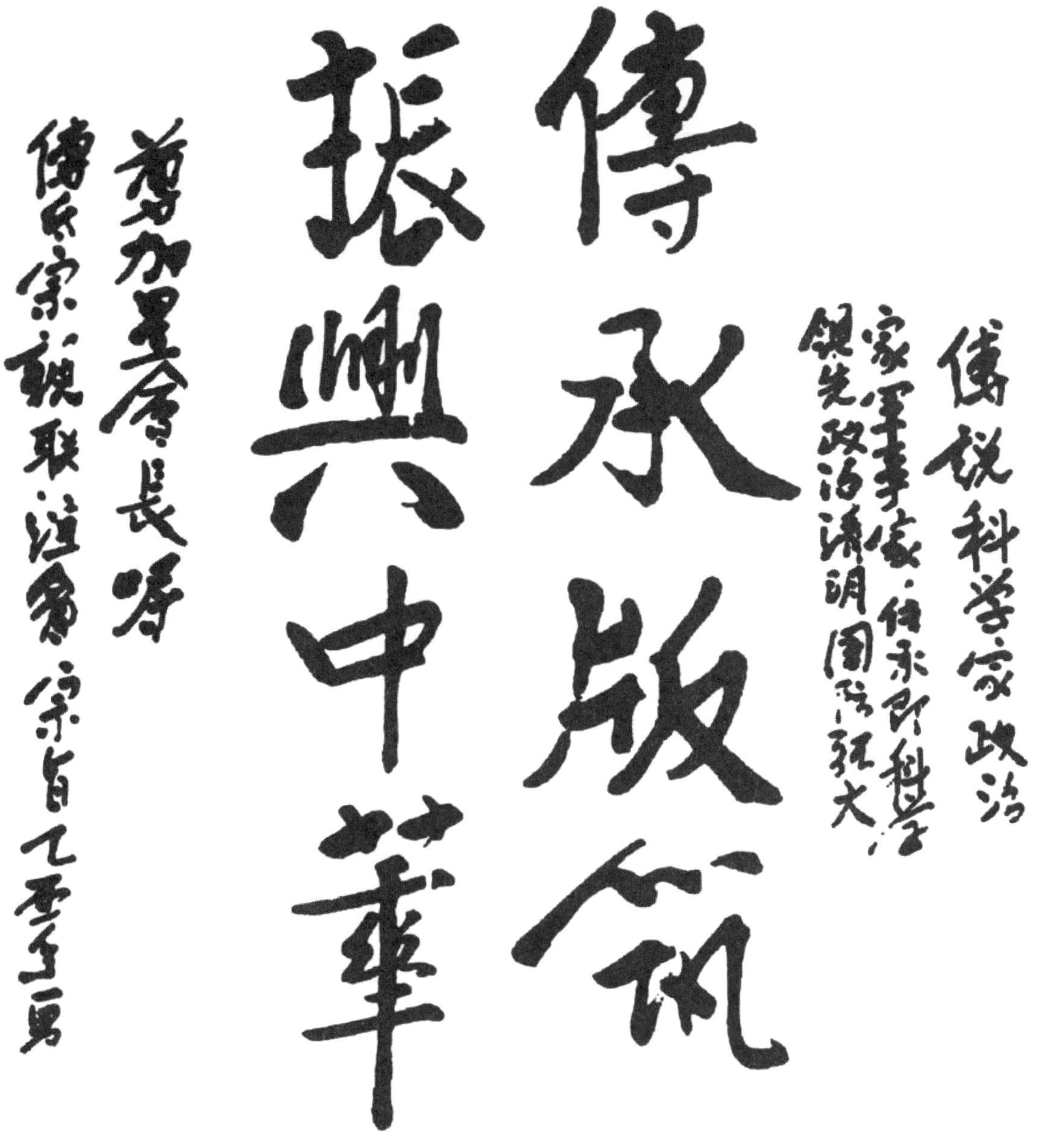

遵义市委原书记、现贵州省人大常委会副主任傅传耀题

（原籍毕节市金沙县岚头镇人）

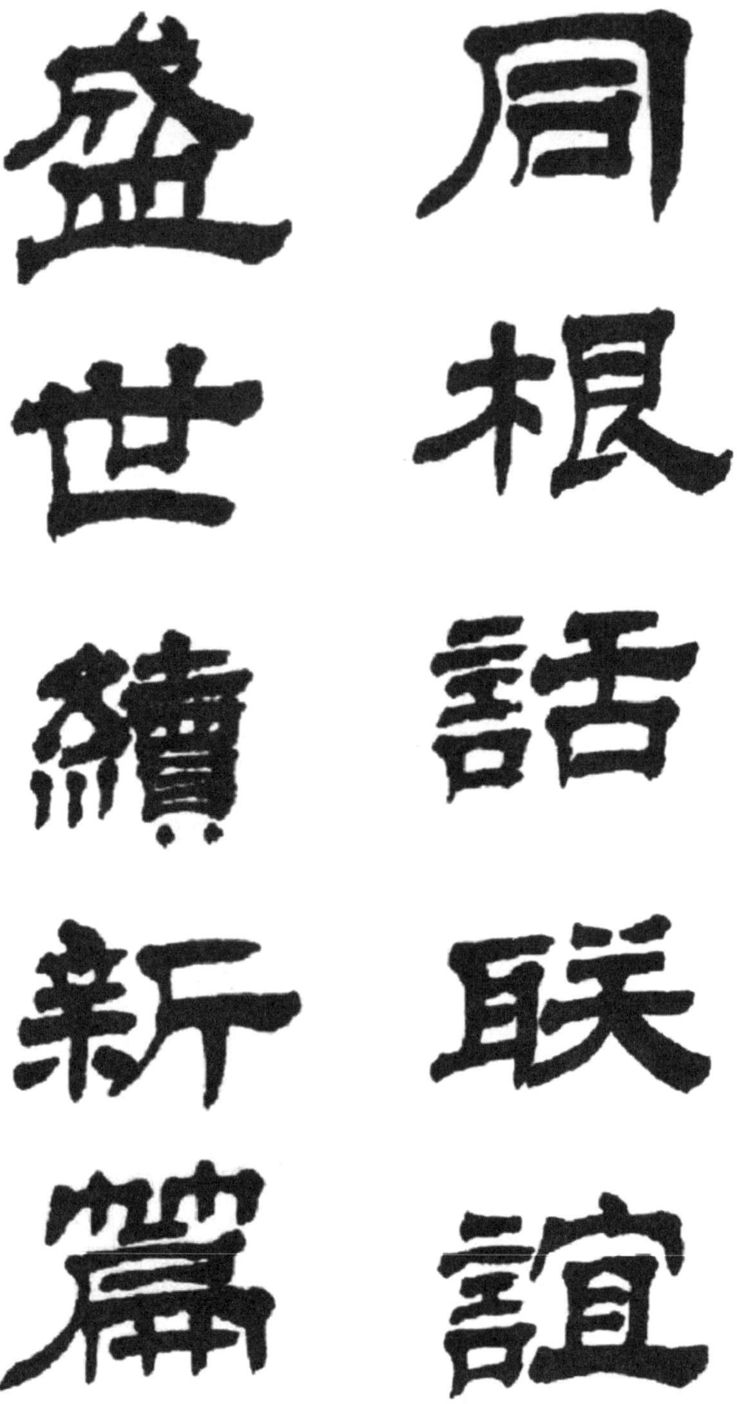

世界傅氏宗亲联谊总会常务副会长、贵州傅氏宗亲联谊会会长

傅治华在北京五棵松宾馆傅氏通谱工作会议上题

二○○六年十一月二日

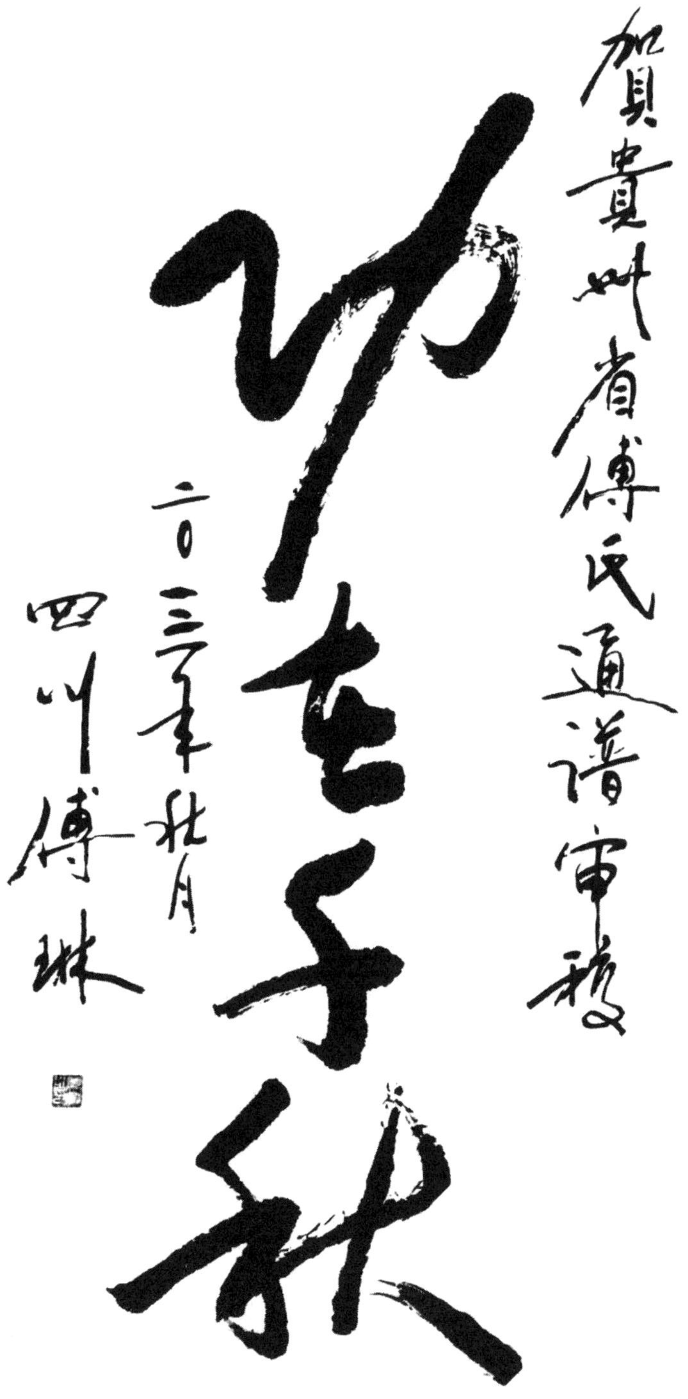

四川广安职业技术学院客座教授、作家傅琳

二〇一三年十月三日第六次来贵州书

傅岩文化

源远流长

王正风

根在傅岩

祖乃傅说

姚十保

山西省平陆县县委书记姚十保、山西省平陆县县长王正风

二〇〇五年五月在纪念傅说诞辰 3340 周年大典时题词

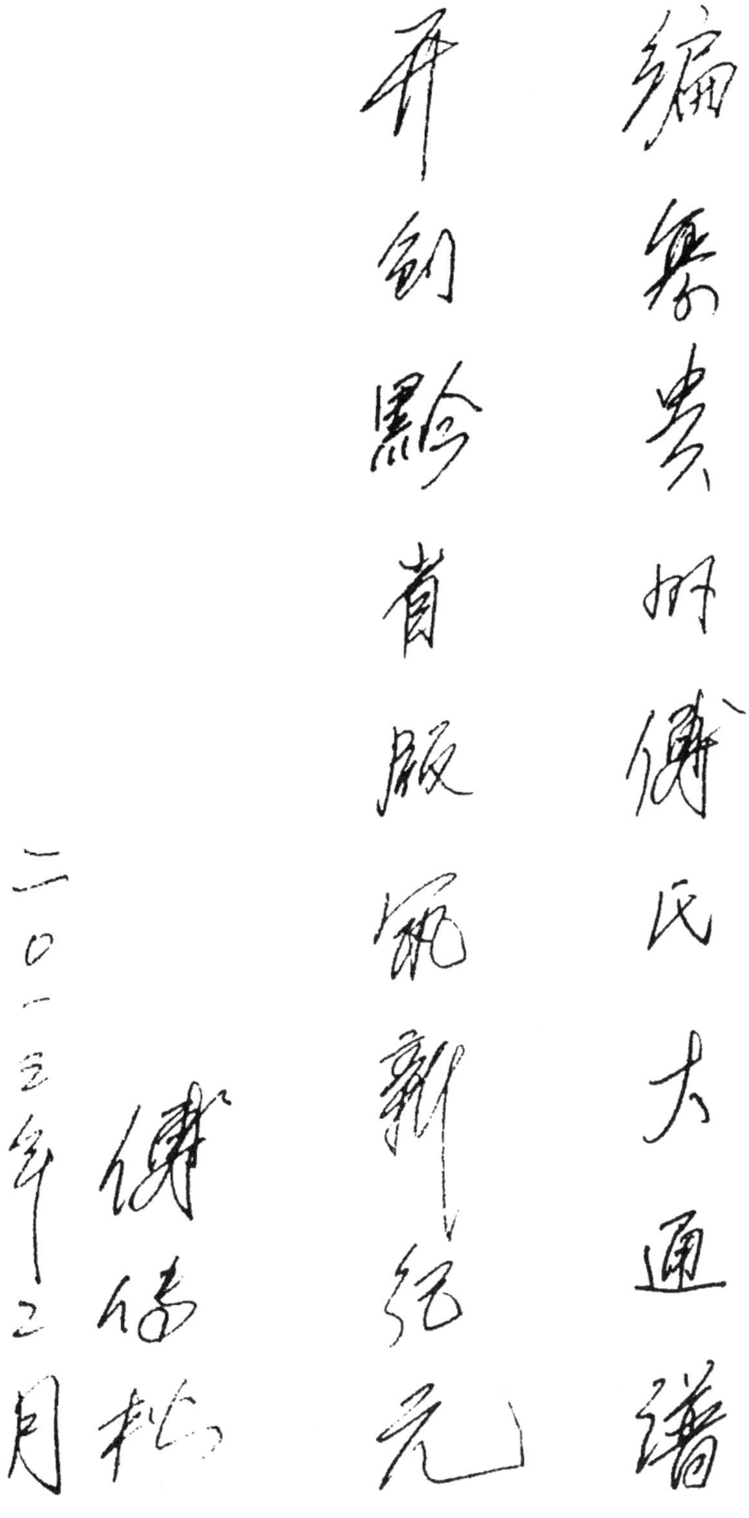

傅传松为编纂《中华傅氏通谱·贵州卷》题词

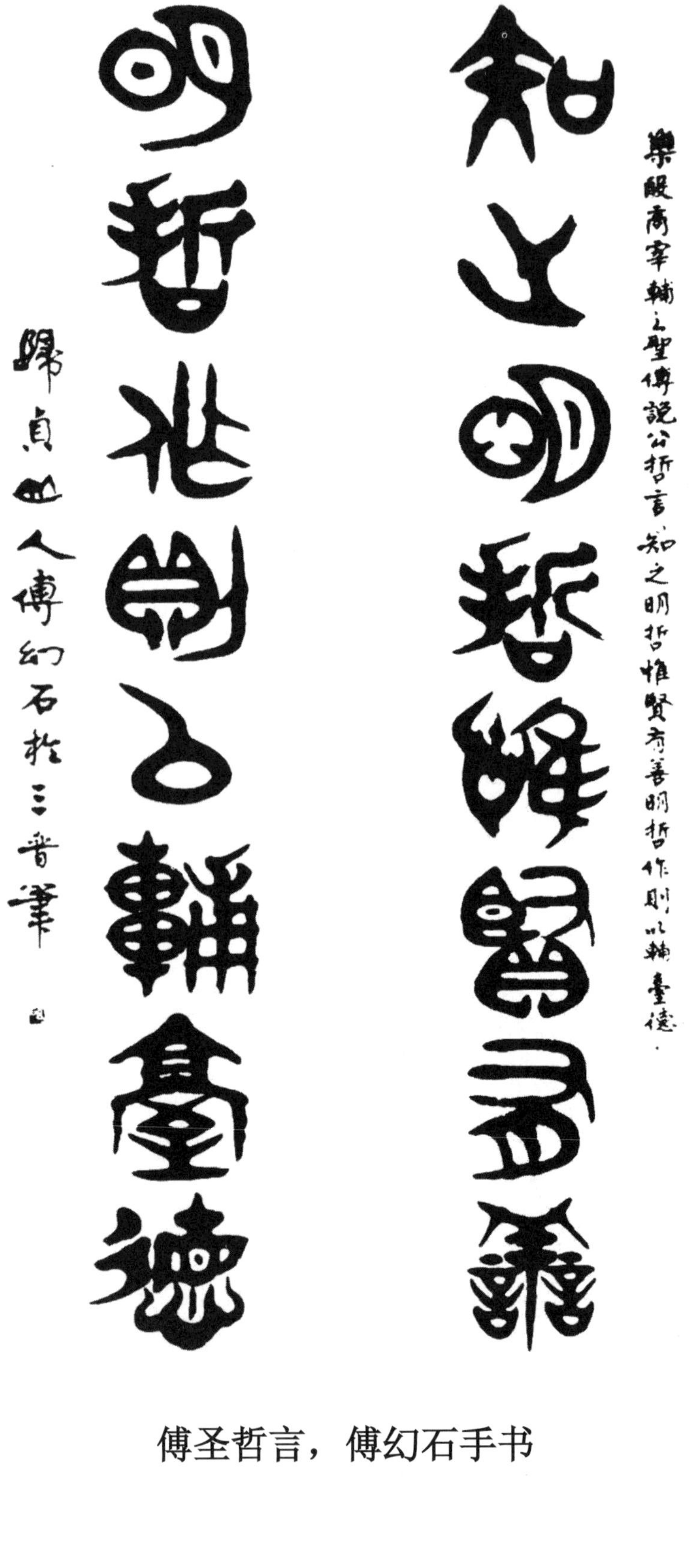

傅圣哲言，傅幻石手书

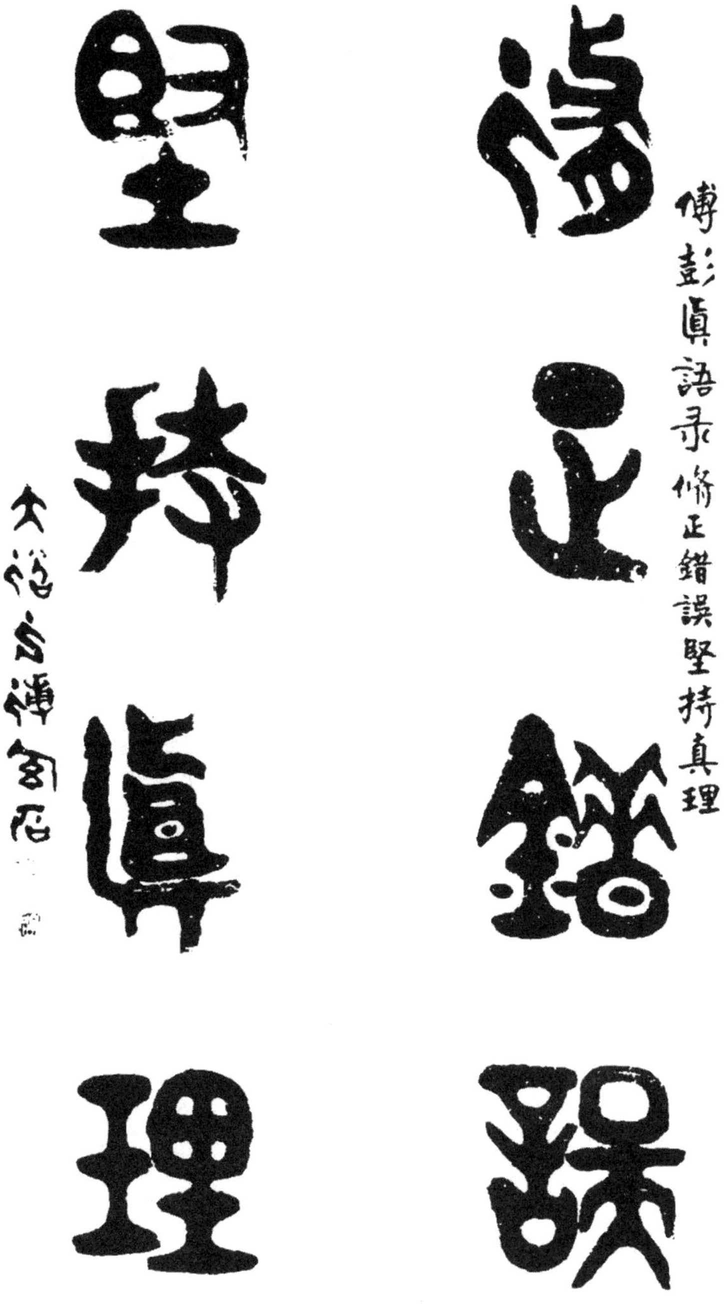

傅懋恭哲言，傅幻石手书，傅懋恭之子傅洋收藏

【傅懋恭（彭真），曾任北京市市长、全国人大常委会委员长，主编新中国首部宪法】

弘揚傅說仙聖精神

賡築文化世代相傳

傅氏第二十三代孫傅舒祥

2013年6月

傅舒祥题词

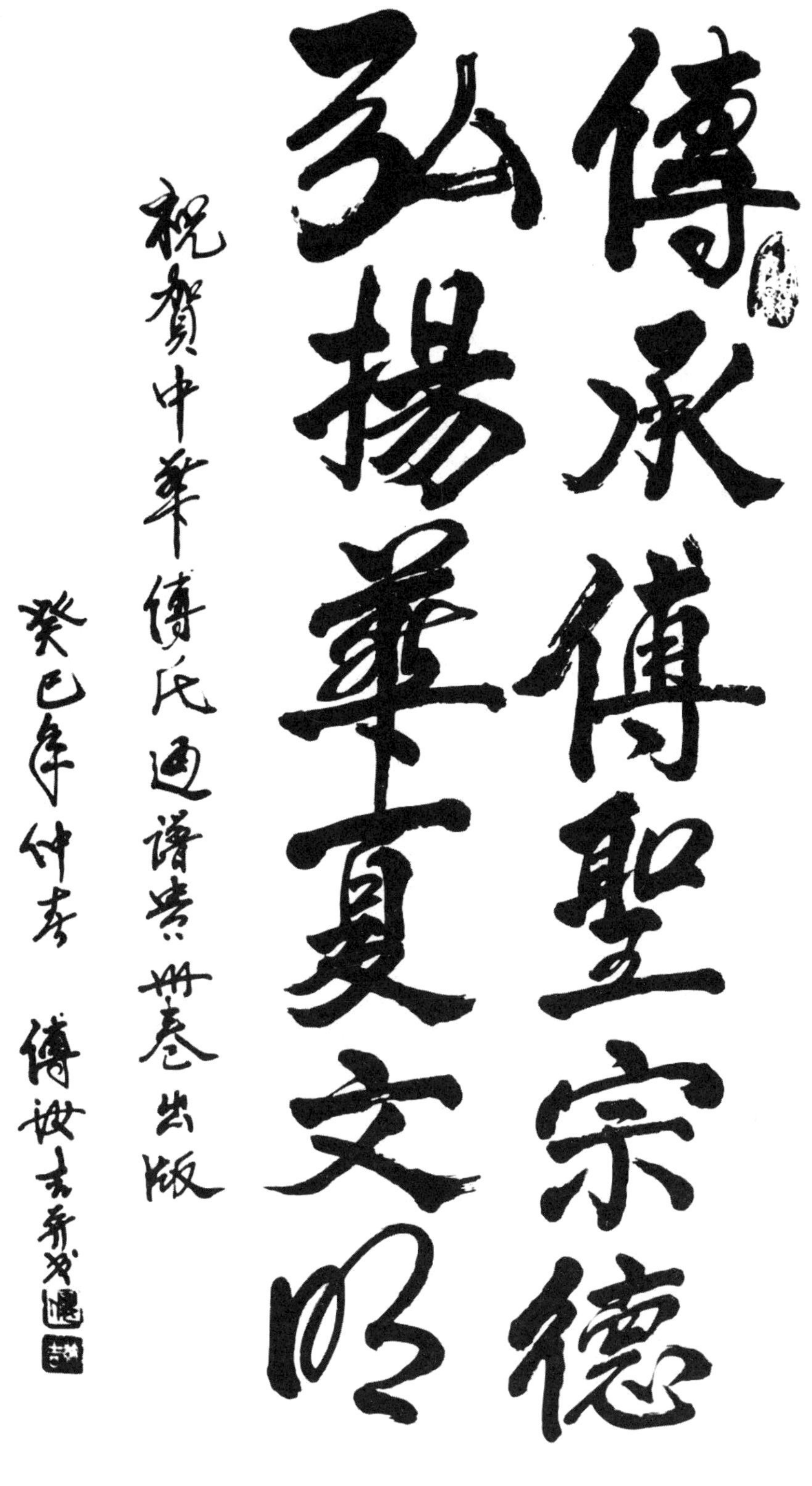

傅汝吉题词

傅氏一脉渊源長
枝繁叶茂如天罡
治华联誼寻根底
不辭辛劳美名扬

贵州赫章 傅先平
二〇一三年八月一日

傅先平题词

序一

水无源则涸，树无根则枯。

黔地傅姓，常有禅曰："五百年前是一家"，也或一千年前是一族，至少三千年前共一祖。

我族始祖傅说，生于中条山下，黄河之滨；助武丁兴商于中原大地，成名于安阳殷墟，出守重关于燕赵之塞，辗转迁徙于长江南北，白山黑水；有数支族群或为生计奔波，历经千辛，无惧险峻，或率兵平夷，为国建功，甘洒热血。祖辈从四面八方来到黔地，开疆拓土，生生不息；多有文人学士，著书立说而流芳于世；也不乏从教启蒙，传道授业，诲人不倦，开教化之先河；亦有富商巨贾，助一方百姓致富，乐善好施，一掷千金，在所不惜；尚有政界军人，勤政公道而为民，开拓进取而无羁；更有众多父老姊妹，虽为草根，守法遵纪，勤俭持家，备受赞誉。

傅姓人数虽少，但品端行正；居住分散，但心手相连；从业不同，但遵从祖训；贫富有别，但安贫守道；入黔有先后，但能创业守衡，自食其力；总之黔地傅姓是一个高素质族群，一个守法遵规族群，一个勤劳善良族群，一个家风良好族群，一个奋进有为族群，一句话是一个无愧于优秀称号的族群。

我贵州族群还算兴旺，人文也昌。我们首先感恩宇宙上苍，是它赐甘露，洒阳光，四时运转，昼夜更替，沐浴我族茁壮成长。

我们感恩黔山秀水，是贵州大山品格教会我们做人要自省、自励、自尊、自立，一辈子都要挺直脊梁；是贵州秀水教会我们予人以利而不争，上善若水；遇难则变，变则皆通，通则顺达。所以我们有理由提醒族人时刻昂首挺胸，登高而远望。

我们感恩先到黔地的它姓父老，是他们敞开温馨的大门，伸出热情的臂膀接纳我族先辈，与我族风雨同舟，甘苦同享，和睦相守，手足情长，让我族先有立足之地，而后有今日非同凡响。

我们还要感恩这个伟大时代，洞开国门，劲风送爽，在全球视野，我族眼前一亮，革故鼎新，国运繁昌，国力提升，共赢西方，乘上民族振兴之舟，我族儿女同国人一起追逐"两个百年梦想"。

我们更感恩自己的列祖列宗，是他们的睿智遗传我们，使我们遇事善于静思，敢于畅想；是他们矢志不渝的精神感染我们在创业路上奋勇前行，劈波斩浪；是他们与人为善思维启迪我们，使我们不论走到哪里尽遇友挚师良；是他们勤耕苦读的言传身教，才有我们后来衣食无忧，粟满书香；是他们敬老爱幼的榜样示范，才有我们老幼有序，文明礼扬；是他们循规道法的教诲，才有我们为官的崇尚廉政，为民的守法时尚；是他们以德传家的风范，才有我们今天耕读为本，勤劳善良；两袖清风，正气弘扬，乐善好施，大爱无疆；勇立潮头，世代辉煌。

当然我们还感恩先辈傅作义公，他曾自己出资编撰通谱，使我族儿女，倍感荣光；还有近代傅权友、傅秉耀、傅加星、傅文山、傅传松、傅治华等宗亲，为传承版筑精髓，弘扬傅氏文化，而呕心沥血，功德无量。我相信后代对他们的奉献，铭记于心，永世不忘。

遵治华宗亲嘱，为中华傅氏通谱贵州卷写几句话，是为序。

傅传耀

二〇一三年十一月六日

序二

中华民族五千年文明，氏族社会和封建社会的统治者都以宗法制度作为社会管理规范，即家国天下一体：天下者，天子之大家；国者，诸侯之中家；家庭者，家长之小家。纵观历史，我们国家就是这样的单元结构。而国有史，地方有志，宗族有谱，从某种意义上说，就是序昭穆、辨辈代的文化基因。有了这个文化基因，就能构建正常的和谐社会与秩序。这个文化基因，最初主要就是以谱牒形式来实现的。

谱牒就是记载某一宗族主要成员世系及其事迹的档案，它以一定的形式记载了该宗族历史、血缘传承和家族个人的历史贡献，其形式和内容集中了档案学、历史学和文化人类学等学科的旨要。因此，编纂谱牒成了最具特色的中国文化传统，上下数千年，至今不衰。

根据目前考古材料和研究，中国谱牒萌芽于商代（公元前 1600—公元前 1000 年），形成于西周（公元前 1000—公元前 800 年）。商周之际到太史公作《史记》，时隔一千多年，故太史公曰："维三代尚矣，年纪不可考，盖取之于谱牒旧闻，本于兹，于是略推，作《三代世表》。"可见，司马迁对于三代久远且不可考证之事，也只能以谱牒和旧闻为据，简略推算，以成《三代世表》。刘知几在《史通•叙事》篇中称："观子长之叙事也，自周已往，言所不该，其文阔略，无复体统；自秦汉已下，条贯有伦，则焕炳可观，有足称者。"连《史记》的记载，先秦以往的历史，已是"言所不该，其文阔略，无复体统"，这就证明孔子所说：文献不足，不能征信。这是历史的态度，唯物的态度。

《中华傅氏通谱•贵州卷》正是秉承这一态度进行编纂的，历史部分（特别是上古部分）漫漶不清而有所旧闻者，也"疑则传疑，盖其慎也"处之。

傅姓源头何在？殷武丁举傅说于版筑（公元前 1259 年），是有历史依据的。首先不说太史公司马迁的《史记》有载，早司马迁几百年的先贤诸如孔子、庄子、孟子等的文字中都有记载。最近清华简的发现，《说命》三篇，更是毋庸置疑。因此，傅说为傅姓始祖，当是千百万傅姓子孙的共识。

关于世系，本谱分四个部分记述：傅说公以下至傅宽公以上为第一部分；傅宽公以下至傅署公以上为第二部分；傅署公以下至傅友德公以上为第三部分；傅友德公后裔迁入贵州繁衍及今为第四部分，这是贵州傅氏的重点部分。

傅说公以下至傅宽公以上为殷商至汉初，其中有 40 世左右；傅宽以下至傅署约 30 余代，均是"言所不该，其文阔略，无复体统"的状况，谱系史料缺略，难以征信。魏晋时期，是一个修谱热情最高的时期，主要是体现至士族和豪门，都要接续祖宗的余绪，以张扬祖宗功德，振奋族人的精神。因而汉晋隋唐傅氏源流较之先秦比较翔实。但还是很粗略，有不少待商榷之处。

署公以下友德公以上为唐末至明初，有600余年傅氏世系。这段历史，本书理出的世系，均与江西清江石头、高安珠湖谱为据。因珠湖修谱从南宋至清末未曾间断，所据事实的真实性相对可靠。

湖北石首傅传松宗亲花了很大的精力，拟出了一个上古及中古的傅氏世系脉络，将3000多年傅氏世系连贯串珠，但也有一些不足之处。不过，较之其他谱系，也是一个相对合理的成果。我们姑妄引之“疑则传疑，信则传信”，以弥补空白，并俟将来有新的发现。

之所以要对历史的真实性作以上说明，并非不敬畏祖宗，而是尊重历史。宋欧阳修曰：“唐末五代之乱，亡失旧谱，上世次序不可复知。”苏洵曰：“盖自唐衰，谱牒废绝，于是乎由贱而贵者，耻言其先，由贫而富者，不录其祖。”在宋代欧阳修、苏洵修谱只采用小宗之法，即以五代祖或高祖为始祖，再往上推，就可能涉嫌攀附。

贵州傅氏，为清河（清河在今山东临清县附近，紧傍今山东、河北二省交界的大运河）傅氏余脉分支。自东晋永嘉之乱后，由清河而南，至唐广明中，傅署公由湖南湘潭迁江西石头，遂为南迁傅氏共祖之一。其后，几经流寓，支派经江苏、湖南、湖北、江西、福建、浙江、安徽、四川、贵州、云南多代流迁，有几支在贵州定居，其中最主要的是明洪武初年的傅友德公征南一支。傅友德统领30万大军平南，朝廷为安定边陲，让军队在贵州屯田，随军中有不少傅氏族人等在贵州繁衍，贵州傅氏始盛。“友德既歿，上怒，留外孙忠之子彦于京，余者尽皆发配云贵戍边”。见《明史》。此为友德公世系无疑。本谱着力在这方面下功夫，以期达到世系不紊，辈代清楚，涵盖全面，忠于史实。

另，贵州傅氏来源于明清时期政府强制性的移民，历史上“江西填湖广（含今湖北湖南和贵州东北部地区）”,“湖广填四川（含今遵义地区）”的移民中，有大量傅氏随迁。除此之外，经商、仕宦、流寓、避难、逃荒等进入贵州居住者不乏其人。

本谱定名曰“通谱”，按例横列纵通，使傅氏子孙一览傅氏全貌，未尝不是一件有益的功德。虽说部分傅氏历史有牵强的瑕疵，但还是遵循古代部分宜粗不宜细的编纂原则，处理得恰到好处。

谱例有云：详今略古，详近略远。地近易核，时近迹真。本谱最大的特点就是实践了这一谱例。特别强调了贵州始迁祖之后的辈代，丰富而详实，准确而清晰，把贵州支系瓜瓞状况呈现在读者面前，在盛世修谱的时代，我认为本谱有重要的示范意义。

本谱以述、图、世系、辈派、人物、艺文、大事年表为体裁结构。述以综合归纳傅氏家族的发生发展及现状，提纲挈领地展示傅氏家族的兴衰演替；图以形象反映祖先、郡望、祠堂等面貌；世系尽可能贯通傅氏的连绵兴盛；辈派胪列各支系辈派及辈派对照，以理清辈次关系；人物则弘扬功德，彰扬善行，鞭笞丑恶，爱憎分明；艺文则展示傅氏文化及傅姓之外名人对傅氏的评价赞赏；大事年表则记录傅氏历史上的重大事件，诸体并用，全面展示傅氏千百年的风采。至于经济的发展，文化的积淀，政治的清明，社会的贡献都在各体中有所表述，不再另立篇章。

总之，本谱是一部有着存史、教化、资治的资料书，她可以传远留久，为后世子孙所保有的文化财富，愿傅氏族人千秋万代，繁荣昌盛，名扬四海，志在九州。是为序。

世界傅氏宗亲联谊总会	常务副会长	
山西平陆傅相陵、祠重修委员会	常务副主任	
《中华傅氏通谱》编纂委员会	常务副主任（牵头人）	
《中华傅氏通谱》贵州卷	主　　编	傅署公 41 世孙
贵州傅氏宗亲联谊会	会　　长	傅治华（字求国）

敬撰

公元 2013 年元月 1 日

凡　例

一、宗旨。本谱编纂以促进科学发展，构建和谐社会，弘扬傅圣文化为目的，充分发挥通谱“存史、资政、教化”的综合作用，通过贵州傅氏通谱的编纂，理清贵州傅氏共祖世系源流、统揽宗支发展脉络；归纳提炼傅圣文化，彰显族贤功业；推进全省宗亲的团结发展，为各地宗亲编修族谱提供统一的源流和范本，为贵州及海内外宗亲寻根认祖提供依据，促进祖国和平，促进社会发展。

二、指导思想。坚持实事求是的历史唯物主义研究方法和原则，挖掘、整理、编纂地方史料和家族史料，力求广泛征求傅氏宗亲的认可，努力做到思想性、科学性、资料性相统一，全面、真实、准确、科学地记述贵州傅氏的迁徙繁衍、发展进步的历史，为弘扬中华傅圣文化提供较为权威的史料。

三、总体要求。在“世界傅氏宗亲联谊总会贵州傅氏宗亲联谊会”的领导和指导下，按照《中华傅氏通谱》的编纂原则和要求，以《中华傅氏通谱》编纂委员会 2007 年 5 月 24 日所编定的编目为蓝本，结合贵州傅氏实际，拟定框架，规定体例，主要内容按章、节、目三个层次，规范按《中华傅氏通谱•贵州卷编纂手册》执行。力求做到体例完备、史事准确、内容精当，把贵州通谱编纂成为撰稿水平高、编纂质量高、装帧档次高的精品，实现贵州傅氏千百年来合修通谱的夙愿。

四、世系疏理原则。本谱着力于统一中华傅氏在贵州播迁繁衍、“说公”世系特别是延接江西石头“署公”世系繁衍支系。对源流与支系的论述采用较为普遍的说法，对分歧较大的部分，采取求同存异、各说并存的方法，对支系的记载则采取代数、人数相互参照的办法选择入谱。主要体现在如下几个方面：

1. 本谱上限起于殷高宗武丁封傅说为相始，适当往前追溯傅氏姓氏起源，下限止于 2013 年。

2. 据考，西晋“永嘉之乱（311），衣冠南渡”，这是中原汉族第一次大规模南迁。南迁傅氏一支为傅咸（239—294）之子傅敷避地会稽；一支为傅嘏（209—255）之曾孙咏为交河刺史。二支皆北地泥阳（秦置泥阳县，故址在今甘肃宁县米桥乡，属北地郡）之派，其他不见有过江者。为此，历史部分以敷、咏为南迁世系主体记述。

3.“通谱，会诸谱而作。”自晋至清，傅氏在贵州地域流迁广泛，支系众多，流迁辈代很难理清。本谱从贵州实际，溯源傅署公唐僖宗广明元年（880）避黄巢之乱（878），由湖南湘潭徙居江西清江新贤乡石头里，任临江府教授。署而上有说、宽、介、俊、毅，辈代清晰，署而下书世系，署迁至棻，棻历 12 世至友德（有江西石头珠湖谱为据）。友德公以下5代，贵州始有傅氏始迁祖桐梓魁岩崇节公、及瓮安草塘傅亿公，毕节、大方、修文、遵义、桐梓、绥阳、道真、凤冈、六盘水等世系。本谱把江西珠湖谱清理出的迁出名单附卷，供将来贵州傅氏各支系上溯对接参考之用。

4．本谱有始祖、共祖、分宗祖、始迁祖之称。“始祖”傅说公。本谱以石头署公系为主体，故“共祖”指南迁的傅署公系。傅署公以下25代友德公（友德公辈代执行2008年5月12日山西平陆通谱工作会统一决议，友德公统一为97代，会议决议附后）为华东、西北、西南傅氏“分宗祖”。至明迄清，由于政策、战事、经商、避祸、流寓等多种原因，人口西南迁，到贵州定居并繁衍的傅氏祖人称“始迁祖”。

五、源流叙事原则。“详今略古，详近略远”，重点记述现当代贵州傅氏的发展状况。除历史源流及相关联系外，一般不越境而书。此原则主要体现在如下几个方面：

1．本谱以主要入黔始迁祖为记述对象，一为金沙廷銮公系（廷銮：文科子，珠湖棻公22世孙），涉及毕节金沙和川南部分地区；一为桐梓崇节公系；一为友德公系；一为文通公系（以东乡普为中心，辐射贵州桐梓、绥阳、正安、黔西南州等地）；一为瓮安傅亿公系。通过自愿原则和必要的考订，有的支系尽可能与上述支系相靠。其余旁支入黔在15代以上也作必要记述，10代以下作为散支加以录列。

2．从全省各地提供搜集的资料反映，贵州傅氏能证明直接从江西迁入且比较清楚的只有桐梓的崇节公系、黔西的弼林公支系，两支系和江西老谱能衔接。如川南的叙永、古蔺的廷銮公后裔迁金沙岚头，查资料记录是江西南昌府丰城县傅家桥珠湖塘村迁出，廷銮本是文科子，径为高安珠湖棻公后裔，明显是地名的记忆错误。黔南傅意公后裔玉书公无资料记载，虽是贵州名人，但无源流资料佐证。黔西南自治州兴义市兴仁县的东乡坝傅氏涉及遵义的正安县、绥阳县，重庆的万盛区等，各地记录断代混乱，梳理不清。铜仁地区原思南府辖的台江、德江、松桃等县，涉及六枝、水城，记录也很混乱。遵义地区的崇节公支系播迁，涉及六盘水、贵阳市、兴义地区的晴隆县、普安县，毕节地区的金沙县、赫章县、毕节、大方、黔西，迁徙清楚，已基本理顺。关于江西丰城系，涉及贵阳市的白云区、威宁县、惠水县，三地区的记录断代很严重，本支系多次派人到江西丰城寻根，无从理顺。贵州傅氏大支系友德公系，涉及六盘水市，毕节地区各市县，贵阳市，修文县，黔南州的贵定县养马寨、傅家湾等处及织金县等。1994年由毕节的傅绍先、傅梦顺主修，傅治华独资赞助的傅氏族谱；威宁县傅正威主修的朝佐祖支系；赫章傅大德、傅大华主修的则雄谱（老七祖、老五祖支系）；傅贵兴、傅先寿主修的修文、镇雄联谱；2009年六枝新场傅氏族谱；2010年通谱大方卷；织金维春、维龙系族谱等现已出版的7部族谱基本属于友德公后裔。遵义凤冈县土溪傅氏，福泉市龙昌等地傅氏，贵定县养马寨傅家湾、龙里县醒狮镇傅氏，毕节、大方、威宁、赫章、六盘水以及云南曲靖、昭通地区傅氏绝大部分均归属友德公支系。贵州傅氏分布发展情况，中华傅氏通谱贵州卷应分两大支系连接江西石头傅署公止。

六、世系图。本谱世系图主要以列明源流为主，不详载各支世系，因其详情皆记载于各支谱中，故此以求简明。唯极少数未列支谱的附录于后。

七、参考文献。本谱资料来自各地宗亲提供和各相关史书、方志摘录，历史人物传则根据傅山收录的 98 位傅氏历代名人录之。遵照著作权法的要求，一般注明出处。本谱一律使用正式颁布的简化字和通用字。人名、地名、书篇名及古籍文句，可能引起误解的，保留原字。从老谱中选的谱序和古文，只作点校，不作翻译。

八、本谱人物设传、人物简介、表、录四项入列原则。坚持生不立传的原则，凡对家族、社会、国家有大影响的傅氏已故人物，当代对国家、宗族联谊、修谱出资出力有突出贡献的人物，包括百科百业、德行操守、忠孝传家、创业能手均可入传，以本省人物为主；并且在历史上较有影响的外省乃至全国范围内的傅氏人物，也适当收入谱中。简介以对家庭、宗族、国家有贡献人物的记述，可以是在世人物，但仅记述其事迹，不加评论。表以封建社会七品（含七品）以上，民国以县长（含县长）以上，新中国以科局级（含科局级）以上列表。录以近现代大学本科以上，职称以中级以上；表彰以地市级以上为限录之；企业家百万资产以上录之。

九、本谱设大事记，以时记事。主要记述宗族迁徙时间、修谱时间、重要建筑修缮时间、重要人物生卒时间、重要活动开展时间等。加以图片辅助说明，力图达到图文并茂的效果。

十、字派。本谱设贵州傅氏统一执行字派并原文转载江西珠湖老字派和各大小支系的迁徙源流字派。今后就按本谱专设的贵州傅氏统一字派对照表执行辈代关系，让每一名傅氏后裔清楚自己所处的辈代。

十一、天下傅氏同根同源，根据各地收集报送的 300 余份族谱、家谱、记录资料，80％以上的源流属于江西石头傅署公后裔，具备有贵州傅氏合纂通谱的基本条件，另有绥阳县、道真县、修文县、大方县，率先做到统一合谱的示范。结合全省傅氏联谊会及编委会的指导意见，经过几年全省傅氏族人的努力、认同，《中华傅氏通谱》贵州卷将终审付印出版发行。贵州傅氏通谱的出版发行，将为中华傅氏通谱的编纂起到推动性作用，也是为贵州傅氏构建团结、和谐，与全国、全省同步进入小康的奋斗目标，族合万世兴，望全省傅氏大联合、大团结，如东海南山留芳千古！

傅治华（字求国）拟

2013 年元月

目　录

概　述

中华傅氏，源远流长。凡是有江河流淌的地方，都有傅姓；凡是有傅姓居住的地方，都有勃勃生机。毛泽东曾经说过：祖宗都不认，谈何爱国？故敬祖爱国是我们每一个傅氏人都应具备的道德规范。

一

天下傅氏，同源异流，异源合流，一脉相承，代代相继。追根溯源，历史上各姓氏分属3个族系，即出自黄帝、炎帝、太昊和少昊祖先。大姓多属黄帝族，少部分属炎帝和东夷族。傅姓则属黄帝族。每个姓氏均有来源，傅姓起源有三：一是以国为氏，二是以邑名为氏，三是以地名为氏。这些氏系，经历了28世大繇至傅说。傅说助殷商武丁中兴，尔后成为天下傅氏公认的开姓始祖。

傅说之后，不断演进，遂发展为清河、北地、河内三大分宗，经历无数坎坷，傅氏族人以顽强的毅力，创造了历史的辉煌，演绎了动人的事迹。

傅姓在秦汉时期，开始进入四川。

在唐朝，有入湖南湘潭，有入闽驻泉州，有迁江西石头等。例如唐朝时期傅署因避战乱从湖南湘潭迁江西石头里，成为石头里傅氏共祖。傅署后裔迁垫江，徙巴县，居云南，贵州遵义、桐梓。崇节裔孙分迁兴义、六盘水、毕节、贵阳。傅实因避战乱率军入闽，居福建泉州、南安，驻武荣，建第桃源。为傅氏入闽共祖。

到了宋朝，傅署公后裔迁江西、河南、河北、湖北。尔后各支又分别迁福建、浙江、江西、广西、湖南、河南、山东、山西、四川、贵州等地。宋代以后，傅姓已遍及全国大部分地区。

元末明初和明末清初的“江西填湖广”“湖广填四川”与“移民填四川”的迁徙中也有傅姓。

在明朝时期，傅姓已分布于江南各地。江西为傅姓所居大省。全国重新形成浙赣闽、山东两块傅姓人口聚集地，其重心已由北向东南转移。清初开始进入台湾和东南亚地区。

傅姓入黔较早，在三国时就有进入现贵州地域的。汉武帝时“募豪民、填南夷”，就有傅、龙、董、尹等大姓居住于夜郎、牂牁，封疆大吏傅宝即出此。其后淳熙避兵，宋末避兵，调北征南，扈寻建文以及其他入黔，或多或少都有傅姓。

比较突出的是调北征南。明洪武十四年（1831），朱元璋“为夺江山而杀对手”时，诏令傅友德等率30万大军征讨元朝在云南的残余势力，当时从傅友德几次征战的傅姓人较多，在班师回朝时傅姓人遂留守屯田于芒部和水西地区。之后，朱元璋“为保江山而杀功臣”时，傅友德纵然为大明立下赫赫战功，而且是拼命保了朱元璋性命，立有大功、大恩、大德，却被以“请怀远田”为由而遭杀害。惟系姻亲，未被诛九族而斩绝，一部分被遣返云南。先后留守、为官、遣居云南的傅姓后裔逐步向川黔播迁，散居各地。到了明朝中期，傅贤因官镇毕节，卜择王洪屯而居，公推为大定府属大多傅姓始迁祖，部分后裔在清朝时期别故土而迁四川叙永、云南镇雄等地，而后迁徙到贵州的六盘水、黔西、威宁、修文、六枝、毕节、黔西、大方、金沙、纳雍等地。这些傅姓族人在历史长河中，姓氏与民族成分都有很大的变化（变族变姓）。

二

人类社会是一个由低级向高级不断发展的过程。这一切发展变化，始终离不开社会经济和科学技术的不断发展进步。傅氏作为中华民族大家庭中重要的一分子，在社会经济的发展和科学技术的进步中起着不可磨灭的作用。

在中国历史上，有在傅说辅佐下的“武丁中兴”，有秦统一后的“丝绸之路”，有唐代的“贞观之治”“开元盛世”，有宋朝的“变法维新”，有清朝的“康乾盛世”等，但发展有一定局限。到了近代，亦有发展，但是步履艰难，而且是少数人，大多数族人仍处于紧迫状态。

中华人民共和国成立后，历经土地改革、农业合作化运动，中国发展国民经济的第一个五年计划取得了重大成就。

1958年，贯彻“鼓足干劲，力争上游，多快好省地建设社会主义”总路线，接着全国“大跃进”和人民公社运动，在这个过程中，傅氏宗亲都积极参加建设并经受住了严峻的考验。

1961年，中共中央决定对国民经济实行“调整、巩固、充实、提高”的八字方针，“三级所有，队为基础”以及“水、肥、土、种、密、保、工、管”的施行，逐步扭转了国民经济恶化的势头，傅氏族人也历经了艰苦的过程，生活水平开始有所提高。

1966年“文化大革命”开始，各级各部门忙于“闹革命”，中国经济受到严重干扰。幸而农业方面大搞农田基本建设，兴修水利，植树造林，改善生态，农业方面受到影响不是太大，国家对良种的培育和推广，农业产量有一定增长，农民生活基本维持。

1978年，中共十一届三中全会之后，党中央把工作重点转移到社会主义现代化建设上来，全国形势逐渐向好。

1980年，农村实行家庭联产承包责任制，土地承包到户，充分调动了农民的生产积极性，粮食产量逐年增加。农民在以粮为主的同时开展多种经营，在保障生活的同时又增加了收入，有种植党参、辣椒、烤烟致富的，也有亦农亦商，开设小铺发财的，生活水平逐年提高。

改革开放以来，社会主义市场经济逐步取代了计划经济，中国经济建设取得了巨大成就。

2001年，中国加入世界贸易组织，经济发展突飞猛进，一日千里。傅氏族人则以全新的姿态融入经济、科技发展大潮中，广施智慧才干，成绩斐然，全国能人辈出。科学技术日新月异、硕果累累，科技推广蔚然成风。先进生产者、工作者，百强、百佳，各乡、各村处处涌现。

经济发展，科技兴农，带来了城乡大变化。傅氏族人与全国人民一样喜笑颜开。谈住的，不少族人从偏远到集镇，到县城甚至到省城建房、购房，农村实行“五园”建设、新农村建设、危房改造，傅氏族人亦多有受益。讲用物，多有电器设备，一些还有空调、轿车等。论生活，穿着赛“作客”，饮食胜“过年”，讲究者还可制作吉祥菜——“五福临门”“三阳开泰”“团团圆圆”“年年有余”“鸿运当头”等。有部分人家已步入“小康”，过上了“天堂生活”，这已经不是天方夜谭了。一些傅氏族人说：以前的地主从无我们今天这样的生活。

三

中国历来重视教育。在古代，受正规学校教育者甚少，近代受经济条件所限，受教育者也不多，傅氏族人亦然。中华人民共和国成立后，党和国家十分重视教育，公民平等，人人都有受教育的权利。

教育出人才。在傅氏族人中，古代、近代不少。现代特别是中华人民共和国成立后更是人才济济。且看，自殷商傅说圣人出现之后，乘箕尾比列星，匡国启后人，代代有贤才。

自隋唐科举制起到清末，傅氏中状元有三人：傅行简、傅以渐、傅善祥（女），榜眼、探花十余人，进士上百人，举人以下更多。这些人员中，在各自不同时期、不同官位上为国家为民族作出了卓越贡献。汉朝傅宽、唐朝傅游艺、太平天国时巾帼女子傅善祥，声名远播。如傅游艺为“四时仕宦”。为官清政廉洁者也多：汉朝傅榕登贤良榜；晋朝傅洵清白有闻，获皇上赐帛200匹；南北朝傅渲、傅琰、县民皆谓“傅圣”；宋朝傅大声被百姓誉称“傅父”，傅光力谏活其民甚众；傅伫迁知晋江，设安养院，民不失所；傅惟肖“发仓赈济，全活者众”；傅壅“广学田、立义冢”；明朝傅应祯“苏民困，开言路”；傅朝佑为大理寺右少卿，乡民立祠纪念，有惠政者较多。在武官中，三国时傅彤英勇善战；傅佥为关中都督不降格斗死节；晋朝傅弘予以身殉国；唐朝傅良弼射冠军中；宋朝傅弘之军败不屈；傅思让有勇善骑射；傅察坚不屈节；明朝傅应嘉称为抗倭英雄；傅友德封侯袭铁券，逝后追建报功祠，立庙纪念等。在职官中，周朝傅秉中精天文方技；唐朝傅奕精天文历法，进漏刻，傅仁均善言历，著《戊寅元历》，宋朝傅烈为易学名家。文官中，有著作者更多，汉朝傅毅著诗、赋、诔、颂《连珠》，晋朝傅隆特精《三礼》；南北朝傅縡集掌诏诰；唐朝傅霖著有《群书百考》；宋朝傅芷著有《南园诗文集》《南园讲录》，傅瑾著有《音韵管见》；明朝傅冠著《宝纶楼》；傅振商著有《杜诗分类》；傅逊著《左传属事》《春秋注解辩误》；清朝傅王露著有《玉笥三房集》，傅以渐著《贞固斋诗集》；傅作楫著有雪堂、燕山、西征、南征等集；傅侍宸有奏疏、诗文集、诗话等；傅桐著有梧生《骈体文钞》；傅达礼著有《清鉴》、傅维麟著有明书三百卷，《四诗堂文集》等等，在职官中，还有不少修史志者；宋朝傅慎微修《回史》；明朝傅恕修《元史》；傅浚修《铁冶志》；傅著被召修元史；傅夏器修《泉州府志》等。在为官之中，刚正不阿者也不乏有人，明朝傅好礼，"疏清节宴游，止山陵行幸"；傅应祯疏陈三事指斥达官张居正；傅钥用法平恕，能持大体等等。

明清时期在贵州傅氏勋业卓著、声名远播者如：傅元和、傅元勋、傅潢、傅寿彤、傅玉书……

近现代为官者，更是不胜枚举。中华人民共和国成立后，如全国人大主任傅懋恭（彭真）主修中华人民共和国首部宪法。欲授衔未果而任水利部部长的傅作义和平解放了北京，保护了北京这座历史名城。教育界傅斯年。卫生部部长傅连暲；1955 年授衔的上将傅钟、傅秋涛，少将傅继泽、傅绍甫、傅春早、傅崇碧等共 14 人。中国人民解放军总参谋长傅全有（大将）。另有外交女杰傅莹，以及中共十七大代表 11 人，人大代表、政协委员 10 余人。在各级各条战线上为领导者亦不少，贵州省人大常委会副主任傅传耀，贵州省发展和改革委员会主任傅京（兼能源局局长），省旅游局局长傅迎春，兴义地区常务副书记傅贵林（现任省发改委副主任兼扶贫办主任），兴义人大常委会常务副主任傅国汉，省广播厅的傅相才，省文化厅傅汝吉，六盘水钟山经济开发区管委会主任、书记傅国祥等。在贵州任职或在贵州省外任职者亦不乏其人。

四

傅氏族人生活在伟大的国度里，占天时、得地利、享人和。就以贵州而论，也是如此。所谓占天时，乃正置国家改革开放，科学发展，"十一五"取得辉煌成就，"十二五"开局大兴，西部大开发正顺利推进；毕节地区生态建设取得可喜成就。享人和，傅氏族人在历史演进长河中，姓氏多变，民族成份多变。56 个民族 56 朵花，傅氏族人独占 18 朵。可见与各民族融会得体，共同团结奋斗，步步提升。更为突出的是得地利。

贵州发展虽受地理地形限制，但也是物产资源丰富。明代开国功臣刘伯温先生曾预言："江南千条水，云贵万重山；五百年后看，云贵胜江南。"

贵州省位于中国西南的东南部，辖 6 个地级市和 3 个自治州，省会贵阳市。东毗湖南、南邻广西、西连云南、北接四川和重庆市。贵州地貌属于中国西南部高原山地，境内地势西高东低，自中部向北、东、南三面倾斜，平均海拔在 1100 米左右。全省地貌可概括分为：高原、山地、丘陵和盆地四种基本类型，高原山地居多，素有"八山一水一分田”之说。贵州的气候温暖湿润，属亚热带湿润季风气候，气温变化小，冬暖夏凉。贵州秀丽古朴、风景如画、气候宜人、物产丰富。省内有“中国避暑之都”贵阳，“江南煤海”六盘水，“中国酒都”仁怀，“世界遗产”赤水丹霞、荔波喀斯特、侗族大歌，“世界花园”黔西百里杜鹃，有亚洲最大最美的黄果树瀑布、织金县溶洞。

①贵州省会贵阳素有避暑之都、林城的美誉，是中国西南地区中心城市之一，重要的交通枢纽、工业基地及商贸旅游服务中心。“贵阳”因位于境内贵山之南而得名，已有 400 多年历史。古代贵阳盛产竹子，以制作乐器“筑”而闻名，故简称“筑”，也称“金筑”。贵阳生态环境良好，生态产业发达，森林围城，是中国首个国家森林城市，首个循环经济试点城市。喀斯特地貌占全市国土面积的 85%，形成了峰林、溶沟、峡谷、溶洞为一体的绚丽景观。生态贵阳山川秀丽、凉爽宜人、物产丰富、交通便利，是自然和旅游资源的富集之地，中国避暑休闲之都。

②遵义地处中国西南腹地，北依大娄山，南临乌江，古为梁州之城，是由黔入川的咽喉，是中国西部的重镇之一，贵州省第二大城市，属于国家规划的长江中上游综合开发和黔中经济区建设的主要区域。这里气候宜人，风景优美，文化底蕴深厚，拥有丰富的历史文化。“遵义”其名出自《尚书》：“无偏无陂，遵王之义。”遵义是首批中国历史文化名城，贵州省最大工业城市，以生产世界三大名酒之一的茅台酒而驰名中外。1935 年，中国共产党在这里召开了著名的“遵义会议”，遵义是国务院列入首批公布的 24 个历史文化名城之一，遵义会议会址坐落在遵义市老城，多年来，游客落驿不绝。

③六盘水市位于贵州省西部，是贵州省第三大城市，以能源原材料为主要产业的重工业城市，西南地区重要的煤炭钢铁工业基地，有“江南煤都”之称。六盘水市地处云贵川交接，地理位置优越，“凉爽、舒适、滋润、清新、紫外辐射适中”兼备的六盘水，是当之无愧的“中国凉都”。

④铜仁市因其高原山水、曲径通幽的独特魅力，而被美誉为桃源铜仁。铜仁市是云贵高原连接东部沿海地区的重要交通要道，地处黔东北湖南贵州重庆三省市交界地区，为黔东门户，湖南进入西南地区的第一站。铜仁被誉为中国传统龙舟之乡、中国民间艺术之乡、中国民间绝技文化艺术之乡、中国滚龙艺术之乡、中国民间特技表演艺术之乡、中国书法之乡、中国鼟锣艺术之乡、中国箫笛之乡、中国乡村旅游最佳民俗飞燕奖、中国名茶之乡、中国汞都、中国西部名城、2009 中华十大清水美景、中国最令人向往的地方、全国最具投资潜力中小城市 50 强、全国绿化模范县（市）。

⑤黔西南布依族苗族自治州位于中国贵州西南部，南邻广西壮族自治区，西邻云南省。黔西南布依族苗族自治州处贵州高原南部。属亚热带季风湿润气候。年均温 14.0～19.0℃，年降水量 1100～1500 毫米。北盘江、马岭河纵贯州境。山区森林资源丰富，为贵州主要林区之一。矿产资源有煤、金、锑、铝、铁、汞、磷、冰洲石、大理石、石

膏、火硝、水晶、石英砂等几十种。经济以农业为主，产水稻、玉米、油菜籽、豆类、棉花、甘蔗、油桐、烟草、茶叶、柑橘等。有采矿、制糖、建材、陶瓷等工业。滇黔公路过境。有花江铁索桥、石膏品洞、三家寨清真寺、中正公园、普安三胜景、铜鼓山文化遗址、白沙古群道遗址、飞水岩五叠瀑布、招堤风景、笃山乡暗河溶洞群等名胜古迹。

⑥毕节，地处贵州高原屋脊，乌江、珠江发源地，东部和南部与本省遵义市、贵阳市、安顺市、六盘水市接壤，西部和北部与云南省、四川省毗邻。古代是夜郎文明、水西文化繁盛之境，如今是中国西部大开发拉开序幕的地方。矿产资源丰富。主要有煤、硫、铁、硅、砂、黏土、草炭、大理石、高岭土、重晶石等。硫磺已打入国际市场。毕节市是个多民族杂居地区，居住着汉、彝、苗、回、白、布依、仡佬等 36 个民族，有威宁彝族回族苗族自治县、77 个民族乡，使毕节风土人情多彩多样，民俗民风绚丽多姿。旅游资源丰富，有天下第一洞美称的织金洞、世界花园的百里杜鹃、高原明珠的草海，红军二六军团遗址，中华苏维埃人民共和国川滇黔革命委员会旧址等。境内山清水秀，平畴谷幽，风光秀美，夏无酷暑，冬无严寒，雨量充沛，气候适宜。

⑦安顺位于贵州省中西部，是国家最早确定的甲类旅游开放城市之一和贵州省优先发展重点旅游区及西线旅游中心，素有“中国瀑乡”“屯堡文化之乡”“蜡染之乡”“西部之秀”的美誉，文化底蕴深厚，是贵州历史上开发最早的区域。安顺是民用航空产业国家高技术产业基地，全国唯一的“深化改革，促进多种经济成分共生繁荣，加快发展”改革试验区。

⑧黔东南苗族侗族自治州，位于云贵高原东南边缘，东邻湖南，南接广西，与本省黔南、铜仁毗邻，境内山川秀丽，气候宜人，资源丰富，民族风情浓郁。黔东南民风淳朴，有鼓楼、风雨桥、干栏式吊脚楼、碧清的都柳江和清水江、鳞次栉比的少数民族村寨、以及保存完好的民族习俗。黔东南的少数民族能歌善舞，少数民族节日十分丰富。此外，黔东南自然生态良好、历史悠久，有国家风景名胜区、国家地质公园㵲阳河、杉木河、云台山等，国家自然保护区雷公山，国家历史文化名城镇远、以及中国侗族第一大县黎平县。

⑨黔南布依族苗族自治州位于贵州省中南部，处在大西南对外开放出海的黄金通道上，北靠省会贵阳，南与广西壮族自治区邻接，是多民族聚居的地方，聚居着汉族、布依族、苗族、水族、毛南族等 36 个民族。湘黔铁路、株六铁路复线，贵新高等级公路和四通八达的国道省道县道，以及荔波机场、扩能改造的黔桂铁路和红水河、都柳江航运等，构成了快速便捷的立体交通网，形成西南“借船出海”的黄金通道，使黔南具有近海、近边的相对区位优势。山地高原为主，苗岭横贯。红水河、都柳江流经，多峰林、溶洞及伏流。拥有世界上同纬度仅有的保存完好的喀斯特森林地貌。

五

盛世修志，百姓叙谱，皆慎宗追远，联谊合众，增进团结互助，是为国为家作贡献的优良传统。

傅氏族裔入黔，早者为三国时期，唐宋渐之，明以后大量傅氏族裔随军、移民、经商、置业，参与经济社会发展的实践和创业活动。

傅氏族裔入黔后，在匡国、创业实践中，不仅重视宗族联谊和睦，也注重与当地土著、土族融合合作、和亲共荣谋发展。而且十分重视按照国法族规、祖训办事，遵规守法，传播技艺，务实创业。在族中和社会人际交往中，注意按照社会优良纲常、伦理道德行为规则办事。为了维持族内尊老护幼、有序称谓行礼交流。散居省内各地、州、市、县、乡、村寨的各支长老、志士贤达历尽辛苦，绝大多数分别修撰了小支谱。但是由于历史、社会、地域等多种因素，以致纵观省内傅氏族务情况，有各自为谱、各自叙派，小范围知根不乱，大范围即跨域则难以明晰，难以沟通。有道是飞鸿遍野，难辨雌雄，童叟同行，莫识辈分，相见同宗很亲热，不知辈派难启尊口。

2005 年 5 月 15 日，山西省平陆县打造傅说文化，走人文聚财之路。由当地政府的傅说文化官方网站发出的庆祝傅圣 3340 周年诞辰盛会的信息，引起了贵州傅氏宗亲的高度重视。原住黔西县金坡乡，先以打铁为业，后参与地方优势资源煤炭开发，并小有积累的傅治华先生首先响应，携夫人，与女婿、孙、侄儿一行 6 人专车行驶 3000 余公里到平陆赴会。同时幸会遵义市、桐梓县、仁怀市、贵阳清镇市赴会的宗亲，于是组成由傅治华为首的 17 人贵州代表团。并带头组织到会人员捐资捐物。《华夏风情》中傅圣特刊第一部第 106 页有傅治华及夫人杨登芬进入会场的图片。107 页还载有贵州代表队专页，有“贵州代表队，向贵州傅氏宗亲致敬！向傅治华宗亲致敬！”的记载，并列到精英单照之一。这次大会有千余名傅氏宗亲参加。经大会公许，组建了“世界傅氏宗亲联谊总会”，选举产生了以傅加星为会长的委员会，傅治华先生任副会长。

2006 年 3 月 31 日，经过近一年的筹备，贵州傅氏宗亲联谊会在黔西县宣告成立，大会选举傅治华先生担任首任会长。接着，桐梓县、黔西县、毕节市、织金县、绥阳县、威宁县、六盘水市、瓮安县、大方县、道真县、福泉市等 23 个县、市级组建了傅氏宗亲联谊会。随后有 15 个县修撰了傅氏通谱。北京、江西、福建、湛江、山东、安徽、湖南、贵州、云南等地召开了宗亲会议，傅治华先生也自己出资赴会，并分别作了联谊会族谱的动员报告，之后治华先生出资、出力主动请缨担任中华傅氏通谱编辑任务。2007 年 5 月 24 日出资 5 万元倡导并作为启动资金，并全力以赴投入访亲联族，广泛收集资料，提出了指导思想、编纂原则、方法步骤等动员报告。由于受到个别族人的网上诽谤、诬陷，遂放弃通谱牵头，转而编修《中华傅氏通谱•贵州卷》，让风平浪静后重新再来。于 2011 年 4 月 4 日傅治华正式宣布启动编修《中华傅氏通谱•贵州卷》，组织了编修班子，自任主编，聘请编辑、顾问，其他编委成员也积极搜集整理相关傅氏资料。由于中途聘请的主要编辑人员亡故，导致谱稿编辑工作受阻，动员其在校子女假期空余时间完成文字编辑任务。历时三年的努力，于 2013 年总算告成。

《中华傅氏通谱•贵州卷》的基本特点有四：

一、载明百代主干源流，将散居省内各地的 300 余个支系及各自自立的字派，统一一表列之，对照明晰代际，使省内傅氏各系昭穆明朗，实现了融会贯通。

二、突出人物风貌、业绩。记载作为后嗣风范。

三、拟出“本是皇帝裔”的 100 字作为贵州傅氏统一字派。

四、突出记载傅友德公、珠湖系崇节公、廷銮公、弼林公等支系，实现了小支散户基本通收入谱。

五、省内其余各地傅氏未入本谱的，待后对照相关入谱原则，由通谱编委审定后列入谱系。

傅治华（字求国）著

2013 年元月

特载

自古帝王崇家谱

（摘录）

唐太宗敕命修编《氏族志》

（唐太宗）命士廉等遍责天下谱牒，质诸史籍，考其真伪，辨其昭穆，第其甲乙。褒进忠贤，贬退奸逆。……凡二百九十三姓，千六百五十一家，颁于天下。

宋真宗皇帝钦敕文武群臣各修家谱诏

奉天承运 皇帝诏曰：

古者因生赐姓，故著姓氏之书。别生分类，爰命司姓之职。其有关于世教之大者，莫谱牒者也。黄帝二世而颛顼而高辛，四世而尧而舜。禹之先出于鲧。汤之先出于契。周文武先出于稷。帝王世序固已甚明。汉起沛中，本虞之苗裔。秦发陇西，实高陶之派系。迨至我朝，源于伯益，振于涿郡。迁区复应天生圣人祝太祖皇帝克肇前业。符太平天子之祥。仙源积庆，天派攸分。膺代禅授之宜。接上世统之正。尔在朝文武百官亦必各有源流。兹宜备述乃祖之本末。以进朕得览省。已知我朝文武之盛。呜呼，源之深者流之水，膏之饫者根必茂。秩秩昭穆，则知祖宗之有自。绳绳世守，实衍谱牒于无穷。故此昭示，咸使闻知。

大宋天禧二年四月十一日

宋宁宗修谱圣谕

朕闻唐人重姓氏，而谱谍具，后世文儒贵戚之家浸以论湮而难考。然自犁锄之卿相，降为隶卒之世家，视其子孙，自立何如耳，诚能自立虽微而浸著；不能自立虽著而微。人家子孙百世之各能自立，庶几于厥祖也。此朕之所以致望于天下者。

大宋开禧元年乙丑端月

明太祖洪武帝乡谱诏

朕承天底定，抚辑烝民，宵旰站兢，恐难保久。咨尔亿兆，各具天良，务立矩度之防，快睹维新之命，溯芳规于乃祖，考懿行于前贤。敦厚本原，懋昭上理，虽礼乐俟诸，必世以孝弟，本诸人心。苟能自克振拔，则何治之不淳？如或即此奋心，亦何不古！率土钦哉，毋负朕意。

大明洪武九年丙辰上元日诏

清顺治帝乡谱诏

敦孝弟以重人伦，笃宗族以昭雍睦。训子弟以禁非为，明礼仪以厚风俗。

清顺治帝规定六训

孝顺父母，恭敬长上；敦睦乡里，教训祖孙；备安生理，无作非为。

清康熙圣谕十六条

敦孝弟以重长幼，笃宗族以昭雍睦。和乡党以和解讼，重农桑以足衣食。
尚节俭以惜财用，隆黉舍以端士习。黜异端以崇正学，讲法律以儆愚顽。
明礼让以厚风俗，务本业以定民志。训子弟以禁非为，息诬陷以全善良。
诫匿逃已免株连，完钱粮以省催科。联保甲以防盗贼，解仇忿以重身命。

历代名贤伟人论家谱

（摘录）

谱乃家之史，史乃国之谱也。谱不立，则昭穆混，渊源懵人，不知祖，何异禽兽。

——汉•司马迁

以史为镜可以知兴衰，以铜为镜可以正衣冠，以人为镜可以知长短。

——唐•李世民

古者大家小族之法，圣人所以叙天伦、敦教本也，而谱牒尤宗其法。

——宋•朱　熹

族有谱牒，则人知之所出。知所出，则知尊其祖；知尊其祖，则知爱其身；知爱其身，则慎行修身，自不容以不谨，非徙以昭姓氏，序昭穆，别亲疏，同毕而已也。

——宋•欧阳修

管摄天下人心，厚风俗，使人有天良，须明谱系，立宗子法。又曰：宗子法废，后世谱牒，尚有余风；谱牒废，人家不知来处，世无百年之家，骨月无统，虽至亲变薄也。

——北宋•程颐

家之有谱，犹国之有史也，史以记实事，犹谱以序昭穆。

——宋•文天祥

敦孝弟以重人伦，笃宗族以昭雍睦，训子弟以禁非为，明礼仪以厚风俗。

——清•顺治帝

且有天下之史，有一国之史，有一家之史，有一人之史.传状志述，一人之史也；家乘谱牒，一家之史也；部府州县，一国之史也；统纪一朝，天下之史也.比人尔后有家，比家尔后有国，比国尔后有天下。

——清•章学诚

中国人最崇拜的家族主义和宗族主义。所以中国人家庭和宗族的团结力量非常强大，就其原因，实由于血统、生活、语言、宗教、风俗五种力量结合而成的天然团结。

民族主义这个东西，是家族纪念祖宗之工具。传纪之文献，换言之，则族之谱，亦则为吾族图发达，谋生存之宝贝也，希吾辈由家族宗族观念，发扬光大之，而致于国族也。

族谱记述中华民族由宗族团结扩大到民族大团结，这是中国人特有的良好传统观念，应妥加利用。

——孙中山

家庭和宗室同是人生的两个支撑点，有家才有族，有族才有人的共同体和国家。只有全家人的团结敦睦，家庭才有畅旺；只有全体族人的齐心协力，家族才能昌隆，才能经千百年而不绝；只有各族人民的配合奋斗，国家才能繁荣富强！

搜集家谱、族谱加以研究，可以知道人类社会发展的规律，也可以为人文地理、聚落地理提供宝贵的资料。

研究现代历史，不能不去搞家史、村史，从研究基层的家史、村史和微观入手，这是进而研究整个宏观社会历史的基础。

祖宗都不敬，谈何爱国?

——毛泽东

一个爱祖国的人，没有不爱家的。我经常想家，想家乡；爱家，爱家乡是爱国的起点。了解家情，乡情是懂得国情的起头。只有了解乡情，懂得国情的人，才能真正热烈地爱家乡，热烈地爱祖国。

发行专代通谱，是深化本姓历史传统，加认血肉之情，巩固团结友爱精神，也便于抓好文道品德政治思想教育工作

——周恩来

属于文化领域的东西，一定要用马克思主义对它们的思想内容和表现方式进行分析、鉴别和批判。用历史唯物主义观点对家谱进行“分析、鉴别和批判”，“取其精华，去其糟粕”，“出粗取精，去伪存真”，那么家谱这份珍贵的历史文化遗产，一定对推动两个文明建设，促进祖国统一大业，繁荣学术文化研究，起到重要作用。

——邓小平

以姓氏文化为代表的传统文化在港、澳、台同胞和海外侨胞中有着广泛而深刻的影响。

中华文化是中华人的共同体生生不息、团结奋勇前进的不竭动力.要周全熟悉祖国传统文化吸其英华，去其糟粕，使之与今世社会形态相适应，与现代文明相协调，连结人的共同体性，体现时代性。

——胡锦涛

族谱是承上启下的家庭历史，对家史的注重与关怀，是爱祖国、爱人民的起点。

——冰心

家谱是我国宝贵遗产中亟待发掘的一部分，酝酿着大量有关人口学社会学民族学经济史人物传记宗族制度以及地方史的资料，它不仅对开展学术研究有重要价值，且对当前某些工作也起着很大的作用。

——国家档案局（1984 年 7 号文件）

族谱、祖谱、祖先、扫墓、祭祖，有助于建立人民“慎终追远”的美德，为先人树碑。

——《人民日报》文录（1988 年 8 月 23 日载）

一部完整的家谱，是一个家族的史料汇编，是一个家族的档案库，是一个家族发展壮大的历史，是一个家族的生命史；是一个家族在各个历史时期为国为民所作贡献的真实记录。

摘自《中国传统文化总网》

国家档案局、教育部、文化部《关于协助编好〈中国家谱综合目录〉的通知》

国档会字〔1984〕7号

各省、自治区、直辖市文化厅（局）、文管会、档案局、北京图书馆、各高等院校：

家谱是我国宝贵文化遗产中亟待发掘的一部分，蕴藏着大量有关人口学、社会学、民族学、经济学、人物传记、家族制度以及地方史的资料，它不仅对开发学习研究有重要价值，而且对当前某些工作也起着很大作用。但是，由于国内收藏的家谱极为分散，又没有专门目录，因而长期以来国内对家谱的发掘研究工作做得不多。这与国外学者、机构对中国家谱搜集不遗余力，研究多有成果的状况很不相称。同时，随着对外开放政策的实行，许多根在大陆的台湾同胞，海外侨胞的思乡之情日趋浓烈，他们也极需利用家谱来找自己的血缘关系。为了推动国内家谱的研究利用，发掘家谱这一祖国文化宝藏，改变家谱研究的内轻外重状况，充分发挥家谱在学习研究和统战工作中的重要作用，国家档案局二处、南开大学历史系、中国社会学院历史研究所、图书馆等单位，拟将分藏于各图书馆、博物馆、文化馆、档案馆等单位的家谱编成一部比较完整的《中国家谱综合目录》，计划一九八五年完成编纂工作，公开出版。为了协助编好这一目录，特请你们通知各地图书馆（室）、博物馆、文会馆、文化馆、档案馆（室）等收藏单位，将其所收藏的家谱和所知道的个人收藏的家谱目录，按照该书的编辑凡例，于一九八五年三月底以前报送国家档案局。个别藏量较大的单位，也不要迟于一九八五年六月底报送。

特此通知。

国家档案局、教育部、文化部

一九八四年十一月二十日

文化部办公厅《关于协助编好〈中国家谱总目〉的通知》

办社图函〔2001〕29号

各省、自治区、直辖市文化厅（局）、国家图书馆、上海图书馆：

家谱是记载同宗共祖的血缘集团世系人物和事迹等情况的历史图籍，它与方志、正史构成了中华民族历史大厦的三大支柱，是我国珍贵文化遗产的一部分。家谱蕴藏着大量有关人口学、社会学、历史学、民族学、教育学、人物传记以及地方史的资料，对开展学术研究有着重要价值，同时对海内外华人寻根认祖，增强民族凝聚力也有着重要意义。为此，国家档案局、教育部曾于1984年11月20日专门发文《关于协助编好〈中国家谱综合目录〉的通知（国档会字〔1984〕7号）》。经过十余年的努力，《中国家谱综合目录》于1997年由中华书局正式出版，对家谱整理工作和提供学术研究发挥了重要作用。但当时由于受种种条件限制，尚有大量家谱未能收入，特别是大量收藏于海外的中国家谱未能收入。

2000年6月，由中国国家图书馆主办的中文文献资源共建共享合作会议在北京召开，来自祖国大陆、台湾、香港、澳门及新加坡、美国、荷兰等国家和地区的42家中文图书馆及中文资源收藏单位代表参加了会议。会议就推动全球中文文献资源共建共享问题进行了研究和协调，并决定由上海图书馆主持编纂《中国家谱总目》。这是《中国家谱综合目录》编撰工作的继续与发展，它将大量增加收藏于海外的中国家谱，同时扩大收录范围并增加著作项目。《中国家谱总目》是中国家谱资源开发与利用的一项基础性工作，它的完成将积极推动谱牒的研究，并进一步加强海内外华人对中华文明的认同感，其意义深远。

《中国家谱总目》的编撰采用“分头编撰，汇总审校”的办法，每一地区确定一个负责单位为《中国家谱总目》的编委单位，由其负责该地区的家谱条目的编制工作，编委单位主要由部分省级图书馆和其它单位组成（见附件）。为了协助编好《中国家谱总目》，请你们通知各地图书馆（室），文化馆等收藏单位，认真做好本单位所收藏家谱条目的摸底工作，协调好所在区域藏谱机构的关系，积极协助《中国家谱总目》编委单位，按照《中国家谱总目》的编撰要求，编撰本地区收藏家谱目录，以保证《中国家谱总目》编撰工作的顺利进行。

特此通知。

文化部办公厅

二〇〇一年二月七日

第一章　贵州地理简介

贵州是古人类发祥地之一，秀丽古朴、气候宜人、风景如画、历史悠久，文化源远流长。远古人类化石和远古文化遗存发现颇多。据考古发现，中国南方主要的旧石器时代文化遗址，差不多都是在贵州境内发现的。在贵州省黔西县的观音洞，发现了原始人使用过的石器，是长江以南地区旧石器时代早期文化的典型代表。此外，贵州还发现有旧石器时代中期的“桐梓人”、中晚期的“水城人”和晚期的“兴义人”文化遗址。在普定县发现的“穿洞文化”遗址，提供了1.6万年前人类祖先在此生息的证据，而被誉为“亚洲文明之灯”。公孙述据蜀时，贵州大姓龙、傅、尹、董与功曹谢暹保境为汉。见《后汉书•西南夷列传》

第一节　名称由来

春秋时期（前770—前476），当时在今贵州境内有牂牁（音 zang ke）古国，并与中原有交往。秦始皇统一中国后（前221），贵州分属巴郡、蜀郡、黔中郡和象郡管辖。唐为黔中道；宋属夔州路；元属湖广行省。“贵州”名称，始于宋朝（960—1127）。公元974年，土著首领普贵以控制的矩州归顺，宋朝在敕书中有：“惟尔贵州，远在要荒”一语，这是以贵州之名称此地区的最早记载。明永乐十一年（1413）设置贵州承宣布政史，正式建制为省。以贵州为省名。置贵州土司，是为贵州得名的开始，后置贵州布政使司；清改贵州省，省名至今未变。

贵州简称“黔”。今贵州的部分版图，战国时（前475—前221）就属于楚国的黔中地方，地域面积在今贵州沿河到榕江以东，包括铜仁地区和黔东南部分县。秦王朝在此设立黔中郡。唐王朝（618—907），在今贵州设黔中道，建黔州郡，设黔州都督府。宋属夔州路；元属湖广行省；明置贵州土司，是为贵州得名的开始，后置贵州布政使司；清改贵州省，省名至今未变。贵州的历史总离不开一个“黔”字，代代相因，直至贵州建省。这就是贵州简称“黔”的由来。

第二节　贵州行政区划分

贵州位于中国西南的东南部，辖6个地级市和3个自治州，省会贵阳市。东毗湖南、南邻广西、西连云南、北接四川和重庆市，地理坐标介于北纬 24° 37′ ～29° 13′ 、东经 103° 36′ ～109° 35′ 之间，全省东西长约 595 千米，南北相距约 509 千米，面积约 17.6 万平方千米，占全国国土面积的 1.8%，人口约 3474 万。

截至 2011 年 11 月，贵州省共有 9 个地级行政区划单位（其中：6 个地级市、3 个自治州），88 个县级行政区划单位（其中：13 个市辖区、7 个县级市、56 个县、11 个自治县、1 个特区）。

贵州行政区划表

表 1

地市名称	所辖地区
贵阳市	观山湖区（市政府设金阳）、云岩区、南明区、花溪区、乌当区、白云区、清镇市、修文县、息烽县、开阳县贵安新区
遵义市	汇川区、红花岗区、遵义县、赤水市、仁怀市、正安县、桐梓县、凤冈县、余庆县、湄潭县、绥阳县、习水县、道真仡佬族苗族自治县、务川仡佬族苗族自治县
六盘水市	钟山区、六枝特区、盘县、水城县（市政府设水城）
安顺市	西秀区、普定县、平坝县、关岭布依族苗族自治县、镇宁布依族苗族自治县、紫云苗族布依族自治县
毕节市	七星关区（市政府设毕节）、大方县、黔西县、金沙县、织金县、纳雍县、赫章县、威宁彝族回族苗族自治县、百里杜鹃管理委员会
铜仁市	碧江区、万山区、德江县、思南县、江口县、石阡县、松桃苗族自治县、玉屏侗族自治县、印江土家族苗族自治县、沿河土家族自治县
黔南自治州	都匀市、福泉市、瓮安县、贵定县、惠水县、长顺县、独山县、荔波县、平塘县、罗甸县、龙里县、三都水族自治县
黔西南自治州	兴义市、普安县、晴隆县、贞丰县、册亨县、望谟县、安龙县、兴仁县
黔东南自治州	凯里市、雷山县、黎平县、施秉县、麻江县、锦屏县、台江县、剑河县、三穗县、黄平县、从江县、镇远县、天柱县、榕江县、岑巩县、丹寨县。

第三节　贵州历史

一、牂牁时代

春秋时代，在今贵州南境有牂牁国，与北境鳖国并存。牂牁江位于珠江上游北盘江、南盘江、红水河水域。远古牂牁人属于濮越民系，大约于越王勾践称霸时代立国。春秋时代牂牁人的势力影响达到乌江南岸。汉代以后在贵州南境长期设有牂牁郡。牂牁国于战国时代被夜郎所灭。牂牁历史是贵州早期历史非常重要的一个组成部分。

二、夜郎时代

夜郎国是继春秋鳖国、牂牁国之后于贵州高原崛起的又一个部落国。夜郎国极盛时控制范围包括今天贵州全境、四川南部、重庆东南部、湖南西部、云南东部、广西北部。

三、郡县时代

秦汉初年，中央政府于夜郎境内置郡县，而夜郎部落并未完全瓦解，实为共治时期。郎县、夜郎县、郎郡治所位于乌江北岸今贵州省遵义市桐梓县城附近。公元前 25 年，汉朝击溃夜郎余部，灭掉了夜郎国。

秦始皇统一中国后（前 221 年），将全国划为 36 郡。贵州北部、西北部，分属巴郡、蜀郡管辖。贵州南部、东部，分属黔中郡和象郡管辖。

西汉初年，贵州分属益州刺史部犍为郡和牂牁郡。犍为郡管辖今贵州北部、四川南部、重庆南部的大部分地区。牂牁郡管辖今贵州南部及周边地区。牂牁郡，治兰且（今贵州贵定附近、或凯里附近、或安顺附近）。

西汉中晚期，贵州北部大部分地区划入牂牁郡管辖。牂牁郡领 14 县：兰且、鳖县、平夷、毋敛、夜郎（驻都尉）、谈稿、谈指、漏卧、漏江、同并、句町、宛温、都梦、进桑（驻都尉）。这已经是今天贵州全省格局。

东汉基本延续西汉区划。三国时蜀国牂牁郡治且兰（今贵州凯里西北）。领 7 县：且兰、毋敛、广谈、鳖县、平邑、夜郎、谈指。

西晋初年牂牁郡，治万寿（今贵州瓮安）。领 8 县：万寿、且兰、鳖县、平夷、广谈、毋敛、夜郎、谈指。两晋的大部分时期，贵州境内有牂牁、夜郎、平夷三个小郡。南北朝时属宋国荆、益二州。隋代贵州大体属于梁州刺史部和荆州刺史部管辖范围。境内有明阳郡治明阳（今贵州凤冈北部）。领 4 县：明阳、宁夷、高富、绥阳。牂牁郡治牂牁（今贵州瓮安东北部）。领 2 县：牂牁、宾化。

四、土司时代（唐、宋、元）

自唐代中央政府开始推行羁縻州制度，在当时的边疆地区利用地方土著管理地方事务，贵州境内出现了几个对后来产生深远影响的地方土司政权。在今贵州省境，仅在乌江以北及黔东北地区一度设有正州，其它地区主要是羁縻州。而到了宋代，由于朝廷面临来自北方辽国、西夏国的强大军事压力而无暇南顾，乌江以北的正州也逐步改为羁縻州。对贵州历史影响最大的是安、宋、田、杨四大土司政权。

唐代，在今贵州地区推行经制州与羁縻州并行的制度。唐在贵州建置的经制州有播州、思州等，建置的羁縻州有矩州、蛮州等。从地域上看，乌江以北多系经制州，乌江以南多系羁縻州。

宋代，今贵州地域分别隶于夔州路、荆湖北路、潼川路、广南西路、剑南西路、剑南东路等，而主要属夔州路。

元代，在今贵州地区遍行土司制度。在今贵州境内的建置主要有：八番顺元等处宣慰司都元帅府、播州宣慰司、思州宣慰司、新添葛蛮安抚司、乌撒乌蒙宣慰司、亦溪不薛宣慰司、普定路、普安路等，分别隶属于湖广、四川、云南 3 行省。元末天下大乱，西南土司纷纷立国称王。

（一）水西安氏土司与水东宋氏土司

彝族先民曾被称为“罗罗”或“罗苏”等。唐宋时代，随着大理国的崛起彝族部落开始越过乌蒙山在今天贵州地区广泛发展。在唐末已形成较大的独立政权，被称为“大鬼主罗殿王”。宋末，贵州中部有罗氏鬼国（罗施鬼国），依附于宋；南部有罗殿国，依附于大理。

元朝至元十六年（1279）置八番罗甸宣慰司。至元十九年（1282），设顺元等路军民宣慰司。至元二十九年（1292），顺元、八番两宣慰司合并，设八番顺元宣慰司都元帅府于贵阳。后来又以乌江上游的鸭池河为界分为水东、水西。水西由安姓土司统治。水东由宋姓土司统治。明初，彝族土司管辖今贵州省除遵义、铜仁、黔东南之外的大部分地区。

（二）思州田氏土司

思州人自誉“先有思州，后有贵州”，的确如此。远在夜郎人、牂牁人之前，乌江南北均为鳖国故地，而自唐以后仍然保持了更多鳖人余韵的地方，非思州莫属。风景绮丽的岑巩鳌山、龙鳌河就是明证。思州及湘西土家族的历史，正溯鳖人历史，也是远古时代巴人的历史，上接鲧禹，繁衍至今。田氏土家世居黔中地。《太平御览》记载：“涪陵蛮时，有冉氏，何氏、田氏。”隋代田宗显任黔中刺史，田氏日显。唐代贞观四年（630）时设羁縻州思州，历唐、宋、元、明，均为田氏世袭。田氏管辖思州、思南州疆域相当于今天贵州省铜仁地区、黔东南州东部、及湘西一部。明永乐十一年（1413）废思州宣慰司、思南宣慰司，以思州之地置思州、黎平、新化、石阡四府，以思南之地置思南、镇远、铜仁、乌罗四府，始建贵州。

（三）播州杨氏土司

播州（今遵义地区）为春秋时代鳖国之中心。战国时代属夜郎国。秦置鳖县，属巴郡。汉初置犍为郡，治所在鳖县。汉元鼎六年（前111）鳖县、夜郎县等改隶牂柯郡。

唐初置郎州，贞观十三年（639）郎州易名播州。唐朝起于太原，太原人故此得守天下。唐大历五年（770）播州“土酋叛”，太原罗荣率师入播“平叛”，据有播土。大中十三年（859）南诏大理国酋龙自称皇帝，派兵侵占播州。安南都护收复播州。

咸通十四年（873）南诏再次攻陷播州。山西太原人杨端应募，与其舅谢氏率令狐、成、赵、犹、娄、梁、韦七姓，明攻娄山，暗渡赤水，收复播州。罗荣五世孙罗太汪偕同征战，杨、罗子孙遂家于播。杨氏开始世袭统治播州。自唐末杨端至明末杨应龙，杨氏土司治播二十九世，七百余年。

播州杨氏土司管辖范围相当于今天贵州省遵义地区、黔东南州黄平凯里一带、及瓮安、金沙、重庆綦江（古称南州，包括今万盛、南川）等地。明万历二十八年（1600），平播之役后，改土归流，中央集权，分播州地为二，遵义府属四川，平越府属贵州。

五、行省时代（明代至今）

明洪武初年（1368），水西土司霭翠和他的妻子奢香率部拥护朱元璋并协助了明朝平定云南的战争。朱元璋特赐霭翠汉姓安，将顺元路改为贵州宣慰司（今贵阳、黔西大方、水城一带，治所在今贵阳），封霭翠为贵州宣慰使，并赐给他许多金银和绢帛。

洪武五年（1372），朱元璋特颁诏书，宣布霭翠的地位在其他宣慰使之上。霭翠去世后，奢香继任贵州宣慰使，并修筑了贵州至云南、四川的驿道，促进了贵州地区经济文化的发展，为贵州行省的建立奠定了基础。明永乐十一年二月初二日（1413年3月3日），设置贵州布政使司。废思州宣慰司与思南宣慰司，保留水东土司与水西土司，同属贵州布政司管辖。从此，贵州正式成为省一级的行政单位。明末，贵州布政司领贵州宣慰司及贵阳、安顺、平越3军民府并都匀、黎平、思州、思南、铜仁、镇远、石阡7府。

清雍正五年（1727），将四川所属遵义府及其所属各县改隶贵州，同时，将毕节以北的永宁全境划归四川，将广西红水河、南盘江以北之地置永丰州，与广西的荔波、湖广的平溪、天柱一并划归贵州管辖。将贵州属永宁州划为四川管理辖。至此，贵州延续至今的行政区划基本确定。清末，贵州建置设有12府、2直隶厅、13州、13厅、43县。

民国二年（1913），贵州地方政区进行了一次调整，以前的府、厅、州，一律改为县。全省设3道观察使。1920年废道。1937年，贵州置6个行政督察专员区，分管各县。1941年置贵阳市。至1948年，贵州设1个直辖区、6个行政督察区，下辖78个县（市）。

1949年11月15日，解放贵阳，12月26日成立了贵州省人民政府。

第四节　语言、文字、人口、民族、文化

一、语言

贵州少数民族大多都有自己的语言，主要以本民族语言为交际工具。全省有语言的世居少数民族人口约 1200 万人，其中约有 600 万人不通汉语。各族语言内部在语音、词汇上也有小的差异，从而形成在同一民族语言里又分为若干方言和土语，其中尤以苗语的方言土语最多，有东部、中部和西部三大方言，各方言下面又分为若干次方言和土语；瑶语有优勉、斗睦、巴哼三种方言；布依语分为黔南、黔中、黔西三种土语；侗语分南北两种方言；水语有阳安、潘洞和三洞三种土语；仡佬语有四种方言。

二、文字

彝族和水族在解放前有自己的文字。水族文字是一种从右向左书写的单音节方块表意文字，因有的文字有如倒写或反写的汉字，故又有“反书”之称。苗族文字是 1905 年英国传教士和当地苗族人根据苗语西部方言的发音特点研制出的一种拼音文字，俗称“老苗文”。主要局限于宗教活动和宗教场所掌握在少数巫师、教徒之中，在民间没有真正推广使用。

近代，政府分别为苗族、布依族、侗族创制了拼音文字，并在聚居区内试行推广。1995 年，中国社会科学院和国家民委组织专家学者对贵州实验推行的苗文(黔东方言)、布依文、侗文进行论证验收，已具备正式推行的条件。先后出版了几种民族文字的双语教材和扫盲识字课本，编辑了《苗汉词典》《汉苗词典》《布依语常用词汇选编》等词典、工具书。

三、人口

根据《贵州省 2010 年第六次人口普查主要数据公报》，全省常住人口为 3474.6468 万人。

其中，男性人口为 17951451 人，占 51.66%；女性人口为 16795017 人，占 48.34%。总人口性别比（以女性为 100，男性对女性的比例）为 106.89；

0～14 岁人口为 8764581 人，占 25.22%；15～64 岁人口为 23004671 人，占 66.21%；65 岁及以上人口为 2977216 人，占 8.57%；

汉族人口为 22198485 人，占 63.89%；各少数民族人口为 12547983 人，占 36.11%；

具有大学（指大专以上）文化程度的人口为 1838781 人；

具有高中（含中专）文化程度的人口为 2530196 人；

具有初中文化程度的人口为 10350718 人；

具有小学文化程度的人口为 13680651 人（以上各种受教育程度的人包括各类学校的毕业生、肄业生和在校生）；

居住在城镇的人口为 11747780 人，占 33.81%；

居住在乡村的人口为 22998688 人，占 66.19%。

四、民族

贵州是一个多民族聚居的省份。全省有 49 个民族成份，少数民族成份个数仅次于云南，居全国第二位。世居少数民族有土家族、苗族、布依族、侗族、彝族、仡佬族、水族、回族、白族、瑶族、壮族、毛南族、蒙古族、仫佬族、羌族、满族、畲族等 16 个。少数民族人口占全省总人口的 37.9%。各民族历史悠久，形成自己独特的民族文化和习俗。每年五彩缤纷的民族节日达 1000 多个。贵州少数民族粗犷豪放、热情质朴、丰富多彩的民族歌舞各具特色，成为贵州民族风情和民间艺术百花园中的奇葩。

五、文化

秦统一中国前，在四川设蜀郡，在重庆设巴郡，在川黔湘鄂边境设黔中郡。秦开“五尺道”，汉筑“南夷道”首先进入贵州北部和西北部。黔北境内的夷汉大姓有龙、傅、尹、董、谢等家族。都是从巴郡、蜀郡、广汉郡、犍为郡（今川西平原、川南一带）迁来的。巴蜀文化从北向南流入贵州，黔北正安得风气之先。以正安为例，正安属鳖县东北境，犍为郡治鳖县（今绥阳附近），开发较早，与巴蜀贸易交往历史悠久，其文教亦必最先。曾产生过文学卒史臣舍人，著名辞赋家盛览。当代在正安务本堂附近大城寺出土的“蟠螭纹青铜甬钟”系春秋晚期至战国时代宫廷乐器，从一定程度上反映黔北地区春秋战国时代与楚国的联系。正安县小雅镇出土的战国青铜乐器“錞于”。用于战争中指挥军队进退。也作为贵族举行祭祀、朝会、宴飨等礼仪活动时的乐器。奏乐、诵诗、舞蹈，音乐是整个礼乐制度中重要组成部份。

贵州的屯堡文化是贵州文化的重要组成部分，使贵州的民族结构发生了改变，促进了贵州成为一个省份，大量的汉族移民从江淮故地带入了先进的科学技术，使贵州各族人民进入了先进的农耕文明，教育文明。屯堡先民入黔的功绩是可昭之日月的，历史因为有了这次事件，有了这群人，贵州才成为一个省份。正是有了明代的西南“屯戍之师”，才产生了世间“绝品”的屯堡文化。屯堡文化自成一格，它不同于其他汉族文化，又不同于本土少数民族文化，它是相对封闭的明代文化遗存。屯堡人在语言、服饰、建筑、宗教信仰等方面，保留着、固守着六百年前的梦。

这说明在古代正安贵州的先贤已经具备了较高的文化品位，成为一种独特的贵州历史文化。

第五节　旅游资源

悠久的历史，造就了灿烂的文化。贵州文化古迹类型较多，分布较广。全省具有一定价值的不可移动的文物有 4000 多处，特别是遵义会议会址，镇远青龙洞、息烽集中营旧址、从江增冲鼓楼、普定穿洞遗址、大方奢香墓、毕节大屯土司庄园、遵义杨粲墓、盘县大洞遗址等充分凸现出贵州源远流长和浓厚深沉的文化氛围。

一、古遗址

贵州在漫长的地质年代中经历了复杂的古地理和古环境的变化。古脊椎动物化石“贵州龙”、侏罗纪时代恐龙化石及其他古生物化石的发现，使贵州成为重要的进行古生物研究的地方。

在贵州的古遗址中，旧石器时代文化遗址最为珍贵，其中，“观音洞文化”的观音洞旧石器遗址和“桐梓人”“水城人”“兴义人”等的人类化石，在中国考古史上占有不可或缺的重要一席之地。

在贵州古文化遗址中，还有数十处摩崖、石刻和崖壁画，位于关岭县城东 25 千米处的红岩石刻，享有“红崖天书”之美誉，令不少中外有志之士心驰神往、费心考证。

二、古建筑

贵州的古墓葬和历史人物墓具有很高的考古价值，在赫章可乐等地已发现多处战国至两汉的墓群，出土了大量的文物，对研究古夜郎国具有重要的意义。在历史人物墓中，主要有杨粲墓、奢香夫人墓、明十八先生墓、何腾蛟墓、郑珍墓、莫友芝墓、黎庶昌墓。

贵州的古建筑及历史纪念建筑物分布很广，具有强列的地方色彩，从中可以看到多民族文化相互交融的脉络。著名的有安顺文庙、贵阳甲秀楼、修文阳明洞、镇远青龙洞、黄平飞云崖、大方大渡河桥、贵阳黔灵山弘福寺、毕节大屯土司庄园、黎平地坪风雨桥、黎平纪堂鼓楼等。

安顺云山屯古建筑群位于安顺城东七眼桥，是明代汉族移民的古村寨，保存着较为完好的屯门、屯墙和哨棚。村内古树成荫，山势峻峭，风景秀丽。村内一条街、戏楼、和数十户民居建筑完好地保存着明清特色，是一座现存的屯堡文化地面博物馆。

石阡万寿宫位于石阡县城，始建于明万历初年。在贵州高原为数众多的江西会馆中，石阡万寿宫是始建年代较早、建筑规模较大、装修工艺较精、民族特点较浓、文物价值较高的一座。修之者将飞檐翘角的仡佬族民居特点融八传统建筑中，使中原文化、地域文化、民族文化协调一致。

平坝天台山伍龙寺平坝天台山伍龙寺——位于平坝县天龙镇天台山之巅，是典型的山地石建筑寺庙。伍龙寺始建了明万历十八年（1590），后经多次增修、扩建，是年代较早、规模较大、工艺最精且保存最好的屯堡建筑。这座古建筑不仅具有宗教特征，还拥有军事功能，是座亦文亦武的古刹形城堡、半军半教的城堡式古刹。

安顺府文庙始建于明宣德八年（1433）。现为贵州省保存较完整的古建筑群。在占地 11 亩的安顺府文庙内，石雕石刻无处不在。

镇远青龙洞始建于明洪武二十一年（1388），完善于清光绪三年（1877）。该建筑群集儒、释、道多种文化于一体，融宗教建筑、徽派建筑、民族建筑于一炉，堪称山地建筑博物馆。

楼上古寨位于贵州省东北部石阡县乌江上游的廖贤河畔，入选中国历史文化名村。楼上村古建筑群始建于明万历年间，历史悠久，人杰地灵，蕴含着丰厚的文化底蕴。集古楼、古屋、古巷、古桥、古井、古树、古墓、古书、古风、古韵于一体，被誉为贵州省保存最为完好的明清古村落，是贵州省重点文物保护单位。

三、风景名胜

贵州是迷人的“天然公园”。境内自然风光神奇秀美，山水景色千姿百态，溶洞景观绚丽多彩，野生动物奇妙无穷，文化和革命遗迹闻名遐迩；山、水、洞、林、石交相辉映，浑然一体。闻名世界的黄果树瀑布、龙宫、赤水、织金洞、马岭河峡谷等国家级风景名胜区和铜仁梵净山，茂兰喀斯特森林、赤水桫椤国家级自然保护区、威宁草海等国家级自然保护区，犹如一串串璀璨的宝石，五光十色，令人目不暇接、流连忘返。以遵义会址和红军四渡赤水遗迹为代表的举世闻名的红军长征文化，更让人驻足凭吊，追思缅怀。多民族悠久灿烂的历史文化，浓郁神秘的民族风情，以及冬无严寒、夏无酷暑的宜人气候，使贵州成为理想的旅游观光和避暑胜地，荔波喀斯特水上森林和赤水丹霞被列入《世界自然遗产名录》。

百里杜鹃：百里杜鹃风景名胜区位于贵州省西北部，毕节地区中部。距贵阳 155 公里，326 国道通过景区。景区以普底，金坡两乡为中心，以大面积原生杜鹃林为主要特色。因杜鹃林带绵延百里，故称“百里杜鹃”。普底景区是百里杜鹃的代表和精华。在名胜区内，还有岩溶、山泉、飞瀑及浓郁的彝族、苗族风情，与百里杜鹃漫山花树交相辉映，是迄今为止中国已查明的面积最大的原生杜鹃林，被称为世界罕见的杜鹃花大公园。被誉为“世界上最大的天然花园”。有“世界级的国宝精品”之美称。

黄果树瀑布：是中国最大的瀑布、中国最美六大瀑布之一，国家 5A 级风景名胜区之一。位于贵州省安顺市镇宁布依族苗族自治县境内的白水河上。周围岩溶广布，河宽水急，山峦叠起，气势雄伟，历来是连接云南、贵州两省的主要通道。白水河流经当地时河床断落成九级瀑布，黄果树为其中最大一级。以水势浩大著称，也是世界著名大瀑布之一。瀑布对面建有观瀑亭，游人可在亭中观赏汹涌澎湃的河水奔腾直泄犀牛潭。腾起水珠高 90 多米，在附近形成水帘，盛夏到此，暑气全消。瀑布后绝壁上凹成一洞，称"水帘洞"，洞深 20 多米，洞口常年为瀑布所遮，可在洞内窗口窥见天然水帘之胜境。

龙宫：安顺龙宫是国家 5A 级风景名胜区之一，也是全世界电磁辐射最小地方。有着全国最长、最美丽的水溶洞，还有着多类型的喀斯特景观，被游客赞誉为"大自然的大奇迹"。

天星桥：天星桥是国家 4A 级风景名胜区，主要观赏石、树、水的美妙结合，是水上石林变化而成的天然盆景区。

马岭河峡谷：被誉为"地球上一道美丽的疤痕"，位于兴义市东 5 公里处，是一个集雄、奇、险、秀为一体的国家级景区。

舞阳河：舞阳河风景名胜区包括舞阳河三峡、云台山、铁溪、历史文化名城镇远等景点，融自然山水，名胜古迹。

凤凰山国家级森林公园：位于遵义市区中部，园内林木苍翠，鸟语花香，山回路转，泉水清冽；牌坊上"凤凰山公园"五字为刘海粟手书。凤凰山在市区中部，巍峨矗立着一座苍翠的高山，它就是被誉为"绿色明珠"的凤凰山。登上海拔 1057.9 米的主峰，全城尽收眼底。

大板水国家级森林公园：遵义市西北三公里处，大板水属中亚热带季风气候区，具高原湿润气候特点。良好的气候资源和较大的垂直高差，为区内不同生态环境和生物景观的形成创造了条件，在区内随海拔变化形成不同的气象与物候景观；特别是金鼎山和白云台，山高坡陡，四周是沟谷，湿度大、云雾多，构成了产生云海的良好自然条件，可夏观云海，冬赏雪景，四季朝迎日出，暮送晚霞。瞬息万变的气象景观，增加了金鼎山的神秘感和梦幻感。

黎平侗乡：黎平是中国最典型的侗乡不愧为一方"风水宝地"。它有世界之最横空绝世的高屯天生桥，连美国号称"天然石桥之最"并被美国政府认定为"虹桥国胜迹"的犹他州天生桥与之相比也略逊一筹；有侗乡之最肇兴鼓楼群，其建筑艺术堪称世界一绝；有长征文化长征途中的中共中央黎平会议会址；有风光迷人的省级风景名胜区八舟河；有中挪合建、古朴典雅的侗族生态博物馆堂安侗寨；有整个生态环境保持得完整的弄相山原生型天然森林；有巧夺天工的溶洞群和有惊无险的侗乡第一漂西园十里漂流。

斗篷山：是国内距离城市最近的原始林区，原始森林覆盖率近 90%，其中海拔 1800 米的高山台地上，有原始古林近百公顷，林木根部全部长在岩石缝隙之中。

剑江：景区资源丰富，是一个集自然山水、园林、桥梁、文物古迹、民族风情为一体的独具特色的风景区。

贵州双乳峰景区：天下奇观"双乳峰"位于贵州省贞丰县城境内，离县城 9 公里，占地 40 公顷，海拔 1265.8 米，相对高度 261.8 多米。两座兀立的石峰形同女性丰满的双乳，且逼真得让女人看了脸红，男人看了心跳，被当地布依族称为“圣母峰”，被世人誉为“天下第一奇峰”双乳峰。

梵净山：中国五大佛教名山之一，笑罗汉弥勒菩萨傅大士（傅翕）的道场。是国家级自然保护区，联合国“人与生物圈保护区网”单位。

九龙洞风景名胜区：位于铜仁市东南方向约 17 公里处，地处武陵山脉六龙山区北缘，沅水支流锦江南岸。

沿河红军渡纪念碑：1934 年 5 月，红三军在贺龙、夏曦率领下，经渝入沿，于 5 月 31 日到达县城西岸，6 月 1 日经惠民渡过乌江，击溃敌军，占领全城。1979 年 6 月 1 日，为纪念红三军渡江及开辟黔东特区 45 年，县革命委员会于东岸观音岩脚建立“红军渡”纪念碑。碑高 4.1 米，宽 1.2 米，四边雕有扁草五星花纹，中间刻红军渡江及创建黔东特区简介。1982 年被列为县级文物保护单位。

西南茶城湄潭：位于贵州北部，素有“小江南”“鱼米之乡”之称。成片茶海，抗战时期浙江大学西迁于此。

贵州的现代革命史文物十分丰富并在全国占有重要的地位，其中尤以遵义会议会址和息烽集中营旧址最具有代表性，是贵州进行爱国主义教育和革命传统教育的基地。

贵州气候宜人，适合避暑消夏而成为“世界避暑之都”。贵州人民能歌善舞、热情好客，浓郁的民族风情犹如醇美的茅台酒令人心醉。侗家鼓楼和风雨桥、苗族吊脚楼、布依石头寨，精湛的银饰花带、绮丽的挑花蜡染、多彩的民族服装，八音坐唱，侗族大歌、傩戏歌舞、芦笙铜鼓，壮观的斗牛大赛，惊险的上刀梯、下火海，令人啧啧称赞，心仪不已。贵州各族人民在这块火热的土地上繁衍生息，在劳动生活中创造了独特的贵州文化。

第二章　傅圣文化

第一节　圣人文化

一、《说命》版本二种

始祖傅说《说命》现在已知的有两个版本，第一个版本载于东晋梅赜所献《古文尚书》，称为《说命》三篇，前代有人认为是伪作，世有争议。第二个版本是前几年清华大学清理校藏战国竹简时又发现《说命》三篇，称为《傅说之命》，已于 2012 年发表。现将《傅说之命》和《说命》三篇两种版本同时刊用，以供学习、研究、传承。

傅 说 之 命

[说明]（清华大学藏战国竹简）《说命》简长四十五厘米，共有三篇，由同一书手写成。每一篇最后一支简简背都有篇题《傅说之命》，现据内容次第分别题为《说命上》、《说命中》和《说命下》。《说命上》有简七支，《说命中》也是七支，《说命下》则有十支，但缺失了第一支简。现仅存九支。

《说命》是《尚书》的一部分。《书序》云：“高宗梦得说，使百工营求诸野，得诸傅岩，作《说命》三篇。”竹简本《说命》正系三篇。《说命》不在汉初伏生所传今文《尚书》之内，《尚书正义》所引郑玄讲的孔壁古文《尚书》多于伏生的十六种二十四篇，也没有《说命》。东晋时梅赜所献孔传本《尚书》则有三篇《说命》，前人已考定为伪书。与清华简《说命》对照，梅氏献出的《说命》，除自先秦文献中摘辑的文句外，全然不同。

先秦典籍曾多次引用《说命》，最重要的是《国语·楚语上》楚灵王时大夫白公子张所述，但未明说《说命》篇名。不过其间有“若药不瞑眩，厥疾不瘳”，《孟子·滕文公上》所引标出“《书》曰”，足以证明《楚语》此段的来源。竹简本正有与《楚语》相当的语句，可相对勘。《礼记·缁衣》引《说命》“惟口起羞”云云，也见于《墨子·尚同中》所引，同样可在竹简本里找到。此外，《礼记·文王世子》、《学记》所引《说命》，以及《缁衣》另引的一条佚文，则不见于竹简本，这应该是由于《说命》的传本有异。

说　命　上

惟殷王赐说于天，庸为失仲使人。王命厥百工向，以货徇求说于邑人。惟弼人得说于傅岩，厥俾绷弓，引关辟矢。说方筑城，縢降庸力，厥说之状，腕肩如椎。王廼讯说曰："帝抑尔以畀余，抑非？"说廼曰："惟帝以余畀尔，尔左执朕袂，尔右稽首。"王曰："亶然。天廼命说伐失仲。"失仲是生子，生二牡豕。失仲卜曰："我其杀之"，"我其已，勿杀"。勿杀是吉。失仲违卜，乃杀一豕。说于围伐失仲，一豕乃旋保以逝，廼践，邑人皆从，一豕随仲之自行，是为赦俘之戎。其惟说邑，在北海之州，是惟圜土。说来，自从事于殷，王庸命说为公。

说　命　中

说来自傅岩，在殷。武丁朝于门，入在宗。王原比厥梦，曰："汝来惟帝命。"说曰："允若时。"武丁曰："来格汝说，听戒朕言，渐之于乃心。若金，用惟汝作砺。古我先王灭夏，燮强，捷蠢邦，惟庶相之力胜，用孚自迩。敬之哉，启乃心，日沃朕心。若药，如不瞑眩，越疾罔瘳。朕畜汝，惟乃腹，非乃身。若天旱，汝作淫雨。若津水，汝作舟。汝惟兹说底之于乃心。且天出不祥，不徂远，在厥落，汝克觊视四方，乃俯视地。心毁惟备。敬之哉，用惟多德。且惟口起戎出好，惟干戈作疾，惟衣载病，惟干戈眚厥身。若抵不视，用伤，吉不吉。余告汝若时，志之于乃心。"

说　命　下

……员，经德配天，余罔有斁言。小臣罔俊在朕服，余惟命汝说融朕命，余柔远能迩，以益视事，弼永延，作余一人。"王曰："说，既亦诣乃服，勿易俾越。如飞雀罔畏离，不惟鹰隼，廼弗虞民，厥其祸亦罗于罿罦。"王曰："说，汝毋忘曰：'余克享于朕辟。'其又廼司四方民丕克明，汝惟有万寿在乃政。汝亦惟克显天，洞瘝小民，中乃罚，汝亦惟有万福业业在乃服。"王曰："说，昼如视日，夜如视辰，时罔非乃载。敬之哉。若贾，汝毋非货如壥石。"王曰："说，余既諟劼毖汝，使若玉冰，上下罔不我仪。"王曰："说，昔在大戊，克渐五祀，天章之用九德，弗易百姓。惟时大戊谦曰：'余不克辟万民。余罔坠天休，式惟三德赐我，吾乃敷之于百姓。余惟弗雍天之嘏命。'"王曰："说，毋独乃心，敷之于朕政，欲汝其有友勑朕命哉。"

清华大学藏《战国竹简（三）·傅说之命（释文）》，宫长为先生提供

【附注】：

1.《说命下》原注一：篇首一简缺失。从下文看，该简可能记述武丁不言之事。《书·无逸》："其在高宗，时旧劳于外，爰暨小人。作其即位，乃或亮阴，三年不言。"

2.《傅说之命》释文原为繁体字，编者在摘编时改用简体字，特此说明。

《说命》三篇

《书序》：高宗梦得说，使百工营求诸野，得诸傅岩，作《说命》三篇。

说　命　上

王宅忧，亮阴三祀。既免丧，其惟弗言，群臣咸谏于王曰："呜呼！知之曰明哲，明哲实作则。天子惟君万邦，百官承式，王言惟作命；不言，臣下罔攸禀令。"

王庸作书以诰曰："以台正于四方，惟恐德弗类，兹故弗言。恭默思道，梦帝赉予良弼，其代予言。"乃审厥象，俾以形旁求于天下。说筑傅岩之野，惟肖。爰立作相，王置诸其左右。

命之曰："朝夕纳诲，以辅台德！若金，用汝作砺；若济巨川，用汝作舟楫；若岁大旱，用汝作霖雨。启乃心，沃朕心！若药弗瞑眩，厥疾弗瘳；若跣弗视地，厥足用伤。惟暨乃僚，罔不同心以匡乃辟。俾率先王，迪我高后，以康兆民。

"呜呼！钦予时命，其惟有终！"

说复于王曰："惟木从绳则正，后从谏则圣。后克圣，臣不命其承，畴敢不祗若王之休命？"

说　命　中

惟说命总百官，乃进于王曰："呜呼！明王奉若天道，建邦设都，树后王君公，承以大夫师长，不惟逸豫，惟以乱民。惟天聪明，惟圣时宪，惟臣钦若，惟民从乂。惟口起羞，惟甲胄起戎，惟衣裳在笥，惟干戈省厥躬。王惟戒兹！允兹克明，乃罔不休。

"惟治乱在庶官。官不及私昵，惟其能；爵罔及恶德，惟其贤；虑善以动，动惟厥时。有其善，丧厥善；矜其能，丧厥功。惟事事，乃其有备，有备无患。无启宠纳侮，无耻过作非。惟厥攸居，政事惟醇。

"黩于祭祀，时谓弗钦。礼烦则乱，事神则难。"

王曰："旨哉！说。乃言惟服。乃不良于言，予罔闻于行。"

说拜稽首，曰："非知之艰，行之惟艰。王忱不艰，允协于先王成德，惟说不言，有厥咎。"

说　命　下

王曰："来！汝说。台小子旧学于甘盘，既乃遁于荒野，入宅于河。自河阻亳，暨厥终罔显。尔惟训于朕志，若作酒醴，尔惟曲蘖；若作和羹，尔惟盐梅。尔交修予，罔予弃；予惟克迈乃训。”

说曰：“王！人求多闻，时惟建事。学于古训乃有获；事不师古，以克永世，匪说攸闻。惟学逊志，务时敏，厥修乃来。允怀于兹，道积于厥躬。惟敩学半，念终始典于学，厥德修罔觉。监于先王成宪，其永无愆。惟说式克钦承，旁招俊乂，列于庶位。”

王曰：“呜呼！说。四海之内咸仰朕德，时乃风。股肱惟人，良臣惟圣。昔先正保衡作我先王，乃曰：予弗克俾厥后惟尧舜，其心愧耻，若挞于市。一夫不获，则曰：时予之辜。佑我烈祖，格于皇天。尔尚明保予，罔俾阿衡专美有商。惟后非贤不乂，惟贤非后不食。其尔克绍乃辟于先王，永绥民。”

说拜稽首，曰：“敢对扬天子之休命！”

注：《说命》三篇原文，采用阮元《十三经注疏·尚书正义》(中华书局，1980年版)；断句、标点、分段，采用周秉钧《尚书注译·说命》(岳麓书社，2001年版)。

二、“傅”字释义

（一）一种科学技术活动

“傅”这个字，就是测量天文历法的科学活动，是人类世界第一大观测发明活动。是中国四大发明以前的大发明。该项观测活动的地点叫做“傅岩”，就是现在的山西省平陆县圣人涧镇北的山，也叫做博山。约 4200 年以前，从事太阳观测活动的人，把自己的活动用一个字来描写，这就产生了“傅”字；从事太阳观测活动的人，把自己称为“傅氏”；从事太阳观测活动的地点，称为“傅岩”。

（二）一个姓氏

由舜的后代妫姓演化而来。部分从事测量天文历法工作的妫姓祖先首先称为傅氏。妫姓是虞姓的一支，所以自古以来就有“傅虞同城”的说法，在甲骨文中，写做“甫鱼”。大约 3800 年前部分狸姓人（尧的后代）改姓傅，以后又有苗、土家、土、白、夜郎、蒙古、满、朝鲜、羌、台湾高山、回、彝等一些少数民族改姓傅。

（三）地名

原来傅国故地称为“傅岩”，后来迁到东夷的地点称为“傅阳”，都是傅氏居住地。“傅岩”在山西省平陆县圣人涧镇北，“傅阳”在山东省枣庄市南 50 公里。

（四）一种工具

科学仪器，像使用的日晷，现在一些古观象台仍然有“傅”这种仪器。

（五）一种祭祀用的法器

是帝王祭祀天地用的法器。在祭祀法场中，排在天地的下面、先帝先王的上面。

（六）老师、师傅

古代专指帝王的老师，如太傅、少傅。辅佐、辅助、参谋、幕僚。现在通俗化为普通的职业技术老师，如师傅。一日为师，终身为父（傅）也。

（七）教育

成语“一傅众咻”，就是指在学习外语的时候，一个教师讲外语，而众多的同学讲国语，所以学不好。这里的“傅”就是教育的意思。

（八）教导人的人为傅。相当于“老师”。

傅者，师也。《师说》云：“古之学者必有师。师者，所以传道授业解惑也。”世人言，“一日为师，终身为傅”。

三、古代学术文献中有关傅说的论述

傅说是受到人们崇敬的一位圣人，生前就被称为圣人，是国家有文字记载的第一位圣人，比孔子早八百多年。后世人尊他为天神。王逸《章句》：“傅说死后，其精着于箕尾也。”屈原《远游》也说：“奇傅说之托辰星兮，羡韩众之得一”。《庄子·大宗师》：“傅说得之，以相武丁，奄有天下，乘东维，骑箕尾，而比于列星。”《星经•下•尾宿》：“傅说一星，在尾第二星东二寸，小者是，其星明则辅臣忠政，暗则陪臣乱国。”《左氏•僖五》：“天策焞焞。”（音俊 jun）杜预注：天策，傅说星。《晋书•天文志》：“傅说一星，在尾后，傅说主章祝，巫官也。”《天皇会通》：“傅说，后宫女巫也，郑夹祭曰，傅说一笪，主后宫求子之事，谓傅母喜也。”对于这些散见于历史上的神话传说记载，但因为傅说是奴隶解放的始祖之缘故吧，故历史上人们总把他敬之为神，并尊号“梦父”，“天策星”。充分说明傅说在民间是享有崇高敬仰的一位伟大的历史人物。历代均有诗文篇章讴歌记载，现摘录部分章节如下：

《孟子•告子下》：“傅说举于版筑之间。”

《墨子•尚贤》：“傅说被褐带索，庸筑于傅岩，武丁得之，举以为三公，与接天下之政，治天之民。……昔者傅说居于北海之州，圜土之上，衣褐带索，庸筑于傅岩之城。武丁得而举之，立为三公，使之接天下之政，而治天下之民。是故武丁之举傅说也，岂以为骨肉之亲，无故富贵，面目美好者哉！惟法其言，用其谋，行其道，上可以利天，中可以利鬼，下可以利人，是故推而上之。”

《庄子•大宗师》：“傅说得之，以相武丁，奄有天下，乘东维，骑箕尾，而比列星。”

《荀子·非相》："傅说之状，身如植鳍。"

《尚书·说命》：孔安国说："傅氏之岩，在虞、虢之界，通道所经，有涧水坏道，常使胥靡刑人筑护此道。说贤而隐，代胥靡筑之，以供食也。"

《史记·殷本纪》："帝小乙崩，子帝武丁立。帝武丁即位，思复兴殷，而未得其佐。三年不语，政事决定于冢宰，以观国风。武丁夜梦得圣人，名曰说。以梦所见视君臣百吏，皆非也。于是乃使百工营求之野，得说于傅岩中。是时，说为胥靡，筑于傅险。见于武丁，武丁曰：是也。得而与之语，果圣人。举以为相，殷国大治。故遂以傅险姓之，号曰傅说。

《史记·游侠列传序》："傅说匿于险岩。"

《国语·楚语》："昔武丁能耸其德，至于神明。于是乎三年默以思道。卿士患之，曰：王言以出令也；若不言，是无所禀令也。武丁于是作书，以余正四方，余恐德之不类，兹故不言。如是，而又使以梦象旁求四方之贤。得傅说以来，升以为公，而使朝夕规谏。曰：若金，用汝作砺；若津水，用汝作舟；若天旱，用汝作霖雨；启乃心，沃联心；若药，不瞑眩，厥疾弗瘳；若跣，不视地，厥足用伤。

《左氏·僖五》："天策焞焞。"（按天策即傅说星，时近日，星微，焞焞光耀也。）

《吕氏春秋·求人篇》："傅说，殷之胥靡也。"

《英贤传》："傅说为相，子孙留居傅岩，号傅余氏。"

《汉书·莫布传》："项王伐齐，身负版筑。"

东汉哲学家王符，在《潜夫论》中说："身号汤，世号殷。致太平。后衰，乃生武丁。即位，默以不言，思道三年，而梦获贤人以为师。乃使以梦求之四方侧陋，得傅说。方以胥靡筑于傅岩。升以为大公，而使朝夕规谏。……故能中兴，称号高宗。"

三国魏人管宁，在《辞疾上书》说："臣闻傅说发梦，以感高宗。吕尚后兆，以动周文。以通神之才，悟于圣主，用能匡佐帝业，克成大勋。"

南朝梁武帝《设谤木肺石二函诏》："怀傅吕之术，抱屈贾之欢。"

唐张倚《对长才广度沉迷下僚策》中以为："自生人以来，有国之王，莫不得贤则治，失贤则乱，此乃自然之义，百王不能易也。……殷高宗托梦于傅岩……所谓勤于求贤而善于用人也。"

唐白行简《君臣同德赋》说："臣闻非常之王，必有非常之臣，是以武丁梦兮求殷筑之士，……同心同德，君圣臣忠。……子子孙孙永代克隆。"

宋欧阳修《新唐书》："然马周才不逮傅说，使后世未有述焉，惜乎！"

北宋哲学家张载在《经学理窟·诗书》中说："高宗梦傅说，先见容貌，此事最神。夫梦不必须圣人然后梦为有理，但天神不间，人入得处便入也。万倾之波与污泥之水，皆足受天之光，但放来平易，心便神也。若圣人起一欲得灵梦之心，则心固已不神矣。

神又焉有心？圣人心不艰难，所以神也。高宗只是正心思得圣贤，是以有感。”

宋洪迈《容斋随笔•一定之计》说：“傅说在岩野，爰立作相，三篇之书，皎若星日，虽史籍久远，未详纪其行事，而高宗克鬼方，代荆、楚，嘉靖殷邦，礼陟配天，载于《易》之《既济》，《书》之《无逸》，《诗》之《殷武》。商代之君莫盛焉。罔俾阿衡，专美有商，于是为允蹈矣。”

《星经》：“星名，傅岩一星在尾后河中，主祈祷子嗣，其星名大，王者多子。”又《星经•下•尾宿》：“傅说一星，在尾第二星东二寸，小者是，其星明则辅臣忠政，暗则陪臣乱国。”

《中国人名大辞典》：“傅说，商高宗梦得圣人，名曰说，使百工求于野，得傅说于傅岩中，傅岩有涧水坏道，常使胥靡刑人筑之，说贤而隐，故为胥靡代筑以供食。既见高宗，与之语，果圣人也。作《说命》三篇，号傅说，举以为相，国大治，遂命以为傅氏。”

《晋书•天文志》：“傅说星，在尾后，傅说主章祝，巫官也。”

《辞源》：“殷高宗贤相，初代胥靡版筑于傅岩之野，高宗求得主，举以为相，因得此傅岩，命以为傅氏。”

《中文大辞典》：殷商高宗贤相，初隐于傅岩，傅岩有涧水坏道，说故为胥靡版筑以供食。高宗梦说，求得之；与语，果圣人，乃作《说命》三篇。号曰傅说，举以为相。”

《中国古今地名大辞典》：“傅岩在今山西平陆县东二十五里，一名傅险，今名隐贤社（现平陆县城所在地）为傅说版筑处。”

四、中国先秦史学会专家论述

中华文明的奠基人——傅说

文化是指人类在社会历史发展过程中所创造的物质财富和精神财富的总和，但更多的时候是指精神财富，如思想、文学、艺术、教育、科学等综合表现。它既是人类创造社会活动中劳动智慧的结晶，更是一个国家，一个民族文明和发达程度的象征。人类文明历史越长，文化沉淀越厚，其内涵就越丰富，对社会经济发展的推动力也就越大。因此，认真探寻中华民族文明的起源是一个十分重要而迫切的问题。

在泱泱五千年的中华民族发展史中，划分荒蛮和文明界线的时代究竟是哪个时代？对此问题，史学界到目前仍没有一个准确的定论，但从《现代汉语词典》中，“文明是指社会发展到较高阶段和具有较高文化的”解释来看，中华民族文明时代应当是从成熟于商武丁时期的甲骨文时代算起。虽然在此之后三千多年的历史演进中，我们的民族文化不断发展、成熟和完善，也产生了千姿百态、异彩纷呈的各种学说和流派，但无论如何演变和发展，其根源都是成熟于商武丁时代的甲骨文。可以说，甲骨文文化就是中华民族的基文化和根文化。

那么，是谁在商武丁时期的甲骨文的成熟过程起了决定性作用呢？对此问题，笔者进行了现有各种资料的分析研究和探讨，一切结论都表明：在商武丁时期甲骨文成熟过程中起主导和决定作用的人物，就是为相五十多年之久，协助商武丁缔造中兴盛世的第一贤相、第一圣人——傅说。

傅说出生胥糜（奴隶首领），本无姓氏，因在平陆傅岩山旁被商王武丁发现并擢升为宰相，"遂以傅险姓之，号曰傅说"（《史记•殷本记》）。他用一生的劳动创造和睿智，铸造了一个不拘一格用人才的人才使用奇迹，演绎了一部人类历史上空前绝后的从奴隶到宰相的真实"神话"，为后人留下了一部内涵丰富，底蕴深厚，博大精深，对中华民族文化和文明的形成起到开先河和奠基作用的傅说文化。

（一）平陆是中华民族的重要发祥地，其深厚的文化底蕴为傅说思想的产生提供了先决条件

和任何事物一样，一个民族、一种文化的诞生、形成、发展和成熟，都是一个由劳动产生人类，产生语言，产生文字，产生文明的漫长历史发展过程，都有一个必须经过量的积累质的飞跃的过程，中华民族文化的形成和发展也是如此。到目前，人们普遍公认中华民族五千年历史的演进过程，大体分为神话时代、传说时代和有文字记载时代，每个时代的转化都经历了一个相当漫长的量的积累和质的飞跃，每个积累和飞跃的产生、形成和发展，都有其必须具备的环境、条件和基础。傅说文化也不例外。可以说，是人类在平陆的早期活动，为傅说文化的形成做好了量的积累，是平陆深厚的文化底蕴促成了傅说文化的诞生。

首先，平陆是人类最早的发祥地，人类的早期活动为傅说文化的形成做好了量的准备。位于黄河中游的平陆，依山傍水，在古时，山中森林有果可采，有兽可猎，河中有鱼可捕，还有生活必须的淡水和食盐，是生产力尚不发达时代的人类非常理想的生活栖息之地。1995 年 5 月，中美科学家在垣曲县古城镇寨里村考察时，发现了人类与灵长类的共同祖先——中华世纪曙猿化石，使人类活动的时间推移到了 450 万年前，比非洲的同类化石早 100 万年，是迄今发现的人类最早的发源地。这就充分证明，以垣曲、平陆为核心的中条山脉，是当初人类的最主要活动地域，换句话说，平陆也是人类的最早发祥地。现有的考古成果表明，平陆境内的古人类活动遗址星罗棋布。已发现的旧石器时代遗址 7 处（如七里坡遗址，1958 年 11 月发现，距今约 3 万年），新石器时代遗址 13 处（如南侯、赵家滑、盘南遗址等），商代 3 处（如前庄遗址等），所有这些遗址，都从根本上证明，平陆一直是人类早期活动的重要地域，人类早期的活动都在为傅说文化的形成做着量的积累。

其次，舜帝建都于平陆，使傅说文化诞生和形成的量的积累大大朝前推进了一步。舜帝是中华民族传说时代三皇五帝中的最后一个帝王，上承尧帝，下传大禹，其建立的都城，就是当时的政治、文化和经济中心，可以说，当时人类社会生产力发展水平的集中体现就在其都城。那么，当时，舜帝建立的都城到底在哪里呢？据考，舜帝都于虞，故称“虞舜”。陈洪斌先生编著的《中国朝代与帝王》一书中，“舜即位改唐国为虞国”，“舜帝在河东大阳县（今山西平陆县南）设建虞国，虞国都在平陆”等话语都初步说明了这个问题。同时，《史记》中关于周初“封仲雍于虞，曰虞仲”的记载，也从侧面进一步说明了舜帝建都于平陆的正确性。平陆现存的古虞城遗址，也从根本上证明了这个问题。此外，尧都临汾、舜都于虞、禹都夏墟等一系列不争史实，也从侧面证明了这一点。所以，平陆一直是人类传说时代生产力发展水平的代表区域，平陆当时的文化就是人类早期最先进的文化，可以说，人类在平陆早期活动形成的文化累积，为傅说思想的形成提供了物质文化储备。

第三，平陆虽不是商朝的政治经济中心，但一直是政治经济的重要地域，为傅说文化的最终形成起到了“临门一脚”的关键作用。到商朝时期，甲骨文字已经开始出现，换句话说，人类经过漫长劳动的量的积累后，开始由荒蛮时代向文明时代过渡。在这个过渡的过程中，平陆既是过渡的前沿，又是过渡中心。这是因为：从商朝先祖的活动区域看，平陆是商王朝先祖昭明的居住地。《史记》中明确记载，“自契至汤八迁。汤始居亳，从先王居，作《帝诰》。”对此问题，大史学家王国维先生做过考证，认为“契自亳迁居蕃。一迁。昭明自蕃适居砥石。二迁。昭明自砥石迁商。三迁。”这就说明，商先祖昭明的第二次迁移是迁在“砥石”。而“砥石”又在哪里呢？对此，1993 年山西省教育厅编写的乡土教材《历史》补充教材中明确说：“商的始祖契到灭夏的汤共传 14 代，先后迁都 8 次，契的儿子昭明第二次就迁在砥石，砥石就在平陆县东。”由此看来，砥石就是现在三门峡大坝前的砥柱，砥石就代表当时的平陆，昭明的第二次迁徙就迁在平陆，所以，在当时，平陆一直是商王朝统治的重要根据地，这是其一。其二，昭明迁商后，仍有部分王室成员留居平陆。这些王室成员在商汤建国后，一直享有王室成员的一切待遇。1990 年平陆前庄商朝遗址出土的大石磬和青铜重器大方鼎，都是王室成员才能拥有的重要礼器，都从考古的角度证明，在傅说诞生之前，甚至在商朝诞生之前，平陆就一直是当时人类政治、经济、文化的活动中心或重要区域，这就从根本上为傅说文化的诞生创造了先决条件。

上述三点，我们完全可以得出这样的结论，就是傅说所处的时代，是一个人类历史飞速发展的时代，在这样一个飞速发展的时代背景下，傅说学众家之长，集众家之明，开始思考、总结和提炼，逐步形成了独具的智慧和能力，进而发明了版筑技术，进而从奴隶升为宰相……如果说时代造英雄的话，那么，是平陆当时的特殊环境和人类历史发展的进程共同打造出了中华民族的第一圣人。

（二）深刻思考中华民族五千年发展史，我们的文明时代是从傅说时代开始的

在本文的前言中，我已初步阐明了人类发展中划分荒蛮和文明时代的概念问题，就是说，文明时代的确立，是以较高文化为主要标志。从这个意义上讲，我们的汉字文化，从什么时代开始成熟，我们的文明时代就是从什么时代开始。而众所周知，甲骨文是我们中华民族最早的文字，所以，甲骨文的成熟，就是中华民族进入文明时代的最根本标志。那么，甲骨文又成熟于什么时代呢？在甲骨文的成熟过程中，谁又起了主导和推动作用呢？对此问题，我从以下四个方面进行阐述。

第一，甲骨文虽然在商朝，甚至在商朝以前就已出现，但成熟时期是在商武丁时期。首先，从商武丁以前甲骨文的数量和用途看，仍处于文字的形成初期，不能算做成熟的文字。到目前，考古学家的考古发现证明：虽然新石器时代晚期的仰韶文化时期已见汉字萌芽，西安半坡遗址出土的陶器上也曾发现了五六十种刻划的符号，但这仅“是我国文字的原始阶段”（郭沫若：《古代文字辩证的发展》），仅是对结绳契木的进一步演进，这些刻划符号，还不能算作文字。商武丁以前，甲骨文的用途仅局限在占卜之上，出土的数量较少，成形的文字更少，仍然不能说是文字成熟了。其次，已经出土的商武丁时期的大量甲骨及甲骨文字充分证明，甲骨文字在商武丁时代已由单一的占卜之用延伸到了记事之上，汉字文化已经基本成熟了。这个问题从两个方面能够充分说明。一方面，在现已出土的甲骨文中，武丁时代的占绝大多数。从笔者查阅的大量资料看，绝大部分学者大家一提甲骨文字，都是用武丁时期的甲骨文来做证明，这就足以说明，商武丁时期的甲骨文，就是甲骨文的代表，或者说甲骨文的成熟是在商武丁时代。另一方面，武丁时代甲骨文记载的内容大大延伸，单字数量猛增，众多的甲骨文字已基本具备了今天汉字的雏形。到武丁时期，甲骨文的用途已从占卜发展到记载王事。在已破译的甲骨文中，就有大量关于傅说和武丁的记载，如“宰傅”（三代、8、19）等。按照丁山先生的解释，“宰傅是大宰傅说的省称”（因甲骨文字难以表述和理解，笔者不再引用）。这是其一。其二，考古学提供的资料表明，甲骨文中的象形文字，在武丁时期得到了很大发展，文字的数量比以前大大增加，仅单字就增加了 4000 多个，而且同字异体各有变化。《中国大百科全书——考古卷》“商代甲骨的科学价值”一文中说：“武丁时期，这三种类型的文字已基本存在，但形声字尚不发达，以象形字作音符的假借字还比较多。”我们今天的汉字，仍是以象形文字为基础的形符文字，构成方法也只有四种。因此，我们完全可以得出这样的结论，就是商武丁时期的甲骨文，不论是在文字数量上还是在构字方法上，都同我们今天的汉字十分接近，都“已具备了今日汉字的基本要求”（唐兰《古文字学导论》）。可以说，商武丁时代甲骨文的成熟，把中华民族推上了文明历史的新阶段。

第二，“武丁中兴”的缔造者是傅说。这里所讲的武丁中兴是对商高宗武丁时期政治、经济和文化兴旺繁荣的简称。这已是史学界公认的史实。但认真反思武丁中兴形成的原因，我们很快就会得出同样的结论，这就是武丁中兴的根本原因是武丁启用了傅说。换句话说，就是武丁中兴的缔造者是傅说。首先，傅说是武丁时代政治、经济、文化权力的核心。殷商时期宰相的权力是相当大的。商初的宰相伊尹，不仅辅佐君王，而且还起着教导君王的作用，甚至有废立大权。《史记》中“帝太甲既立三年，不明，暴虐，不遵汤法，乱德，于是伊尹放之于桐宫。三年，伊尹摄行政当国，以朝诸侯。帝太甲居桐宫三年，悔过自责，反善，于是伊尹乃迎帝太甲而授之政”的记述，就充分说明了这个问题。到商武丁时期，王朝事务仍是“政事决定于冢宰”（《史记》)。《说命》三篇中记述的武丁对百官的“其（傅说）代予言”的话，充分说明傅说实质就是武丁的代言人，就是权力的核心。其次，武丁治国方略的实质就是傅说治国思想的体现。纵观武丁治国的方略及思想，我们可以肯定地说，都源于傅说。这从记载武丁和傅说对话的《说命》三篇中可以得到证明。早在傅说刚立为宰相时，武丁对傅说说：“朝夕纳诲，以辅台德。若金，用汝作砺；若济巨川，用汝作舟楫；若岁大旱，用汝作霖雨。”“尔惟训于朕志，若作酒醴，尔惟曲糵；若作和羹，尔惟盐梅。尔交修予，罔予弃，予惟克迈乃训。”武丁这些话的本身就说明武丁是把傅说当作师长对待的。那么，我们就可以肯定，《说命》三篇中，傅说关于治国的一整套思想和理论，指导了武丁中兴盛世的形成。更何况，傅说既是武丁的老师，更是亲自把持权力中心的宰相，既是治国思想的思考者，更是治国思想的实践者。因此，武丁中兴实质上是傅说治国思想和当时广大劳动人民群众实践相结合的产物。再次，武丁中兴是傅说担任宰相后才出现的。《史记》中明确记载：“得而与之语，果圣人，举以为相，殷国大治。”这就说明武丁中兴是在傅说担任宰相之后才出现的。傅说为相 50 多年，在任时间贯穿了武丁中兴的全过程，可以说，没有傅说就没有武丁中兴。傅说主宰的武丁中兴时代就是傅说时代，武丁中兴时期的文化就是打着傅说思想烙印的傅说文化。

第三，傅说在甲骨文的成熟过程中起着主导和推动作用。一方面，傅说为相期间的各项改革为甲骨文的成熟、发展创造了客观条件。傅说担任宰相后，坚持按照《说命》三篇中阐述的治国观点治理朝政，在政治、军事、农业生产、科学文化等各个方面进行了重大改革，使当时社会的生产力得到了大幅度提高。在此过程中，社会分工进一步细化，出现了一批“贞人”（专门从事科学文化研究的知识分子），这为甲骨文的发展和成熟创造了客观条件，这些“贞人”的劳动，使甲骨文得到了进一步的丰富和成熟，河南安阳出土的大量甲骨文就是最有力的证明。另一方面，傅说在任时期的特殊身份和地位，主导和推动了甲骨文全面进入成熟时期。傅说为相时期，文字的使用主要是在上层建筑领域，创造文字，主要是上层人士的事。因此，作为当时创造文字和颁布文字最高长官的傅说，不主导和推动，就不可能在那个时期形成甲骨文的快速发展和成熟。所以，我们现已出土的保存记录了丰富历史资料的傅说为相时期的大量甲骨文，都是傅说及其手下创造性劳动的结晶。我们虽不能说傅说创造了大量的象形文字，但我们完全可以肯定地说，没有傅说当年的主导和推动，我们甲骨文的形成和成熟就还需要一个相当长的历史过程。

第四，傅说文化的形成标志着中华民族进入了文明时代。一种文化的形成，必然来源于一种思想的产生，傅说文化的形成，必然源于傅说思想，而傅说思想就是傅说一生在学习、劳动和担任宰相的实践过程中，所形成的对客观世界的认识。当然傅说思想的形成、发展和成熟，也有一个循序渐进的过程，但傅说思想的光辉就在于他在担任宰相之前，就有一个超越常人的思想基础。我们知道，傅说在出任宰相之前就有一整套的治国理论。担任宰相后，随着视野的开阔和经验的丰富，傅说思想得到了进一步的升华和锤炼，逐步形成了武丁中兴的思想基础，并通过践行宰相之责的一系列实践，最终铸就了光照千秋的傅说文化。在这部傅说思想作用和影响下产生的底蕴深厚，内涵丰富，博大精深的所有物质财富和精神财富总和的文化中，最突出、最鲜明的标志，就是甲骨文的形成和成熟，而甲骨文的形成和成熟又是中华民族进入文明时代的最根本标志。因此，傅说就是中华民族文明奠基者的观点，是客观存在、不容置疑的史实。

（三）认真分析中华民族的百家文化，都是从傅说思想孕育而来的文化

纵观中华民族文化历史的演变过程，我们可以看出，主要存在三个飞跃时期。一是商武丁的文字形成时期，代表人物就是傅说；一是春秋战国时期，代表人物就是孔子、孟子和老子；一是民主革命时期，马列主义传到中国，代表人物就是毛泽东。三个时期内，形成的傅说思想统治中国 800 余年，孔孟之道统治中国 2000 多年，毛泽东思想成了中华人民共和国建国和发展的指导思想。但是，无论我们中华民族文化如何演进和发展，就其实质，都和最初的傅说文化有着千丝万缕的联系，都能在傅说思想中找到前身和萌芽，可以说，是傅说文化孕育了中华民族的所有文化。

首先，从时间空间上看，傅说文化是诸子百家文化的前身。傅说的活动时代，在距今 3300 年前后的商朝中后期，而诸子百家的活动时期，大都处于西周末期的春秋战国时期，普遍比傅说活动时期晚七八百年。傅说的思想观点，经过七八百年实践的检验和凝练，在奴隶制崩溃与封建制形成的社会大动荡中，随着阶级立场和政治观点的不同，演化成了流派各异的诸子百家文化。可以说，傅说文化是诸子百家文化的前身，诸子百家文化是对傅说文化的继承和发展。正如清代著名学者、乾隆的恩师、翰林院翰林杜若拙先生所说：“《说命》三篇言治者不具论，其言学为六经之始，盖天下文章莫大于是。”因此，傅说文化在中华民族文化中的基础地位和影响是任何文化都无法替代的。

其次，从思想内容上看，诸子百家的思想都是在傅说思想的基础上孕育产生的。由于历史的原因，傅说文化遗留下来的比较完整的文献太少，但仅从《说命》三篇上看，我们都能找出诸子百家的一些思想萌芽，都能在诸子百家的言论中找出傅说思想的痕迹。比如，儒家文化的“三从四德”、“三纲五常”思想中，孔子所讲的“君君、臣臣、父父、子子”（《史记•孔子世家》），就是对傅说“惟圣时宪，惟臣钦若，惟民从乂”思想的概括、总结和发展，之间的顺承关系显而易见；孔子主张“仁义”，孟子是讲“爱民”，而傅说所讲的则是“政事惟醇（忠厚）”，其实质都是一个道理；还有“兼听则明”（孔子）与“从谏则圣”（傅说），“谦虚谨慎”（孔子）与“惟学逊志”（傅说）等等，其一脉相承的关系也十分明显。可以说，孔子的哲学思想、文化内涵、政治观点是从傅说思想孕育派生出来的，孔子所“创造”的儒家文化是对傅说文化的继承和发展。正如文史学家胡适在《说儒》一文中阐述的观点，孔子不是“儒学”的创造者，而是儒学的中兴者，儒学起源于殷商。比如，傅说思想和其它学派思想之间也有一定的承接关系。傅说的“惟口起羞，惟甲胄起戎，惟衣裳在笥，惟干戈省厥躬”思想，就是道家“无为”哲学的雏形。正像道家的创始人之一庄子所说：“夫道，傅说得之，以相武丁，奄有天下。”（庄子•大宗师）也就是说，傅说的思想和行为规范已经符合道家学派的要求，反过来说，就是道家学派的思想是对傅说思想的延伸。再比如，傅说创造的“天干地支”纪时一直被各个学派所利用，直到今天我们的农历纪年仍用“天干地支”。三个比如充分说明，傅说思想，既是我们中华民族文化的最早思想，更是诸子百家文化及其所有派生文化的思想之源。

再次，从我们现在的成语和名言中，仍能看到傅说思想的光辉。傅说的“有备无患”、“惟贤”、“惟德”等思想我们今天仍然沿用，特别是傅说的“木从绳则正”、“非知之艰，行之惟艰”的思想观点，不仅体现了古代朴素唯物观，而且还包含了朴素的辩证思想，对唯物辩证观的诞生也有一定的影响，从这个意义上讲，傅说不仅是中华民族文明的奠基人，而且对世界文化的发展也产生着巨大而深远的影响。

自古以来，由于受数千年奴隶社会和封建社会等级观念的束缚和制约，由于受夏商断代时期遗留文献严重匮乏的局限，也由于历朝历代政治、经济、文化中心的不断迁移，人们研究历史和宣传历史的侧重点仅只注意了商武丁的贤明，而没有注意傅说思想和文化的研究和宣传，致使傅说和傅说文化没有得到应有的历史地位，没有得到很好的挖掘和整理。但历史就是历史，越是光辉的思想，越会在历史的长河中保持永久的生命力。随着傅说及傅说文化的研究和整理，傅说思想的光辉一定会大放光芒，照遍全中国！

——摘自《傅圣文化》2005年第二期

五、傅说为中华民族第一圣人

在中国先秦史学会、山西古代文明研究中心、山西平陆县人民政府、世界傅氏宗亲联谊总会主办的第二届傅圣文化学术研讨会上，来自全国 28 个省市的 78 位专家学者及 20 多位傅氏后裔共同参与了此次高层次、高规格的学术研讨活动。专家学者们广征博引、宏谈阔论，用扎实可信的史实资料肯定了傅说圣人应有的历史地位和作用，诠释了傅说圣人的光辉思想和经典，总结概括出傅圣文化是中华民族上古文明时期最具代表性的文化等八个权威学术结论。中国新闻网、《人民日报》、中央人民广播电台、山西新闻网、山西电视台、《山西日报》等众多强势新闻媒体对此进行了多角度、深层次、连续性的报道。

六、傅圣文化学术研讨会八个权威学术结论

（一）傅说是真人真事，是早于孔子八百年前的政治家、思想家、军事家、建筑学家；

（二）东有孔圣，西有傅圣，傅圣是中华民族有文字记载的第一圣人；

（三）《说命》三篇是傅说的，是真实的，是旷世之作，是兴国富民之宝典；

（四）傅圣文化是中华民族上古文明时期最具代表性的文化；

（五）傅说主持修筑的颠岭坂道是人类历史上的第一条“公路”、“国道”；

（六）傅说对儒学启蒙期的贡献是十分重要的；

（七）傅说圣人历史地位及现代价值急需深入研究和弘扬；

（八）建设中华傅圣文化园是全中华民族的又一经典文化工程。

——摘自《中华第一圣人》2010 年第一期

第二节　历代名人诗文

傅说是中国早于孔子800多年国家唯一有文字记载，活着时就称为“圣人”的。商王武丁尊他为相以后，得到了后来历朝历代一大批皇帝、历史文化名人的认同和颂扬，使傅说成为全社会共同敬仰的“圣人”，也使傅说思想成为全人类共同的精神财富。历代诗文篇章讴歌不少，历代皇帝、文化名人颂扬傅说思想的几个方面。现摘录部分章节刊载：

一、诗词

（一）颂扬傅说思想方面

1．皇帝类，以唐太宗李世民为代表

春日登陕州楼

李世民

碧原开雾隰，绮岭峻霞城。
烟峰高下翠，日浪浅深明。
斑红妆蕊树，园青压溜荆。
迹岩劳傅想，窥野访莘情。
巨川可以济，舟楫伫时英。

秋暮言志

李世民

原野回舟碧，烟霞密翠班。朝光浮烧野，霜华净碧空。
结浪冰初镜，在径菊方丛。约岭烟深翠，分旗霞散红。
抽丝滋泉侧，飞想傅岩中。已获千箱庆，何以继熏风？

注：春日登陕州城楼，俯眺原野，回丹碧缀，烟霞密翠班红芳菲花柳即目川，聊以命篇。李世民对傅说非常崇敬，把傅说思想当成改革朝政、国富民强的圣人思想来崇拜和颂扬。有一年春天，他在登上陕州城楼上俯视，大地一片葱郁，顿时诗兴大发，除赞美大自然的美丽外，联想起傅岩之地的圣人傅说，“迹岩劳傅想，窥野访莘性”，颂扬傅说通过遍访民情，总结出国富民强的傅说思想，用以来指导唐朝的治国思路，为唐朝的兴旺发达奠定了思想理论基础。对于如何继承和发扬傅说思想，李世民在《秋暮言志》中写道：“已获千箱庆，何以继熏风”，李世民提出了自己的独道见解，要求世世代代把傅说思想作为社会优良风尚传承下去。

2．诗人类，以唐朝王维、杜牧为代表

登平陆城楼

王维

井邑傅岩上，客亭云雾间。高城眺落日，极浦映苍山。

岸火孤舟宿，渔家夕鸟还。寂寥天地暮，心与广川闲。

注：唐朝有一天，王维亲自来到闻名于世的平陆县城楼（后来被战争所毁）上，极目远眺，思绪万千，写下了这首著名的《登平陆城楼》诗。井邑：虞大夫井伯之邑，也可以作为市井城邑。闲：也就是闲暇。他在这首诗中颂扬人杰地灵的傅岩这个地方，高耸入云端，比喻圣人傅说思想，光芒万丈，居于古代思想之高端，启迪人间，使他诗兴大发，心绪与广大山川融为一体，形成一幅人与自然的美妙图画。

洛中送冀处士东游

杜牧

好人天子梦，刻像未尔求。我感有泪下，君唱高歌酬。

人生一世内，何必多悲愁。歌葵解携去，信非吾辈流。

注：在这首诗中，体现出杜牧对傅说非常崇拜，结合自己怀才不遇、仕途坎坷的痛苦心境，在诗中抒发了对傅说思想的颂扬，也希望自己能像傅说一样，有朝一日，能入“天子梦”，何必在“人生一世内”，那么“多悲愁”。同时也流露出与圣人傅说相比，自己是何等的渺小啊。

3．史学家类，以宋朝司马光为代表

员村坂

司马光

坏道傍连傅，空城右指虞。穷岩今寂寞，蔓草只荒芜。

野店寒餐涩，山程瘦马瘏。物华供兴趣，亦足慰崎岖。

注：司马光对傅说和傅说思想了解极其透彻，对傅说的成长条件艰苦，表示深切的同情和理解，阐明“寒门出贵子”、“贫困出伟人”的哲理，反衬出傅说及其傅说思想的伟大，值得人们世世代代颂扬和传承。

4．文学家类，以宋代苏东坡为代表

次韵朱光庭喜雨

苏东坡

久若赵盾日，欣逢傅说霖。坐知千里足，初觉两河深。

破屋常持伞，无薪欲爨琴。清诗似庭燎，虽美未忘箴。

注：苏东坡把傅说思想，比喻为久旱欣逢甘霖，为苦难的人间播洒了希望和兴盛，颂扬傅说思想的伟大。

（二）颂扬傅说精神伟大，感动天地，死后成神仙，列为箕尾之星

著名理学家类，以薛瑄为代表

傅　岩

明·薛瑄

涧道重冈拥复回，秋风老树古祠开。帝廷大命舒宸令，箕尾青光接上台。

欲奠市酤思曲蘖，将羞时品忆盐梅。故知岩穴多奇士，何自旁求到草莱？

注：薛瑄描写了一个庄重、神秘的场面，“漳道重冈拥复回，秋风在树古祠开”。相当于迎宾仪式，玉皇大帝下令，把封为神仙、名列箕尾星宿的傅说的神灵，接上天堂宝台。从中喻示傅说及其傅说思想光辉，普照大地，给万物生灵带去吉祥、安康。

（三）颂扬傅说发明版筑技术方面

1. 诗人类，以屈原为代表

离　骚

战国·屈原

说操筑于傅岩兮，武丁用而不疑。

注：屈原明确肯定傅说操持版筑技术于傅岩这个地方。既说明傅说是版筑技术的发明者、主持者，又说明傅岩是版筑技术的发源地，无疑是对傅说发明版筑技术的颂扬。

2. 文学家类，以庚信为代表

古圣帝名贤画赞·武丁迎傅说

北周·庚信

虞田路断，辟涧泉飞。躬劳版筑，有弊韦衣。

贤臣入梦，天赐无违。千岩之下，遂得同归。

（四）颂扬傅说《说命》三篇方面

谒傅相庙

明·杨文卿

先生自分此龙跧，物色忽来版筑间。故国春深烟渺渺，荒岩人去水潺潺。

三篇对御空千载，一旦为霖慰九寰。岂是后来公辈少，楚王魂梦祇巫山。

注：杨文卿对傅说句句赞扬。说明《说命》三篇名垂千载，像甘霖一样播洒九州岛，给人类造福。

（五）颂扬傅说治学精神方面

傅　岩

明·陈凤梧

中条山麓大河阳，商相巍巍有寝堂。一代良臣真帝赉，三年思道本谦光。

已纾霖雨苍生望，尚忆盐梅鼎鼐香。治学两篇垂训典，直将遗绪接虞唐。

晚风秋雨湿征衫，下马祠前谒傅岩。版筑一时留隐迹，尾箕千古仰台衔。

明良相感应非偶，贤圣初兴自不凡。何日重来瞻貌相，欲将岁月纪才岩。

注：歌颂了傅说伟大的治学精神，其中，治学两篇指《说命》三篇的中、下篇，提倡学习、教育。虞唐，指唐尧虞舜二帝。

赞　诗

宋•傅实之

中有高宗作，变得一贤良；其人名傅说，版筑傅岩旁。

王使图形觅，得说升庙廊；尊封为宰相，殷道复轩昂。

谒傅相庙

明•舒迁

金阙梦回千里外，傅岩人在版涂中。精神到此得良弼，事业中兴配祖功。

古伯笼烟苹藻地，清波落涧圣人风。如何万载长似夜，醒眼谁曾问鲁东？

傅　岩

明•邢云路

傅野空山里，荒祠不记年。断碑封碑藓，古木老苍烟。

庙貌今犹肖，岩阿道自悬。三匾藏石室，天子正思贤。

傅　岩

明•初杲

尚质衣冠俨不凡，阴阴祠屋锁松杉。

旁求不是高宗梦，千古哪知有傅岩？

两年沙涧道，祠屋几经过。瞻仰云霄近，登临感慨多。

盐梅怀古鼎，版筑见岩阿。七月馀霖雨，乡山尚咏歌。

一杵甘中道，三篇发至文。帝昭良弼梦，山绕故园坟。

古庙临荒涧，秋林尚碧云。河声呜咽处，千古独怀君。

傅　岩

明•薛瑄

涧道重冈拥复回，秋风老树古祠开。帝廷大命舒宸令，箕尾青光接上台。
欲奠市酤思曲糵，将羞时品忆盐梅。故知岩穴多奇士，何自旁求到草莱？
舟人摧棹渡茅津，南上崇冈感慨频。昨日犹为故里客，今朝又作异乡人。
风霜凄冷关山晓，草木凋残岁月新。却愧傅岩操筑老，不应如我久征尘。

谒傅相庙

明•吕楠

晓趋圣人涧，细读古祠文。霖雨已千载，河山见一坟。
苍岩俯白土，碧殿湿秋云。貌相犹前日，谁当写相君？
晓于平陆发，午向傅岩过。舟楫黄河近，瞻依白天多。
行云团梦像，落风见卷阿。涉涧寻源远，征途有浩歌。

傅岩铭

唐・吕温

赫赫汤德，如日不灭。滔滔商祚，如海不竭。发祥播气，世祚圣哲。
国诞武丁，野生傅说。说始胥靡，武丁即祚。德通神交，忽梦如悟。
若帝导我，期于颢素。有无之间，邂逅相遇。宵衣而起，爰得其人。
貌符心冥，如旧君臣。飞龙在天，山川出云。感激自致，其间无因。
舍筑傅岩，脱鳞鹏升。作霖时和，奋楫川程。金任吾砺，木从吾绳。
君何言哉，殷道中兴。元恺攀尧，微舜曷阶。阿衡干汤，抱鼎徘徊。
会合之际，厥惟艰哉！何如梦中，天授神开。惟贤是登，道贵特达。
匪次勿用，才其壅遏。高宗得说，乃有恍惚。揭铭摛光，万古不没。

傅　岩

明•刘翀

明良征梦赉，傅野想遗文。形肖馀清涧，山空独古坟。
列星犹拱极，为雨尚生云。此日丹岩下，争传感圣君。
傅岩居甚迩，蚤已读高文。涧水依清庙，山林有古坟。
丹葵倾白日，甘雨洗浮云。数载身游宦，梦魂常在君。

谒傅相祠

明•余光

商相荒祠俯大河，条山野壑暮云多。长川渺渺山舟杳，条麓悠悠帝梦过。
徙倚幽岩寻筑迹，独磨古碣听樵歌。旁求邈邈嗟无及，何日丹青照碧萝。

傅　岩

明•张应征

商相祠临大道旁，千年遗像肃冠裳。门盈古木含秋色，树绕寒鸦噪夕阳。
断碣字迷苔藓绿，荒台烟锁暮云黄。停骖遥望多萧索，禾黍离离遍草芒。

咏傅说

清•汤文路

直骑天上宿，曾画梦中形。允洽台衡任，能兼保傅名。
遇原符吕尚，动更迈巫咸。钓渭曾占卜，耕莘亦载芟。
木曲从绳正，梅盐入鼎咸。细写形惟肖，傍求像不凡。

傅说岩

清•杜滨

中条之南镠镐宇，西绕长河东砥柱。奇气磅礴异人出，丹青庙看龙蛇古。
古迹题名是傅岩，山水行曲郁筠杉。两岸欹斜倚虚寝，几层古磴云为缄。
忆昔恭默思台辅，精诚呼胡格天祖。良弼虽云赉梦中，分明指示胥靡伍。
因知帝德茂渊冲，置诸左右坐论崇。君臣共济承休命，朝夕纳诲亮天工。
三篇中兴六百运，前驾虺告后伊训。宪天师古皆典谟，山留精爽对扬近。
猗饮审形作合殊，际会云龙古所无。旁求有象莫疑幻，俎豆千秋此大儒。
儒者从来重出处，往往又复励险阻。谁与箕星骖并追，怅望云泥自凝伫。
吁嗟乎！人生为舟楫兮为霖雨，当年遁迹亦如此。俗眼多白安足论？
眼中之人版筑里。君不见，莘野耕兮渭水钓，一朝崛起同照耀。

傅说岩

清•孙谔

神龙不终晦，丹凤自来仪。风去有殊遇，梦寐常通之。
顼彼殷贤相，生于河之湄。栖迟岩谷里，操作不敢辞。
当其版筑时，无异众人为。一旦入帝构，出为万乘师。
一德佐中兴，四海表端揆。三篇傅说命，高文日月垂。
生为盐梅佐，死分星宿辉。精气归天上，万方仰箕尾。

傅　岩

清•杜汝愚

中兴商道仰高宗，旱后为霖赖有公。一夕梦天良相业，三篇书绍哲王风。

阶前水抱幽岩绿，檐外花侵旧版红。瞻拜何荣望箕尾，肖形还与昔时同。

牧伯言公肇筑傅岩书院

清•杜若拙

良弼何年赉，傅岩千古仰。岩下有清涧，文波流漭泱。

使君文学裔，经术裕畴曩。银符映青鬓，所至棠荫长。

福星再照晋，河东仍旧壤。行部来虞坂，绵邈动遐想。

翘首版筑人，神契何假象。谋台崇俎豆，筑宫度寻丈。

肖形千载下，牲筵肃奉享。受廛列俊民，台廪继五党。

惟兹播莪棫，秀苗皆得养。春雷送好雨，感物何其爽。

魏俗普葛屦，儒风慨倜傥。学海近溯河，宿陋资涤荡。

学山严峻峙，富才凌筱荡。风云俨德适，济济入珊网。

逊敏勤懿训，追琢金玉晃。勉旃是则效，霖雨民获仗。

寿考咏作人，我公洵无两。下邑追武城，弦歌绵遗响。

居易堂成

明•傅尔玄

两次驰驱望帝宸，干戈未靖饱风尘。千秋事业今须定，一室琴书暂作邻。

鸟过园林鸣翠柳，月临涧石照青筠。草庐结构名居易，何必滔滔去问津。

注：傅尔玄、尔讷、尔才、尔默昆仲家学渊源。尔玄（元）字澹方，播州（遵义）桐梓人（今娄山关镇工农路），崇祯中拔贡，四川学史钱邦艺评为蜀才第二。祖天镇，以名医闻。父元和，字商梅，万历辛酉（应为：天启元年，1621）拔贡，四川督师王应熊以全川人才第一荐举，累官至云南按察使兼布政使。尔玄"具经世才，足迹半天下，预两滞京，讫无所遇，旋际沧桑，归隐乡里，奉事重帷，以诗酒自娱，而忠义之心往往流露，卒年三十五岁。"明亡随师钱邦芑隐于余庆蒲村。著有《居易堂诗抄》五卷，为钱所选，仅留残篇。郑珍初搜一绝入《播雅》，尔后赵旭搜得50首，并为之作传，荐载《黔诗》。《诗选》选评6首。

双梅堂诗

清•傅之奕

梓里无端忽即戎，势难两立敢称忠。伤余以后成孤子，让尔当先作鬼雄。

难回国步空尝胆，已去人心独枕戈。万里忠魂燕市狱，千秋正气宋山河。

龙归大海遗踪杳，云暗深崖积恨多。翘首天南星坠处，临江挥泪洒烟波。

注：傅之奕，字嗣期，播州（遵义）桐梓人。清康熙五十二年癸巳（1713）举人，时迈五秩，

官上元知县（今南京市域）到任即卒。传入民国《县志•人物志》文苑清代第二。傅尔元之侄。明兵部主事傅尔谦之子。《双梅堂诗集》四卷，毁于火。《志》评："和平安雅，宗法元白，与李晋齐名"。《耆旧诗》、《仁怀厅志》和《族谱》共辑诗57首。《播雅》选入15首，并评："甘贫耆学，读《敝裘篇》，其品可想也。"《诗选》选评3首。作者凭吊南宋民族英雄文天祥之正气，痛悼南宋朝廷的倾覆。发思古之幽情。隐寄对朱明灭亡的感伤和复明志士气节的歌颂，联感自己身世之无奈，反映鼎革时期士大夫的心理。

四月初十日出临朐署偶成

清•傅代铎

伸眉一笑脱笼樊，自顾才疏愧理繁。官去真如重胄免，身轻始觉敝裘温。

诗教久废缘为吏，书喜重看欲课孙。莫道归休无长物，传家犹有砚田存。

注：傅代铎为傅之奕孙，字牖堂，乾隆四十八年癸卯（1783）举人，官山东临朐知县，后改教职。著有《牖堂诗钞》亡失。《播雅》选载8首。有评："平易近人，不失风旨。"《诗选》选评一首。

赴山东游灵岩禅寺

明•傅亨

秋晚登临上岱宗，扶筇来此谒崆峒。闲云送雨过深洞，老鹤将雏度远空。

白石清泉心未了，黄花红叶思无穷。携云归隐知何日，坐想青山入梦中。

访长清县尹张德昭不遇

慈恩塔上题名后，京国分携十四年。梦想故人诗句里，坐看黄叶酒杯边。

停云霭霭秋容澹，落叶萧萧客恨偏。独倚禅房重搔首，又鞭归骑过前川。

重游灵岩次赵明叔诗韵

石径穿云雨意凉，乘轺重过老僧房。门前古柏凝新翠，岩畔幽花散异香。

鹤舞双泉春水渌，龙归深洞暮山苍。禅心久矣无拘碍，笑我狂游去远方。

注：傅亨，必谦次子，号芝山，播州（今遵义）高青傅家台人，明进士，官太常博士，举翰林学士，公善书法，小楷、篆、隶。其诗为因故谪贬湖广武昌府崇阳同知时所作。

于忠肃公祠墓

清•傅玉书

怀来城北烟尘昏，十年武备徒纷奔。天子以国徇阉寺，旦夕势欲无中原。

此时一木支大厦，举朝无人一司马。国有君矣君自归，议和议迁何为者。

玺书既通战屡捷，奇货空居失所挟。假令禋祼遽承祧，不宋高宗即卫辄。

野狐南来盘石固，降敕自避贤者路。上羞宗庙下臣民，高揖南宫岂云锢。

前星不耀帝星移，祀有主者非君谁。小臣贪功事侥幸，向也沙漠今宫帷。

夺门金印大如斗，不死麒麟吠群狗。危身误国君不恤，杀一忠臣辨何有。

衣冠东市无惊惶，以奠鼎鬯陈高皇。至今空山拜祠墓，英风赤日昭穹苍。

仲秋同人拟补韩昌黎登华岳诗即用韩衡山诗韵押东韵

清•傅玉书

臣承帝命佐相公，乘骢司马行师中。天威遥夺魑魅魄，敌忾争效貔虎雄。
涂经华岳纵轻策，万八千丈诚难穷。此时清霁值秋半，臣掌岌嶪生高风。
意象惨淡慎语笑，真觉呼吸青旻通。白云丹霞起足下，绣苔石室嵌晴空。
天台势拄玉宇正，莲华光抱朱曦融。省方西极帝所驻，岳灵守护非其宫。
真泉玉盆混虚碧，瑶芝琪树纷蕤红。采芝酌泉食且饮，芳香精白生予衷。
俯仰六合但直视，凭吊万世惭藐躬。古称登岱小天下，孔子既没无敢同。
自顾不在弟子列，斯文未丧责未终。即如此行庙算定，雅颂待纪神圣功。
题诗未毕日将入，洪河落处烟冥蒙。照我苍颜立华顶，挥洒爽气横关东。

注：傅玉书（1746—1812）字素余，号竹庄。清贵州瓮安草塘下司人，是清代乾隆、嘉庆时期贵州的一代才人，又是瓮安文化的领军人物。生于学者之家。祖父傅如励，曾师从明朝监军御史钱邦芑，玉书之父傅龙光，系乾隆中期秀才，平生喜爱程朱理学，为此笃行力学，至老不衰。他以才华学识誉黔中，名扬华夏，更以自己在文学艺术上的求索精神赢得了后人的钦仰。

巴江傅氏溯源歌

我读珠湖谱，悠然思远祖。祖远不易稽，遥溯殷室辅。
高宗梦良弼，图求穷率浒。傅岩晤说筑，爰立作肱股。
说命阐三篇，政学开千古。氏因地而名，系随时而谱。
周秦降以还，汉晋非夸诩。或侯封义阳，或侯封高武。
或登云台将，或典校书府。文生台阁风，浑作襄霖雨。
广读称书簏，知星显唐主。诸傅望山阴，徽猷抗金虏。
甲第及韶龄，宏词企老杜。历代有明达，发展非局部。
署公肇李唐，江西石头住。嗣甫十三传，棐公瞻瞩巨。
瑞�觅珠湖，山环水亦聚。可以奠攸居，可以绵世祚。
挈家出石头，聿来乐胥宇。恭公订原派，越世刚十五。
开宗二十传，清续四十组。其间诞贤哲，朱陆镕一斧。
义则豁然释，一贯得之鲁。又有晓窗公，宋元学士著。
婉辞谢元征，羞为异族侮。此派衍盱江，史册犹可睹。
颍国暨昇公，伯仲行王父。通公亦从堂，源流珠湖溥。
先后嗣入黔，旋歌巴渝舞。渝西有三滩，贲然来居处。
清祚二百余，吾族随仰俯。一张而一弛，恒虞根抵窳。
南斋纪一簿，北泉修于莆。孝友仰淳规，惇叙承景矩。

康乾逮同光，悠悠易寒暑。仁祖识先君，商量虑帙腐。
联合竟前功，美祖义然取。检卷嘱文修，仅存德一缕。
由黔始入川，清初适乐土。征制成一图，秉笔严于斧。
今又卅余年，生没愈旁午。前纪后不增，末如穿缟弩。
容恢两族叔，绸缪如牖户。提议尊公祠，工作碧云坞。
原谱珠湖来，如符获铜虎。一本散万殊，详于登记簿。
世远派难同，支分代可数。廿字衍巴渝，增订齐原绪。
原派为大经，续派整后序。更复广敬收，铜永各得所。
梅楠叶埙篪，西昌同宗侣。灿派犹不差，鉴边更多许。
长涪亦繁殖，胥出一家抒。中山主义一，民族共胞与。
族义克昭昭，事业自举举。国体有变更，族体无险阻。
大家讲团结，勿视若秦楚。旁散理根茎，疏紊辨基础。
废弛次第清，参加从头补。守我三命传，洁我四时俎。
啖我菜根香，乐我周原朊。不作冲天鹏，不为托社鼠。
逊敏津修来，当为避尘土。我原碌无能，微觉勇可鼓。
未迪前人光，敢乱先人伍。措词不择言，述事不嫌苦。
安得可畏生，继起清江浦。嗣续仿欧苏，补阙如山甫。
继继识来源，雍雍无我汝。默默祷西江，嗟嗟我烈祖。

衍江西石头傅氏四十三代虎溪九世孙炳钟字朗轩沐手识于双江书屋
中华民国十九年庚午岁重阳日

再记望珠大地

仙辈曾游到望珠，望珠山水画成图。万马驱羊獐鹿势，大山取小是真枢。
坤兑来山面向东，层层诰轴贵人峰。悬帘挂幕朝天案，席帽蓝袍一样同。
打马归朝鞭□现，兑山卯向穴分明。水流寅甲朝天去，禄存流上御街行。
现世为官多贮积，金珠器皿仓箱盈。后居乾亥到天门，富贵绵绵不可论。
国赐庄田三万顷，占得鳌头第一尊。

1. 珠湖八景诗

荷华列轴

荷华为珠湖远案，层层叠翠，宛似卷轴森列，即魏公所谓：悬帘幕，贵人峰也。

落落荷华峙古今，天开图画列遥□。黛容仙掌颜如玉，绿字朱文简似金。

月映峭峰多窈窕，云移空谷互晴阴。还看触石昭灵异，五朵排空散作霖。

望珠遗迹

望珠山为珠湖近案，两山平列，无射无冲。魏公铃云：望珠之岭端且圆，不歪不邪亦不偏。世传丁王二仙在此，望珠故名。世传丁王二仙，荷山得道。列仙传：王子乔吹笙作凤鸣。

乙枚遥飞度绵城，珠湖从此得芳名。喜凭望岭抒青眼，不向荷山忆旧盟。

老蚌未随龙共去，玉笙曾引凤和鸣。神仙漫说荒唐事，瑶草年年应节荣。

笔峰耸翠

何人削出玉芙蓉，影傍丹霄积翠重。欲仿天文传绝笔，早浮地轴露高峰。

岚光雨后添毫润，黛色晴初着墨浓。应是生花芳信至，朝朝时有白云封。

龙冈毓秀

龙冈附居址后，形属金星，恰得西方之位，上多奇花怪石，古木盘攀。流水画图间，冈下有溪流缠绕。

秀毓龙冈不等闲，琼林低幕鸟关关。雨余谷草含膏腻，日映岩华簇锦班。

十亩故畦襟带里，龙冈面绿野一湾。鸣梧更有朝阳凤，笑括三山未许攀。

官桥迎使

即今大桥，为珠湖都水口。魏公铃云：大小桥为都水口，不放一山一水走。

绿杨堤畔喜邮传，王事不赓苦叶篇。成得舆梁月十二，迎来天使客三千。

简书畏命乘残月，玉勒嘶风破晓烟。渺渺溪流如带水，望恩犹自日潺湲。

老蚌生珠

蚌山在湖边，宛似蚌形，斜对珠山丈许，钟得灵胎紫气，浮历运几忘天甲，怀胎不记世，春秋半开，尚觉芳时早。珠山在湖中，圆秀如珠，出水面三尺许。

何年老蚌伴清幽，乍吐偏随玉露流。试看圆规出水后，明湖草木瑞烟稠。

晴湖浴日

澄湖新霁日融融，澈底空明一色同。波影动摇天下上，晴光萦拂水西东。

离宫拥出玻璃绿，鲛室擎来玛瑙红。正是咸池元共脉，不烦槎使斗牛中。

珠湖映月

皓月当空宝镜呈，辉辉珠魄恰同荣。曾经湖水钟灵久，不让秦规照胆明。

润遍银河蟾欲舞，醉酣残夜兔还迎。珊瑚火齐流传盛，谁似祥光捧玉京。

2. 山畲八景诗

三台松风

数里松阴一望平，风涛四野绕山莹。穿林乍觉鸣天籁，山谷还宜和水声。
吹尽尘烟侵骨冷，飘来青翠滴衣轻。寒云几点如相待，须识龙鳞旧有名。

九曲溪澜

涟漪溪水宛如漉，饶户环轩曲曲依。一派清波横匹练，九湾荇菜舞斜晖。
鱼随浪去穿桥过，客带云来曳杖归。两岸风光堪入尽，何须远访武陵矶。

郛城朝霭

郛城漠漠曙光迟，一片氤氲分外奇。庙貌已随朝旭转，山容犹带宿烟垂。
招人淑景疑开画，对客晴晖好入诗。几度桥东寻古迹，衣衫霭湿晓风吹。

明塘夜月

月满山畲万象幽，银河一带宿云收。光涵隐水环流处，彩散高峰最上头。
有意窥入登绣杨，无心洒□上南楼。此中招□悟歌者，清白诒谋万古留。

宝塔文光

宝塔巍巍接太清，万年过客说芳名。轻烟锁户凝朝露，斜日穿栏弄晚晴。
奎聚五星高士集，文光四野老农惊。孤标卓立乾坤内，俯瞰溪流绕绿坪。

稳水泉声

地灵钟秀出甘泉，脉脉遥通海外天。润泽最宜数禹甸，寒流直欲接虞渊。
洗心顿使尘嚣远，沁骨能教鹤算延。万载芳声留宇宙，品题岂借老农传。

龙华暮鼓

梵刹沉沉寂静禅，逢逢暮鼓击风传。声飘云外翻飞雁，韵度山前破晚烟。
游客枕惊千里梦，野僧道悟万方缘。槌头落处无寻觅，水满清溪月满天。

紫府晨钟

梦熟黄粱枕畔收，西邻透出梵钟幽。山前密树飞声度，院外长溪落水流。
曲径花深残月印，疏林鸟寂晓风留。世间几许痴聋辈，借尔余音悟竹楼。

3．杨梅塘八景诗

青龙朝斗

筠州宜邑地多山，试览梅塘面斗间。自是帝车常煜烁，故教神物现潺颜。
角亢共仰天垂象，奎壁相连月佩环。最喜兴云敷润泽，青葱绕郭对柴关。

东壁莲塘

见说西湖好在荷，近看东壁更如何。花迎朝旭红千顷，叶向斜睡碧一涡。
乐府首赓鱼戏早，吴航载采蝶飞多。此中倘有濂溪叟，相爱应知啸也歌。

西园水阁

从来买夏欲论园，况值台临水涤烦。面面自他招爽气，深深还为探真源。
当涂翰墨今犹昔，梓泽风流往尚存。得局独自宜得句，凭谁高唱扣天阍。

眉山耸翠

蜀有峨眉此亦间，青苍也自翠如斯。弯环月上联双彩，摇曳云移露牛姿。
雨为低垂愁芳结，晴还扬诩喜弥滋。何当懒瓒临笺处，可拟张郎着笔时。

镜水澄鲜

瑟瑟澄潭穆穆光，月真如镜水如霜。何须秋至长天共，总觉菱开实匣张。
圆到十分珠可掬，尘无半点玉堪方。世间郎鉴都同此，欲唾坡公自酌量。

新硚夜月

又赋梁成旧复新，更当皓月照前津。二分未必输天市，廿四相看访美人。
行旅漫疑霜叠迹，坐茅方对夜如晨。怪他题硅胡为者，可及前身指玉轮。

古树晚烟

何处人家起暮烟，森然古树霭青天。溟蒙新月枝难辨，恍惚寒云鸟不前。
老干待为龙作雨，夕阳犹透叶翻绵。乡邻指实梅塘路，乔木阴阳九点边。

4．太平八景诗

龙潭化雨

一泓清可补天工，旱涸频资化雨隆。
是自龙潭徽感应，万年长湖此乡中。

碧溪光映

碧溪环抱如腰带，翠色参差耀水央。
一派清光流翰墨，四时彩色焕文章。

妙溪光映

醒人最是好晨钟，散入清风满院东。
撞破红尘开慧镜，心缘静处悟仙踪。

葫芦仙井

井似葫芦挂女罗，丹成畲滴起沉疴。
剑锋开处真泉汇，仙气灵钟此地多。

石鼓笔峰

门前石鼓耸嵯峨，塔挂高峰日月过。
更有云从涧口起，绚成锦绣笔峰多。

余波长虹

涧水潆洄蜀水东，盈盈百折锦江通。
梁垂江岸千峰远，会看长空落彩虹。

方塘夜月

敦本堂前一鉴开，水光映月净无埃。
个中消息凭谁探，静悟方知有本来。

沙冈晚霞

陶沙高望思悠哉，一带流霞照眼来。
应是太平无限趣，山光日影共徘徊。

5．楼夏八景诗（存一）

月兔屏罗

钓山岐山峭双峰，山曲人家踞卧龙。北极文昌宵挂角，东隅瑞旭晓开容。
攀萝蹑蹬通蟾窟，度峡穿云访鹿踪。未必商岩兹不及，将无霖雨绍先宗。

二、辞赋

大臣村赋

粤稽大臣，肇自梦卜商相而名立焉。由条山而发源，浩浩荡荡，直走五十里，至大臣村而龙蟠虎踞之势成焉。东连箕颍之胜界，西接解芮之城隍，靠北池而望南河，控三门而引五岳。体乾元以坐，待势若星；法坎象以流，行波如浪。溱文学映崇峰而峻伟，树廉风接净地而皎洁。人熙熙，物煦煦，比户歌里仁之美；霞冉冉，云密密，有识占青乡之瑞。霞落绕春夏而如一，旺气会东南而合辙。朝入巷里，鸟声和歌声上下；夕游云空，书音并琴音断连。钟天地之英华，焕美缤纷；聚山河之盛气，藻采隽发。海岛之不夜乍离，仙驻之翠霞偶会。既仰观而俯察，还因端而竟委。按峦峰，步涧水，扳龙丘，历虎溪。奎娄胃昴，完辉耀于台榭；斗牛女虚，恍沉璧于涟漪。乐搏拊之得地，吐浮光而吟玉韵；爱普渡之逢人，下榻几而引丹门。洗经尘于净源，人与境而俱灵；指迷途于乐府，乡随道而偕新。玩繁华而归真土，斯邑有取；抛尘丸而求玉野，他山可记。记忠信于十室，畴是合至道之光华；觅元默于广园，谁堪契大元之气机。徘徊乎大风，愿深故院之叮咛；眷恋于沃野，聊啸新逢之俚句。

注：大臣村（现为太臣村），位于平陆县城北十余里。传为殷商中兴贤相傅说出生之地。

——摘自《亘古一圣》

圣人庙赋

浩瀚星宇阔，箕尾耀太空。黄河之滨，古虞胜地。潋滟水光含笑靥兮，逶迤山势情绵绵。傅岩冈景色争奇兮，圣人涧风光无限。

金鸡报晓兮，飞檐流丹；相祠巍峨惊造化，明台玉阶觐攀援。圣人端坐大殿兮，赫赫威仪天地间；高宗梦得良贤兮，万古纲常说命篇。众生栩栩，巧夺天工。钦承殿红砖碧瓦兮，古风古貌；演戏楼神工鬼斧兮，气象万千。晴岚暮霭，登高眺远，乐山乐水乐心田。巍巍傅岩冈，峨峨中条山。圣人伟绩昭昭兮，英雄浩气冲云天；雨后霓虹呈彩兮，神州大地换新颜；千秋功业人人称颂兮，万世师表代代相传！

喜今朝霞光万道兮，山川尽染。乾坤朗朗，春风扑面；生机勃发，任重道远。且喜云帆直挂，乘风破浪。关山重越，飞马扬鞭。傅圣后人，续写辉煌历史。继往开来兮，共创灿烂明天！

注：圣人庙，即傅相祠，位于平陆县傅岩冈上。殷商中兴贤相傅说祭祀之处。

三、祭文

祭傅圣文

2005年丙戌岁纪念傅说诞辰3340周年公祭典礼祭文

时维公元2005年岁次丙戌，农历四月初八日，平陆县人民政府县长王正风率圣人故里各界人士 2000 余人，仅以清酌庶馐，致祭于殷商中兴贤相。版筑先师，甲骨文发展有功者，海内外傅氏宗亲始祖，先圣傅公尊前。曰：

中华历史，源远流长。灿烂文明，尧舜禹汤。传至盘庚，迁殷呈衰。
高宗即位，思复兴殷。先圣傅公，隐身傅岩。首创版筑，治水道通。
卓尔不群，朝野震动。武丁圆梦，尊圣擢相。君臣对谈，说命三篇。
浩然正气，千古颂传。广招俊乂，官勿私昵。勿宠偏爱，位居必廉。
政事惟醇，从谏必圣。赏罚严明，有备无患。非知之艰，行之维艰。
睿哉傅圣，旷世哲言。惟我傅圣，辅佐有方。政经文武，顺理成章。
规章档案，甲骨文创。协田兴起，百业滋荣。开拓疆土，万方来朝。
天下一统，民族交融。殷商中兴，华夏一圣。尊号梦父，万世景仰。
大河淼淼，条山苍苍。当今盛世，日月重光。数典念祖，溯本追源。
重建傅祠，山高水长。纪念傅圣，鉴史明志。振奋精神，孜孜为民。
开拓创新，社会和谐。振兴平陆，奔赴小康。尚飨！

族祭祭文

2005 年丙戌岁纪念傅说诞辰 3340 周年族祭典礼祭文

维公元 2005 年岁次乙酉农历四月初八，傅氏后裔，全世界傅氏宗亲联谊总会筹委会会长傅加星，率领海内外傅氏宗亲谨以烛酒醴庶馐之仪敬献于始祖傅公尊前曰：

洪荒宇宙，盘古开辟。三皇五帝，夏商承绩。奴隶社会，文明伊始。
武丁盛世，赖公助力。圣祖说公，出身寒微。武丁圆梦，擢以相位。
内施仁政，外安边陲。发明版筑，工坚百倍。河患根除，造福后辈。
五十九载，鞠躬尽瘁。说命三篇，言简意赅，贤名昭昭，有史皆碑。
箕尾高风，化作明星。长夜仰空，灿烂生辉。功高伊仲，道贯商殷。
耄耋之年，故里安身。地灵人杰，遐迩名闻。悠悠华夏，第一圣人。
荫吾傅姓，叶茂根深。国内海外，无涯犹存。一脉相承，合族一心。
思忠思孝，水源木本。慎终追远，叶落归根。人世沧桑，去伪存真。
星移斗转，追昔抚今。改革开放，国富民殷。和谐社会，百业滋荣。
相祠重建，傅岩祖根。敬我圣祖，佑启吾辈。共谋发展，永记大恩。尚飨！

代盐院祭傅岩文

清•崔汝孝

惟神其生自有，诞为列星，感通上帝，梦孚高宗。筑于傅野，唯肖厥形，爰立作相。宪天聪明，舟楫商道，霖雨苍生。治学垂训，实启中兴。德业闻望，直接虞廷。阿衡媲美，千载修同。某钦承上命，巡历河东，督理盐政。尚忆和羹，拜此岩祠，仰止无穷。

式陈醴礼，祇荐英灵，对扬天子，期不负公。

注：崔汝孝，号舜山，平陆人，清康熙已酉乡举，初授乐安知县，历官户部员外郎，退居林下，以文学自娱，纂修邑志，所著有《禹贡便蒙》等。

四、修谱诗词（节选）

值十七修谱牒告竣谨赋诗以志庆

珠湖源流远，傅氏锦绣篇。
秉笔修族谱，兴替赞前贤。
英才皆辈出，新篁节弥坚。
瑞州颂仁里，列祖慰黄泉。
承先且启后，子孙应着鞭。

珠湖傅村第四十三代孙衍祥敬撰

1995年岁次乙亥仲秋月穀旦

赞始祖傅说

殷商任贤相，说命三篇扬。朴素唯物论，中外共荣昌。
始祖在天上，香火万年长。后代多荣耀，凯歌奏华章。

纪念傅圣诞辰三千三百四十周年庆典

2005年傅治华于平陆

题颍国公傅友德

挥师大江南北中，横踌云贵峻岭丛。
披荆斩棘幸劳苦，留得人间共平安。
踏遍山河敬父母，从戎一生报祖国。
生来就是从军命，诚心诚意效朝廷。
一脉相依终为祖，四面八方留后裔。
七月勿忘烧张纸，喜以后人谈说间。
祖宗留下前言语，寻根问祖是公德。
若问社会多少事，勤劳勇敢是根本。

友德公三十五代世孙傅正威（《威宁傅氏族谱》主编）撰

2006年7月26日

六年艰辛努力终于编撰成谱；
贵州傅氏千年一统首创奇迹。

世界傅氏宗亲联谊总会常务副会长
贵州傅氏宗亲联谊会会长
傅治华

贵黔金坡出治华，热忱纪念把谱查。
花精捐款宗于祖，傅说圣人辈清楚。

易学家傅书国

修谱有感

宗亲发源数千年，圣祖思想万古传。
生住商岩入天梦，逝骑箕尾照人寰。
盐梅逢君味真好，铁器遇您光复原。
分合裔孙难熟识，记清诗意叶根连。

戊子 2008 年孟夏傅绍芳

追本溯源莫忘根，尊宗敬祖启后人。
千秋亦称清河郡，万代尝闻版筑声。
江右起籍填川黔，桐邑打栈衍道真。
志谱传世铭恩德，一脉瓞系万家亲。

贵州傅氏宗亲联谊会常务副会长、《道真傅氏族谱》主编
傅忠元于 2009 年金秋十月

谱牒修成夙愿酬，心血化为图腾留。
一腔忠诚遵祖训，万世德行承宗庥。
根固能御风和雨，水深可系源于流。
族人共襄盛举业，共勉奋进上层楼。

安徽傅氏宗亲联谊会会长
傅道全于 2011 年 9 月 9 日中秋

五、贵州傅氏诗文辑录

（一）傅潢

感　事

万政此官始，一身民命依。独弦成响细，寸木禀材微。

悍鹜攒岑隐，嗷鸿绕簕飞。专心事剪灭，总与病根违。

谒陆象山先生祠

崇祠孤涌万峰裹，白昼冥冥乱烟锁。客行畏湿此少休，茶灶松房安插妥。
图书万卷藏何处，但见灵台一寸炬。静坐不觉身堕空，乾坤俨另辟门户。
偶噎何至并食弃，勿怪纷纷来群议。虽有功臣如姚江，已成铁案难翻异。
大江东去路日苦，泥陷沙沉讵堪数。果得惺惺常此居，亦胜荒芜一片土。

出郊行

一身奔走轻于鹜，偶尔在衙常在路。痴床无梦厨有脚，轩裳黯淡泥涂污。
出郊一村复一村，一旬未届几回住。平生本爱农家好，偏教此时亲此务。
菽麦琐事喋喋谋，水来同捍蝗同捕。穷黎见惯忘官尊，视作家人苦具诉。
孤岭日斜古祠坐，僮仆眠云马系树。夜来蛙声满山窗，公然吏被神仙误。
米盐料理委妻孥，客来主出易应付。独余一事终歉然，庭间一日牒无数。

注：傅潢，字星北，一字小泉，贵筑人。嘉庆辛未进士，历官全州知州。有《一朵山房诗集》传世。(《晚晴簃诗汇》卷一二五》)

（二）傅寿彤

叶县道中

昨上方城道，今来昆水边。河山留战迹，风雨话当年。
地僻民常乐，时平吏欲仙。王乔犹在否，祠树望依然。

五月十一日梦中得首联十字次日剑昙至自京师因续成以赠即送其通判岭西

当筵星斗直，俯瞰大河秋。何处青枫馆，相思红叶楼。
人天两携手，杯酒话从头。万里严关路，因君怀旧游。

菩提寺

见说菩提寺，峰多不易寻。其间饶水石，我辈好登临。
绕树绿云满，到门黄叶深。徘徊不忍去，空翠落庭阴。

侍何子贞师登黔灵山绝顶

西南天畔万山秋，銎秘岩扃太古幽。绝境至今谁载酒，先生到此我从游。
俯看云气来齐鲁，坐拥星轺拜斗牛。乡郡料应添近事，许君门有尹荆州。

丙午冬再偕杨剑县北上留别同学诸子

匹马频年盼卸鞍，催人风雪又长安。青回野岸边笳冷，白走荒沙乱叶干。

各有诗情随梦转，平分剑影入愁看。天涯难寄相思绪，记取燕山路几盘。

邢台旅次题壁

北斗横空夜正高，朔风吹月上征袍。年来更入中原路，醉倚青天绰宝刀。

沅陵驿舍有怀剑县梦庐

十年风雨鬓丝凋，眼底春深路几条。为问相思何处是，乱云孤树五溪桥。

注：傅寿彤，字青余，贵筑人。咸丰三年（1853）癸丑进士，改庶吉士，授检讨，历官河南布政使。有《澹勤室诗录》传世。(《晚晴簃诗汇》卷一五四)

（三）傅梦琼

寄梓皋夫子

夫子还乡作远游，满城风雨酿成秋。遥知今夜扁舟里，一样相思两样愁。

阑干独依暮天寒，寂寞西风翠袖单。一夜疏砧敲不断，征衣检点寄长安。

归到黔灵仅几时？遥知定省慰亲慈。劝君拭尽相思泪，莫遣堂前白发知。

家山烽火路艰辛，红豆相思梦最真。临别赠言君记否？春来莫作未归人。

请　仙

皎皎银河月正圆，轻烟袅袅透遥天。帘前问讯焚香者，飞到蓬莱第几仙？

碧天如水月娟娟，缕缕香痕上九天。问讯南山青鸟使，浮生得遇几多仙？

题凝翠阁诗草偕静漪女弟

雪比精神雪比姿，缤纷珠玉写新诗。买丝欲绣平原相，回首生花入梦时。

记曾拍手到人间，回首蓬莱第几仙？多少烟霞都化水，步虚声里骨珊珊。

秋光如水丹如霜，感入钺楼雁几行？绣罢女贞无个事，吟情知否渡潇湘。

姊妹化开朵朵青，连霄华月酒初醒。风流悔见相如晚。庄拜先生愿执经。

寄　外

家山烽火路艰辛，红豆相思梦最真。临别赠言君记否？春来莫作未归人。

夜　坐

新月如钩半未明，楼头忽听玉箫声。春光满目无游处，一片烽烟绕郡城。

送杨剑县先生北上

风雨潇潇又别离，残绒唾上柳丝丝。蓬莱七字他年约，先绣天涯感旧诗。

注：《晚晴簃诗汇》载：傅梦琼，字清漪，贵筑人，河南按察使寿彤女，开州朱庆墉室，民国代理国务总理朱启钤之母。有《紫荆花馆诗》。诗话：清漪，有夙慧，通文史，能书画，兼长医学，尤以工绣名，适梓皋，相唱和。梓皋早世，清漪依母家长沙，教子启钤读，遂绝吟咏。

（四）傅玉书

题福泉山张三丰手书遗迹

黔中万山争恢奇，福泉远在山城陴。当年边郡始开创，高丘大壑藏蛟貔。
仙人想亦避世网，跨江越楚来荒陲。相传结茅夜礼斗，星精照烂如朝曦。
乾坤旷荡供啸傲，风雨舛误恣鞭笞。诏书数下不可致，守土敦请徒尔为。
道成跨鹤去不返，追慕神异谀以辞。字端行密备梗概，简阅工匠深磨治。
诹辰立石诧奇事，碑阴仿佛蟠龙螭。神仙指画胜剞劂，苔侵雨蚀无雕亏。
至今屈指三百载，濡墨脱纸犹淋漓。岣嵝《石鼓》尚莫识，瑶函宝笈诚难窥。
要之幽远存勿论，思议穿凿羞群迷。儒生论世识大体，孤竹清节传口碑。
永乐改元受符箓，张侯勋亦铭鼎彝。不臣不友遂高尚，落落千古知者谁。
我朝升平洽文治，山陬僻壤成交衢。欲起仙人叩遗迹，烟霞黯淡空山祠。

白鹿洞谒朱子祠

洙泗非不作，邹峄岂好辨。帝王集其成，杨墨害当殄。
茫茫汉唐坠，汲汲周程衍。心源则已传，经义未尽阐。
皇哉考亭子，负荷万世鲜。卓识出困知，定力生实践。
说书抉阃奥，删史严斧冕。宛然起先圣，面质订讹舛。
记诵讥杂揉，词章病芜浅。况乃异端蔽，忍使滋洪汜。
赤日悬中天，纤翳长风卷。照彼魑魅徒，情状露愧腼。
象山固同志，过高良未免。观其讲义利，首肯意宁褊。
所患流弊深，不敢惜謇謇。何为烦吾侪，调停增绻缱。
当年屡召对，乾坤伫旋转。致主隆唐虞，入告悉训典。
一时虽坎壈，千秋载昭显。至今弦诵堂，犹重师儒选。
庙祀等胶庠，天章焕楣扁。至教钦明诚，微悰策敦勉。
彭蠡极天流，庐阜截云巘。海岱迟大观，对此神已缅。

东林寺

远公有净社，历世风未歇。虽与吾道殊，要为彼人杰。

当年遗民徒，各能保其节。岂不溺梵理，藉以谢尘绁。
惜哉种莲人，心杂乃见绝。何如菊篱翁，一醉洗禅悦。

于忠肃公祠墓

怀来城北烟尘昏，十年武备徒纷奔。天子以国徇阉寺，旦夕势欲无中原。
此时一木支大厦，举朝无人一司马。国有君矣君自归，议和议迁何为者。
玺书既通战屡捷，奇货空居失所挟。假令襁褓遽承祧，不宋高宗即卫辄。
野狐南来盘石固，降敕自避贤者路。上羞宗庙下臣民，高揖南宫岂云锢。
前星不耀帝星移，祀有主者非君谁。小臣贪功事侥幸，向也沙漠今宫帷。
夺门金印大如斗，不死麒麟吠群狗。危身误国君不恤，杀一忠臣辨何有。
衣冠东市无惊惶，以奠鼎鬯陈高皇。至今空山拜祠墓，英风赤日昭穹苍。

仲秋同人拟补韩昌黎登华岳诗即用韩衡山诗韵

臣承帝命佐相公，乘骢司马行师中。天威遥夺魑魅魄，敌忾争效貔虎雄。
涂经华岳纵轻策，万八千丈诚难穷。此时清霁值秋半，臣掌岌嶪生高风。
意象惨淡慎语笑，真觉呼吸青旻通。白云丹霞起足下，绣苔石室嵌晴空。
天台势拄玉宇正，莲华光抱朱曦融。省方西极帝所驻，岳灵守护非其宫。
真泉玉盆混虚碧，瑶芝琪树纷蕤红。采芝酌泉食且饮，芳香精白生予衷。
俯仰六合但直视，凭吊万世惭藐躬。古称登岱小天下，孔子既没无敢同。
自顾不在弟子列，斯文未丧责未终。即如此行庙算定，雅颂待纪神圣功。
题诗未毕日将入，洪河落处烟冥濛。照我苍颜立华顶，挥洒爽气横关东。

注：傅玉书，字素余，瓮安人。乾隆三十年举人，官安福知县。有《竹庄诗草》(《晚晴簃诗汇》•卷九十二)。

（五）傅尔玄

居易堂成

两次驱驰望帝宸，干戈未靖饱风尘。千秋事业今须定，一室琴书暂作邻。
鸟过园林鸣翠柳，月临涧石照青筠。草庐结构名居易，何必滔滔去问津。

注：傅尔玄、尔讷、尔才、尔默昆仲家学渊源。尔玄（元）字澹方，县城东魁岩站人（今娄山关镇工农路）崇祯中拔贡，四川学使钱邦芑评为蜀才第二。祖天植，以名医闻。父元和字商梅万历辛酉（应为：天启元年，1621）拔贡，四川督师王应熊以全川人才第一荐举，累官至云南按察使兼布政使。尔元“具经世才，足迹半天下，预两滞京，讫无所遇，旋际沧桑，归隐乡里，奉事重巾韋，以诗酒自娱，而忠义之心往往流露，卒年三十五岁。”明亡随师钱邦芑隐于余庆蒲村。著有《居易堂》五卷，为钱所选，仅留残篇。郑珍初搜一绝入《播雅》，尔后赵旭搜得50首，並为之作传，荐载《黔诗》。《诗选》选评6首。

《黔诗》评曰“明经诗涉笔生硬，情味稍乏，而棱棱风骨亦自不凡”。是诗则反映了其怀才不遇而适逢鼎革郁勃之情。

傅尔讷为尔元胞兄，字若木，崇祯岁贡，官镇远知县，寻归授徒，七十三为赞，书毕而逝。《临终自赞》：“明有逸民，名曰尔讷。虽仕溎溪，彭泽不足。归休于家，诗书自淑。付与儿曹，怡然以殁”。入选《黔诗》。尔默字识先，诸生，御奢贼被服。尔才为之作悼诗。尔才字笃生，崇祯岁贡，官湖广会同知县，多惠政。其悼诗为《哭识先尔默弟殉难》：“梓里无端忽即戎，势难两立敢称忠。伤余以后成孤子，让尔当先作鬼雄，”载入《耆旧诗》。

胡宾夏，字尚忠，天启拔贡，崇祯三年庚子（1630）副榜，学使涂口品为蜀中十才子之一，累官至贵州布政使，著《蜀十才子》兵燹亡失。遗诗《挽傅识先尔默秀才》，是诗缅怀傅尔默抗击奢崇明叛军死难之惨烈。其诗附后：

桐城两次失，君有两次复。功或他人歌，丧先吾子哭。
射虎心固雄，为猿意莫卜。三年苦尝胆，一朝惨飞肉。
胜败兵之常，生死命所局。本拟文章报，何期头颅戮。
终军身虽亡，南越数弥促。男儿生世间，两伦殊难笃。
尽孝复全忠，疆场原是福。入庙享蒸尝，骑箕作星宿。
恩泽尚待颁，竹帛已早握。聊用纪松筠，可备刍一束。

（六）傅之奕

惶恐滩怀古

难回国步空尝胆，已去人心独枕戈。万里忠魂燕市狱，千秋正气宋山河。
龙归大海遗踪杳，云暗深崖积恨多。翘首天南星坠处，临江挥泪洒烟波。

注：傅之奕，字嗣期，清康熙五十二年癸巳（1713）举人，时迈五秩，官上元知县（今南京市域）到任即卒。传入民国《县志• 人物志》文苑清代第二。傅尔元之侄。明兵部主事傅尔谦之子。《双梅堂诗集》四卷，毁于火。《志》评：“和平安雅，宗法元白，与李晋齐名”。《耆旧诗》、《仁怀厅志》和《族谱》共辑诗 57 首。《播雅》选入 15 首，并评：“甘贫耆学，读《敝裘篇》，其品可想也。”《诗选》选评 3 首。

作者凭吊南宋民族英雄文天祥之正气，痛悼南宋朝廷的倾覆。发思古之幽情。隐寄对朱明灭亡的感伤和复明志士气节的歌颂，联感自己身世之无奈，反映鼎革时期士大夫的心理。

四月初十日出临朐署偶成

伸眉一笑脱笼樊，自顾才疏愧理繁。官去真如重胄免，身轻始觉敝裘温。
诗教久废缘为吏，书喜重看欲课孙。莫道归休无长物，传家犹有砚田存。

注：傅代铎为傅之奕孙，字牖堂，乾隆四十八年癸卯（1783）举人，官山东临朐知县，后改教职。著有《牖堂诗钞》亡失。《播雅》选载 8 首。有评：“平易近人，不失风旨。”《诗选》选评一首。

水仙花

南园雪后一花无，独伴仙人风韵殊。琴在为弹东海操，月来如赠汉皋珠。
小书玉版闲相对，文石磁盘信可娱。樊弟梅兄知忆否，凌波罗袜正清癯。

注：傅同人，本姓曾，字子野，雍正二年（1724）举人。《播雅》搜遗诗一首，评“以学行称于野”。《诗选》选评诗《水仙花》是“向往清高之志向。”

雪鸿草序

雪鸿草者，客燕客豫客楚蜀时所由名也，浣花辋川，作者千古，虽广陵散犹在人间，而嗣遗乡者，已杳若河汉矣。予向所为，非敢言诗，不过纪地纪人纪物纪事纪年，以记予鞭幡所到之处而已。山川花鸟借以发其幽思，香草美人取以寄其别況，片楮杯酒假以浇其傀儡。间遇捧心者聊一效颦又不通如黄鹂呼春，鸣蝉送夏，蟋蟀吟秋，逢时便恰恰啼耳。近客横川，囊橐萧然，假馆训，蒙图作归计。易曰：蒙图以养，正圣功也，是训，蒙之功，较难于成童十倍，而颖突唇焦不堪，举以似人，风雨晦明，偶有所触，皆于歌咏，发之所谓我写我情，我适我性，以记予鸿迹之感诗云乎哉。芝城鹤亭自题。

雪鸿续草自序

予北游归，杜门不出近二十年矣。壬午冬，饥驱出门，经太白仙谪地过汉，行王城，登峻岭，渡大江，越五日始抵南平，得见老瀛诸胜。即刘望之所云山盘四十八面险，云暗三百六旬秋处也，遂有南平舟中望瀛山诸作。又越二日，抵渝州，泊舟海棠溪上，偕友人渡龙门、登涂山，因得神禹之迹。而纵观之，即禹娶涂山氏生启，是日地也。周览缙云，徘徊字水，又有客渝诸作，归拣行箧，得诗百首，遂合夜郎诸什都为一集，题曰《雪鸿草》。盖取苏长公“人生到处知，何似有似，飞鸿踏雪泥”之句以颜之也。去年冬，至磁城于季弟兼斋宅上，晤砚云高先生，道款之余，剧谈风雅舫斋头，殆无虚日。盖砚云先生以江南名宿，浮沉宦海者，近三四十年，名山大川，足迹几遍，其阅历也真，故其发为诗歌也切，每有所作，即索和章，亦得诗百有余首，命子侄辈录出，题曰《雪鸿续草》，犹前意也。然予何敢言诗？不过藉以誌予就正有道之岁月云耳，观者幸勿以工拙律之，可也訾？乾隆二十九年甲申二月花朝日，自识于磁城之开云草堂。

注：傅同形为傅之奕次子，字鹤亭，清乾隆四十五年（1780）举人，年九十而终。南北行省，游览殆遍，所至咏吟。著《雪鸿草》及《续雪鸿草》，积数千首，现存诗 28 首，自序两篇。《播雅》载 18 首，有评“语意温和，自然蕴籍，足能嗜响”。自诩“我写我情，我适我性。”《诗选》选评 2 首咏物诗。《种竹》：“种就两三竿，摇来千万个。西窗风雨寒，清绝子猷坐。”体物寄意，发已悠思。

傅同形，字爱立，一字肖野，又字鹤亭，岁贡生，博览，好吟咏，北游燕，过大梁，浮洞庭，足迹半天下。归，杜门不出十余年，复自蜀之南平，游东川诸胜，归筑开云草。俸薄先增屋，为爱官闲，好读书，其风致如此。嘉庆二十三年升授直隶定兴县知县，定兴畿辅冲突，迎送往来无暇日。师瞿年八十，精力尚壮，庶务能整理，而事多僵直，自是为上官镶所厌，未一年解官。又逾年始归至湖北松滋，病卒，行李破书数簏而已。著有〈四梧轩诗集〉。子代（厅学，廪生）、代镛（监生）。师瞿之罢县也，留滞会垣一年余，益困无何。镛以上官及家人违格，状诉于都察院，奏闻诏命大学士会同刑部，竟其事，已革知府，坐索规礼，戍塞外，总督家人，坐索门包，戍边远，而镛以挟嫌訐告戍近边。师瞿并不知情，仍改教回籍。镛戍松滋，师瞿归自直隶，见镛于戍所，病不能行，未几卒。镛旋遇赦，沿途告贷，扶榇归里。时聂太史铣敏张大令锡穀怜其孝，皆为诗赠之。

赠傅镛侄次松滋孙菊人少尹韵

张锡榖

恳切情词镜照真，圣恩如海复如春。盈廷谳奏刑无枉，有子名传孝曰纯。
万死自甘魂赴火，一归若梦影随尘。老夫痴坐林边久，忽报敲门来故人。
见刺犹疑见面真，邛江回首廿余春。雪冤说似缇萦苦，锡类知同颖叔纯。
捧膝天涯团骨肉，凭棺血泪洒风尘。穷鱼定有西江水，活汝不归恸父人。

途中次韵赠傅声远扶榇归黔

聂铣敏

赤日当空竹影真，承天作辅气皆春。血倾杜宇千声苦，火入精金百炼纯。
老骨摧残伤枕块，孤棺留滞感封尘。发肤自爱都称子，蹈义忘身见此人。

次韵赠傅声远

刘士淳

忠臣孝子两性真，纶音嘘遍楚江春。承颜幸复冤能雪，洒血悲吟龈锡纯。
万里孤征形吊影，一官遥殡雾里尘。如斯至行天应鉴，何况区区我倍人。

次韵赠傅声远归黔

蔡以倬

伏阕陈书血性真，挽回天上九重春。生还白骨累臣苦，死殉麻衣孝子纯。
剩有遗缄封涕泪，那堪长剑老风尘。黔山隐隐独归去，愧杀人间养志人。

松坎舟中

古驿崎岖尽，清江曲折流。远寻桃叶渡，更上木兰舟。
灯火三家市，烟岚万壑秋。倘教从二客，不让长公游。

游土城九龙屯

极天关塞入云中，不数秦关百二雄。野树多临溪水绿，山花犹似戟枝红。
仰探石壁烟霄尽，俯瞰人家绣陌同。回首当年平播事，可怜今日止蒿蓬。

游九龙屯感怀

九龙屯上俯层峦，凭眺苍茫夕照寒。自昔河山同带砺，到今世族衍衣冠。
墓前翁仲云常护，身后丰碑藓尽斑。雌凤妖骊俱泯灭，我公犹壮后人观。
极天关塞彩云中，不数秦封百二雄。野树多临溪水绿，山花犹似戟枝红。
仰探石壁烟霄尽，俯瞰人家绣泊通。回首当年平播事，可怜今日只蒿蓬。

重游九龙屯见宝珠山茶盛开折归偶咏

喜遇诗人老作家，诗成端不负名花。宝珠昔已留芳谱，佳句今宜护紫纱。

冒雪偏能开国色，经霜毫不损精华。赵昌纵有传神笔，难写桃花更染霞。

凿破鸿蒙溷沌家，绛仙化作宝珠花。不缘弟子临湘月，端会才人拥绛纱。

幽谷乍惊开冷艳，寒山忽地动春华。须知不是未央草，凛凛朱英天半霞。

瓜棚十二咏序

夜郎，横川地之相去千有余里，己丑冬，予以寻子问侄聚会于此，道远未即归去，就馆贾家坪。馆仅茅为三间，卑隘特甚。予因陋就简，小加修饰，颇为完整。前隙地再为瓜棚，一架其下，杂置松柏竹石鱼□兰□诸卉，时手一编意甚适也，各为一咏以记之。

瓜　棚

课余无一事，学种冬陵瓜。幽棚风过处，香散一林花。

石　峰

峭石凌云起，飞来信有峰。闻多隐君子，或在此山中。

盆　鱼

方盆拟小沼，止水静无波。时一观鱼乐，濠梁不让多。

盆　松

岭上松千尺，盆松一何小。本性傲岁寒，莫作闲花草。

盆　柏

巴东我旧过，县有菜公柏。我植此山中，敢云君子泽。

仙　掌

仙掌有自来，承露盘中物。何年出汉宫，不待红巾拂。

石菖蒲

幽涧足昌阳，生常先百草。东垣古方中，却用延年好。

菊　花

陶公归去来，种菊东篱下。我亦种几丛，采采待盈把。

黄　葛

托根依山石，移植幽棚里。行看借浓阴，户外有双履。

虎耳草

虎耳劲非圆，谁将名小草。但令豁双目，姑不暇深考。

盆　□

荆树满空山，枝柯重连理。植我小盆中，花间一丛紫。

秋林霜叶

霜裁锦片遍成岚，红喷枝头蝶梦酣。小鸟不知秋事晚，错传花信到江南。

喜　晴

昨夜白云来，就我西檐宿。凌晨散晴晖，雾卷见林麓。
低影照书帷，流光明卷轴。古人虽已远，糟粕犹在目。
借以送君诸，还我不远复。

会饮开云堂高砚云先生以长篇见是赋此奉答

（载道光陈熙晋〈仁怀直隶厅志〉）

我闻泰岱云布族，未抵九龙云可掬。斜飞半岭暗川原，弥漫布护遮山旭。群山万壑云时封，不封亦不离山谷。童叟日日望开云，无计开云徒局促。有弟筑堂云忽开，五色缤纷光郁郁。我以开云名此堂，敢拟韩公上岳麓。自幸此地雄边陲，簪缨往日荣汤沐。三朝茅土锡天家，带砺河山竞鼎族。夜郎我久服先畴，结庐之水食公餗。移来此地置轩楹，水绕山环面飞瀑。万卷图书列草堂，教子一经矫流俗。山可樵兮水可渔，种树栽花兼莳竹。芳春时和万卉妍，燕剪裁红莺织绿。盛夏池荷荡晓风，万叶田田花馥馥。秋来霜染一林霞，乌桕丹枫森万木。冬来六出漫飞花，玉树琼枝腾北陆。四时变换多杂□，风雨晦明香难卜。渔歌樵唱杂夷讴，声彻开云听□熟。陇头畊馌艳农人，雨蓑烟笠勤种稑。浑溪渡头网罟施，得鱼沽酒无寒暑。清风时扫开云阶，明月时照开云塾。开云堂中有主人，读书养气忘荣辱。披烟晚收百陌禾，带雨早种南山菽。晴眺千峰翠欲流，雨看层岩石将洑。日倚栏杆骋素怀，放晴邱壑无拘束。开云堂上主人兄，碌碌无奇孝先腹。青灯黄卷课儿槽，夕砚辰窓搜敝麓。年来自愧俗尘羁，糊口唇焦兼颖秃。去年策蹇下磁城，解鞍弥月开云宿。弟劝兄酬未足奇，砌下芝兰快心目。有客有客砚云翁，烹鲜曾试曹南牧。又向黄河战怒澜，瓠宫能走蛟龙伏。秋风忽动莼鲈思，扁舟张翰归南服。逸兴遄飞罗甸来，蜀道青天江阳舳。归来一枕傲羲皇，浮舫斋中春睡足。散虑逍遥只一区，恨乏城南韦杜曲。寻花问柳步开云，相过但庆西园菊。喜无屋宇碍云山，兼喜窓中可远嘱。穿林小鸟啄飞花，连丛老桂飘金粟。对花饮酒量浅深，看竹敲诗句往复。五月望后饮开云，乘兴吟诗几越轴。山间风雨自朝昏，一一敷陈如绣縠。酣嬉淋漓似有神，雨骤风驰而电逐。挥毫落落追千言，使人读之心神肃。开云得此生面开，倘或因之绥百福。呼儿洗斝酌山醪，为公敬致南山祝。我欲伸纸写开云，珠玉在前秽形缩。何如疋练倩王维。图出开云山水幅。上留余素书公诗，装潢挂之屋东屋。

会饮开云堂高砚云先生以长篇见是赋答

（载民国王泽溥《桐梓县志》）

我闻泰岱云布族，未抵九龙云可掬。斜飞半岭暗平川，弥蓊群山漾朝旭。童叟日日望开云，无计开云徒局促。有弟筑堂云忽开，五色缤纷散山谷。我以开云名此堂，敢拟韩公祷衡麓。此地茅土三朝锡，带砺河山作汤沐。夜郎我久服先畴，之水结庐食公餗。

移家复此置轩楹，水绕山环面飞瀑。图书万卷四罗列，教子一经矫流俗。清风时扫开云阶，明月更照开云塾。开云堂中有主人，读书养气忘荣辱。带露晨收百陌禾，披烟晚种南山菽。纵目栏杆尽变幻，放晴邱壑无拘束。开云堂中主人兄，碌碌无奇孝先腹。布袍竹杖课诸儿，夕砚朝窗搜敝簏。年来我媿俗尘羁，糊口唇焦颖将秃。去年策蹇下磁城，解鞍弥月开云宿。弟劝兄酬去足奇，砌下芝兰可心目。有客有客砚云翁，烹鲜曾试曹南牧。又向黄河战怒涛，瓠宫能走蛟龙伏。秋风忽动莼鲈思，拂衣遂买江阳舳。归来琴鹤伴逍遥，浮舫斋中睡初足。寻花问柳到开云，入门喜及西园菊。对花饮酒兴欲仙，看竹敲诗句盈轴。开云得此生面开，我欲和之秽形缩。拟将疋练倩王维，□貌就此成巨幅。上留余素书公诗，装潢挂之屋东屋。

客中漫兴

岁岁事行役，深谙入俗难。寒衣憎鲁缟，团扇薄齐纨。
竹实给晨爨，菊花供夕餐。何时茅屋下，送老白云端。

高枕原吾好，青山奈老何？经秋诗思少，永夜客愁多。
养拙衣缝掖，投闲带女萝。故园莱可剪，行矣且狂歌。

和王刺史山楼杂咏

依山营夏屋，带水结危楼。风拂垂檐静，云飞曲槛周。
月明花影碎，林密鸟声稠。昨夜风头雨，鸣泉百道流。

曲径平通处，轩窗水面开。倚筇看鹤去，拂席带云来。
月下江州句，花间彭泽杯。数声牛背笛，知是牧童回。

夜月庭如水，空明荇藻交。风轻低竹杪，露重滴花梢。
酒美三杯足，心清万虑抛。飞仙有妙术，我欲同三茅。

翩翩来蛱蝶，处处引芳魂。树老似人立，石奇如兽蹲。
落花惊鹤梦，堕叶扣柴门。自得沧州兴，马蹄一任奔。

百尺楼堪倚，缘因半日闲。鸟啼深竹里，风起乱松间。
石静云孤往，林幽僧独还。计逢之子处，岩壑最回还。

顺江铺

万山围一屋，就此歇尘劳。酒胆随时壮，诗情无处豪。
滩稠风响杂，秋霁月明高。独坐情怀□，□能□佩刀。

四梧轩诗稿自序

会计寝食不安，此真天下之最哭也。觅句虽苦，亦如食者必咀嚼。游者必行，步出于自然，而非世俗之所谓苦者。予不第，不知天下之苦，亦不知吾辈之乐，则吾亦何能自己于诗哉？回忆十余年来养空，而游名山大川之间，或无免于高岫腾讥、闲鸥献诮，而孰知拥鼻摅思，亦我舒我性、我写我情而矣也，苦也，而乐在其中矣，若夫珑玲其声、嗣响其德，音以求合乎古人？此则有志焉，而未之逮。乾隆甲寅臯望书于北平旅邸。

题印学四梧轩成

斋前四梧，植自前任周君，名椿者，十年梧成，而周君去越三年，而予来，墙圮斋荒，惟四梧斌，故课士之暇，遂回树增轩，名曰“四梧”，非若五柳之自适其性，三槐之独茂其家而已，后之君子继此席者，倘能以树木之心树人，为国家培植人材，以称厥职，更恢弘而远大。之此，又非予而可得而窥其竟也。

城里青山学外庐，四梧栽自我来初。不愁奉薄先增屋，为爱官闲好读书。

故榻仍悬思旧雨，荒园渐辟免新锄。欲将桃李深深种，坐看花光到叶鱼。

注：傅师瞿（生卒年不详），字又淳，号恕庵，之奕孙，别居仁怀（今赤水及习水土城），乾隆四十五年（1780）庚子科举人，嘉庆二十三年（1818）授直隶定兴县知县。以性耿直，为上官所厌，未一年即解官。八十岁时精力尚壮，能自理生活。道光年间卒于湖北松滋，仅行李破书数箧而已。著有《四梧轩诗集》。

昔日道中书怀

鞭点鞍头数旧新，那堪客路又逢春。纵教竹叶频酣我，难对桃花只笑人。

剩有乡愚能守业，从无国士肯谋生。田园归去荒芜久，寂寞何人问素臣。

对　菊

落落余香卓卓姿，重阳节候正开时。从今有句吟将晚，那计无钱酒到迟。

半世闲中和我瘦，一生高处独霜知。少陵莫赋停杯句，对尔空持亦解颐。

古诗九首

人心本无邪，邪却与战争。亭亭我自舍，能勿严守兵。

宇宙如此大，世事日相迎。神动而天随，古来几至诚？
惟以仁为域，无使邪或侦。惟以义为剑，随事斩邪茎。
治心从遏欲，庶几邪不生。

渺渺郭原平，匠也犹光焰。力可随缘竭，艺养亦无忝。
人生七十稀，流年瞬如闪。膝前何急促，若个能检点。

岂不愿显扬，时或有迟渐。富贵而思亲，不如在寒俭。
所以负米贤，此抱常歉歉。

勇以礼为本，亦以礼为则。大足任重远，亦以去骄嫉。
冶辈能知此，婴挑亦无隙。古来筋力圣，胡为不自益。
异哉齐二子，猝遇饮朝夕。抽刀而相啖，真堪成笑剧。
如斯以为勇，弃不犹敝席。

壁头画虎尾，足下拟深渊。绳绳乎君子，鞫録何其然。
世路多且险，叵测渺于天。百峰而不陷，此道病名贤。
所以古之人，慎字恒勉旃。诸葛天下才，动必于稳边。
王凝有重德，寝必叉手眠。何况中才辈，敢忘于末颠。
播鼓登高崖，能步莫轻先。曲躬而累足，失或无相悬。
安得为良骥，慎毋似狎虎。此躬既不肖，能敬犹堪补。
长安轻薄儿，不是愚顽鲁。一肆无严惮，家声弃如土。

六朝争艳绮，妍手同机轴。矫矫裴子野，为文典而速。
不尚丽糜辞，独以古则复。当时或有诃，末皆翕然读。
成手与成心，文者亦庄服。博得河东名，家世在书簏。
闻歌说绛树，写字忆黄花。并腕书双牍，一声出二家。
虽然成小道，亦见学无涯。

漆以用为割，虽割为可用。兰以膏自煎，虽煎亦郑重。
大都有异材，生本为世供。剥削先遭尽，偏多是迈种。
君看曲辕树，顽大谁比共。十仞山低小，百围徒讲诵。
长年不见斧，只以无用纵。

非岂四十九，五十知奈何。我欲闻古人，感愧于我多。
读书解治心，吟诗泣蓼莪。菽水未承欢，双帏已抱疴。
亲去日已远，子年日已晚。见义亏勇为，慎行独饱饭。
少小事雕虫，老大犹息偃。歉歉且勿道，行行看春苑。

清明道中

春风微微雨，松柏隐哀声。纸钱飞似蝶，始觉是清明。
草茵环妇子，杯盘礼先茔。墓祭礼非古，时风实至情。
愿我尘劳久，浑忘节气更。杯土徒思负，酬亲让弟兄。
故园逢此日，几度缺同行。彷徨日欲暮，叹息悔长征。

客邸感怀

在家贫亦好，戎昱咏无差。水赤鱼多味，邻贤酒不赊。
客频随剪韭，园窄亦栽花。回忆南山下，悠然讵有涯。

冬日答友人

茅檐无事一编亲，终岁囊中未厌贫。脱却敝裘沽酒饮，朔风不冷壮心人。

嘲　饮

地是眠毯天是庐，那将闲事问居诸。看他终日留连处，杯外尘缘一概无。
仰屋寻思为酒钱，緼袍货去亦恬然。皇天若肯施粘雨，到处湔泥作酒田。
笑问何缘喜欲飞，持杯说是破愁围。那知就里牵愁处，悮尽功名惹尽非。

双成书院送儿子予润赴馆作诗示之

傅代铎

为师亦识患非轻，说命传家重力行。饭甑久艰吾独举，砚田今授儿分耕。
教书苦胜读书味，老凤清输雏凤声。莫似衰翁过半百，文章事业总无成。

新郑谒子产祠

傅镛

萧条祠宇枕河湑，千古遗风仰郑臣。行路久怀投李惧，褰裳终化采兰人。
此邦文物犹堪贵，先代衣冠凛若神。展谒怍然余爱在，夕阳衰草驻征轮。

仁怀直隶厅志

过正安州

傅光宅

万山迢递到真州，新筑孤城水抱刘。猛虎归来荒草遍，祥鸾一出瘴烟收。
梅花晴雪沿江路，棠树新阴照郡楼。最喜絃歌成化理，天涯旅客不知愁。

过螺水寺

傅光宅

螺水溪边寺，松杉一径深。好山多近户，芳树半成阴。
落日烟霞色，寒宵钟磬音。浮生属往事，慷慨欲沾襟。

晓发莲子坝

傅光宅

野市钟鸣夜未寒，驱车随处问凋残。莺啼谷口千林晓，马渡溪头二月寒。
流水远从云际落，春山半向雪中看。蛮家竹屋层崖上，遥指双旌识汉宫。

《遵义府志》

平播凯歌献大中丞李公（四首）

六月军声动海涛，辕门令下鬼神号。锦江浪净眠鸥稳，玉垒云飞舞鹤高。
三尺龙泉自尚方，斗牛寒色照蛮乡。于年荒服归王化，文物初开古夜郎。
海龙屯迴插青天，飞虎关高入紫烟。霹雳一声重险失，流星忙去捷书传。
千山万壑遶渝州，吟啸时登庾亮楼。尊俎闲看戎马散，夕阳秋色满渔舟。

访达观上人入莲珠洞

停车螺岭夜，问法鹿泉西。雪杂昙花下，云连宝树齐。
山空群动息，洞杳一灯微。心折明朝路，春风送马蹄。

光绪《获鹿县志》

螺髻山别达观禅师

螺髻钟鸣大梦醒，春深分手断肠亭。高原雪夜千山白，远岭风前万树青。
振锡有时开眼藏，挂冠争忍负心灵。庞家父子同参处，香满金炉花满瓶。

光绪《获鹿县志》

界首飞泉瀑练悬，红崖迥异绛霄连。关名仿佛鱼凫国，桥记分明傅颖川。

（注：颍川即傅友德）

杨慎（贵州通志修撰）

会长治华宗亲领修贵州通谱志庆

立壮志创伟业，全心全意办族事；
挑重担献大钱，尽职尽责振家声。

癸巳年金秋傅长文、傅钦臣恭贺

诗赠治华会长（七言）

会长操劳尽艰辛，宗亲联谊耗精神。平陆朝圣归故里，组织力量献丹心。
天南地北传喜讯，东土西域留佳音。清河人才光华夏，傅圣文化延子孙。

翁安草塘下司傅仕策六十九岁留

公元二〇〇七年丁亥岁仲春月于灯冲湾书

情系华夏傅氏；爱献同脉宗亲。

贵州傅氏宗亲联谊会秘书长　傅恩贤

二〇一三年六月

第三节　碑文墓志

唐故银青光禄大夫行黄门侍郎傅公墓志

夫阐微知至，君子运其才；明道立权，贤人致其用。然则务以贞济，悔以动生，馀皇始急于浮深，繁弱终悲于释檠。呜呼，不其然欤！公讳游艺，字元综，北地泥阳人也。高祖仕魏，家于清河，故今为清河郡人焉。自说肖天梦，元宁舟楫，义阳承休，光复带砺。太守太仆干玄则父子相晖，司隶司徒咸衹则弟兄交映。精华无泯，千载风流。曾祖冲，北齐许州长社令。祖璀，隋北绛离石二郡守。传风炳粹，弈序济贤。父交益，赠冀州长史。咸列懿于鼎裳，并流声于谣咏。

公玄契冲虚，白心冥远，珪璋润德，黼藻明文。端悫禀于天姿，岐嶷成于幼性。致深理乱，研几礼乐。譬海方河之书，升堂履壸；开凡立象之籍，入室穷隅。属到鳌希真，倾岩冀德，暂仪鸿羽，遂彻鹤鸣。演玉署之高词，振金桢之秘彩。与能既命，至力斯陈。解褐于垣县，徙扶风、始平，三者皆尉也。慰以安之，人咸知惠。转渭南、河南，两主簿焉，籍稽其阙，事克无留。俄丁太夫人忧，哀毁过礼。诗叹栾棘，礼称孺慕，传之自昔，见之于公。及乎外除俯就，内感不舍，虽琴有成声，而食犹忘味。后有命特授监察御史，台阁生风，克嗣前烈矣。于时天地暂屯，君臣相择；投石之谋既立，断金之契遂申。俄迁左补阙，又迁给事中、同中书门下平章事，加朝散大夫，拜黄门侍郎。无何，又加银青光禄大夫、同中书门下平章事。既崇尧舜，即化殷周，寅亮乾坤，增华日月。处其傍之位，挟难赏之功，交乱如簧，思聪改听，遂为逆竖来俊臣所疑陷，降授太常少卿。天授二年九月六日终于私第，呜呼哀哉！春秋六十有三。呜呼，伍胥文种，霸吴张越，知之晚也，卒贻于劓戮；昌国应侯，强燕帝秦，悟之早也，才及于放废。呜呼，其可以言哉！

夫人河南拓王氏，珪玉生姿，蕙兰成性，誉宣邦国，礼睦宗姻。晨华不留，夜景先没，春秋五十有一，神龙元年八月十八日卒，粤以先天元年十一月十九日合祔于洛阳平乐原，礼也。山水萦回，已得班牛之穴；埏茔虚寂，空留大鸟之形。呜呼哀哉！乃为铭曰：

君子含光，因时则扬；推君作禹，化国为商。龙飞蛇蛰，鸟尽弓藏；贞臣愤委，烈女销亡。迹垂阳阙，形息阴邙；寂寂虫思，咬咬鸟黄；百身无赎，呜呼彼苍。

注：墓志青石质，边长72厘米，楷书28行，满行28字，实有724字。盖盝顶，篆书4行，行3字："大唐故黄门侍郎傅府君墓志"，周饰蔓草纹，上下草纹间各饰一展翼鸳鸯，藏于洛阳师范学院图书馆。

清代第一状元傅以渐——墓志铭

皇清光禄大夫少保兼太子太保兵部尚书武英殿大学士星岩傅公墓志铭

太子太保、内国史院大学士加一级、前吏户刑三部尚书、吏部工三部左侍郎管右侍郎事、吏户二部都给事中、浙江典试甲辰丁未文武会试总裁、纂修实禄总裁、戊戌辛丑甲辰殿试充读卷官、渠梁进士通家侍生杜立德顿首拜撰文

赐进士出身中宪大夫、太常寺少卿、前翰林院提督四译馆太常寺少卿、礼科都给事中、刑科左右给事中、吏科给事中、戊戌会试同考本年武闱收掌试卷、经筵侍讲、瀛台三召对年眷弟任克溥顿首拜丹书

赐进士第山西布政使司分守冀宁道参议、受业门人刘元运顿首拜纂盖

少保兼太子太保、兵部尚书、武英殿大学士傅公讳以渐，号星岩，于磐其字也。先世系江右永丰人，后移籍山左聊城。其始祖讳回，祖为冠县尹，生子七人，及任满南归，携四子从而留三子于北。一居冠县，一居博平，其讳祥者奉母侨居东昌，母殁葬于城南隅，因不忍去，遂家焉。祥生纶，为聊城邑庠生；纶生谕，谕生天荣，天荣生思敬，自谕以下皆奉。

恩追赠荣禄大夫思敬生二子其次星岩公公生之夕闻心海公得异梦知其不凡舞象时训以孝经即名贤诸书引古先哲士及郡中诸前贤相摩切公悉能心志之七岁授四书及成童读诗易习举子业辄能矻矻入解期以远大质秉醇厚其不屑与俗侪辈相议和见者乡人士重为大过人之器以独富所学积学累功深于□典授业于莘邑少司空孙兴公先生之门屡试皆冠多士食饩芹宫高文笃行久具公辅矩度而为闾族所矜式者至今乡人誉不置口曾十六岁从大廷尉绳武顾公至京师见旅壁有题迪砺志之者公见之争自奋勉顾公异之乃曰士无不以训行为务而特未见于弱冠年以楷先型为孜孜其思无不齐者若是且都会繁华地少年士甚不至逐绪牵情足矣乃何以度越凡近也真弗可及越二载又入都揖同乡高轩贵卿人知仰至方在伟瞻忽而心动蠕蠕即促诸偕行者以归甫抵里而太夫人果以疾卒僻踊号涕绝而后苏人以为诚孝以感振于天性读礼之余益肆力于春秋删诸经济书以闳志于学乙酉登贤书丙戌成进士对策

大廷擢第一甲第一名授修撰乃本朝开科殿元之首文章功业都人士兢相期慕殊自立不苟读书中秘凡奉

命属文鸿文典册辄铮铮有先辈风因纂修史书以覃恩加级侍读壬辰纂

《太宗文皇帝实录》历升侍读学士教习庶常人景前哲守官以正丁亥分房会闱所取多知名是士每于文艺中卜人将来经济以台阁相劝望甲午枚卜揆席公适居次

世祖章皇帝以条陈安民大计有当上意破格特蔺兴情怡然称为得人

世祖留心经史公博学多才有所纂修各必预焉如修

《太祖太宗圣训》《通鉴》皆充总裁其《内则衍义》《赋役全书》《易经通经》等书

虽史官职掌所隶而其言垂世而立教足以炳蔚文表润色大猷乙未加太子太保戊戌会试天下公充总裁官闱中偶病力疾视事文尚理要共事诸公云知文公事也衡能文之人于知人而夜分不倦抱病以订甲乙无乃太yi（累）甫试乐而稍憩以藻鉴骊黄未为不善公益鼓舞以尽所阅人称公之恺悌作人以勉里王事果于棘闱有光诸弊□然随以考满加少保荫一子入监读书改内阁武英殿大学士兼兵部尚书衔

顾问启沃每以忠厚和平为念十月以疾请及

陛辞

世祖命学士传谕慰以养病生子为总务仍赐药备途中用其有得于

圣眷之隆如此归里闭户不出惟日在药炉前以著书为勤后七年而卒由诸生以历仕宦计四十余年生平无疾言倨色无少长贵贱咸善遇之手不释卷录书载笔皆端楷有法嗜古好学出于天性然也诸如天文律历兵农漕马诸大政多有编缀至于经史诸子素所优者又刻太史名编及中规篇行世与同馆诸后进及门弟子言必教以奉命著书事事当从敬

天法

祖为本门庭肃清毫无贵介气其尤难及者位居鼎铉骄矜嫉忌从未存之新与人和蔼后人惟恐不逮所称休休有容与古大臣争烈者非公其谁与归公事亲孝待宗亲乡党及亲爱有困乏周之闻百姓疾苦则咨嗟慨叹四成拯济之闾里有义举心默然赞其成而不自居其长历官宰执食不重味常衣瀚濯之衣有晏子高风易箦时谆谆为梦中语所感

君恩恤民隐之事且引司马温公临终遗言以告嗣子其德器文章事业岂非天所笃生以相我国家开太平之业者乎独是得子维艰常为祖先嗣续计忧形于色以公盛德当繁后胤光前业而有无遑厥后之叹天之报施善人孰短与长概不可解然公所立嗣子名宅揆英年骏发其醇谨饶有父风则天之所以报公者即在嗣子一人又何必为公痛哉公生万历己酉十月十三日子时卒于康熙四年乙巳四月十九日午时享年五十有七妻虞氏

诰封一品夫人东昌卫官舍虞公讳志德女嗣子一宅揆国学生娶东昌府府学庠生许公讳襄玺女女一早殇孙一永绥幼未聘今于康熙己酉十一月二十五日卜窆于祖兆之东为之铭曰

维天降岳笃生名贤佐兴景运文行翩翩齐鲁之国洙泗之源遗风善教哲人出焉大廷对策董贾名篇著书天禄藜火夜然鸿章披世忠志秉天翊赞大业簪笔细旃事功经济著述可传避贤抱疾高卧林泉德游才邵勋被歌弦□□真珉亿万斯年

山东聊城（东郡）傅氏第十五代孙傅乐铜　整理

北地郡重修傅介子祠碑记

傅介子，北地义渠（今宁县）人，为北地傅氏开基始祖。汉昭帝时，奉旨出使西域，智斩楼兰王，因功封为义阳侯。介子功载青史，名垂后世，德荫浩天，万古不朽。

为缅怀始祖功德，明朝万历年间，介子后辈、傅氏族人在其郡望今宁县良平乡修廓傅家村修建了傅介子祠。该祠位于全村中心，居高临下，巍然屹立。主体有上殿、下殿各五间、厢房、耳房各六间。下下殿为古建风格。结构奇特，布局合理，雕檐画栋，刻花砌石。为庆阳城乡所少见。院内原有一株古柏，高数十米，树干粗壮，最大部分直径不下五尺，主干分枝处还长有一株杏树，挺拔苍劲，雄姿森然，方园十多里都能看到。“文革”中被砍伐。

傅介子祠从建至今已四百余年。清朝乾隆八年重修。光绪十二年再次重修。中华人民共和国成立后，介子祠被列为县级文物保护单位。由于风雨侵蚀，年久失修，加之“文革”破坏，祠内建筑群栋宇破烂，地基裂陷，木料毁朽，墙体坍塌，院内一片废墟。市县文物部门多次检查督导，要求抢救维修。

公元二〇〇五年，岁在乙酉孟春之初，全村举族共议，决定重修祖庙，并建立傅介子祠重修筹建组，由傅耀斌、傅孝孝、傅栓孝、傅会林、傅孝龄、傅转亮、傅龙子等七人组成。傅孝孝任组长，傅栓孝任副组长。傅耀斌宏观指导，释疑解难。傅孝龄、傅转亮组织现场施工。古建由技工傅龙子承建。是年农历四月初一日动工修建，翌年农历七月十八日竣工，历时一年又三个月。

这次重修坚持抢救文物、恢复祖庙、保持原貌、注重质量的原则，在市县文物部门关怀指导下，取得圆满成功，除主体建筑在规模、风格、工艺、装饰等方面超过原祠外，还在基础、材料、造型和工程质量方面有很大提高。原祠临沟塌陷，此次重修祠基后移3.5米，占地6.5亩。原上殿基础偏低，重修加高0.8米，增设五步台阶。原祠栋宇全是土墙，重修一律改为青砖墙体。原六间厢房为民间土木厦房，重修改成青砖到顶，木质前檐，套格门窗。聘请平凉专家郭宝林为上殿恭塑傅介子像一尊。大门外增设青石栏杆30米。重修傅介子祠建筑群规模宏大，气势雄伟，古朴典雅，美观大方，诚为一方之胜迹。

此次重修傅介子祠，共耗资三十八万元。市县文物局请求省物局拨款十五万元，族人踊跃捐款。其中慷慨解囊的大额捐款者：傅永照五万元，傅君仓五万元，傅鹏、傅军、傅奎兄弟三人一万五千元，傅瑜五千元，傅庆宁五千元，傅良虎五千元。特勒石镌名，以昭后人。

重修傅介子祠旨在抢救文化遗产，传承精神文明，弘扬先祖功德，教化子孙后代。傅氏族人殷殷之愿足矣，是以记。

汉义阳侯傅介子功德碑

汉义阳侯傅介子，北地义渠（今宁县）人。诞于武帝鼎盛之期。幼时赋性聪颖，勤奋好学，文采华章，少年才俊。及长，英气勃发，高志满怀，立誓投笔从戎，驰骋疆场，立功绝域，报效国家。由此而习文练武，书剑随身。后从军为官。元凤年间，汉昭帝任命介子为骏马监。出使大宛，顺道纠察楼兰、龟兹勾结匈奴掠杀汉使和往来商人之罪。介子晓以大义，陈以利害，以罪谴责，两国谢服。且在龟兹率随从吏士，诛斩匈奴使者。回朝后，诏拜中郎，迁为平乐监。

不久，楼兰、龟兹数次反叛，伙同匈奴阻断商路，继续同汉朝为敌。傅介子通过大将军霍光再次请求出使，严惩楼兰，威慑诸国。获准后，他率领吏士数十人，携带大量黄金锦帛至楼兰，以赏赐为名，在饮宴中智斩多次叛逆的楼兰王安归，扶持与汉朝友好的前王太子继位。还召集楼兰群臣，宣谕安归罪状，对与汉朝和好者嘉奖赏赐，对有功者升官晋爵。消息传到京城长安，朝野震动，文武大臣俱赞介子为国立了大功。汉昭帝下诏表彰其功绩。敕封傅介子为义阳侯，食邑七百户。

傅介子奉诏出使，不辱使命，将帅风范，义士肝胆，慷慨壮歌，浩然正气，名垂寰宇，威镇边疆，功绩卓著，影响深远。他两行西域，保障了丝绸之路的畅通，维护了各族人民的团结，加强了西汉中央政府与边疆地区的政治、经济、军事、文化联系。傅介子不失为我国历史上一位具有民族气节的爱国将领。他的功绩深为后人所仰。唐大诗人李白有诗赞曰："愿作腰下剑，直为斩楼兰"。汉宣帝元康元年（公元前65年）介子卒，葬于庆阳府城西原石马坳七里庙。其功绩《汉书》以及省、府、县志均列传详载。

今逢盛世，时值宁县良平乡修廓傅家村全体族人重修傅介子祠落成之日，缅怀始祖，芳泽长流，刊石立碑，彰功颂德，惠及桑梓，激励后辈，大展宏图，再造辉煌。

甘肃省宁县良平乡傅介子祠重修筹建委员会

公元二〇〇六年农历七月十八日

重修平坝卫关帝行宫碑记

明・傅宗龙

天启四年，岁在甲子，宗龙奉敕护军，以是岁十一月甲子，大将军鲁钦等大破水西兵于普定之汪家冲，逆彦坠马，几获露布，以闻称奇捷焉。余时驻平坝，距普定一舍，先一日，卫弁走告余，本卫所祠祀伏魔大帝，须鬓汗流，似是助官兵破贼。余问何以知之。卫弁具言：往岁彦贼率众数万，围平城，攻拒甚急，老幼男女登陴而泣，惧旦夕供贼刀俎。拒守数日，贼围解去。时有自贼中逃回者言，贼中喧传，城上旌旗、甲伏、人马甚盛，度不可取，故去围。仝时祈福于祠者，咸睹大帝须鬓汗流，及贼去，得贼中传言，始知贼所望见旌旗、甲伏、人马乃大帝神力之所化现也。征以往事，今日之阴助官兵无疑。余闻而异之，已而官兵果大破贼，报至宗龙，诣大帝行宫谒谢。仰瞻帝像，英毅庄严，令人魄悸。余却立帘下，顾谓诸将吏曰：吾行天下，瞻帝像多矣，无如此像之凛凛有生气者，其神力化现，庇此一方，诚可信不妄。而殿宇湫隘，宫门逼迩大道，车尘马足及于堂阶，殊非崇奉之意，乃捐金，檄卫弁扩其旧基，殿庑坊垣皆新建，门屏外砌石为衢，状如半月。俾往来者，环屏外行，视畴昔差可展敬，私心微以为慰。窃复自念，大帝庙宇遍海内，其壮丽宏邃此何啻千百，此何足邀大帝之一盼哉？然匹夫匹妇，苟存诚敬，即可格神矧。大帝照临下土，孜孜以馘贼拯民为念，兹烽火干戈之域，老幼男女，非大帝无所请命。大帝不以平城为小，不以平城之人为少，特化现而保全之，岂其以兹宫为不壮丽宏邃也！而不居歆，必不其然。又忆余于天启元年，领两浙之役，请假归省，以十一月入黔，抵平越，贼突兴于卫，余于黑泥铺后登山望之，适有一斗室，祀大帝像，余拜起，语同行亲友曰：大帝在此，贼必不能为害。未几，贼循山而遁。以黔乱道阻，二年五月赴浙，冒险出建昌至小象岭下，番猓数百前后截之，进退失据，部送者都无人色。余下马，入一废营小憩，觅计，而草莱中又适有一斗室，祀大帝像，余喜极，趋拜。心祝已，复语同行亲友曰：去年大帝佑余于平越，今必见佑，贼何能为？少顷，通事致番猓，言欲一望绣衣，不敢惊阻。遂按辔度岭，群贼墙立不哗，非借大帝之威灵，几不获免于难。宗龙何以邀此于大帝哉？毋区区忠义，大帝实鉴之，故当危急迫厄之际，辄显示隣相如此。夫荒铺废营之中，凡有祠祀，而大帝无不在焉！兹斯宫为大帝所居歆，复奚疑？余自维弱劣庸愚，无能称职，独是区区忠义，矢之不渝，且免修护军之职，以图逆酋。庶几仰副，大帝馘贼拯民之念于万分之一，而馘贼拯民，余还以祈望于大帝，征之往事，余其遂所祈望乎？敬磨石记之，以昭大帝之灵贶，且示平城之人，永永无忘大帝之赐也。是为记。

《安顺府志》，清邹汉勋纂，咸丰元年刻本

重修傅岩祠墓记

清•傅克钦

中条以南，两山之峡，大河东绕，为商贤相傅说隐地曰傅岩，旧有祠庙其来已久，烬于元初，县尹福童修，续执中所云：崇明祀，化齐民，一举而两得者也。明嘉靖以地震记，邑令马义，吴守礼踵相增建，后啮于水，副宪王公捐俸西徙以远水患。康熙三十八年邑令王匡国又重修之。夫傅相去今数千年而祠庙屡经修建，岂不以三命首倡，学术道统由此彰，治法由此懋，有功于万世哉！明吕仲木，理学纯儒，尝谒岩祠，为之诗序，巡院内滨公叹为真圣人所产之地。我皇上右文稽古，制论褒崇，谓君臣相得益彰，堪与帝世之赓歌比灵斯，则祠宇之所关也实大。余家闽中建阳，去傅岩四千余里，而族谱首所载傅岩图考，志姓名所自始也。后服官晋省，去傅岩或百里，或千里，不在治境。今岁六月摄篆解梁，傅岩在所属之平陆境。邑令赵公来谒！商榷政务间，偶语及傅岩祠庙，则云圮矣，且马趵泉左墓亦几平！余闻之窃念梦中形成，千载奇遇，精英上炳列星。而顾颓废苦凉，风侵雨蚀，横莽而走鼠生鼯，修葺之事，非予守土者责欤！况姓所自始，水源木本不容睐，安可委为异人任耶！爰出廉俸修祠及墓，鸠庀之费，惟出已资，而以赵公襄厥役，范尉职其劳，阅两月俊工，乃记其事而勒诸石。

重修傅岩庙记

元•续执中

殷有天下六百祀，其间臣之称贤圣者，曰：伊、傅。如谊伯、仲伯、汝鸠、汝方、咎单、甘盘、虽见于经，而德烈之盛，视二臣则固有次弟矣，盖二臣之《伊训》、《说命》，扶皇极，迪民彝，重治万世。而为人臣之楷范者，又岂得轻举而并称焉？

孟子曰：“天将降大任于斯人也。必先苦其心志，劳其筋骨，饿其体肤，空乏其身，行拂乱其所为。所以动心忍性，增益其所不能。”傅岩之筑，有莘之耕，兹非困乏者欤？由草野而登台宰，辅治阐化，畏天保民，成始成终，兹大任者欤？说之良弼，伊之元圣，非关于天者其孰能与于此！而高宗命说曰：“昔先天保衡，佑我列祖，格于皇氏，尔尚明保予，罔俾阿衡专美有商。”则伊、傅之称，同不有所自始哉！傅岩在虞、虢之间，今隶平陆县。岩旧有庙，未知始于何代？按碑刻唐大历中侍御史杨轔辞，尚踵六朝之习，不载修建本末。庙前一大石，金大定十年立，只大刻“傅岩”二字，故兴废之端，漫不可考。

国初时庙烬无存，民元瞻仰。至皇庆中为县尹福童妆饰祠宇，中位神像，疏牖高闳，金灿碧露。夫事神治人，实为政之先务，或祭非祀典，则以谄见讥。今此庙之建，其于崇明祀，化齐民，一举而两得之。功既撤，事当纪诸石，因倚鲜于先九诵为之祠而歌以祀神焉。其词曰：峨峨兮岁时，往古来今兮是仰是思。从变遣兮陵谷，庙宇废兮不远而复。蓬棘斩义兮稀雕甍（雕甍：屋栋也。甍，读 meng，音萌。），翚飞（翚飞：宫室壮丽也。翚，读 hui，音灰。）兮丹彩逾渥。景寥寥兮仰清尘，驱支电兮驭星辰。神之存兮福生民，神之往兮岂不睹而不闻。条之阳兮河之浒，下宜麻麦兮高宜稷黍。曰旸即旸兮曰雨而雨。搏击灵鼍（灵鼍：鼍龙也。鼍，读 tuo，音陀。）兮吹参差，樽芳洁兮牲豚肥。迎神休兮饮神德，我民报祀兮与时罔极。

注：续执中，元襄陵人，第进士，大德初任绛州儒学教授，后征为国子助教，平陆知县。

平播死难义士忠烈祠记

明·傅光宅

呜呼！念天地悠悠兮无疆乾坤，正气浩荡兮，运行于不已。人纪之光照不磨，忠孝之大节主持于无息。惟正气之恒伸，则专直翕辟，生物之广博，则仁敬孝慈；立身之端方，则无容回曲。是故舍生取义于前，杀身成仁于后。此皆志士仁人，烈烈志家报国捐躯殉身者，历历有人焉。至于方策所载，旌章所加，而烈烈忠义者，吾傅氏之门矣。吾族原籍豫章洪都，自先祖明德偕颍国征蜀，以彝常自励，信惠及民。君子咸悦其德，小人悉从其化。盖磊落不群之义士。今历二佰余年，传十余世，族众济济。

时值播州之变，贼长驱于邑里，两陷綦桐，投尸蔽江，屠烧村寨。族众即赴国难，义聚乡勇，缟素痛哭，锁钥南关以御贼，誓诛凶逆，倡大义于天下。此役历经十载，迨辛丑乱平，余奉恩旨，招孤魂，殓尸骸，上谕旌表，建祠以祀。独傅氏壮烈罹难者，亦计有四十八人，已凛凛于千载之下，斯事当成之大义，亦昭昭于天壤之间，可以无愧于臣民心矣。

故另择地于本邑丹岩之阳建祠，忠烈世受祭祀，乃彰维神州之治，昭国族大义，充浩然正气，忠烈盖天地，义勇冠古今。今誉高节，永垂无穷。庙食百世，崇祀千秋。斯长存不泯者也。吾族嘱余为文纪序其烈，实欲令忠孝之节义与天地同垂不朽，英灵浩气长存于天地，血食永荐于春秋。

谨为之记，已勒诸贞石焉。曰：

於维我族，万古豪杰。忠心慷慨，守土御贼。
壮怀激烈，鬼神号泣。渺渺忠魂，常依北阙。
魂归乐土，岁时享祀。勋烈万古，尚飨永志。

时万历二十九年岁次辛丑孟秋望日
万历丁丑进士授四川按察司提学副使
署理重庆府事兼播州学政聊城光宅字伯俊敬撰并书

注：傅光宅（1547—1604）字伯俊，号金沙，《珠湖傅氏宗谱》记载傅光宅为石头署公之三十一世孙。山东聊城进士，文林郎，初任灵宝县令，后任吴县县令、重庆知府、遵义道、四川道、河南道监察御史，按行两关浙江、陕西，南京兵部郎中、工部郎中，后任按察副史，改督察政。时播贼猖獗，总制李化龙驻渝城宅督理戎马、军粮，有方略。《陈志》：平播之功，赞划为多。后遵义府缺，当事者趣入视事。安辑夏、彝（夷），招抚流移，吊忠义，瘗遗骨，周贫困，恤疮痍，振学、礼神，视理重庆尤加虔毖。寻授遵义道，复改督学。为忌者所中，归，卒。

谒傅岩庙诗序

明·吕楠

傅岩在平陆县东二十里，里曰“商贤”。有水曰：“圣人涧”，为说版筑之所。楠童子时读其书慕，其人，思一至其地而未能。既举，后授官史局，乃又未克遂。去年内滨初公，按部平陆尝至其下，有诗一绝，虽尝和之，犹恨未亲赌也！今年七月，送谷泉储公南还，已而随内滨公北谒岩祠，展拜既毕，登眺冈陵，顾瞻原隰，见群山四周，大河东绕，郁郁苍苍，浑浑灏灏。内滨公曰：此夫圣人所产之地乎！书云："帝赉良弼。"夫说在版筑之间，感通于群可也。乃感通于天，则天真有主宰而说亦至神手？夫天人一气也，一气则一心，一心则一理，说命曰："宪天聪明。"故说之聪明，皆天为之。天之耳目，说固代之。说盖素以天为学，而以天为心乎！孔子曰："丘之祷久矣。"帝赉之梦，岂偶然哉！虽然，有恭默之心，则虽版筑之贱，霄汉之灵皆入梦寐。不然，虽在手其位者，或斥而去之。未肖手其象者，或置而用之。宜皆未闻乎帝赉之为梦也。然则帝亦不易梦，而天亦不易通乎！是时同行者虞川，刘子及楠皆以为然，遂又各为诗数章，以发说之幽微。内滨乃命平陆知县王绅葺其祠坊，刻其诗于石。内涵巡按山西，潜江初公讳杲字启昭，虞川则御史讳羽中字文翔也。

作者简介：吕楠（1479—1542年），字仲木，号泾野，明•高陵人，生于明宪宗成化十五年，卒于世宗嘉靖21年，终年64岁。正德三年第进士第一，授翰林编修，累官礼部侍郎，持正敢言，学宗程朱，与湛若水，邹守益共讲习三十余年。及卒，高陵罢市三日，学者多设位致哀。谥曰文简，楠诗文醇正，颇刻意于字句。著有《泾野集》36卷及《周易说翼》《尚书说要》《七诗说序》《礼问》《春秋说志》《四书音问》《泾野子内篇》《周子抄释》《张子抄释》《二程子抄释》《朱子抄释》等，（均入库总目）并传于世。

重建傅相庙记

明•吴楷

平陆东二十里有傅岩，为傅相之地，后人因立庙山麓以祀，岁久，山水冲突几覆于河。余往岁经历此地，顾瞻祠宇，怆然必悲，意欲鸠工更置，会矿事方殷，调集介士甲马（士甲马：介士谓介胄之士；"甲马"谓铠及骑，军中所用。），屯聚疆境，不暇及土木之功矣。适副宪（副宪：左副都御史的别称。）王公目击倾圮之状，遂择官捐俸，经纪其事。又为久远计，乃西易其地，增修于原庙五丈之外，距水口稍远，视旧制亦如广焉。正殿三间，额曰"钦承殿"严奉公像。两庑各五间，香亭三间，额曰"盐梅霖雨"，太史公吕楠碑记，移竖亭侧。大门三间，牌楼一座，额曰"帝赉良弼"，分水改路，以便伏谒。其壮丽庄严，行道之人无不瞻仰，邑中父老，岁时伏腊（伏腊：指伏祭与腊祭，在此泛节日。），皆欢聚宇下，此真先得我心。而余因是有感于前代君臣之际也。君之择相也，不谋父兄左右，惟恭默以听命于天。臣之得君也，绝无援引于谒，惟肃然负杵于云林烟雨之间。其结契在精神意气之微，其对扬在事迹功能之表，君臣之际，殆天作之合者耶？天不毁，则公之神亦不毁。然则世之仰止景行者，亦惟于公之神求之，则梦寐中隐然如见其所为公者矣。工始于丁酉八月，解州知州化醇之相度，竣于戊戌四月，平陆知县王友直，县丞王磷之董理。王公名国，耀州人，前为名御史，直道忤时，由太仆

（太仆：官名，始置于春秋。秦、汉治袭，为九卿之一。掌管皇帝舆马和马政。）分巡河东道。其弟翰林名图，乃余同年友也。

创建傅岩书院记

清•杜若拙

平古虞国，有商傅相版筑之迹在焉，《说命》三篇言治者不具论，其言学为六经之始，盖天下之文章莫大于是，岂徒资一邑之私淑乎！圣天子崇儒重道，文治修明，极山陬海澨，咸蒸蒸向风，又命修复所在书院，延立山长（山长：书院院长。）以课诸生。平虽河东僻壤，蟠灵结秀，实名世发祥之地，书院缺焉。州守言公按部来平，缅怀往哲，广启方来，爰倡合邑绅士卜于城之东郊，即寅宾馆废址外，又购益民田，广轮（广轮：土地面积，东西为广，南北为轮。）计八亩，创建书院一区，额曰："傅岩"志地也。前为门三楹，南向。中讲堂，后藏书楼亦各三楹，楼左右翼以寝室各一楹，而列横舍于前后西相向凡十六楹。又于楼西别分一区，建傅相祠三楹，盖凡有国，各自祭其先圣先师，使学者以石瞻拜，知所宗法也。祠前为亭，园其顶以象文笔，又前甃林一方池引水，以象文波，池南则客厅三楹，游息谈宴之处也；庖含廪厩，悉皆错具，总其形势，外则负条面河，蛟欲腾而凤欲哕也；内则清泉流绕，茂树森疏，风浴之趣，盎然心目。鸠工于壬午九月，落成于今癸未八月。公又檄署邑侯李公清厘邑中旧有义田及田之在官而无主者，永拨为师生修善费，乃命砻石而以记属舍，余惟公之嘉惠邑人士，而经画造就者亦既至矣；而公之意则更有厚期者，傅岩之名，因版筑而志地也。夫筑以成基，于学亦犹是耳。书曰："为山九仞，功亏一篑（篑：kuì，音匮。盛土的竹筐。）。"为修德者戒也。记曰："蛾子时术（蛾子时术：蛾通蚁。蚂蚁之子学习蚂蚁衔土筑巢之术，比喻人勤学。），为积学者勉也。"曰一篑，曰时术，皆言筑也。说之所以为筑，即说之所以为学。他日言"逊志时敏（逊志时敏：逊志，指态度谦逊；时敏，指时刻勉励。）""终始念典（终始念典：至始自终不懈学习。）"即本其所以为筑者持献吾君耳。然则士希贤，贤希圣，亦视其风之自感与人之自命而已。今诸生居斯地也，聚斯堂也，敬业乐群，论学取友，厚植其基而层累其功，以通经稽古之勤，为明体达用之学，吾见异时者鼎臣、硕辅、鸿才、鉅儒相望而起，安知霖雨之望，盐梅之任，不与有商比灵斯而奕世相辉映手？此公之意也。顾名而绎义，仰止而景行，其尚思所以无负于公者！若夫讲文课艺，师严其程，士励其业，日有孜孜为科名爵秩之阶梯者，抑末矣，岂公之所以厚期于我邑人士哉！是役也，余兄原任潜江令汝愚，同原任沛县令荆如棠，承公命经理其事。督工会计，则国学赵树棠，礼生高遴等十六人皆与有劳者。购地价值及备材输工费约三千金，义风一振，绅士云集，乡民亦多解囊者，盖公以实心实政处之有道，故事集而民不扰也。至所拨膳田则按卷清查，款目、章程、胪列井井，公另有石记其祥以垂久永云。

时乾隆二十有八年岁次癸未八月日

重修殷商中兴贤相傅公庙记

昔人言，善作者不必善成，善始者不必善终。信乎，天下事创者良难，继之者亦不易也。县治之东逼近侯岳村，有商相庙焉，与傅岩版筑处相距伊迩，有泉名曰马趵。号为商相遗迹。后有冢，士人复称为商相茔，历代以来，未译修建本末，故兴废之端漫昭，碑刻自大明迄今三百年迹。居民皆焚祝于斯者，香火之盛，遂与傅岩并传。修庙制正殿三间，大间一间，奇荒后摧残剥落，几等荒芜，蔓草先会。王父庠生员云鹤公，目睹心恻，火欣然以起废扶衰为己任，葺祠宇，饰神像，金碧辉煌，貌焕然复新。更于正殿东置土窑为住所，南建香亭三间，较归制加广焉。又特建一亭于泉之上，学博王公讳良弼者，扁其额曰肖像涧，一时之形胜，即所以壮庙貌之观瞻也。惜倾圮之后，此亭再无复原而且祀事已湮，谒拜寥寥，信者遥遥。使史君者竭诚献虔，动以复古为念，不禁拍案而起曰：被圣人之德，而不知所以崇祀典，将何以妥神明而对先人在天之灵乎？爰定祀于四月十日，商民毕至，少长咸集。因念基址狭隘不足容社众，遂择王君王生者经理其事，乃南移其地，增修于原庙外数丈有奇，改这样为戏楼，另建山门，视前人规模宏远。计费百有六十金，出己资者五十余金。鸠工雍正十二年，落成于乾隆六年，竭八载之勤劳，隆于千秋之昭祀，妥神继先两得之美，所谓善成而善终者，非耀之君，其谁与归。余高君之义行，而重其敦请，因涂次工程石。

注：傅公庙，即傅圣庙，位于马跑泉之上。

重建傅圣庙乐楼及东廊房碑记

古之大人能格君心之非者，生为良相，没为明节，莫不享万世祀。公之在商感梦于武丁，现形于箕尾，其祥异固不赘言矣。而说命三篇，实开万代心学之源，启心沃心，独能致主于中兴，诚亚圣之所谓大任者欤！况傅岩为发迹之所，迄今数千余年，旱干水溢，有祷必应，声灵赫耀，又与天地同不朽乎？其享祀当何如隆丰也！乃春秋报赛，仅有东西候岳，王家庄数小村，而邻近庄廊概无闻焉。此真有负于公之功德，而为千古之遗憾者欤！庙居马跑泉之上。西有廊房两间，而东有僧窑两孔，虽南有乐楼，而规模狭隘，每不足以歌舞。今岁之秋，有张天贵等倡为义举，重建乐楼，创盖东廊房三间，三村仅有七十余家，齐心协力，逾月而完工告竣。是役也，一举而成功之速，奇矣！人少而成功之速，更奇矣！凯公神灵有以默佑欤！雅诗去：以享以祀，以介景福；而今而后，年谷时熟悉。村社清泰可卜也。爰即其事巅末而叙之，以志不忘云。

时道光六年十月十一日

注：傅圣庙，位于马跑泉之上。

重修商相大殿山门碑记

泉以马跑名，志异也，说者谓商相饮马于斯，而马跑泉涌，其文不雅，训古第未深考。盖古之君子读说命三篇，思其德而信之深，慕之至，以为异域殊疆，犹立庙祭祷焉，矧在生育之乡乎？所以古人登高设险择此地，龙以蜿蜒而来，幽欲窈然而深葳，左有清流，右有急湍，前一涌泉滃然而布出，以其它最雄胜，故建庙于山之巅，与里人共游观之乐，遂赐其嘉名为马跑泉云。建庙以来，前人之述备矣，年深久远，宫殿圮毁，欲嗣而葺之，苦钱财无资。于是集腑捐赀，重修殿宇，增其旧制，又于山门作小楼数间，登览之顷，万象森列，岂非天造地设之一境欤！人谓傅圣之灵在天下，如水之在地中，无所往而不在也。君蒿凄怆，如或见之，各愿为之一新，踊跃欢聚，不历年而功竣焉。计其厘费大约用钱三百仟有奇，越咸丰九年已未春，东君李君希盛嘱予作文以记之，愧未亲谒形胜，知拟未能尽当，不揣固陋随，欲明修造之由，不使后人一无所考者，勒诸贞眠，他若不充连光景之词皆略而不陈，惧亵也。是为记。

注：商相大殿（即傅圣庙），位于马跑泉上。

珠湖傅氏宗祠重修记

珠湖傅氏宗祠，是明代刑部侍郎傅孟春于万历四年丙子岁（1576 年）奉旨敕命建造的。先后经历了明、清、民国和近现代，迄今已经有四百三十多年的历史。

1937 年抗日战争爆发，日军占据了高安县城，老百姓流离失所，四处避难。高安县国民政府所有的行政机关全部都搬进珠湖村。傅氏宗祠被作为高安县政府机关的办公地点，成为高安全县政治经济文化中心。1945 年抗战胜利，日本投降，高安县政府复迁县城筠阳镇，之后，又在傅氏宗祠内开设过鸿文中学。1949 年后，傅氏宗祠被当地政府收归公有，用作粮库。1981 年政府将傅氏宗祠归还珠湖村管辖。

1983 年，珠湖傅氏宗祠被高安县人民政府公布为“傅孟春故居”，定为全县重点文物保护单位。1989 年由高安县博物馆拨款 500 元，另加上地方集资，对傅氏宗祠进行了修缮。其后由于宗祠年代久远，使用保管不善，再次出现倾斜开裂，1995 年四月，珠湖村内族人趁重修《珠湖傅氏宗谱》之际，经全族各房各个支系负责人研究商议，对傅氏宗祠再次进行了全面维修，并重新装潢了宗祠匾额，使之重新焕发出了红墙碧瓦的明代建筑风采。

公元一九九五年四月

第四节　文物古迹

一、宗祠

（一）傅相祠

傅相祠（傅说祠、圣人庙）是为追忆商朝武丁时冢宰（宰相）傅说公而建立的，至今已1500多年。现在的傅相祠已是第四次迁址，第六次重建，公元2009年7月至2010年2月翻新。傅相祠始建年代无记载；有记载的第一次于唐朝大历年间，重建在平陆老城（20世纪50年代被黄河三门峡水库淹没）东郊令狐三村傅岩书院内，有殿宇、碑台、戏楼、古塔，古木参天，后被历年战乱破坏，仅存“傅岩”“马跑泉”“石碑”等遗迹；第二次于明朝初建在圣人涧源头，马跑泉傅相陵墓前；第三次于清乾隆二十八年（1763）在平陆老县城东郊令狐村建傅相祠。前三次都是建在黄河边上，第四次（现在）傅相祠建在离黄河三公里的平陆县城圣人涧傅岩之傍，中条山南麓，黄河古三门峡北岸，祠内有主殿、配殿、钟鼓楼、碑台、戏楼、廊房、壁画、砖塔等布局，亭台楼阁，斗拱飞檐，错落有致，掩映成趣，兼有参天古木，傅岩屏障，涧水环抱，为古虞著名风景胜地，平陆县古八景之一的“傅岩霁雪”就指这里。

傅相祠从元朝起到公元2010年曾经六次重建，一次翻新。第一次重建于元朝皇庆二年（1313）县尹福童修，主簿续执中撰文；第二次重建于明朝嘉靖三十四年（1555）十二月十二日地震后邑令马义，吴守礼踵相增建；第三次重建于明朝崇祯十五年（1642）祠被水淹没，“副宪王公，目击倾圮之状，遂动员官员捐俸，重修祠庙，又为久远之计，乃西移比原庙高五丈距水口稍远之地，视旧制亦如广焉”，御史吴楷撰写《重建傅相祠记》碑文；第四次重建于清朝康熙三十八年（1699）邑令王匡国；第五次重建于清朝嘉庆二十年，平陆发生六级以上地震，傅相祠、马趵泉、傅相陵庙全毁，嘉庆二十三年（1819）傅氏后裔，福建闽中建阳傅克钦署理山西解梁州时，自出廉俸，亲自参与了第五次重建傅相祠及墓区工程。

第六次重建于中华人民共和国建国43周年（1992年）时，说公故里平陆县的父老乡亲，为弘扬民族文化，增强民族凝聚力，向心力，满足国内外傅氏后裔的殷切期望，在平陆县委，县政府的重视下，海内外傅氏宗亲和圣人故里各界人士慷慨解囊，集资捐物数百万元人民币，重建傅相祠，从1992年起至1995年年初历时三年多，新的傅相祠落成。大殿为7楹，高17米，宽24米，红墙碧瓦，雕梁画柱，金碧辉煌，雄伟壮观，大殿四周挺立56根园柱。总占地面积30亩，是原圣人庙的10倍；

2009年，傅氏贤达——北京蟹岛集团董事长傅秀平宗亲捐资52.32万元将傅相祠大殿翻修彩绘；世界傅氏宗亲联谊总会会长，河南香山红叶大酒店傅文山宗亲捐资 37 万元修建傅相祠台明工程和扩建广场（将原广场下降 3 公尺），又出资 20 万元修建戏楼；

昔时每年农历四月初八日（傅说诞辰），平陆县都要举行隆重的官祭大典。形成了尊圣崇贤的优良风尚。民间四月初一至初十有庙会，商贾云集，红火热闹，为一时之盛事。从 1995 年起每年农历四初八日都由县政府组织祭祀，2005 年由平陆县政府和世界傅氏宗亲联谊总会共同举办了万人大祭祀活动，以后十年一大祭，五年一小祭，每年农历四月初八日举办一次傅圣文化节。

1．历史上的傅相祠

山西省平陆县圣人涧村，很早就有座傅相祠（圣人庙），这是古时为纪念我国上古版筑科技创始者、中国第一位圣人、殷商中兴贤相傅说而建立的祠堂，也是历代华夏傅氏后裔族祭始祖之殿堂。

由于历史漫长，傅相祠始于何时难以稽考。按宋司马光所撰《文潞公家庙碑》记述来推断："光王之制，自天子至于官师皆有庙……[秦]尊君卑臣，于是自天子之外，无敢营宗庙者。"这说明秦以前，无傅相祠之建置。又据元人续执中所撰《重修傅岩庙记》文中记载："岩旧有庙，未知始于何时？"按碑刻唐大历中侍御史杨辚辞，以及唐初《括地志》记载，肯定了唐初起傅相祠祭祀香火延续不断。近年来，中国著名历史地理学家、乡贤史念海先生撰《傅相祠考略》一文中进一步考证："傅说相武丁，使殷商大治，在当时说来是应该高食千秋的，就是以最早的圣人来说，也是应该受到重视的，是什么时代建庙立祠，已难以稽考。至迟在唐初撰成的《括地志》中已有傅相祠的记载，距今已经将近一千五百年了。"

平陆历代有三座傅相祠

据清康熙乾隆《平陆县志》记载，山西省平陆县在历史上，为了崇敬圣人曾在三个地方建有傅相祠。

一座建在平陆老城（上世纪五十年代黄河三门峡库区淹没）。东郊令狐三村傅岩书院内的"傅相祠"，建成于清乾隆二十八年。据本县清代文人杜若拙所撰《创建傅岩书院记》碑文中是样记述的："平陆古虞国，有商相版筑之迹在焉，《说命》三篇言治者不具论，其言学为六经之始，盖天下之文章莫大于是，岂徒资一邑之私淑乎！顷怀往哲，广启方来，爰倡合邑绅士卜于城之外郊，即寅宾馆废址外，又购盖民田，广轮计八亩，创建书院一区，额曰：'傅岩'，志地矣。前为门三楹，楼左右翼以寝室各一楹，而列舍于前后东西相间凡十门楹，又于楼西分别一区建傅相祠三楹。盖凡有国，各自祭其先圣先师，使学者以时瞻拜，知所宗法也。祠前有亭，园其顶以象文笔，又前方池水，以象文波……"极尽崇仰傅圣之意。

另一处傅相祠（傅公庙），建在圣人涧源头，马跑泉傅公墓前。据传，傅说辅佐武丁在位五十九年，耄耋之年荣归傅岩故里。他死后葬于山西平陆县中条山南麓，马趵泉傍。泉水清澈，隆冬水暖，四周九峰环抱，俗谓："九凤朝阳"，是绝佳风脉胜地。据清康熙《平陆县志》记载："冢在崇冈，倚中条，其东西两山环拱，前则回献若屏，幽胜殊绝。"此墓建在何时难以稽考，按傅公庙现存碑碣文字查考，至迟建成于明初，其间经过嘉靖壬子、清康熙丙辰、雍正甲寅、乾隆辛酉、嘉庆戊寅、道光丙戌、咸丰已未等多次修葺。有正殿三间，大门一间，南戏楼三间，西廊房两间，东廊房三间。庙临条山之麓，两泉合流，嵌石滢回，天成胜境。这座傅相祠较之前一座规模大些。往昔，这里每年农历四月初一至初十有庙会。

第三处傅相祠座落在圣人涧傅岩之傍，即现在的平陆县城，就是本文提到的、古文献记载的、历史上文人墨客赞誉的傅相祠（圣人庙）了。

这座傅相祠位于傅岩之傍，中条山南麓，黄河古三门峡北岸，祠内有主殿、配殿、钟鼓楼、碑台、戏楼、廊房、壁画、砖塔等布局，亭台楼阁，斗拱飞檐，错落有致，掩映成趣，兼有参天古木，傅岩屏障，涧水环抱，为古虞著名风景胜地，平陆县古八景之一的"傅岩霁雪"就指这里。昔时每年农历四月初八傅说诞辰日，县里举行隆重的官祭大典。形成了尊圣崇贤的优良风尚。民间四月初一至初十有庙会，商贾云集，红火热闹，为一时之盛事。

历史上文人学士如屈原、曹植、庾信、李世民、王勃、王维、李白、刘禹锡、李商隐、杜牧、胡曾、司马光、苏东坡、薛瑄等赋诗撰文不少。傅相祠成为黄河中游晋豫秦三角地带，伯乐识千里马的"虞阪"之南以及古茅津渡口以北的一大名胜古迹。可惜日本侵略者侵华及"文化大革命"浩劫，使名迹遭到严重破坏。在改革开放前遗留下来的仅有碑刻：金大定十年"傅岩"碑，明代"傅说故里"和"商中兴贤相傅说版筑处"碑，以及"太臣村""部官村""马趵泉"（相传傅说骑马所过马趵泉涌）、"侯岳村""圣人涧""圣人窟"等遗留地名。近期在平陆县城西百余里，又发现有"傅岩别墅"大型木匾一块，足证均与崇敬傅圣有关。

傅岩傍傅相祠自元迄清五次重建

据清《平陆县志》记载：历史上的傅相祠自元迄清曾经五次重建。第一次，元皇庆二年（1313）县尹福重修，主薄续执中撰文。第二次，明嘉靖三十四年（1555）12 月 12 日地震记邑令马义，吴守礼踵相增建。第三次，崇祯十五年（1642）因啮于水，"副宪王公，目击倾圮之状，遂择官捐俸，经纪此事。又为久远计，乃西易其地，曾增修于原庙五丈之外，距水口稍远，视旧制亦如广焉"，御史吴楷撰《重建傅相祠记》碑文。第四次，清康熙三十八年（1699）邑令王匡国又重修之。第五次，清嘉庆二十年（1815）乙亥地震，祠及墓址全毁，二十三年（1818）重建。

清代傅氏后裔傅克钦自捐廉俸参与第五次重建

清嘉庆二十年（1815），平陆六级以上地震，傅相祠、马趵泉、傅相茔庙全毁。嘉庆二十三年（1818）傅氏后裔、福建闽中建阳人傅克钦署理山西解梁州时，自出廉俸，具体参与了第五次重建傅相祠及墓区工程。

2、今日之傅相祠

重建傅相祠，功德着千秋。在改革开放政策启示下，从20世纪80年代末期，平陆县为了弘扬民族文化、振奋民族精神，向广大人民群众进行爱国主义教育，加强两个文明建设，增强民族凝聚力，向心力，满足海内外炎黄子孙、傅氏后裔宗亲寻根问祖的愿望，以及开发人文资源，发展旅游事业。在1988年4月，县政协召开平陆各界人士为四化服务献计献策会议。在这次会议上第一次提出“恢复重建傅说故里遗迹”（傅相祠、傅岩山、傅说版筑、马趵泉、傅说墓）的建议。平陆地域文化有着得天独厚的丰富资源。首先以县城为中心，大做傅说文化文章至关重要。并很快得到了时任县委书记马景虎、县长陈天源以及人大、政协、纪委的重视支持。随后建立了“平陆县重建傅相祠总指挥部”，县政协主席杨心宽任总指挥，傅治华为常任副总指挥，组织县域有关部门建立筹备机构，紧锣密鼓，轰轰烈烈进行了一段时间的筹备。当时一个关键问题是，历史上傅相祠原址位于圣人涧水之滨，由于涧水长期侵触，并遭到几次易址重建，同时祠址囿于一隅，局促狭窄无法扩展。故这次重建时，必须本着“高旷、交通、风光”等原则，舍去涧水滨旧址，上移傅岩岗上，以岗就势，梯级而上，祠区高阔，气势雄伟。但当时傅岩岗为县气象站占用，征地迁址是一大难题，政府无力支付征地十亩的款项，使重建工作一拖再拖。直至八十年代末旧事重提。“公办不成找民办”，当时找到圣人涧村支部书记冯玉生，并很快达成共识。他连续主持召开了“村委一班人会议”“村民大会”“老龄委会议”等，获得全村村民一致赞同。接着另辟地十亩迁走气象站，村里无偿献地四十余亩。经过县领导同意，正式成立了“平陆县重建傅相祠筹备处”。从此，一个民办公助傅相祠重建工程正式起步，旋由傅说故里各界人士捐资捐物200余万元。至一九九五年春傅相祠大殿落成。十年来，祠区供水、通电、交通、绿化等设施，在省、市、县领导及各有关部门支持下，同时海内外傅氏后裔慷慨解囊捐款20多万元襄助，祠区已初步形成新的格局。重建后的大殿为七楹，高17米，宽24米，红墙碧瓦，重檐庑殿，斗拱飞檐，雕梁画柱，金碧辉煌，雄伟壮观，殿四周挺立五十六根园柱，重檐之间高悬一匾，上书“钦承殿”三字。殿内神龛彩绘傅圣座像，左右塑其子宣、奇像两座，高大静穆，肃然起敬。新的傅相祠南滨黄河，与三门峡中流砥柱相望，西造运（城）三（门峡）高速公路，黄河大桥之侧，209国道穿越其间。凭岗远眺，崤山故道，湖光桥影，尽收眼底。入夜俯瞰平陆县城万家灯火，千车流光疑似人间天上，堪称“千古胜地秀傅岩”。已故全国着明历史地理学家史念海先生，对此次新的傅相祠易地建设，颇为称颂。他说：

"以前往来于崤函古道的行人，虽景慕傅说，直到圣人涧水滨，始得进庙顶礼，如今建祠于源头高处，则来往于崤函古道的行人，不必先渡黄河就可以远眺祠庙，也是难得的机遇。"

在重建傅相祠的过程中，还得到了全国各级领导、知名人士的重视支持。原中顾委副主任薄一波题写了"傅岩碑林"碑刻，已故全国政协副主席赵朴初题"傅相祠"匾额，国家文史馆馆长、著名书画大师启功题"傅说故里"碑刻，已故全国书画大师董寿平题"傅岩公园"匾额，已故全国孔子学会会长、哲学家张岱年题"商代名相，彪炳千秋"碑刻，原冶金部部长李东冶题"圣人秸"碑刻，20 世纪五六十年代曾任山西省委书记陶鲁笳题"傅说贤相兴殷商，殷商文化光华夏，今日重建傅相祠，伟人伟业传天下"碑刻，已故原山西省首任省长裴丽生题"创造版筑，泽被万世"碑刻，已故全国老年书画研究会副会长段云为"圣人街"题匾，原中国首位驻美大使柴泽民题"圣人傅说"碑刻。已故台湾孔孟研究会会长陈立夫，得悉傅相祠重建消息，亲题"傅相祠"三字，以示对传统文化的关垂。已故著名历史地理学家史念海教授着文记述了傅相祠历史变迁的碑文。同时，海内外傅氏宗亲中部分学者、书画家寄来了以傅说"梦父"为核心的"梦"学论著，和颂扬傅说圣德的书画作品。几年来，海内外傅氏宗亲还不断前来寻根问祖，情深意浓。

中国无产阶段革命家、国家领导人，已故全国人大常委会委员长彭真(原名傅懋功)，他晚年念在水源木本不能忘，正名"傅"姓——傅彭真，以示认祖归宗。这是今天海内外傅氏宗亲的无上光荣。

在重建傅相祠，弘扬傅说文化热潮的催动下，县城街头与傅说相关联命名的商贸行业、路标等应运而生。如"傅岩商城""圣人饭庄""傅说大厦""傅岩饭店""古虞市场""版筑路""圣人大街""圣人启智幼稚园"等等名称。傅岩岗上竖立起八米高的傅说版筑雕像一尊，傅相祠已被县城中小学校定为爱国主义教育基地，加之为傅说立传的书刊《圣人傅说》一书问世，从而形成了傅岩文化根植于县城的丰厚底蕴。

新的傅相祠大殿建成前后，还迎来广东、福建、江西、山东、江苏、浙江、甘肃、陕西、河北、河南、四川等全国各地以及新加坡、印度尼西亚等国家和台湾、香港地区的傅氏后裔数百人前来平陆傅相祠寻根祭祖，捐款捐物，敬献爱心，血缘相连、至诚至亲。之后，平陆傅相祠筹备处相关人士受新加坡南洋傅氏公会之邀，前往新加坡参加该会成立 55 周年及"世界赖罗傅宗亲联谊会第九届代表大会"，进一步加强了傅说故里与海内外炎黄子孙，傅氏宗亲的联系和交流。体现了海内外中华儿女之间的民族大团结。

（二）傅介子祠

傅介子祠在甘肃宁县良平傅家村，傅家村在庆阳至陕西铜川的公路北侧，过良平乡政府之东约 5 公里处。傅家村由南向北，可分三段。南头沟弯是古式平房民居与新式平房居杂居区，民房东侧是规模颇大的新戏院和村庙。中间村腰有一涝池，池边耸立一坐高近 10 米的砖筑牌楼。再往北有一古戏楼。老祠为砖木房式建筑，门房 3 间，正房 5 间，侧厦两排。门前距沟边仅三四米，台基坍塌，门上书“傅家村”三字。原作村委会办公室用。新祠青砖蓝瓦，两殿开置，前低后高，有一股传统庙宇的圣清之气。院内一槐，默然肃立，甚觉静穆。

门上一副对联：汉昭夺边患戎马生西部；义阳威名震楼兰魂胆销。这副对联原刻左右两侧墙垛头镶的方碑之上，上联后有“应钟”二字，下联“文化大革命”中字被磨平，仅留“庚申”二字。瓦雕和砖雕粗犷大气，正殿脊上的避邪铺首堪为民间艺术的珍品。

（三）珠湖傅氏宗祠

江西高安珠湖傅氏宗祠，建于明朝初期，由 3 间大祠连接而成，有 30 多间大屋和 100 多根柱子。柱子都是上好的樟木上朱漆而立，坚固耐用。让人惊怵的是祠堂前一残一全两对石狮，残狮面部及头顶狮鬃石料均被敲去，残狮乃“文化大革命”浩劫所致，由于工艺精湛，狮身似乎仍不减当年威武。新狮子是 20 世纪末重置的。

傅氏宗祠鼎盛于清代，清朝刑部侍郎傅孟春返乡养老长居于此，后来此祠又当故居。位于祠堂左侧有一方镶于墙体的石刻，为傅氏家规，方正端庄，是难得的文物珍宝。祠内议事厅大如宫殿，前厅三排栅栏威严肃静，显出衙门气息。而厅内雕龙画栋，匾额琳琅。最具代表性的建筑，是一幢叫七井厅的大宅，以 7 个大厅 5 个天井而得名，7 个大厅 5 个天井大小有序，环环相扣，看得出来是有分工的，按不同年龄层次和辈份居住。每个大厅厢房 4 间，天井虽不大，但均以大块条石铺就。而屋内墙壁、门柱、挡板、天花板，也多有雕绘装饰。

厅内的牌匾和厢房上的窗花，牌匾依旧是孙承祖辈、求功利禄的内容，而窗花则有花鸟虫鱼、人物山水、传奇故事等儒家文明传统之风格，从中依稀透出昔日的奢华。内厅雕龙画柱，匾额琳琅，是一座保存完好的古祠堂。

（四）友德公祠

1. 国公庙

傅国公庙相传始建于明朝初期，为祭祀明初征南大将军颍川侯傅友德攻克云南、平定滇东，从征大理，攻取鹤庆，巧夺丽江，囤兵边关，守土戍边，威伏四海，保境佑民，恩泽万世而建。

友德公生于元泰定四年（1327）丁卯岁春二月十九日子时，其先为宿州人，江西石头坡署公之二十二世裔孙，景仁公之孙，以治公之长子。洪武十七年（1384）甲子岁进爵为太子太师颍川侯，后晋封颍国公。友德公在朱元璋第二次屠戮功臣时未能幸免，于洪武二十七年（1394）甲戌岁冬十二月二十四日酉时赐死，时年 68 岁，葬江南慈州九华山，死后被追封为尽忠王，谥号丽江王，故“友德公祠”又称“傅国公庙”。古时大理国等 13 个村庄村村都建有“友德公祠”。

第一次重修是在明神宗万历二年（1574）甲戌岁秋月，在当地有一个名叫孙健的秀才，因进京赶考，路过松桂镇傅国公庙时，在傅国公庙许愿，若取得功名，当重修庙宇，再塑金身，后果然高中进士，故以一年之奉禄重修之。并题写了“洪武十四年，奉命专征，平六诏，定百蛮，伟烈丰功垂竹简；孟秋廿二日，兴云降雨，下马耳，过佛寨，洪麻大泽遍松川”的颂联。傅国公庙的香火就更加旺盛，各地信徒纷纷前来烧香祷告，还愿谢恩，祈求傅国公的保佑，消灾除难，普渡众生，风调雨顺。

第二次重修是在明末清初，鹤庆当地名门望族孙健（第一次捐资重修者）的四世孙（曾孙），又进京赶考，仿效其曾祖父，也在傅国公庙许下誓言，果然又得以高中进士，于是在以前的基础上又重新维修，扩大了庙宇面积，新修了一些房屋结构。傅国公庙的香火就更加旺盛起来了。

第三次重修是在民国初年，国公庙被一个叫张结巴的土匪霸占，在剿匪中张匪逃离时，张匪放火将国公庙烧毁，成为灰烬。国公庙被焚毁后，村民感念傅友德公的恩泽，由当地的三十六家大户和村民集资重建，现在还保存完好的古门楼就是第三次重修的见证。之后，国公庙鼎盛的香火一直延续了到了 1949 年。

新中国成立后，友德公祠曾经一度作为贺龙元帅的行居，曾下榻于此。

20 世纪 50 年代中期到 80 年代初，为当地区人民政府的行政办公所在地。

80 年代中期为松桂供销社所在地，90 年代中期，供销社另辟新居迁出友德公祠后，就无人看管，又加上年久失修，房屋漏水，曾一度荒废，院内杂草从生，廊柱腐朽，院墙倒塌，一遍荒凉秃废景象。友德公的塑像已不知所踪，大殿亦面目全非；徒剩一座数百年的古迹供人们凭吊怀古而已。

第四次重修是在 2001 年，由原农行行长、77 岁的李续昌老人（已退修多年）发起倡议重修。李续昌老人通过以老年协会的名义，上书报当地政府，以友德公祠（傅国公庙）历史悠久，文化灿烂，曾为当地区人民政府的行政办公所在地，有特定的历史意义；又傅友德将军功高盖世，威伏四海，德泽万世，乡民世代怀念，多有祭祀缅怀之风俗。理应重新修缮作为历史文物古迹妥善加以保护。

然后，李续昌老人等随即组织人员，成立了“友德公祠（国公庙）”重修委员会，多次派遣人员走乡窜户募捐，此举得到了老年协会和当地人民政府的大力支持，当地村民和广大群众积极捐资，共计募得资金 40 万元左右。自 2001 年开工重建，到 2004 年正月竣工，历时 4 年。占地约五亩，前殿（即正殿，耗资 17 余万元人民币）、后殿、碑廊、功德坊、山门、门楼（维修）、石狮、百步梯、围墙等及其他附属基础设施总计共耗资 50 多万元人民币。

2004年农历正月初七日，“友德公祠（国公庙）”举行竣工开光祭祀大典。前往参加竣工开光祭祀大典盛会的四面八方的村民和乡亲有4000余人，置办酒席800百多桌，大家共同缅怀友德公的恩泽，祷告许愿，虔诚祭拜。友德公在当地人民的心中，已经是保佑当地村民福泽的正神了，友德公不再单纯的是傅氏家族的先祖名人，而且已经成为普天下乃至于全世界的名人了。

国公庙前有大理石阶梯和一对威风凛凛的石狮守卫，跨进门楼牌坊，一眼望去，庙宇巍峨雄壮，红砖碧瓦，院内香烟绕绕，经声朗朗。大殿分为前后两殿和前后院，左右有厢房及碑廊，前殿大门上方挂一紫檀木大扁，上书“保境佑民”四个刚毅飙劲的大字。

殿门对联：“此地有诸葛会盟，铁柱嵯岭出世龙潭，友德平滇佛寨；是人传娇姑得道，雁池阮氏抡天擂石，孙公还愿神祠。”为癸未孟秋赵椿拜撰并书。殿内供奉明征南大将军友德公的塑像，但见他身着戎装，头戴黄金元帅盔，身披黄金锁子甲，右手紧握龙泉宝剑、左手执兵书战策，神目如电，威风凛凛，左边是捧印将军和开路先锋；右边是诰命夫人阮氏和宣旨使臣。他们的神情都很庄严威武。仿佛友德将军已跨上赤兔追风战马，擂动战鼓，军号齐鸣，率领身后浩浩浩荡荡的三十万大军，即将卫国出征。

前殿红漆大抱柱上有一副楹联，既颂扬了友德公的丰功伟绩，又表达了当地人民对友德公的无限追思：上联“洪武十四年，奉命专征，平六诏，定百蛮，伟烈丰功垂竹简”；下联：“孟秋廿二日，兴云布雨，下马耳，过佛寨，洪麻大泽遍松川。”此联原为明神宗万历二年（1574年）甲戌科进士孙健题刻；癸未年孟秋月昆明杨连舫重书。

明洪武十四年（1381年），友德公率三十万大军平定滇东，次年征大理，获段宝，分兵取鹤庆。元右丞普颜笃据马耳佛光寨顽抗。七月二十二日，傅友德攻占佛光寨，从马耳山下坝子里，屯兵于此，故称松桂营。属军屯之地，屯兵多为友德公之部属，因而为之立庙，春秋二季奉祀。久而久之，友德公就成了当地的本主神仙。

后殿列有财神、痘神。送子娘娘、水草大王等，还有一尊友德公的木雕像和两尊女神（友德公的一位夫人阮氏和女儿娇姑）的木雕像。数百年来，每年春秋二季和农历7月22日前后，13个村庄都要依次迎两次神主，就是迎这三尊木雕神像到各个村庄去供奉祭拜祷告。

友德公是保佑当地村民福泽的“本主正神”和“护国景帝”。足见其地位之高。供奉着崇信的友德公本主神像以及友德公的后妃子女、六畜大王、子孙娘娘等配神。

友德公出巡就是其中最盛大的节日。会期定于每年的农历7月22日前后，就是为纪念傅友德攻陷佛光寨这一胜利之日。通常多选定于春节期间或每年二月（为友德公的生日）、七月（是为纪念友德攻陷佛光寨这一胜利之日）农事间隙期间。本主节又称为本主会或国公出巡，是一年之中最为隆重的迎神社火，会期三至五天不等。包括迎友德公神、祭友德公神、颂友德公神、娱友德公神等活动内容。

2．报功祠

云南报功祠，是为纪念傅友德而建。在云南省曲靖市，又名麒麟庙，内有友德公像，此庙是明嘉靖年间云南巡抚都御史何孟春上书请求为友德公立祠祭祀，皇帝下诏允许，祠堂名为“报功”。

3．傅王庙

傅王庙位于甘肃省陇南市武都区的五凤山上，其山垂直高度 1200 多米，整个山峰似一道巨大的天屏。山顶突出五道峰峦，攒聚成花瓣状，似五只凤凰引颈翱翔。屏障上隆起的五道山背，又像是五只凤凰的脊梁，中间那道山脊是五凤山主峰，又高又陡，悬在空中，山脊两侧全然是如削如劈的峭壁。

傅王庙不大，但庭院清净，新修建的殿舍壁画鲜艳悦目。殿内供奉的龙神傅王，是明初颍国公傅友德，他曾经征战武都。于洪武三年（1370）冬，论功授开国辅运推诚宣力武臣，荣禄大夫等，封颍川侯。

明洪武四年（1371），傅友德奉旨由陕入阶（今武都），守将蜀平章丁世珍仓皇应战，被击走，阶州克。丁世珍败走四川，又集军统兵十万犯阶，欲拒友德军于阶州之兰景铺。友德由西固急速返阶，与世珍军大战于兰景铺，世珍军败至城下，大营驻扎于锦屏山。友德命顾时把守十里铺，率汪兴祖分兵从十里铺渡白龙江。后获悉世珍军饮用水源，断其水道。世珍军中无水，兵马慌乱，傅军在白龙江两岸杀声震耳，丁军败，逃往四川，阶州悉平。

嘉靖元年（1522）诏立祠祀友德。从此，凡傅友德征战过的地方，先后建起了傅公祠或傅王庙。武都北路、西路都有傅王庙，每年庙会时，就会轿傅公像而祭祀。

（五）瓮安下司傅氏宗祠

下司傅氏宗祠在今瓮安县草塘镇下司村，始建于清康熙年间，由瓮安名人傅如砺出资修建，于康熙六十年（1721）全面竣工。为风火墙的四合院，长方形，内成天井，正殿三间，厢房七间，下厅为戏楼、书塾，楼下有通道进出。正门两边有耳门各一扇。前有院坝，后有花园，占地近两亩。在清嘉庆、同治年间因战乱受损，再由傅森荣、傅达源两叔侄合力出资补修完整。历经清末、民国改朝换代及自然灾害遭到损坏。

20 世纪 30 年代，红军长征路经此地，在此召开“猴场会议”，为毛泽东行居。新中国成立后，在这里开设小学堂、仓库、会场，其后毁于火灾。改革开放以来，国富民强，文化复兴。为发扬长征精神，弘扬红色文化，当地政府于 2006 年在原址按照原来的结构布局重修傅氏宗祠，定名为“毛泽东行居”，作为革命老区的历史文物和教育基地，以供人们瞻仰。

附《碑记》：

毛泽东行居

一九三四年十二月三十一日，中央红军长征到达瓮安，毛泽东在此居住。其间，毛泽东参加了彪炳史册的中央政治局“猴场会议”。

该宅原系下司傅氏家族供奉祖先的祠堂。始建于清康熙年间。一九六四年毁于一场大火。二〇〇六年，地方政府按原样在原址上恢复建成，并布展陈列。

瓮安县人民政府

二〇〇六年十月立

（六）凤冈傅氏宗祠

贵州省遵义市凤冈县傅氏宗祠古墓位于凤冈县花坪镇花坪村鱼跳村民组，鱼跳小学对面约20米处，结构布置为风火墙四合院，庭院坐东向西，占地1亩左右（宗祠）。在宗祠左前方约2米处有石碑一块，高约1.7米，宽约0.7米。古墓（双坟）在宗祠之东山约10米处。其墓为石头砌，雄伟壮观，古朴风格，墓柱有石刻对联好几副。

（七）盘县傅氏宗祠

傅氏宗祠由傅姓捐资500块大洋于1935年6月初动工，1937年9月2日建成。主建者县参议院傅达邦、族长傅明仁、县工商联负责人傅明刚。

民国初年，大槽子傅姓重视科技教育，借祠为校，1996年国家拨款建新校后停用，至此祠是毁是存风云四起。经傅姓呈报县副县长田二双，教委主任朱大全肯定傅祠借作校用，对盘南教育敦实史远，应予保留，才得以保存。

2003年4月清明节，大槽子傅姓集体扫墓，见祠破败不堪，院内杂草丛生，满目荒凉，愤而发出倡议书，捐资4万多元。2005年4月12日开工，2007年12月修复。

祠刚修善，2008年10月12日被歹徒火毁三间房，傅氏族人即向县政府、政法机关呈报告，至今未得处理。2010年族贤在兴义傅国园家喜庆之际，举行族会，一致要求再次复修，联谊会积极发动宗亲，两次捐资7万多元，于2011年4月5日完工。

二次修祠，在贵州傅氏宗亲联谊会会长傅治华的关怀下，在副会长兼大槽子傅氏联谊会长傅宪邦的直接领导下，各宗亲积极捐资，终将祠堂二次修缮。尤其傅家姑娘傅国彦两次修祠捐资3万元，傅国俊族贤至始至终在工地，出谋策划，不计报酬，指挥修善工作，他们为傅氏族人树立了榜样，为傅圣文化增添了光辉。

盘县大槽子村傅氏宗亲联谊会

公元二〇一一年八月

（八）桐梓傅氏宗祠

贵州桐梓傅氏宗祠始建于明朝万历四十六年（1618），至今已有 400 余年的历史，时任中国山海关兵马大元帅珠湖傅棻公二十一世孙、桐梓傅崇节公的四世孙傅元勋公出资建造。家祠的建设结构外观是按照元勋公的元帅帽式样设计，四角四翘，四方四宇，有戏台、厢房、彩柱，祖宗木质灵位，前面竖有举贡标志，九对檐柱，书有举贡匾额，具有前檐加彩的江南建筑风格。明清时文官路过要下轿，武将路过要下马。新中国成立后被政府征用。2012 年城郊村响应国家西部大开发，树立现代城市形象，搞棚户区改造，桐梓傅氏宗亲联谊会以傅伯能、傅能新、傅相均、傅相舜、傅相学、傅辅坤、傅相文、傅能礼、傅城城、傅相明、傅建坤等一班人与村委会协商达成协议，由村委会协调土地，另补偿人民币 26 万元重建。26 万元能恢复建成宗祠吗？根本不可能的。大量的资金短缺，摆在一班人面前。“非知之艰，行之唯艰”，关键是信心、决心的考验，思路就是出路。经过集思广益，决定向崇节公系的所有后裔发起倡议，制定了贡献标准。找到傅治华会长，首先得到了他的响应支持，出资叁万元。并在傅治华会长的带动下，傅相均（1 万元）、贵阳傅承才（1 万元）、仁怀傅爰海（1 万元）、傅相礼（1 万元）、傅辅强（1 万元）、古蔺傅小平（1 万元）、傅相林（1 万元）、昆明傅命淮（1 万元）、古蔺傅命书（1 万元），金沙傅福授（5300 元）、綦江小傅福授（5300 元）、傅伯能的小女儿傅相卓（5200 元）。另有两百多名宗贤出钱出力，根据各自能力负担作了贡献，共集资六十五万元，重修了傅氏宗祠。宗贤们所作的贡献列祖列宗将护佑大家万事如意。

诗曰：

树雄心，立壮志，复祖业，大功成；集资款六十五万，建成值二百余万。

体纪团结和谐，圣人后裔显能；伯能、相均牵头，宗祠千古留名。

世界傅氏联谊会常务副会长

贵州傅氏宗亲联谊会会长

傅治华字求国　二〇一三年八月题

致　辞

值此壬辰清明佳节即将到来之际，我们广大傅氏宗亲欢聚一堂，召开清明盛会暨桐梓傅氏宗祠建设动员大会。我特代表世界傅氏宗亲联谊总会、代表贵州傅氏宗亲联谊会向大会表示热烈祝贺，对广大傅氏宗亲表示亲切慰问并致以崇高的敬意！

今天农历二月二十九日，又是我们桐梓魁岩傅氏始祖崇节公诞辰纪念日，我们在此祭奠先祖，缅怀英灵，就是要教育启迪族人牢记遗训，传承美德，尊老爱幼，尊师重教，遵纪守法，艰苦创业，繁荣经济，团结和睦，构建和谐，努力为我们傅氏家族的兴旺发达多作贡献。

为了筹备办好这次清明会，我们桐梓的宗亲们做了大量工作，辛勤的付出，我特向大家表示衷心的感谢！桐梓傅氏宗亲在各方面的突出表现，在贵州乃至在全国宗亲联谊活动中占有重要位置，在历次重大活动中，你们都热情参与，做出了积极的贡献，推动了宗亲联谊和《中华傅氏通谱》编纂工作健康、稳妥、深入的向前发展，你们功不可没。你们为了桐梓傅氏宗祠的建设，不辞辛劳，争项目，跑征地，筹资金，操心出力，争取到了桐梓傅氏宗祠的开工建设，做了一件功德无量的大好事。宗祠的建设，将成为我们广大宗亲祭奠先祖的圣地。希望各地的宗亲都来关心、支持宗祠的建设。请桐梓的宗亲定要抓紧工程建设，做到精心策划，精心组织，精心施工，合理安排资金，争取宗祠建设早日竣工。

各位宗亲，在国家富强，经济繁荣，社会安宁的大好形势下，我们要进一步加强宗亲团结，努力构建和谐。我们要开拓创新，坚持科学发展，积极推动宗亲联谊工作再上新台阶，再创新辉煌。

祝广大傅氏宗亲家庭幸福，万事如意，健康快乐！

世界傅氏宗亲联谊总会常备副会长
贵州傅氏宗亲联谊会会长　傅治华
二〇一二年三月二十一日

注：习水傅氏宗祠、盘县大树屯青龙寺等详情待考证。

二、陵墓

（一）圣人傅说陵

傅说墓（圣人墓）位于山西省平陆城关镇油房沟马跑泉北。傅说辅佐武丁 56 年，耄耋之年返回故里，“享年八十有九”，死后葬于圣人涧源头马趵泉之上，据康熙《平陆县志》记载：“冢在崇岗，倚中条，其东西两山环拱，前则回巘若屏，幽胜殊绝。”为中条山之龙脉结穴所在，其地山环水抱，是丹凤朝阳、九龙捧圣的风水宝地。墓高 3 米，周长 30 米，保存完整。

2009 年，黑龙江中强公司董事长傅治国宗亲捐资 20 万美元（约合人民币 130 多万元）修建傅相陵主体（大理石地面）工程。

（二）义阳侯介子墓

汉义阳侯傅介子墓在甘肃省庆城县西塬石马坳。墓前原有石马、石羊、石虎、石人各一对，并有明武宗正德八年（1513）游击将军张桓刻立的墓碑，碑文由吏部郎中姑苏都穆书写。石马坳因墓前有石马而得名。明代大文豪、邑人李梦阳在其《华池杂记》中也写道：“不宙陵，庆阳东山；傅介子墓，西山。”在庆城县县城北大街东面，有条短巷，原名“傅介子巷”人们简称“傅家巷”。是傅介子祖宅和出生地，这个“傅家巷”的名称一直流传到 20 世纪 50 年代，后修建庆城县宾馆时被拆毁。

（三）伏波将军永公墓

傅永墓，位于山东省淄博市淄川区张店傅家乡相公庙村小学校内。清乾隆《淄川县志》记载：“按《魏书》，傅永，字修期，清河人。屡次功赐贝丘县，今傅家庄懋公祠后，即傅公祠墓之也。有石碑一座上刻“北魏名臣傅永墓”。”据《文献通考》载清人毕际有撰《淄乘征》也认此墓即“北魏傅永墓也”。在《魏书•傅永传》中亦也记载“葬永于所封贝丘县”，时淄川称贝丘县。1984年被公布为市级重点文物保护单位。

（四）车骑大将军竖眼公墓

傅竖眼墓在山东省淄博市淄川区二里乡石门村东，墓原有封土，高8米，现已无存。据《淄川县志》载：北魏时，盘阳隶齐州部东清河郡，郡治在般阳城，下领清河、贝丘等七县。据《淄川县志》载：“石门东有冢，世远失其姓名，人咸称其灵异。”1970年，古冢中挖出了傅竖眼墓志铭，墓志铭为一盒，宽72.5厘米，长106厘米。全称“□有魏使持节散骑常侍司空公都督相州诸军事车骑大将军武强县开国子傅公墓志铭”。上盖书：“大魏永熙三年岁次甲寅二月甲寅朔七日庚申营讫。”铭文阳刻，正楷直书。1982年存市博物馆。

（五）殿中侍御史交益公墓

交益公墓位于河南省洛阳市。唐高宗时期（650～683）官至殿中侍御史。赠冀州长史，咸列懿于鼎裳，并流声于谣咏。约生于隋文帝开皇十二年（592）。殁葬于“河南县平乐乡郝村西北二百步”。妣曾氏。子四：元淑（神童）、依仁、守节、游艺。千唐志斋藏以往洛阳出土《傅交益墓志》（龙朔三年，公元663年）云：“公讳交益，字交益。望隆北地，贯隶颍川。属隋代云亡，朝市迁贸，移居汲郡，因而家焉，遂为卫州共城人也。事见《新唐书•宰相世系》及《傅交益墓志》“民国十七年（1928），洛阳城北十五里南石山村出土”。

（六）凤冈傅氏墓

凤冈鱼跳傅家花坟，位于遵义凤冈县花坪镇，深藏在一个“四角天井”内。修造于清光绪二十二年（1896），墓主人乃傅佐友、何氏夫妇。该墓占地约30平方米，墓前部牌楼高约8米，宽约7米，整座牌楼由大块长方形料石精雕细刻所砌而成。后部墓体为条形细錾料石包围，高约3米。

牌楼上的浮雕刻中国古代经典故事和传世祥瑞图案，其上有各类图案108幅，文字16组。每组图案都是采用深浮雕手法，线条流畅，造型圆润，人物栩栩如生。所有文字全用阴刻，字体苍劲有力，笔锋深入清晰。这些雕刻图案均为中国广为流传的著名经典故事和民间传说。牌楼正中横梁上雕刻着：“杨门女将出征”“郭子仪拜寿”“状元打马游京街”。其他“渔樵耕读”“八仙过海”“龙凤呈祥”“麒麟怪兽”“花鸟鱼虫”以及“琴棋书画”等等都尽显风姿，足有100多个独立成章的题材，包罗了中华民族古代美传的经典。

傅氏花坟是属国家规定的文化遗产范畴，并且是凤冈境内难得的珍贵文物。这座清墓就是一册史书，其建造风格、石刻工艺、文化内涵几方面，称上乘之作。在这里有传统的施家坝傅氏花戏，有典型地方特点和建造风格的傅氏宗祠，还有清清流水的鱼跳河与花坪温泉，再加上这座史书般的傅家花坟，它们已经很自然地构建成一处绝好旅游景区。

注：古蔺廷銮公墓、桐梓傅氏墓群、盘县傅氏墓、毕节王洪屯傅氏墓群、瓮安下司傅氏墓群等详情待考证。

三、故居、公园

（一）傅抱石公园

抱石公园，位于江西省新余建设路西端的龙虎山，距仙女湖18公里，占地面积29.13公顷。这是中国首座以国画大师傅抱石名字命名的公园。公园的设计与布局，体现了傅抱石先生“阳春白雪”类的艺术风格，有傅抱石展览馆、东大门、南大门、钦风楼、醉笔楼、抱石湖、双亭出水、水榭思石、曲廊夕照、坚石关、三笑桥、红雨桥、儿童乐园、邀月亭、留芳亭、高风亭、观鱼池、花圃房、仰德亭、听涛亭、对弈亭、碧海松涛、艺峰塔等景点和5000米游步道。东大门牌楼通高13.5米，面阔30米，是一座三间四柱七楼的门楼式牌楼。正背两面楼匾都是全国政协原副主席、中国佛教协会主席赵朴初居士题写的“抱石公园”四个金色大字。抱石公园突出“文化、休闲、娱乐”三大主题，以文化、休闲为主，娱乐为辅的城市综合性公园。营造一片青山绿水的休闲圣地，保留农田等自然生态，将市民娱乐休闲与大自然融合在一起，是一座供文人墨客赋诗作画的艺术殿堂。

（二）傅玉书故居

清代文化巨匠傅玉书先生故居，坐落在瓮安草塘（今猴场镇猴场村）下司傅氏祖宅。傅玉书，字素余，号竹庄，晚号䓫墅老人，瓮安草塘人。清代著名戏剧家、史学家、文学家和诗人。傅玉书自幼天资聪颖，勤奋好学，乾隆三十年（1765）乙酉科举人，后官江西安福知县，辞官归后专心于教育事业，曾先后在黄平星山书院、龙渊书院、镇远潕阳书院、贵阳正习书院主讲。其一生著述颇丰，共十余种，犹以三部成就最大。所撰《桑梓述闻》为全国第一部私家方志；所作《鸳鸯镜传奇》开创了贵州戏剧之先河；所编《黔风录》是贵州最早的一部诗歌总集。傅玉书在诗、史、戏剧等方面的成就对当时瓮安以及贵州文学的发展产生了巨大的影响，故《贵州通志》称其为“时海内学者无不知竹庄者”。

其故居建于清乾隆年间，为小小的书香庭院，建有院墙、朝门、天井、厢房、正屋。朝门向南，额枋木匾刻“耕读传家”字样，门上对联：“竹庄诗文光黔地，确园书雅裕士林。”

2006年，地方政府筹集资金将其重修，修复后的故居，竹树掩映，古朴幽雅，共有上房五间，厢房两间，花园一座。里面陈列着傅氏家谱，傅氏族人的诗词文学作品，傅玉书的文学作品等物。

（三）镇远傅家民居

傅家大院坐落在贵州镇远县城的古巷道复兴巷内，又在仁寿巷上端，就在石屏山半山腰上，有高屋建瓴之势，是镇远县最好的古民居之一。规模宏大。院落建在逐级升高的三级平台上，四周有高大的围墙，门上有垂花门楼，下有写在粉壁框上的“良弼名家”四字，依稀映照着当年的显赫。

“傅家大院”有两进，天井、堂屋、厢房、上房，这个大院的建筑设计和家具制作均十分精巧。前院呈方形，从门楼沿墙体有一曲尺形的木廊通向东厢房，站在廊中可以远眺巷子和市街。院子用大块青石铺墁，设有长方形的石水缸。墙上有用瓷片镶嵌的大“福”字，大约1米见方。从天井到正房须登上十级石阶，上有半截楼。从正房的平台上有木梯进入东厢，与厢房、走廊、门楼构成二层转角廊楼。堂屋有四扇透雕窗棂扇门，东西两个房间为半壁透雕花窗。木雕精致异常，仔细看来有400多种雕花图样，远看仿佛对称，而实际上每朵花都不一样。室内有明代的八仙桌，清代的“百子床”、太师椅等。傅家祖辈从江西到镇远经商已是八代，颇受当地人推崇。

四、遗址、古迹

（一）马跑泉和圣人涧

相传，殷商中兴贤相傅说，是平陆县傅岩附近大臣村（今山西省平陆县大臣村）人。傅说辅佐武丁50多年后就告老回到自己的家乡，住在一条旱塬上。此地常年缺水，当地老百姓经常向天祷告，望水欲穿。于是，傅说下决心帮助家乡父老寻水，且不避严寒酷暑，不怕风吹雨淋，每天和老伴共骑一匹白马，到处查找水源。一天，他们骑马来到深沟里，天气炎热，人困马乏，口干舌燥。此时，傅说独自念叨：“这里若有一股泉水多好哇！”话刚说出，那白马似通人性，前蹄立即趵了起来，刹时一股泉水涌现出来。傅说又用龙头拐杖在东边沟岔一跺，一股泉水应声冒出来。他的老伴则在西边用银簪一划，也划出了一股泉水，这三股泉水唯有中间马趵的大，后人便称为“马趵泉”。又因是傅说跑马查看得来的，所以又叫“马跑泉”。三股泉水汇成一条涧河，昼夜不停地向南流去，绕过傅岩下的圣人窟旁流入黄河，后人称为“圣人涧”。这涧水世世代代川流不息，浇灌着下游千百亩土地，造福万千百姓。

（二）圣人秸

在山西平陆县城东郊，圣人涧村北路壕西边的断石上，长期以来就露着一层麦秸，不论春夏秋冬，它都保持一种不腐的黄褐色，有时外露麦秸表层也落下一些，但里层复现出洁白的颜色，令人感到神奇。所以，凡来往平陆县城的行人路过这里，都要驻足仰望观察，沉思良久，方才离去。据村里老一辈人回忆，从他记事时先祖说过，这是距今三千多年前，圣人傅说在此版筑时遗留下来的麦秸，因此被人们喻为“圣人秸”流传至今。

——摘自王安冥《亘古一圣》

（三）贵州平坝天龙屯堡

贵州天龙屯堡古镇位于贵州省西部平坝县，喀斯特地貌大山深处，有天台山、龙眼山两山脉，距贵阳市 72 公里。这里地处西进云南的咽喉之地，在元代就是历史上有名的顺元古驿道上的重要驿站，名“饭笼驿”。

这里的居民是 600 多年前明初征南大将军傅友德率领的 30 万大军的后裔。他们的祖先来自江南、江东，犹以安徽、江西、江苏为主，为响应朝延号召，来到云贵川“屯田成边”。在云贵高原建起了一个个屯和堡，边耕读，边戍土。

屯堡人是一个“尚武”的汉族群体。最能体现这一点的是地戏，地戏源于明代的军傩，它是由征南大军带入黔中的。屯堡人的祖先跳军傩不是娱人，更多的成份是娱神，用这一种傩仪作为出征的祭典，振奋军威，恐吓敌人。地戏演的全是忠臣义士，演的全是报国杀敌的英雄故事，因此地戏是武戏。屯堡人遵祖训“下马不下鞍”，供这一种戏剧形式，学习武艺，熟练韬略，倡导英雄义气，加强内部团结。地戏最主要的表现形式是唱和舞。演员头戴精美的“脸子”，腰围鲜艳的彩裙，身背战旗，持戈扬戟，在一鼓一锣的伴奏下着粗犷、原始、拙朴的跳跃，间杂高亢嘶哑的唱腔，远古战争的场面历历在目，演员由人而神，观者的思绪已飘向历史的空间。

屯堡建筑把石头工艺发挥到了极至，登上石碉堡，放眼看去，白白的一片，错落有致；走进雄伟的大八字朝门，两边巨石勾垒，支撑着精雕的门头，石板铺成的天井，雕刻着“古老钱”的水漏。无不令人感叹屯堡人在建筑上确实对石头有一种深沉的理解。石头的坚固对于构筑军事性质的村落“屯堡”，起到了决定性的作用。“石头的瓦盖石头的房，石头的街面石头的墙，石头的碾子石头的磨，石头的碓窝石头的缸”。走入屯堡古镇，看到的是石头，手摸到的是石头，脚下踩的仍然是石头，大到围绕屯堡的城墙和碉堡，小到搁盐的盐罐，都是石头，宛如走进一个石头的世界。

在服饰方面，屯堡妇女保持祖制，依旧是宝蓝色的长衣大袖，精致的花边体现了江南刺绣的神韵；一双尖头的绣花鞋，透着屯堡妇女的才思，典雅而高贵。屯堡妇女的服饰已成为研究明代服饰的活资料。“屯堡人”一直在延续着梦中江南故乡的明代社会生活，留下了这一举世罕见的历史活化石。走进天龙屯堡，仿佛走进梦的巷子，他们依然过着他们自己的日子，牢记自己是从江南移居而来的，每逢七月十四，他们在屯堡的小河中点烛灯，任烛灯漂泊，送他们的祖先的灵魂回归江南，600 年前的战事已经随着岁月远去。但他们仍固守着 600 年前明朝江南文化风俗和明朝屯军文化遗风，在这里看到的是地地道道的明朝生活及古街坊。

六百多年来，天龙屯堡人，依然固守着祖宗过去的荣耀。他们身着长衣大袖，每逢节庆，男人们跳着地戏，妇女们穿上翘头花鞋，老年妇女念着佛歌，青年人山歌阵阵，寂静而热情的古镇，巷道如故，堡垒矗立…这里汇聚着灿烂多彩的屯堡文化，沐浴着那来自六百年前的风俗神韵！

（四）贵州普安白沙古驿道

贵州普安白沙古驿道，原为明初入滇要冲，军事重地。由白沙乡老鹰岩直达窝沿乡上寨湾，道随山势起伏，如飘带环绕。

据记载，明洪武十三年（1380）冬，时逢征南将军傅友德等率明军征南，经普安一带，叛民熟悉地形，出没荒野，明军难以固守，故上奏朝廷。朱元璋下诏曰：“朕观彼中地势，既守临安，大理，普安……亦在必守，卿等其共图之！俱乘其势修治道途，垒石以成大道。仍召其土酋，令谕其民丁各输粮一石餐军”。次年架设桥梁，垒石铺道，毛石砌筑。白沙至老鹰岩段全长 8 公里，宽 2.5 米，于洪武十六年（1383）建成白沙古驿道。

六百年风风雨雨，白沙古驿道完成了历史使命，现仅存白沙乡卡塘村老鹰岩一段 6000 余米较为完好。白沙古驿道具有较重要的历史价值。1986 年 12 月 27 日，普安县人民政府已将白沙古驿道公布为文物保护单位。

（五）新建西定楼碑记（现在毕节城）

太祖高皇帝诞膺天命，芟扫群雄，君振天下，华夷一统悉入版图。惟云南焚夷酋长梗化不庭。洪武十四年（1381），上命大将军傅友德等总兵征进克服，设有司以牧守，立军卫以司制兹土。洪武十六年（1383），委永宁指挥使汤昭开设卫，始创立排栅卫所，除官降印。后于洪武十九年（1386），复命羽林卫指挥同知李焕充统兵官，领鹰扬等十卫官军修筑城隍，用砖石包砌。其城有四门：东日武安、南日镇南、西日西定、北日拱北门。其城楼尚未建造，后本位指挥同知柳楫，绍建东南二楼，其西北二楼未建。正统十四年（1449），蛮人叛围，城中乏水，指挥使晟增开通津门，以便汲水。拱北城楼鼎建而西定楼正欲建间，值公寻升都职，迨今百余年，台阁倾颓，门券坍塌不堪甚。今予林雄治政推掌卫事，既受主任，焉敢坐视隳启。由是备达方镇暨守备都指挥蔡公等议允，经始于成化九年（1473）冬十二月二十有八，采木董督，众工乐于趋事，城门修券，楼阁焕然，落成于次年二月吉旦。惟朝廷创制，筑城池所以保障，建楼阁而耸观瞻，亘古及今，未尝不以是为首务。盖谓创业者之固难，而守成者之亦不易，安敢坐视倾颓，实典守难辞其责也。事既完全，宜当勒石以记始末，嵌于文墙之外，用垂悛不泯云。

大明成化十年（1474）岁在甲午正月上元日，昭勇将军掌卫事指挥使林雄等鼎建

管工指挥使：（14 人，名从略）

管工千户：（7 人，名从略）

管工百户：（3 人，名从略）

按：毕节卫本西夷罗施鬼国，天文参井分野。汉唐以及宋元不过羁縻迨我朝

国子监孙佐记得匠作大清乾隆五十年（1787）岁次丁未仲夏月修毕节城在西门城墙拆出此碑记毕节县知县胡翘椿督理修建丁卯科举人广东琼山县知县傅秉中抄录

（六）都匀斗篷山百家工厂

百家工厂遗址位于黔南最高峰——都匀斗篷山深处，走过一段古老的驿道，在参天古树的掩映下，工厂遗址的地基上已经长满了苔藓。这里曾经聚集着上百家工厂，包括铁厂、石灰厂、蓝靛厂、红纸厂、白纸厂等，坚实的屋基，和一处紧挨一处的工厂遗址，可以看出这里曾经是人丁兴旺，贸易繁荣。

百家工厂建设于明代初期，时为明初征南将军傅友德等率 30 万明军征南的后勤保障供给生产基地。当时的粮草、衣被等均需从京城应天府（今南京）运来。后由于战事紧迫，南京至云贵路途遥远，后勤粮草武器装备等军需品往往供给不上，致使征南将士无法征战戍守。为此，傅友德上奏朝廷，开设工厂。因后勤基地为军事重地，所以就依托斗篷山丰富的森林、

矿产资源而开办蓝靛厂、造纸厂、榨油厂等，百家工厂应运而生。明军在此炼铁，生产武器，纺纱织布，染布制衣，造纸，榨油。俨然形成了一个工业生产园区。人们紧张劳作，一方面保证了部队的军需，另一方面还把生产的物品运到其他的地方销售，贸易兴隆，此地人丁兴旺，逐渐形成小集市，便成了通往贵定、龙里、贵阳、云南的重要驿站。而今，从古屋宅基、古时耕种的残留地块以及造纸的浆池遗址，仍然可以寻觅到昔时繁荣的踪影。

百家厂遗址，反映了当时盛极一时的军队征战戍守情况及生产规模和商贾活动。对研究明代西南历史具有重要的历史考古价值。

（七）毕节七星关

毕节七星关自古以险著称，是川滇黔三省孔道。古人有“道之难者蜀也，蜀道西南关之险者七星也”的感叹。

明初颍川侯傅友德领 30 万大军出七星关奔云南铲除元梁王残余，以固西南。于山顶筑城戍兵，称七星古城。元至正年间彝族女杰奢节纵横七星关内外，抗元三年屈死敌手，动摇了元代江山。朱元璋引以为鉴，恩威并重，同时令傅友德安抚水西，感动了奢香夫人修九驿连通七星关驿道，中央地方亲善相安。

古驿道从城门口沿着山形直下到古渡口，是从关山半腰上开凿出来的。石崖上的几方明代石刻，风侵雨蚀，早已残破模糊；明洪武年间修桥的石刻，康熙年间整修古驿的石刻，字迹依稀；而最高处的石刻“汉诸葛武侯祭七星处”，在庙宇遮挡下仍笔触苍劲，隐约可辨。是著名的武侯遗踪。

几百年间，七星关隘的险要备受关注，修桥，建庙，巡边，题匾，拜谒武侯祠，地方小官和几省封疆大吏乐此不疲。林则徐任云贵总督时，便到七星关刻石立字以镇雄关。一时间文庙、武庙、观音堂、三官阁，次第兴起，以至乾隆年间，七星关“长桥如虹，庙貌巍焕，古木扶疏，云蒸霞蔚，俾七星关为黔第一胜景矣”。主修《大定府志》的大定知府黄宅中来到武侯祠，留诗“旌旗南指记千蛮，西岭云扶赤日殷。万古香烟燃汉鼎，一碑风雨护黔山。峰如八阵围初合，水比三巴势更弯。谁道长星天外落，灵光夜夜照边关”。他的诗很有代表性，历代官员都以武侯为正槼，借其功勋威名，震慑一方，感化民众。

古驿道道旁立着“奉令建坊”的雕龙石刻，是明代所建石坊的一部分。上面的题刻，秀美飘逸、刚劲有力，诸如“黔服雄关”“威镇三边”“汉诸葛武侯祀七星处”。砖墙民房前镂雕精美的石狮、龙珠，水井边刻有“七星环拱万家烟火庆南天”的巨型石条，当年殿楼台阁，神像威仪，额曰“功盖华夷”的名祠，村里几十户人多为世居，远祖是明洪武年间调北征南来的，为六百年前屯兵将士的后人。

（八）赫章县松林岩刻

洪武十四年（1382）九月六日，诏谕征南将军傅友德曰："谓云南之地曲靖、普安、乌撒、建昌势在必守。其东川、乌蛮、蒙、芒部且屯大军荡扫诸土司，戮其首，方可留兵守御。"友德挥师大败诸蛮，并派兵在画松山（今州柳花通山），筑城驻守，置乌撒、毕节二卫以镇守。

洪武十四年（1382）十二月十六日，友德大败元军于白石江，遂下曲靖。腊月二十日，梁王走晋宁，自缢。在赫章松林和窝崩交界处，有摩崖一处，题"威服仁怀"四字，为友德公命工匠削岩镌刻，字大如斗，以记此事。于今尚存。赫章县人民政府于 1981 年 3 月公布为县级文物保护单位。

（九）安顺石佛寺

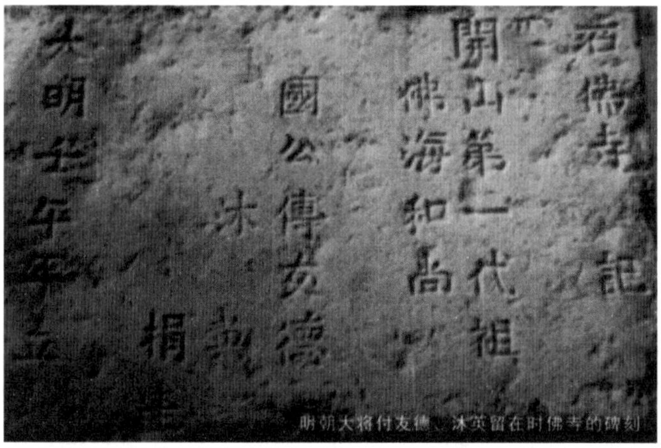
明朝大将付友德、沐英留在时佛寺的碑刻

石佛寺与庄钟明

时家屯，虽不算太大，历史上曾兴修有石佛寺、兴林寺两个寺庙。石佛寺位于安顺市西秀区七眼桥镇时家屯村，始建于明朝建文四年（1402），为颍国公傅友德、西平侯沐英捐建。建寺时立有纪念碑，其开山第一代祖师为佛海和尚。2002 年石佛寺被拆毁，这是我村在历史见证和文物方面不可估量的损失，更是堪称屯堡文化破坏中的惨案。（建寺纪念碑先由时家屯村庄钟明保存，后转赠给安顺市文物局收藏。）

石佛寺，建筑精美，古朴典雅，位于滇黔古驿道边，是征南大军重要的粮草屯聚重地。现在时家屯一位乡儒还保存有当年石佛寺值守的安排表及应纳贡粮的粮册，这是其祖上传下来的无价之宝。

石佛寺在调北征南中地位的重要性，从其寺庙大门的对联"空林啼蜀魄，古路入滇云"就可见一斑。大殿为长七间，对联为"寺远客稀到，钟寒僧独闻"。

说到石佛寺，不得不说屯堡民间收藏家庄钟明先生。

庄钟明先生，男，汉族，大专学历，1951 年 2 月随军入朝在 186 师服役，1954 年回国后历任双堡区、蔡官区、二铺区卫生院院长，1990 年退休后专事屯堡古物收藏。

解放后石佛寺建筑群一直被作为二铺小学的教育教学用地，在"破四旧"及"文化大革命"中受到损毁。石佛寺的拆除，历经了一拆二拆三拆，前两拆是大门、围墙、偏殿、伙房、厕所等，并未触及核心，损失并不严重，而且时代条件也不容许。三拆才算是真正的摧毁。

三拆指石佛寺正殿、正殿前厅的彻底拆除。在“三拆”前，庄钟明先生就多次反映，多次讲述石佛寺在安顺历史研究及屯堡文化研究中的重要性，要求在拆除石佛寺时至少要留下正殿五间的三间，实在不行至少也要留下一间，以作历史的证物。可惜的是，庄钟明老人的苦口婆心和满面泪流感动不了胸无点墨的拆除者，最终，在无知无识者孤注一掷的情况下，巍然屹立六百年的历史沉淀、金戈铁马铸就的调北征南铭证—石佛寺，在挖掘机的悲鸣中毁于一旦。

今天，只要我们置身于石佛寺的旧址，在原大殿后的山洞口一站，庄钟明老先生“哪个拆除石佛寺，哪个就是历史的千古罪人”！的悲亢之声仍在洞内回荡。

什么是唯心，什么是唯物，都是相对而言，因为地球是圆的，所以世界是相对的。石佛寺建于 1402 年，被彻底拆除完是 2002 年，600 年的岁月，恰好是六十甲子的 10 个轮回。当时捐资建寺的傅、沐两位将军，不知是否会料想到石佛寺被拆的所谓“空前盛况”？是否会对今人的作孽有所惩戒？

但神奇的大自然却是有所表示的。看来，历史的一些东西还是有所应兆，因果相随的。据“三拆”时的目击证人讲述，2002 年在决定拆除时，寺院一切木料卖给郑家屯邹姓家具店，由邹姓店主带领员工拆除。在最后拆到正殿时，揭开梁上两头盖瓦，发现一条大蟒蛇盘旋于梁之正中。桥边村村民闻讯，远来围观者甚众。老年人见其蟒蛇盘护正梁，已知其不应拆毁，但一介布衣爱莫能护。故尔建议拆除人员，按迷信方式，烧香纸祈告，隔宿再拆，千万不能伤蟒蛇。蟒蛇于夜间悄然而隐。次日清晨，才把正梁放下，又发现梁的两端，一端写有“庄”字，一端写有“杜”字，因灰尘结厚，桥边村村民杜春成把灰尘擦干净后，见其“庄杜”二字系毛笔工整书写，墨汁可谓“入木三分”，虽历经 600 年，依然清晰有如刚书。

（十）贵阳武侯祠

据明《贵州通志》和清道光《贵阳府志》记载：武侯祠（名宦祠）：治贵阳城南门外，旧圣寿寺，正德间巡按贵州监察御史胡琼改为名宦祠。……至嘉靖间巡抚都御使徐问修明祀典，易名武侯祠，以祀武侯与傅友德辈，乃移名宦祠于此，以后续祀者，俱入府司两学名宦祠。本祠诸位寝以遗失，而人第知傅友德武侯祠矣。

贵阳名宦祠所祀者，明代凡二十二人：曰太子太师征虏将军前征南将军颍公砀山傅惟学友德，曰镇远侯充镇守贵州总兵官赠夏武毅公江都顾成……。

（十一）狮子山将台

狮子山将台，位于贵阳城西狮子山。洪武初，总兵傅友德筑台于上，以阅武，遗址尚存，贵阳八景“狮峰将台”即此。

（十二）普定故城

普定故城，位于十二营司东南二十里，洪武十四年（1381），大军克平普定府，暂立此城以守御之。十五年征南将军傅友德迁于今（普定）卫治，故城遗址尚存。

（十三）明镜关古驿道

明初征南大将军傅友德公设置的障碍，位于现盘县平关乡和云南富源县域交界处。从图中可清楚看到关隘上的垛口、五尺道、拱形门。（如右图）

（十四）毕节王洪屯

王洪屯是明正德年间任武职大夫（疑为奉直大夫，因明未见武职大夫之衔）镇毕节的傅贤，与姻亲家李定柱在考察地形时圈定的圣地。这块宝地原名王洪堡，四面山清，中间水秀，西南角凤尾山生机勃勃，西北角猛虎山跃跃欲试，时有凤鸣虎啸之威，既是居住的风水宝地，亦是屯兵的极利地形。因屯兵之故而名为王洪屯。

傅贤选定此地后，便从毕节桂花桥移居人住，屯兵习武，开垦土地，购置产业，兴家致富。安居数年后，民族争战频起，傅贤与李定柱领兵平乱。在南韶出征之后又转战普安讨伐阿资，途中亲家李定柱不幸病故，惟傅贤独自领兵讨伐。因战失利受伤后不治而逝于普安，葬在南岗山菜园子。

傅贤之子傅兴府落业王洪屯，苦辛经营此地，发家致富；兴府子傅纪秉承祖志，继承祖业，尔后子子孙孙，发展到傅霄这一代更是人丁大旺，有的择地高迁，留守者家财殷实，尔后还在猛虎山下修建了家庙玉皇阁。

王洪屯傅氏发展顺利，清末民初成了一方富户，不少人家达到中小地主水平，修房造屋，盛极一时。凤尾山下，猛虎山腰，所葬数百塚立五岳朝天或间有望柱的坟墓即可见一斑。

王洪屯傅氏在民国年间，由于重视文化不够，一些人游手好闲，染上烟毒；一些人漂流浪荡，好上赌场；一些人好吃懒做，不务正业，因之把家业败了不少，是故中华人民共和国成立时也仅有几家破落地主。新中国成立后，地方建制随新政权而更改，王洪屯变成了长春区王丰乡所属两个大队。1991 年撤区并乡建镇后，王洪屯这片地盘按原王丰乡所属划归长春镇。即凤尾山一方属水营村，猛虎山这边属王丰村，两村紧密相连，现住傅氏 300 余家 1500 多人口，所居之地逐步形成小街。在改革开放后，经济发展，生活渐丰，既重视教育，又重视经济科技，更重视人文环境建设。而今，此地办起了中学，文化渐渐丰厚起来。如傅善学家儿子、媳妇就有 5 个是大学生。有了文化，经济头脑更新，有个儿子已成了积有几百万的富户，其余亦在你追我赶。现在几家都有了轿车，还不断向着发家致富奋进。更可喜的是子女们孝敬频臻，“和顺”有加，支持其父办公益事业。傅善学本人成了傅家不是族长的族长，不是护坟人的护坟人。在其引领下，保护坟山，保护文物、文献，带头捐资，修建道路，竖立丰碑，可为傅氏族人的一楷模。

第五节　圣旨、诰命

蕃公敕命

奉天承运，皇帝敕曰：朕建百代之宏基，尚需贤臣以辅佐；开千载之伟业，必赖良将以□□。尔殿前神武右将军统兵部尚书傅蕃秉性慷慨，靖其尔位，凡论道经邦□乃燮理成流宣化阙书思，虽刀具临身首，公进退却不驰。

大宋乾德二年甲子仲秋月

元和公诰命

奉天承运，皇帝制曰：巴楚之道近连蜀边，控制苗蛮，最为津要，昔武侯北伐，首先渡泸，形胜之间，为任綦重。亦以南方既定，乃可议中原尔。疆理旬宣，讵异人任？尔叙马泸永兵巡道参议傅元和，才利犀锋，迅若鸷殚精艺宛几搜石室之奇郁志棘闱，窍有珠海之目击者，以鹏翩之未振，因届百里之才，乃鹰击之已扬大试一经之用宇下欢迎竹马域中兢集哀鸿泊虏寇之渐凶请缨倍笃及疆土之待复击揖尤勤，先着祖鞭四载独挥甲胄旋膺周翰三军，共仰威名，兹以覃恩授挫中顺大夫赐诰命，惟疮痍之未复，在绥缉以永宁，亦蠢动之堪虞要声灵之丕振，尚其奋乃茂绩弘乃壮猷朕简贤荣伫膺节钺钦哉。

初任：广西桂平县知县　　二任：云南云州知州

三任：题云南按察司佥事　　四任：今职授叙马泸永兵马大元帅

制曰：外台秉宪，克状方叔之猷；内则贻休，有炜女士之问鸣之著。警有素，斯虎落之奋策无优既树屏藩，应褒闱阃，尔令狐氏乃叙马泸永兵巡道参议傅元和之妻，正静不佻婉娈能贞，法家人二六之爻，永叶中馈之吉引孝经三四之载，无忝大姑之传左读篝灯每忘荣之丙夜，安贫操臼且甘篓于北门岂茂绩之贻荣乃令仪之先露，兹以覃恩赠尔为恭人，车案虽违，贲紫函而锡耀笄加如逮炳彤史以流华。

制曰：妻忘则严其礼于继室爰嗣懿微。夫荣亦广其于中闺。用彰敬顺矧在乱而克助服官以惟勤者乎，以德升华所函显也，尔黄氏乃叙马泸永兵巡道参议傅元和之继妻，有仪其抑，厥赋惟嘉，羞旨脆以承欢，孝隆问侍亢大麻而贯勤，效拮据佐英武于师中，几援桴鼓赞绥宁于蜀域伫靖狼烟兹以覃恩封为恭人益昭綦缟之风攸宜众服，永着屏翰之绩大贲龙章。敕命

崇祯十四年十月二十五日　[一六四一年辛巳岁]

尔谦公敕命

授与兵部职方司之职

奉天承运、皇帝制曰：朕惟温峤以荆汉之师奠安普室，允文鼓采石之旅巩固宋基，前史光昭于今为烈是知克敌制胜虽赖武功，而鼓励联络实资儒说。自滇黔经乱以来竟不闻一师入援一诚报复，虽或声息之达四阻，仰尔秦庭之恸无人。

十七庙沦没之耻岂遽泯，三百年养士之恩谓何言、朕甚惑焉。据差使臣密奏，尔原任湖广永州溆浦县知县傅尔谦伏处林泉，隐抱张良之痛怀抗辑击，饶具仁杰之才，兹以特敕授尔行在兵部职方清吏司主事，尔其益励膂力昌大义以挽未昧之人心，广联络以鼓尊周之将士，凡行间宿将汉士义勇有肥胖秉机恹疆，斩将搴旗者，尔其随意监调鼓舞，俟克捷之日论功题奏、照例升赏、朕不吝特酬、四牡鞅掌不惮驰驱之劳、六飞底定伫膺青华之选、钦哉特敕。敕命

崇祯十六年十二月二十五日　[一六四三年癸未岁]

师瞿公诰命

奉天承运、皇帝制曰：考绩报循之最用奖臣劳推思厥积累之，遗载扬祖泽，尔侯选知县傅之奕乃直隶保定府定兴县傅师瞿之祖父，锡光有庆，树德务滋，嗣清白之芳声泽流再世，衍弓裘之令绪佑笃一堂，兹以覃恩贻赠尔为文林郎锡之敕命于戏聿修念祖，膺茂典而后，贻蛮横无理裕作牡之方，兹以覃恩赠尔为文林郎锡之敕命于戏克承清白之风，嘉兹报政用慰显扬多志昭乃谟。

制曰：朝廷重民社之司功推循吏，臣子凛冰渊之操，教本慈帷，尔令狐氏乃直隶保定府定兴县知县，傅师瞿之淑慎其仪柔嘉惟宣训词于朝夕。不忘育子之勤集庆泽于门闾式被自天之宠。兹以覃恩赠尔为孺人于戏仰酬顾复之恩勉思抚字载焕丝纶之色允贲幽潜。

制曰：阃仪济美，既并播其芳声，策命扬休宜均沾乎渥泽，尔杨氏直隶保定府定兴县知县傅师瞿之继母，毓英名阀丽德高门，琴瑟调节器在御之和令模夙着机杼媲中闺之美慈训攸昭，兹以覃恩赠尔为孺人于戏情深鞠育恩不间于所生典重显扬荣岂殊于自出。敕命

嘉庆二十四年正月初一日　[一八一九年巳卯岁]

制曰：册府酬庸聿着人臣之懋绩德门辑庆式招大母之芳徽：尔袁氏乃直隶保定府定兴县知县傅师瞿之祖母、箴戒扬芬珩珩璜表德职勤内助宜家久着其声，泽裕后昆锡类式承乎嘉命，兹以覃恩贻赠尔为孺人于戏播徽音于彤壶范弥光膺异数于紫泥天休允劭。

制曰：嘉绩聿隆于报最奕世蒙休慈徽载着于贻封重闱袭庆，尔罗氏乃直隶保定府定兴县知县，傅师瞿之继祖母，珩璜传芳苹蘩济美溯贻谋于阃，则继美益彰，宏锡类于朝间，推恩并厚兹以覃恩贻赠尔为孺人于戏鸾收，贲彩照一体之荣施笃迓扬庥允表重泉之

遗泽。敕命

嘉庆二十四年正月初一日　[一八一九年已卯岁]

制曰：求治在亲民之吏，端重循良教忠励资敬之忱聿隆褒奖尔傅同作乃直隶保定府定兴县知县傅师瞿之父笃躬淳厚，垂训端严，业可开先，式可开构，乃宣猷之本泽堪启

代铎公敕命

奉天承运、皇帝制曰：考绩报循良之最用奖臣劳推恩溯积累之遗载扬祖泽，尔傅同涵任山东青州府临朐县知县傅代铎之祖父，锡光有庆，树德务滋嗣清白之芳声，泽流再世，衍弓裘之令绪佑笃一堂，兹以覃恩贻赠尔为文林郎，任山东青州府临朐县事锡之敕命于戏聿修念祖膺茂典而益励新猷有穀贻孙发幽先而丕彰潜德。

制曰：山府酬庸聿着人臣之懋绩德门辑庆式昭大母之芳微尔顾氏乃山东青州府临朐县知县傅氏铎之祖母，箴戒扬芳珩璜表德职区别轻重缓急内助宜家久着其贤声泽裕后昆锡式承乎嘉命，兹以覃恩贻赠尔孺人于戏播徽音于彤管壶范弥光膺异数于紫泥天休允劭。

制曰：求治在亲民之吏端重循良教忠励之敬之忱聿隆褒奖，尔增生傅宗奇乃山东青州府临朐县知县傅氏铎之父，笃躬淳厚，垂训端严业可开先式构乃宣猷之本，泽堪启后贻谋裕作牧之芳，兹以覃恩赠尔为文林郎于戏克承用清白之嘉报兹扬慰显政之志昭乃遗模。

制曰：朝廷重民社之司，功推循吏，臣子凛冰渊之操，教本慈善事业帏，尔令狐氏乃青州府临朐县知县傅氏铎之母，淑慎其仪柔嘉维则宣训词于早夕不忘育子之勤，集庆泽于门闾式被自天之宠，兹及覃恩赠尔为孺人，于戏仰酬顾复之勉思抚字载焕丝纶之色永贲幽潜。敕命

嘉庆二十四年十二月日　[一八一九年已卯岁]

——摘自《桐梓傅氏宗谱》

敕谕一道　　给山西太原府知府傅克让领受奉

天承连

皇帝制曰太原为两京之潘篱敕史实百姓之父母承流宣化厥任匪轻尔奉政大夫湖广常德府同知傅克让才猷颖茂著绩戎曹用授尔阶中宪大夫山西太原府知府尔其恪守乃职无替朕命钦哉故谕

敬天勤

洪武二十六年四月初十日

民之宝

敕谕一道　　给南京常州通判傅朝领受

奉天承运

皇帝制曰民歌平允司李惟持乎邦宪国资财赋吏倅必择于循良故地官之设进于秋曹庸嘉乃绩其可缓哉汝文林郎福建兴化府推官傅朝性本直谅德沟清廉用进汝阶承德郎南京常州府通判汝其约已裕民多方抚辑以无戾朕爱养元元之意钦哉尚有宠章以褒后勋

敬天勤

正德十五年三月十五日

民之宝

敕命一道　　给五城兵城兵马指挥司都指挥傅京

奉天承运

皇帝敕曰朕　承丕基抚御方夏任大责重宵旰勤劳所赖承流宣化与朕共理者其惟诸藩翰群有司耳尔文林郎南京西城兵马司指挥傅京才兼文武德备廉明用授尔阶奉训大夫比京五城兵马指挥司都指挥务期精白乃心慎厥关防勤以督下公以抚众倘或徇情隐蔽自干罪戾勉之 诫之钦哉故谕

敕命

嘉靖二十五年二月初五日

之宝

敕命一道　　封赠浙江监察御史傅孟春父母

奉天承运

皇帝敕谕监察御史巡视直隶提督学政傅孟春朕惟自古帝王治天下都率以学育材为首务而学校之兴废人材之盛衰治道之隆替系焉此差已然之明验也今特命尔往北直隶巡视提督各府州县儒学其钦哉夫总理一方之学政是即一方之表率也然率人以正必先正己尔其务端轨范严条约公劝惩俾为师为弟子者一崇正学迪正道革浮靡之习振笃实之风庶几储养有素而待用不乏斯足以称简任之意如或因循岁月绩效弗彰朕将尔责焉尔其最哉所有合行事宜申明条示于后基慎行之毋忽故谕一学者读书贵乎知而能行先将圣贤经书热读背诵牢记不忘却从师友讲解明白俾将圣贤言语体而行之敦尚孝弟忠信礼义廉耻之行不许徒务口耳之学将来朝廷庶得真才任用

一为学工夫必收其放心主敬穷埋毋得卤莽间断其于修己治人之方义利公利之辨须要体认精切庶几趋向不差他年同仕方能顾惜名节事业可观

一习举业亦穷理之事果能精通四书五经便会行文有等生徙不肯实下工夫惟记诵旧

文意图侥幸出身今宜痛革此弊其民作四书经义策论等文务要平顺说理详明不许浮夸怪诞至于习字亦要端楷庶不乘教养之意

一学校无成皆由师道不立今教官贤否不齐先须察其德行考其文学果所行所学皆善须礼待之若一次考验学问疏浅及怠于训诲者姑诫励之令其进学改过若再考无进不改送吏部别用其贪　不肖实迹彰闻者不必考其文学即拿送巡按御史问理吏部别选有学行者往补其缺

一师生每日坐齐读书及逐日会馔有司佥与膳夫齐夫府学膳夫四名齐夫八名州学膳夫三名齐夫六名县学膳夫二名齐夫四各不许违误缺役

一生员考试不谙文理者廪膳十年以上发附近处去充吏六年以上发本处充吏增广十年以上发本处充吏六年以上罢黜为民廪膳增广未及六年者加量加决罚勉励进学一生员之家并依洪武年间例除本身外户内优免二丁差役有司务要遵行不许故违一凡巡视学校水路乘驿舟升路乘官马仍带本院书吏一名随行升路与官驴俱支廪给

一府州县提调官员宜严束生徒不许出外游荡为非凡学内殿堂齐房等屋损坏即办料量工修理若恃有提督宪职将学校中一切合行之事推故不行用心整理者量加决罚惩戒

一所过之处遇有军民利病及不才官吏贪酷害人事干奏请者从实奏闻

一本职专督学校不理刑名如有军民人等诉告冤枉等事许受词状轻则发下所在官司问理重则送巡按御史提问

一科举本古者乡贡里选之法今南北所取举人名数已有定制近来奔竞之徒利他处学者寡少往往赴彼投充增广生员诈冒乡贯隐蔽过恶一概应试所在教官侥幸以为己功其弊滋甚今后不许违者听本职及提调科举官监试官拿问

一巡按御史不许侵越提督者职事若以公务至府州县亦当勉励师生勤力学业不许推托不理若提督官员行止不端许巡按御史指实奏闻

一所辖境内遇有卫所学校一体提调整理武职子弟悉令其习读武经七书百将传及操习武艺其中有能习举业者亦德就科举一各处几贡生员照例将食粮年深者严加考试不必会官如果年深者不堪允贡就便照例黜罢那将以次者考允务要通晓文理方许起送赴部

一廪膳增广生员已有定额廪膳有缺于增广内考选学问优等者帮补增广有缺于本处官员军民之家选择资质聪敏人物俊秀子允补不许听信有司及学官徇私作弊若有额外之数须严加考选通晓文义者存留待缺不许将不堪者一概存留躲避差徭一古者乡闾里巷莫不有学即今社学是也尔凡提督去处即今有司每乡每里俱设社学择立师范明设教条以教人之子弟年一考较责取勤效仍免为师之人差徭

一师生于学校一切事务并要遵依洪武年间卧碑行不许故违

敕命

隆庆五年八月十三日

之宝

诰命一道　　封赠大理寺右少卿傅孟春父母

奉天承运

皇帝制曰有敦修行谊而绌于遇者其诸庥福祉必于嗣人　　发之盖天道予善之徵也尔赠文林郎浙江道监察御史傅舜乃大理寺右少卿傅孟春之父率履有方秉心无竞惇伦力本慕义好施生未究于天年没允昌其基绪笃启令子致位显荣溯厥诒谋嘉乃迪哲是用加赠尔为中宪大夫大理寺右少卿尚承优渥之恩永锡幽潜之耀

制日艰贞之节妇德称难此柏舟之诗所繇专美也矧抚孤有成享令名而钟厚庆者哉尔封太孺人刘氏乃大理寺右少卿傅孟春之母德茂杨兪志坚遘闵襁褓育子殚极恩勤劲节凛于冰霜慈训严于机杼贻休有自食报惟宜是用加封尔为恭人绥禄养于方

制诰

万历六年三月二十六日

之宝

敕谕南京都察院右佥都御史

皇帝敕谕南京考察院右佥都御史傅孟春今特命尔不妨院事提督操江兼管巡江会同内外守备严督江防备御把总等官整理战船操练水兵上自九江下至江南　　山江北三江会口督同上下巡江御史缉捕盗贼盐徒操习民兵水战以严江关防护留都如遇有警　山三江会口以下听各巡抚官径自防守　　山以上逼近留都尔仍与南北巡抚官互相应援不许自分彼此　　山把总专听尔节制一应事情有应与内外完备参赞官员并操江武职及各巡抚官计议者照旧公同议处施行合用兵船器械钱粮将上下巡江御史赃赎俱名解京分贮镇江安庆府库以听支用如有不敷行各该巡抚措处协济其原募淮杨沿海民苍三千名及下海双桅沙船六十只分泊出哨尔宜严加查　　所分信地内兵　　恭将守备把总等官悉听节制文武职官及兵船等项俱听委用调取敢有抗违阻挠不肯用命致误军机及贪残不职者文官五品以下武官四品以下径自拿问应恭奏者指实参治仍每岁巡历二次其信地之外一应政务不必干预尔受兹委任宜正己持法以率所属练兵养士以弭寇盗用副任使如或怠忽误事责有攸归尔其钦承之故谕

敕命

万历六年三月二十六日

之宝

巡抚浙江敕

皇帝敕谕都察院右佥都御史傅孟春今特命尔提督军务巡抚浙江等处地方督率文武

各官抚安军民修理城池水寨补练水陆兵马整办战船器械清查赋役听理词讼遇有盗贼生发相机

给所属文武职官悉听委用敢有抗违畏缩致误军机及贪残不职者文官五品以下武官四品以下经自拿问三司并被守巡各道参将游击把总等官悉听节制官军临阵退缩逗留者许尔以军法从事如帅倭寇侵犯与邻境苏松等处提督江都操江都御史吴淞副总兵等官互相策应各不许自分彼此玩寇殃民其应天巡抚原管杭嘉湖三府税粮事务改属尔管理尔为宪臣受兹重任务使盗息民安政平赋足斯为尔功如或怠玩旷职以致贻患地方责有所归尔其钦哉故谕

敕命

万历十七年六月二十六日

之宝

敕谕一道　　给湖广常德府桃源县县丞傅良范

奉天承运

皇帝敕曰政治之道莫先于亲民亲民之政莫先于县令汝湖广常德府桃源县县丞傅良范谦能著绩公敏垂声用授汝阶文林郎升本县知县尚其殚厥抚循以副朕爱养子民之意汝其钦哉

敬天勤

万历十六年八月二十六日

民之宝

制日怙恃同恩人勤思于将母明廉报最天朝锡类以荣亲尔文林郎广西平乐府推官兼摄隋县税课司傅文化母彭氏终温且惠既静而专七诫娴明三迁勤笃令仪不忒早流琦瑀之声慈教有成果胜政武刑之任兹以覃恩封尔为孺人锡之敕命于戏龙章初贲用答和丸之恩凤诰频颁永昭画获之训

敕命

皇明万历三十六年八月初十日

之宝

敕命一道　　给四川酉阳州黔江县右堂之祖父母

奉天承运

皇帝制曰考绩报循良之最用奖臣劳推恩溯积累之遗载扬祖泽尔傅氏鱼乃以捐职正八品职衔现任四川黔江县典史加一级傅启祥之祖父锡光有庆树德务滋嗣清白之芳声泽留再世衍弓裘之令绪祐笃一堂兹以尔孙遵例急公貤赠尔为徵仕郎锡之敕命于戏聿修念

祖膺茂典而益励新猷有谷贻孙发幽光而丕彰潜德

制曰册府酬庸聿著人臣之懋绩德门辑庆昭大母之徽芳尔卢氏乃以捐职正八品职衔现任四川黔江县典史加一级傅启祥之祖母箴诫扬芬珩璜表德职勤内助宜家人著其贤声泽裕后昆锡类式承乎嘉命兹以尔孙遵例急公貤赠尔为孺人于戏播徽音于彤管壸范弥光膺异数于紫泥天庥永邵

敕命

嘉庆五年二月十七日

之宝

敕命一道　　貤赠原任内阁中书傅作求之祖父母

奉天承运

皇帝制曰宠渥朝章锡类不遗于一命祥开家庆貤恩爰及夫重闱尔傅法言乃原任内阁中书傅作求之祖父弓裘衍泽瓜瓞绵绵庥作述相承再世式彰其祖武渊源有自一经早裕夫孙谋兹以覃恩貤赠尔为徵仕郎内阁中书锡之敕命于戏旧德维昭用广显扬之志新纶时贲允增泉坏之光

制曰礼由义起宏孝治于中闺命自天申贲荣施于大母范氏乃原任内阁中傅作求之祖母德懋兰仪光生槐里珩璜作则式垂淑慎之型荇藻流芳丕振光昌之绪兹以覃恩貤赠尔为孺人于戏鸾书焕采合彤史以扬休象服增辉荷云章而锡庆

敕命

皇清嘉庆十四年正月初一日

之宝

敕谕一道　　貤赠原任内阁中书傅作求之父母

奉天承运

皇帝制曰宣猷服采中朝抒报最之忱锡类殊恩休命示酬庸之典尔傅幕图乃原任内阁中书傅作求之父令德践修义方夙著诗书启后用彰式谷之风弓冶传家允作教忠之则兹以覃恩赠尔为徵仕郎内阁中书锡之敕命于戏笃生杞梓之材功归庭训丕焕丝纶之色光耀泉台

制曰壶教凝祥懋嘉猷于朝宁国常有惠楼休命于庭闱尔席氏乃原任内阁中书傅作求之母勤慎宜家贤明训后相夫以顺含内美于珩璜鞠子有成树良材于桢干兹以覃恩赠尔为孺人于戏昭兹令善之声荣施勿替食尔劬劳之报遗范长乘

敕命

嘉庆十四年正月初一日
之宝

敕命一道　　给捐职直隶州州同傅谦光之父母

奉天承运

皇帝制曰资父事君臣子笃匪躬之谊作忠以孝国家宏锡类之恩尔傅嘉谋乃捐职州同傅谦光之父善积于身祥开厥后教子著义方之训傅家裕堂构之遗兹以尔子遵例急公封尔为儒林郎锡之敕命于戏殊荣必逮于所亲宠命用光夫有子尚宏佑启益励忱恂

制曰奉职在公嘉教劳之有自推成将母宜锡典之攸隆尔谌氏乃捐职州同傅谦光之母壶范宜家夙协承筐之　　母仪诒谷载昭画荻之芳兹以尔子遵例急公封尔为安人于戏彰淑德于不瑕式荣象服膺宠命之有赫益贲徽音

敕命

道光二年十二月十二日
之宝

未入流衔傅辉光之父母诰敕

奉天承运

皇帝制曰设官分职昭器使之无遗锡类施仁喜蒙恩情于伊始尔傅予康乃未入流衔傅辉光之父秉心醇朴饬行端方教诲怀式谷之勤政事本治谋之善兹以尔子遵例急公貤封尔为登仕佐郎锡之敕命于戏一命得以逮亲遂膺旷典庶政期于称职允荷荣光

制曰登皇路以驰驱忠原本孝入庭闱而侍奉严必兼慈尔罗氏乃未入流衔傅辉光之母性本和柔饬衿鞶于阃内教惟勤慎纡章服于庭前兹以尔子遵例急公貤封尔为九品孺人于戏所亲邀优渥之恩勉图懋绩有子效靖共之谊宜播芳徽

敕命

咸三八年十月十一日
之宝

诰命一道　　封赠五品顶带州同衔吉安府学教授傅树楠之父母

奉天承运

皇帝制曰资父事君臣子笃匪躬之谊作忠以孝国家宏锡类之恩尔傅崇光乃五品衔州同用江西吉安府儒学教授傅树楠之父善积于身祥开厥后教子著义方之训传家裕堂构之遗兹以覃恩赠尔为奉直大夫锡之诰命于戏殊荣必逮于所允宠命用光夫有子钦兹优渥长

芘忠勤

制曰奉职在公嘉教劳之有自推恩将母宜锡类之攸隆尔沈氏乃五品衔州同用江西吉安府儒学教授傅树楠之母壶范宜家夙协承筐之　　母仪贻谷载昭画获之芳兹以覃恩赠尔为宜人于戏彰淑德于不瑕式荣象服膺宠命之有赫永贲泉垆

诰命

光绪十五年三月十六日

之宝

敕命一道　　给捐职布政司理问衔加二级　　傅便言之父母

奉天承运

皇帝制曰资父事君臣子笃匪躬之谊作忠以孝国家宏锡类之恩尔傅予绍乃布政司理问衔加二级傅便言之父善积于身 祥开厥后教子著义方之训传家裕堂构之遗兹以尔子允襄王事对尔奉直大夫锡之诰命于戏殊荣必逮于所亲宠命用光有子尚宏佑启益励忱恂

制曰奉职在公嘉教劳之有自推恩将母宜锡典之攸隆尔熊氏乃布政司理问衔加二级傅便言之母壶范宜家夙协承筐之　　母仪贻谷载昭回获之芳兹以尔子允襄王事对尔为宜人于戏彰淑德于不瑕式荣象服膺宠命之有赫　贲徽音

诰命

同治五年九月十一日

之宝

礼部仪制清吏司办事进士傅孟春谨　　奏

为比例陈情恳乞

天恩旌表苦节以励风纪以图补报事伏睹

大明会内一款凡民间寡妇三十以前夫亡守志五十以后不改节者许令举呈旌表

窃念臣原籍江西瑞州府高安县人有母刘氏于正德四年五月生嘉靖四年以室女臣父舜为妻嘉靖八年八月内臣父不幸见背是时臣甫半岁母年始二十有一父殁之日哀毁万状誓以身殉昏仆不食者数日臣在襁褓嗷嗷待哺几绝乳饮幸有祖母悯臣孤幼母节哀方获保全因念臣父正生臣一人宗祀所系伶仃稚弱未离怀抱而舅姑衰老无所赖遂惟阖户辟纟卢养亲育子凡百艰辛靡不备尝迨臣稍长即课读书叨有今日使臣无母决不能苟全以至于今而先人之祀抑何以续垂老之亲将无所终母以一妇女周旋竭力百死于艰难困苦之中而宗祀以全节孝两尽此乡党之所素闻天地神明之所共鉴也迄今五十七岁守节三十六年一念坚贞始终一致嘉靖四十三年本里里老并府县儒学生员将臣母贞节缘由具呈本府县官取勘明白结呈提学副使何镗覆勘的实未及题

请

恭遇

皇上大孝

尊亲亲仁锡类普天率土罔不向化臣虽至愚涵濡

圣教盖亦有年使亲有潜德隐而不彰则不孝之罪莫大乎是将何以立身于

圣明之世臣近得嘉靖四十一年六月内户部陕西清吏司办事进士杨柟自陈伊母杜氏贞节蒙部转行彼处查勘已蒙

天恩照例旌表当时伊年五十九岁守节三十四年今臣母年五十七岁守节三十六比之伊母少寡二岁苦节多年似与前例相合况今臣母衰病日侵桑榆景逼若不披沥 肝膈 仰渎

天听诚恐平生守节竟至湮没无闻是国家之盛典沾被无由而乌乌之私情终莫能报此臣所以日夜含情饮血不能自己者也伏望皇上扩因心之孝励苦节之风乞

敕礼部移咨都察院转行巡按衙门查勘如果臣言不妥照例旌表则臣母坚贞之情与草木同腐而臣一念之忱得尽涓埃补报臣冒干

天威无任战栗恳切之至奉

圣旨礼部知道

嘉靖四十六年六月

原任提督操江兼管巡 江南京都察院右佥都御史今丁忧臣傅孟春谨奏为比例恳

第六节　宗族教育

《中华人民共和国宪法》第二章“公民的基本权利和义务”：

第三十三条　凡具有中华人民共和国国籍的人都是中华人民共和国公民。中华人民共和国公民在法律面前一律平等。国家尊重和保障人权。任何公民享有宪法和法律规定的权利，同时必须履行宪法和法律规定的义务。

八荣八耻

以热爱祖国为荣，以危害祖国为耻；
以服务人民为荣，以背离人民为耻；
以崇尚科学为荣，以愚昧无知为耻；
以辛勤劳动为荣，以好逸恶劳为耻；
以团结互助为荣，以损人利己为耻；
以诚实守信为荣，以见利忘义为耻；
以遵纪守法为荣，以违法乱纪为耻；
以艰苦奋斗为荣，以骄奢淫逸为耻。

注：所有傅氏族人务必谨记胡锦涛总书记提出的“八荣八耻”的荣辱观，要学法、懂法，用国家法律、法规保护自己的合法权益。规约戒谕是家族制定约束族人的家族规章，是通谱中的重要组成部份。在中华传统法系中，规约戒谕占有极其重要的地位。它作为国家法律的补充形式，通过调整家族关系，维护家族秩序，起到由下而上的维护和加强国家的统治作用。认真执行国家的政策法令，履行各项义务，维护民族、宗族之间的团结友好作出新的贡献。

为人处世八字箴言

古人讲人生的理想和做人的境界是：正心、修身、齐家、治国、平天下。数千年来能做到的人寥寥无几。在今天作为普通老百姓的我们，要学会做人和做事，但做事必先学会做人。常言道：做官一阵子，做人一辈子。简单的说，做人就是要谨遵“立德、立言、立行、立身”八字箴言。

立德就是要思想品行端正，道德情操高尚，尊师敬老爱幼，家庭团结和睦，邻里互助友善，胸襟坦荡，光明磊落，堂堂正正，以德服人，心底无私天地宽。

立言就是要诚实守信、言行一致、表里如一、不卑不亢，不做阳奉阴违、尔虞我诈、反复无常、拨弄是非的小人。

立行就是要做一个对社会有用的人，认认真真多做善事好事，多想想自己为社会做了多少贡献，为集体做了多少好事，为他人做了多少善事，为子孙后代做了多少积德的事。要少想一点自己能够得到多少回报的事情，做到问心无愧。

立身就是要上孝敬父母、对下体恤幼小、对中情重手足、对外以和为贵。强身健体，珍爱生命，倡导文明新风，戒除陋俗恶习，不贪小便宜，不无功受禄，不涉黄赌毒，不欺老妇弱。

——傅忠元（《道真傅氏族谱》主编）

一、规约

（一）家礼　祭祖

程子曰：此厥初生民之祖也。故象其类而祭之。按吾族鼻祖肇自傅说公，犹书断自唐虞，因其在宽公以下有介子公，有俊公，有燮公，有玄公，有咸公，有弘毅公，有永，有元淑，有伯玉，有良聘，有长发，有国用，有子惠可考，至署公而下有足征也。以江西高安珠湖塘原宗谱为据，世系昭然，若纲在纲，毫无遗憾矣。故吾族祭祀享傅氏始祖说公为统。如是行之，方不负古人报本追远之意也。

（二）慎丧葬

考丧葬旧制，亲以三年为例，葬事因贫富以为礼。民元以还，丧制早有明令，似无可议者，惟是兵匪频仍，人自为政。一遇丧葬，富者踵事增华，贫者或束后无资。泯棼无度莫知所适。甚非所以重国制，范民行也。兹与族众约，丧服一遵新制，来吊者无论族戚，预备青纱一幅，以作纪念。家奠题主行三献礼，客奠行四拜礼，均以诚敬为主。旧式所谓围鼓火炮，一切虚文陋习悉予革除，用昭礼意。葬事衣衾棺椁之厚薄，视家资之贫富为衡，卜穴以略免风水之地为度。如停棺不葬谋求福地种种俗情俗见，均属非孝，亟宜祛。语云：礼与其奢也，宁俭丧与其易也。宁戚先得我心，愿吾族三复斯言。

（三）崇祭祀

祭祀之唯一主旨，不外乎仪与物，仪与物备，意即寓乎其中，反是不若礼足而敬有余耳。吾族规模宏大之宗祠，足敷坟茔祭祀之需。

若祖祠庙经族众等苦心经营，得有专址祭祀，族众得与祭受胙。然因经费缺乏，率多不免潦草，遑问其它事乎。故吾族欲为维系人心，计欲为尊重宗法使之习于知礼。计将两堂合而为一，建一规模宏大之宗祠，使族众得以互相提撕指导。不可非仅一入祠庙，忆祖若父俨然如见其貌，僾然如闻其声，灵爽式凭有感斯通已也。

（四）敬祖墓

祖先之灵，亟聚于祠庙。其体魄则藏于坟墓，子孙岁时祭扫示不忘也。若因代远分疏并祭扫而忘之，则墓石之倾圮，牛羊之践踏，将更置诸脑后矣，遑云敬意哉。兹与族众约，凡我族人祖墓迄高祖之墓，其中必有无碑记者，往往聆诸先祖或闻之族人，亦随之拜扫。有无错误，且能免哉。故必于远代祖墓详加问考，求速立碑记使后世子孙得有所遵循。如有倾圮必速修之，遇畜生践踏必严禁之。至附近各地茔墓，无论是否本房支派亦应随时维护，不得歧视，有伤同宗共祖之谊。

（五）重族谱

古之所谓谱牒者，掌于官。至秦汉后始重家谱例，一份呈官府，以一份藏祠庙。盖政通人和，家与国无二致也。洎近世，家国分而宗法废，以言谱牒久置之无足轻重之列。尝见藏谱之家或因风雨虫鼠所毁伤，沦于断残而不惜。或因辗转借阅，至于一废而莫收。推原其故，是不识族谱为何物耳。我族宗谱肇自署公，若不续修将又泛滥不可收拾。历代先贤已续修二十余次，历时千载，故愿族人获斯谱者，当知其难而珍藏之。勿令风雨虫鼠所毁伤，勿令辗转而弗收，务使子孙世守，如承衣钵。异日辅轩采风或重此谱，而取才焉。是又国之幸家之光也。

（六）勤职业

左氏传曰：民生在勤。韩文公曰：业精于勤。是人生不患无职业，患有职业而怠惰。因循则不独个人生活能以自给。势将流为无业游民而不自知。良可叹也。对于民生问题，谆谆焉示以实业方案，遗训俱在，允为圭臬。我族今日百户千丁，环境各别，智愚不一，未必人皆读书升学。但性质聪颖者，当养成专门人材，以尽父兄之责。其多数寻常资质，务以力农作工经商，为一定职业。不过农以手胼足胝种植发育为能工，工以心灵手敏制造精良为能，商以持筹算赢傅通中西为能，果能于此三事中具有一种特长，日新月异到底不懈，将终身受用不尽，并当为社会所推重矣。凡我族姓，勉旃勿忽。

二、家训

（一）敬老处家教子

为人修身不忘本，百事首重养育恩。侍奉父母要孝敬，衣食起居应关心。
问寒问暖常照应，和颜悦色多亲近。双亲高寿是福星，让其愉快度晚景。
自己尊老树榜样，儿孙一定会效仿。若是忤逆不孝人，情理不容留骂名。
兄弟姊妹要和顺，互相尊重团结紧。遇有家事起矛盾，不可反目成仇人。
彼此谅解最要紧，事事顾及手足情。夫妻和谐心相印，相亲相爱情长存。
计划生育当响应，不可重男把女轻。教育子女尽责任，严格要求永记心。
从小引导求上进，少年苦读壮成名。疼爱子女爱在心，切莫挂在嘴上吟。
培训成才善指引，耐心细致育子孙。望吾后裔家和顺，家庭和睦万事兴。

（二）兴家立业致富

农耕商营动脑筋，创业勤俭是根本。农牧果蚕种养勤，鸡鸭鱼猪全经营。
商业生意有学问，薄利多销信息灵。发家定要靠勤奋，吃喝玩乐是败根。
有钱办事件件顺，无钱寸步难前进。家富莫忘贫困境，积蓄能保富长存。
应办之事也应省，不可浪费图虚荣。兴衰成败无定准，贫富全是自造成。
征途处处有艰辛，坎坷道路人必行。兴家立业观古今，士农工商总要勤。

（三）劝学育人成才

读书勤学人之本，增长知识靠书引。学海茫茫无止境，成功之道勤为径。
滴水穿石持以恒，虚浮飘荡难学精。循序渐进莫松劲，铁棒定能磨成针。
学习知识无捷径，博览群书自然成。若是浪荡把世混，白头无依落凄怜。
临老才来生悔恨，下滩流水难返行。立志成才学为本，学成有为留美名。

（四）为人立身处事

办理诸事须锐敏，优柔寡断事难成。披荆斩棘应刚毅，怯懦退缩是无能。
做事情绪要稳定，急躁盲行埋错根。处理问题下结论，须把是非先弄清。
广泛调查事起因，莫凭主观臆断定。办事成功得好评，不要骄傲头发昏。
险情面前倍谨慎，注意安全莫粗心。征途扬帆破浪行，再接再厉向前进。

（五）睦邻友好应事

左邻右舍相处亲，互相往来建交情。团结和睦最要紧，望吾子孙牢记心。
他人有难乐助困，切勿乘机推火坑。对其疾苦常过问，帮助解救尽其能。
处理交往要平等，不以势利分疏亲。说话做事言有信，莫要骗人失信任。
发生矛盾需要忍，话明气散事即平。与人有隙莫作梗，切忌报复把事生。
争强好胜是祸根，种下苦果自己吞。交朋结友有分寸，不法之徒不可亲。
为人处事应谨慎，遇事三思而后行。正直善良守本分，好人必有好报应。

（六）为官修德勤政

为官做事身要正，作风高尚无邪行。多与民众相亲近，甘当公仆勤为民。
与人共事心要诚，莫闹隔阂少相争。别人业绩获优胜，榜样力量催人进。
批评别人不泄愤，善意指出理服人。对待同事要诚恳，真心诚意建感情。
对上忠直忌奉迎，对下关爱励上进。若有错误速改正，莫装高明显己能。
办事不能假应承，多做实事把职尽。处理问题要公正，是非曲直必分清。
廉洁奉公如明镜，分外之物不沾身。高风亮节人品正，留下美名传世人。

（七）修心养性健康

保养身体少生病，爱护清洁讲卫生。居室内外勤打整，不让污物脏地坪。
衣被常洗保洁净，浴身常事需要勤。生冷食物多病菌，切莫乱食与乱饮。
烟酒并非营养品，超量吸饮要伤身。起居作息有定准，劳逸结合精神振。
长期忧郁易得病，保持乐观身安宁。百行事业身为本，种花养鸟修品性。
文娱体育步行好，加强锻炼永健身。看书绘画能静心，争当健康长寿人。

——《道真傅氏族谱》

三、祖训

（一）

孝弟万善之本，忠信百行之源。父在世当禀命，子幼教以义方。
夫和尤要妇顺，兄友尤要弟恭。从师教严多益，交友情淡耐常。
利稳莫如读书，益大惟学歧黄。幼年早精书算，逐年勿忽钱粮。
衣食皆宜节省，房屋切莫高华。在家早起早睡，出门早歇迟行。
事缓断勿借贷，情轻勿进衙门。守身不可冒险，逢人总贵虚心。
英雄不言成败，丈夫能予屈伸。暗事一概莫做，积德立志当行。

——《东乡傅氏族谱》

（二）

敦孝弟以重人伦，笃宗族以昭雍睦。和乡党以息争讼，重农桑以足衣食。
尚节俭以惜财用，降学校以端土习。黜异端以崇正学，讲律法以敬愚顽。
明礼让以厚风俗，务本业以定民志。训子弟以禁非为，息争讼以全良善。
戒窝逃以免株连，完钱粮以省催科。联保甲以弭盗贼，解雠忿以重身命。

第三章　历代傅氏谱序辑录

一、辩论

太史公书《殷本纪》云："武丁即位，思复兴殷而未得其佐。夜梦帝赉良弼，以梦所见视群臣，皆非也，乃审厥众，俾以形旁求于天下。说筑傅岩之野，维肖。是时说为靡代筑。见于武丁，武丁曰：是也。与之语，果圣人，举以为相，殷大治。"山堂章氏曰："常怪传说以匹夫而登相位，不由荐举，不由人望，不由家世，不由勋业，不由资序。而当时物论，遂信之而不疑。何哉？呜呼，此不可以常情论也。有高宗，有傅说则可；君非高宗，臣非傅说，则必有私意用人而不合于公议者矣。"

汉文帝以梦得邓通，光武以谶用王梁，用此岂足信哉？后世用人，当如尧试舜可矣。茅庐门曰：古有伏处草茅，忽然位卿相之工，而天下恬然不怪者，虞舜而后，厥惟有傅说。《书》云：梦帝赉予良弼。又云：以形旁求于天下，说筑傅岩之野，惟肖。其遇甚奇，其说甚幻，论者以为天欲兴商，固有此梦。而其时不然尔。

夫梦亦何可据之？有光武谶而用王梁，文帝信而用邓通，卒致身受其累而名伤，此梦不足凭之明验也。夫貌之相似者恒有矣！假如以形求孔子者，而得阳货，其奈何？呜呼，谁谓高宗之贤，而但因一梦遂以未谋面之士，忽然任以天下之重乎？

孟子曰：国君进贤如不得也，昔帝尧闻虞舜之德久矣，然犹恐骤升，骇人观听，于是首闻扬侧陋之门，以为荐舜地，而又必以女试焉。欲天下臣民共尊，舜地岂有不识舜为，何如人而轻以女试人乎哉？

高宗旧师甘盘时遁于荒野，人间之疾痛疴痒无不知之，四方之风俗人心无不知之，其出入同事者多贤人君子也。是说也，不得之见，必得之习闻。但一旦居天子之位而骤弃故旧，恐百官万姓之不服，且傅说声名之不著于海内，不闻于廷臣，非若虞舜有四岳之荐。故不得而托之于梦，以为帝赉，此亦高宗之微权也。

吾闻之，商俗尚鬼，即以俗之所信者神其说，则惑不起，疑不生，天下可帖然而不怪也。吾因之有感也，成汤僔伊尹于莘野，故能易夏为商；西伯遇姜尚于渭滨，故能转商为周；高宗举说于胥靡之筑，故能共襄厥德，以中兴商祚；尧得舜于亩田之中，故能抑洪水，开万世之平天下。而后代用必拘拘于世禄世官之说，抑独何哉！

杨升庵曰：武丁常居民间，以知说之贤矣，一旦欲举而加之臣民之上，未必帖然听也，故征之于梦焉。盖商俗质而信鬼，因民之所信而导之，是圣人所以成务之几也。又曰：秦汉以前，书籍之文言多譬况，如《尚书》云：说筑傅岩之野，筑之为言居也，后世犹有卜居之称，居者筑也。求其说而不得，遂谓傅说起于版筑，虽孟子亦误也。

——录自《珠湖傅氏宗谱》、《桐梓傅氏宗谱》、《播州傅氏族谱》

二、南宋江西傅氏重修宗谱源流序

古者列国分封，赐土赐姓，由来久矣。粤稽吾傅氏系出帝尧，世有隐德。自说举于版筑之间，勋业灿然，后裔繁衍。

迨至傅宽公，实定元功十八人位次，宽第九，封阳政【陵】侯。介子公字子汉，元凤中使大宛，斩楼兰王，封义阳侯。俊公字子卫，列云台二十八将之班，封昆阳侯。喜公字稚游，时丁、傅二姓家贵侈，喜独谦退守节，上赐黄金百斤，加光禄大夫，封高武侯。毅公字武仲，为兰台令使，与班固、贾逵共典校书，著诗、赋、颂、咏、连株二十八篇，封明进侯。玄公字修奕，仕晋，为司隶校尉，每有奏劾，或值日暮，捧白简，整簪带，竦踊不寐，坐而待旦。贵族摄伏，台阁生风，封清泉侯。子咸公字长虞，风格峻整，为中丞。浑公仕晋，为襄邑令，江革颂之云："乃冰其清，乃玉其洁。风抗其高，云垂其泽。君有遗爱，民有遗思。"迪公仕晋，为右臣，广读诗书，时巨乡称为书麓。昭公字茂远，梁天监中为黄门侍郎兼御使。丞奕公，唐武德中为太史令，以知星显。琰公季圭，仕宋，为永康令，迁山阴县。子翙公为吴令，亦迁阴，父子均有能名，著续世传，诸傅有谱相传，不失声绪。下公，宋景祐中为国博士，任馆阁编校书籍知谏院出宝文侍照。

尧俞公，字钦之，十岁能文，未冠及第，名重朝廷，风节凛然，清直一节，始终不逾，金玉君子也。司马温公语邵雍曰："清、直、勇三德，吾于钦之畏焉。"雍曰："至清而不浊，至直而不激，至勇而能温，乃为难耳！"

察公，又名密，字公晦。尧俞公从子（按：尧都之子）。生而颖秀好学，晨夕不懈。为宋接伴使，时金已逾明境上，遇金太子，左右促使拜，白刃如林。公曰："死则死耳，节不可失！"赠徽猷阁待制，谥忠肃。三子：自得、自强、自修。自得少负文名，三应博士宏诗科，尤袤序其文集云：英伟盖世之材，超迈不群之器，不能与世俯仰。其文气骨雄壮，波澜浩渺，有《至乐斋文集》。而傅氏代不乏人可见也。

今珠湖之派，始由一世祖署公为临江教授，遂居于临江之石头里。子令章公益州刺使，嗣公判官，颜公法曾，德元公户曹，江西银青光禄大夫。珍公、奇公亦显。彦济公侍郎。省公、玠公省元。蕃公兵部尚书。岩公彰德太守。霓公敕授将侍郎。传至梦公，字德芳，为高安丞，遂家瑞筠之珠湖，而傅氏瓜瓞绵绵，克昌世祚，高山仰止，景行行止。盖由祖宗称德深厚，以至于斯。诗曰：无忝尔祖，聿修厥德。此之谓也。

时大宋咸淳五年（1269）己巳岁小阳月望日十五世裔孙子仲沐手敬撰

三、北宋石头南斋公族谱序

人与物并生天地之间，其禀受形气以有知觉则同，其饮食牝牡之欲与夫就利避害，爱生恶死之意则又同也，然而人则之。夫祖父子孙之相承，昭穆亲疏之相次，伦理恩爱之相须。而物则举不能知或知而不遍，何也？良由天命之性。人得其全，物得其偏故也。夫惟人得其性之全，故恻隐之情一动于中，而仁为之先，则顺而达之。灿然有文而礼行焉，截然有辨而义著焉，是是非非，而智周焉。其见于祖父子孙之间者，乃其良心之发，至切至近。而联合之以昭穆亲疏，纲纪之以伦理恩爱，即其性之所有，而情之不能不然者，圣贤特顺而成之者耳。夫惟物得其性之偏，故虎狼之父子，未必知有君臣也；蜂蚁之君臣，未必知有兄弟也；鸿雁之兄弟；未必知有祭祀也；豺獭之祭祀，未必知有反哺也；慈乌之反哺，未必知有祖父也。是非天地独以其偏者付诸物，彼物之形局于气，而无以受其全也。既无以受其全，则仅明于此而塞于彼，微有其端而莫克其用。所以惟人独灵于物。而人之所以为灵者，犹不能以自全。于是圣贤之教，因其祖父子孙之相承者，而昭穆亲疏之不容不为之联合，伦理恩爱之不容不为之纲纪。不敢听其固有之自然，而必处之以品节之当然，然后人之所以灵于物者始可全；而人之所以异于物者始果异。此生人之类所以不可无圣贤之教也。此尊祖父，敬宗族，严宗庙之教，所以不可一家无谱也。然则谱之作，发明人与天地同体之旨，岂不深乎？枝叶扶疏，同一本也；传派分别，同一源也；第为等级，序之齿也；房分左右；莲之子也。而孝敬忠信之实，睦姻任恤之意，已隐然行乎其中矣。惟大江之西，临江之清江，乡曰思贤，地名石头者，傅氏世居焉。始祖讳四府君，君传署。在唐广明元年，岁在庚子，署因避黄巢乱，自湘潭徙居之，更五代暨宋，以高资闻。逮八世至庆历、嘉祐间，而子孙蕃衍，始以诗书昌其家。其尤著者曰夔，首荐于乡，策名于太常，屡典方面，官终少府监。曰肩，连四荐名，擢甲科第，雠校秘书。曰雱，由京师学登第，请科。靖康丁未，徽钦二圣北狩，慷慨忧国，自邑丞假法从。挺身使虏，问安祈请返命，不辱，勋在国史。其余曰彦辅，曰彦明，则以兄弟同年而登第也。曰謷，曰攸受，则以父子相纯而登第也。曰大猷，曰大献，则以兄弟相继而登第也。曰掖，曰希曾。则以经学为举首而登第也。曰安节，曰葵，曰实。则又以近派相继而登第也。其余荐名礼部者，相继尤盛，或一榜至六七人，授特科保任者又不知几何人。家学之传，义方之训，其源委固有自矣，不特惟笃家学取科名而已。当国家盛时，东坡苏公，山谷黄公，文章为天下宗师。而府监夔，实与东坡为同年进士。书问络绎，手墨犹新。东坡一日道经临江，傅氏数十弟子，以年家礼见之。东坡泛问曰："南容今在何许。"秘书肩出应曰："家兄持节江东。"东坡叹曰："傅氏有人矣。"盖汉有傅夔，字南容也。秘书肩实山谷之姑婿，且为同年进士。山谷尝自豫章寄秘书以诗，其略云："姑氏有淑质，幽林兰静芳。愿因奉箕帚，藻羞蒸尝。但君方策名，要津迈腾骧。引车入里门，观化君子堂。雍雍求匹好，羔雁委潘杨。顾惟蓬荜陋，岂能屈东床。

眷言南鸣雁，七子伊在桑。幸缘一日雅，结好永不忘。”盖其时山谷之甥洪驹父赴湖南教官，道出临江，袖此诗以寄秘书也。

南渡以来。惟忠定李公、忠献张公，忠义勋烈，为当世第一。而侍郎雱之使虏，乃李忠定所荐。既召见东阁，奏云：臣与傅雱，一方而合，即得旨趣。行使还，除官任内翰藻行词云。尔奋自书生，蔚为国士。挺身使虏，遂膺仗节之荣；即日办严，靡惮乘轺之远。果持书幣，遄返阙廷。是用峻升朝宇之班，仍俾正身省闱之选。示朕见知之意，旌尔不辱之功。闻者皆叹忠定之知人焉。张忠献，宣抚川陕，辟侍郎为机幕。与书云：执别经言，怀想之甚。某以陆寇未殄，备位枢衡，不敢偷安以蹈前辙。且将亲临关陕，秣马厉兵。干四川财赋之饶，荡两京腥膻之气。大略远图，悉遵成算于被命之初。首起执事为机幕，盖欲凝资硕画，共济中兴。然功名之会，亦左右雅怀素欲也。

观苏、黄、洪、李、张五公，厚于诸祖如此，则诸祖之达者，见知于当世大贤可知也，不特惟达者见知而已。曰秉己，中特科高等，不愿受官，拂衣归山，乡人高之。曰伟文，三荐于乡，晚以恩补官。痛念王室多难，奋身随王伦使虏，秉志不屈，竟以不返。曰昌龄，四献乡书。绍兴初，溃兵入境，昌龄荷戈亲行，率众讨贼，以身死难。曰棐，荐名凡三，得官簿领，博学严毅。收养孤穷，葬死者之无归，乡人子姓，咸以为善。曰自立，苦节方整，手自荷锄，灌园植蔬。动止必端，言语必信。母被贼掠去，自立遍求不知所之，昼夜涕泣。每遇朔望、三七、甲子、庚申己与母本命生年之日，则绝粒竟日。惟吞茱豆七粒，冷水一呷。层几中庭望拜哀祷，如是者十余年。一日忽闻母所在，则设方计，阚贼之亡，负母逃归。乡闾咸噗以为孝感所致焉。呜呼！是诸祖者，所遭虽穷，而节义炳炳如此。使得大展其志，则其所成就，又可量乎？实之窃谓，傅氏居是邦，今三百四十四年，历十五世。稽诸简记，参诸见闻，则知诸祖之家学相承，科名相继，达而见知于大贤，穷而自励于德义。盖卓乎为一邦之冠。则凡我后人，可不坚苦立志，以庶几万一不辱于其先乎？实之曩者嘉泰辛酉之岁，叨冒乡书，春闱报罢，归取宗谱阅之，慨然有追述之志。于是取万全欧阳氏谱例，以五宗法例而列之，姑为稿册，传示宗人，相与增益而裁正。未及脱稿，复与弟谦之同荐于乡，顾其不肖，再荐再辱，不复敢视谱。方且日夜以读书讲求义理为事，庶几业精有可借手而后敢及此也。因循二十年，所志未酬。昊天不吊，严霜下坠。先人弃世，哀哭期岁。气血摧颓，鬓发脱落。诚恐死亡无日，不能自见其拳拳宗系之志。于是因读礼之暇，复取诸稿，再三订正，录成净本，而复叙其本末如此。凡我宗族及后世子孙，诚能深思人之所以异于物者，相与率性立命，以同天地之体；追念诸祖之所以有立于世者，相与笃学励行，以副国家之用，是则谱之作，始不为具文。而傅氏之源流深长，端可与国家同休，与天地同久矣。呜呼！凡我后人，其懋敬之哉。若夫傅氏得姓之自前代宗姓之显与夫诸祖迁徙出处、墓坟之大略，则府监之谱叙与家庙图记、贡士介之小叙，狱忝之才之后叙在此。不复著。

宋嘉定十六年（1223）岁在癸未十一月甲辰，十二世孙免解进士诚之百拜序于族谱之首，实之以癸未冬作此宗谱序，以搜寻未备，未及成编。丙戌，叨冒避理宗皇帝讳，旧名贵诚，遂改今名。己丑年，读书南斋，敝衣粝食，柴门萧然。一日，南岳提宫位五三叔字季诲来访，且求此序，遂亲书拜纳，簿冷笔强，书不成字，幸勿示外人云。

时宋绍定五年（1232）九月二十八日壬辰新差分宜主簿庄父实之谨题

——摘自《石头傅氏宗谱》

四、宋朱熹序

傅氏，本盱江望族也。予作《纲目》，见周之尹始，晋之王谢，唐之崔卢，古称望族，蔑以加矣。然文武吉甫，万邦作宪。厥类师尹，不免赫赫之讥，至如王右军、谢东山、崔博陵、卢北轩，可谓贤矣；犹不免有王衍、卢杞辈误天下之苍生。惟崔谢之族庶乎？其可嗟乎！自古相位克艰，居相位而保令名者之尤艰。

故予常读《尚书•说命》三篇，至“启朕、沃朕”句，皆可为三代下作股肱耳目，心窃向往。今绾相印，有愧未能。熹故免冠谢上，乞骸归里，退自修省。复设教盱江，与昔日诸弟子讲明正心诚意、修身齐家、治国平天下之学。有傅鲁字得之，父子兄弟素访道予门，予爱之重之。兹乃出家谱以求序于予，予慨然有感。

考其所宗，祖曰丹朱，其说果有据乎？左邱明云：丹朱之神，降于有莘，当以傅氏之裔祭之。斯歆其类，即我朱氏，亦宗尧臣朱虎，为颛顼后，在上世皆本一家。昔汉高之得天下，时有议者曰：勿谓帝乃泗上亭长，本帝尧丹朱胄。夫以唐尧距汉高千八百年，后人犹称之，矧说之世去陶唐未远也，左邱明之言必有据矣。

观乎傅流，由汉历晋魏，多名臣，迄隋朝，进士傅仁均迁盱江，厥祖也。与太史令傅奕本叔侄，比肩事唐。独奕不信佛法，与萧瑀争辩于朝，其毅然之气，与孔子作《春秋》、孟子辩杨墨，千古续道统之傅，当列濂溪明道伊川横渠为五人者也，世或以傅游艺为奕后，劝武后改唐为周，实当时鸱枭。

予曰：游艺必非奕胄也。考奕享年九十有五，以六经课诸子弟，勿学佛。书云游艺即奕后，吾不信也。乃若傅亮使晋帝禅位刘裕，是又华歆贾充之徒，开罪千古。今观得之诸弟，皆彬彬儒雅，立志卓然，拟异日确有民社责，予忝师生，诏尔为周之吉甫，毋为师尹岩岩；诏尔为右军、东山，及博陵、北轩若而人，毋为王衍、卢杞辈，效崔谢之族则可，法华歆、贾充则不可。

昔欧阳公作南丰曾氏族谱序，味其词旨，深嘉文定、文昭之贤，而独于文肃公相业有微词焉。况史策所传，傅浑见颂江革，既称冰玉世家；傅尧俞见奖，太后复褒金玉君子。尔傅氏能不念尔祖世有名贤？勿若傅亮、游艺可也！若使尔等操舟楫、荷犁锄，吾可以言，可以不必言矣。

时大宋庆元三年（1197）丁巳春新安朱熹序

五、宋文肃公尧俞序

俞，年十八，殿策首唱，人以为喜，予以为忧。窃见古来得罪朝廷、开罪宗党，鲜不由于少年科第，高才能文，借父兄之势以为美官，即伊川且言之。予以荆国公同乡，向以台谏待俞，固不敢有所骄矜，亦不能有所阿附，盖惧无以为朝廷宗党光也。今我傅氏，实由信州铅山迁来，而族弟权字可与者，举进士，初与予同在曾子固阁中，日以诗文往来。乃一日造建州，直抵可与家。而予侄翼字九万者，复举进士，美哉！有人越数旬，爰出宗谱，属予为序。溯厥源流，自隋唐世登甲第，则我铅山傅氏与盱江傅氏，实分支共派。此家谱所由作、所由合也。

夫谱者，补也。所以拾遗补阙，使前无所忘，后无所略。又以教孝教弟，兴仁兴让云尔。余幼从家君往苏州谒范汝南公，则见其设义田以济贫乏，立义馆以训族人。及长，奉使过洛，谒司马温国公，则见其事兄如事父。此二公者，诚孝友中人也。予每愧未尽，则今日修谱之意，可与自当勉乎哉！今予复家江南，常诫儿胄曰：吾乡中盖有少年科第、高才能文、借父兄之势以为美官，更且贾祸者，予讳言之。惟诗曰教诲尔子式谷似之，可与共相勉乎哉。至族中之或士、或农、或工、或商，但当各执其业，毋借财、毋仗势，斯诚礼义之家，亘万古而不替也。

时大宋熙宁六年（1073）癸丑秋七月尧俞序

六、宋丞相文天祥序

尝闻国有史，邑有志、家有乘，其类不同，所以示详考而别源委者其事一也。吏部侍郎出知汀州，太守傅公汝琛老先生与弟同学同登，遗札于弟，再拜云：千寻之干，必本于根株；万派之泉，必源于积石。人本乎祖，其即木本水源之理也。夫倘无谱以联之，不惟数典而忘祖，且以远而间亲，以小而加大。将来之去顺效逆者率多，不免爰列家乘，付之枣梨。请政并序，以弁其额。

弟輾然喜曰：休哉！古帝尧之所以平章百姓者，皆自九族而推广之也，先生有志于此，其作法于家、国、天下者岂鲜乎哉！

粤稽先生之籍，自高宗梦帝赉良弼，得说于傅岩，尊封为相。能修先王之政，于是殷复中兴，因以为姓。迄汉聚族泥阳，有鼻祖宽阳政侯，介子义阳侯，功封陕西庆阳郡，官籍开基，遂有清河氏之族。越汉及晋，传至休奕公，任司马校尉，子长虞为御史中丞，以官籍而留宁州，避晋永嘉乱，迁湖南湘潭。

唐时秉衡公为临江教授，至宋，棻、德芳公为高安令，遂卜居珠湖。其间拜爵封公，拖青纡紫者若璜琮，若苍璧，若玉树擎天，若琅玕扑地，令人不敢仰视，而并不能指数也。

兹谱之修，九职九阶，罔不列也，一命三命，无不记也。丰功伟略，嘉言懿行，亦莫不载之详，而垂之悉。使一世以至十余世，以至千万世，展卷而厘然在目也。先生岂侈其荣哉？要皆以高曾祖父了如指掌，伯叔孙侄，瑑若列眉。后世读之，油然而动木本水源之意云尔。

弟不敏，乐为是序，先生郢而政之，当不独为先生后世之人劝，且为天下后世之人劝也。

时大宋景炎二年（1277）丁丑岁季夏月上浣文天祥拜撰

七、宋陆九渊先生序

陆子静曰：吾家世称义门，祖道学，与盱江傅氏皆著姓也。今有傅子曰鲁，字得之，本仲举公之孙、望洋公之子也。祖父皆有功于朝，鲁之策名而仕，素访道于朱晦庵及余之门，纯茂朴鲁，名实相称，无愧为予弟子也。

当其听讲鹅湖，每疑予与朱子之学不合，不能释然者，及听讲白鹿洞，闻予与晦庵有君子喻义、小人喻利之辩，方豁然叹曰：吾今始信朱、陆二先生之教，盖有合云。夫学不疑则不悟，若孔子之所谓一贯，孟子之所谓道一，多从疑悟中来。在昔圣门，若子舆氏以鲁得之，今鲁亦以鲁得之，故号曰二鲁。兹者守荆门而得之，以谱序属予。知其家世甲第，祖德宗功不待赞。然尔傅氏世读《春秋》，得安国胡先生教圣人之道，赖以弗坠。当尔祖仲举为春秋博士见召高宗皇帝，讲隐公会潜极谏和议，帝嘉纳之。尔时王安公石当国，置《春秋》为断烂，创新法以诬义利之辩，虽有智者，卒无以善后，甚矣!

《春秋》所宜读也，夫为人臣而不读《春秋》，斯有亡不越境反不讨贼，赵盾不免首恶之诛。为人子而不读《春秋》，斯有乘父之危而利其国，许止不免辞药之过。为人兄弟而不读《春秋》，斯有弗念天显及弗克恭阙兄，郑伯难逃克假之讥。若夫骊姬见宠，州吁好兵，下及筑馆，狩禚并莒，曾之故，庭除之道，圣人必谨。则《春秋》固为平天下之书，实为修身齐家之要。明乎此而君子小人义利之辩愈宜讲也。鲁也，不特以是训儿胄，并可以诫族人。庶异得君而仕，可当《说命》三篇。

——摘自《珠湖傅氏宗谱》

八、元傅楫（晓窗公）序

予家自四公国瑞先生任山东团练巡边使，本唐朝太史令仁均公七世孙，由广信铅山大沙溪迁新城号小沙溪，由小沙溪迁南城训俗里荷塘堡，由荷塘迁本里饶坊，由饶坊迁中山厚坪。不特江西宗派从此分，而傅氏遂蔓延天下。

考本宗者则必推帝尧，宗傅说。及汉代介子俊公，诸侯封尚矣。但我盱江傅氏，世登进士者二十七人，及选贤良茂才诸科，受高官享厚禄者五十八人。食宋恩十传，寸未能报。今乃亡国俘，无以见先帝于地下，并无以见我祖于地下，甚哉。有愧我尧俞行简及朱考亭、陆子静之为序也。

前者却魏容斋、程雪楼同年引见，三十二人之中，谢枋得居首，李淛第二，楫复次之，不知何者堪用？予故复书云：仆以养亲故，致政还家，盖亦有年，倘执政柄，当从衅瞽。今蒙执事念切同年，即当应聘，但亡国大夫不可与图存。今豚儿兴可、侄荣可访学崇安，被执应试，登甲第，官至翰苑，荣矣。新君宠贶亦已过矣。为解嘲者曰：彼二人未受朝廷半职，兹乃建功立业，各成其志，曷不可？予应之曰：古者求忠臣于孝友，今背父叔以事君，义安在哉？愿自刎以谢执事。

常对家人谓：我死当裸体葬，勿书官爵，有愧臣义。纵偷生苟免，奚敢望列逸民？则此身此志惟执事谅之。嗟乎，吾之辞聘，若此敢曰忠也乎哉？既不能舍身取义，以身殉节，更自责平日不能以忠孝训后，楫诚天地一罪人耳！但衰绖中无意人间事，亦惟援笔修谱，以记兄弟散处。庶忠有未尽者，行在《孝经》而已。乃若劝诫族人，曩者陆、朱二先生及尧俞行简公已极言之，可为吾家千秋鉴矣，兹故不赘。

时元至元三年（1337）丁丑春三月楫序

——摘自《珠湖傅氏宗谱》

九、明傅氏重修宗谱序

夫家国一致也，实相表焉。国史所以记其山川、人物、土俗、民风、循良、美恶，无史则不可考。家乘所以载其氏族名讳，少长行列，仕宦隐显，葬娶生卒，无谱则不可知。重矣哉！谱之不可以不作也。曾子曰：慎终追远，民德归厚矣。谱固追远者也，奈何易之？孟子曰：君子之泽，五世而斩亲，尽当祧，非庙无以藏主。由是而近世远派疏，非谱难以联属。尔率其族人修谱，谱牒既修，则上下之分明，昭穆之次序，枝分派别，若木之有根，水之有源，聚而合之，尊卑秩然，散而处之亲疏一定尔。傅氏由宋而元，皆为官宦，尔先祖可昇、可晟、文通、文达，兄弟杰出。逢时扰攘，义济乡民，众皆德之。及大明开基，子孙富贵，甲于乡邦，支派蕃衍。今颍国以军功立籍，挂印南征，设戎卒，立屯堡，征西蜀、滇黔、甘陕，军政肃然。今则和登进士第，赠文林郎，友仁亦官吏部侍郎，乃傅氏之幸，能世其家学。后子若孙宁无继起而兴者乎？其间仕宦科甲，儒行武功，文章世业，里居丧葬以及遗训嘉言，可为世世法者，靡未详且备矣。是诚可以信，今而传后矣。谱成。丐余言以弁诸谱首。

时大明洪武十九年（1387）八月既望

同郡弟赐进士第中顺大夫知瑞筠事程授益拜书

十、明珠湖傅氏重修族谱序

尝谓同姓曰宗，同派曰族。宗不本于姓则无以立，族非原于派则无以序。诗曰本支百世，而有大宗小宗之法。宗法既废，而家乘作矣。故家旧族，各宗其宗，各派其派。虽有亲疏隆杀之殊，而尊卑之序秩然不紊。以致冠婚丧祭，吊死慰生，往来通好，蔼然孝弟之风，浑乎醇朴之气。不以彼卑而贱见疏，不以彼尊而贵见密。视祖宗是皆一气之所由分，一人之所由传。岂可差疏观之哉？张子曰：乾称父，坤称母。民吾同胞。物吾同与，况宗族又非可同日语。则必循谱系以观其世次，明昭穆以辨其尊卑。故苏明儿尝作《内谱》，欧阳永叔亦立谱法。流风余韵，沨沨入人耳目。今幸遭盛世，正士君子讲论谱帙之日，则珠湖傅氏为筠阳巨族，安得不延纳师儒，相与正其编帙？俾后之览者，亦将观感兴起，昌厥家声。

按傅氏源流，由傅说而至秦汉晋宋，仕宦显迹，载诸谱系，班班可考。然珠湖之派，实由十二世祖霓，居清江石岐。子棻为高安丞，后遂居焉。由宋而元，二十四世祖可昇、可晟、文通、文达，兄弟杰出。逢时扰攘，义济乡民，众皆德之。及大明开基，子孙富贵，甲于乡邦，支派蕃衍。宣德乙卯夏，尚瀚公偕侄伟澄，会请宗族，征余重修家谱。既成，属余序其端。嗟乎！族不可无谱，谱不可不修。修之则派别分明，宗支条列。绵绵瓜瓞，愈后愈昌。螽螽螽斯，弥开弥盛。始见傅岩之裔。与天地同其悠久矣。是为序。

大明宣德十年（1435）乙卯夏月吉日乡进士郭恽昇拜撰

十一、明王世贞傅氏世系序

傅姓故无他望，其先为殷圣相说，寥寥者千余年。至汉，为阳陵侯宽、义阳侯介子、昆阳侯俊、壮节侯奕以武功显；武贞侯喜，以节概显。至晋，而为清泉侯玄、司隶校尉咸，以雅谅显。司徒祗，以政业显。至唐，而为横海节度使吴郡公良聘，以勋猷显。至宋，而为中书侍郎献简公尧俞，以清正显；忠肃公察，以死难显。其他列服休采声施于时者，不可屈指数。第晋以前不称文，晋以后不称武，岂时主之？尚使之然欤，将无风土家习变也。

元之世，虽不知人，至明兴而有太子太师颍国公者，出以神勇，佐高皇帝取天下，长驱刈燕都，扫秦陇，荡西羌；寻佩大将军印，定巴蜀，下滇南，高皇帝亲为之铭诗，以褒扬之。再启茅土，位上公。子尚公方束第彻侯，功臣无敢与抗者，晚节以功臣见嫌，而上春秋高，不追究身后事于一切，赠谥封赐之典，皆阙焉。傅自是颇傍落不振，至不能名颍公。

而颍公有一兄，名友仁，以公故授冠带总旗，早卒亡。颍之长子曰驸马都尉忠，所谓尚翁公主者也。次子曰春，从友仁，春传子谟，又亡子，于是族人之保州知州润以次子宁为谟后，得世其职。凡四传，而维昭信公，某某传今昭信校尉，锦衣百户，时昭信按礼人也，任职无害当迁，而念其母老，不安燕中养，请告扶持还杭之忠清里。以其暇，颇修艺文之业，春秋行视，先龙慨然而叹曰：傅之子不为少矣，乃贸贸焉，至不能名其先，甚至命名不相避，凶礼不相通，使我华胄之遥遥，几于伊川之被发。而祭者是非余责哉？于是始讼次其先德，而断其始曰吴郡公之少孙思进公，友子宗也，徙内黄，内黄始也。思进三传而珏，徙郓之须城，须城在山东，须城始也。又两传而献简公，徙孟之济源，济源始也。又五传而至孙高，徙杭之仁和，仁和始也。其弟亮，徙凤阳，而颍公继之；弟锦衣，春传子谟而绝，全和之族宁继之。春，友之宗也。

时既已论其略，而介友祭大节，以书请，曰：不穀人中下，何能光昭其先，而整齐其世次，以肃睦宗族？唯是不妨于傅氏之泯泯，等于郃阜耳。惟吾子之一言，而天下以为恼，史幸而弁之，俾以传有闻焉，夫以安能重传？且古所以叙谱之意，则宗之诸贤，已略尽之，复安用赘？

余独悲夫颍公之公大而报微也。隆庆初，余以前观察召用应诏陈言，请录高皇帝时，功臣首推颍公，以为当封王爵，继绝赐祭格不报。又二十年而召佐留枢，复极言之王爵者，应以为也。公功诚大，然事久远难明，且其后凋落无可问者，封王则疑重复阻抗，继绝则见欺，请姑竣之，诏可主爵者议。嗟乎，以傅子所称世系，傅之为班班也，又何虞欺？虽然，世风之离，甚矣，使余稍知颍公之族，绳绳若是。余亦当扪舌嫌避之，安敢屡陈之哉？若为傅之后人，不必不明颍公。当嘉靖世宗之元年，已采抚臣议，祠祀公于滇，血食世世无绝矣。

时明万历十六年（1588）戊寅秋枢密院大学士王世贞拜撰

十二、明播州重修傅氏宗谱序

余谱旧录世籍豫章瑞州府高安县，始祖讳明德公，年十八中举。自我朝洪武初年，偕颍国友德公由豫章征辽东，战甘陕，历湖广，定西蜀，选巴江令。后卜居于津邑，始传宪章、怀章，宪祖回籍豫章泰和，传三世，必荣、必华、必显三祖；怀祖徙于南邑，传必然、必胜、必谦三祖。然祖徙桐驿，胜祖以军功食于东乡，独吾祖谦公以进士知播州，避居尽属厥疆。今又六七世，已历百十年，莫不颂于今为烈。烈在而人我即在，先后肇启，久不久可令人惊然，令人幸然。子彩彰问曰：烈何在？吾曰：载青史。又问：人何在？曰：载家谱。再问：夫谱何来？曰：自豫章来，虫毁坏之。

嘉靖已卯岁春月朔日，获曾叔祖亮公遗札，阅谱之志甚笃，修谱之心更纯。越及上数十余世之前人之所行，实功烈。续焉，复续之；重图之，复序之，重修之，而谱之。次第明，意义尽，纲纪立，长幼别。由是家齐国治，光前裕后，为什远也，是为序。

时维皇明正德十五年（1520）庚辰岁夏月卯日七世孙高字登峰谨记

十三、明北泉公重修谱识

吾傅氏本居陕州，世次远不可考。唐避永嘉乱，寓于临江若干世，署公因为临江教授，厥后子孙散处，历十三世，至棼公自临江来丞高安，家于今之珠湖。朝曾祖伟安公又自珠湖迁山畲。珠湖而下迄今百数十年，子孙繁衍，虽无轩冕赫奕，而力田守分，读书秉礼，代有名人。旧志云：环湖而居者傅氏也。世多文学之士。於戏，其亦足征矣乎。

谱不修久矣，十五世孙子仲公、十九世琛公，因旧本颇加修辑，然考载虽详，规格稍疏。朝游郡庠，已窃有志，既而入仕途，奔走靡暇。嘉靖甲申（1524）移悴处外，明年春乃能走书，延致先师莆田古崖陈先生仲子汝澜重修之。至则兴化郡丞之命，商下，乃偕至家，考索访订，月余就稿。及莅莆政，暇辄与商榷，又取莆诸故家谱而参较之。越二年，凡三脱稿始克成。编前图后纪，载然有法，世系之祥，事迹之著，一披无余，非汝澜之精不能就，非朝官莆之久不能相其成。

噫！天也，谱成矣，又何以纪之？凡系吾谱者，念本源之所始，务相亲爱、务崇敬让；毋闹于家，毋讼于官，毋途人相视。愚则牖之，懦则立之，死伤疾病患难则周恤之、扶持之。以毋辱乎先人，以绵延世泽。则是谱也，岂徒具文而已乎！

大明嘉靖七年（1528）戊子岁秋月望日奉政大夫兴化府同知

三十代孙希朝顿首百拜敬谨识

——摘自《珠湖傅氏宗谱》

十四、明珠湖傅氏族谱考

筠阳诸傅皆出临江教授署公，十三传至棼，丞高安，世高安郡城南十八里珠湖其地也。棼又传十七世，为今丞公朝。此傅谱也，署而上有谱，有宽、有介、有尧、有俊、有毅、有玄、有咸、有浑、有迪、有昭、有奕、有琰、有忠孝、有翊、有卞、有尧俞、有察、有自得、有伯寿、伯诚，不以世书，远莫详也。

署而下世书书迁近也，而又下至棼公，则书生卒，书娶葬、书行能、书官业、书又近又详也。穷河源者，昆仑而下，纪地、纪维、纪入、纪折葱领于滇。所未详，不必详也。书法也曷始，姓氏族曷因，因六［录］一谱“说”系禹也，谱署系质也，谱棼系景达也。达传而宗失。系渤海、系长沙、系古州、系安福，亦犹今新昌淦渝并纪。自万而下九世而详难也。三十世乎！

余以是知傅之先与傅之后也，子仲之修，去署十五世；今之修去仲又十五世。署教耳，教而法传焉；棼丞耳，丞而泽远焉。珠湖之傅遂以名地山畲、珠湖分居也。起以基仪以承广，以义方，至哉。郡丞公又时以政以惠利，君子曰：能世谱之修，公不有，惟后其心。人不有，公后其心。而汝澜氏之章今鉴古，立例着世，涤源浚流，以附有疏戚尊卑之辩者，亦为民耳，民主爱于也，爱其人思其德，图以不朽。官氏、国氏古著例也，愚敢断自以前，系署以后，直以公系曰良牧氏傅也，作傅谱考。

时大明嘉靖丁亥年（1527）仲冬月十日

赐进士出身奉大夫南京史部考功郎林逢、郭恽升拜撰

——摘自《珠湖傅氏宗谱》

十五、明珠湖傅氏族谱序

各宗著姓，其贵于天下者，非其代有哲人，秉德由礼故哉。不然，则古昔功臣苗裔，强宗右姓，傅龟袭紫，不数传而靡有孑遗耗矣。此曷故也？古之时，人之生也未众，族不俟谱而传，自马迁述重黎，班固祖子文并论其世，而汉代作者不言族。昌黎、柳州，文彩辉映后世，而所载集中不序谱，宋欧阳氏、苏氏实始作焉。岂非以其世弥长，其人弥众耶？

今予观于傅氏之谱，重修嘉靖丁亥，迄今越四十年，是时列名者，教授署而下传世三十，其人已千六百有奇。不知今所绵衍当续入者，又几何人矣。先君子承公加意宗，。尝辑族谱，自汉迄今，仅以千计。若傅谱仅自唐耳，非奕世载德，曷以致此猗欤盛矣？序之者，追厥源始，本自傅岩。由署而上，溯说而下，在汉则有若宽，若喜，若毅，若武卿；在晋则有若休、奕，若咸、季、珪；在唐则有若奕；在宋则有若潜，若求，若霖，若尧俞，若察。咸流声炳绩，代称德人，皆不经载。岂教授公始徙临江？临江徙自陕，谱帙散逸。是故惩崇韫之失，遵狄青之轨，不欲强附耶。氏曹者称振铎，氏熊者称鬻熊，氏傅者称说，以下非冒也，谱不敢录，亦欧阳氏书景达始，苏谱书味道始之遗乎。夫天地之生人，一人也。一人而亿兆人，亦一人也。祖父子孙曾元而来云礽，亦一人也。兹谱别生分类，若是其严，由亲递疏，若是其恰，可谓实录矣。

谱再修，为北泉公朝。公尝判予郡，予童幼则闻父老谭说，名宦者不数公，必曰傅公傅公云。今附录无郡人语，盖公宦辙至莆者三而谱之修又于厥地，故所载多莆之人，独予郡阙焉。孔子叹文献不足，有味乎其言也。今仁泉公为公从孙，司理予郡三年，公暇命从吏精书是谱。会奉诏以台谏征，滨行，不鄙谓予宜一言以补其阙。夫仁泉公母刘，大节被旌，教公必期以古人，自居家食时素。惇五属，尝为代偿逋赋，割腴产不靳。及为予郡平议，辟主矜恕，与北泉公先后有大造于我土。且将近迹往哲，昌后亢宗，直与傅相对扬天子休命相媲美。是一人而为族千人师，一世而为族百世利也。

是谱也，不有无穷之闻哉？谱曰珠湖，以其地无他姓，且筠志，故系之也。若夫别宗派，纪世德，合族戚，穀子孙，则诸序备矣，不书。

时隆庆戊辰（1568）秋八月己丑

赐进士福建布政使司左参议前湖广按察司佥事刑部员外郎

武进恽绍芳序

十六、明切庵公重修族谱序

余少时，与仁泉同塾肄业。每于诵读之暇，讲论谱学，历有年所。继而仁泉膺甲子乡荐，登乙丑高第，选授毗陵司理，擢浙江道御史。历任操江，晋秩司寇。而予亦筮仕之桃源，日役役于簿书中，且又相距三千里许，虽欲踵其事，而势有所阻，机无可乘。

窃谓两人畴昔之所讲论者，托之空言，而不能见之实事。揆以尊祖敬宗之道，其罪乌可逭哉！是岁夏初，予退食林莽；仁泉以倦勤致政归，杜门谢客，殷殷然以是商予。予曰：尝闻之，先君云：谱式有二，曰欧，曰苏；谱弊有二，曰妄，曰诬；谱才有二，曰识，曰力。遵其式，去其弊，优其才，斯可以言谱。否则，不惟见恶于先人，抑且贻讥于后代矣。仁泉熟思良久，袖出一稿，属予参校。予展而阅，其武进惮士恽绍芳序之年月，乃隆庆戊辰也。遂不禁掩卷而叹曰：尔之为宗族计者，至深且远，而予实负初心。今老矣，无能为矣，况是举也任重责大，非有识力者，岂能当此而无愧乎！彼此踟躇，不啻再三。适弟良骥自外来，顾予而言曰：欲谋职谱事者，非元朴其人不可。今虽除授新吴博士，然近在邻封，以书招之，不难朝发而夕至也。予聆其言，不胜欣然喜曰：元朴者，后来居上者也。盍往招之。几有济。越次日早，忽闻扣门声，及启视之，非他人，乃元朴也。噫，异矣！夫欲以书相招者，乃良骥为之倡也；今不待招而至者，其祖宗在天之灵乎。有顷仁泉至，于是大会诸长老并宗人士。毅然以斯举是任，按旧增新，互相考证，越两月而稿脱，未期年而梓工告竣。诸长老并宗人士咸以谱之集成归美予三人，予复作而言曰：予三人仅免不孝之罪耳，何敢当集成之名哉！是愿读斯谱者，睹木忆本，溯流穷源，以毋忘尊祖敬宗之道，庶不失仁人孝子之心也。是为序。

时万历癸卯（1603）岁冬月穀旦

文林郎知桃源县事三十一世孙良范百拜谨撰

十七、清傅氏族谱序

族之谱，犹国之史也。史有纪，有世家，有传。谱仿而为之，其大致相同，然有异焉。史传疑而谱征信，史拾佚而谱观聚。史人或随代而谱，支不渎宗，是故史难而谱易。如九江之出于岷，任指何派以溯从，而源则一也。抑闻之，祖至五世而祧，服且尽矣。阅遥遥之久，建鼓求亡，其不为昌寓所笑者几希。疑乎信乎？苏文公有言：吾所相视为途人者，其初一人之身也。今邂逅不相识，必按谱而稽其名若号，此如邮吏之数过客耳，佚乎聚乎？且夫陇西有主人，文皇以万乘不得附。举世之盗彭城，窜署唐公者不乏也。随代乎，渎宗乎？若是，则史又易而谱难。虽然，曷难焉？反其所自始，循其所自分。吾从其信者，聚者，不渎宗者而已。

傅氏有谱，断始于教授署公；而基珠湖，则高安丞棻公也；其分居山畲始于安公。前此迁徙不一，难以枚举，迄今三十四世。中间举明经，举孝廉，举进士第，仕至卿式者。若而人，安平汝南，莫之方盛。一日长老子弟聚族而谋，走牍而问不佞曰：某闻正统别闰，服属易疏；世远宗迁，匪派莫纪。敢以请予为之正襟而。对曰：记有之。尊祖故敬宗，敬宗故收族，族收而重社稷，爱百姓。以至于况民安，财用足，百志成。胥是也。盖族谱之与国史，捋重也久矣。乃为之派曰：

赉弼代予言，图求爰命辅。

尔惟训乃志，式克绍而武。

有备其永怀，攸居斯世美。

对扬肇敏公，是用锡多纪。

绳绳未艾，是所望于方来。其弗率者，有高曾之家法在。傅氏之谱，于是乎不朽矣。

时大清顺治丙申（1656）秋九月毂旦

剑邑罗大任顿首撰

十八、清代清河傅氏族谱序

自嬴秦纂统后，其政法务在分散其民，使不得有聚会联合之事。周官司徒以本俗六安万民：四曰联师儒，五曰联朋友。诚所以联合民情，使得通声气也。然行之既久，不无流弊，以故格不得行。若夫比闾伍党，相保相受，后世保甲之法盖犹仿佛其意。顾以其事，须上经理，有司奉行。故事虽有其名，亦不足恃。是以民间生死无可稽，婚嫁无可籍；户口耗盛，学艺兴衰，尤无可考。惟敬宗收族，其事可任民自为，不烦官为筹措。又其聚会仅及于同族，各族各自为聚会，不相闻问，适与分散之意相合。故绵绵延延，历数千百年而其事不废。六朝最重氏族之学，以名其家者不下百数十人。五代而后，此学渐湮，而祠堂之建，在处有之。大率乡间为多，每以岁时伏腊，祭其始祖及支祖。因聚其族人，群饮于庙而颁胙焉。或出资若干，存问鳏寡，矜恤孤独。而义庄家学之设，亦往往有之。有盗贼，或能率其乡人，并力捍御。其见史册者，班班可考也。

清河傅氏，著姓于商贤，至汉唐而益昌大，迄今数百载，显宦名贤，忠臣孝子，代不乏人。分散两江、两广、云贵、四川、闽浙各行省，而其子孙之世世簪缨，人文蔚起者，尤莫盛于湘吴黔三省。明崇祯朝，其支祖恩公以江宁籍，官湖广布政，因张贼之乱殉难荆州。其子负骨避乱入黔，是为傅氏籍黔之支祖。八传至青余丈，以河南按察使，解组归湘，卜葬郝太夫人于湘乡四十一都之南洞，并访在湘族籍，创建家庙，岁时祭祀。青余丈遂有合湘黔而续修族谱之志，乃志未竟，旋即捐尘。竹湘太守，青余丈之哲嗣也，于余为婚姻。达识超群，继承先志，遐稽近考，层次弗淆，别派分支，丝毫不紊，提纲挈领，如国史然。俾分居列郡者，溯厥渊源，不至茫而无考。其犹有得于古人聚会联合之遗意乎。余读其谱，而知其先烈之丕显，后裔之蕃昌，其所由源远流长，至今不坠者，良有以也。傅氏之后，凡览斯谱者，念宗支之相承，思创垂之不易，仁孝之心知必有油然而生者矣。

时大清光绪二十三年（1897）丁酉季冬月

赐进士及第诰授奉政大夫晋封朝议大夫翰林院修撰

姻愚弟赵以炯谨叙

十九、清代清河傅氏族谱叙

傅氏得姓，肇自灵岩，以神明裔为殷辅相，流泽孔长，代有闻人。至李唐，而有存审公者，由赞皇迁楚，隶籍沩宁。子姓蕃衍，支分派别，十八行省所在皆然。阀阅之盛，则以湘吴黔三省为最著。前此世系散佚，其班序不可得而详，自兹而降为傅氏后者，皆以存审公为鼻祖。公之十三代孙曰智侯公，生子三：长伯奕公，无出；次伯通公，其后为湘人；次伯远公，迁今江苏之常州，为入吴傅氏之祖。历三传，生慎微公。又五传，生友德公。又八传，生恩公，以江宁籍，官湖广布政使，因张献忠乱，殉节荆州。其子应元、应科、应成相与负骨避乱入黔，卜居贵阳，其子孙之居于是者，即以恩公为支祖。恩公八传至青余丈，以河南按察使，解组归湘。先于同治初年卜葬其母郝太夫人于湘乡四十一都之南洞，因其地而建家庙，祀始祖存审公。并访在湘族籍，岁时伏腊，集而会焉。共得十一族，各有支祠谱牒聿著。所失考者，惟青余丈本支耳。后华庭少尹，以花市支谱相证，始知青余丈之支祖伯远公为智侯出，由十四世而分派者，世系吻合。青余丈慨然动木本水源之思，集族人而谋之，将合湘黔而为一，以培宗枝。湘中族人皆怂恿焉。未几而青余丈归道山，其议遂寝。越八年，其哲嗣筑乡太守痛先志之未竟，复纠族众，缵厥旧绪。华庭少尹暨族人，亦屡寓书，促成其事。乃经始于光绪甲午季秋，仿欧氏例而续修焉。越二年嘉平月，工既成，乞文于端棻以叙之。端棻忝列丝萝，详知家世也。侍直余闲，为叙其原起，以告来者。若夫其族姓之蕃衍，与性功事业之盛，则全书具载，朗若列星，为傅氏后者可以一览而无遗，无俟于端棻之赘。

光绪丁酉嘉平既望刑部左侍郎署仓场侍郎前翰林院编修姻愚弟李端棻谨叙

二十、清代桐梓傅氏创修族谱序

家之有族谱也，所以尽亲亲之也，广锡类之仁也，合携贰之志而杜浇漓之渐也。自世之以族姓相高也，至以之市婚姻、邀爵禄，此其弊始于三代之世官，而盛世于晋，尚于六朝，流弊于唐世，虽天子不得而轻得之。其势恒至于族第相高，仇愤怨贼而贻祸国家。噫！何其陋也，予谓族不较大小，而以孝弟为尊；世不论久暂，而以长厚为上。使家范不严，训戒不光，族愈大则愈流。邪僻之子既多，其族之败也可计日而待也。是乌得为重哉？桐梓傅氏其派来于江右，正德年间其始祖讳万义者自高安迁桐油。梓生屏山公，公生七子，迄今五世。方百四十年耳，而族人现存者已百余人，子孙蕃衍可谓盛矣。予巡方西川，考傅氏之事，大约其家父之教子，兄之训弟，勤勤恳恳，率以孝弟为先务。子弟或有误行，即惟恐长者闻之。以故家门以内淳朴，多善行传世。五叶得节妇一，孝子四，孝妇三。家庭之教，雍雍穆穆、有礼有法。故当兹变乱之时，生民百不存一，而傅氏宗族宛然无恙，只有傅尔默一人以御贼而死于孝。呜呼！岂易得今日哉！傅子尔玄，为予先贡时首拔士。癸巳春，予隐居蒲村，尔统计资料负笈相从，讲论之诲，忽端拜而请坚贞不屈：玄家居桐梓者，百有余人，自流寇之变，而未常有失也。恐此后生齿渐繁，宗党日盛，亲族之间，尊卑疏戚，以渐而淆，因是而长浇漓犯乱之渐。今将次世系以示来者，先生其为序乎。予而叹曰：是谱之修也，亲疏有别，隆杀有等，可以尽亲亲之义焉。长幼有序，孝弟相劝，可以广锡类之仁焉。且岁时祭祀，族党可考，而远者不致于太疏，散者亦可以终聚，而携贰之志于是合矣。尊卑既辨，敬慈日生，而薄者亦可使之敦，顽者亦可使之格，而浇漓之渐是杜矣。嗟呼，自予之巡历四川也，有骨肉而仇仇者，有过党而伐贼者，唯风俗浇薄，故兵火之后，荡然无存。甚至世家巨室，阖门千百丁同尽者有之，而傅氏百口独无恙也。岂西江之培植者厚欤，抑孝弟之感格者隆欤？尔玄勉之哉，吾闻子族之前辈，子与子言孝，弟与弟言悌，以有今日也。今其修谱以示宗人慎守先训，毋陨厥声,是亦为政也.有子以犯乱之淆，归之孝弟,而且以为仁之本与。夫子曰：吾观于乡而知王道之易易也.今予观于傅氏之族而知孝弟之可兴亦仁天下之易易也.是傅氏修谱之志也，彼夸族氏之蕃盛世以警乡里而袭晋唐六朝之流弊者，岂可使闻使傅氏哉?亦非予之所敢知也.是为序。

大清顺治十年（1653）岁次癸巳清河上浣吉旦

都察院右佥御史前大理寺右少卿巡按四川陕西道监察御史东吴钱邦芑拜撰

二十一、清重修家乘源流考

族不可无谱，族有谱，犹国之有史也。史以记历朝政事得失，治乱兴衰，无史则后世无以为法戒。谱以载历代事迹芳型，宗派世系，无谱则后人无以为感观。是谱与史埒重而不可阙，亦不可闲矣。吾族傅氏自殷圣武丁发祥以来，继继承承，绵延不绝，由商而周，而秦，而汉，下逮两晋、六朝，以迄于唐。其间列爵封侯，名臣显宦，炳炳磷磷，照耀史册，既已代有作人。然皆世居中原，未辄迁徙离散，自晋永嘉五胡云扰而子孙始有渡河南迁者。唐室衰微时，则有署公于由湖南湘潭为江西临江府教授，后遭黄巢乱，故不归湘潭而卜居新喻石头里，遂是为江右始祖。十三传至棻公为高安左丞，察得珠湖奇地，遂弃官而隐居焉。由是子孙蕃衍，蔚启人文。值宋文教昌明，曾有弟兄叔侄同榜中七人者，有弟兄同榜会三人者，统计其时登乡贤荐者四十七，捷南宫者二十八，膺显秩为名儒，恒指不胜屈。沿及明，署公二十四世友德公者，出佐高皇帝以定天下，平蜀，平黔，平滇，封太师公颍国。子尚王殁，封王以酬厥功。后太祖春秋高，多忌，刻赏不酬勋，虽经王公世贞一再题奏，谓友德功诚大，请封王以继，而朝廷以为事久远难明，置而弗顾。明正德间，我祖崇节公者，字万义，宦游黔地，始携祥、汉二祖卜迁于桐梓魁岩站，是又为入黔始祖。汉祖乏嗣，祥祖是用深忧恐家声有损，因与祖妣商，躬朝南海武当山，三次始笃，生天字行弟兄七人，姊妹七人，自是子盛孙繁，家声再振。勋祖为山海关总镇，和祖为云南按察司，鹏祖为四川永宁道，远祖武义将军，谦祖兵部主政，此外作州县教职者亦多。要皆政声卓绝，载在志乘，兼以隐逸乡贤，孝义节烈，众美兼赅。国朝康熙间，我祖之奕公迁仁怀厅磁城，是又为怀阳始祖。旋登癸巳科，乡荐为裁取江南上元县知县。其孙师瞿祖中乾隆庚子科举人，任直隶定兴县知县。迄今虽就衰微，而科名未艾，读书秉礼尚犹有人。嘻亦盛矣！非祖之流泽孔长，能如是绵绵延延至今弗坠乎？虽然，祖宗往事，迄今三千余年，而子孙犹能指陈之者，赖有家乘之迭修耻。

粤稽谱牒，肇自南北朝，琰公同子翙公，父子俱有能名，作续世传，诸傅有谱相传，不失声绪。至唐署公有及瞟公、联公相与参订同修。至宋而庄父公修于前，子仲公、汝琛公修于后。洎平，有明尚瀚公偕伟澄复相订重修，既而希朝公修之，良范公、仁泉公又修之。国初顺治间，我祖尔玄公谓吾族来桐已五世矣，无谱以纪，乌乎！可肢汇聚而纂修之，雍乾间开始得原谱于江右，形祖复重订而增修。咸丰我先君昌公谓谱不修久矣，后世子孙将何考究。缘得旧谱于双城而敬录之，阙元明二代，因日以为优，谓必俟异日仍求诸桐。乃有齐、有胡君者年七十矣，与先君善，一日走而告曰：予昨夜得一佳兆，见上方有大小二星落君屋上。旋即随众到府，见傍列衣冠数十人，大星住匾中，小星列于傍，俄而化鹤鹄立，旋亦惊悟，敢以告。吾祖形公号鹤亭，寿九十时，贵阳知府王公润曾赠“盛世行仙”一匾。今小成鹤，吾祖其化鹤来归乎？不数日有桐梓族人送谱至，展阅之下，即元明两代。因忆前事，不禁跃而喜曰：异哉！胡公之梦不虚矣。非我玄祖、形祖之阴灵默遣，有如是之聪合乎！拟欲筹费行梓，旋遭离乱，又不数年，而即逝。言念及此，兴悲愈发。辛丑秋闱榜后，仍复落第，因自念辛苦矮屋曾十二次，虽壮心未已，完属命落，何久苦为。于是复游桐梓，朝祖之暇与族叔言谱商议，谓谱不修已百余年矣，况经兵燹，后谱皆散佚，其稍存者均断简残篇耳，惟象处犹硕果之仅存，盍不辞行商而与之。叔曰：予存此心久矣，恨年近衰颓，孤立无助，不修则上无以承先，即下无以启后。兼以近来世风刁弊，族中子弟孝弟不讲，仁让无闻，罔知礼教家法者恒多。子盖再来共成厥志，吾两人庶少抱忝于祖宗耳。癸卯春，年六十矣，自念年虽指使，尚属强健，因携谱出川由合江，历江津，涉綦江，越南川，一路荣苦清访，端节后达桐梓。谦叔见而喜曰：子诚不食前言，真有心人矣。肢约集族中都人士暨族侄承衡、永昌、求明等，相搜罗遗迹，考证参订，而增修。阅半载，始告成功，付诸枣梨。但此次辞行费实属艰难，以成甚望，我族后世子孙奉如圭臬，恪守先型，开卷捧读，触目惊心。而知某祖之蓄德开基者如斯，某祖之承家继起者如斯，某族人之景先德而克振家声者又如斯。克自树立再绍关徽，则不独家之光，亦且为邦之庆也。象虽不揣固陋，亦实大费苦心，将先世历代、开基、累世修谱源流，一一而表彰之，故不觉其言之赘，之率词也。敢云序乎？

大清光绪二十九年（1903）岁序癸卯秋八月吉旦

怀阳十二世裔孙象图甫沐手敬书

二十二、民国协族续修宗谱序

甚矣，创谱之难！而续谱之非易也，顾或有其人无其志，而事弗举；有其志无其力，事仍弗举；有其志与力，而意见纷岐，莫衷一是，其事终难底于有成。观吾族之谱政，其难易究何如乎？族自唐署公至文通公，其间垂二十四世，或宦游他邦，或迁居滇黔闽楚，时异境迁，自不免各立派别，而吾族子孙之蕃衍，实可谓极盛时矣。流支于巴邑者，厥为文通公，公孙必胜，亦宰巴邑，家焉。七世，琴祖避张献忠之乱，循迹黔省遵义，至长德，长春，长龄，乃旋居于巴邑之梁滩，是为中西南系。若德言公，则由江西宦游黔省平越，主政太守，解组后家于绥阳。至铉公，锐公，铱公，亦来居于巴邑之虎溪龙凤，是为上巴系。然考其所自出，均同祖于二十二世景云公之后。际此时也，上巴系，若无维淳公修谱于前，中西南系，若无道南公南游于后，谱帖之世系子氏，不几散失而贻后世之杞忧乎？抑泽更有羡者，扶南与虎溪，相去不过廿余里，在有足征考之亲，而竟视若路人，使无准臣公卜地扶南，与仁山公相遇，相询祖籍，始知为德言公之后裔，吾恐至今犹默而弗彰也。其遇之也若合契吻，得非吾祖在天之灵，有以启之也耶？尤可称者，夫仁山公以一时之幸遇，即按旧谱溯上沿下，收罗编纂，速刊成册，而又得尊三公与有美公，鼎力维持，不惜多金，玉成其事。自今吾人得一览斯谱，即觉世系昭然，若纲在纲，有条不紊者，非得其人与其志，而又能和衷共济，有以致之乎？故泽曰创谱之非易也。然续之者，又岂能索尔遽成哉？固非有如前人之明白事理者不能也，非具有坚忍不拔之志不能也，尤非合群策群力不能也。即以吾族自建谱以来而论，其得维系之最力者，为何人乎？盖恢先公与奎安公也。恢先公诚明达事体，善继善述者；若奎安公，自食廪饩，解本邑公务后，即兢兢焉注意于族人。重道德，勤职业，有疑问之者，辄能剖晰其理，指以正道。恳切处，无不声泪俱下，盖出于性真使然也，至诚足以动人。故近数十年间，吾族之得以上下弗替，得非公为之提撕也耶？惟公于弥留之际，尤喋喋以续谱，托恢先公与泽等，无奈何而公西逝矣。恢先公遂锐意续修谱政，召族众而谓曰：吾谱自协族续修以还，于兹已卅余年矣，其间生没子氏，变迁必繁，若不续修，恐久必凌乱无章。吾衰且老矣，宁可迂缓，以负重托，而有违先君之志耶？遂于民国十七年夏，召集孝友敦叙两堂人士，会议于回龙寺，公签恢先朗轩任总务，汝滨、有容、卓安、作霖任协理，玉书任财务，绍宗任总编辑，纯生、道周、星门、安稷、绍唐、荫春、仲平、如嵩任编辑，泽则司校勘，绘图拟礼制与规约者也。诸事既设，复集会于恢先奎安宅，又会议于龙荫高小校，其事始成。盖所以昭雍穆示郑重也。迄民二十一年冬，全谱始得告成，莽坠地，平昔智识之稍高者，亦皆奔走于势利之场，利之所在，虽其父史若路人，更遑问宗族之疏远者乎。由此江河日下，而亲亲之谊，不其斩乎？夫人心之厚薄，起于家庭。由家庭而宗族，而社会，推之及于一国，天下未有不亲其亲，而亲他人之亲者，亦未有不亲他人之样，而风俗能淳厚者，藉或有之，非谀则伪，驯至亲亲之念，不敌势利之念，则亦何所不为，何所不至也耶。泽以是观之，吾族之欲尊祖敬宗收族，专自正人心始，欲正人心，专自联合吾族人士劝善规过始。是泽之所望于族，尤所望于将来者也。

绥阳、虎溪十世孙培泽字松斋沐手敬序

中华民国二十有一年（1932）壬申岁孟冬月朔日

二十三、1995年珠湖傅氏“十七修”族谱总序

谱牒始于殷商，魏晋时成为一门学问，曰“谱学”。明清时期，谱学大兴。举凡宗族，皆修“家谱”或“族谱”。时至今日，修撰谱牒，有盛无衰。进而“国有史，县有志，家有谱”。皆因谱牒内容着重记述一族或一地域的历史沿革。人们以史为镜，方知一族之兴衰。故谱牒已成为当今社会文化之一簇鲜花。观今而鉴史，珠湖傅氏“十七“修族谱，旨在导示我辈及后人以此为据，了解过去，看清现在，展望未来。从而光大我祖先之美德，吮吸我祖先文化之营养，明白自身肩负之历史重任。

重修族谱，旨在编录本族之发展史。珠湖傅氏，历史悠久，源远流长。据原谱记载，远祖傅说（说读悦），颇有才识，版筑为业，众称名家。商王武丁，即位三年，不理朝政，自称梦见上帝给了一个圣人作他的助手。于是画影图形，令百官四方访找。终于在“傅岩之野”找到了傅说，并举为宰相。傅说扶佐商王，治理政务，商朝从而复兴，国力日益强盛。于是商王武丁把傅说与伊尹相提并论。历史上也把傅说与吕望相互媲美。这段历史在原谱《说命》上中下三篇文章中均有具体记载。远祖寓居“傅岩之野”，亦称“傅岩”（即现在的山西省平陆县东部）。傅说之后，以地名为姓，傅氏之姓是从此而来。傅氏宗祠，历挂对联，曰“珠湖世族，版筑名家”。这是傅氏子孙对远祖傅说的怀念与崇敬。嗣后，延至唐代。因永嘉五胡之乱，人民流离失所，中原不可复居，有钱者多数南迁。署公避难于临江，为临江府教授，厥后子孙散处。到十三世霓公之子，行七，名棻，字德芳，于宋代靖康元年（1126）间，从临江新邑石头街迁徙到高安，任高安主簿。见高安城南十八里处有一小湖，湖中有一高地，高水三尺，名为“珠山”。传说曾有丁、王二仙经过此地，见湖光山色极为秀丽，叹曰：“真乃珠湖也。”地以湖名。遂卜居焉。故棻公是为珠湖傅氏之始祖。

从始祖棻公定居珠湖后，历今近千载。生息繁衍，延续四五十代。子孙散处，分居不一。此次参与族谱共修者计有：珠湖、楼下、庙背、横塘、湖头、对门、鳌洒、山畲、坑口、桥头、后边、港西庄上、塔头、太平门、横塘铺、杨梅塘、新昌北门、新余大桥、新犹圳上等自然村傅氏支系。其中有因历史原因几届脱修，此次要求参加共修者计有：华阳渡埠、华阳星湖、湖坪、九保里、管头、店前、青潭乌石坑、青潭南边、青潭岭大坑、转岭桥、田南塘里、泗溪前房、金家塘等自然村傅氏支系。人口在万人以上（商于

四川的傅氏子孙尚未计算在内）。从明清至今，珠湖傅氏历为高安望族。

珠湖傅氏历代子孙不仅具有爱国爱家、父慈子孝、长幼有序、兄友弟恭、和睦亲邻、俭而劳作等传统美德，而且具有勤以书文、勇于实践、敢于开拓、能人辈出、代有英才之特色。即以今日而言，傅种孙是全国有名的数学家和教育家。其业绩已编入《中国数学家传》。1951年中华人民共和国主席毛泽东曾接见过傅种孙，并为他主编的《中国数学杂志》题了刊名。傅命基在大学是学习土木工程专业，从1949年始一直从事水利工程工作。在1954年至1956年全面负责兴修“锦惠渠”施工中，创造性地解决了灰埠地段岩层和兰坊地段渡水槽等处施工难点。使高安十二万亩良田受益，普遍栽上了双季稻。全县老百姓赞颂“锦惠渠”为“恩惠渠”。傅命基之名，在全县广为传颂。嗣后又主持过上游、碧山、莲花塘、西龙陂等大中型水利工程设计。并创“引水扩源”和“长藤结瓜”等经验。对高安水利事业建树很大。曾当选高安县四、五、六届人大代表，县人民委员会委员，政协高安县第一、二、三届委员会常委。傅昭阳是全国有突出贡献的中青年科技专家。1992年起获国务院特殊津贴。其业绩先后编入《新中国科技精英谱》、《中国工程师名人录》、《当代世界名人传》。傅克俊一向从事气象与农作物研究。其主要论文先后编入中国农业科学院《水稻与气象》、《中国水稻栽培家》、《中国棉花栽培家》，以及大学教材等书。其业绩已收入《中国当代地球科学家》大词典。总之，珠湖傅氏服务于教育界、科技界以及其他各行各业者，其人数之多，数以百计。遍布祖国神州各地及海外。他们在不同的岗位上，充分发挥出自己的聪明才干，于社会有所贡献，于行业有所建树，是国家“四化”建设的中坚力量，也是珠湖傅氏的无尚光荣。珠湖傅氏堪称高安文化之乡。

本届重修珠湖傅氏族谱，其宗旨：一是把祖先留传下来的光辉历史和优良传统，重新加以发掘、整理、记载，以利于古为今用，从而达到教育当代，激励后人，弘扬祖德，继承光大之目的。二是秉着尊重历史、实事求是原则，重点撰写1929年至1995年间珠湖傅氏在政治、经济、文化等方面所发生的巨大变化。撰写名人业绩，续上历代谱系，以利于子孙后代寻根问祖和详知我们这一代人的拼搏奋进精神。三是把具备职务在科级以上，职称在中级以上，学历在中专以上这三种人，收进傅氏“人才库”，编成合族“精英谱”。以利于振兴珠湖傅氏，为改革开放，繁荣社会作出新的贡献。

凡修族谱，必有谱序。我受族老乡亲之重托，以示对祖先之慰藉，对乡亲之忠诚，对后人之负责，欣然拟写此文。是为序。

公元一九九五年十二月

珠湖新房，讲师，副县级，四十一世孙求条谨撰

第四章　历史沿革

三皇五帝的传说是中国文明历史的起源。自盘古氏开天地、女娲氏始造人类之后，太昊伏羲氏、炎帝神农氏、黄帝轩辕氏为三皇。少昊金天氏、颛顼高阳氏、帝喾高辛氏、唐尧、虞舜为五帝。在三皇五帝之后，就是夏禹、殷商、周王、秦皇、汉武、唐宗、宋祖、元、明、清……是中华民族一脉相承的历史传统。所谓盘古就是太古，是宇宙起源之前一无所有的状态。无极而太极，太极生两仪，两仪生三才，三才生四象，四象生八卦，八卦转九宫，九九归一统。盘古开天地是生命的起源，最后才是人类的起源。

在距今七八千年以前，中国开始了农业文明，出现了种植、养畜和制陶（抟土制器，创造了人类文明生活），玉琮（良渚时期的礼器）的发现，龙虎图案（濮阳遗址）的发现，说明了在七千年以前（相当于伏羲神农时代）中国文化的先进水平和阴阳概念的出现。社会分工的出现、社会财富的分配，导致了“结绳记事”等科学文化的产生，辨别是非、分清得失，判断优劣、选择吉凶，语言文字符号和阴阳理论就应运而生了。

从仰韶文化遗址、二里头文化遗址、二里岗文化遗址、殷商文化遗址、贵州黔西县观音洞石器、贵州旧石器时代中期的“桐梓人”、中晚期的“水城人”和晚期的“兴义人”文化遗址。贵州普定县的“穿洞文化”遗址等，提供了1.6万年前人类祖先在此生息的证据，是长江以南地区旧石器时代早期文化的典型代表。古脊椎动特化石“贵州龙”、侏罗纪时代恐龙化石及其他古生物化石的发现，使贵州成为重要的进行古生物研究的地方。到周秦、汉唐的历史发展，又证实了“五帝”以来的全部历史。

三皇五帝的传说是一个伟大的科学传说，反映了一个极其重要的中国古代生态学思想：宇宙万物的统一起源以及生态系统的整体性特征。盘古及女娲的神话形象而又生动地揭示了中国生态学的核心主题：“天人合一”的思想。

第一节　傅姓释义

傅姓解说

天降人甫寸　言兑震乾坤

松岩隐圣迹　万代永长存

傅，人甫寸也！傅，辅也！辅，师矣！师傅，乃有一技长者也，课教诸君，授之以技，能者为师。天地君亲师，师者，传道，授业，解惑也，乃万古纲常、伦理道德、风范学识之楷模也！辅佐，辅之为师，佐之为相矣！太傅，帝王之师所尊崇也。图王霸业，佐君治国，有相父（傅）也。谚曰：一日为师，终身为父（傅）矣！

人甫寸，十二画，当今傅氏遍天下。

水有源，树有根，先有祖宗后有孙。

傅说祖，商宰相，版筑北地清河郡。

父传子，子传孙，千秋万代不变姓。

凡姓氏，不简化，正确书写人甫寸。

望族人，不忘本，从小到老记在心。

续前缘，知先因，溯祖追宗骨肉情。

逢盛世，通谱成，中华民族大家庭！

《中华傅氏通谱·贵州卷》录用

二〇一二年重阳节

姓氏诠释

中华历史五千年，煌煌傅氏三千载。中国姓氏萌生于人类早期的原始部落，源于母系氏族社会的图腾崇拜，距今已有五千年以上的历史。

中国是世界上最早使用“姓氏”制度的国家。姓氏是一种文化，它关系人们的历史与血脉。寻根问祖不仅仅是人类的一种怀旧的情感，也是后人对先祖的认同，又是后来者对历史的反思，更是继承者对未来趋势的探索。

通过姓氏，人们能知道自己肉体、心灵、心理之血脉传承，从而使自己不致于太昧于自己之短暂人生。“参天之木，必有其根；怀山之水，必有其源”，是谓“寻根”；“草木祖根，山祖昆仑，江河祖海”，是谓“问祖”。“寻根问祖”不在祈福于祖先，而在明白人们自身：人们与祖先血脉相连，祖先曾经的苦难与辉煌，一定会通过这血脉，流传到现在。

“姓”“氏”是中国先人的伟大发明。“姓者，生也”，“因生赐姓”，这是血缘传承的标志；“氏”者，旁支别属也，“胙上命氏”，这是地位身份的象征。“姓”重血统，而“氏”重地域；一纵坐标，一横坐标。两者交叉，便把每个人固定在了唯一的靶心上，给后人回溯历史，提供了无上的方便。“姓”、“氏”合流以后，“氏”升为“姓”，“姓”“氏”都站到了表示血统的那一边。于是中国人又发明了“地望”，再次建立起地域、身份之坐标。这纵横坐标的发明，是一项伟大的发明，真可誉为“第五大发明”。

“姓”“氏”而外，还有“名”。“名”是用来区别同“姓”、同“氏”中之不同个体的。“姓”“氏”“名”之外，也有“字”。“字”是从“名”孳乳发展出来的另外的“名”。“姓”“氏”“名”“字”之外，更有“号”。这“号”的发明，恰表现了中国先人秩序中求活络、强制中求自由的“灵活精神”。“号”的精神是自由，取法灵活，不受限制。“号”可以说是“姓氏文化”中的一包调味剂，常叫人回味无穷。

由姓氏而家庭，由家庭而家族，由家族而家族文化与家族精神。一姓有一姓之个性，传统所养，基因所致，家族文化乃是中华文化之缩影，在家族文化里，既可读到政治、经济、教育、道德，又可读到祖先之生存状态、处世心境、价值观念，更可读到吾土吾民之悲欢离合、之延续传承……

通过姓氏文化和敬宗尊祖教育，继承祖先忠贞爱国、为国家为民族的英勇献身精神，弘扬中华民族崇拜祖宗和孝道为第一人品思想，维护和发展姓氏文化。

以汉族为主体的中华民族的历史源远流长，有着五千年的历史，而中华民族的姓氏形成与发展几乎与此同步。伴随着姓氏的形成与发展而积淀起来的中国姓氏文化在世界文化史上展现出别具一格的绚丽多彩的魅力。

第二节　傅姓之源

傅姓族源，历史悠远。虞夏之际，即有傅国，观测太阳，制定历法；商周时代，更有名载。武丁相说，殷商中兴。版筑之技，流传千古。宋编《百家姓》，“乐于时傅”，列第 36 位，今世傅姓，七百多万。主要分布在中国内地、港澳台和东南亚一带，遍及世界。

一、傅姓来源

（一）出自商朝名相傅说

商朝名相傅说是傅氏开宗立姓之始祖。据《元和姓纂》记载：“傅，殷相说之后，筑于傅岩，因以为姓。”《名贤氏族言行类稿》《广韵》《姓解》及郑樵《通志•氏族略》均主此说。说，在为相前只有名而无氏。因为当时“贵者有氏，贱者有名无氏”，而说乃是最卑贱的“胥靡”（被用绳索牵连着强迫劳动的奴隶），当然不会有氏。后来被任用为相后，才以得于“傅岩”地（今山西平陆隐贤社）而被命为傅氏。对此，《史记•殷本纪》有明确记载：“武丁夜梦得圣人，名曰说。以梦所见视群臣百吏，皆非也。于是乃使百工营求之野，得说于傅险（即傅岩）中。是时说为胥靡，筑于傅险。见于武丁，武丁曰：是也。得而与之语，果圣人，举以为相，殷国大治。故遂以傅险姓之，号曰傅说。”自是凡傅皆以说为祖。此说为许多姓氏著作所采用，亦为傅氏族人所认可。

（二）出自姬姓

据傅山《傅史》记载：“傅氏，或曰本姬姓之后，古有大繇，出自黄帝，封于傅邑，因以为氏。”按《新唐书•宰相世系表》载：“傅氏出自姬姓。黄帝裔孙大由（即大繇）封于傅邑，因以为氏。”

据《史记•五帝本纪》记载，唐尧是轩辕黄帝的五世孙，唐尧子朱，封于丹渊，故称丹朱。据《古今姓氏书辩证》载，大繇乃尧之后裔，当然也就是丹朱的后裔，夏后氏封大繇于傅邑，故曰“傅氏实丹朱之后”。傅氏中，有一支改称狸氏，其后遂有狸氏。故又曰“傅氏，狸姓也，实丹朱之后”。这些都属于姬姓之傅氏。

（三）出自姚姓

为舜帝之后裔，以国名为氏。据《姓源》所载，古有傅国（故城今山东省枣庄南），舜之裔也。以国名为姓，称为傅氏。

舜是中国历史传说中的上古五帝之一，属东夷人，出自虞族。东夷族与西部的夏族长期密切合作，至舜时两大部族基本上融为一体。再加上舜又娶帝尧的两个女儿为妻，入赘黄帝族。沿袭上古母系社会入赘男子必需奉妻子的祖先为自己祖先的习俗，舜及其后裔就把帝尧、颛顼、黄帝作为祖先。久而久之，后人就把东夷人的舜说成是黄帝的后裔。舜的部落居于今山西永济蒲洲镇南的妫水旁，舜氏族以河水之名姓妫。舜的后代被封在傅岩，古傅国在今山西平陆县东。进入夏朝以后，其地被夏王朝封给了尧的后裔，古傅国远封傅阳，即今山东枣庄南，其后代以国为氏。妫姓傅氏的后裔，没有留下更多的信息，后来湮没于狸姓傅氏之中。妫姓傅氏是中国最早的傅姓，至少有 4000 年以上的历史。由于妫姓傅氏和狸姓傅氏只有简单的甲骨文字记载容于殷商宰相傅说姓中。

（四）源于国姓

据史籍《姓源》记载，古傅国在今山西平陆，进入夏朝时，其地被夏王朝封给尧的后裔，将古傅国远封傅阳（今山东枣庄市台儿庄区涧头集镇西南候塘村），“城周十余里，中据土山”，傅阳国为商王朝大彭国陆终所封，姓姚，为陆终第四子。傅阳国后因孔子之父孔纥曾在此地作战时，以双手勇托溃落的城门、掩护士兵和民众撤退而闻名于古今。傅阳国后在周景王姬贵七年（前 538）被楚国所灭，其后，国民以国为姓氏，称复姓傅阳氏，后拆为单姓傅氏、阳氏二姓。

（五）傅、赖、罗传说

源自为避难改姓傅氏而来。据《赖氏族谱》等文献所载，赖氏族人为楚灵王所害，改罗、傅二氏，故有傅、赖、罗联宗之说。因是三姓相议不通婚姻，以表示同气连枝之意，是故傅、赖、罗自来即具有血统关系，于此可见一斑。赖、罗、傅三姓在中国民族历史上各有其悠久之历史，故平日相见，均以“亲堂”互称，即可知三姓数千年来，即具有血统关系。

（六）少数民族傅姓

中原百姓中，因社会繁荣而导致民族融合。东汉牂牁（今贵州）傅氏是夜郎族中的大姓，巴郡太守傅宝，也是夜郎人；东汉时蜀郡西羌族中也有傅氏。《后汉书•西南夷列传》：牂牁郡，公孙述时，大姓龙、傅、尹、董氏与郡功曹谢暹保境为汉，乃遣使从番禺江奉贡，光武嘉之，并加褒赏。到了南北朝后期，这些夜郎人都成了的汉人。

注：

虽然中华傅姓的姓源有多个，但归纳起来是三种情况：一是汉族傅姓，二是汉族他姓改为傅姓，三是少数民族傅姓。其中汉族傅姓虽有妫姓、狸姓、傅说三源，但经过数千年的融合，至唐代早已融合为一体，共尊傅说为始祖。《唐书・宰相世系表》载：“傅氏出自姬姓，黄帝裔孙大繇封于傅邑，因以为氏。商时虞、虢之界，有傅氏居于岩傍，号为傅岩。盘庚（应为武丁）得说于此，命以为相。”《史记》《路史》《古今姓氏书辩证》

等书都有大致相同的记载。至此可以看出汉族傅姓在古代融为一体，早已为古人所共识。今日天下汉族傅姓修谱，无一例外均尊傅说为受（得）姓始祖，也充分证明了傅说早已成为汉族傅姓的共祖。至于“赖”“罗”改姓傅姓的那一部分，虽不是傅说的后裔，但他们文化认同傅说是祖先，傅说也成为那一部分人的共祖。

少数民族傅姓各有自己的祖源和开基祖那是客观事实，但随着时代的发展和思想的进步，人们日益注重文化传承。大家认为中华傅姓虽有民族的不同、姓源的不同、开基祖的不同，但天下傅姓有历史明确记载的受（得）姓始祖却仅有殷商贤相傅说一人，因此近年来有许多少数民族傅姓宗亲文化认同傅说是中华傅姓的祖先，自发地前往祖地平陆祭祀傅说。至此，傅说已经成为天下傅姓的共祖。

正是因为以上汉族傅姓共尊傅说为始祖、他姓改姓傅姓那部分宗亲和少数民族傅姓宗亲的文化认同等原因，《中华傅氏通谱》的定位是一部文化谱，目的是传承中华傅氏文化，因此傅氏大家族尊傅说为共祖。至于他姓改姓傅姓的分宗和少数民族傅姓的分宗，他们的姓源和开基祖，将在《中华傅氏通谱·源流编》中立专章予以记述。

二、复姓之傅

（一）傅余氏

傅余氏：复姓，傅余氏被认为是傅（付）氏的起源之一。《通志•氏族略》收载。其注云：“傅余氏者，傅氏余之族也。”《姓氏考略》《姓氏英贤传》“傅说为相，子孙留居傅岩者，号傅余氏。”（引自《辞源正续编合订本》子部 135 页注）《姓氏英贤传》云：“傅说既为相，有留居傅岩者，因谓之傅余氏；秦乱，（傅姓）自清河入吴，汉兴，还本郡，余不还者，曰傅余氏。”晋代有傅余颇，撰《复姓录》。

（二）刘傅氏

傅刘氏：刘傅氏开基祖傅鸾，号鸣凤，携妻杜氏负子丽川，与胞弟傅业鸟，于明孝宗弘治元年（1488），从福建上杭县城关珠玑巷，迁往广东廉江市、化州市和广西陆川县交界处的“山底”（地名）开基。由于旅途遥远，还邀了同巷居住的盟兄刘荣作伴，千里跋涉，风风雨雨，当他们才走到广东韶州府境内，不幸傅鸾病逝，遗下寡妇孤儿。胞弟傅业鸟与盟兄刘荣陪着杜氏带了遗孤——丽川，历尽千辛万苦，才到达广东廉江市的山底（今廉江市石角镇山腰管理区）。不久杜氏由于身心交瘁一病不起。盟兄刘荣便担起“托孤”的责任。当傅丽川长大成人后，为了涌泉回报养父的抚育之恩，便一身承二姓宗祧。因此百家姓新增了刘傅这个天下奇的复姓（注：“傅刘”复姓，后来由于当地的口语“傅刘”与“裤溜”相近，只好改为“刘傅”。）至 1987 年 5 月他们修了四次族谱，已传 19 代，现有裔孙约 5 万余人，在广东的廉江市、化州市和广西的的陆川、浦北、防城、宁明、上思等县繁衍，有的还远播台湾、海南和海外。

（三）傅其氏

傅其氏，姓见《续通志•民族略》。罕见汉族姓氏。今北京有后裔，汉代有傅其义，现代有著名乒乓球运动员傅其芳。

（四）傅佳氏

傅佳氏，世居在我国东北辉发（今吉林柳河、辉发河以及沙河下游，桦甸、辉南一带）、福宁额（今黑龙江虎林一带）等地的锡伯族人，清朝中叶以后改为汉姓者，多冠汉姓为傅佳氏。

三、傅姓融合

中华大地从来就是多姓氏、多民族、多源流。在历史长河的进程中，至明、清，因政策、战争、避祸移民、经商、流离失所、随母、迷信命运等多种原因变化、融合，最终形成了多姓氏、多民族的联合体——中华民族。整个民族大家庭在血缘上是共祖的，你中有我，我中有你，皆为炎黄子孙。姓氏和族称的多元化有着悠久的历史，直至今天，中国已形成了一个姓氏多民族，民族多姓氏这样的一种格局。并且这种现象仍在延续、变化。一个家庭多个姓氏、多个民族的现象也极为常见。

先秦时代中国人自称华夏族，专指中原地区，中原周边的地区被称为“四夷”，即“东夷、北狄、南蛮、西戎”，中原华夏族与“夷、蛮、戎、狄”构成了以地域方位、民族特征划分的五大民族集团。而“汉族”这个名称是汉朝以后才产生的叫法，它特指使用汉语，具有共同地域，共同文化传统、风俗习惯的民族，是中华民族中人口最多，分布最广的一支。

今天的汉族实际上已在数千年历史的发展进程中融入了先秦五大民族集团的成分。汉族姓氏文化发展的过程，也是中国历史上各民族不断融合的过程。所以傅姓也是多民族融合组成的大家族，天下傅氏皆共尊圣人傅说为立姓始祖。

（一）赫章赵傅二姓的来历

今贵州赫章县有赵傅氏，传说明初傅友文之子傅朝勋属扈寻建文帝而入黔则雄，傅友德之子傅正文也同被株连而流落黔疆。这次结盟是傅正文与傅朝勋会晤后，经两人商议决定，由傅朝勋为傅氏代表参加西望坡合姓结盟仪式。因为南京人第一批入黔的是以傅友德调北征南而来，而《百家姓》中赵姓又排在第一位，所以傅赵合姓。

西望坡合姓联盟碑记

明永乐五年（1407）正月，傅姓族人代表，在息烽鹿窝西望山参加约会，合姓结盟，将赵宜先、谢法孔、宗铭良、祝济南、王俊波、唐启明、罗文瑞、司毓英、涂瑞祯、岳玉明、蔡佰阶、薛松廷、余恩荣、陈玉福、傅朝勋、萧质彬、周云武、徐松廷、李鹏程、熊登明、焦世先、晏巩全、马武军、沈应龙、郭大雄、林全森、钦明友、龙朝轩、黄世棋、何廷选、张云程、华世贵、钱云龙、杨学诗、邓文光、韦志远三十六姓合为赵谢二大姓（赵、谢为明姓，其余为暗姓）。

盟碑阴镌“万古丛林，永乐五年正月盟誓”十二字。合姓结盟是为加强团结，共御外辱，更好生存。至此，各记暗姓，长期沿袭，不得改变，否则要遭惩罚。解放后，统一姓赵、谢的族规虽有改变，有的姓氏恢复了自己的原姓，但尚有一部份仍未恢复。总之，合姓结盟是为了加强团结，壮大力量，抵御外辱。

——摘自赫章则雄《傅氏族谱》

（二）威宁傅范二姓之说

据威宁《傅氏族谱》记载，威宁傅姓的分宗祖彬侯公，乾隆年间从江西丰城徙居威宁，是江西丰城籍来威宁的傅姓鼻祖。生子启贵。据考证，鼻祖彬侯公生启贵后寿终，启贵公便随母出行范姓，因此傅姓便有范姓的说法。

（三）六盘水地区傅姓改为钟姓由来

据六枝新场《傅氏族谱》记载，明代傅怀德的六子傅元善，与一钟姓老乡被点兵沙场，两人发誓盟约在先，生还家乡者，顶其不幸者之姓，终养其遗属。后来，傅元善从水城转入威宁县龙场镇柳树村颜朱块成亲，改姓钟，他的后裔就沿袭姓钟。

（四）民族融合

贵州是一个多民族地区，历史上傅氏族人多次迁徙融合，苗、侗、布依、彝、土家等少数民族借姓和改姓的情况不在少数。加之招赘、避祸等原因，使傅赵、傅胡、傅刘等姓同源。历史上每一次的民族交融，都促进了姓氏文化的发展，体现了民族团结、融合的风貌，构成了贵州傅氏的一大特色。新中国成立后，行政行为的改变，贵州最为突出，如黔东南州、铜仁地区、黔西南州、黔南州、遵义地区的部分县，由于民族自治的人口达不到国家制定标准数，所有的民族都要统改为汉民族。另外子女入学，一个家庭只要具备一位主要成员是少数民族的条件，就可享受20分考分照顾等。

四、傅姓、“付姓”考辨

中华民族的姓氏，是同一血统群体的标志，是某一族群区别于其他族群的徽记，体现了祖先和家族的尊严，具有神圣而崇高的意义，所以自三代以来数千年间姓氏为各族群所尊崇。将姓氏写错，会被同族斥为不肖子孙，被认为是弃宗别姓。严肃认真书写姓氏，是中华民族的优良传统。可是，由于多种原因的影响，当今某些姓氏在书写上出现了严重的混乱，给人们工作和生活带来了许多不便和烦恼。给思想和精神带来了一定的伤害。比如当今中国大姓之一的“傅”被错写为“付”，就是典型。为了拨乱反正，规范使用姓氏用字，维护中华民族的优良传统，笔者对傅姓和“付姓”进行了探讨和考辨。

（一）

傅姓是历史悠久的中国大姓之一，开姓始祖是商武丁时期的中兴贤相傅说。自傅说以降，信史记载傅姓受姓历史已有近三千三百年[1]。

傅，《说文解字》的释义是“傅，相也。从人，尃声。”即师傅的意思。

傅氏的姓源可谓古老悠久。《史记·殷本纪》记载：“武丁夜梦得圣人，名曰说……乃使百工营求之野，得说于傅险（亦作岩）中……得而与之语，果圣人，举以为相，殷国大治，故遂以傅险姓之，号曰傅说。”[2]这是傅氏受姓的由来。据《国语·周语上·内史过论神》记载，春秋周惠王十五年（公元前662年），有丹朱之神降于莘，“王使太宰忌父帅傅氏及祝、史奉牺牲、玉鬯往献焉。”三国吴人韦昭注云：“傅氏，狸姓也，在周为傅氏。”[3]汉王符《潜夫论·志氏姓》记载：“由此帝尧之后，有陶唐氏、刘氏……狸氏、傅氏。”其文注云：“按《周语》，丹朱之后狸姓。”[4]宋欧阳修《新唐书·宰相世系表四》记载：“傅氏出姬姓，黄帝裔孙大繇封于傅邑，因以为氏。”[5]宋邓名世在所撰《古今姓氏书辨证》中云：“尧出于黄帝，丹朱出于尧，大繇出于丹朱，为狸姓。傅氏更虞、夏、商、周为族姓已久。”[6]综上所引，我们可以得出，先有傅邑、傅岩，然后有傅氏。傅说出自傅岩之傅姓，傅姓出自大繇之狸姓，狸姓出自尧帝之祁姓，祁姓出自黄帝之姬姓。当今傅氏是傅说之后，傅说是黄帝之裔大繇之后，从大繇算起至少在公元前2070年前就有了傅姓，据当今著名姓氏学学者袁义达考证，从大繇至傅说再至如今，“傅姓历史至少有四千年以上”[7]。

历代典籍对“傅”姓的记载自远古一直延续至今。从《尚书》《国语》《春秋》到《幼学琼林》等史籍不下数十种，都有傅姓及傅姓人物的记载；从《广韵》到《辞源》、《辞海》，历代字、词典对“傅”字的释义，都有“姓”的义项；历代姓氏专著，从《世说新语·谱状部》《元和姓纂》到《通志·氏族略》《姓氏考略》，无一不记载傅姓，而且大都注有“殷相傅说之后，筑于傅岩，因以为姓。”“傅”字作为姓氏用字，已是尽人皆知之事。

傅氏除了其源古老悠久外，其流——子孙后裔亦兴旺发达，显耀于世。傅氏的英杰人物，自商相傅说起，历代都有名人。周有傅瑕、傅傁，汉有傅宽、傅介子，唐有傅奕、傅仁均，宋有傅尧俞、傅察，明有傅友德、傅冠，清有傅以渐、傅宏烈等，《二十五史》载有列传的就有六十七人。近现代著名人物更多，有彭真（傅懋恭）、傅作义、傅秋涛、傅抱石等等，举不胜举，可谓历代簪缨相续，累世人材辈出，无愧于中国百家姓中鼎姓大族。

傅氏自傅说受姓以来，历近三千三百年，子孙枝繁叶茂，遍及海内外，人口已达七百万，据1982年第三次全国人口普查，傅氏居全国一百大姓的第三十六位。

（二）

“付”不是姓氏用字，无源无流，并非古姓。今日“付”用作姓氏，是“傅”的俗写，是不规范的姓氏写法。

“付”，《说文解字》的释义是“付，予也。从寸，持物对人。寸者，手也。”即手持物体交给他人，支付的意思。“付”，作为所谓姓氏，明代以前的各种姓氏书籍，如春秋时左丘明《世本》、汉应劭《风俗通》、汉王符《潜夫论》、唐林宝《元和姓纂》（省称《姓纂》）、宋时《百家姓》、明初《千家姓》皆无载，始见于明嘉靖、万历时人凌迪知所编《万姓统谱》：“付，见《姓苑》。明，付吉，大成（今为大城）人，以通经领乡荐，永乐中擢监察御史。刚直有为，升为陕西按察司副使。”[8]很清楚，“付”作为姓，时间并不长，是一个中途冒出来的“姓氏”。

中国的每一姓氏都有姓源，都有开姓始祖。凌迪知所列“付姓”，本来没有说明此姓来源于何处，开姓始祖是谁，只是说“见姓苑”，《姓苑》有无“付姓”，下文再论，但与凌同时代的陈士元在编撰《姓觿》时却补注是“《姓纂》云，郑人史付之后。”[9]郑人史付是何许人物？古文献仅见于《荀子·宥坐》。其文引孔子的话说：“是以汤诛尹谐，文王诛潘止，周公诛管叔，太公诛华仕，管仲诛付里乙，子产诛邓析、史付。此七子者，皆异世同心，不可不诛也。”[10]史付其人除了此文所载“子产诛邓析、史付”七字外，所有古籍都无只字记载，我们无法知道他是否有后裔。史付到底姓什么？按照中国自古以来的姓名习惯，“史付”似乎其人应该姓史名付，而决不是姓付名史。至于“付姓是史付之后”的说法，其子孙为什么舍弃“史”而姓“付”，则无史料佐证，不足为信。而且，《荀子·宥坐》记为“子产诛史付，”而《孔子家语·始诛》记载这一史事时，却记为“夫殷汤诛尹谐，文王诛潘正，周公诛管蔡，太公诛华士，管仲诛付乙，子产诛史何，是此七子皆异世而同诛者，以七子异世而同恶，故不可赦也。”[11]这段话把“史付”记为“史何”。到底是“史付”还是“史何”，也姑且不论，反正此人不姓“付”是肯定的。可见“付姓”没有姓源。

付姓没有“源”，同时也没有“流”，即历史上没有发现“付姓”后代的踪迹。查遍《二十五史》，在所有人物传记中没有一个“付姓”人物的记载。至于《万姓统谱》和《姓觿》中所载，被当今有些姓氏专著，有些权威字、词典普遍引以为据的“付姓”人物例证“付吉”、《荀子·宥坐》中所载“付里乙”、《孔子家语·始诛》里所载“付乙”，说他们姓“付”，则是必须澄清的误载。

首先，来看“付”作为姓的第一个人物“付吉”，这是最先出现“付姓”的明人凌迪知所编的姓氏专著《万姓统谱》所引的例证。后人编著的一系列书籍关于“付”字作为姓氏时均援引此文。《辞海》1979年版、1989年版，均在“付”字条下注明“姓。明代有付吉。”《汉语大字典》，“付”字条下注明“姓。《万姓统谱·遇韵》：‘付，见《姓苑》。付吉，大成人……”[12]《中国姓氏大辞典》，在“付”字条下注明“姓。人物付吉，明时河北大城人……”[13]这里诸书所引“付吉”，似乎千真万确姓“付”了，可是“付吉”并不姓“付”，而是姓傅。河北《大城县志》载：“傅吉，大城县傅庄子村人，出身望族……永乐十七年（公元1419年）被任为山东道监察御史……宣德八年（公元1433年），升为按察司佥事，正统七年（公元1442年）擢为陕西按察司副使。”[14]河北大城县傅村《傅氏族谱》记载内容与县志记载完全相同，且明确记载傅吉之父名傅志能，明永乐初奉旨自清河县迁于大城县小流漂村，至今已繁衍数千人。现在，小流漂村傅吉的坟墓保存完好，墓碑上清楚书写的姓氏是“傅”，而不是“付”。从以上所引材料，《万姓统谱》所载“付”姓人物例证“付吉”，其名、籍贯、履历、官职都与“傅吉”相同，显然该书所引“付吉”实为“傅吉”之误。这是将“傅吉”误写为“付吉”的最早出处。正是由于凌氏《万姓统谱》的错误，以至后来的许多字、词典和姓氏专著都误将“付”字作为姓氏用字，将“付吉”作为“付姓”的唯一例证，误导了数百年，直至最近出版的大型辞书和姓氏专著，还在错误地用“付吉”作为“付”字姓义项的人物例证，真是误人不浅。最不应该的是，凌氏所撰《万姓统谱》卷九十五第三十七页“付”字条下列有“付吉”，而同书同卷的第二十五页，“傅”字条下竟赫然列着“傅吉，大成人，以通经领乡荐，永乐中擢监察御史。刚直有为，升为陕西按察司副使。”“傅吉”与“付吉”内容竟一字不差。想不到这位大名鼎鼎的明万历年间工部员外郎凌迪知竟疏忽大意出了这个差错，害得后来直至当今的许多编著大家人云亦云，稽考不严，也跟着出错。

再看“付”作为姓的第二个人物例证“付乙”。大型汉语工具书《汉语大词典》在“付”字条下注明“姓。春秋时鲁有付乙。《孔子家语·始诛》：‘管仲诛付乙。’《荀子·宥坐》作‘付里乙’。”[15]《汉语大词典》“付”字的人物例证没有引用“明有付吉”等字样，显然考虑到“付吉”其人有误，而改用“付乙”。这是目前见到的唯一在“付”字条人物例证中不用“付吉”而用“付乙”的权威字、词典。暂不论到底是齐有付乙，还是“鲁有付乙”，且看付乙是何许人物。查遍史籍，“付乙”其人也仅见于《孔子家语·始诛》：“管仲诛付乙，子产诛史何”。《孔子家语·始诛》这段话与《荀子·宥坐》基本相同，但有五处不同：荀文中的“潘止”，孔文中变成了“藩正”；荀文中的“管叔”，孔文中变成了“管蔡”；荀文中的“付里乙”，孔文中变成了“付乙”；荀文中的“史付”，孔文中变成了“史何”；荀文中列举的古代七子：尹谐、潘止、管叔、华士、付里乙、邓析、史付，孔文中同样列举了七子，但名单只有六人，少了一个邓析。《荀子》一书是战国时赵人荀况晚年居蘭陵时所著，一直流传至今，可信度高；而今传《孔子家语》一书系三国魏时王肃所辑，史事多有舛谬，上文所引《孔子家语·始诛》“周公诛管蔡”，就是明显错误，而《荀子·宥坐》“周公诛管叔”，则正确无误[16]，因此学界早已将其疑为伪作。显然，《孔子家语·始诛》所载“付乙”其人系“付里乙”之误。

付里乙又是何许人？古籍中仅见于《荀子·宥坐》，我们已无法知道更多信息，只能从“管仲诛付里乙”中推测他可能是齐国人，因为付里乙是管仲相齐时所杀。不过后人对付里乙其人倒有一些研究，据袁义达编著的《中国姓氏大辞典》所引清人张澍所撰《姓氏辨误》，张氏经过稽考，已将“付里”列为复姓，并且注明“付里乙，一作史附里，或作付乙，又作鲋里乙、符里。”[17]由此可见，《汉语大词典》在“付”字条下所引“付姓”人物例证“春秋时鲁有付乙”，又是一次未加考证的误引，同样是一次名家的大意之误。

“付姓”的姓源、人物例证之误已如上述，再来分析“付姓”的出处是否有错。《万姓统谱》把“付”列为姓，注明出处是“见《姓苑》”；《姓觿》注云：“《姓纂》云，郑人史付之后”；《中国姓氏大辞典》等许多姓氏专著大都注明“见《元和姓纂》”。这里主要涉及古代两部姓氏专著《姓苑》和《元和姓纂》。首先，看《元和姓纂》中有无“付姓”。查近人岑仲勉《元和姓纂四校记》中原文“傅”姓条后接着是“树机”姓，可见古本《元和姓纂》并无“付姓”。现在见到的该书“傅”姓与“树机”姓之间列着的“付”姓条目，注明“岑补”，“郑人史付之后”注明“岑校，据《姓觿》七引”等字样，明确告诉人们“付姓”是近人岑仲勉在第四次校勘《元和姓纂》时据《姓觿》补入的。这进一步说明《元和姓纂》中本来没有“付姓”。其次，再看《姓苑》中有无“付姓”。《元和姓纂》中大量引用了南朝宋人何承天所撰《姓苑》的材料，设想当时《姓苑》中如果有“付姓”的话，林宝不会不把“付姓”列入《元和姓纂》。《元和姓纂》古本中没有列入，则说明《姓苑》中没有“付姓”。《万姓统谱》所云“见《姓苑》”也是误引。同理，既然《元和姓纂》中没有“付姓”，《姓觿》何来的“《姓纂》云”？《姓觿》所引之误则不言自明了。至于《中国姓氏大辞典》等所注“见《元和姓纂》”，其中所列“付姓”，是近人岑仲勉在 1948 年补入《元和姓纂四校记》的[18]。以上分析，说明“付姓”没有出处，所谓“见《姓苑》”“《姓纂》云”都是误引。

经过上述考证和分析，将“付”误为姓的整个过程，已经清楚：在明代万历前所有姓氏专著中都没有“付姓”，直到明嘉靖、万历间浙江湖州人凌迪知在编撰《万姓统谱》时才将“付”作为姓列于其上。《万姓统谱》出现“付姓”后，被同时代湖广应城人陈士元所编《姓觿》收入，并且加上了“《姓纂》云郑人史付之后”等字样，这样“付姓”就有了姓源和例证，成了一个似乎完全真实的姓氏。到了近代，1948 年岑仲勉在《元和姓纂四校记》中将《姓觿》中的误载“付，郑人史付之后。”补入了《元和姓纂》。如此一来，由于《元和姓纂》在姓氏学方面不容置疑的权威性，于是使人误解为“付姓”是

《元和姓纂》的原始记载，而“付姓”确有其姓了。岑仲勉此举遗害匪浅，其补入的“付姓”被今人广泛征引。无独有偶，今人袁义达编著《中国姓氏大辞典》就在“付姓”条下注明“源出春秋时郑人史付之后，见《元和姓纂》。”由此可见，将“付”误为姓之始作俑者是明人凌迪知，谬种流布者是明人陈士元，遗误最甚者为近人岑仲勉。其他如《辞海》《汉语大词典》《汉语大字典》《新华大字典》《现代汉语辞典》《中国姓氏大辞典》的编者、著者，无一例外地人云亦云，以讹传讹，终致三人成虎，讹而为真。唯有1915年起出版、1979年修改出版的《辞源》编者和1921年出版的《中国人名大辞典》及其《姓氏考略》的编著者不失学者严谨，始终没有把“付”列为姓氏。近年出版的陈复华主编《古代汉语词典》、宋福邦等主编的《故训汇纂》等“付”字条下都没有“姓”的义项。特别值得称道的是中小学生几乎人手一册的《新华字典》，从1953年初版至今虽多次修改出版，但始终没有把“付”作为姓氏，这种严肃认真的治学精神实在令人敬佩。

综上所述，“付”自古至今不是姓，已经了然。现今出现的大量“付”姓，是“傅”姓的俗写，那是众所周知的事实。历史上如果除“付里乙”“付乙”外还有“付某某”等人，则是有如“付吉”一样的误写、误载了。

（三）

中华姓氏是中华民族以血统继承关系为基础，体现只有一位开姓始祖的家族族群符号。“行不更名，坐不改姓”，是护卫祖先与家族尊严的表现。正确使用姓氏是中华民族的优良传统，是中华文明不同于其他文明的特征之一。应当严肃对待姓氏用字，纠正不规范使用和书写姓氏的错误做法。

中华民族书写姓氏历来都是很严肃的，没有人将自己的姓氏胡乱书写。傅姓人氏从始祖傅说以来，直至20世纪50年代，历三千余年都把姓书写为“傅”，没有一人写成过“付”。上海图书馆所藏的民国以前的全国二百八十余部傅氏谱牒，全部都是《傅氏族谱》或《傅氏家谱》，没有一部家谱将“傅”写成“付”的。这次傅氏大家族编修《中华傅氏通谱》，见到民国以前的族谱数量更多，但没有一部将“傅”写成“付”的。同时，当今六十岁以上的老者，少时书写姓氏时都是写“傅”，从来没有写过“付”。可见傅氏宗亲对自己的姓“傅”，是十分尊崇和敬畏的。可是从20世纪60年代以来，社会上大量的“傅”姓被写成“付”。更有甚者，一家人中父亲姓“傅”，儿女姓“付”，兄弟姐妹中有的姓“傅”，有的姓“付”，造成了严重的姓氏用字混乱，形成了“傅”、“付”并存的社会现象。这是极不严肃和不应该的事，给中华文明抹上了一丝污垢，给广大傅氏宗亲感情上造成了一定伤害。

在具有悠久历史文化的中国为何会出现此类为人诟病的现象？究其原因，主要有以下四点：

一是由于中华人民共和国成立后，某种否古思潮和主流文化对传统文化的冲击，以及整个社会文化心态的变化，在一定程度上破坏了脉络清晰、科学有序的中国姓氏代代相传的规则和传统，致使人们淡化了家族、姓氏观念，甚至有的人以西方人的观念来解释中国传统的缺失，认为“姓名只不过是一个人的符号，换一个符号同样还是这个人，姓什么、把姓写成什么无关紧要。”正是由于这种思想观念的泛滥，社会上才出现了把姓氏任意简化、把姓氏任意书写的不正常现象。这是当今姓氏书写不规范的主要原因。

二是 1977 年国家文字改革委员会公布试用的《第二批汉字简化方案》，为了减少字数，将许多字简化为一个字，造成了姓氏用字的极大混乱。如该方案将“师傅”的“傅”，简化成“付”，被人们误解为“傅”已经简化成“付”，所以凡是写“傅”时一律改写为“付”了。虽然此方案试行不久即被废除，但其流毒却无法肃清，至今还有人认为“付”是“傅”的简化字，殊不知“傅”与“付”是两个意义截然不同，使用毫无关系的两个字。这是姓氏书写不规范的社会原因。

三是国家权威出版物和姓氏专著，人云亦云以讹传讹的所谓诠释，误导了人们。比如上述《辞海》《新华大字典》《现代汉语词典》《汉语大词典》《汉语大字典》《元和姓纂四校记》《万姓统谱》《中国姓氏大辞典》等等书籍上所载“付姓”，让人们误以为“付”是古姓，“傅”在古代就已简写，加剧了姓氏书写的混乱和不规范。这是姓氏书写不规范的文化传播原因。

四是人们以简代繁的心态和习惯，促使不规范的姓氏写法泛滥成灾。据有关部门在近年抽样调查的有关七个地区的七百二十九个姓氏“频度表”中，“付”姓人数竟列在第八十五位，这远比“傅”姓超前了二十一位；据 1982 年第三次全国人口普查统计，“傅”姓人口居一百大姓中第三十六位，而 2000 年第五次全国人口普查统计，“傅”姓人口在一百大姓中降到了第五十三位。很显然，傅姓中有大量的人口把姓改写成“付”，而被排除在傅姓之外，造成傅姓排位的急剧下降。这是造成不规范书写姓氏的又一重要原因。此种现象已经引起了专家学者的重视。袁义达在其编著的《中国姓氏大辞典》“付姓”条下注明“付，今已普遍成为傅姓之俗写。”[19]这种俗写如广大傅氏宗亲再不引起重视而加以纠正的话，则“傅”姓将来极有可能出现演变无序和世系传承断代，最终会演化成“付姓”，那就是傅氏大家族的悲哀了。

面对当前这种姓氏书写不规范的问题，纠正起来也并不难，主要的方法有以下三条：

一是广大傅氏宗亲首先要提高认识，正确书写姓氏。一个姓氏的产生是以血统的继承为基础的，一个姓只有一位开姓始祖。一个人改掉自己原有的姓氏，采用另一个正在使用的姓氏，实际是意味着放弃原有的血统，改认别姓的开姓祖，那是真正的忘祖忘宗的不肖子孙了。要从护卫祖先和家族尊严的高度来严肃对待姓氏，教育家人正确书写姓氏，还要强烈呼吁国家有关部门和专家学者纠正诠释错误和使用错误，只要大家强烈反映，一定会引起国家和社会的重视。

二是恢复“傅”姓。由于姓名关系到个人社会生活的方方面面，把不规范的“付”改为正确的“傅”，可能存在一些困难，办起来有一定麻烦，但这些麻烦不是不能克服的，只要我们认真去改，就一定能改过来。特别是未成年人，改起来很容易。当前不是有大量的傅氏宗亲已经改过来了么？

三是从现在起为下辈起名时，有关部门登记时，尤其是新生儿的出生证明、派出所的户口登记和全国人口普查时，一定要正确书写姓氏，并要督促有关部门和人员正确登记姓氏。各地傅氏宗支编纂族谱时一定要书写“傅氏族谱”或“傅氏家谱”。这样，用不了多长时间，就能彻底纠正将“傅”写成“付”的错误，从而纯洁姓氏用字。

“傅”与“付”本来是两个不同含义的字，由于多种原因造成了姓氏用字混乱，这是傅氏家族极不愿意看到的事情。希望全国七百万傅氏宗亲都行动起来，努力纠正不规范的姓氏用字，严肃认真地正确书写自己的姓氏“傅”字，护卫祖先和家族的尊严。

（考证人：傅传松）

注：

⑴根据夏商周断代工程专家组《夏商周断代工程 1996–2000 年阶段成果报告》公布的《夏商周年表》，商武丁的在位时间是公元前 1250–前 1192 年。若以武丁即位时傅说年龄为三十岁推算，傅说的生年当在公元前 1280 年左右。（见宋镇豪、宫长为主编《中华傅圣文化研究文集》第 113 页，杨善群《中国历史上最早的圣人——傅说》页下注①）

⑵《史记》卷三《殷本纪第三》，中华书局，1959 年 5 月版，第 102 页。

⑶《国语》卷一《周语上·内史过论神》，湖南岳麓书社，1989 年 9 月版，第 8 页。韦注引自《墨子·所染三》，见湖南岳麓书社《诸子集成·墨子间诂》第 111 页。

⑷《潜夫论·志氏姓》，汉王符著，见《诸子集成》卷九，湖南岳麓书社，1996 年 10 月版，第 223 页。

⑸《新唐书·宰相世系表四》，宋欧阳修等撰，中华书局，1975 年 2 月版，第 3154 页。

⑹《古今姓氏书辨证》，宋邓名世撰，江西人民出版社，2006 年版，卷三十，第 449 页。

⑺《中国姓氏·三百大姓》，袁义达、邱家儒著，华东师范大学出版社，2007 年 11 月版，第 199 页。

⑻《万姓统谱》，明凌迪知撰，四川成都巴蜀书社，1995 年版，“付姓”见该书卷九十五，第 37 页。

⑼《姓觿》，明陈士元撰，商务印书馆影印本，引文见该书卷七，第 225 页。

⑽《诸子集成》第三册《荀子集解》卷二十《宥坐第二十八》，战国赵人荀况著，湖南岳麓书社，1996 年 10 月版，第 379 页。

⑾《孔子家语》卷一《始诛》，三国魏王肃辑，中华书局，2007 年版，第 3 页。

⑿《汉语大字典》（缩印本），徐中舒主编，湖北辞书出版社，1992 年 12 月版，第 113 页。

⒀《中国姓氏大辞典》，袁义达等编著，江西人民出版社，2010 年 5 月版，第 215 页“付”。

⒁《大城县志》，华夏出版社，1995 年 4 月版，第 848 页。

⒂《汉语大词典》（缩印本），汉语大词典编纂处编，上海辞书出版社，2007 年 12 月版，第 478

页。

⒃管叔和管蔡系周武王之弟，周公之兄。武王死，成王年少，周公摄政，管叔和管蔡作乱，周公东征，杀管叔而（流）放管蔡，事见《史记·管蔡世家》。《史记》，中华书局，1959年5月版，第1565页。

⒄见本文注释⒀，第215页“付里”。

⒅《元和姓纂四校记》，岑仲勉校，中央研究院历史语言研究所，1948年版，引文见该书卷八1211页“付”字条。

⒆见本文注释⒀。

第三节 傅氏始祖

中华傅氏，源远流长，天下傅氏，同源异流，一脉相承，代代相传。追根溯源，历史上各姓分属 3 个族系，即出自黄帝、炎帝、太昊和少昊祖先。大姓多属黄帝族，少部分属炎帝和东夷族。傅姓则属黄帝族。每个姓氏均有来源，傅姓起源有三：一是以国为氏，二是以邑为氏，三是以地名为氏。这些氏系，先后经历了 28 世，传至傅说这代，称圣擢相，助殷商武丁中兴，成为一代贤相，后人共尊傅说为始祖。

一、世族渊源

按傅氏出姬姓，黄帝裔孙大繇，封于傅邑，子孙因以为傅氏，居傅险”（傅岩）。傅说，为殷朝武丁高宗之宰相，起于傅岩。为中华傅氏公认第始祖。

关于傅说的家世渊源，全国部分《傅氏族谱》所述：

一、傅说高祖皇浑，妻有峤氏，祖曰尊连朱，妻颜氏，父曰正考甫，母曰蜀山氏而生说，在山西平阳府陆县（应为平陆县）宁肃郡，绵乡里，土名傅岩。一说自上古有绒氏，说公其后也。

二、说公勋在王室，事载史册，年八十有九岁，葬虞步界下，封陕州郡公，妻张氏姜氏，俱封一品夫人，居傅岩，生二子，长子仍为相，名曰奇，次曰宣。

三、其上系出轩辕—子玄嚣—子峤极—子帝喾—子唐尧—子丹朱—裔孙大繇，食采傅岩遂居以为姓，传狸沩，狸沩传陶虞，陶虞传裔滨。越七世而传至辛庚，辛庚传皇浑，妻有峤氏；传尊连朱，妻颜氏，传正考甫，娶蜀山氏，传帝局。说，乃帝局之次子也。娶张氏、姜氏，生恒、伯征，伯征娶姬氏生怀安。

以上诸说不一，也许是古代多妻制，子孙母系有别。古时交通不便，人文信息不能及时交流所限，各自记述难以相同。

傅氏后裔薪火相传，繁衍生息至今也有一百二十余代。

二、始祖傅说

中华傅氏的始祖为傅说。生于 3300 多年前的商代，是商王武丁的至高权臣。据史籍所载，他是中国历史上最早被尊奉为“圣人”的人，应当是比孔子早大约 800 年的商朝武丁时期的傅说。即：先有西边的傅圣人，继有东边的孔圣人。傅说是中国上古奴隶社会、殷商时期著名的政治家、军事家、思想家和建筑科学家，被敬尊为“梦父”“寝父”“天神”。

（一）称圣擢相

商王武丁是一位胸怀远大，有志励精图治的国王。他即位之前，曾经生活在民间，比较了解社会底层的实际情况。即位以后，三年没有理政，国事全由冢宰管理，他从旁观察，思索复兴殷商的方略。但贵族中找不到理想的得力助手，他希望傅说能辅助其成就大业。但他深深地感到：贵贱等级分明，是商代难以超越的“雷池”。要不拘一格选拔人才，必然会遭到王公权贵们的坚决反对。怎么办？商代的人十分相信鬼神，武丁就巧妙地利用了这一点编个故事：上苍托梦引见，一个可以辅政的圣人，就在王国境内。并叫人按梦中所见圣人面貌神态画成了画像。先对照王朝里的官员，没有一个人对得上号，便派郑达等大臣们到处去找。结果，在傅险（也叫做傅岩，今山西平陆县以东的圣人涧），找到一个相貌相像，叫做“说”的人。

傅说从政之前，曾在奴隶群体中，在傅岩做苦役。傅险这地方就在殷商时期虞、虢两国交界处，是潞盐运销黄河以南的交通要道。这里两山高耸，涧水中流，每到夏季，洪水暴涨，冲毁道路，行旅受阻，奴隶们就在这里以传统的方式以土石阻拦，智者傅说在劳动中发明了版筑术，以此方式修筑路堤，效率极高，且不易被摧坏。人们皆称之为“大圣人”。后人从此沿用此法筑路造房，甚至仍可见实物的长城。傅说就靠从事版筑维持生计，虽有才干，无从施展。

郑达带着“说”回到国城去见武丁。武丁一看就笑着说：“我在梦中见到的‘圣人’正是他”。

武丁请教他治国平天下的办法，傅说应对如流，条条切中要害，道理极其深刻，武丁听后赞赏不已，便举以为相”。结果天下大治，武丁也因此而被誉为“中兴明主”，而“说”，便被赐姓为傅，其后人姓傅，皆称商朝名相傅说为天下傅姓之本源正宗。

武丁是中国至今历史上第一位有确切记载的君王，傅说逝世后，地方在傅说曾经从事“版筑处”建立了“傅说祠”，傅说当时藏身的洞穴被封为“圣人窟”，“圣人窟”前那条小河被易名为“圣人涧”。

山西平陆傅岩为傅氏始祖傅说生活劳作过且留下遗迹最多的地方，傅氏后裔非常向往这个位于中条山脉、黄河之滨并相邻黄土高坡尽头的山水共生之地，许多人于每年的农历四月初八（傅说公生日）庙会日前往山西平陆，朝拜傅说祠及陵墓。

（二）丰功伟绩

1．创造发明版筑技术

傅说发明“版筑”（以两块木板相夹，中间填充湿土，以石杵捣实，筑成土墙）营造技术，在我国建筑科学史、交通史上占用重要的一页，这一技术在今天的建筑领域仍然在广泛使用，只不过是将以前的木板换成了现在的钢模。

2.《说命》三篇，旷世哲言

傅说的治国理政才略，就是流传后世的“君臣对话录”《说命》三篇，集中反映了他的政治理想和远大抱负。君臣间的对话，记录在中国最早的历史文献——儒家经典之一的《尚书》里。

上篇叙述傅说初见武丁之过程，及武丁虚心纳谏的言论；中篇是傅说向武丁陈述治国方略，其中有传颂千古的“非知之艰，行之惟艰”的哲理名言；下篇为傅说论学，武丁以伊尹为镜子期望于傅说，傅说则以商第一代国君成汤为榜样，诚求于武丁，两人互相勉励，各尽其道，水乳相融。此君臣对话录，成为武丁安邦治国的总纲领，从而成就了商朝历史上有名的“武丁中兴”的辉煌盛世。

3．鼎力辅佐，武丁中兴

傅说以奴隶身份一跃上升为地位显赫的宰相，确实是殷商高宗武丁惊天动地的改革之举。武丁执政期间，能诚心接受傅说的谏言，因此，傅说也尽心尽力地辅佐武丁大力改革，使殷商政治、经济、文化、军事等方面都出现了空前鼎盛的局面。

（1）武丁时期确定了以嫡长子继承为核心的宗法制度，这是奴隶制国家发展的重要标志之一，对巩固王权起了重要作用。

（2）武丁时期国家内部机构设置较为健全，宫内事务、畋猎、武事、宗教、庶民和奴隶管理，刑罚、器械制造以及文秘事务等管理有了明显的分工。

（3）武丁时期有一支强大的军事武装力量，利用壮大起来的社会经济，不断进行一系列的战争，征服了周边许多国家，商王朝的版图空前壮大，以王畿（今河南安阳市）为中心，西达秦陇，东至滨海，北越西喇木伦河，南面越过江汉流域，到达湘赣地区。

（4）奴隶制的生产关系，“协田”制，三人协作，在农业上的广泛推行，是商代农业得以发展的重要原因。武丁时期，农业已相当进步，已掌握了农作物的栽培过程，农耕用的器具也达到一定水平。有关植物水分生理学知识的记载，要比古希腊有关的记载早 1000 年。

（5）武丁时期的林、牧、副、渔等较发达，森林的采伐已具备相当的规模。

（6）青铜冶炼业在武丁时期也相当发达，青铜器的品种、数量及其工艺水平都是比较高的。武丁时期铸造的司母戊大方鼎，是现在世界上已发现最大的青铜器。

（7）农业和手工业的分工，大大促进了殷商商品生产和交换的的发展。由于商朝人很会做买卖，以后在人们心目中形成了一种概念，称买卖人为“商人”。

（8）殷商的医学也达到了较高水平。当时已基本上有了今天的内、外、耳、鼻、喉、牙、泌尿、妇产、小儿、传染等各科。

（9）殷商时代的天文历法也达到了很高水平，甲骨文中有不少关于风雾雨雹阴的记载，古气象学的研究提供了最早的文史资料。

（10）甲骨文盛行于武丁时期，它是现代汉字的前身，反映了殷代社会生活的真实情景，显示出殷代文化高度的发展。

（11）在小屯殷墟甲骨发掘的同时，也发现了多处版筑基址，以及柱础、柱石、石础、铜础等遗址、遗物。

海内外傅氏后裔－赖罗傅宗亲，均奉“版筑”为族记，其居处多书有“版筑流芳”“版筑居”等匾额，以弘扬先辈功德。

第四节　中华傅氏分布和迁移

中华傅氏，源远流长。凡是有江河流淌的地方，都有傅姓；凡是有傅姓居住的地方，都有勃勃生机。傅说之后，不断演进，遂发展为清河、北地、河内三大分宗，经历无数坎坷，傅氏族人以顽强的毅力，创造了历史的辉煌，演绎了动人的事迹。

一、繁衍分支

先秦时期，傅姓开始活动于河南北部和山西南部一带狭小的地区。到了秦汉之际，傅宽跟从汉高祖刘邦打天下，以功封阳陵侯，历任齐丞相和汉丞相，封地便在北地。其时，傅姓的足迹已经踏上了山东，加上西南夜郎傅姓和西羌傅姓，傅姓在汉朝已经是甘肃、宁夏、四川、贵州的大姓，很快又向西南的云南、广西等地迁移。至西晋时，傅姓已经北上河北，南下江苏，渡长江进入浙江等地。唐朝末期，傅姓随中原南下移民大潮进入了福建。明朝时傅姓已分布于江南各地了，清初傅姓进入了台湾及国外。

北地傅姓形成自义阳侯傅介子始。其后由许多分支：河内（今河南省温县）傅姓，是西汉大司马傅喜之族所在；浦江（今属浙江省）傅姓，是西汉人傅柔之族所在；扶风（治今陕西省兴平东北）傅姓，是东汉人傅毅之族所在。

两晋时，傅姓在清河（今河北省清河）得到了迅速发展，也是傅姓家族有史以来繁衍最为旺盛的时期，为东汉汉阳太守傅燮（扶风傅姓）发展而来，称盛于“清河”一带的傅姓，后成为中国东部地区傅姓的主要来源，尤其是江南各地的傅姓，大都因世事动荡及奉当朝诏令而从清河迁往江南各地。在此之前的汉代已有傅姓迁居贵州等地，大举南迁则始于魏晋南北朝之际，有傅咸一小支后裔入川。

傅咸之孙弘毅公于晋武帝时为湘潭廷尉。子孙遂自河南陕州泥阳县迁湖南湘潭曲巷白水滩居之。后裔或迁会稽（今浙江省绍兴），或迁上虞（今属浙江省）。至唐末，唐御史傅实避难入闽，为傅姓入闽始祖。弘毅公后裔傅署避黄巢之乱由湘潭寓居江西新喻石头里，为江西石头傅氏共祖。与赤渡桥瞟公、联公续修族谱，梦龙公为之序。后终日悠游泉石，颐养天年，殁于后梁开平五年（911），享年 83 岁。其子孙后裔，又由石头分居新喻、分宜、高安、上高、萍乡等地。其后十三世孙傅棻生于宋哲宗元符二年（1099）。行七，字德芳。宋钦宗靖康元年（1126）举进士。高宗建炎二年（1128）与叔公傅捷、傅亮进求再举。庚戌三举。初任高安主簿，升本邑丞。平生学问操履可师。石头谦之百咏诗云：“庾岭麟儿玉树芳，荐名簉仕等仇香。乡闾每每师模范，前辈典型应未忘。”公博古通今，善观天文，精查地理，才不称其志，恳请致仕，见珠湖山水秀丽遂卜居焉。为珠湖傅氏分宗祖。

靖康之变，有傅姓南迁泉州，到南宋末年，清河傅姓又有一支迁入福建上杭之蛟萍乡，不久即兴为望族，后广东兴宁之傅姓，便是蛟萍分支而出。

二、人口分布

宋代以后，傅姓人遍及全国大部分地区。如今，傅姓大量人口主要分布在山东、湖南、安徽、四川、贵州、重庆、云南等省市。傅姓是当今中国姓氏排行第36位的大姓，约占全国汉族人口的0.55%。

宋朝时期，傅姓大约有29万人，约占全国人口的0.38%，排在第57位。傅姓第一大省是江西，约占全国傅姓总人口的20%，占江西总人口的0.7%。在全国的分布主要集中于江西、山东（17.3%）、河北（16.9%）、福建（10.5%）、河南（10.5%），这5省，约占全国傅姓总人口的75%；其次分布于浙江、江苏、安徽、四川、山西等地区。全国形成了南方赣闽、北部鲁冀豫两大傅姓聚集区。

明朝时期，傅姓大约有44万人，约占全国人口的0.47%，列为第50位。宋、元、明600余年全国人口纯增长率是20%，傅姓人口增长比全国人口的增长速度要快，600年中傅姓人口总增加率为50%，净增加了 15 万人。明朝时期，江西为傅姓第一大省，约占全国傅姓总人口的 34%，占省总人口的 1.1%。在全国分布主要集中于江西、浙江（11%）两省，大约占全国傅姓总人口的45%；其次，分布于山东、福建、湖北、河南及四省的傅姓达26%。宋、元、明时代600余年，傅姓的分布总格局变化较大，其人口主要由北方向东南迁移。全国重新形成了浙赣闽、山东两块傅姓人口聚集地区，全国重心由北向西南漂移，主要聚居四川、贵州、重庆、云南等地区。

当代傅姓人口单位面积内密度最高的地区在鲁苏皖赣四省大部、闽西、湘东、滇西南、辽西、黑龙江东部地区，每平方公里的傅姓人口达到1.5人以上，中心地区最高达到3人以上。傅姓分布密度示意图表明；密度最高的（1.5人以上/平方公里）地区仅仅占国土面积10.5%，傅姓人口约189.7万人；0.5~1.5人/平方公里的地区，占国土面积的37.5%，傅姓人口大约337.5万人；不足0.5人/平方公里的地区占国土面积的52%，傅姓人口大约86.8万人。

傅姓分布很广，但不均衡。傅姓在全国各省市均是常见的姓氏之一。在云南大部、四川、重庆、贵州西部北部、湖南大部、江西、福建西部、浙江西部、江苏北部、山东中部、河北东部、黑龙江东部、陕甘川交汇地区，傅姓一般占当地人口的比例在 0.6%以上，云南西南地区高达1.8%以上，覆盖面积占了总国土面积的13%。四川大部、陕甘宁南部、湖北、湖南西部、广东东部、闽浙东部、皖苏、鲁东和鲁西、河北西部、山西北部、内蒙古中部和东部、东北大部地区，傅姓一般占当地人口的比例在0.3%~0.6%，覆盖面积占了总国土面积的33.4%。其他地区，傅姓一般占当地人口的比例不足0.3%，覆盖面积占了总国土面积的53.6%；其中比例不足0.2%的占国土面积的30%。

三、迁徙发展

在历史上，由于某些具体的原因，一些傅姓人迁到中国台湾及东南亚和世界其它地区开拓和发展，在其多种迁徙活动中，尤以历代向台湾的迁徙最具代表性。据台湾省文献资料表明，傅姓是目前台湾的第 60 大姓，他们遍布于全省的每一个角落，苗栗和新竹两地最多，其次是台北和嘉义。

关于傅姓的入台情况，台湾省文献资料记述，康熙六十年（1721），朱一贵反，已有粤籍民傅昌文、傅成合居下水港。乾隆初，有傅、汤、李、蔡四姓人，开垦港东中里万庄。咸丰年间，有傅阿庚、苏阿发等三人开垦东势角（今台中县东势镇）。台湾《清河傅氏历代宗谱》记：其祖原籍广东省嘉应州镇平县（今蕉岭县）文福乡黄泥塘大圳背人，自乾隆四十一年（1776），傅荣章、麒章、麟章、发章四兄弟（后人建立“四章堂”宗祠，以记四人功德）渡台湾，在台北府新竹县北二堡红毛港暂住了 3 年，后徙于新竹县竹北二堡杨梅坜庄（后改为杨梅镇），至乾隆五十三年（1788）间始于仝庄太平山下（现为太平里）开垦而创建屋宇居焉。又据《赖罗傅宗亲移民台湾历史渊源》记载，清代以后移入台湾的部分族人有二三十支。

近代以来，傅姓后裔也纷纷走出国门飘洋过海，大部分在东南亚等国落脚。新加坡开埠初期，傅姓族人离乡背井，搭乘帆船来到新加坡。这些早期移民大部分聚居在樟宜莱市区与海南山红毛丹格，他们均以吃苦耐劳的精神，垦植荒地或发展工商业。随着社会经济的发展，傅氏宗贤在新加坡落地生根，成家立室，繁衍子孙。为了联络宗亲联谊，共谋族人之福利，傅氏先贤傅孙屋，首倡创立南洋傅氏公会。于 20 世纪 50 年代初组织了银青公司（银青即唐朝节度使傅实），即今南洋傅氏公会的前身，为族人谋福利，为所在国家社会作出了贡献。

据国内有关资料统计，当代中国的傅姓人口已达 700 多万人（按：所有姓“付”的傅姓人口还未统计在内），为全国第三十六大姓，大约占全国人口的 0.55%。从明朝至今 600 多年中傅姓人口由 44 万人增到 700 多万人，大约增长了 16 倍。全国人口增长了 13 倍。傅姓人口的增加速度略高于全国人口的增加速度。全国形成了山东、河南、湖北、湖南、江西、福建、云贵川渝等傅姓聚集区。在近 800 年间，傅姓人口流动经历了宋、元、明、清四次“湖广填四川，四川填云贵”的大迁徙，由东部向西南的移民已经成为重要的移民流。

第五节 入黔述略

傅姓入黔较早，汉武帝时“募豪民、填南夷”，《后汉书》及《华阳国志》就有龙、傅、董、尹为西南夷夜郎国大姓的记载，封疆大吏傅宝即出此。

傅姓在秦汉时期，开始进入今四川、贵州。记录最早的有汉末傅肜、傅佥父子为蜀汉刘备之将军，自北地郡灵州迁居西蜀成都。蜀先主章武二年（222）从刘备伐吴为别督。虢亭之战，先主退兵，公断后拒战，兵人死尽。吴将语肜令降，公骂曰：“吴狗，何有汉将降者！”遂战死。子孙遂居四川成都温江，事见《三国志》卷四十五、卷五十八。

傅宝，字纪图，东汉牂牁郡平夷县（今贵州毕节、大方一带）人，时南中人杰，历任尚书郎、长安令、巴郡太守。在南中设帐授徒，弘扬文化，与本邑人东汉大学士尹珍、夜郎人尹贡一起被称为“南中名士”。《华阳国志•南中志》、光绪《平彝县志》对傅宝的德行称赞有加。傅玄、傅咸父子本北地灵州人，义阳侯傅介子裔孙。《新唐书•宰相世系》记载：傅咸子孙自北地徙清河，尊公为清河傅氏开宗祖。咸之孙弘毅公于晋初时为湘潭廷尉，子孙遂自河南陕州泥阳县迁湖南湘潭曲巷白水滩居之。后裔或迁会稽（今浙江省绍兴），或迁上虞（今属浙江省）。在唐朝，有入湖南湘潭，有入闽驻泉州，有迁江西等地。唐熹宗广明元年（880）傅署公任江西临江府博士，因黄巢之乱故不归湘潭，而徙居江西临江府清江县思贤乡石头里，同赤渡桥膘公、联公续修家谱。

到了宋朝，傅署裔孙由石头迁江西各地。傅署十三世孙傅棨公任高安县丞，觅瑞筠珠湖其地开基创业，子孙遍布中华大地，成为傅氏大族。而后且有“淳熙避兵”“宋末避兵”之变，而后各支又分别迁福建、浙江、江西、湖南、河南、山东、山西、四川、贵州等地。宋代以后，石头傅署公裔孙已遍及全国大部分地区。元末明初和明末清初的“江西填湖广”“湖广填四川”与“移民填四川”的迁徙中也有大量傅姓进入贵州。

迨及元末明初，其后明朝调北征南，扈寻建文以及其他入黔，或多或少都有傅姓。比较突出的是调北征南。明洪武四年（1371）至洪武十七年（1384）间，朱元璋诏令石头傅氏第二十四代孙傅友德（傅友仁、傅友文等傅家军）率 30 万大军征讨元朝在西南的残余势力，当时从傅友德四次征战的傅姓人较多。

在平定大西南后，为实施有效管制，以征剿和安抚相结合，除置官设卫外还推行屯田制度，从中原、湖广、江南等省强行征调大批农民、工匠、役夫、商贾、犯官等迁入黔中，名曰“移民就宽乡”，发给农具、耕牛、种子、田地以耕种，三年不纳税，就地聚族而居，形成军屯军堡、民屯民堡、商屯商堡的独特安顺屯堡文化。在班师回朝时部分傅姓人遂留守屯田云贵川地区，友德公平南，朝廷为安定边陲，让军伍在贵州屯田，不乏傅氏人等在贵州繁衍。

之后，朱元璋为江山永固，以傅友德“请怀远田”为由而杀害。“友德既殁，上怒，留忠之子彦于京，余者尽皆发配云贵戍边”。（见《明史》）。惟系姻亲，未被诛九族而斩绝，一部分被遣返云贵。这些留守、为官、遣居云贵的傅姓后裔逐步向川黔播迁，散居各地。这是入黔最主要的一大傅氏宗系，友德公四次南征，随军将士多有傅姓，在黔屯田世居，今贵州境内傅氏，以友德公为祖的有很多支系，如云南镇雄傅氏、毕节傅氏、大方傅氏、织金傅氏、福泉傅氏、盘县傅氏、六枝傅氏、威宁傅氏、遵义凤冈傅氏、贵阳修文傅氏等等，均以友德公为共祖。将在《世系篇》中详述。

其二为崇节公系派。涉及桐梓万坤、万鼎等系，祖籍江西高安珠湖，崇节字万义，于明正德年间偕八姓九人宦游入播之桐梓，至魁岩三世有天镒、天锡、天鉴、天镇、天铨、天锐、天钺七大房，是为子盛孙繁，科名仕宦，七房皆备，贤能辈出，家声再振。元勋公为山海关总镇，诰封光禄大夫；元和公为云南按察使兼布政使；元鹏公为四川永宁道道台；元泰公为四川涪州教授；尔远公为武义将军；尔谦公为兵部职方司主事；此外敕任州、县教职者甚多。

崇节公入播迄今已逾四百九十余载，传嗣已达二十代之多，秉承善门家声，子孙繁盛，嗣孙迁徙各域世居。三世祖天钺公于明朝万历三年（1575）外出，徙居綦邑太公山下的号房村，子孙繁衍已历十四余代；五世祖尔凤公于顺治十四年（1657）迁四川溆永厅，子孙繁衍，遍及古蔺黔西等地；六世祖之奕公于清康熙三十年（1664）迁仁怀厅磁城（今习水与赤水交界），又为怀阳始祖；之诜之武二公迁本邑坡渡，翌年，之武公又迁巴邑江津，子孙繁衍世居；之诲公因置产，于清康熙四十八年（1709）迁居桐邑上木桑沟天字山下（今天池傅家山）世居，子孙繁衍桐邑，播迁四川、遵义、广东等地；之延公于清朝康熙五十一年（1712）迁居松坎驿之四角石世居，子孙繁衍播迁桐邑、松坎、新站、天坪等地；八世祖宗享公于清朝乾隆三十一年（1766）迁贵州省水城，子孙繁衍世居；九世祖代坚公于清朝乾隆四十七年（1782）偕妣李氏携予华、予贵二公自桐梓阳井迁贵阳府清军里者贡（今贵州省长顺县），子孙繁衍世居；九世祖代候公于清朝乾隆五十九年（1794）迁贵州省水城，子孙繁衍世居，他不多述。总之，崇节公一系嗣孙衍播遍及川、渝、黔、赣、粤等地，事迹显宦，蔚为巨族。

其三为文通公系。文通字明德，祖籍江西高安珠湖，洪武二年随傅友德征辽东，战甘陕，平定云贵川，充前军开河总督，后为巴江令，阙后子孙散布在川黔，尤以黔北播州（今遵义地区）、桐梓、绥阳、正安、仁怀、习水、赤水、重庆居多。后裔徙居瓮安、兴仁、兴义、开阳、清镇等地。

其四为傅亿公系。亿公字太安，江西金溪县第三都抚溪里永丰社，于明末避祸入黔之瓮安县，其后九代书香门第。详见《世系篇》。

其五为金沙廷銮公系。于明嘉靖年间从江西省南昌府丰城县傅家桥珠湖塘，迁居四川省叙永县老军营落业，后再迁贵州金沙县，此系涉及川南片区。其后族人遍布于贵州的各个地方。详见《世系篇》。

还有其他入黔系派如贵定存审公系，凤冈伯雅公系，白云区、惠水县、威宁丰城系，镇远必荣公系，六枝开山公系等支系；将在《世系篇》中一一叙述。这些傅姓族人在历史长河中，姓氏与民族成分都有一些变化，较多的有彝族、苗族、白族以及满族。

贵州傅氏，同根同祖，一脉相承，代代相继。入黔数百年来，贵州傅氏始终以百折不挠、奋发向上的精神，在贵州大地生生不息。沧海桑田，经历了漫漫历史长河的洗礼依然兴旺发展，长盛不衰，形成了贵州傅氏家族，其最具代表性的当数：一、贵阳傅氏（代表人物傅潢、傅寿彤）；二、遵义泮水傅氏（代表人物傅启绪，字心斋）；三、黔南瓮安傅氏（代表人物傅玉书，字素余）；四、遵义桐梓傅氏（代表人物傅天镇、傅元和）；五、播州傅氏（代表人物傅文通，字明德）；六、当代毕节金沙傅氏（代表人物傅传耀）；七、安顺（贵阳）傅氏（代表人物傅启学、傅启运、傅京）；八、贵州傅氏最大的家族——明征南大将军傅友德家族等贵州傅氏家族八大世系。黔西金坡的傅德祥，当代的傅治华，铜仁的傅启军，黔西傅道军，傅安勇等。当代女性代表有杨登芬、杨鼎英、傅国艳、傅家碧。

可以说贵州傅氏俊彦辈出，代有名人。涌现出的家族精英、志士贤达、文人才子、巾帼女杰等彪炳史册，光耀千秋，至今为人们传颂。他们的思想智慧、道德风范、人生历程、锦绣文章、辉煌业绩，都从客观上起到了造福民众、惠泽后世的巨大作用。

贵州傅氏繁衍发展向外迁徙，也把贵州的文化带到了各地。贵州傅氏家族中的博学文才之士，都有诗作、论著传世，丰富了中国历史文库，为后世留下了宝贵的财富。贵州傅氏始终以勤于学习，善于思考，敢于挑战，勇于创新的胆略和智慧，为贵州的繁荣昌盛作出了不可磨灭的贡献。

第六节 郡望、堂号

一、郡望

主要有甘肃北地郡、河北清河郡。

（一）北地郡

战国时秦置郡，治义渠（今甘肃西峰市），西汉移治马陵（今甘肃庆阳西北），东汉移治富平（今宁夏吴忠西南）。辖今宁夏贺兰山、马莲河流域。户六万四千四百六十一，口二十一万六百八十八，县十九。三国曹魏时北地郡辖泥阳、富平等地（今陕西耀县、富平）。西魏时改为通川县。北魏设西北地郡治彭阳（今甘肃）。北周时仍改为北地郡。在史志上首先列有传记的傅氏人物是西汉名将傅介子。傅介子的祖籍在庆阳县城北大街傅家巷。

傅介子因立功于异域而被封为义阳侯。北地傅氏自傅介子始。汉初关中少民，北部边境屡遭匈奴骚扰，三辅并不安宁。于是高祖刘邦采纳刘敬“强本弱未之术”，大量徒民充实关中；接着，文帝听取了晁错“徙民实边”的建议，募民屯戍北境塞下，以防御匈奴。傅介子或其父辈大概就是在汉初徙居北地的。介子公在汉昭帝时两次出使西域，特别是后一次以平乐监身份持节，元凤四年（前77）率少数随从，刺杀了匈奴的楼兰王，确保楼兰国归附汉王朝。这使傅介子名声大振，因功受封义阳（今河南桐柏县东）侯，北地傅氏后代也因以为荣，追溯先祖必以“傅介子之后”相称。由此傅介子为北地傅氏共祖。

傅氏家族主要是在北方迅速发展，汉晋之世，北地灵州傅氏最盛，到元乃衰。这是北地郡（堂）的由来。汉末郡境为虏所侵，失土寄冯翊，置泥阳、富平二县，灵州废不立，故傅氏悉属泥阳。

从汉代到两晋、南北朝这一时段，北地傅氏家族俊彦辈出，代有闻人。涌现出的民族精英，有多位彪炳史册，光耀千秋，至今为人们传颂。他们的思想智慧道德风范、人生历程、锦绣文章、辉煌业绩，都从客观上起到了造福民众、惠泽后世的作用。最突出的如傅介子出使西域，巩固了祖国的边防；傅玄提出的重农主张，发展了经济，养育了广大民众；就是后来北方出现战乱纷争，像傅弘之、傅隆、傅亮、傅岐、傅昭、傅縡等人南迁，也把北方的文明带到了南方，对南方的崛起，起了助推的作用。傅氏家族中也不乏博学文才之士，如傅祗、傅玄、傅咸、傅隆、傅迪、傅昭等人，都有诗作、论著传世，丰富了中国历史文库，为后世留下了宝贵的财富。

（二）清河郡

汉高帝置郡，后屡改为国，元帝永光后为郡，治所在清阳（今河北清河东北、枣强及南宫等地）；东汉改为国，移治甘陵（今山东临清东、夏津、武城、高唐及平原等地）。

莽曰平河。属冀州。户二十万一千七百七十四，口八十七万五千四百二十二，县十四。

清河之名始于汉代。据《广平府志》载，汉高祖四年（前 203）置清河郡（治在清阳县，即今清河县地），因境内有清河流经而得名（《水经注》记："清河又经清阳县故城西。"）。东汉时郡治徙于甘陵县（今山东省临清县和河北省临西县地），遂更名甘陵郡。三国、魏时，郡、县（甘陵县）均改名为清河，但其县并非今清河县境（治在今山东省临清县地）。北齐时，于今清河县地设武城县，并迁清河郡治此，于开皇六年（586）改武城县名清河县，自此清河县才名副其实。

自汉末傅燮始，在清河生活的这一支北地傅氏后裔被称为"清河傅氏"。《新唐书》在紧承傅咸之后，讲道："子孙自北地徙清河。"《古今姓氏书辨证》在傅咸名下明言"始自北地徙清河"。清末吴士鉴、刘承斡的《晋书斠注》在傅咸卒年正文后出注曰："《寰字记》六十六曰：河间县傅咸冢：晋之文士，葬于此。"咸为北地泥阳人，其官终于司隶校尉，傅咸有三子：傅敷、傅晞、傅纂。其中傅敷、傅昧于永嘉乱中避于江南，子孙相承，是在东晋南朝的江南安身立命发展繁衍；三子傅纂徙居清河，其后繁衍出清河男傅永、傅融、傅竖眼等等支脉。清河傅氏共尊傅纂为清河傅氏共祖。

二、堂号

傅氏堂号主要有清河、版筑、兴商、双凤等。在贵州地区主要有：清河、绍德、雍睦、明德、辅德、孝友、淳叙等堂号。

（一）清河堂

由于傅姓居清河郡，也以"清河"谓其堂号，"清河堂"是傅姓人共同拥有的堂号，此堂号出于北魏时傅永，傅永是清河人，二十多岁才发奋读书，注重经史，文笔颇佳，且勇力过人，文武双全，因战功卓著，被魏文帝封为清河男。见《晋书》。小国五千户；八十岁封兖州刺史，仍能骑马射箭，官至平东将军，光禄大夫。因傅永的清河男是皇帝所封，后裔遂以"清河"为堂号。用以纪念先祖。

（二）兴商堂

商武丁启用傅说为宰相，傅说为武丁兴邦定国兢兢业业全力辅佐几十年，后人代代永世不忘，以"兴商堂"千秋铭刻。

（三）罗州堂

为"刘傅"立姓后的郡望堂号。罗州（即今广东省湛江市属廉江市）。廉江地处雷州半岛北部，粤桂边界，扼粤桂两省交通要冲。廉江，古称罗州。在秦朝时期属象郡地。

（四）金玉堂

是为纪念宋代"金玉君子"傅尧俞而立。傅尧俞，河南孟州济源人，十岁能文，及登第犹未冠。三朝元老，宋哲宗与皇太后语辅臣曰："傅侍郎清直一节始终不变，金玉君子也！"为此，尧俞公后裔皆以金玉为堂号。

（五）绍德堂

为江西高安珠湖傅氏堂号，其祖傅棻公（字德芳），石头霓公子。生于宋哲宗元符二年（1099），行七，宋钦宗靖康二年（1127）举进士。高宗建炎二年（1128），与叔公傅捷、傅亮进求再举，庚戌三举。初任高安主簿，升本邑丞。公平生学问操履可师，石头谦之百咏诗云："庾岭麟儿玉树芳，荐名箎仕等仇香。乡闾每每师模范，前辈典型应未忘。"棻公博古通今，善观天文，精察地理。才不称其志，恳请致仕。见珠湖山水秀丽，遂卜居焉。殁于高宗绍兴三十一年（1161）。享年六十有二。后裔遍布各地，裔昌荣显达，尊公为珠湖傅氏始祖。以"绍德惟克"之意，取名"绍德"，建祠以祀。

（六）辅德堂

傅友德是明代功勋，授开国辅运推诚宣力武臣、荣禄大夫、柱国、同知大部督府事，封颍川侯。洪武四年（1371）充征虏前将军伐蜀，平成都，明太祖称功为第一。洪武五年（1372），平甘肃。洪武九年，巡行川、蜀、雅、播之境。洪武十四年（1381）充征南将军，率部骑三十万征云南。洪武十七年（1384），云南水西诸部皆降，论功进封颍国公。嘉靖五年（1526）诏命在云南曲靖建"报功祠"，大理鹤庆有"傅国公庙"。凡是友德公之后裔皆以"辅德"为堂号，纪念友德公。

（七）雍睦堂

为贵州桐梓（古播川）傅氏堂号。其始迁祖崇节（名胜，字万义）于明朝正德十年（1515）偕妣黄氏孺人携希宣、希化二子由江西瑞州府高安郡城南珠湖宦游卜居四川播州府播川驿（今贵州桐梓）上街（今魁岩栈），是为桐梓魁岩始祖。子孙遍布川黔各地。后裔建祠以祀，以雍睦为堂号，昭示敦亲睦族之义。

（八）明德堂

为贵州遵义（古播州）傅氏堂号。其祖文通公（字明德）江西高安珠湖人，明洪武初随友德、友仁、可昇、可晟、文达、文运、文远奉旨征辽东，战甘陕，攻渝州，克大夏，平西蜀，定滇黔，充前军开河总督，后为巴江令。洪武帝矫诏："皇恩钦命，征湖扶王，穿隙至蜀，蜀都后代，嫡留西土重庆府，巴江分拆：綦、南、桐、水、简、泸。"阙后子孙散布川黔，尤以贵州黔北播州居多。后裔取义"明德新民，止于至善，博学之，审问之，慎思之，明辨之，笃行之以睦族"，遂以"明德"为堂号，立祠以祀。

此外傅姓堂号还有：福星堂、师古堂、济源堂、野版堂、金砺堂、行恕堂、雍肃堂、敦睦堂、敦裕堂、敦本堂、端本堂、务本堂、崇本堂、报本堂、孝本堂、孝思堂、孝友堂、笃爱堂、翊圣堂、种德堂、世德堂、尚德堂、怀德堂、顺德堂、大和堂、敬和堂、敬命堂、承恩堂、永锡堂、惟训堂、萃渔堂、伦叙堂、赉弼堂、帝赉堂、荫相堂、贤相堂、梦卜堂、聚庆堂、济源堂、贞则堂、持荣堂、留余堂、蟠龙堂、义阳堂、义星堂、聚星堂、福星堂、正伦堂、十伦堂、百岁堂、惇五堂、敦五堂、四章堂、三命堂、三星堂、三德堂、三元堂、双桂堂、双柏堂、双凤堂、贻安堂、先立堂、崇庆堂、清直堂、佑启堂、清善堂、爱玉堂、恒茂堂、培英堂等各地傅姓家族自立的堂号，每个堂号都赋予各自不同的含义，都有一段精彩的故事流传于后世。

第五章　源流字派

第一节　中华傅氏源流世系汇编

贵州傅氏宗亲联谊会文件

贵傅联谊字（2014）第01号　　签发：傅治华

关于对新立贵州统一字派执行问题的通知

各地、市、县、区傅氏宗亲：

经省联谊会及通谱编委会研究，决定新立贵州统一字派通过《中华傅氏通谱·贵州卷》公布，供广大傅氏宗亲对照执行。现就有关事项通知如下：

一、全体傅氏宗亲要统一思想，统一认识，树立天下傅氏同根共祖的观点，走遍天下以辈代论关系，将众多不同支系的字派逐渐统一到新立字派上来，以解决多年长幼难分、辈代混乱的不文明现象。

二、在执行新立统一字派后，也不反对使用各自支系的原字派，但须将各自支系的原字派与新立字派作好对照衔接，确保不错不乱。

三、本新立统一字派的第一个“溯”字对应百代世系的第一百一十一代，请全体傅氏宗亲认真对照执行。

特此通知。

贵州傅氏宗亲联谊会

《中华傅氏通谱·贵州卷》编委会

二〇一四年元月一日

统一字派

珠湖傅氏宗派

（原派自南宋元年间恭公立派，贵州傅氏至今仍然沿用）

子大时若均，良廷景以可。则尚伟孔崇，希广万文国。

续　派

赉弼代予言，图求爰命辅。尔惟训乃志，式克绍而武。

有备其永怀，攸居斯世美。对扬肇敏公，是用锡多纪。

新立的贵州傅氏统一字派

溯本黄帝裔，玺封启殷朝。平陆显圣相，历代多栋梁。

拥君谋宏计，图民福贵强。功德跃修养，宗贤明良昌。

积善友余报，诚信守宪章。播道能聚兴，立志大远行。

清澄财源盛，开怀惠众亲。齐加治国理，金珏碧衔第。

勤奋铸荣耀，帅族安邦扬。神州隔河森，缵绪统轴琴。

解说：

“溯本黄帝裔”

傅汉宗祖，圣人傅说。后代思易，永久流传。

“玺封启殷朝”

圣宏多谋，被皇先知。德封殷朝，为民造福。

“平陆显圣相”

平陆出圣，治国安邦。风调雨顺，福享安康。

“历代多栋梁”

历代名人，和谐治理。团结一致，共同发展。

“拥君谋宏计”

国民拥君，大展宏图。君谋宏计，震动全球。

“图民福贵强”

图民福贵，强中再强。富贵于民，民生兴旺。

“功德跃修养”

弘扬功德，彰扬善行。鞭笞丑恶，爱憎分明。

“宗贤明良昌”

傅氏名人，治国安邦。改革开放，国运大昌。

"积善友余报"

宗祖善德，宏谋理想。指导突出，特色显明。

"诚信守宪章"

圣人数辈，遵守宪章。不违乱律，福贵多享。

"播道能聚兴"

传远流久，功存当代。欣逢盛世，利在千秋。

"立志大远行"

继承传统，力求创新。指导突出，特色鲜明。

"清澄财源盛"

圣明清澄，财源旺盛。宏谋治理，族众欢欣。

"开怀惠众亲"

胸怀大志，永远和谐。老幼宗亲，包容惠众。

"齐加治国理"

齐家治国，民众团结。圣谋宏计，统管全国。

"金珏碧衔第"

珏碧衔第，宏谋第一。商朝宏计，傅氏圣人。

"勤奋铸荣耀"

勤铸荣耀，刻苦钻研。远有大志，努力拼搏。

"帅族安邦扬"

帅族安邦，四海名扬。圣智多谋，族众享福。

"神州隔河森"

神州隔河，欣欣向荣。东南西北，焕然一新。

"缵绪统轴琴"

缵绪统轴，圣人代知。傅氏宗亲，流传千古。

石头傅署公支下世系简图

承前	第一世	第二世	第三世	第四世	第五世	启后
君	**署** 字万渠 唐末因避黄巢之乱由湖广湘潭白水滩仆居新喻思贤乡之石头里，尊为石头祖	**令章** 又名令霜	**邦** 居灵塘	□□	□□	P179
			隅 居石舍	□□	□□	P179
			祁 居石歧	**君宪**		
			嗣 字昭宗 号传宗 居石头	**君颜** 行二十 字绍宗 石头东房祖	**德昭**	
					德胜	
					文翰	
					文益	
					德元 行二十五 字玄	P179
				君熹 石头东房祖		
				君伦		
				君总 石头南房祖		
				君惠 行二十四郎 石头中房祖	**文隆** 行二十九郎 原名文耸	P179
					文明	
					文先	
					文郁	
				君敬 石头西房祖		
				君华		
				君忠 石头北房祖	**迅宗** 字文英	P180
			引			
		宪章				

承前	第六世	第七世	第八世	第九世	第十世	启后
□□ P178	□□	□□	□□	**师古** 讳上行 石头第一派邦 公六世孙		
				师夔 石头第一派邦 公六世孙	**原定** 石头第一派邦 公七世孙	P181
□□ P178	□□	□□	□□	**倚平** 字持钧		
德元 P178	**珍** 行二十三	**琦**	**泗** 又名涛 字彦清			
			滂 又名彦郎 字颜济	**玠** 行二 字肖元	**璠** 又名蕃 字允能 又字新昌	P181
			浛 又名溢 字彦淳			
	琮					
文隆 P178	**光宇**					
	光锡					
	光禄 行五六郎	**积**				
		利				
		的 行十八郎 字仲院	**宷**			
			亮			
			高 行八五郎 字正叟	**雩** 行三十郎 字彦济	**之纲** 行九七郎 字元举	P182
					之纪	
					之续	
					之绪	
					之约	
					之绍	
					之绅	
			裒			

承前	第六世	第七世	第八世	第九世	第十世	启后
		恢				
		翊				
	光炫					
	惟谓					
上代无考	**汝舟** 讳任	**有量** 讳容	**仲华**			
			仲诚			
	□□	**介夫**	**仲宝** 讳珍			
	彦高 字光谓 自石头迁辋川	**极** 字粹中				
上代无考	**彦辅** 字公弼 居清水与弟公 显并三举熙宁 癸丑进士 官至大士司丞	**实** 字公亮				
	彦明 字公显					
	安节 字公儒	**戣** 字彦威	**大猷** 字公捷	**士元** 讳伯建		
		□□	**大猷** 字公述			
迅宗 P178	**□□**	**陶**				

承前	十一世	十二世	十三世	十四世	十五世	启后
原定 P179	**道显**	**时胜**	**朝纲**	**万一** 徙居临江新喻黄塘		
				万四 徙居抚州临川蓝田		
				万六 讳崇俭 南宋高宗南渡时避完颜难，由清江石头徙居建昌军南丰县双井。阅五世至千八公复由双井徙居抚州临川积善乡鹏田、石井等处，厥后又分支于金邑之璜溪、柳溪	**拱极** 百一，讳曾字得之	P184
					拱奎	
				上代无考	**庆**	
				上代无考	**翼**	
				上代无考	**桧**	
				上代无考	**选**	
璠 P179	**任** 行二十二	**震** 行一 又名权、全	**七七郎**			
			七八郎 名希			
			七九郎 名峰			
		寰 行二 赠承务郎 居上高县横塘 为宕石始祖	**嵩**			
			岳			
		云 行四 居新淦县清水河 后裔繁衍于此				
		霖 行五 卜居山东青州府 渝川内城				

承前	十一世	十二世	十三世	十四世	十五世	启后
		名列邑志裔衍此				
		霓 讳掖 又名谦之 字持国 别号西斋	**菜** 行七 字德芳	**祚** 行三十四 字文信	**恭仲** 字子仲	P184
					旺才 行三 字博叔 居篱背楼下，复卜居云南西门太平为始祖	P185
					元广 行四 讳远季 居毛方中庭，为塘头洛城始祖	P185
				禄		
				祉		
				祐		
		上代无考	**庄父** 讳实之 号南斋			
			温父 讳谦之			
之纲 P179	**璆** 行六二郎 字莹夫	**兴祖** 行少三郎 字伯起	**三一郎** 讳光后	**节** 字竹轩 新喻人	**清灵** 字三俊、秀珍	P185
			三二郎			
		显祖				
		荣祖				
		殳祖				
	瑀					
			上代无考	**天祐**	**国忠**	
				上代无考	**余峰** 于元朝末年由江西南昌进贤县凤凰村奉东	P185

承前	十一世	十二世	十三世	十四世	十五世	启后
					桥迁湖广岳州府华容县小北门桥子口，为华容泉田傅氏分宗始祖	

承前	十六世	十七世	十八世	十九世	二十世	启后
拱极 P181	**圣能** 孟二	**福荣** 仲一	**安定** 季二，讳岩 号纯庵	**功贵** 千一	□□	
				功蚤 千五	□□	
					□□	
				功腾 千八，讳本 字改字宗元 南宋理宗景定 五年（公元一 二六年年）， 由南丰双井徙 居抚州临川鹏 田，为开基肇 祖。以后世系 见《抚州临州 川傅氏族谱》。 数世后有子孙 分迁湖北汉阳 和广东湛江， 世系详见《汉 阳傅氏族谱》 和《湛江傅氏 族谱》		
			大定 季七，讳幼安	**千二**		
				千七		
		禄荣 仲二	**乐定**	**亿三**		
				亿七		
			必定	**亿四**		
				亿八		
		寿荣 仲三	**居定**			
			能定	**二一**		
				二六		
				二九		
		上代无考	**崧卿**			
			墨卿			
恭仲 P182	**大盈** 行四	**时立**				
		时习				
		时中	**若济**	**均政**	**良德**	P186

承前	十六世	十七世	十八世	十九世	二十世	启后
		行八	行四 字用楫	行四十四 字汝霖	行三	
				均用		
				均琛 行六十一 又名均美 字汝琛	**良仁** 又名良用	P188
			若和			
			若金			
				上代无考	**高**	
旺才 P182	**大忠**					
元广 P182	**大伦**					
	大常					
	大观					
清灵 P182	**岩孙**					
	鼎孙 字希贤	**汝楫**				
		汝霖				
	臣孙					
余峰 P182	**承孙** 字继祖	**元亨**				
		元吉				
	上代无考	**岩起**				
		上代无考	**公让**			
		上代无考	**子宪**			
			上代无考	**渭**		
				上代无考	**桓**	

承前	廿一世	廿二世	廿三世	廿四世	廿五世	启后
良德 P184	**廷声** 行仲行六 又名廷重	**景云** 行三 讳庚 字应星	**以敬** 行一 字 孟恭	**可升** 行三 讳大禄，名德明 字天福 是为下四房始祖	**则实** 行二 讳章	P189
					则明 行三 讳珍	P190
					则通	P191
				可晟 行四 讳小禄 字天佑 号德宣 为上二房始祖	**则新** 行七	P191
					则和 行九 讳谦	P191
				太清 字洪仁	**文显** 字维忠	P192
				太微 字天顺	**维忠**	
					维志	
			以济 字季恭	**明一** 行一 字天寿	**硕才**	
					硕章	P192
					硕命	
				明二	**硕夫**	
					硕都	
				明三 居江津罗江里傅家坡系子臣等之祖	**硕良**	
				文通 行四 字明德 为巴渝傅氏始祖	**宪章** 原籍江西吉安府永丰县，迁江西吉安府泰和县傅家村，子孙遂散于高安、泰和、永丰、临江等处。公以子贵赠中宪大夫	P192
					怀章	P192
				文达 号明五		
				文运		

承前	廿一世	廿二世	廿三世	廿四世	廿五世	启后
				号明六		
				文远 号明七		
				可立 行一		
				可玉 行二 名欲	**则忠**	
					则顺	P194
			以宝 行三 字孟贞			
		景仁 行四 宋末行商客居颍州，迁砀山	**以能**			
			以安			
			以治 字成秀 致仕居砀山虎皮口傅家村	**友仁**	**惟椿** 入继 行三 讳应说 字萱茂	P195
				友德 系江西石头署公之二十五世孙，珠湖棻公十三世孙。祖籍江西瑞州府高安县珠湖塘	**惟忠** 字藻	P196
					惟椿 出继 行三 讳应说 字萱茂	
					天锡 字佑之 号文溪	P196
					惟正 字正文	P196
					惟忧 又名惟让 字惟龙、惟尤	P197
				友文		
				友贤		
			以恭			
		上代无考	**德厚** 行行六十三郎	**崇道** 行七十七 世居江西省临江府新喻县凤巢岭石山里	**玉珍** 行八十四 居江西临江府新喻县凤巢岭石山里	P197

承前	廿一世	廿二世	廿三世	廿四世	廿五世	启后
					玉重 行八十八 居江西省临江府新喻县凤巢岭石山里	
				崇弘 行七十九 世居江西省临江府新喻县凤巢岭石山里	**玉美** 行八十五 居江西省临江府新喻县凤巢岭石山里	P198
					玉秀 行八十七 居江西省临江府新喻县凤巢岭石山里	P198
			上代无考	**可威**		
				上代无考	**忠显**	
					忠良	P198
					忠盖	
良仁 P185	**廷芳**	**启政**				
		启林				
		启胜				
	廷寿					
上代无考	**培**					
	上代无考	**汝樘**				
		上代无考	**时劳**			
			上代无考	**继德**		
				上代无考	**锋一**	

承前	廿六世	廿七世	廿八世	廿九世	三十世	启后
则实 P186	**尚政** 入继 字敏士	**伟澄** 字尧璋	**孔定** 又名孔嘉	**崇同**		
				崇能		
				崇节 名胜、崇胜 字万义	**希宣** 字高祥	P199
					希化 字高汉	
				崇陆		
				崇静		
			孔壁			
			孔春			
			孔袁			
			孔庚			
			孔旦			
			孔足			
		伟清	**孔言** 原名信	**崇福**		
				崇精		
				崇珪		
				崇坤		
			孔信 原名敏	**崇正**		
				崇昌		
				崇党		
				崇蛰		
				崇忠		
				崇罕		
				崇标		
				崇登		
			孔衡 原名权	**崇邦**		
				崇尧		
				崇昂		

承前	廿六世	廿七世	廿八世	廿九世	三十世	启后
				崇美		
		伟洪	**孔义** 原名仪	**崇念**		
				崇玉		
				崇琰		
			孔廉 原名梅	**崇旺**		
				崇宇		
				崇瑶		
				崇瑛		
			孔川 原名楫	**崇迪**		
				崇贤		
				崇兰		
				崇珍		
				崇孝		
			孔思 原名伋	**崇佑**		
				崇瑞		
				崇旭		
			孔经 原名律	**崇仁**	**希官**	
					希宧	P202
				崇卓		
				崇宣		
				崇虎		
				崇播		
		伟安 行三 公自珠湖迁山畲为山畲始祖	**孔仪**	**崇珏**	**希朝**	
			孔兆			
			孔长			
			孔方			
则明 P186	**尚德** 行二 又讳中和	**伟宏** 行一 原名琛 为内房祖	**孔怀** 原名生	**崇刘**		
				崇豹		

承前	廿六世	廿七世	廿八世	廿九世	三十世	启后
				崇全		
	尚政 出继 字敏士					
则通 P186	**尚杰** 行一 又讳中烈	**伟湖** 行二	**孔秦**			
		伟溪	**孔轸**			
			孔麟			
			孔麒			
则新 P186	**尚质** 又讳中立	**伟元** 上房祖	**孔雅**			
			孔经			
			孔威			
			孔德			
		伟润 行六 原名瑜	**孔县**			
			孔扁			
		伟焕	**孔光**			
			孔积			
			孔寿			
		伟俊	**孔参**			
			孔福			
			孔康			
			孔文			
			孔禄			
则和 P186	**尚瀚** 行一 又讳中奇 又名尚潮	**伟澜** 上内房祖	**孔凤**			
		伟湾	**孔祥**			
			孔瑞			
			孔武			
			孔儒			
		伟器	**孔道**			
			孔节			

承前	廿六世	廿七世	廿八世	廿九世	三十世	启后
			孔林			
			孔黄			
			孔云			
		伟珪	作舟			
			作楫	好礼	櫆	
				新德	宗皋	
					宗龙	
	尚志 行二 又讳中原	伟始				
		伟琏	孔善			
			孔魁			
			孔孝			
文显 P186	思义	时初	崇清	秉恒		
				秉毫		
				秉文		
硕章 P186	大川					
	大渊 字维山	瑟				
		宗				
宪章 P186	必荣	成金	以源			
			以清			
			以渐			
	必华					
	必显					
怀章 P186	必然 字百川	彬飞				
		咸飞				
		禄飞				
	必胜 字巨川	魁				
		旭				
		鼎				

承前	廿六世	廿七世	廿八世	廿九世	三十世	启后
	必谦 字济川	**高** 字鹏飞	**永福**	**昂忠**		
				盛忠		
				德忠		
			永禄	**瑞忠**		
				湍忠		
			永寿	**冠忠**		
				宣忠	**竖**	
					韶	P202
			永禧	**应忠**		
			永庆	**世忠**		
				昌忠		
				祥忠		
			永祝	**敏忠**		
				旺忠		
			永康	**尧忠**		
				英忠		
			永宁	**立忠**		
				长忠		
		亨 号芝山	**永平**	**旭忠**		
				泰忠		
			永安	**万忠**		
				精忠		
				礼忠		
			永崇	**珩忠**		
				有忠		
			永恭	**禹忠**		
				启忠		
				惠忠		

承前	廿六世	廿七世	廿八世	廿九世	三十世	启后
			永荣	清忠		
				舜忠		
			永华	顺忠		
				俊忠		
				信忠		
			永富	孝忠		
			永贵	仁忠		
				义忠		
				建忠		
		亮 字月明	永清	耿忠		
				克忠		
			永泰	朝忠		
				隆忠		
				奎忠		
			永让	伯忠		
				怀忠		
			永明	恒忠		
				伟忠		
				国忠		
			永全			
			永茂	明忠		
则顺 P187	尚足	伟鸿	孔魭 居江西珠湖前房	崇法 行一	希元 行八 又名僖	P202
				崇象 行五	希仲 行三	P202
				崇狮 行六	希信 行一	P203
					希侥 行四	P203

承前	廿六世	廿七世	廿八世	廿九世	三十世	启后
	尚敬					
惟椿 P187	天爵 字章淑	道先 字清辅	久周 字朝琳 徙居湖南新宁县	永通		
				永受		
				永昭		
			久福 字朝瑜 号成有	永和		
				永昌		
				永泰		
				永祯		
				永升		
			久庆 字朝珍 号成德	永名		
				永宗		
				永信		
		道衮 字润辅	久握 字朝瑄	永戴		
				正才		
				正雷		
			久操 字朝珣	正车		
			久拣 字朝用			
			久摢 字国用	永□		
				永霞		
				永念		
				永□		
				永懿		
			久擢 字君用	永重		
				永吉		
	天周 徙居沅州芷江县壶瓶洞、贵州天柱北林老黄田					

承前	廿六世	廿七世	廿八世	廿九世	三十世	启后
	天禄 字华淑 居靖州绥宁	**道济** 字洪辅 徙居黔阳安江	**久建** 字朝瑛	**永著**		
				永腾		
			久洄 字朝章	**永当**		
		道蕴 字溟辅 徙居湖南澧州	**久珩** 字朝玉	**永潼**		
惟忠 P187	**瀞** 字彦名 徙居直隶	**元**	**瑛**			
	荣 字龙庵 号伯牛	**璇**				
		玑				
		玉				
		珍				
		琦				
天锡 P187	**恭**					
	宽	**瑛**	□□	□□	**恕**	
					恩	P204
		琪 居云南永平				
		瑄 居贵州普安	**证**	**龙**		
				凤	**贤**	P205
	信					
	敏					
	惠					
惟正 P187	**敬** 字 在宽	**庸**	**本** 居云南省沾益县断江镇大树屯村	**万一**	**金辰** 移居沾益县城	
					金满	
					金印	
				万成	**金天**	
					金仲	
					金犀	

承前	廿六世	廿七世	廿八世	廿九世	三十世	启后
					金玺	
				世龙		
				世春		
				世虞		
				世勉		
			贤			
			齐			
		乔 屯田垦居。移屯居于桃源村	镇 移屯居云南省曲靖于桃源村	显	文	P206
					齐	P206
				润	良	P206
					儒	
	鸿					
	鸾					
	鹫					
惟忧 P187	旺					
	瑞					
	招					
玉珍 P187	荣卿	如钟				
		如钧				
	汉卿 于明洪武十七年同兄荣卿迁南源山本境谭白石家町，地名瘳台上荷塘居	如鉴				
		如锡				
	华卿					
	贵卿 字真观					
	礼卿	如锦				
		如镇				

承前	廿六世	廿七世	廿八世	廿九世	三十世	启后
	耀卿 明洪武十七年同荣兄迁湖南宝庆府邵阳县					
玉美 P188 ——	**楚卿** 于明洪武十七年同荣兄迁湖广					
玉秀 P188 ——	**义卿**					
忠良 P188 ——	**榆** 字春茂					
上代无考 ——	**作弼**					
	上代无考 ——	**维臣**				
		上代无考 ——	**月耀**			
			上代无考 ——	**庭麟**		
				上代无考 ——	**有恭**	

承前	三一世	三二世	三三世	三四世	三五世	启后
希亘 P189	天镃	元洪	尔敏	之玫		
		元良	尔聪	之范		
			尔纳	之亮		
				之琬		
			尔微	之训		
				之诜		
				之谥		
				之诲		
			尔直	之琼		
				之俭		
			尔朴	之迪		
				之延		
				之遴		
				之廷		
		元宾				
	天锡	元德	尔性	之俨		
				之尔		
				之岩		
			尔恒	之僖		
				之伟		
			尔恪	之侨		
				之巽		
				之佑		
				之仪		
			尔恂	之佃		
				之修		
	天鑑	元相	尔顺	之琼		
			尔经	之琦		

承前	三一世	三二世	三三世	三四世	三五世	启后
				之捷		
			尔胤	之灏		
		元泰	尔经			
			尔纯			
		元弼	尔时	之玠		
				之琴		
			尔纯			
			尔能	之玳		
			尔美	之瓒		
			尔颖			
			尔品			
	天镇	元勋	尔才	之品		
			尔默	之俊		
				之闲		
			尔廉	之哲		
		元和	尔玄	之碧		
			尔谦	之京		
				之奕		
				之武		
			尔诚	之愈		
				之翰		
				之典		
				之说		
			尔中	之友		
		元佐				
	天铨	元善	尔教	之诜		
			尔政	之楚		
	天锐	元栋	尔达	之舒		

承前	三一世	三二世	三三世	三四世	三五世	启后
				之程		
				之超		
				之毅		
				之琯		
			尔远	之房		
				之杜		
				之照		
				之爕		
			尔遇	之瑞		
				之瑾		
			尔述	之颙		
				之顾		
				之颐		
				之显		
			尔逑	之尹		
				之瑶		
		元鹏	尔宪	之励		
				之功		
				之勉		
				之劝		
				之协		
			尔愚	之劭		
			尔思			
			尔怒			
			尔悠			
			尔凤	之拱		
		元卿				
	天钺 又名天荣	良卿	珣	茂璞		

承前	三一世	三二世	三三世	三四世	三五世	启后
				茂弼		
				茂举		
		良栋				
		良佐				
希宦 P190	**德言**	**通**	**学明**	**梦卜**	**铉**	
				梦举		
韶 P193	**应藻**					
	应洪					
	应龙					
	应凤					
	应鹤					
希元 P194	**广邦** 行四	**万添** 行一 又名槐	**文绍** 行二	**国德** 行二	**赉佾** 行一	P207
					赉红 行三	
					赉毛 行三	
					赉宣 行四	P207
				国凤 行四	**赉宇**	
					赉龙	
					赉豹 行三	
			文枝 行三			
		万涌 行二				
希仲 P194	**广转** 行二	**万寿** 行三	**文贵** 行一	**国移** 行一	**赉盘** 行四	
					赉碗 行五	
					赉贤	
				国长		

承前	三一世	三二世	三三世	三四世	三五世	启后
				行二		
				国安 行三	**赉砚** 行二	P207
					赉学 行五	
					赉儒 行七	
				国积 行四		
				国完 行五	**赉书** 行一	P207
					赉池 行三	P207
					赉星 行九	P208
希信 P194	**广喜**	**万熔** 行二	**文淮**			
			文浪			
		万镜 行三				
		万银 行二				
		万铁				
	广颉 行四	**万锦** 行 五				
		万铉 行七				
		万铨 行三				
		万松 行十	**文端**			
希侥 P194	**广嘉** 行三	**万钟**				
		万祭 行六	**文成** 行四	**国麒** 行一	**赉开**	
				国麟 行二		
				国鹿		

承前	三一世	三二世	三三世	三四世	三五世	启后
				行三		
				国獐 行四		
				国麂 行五		
恩 P196	**应元**	**攀龙**	**天奇**	**榛**		
				栗		
				桐		
				梓		
		攀凤	**天章**			
			天位			
			天职			
		攀桂 携家迁本省红边门外六十里火烧寨	**天颜**	**健**		
				倬		
				佩		
				佐		
				倩		
			天彦	**傧**		
				攒		
	应科	**攀麟**	**天爵**	**仪**		
				儒		
				伟		
			天祥	**俊**		
				杰		
				任		
			天秩	**仁**		
			天叙	**佩**		
				位		
		攀魁 原名玉之	**天相**	**侯**		

承前	三一世	三二世	三三世	三四世	三五世	启后
		攀銮	天配	伦		
			天从	信		
				仙		
				倚		
	应成 徙云南					
贤 P196	兴府	纪	阑	纶		
				纲		
				万珠	崇仁	
					崇孝	
			问	沾 入继	时仁	
					时崇	
					时千	
			闯	洲 住毕节	时光	
					时文	
				洋	时武	
					时重	
					时国	
					万爵	
				沾 出继		
			阖	铭		
				铨		
			闲	雷	天祥	
					仪正	
				霄 住毕节王洪屯	良椿	
					良义	
					良栋	
					良翰	

承前	三一世	三二世	三三世	三四世	三五世	启后
					良材	
					良相	
					良弼	
					良知	
					良助	
					良斌	
				儒 落业镇雄大坪坝	国仁	
					国光	
					国先	
					国政	
				雳 迁居四川未详		
				電 字恩源 号守业 迁居贵州普安	配	P208
				霍 迁居云南曲靖未详		
文 P197	朝用	森	来钦	遇高		
				逢高		
				会高		
			来任	赞高		
				弼高	三爵	P208
				惠高		
				佐高		
齐 P197	朝阳					
良 P197	朝海					
上代无考	光鹤					
	上代无考	日星				
		上代无考	兆闰			

承前	三六世	三七世	三八世	三九世	四十世	启后
赉佾 P202	**弼恒**					
	弼柳					
	弼节 出继					
赉宣 P202	**弼选** 行八					
	弼元 行二					
赉砚 P203	**弼达** 行二 又名时达	**代年**				
	弼通 行四 又名时通	**代秋**				
	弼显 行六 书名时发 字含章	**代春**				
		代正				
		代会				
		代员				
赉书 P203	**弼贱** 行一	**代顺**				
		代颂				
		代须 出继				
	弼湘 行九					
	弼上 行十	**代发**				
	弼有 行百二十	**代须** 入继				
赉池 P203	**弼忠** 行五	**代铜**				
	弼临 行七	**代超**	**予武**			
			予惠			
			予占			
		代玉				
		代壬				

承前	三六世	三七世	三八世	三九世	四十世	启后
		代相				
		代华	**予恒**	**言寿**	**图书**	P209
					图钦	P209
					图明	
					图玉	P209
					图忠	P209
					图海	
			予贵			
			予林			
			予虎			
赉星 P203	**弼永** 行九					
	弼胜 行十	**代泗**				
配 P206	**应芳**	**大友**	**沛**	**坤**	**文魁**	
					文举	
					文成	
三爵 P206	**再藩**	**显明**	**梦禄**	**国臣**	**朝弼**	
					朝佐 徙居贵州威宁致化里	

承前	四一世	四二世	四三世	四四世	四五世	启后
图书 P208	□□					
	吉舟					
图钦 P208	求安	爱武				
	求方	爱发				
		爱芝 女				
		爱菊 女				
		爱芬 女				
	求元	爱洪				
		爱应				
		爱忠				
	求万 出继					
	求明	爱华				
		爱军				
		爱仙 女				
图玉 P208	求万 入继	爱相				
		爱珍 女				
		爱碧 女				
		爱秀 女				
		爱芬 女				
图忠 P208	治国 又名求财	爱明				
		爱二				
		爱祥				
		爱林				
		爱仙 女				
	少文 又名求文	爱学				
		爱贵				
		爱志				
		爱兴				

承前	四一世	四二世	四三世	四四世	四五世	启后
		爱军				
		爱秀 女				
		爱碧 女				
	治华 又名求国	**爱平**				
		爱松				
		爱勇				
		爱麟				
		爱梅 女				
		爱颖 女				
	求英 女					
	求珍 女					

源流世系汇编

第一世

始祖傅说　讳鹗荐，字君访，黄帝裔大繇之后。据《史记·集解》引西汉孔安国注，傅氏之岩在虞、虢之界，通道所经，有涧水坏道，常使胥靡刑人筑护此道。说贤良而隐于此，代胥靡筑之。殷高宗得之，举以为相，辅佐武丁数十年，殷国大治，成为殷商贤相。述作《说命》三篇，成为后世帝王治国经典；创造版筑技术，首开世界营造先河。山西平陆太臣村人氏，据世代相传，生于农历四月初八，是中华上古奴隶制社会殷商王朝时期著名的政治家、军事家、建筑学家和桥梁道路专家，创造版筑，首称先圣，帝赉良弼，尊师擢相，辅佐高宗武丁，开创辉煌盛世，着《说命》三章，乃旷世哲言，古今治国典范。总百官咨学，修天文历法、创兴协田、冶炼青铜、发展甲骨文。为相五十九载，诰封陕州郡公，葬虞步界下圣人涧马趵泉头。有傅相陵“商相傅说之墓”碑刻。敕封“神文睿智启圣王”。其思想是中华民族文明的起源文化，是儒家、道家之魂，诸子百家学术之启蒙文化。被敬尊为梦父、寝父、天神、天策星，更奉为″乘东维，骑箕尾，而比于列星″的天上星宿。是第一个国家有文字记载的活着时就被封的圣人。平陆历代建有傅相祠奉祀。生于公元前 1335 年四月初八日，终于公元前 1246 年，享年八十九岁。祖妣张氏、黄氏、吴氏、严氏、姜氏。子一：伯征。

第二世

伯征　说公之子，字恒，以父荫袭夔城大夫，食邑三万户。商帝祖庚时人。娶姬氏。继娶李氏。子一：怀安。

第三世

怀安　伯征公之子，字继，世袭夔城大夫，食邑三万户。妣仇氏、陈氏、车氏、伊氏。子一：仲乐。

第四世

仲乐　怀安公之子，字谆，任商代梧城司户。袭夔城大夫，食邑如故。妣端木氏、刘氏。继娶丘氏。续娶姒氏。子三：尚达、尚逵、尚□。

第五世

尚达　仲乐公长子，字松，殷帝乙辅驾近侍中尉，商末兄弟始迁清河。妣杨氏、刘氏、丘氏、姒氏、张氏。子二：孔原、孔厚。

尚逵 仲乐公次子，字柏，商代帝乙时任辅驾近侍郎中尉，少傅。公元前十一世纪，商末，在行将改朝换代时，尚达、尚逵兄弟从商都殷（今河南安阳小屯），远迁清河（今河北清河附近）居住，以后繁衍成为该郡的望族。这是傅氏郡望“清河郡（堂）”的由来。娶张氏。继娶姚氏。子二：奇、宣。

尚□ 仲乐公三子，字梅。妣、子未详。

第六世

孔原 尚达公长子，字炳，周文王时任守储司户。妣李氏、钟氏、巴氏。子一：显。

孔厚 尚达公次子，周文王时任司户空郎。娶罗氏。子一：洗。

奇 尚逵公长子，字国祥，继承父业为商武丁、祖庚、祖甲相。娶李氏。继娶理氏。子一：卣。

宣 尚逵公次子，字国瑞，商祖庚时以功封夔城大夫，食邑三万户。娶郭氏、朱氏。继娶苍氏。子一：企。

第七世

显 孔原公之子，字经，荫袭父职，商帝乙时为守储司户。持己以恭处人。妣肖氏、舒氏、查氏。子三：诚、诫、识。

洗 孔厚公之子，周武王时任虎贲将军。娶毛氏。

卣 奇公之子，字著章。娶谢氏。继娶子氏。续娶王氏。子一：阔。

企 宣公之子。娶谢氏。继娶房氏。子一：明。

第八世

诚 显公长子。妣　氏。子未详。

诫 显公次子，又名龙，商帝辛（纣）时为益州牧，后从周文王。妣冯氏、王氏、倪氏。子一：襄。

识 显公三子。妣　氏。

阔 卣公之子。妣、子未详。

明 企公之子，商廪辛时为将军，官至三正。周武王（姬发）护（卫）将军兼太子太傅。娶黄氏。继娶张氏。子一：照。

第九世

襄 诫之子，字能，周康王（姬钊）进为卿士。妣益氏、熊氏、文氏。子三：谟、俞、训。

照 明公之子，周成王（姬诵）时袭护将军职，加朝大夫。娶卢氏。继娶黄氏。续娶姒氏。又娶许氏。子二：鸿、淮。

第十世

谟　襄公长子，字佥，周昭王时任方城牧。妣孟氏、顾氏。子一：宏。

俞　襄公次子。妣　氏。子未详。

训　襄公三子，任司农卿。娶李氏。

鸿　照公长子，谥：忠献，周康王（姬钊）时，荫将军，为大夫，官至光禄庶丞，后改光禄卿加太常正卿，享年七十三岁。娶吴氏。继娶萃氏。续娶华氏。又娶刘氏，封夫人，与夫合葬麒山下。子未详。

淮　照公次子，以武功奏补将军，官至光禄丞。娶李氏。子一：大宾。

第十一世

宏　谟公之子，名朝，又名洪、鸿，字仲广，周穆王时著述处士，为交禄卿。妣鲁氏、毛氏、柯氏。子三：秉中、秉正、秉和。

大宾　淮公之子，周昭王（姬瑕）的卿士，后擢升为左相。娶王氏。继娶陶氏。子五：洗、漉、麋、麇、鏖。

第十二世

秉中　宏公长子，字绰，周共王时为右军大夫，官至内席，精天文、方技。周穆王（姬满）时任右军大夫。妣姜氏、杨氏、程氏。子三：爱、旭、明。

秉正　宏公次子，周共王（姬緊）时为司农卿。任周穆王司农卿。娶周氏。子未详。

秉和　宏公三子，周共王（姬緊）时为下军令。任周穆王右军大夫。娶官氏。子一：识。

洗　大宾公长子，商帝辛（纣）时为卿士，周穆王的左相。妣韩氏、伊氏，皆封夫人。子未详。

漉　大宾公次子，任周穆王的内府职务（家臣）。娶陈氏。继娶姬氏。子未详。

麋　大宾公三子，周共王（姬緊）的左相。妣　氏。子未详。

麇　大宾公四子，任周共王（姬緊）军司马下大夫。妣　氏。子未详。

鏖　大宾公五子。娶吴氏。子一：仔。

第十三世

爱　秉中公长子，字旸，周懿王时任大司马，上军大夫兼理内政。妣程氏、周氏、吕氏、房氏。子一：极。

旭　秉中公次子。妣　氏。子未详。

明　秉中公三子。妣　氏。子未详。

识 秉和公之子，周懿王时封南武郡公。娶戴氏。子二：枢、机。

仔 麈公之子，字文卿。生于周共王（姬繄）二年（前 945）九月十八日，葬山东漂（海）阳，凤形。娶丰氏。子二：秀、枣。

第十四世

极 爱公之子，名升，字建中，为右军大夫。娶袁氏。继娶郎氏。子二：谷、曰昃。

枢 识公长子，字子文，袭父职任南武郡公。娶何氏。子一：仲能。

机 识公次子，任军司马。娶李氏。

秀 仔公长子，字挺夫，周孝王（姬辟方）（前 884-前 870），曾任蔡京（今河南上蔡）县官。周昭王进为邑令。官至地官司徒。终葬西土城。娶张氏，封夫人，葬同夫茔。子未详。

枣 仔公次子，名稞，字挺实，封上国公，后徙居西土城。娶周厉王（姬胡）（前 857-前 842）之公主。娶姬氏。子一：学。

第十五世

谷 极公长子，字远后，任上军大夫，总督边务。娶伍氏。子二：浩、陶。

曰昃 极公次子。

仲能 枢公之子，世袭南武郡公。娶郭氏。

学 枣公之子，勤进，周穆王时袭上国公爵，徙西土城。葬西土城。娶于氏，封夫人。子一：珠。

第十六世

浩 谷公长子，名隆，字以养，周孝王（姬辟方）时为右军令。娶郑氏。继娶平氏。子三：孟达、仲达、季达。

陶 谷公次子。

珠 学公之子，周共王时袭上国公爵。葬同父茔。娶刘氏。子五：守愚、守正、守诚、守邦、守道。

第十七世

孟达 浩公长子，字歧政，又字行全，袭父职。妣楚氏。娶姜氏。继娶都氏。子三：祐、绍、秉。

仲达 浩公次子，字王贤。娶邹氏。

季达 浩公三子。娶唐氏。

守愚 珠公长子，字敦蒙，周懿王时荫袭上国公爵。葬西土城。妣刘氏，封夫人，葬同夫茔。子未详。娶卢氏。继娶历氏。

守正　珠公次子，字敦善。娶贺氏。子未详。

守诚　珠公三子，字敦敏。娶温氏。子未详。

守邦　珠公四子，字敦谨。娶张氏。子未详。

守道　珠公五子，字敦本。娶王氏。子一：惠。

第十八世

祐　孟达公长子，名广。

绍　孟达公次子，名康。

秉　孟达公三子，名诚，字暇、廷实，封上国公。妣吴氏。子四：曦、暄、喃、时。

惠　守道公之子。娶张氏。继娶谢氏。子一：简。

第十九世

曦　秉公长子，名嗣先，字法翰。娶邓氏。子一：镛。

暄　秉公次子，名嗣政，字法启。娶文氏。子一：铉。

喃　秉公三子。娶周氏。子一：珍。

时　秉公四子。娶何氏。子三：镇、铨、镃。

简　惠公之子。娶朱氏。子七：秉衡、秉良、秉高、秉权、秉鉴、秉奇、秉忠。

第二十世

镛　曦公之子，名瑞始，字仕征，为周上军大夫。娶章氏。继娶宣氏。子二：冠、冕。

铉　暄公之子，字仕用。

珍　喃公之子，字仕重。

镇　时公长子，字仕振，下大夫兼知政事。妣刘氏。子一：子泓。

铨　时公次子。

镃　时公三子。

秉衡　简公长子。娶李氏。

秉良　简公次子。娶朱氏。

秉高　简公三子。娶刘氏。

秉权　简公四子。娶程氏。

秉鉴　简公五子。娶吴氏。

秉奇　简公六子。娶彭氏。

秉忠　简公七子，任下大夫。娶胡氏。子一：识。

第二十一世

冠 镛公长子。

冕 镛公次子，名青，字子沁，仕齐为都尉。娶龚氏。继娶邓氏。子一：瑕。

子泓 镇公之子，仕齐为中军佐。娶王氏。子一：螂。

识 秉忠公之子，又名诚，周襄王（前651-前619）卿士，封南武郡。娶周氏，封二品夫人。子一：子文。

第二十二世

瑕 冕公之子，名德胜，字仲福，郑国大夫，曾任栎城守。耿介精忠，他是最早见于《左传》的傅姓名臣。妣万氏。继娶李氏。子一：孟通。

螂 子泓公之子。

子文 识公之子。袭父爵。子一：仲能。

第二十三世

孟通 瑕公之子，名显先，字显辅。娶项氏。继娶黄氏。子四：豪、高、露、云。

仲能 子文公之子，袭武德将军爵，后累勋封南武郡公。终葬南武城东。娶唐氏。子二：举贤、齐贤。

第二十四世

豪 孟通公长子，名雨，字顺从，仕齐为参军护都尉，知军政，后擢大司马兼上卿大夫。娶赵氏。继娶冯氏。子三：隆、崇、焰。

高 孟通公次子，名雾。

露 孟通公三子。子一：炀。

云 孟通公四子。

举贤 仲能公长子，荫袭军司马。娶何氏，夫妇合葬南武城西。

齐贤 仲能公次子，奏补将军锦衣大夫。妣张氏。子一：侃。

第二十五世

隆 豪公长子，字高起。娶张氏。

崇 豪公次子，名燮，号伯庄，以父功袭护都尉兼知外藩武教事。娶何氏。继娶刘氏。子一：鼎。

焰 豪公三子。

炀 露公之子。

侃 齐贤公之子，荫将军。娶陈氏。子三：椿、松、柏。

第二十六世

鼎　崇公之子，名霖，字叔中，仕周为护驾右大夫知军务事。娶霍氏。继娶周氏。子一：炅。

椿　侃公长子，任伍长。娶吴氏。

松　侃公次子。娶何氏。

柏　侃公三子，袭将军职。娶陈氏。子二：端、飒。

第二十七世

炅　鼎公之子，字虾。妣刘氏。子一：叟。

端　柏公长子，任伍长。娶甘氏。

飒　柏公次子，又名飘。娶彭氏。子一：坚。

第二十八世

叟　炅公之子，又名虞叟，字公发，春秋鲁哀公时为晋大夫。娶盖氏。继娶钱氏。子二：德、美。

坚　飒公之子，字有执，号济夫，任小司徒中大夫。娶王氏。子五：通、达、逵、徂、迓。

第二十九世

德　叟公长子。

美　叟公次子，名政。春秋时赵简子家臣。娶万氏。继娶范氏。子四：祇、萃、远、游。

通　坚公长子，任平陵（陆）宰，奏补将军。娶刘氏。继娶戴氏。

达　坚公次子。娶胡氏。子一：训。

逵　坚公三子。

徂　坚公四子。

迓　坚公五子，周考王（姬嵬）（前440-前426），以贤良策举为上卿，镇潞州、淮州、兖州三府军事。享年五十七岁，葬陇上。娶张氏。子一：诰。

第三十世

祇　美公长子，名达，任赵国将军。娶方氏。继娶乐氏。子二：辰、能仁。

萃　美公次子，名通，为执戟郎。娶骆氏。子一，失记。

远　美公三子，名刚。

游　美公四子。

训　达公之子。娶邓氏。子一：礼。

诰 迓公之子，判潞州事。娶陈氏。子一：禄。

第三十一世

辰 祇公长子，名景道，字日启，号日君，仕周为朝散大夫。娶闵氏。子一：定仪。

能仁 祇公次子。

礼 训公之子。

禄 诰公之子，字廷典，仕进南，任郓州军司马。娶金氏。子一：世臣。

第三十二世

定仪 辰公之子，名廷臣，字汝则，为周卿士。娶诸葛氏。继娶邹氏。子三：振、通、姜。

世臣 禄公之子，任兖州方正（判官）。以荫入官。娶李氏。

第三十三世

振 定仪公长子。

通 定仪公次子，字纯，为平陵（陆）宰。娶戴氏。继娶李氏。子一：英。

姜 定仪公三子。

第三十四世

英 通公之子，名楫，又名华，字豪选，任渤海牧。生于周显王二十七年（前342），妣袁氏。继娶公羊氏。子二：有传、有教。

第三十五世

有传 英公长子，字继宗。生于周慎靓王（姬定）二年（前319）九月十日，娶曾氏。

有教 英公次子，名亮，字继宗。生于周慎靓王（姬定）五年（前316）七月十六日，娶范氏。继娶戚氏。子二：祖仁、祖义。

第三十六世

祖仁 有教公长子，名证，号永澄，周赧王时仕田齐襄王，封上大夫。生于周赧王（姬延）十九年（前296）五月十五日，仕齐从田单守即墨，复齐有功。妣曹氏、吕氏、吴氏、罗氏、伊氏。子十一：万春、万节、乾元、乾亨、乾利、乾贞、用洵、用迅、骥文、骥武、醇醪。（与五世孙宽时间匹配有疑，待考）。

祖义 有教公次子。

第三十七世

万春　祖仁公长子，字贽，周赧王时为楚令尹。妣钱氏、魏氏、舒氏。子三：嘉鳌、嘉厘、嘉采。

万节　祖仁公次子，又名采，字尚素，仕秦任进南军事东路曹帅，家居山东。生于周赧王四十年（前275）九月十四日，葬西山下。娶陈氏。继娶胡氏。子：本。

乾元　祖仁公三子，又名栗。生于周赧王四十三年（前272）六月十六日，葬原坡。娶冯氏。

乾亨　祖仁公四子，又名杲，魏大夫。生于周赧王四十八年（前267）三月二十三日，娶李氏。继娶冯氏。

乾利　祖仁公五子。

乾贞　祖仁公六子。

用洵　祖仁公七子。

用迅　祖仁公八子。

骥文　祖仁公九子。

骥武　祖仁公十子。

醇醪　祖仁公十一子。

豹　战国赵孝王时为武坦令。赵孝成王七年（前259年）赵括以军降秦，秦坑卒四十余万，豹公率燕众返燕地。约生于公元前304年。事见《史记·赵世家》。其余未详。子一：抵。

第三十八世

嘉鳌　万春公长子。

嘉厘　万春公次子。

嘉采　万春公三子。

本　万节公长子，又名燮，字仲修，周赧王朝为上卿，入秦为执战都尉，官至朝散大夫。妣姬氏、巫氏、郭氏。子四：宬、宽、宓、杨。

抵　豹公之子，战国赵悼襄王时为将军，事见《史记·赵世家》。其余未详。生于公元前285年，居平邑（今河南省南乐县东北平乐村）。子一：胡害。

第三十九世

宬　本公长子。

宽　本公次子，本魏人（今山西芮城一带）。以魏五大夫骑将从汉高祖，起横阳。刘邦立为汉王，封共德君。从入汉中，迁为右骑骑。从定三秦，赐食邑雕阴。从南攻籍，赐通德侯；定齐地，封为阳陵侯。谥景侯。名列汉开国元勋十二侯功臣表第五名，事见《史记·傅宽传》和《史记·高祖功臣侯者年表》，居封地（今咸阳东北四十五里），后被尊为北地傅氏始祖。生于周赧王五十六年（前 259），殁于汉惠帝五年（前 190），享年七十。妣鲁氏、罗氏、韩氏、何氏。子四：精、华、端起、迪立。

宓 本公三子。

杨 本公四子，从攻安阳击起赉，击杨雄，秦捷，赐爵卿。沛公为汉王，赐号兴德，君从汉中定三秦，迁为右骄将，赐食邑淮阳，从击项羽，时裴王赐爵通侯，继封杨陵政侯。惠五年（前 190）卒，谥景侯。

胡害 抵公之子，事见《汉书·高惠帝后文功臣表第四》。生于前 258 年，殁于高祖八年（前 199），以越户将从刘邦破秦，入汉，定三秦，以都尉南项籍，封贳齐合侯，名列第三十六位。妣　氏。子一：方山。

第四十世

精 宽长子，字毅，号亦产，汉惠帝五年（前 190）立为阳陵须侯（一作阳陵顷侯）。二十四年后殁于汉文帝前元十四年（前 166），事见《汉书·傅宽传》。妣薛氏。子二：刚、刑。

华 宽次子，袭父爵官渤海牧。生于西汉惠帝七年（前 188）正月初三，娶朱氏。子一：贤、宁太。

端起 宽三子。

迪立 宽四子。

方山 胡害之子，，汉高祖八年（前 199）嗣父爵，为共侯。生不详，殁于汉文帝元年（前 179）。妣　氏。子一：赤。

第四十一世

刚 精公长子，汉文帝前元十四年（前 166）立为阳陵共侯。殁于景帝前元三年（前 154）。娶甫氏，继娶宋氏。子一：偃。（刚常被误刻为则，而成异名）

刑 精公次子。

贤 华公长子，字学古，袭御史大夫之职。生于汉文帝（刘恒）后元四年（前 160）二月十二日，卒不详。娶王氏。继娶包氏。子一：猷。

宁太 华公次子。子一：谦。

赤 方山之子，汉文帝元年嗣父爵为炀侯。生年未详，殁于汉文帝前元十一年（前 169 年）。妣　氏。子一：遗。

第四十二世

偃　刚之子，汉景帝前元三年（前 154）继父为须侯。11 年后，汉武帝元光年二年（前 133）因淮南王谋反事连坐死，封国被取消。娶汪氏，继娶杨氏。子一：执忠。

猷　贤公之子，又名任，字伦，号沃孙，袭父职，汉景帝时出仕。妣王氏。子二：介子、元子。

谦　宁太之子。子一：天常。

遗　赤之子，汉文帝前元十二年（前 168）嗣父爵，为康侯。生年未详，殁于汉武帝元朔四年（前 125）。妣　氏。子二：猜、世。

第四十三世

执忠　偃之子，汉成帝永始四年（前 13）四月廿六日封侯。妣　氏。子：□□。

介子　猷公长子，年十四，好学书。尝弃觚而叹曰："大丈夫当立功绝域，安能坐事散儒。"遂从军。汉武帝建元四年（前 137）以骏马监使大宛，诏令责楼兰、龟兹，皆服罪。因诛匈奴使者，还，拜中郎将，迁平乐厩监。因西域的龟兹、楼兰贵族，曾联合匈奴的统治者，杀汉官员，介子奉命以赏赐为名，携黄金、锦绣赴楼兰，在宴席上刺杀楼兰王。事见《汉书·傅介子传》。《新唐书·宰相世系》记载，介子公因封义阳（即义渠县，后改为庆阳）而始迁北地郡义渠县，为北地郡始迁祖。生于汉武帝元鼎二年（前 115）七月十八日，终于汉宣帝元康元年（前 65），葬于庆阳城西，有宗祠，义渠人。妣万氏、娶毛氏。继娶朱氏。续娶仟氏，夫妻合葬坪山。子三：敞、器、教。

元子　猷公次子，汉昭帝时任中郎将。妣吴氏、吴氏。子五：福、子孟、中叔、中敬、幼君。

天常　谦之子。

猜　遗长子，汉武帝元朔五年（前 124）嗣父爵为侯。汉武帝元鼎元年（前 116）因杀人弃市。

世　遗次子，汉宣帝元康四年（前 62）为茂陵公士，诏复时，公年已暮，事见《汉书·高惠帝后文功臣表第四》。妣　氏。子未详。

第四十四世

□□　执忠之子。子：景。

敞　介子公长子，又名勉，汉武帝时官司隶，代父立为义阳侯。因有罪不得袭爵，封国被取消。娶华氏。继娶章氏。子三：泰、熹、育。

器　介子公次子，字侍用，袭义阳侯。生于汉宣帝本始二年（前 72）三月十一日，娶彭氏。子四：亳、高、銮、亹。

教 介子公三子，字禧。妣　氏。子：育。

福 元子长子，字崇祖，汉宣帝时出仕，定陶傅太后之父。妣　氏。子未详。生女一，西汉元帝妃子，生子刘康为恭王。刘康子刘欣继位为哀帝，绥和二年（前 7）五月，哀帝尊祖母为定陶傅太后，追尊傅太后之父福为崇祖侯。

子孟 元子次子，封侯爵。妣张氏。子一：喜。

中叔 元子三子，封侯。妣李氏、方氏。子一：晏。

中敬 元子四子，又名子元，封侯。妣杨氏、刘氏。子一：嘉。

幼君 元子五子。娶官氏、甘氏。子二：□□、商。

第四十五世

景 执忠之孙，汉宣帝元康四年（前 62）为长陵士伍，诏复家。事见《汉书·高惠帝后文功臣表第四》。妣　氏。子未详。

焘 敞公长子，字奇，世袭侯爵。妣杨氏。继娶丘氏。续娶唐氏。子二：长、俊。

熹 敞公次子。祧子一：俊。

育 敞公三子，汉章帝时为护羌校尉。章和元年（87）春三月，追击叛羌时战殁。《后汉书·西羌传》记载：东汉灵州（今宁夏吴忠）人，东汉汉光武帝时与将军马武等出兵击羌，功冠诸军。东汉章帝时，官至武威太守。章帝元和三年（86）秋，烧当羌酋迷吾与弟号吾率部落犯汉，进攻陇西界，郡督烽掾李章活捉号吾，号吾投降，众羌即散，各归故地。当时的护羌校尉傅育恐失朝廷信用，故欲伐烧当羌。次年，傅育奏准请陇西、张掖、酒泉三郡太守各五千人，合两万兵卒，与其它各郡限期出击。其它郡州的兵马还未到达会合地点时，傅育自领汉阳、金城五千兵，单独进军，被迷吾发觉，撤帐篷逃走。于是傅育选精兵三千穷追，夜至迷吾数里的“建威南三兜谷”，准备翌晨攻击，不料迷吾设伏夜袭，傅育力战而死，汉军败走。汉章帝闻讯后，封他的儿子傅毅为明进侯。《后汉书·滇良传》：傅育食禄数十年，秩奉尽赡给知友，妻子不免操井臼。约生于前 42 年，殁于公元 87 年。妣　氏。子一：毅。祧子一：长。

亳 器公长子。

高 器公次子，袭侯爵位。生于汉元帝（刘奭）永光二年（前 42）四月初六，娶罗氏。继娶杨氏。子一：执中。

銮 器公三子。生于汉元帝永光五年（前 39）八月初四，妣虞氏。

亹 器公四子，字达生，任常山县令。娶唐氏。子一：执直。

育 教公之子。

喜 子孟之子，字稚游，少好学，有志行。哀帝为太子时，其父汉成帝（刘骜）擢喜为太子庶子、右将军。哀帝即位后，以喜为卫尉，建平二年（前 5）拜为大司马，封高武侯。傅氏家族中有的人骄奢，嫉喜恭俭，傅太后欲称尊号，喜执正议不顺，遂罢免。平帝（刘衎）于公元 1 年即位后，召还。后复遣喜就封侯国。事见《汉书·傅喜传》。居河内郡温县（今河南温县）。生于前 60 年，卒于 15 年。妣罗氏、陈氏、周氏。子一：劲。

晏 中叔之子。于哀帝（刘欣）元寿元年（前 2）正月朔日，封为大司马卫将军，孔乡侯。公元 1 年平帝即位，王莽用事，被免职，与妻、子流徙广东合浦（今广东海康县）。妣宋氏、周氏。子未详。女一，绥和二年（前 7）被哀帝立为皇后。

嘉 中敬之子，汉哀帝时任侍中光禄大夫。妣袁氏。子未详。

□□ 幼君长子。子一：昌。

商 幼君次子，哀帝时封为汝昌侯。汉哀帝建平四年（前 3）以皇太太后从父封为汝昌侯，食邑千户。元寿元年（前 2）坐外附诸侯免职事见《汉书·外戚恩泽侯表第六》。妣李氏、方氏。子未详。兄子昌奉祀。

第四十六世

长 焘长子，育祧子，汉平帝元始时继功臣世爵，复封为义阳侯。妣冯氏。子一：辅。

俊 焘次子，熹祧子，字子卫，谥威侯，东汉光武帝刘秀攻襄城，俊以县亭长迎军，擢校尉，累从征有功。光武即位，任侍中。建武二年（26）封昆阳侯，建武三年拜积弩大将军。东汉明帝永平三年（60）绘 28 位中兴功臣于云台时，名列第十位。事见《后汉书·傅俊传》和《后汉书·明帝纪》，居颍川（今河南许昌）襄城。生于汉成帝鸿嘉元年（前 20），卒于汉光武帝建武七年（31）。娶丰氏、万氏。子一：昌。

俊 熹公祧子，焘公长子，字子卫。详载焘公支下。

毅 育公之子，袭父爵为明进侯。妣子未详。

长 育公祧子，焘公次子。详载焘公支下。

执中 高公之子，赠封侯爵。生于西汉成帝（刘骜）永始四年（前 13）四月二十六日，娶包氏。

执直 亹公之子，任耒阳县令。生于汉成帝元延二年（前 11）十一月二十日，妣戴氏。子二：簧、笛。

劲 喜之子。新王莽建国二年（10）嗣父爵为侯，王莽败，乃绝。妣 氏。子未详。

昌 商嗣子，□□之子。西汉哀帝元寿二年（前 1）五月，诏奉祀土为侯，八月坐非正免。

第四十七世

辅 长之子。妣邹氏。子一：冉。

昌 俊之子，字衍，号相，汉光武帝建武七年（31）袭父爵，徙封为燕湖侯，汉章帝建初中，因国贫乞钱易封，贬为关内侯。事见《后汉书·傅俊传》。妣汪氏、孙氏、王氏。子一：铁。

篢 执直公长子。生于王莽新地皇元年（20）十二月二十日。葬渴马形。娶高氏。继娶乐氏。子一：毅。

笛 执直公次子。生于王莽新地皇四年（23）十一月十三日。娶冯氏。子一：刚。

第四十八世

冉 辅之子。妣蓝氏。子一：爵。

铁 昌之子，字晟，汉安帝永初七年（113），邓太后复封为高置亭侯，事见《后汉书·傅俊传》。妣吴氏、华氏、廉氏。子一：纯。

毅 篢公之子，字武仲，博学能文，是古代著名的文学家，著有《舞赋》等作品 28 篇。原集失传，曾以明帝求贤不笃，士多隐居，尝作《七激》以讽。章帝时，曾任兰台令史，拜郎中，与班固、贾逵等同校内府藏书，毅文邪雅，显于朝廷。和帝永元初，大将军窦宪讨伐匈奴时，以毅为记室，后迁司马，有功封为明进侯。事见《后汉书·傅毅传》。居扶风茂陵（今陕西兴平县）。生于东汉光武帝建武二十三年（47），约卒于汉和帝永元二年（90）。葬松山。东汉扶风、茂陵（今陕西、兴平东北）人。娶刘氏。继娶许氏。子三：熹、杰、默。

刚 笛公之子，字潜夫，曾任司隶校尉和白虎观博士。生于东汉光武帝建武中元元年(56)六月十九日。娶胡氏。子一：绍宽。

福 东汉中期后人。事迹未详。事见《后汉书·梁商传》“(永和四年)中常侍张逵、蘧政，内者令石光，尚方令傅福，冗从仆射杜永连谋，共谗商及中常侍曹腾、孟贲，云欲征诸王子，图议废立”。

第四十九世

爵 冉之子。妣唐氏。子二：筑、岩。

纯 铁之子，字明德，汉安帝时袭父爵为高置亭侯。妣巴氏。子一：稽。

熹 毅公长子，字元亮，曾任五经博士。生于东汉章帝元和二年（85）九月初四。娶陈氏，夫妻合葬龙山。

杰 毅公次子。生于章帝章和元年（87）五月十三日。娶朱氏。

默 毅公三子。娶赵氏。子一：章。

绍宽　刚公之子，字恢洪，由博士官至御史，最后封侯。生于东汉章帝章和元年（87）十月二十四日。葬岘山。娶王氏，葬紫山。子二：佐、佑。

第五十世

筑　爵长子。妣孔氏。子一：章。

岩　爵次子，迁江汉。妣张氏。子未详。

稽　纯之子，字溥，号范。博学能文，汉顺帝时出仕。妣严氏。子一：宾。

章　默公之子。娶黄氏。子二：珊、瑚。

佐　绍宽公长子。生于东汉顺帝永建二年（127）七月初十日，袭父爵。娶朱氏，夫妻合葬汶城乡东。

佑　绍宽公次子。生于东汉顺帝永建五年（130）六月十四日。娶陈氏。子二：桀、榕。

第五十一世

章　筑之子。汉桓帝时出仕。妣　氏。子一：睿。

宾　稽之子，字如兰，号文明。妣柏氏。子二：□□、燮。

珊　章公长子，字举用，荫袭承事郎。

瑚　章公次子，字廷用，登两举，官典训转侍郎。

桀　佑公长子。

榕　佑公次子，灵帝时登贤良榜，为南武判官。生于东汉桓帝延熹三年（160）四月初九。娶蒋氏。子一：颛。

第五十二世

睿　章之子，汉灵帝时为代郡太守。妣孙氏、纪氏。子二：选、充。

燮　宾次子，本字幼起，后因慕白圭之诗，乃易字为南容。有威容。少师事太尉刘宽，后为护军司马。讨黄巾军张角，拜议郎。朝廷重其方格，每公卿有缺，为众议所归。出为汉阳（汉阳郡，今甘肃天水）太守。汉灵帝中平间，北胡骑数千攻汉阳城，使已降胡的酒泉太守黄衍来劝降。公按剑而叱衍曰："若剖符之臣，反为贼说也？"遂麾左右进兵，临阵战殁，谥壮节侯。事见《后汉书·傅燮传》。居北地灵州。生于汉顺帝汉安三年（144），殁于汉灵帝中平四年（187）。东汉灵州人。公被尊为清河始祖。据《新唐书·宰相世系》，其曾孙咸始居清河。妣平氏、汤氏。子二：干、彤。

颛　榕公之子，赠御史中丞。生于汉献帝初平二年（191）十月十二日。娶黄氏。子未详。

第五十三世

选 睿长子，汉献帝时为荆州刺史刘表东曹掾，事见《三国志·魏书·董袁刘传第六》。建安十三年（208）曹操攻荆州，公说齐琮归曹，曹军到，琮举州降。三国魏文帝黄初中为侍中尚中。妣魏氏、奚氏。子一：伟。

充 睿次子，名克，字允，三国魏文帝黄初中为黄门侍郎。娶赵氏，继娶汤氏。子二：嘏、松。

坚 宾之孙。

干 燮长子，字彦林，小字别成，魏文帝时，官至扶风太守（今属陕西），少有才智，曾任司法参军。曹操进爵魏公，欲兴兵伐吴之际，干叩马陈书力谏，乃罢。其父燮守汉阳时，干年十三，谏父曰："国家昏乱，遂令大人不容于朝。今天下已叛，而兵不足自守，不若徐至乡里，率厉义徒，见有道而辅之。"燮不可，因被难。后知名于世。事见《后汉书·傅燮传》。居凉州北地，今甘肃环县一带。生于汉灵帝熹平三年（174），殁葬不详。妣公羊氏。子一：玄。

肜 燮次子，又作彤，三国时为刘备将军，蜀先主章武二年（222），从刘备伐吴为别督。虢亭之战，先主退兵，公断后拒战，兵人死尽。吴将语肜令降，公骂曰："吴狗，何有汉将降者！"遂战死。事见《三国志》卷四十五、卷五十八。居北地郡泥阳。生于汉灵帝熹平六年（177）。妣朱氏。子一：佥。

方 三国时为魏国乡太守，事见《晋书·宣帝懿纪》。其余未详。生于汉灵帝熹平四年（175），汉献帝建安二四年（219），关羽围曹仁于樊城，水淹七军而降羽。子一：宝。

第五十四世

伟 选公之子。妣　氏。

嘏 充长子。魏正始初，为尚书郎、黄门侍郎，和曹爽、何晏不洽，免官。曹爽诛，为河南尹，其治以德教为本，吏民安之，迁尚书。嘉平末，赐爵关内侯。高贵乡公曹髦即位，进封武乡亭侯。正元二年（255）讨毋丘俭、文钦之乱，以嘏守尚书仆射，有功，与司马昭凯旋回京后，正元间，又封为阳乡侯，食邑千二百户。追赠太帝，谥曰元侯。少负文名，重事功，衡鉴人物以"实才"为主。尝论"才性同异"，认为"性"（本性）元本体，"才"（才能）的外部表现即"性"。主张""才性同"，与何晏等人割裂才性的看法相对立。居北地义阳。生于汉献帝建安一三年（208），殁于魏高贵乡公正元二年（255），享年四十有七。妣许氏、何氏、暨氏。子二：□□、祗。

松 充次子，名育，任临羌长，随捕虏将军马武等击羌，勇敢作战，拜武威太守，声振西域。娶康氏。

玄　干之子，字休奕。西晋著名的哲学家、文学家，学问渊博，精通音律，尤擅长乐府。在哲学上，认为自然界是按照“气”的自然之理而运动。“气”的自然之理“时至自生，非德之力”，人的“德行”不能代替自然规律的作用。他说：“人之性如水焉，置之圆则圆，置之方则方。”并指出：“民富则安乡重家，敬上而从教；贫则危乡轻家，相聚而犯上。”把自然和人类历史都看破作一种纯粹的自然过程，批判了有神论的世界观和玄学空谈。主张限制士、工、商人数。并提出封建赋税应遵守“至平”、“积俭”和“有常”三原则。玄少孤贫，年轻时州举秀才，除郎中，曾任弘农术守，领典农校尉，封鹑觚男。晋武帝受禅后，累迁司隶校尉、散骑常侍、户部侍郎等职，并封为清泉侯。玄性刚劲亮直，每有奏劾，或值日暮，捧白简，整簪带，坐而待旦，于是贵族慑伏。众人称他“劲节文静公”。事详列传。玄是我族历史上最有学问的名人之一，著有《傅子》、《傅玄集》，俱佚；明人辑有《傅鹑觚集》，又有清人方浚师集校本，较完备。居北地泥阳（今陕西耀县东南）。生于建安二十二年（217）三月初七日，终于晋武帝咸宁五年（279），享年六十有二。妣顾氏、陈氏、冯氏。子一：咸。

佥　彤之子。父殉国后，蜀后主拜为左中郎，后为关中都督。景耀六年（263）又临危受命守阳平关。魏钟会遣将攻之，蒋舒将出降，曰：“今贼至不击而闭城自守，非良图也。”佥曰：“受命保城为好，出战若丧师负国而死无益矣。”舒不听，私自率众出降，敌乘虚而入，佥率余部与敌格斗而死，魏人义之。事见《三国志》卷四十五。妣袭氏。子二：苕、募。

宝　方之子，字纪图，东汉牂牁郡平夷县（今贵州毕节大方县一带）人，时南中人杰，历任尚书郎、长安令、巴郡太守。在南中设帐授徒，弘扬文化，与本邑人东汉大学士尹珍、夜郎人尹贡一起被称为“南中名士”。《华阳国志·南中志》、光绪《平彝县志》对傅宝的德行称赞有加。闾里撰联：“尹道真人文教初兴，傅宝纪图政绩卓茂”。夸赞他与尹珍。见《士女目录》及《华阳国志校补图注》卷四。

第五十五世

□□　嘏长子。子一：隽。

祗　嘏次子。性至孝，早以才识明练著称。晋武帝时，为太子舍人，累迁散骑黄门侍郎，赐爵关内侯，食邑三百户。晋惠帝时，入为侍中，迁司隶校尉，因讨伐杨骏有殊勋，当封郡国公，祗固让，减半封灵州县公，一千八百户。余二千二百户，改封次子畅为武乡亭侯。又赐封其侄子隽为东明亭侯。晋怀帝时，为右仆射、中书监，行太子太傅，迁司徒。祗明达国礼，朝廷制度多由他经手订立。及洛阳陷，共建行台，推为盟主，以司徒持节大都督主管诸军事，传檄四方，征义兵。平生著文驳论十万余言。事见《晋书·傅祗传》。生于魏齐王正始三年（242），卒于晋怀帝永嘉五年（311）。妣于氏。子三：宣、畅、隽（出继）。

咸 玄之子，字长虞。晋武帝咸宁元年（275）袭父爵，拜太子洗马，累迁尚书右丞。出为荆州刺史，再迁司徒左长史。太康初，以言事多所执正，迁车骑司马。太康末以匡正时事，迁尚书左丞。晋惠帝时转为太子中庶子，迁御史中丞。《新唐书·宰相世系》记载：其子孙自北地徙清河，尊公为清河傅氏开宗祖。公平素诗文甚多，明人辑有《傅中丞集》行世。事见《晋书·傅咸传》。生于魏景初二年（238）六月十一日，终于晋惠帝元康四年（294），享年五十有六。谥贞侯，赐追赠司隶校尉，赏钱二十万。妣端木氏、吴氏、梅氏、王氏。子五：敷（敖）、晞、纂、辩、办。

苔 佥长子，字孟起。妣　氏。子一：钦。

募 佥次子。后没入奚宫，免为庶人。

常 三国时为吴国太常卿。赤乌七年（244）孙权拜陆逊为相，使公授以印绶。事见《三国志·吴书·陆逊传》。其余未详。

询 西晋武帝时为平州刺史，清白有闻，晋武帝咸宁二年（276）十二月，赐帛二百匹以示奖赏。事见《晋书·武帝纪第三》。生于魏明帝太和五年（231）。其余未详。

第五十六世

隽 □□子，祇三子（出继），名俊。晋惠帝时以叔父祇公功赐封东明亭侯。妣　氏。子未详。

宣 祇长子，字世弘，性至孝，六岁丧继母，哭泣如成人，及长好学。晋武帝末赵王司马伦擢为相国掾、尚书郎，太子中书舍人，迁司徒西曹掾。继迁为扆书丞、骠骑从事中郎。惠帝时为弘农公主驸马，后累迁秘书左丞黄门郎。怀帝即位（307）后，转为吏部侍郎，不久担任御史中丞。事见《晋书·傅祇传》。生于魏元帝景元四年（263），卒于晋怀帝永嘉六年（312），享年四十九岁。妣司马氏，娶倪氏，继娶王氏。无子，以弟畅子冲为嗣。

畅 祇次子，名畅、炀，字世道。年未弱冠，甚有重名，以选入侍讲东宫，为秘书丞。以父勋进爵武乡亭侯。永嘉之乱时没于后赵军中，后赵石勒任命为大将军右司马，恒居机密。事见《晋书·傅祇传》。有《晋诸公叙赞》二十二卷和《公卿故事》行世。生于晋武帝泰始二年（266），卒于晋成帝咸和五年（330）。妣熊氏。子三：冲（继伯父宣嗣）、泳、洪。

敷 咸长子，字颖根，晋怀帝永嘉中避乱会稽（今浙江绍兴），其后裔便在浙江繁衍。帝召任太子舍人，又迁尚书郎太傅，皆称病不赴，及东晋元帝时，引为镇东从事中郎，他带病到职数月。喜清净，善属文。生于晋武帝泰始十年（274），卒于晋元商大兴三年（320），享年四十有六。妣李氏、张氏。子一：承智。

晞 咸次子，字才思，永嘉之乱时随兄避地会稽。西晋惠帝时为上虞令，政绩显，后官至司徒西曹，卒于任。事见《晋书·傅咸传》。生于西晋武帝咸宁三年（277），卒年不详。妣朱氏、裘氏。子三：弘毅、纯、彪。

纂 咸三子，字士思。永嘉之乱时避地清河，为清河分宗始迁祖之一。生于咸宁六年（280），卒年不详。妣　氏。子二：伷、浑。

辩 咸四子。曾任御史郎，改兵部尚书，封高武侯。娶樊氏，夫妇合葬，墓犬眠形。子一：诚。

办 咸五子。

钦 苔之子，字文明。三国时仕东吴为柴桑（今九江）别驾，子定在晋武帝时迁南康军星子镇赤渡桥，公被尊为丰城支系傅氏分宗一世祖。生殁不详，葬于宝山寺后。妣氏。子：定。

逊 永嘉六年（312）九月，拥立秦王为太子，次年即位，是为愍帝。事见《晋书·阎鼎传》。生于西晋武帝泰始三年（267）其余未详。

珍 晋武帝时为博士，太康三年上表谏齐王攸就国获罪免职。事见《晋书·庾纯传》。生于魏明帝青龙五年（237）。其余未详。

第五十七世

冲 宣继子，暘长子，东晋初仕。生于东晋惠帝元康六年（296），卒年不详。妣柯氏。子一：训初。

泳 暘次子。东晋穆帝永和末过江任交州（今广西苍梧县）刺史。生于元康九年（299），卒年不详。妣　氏。子不详。

洪 暘三子，又名咏，渡江任交州刺史，曾任太子右丞。父没于胡后，生于北方羯族地区，东晋永和中，后赵内乱得以回归故地。妣丘氏。子一：韶。

承智 敷之子。妣李氏。子一：瑗。

弘毅 晞长子。妣　氏。子二：绍明、绍芳。

纯 晞次子。东晋元帝初为博士，尝论惠、怀及愍三帝宜别立庙，为朝廷所重。事见《晋书·礼上)。其余未详。子一：玩。

彪 晞三子。后赵石勒时为中大夫，任襄邑（今河南睢县）令，奉令与贾莆江共同撰编大将军起居录。生于西晋武帝泰始十年（274）余未详。娶李氏。

伷 纂长子。生于东晋惠帝永宁二年（302）。妣　氏。子一：�。

浑 纂次子。官至豫州刺史，一生为官清廉，归家时路费都没有，只好留居睢县城南门外傅隅合。事见《睢县志》。东晋成帝咸和年间为襄邑令，有惠政。南朝梁代御史江革颂之曰：“乃冰其清，乃玉其白；云抗其高，雨垂其泽；君有遗爱，民有遗思。”。妣　氏。子未详。

定　钦子，丰城傅氏始迁祖。财丁两旺。妣钟氏、费氏。子三：时兴、时亨、达。

第五十八世

训初　冲公之子，字开泰。好学能文，曾任主考官。娶魏氏。子一：宏远。

韶　洪之子，名韶光，字歆、歆之。东晋孝武帝时为梁州刺史，官至散骑常侍。生于东晋穆帝永和二年（346），卒年不详。妣东氏。子一：弘之。

瑗　承智之子。以学业知名，东晋孝武帝时官至安成太守，瑗素与郗超友善，超诣其家，时瑗次子亮年甫四岁，超令解亮衣使左右持去，亮无吝色。超谓瑗曰：“卿小儿才、名、官位，远逾其兄，然保位、传祚终在大者。”后果如其言。生于东晋穆帝永和元年（345），卒年不详。娶高氏，继娶时氏，续娶樊氏，又娶王氏。子三：迪、亮、讶。

绍明　弘毅长子。随父自河南陕州泥阳县迁湖南湘潭曲巷。详见《珠湖傅氏宗谱》。妣　氏。子未详。

绍芳　弘毅次子，随父迁湘潭遂居曲巷。详见《珠湖傅氏宗谱》。妣　氏。子二：颜、末波。

玩　纯公之子。东晋成帝时为尚书，咸康初因左丞贪渎坐免。事见《晋书·顾和传》。生于晋惠帝永熙元年（290）。其余未详。子二：隆、弘仁。

遘　佃之子。后石虎时曾担任太常卿。生于后赵石勒太和元年（328），卒年不详。妣　氏。子二：湛、和之。

时兴　定长子。

时亨　定次子。

第五十九世

宏远　训初公之子。

弘之　韶之子，字仲度，又名宏达。少倜傥有大志，东晋孝武帝末，尊父命讨桓石绥，斩之，擢任太尉行参军。从征司马休之为建威将军、顺阳太守。从南朝宋武帝刘裕伐北，以军功进为桂阳公。司马义征东归，匈奴夏国王赫连勃勃倾国追杀，于青泥（今甘肃徽县南）大战，以身殉国。事见《南史·傅弘之传》。生于晋孝武帝太元元年（376），殁于东晋安帝义熙十四年（418），享年四十有九。妣　氏。子一：诸。

迪　瑗长子，字长猷。曾任右丞，南朝宋武帝初为五兵尚书，永初二年（421）卒于官，追赠太常卿。事见《南史·傅亮传》。迪广读书而在解其义，刘柳谓之“书簏”。生于东晋废帝太和五年（370），终于421年。妣曾氏、金氏。子未详。

亮 瑗次子。博涉经史，尤善文词。东晋安帝义熙元年（405）擢员外散骑侍郎，直西省，典掌诏诰。义熙七年（411）转中书黄门侍郎。南朝刘宋初建，授侍中，迁中书令，领世子中庶子，永初元年（420）迁太子詹事，以辅佐功封建成县公，食邑二千石，入直中书省，专典诏命。宋少帝即位（423），进封中书监、尚书令。文帝刘义隆登祚，加左光禄大夫，开府仪同三司，又进爵始兴郡公，食邑四千户。元嘉三年（426），因功高震主被害。事见《南史·傅亮传》。生于东晋武帝宁康元年（373），终于426年，享年五十有三。妣彭氏，继娶周氏。子四：渲、悝、湛、都。

讶 瑗公三子。

颜 绍芳长子。东晋穆帝时前燕慕容俊长乐太守，升平元年（357）受命讨斩河间李黑，又率军五万大败晋军于东阿。事见《晋书·慕容俊》、《垫江傅氏族谱》。生于晋怀帝永嘉六年（312），其余未详。妣未详。子一：曜。

末波 绍芳次子，东晋前燕慕容暐的将领。《晋书·哀帝纪》（卷八）载："（哀帝）隆和元年(362)，慕容暐将吕护、傅末波攻陷小垒，以逼洛阳。"子一：洪。

隆 玩公长子，字伯祚。父祖早亡。少孤，有学行。东晋安帝义熙初为建威参军、员外散骑侍郎。义熙八年（412）任给事中，出补山阴令。宋文帝元嘉初，迁御史中丞，转司徒左长史。又出为义兴太守，在郡有能名。征拜左户尚书，不久转太常卿。元嘉一四年（437）致仕，拜光禄大夫。归老在家，手不释卷，博学多通，精《三礼》。事见《南史·傅隆传》。家上虞。生于东晋废帝太和三年（368），殁于宋文帝元嘉二八年（451），享年八十有三。妣平氏。子一：休。

弘仁 玩公次子，南朝宋武帝刘裕表弟，以中表历显官，位至太常卿。妣黄氏。子一：邵。

湛 遘公长子。东晋孝武帝时为建安太守，事见《晋书·孝武帝纪》。其余未详。太元元年（376）九月，为盗所杀。子二：世、□□。

和之 遘公次子。生于东晋孝武帝太元五年（380），卒年不详。妣刁氏。子一：淡。

第六十世

诸 弘之之子，字从之。娶刘氏。子一：淑。

渲 亮长子，又名演，南朝刘宋武帝永初三年（422）为秘书郎，多政绩。生于东晋安帝隆安五年（401），殁于宋少帝景平二年（424）。娶陈氏。子：郁。

悝 亮次子。刘宋文帝元嘉三年（426），父亮公遇害后偕弟逃亡于外。

湛 亮三子。父亮公遇害后逃亡，不知所终。

都 亮四子。父亮公遇害后，随母徙居建安郡（今福建建瓯），宋孝武帝孝建中并还京师（今南京）。妣　氏。子未详。

曜　颜之子，仕后凉，为张掖郡督邮，领永平、金泽、丘池三县。晋孝武帝太元十四年、后凉吕光麟嘉元年（389），张掖督邮傅曜考核属县，被丘池县令尹兴杀害，投入空井。“曜见梦于（吕）光曰：‘臣张掖郡小吏，案校诸县，而丘池令尹兴赃状狼藉，惧臣言之，杀臣投于南亭空井中。臣衣服形状如是。’光寤而犹见，久之乃灭。遣使复之如梦，光怒，杀兴。著作郎段业以光未能扬清激浊，使贤愚殊贯，乃疗疾于天梯山，作表志诗《九叹》、《七讽》十六篇以誉曜讽光焉。光览而悦之。”事见《晋书·载记第二十二》、《垫江傅氏族谱》。子二：蔚祖、洪仲。

洪　末波子。东晋安帝时为荥阳守将。北魏泰常二年（417）二月，以虎牢关降北魏。事见《魏书·帝纪第三》。生于东晋简文帝咸安二年（372）。子二：永、默。

休　隆之子，南朝宋孝武帝时为博士，尝论鄱阳兖王大祥丧祭之礼。事见《宋书·礼志二》。生于晋安帝义熙八年（412）。其余未详。

邵　弘仁之子，字彦先，号庶慰。南朝刘宋文帝元嘉中为员外郎。生于东晋孝武帝宁康三年（375），卒年不详。妣张氏，享年八十三岁。子二：僧骥、僧祐。

世　湛长子。北魏拓跋珪时为清河太守，天兴二年（399）四月，聚党千余家起义，自号抚军将军。五月为庾岳讨破。事见《魏书·太祖纪二》。生于晋惠帝永和十年（354）。其余未详。子二：融、琰。

□□　湛次子。名讳旧谱失载。妣　氏。

淡　和之之子，通《三礼》，知名南朝宋时，宋孝武帝时事竟陵王刘诞。大明三年（459）刘诞谋反，淡连坐被诛。事见《南史·傅昭传》。生于东晋安帝义熙六年（410）。妣丘氏。子二：昭、映。

第六十一世

淑　诸公之子。妣熊氏。子二：伟、元兴。

郁　渲公之子。南朝宋孝武帝时为博士，尝论世子丧无嗣求进世息事。事见《宋书·礼志二》。生于晋安帝义熙九年（413）。其余未详。

蔚祖　曜长子。南朝宋文帝时为九真太守，元嘉二十三年（446）二月，征讨南夷林邑国（今越南中部）时战殁，赠给事中。事见《宋书·夷蛮》。生于东晋安帝隆安五年（401），其余未详。

洪仲　曜次子。北魏太武帝时贤臣。事见《南史·傅永传》。生于东晋安帝义熙八年（412），卒年不详。妣　氏。子：思益。

永　洪长子，字修期。幼随叔父洪仲自青州入北魏，寻复南奔。有气干，拳勇过人。后复入北魏，赐爵贝丘男，加伏波将军，未几转都督。破裴叔业，以功拜安远将军、汝南太守、贝丘县开国男。北魏景明初年，收寿春，奉封清河男，后还京师洛阳，授恒农太守。未几，还京为太中大夫行南青州事，迁左将军、南兖州刺史。年近八十岁，犹能驰射盘马奋槊。还京，拜平东将军、光禄大夫。《北史》有传。生于北魏太武帝延和二年（433），卒于北魏孝明帝熙平元年（516），享年八十有三。妣魏氏。子一：叔伟。

默 洪次子。北魏文成帝拓拔濬时为侍郎，和平元年（460）尝论名子贵贱。事见《魏书·高允传》。生于东晋安帝义熙十一年（415）。其余未详。

僧骥 邵长子。南朝宋文帝时为临沮令（今湖北远安县）。元嘉二四年（447），临沮、当阳蛮反，为所缚。事见《梁书·夷蛮》。生于东晋安帝隆安六年（402）。其余未详。

僧祐 邵次子。南朝宋文帝元嘉时为山阴县令，有能名，民谓之傅圣。官至安东禄事参军，后为刘劭年杀。事见《南史·傅琰传》。生于405年，殁于宋明帝泰始六年（470）。妣曾氏。子一：琰。

融 世长子。南朝宋元帝元嘉初自清河南徙过河，家于盘阳（山东临朐县东南）。性豪爽，为乡闾所重，当时豪杰之士多相归附。南朝宋文帝元嘉二七年（450）为参军，率兵取碻磝。事见《南史·傅竖眼传》。生于东晋安帝义熙二年（406），卒于南朝宋文帝元嘉二七年（450）。妣崔氏、范氏。子三：灵庆、灵根、灵越。

琰 世次子。北魏太武帝始光年间官冀州治中，事见《南史·傅竖眼传》。生于东晋安帝义熙五年（409），卒年不详。妣 氏。子未详。

乾爱 □□义子，南朝宋文帝时为法曹参军，累官清口戍主、振威将军、乐陵太守。因错杀侄子傅灵庆，后为傅灵越毒死。事见《南史·傅竖眼传》和《宋史·颜师伯传》。妣 氏。子二：三宝、法猷。

昭 淡长子，字茂远。六岁而孤，哀毁如成人。勤奋好学，经其户，寂如无人，披其帷，其人斯在。南朝宋明帝崩，昭定哀策文之制。寻为总明学士、奉朝请。南齐永明中，累迁员外郎。齐明帝继位（494），为中书通事舍人。当时能居此职位者势倾天下，昭独廉静，无所干预，器服率陋，身安粗粝。不久升任尚书左臣，本州大中正。梁武帝天监三年（504）为五兵尚书。天监十二年（513）为秘书监，十四年迁太常卿，十七年出为智武将军，临海太守。普通二年（521）入朝为通直散骑常侍、光禄大夫。普通五年（524）为金紫光禄大夫。照所莅官，常以清静为班；居朝廷，不交私利。谥曰贞子。事见《南史·傅昭传》。生于南朝宋文帝元嘉三十年（453），卒于梁武帝大通二年（528）九月，享年七十有五。妣陈氏、李氏。子二：谞、肱。

映 淡次子，字徽远，三岁而孤，兄弟友睦，修身厉行。南齐永元元年（499）参镇军江夏王军事，出为武康令。梁武帝天监初年（502）为乌程令。累迁中散大夫、光禄卿、太中大夫。事见《南史·傅映传》。生于南朝宋孝武帝孝建三年（456），卒于梁武帝大同五年（539），享年八十有五。妣刘氏。子一：弘。

第六十二世

伟 淑长子。妣李氏。子一：起。

元兴 淑次子。北魏孝庄帝至孝武帝时仪同北蔚州刺史。生于北魏孝文帝太和十六年（492），卒年不详。妣钱氏。子一：伏。

思益 洪仲之子。北魏孝文帝时为著作郎，延兴五年（475）尝论三长之法。事见《魏书·李冲传》。生于北魏神䴥三年（430）。其余未详。

叔伟 永之子，九岁即任州主簿，及长，臂力过人，弯力过人，弯弓三百斤，左右驰射，又能立以上与人角驰，见之以为得父之武。北魏世宗时为将军。事见《北史·傅永传》。生于北魏文成帝和平四年（463），卒于北魏孝明帝神龟二年（519）。妣梅氏。子二：丰生、标。

琰 僧祐之子，字季珪。南朝宋永光元年（465）为武康令，继迁广威将军，授尚书左民郎。宋明帝泰始六年（470）迁山阴令，与父并著能名，武康、山阴二县民众皆谓之傅圣。宋顺帝昇明二年（478）为益州刺史。南齐高帝建元元年（479）为宁朔将军。永明三年（485）为南郡内史，行荆州事。事见《南史·傅琰传》。生于宋文帝元嘉十二年（435），卒于南齐武帝永明五年（487）。妣黄氏、曾氏。子二：祖、翙。

灵庆 融长子。王玄谟（南朝宋明帝时官至车骑将军，南豫州刺史）引为军主。因胆小怯战，被统帅杀死。生于元嘉九年（432）。妣　氏。子未详。

灵根 融次子。兄灵庆被害后，同弟灵越逃往黄河北，入北魏为临齐副将。后因思母而南渡，被阻河南遇难。事见《北史·傅竖眼传》。生于宋文帝元嘉十二年（435），卒于宋孝武帝大明四年（460）。妣　氏。子未详。

灵越 融三子。兄灵庆被害后，同兄灵根逃往黄河北，北魏高宗拜为镇远将军，青州刺史。思母南渡后为南朝宋孝武帝拜为兖州司马，后数年为太原太守。宋明帝泰始二年（466）举兵奉刘子勋，为前军将军，兵败被执死难。事见《北史·傅竖眼传》。生于南朝宋文帝元嘉十五年（438），妣梁氏。子一：竖眼。

三宝 乾爱长子。南朝宋文帝时与房法寿同效盘阳，赐爵贝丘子。事见《魏书·傅竖眼传》。妣　氏。子未详。

法献 乾爱次子。北魏孝文帝初，南叛为南齐明帝萧鸾中郎将、直阁将军，从崔慧景至邓城，为北魏军所害。事见《魏书·傅竖眼传》。妣　氏。子未详。

谞 昭长子，字以安。南梁武帝时为尚书郎，事见《南史·傅昭传》。生于南朝宋后废帝元徽元年（473），卒年不详。妣　氏。子二：准、彝。

肱 昭次子。妣　氏。子未详。

弘 映之子。妣　氏。子未详。

德占 南齐武帝时为道士，永明九年（491），曲阿县（今江苏丹阳市）民黄庆怀疑宅左园内有异物，使掘之，获玉印一钮，文曰“长承万福”。事见《南齐书·祥瑞志》。生于宋文帝元嘉二十三年（446）。其余未详。

宣 南朝宋顺帝时为荆州别驾，昇明元年（477）冬，南齐高道成遣军攻城，城溃，出奔。事见《齐书·张敬儿》。生于宋文帝元嘉九年（432年）。其余未详。

坚意 南齐太祖时为骁骑将军，太祖建元元年（479）受命检定簿籍，防民间欺巧。事见《南齐书·虞玩之传》。生于宋文帝元嘉十一年（434）。其余未详。

法宪 南齐明帝时为军主，永泰元年（498）守邓城时见杀。事见《南齐书·崔慧景传》。生于宋文帝元嘉三十年（453）其余未详。

第六十三世

起 伟之子。妣黄氏。子一：奕。

伏 元兴之子，字奕仕，少戒，事北齐以战功迁至开府，永桥领大都督。北齐后主武平六年（575），擢东雍州刺史。后主救晋州，为行台右仆射。北齐后主降，伏入北周。北周武帝宣政元年（578）为岷州刺史。是年卒于官。事见《北史·傅伏传》。生于北魏正光四年（523）。妣　氏。子一：世宽。

丰生 叔伟长子，名昭，字光中。北魏孝明帝正光年间，袭封安东将军，后仕南阳太守。事见《北史·傅永传》。约生于北魏孝文帝太和十七年（493），其余未详。子三：冲、伏武、胥。

标 叔伟次子。北魏孝武帝时为阳夏（今河南太康县）太守，大统元年（535）尝出使吐谷浑。事见《魏书·温子升传》。约生于北魏孝文帝太和十九年（495）。妣　氏。子一：怀德。

祖 琰长子，字常德。南朝齐明帝建武年间四灵州宦籍江南，南朝梁武帝天监年间任江西洪都太守。妣柴氏。子一：迪后。

翙 琰次子。南梁武帝天监初为山阴令，大著名籍。天监中为建康令，复有能名。位至骠骑谘议。事见《北史·傅琰传》。生于宋前废帝永光元年（465），殁不详。妣黄氏。子一：岐、峻。

竖眼 灵越之子，沉毅壮烈，少有文风。入北魏后为参军，累有战功。北魏世宗时为建武将军，转昭武将军、益州刺史。北魏肃宗初拜征虏将军、太宗大夫。复为益州刺史、平西郡，灵太后玺书慰劳。寻假镇军将军，都督梁、西夷、巴三州诸军事。因子敬绍阴谋异图，耻恚发疾而卒。事见《北史·傅竖眼传》。生于北魏文成和平元年（460），卒于北魏孝明帝熙平三年（518）。妣宋氏。子三：敬和、敬仲、敬绍。

准 谞长子。有文才，善辞赋，以西中部参军随萧察之镇，梁武帝时位至度支尚书。赠太常卿，谥曰敬康。有文集二十卷行世。事见《周书·肖察·傅准传》。生于明帝建武五年（498），殁于后梁萧岿天保七年（568）。妣　氏。子二：秉、执。

彝 谞次子。南梁武帝中大通年间为临沂令。生于南齐明帝建武五年（498）其余不详。妣　氏。子一：綷。

第六十四世

奕 起之子，字良甫。相州邺人（今河北临漳西南）唐初学者，素谙天文历数。曾任太史令、太史丞，通晓天文历数。隋开皇中以仪曹事汉王隋文帝第五子杨谅。唐高祖登基，召拜太史丞，不久迁太史令。所奏天文密状，屡会上旨。时值参旗、井钺等十二军之号，皆所定。武德三年（620）进漏刻，计时新法遂行于世，武德七年（624）上疏请去释教。唐太宗即位，尝与论去释之道，太宗颇然之。"奕从祖居清河往江南赴任，子孙因此散居各州。"（摘自福建仙游县宋康定二年（1041）《罗峰傅氏族谱·原序》。奕公是福建武荣的始迁祖和龙岩、三明以及浙江、江西、广东等处的傅姓远祖的分派始祖）。平生豁达，曾自为墓志曰：" 傅奕，青山白云人也。因酒醉死，呜呼哀哉！" 曾注解《老子》并撰《音义》；有《高识传》十卷行世。遗文多存于《旧唐书》和《广弘明集》中。事见《新唐书·傅奕传》。生于南梁元帝承圣三年（554），卒于唐贞观十三年（639），享年八十有五。终葬青山，妣余氏、李氏。继娶杨氏。子六：霆、覲、现、兴、忠、孝。

世宽 伏之子。北周武帝时降周，事见《北史·傅伏传》。妣　氏。子一：仁均。

冲 丰生长子。仕北齐为许州长社令。详见《傅交益墓志》及《傅游艺墓志》。子一：璀。

伏武 丰生次子。仕北齐为行台仆射，其余未详。子：□□。

胥 丰生三子。南史有名，为尚书郎，出为临沂令。生子：绛。

怀德 标之子，北齐洛州秀才，北齐文宣帝天保七年(556)，诏令校定群书，供皇太子，与樊逊等十一人同被尚书召共刊定。当时秘书府书籍纰谬很多，刊定后，凡得别本三千余卷，五经诸史，殆无遗阙。

迪后 祖之子。袭封朝仪大夫。妣田氏。子一：翕士。

岐 翙长子，字景平。梁武帝普通年间出仕，起家南康王左常侍，后兼尚书金部郎。母忧去职，居丧尽礼。服阕后疾废久之，得出始新县令，断狱以情，深相叹异。至都除廷尉正，入朝兼中书通舍人，累迁安西中记室。太清元年（547），累迁太仆司农卿。太清三年（549），迁中领军。尝议高澄求和、宣城王出送，无不料事如神。以勤劳政事封南封县侯。官城失守，带疾出围，卒于宅。事见《南史·傅岐传》。生于南齐明帝建武二年（495），卒于梁武帝太清三年（549）。妣吴氏、洪氏。子未详。

峻　翙次子。子二：文廉、文骥。

敬和　竖眼长子。北魏孝明帝时任青州镇远府长史。北魏孝庄帝时复为益州刺史。萧衍遣将攻城，降南梁，受北徐州刺史。后卒于家。事见《北史·傅竖眼传》。生于北魏孝文帝太和十四年（490），殁不详。妣　氏。子未详。

敬仲　竖眼次子。生于北魏孝文帝太和十七年（493），其余未详。

敬绍　竖眼三子。颇览书传，微有胆力，当萧衍入寇，父遣他赴之，背道而进，与贼决战，大破之，斩三千余人。见天下多事，擅居南郑，谋为内应。事泄被执杀。事见《北史·傅竖眼传》。生于北魏孝文帝太和二十年（496），殁于北魏孝明帝熙平三年（518）。妣　氏。子未详。

秉　准长子。尚书右丞，有文才。妣　氏。子未详。

执　准次子，尚书左丞，有文才。妣　氏。子未详。

縡　彝之子，字宜事。幼聪慧，七岁诵古诗赋达十余万言。长好学，能属文。南梁武帝太清三年（549），携母南奔，避难入湘，后倚湘州（今湖南长沙）刺史萧循。南陈元帝时召为撰史学士，擢司空府记室参军，迁骠骑安成王中记室。不久以本官使齐，归来授散骑侍郎、镇南始兴王咨议参军兼东宫管记。陈后主即位（583），迁秘书监、右卫将军兼中书通事舍人，掌诏诰。因为谗下狱不屈，被赐死。其子孙遂居湘潭。事见《南史·傅縡传》。生于梁武帝中大通三年（531），殁于陈后主至德三年（585），享年五十有五。妣　氏。子未详。

士哲　南梁时为仪同，随侯景反，攻陷历阳，至新林与羊侃瞻望久之而去。事见《梁书·羊侃传》。生于梁武帝天监三年（504），其余未详。

和　南梁武帝时为益州刺史，天平四年（537）六月，请通好于东魏元善见。事见《魏书·帝任第十二》。生于齐武帝永明十年（492），其余未详。

野侏　北齐文宣帝时为军主。生于北魏宣武帝永平四年（511），梁敬帝绍泰二年（556）六月，被陈霸先害于建康市。

泰　梁敬帝时为萧勃将军，太平二年（557）二月，陈霸先称帝，萧勃举兵反陈，自广州渡岭，为前军，屯豫章。事见《南史》卷九。生于梁武帝天监十一年（512）。其余未详。

第六十五世

霆　奕长子，字璧，号维光。唐太宗贞观年间官至御史。妣袁氏、赵氏、李氏。子三：交益、显通、勤。

覭　奕次子。妣李氏。子未详。

现 奕三子。妣姜氏。子未详。

兴 奕四子。唐贞观时任颍川太守，有第 28 代后裔成琏，为避战乱从浙江义乌十都，迁徙至浙江龙游县上傅降开基，至 1928 年传十六代人。详见龙游县溪口镇所编的《傅氏宗谱》第 25 卷。

忠 奕五子。字直夫，为幽都令。

孝 奕六子。

仁均 世宽之子，道号白马道人。滑州白马（今河南滑县东）人。幼好学，精天文历算推步之术。唐高祖武德三年（618）由太史丞傅奕推荐进入太史监。高祖诏令修改旧历，乃造《戊寅元历》颁行天下。后擢太史令，卒于官。事见《新唐书·傅仁均传》。生于北齐后主隆化元年（576），卒于唐太宗贞观二十年（646）。妣肖氏。子二：晔、坛。

璀 冲之子。仕隋朝为北绛、离石二郡守，传风炳粹，弈序济贤。详见《傅交益墓志》及《傅游艺墓志》。“民国十七年（1928 年），洛阳城北十五里南石山村出土”。子一：交益（继子）。

□□ 伏武之子。子一：文杰。

绛 胥之子，字宜事。幼聪敏，七岁诵古诗，赋十余万言，好学能文辞陈。文帝召为撰史仪郎，复主即位，迁秘书兼右衔将军，又兼中书通事舍人，学诏诰赞死于狱。有集十卷行于世。子以南朝世官耻臣子堕，乃全稽而迁湘潭。生子：元兴。

翕士 迪后之子。妣廖氏。子一：勿。

文廉 峻长子。其余不详。

文骥 峻次子。北魏宣武帝时为琅琊戍主，永平四年（511），奉命率众据朐山。南朝梁武帝派军围攻朐山，傅文骥粮尽援绝，遂降梁武帝。事见《魏书·帝纪八》。其余未详。

第六十六世

交益 霆长子。详载璀公支下。

显通 霆次子，字万金。后裔迁福建建宁县均口乡招贤里黄双洲居住，家族兴旺，人才辈出，子孙衍播福建宁化、邵武、长汀铁长、建宁和江西的石城、永丰、宁都、铅山、上饶等地。妣 氏。子五：天政、天保、天福、天祥、天旻。

勤 霆三子。官至殿中侍御史。卫州人。妣 氏。子未详。

晔 仁均长子。江西南康赤渡桥人。唐玄宗天宝年间安禄山叛，诏晔为都尉兼武郡太守，朔方节度使，与元帅李嗣荣领兵平叛有功。逝世后，葬庐山下孟家村，坟墓巍然。约生于唐中宗景龙四年（710）。妣姜氏、萧氏，葬王家坂。子一：瓒。

坛　仁均次子。无考。

交益　璀继子，霆长子，字鼎，号慎。唐高宗时期官至殿中侍御史。赠冀州长史，咸列懿于鼎裳，并流声于谣咏。1928 年洛阳城北十五里南石山村出土《傅交益墓志》（龙朔三年，663 年）云：“公讳交益，字交益。望隆北地，贯隶颍川。属隋代云亡，朝市迁贸，移居汲郡，因而家焉，遂为卫州共城人也。”傅交益墓志记其子嗣：神童、羽客、守节、游艺。生于隋文帝开皇九年（589），歿于唐永徽元年（650）五月。葬于“河南县平乐乡郝村西北二百步”。妣曾氏。子六：元淑（神童）、依仁、守节、游艺（褒）、游技、游扬。

文杰　伏武之孙，仕唐杞王府典军。后世未详。

元兴　绛之子，仕北齐周尉州刺史。

勿　翕士长子。妣苏氏。子一：龙。

第六十七世

天政　显通公长子。

天保　显通公次子。

天福　显通公三子。

天祥　显通公四子。

天旻　显通公五子。

瓒　晔公之子。年二十，擢进士，任青州刺史，后迁为殿中侍御、翰林侍讲兼国子司业，著《汉书》一集。以母疾归隐。终葬思贤乡王家板，其坟巍然，清代犹存。娶□氏。子三：嵩、开、闰。

元淑　交益长子，字神童。唐武则天时为地官侍郎、冬官尚书。事见《新唐书·宰相世系》。妣　氏。子二：伯玉、黄中。

依仁　交益次子，字羽客。妣　氏。子一：延嗣。

守节　交益三子。妣　氏。子未详。

游艺　交益四子，字褒、元综。唐武则天载初（689）为合官主簿，左肃政台御史、左补阙。止书称武则天符瑞，武氏大悦，授给事中，数月后加同凤阁鸾台平章事，同月又加朝散大夫，守鸾台侍郎。天授二年（691）加银青光禄大夫，一月后又任司礼少卿，为武则天宰相，时人号称“四时仕宦”。同年因事下狱自尽。事见《新唐书·傅游艺传》。生于唐贞观二十年（646），歿于武则天天授二年（691）。妣孟氏。子二：从周、时新。

游技　交益五子，曾任校书郎、冬宫尚书。兄弟并承武后荣宠。妣何氏。子一：国。

游扬　交益六子，字弘仁。妣　氏。子未详。

龙 勿之子。妣章氏。子三：昱、蚬、寻。

伏爱 唐太宗贞观初为果毅将军，贞观十九年（645）八月，太宗东征高丽攻打安市城，领兵于山顶防敌，因擅离所部失守，获罪死。事见《旧唐书·东夷传》。生于隋文帝开皇二十年（600）。其余未详。

第六十八世

嵩 瓒公长子。唐代宗时曾任常州司户，后升为左司谏。娶范氏。子三：嘉、阑、萼。

伯玉 元淑长子。妣　氏。子二：寅、同鳐。

黄中 元淑次子。唐玄宗时官司勋郎中。妣　氏。子未详。

延嗣 依仁之子。唐玄宗时官侍御史。妣　氏。子未详。

从周 游艺长子，镐。赠大理寺卿、光禄大夫。妣钱氏。子一：霖。

时新 游艺次子，字铎。唐玄宗时任河南汝林府光州固始县令，后子孙落籍该县。详见福建仙溪（今仙游县）罗峰《傅氏族谱》。

国 游技之子。妣　氏。子一：英。

昱 龙长子。

蚬 龙次子。妣费氏。子四：从、兑、段、叔。详见《云阳傅氏族谱》。

寻 龙三子。

第六十九世

嘉 嵩公长子，侍中，光禄大夫。娶汪氏。子四：广、昶、宗、东。

阑 嵩公次子。娶江氏。子二：继宗、继善。

萼 嵩公三子，后裔居赤渡桥。娶□氏。子：宣。

寅 伯玉长子，字同淑，又同叔。唐代宗时为秘书郎，从唐仲友学，对天文地理律历靡不根究，订其谬误，每事各为一图，号曰“群书百考”，有《禹贡说断》行世。生于唐玄宗开元十五年（727），殁葬不详。妣未详。子二：良聘、良弼。

同鳐 伯玉次子。

霖 从周之子，字承，号恩生。登进士后，初授武昌判官，又擢武昌军，后改任江西检法，遂举家迁江西，任职后，累立功勋封清河郡公。妣孙氏。子一：彤。

英 国之子。妣　氏。子一：杰。

从 蚬长子。妣肖氏。子一：甲。

兑 蚬次子。

段 蚬三子。

叔 蚬四子。

孝忠 唐睿宗时为太史令，唐玄宗先天二年（713），坐太平公主谋逆事死。事见《旧唐书·睿宗纪》。生于唐高宗乾封三年（668）。其余未详。

八　唐玄宗朝诗人。傅八赴江南时，李白与诸昆季为其作江南序。

第七十世

广　嘉公长子，居蒲塘。妣李氏、章氏。子：开。

昶　嘉公次子。妣孙氏、张氏。子二：国信、国器。

宗　嘉公三子。妣李氏、王氏。子二：国温、国瑞。

东　嘉公四子。妣余氏、高氏。子二：国望、国珍。

继宗　阑公长子。子三：琇、如松、如植。

继善　阑公次子。妣徐氏。子三：仁益、仁弼、仁杰。

宣　萼公之子。

良聘　同淑长子，唐代宗时（公元七六二年至七七九年）为黄海节度使，封为吴郡公。生于唐玄宗天宝六年（公元七四七年），殁不详。妣张氏、李氏。子二：春、相。

良弼　同淑次子，字安道。唐代宗时为武卫将军，唐代宗时为武卫将军。德宗时守乐寿，为都知兵马使，赐第京师。俄以功擢忻州刺史。宪宗时徙盐州刺史、左神策将军。唐穆宗长庆四年（824）擢丰州节度使。唐敬宗宝历元年（825）擢夏银绥节度使。唐文宗大和二年（828）九月，徙横海军节度使，十一月卒于陕州赴任途中。事见《旧唐书·敬宗文宪纪》和《新唐书·傅良弼传》。生于唐肃宗至德三年（758）。其余未详。

彤　霖之子，字暹，号文忠。承务郎。妣周氏、吴氏。子七：世勋、世德、世昌、世荣、世达、世杰、世和。

杰　英之子。妣　氏。子一：骐。

甲　从之子，字考伯。与父同葬吉水县朝元峰黄金前台，尝读书于秋屏阁。妣邱氏。子一：华。

安期　志康公侄，字仲思。特国耕道同举，绍圣三年（1096）再举发解。子一：昌龄。

第七十一世

开　广公长子，字符和、元和。唐宪宗元和时任荆襄都督，授华州监书。为临川进贤傅氏始祖。娶吴氏，继娶龚氏。子一：德广。

国信　昶公长子。入淮。

国器　昶公次子，讳子伟。宋时在福建建宁任刺史。任期届满归故里，经钟陵，乃隐锱峰。

国温　宗公长子。为奉新尹。居奉新山南岗湖下。

国瑞　宗公次子，讳逵。仕唐为刺史，仕唐为刺史。归历沙溪，遂居南城荷镛厚坪，为盱江傅氏开宗祖，居建昌新城。娶杨氏。子二：杰、亮。

国望 东公长子。居都昌石陂。

国珍 东公次子。居都昌石陂。

琇 继宗长子。

如松 继宗次子。

如植 继宗三子。

仁益 继善公长子。居九江德安新港。娶□氏。

仁弼 继善公次了。迁湓江，徙居饶州，后裔居德兴。娶□氏。

仁杰 继善公三子，讳凯。这支派有一部分后裔在唐末大顺元年（890），由志公携带家眷从浙江金华迁洪都武邑上清乡球场开基。事见 1993 年冬编纂《江西修水县傅氏新谱》。妣 氏，徙婺州金华。

春 良聘长子，字长发。唐德宗时任总管中丞，敕封为白马寺主簿。生于唐代宗大历二年（767），殁不详。妣杨氏。子一：甫。

相 良聘次子，字长佐。唐文宗时为司农侍丞。妣 氏。子未详。

世勋 彤长子，字枢，号绍先。唐文宗时为侍御史。妣 氏。子：瑚。

世德 彤次子，字绍敏。以清河郡公荫补曹元。妣于氏。子未详。

世昌 彤三子，字绍远。曾任承务郎，后迁广东。

世荣 彤四子。裔未详。妣康氏。

世达 彤五子。裔未详。妣袁氏。

世杰 彤六子。裔未详。妣皮氏。

世和 彤七子。生于后唐明宗天成二年（927）丁亥岁六月初四日。妣冯氏。子一：绛，后失考。

骐 杰之子。妣王氏。子二：汝珠、汝玉。

华 甲之子，字德夫。葬江西靖安石门山，守正不阿，风裁慎肃，世称大儒。妣游氏。子一：楚。

昌龄 安期之子。公钟山，胸有四乳，以明经三举。

第七十二世

德广 开公之子，字尧举，唐文宗太和时，任九江教授，寻隐临川之清州。子一：秉洪。

杰 国瑞公长子。曾任顺昌令。娶梅氏。子一：行厢。

亮 国瑞公次子，讳工。以子宽贵，赠光禄大夫。娶江氏。继娶周氏。子五：恭、宽、信、敏、惠。

甫 春之子，字国用。唐宪宗时为中书令。生于唐德宗贞元二年（786）。妣王氏。子三：

君、尹、伊。

瑚　世勋之子，字绩。妣蔡氏。子二：玉、彪。

绛　世和之子，南北朝时曾在翰林院任职。娶和裔失考。

汝珠　骐长子。妣王氏。子一：赤毛。

汝玉　骐次子。为甘棠、勺溪溢塘祖，详见《勺溪溢塘傅氏族谱》。妣吕氏。

楚　华之子。妣端木氏。子三：崇、慈、俊。

第七十三世

秉洪　字士显。避兵居曲豆镇十五年。子二：法古、博古。

行厢　杰公之子。在回乡路过金溪峡口时，爱山水之秀，遂卜居焉，后成为金溪族祖。娶武氏。子二：师、师琼。

恭　亮公长子，盱江仁房祖，字子敏。后迁福建邵武泰宁。娶周氏。

宽　亮公次子，义房祖，字子仪。唐朝末年，僖宗乾符年间，社会动荡不安，黄巢率农民起义，南城危如累卵，宽带领军队镇压农民起义，唐王朝认为“宽”是有功之臣，诏授金紫光禄大夫。娶江氏。

信　亮公三子，礼房祖，字子远。

敏　亮公四子，智房祖，字子捷。

惠　亮公五子，信房祖，字子恩。娶丘氏。子二：可征、可郊。

君　甫长子，字子惠，唐武宗时为馆阁博士，居湘潭。生于唐德宗贞元十八年（802），卒于唐大中十四年（860）。妣杨氏。子五：□□、□□、□□、署（江西高安珠湖傅氏族谱记为“枢”）、著。

尹　甫次子。

伊　甫三子。

玉　瑚长子，字望大。妣谢氏。子一：卞。

彪　瑚次子，字珏，号显夫。妣魏氏、于氏。子二：循、元。

赤毛　汝珠之子。妣　氏。子一：庐生。

毅　唐文宗初为义武将军节度使。大和三年（829）徙为沧州刺史、横海军节度使。事见《旧唐书·文宗纪》。生于唐德宗兴元元年（784）。

崇　楚长子。

慈　楚次子。

俊　楚三子，字公讯。殁葬南昌府南东湖澹台。妣项氏。子四：千、经、卜、翼（千、经二公待考）。

第七十四世

法古 秉洪长子，字天瓒。子二：溥、薄。

博古 秉洪次子，字天相。子三：采、碧、秀。

师 行厢公长子。登进士，授承仕郎。

师琼 行厢公次子。置临江军，与兄徙居金。

可征 惠公长子，字卫，讳衡。仕后唐，任通判，居邑麻畲。娶刘氏。

可郊 惠公次子。仕后唐，任参军。娶王氏。

署 君四子，字万渠，行崇四，府君，唐末因避黄巢之乱由湖广湘潭白水滩仆居新喻思贤乡之石头里，尊为石头祖。按：重庆谱系记载为：傅枢，君公四子。清江石头里开基祖。又名署。字：秉衡。号：伯巩。先世家河南陕州泥阳县，迁湖南湘潭曲巷白水滩。生于唐文宗大和三年（829）[自宏毅公于晋武帝时为湘潭廷尉。子孙遂自河南陕州泥阳县迁湖南湘潭曲巷白水滩]。署公唐时举人，任临江教授。官至光禄大夫。因唐僖宗广明元年（880）避黄巢乱，举家由湖广湘潭白水湾徙居江西袁州府新喻县思贤乡清江石头里。宋太宗淳化三年（992），创新喻建临江军，至宋神宗宁熙四年（1071）复八新喻之思贤乡属于清江，元改临江军为临江路。元至正二五年（1363）朱元章改临江路为临江府，是以明时为临江府清江县之石头。[1988 年清江撤县建市更名为樟树市，因而石头现为江西省樟树市中州乡石头村]，故尊公为清河石头里傅氏始祖。公庭栽翠柏千珠。筑小轩于石畔，时与高士把酒赋诗于基间。自与赤渡桥瞟公、联公续修家谱。梦龙公为之序。后终日悠游泉石。颐养天年。殁于后梁太祖乾化元年（911）。享年八十三岁。赵、朱氏、高氏，享年七十有四。俱葬石头坡北月角山，西向。其子孙后裔，又由石头分居新喻、分宜、高安、上高、萍乡等地。妣黄氏。子二：令章、宪章。

著 君公五子，行崇五，府君。唐僖宗广明元年随兄署移居新喻石头里，旋由石头迁居新淦县新里清水洲。以后世系见《新喻傅氏合修族谱》。妣谢氏。子一：鼎臣。

卞 玉之子，曾任国子博士、谏（临）院使、宝文阁侍制兼管编校等职，徙浙江。妣涂氏。子未详。

循 彪长子，字宝。以子贵，赠公爵。妣陶氏、万氏、章氏。子一：云仍。

元 彪次子，字大乾。妣赵氏。子一：楫。

庐生 赤毛之子。妣赵氏。子二：善宝、善兴。

卜 俊长子，字爱仁。至诚为守，矜孤恤寡，德振青云。妣 氏。葬天宝洞雾公墓道下二排，乾山。子三：毅、太初、叔仪。

翼 俊次子。妣孔氏。子未详。

第七十五世

溥　法古长子。

薄　法古次子。

采　博古长子。子二：梦光、梦龙。

碧　博古次子。子二：延玉、延器。

秀　博古三子。子一：延清。

令章　署公长子，又名令霜。五代后梁太祖时为四川益州制置使。官至光禄大夫，文林郎。生于唐宣宗大中五年（851），殁于后梁末帝贞明四年（918），享年六十有七。与妣同葬石头里月角山祖山。妣廖氏、李氏、吕氏。子五：邦、隅、祁、嗣、引。

宪章　署公次子。

鼎臣　著之子。

云仍　循之子。妣李氏。子一：添福。

楫　元之子。官翰林院大学士。裔孙徙常州、宜兴等地。妣　氏。子未详。

善宝　庐生长子，曾任唐代典军校尉。妣　氏。子一：笋。

善兴　庐生次子。其家族情况，见《南安傅氏族谱》。妣　氏。子一：实。奶母欧氏。

文达　唐宣宗时为沙陀族李克用大将，守蔚州，唐僖宗广明元年（880）六月，唐幽州节度使李可举大败李克用于叶儿岭，公以州降唐。事见《旧唐书·僖宗纪》。生于唐文宗大和九年（835）。其余未详。

毅　卜长子。唐僖宗时因避黄巢乱偕子遗官隐居临江清江县之萧滩驿。妣孔氏。子一：澄。

太初　卜次子，唐宣宗时期官至大学士。殁葬秦人岭。妣鲁氏。子一：潞。

叔仪　卜三子。妣　氏。子一：志。

第七十六世

梦光　采长子。子二：瞟、联。

梦龙　采次子，进士出身，曾任姑苏太守。葬铜山。瞟公与联公同石头署公共同继修傅氏家谱，梦龙公为之作序。娶章氏。

延玉　碧长子。子一：昇。

延器　碧次子。

延清　秀之子。子一：硂。

遵　仁弼公五世孙，避黄巢乱徙湖南衡州。子一：禹。

志　仁杰公五世孙，徙武宁球场开基立派。

邦　令章长子，居灵塘。

隅 令章次子，居石舍。

祁 令章三子，居石歧。子一：君宪。

嗣 令章四子，字昭宗，号传宗。五代后梁时初授承事郎。擢益州制置使、刺史。官至光禄大夫，居石头。生于唐僖宗乾符三年（876），殁于后唐明宗长兴三年（932），享年五十有六。妣龚氏、周氏。与夫共葬石头坡。子八：君颜、君熹、君伦、君总、君惠、君敬、君华、君忠。

引 令章五子。

添福 云仍之子。妣董氏。子二：再兴、凝。

笋 善宝之子，字诚元。唐武宗会昌二年（842）登进士第二名，官至昭仪军节度使。唐僖宗乾符年间王仙芝、黄巢起义，公率部挈十五岁的从弟实公，随王潮部队从河南光州固始县出发，于唐僖宗广明元年（880）入闽进军泉州，后退至南安，驻军于武荣之周井堡。籍土地，招流亡，保一方平安。妣　氏。子未详。

实 善兴之子，行十一，字仲诚。从兄笋公殁后，承袭节度使之职，官至银青光禄大夫、上柱国、尚书左仆射。封男爵，食邑千户。后子孙在武荣繁衍，远播海外，形成福建泉州武荣傅氏，为福建泉州分宗始祖。详见《武荣傅氏族谱》。生于唐懿宗咸通八年（867）七月初二日，卒于后唐明宗长兴元年（930），享年六十有四。葬葵山之阳，父墓右侧。妣黄氏，封为咸宁郡正一品夫人。子八：居中、居献、仁远、仁裔、仁济、仁坦、仁和、仁育。

瑶 唐昭宗初为沁州刺史，光化元年（898）十二月，李罕之拘之，送于后梁太祖朱晃。事见《旧五代史·李罕之传》。生于唐宣宗大中七年（853），其余未详。

澄 毅之子，字朝清，号松岗。原南昌府石头口籍。后唐庄宗同光二年（924），堂弟潞擢岳州太守，公随为幕。潞终于官，公偕子侄转居去城一百二十里地之琴田。天成二年（927）迁松岗龙过岭，属巴陵。殁葬昆仑山，艮山坤向，建有大墓。妣龙氏、陈氏、蓝氏。子五：秩、稳（龙出）、秘、穑（陈出）、召（蓝出）。

潞 太初之子。赐进士出身。后唐庄宗同光二年（924）擢岳州太守，卒于任。葬巴陵曹公渡爱水湖山上，后人称之为傅公洞。澄、潞二公为岳阳分宗始祖。以后世系详见《岳阳傅氏世系》。

志 叔仪之子。唐哀帝天祐年间避难，由浙江婺州金华徙居洪都武宁球场。繁衍八世后世系未详。妣叶氏。子一：元寿。

第七十七世

瞟 梦光长子。同石头署公共修家谱，梦龙公为之序。

联 梦光次子。同石头署公共修家谱，梦龙公为之序。

升　延玉之子。

硂　延清之子。

禹　遵之子，后迁饶州德兴泸田。子四：椿、秫、松、柏。

君宪　祁之子，曾任司空。

君颜　嗣长子，石头东房祖，行二十，字绍宗。后周世宗显德年间为法曹、承务郎，官至光禄大夫，资政大夫。生于唐昭宗乾宁四年（897），殁于北宋太宗淳化四年（993），享年九十有六。妣曹氏、封氏。与夫同葬石头坡。子五：德昭、德胜、文翰、文益、德元。世系见《石头傅氏族谱》和《新喻傅氏合修族谱》。

君熹　嗣次子，石头东房祖。

君伦　嗣三子。

君总　嗣四子，石头南房祖。

君惠　嗣五子，石头中房祖，行二十四。生于后唐明宗天成二年（927），殁于北宋真宗咸平四年（1001），享年七十有五。妣廖氏。子四：文隆、文明、文先、文郁。文明、文先、文郁世系见《石头傅氏族谱》。

君敬　嗣六子，石头西房祖。

君华　嗣七子。

君忠　嗣八子，石头北房祖。子一：迅宗。

再兴　添福长子。妣叶氏。子一：绍。

凝　添福次子，赠尚书库部员外郎。约生于后梁贞明七年（921）。子一：世隆。

居中　实长子。

居献　实次子。

仁远　实三子。

仁裔　实四子。

仁济　实五子。

仁坦　实六子。

仁和　实七子。

仁育　实八子。

桂　辽太宗时为监军，会同九年（946）十二月，后晋出帝石重贵降，奉命持诏入汴，谕石重贵母李氏，以安其意。事见《辽史·太宗纪下》。生于唐昭宗光化四年（901），其余未详。

秩　澄长子。葬栗塘。妣龙氏。子二：圣魁、圣雄。

稳　澄次子。

秘　澄三子。

穡 澄四子。

召 澄五子。

元寿 志之子。

第七十八世

椿 禹长子，迁梅岭。

秫 禹次子，迁横溪傅家墩。

松 禹三子，迁信州。

柏 禹四子，居沪田。

德昭 君颜长子。

德胜 君颜次子。

文翰 君颜三子。

文益 君颜四子。

德元 君颜五子，行二十五，字玄。五代后汉时期为户都曹、宣尉侍郎，官至银青光禄大夫。生于五代后梁末帝贞明六年（920），殁于北宋真宗大中祥符五年（1012），享年九十有二。妣陈氏、艾氏。同葬石头坡。子二：珍、琮。

文隆 君惠长子，行二十九郎，原名文耸。生于后汉乾祐二年（949），殁于北宋淳化五年（994），享年四十有五，葬浊水口。妣欧阳氏。子五：光宇、光锡、光禄、光炫、惟谔。详见《石头傅氏族谱》。

文明 君惠次子。

文先 君惠三子。

文郁 君惠四子。

迅宗 君忠之子，字文英。北宋太平兴国潭举。子一：□□。

绍 再兴之子，又名循。妣苏氏。子一：潜。

世隆 凝之子。大名内黄人，迁徙郓州。以《春秋》三传登进士，累官至驾部员外郎知邛州事，始家于郓。约生于后晋开运三年（946）。子一：钰。

圣魁 秩长子，北宋太祖乾德三年（965）迁居株山上庄卢家源。妣陈氏。子二：巽一郎、巽二郎。

圣雄 秩次子。妣　氏。子未详。

思让 冀州信都人。有勇力，善骑射。北宋太宗即位（976），补卫士直长，累迁至平州刺史。奉契丹于唐兴口，四迁为容州观察使，知莫州，移陇州。其先、后未详。事见《宋史·傅思让传》。生于后梁末帝龙德二年（922），殁于宋太宗至道二年（996），享年七十有四。

第七十九世

珍 德元长子，行二十三。北宋太祖年间初授将侍郎，后任主簿。以子贵诰封光禄大夫、荣禄大夫。生于后晋高祖天福七年（942），殁于北宋真宗景德四年（1007），享年六十有五。妣陈氏、李氏、刘氏，同葬石头祖山月角山。子一：琦。

琮 德元次子。妣 氏。子未详。

光宇 文隆长子。

光锡 文隆次子。

光禄 文隆三子，行五六郎。生平未详，殁于北宋仁宗皇祐六年（1054），葬上高县质塘。妣谢氏。子五：积、利、的、恢、翊。见《新余傅氏合修族谱》。

光炫 文隆四子。

惟谔 文隆五子。

汝舟 君惠公孙，讳任.咸平间以军功任徽州指挥擢广德将军。子一：有量。

彦高 君惠公孙，字光谔。自石头迁锢川。子一：极。

彦辅 字公弼，东房人。居清水，与弟公显并三举熙宁六年（1073）进士，官至大士司丞。子一：实。

彦明 彦辅弟，字公显。与兄并三举同榜进士。

安节 彦辅从弟，字公儒。凡四举绍圣四年（1097）进士，授太州司法。子一：戣。

□□ 迅宗之子。子一：陶。

潜 绍之子。少事州将张廷翰，宋太宗在藩邸时召置左右，即位后隶殿前左班，三迁东西班指挥使。与契丹战，生擒五百余人。师旋，擢为内殿直都虞侯。淳化二年（991），拜侍卫马步都虞侯、领武成军节度。宋真宗即位，领忠武军节度。咸平二年（999），契丹大兴举入侵，车驾亲征，因边捷未闻，并家属流房州。景德元年（1004）起左千牛卫上将军。大宗祥符四年（1011），迁左监门大将军。事见《北史·傅潜传》。生于后唐末帝清泰二年（935），卒于宋真宗天禧元年（1017）。妣沈氏。子二：求、从范。

钰 世隆之子，字宝臣。少通《尚书》，屡举不第，用荫补三班借职，累迁至右班殿直。以《春秋》三传登进士，累官至驾部员外郎知邛州事，始家于郓。终监博州酒税，以疾罢归。明敏果断，然不能与世浮沉，故所至龃龉，老益穷困。司马光为铭其墓曰："气直志刚，难进易伤。善抑不扬，其后必昌。皆理之常。"生于北宋太祖开宝四年（971），明道元年（1032）卒，年六十一。子一：立。

巽一郎 圣魁长子。居卢家源。妣吴氏。子一：念五郎。

巽二郎 圣魁次子。妣 氏。子未详。

第八十世

琦 珍之子。宋太宗时为河州转运使，官至光禄大夫，封上柱国，赐紫金鱼袋。生于北宋乾德三年（965），殁于宋真宗大宗祥符八年（1015），享年五十。卒葬上高县中城团山堡大抚头坡。妣金氏，葬石头里祖山。子三：泗、滂、洽。

积 光禄长子。

利 光禄次子。

的 光禄三子，行十八郎，字仲院。生卒年失考。妣何氏。子四：宷、亮、高、裒。其世系见《新余傅氏合修族谱》。

恢 光禄四子。

翊 光禄五子。

有量 汝舟之子，讳容。庆历六年（1046）进士，任弋阳簿。

介夫 汝舟公侄。由下源居岩岭街上。

极 彦高之子，字粹中。以子贵赠中奉大夫。

实 彦辅之子，字公亮。与族晋求、侄大府三人同登大观二年（1108）科进士。

戣 安节长子，字彦威。宣和二年（1120）联捷进士。子一：大献。

陶 君忠公曾孙，宋太平兴国举。

求 潜长子，字命之。宋真宗时进士甲科。初为泗州通判，治淮有功。擢知宿州，为漳州路转运使。北宋仁宗康定二年（1041）进秩徙陕西，以治盗铸功，诏为户部副使。巡视秦州，诏谕羌众，平定渭州，进天章阁待制，陕西都运转使，加龙图阁直学士，知庆州。生于宋太祖开宝七年（974），殁于北宋仁宗至和二年（1055）。妣华氏。子四：松、柏、□□、□□。

从范 潜次子。

立 钰之子，字伯礼。其先大名内黄人，后郓须城人也。庆历二年（1042），以五举进士得同三礼出身，主郑州管城县簿。用举者为滑州灵河县令。遭母夫人丧，丧除，以山南东道节度推官知磁州昭德县事。生于北宋淳化四年（993），嘉祐四年(1059)七月六日，卒于官舍，享年六十六。以熙宁二年（1069）十月某日，葬公于孟州济源县清廉乡美化里。以夫人长寿县太君王氏，有贤行，于是公赠官至尚书工部郎中。子七：尧全、尧都、尧俞、舜俞（早夭）、君俞、□□、□□。四子早夭。孰长孰幼失考。

念五郎 巽一郎之子。葬余思冲。妣漆氏。子二：明一郎、明二郎。

第八十一世

泗 琦长子，又名涛，字彦清。妣　氏。子未详。

滂　琦次子，又名彦郎，字彦济。宋真宗朝袭官至侍郎，赠荣禄大夫，赐紫金鱼袋。生于宋太宗端拱二年（989），殁于宋仁宗庆历五年（1045），享年五十有六，葬佐林山，寅山，申向。人称侍郎坟。妣胡氏。子一：玠。

浛　琦三子，又名溢，字彦淳。妣　氏。子未详。

寀　的长子。

亮　的次子。

高　的三子，行八五郎，字正叟。北宋神宗元丰七年（1084）甲子科举人，赠朝请郎、奉直大夫。生卒未详，葬端州洪山乡之佐林。妣杨氏。子一：雩。

袞　的四子。

仲华　有量长子。任延平教授，因家福州。

仲诚　有量次子。任崇安簿，迁居治平头。

仲宝　介夫之子，讳珍。绍圣丙午举，任宁州教授，迁清流。

大献　戣之子，字公捷。登进士，授分宜知县，因家其地。子一：士元。

大猷　彦威公侄，字公述。宣和六年（1124）进士。

松　求长子。迁居信州。娶华氏。子未详。

柏　求次子。居卢田。娶张氏。子未详。

尧全　立长子。妣李氏。子一：洞。

尧都　立次子。

尧俞　立三子，字钦之，宋仁宗嘉祐八年（1063）为监察御史。英宗即位（1063）转殿中侍御史，赠银青光禄大夫。谥：献肃。十岁能文，及登第犹未冠。为新息县知县，后迁太常博士。迁起居舍人、右司谏同知谏院。英宗眷遇尧俞，尝雪中赐对，尧俞自东庑升，英宗倾身东向以待，每奏事退，多目送之。神宗即位（1067），徙知庐州。熙宁三年（1070）至京师，与王安石论新法，出为河北转运使，改知江宁州。哲宗立（1085），召为吏部侍郎、御史中丞，寻进吏部尚书兼侍读。元祐四年（1089）拜中书侍郎。卒后哲宗与皇太后哭临之。太后语辅臣曰："傅侍郎清直一节始终不变，金玉君子也！"生于宋仁宗天圣元年（1023），卒于宋哲宗元祐六年（1091），北宋须城人，后徙居济源。妣金氏、王氏、李氏、刘氏、范氏。子五：亘、旦、宣、采、寃。其中亘、旦二公世系未详。

舜俞　立五子，字松，郊社斋郎。妣　氏。子未详。

君俞　立六子，字柏。未仕。妣　氏。子未详。

明一郎　念五郎长子。葬社堂。妣万氏。子三：千一郎、千二郎、千三郎。

明二郎　念五郎次子。妣　氏。子未详。

第八十二世

师古 讳上行。石头第一派邦公六世孙。叔侄三人同举宋徽宗崇宁四年（1105）及宣和二年（1120），凡三举。

师夔 石头第一派邦公六世孙。叔侄三人同举宋徽宗崇宁四年（1105）及宣和二年（1120），凡三举。子一：原定。

倚平 隅之子，字持钧，隅公六世孙。石头第二派，凡三举魁解。

玠 滂之子，行二，字肖元。宋仁宗时知陕西鹿延路庆阳县事，擢中宪大夫，以子贵，诰封光禄大夫。生于宋真宗大中祥符二年（1009），殁于宋仁宗嘉祐三年（1058），享年四十有九。葬石头里祖山龙岗，寅山，申向。妣陈氏、刘氏。子一：璠。

雱 高之子，行三十郎，字彦济。北宋徽宗政和初年由乡贡如太学，登政和八年（1118）进士第，授潭州浏阳主簿，继任岳州华容县丞，宋高宗建炎元年（1127）六月二日经丞相李纲荐以使金，自邑城假工部侍郎，为宣议郎祁请使，挺身前往河北燕山金燕山金营问安徽、钦二帝，不辱君命，全节而返。除考工员外郎、吏部尚书，历作协京浙抚谕使、两河计议使、宣制机宜。建炎四年（1130）二月二十八日，任湖北制置使，招谕孔彦周。绍兴元年（1131）七月十六日因故坐贬，未几起用复官，任绍州知府，官至朝散大夫。暮年以老求罢，高宗赐与紫金鱼袋。有《使虏传》传世。《临江府志》有传，《宋续纲目》有记。生于北宋神宗元丰二年（1079）三月八日，殁于南宋高宗绍兴二十八年（1158）七月九日，享年八十。葬江西清江县石灰埠今名小姑山下，中书舍人作铭并书。妣聂氏、韩氏。子七：之纲、之纪、之续、之绪、之约、之绍、之绅。详见《石头傅氏族谱》。

士元 大献之子，讳伯建。以世恩授沅江主簿。

卞 北宋仁宗庆历年间出仕。英宗治平三年（1066）八月，奉旨率团贺辽主道宗耶律洪基生辰。事见《宋史·英宗纪》。生于北宋真宗天禧五年（1022）。其余未详。

洞 尧全之子。屡聘不仕。妣朱氏。子一：察。

亘 尧俞长子。

旦 尧俞次子。

宣 尧俞三子，字公达。宋哲宗时由山东孟州济源县宦籍江西临江府之新淦，转居南昌府进贤县元洪桥。妣章氏。子未详。

采 尧俞四子，字建，号公器。于北宋徽宗时登进士，官至御史、中顺大夫。妣朱氏。子一：舟楫。

仲 尧俞五子，字宗启。

窕 尧俞六子，字公美。登进士，移居湖广。妣　氏。子未详。

千一郎 明一郎长子。宋徽宗大观三年（1109）自卢家源迁尧村。殁葬余思冲。妣刘氏。

子一：世珍。

千二郎　明一郎次子。妣　氏。子未详。

千三郎　明一郎三子。妣　氏。子未详。

第八十三世

原定　师夔之子，石头第一派邦公七世孙。仕宋为中书令。妣　氏。子一：道显。

璠　玠之子，又名蕃，字允能，又字新昌。宋神宗朝擢前殿神武右将军、兵部侍郎。授光禄大夫，赐紫金鱼袋。生于宋仁宗景祐三年(1036)，殁于宋哲宗元祐八年(1093)，均葬石头月角山。妣简氏。子一：任。

之纲　雱长子，行九七郎，字元举。生于北宋徽宗崇宁二年（1103），殁葬不详，授从政郎。妣江氏。子二：璆、瑀（失考）。

之纪　雱次子。

之续　雱三子。

之绪　雱四子。

之约　雱五子。

之绍　雱六子。

之绅　雱七子。

楫　字符通、元通。兴化军仙游人。第进士，调扬州司户参军，摄天长令，发摘隐伏，奸猾屏迹。转福清丞，知龙泉县。北宋徽宗即位，召为监察御史，拜中书舍人。其余未详。事见《宋史·傅楫传》。约生于宋仁宗庆历六年（1046），殁于宋徽宗大观元年（1107），享年六十一岁。

察　洞之子，又名密，字公晦。十八中进士，青州司法参军，入为太常博士，迁兵部、吏部员外郎。徽宗宣和七年（1125）命出使金国为贺正旦使，至韩坡为金兵所挟持，到金都坚贞不屈，凛然不可犯，谈笑殉难。生于宋哲宗元祐三年（1088），殁于徽宗宣和七年（1125），享年三十有七。妣孔氏。子五：自得、自修、自大、自持、自握。（按：经考证察公夫人墓志，与正史记载出入甚大。察公享年五十八岁，非尧俞公从孙，乃尧俞公从子，尧俞兄尧都长子，尧俞视如己出，关爱有加）

舟楫　釆之子，字良财，号克任。宋徽宗政和三年（1113）登进士，官中书舍人。公元1125年，金兵攻下汴京后，舟楫夫妇下落不明，不知所终。妣张氏。子二：占清、日清。

世珍　千一郎之子，行万五郎。妣章氏。子一：承一郎。

第八十四世

道显　原定之子。洁身高隐。妣　氏。子一：时胜。

任 璠之子，行二十二。初任新昌主簿，后擢将仕佐郎。赐绯金鱼袋，赠荣禄大夫。生于宋仁宗嘉祐四年（1059），殁于宋徽宗政和八年（1118），享年五十有九。同葬清江上京吴镇。妣吴氏。子五：震、寰、云、霖、霓。

璆 之纲长子，行六二郎，字莹夫。妣何氏。子四：兴祖、显祖、荣祖、殳祖（显祖、荣祖、殳祖未详）。

瑀 之纲次子。

自得 察长子，字安道。妣伍氏。子三：伯寿、伯颜、伯坦。

自修 察次子，字勤道。妣孟氏。子一：伯成。

自大 察三子。妣　氏。子嗣世系见《湖北洪湖新堤傅氏族谱》。

自持 察四子，字安杰，南宋时官嘉定太守。妣陶氏。子二：日浚、日渐。

自握 察五子，字行僖。南宋度宗时有神童之目。因元乱遂隐居不仕，安贫乐道。妣朱氏。子一：履。

占清 舟楫长子，字梦吉。邑庠生。妣　氏。考妣合葬龙形。子一：廷。

日清 舟楫次子。政和年间进士，任五马职，宋高宗建炎四年（1130）因烽火兵燹，迁居江西吉安府吉水县。以后世系详见《吉水傅氏族谱》。

承一郎 世珍之子。妣丁氏。子一：季一郎。

慎微 字几先。其先秦州沙溪人，后徙居建昌，慎微迁居长安。北宋末进士，累官河东路经略使，金太宗天会四年（1126）兵败被俘，金太宗爱其才，擢为陕西经略使。金世宗大定初为金国太常卿，迁礼部尚书，修回史。卒于官。事见《金史·傅慎微传》。生于北宋哲宗元祐九年（1094），殁于金世宗大定十年（1170），享年七十有六。

第八十五世

时胜 道显之子。妣　氏。子一：朝纲。

震 任长子，行一，又名权、全。因运粮海道。金人犯境，靖康丁未（1127）委授郭武校尉，保障新昌。居瑞州府新昌县敖桥，继筑白泽湖为始祖。生于宋元丰七年（1084）三月十八，殁隆兴二年（1164）。葬二都龙骨上。妣赵氏福贞，生元符二年（1099），殁绍兴二十四年（1154），葬源头。子三：七七郎、七八郎、七九郎。

寰 任次子，行二。赠承务郎，居上高县横塘，为宕石始祖。寿七十有三。妣吴氏，俱葬上高中城团山大抚陂头。子二：嵩、岳。

云 任三子，行四，居新淦县清水河，后裔繁衍于此。

霖 任四子，行五。元祐间至宋徽宗时，金人犯境，公应召团练。钦宗靖康元年（1126），朝廷权委升敦武校尉，乡邑赖以保障。公少与张咏善、咏和、陈州公造访，咏曰：

昔何隐，今何出？公曰：子将出特来别尔。后一月咏果卒。卜居山东青州府。渝川内城，名列邑志。裔衍此。妣金氏，赠孺人。子未详。

霓　任五子，讳掖，又名谦之，字持国，别号西斋。二十七岁登进士。授分宜知县，迁太康知县，官至通直郎。后家居石头，作《百咏诗》以记石头先世之盛。生于宋神元丰五年（1082），殁于南宋高宗绍兴十一年（1141），享年五十有九。妣吴氏。子一：棻。

兴祖　璆长子，行少三郎，字伯起。生殁失考，葬东禅院上灵塘。妣苏氏。子二：三一郎（光后）、三二郎。

显祖　璆次子。

荣祖　璆三子。

殳祖　璆四子。

伯寿　自得长子。妣钱氏。子三：烈、熙、爵。

伯颜　自得次子。妣王氏。子三：敬初、敬复、仕卓。

伯坦　自得三子。妣子未详。

伯成　自修之子。

日浚　自持长子。妣舒氏、仇氏。子二：安民、安简。

日渐　自持次子。妣万氏。子二：安行、安僖。

履　自握之子，明洪武二六年（1393）钦调湖北沔阳指挥佥事，后封明威将军，遂籍沔阳（今湖北仙桃市），为沔阳分宗始祖。详见《沔阳分宗世系》。

廷　占清之子。根据广东传入的《傅氏家谱源流》抄记如下：占清之子，荐举贤良进士，任吏部侍郎。因谏上被贬福建省汀州府长汀县尹，及后卒，讣报朝廷，帝赐御葬本县宣豪里杉树坑。居官清廉，宦资凉薄，仅置产业秋粮八十七石。后裔富贵蕃衍，今尚不替。妣李氏，未详。子五：□、谦、让、诚、试。前三公俱居长汀县，祖孙相继，承宗续祀。诚徙泉州，试迁潮州。

季一郎　承一郎之子，字忠信，号锦堂。攻读诗书，以文章名世，屡试不售，壮年绍箕裘，精韬略，考选卫前官舍，随王入湖南长消受职百户。年老致仕，卜居湖南湘潭双板桥，为双板桥分宗始祖。以后世系详见《板桥傅氏族谱》。诸公子孙播迁湖南、湖北各地，成为各地分宗始祖。明洪武二十年（1387）生。妣　氏。子五：庚一、庚二、庚三、庚四、庚五。

第八十六世

朝纲　时胜之子。以人才荐任帅府副军，历事徽宗、钦宗，从驾于五国丞。妣　氏。子三：万一、万四、万六。

七七郎 震长子。

七八郎 震次子，名希。

七九郎 震三子，名峰。

嵩 寰长子。

岳 寰次子。

棨 霓之子，行七，字德芳。宋钦宗靖康二年（1127）举进士。初任高安主簿，升本邑丞。公才大职小，不称其志，遂恳请致仕，见高安珠湖山水秀丽，遂卜居焉，成为高安珠湖始祖。生于宋哲宗元符二年（1099），殁于南宋高宗绍兴三一年（1161），享年六十有二。妣滕氏，合葬于石头浊水口。子四：祚、禄、祉、祐。

庄父 讳实之，号南斋，石头中房人。宋理宗宝庆二年（1226）进士，授分宜县，不仕。隐居家中，重修家谱。淳祐丙子荐，启奏献王道八笺，主建昌迁都观。

温父 庄父公弟，讳谦之，宋嘉定甲子举授高安助教纳敕家。

三一郎 兴祖长子，讳光后。江西新喻人，仕宋为宣慰郎。妣章氏。子一：节。

三二郎 兴祖次子。

烈 伯寿长子。

熙 伯寿次子。

爵 伯寿三子。

敬初 伯颜长子。

敬复 伯颜次子。

仕卓 伯颜三子。

安民 日浚长子。

安简 日浚次子。

安行 日渐长子。

安僖 日渐次子。

□ 廷公长子。

谦 廷公次子。

让 廷公三子。

诚 廷公四子。

试 廷公五子。

庚一 季一郎长子。妣 氏。子一：仁一。

庚二 季一郎次子。

庚三 季一郎三子。

庚四 季一郎四子。

庚五　季一郎五子。

第八十七世

万一　朝纲长子，徙居临江新喻黄塘。

万四　朝纲次子，徙居抚州临川蓝田。

万六　朝纲三子，讳崇俭。崇宁三年（1104）九月初六日，南宋高宗南渡时避完颜难，由清江石头徙居建昌军南丰县双井里水北居焉，为南丰迁祖。阅五世至千八公，复由双井徙居抚州临川积善乡鹏田、石井等处，厥后又分支于金邑之璜溪、柳溪。寿九十，与妣合葬遥富冈石礅。宋高宗建炎三年（1129）赘本里李兆公女。子二：拱极、拱奎。

祚　棻长子，行三十四，字文信。生于北宋徽宗宣和二年（1120），殁于南宋孝宗乾道四年（1168），享年四十有八。妣徐氏，同葬珠湖祖龙岗。子三：恭仲、旺才、元广。

禄　棻次子。

祉　棻三子。

祐　棻四子。

节　三一郎之子，字竹轩。宣州录事，新喻人。妣廖氏。子一：清灵。

天祐　元太宗时为将，因事为完颜端所杀。生于南宋宁宗庆元四年（1198）。妣　氏。子一：国忠。

以南　闽西傅氏始迁祖，讳天植，又名一郎。南宋理宗宝祐六年（1258）登进士，景定年间任安徽宿州知府，为人正直贤良，居官清廉仁明。因不和朝政，于宋度宗咸淳三年（1267）辞官不仕，退隐林泉。宋恭帝德祐元年（1275）元军大举南下，公挈家从宿州灵璧县避乱入闽，抵汀州府宁化县石壁村大丞（城）坑暂居。南宋端宗景炎元年（1276），文天祥退守江州，公率长子旦郎和次子景郎响应，到达梅州，公卒于梅岭。妣王一娘，继娶谢氏。子三：旦郎、景郎、是（侍）郎（讳正先）。

编者按：从鼻祖说公到 85 世廷公，历时 2430 年，代距约 29 年。我们参照入闽三支傅氏族先祖世系，认为是比较合理的，基本符合人类播衍的自然规律。从廷公到以南公，代距约 58 年，中间的世系衔接，手头没有确切的谱牒记载和历史资料，中间可能缺考一代，不敢妄断。我们本着务实态度，继续深入查寻，也拟遍访祖地，拟查阅《吉安府志》、《吉水县志》、《宿州府志》以及赣浙粤一带《傅氏族谱》等资料，使这段历史有较为准确的结论。更望族人一同关心，使这一问题得以早日解决。（以上资料来自《闽西傅氏族谱》）

仁一　庚一之子。妣　氏。子二：勇、杰。

第八十八世

拱极 万六长子，百一，讳曾，字得之。宋孝宗乾道元年（1165）进士，从学于朱文公。妣 氏。子一：圣能。

拱奎 万六次子。

庆 南宋抗金名将岳飞的部下。《宋史·岳飞传》：“四年（1134），金兀术攻常州，盗郭吉闻飞来，遁入湖。飞遣王贵、傅庆追破之。”

翼 据《宋史·贾涉传》，翼公为南宋抗金将领贾涉的部下。其时，忠义军首领石珪、杨德广叛宋为乱，贾涉派遣傅翼谕石珪等逆顺祸福，自以轻车抵山阳，德广等郊迎，伏地请死，誓以自新。其后，石珪军屡破金兵。

桧 据傅山《傅史》，桧公为杨巨源亲校。有大志，善骑射，涉猎诸子百家书。南宋开禧三年(1207)，四川宣抚副使兼陕西、河东招抚使。吴曦叛宋降金，自立蜀王。杨巨源有讨贼志，结义士三百人，给其钱粮，并集忠义人朱福、陈安、傅桧。诛吴曦事成，傅桧以受巨源派遣赴朝廷报告，载入史册；杨巨源亦以诛吴曦功，补朝奉郎，受重用。

选 南宋建炎时，为两河忠义民兵首领。

恭仲 祚长子，字子仲。生于南宋高宗绍兴五年（1135），殁于南宋理宗淳熙十一年（1184），享年四十有九。妣黄氏。子一：大盈。

旺才 祚次子，行三，字博叔。居篱背楼下，复卜居云南西门太平，为始祖。妣潜氏。子一：大忠。见江西高安《珠湖傅氏宗谱》。

元广 祚三子，行四，讳远季。居毛方中庭，为塘头洛城始祖。生于宋绍兴时。妣胡氏。三子：大伦、大常、大观。

清灵 节之子，字三俊、秀珍。新喻人，其子鼎孙教谕石首，迎养官廨，与妣先后卒，兵阻不克归。合葬石首城南黄田湖东、牯牛湖南畔陡山岗之梓木林(今名傅家大山)。妣彭氏，字秀珍。子三：岩孙、鼎孙、臣孙。

国忠 天祐公之子。元世祖忽必烈时为益都（今山东青州市）千户，中统四年（1263）四月，世祖以完颜端田宅赐之。事见《元史·世祖纪二》。生于南宋理宗绍定元年（1228）。其余未详。

余峰 于元朝末年由江西南昌进贤县凤凰村奉东桥迁湖广岳州府华容县小北门桥子口，为华容泉田傅氏分宗始祖。生于元武宗至大元年（1308）五月初八，卒于明太祖洪武十七年（1384），享年七十有六。妣李氏。子一：承孙。

旦郎 以南长子。

景郎 以南次子。

正先 以南三子，乳名侍郎（是郎），字廷，号仰斋。增广生员，赠礼部侍郎。南宋端宗景炎二年（1277），父以南公率子旦、景与文天祥会合，南下广东勤王。遵父嘱，公留守汀州长汀县河源里杉树坑（现为连城县宣和乡傅家墙村），为连城分宗始祖。生于南宋理宗年间，殁不详。葬傅家墙大岭背坑后龙半山腰。妣万百五娘、陆福金、赵三娘。子八：念一郎、念二郎、念三郎、念四郎、念五郎、念六郎、念七郎、念八郎。八公在闽西播迁，成为闽西分宗始祖。

勇　仁一长子。妣　氏。子一：桢。

杰　仁一次子。

第八十九世

圣能　拱极之子，孟二。公于绍定间结天马寨卫民有功，敕补右军校尉，福建转运使赵公崇侯，撰有《天马寨记》。生于宋绍兴二十年（1150）。寿六十七，娶邵武司法胡公烈女，考妣合葬官陂头。子三：福荣、禄荣、寿荣。

大盈　恭仲之子，行四。生于南宋高宗绍兴二十年（1150），殁于南宋光宗绍熙五年（1194），享年四十有五。妣聂氏。子三：时立、时习、时中。

大忠　旺才之子。

大伦　元广长子。

大常　元广次子。

大观　元广三子。

岩孙　清灵长子。

鼎孙　清灵次子，字希贤。。新喻人。约于元末顺帝至元元年（1335）为石首教谕，因兵阻，宦籍石首，为绣林傅氏分宗始祖。生于元世祖至元三十年（1293），殁于元顺帝至正十年（1350），享年五十有八妣李氏。子二：汝楫、汝霖。以后世系详见《石首绣林傅氏族谱》。

臣孙　清灵三子。

承孙　余峰长子，字继祖。生于元顺帝元统二年（1334），卒于明惠帝建文四年（1402）。妣骞氏。子二：元亨、元吉。详见《华容泉田傅氏族谱》。

念一郎　正先长子。

念二郎　正先次子。迁连城朋口。子六：大一郎、四九郎、五九郎、十一郎、百一郎、千一郎。

念三郎　正先三子。

念四郎　正先四子。

念五郎　正先五子。

念六郎　正先六子。

念七郎 正先七子。

念八郎 正先八子。

桢 勇之子。妣 氏。子一：成。

第九十世

福荣 圣能长子，仲一。公以子岩公贵显，诰封征仕郎。生宋乾道四年（1168）正月初五日，卒嘉定元年（1208）。葬长山上。妣官氏。子二：安定、大定。女一：龙，适兵部侍郎赵与植。

禄荣 圣能次子，仲二。公举，任翰林院博士。生宋乾道六年（1170）四月，寿六十九。卜葬太平冈。娶封氏，妣葬下河，凤形。子二：乐定，必定。

寿荣 圣能三子，仲三。公由选举任崇安教谕。生宋进乾道九年（1173）十二月，寿七十九。与妣合葬石仙观后。娶林氏。子二：居定、能定。

时立 大盈长子。

时习 大盈次子。

时中 大盈三子，行八。官评事。生于南宋孝宗淳熙三年（1176），殁于南宋宁宗嘉定八年（1215），享年四十有五。妣金氏。子三：若济、若和、若金。

汝楫 鼎孙长子。

汝霖 鼎孙次子。

元亨 承孙长子。

元吉 承孙次子。

岩起 元泰定初年为四品官，泰定四年（1327）擢为吏部尚书。事见《元史·泰定帝二》。生于元世祖至元十九年（1282）。其余未详。

大一郎 念二郎公长子。

四九郎 念二郎公次子。

五九郎 念二郎公三子。

十一郎 念二郎公四子。

百一郎 念二郎公五子。开基胜运里曾坑，为内纪第一世，详见世系。

千一郎 念二郎公六子。

成 桢之子，字忠信，号锦堂。

第九十一世

安定 福荣长子，季二，讳岩，号纯庵。登淳祐四年（1244）留梦炎榜进士，拜信丰丞，后于淳祐八年（1248）建议于朝，重筑官陂，知南丰县事。黄侅孙为文记之。宗之家乘公始创焉。生宋绍熙五年（1194）五月十七日，卒咸淳元年（1265），寿七十二。与妣同葬官下。妣郑氏。子一：功贵（千一）。继室黄氏。子二：功蚤（千五）、功腾（千八）。

大定　福荣次子，季七，讳幼安。公举孝廉，乡试第十六名。生宋庆元五年（1199）八月初九日，葬四十都大岭头。娶赵氏，葬鄢家窠。继娶黄氏。子二：千二、千七。

乐定　禄荣长子。公由武中乡魁第五。生宋绍熙五年（1194）十月，寿六十一，与姜妣合葬太平冈。娶赵氏，赵妣葬真东寺侧。继娶姜氏。子二：亿三、亿七。

必定　禄荣次子，公由荐辟任剡县知县。生宋庆元三年（1197）五月十二日，葬长山。娶石氏，妣葬太平冈。子二：亿四、亿八。

居定　寿荣长子。公由例贡士将仕郎。生宋庆元二年（1196）五月，与妣合葬太平冈。娶邓氏。

能定　寿荣次子。生宋庆元六年（1200）九月十五日，寿五十二，葬真东寺侧。娶陆氏。子一：二一。继娶黄氏。子二：二六、二九。

崧卿　南宋高宗初为检正房公事，建炎三年（1129）十一月，擢为浙东防遏使。事见《宋史·高宗纪》。生于北宋神宗元丰七年（1084）。其余未详。

墨卿　北宋徽宗时为尚书，靖康元年（1126）诏降王安石从祀庙廷时，尝进言："宜依元丰祀仪陈设。"事见《宋史·礼八》。生于北宋神宗元丰四年（1081）。其余未详。

若济　时中长子，行四，字用楫。生于宁宗庆元二年（1196），殁于南宋理宗嘉熙元年（1237），享年四十有一。妣黄氏。子三：均政、均用、均琛。均用为鳌溪始祖，均琛未详。

若和　时中次子。居广东

若金　时中三子。若金居黔阳

公让　元顺帝时为监察御史，至正二十三年（1363）十二月，因上章揭露宦官勾结朝臣骄恣不法，触怒皇太子，左迁吐蕃宣慰司经历。事见《元史·陈祖仁传》。生于元仁宗延祐五年（1318）。其余未详。

第九十二世

功贵　安定长子，千一。公登咸淳元年（1265）阮登炳榜进士，不仕元，洁身高隐。生宋嘉定年（1215），与妣葬遥富岗。娶水东曾氏。子一：□□。

功蚤　安定次子，千五。公与兄功贵同登咸淳元年（1265）榜进士，仕元，累官谏议大夫。生宋嘉定年（1220）三月十九日，卒合葬长山上。娶东隅谭氏。子一：□□。继娶夏氏。子一：□□。

功腾　安定三子，千八，讳本，改字宗元。五举不第，洁身高隐，南宋理宗景定五年（1264），由南丰双井徙居抚州临川鹏田，为开基肇祖。以后世系见《抚州临川傅氏族谱》。

数世后有子孙分迁湖北汉阳和广东湛江，世系详见《汉阳傅氏族谱》和《湛江傅氏族谱》。

千二　大定长子。

千七　大定次子。

亿三　乐定长子。

亿七　乐定次子。

亿四　必定长子。

亿八　必定次子。

二一　能定长子。

二六　能定次子。

二九　能定三子。

均政　若济长子，行四十四，字汝霖。生于南宋宁宗嘉定六年（1213），殁于南宋理宗淳祐十二年（1252），享年三十有九，葬于浮塘山陈家巷。妣范氏，生于宋嘉泰四年（1204），殁于宋宝祐三年（1255），享年五十有一。葬陈坊巷。子一：良德。

均用　若济次子。

均琛　若济三子，行六十一，又名均美，字汝琛。承侍郎。任知县事，赐紫金鱼袋。与文天祥同砚同榜进士。在惠州之甲子门。宋端宗景炎二年（1277）由吏部侍郎出知汀州府，多惠政，民勒碑颂之，晋封直正大夫。景炎时重修宗谱，恐世变失传也。妣黄氏。子一：良仁。

第九十三世

□□　功贵之子。

□□　功蚤长子。

□□　功蚤次子。

良德　均政之子，行三。又谱载，公于宋端宗时为由江令，赠文林郎。生于宋理宗绍定五年（1232），殁于南宋度宗咸淳十年（1274），享年四十有二。葬黄塘山。妣聂氏，生于宋嘉定十四年（1221），殁于宋端宗景炎二年（1277），享年五十有六。葬大石山。子一：廷声。

良仁　均琛之子，又名良用。官至文林郎。妣聂氏，封安人。子二：廷芳、廷寿。

高　南宋抗元农民将领。南宋宋景炎二年（1277），文天祥抗元，派同榜进士程纶入大别山组织西义军，多云山傅高率众响应，抗元起义。在多云山建天堂寨。

第九十四世

廷声　良德之子，行仲六，又名廷重。任兵部职方司。生于南宋理宗淳祐十二年（1252），殁于元世祖至元十九年（1282），享年三十有五。妣甘氏。子二：景云、景仁。景云第六世孙必然为重庆万盛始祖，以后世系详见《万盛傅氏族谱》。

廷芳　良仁长子。于元初出赘邓氏。落业高安县四十二都图皂里长埇堡。后为长埇始祖。妣邓氏。三子：启政、启林、启胜。

廷寿　良仁次子。

第九十五世

景云　廷声长子，行三，讳庚，字应星。以子贵诰封修职郎。生于宋咸淳五年（1269），殁于元延祐三年（1316），享年四十有七。葬塔下，蜘蛛结网形。妣宋氏，诰封孺人，葬陈坊巷范氏婆之左。三子：以敬、以济、以宝。

景仁　廷声次子，行四，以子贵诰封文林郎，宋末行商客居颍州，迁砀山。妣甘氏，封孺人。子三：以能、以安、以治（以能、以安世系不详）。妣　氏。子一：以恭。

启政　廷芳长子。

启林　廷芳次子。

启胜　廷芳三子。

第九十六世

以敬　景云长子，行一，字孟恭。赠登仕郎。以子贵诰封中宪大夫。生于元世祖至元二十五年（1288）十月十三日，殁于元天历元年（1328）九月十三日，享年四十有一。妣陈氏，赠恭人。生于元世祖至元二十一年（1284）又五月初九，殁于元至正十二年（1352）十一月初十，享年六十有九。葬陈坊巷范氏婆墓右。二子：太清、太微。又娶孙氏，生于元大德三年（1299）七月初二，殁于明洪武四年（1371）九月十一日，享年七十三。洪武五年（1372）十月二十四日与公合葬烟霞山。二子：可昇、可晟。二公乃孙氏同日双生。祖妣合葬烟霞山。见江西高安《珠湖傅氏宗谱》。

以济　景云次子，字季恭。贡生，赠修职郎，以子贵诰封奉政大夫。生于元世祖至元二十六年（1289），殁于元顺帝至正十三年（1353），享年六十四岁。葬笙竹山。配聂氏，葬祖龙岗。继配滕氏，葬笙竹山。又配黄氏，赠孺人，晋封安人。再配邵氏。子九：文通、文达、文运、文远、明一、明二、明三、可立、可玉。

以宝　景云三子，行三，字孟贞。由珠湖迁分宜县城内傅家港。后徙城东渭江，离城二里许地，名渭江傅。遂为分宜始祖。生于元世祖至元二十九年（1292）。葬祖龙岗。

以能　景仁长子。

以安　景仁次子。庠生。配刘氏。

以治　景仁三子，字成秀。拔进士，为扶风令。致仕居砀山虎皮口傅家村。以子贵封光禄大夫。生于元世祖至元二十九年（1292），殁于元顺帝至正十年（1350），享年五十有六。妣甘氏。子四：友仁、友德、友文、友贤（友文、友仁、友贤世系未详）。

以恭 景仁四子。配李氏。

德厚 行六十三郎。世居江西省临江府新喻县凤巢岭石山里。约生于1283年。配刘氏。子二：崇道、崇弘。详见湖南邵阳《湘西南傅氏族谱》。

第九十七世

可昇 以敬长子，是为下四房始祖，行三，讳大禄，名德明，字天福。公秉性刚毅，公正仁勇，当元末兵乱，倡率义勇。锁鑰一方，瑞筠南赖以保全。生于元延佑五年（1318）正月十八巳时，与弟同日双生，殁于明太祖洪武十一年（1378）八月十二酉时，享年六十。洪武十二年（1379）五月十八葬九都小坑杨梅岑。妣宋氏，生于元延祐三年（1316）十月十五日，殁于元至正七年（1347）五月初八，享年三十二岁。葬杨塘山，后改葬烟霞山。罗氏，葬杨梅岑右白虎山。谌氏，享年六十九岁，葬杨塘山。二子：则实、则明。次四娶谌氏，生于元顺帝至正三年（1343）十一月七日，殁于明成祖永乐十二年（1414）三月十九日，享年七十二岁。葬杨塘山前谌氏右畔。子：则通。见江西高安《珠湖傅氏宗谱》。重庆《江津灵峰傅氏族谱》。

可晟 以敬次子，为上二房始祖，行四，讳小禄，字天佑，号德宣。一生慷慨有为，与兄同以义勇保固地方。钟山川之精英，情趣筠阳之俊。从容慷慨，兄弟齐名。同勤王事，并赠中宪大夫。一奇遇也。元延祐五年（1318）正月十八日巳时生，与兄同日双生，殁于洪武十五年（1382）闰二月，享年六十有四。葬烟霞山。配宋氏。二子：则新、则和。见江西高安《珠湖傅氏宗谱》，重庆《江津灵峰傅氏族谱》。继氏刘，无出，葬曦岑。

太清 以敬三子，字洪仁。配李氏。子：文显。详见《江津灵峰傅氏族谱》。

太微 以敬四子，字天顺。配覃氏。子二：维忠，维志。见《江津灵峰傅氏族谱》。

明一 以济长子，行一，字天寿。秉性毅果，正直仁廉，保障一乡，庶民赖之。卒于洪武十一年（1378）七月，年五十九岁。妣石氏。子三：硕才、硕章、硕命。详见《江津灵峰傅氏族谱》。

明二 以济次子。配刘氏。子二：硕夫、硕都。为今江津仙池坝场阶檐傅明等之祖。

明三 以济三子。居江津罗江里傅家坡，系子臣等之祖。配黄氏。子一：硕良。

文通 以济四子，为巴渝傅氏始祖，行四，字明德。赠文林郎，晋封奉政大夫，江西石头署（枢）公第二十四代孙，原籍江西瑞州府高安郡城南珠湖人氏。与友德、友文、可昇、可晟、文达、文运兄弟七人同产一室，俱为廷声（重）公之曾孙。一以文学显，一以武功兴，元进士，知江西吉安府新淦县事。于明洪武四年（1371），与友德、友仁、友文、可晟、文达、文运、文远奉旨领兵挥师进川，攻克渝州，败大夏，平西蜀。公留守巴渝，知重庆府巴江县事。朱明洪武帝矫诏：“皇恩钦命，征湖扶王，穿隙至蜀，蜀都后代，迭留西土重庆府，巴江分拆：綦、南、桐、水、简、泸，惟世代子孙……”【见清咸丰十年（1860 年）庚申岁能明公（号洪顺）续修之《九龙傅氏支谱》】文通公先任开河总督，后晋封光禄大夫，赐爵国公。公致仕后，居巴江西城里白市驿走马岗，后代嫡留西蜀重庆府。墓葬于斯，今不复存焉。原重庆学府署门外有文通坊尚存。妣张氏、简氏，晋封安人。子二：宪章、怀章。详见乾隆年《播州傅氏家谱》，《东乡傅氏族谱》。

文达　以济五子，号明五。江西署（枢）公第二十四代孙，原籍江西瑞州府高安郡城南珠湖村。元进士及第，宦知四川重庆府垫江县事，遂为垫江傅氏始祖。子孙亦世代散居于垫邻之邑而蓬勃焉。妣李氏。

文运　以济六子，号明六，原籍江西瑞州府高安郡城南珠湖村。举人，宦游云南，知昆明县事，遂家太平焉。嗣亦显此，赠中宪大夫。公与友德等俱廷重祖曾孙，兄弟七人，同产一室。一以文学显，一以武功兴。虽人之杰，而亦地之灵也，然公等为国竟忘家焉，官于滇者即安于滇，官于蜀者即安于蜀。珠湖之派自此分，而珠湖之派亦自此盛也。妣陈氏，赠恭人。

文远　以济七子，号明七。原籍江西瑞州府高安郡城南珠湖村。洪武四年（1371），与友德、友仁、友文、可晟、文通、文达、文运等奉旨领兵挥师进川，克渝州，败大夏、平西蜀。充亲军都督府锦衣官。妣单氏。嗣衍京都。

可立　以济八子，行一。见江西高安《珠湖傅氏宗谱》。

可玉　以济九子，行二，名欲。妣熊氏，葬鹊楼岗。子：则忠。继吴氏，葬荷树山。子：则顺。见江西高安《珠湖傅氏宗谱》。

友仁　以治长子，授前军冠带总旗，战亡。继子：惟椿(友德次子)。

友德　以治次子，系江西石头署（枢）公之二十四代世孙，珠湖棻公十二世孙。祖籍江西瑞州府高安县珠湖。元泰定四年（1327）生于宿州，卒于洪武二十七年（1394），享年六十有八。元末从刘福通将李喜入蜀，后从陈友谅。明太祖攻江州至小孤山，率所部归朱元璋。从战鄱阳湖，轻舟挫政友谅前锋。被数创，战益力，复于诸将邀击于泾江口，陈友谅败死。从征武昌，亲率数百人一鼓夺之，授雄武卫指挥使。从徐达拔庐州。别将克襄阳等四城。从大军下淮东，破张士诚援兵于马骡港。复破元将竹贞于安丰。守徐州，大破元将李二。召还，进江淮行省参知政事。次年破忻州，下青州，取莱阳、东昌。又明年，从定沂洛，克庆阳，赐白金文绮。洪武三年（1370）冬，论授开国辅运推诚宣力武臣、荣禄大夫、柱国、同知大部督府事，封颍川侯。洪武四年（1371）充征虏前将军伐蜀，平成都，明太祖称功为第一。洪武五年平甘肃，洪武六年镇北平，洪武九年，巡行川、蜀、雅、播之境。洪武十四年充征南将军，率部骑三十万征云南。洪武十七年，云南水西诸部皆降，论功进封颍国公，予世券。洪武十九年率师讨平云南。洪武廿一年，平东川叛。廿三年征沙漠，大破敌众而还，加太子太师。不久被遣还乡。廿五年请怀远田千亩，明太祖不悦，遣练兵。洪武二十七年赐死。嘉靖五年（1526）诏命在云南立祠供祀，祠名“报功”。事见《明史·傅友德传》。妣　氏。子：惟忠（惟忠尚寿春公主）、惟椿（出继伯）、天锡、惟正、惟忧。女一，为晋世子朱济禧妃。以后世系详见《巴邑石龙傅氏族谱》。

友文　以治三子。洪武间任户部侍郎，监理湖广总督。坐洪武二十六年（1393）正月胡蓝党案。见贵州《毕节傅氏家谱》。生于元仁宗延祐六年（1319）正月十八日巳时，殁于洪武二十六年八月，葬珠湖杨梅岭。妣宋氏。

友贤　以治四子，翰林学士，仕江西布政使。妣何氏。嗣衍江西。

崇道　德厚长子，行七十七。世居江西省临江府新喻县凤巢岭石山里。约生于1310年。详见湖南邵阳《湘西南傅氏族谱》。配刘氏。子二：玉珍、玉重。

崇弘　德厚次子，行七十九。世居江西省临江府新喻县凤巢岭石山里。详见湖南邵阳《湘西南傅氏族谱》。配李氏。子二：玉美、玉秀。

可威　浑公后裔。洪武初避元兵自登封徙河南睢县平岗社索桥村，开基立派。详见河南《睢县傅氏族谱》。约生于1320年。

第九十八世

则实　可昇长子，行二，讳章。生于元顺帝元统二年（1334），殁于元顺帝至正二十四年（1364）五月十日，享年三十。葬杨塘山。妣游氏，葬祖龙岗。嗣子：尚政（则明次子过房入嗣）。

则明　可昇次子，行三，讳珍。葬杨梅岭。妣刘氏，葬象到岭。二子：尚德、尚政（出嗣）。

则通　可昇三子。子：尚杰。

则新　可晟长子，行七。妣刘氏。子：尚质。

则和　可晟次子，行九，讳谦。登进士第，赠文林郎，晋封奉直大夫。知府唐公岳旌其门曰“珠湖世家”。又匾其所建之堂，曰“和乐制文”。妣孙氏，封宜人，葬象到岭。二子：尚瀚、尚志。见江西高安《珠湖傅氏宗谱》。

文显　太清之子，字维忠。配陶氏。子：思义。

维忠　太微长子。

维志　太微次子。

硕才　明一长子。

硕章　明一次子。后葬江津傅家岗。配杨氏。子二：大川、大渊。

硕命　明一三子。

硕夫　明二长子。

硕都　明二次子。

硕良　明三之子。

宪章　文通长子。袭父爵。原籍江西吉安府永丰县，迁江西吉安府泰和县傅家村，子孙遂散于高安、泰和、永丰、临江等处。公以子贵赠中宪大夫。妣周氏，晋封安人。子：必荣、必华、必显。

怀章　文通次子。原籍江西吉安府永丰县，公居贡士，赠修职郎。以子贵晋封光禄大夫，为綦江傅氏始祖。据云墓葬綦江县高青狮子崖傅家台，地名芭蕉湾宅后祖坟岗（生基岗），坐南朝北，午山，子向。祖茔二龙戏珠，雕梁画栋，万古佳城。妣曾氏，赠孺人，诰封夫人。子：必然、必胜、必谦。

则忠　可玉长子。妣吴氏，葬荷树山。

则顺　可玉次子。子二：尚足、尚敬。

惟椿　友仁继子，友德次子，行三，讳应说，字萱茂。随父征战。洪武二十七年（1394）避难迁湖南宝庆府邵阳岩山洞口。子：天爵、天周、天禄。详见湖南怀化、邵阳、岩山，四川仁寿、华阳《傅氏家谱》。

惟忠　友德长子，字藻。驸马都尉，东宫大学士，赠光禄大夫。洪武十二年（1379 年）编春秋本成，名列《明史》。尚寿春公主朱氏。子：滳、荣。见光绪年重庆《珠湖傅氏宗谱》。

惟椿　友德次子，过继给伯父友仁为嗣。

天锡　友德三子，字佑之，号文溪。原任明州训导，升大明府知府，宦迁浙江钱塘。时值贼寇进犯，因战具未备，难以抵御，守城失利，身负重伤，乃携印返京。上未咎其罪，令其携家眷赴云南永平任县令，次年升任大理卫知府。数年后，贵州普安苗酋反叛，朝廷旨授天锡领兵征讨，壮烈殉国。后人敬其忠烈，将其遗骸葬于贵州普安驿，建祠树碑（即今盘县凤鸣山关圣庙将军墓）。噩耗传到大理，妻携子宽举家迁回永平。配余氏。子五：恭、宽、信、敏、惠。见《傅天锡传》。

惟正　友德四子，字正文。从征云南，充贵州乌撒卫（今威宁县）屯田长。洪武二十四年（1391）奉命还京，充亲军都督金吾卫。与父同殁于洪武二十七年腊月。后裔避居湖南怀化，建宗祠于怀化山硖。后裔徙麻阳、芷江、云南、贵州。为上述地区傅氏分宗祖。子四：敬（为云南祖）、鸿、鸾、鹫。

惟忧　友德五子，又名惟让，字惟龙、惟尤。随父征战辽东殉国。配刘氏、曾氏。子三：旺、瑞、招。

玉珍　崇道长子，行八十四。居江西临江府新喻县凤巢岭石山里。约生于 1337。配罗氏。

子六：荣卿、汉卿（富卿）、华卿、贵卿、礼卿、耀卿。

玉重 崇道次子，行八十八。居江西临江府新喻县凤巢岭石山里。配林氏。

玉美 崇弘长子，行八十五。居江西临江府新喻县凤巢岭石山里。配李氏。子一：楚卿。

玉秀 崇弘次子，行八十七。居江西临江府新喻县凤巢岭石山里。详见湖南邵阳《湘西南傅氏族谱》。配林氏。子一：义卿。

忠显 明朝二年（1369），恭承圣命移湖填蜀，兄弟三人骡马驮银，由楚入川，落于成都。

忠良 自明洪武二年，奉旨由楚麻城洗脚河高街堰入于重庆南浦之南（即万县南岸）。子：榆。为万州傅氏开基祖。详见《万州傅氏族谱》。

忠盖 明洪武二年，恭承圣命移湖填蜀，兄弟三人由楚入川，落于重庆。

第九十九世

尚政 则实继子，则明次子，字敏士。三次副榜，奉聘云南书经房。娶罗氏。子：伟澄、伟清、伟洪、伟安。

尚德 则明长子，行二，又讳中和。妣张氏。子：伟宏。见《桐梓傅氏宗谱》。

尚政 则明次子，则实继子。

尚杰 则通之子，行一，又讳中烈。妣游氏。子：伟湖、伟溪。

尚质 则新之子，又讳中立。葬杨梅岭。妣陈氏，继氏谌。子：伟元、伟润、伟焕、伟俊。

尚瀚 则和长子，行一，又讳中奇，又名尚潮。举人，官礼部左侍郎。明孝宗弘治八年（1495）升礼部尚书，赠光禄大夫。《明史》有传。妣黄氏，诰授夫人。子：伟澜、伟潤、伟器、伟珪。

尚志 则和次子，行二，又讳中原。举人，与兄同榜，官通判，赠修职郎。妣周氏、罗氏，俱赠孺人。子：伟始、伟琏。

思义 文显之子。配陈氏、涂氏。子：时初。

大川 硕章长子。

大渊 硕章次子，字维山。配冷氏，后葬石坪宅后。子二：瑟、宗。

必荣 宪章长子。原籍江西吉安府永丰县，迁江西吉安府泰和县傅家村。明宣德十年（1435）与弟必华同会武进士。是年奉旨征剿贵州乌罗蛮及广西宜山蛮之叛乱，升为湖广荆州府镇台。后又奉旨靖边，剿平蜀川之乱党，官茂州五马太守。晋为九门提督大将军，镇守京城。妣邵氏，诰封夫人。子：成金。详见綦邑天台山《余家沟傅氏家谱》。

必华 宪章次子。原籍江西吉安府永丰县，迁江西瑞州府高安县。宣德十年（1435）与兄必荣同会武进士。奉旨靖边征剿贵州乌罗蛮及广西宜山蛮之叛乱，因征伐有功，升为湖广永州府镇台，遂家于湖广永州府。其地东安县铺宣里上乡磨子塘易名傅家町，世居。妣陈氏，诰封安人。其后裔遂散迹于斯。有于明末迁西蜀潼川府安岳县同化里者。详见《安岳傅氏家谱》。

必显　宪章三子。因留于津邑守祖墓，居重庆巴江邑西城里白市驿走马岗。子孙遂散于巴蜀川黔之巴江、壁、永、铜（潼）、大足、荣、隆、合州、黔阳及各地繁衍。妣王氏。详见本支系图。

必然　怀章长子，字百川。庠生官。晋封中宪大夫。原籍江西吉安府永丰县，居江津西城里白市驿走马岗。于明初随祖文通公入蜀，因宦居黔省（播州）桐梓县，遂迁居桐梓县南门城外三里许地名花岩九坝沟，小地名锡村坝。为贵州桐梓傅氏始祖。墓葬贵州桐梓县花岩九坝沟。妣王氏、李氏、姜氏，赠安人。子三：彬飞、咸飞、禄飞。后裔越五世而迁移至桐梓县坡渡镇回龙乡地名石牛栏、葛藤坝世居。详见《桐梓回龙傅氏家谱》。

必胜　怀章次子，字巨川。南昌武陵举人，公由监中举，历任四川新繁县、荣昌县知县。时贼兵扰壤，公兴勤王师，平定巴渝，杀贼有功，封必胜公万户侯，赠光禄大夫。遂舍洪都（南昌）而家居南川（綦江）东乡坝荣懿镇万寿场，荫子食邑。尊之南川东乡傅氏始祖。墓葬东乡坝高墙垣。妣黄氏，特赐一品夫人；续戴氏。子三：魁、旭、鼎。详见《东乡傅氏宗谱》。

必谦　怀章三子，字济川。原籍江西瑞州府高安郡城南珠湖村，迁吉安府永丰县，居江津西城里白市驿走马岗，迁古南州綦江县城中街春和厢（即今綦江县城中山路学校，古为考棚、书院）。明宣德间，宦游蜀川酉阳、长邑、垫江诸地。官贵州遵义府（播州）知事。为贵州遵义傅氏始祖。明播州苗民乱，公致仕，隐于綦江高青狮子崖下，取地名傅家坮世居。躬耕垄亩，披星戴月，沐风栉雨，勤于生计，繁衍子孙。后裔遂散发于巴渝西蜀滇黔及川江楚河两岸。墓葬高青狮子崖下傅家坮原木坪与鸡公嘴大路边，母鸡抱蛋穴。墓与古傅家湾相隔约一华里路。墓前对轿子山，左文笔峰、帐幕山，右红岩山。坐南朝北，午山子向。有“源自山西古虞国，宦迁湘赣楚蜀黔，明皇钦点进士第，万代流芳耀寰宇”之碑刻为记。祖妣王氏，赠孺人，附必谦公墓。子三：高、亨、亮。见《播州傅氏家谱》。

尚足　则顺长子。子：伟鸿。

天爵　惟椿长子，字章淑。生于元至正十一年（1351）十月十六日巳时，殁葬双江桥树下，月形挂角，子山午向。配向氏，生于元至正十年（1350）正月十八日午时，殁于明永乐十二年（1414）九月初六寅时。葬仙鹤塘，蛇形。子二：道先、道衮。

天周　惟椿次子。徙居沅州芷江县壶瓶洞、贵州天柱北林老黄田。配胡氏。

天禄 惟椿三子，字华淑。居靖州绥宁。配蒋氏。子二：道济、道蕴。后裔徙居黔阳安江。

潽 惟忠长子，字彦名。明金吾卫千户。徙居直隶，后裔徙湖南怀化、芷江，四川成都等地。子：元。

荣 惟忠次子，字龙庵，号伯牛。初随父在金陵修志。洪武二十七年（1394）以避难逃居江东鹿沼（今上海浦东）。为鹿沼祖。葬于十九保三区九十六图六百二十号田内。娶马氏，葬金陵。子五：璇、玑、玉、珍、琦。续娶陈氏。

恭 天锡长子。

宽 天锡次子。配朱氏。子三：瑛、琪、瑄。

信 天锡三子。

敏 天锡四子。

惠 天锡五子。

敬 惟正长子，字在宽。随父正公、祖友德公征战。知陕西延安卫、枢密使。洪武十四年（1381）征南，驻守云南曲靖府。后封扬威将军，屯田垦居。配陈氏、王氏，诰命大宜人。生子：庸、乔。

鸿 惟正次子。

鸾 惟正三子。

鹫 惟正四子。

旺 惟忧长子。

瑞 惟忧次子。

招 惟忧三子。

荣卿 玉珍长子。明洪武十七年（1384）由江西临江府新喻县凤巢岭石山里曰蒋傅保迁徙湖南宝庆府邵阳城东之中乡（现湖南省邵东县灵官殿镇）南源白狮村，地名湾里伯石屋场后居住。生于元顺帝至正二十四年（1364）正月十五辰时，殡葬住宅后首排中冢，葵丁向。配邓氏，生至正二十五年（1365）正月初二午时，殡葬本境谭白石家町地名解木冲人形头排，独穴，葵丁向。子二：如钟、如钧。

汉卿 玉珍次子。于明洪武十七年（1384）同兄荣卿迁南源山本境谭白石家町，地名瘳台上荷塘居。生于顺帝至正二十六年（1366）八月十五日午时，殡葬于龟形独穴向。配李氏，生洪武元年（1368）正月二十三日亥时，殡葬大冲人形首排中冢向。子二：如鉴、如锡。

华卿 玉珍三子。于洪武十七年（1384）同荣、汉二兄分徙宝庆城步县。生于洪武元年（1368）八月二十三巳时。

贵卿 玉珍四子，字真观。于明洪武间同荣卿兄居。明建文元年（1399）已卯科举人。

生于洪武三年（1371）十二月二十四日申时。

礼卿　玉珍五子。于明洪武间同荣卿兄居。生于洪武五年（1372）八月十五申时，殡葬于解水冲人形二排。配刘氏，生洪武四年（1371）五月初五未时，葬厚里源月形左。子二：如锦、如镇。

耀卿　玉珍六子。明洪武十七年（1384）同兄荣迁湖南宝庆府邵阳县。生年佚。

楚卿　玉美之子。明洪武十七年（1384）同从兄荣迁湖广。生于中统三年（1362）七月十八日申时，详见湖南邵阳《湘西南傅氏族谱》。

义卿　玉秀之子。生于至正二十七年（1367）十一月，同从兄荣、楚于明洪武十七年（1384）迁徙。

榆　忠良之子，字春茂。

第一百世

伟澄　尚政长子，字尧璋。恩贡，未仕。清闲一世，广乐无奇。济贫三年，豫省通闻，卒葬珠湖塘，蚌现珠形。娶孙氏。子：孔定、孔壁、孔春、孔袁、孔庚、孔旦、孔足。

伟清　尚政次子。子：孔言、孔信、孔衡。

伟洪　尚政三子。子：孔义、孔廉、孔川、孔思、孔经。

伟安　尚政四子，行三。公自珠湖迁山畲，为山畲始祖。贡生。妣蓝氏。子：孔仪。继刘氏。子：孔兆、孔长、孔方。

伟宏　尚德之子，行一，为内房祖，原名琛。妣刘氏。子：孔怀。

伟湖　尚杰长子，行二。妣李氏，继洪氏。子：孔秦。

伟溪　尚杰次子。妣甘氏。子：孔轸、孔麟、孔麒。

伟元　尚质长子，上房祖。妣孙氏、继陈氏。子：孔雅、孔经、孔威、孔德。

伟润　尚质次子，行六，原名瑜。妣李氏。子：孔县、孔扁。

伟焕　尚质三子。妣谌氏。子：孔光、孔积、孔寿。

伟俊　尚质四子。妣黄氏。子：孔参、孔福、孔康、孔文、孔禄。

伟澜　尚瀚长子，上内房祖。妣赵氏。子：孔凤。

伟湾　尚瀚次子。妣琏氏。子：孔祥、孔瑞、孔武、孔儒。

伟器　尚瀚三子。妣况氏。子：孔道、孔节、孔林、孔黄、孔云。

伟珪　尚瀚四子。官礼部侍郎，明武宗正德六年（1511）升礼部尚书，赠光禄大夫。《明史》有传。子：作舟、作楫。

伟始　尚志长子。

伟琏　尚志次子。子：孔善、孔魁、孔孝。

时初 思义之子。配杨氏。子：崇清。

瑟 大渊长子。

宗 大渊次子。

成金 必荣之子。为九门提督大将军，镇守京城。生以源、以清、以渐。详见綦邑天台山《余家沟傅氏家谱》。

彬飞 必然长子。

咸飞 必然次子。

禄飞 必然三子。

魁 必胜长子。

旭 必胜次子。

鼎 必胜三子。

高 必谦长子，字鹏飞。南川县高青（今属綦江管辖）狮子崖傅家坮原木坪人。明举人。迁广西，官柳州府同知，升授宣议郎。有政绩，曾主持重修柳州柳侯祠，并撰写《重修柳侯罗池庙碑记》传世。墓葬綦江县狮子崖傅家坮原木坪与必谦公同墓。妣杨氏。子八：永福、永禄、永寿、永禧、永庆、永祝、永康、永宁。有后裔留居广西。

亨 必谦次子，号芝山。南川县高青（今属綦江管辖）狮子崖傅家坮人。登进士第，官太常博士，举翰林学士，因故谪贬湖广武昌府同知。迁武昌府崇阳县。公善书法，工小楷、篆、隶。留有诗词于世。云墓葬湖广武昌府其地，亦云墓葬綦江高青狮子崖傅家坮地名厅房沟，坐西向东，金山篆，五虎擒羊漏界山。妣张氏。子八：永平、永安、永崇、永恭、永荣、永华、永富、永贵。

亮 必谦三子，字月明。南川县高青乡狮子崖傅家坮芭蕉湾人。庠生官，任南川县（綦江）邑教谕。墓葬狮子崖傅家坮芭蕉湾内祖坟岗，墓今仍存。妣王氏。子六：永清、永泰、永让、永明、永全、永茂。

伟鸿 尚足长子。子：孔鯱。

道先 天爵长子，字清辅。生于洪武元年（1368）三月初二日申时，殁于宣德元年（1426）十月初八日。葬楂林麦秋塘，蛇形七寸穴，丁山癸向。配龚氏。张氏，生于洪武元年（1368）正月二十日卯时。继配杜氏。杨氏。子三：久周、久福、久庆。

道衮 天爵次子，字润辅。殁于明宣德三年（1429）腊月二十四日，葬于都二里塘冲，虎形。配向氏。生子：久握、久操。次配袁氏，葬都二里逆流水。生子：久拣、久摢、久擢。

道济 天禄长子，字洪辅。徙居黔阳安江。配蒋氏。子二：久建、久洞。

道蕴 天禄次子，字溟辅。徙居湖南澧州。配黄氏。生子：久珩。

元 滃之子。袭金吾千户，居知吴江县。子：瑛。

璇　荣长子。

玑　荣次子。

玉　荣三子。

珍　荣四子。

琦　荣五子。

庸　敬长子。屯田垦居。永乐中移居大树屯竹园村，驻守曲靖卫。子：本、贤、齐。

乔　敬次子。屯田垦居。移屯居于桃源村。驻守寻甸卫。妣未详。生子：镇。

瑛　宽长子。赐金吾卫千户，享铁券世袭。子：□□

琪　宽次子。居云南永平。

瑄　宽三子，居贵州普安。配令氏。子一：证。

如钟　荣卿长子。

如钧　荣卿次子。

如鉴　汉卿长子。

如锡　汉卿次子。

如锦　礼卿长子。

如镇　礼卿次子。

第百〇一世

孔定　伟澄长子，又名孔嘉。妣刘氏。子：崇同、崇能、崇节、崇陆、崇静。

孔壁　伟澄次子。

孔春　伟澄三子。

孔袁　伟澄四子。

孔庚　伟澄五子。

孔旦　伟澄六子。

孔足　伟澄七子。

孔言　伟清长子，原名信。妣廖氏、谢氏。子四：崇福、崇精、崇珪、崇坤。

孔信　伟清次子，原名敏。妣艾氏。子：崇正、崇昌、崇党、崇蛰、崇忠、崇罕、崇标、崇登。（以上八人迁四川泸州叙永古蔺）详见《古蔺傅氏族谱》。

孔衡　伟清三子，原名权。妣漆氏。子：崇邦、崇尧、崇昂。继陈氏。子：崇美。

孔义　伟洪长子，原名仪。妣朱氏。子：崇念。继陈氏。子：崇玉、崇琰。

孔廉　伟洪次子，原名梅。妣朱氏。继周氏。子：崇旺、崇宇、崇瑶、崇瑛。

孔川　伟洪三子，原名楫。于明世宗嘉靖时任四川仁寿县知县，督修文昌祠，名列邑志。赠文林郎。妣胡氏，赠孺人。子：崇迪、崇贤、崇兰、崇珍、崇孝。

孔思 伟洪四子，原名伋。妣王氏。子：崇佑、崇瑞、崇旭。

孔经 伟洪五子，原名律。妣黄氏。子：崇仁、崇卓、崇宣、崇虎、崇播。

孔仪 伟安长子。子：崇珏。

孔兆 伟安次子。

孔长 伟安三子。

孔方 伟安四子。

孔怀 伟宏之子，原名生。妣胡氏。继张氏。子：崇刘、崇豹、崇全。

孔秦 伟湖之子。

孔轸 伟溪长子。

孔麟 伟溪次子。

孔麒 伟溪三子。

孔鲵 伟鸿之子，居江西珠湖前房。子：崇法、崇象、崇狮。

孔雅 伟元长子。

孔经 伟元次子。

孔威 伟元三子。

孔德 伟元四子。

孔县 伟润长子。

孔扁 伟润次子。

孔光 伟焕长子。

孔积 伟焕次子。

孔寿 伟焕三子。

孔参 伟俊长子。

孔福 伟俊次子。

孔康 伟俊三子。

孔文 伟俊四子。

孔禄 伟俊五子。

孔凤 伟澜之子。

孔祥 伟湾长子。

孔瑞 伟湾次子。

孔武 伟湾三子。

孔儒 伟湾四子。

孔道 伟器长子。

孔节 伟器次子。

孔林　伟器三子。
孔黄　伟器四子。
孔云　伟器五子。
作舟　伟珪长子。明神宗万历时官南京给事中，赠奉政大夫。妣杨氏，赠宜人。
作楫　伟珪次子。以子贵诰封中宪大夫。妣聂氏，诰封恭人。子：好礼、新德。
孔善　伟琏长子。
孔魁　伟琏次子。
孔孝　伟琏三子。
崇清　时初之子。配黄氏。子一：秉恒。王氏。子一：秉毫。陈氏。子一：秉文。
以源　成金长子。
以清　成金次子。
以渐　成金三子。
永福　高长子。配刘氏。子三：昂忠、盛忠、德忠。
永禄　高次子。配吴氏。子二：瑞忠、湍忠。
永寿　高三子。配向氏。子二：冠忠、宣忠。
永禧　高四子。子一：应忠。
永庆　高五子。配胡氏。子三：世忠、昌忠、祥忠。
永祝　高六子。傅家圩原木坪人氏。子二：敏忠、旺忠。
永康　高七子。配林氏。子二：尧忠、英忠。
永宁　高八子。配蔡氏。子二：立忠、长忠。
永平　亨长子。配欧阳氏。子二：旭忠、泰忠。
永安　亨次子。配朱氏。子三：万忠、精忠、礼忠。
永崇　亨三子。配刘氏。子二：珩忠、有忠。
永恭　亨四子。配王氏。子三：禹忠、启忠、惠忠。
永荣　亨五子。配犹氏。子二：清忠、舜忠。
永华　亨六子。配皮氏。子三：顺忠、俊忠、信忠。
永富　亨七子。配赵氏。子一：孝忠。
永贵　亨八子。配令狐氏。子三：仁忠、义忠、建忠。
永清　亮长子。配綦氏。子二：耿忠、克忠。
永泰　亮次子。傅家圩芭蕉湾人氏。配白氏。子三：朝忠、隆忠、奎忠。
永让　亮三子。傅家圩芭蕉湾人氏。配朱氏。张氏。子二：伯忠、怀忠。
永明　亮四子。配许氏。子二：恒忠、伟忠、国忠。
永全　亮五子。

永茂 亮六子。傅家坮芭蕉湾人氏。配李氏。子二：明忠。

久周 道先长子，字朝琳。徙居湖南新宁县。配向氏。子三：永通、永受、永昭。

久福 道先次子，字朝瑜，号成有。生于洪武十三年（1380）八月初五日亥时。配王氏，继配熊氏。子五：永和、永昌、永泰、永祯、永昇。

久庆 道先三子，字朝珍，号成德。生于洪武十八年（1385）五月初五日亥时，殁于明宣德元年（1426）九月十一日申时。配陈氏、刘氏（生于洪武十六年（1383）十月十二日卯时）。继配莫氏。子三：永名、永宗、永信。

久握 道衮长子，字朝瑄。配唐氏。子三：永戴、正才、正雷。

久操 道衮次子，字朝珣。配蒋氏。子一：正车。

久拣 道衮三子，字朝用。

久摢 道衮四子，字国用。配段氏。子：永□、永霞、永念、永□、永懿。

久擢 道衮五子，字君用。配周氏。子二：永重、永吉。

久建 道济长子，字朝瑛。配石氏、曾氏。子：永著、永腾。

久洞 道济次子，字朝章。配匡氏。子：永当。

久珩 道蕴之子，字朝玉。配舒氏。子：永潼。

瑛 元之子。明弘治中，晋王援例请袭封，下礼官议，帝不许。见《明史》。

□□ 瑛之子。

证 瑄之子。配文氏。子二：龙、凤。女一：花姑。

本 庸长子。居云南省沾益县断江镇大树屯村。生殁无考。生子：万一、万成、世龙、世春、世虞、世勉。

贤 庸次子。转京在朝奉君扶相。生殁无考。

齐 庸三子。镇守毕节（现属云南省内）。

镇 乔之子。移屯居云南省曲靖于桃源村。配徐氏。子二：显、润。

第百〇二世

崇同 孔定公长子。

崇能 孔定公次子。

崇节 孔定公三子，名胜、崇胜，字万义。于明朝正德十年（1515）偕孺人黄氏，携宣、化二公自江西瑞州府高安县珠湖塘西行宦游，进入四川之播州，卜居播州府播川驿上街（又名赵家街，今桐梓城南魁岩栈）世居焉，是为桐梓魁岩傅氏始祖。详见《桐梓傅氏宗谱》。子二：希宣、希化。

崇陆 孔定公四子。

崇静 孔定公五子。

崇福　孔言长子。

崇精　孔言次子。

崇珪　孔言三子。

崇坤　孔言四子。

崇正　孔信长子。

崇昌　孔信次子。

崇党　孔信三子。

崇蛰　孔信四子。

崇忠　孔信五子。

崇罕　孔信六子。

崇标　孔信七子。

崇登　孔信八子。

崇邦　孔衡长子。

崇尧　孔衡次子。

崇昂　孔衡三子。

崇美　孔衡四子。

崇念　孔义长子。

崇玉　孔义次子。

崇琰　孔义三子。

崇旺　孔廉长子。

崇宇　孔廉次子。

崇瑶　孔廉三子。

崇瑛　孔廉四子。

崇迪　孔川长子。

崇贤　孔川次子。

崇兰　孔川三子。

崇珍　孔川四子。

崇孝　孔川五子。

崇佑　孔思长子。

崇瑞　孔思次子。

崇旭　孔思三子。

崇仁　孔经长子。子：希官、希宦。

崇卓　孔经次子。

崇宣 孔经三子。

崇虎 孔经四子。

崇播 孔经五子。明神宗万历九年（1581,）长埇廷芳公六世孙时祥、凤祥至播辑宗谱。

崇珏 孔仪之子。以子贵诰封奉议大夫。子：希朝。

崇刘 孔怀长子。

崇豹 孔怀次子。

崇全 孔怀三子。

崇法 孔鲵长子，行一。生于明弘治三年（1490），殁于明嘉靖二十二年（1543）十月十五日。娶王氏。子一：希元。

崇象 孔鲵次子，行五。娶吴氏，俱葬于叶家池。子一：希仲。

崇狮 孔鲵三子，行六。生于明弘治十四年（1501），殁于明嘉靖六年（1527）。娶邬氏，俱葬于叶家池。子二：希信、希侥。

好礼 作楫长子。明神宗万历六年（1578）官太常寺少卿赠中宪大夫明史有传。氏王，诰封恭人。子：樾。

新德 作楫次子。公官国子监司业赠承德郎诰封光禄大夫万历二十六年（1598）上疏言曲阜圣庙宜易琉璃上从之。氏刘，赠安人诰封夫人。子：宗皋、宗龙。

秉恒 崇清长子。

秉毫 崇清次子。

秉文 崇清三子。

昂忠 永福长子。

盛忠 永福次子。

德忠 永福三子。

瑞忠 永禄长子。

湍忠 永禄次子。

冠忠 永寿长子。

宣忠 永寿次子。子二：竪、韶。

应忠 永禧之子。

世忠 永庆长子。

昌忠 永庆次子。

祥忠 永庆三子。

敏忠 永祝长子。

旺忠 永祝次子。

尧忠 永康长子。

英忠　永康次子。

立忠　永宁长子。

长忠　永宁次子。

旭忠　永平长子。

泰忠　永平次子。

万忠　永安长子。

精忠　永安次子。

礼忠　永安三子。

珩忠　永崇长子。

有忠　永崇次子。

禹忠　永恭长子。

启忠　永恭次子。

惠忠　永恭三子。

清忠　永荣长子。

舜忠　永荣次子。

顺忠　永华长子。

俊忠　永华次子。

信忠　永华三子。

孝忠　永富之子。

仁忠　永贵长子。

义忠　永贵次子。

建忠　永贵三子。

耿忠　永清长子。

克忠　永清次子。

朝忠　永泰长子。

隆忠　永泰次子。

奎忠　永泰三子。

伯忠　永让长子。

怀忠　永让次子。

恒忠　永明长子。

伟忠　永明次子。

国忠　永明三子。

明忠　永茂之子。

永通 久周长子。
永受 久周次子。
永昭 久周三子。
永和 久福长子。
永昌 久福次子。
永泰 久福三子。
永祯 久福四子。
永昇 久福五子。
永名 久庆长子。
永宗 久庆次子。
永信 久庆三子。
永戴 久握长子。
正才 久握次子。
正雷 久握三子。
正车 久操之子。
永口 久摢长子。
永霞 久摢次子。
永念 久摢三子。
永口 久摢四子。
永懿 久摢五子。
永重 久擢长子。
永吉 久擢次子。
永著 久建长子。
永腾 久建次子。
永当 久泂之子。
永潼 久珩之子。
龙 证长子。清代中举，到京授职，官至礼部尚书，其嗣在京。余未详。
凤 证次子。配丁氏。子一：贤。
万一 本长子。妣未详。子三：金辰、金满、金印。
万成 本次子。墓葬杨梅山。妣未详。子四：金天、金仲、金犀、金玺。
世龙 本三子。
世春 本四子。
世虞 本五子。

世勉　本六子。

显　镇长子。妣未详。子二：文、齐。

润　镇次子。妣未详。子二：良、儒。

第百〇三世

希宣　崇节长子。

希化　崇节次子。

希官　崇仁长子。

希宦　崇仁次子。子一：德言。

希朝　崇珏之子。

希元　崇法之子，行八，又名僖。生于明正德四年（1509）十月初六日，殁于明嘉靖四十年（1561）。娶黄氏，生于明正德六年（1511）六月十三日，殁于明嘉靖四十四年（1565）八月二十三日。葬叶家池。子一：广邦。

希仲　崇象之子，行三。娶陈氏。俱葬枫树山。子一：广转。

希信　崇狮长子，行一。娶邬氏。俱葬枫树山。子二：广喜、广颉。

希侥　崇狮次子，行四。葬荷树山。娶黄氏，葬陂蓝山。子一：广嘉。

櫆　好礼之子。

宗皋　新德长子。

宗龙　新德次子。

鋻　宣忠长子。

韶　宣忠次子。子五：应藻、应洪、应龙、应凤、应鹤。

恕　瑛公长曾孙。明官广东惠泽县知县。子孙遂居南粤。

恩　瑛公次曾孙，明崇祯四年（1631）科榜眼，授翰林院学士，官湖广布政使，因张献忠之乱殉节荆州。当时子贫而且幼小，不能归江南，遂居于江陵县之沙市头牌。献忠屡侦恩公之后，虑不免，其子乃负恩公遗骸入黔，避居贵阳府贵筑县。恩公为贵定、福泉、修文、开阳、龙里傅氏祖。妣孙氏，继周氏。子三：应元。应科、应成。

贤　凤之子。明弘治中期生于贵州普安县，授武职大夫，官镇毕节。奉旨率十大指挥去云南大理平叛，负伤，被姑母花姑解救。后因伤重殉职，追封威烈忠显将军。墓葬普安南岗上圣帝寺。娶赵氏。子：兴府。

金辰　万一长子，移居沾益县城。祖墓过河山九孔桥。

金满　万一次子。墓葬青龙山。

金印　万一三子。墓葬青龙山。

金天　万成长子。

金仲 万成次子。

金犀 万成三子。

金玺 万成四子。

文 显长子。妣未详。子一：朝用。

齐 显次子。妣未详。子一：朝阳。

良 润长子。妣未详。子一：朝海。

儒 润次子。妣未详。

第百〇四世

德言 希宦之子。子：通

广邦 希元之子，行四。生于明嘉靖五年（1526）六月初二日，殁于明万历十四年（1586）十二月初八日。娶伍氏，生于明嘉靖七年（1528）六月二十日，殁于万历十八年（1590），俱葬陂蓝山。子二：万添、万涌。

广转 希仲之子，行二。娶孙氏。俱葬枫树山。子一：万寿。

广喜 希信长子。娶五里谌氏，继娶张氏，又继娶谌氏。子四：万熔、万镜、万银、万铁。俱谌出。

广颉 希信次子，行四。葬叶家池。娶龚氏，葬荷树山。子四：万锦、万铉、万铨、万松。

广嘉 希侥之子，行三。娶五里谌氏。俱葬陈坊山。子二：万钟、万祭。

应藻 韶长子。

应洪 韶次子。

应龙 韶三子。

应凤 韶四子。

应鹤 韶五子。

应元 恩长子。清顺治三年（1646）科进士。翰林院检讨。墓葬贵阳府贵筑县城东门外九华宫后帅氏祖坟侧，癸山丁向。配郭氏，诰封宜夫人。与公合葬，子三：攀龙、攀凤、攀桂。

应科 恩次子。清诰封奉直大夫。墓葬贵阳府贵筑县城东门外九华宫后沙沟上首，子山午向。配胡氏，继廖氏。子三：攀麟、攀魁、攀銮。

应成 恩三子。徙云南，嗣衍云南。

兴府 贤之子。娶李氏，卒后合葬毕节西里王洪屯凤尾山。子一：纪。

朝用 文之子。妣未详。子一：森。

朝阳 齐之子。

朝海　良之子。

第百〇五世

通　德言之子。生子：学明。

万添　广邦长子，行一，又名槐。生于明嘉靖四十五年（1566）六月初二日，殁于大清顺治十年（1653），葬枫树山。娶沙江涂氏，生于明万历六年（1578），殁于大清顺治十一年（1654）六月十七日，葬陂蓝山。子二：文绍、文枝，女二：长适刘，次适一都刘。

万涌　广邦次子，行二。商外，殁葬缺。

万寿　广转之子，行三。生明万历三十年（1602），殁于清康熙三十三年（1694）四月十一日，葬枫树山。娶孙氏，生于明万历三十四年（1606）九月十三日，殁于清康熙三十年（1691）六月十六日，葬陂蓝山。子一：文贵。

万熔　广喜长子，行二。娶何氏。俱葬枫树山。子二：文淮、文浪。

万镜　广喜次子，行三。娶谌氏。俱葬荷树山。

万银　广喜三子，行二。娶曾氏。俱葬荷树山。

万铁　广喜四子。生殁未详，娶刘氏，俱葬巷里山。

万锦　广颉长子，行五。葬枫山树。娶余氏，葬荷树山。

万铉　广颉次子，行七。葬巷里山。娶王氏，葬荷树山。

万铨　广颉三子，行三。葬巷里山。娶金氏，葬荷树山。

万松　广颉四子，行十。葬九都杨梅岭。娶龚氏。葬凤凰嘴山。子一：文端。

万钟　广嘉长子。娶邹氏。葬陂蓝山。

万祭　广嘉次子，行六。娶杨氏。俱葬陂蓝山。子一：文成。

攀龙　应元长子，清康熙五十年（1711）科举人。墓葬贵阳府贵筑县城东门外九华宫后帅氏祖坟侧。配荣氏。子一：天奇。

攀凤　应元次子。清处士。配帅氏。子三：天章、天位、天职。

攀桂　应元三子。清云南补用县丞，携家迁本省红边门外六十里火烧寨。配甘氏，继罗氏，再顾氏。子二：天颜、天彦。

攀麟　应科长子。清康熙三十一年（1692）科进士，浙江候补知府。葬修文县南门外吴家湾。配徐氏，继李氏。子四：天爵、天祥、天秩、天叙。

攀魁　应科次子，原名玉之。清康熙三十五年（1696）科贵州乡试举人，历任云南昭通府知府。墓葬贵阳府贵筑县城东门外九华宫后其父墓侧。配罗氏。子一：天相。

攀銮　应科三子。清处士。墓葬贵阳府贵筑县城东门外九华宫后。配攀氏。子二：天配、天从。

纪 兴府之子。娶王氏。合葬毕节王洪屯凤尾山。子五：阑、问、闯、阖、闲。

森 朝用之子。妣未详。子二：来钦、来任。

第百〇六世

学明 通之子。子二：梦卜、梦举。

文绍 万添长子，行二。生于明崇祯十一年（1638）八月十四日，殁于清康熙四十七年（1708）。娶吴氏，生于明崇祯十一年（1638）八月十四日，殁于康熙十四年（1675）正月十二日。俱葬陂蓝山。子二：国德、国凤，女二：长适黄，次适一都刘。

文枝 万添次子，行三。娶刘氏，生殁俱未详。葬陂蓝山。

文贵 万受之子，行一。生于清顺治十八年（1662）十二月初四日丑时，殁于雍正八年（1730）三月十五日巳时。葬狗眠山。娶黄氏，生于康熙五年（1666）十二月二十二日子时，殁于乾隆十六年（1751）十月十六日酉时。葬陂蓝山。子五：国移、国长、国安、国积、国完。

文淮 万熔长子。生殁未详。

文浪 万熔次子。生殁未详。

文端 万松之子。生殁未详。

文成 万祭之子，行四。生于清顺治六年（1649）一月初八日，殁未详，葬陂蓝山。娶杨氏，生于顺治十年（1653），殁葬未详。子五：国麒、国麟、国鹿、国獐、国麂。

天奇 攀龙之子。分居贵阳府贵定县西十里养马寨。清康熙三十二年（1693）科举人。墓葬贵定县西十里养马寨首团坡。配杨氏。与公同葬。子三：榛、栗、桐。女适贡生朱爱伯。继配马氏。贵定县城外小栗山癸向有碑记。子一：梓。

天章 攀凤长子。

天位 攀凤次子。

天职 攀凤三子。

天颜 攀桂长子。配毕氏，继伍氏。子五：健、倬、侃、佐、倩。

天彦 攀桂次子。配唐氏。子二：傧、攒。

天爵 攀麟长子。清康熙三十二年(1693)科举人，诰封奉直大夫。生于顺治十六年(1659)四月初十日辰时，殁于康熙六十一年（1723）腊月二十四日。墓葬红边门外六十里火烧寨。配文氏，诰封宜人。生于清康熙二年（1663）八月二十八日，殁于乾隆六年（1741）七月初一日。与公合葬。子三：仪、儒、伟。

天祥 攀麟次子。清贵筑县职员。配高氏。子三：俊、杰、任。

天秩 攀麟三子。,清贵筑县岁贡生。配李氏。子一：仁。

天叙 攀麟四子。清贵筑县贡生。墓葬红边门外新寨坡。配牟氏。子二：佩、位。

天相　攀魁之子。清吏贡。配靳氏，继刘氏。子一：侯。

天配　攀銮长子。配袁氏。子一：伦。

天从　攀銮次子。配张氏。子三：信、仙、倚。

阑　纪长子。子三：纶、纲、万珠。

问　纪次子。闯公三子沾承继。

闯　纪公三子。娶金氏。子三：洲、洋、沾（过继问祖）。

阖　纪四子。子二：铭、铨。

闲　纪五子。娶孙氏。子六：雷、霄、儒、雳、电、霍。

来钦　森长子。任教于四川，后调任云南教谕。妣未详。子三：遇高、逢高、会高。

来任　森次子。妣未详。子四：赞高、弼高、惠高、佐高。

第百〇七世

梦卜　学明长子。生子：铉。

梦举　学明次子。

国德　文绍长子，行二。生于清顺治十二年（1655）六月初一日，殁于康熙五十年（1711）。葬陂蓝山。娶乌泥漆氏，生于顺治十五年（1658）十二月，卒年未详。葬枫树山。子四：赉佾、赉红、赉毛、赉宣。

国凤　文绍次子，行四。生于清康熙四年（1665）十月初二日。娶刘氏，生于康熙九年（1670）十月二十七日，卒年未详。俱葬枫树山。子三：赉宇、赉龙、赉豹。

国移　文贵长子，行一。生于清康熙二十三年（1684）十月二十四日子时，殁未详。葬陂蓝山。娶聂氏，生于康熙三十三年（1694）五月初七日亥时，殁于乾隆五年（1740）五月初七日巳时。葬枫树山。子三：赉盘、赉碗、赉贤。

国长　文贵次子，行二。生于清康熙三十二年（1693）五月十八日午时，殁于乾隆三十年（1765）五月十八日酉时。葬陂蓝山。

国安　文贵三子，行三。生于清康熙四十一年（1702）六月二十入未时，殁于乾隆四十三年（1778）五月初五未时。葬新喻县大桥茶园山。娶翰溪黄氏，生于康熙四十五年（1706）九月初九日亥时，殁于乾隆十二年（1747）四月三十日未时。葬陂蓝山。子三：赉砚、赉学、赉儒。

国积　文贵四子，行四。生殁葬未详。

国完　文贵五子，行五。生于清康熙四十五年（1706）八月二十六日巳时，殁于乾隆四十二年（1777）二月十四日申时。葬陂蓝山。娶吴氏，生于康熙四十五年（1706）二月二十二日亥时，殁于乾隆三十二年（1767）七月十九日戌时。葬陂蓝山。子三：赉书、赉池、赉星。女二：长适褚，次适范。

国麒 文成长子，行一。生殁未详。葬陂蓝山。娶王氏，殁未详。葬叶家池。子：赉开。

国麟 文成次子，行二。生殁未详，葬枫树山。

国鹿 文成三子，行三。生于清康熙二十一年（1682）三月十四日，殁未详。葬枫树山。女二。

国獐 文成四子，行四。生殁未详，葬枫树山。

国麂 文成五子，行五。生殁葬俱未详。

榛 天奇长子。

栗 天奇次子。

桐 天奇三子。

梓 天奇四子。

健 天颜长子。

倬 天颜次子。

侃 天颜三子。

佐 天颜四子。

倩 天颜五子。

傧 天彦长子。

攒 天彦次子。

仪 天爵长子。

儒 天爵次子。

伟 天爵三子。

俊 天祥长子。

杰 天祥次子。

任 天祥三子。

仁 天秩之子。

佩 天叙长子。

位 天叙次子。

侯 天相之子。

伦 天配之子。

信 天从长子。

仙 天从次子。

倚 天从三子。

纶 阑长子。

纲 阑次子。

万珠　阑三子。子二：崇仁、崇孝。

沾　问继子，闯三子。娶吕氏。子三：时仁、时崇、时千。

洲　闯长子，住毕节。娶王氏。子二：时光、时文。

洋　闯次子。娶刘氏，住毕节。子四：时武、时重、时国、万爵。

沾　闯三子，问继子。

铭　阖长子。

铨　阖次子。

雷　闲长子。住在屯迁德沟。娶赵氏。子二：天祥、仪正。

霄　闲次子。住毕节王洪屯。娶郝氏，贺氏。子十：良椿、良义、良栋、良翰、良材、良相、良弼、良知、良助、良斌。

儒　闲三子。落业镇雄大坪坝。娶岳氏。子四：国仁、国光、国先、国政。

雳　闲四子。迁居四川，余未详。

电　闲五子，字恩源，号守业。生长于毕节王洪屯，是征南将军友德公之十一世孙。公胸怀大志，不惧任何艰难，为发富发贵之道，勿论身处何时、身居何地，都可赖以生存之哲理。公之仁德深得府官之赞赏，二十岁府官委以重任，到普安任都统，自此落业普安，继续守好傅氏数代祖业。后因时代的动乱变化，为了避难，妻赵氏即携幼子傅配公，从普安迁徙到徐州睢宁县定居。约生于明末年间。娶赵氏。生子：配。

霍　闲六子。迁居云南曲靖，余未详。

遇高　来钦长子。

逢高　来钦次子。

会高　来钦三子。

赞高　来任长子。

弼高　来任次子。子一：三爵。

惠高　来任三子。

佐高　来任四子。

第百〇八世

铉　梦卜之子。

赉佾　国德长子，行一。生于清康熙十六年（1677）七月二十三日，殁未详。葬枫树山。子三：弼恒、弼柳、弼节。出继石泉曾，嫁母谌出。

赉红　国德次子，行三。生殁葬俱未详。

赉毛　国德三子，行三。生殁未详。葬枫树山。

赉宣 国德四子，行四。生于清康熙三十三年（1694）十一月二十四日寅时，殁于乾隆五十五年（1790）正月初一日。葬陂蓝山。子二：弼选、弼元。女二：长适邹，次适张。俱嫁母杨出。

赉宇 国凤长子。生殁未详。

赉龙 国凤次子。生殁未详。

赉豹 国凤三子，行三。生殁未详。

赉盘 国移长子，行四。生于清雍正八年（1730）三月初三日子时，殁未详。葬陂蓝山。

赉碗 国移次子，行五。生于清雍正十二年（1734）五月二十四日巳时，殁葬未详。

赉贤 国移三子。金凤庵为僧。

赉砚 国安长子，行二。生于清雍正五年（1727）六月十二日卯时，殁于乾隆四十六年（1781）五月十七日子时。葬新喻县泊塘卷虎形山。娶清江县城上黄氏，生于乾隆五年（1740）六月十三日午时。子三：弼达、弼通、弼显。女一：适风浪坑吴。

赉学 国安次子，行五。生于清雍正八年（1730）四月二十二日申时，殁于乾隆五十年（1785）二月十八日。葬茶园山。

赉儒 国安三子，行七。商四川。生于清雍正十年（1732）十月初四日寅时，殁葬俱未详。

赉书 国完长子，行一。生于清雍正二年（1724）十月初九寅时，殁于乾隆四十七年（1782）十月初三日巳时。葬陂蓝山。娶罗氏，生于乾隆七年（1742）十二月十七辰时。子四：弼贱、弼湘、弼上、弼有。女一：适陈。

赉池 国完次子，行三。生于清雍正五年（1727）七月初一日午时，殁于乾隆五十二年（1787）四月初六日申时。葬枫树山。娶范氏，生于乾隆六年（1741）八月十七日戌时，殁于乾隆二十七年（1762）三月初三日申时。葬枫树山。女二：长适邹，次适何。继娶黄氏，生于乾隆五年（1740）十月初四日未时，殁于乾隆四十年（1775）十月二十日巳时。葬陂蓝山。子二：弼忠、弼临。

赉星 国完三子，行九。生于清乾隆七年（1742）八月十三日戌时，殁于乾隆四十四年（1779）十二月初一日巳时。葬陂蓝山。娶李氏。子二：弼永、弼胜。女一：适龚。俱嫁母李出。继娶孙氏，生于乾隆十五年（1750）十二月二十五日未时。

赉开 国麒之子。生殁未详。

崇仁 万珠长子。

崇孝 万珠次子。

时仁 沾长子。

时崇 沾次子。

时千 沾三子。

时光　洲长子。

时文　洲次子。

时武　洋长子。

时重　洋次子。

时国　洋三子。

万爵　洋四子。

天祥　雷长子。

仪正　雷次子。

良椿　霄长子。

良义　霄次子。

良栋　霄三子。

良翰　霄四子。

良材　霄五子。

良相　霄六子。

良弼　霄七子。

良知　霄八子。

良助　霄九子。

良斌　霄十子。

国仁　儒长子。

国光　儒次子。

国先　儒三子。

国政　儒四子。

配　电之子。公自幼聪慧，勤奋读书，二十一岁中科举，明末思宗时任徐州睢宁县都头，至高龄还乡，后葬于睢宁县。生于明末约1645年间。妣李氏。生子：应芳。

三爵　弼高之子。子一：再藩。

第百〇九世

弼恒　赉佾长子。商外。生殁葬未详。

弼柳　赉佾次子。生殁葬未详。

弼节　赉佾三子。

弼选　赉宣长子，行八。生于清雍正十二年（1734）十二月十二日辰时。殁葬未详。

弼元　赉宣次子，行二。生于清乾隆元年（1736）九月初四日寅时。殁葬未详。

弼达　赉砚长子，行二，又名时达。生于清乾隆二十八年（1763）五月十五日辰时。娶温氏，生于乾隆三十年（1765）十二月二十日申时。殁俱未详，俱葬新喻榨下。子一：代年。

弼通 赉砚次子，行四，又名时通。生于清乾隆三十四年（1769）六月十八日辰时，殁于嘉庆二十二年（1817）三月二十日寅时。葬新喻县何家门前严形山。娶新喻花堆张氏，生于乾隆三十八年（1773）十月初七日辰时，殁葬未详。子一：代秋。

弼显 赉砚三子，行六，书名时发，字含章。生于清乾隆四十年（1775）八月十三日午时，殁葬俱未详。娶熊氏，生于乾隆四十一年（1776）正月十五日戌时。子四；代春、代正、代会、代员。女二：长适新喻贯巢张，次适稠柱岑张。

弼贱 赉书长子，行一。生于清乾隆二十六年（1761）五月十三日辰时。恩荣九品。娶三山张氏，生于乾隆二十七年（1762）正月二十八日酉时。俱殁未详，俱葬鸡毛山。子三：代顺、代颂、代须（出继胞弟弼有为嗣）。女二：长适刘，次适余。

弼湘 赉书次子，行九。生于清乾隆三十八年（1773）十二月三十日寅时，殁未详。葬鸡毛山。

弼上 赉书三子，行十。生于清乾隆四十一年（1776）十一月二十八日酉时。娶李氏，生于乾隆三十八年（1773）八月初八日丑时，殁于嘉庆二十二年（1817）十二月初十日卯时。葬鸡毛山。子一：代发。

弼有 赉书四子，行百二十。生于清乾隆四十四年（1779）九月十一日巳时，殁未详。葬枫树山。入继胞兄弼贱三子代须为嗣。

弼忠 赉池长子，行五。生于清乾隆二十八年（1763）八月初一日午时，殁于乾隆五十二年（1787）四月初一三丑时。葬程家岭。子一：代铜。嫁母聂出。

弼临 赉池次子，行七。生于清乾隆三十三年（1768）四月十五辰时。商贵州。子五：代超、代玉、代仁、代相、代华。

弼永 赉星长子，行九。生于清乾隆三十五（1770）二月二十三日亥时，殁葬未详。娶吴氏，生于乾隆三十五年（1770）十月十七日寅时。

弼胜 赉星次子，行十。生于清乾隆四十二年（1777）正月初九卯时，殁葬未详。娶范氏，生于乾隆五十七年（1792）四月二十六日戌时。子一：代泗。女一：适龙冈熊。

应芳 配之子，生于江苏省徐州睢宁，自幼攻书习武，胸怀大志，从军担任都司之职，贵州苗逆叛乱，公领任出征，家眷随军迁移后定居黔省瓮安（即今福泉市中锁堡傅家村）。妣汪氏。生殁未详。生子：大友。

再藩 三爵之子。子一：显明。

第百十世

代年 弼达之子。

代秋 弼通之子。

代春 弼显长子。

代正 弼显次子。

代会 弼显三子。

代员 弼显四子。

代顺 弼贱长子。

代颂 弼贱次子。

代须 弼贱三子，弼有继子。

代发 弼上之子。

代须 弼有继子，弼贱三子。

代铜 弼忠之子。

代超 弼临长子。子三：予武、予惠、予占。

代玉 弼临次子。

代仁 弼临三子。

代相 弼临四子。

代华 弼临五子。子四：予恒、予贵、予林、予虎。

代泗 弼胜之子。

大友 应芳之子。生子：沛。

显明 再藩之子。子一：梦禄。

第百十一世

予武 代超长子。

予惠 代超次子。

予占 代超三子。

予恒 代华长子。子一：言寿。

予贵 代华次子。

予林 代华三子。

予虎 代华四子。

沛 大友之子。生子：坤。

梦禄 显明之子。子一：国臣。

第百十二世

言寿 予恒之子，配顾氏。子六：图书、图钦、图明、图玉、图忠、图海。

坤 沛之子。子三：文魁、文举、文成。

国臣 梦禄之子。子二：朝弼、朝佐。

第百十三世

图书 言寿长子。子二：□□、吉舟。

图钦 言寿次子，配谢氏。子五：求安、求方、求元、求万（出继）、求明。

图明 言寿三子。

图玉 言寿四子。继子：求万。

图忠 言寿五子。配黄氏。子三：治国、少文、治华。女二：求英、求珍。

图海 言寿六子。

文魁 坤长子。

文举 坤次子。

文成 坤三子。

朝弼 国臣长子。

朝佐 国臣次子。徙居贵州威宁致化里。为威宁傅氏分宗祖。见威宁《傅氏族谱》。

第百十四世

求安 图钦长子。配唐氏。子一：爰武。

求方 图钦次子。配曾氏。子一：爰发。后配周氏。女三：爰芝、爰菊、爰芬。

求元 图钦三子。配邓氏。子三：爰洪、爰应、爰忠。

求万 图玉继子，图钦四子。配代氏。子一：爰相。女四：爰珍、爰碧、爰秀、爰芬。

求明 图钦五子。配宋氏。子二：爰华、爰军。女一：爰仙。

治国 图忠长子，又名求财。配陈氏。子四：爰明、爰二、爰祥、爰林。女一：爰仙。

少文 图忠次子，又名求文。配何氏。子五：爰学、爰贵、爰志、爰兴、爰军。女二：爰秀、爰碧。

治华 图忠三子，又名求国。娶杨登芬。子四：爰平、爰松、爰勇、爰麟。女二：爰梅、爰颖。

第二节　贵州各支系综合源流字派

遵义市

一、桐梓县

1．傅崇节公系：崇节，字万义，石头署公二十九世孙。珠湖棻公十七代孙，珠湖内房祖伟澄公之孙、孔定公三子。于明朝正德十年（1515）偕孺人黄氏祖婆，携宣、化二公自江西瑞州府高安县珠湖塘西行宦游进入，四川之播州，卜居播州府播川驿上街（又名赵家街，今桐梓城南魁岩栈）世居，为桐梓魁岩傅氏始迁祖。嗣孙衍播遍及川、渝、黔、赣、粤等地。为此，崇节公是绥阳沙湾、习水官渡、土城、仁怀、水城、长顺、遵义市红花岗区板桥、贵阳、湄潭、黔西、金沙、水城、兴义、晴隆、普安、四川古蔺、重庆市綦江县等地各分宗共祖。

珠湖傅氏原字派：子大时若均，良廷景以可。则尚伟孔崇，希广万文国。

续派：赉弼代予言，图求爰命辅。尔惟训乃志，式克绍而武。有备其永怀，攸居斯世美。对扬肇敏公，是用锡多纪。

桐梓自立字派：万高天元尔，之同宗代予。言图求能相，辅臣为学训。志式克绍文，武有备其永。怀攸居斯世，美对扬肇敏。公用锡以爵，多纪便成咏。家齐国治兴，伦常宜尊敬。从此乐雍熙，依仁守本分。祖德应如山，根深枝茂盛。

2．魁岩万干公系：祖籍瑞州府高安县珠湖塘。石头署公之二十九世孙。珠湖棻公之十七代孙，明末迁蜀入播。

字派：万作良文，宏志开元。式心继美，承其世泽。善于全模，昌朋圣祖。玉赐贤人，从纯必正。舟楫远行，驰扬环宇。启迪后生，贻谋燕翼，千代繁荣。

3．官仓万鼎公系：祖籍瑞州府高安县珠湖塘。石头署公之二十九世孙。珠湖棻公之十七代孙，明末迁蜀入播居官仓。

字派：万作良文，宏志开元。式心继美，承其世泽。善守全模。昌明圣祖，玉赐贤人。从纯必正，舟楫远行。驰扬环宇，启迪后生。贻谋燕翼，千代繁荣。

4．万坤公系：祖籍瑞州府高安县珠湖塘。石头署公之二十九世孙。珠湖棻公之十七代孙，明末迁蜀入播。由江西瑞州府高安县珠湖塘迁至蜀川，雍正时始入贵州遵义版图桐梓县离城卜居许之魁岩站，建修本氏宗祠。然后在魁岩站弟兄四人手足离分，各居四处，祖万坤公（何氏）子忠孝等，父子同行迁至贵州仁怀县大溪里十甲，地名方家井老房子安居乐业。殁后葬于小地名皂角树，何氏共穴，有碑为记。俱述西山东也。

字派：加兴学万忠，光文单洪芝。子在良元正，耳宗世代荣。

续派：道德增繁茂，腾芳裕后昆。朝廷科第仲，魁星显才能。国前登尚品，名远利高升。诚仁体先志，孝义满堂春。

5．坡渡乡朝金公系：于明代先落居四川内江县干子里傅家桥牌坊十七座，后迁贵州仁怀县，历经数代后再由傅崇德转迁桐梓县坡渡乡，落业于堰塘沟，迄今已繁衍十余代。

字派：朝山旺启崇，之荣文开元，天正大光明。

6．回龙必然公支系：祖籍瑞州府高安县珠湖塘。石头署公之二十六世孙，珠湖棻公之十四代孙，明洪武间随祖文通公宦游入黔，居播川驿南门城外三里许，地名花岩九坝沟锡村坝。是桐梓官仓、坡渡傅姓的分宗祖。迄今已传二十代。

字派：必飞苏登，之舜子臣。明钦朝安，应寿远荣。诗书礼义，立德兴仁，志道先贤，良才后昆。龙光华灿，显达宗廷。

7．金鹅庄、傅家龙洞文霖公支系：先祖于清代由重庆市璧山县迁入桐梓。至今繁衍十三代。

字派：筑禄尔后昆，昌龄守斯文。忠贤光祖德，仁孝振家声。力作方知世，行成在令名。茂才延远泽，丹桂育长春。

8．小河芭蕉坝傅氏：先祖美公，字联。是播州傅氏始迁祖必谦公之十世孙。明末由綦江太公山棉花屋基松林坡迁来桐梓。

字派：必高永忠登，应嘉天良美。文尚天能应，永正国朝安。

9．万坤、万章公系：

字派：有坤万文良，洪绍应宗支。碧点登云启，正朝发大世。

二、红花岗区

1．忠庄镇、海龙镇傅氏：始迁祖傅可成始迁于江西吉安。

字派：可应其汝诗，克明世金象。人文永肇，松柏长青。

2．深溪镇光明村竹林湾傅氏：先祖由绥阳县迁来。

字派：仲金登枝，文天学立。春与后来发吉。

三、遵义县

1．新舟镇新舟傅氏：明末由江西清江县杨柳街大桥迁入，明崇祯时立派。

字派：国在文朝德正天，本从双羡肇其贤。应运其儒增尚启，关居第一庆年恒。忠厚传家涎世泽，永佑廷都裕坤源。

2．沙湾镇沙湾村、老城协台坝傅氏：祖籍江西吉安泰和县。

字派：廷尔奇英仕，维汝启洪开，崇文登治国，永远集贤才。维祖振泰和，照德承先艾。源茂流长泽，前程昌万代。

3．四渡镇布政村丁家坳傅氏：先祖傅元璋于明万历年间从江西泰和县梨树坝入黔，居住遵义县四渡镇布政村丁家坳。

字派：宗应天龙王登仕，文正光洪大朝廷。呈祥国庆洁如玉，荣华茂盛永安宁。方兴未艾千秋顺，万才琪昌启清平。

4．三合镇汤巴坳、天旺傅家湾傅姓：先祖傅翔公。

字派：翔应良心祖世正，金朝有道辅国清。怀念体德从先哲，克圣明君作玉宾。纲振邦安廷显瑞，贤相登庸大志成。

5．枫香镇、干溪傅氏：

字派：朝鼎万之先，祖德政启呈。永远维进士，必发治乾坤。

6．苟江镇天子宿良杰公系：先祖承受公祖籍重庆市长寿县梧桐里长岭岗观斗山傅家湾，为长寿傅氏良杰公后裔。明末天启年间携兄弟承元、承礼迁入黔，承受居于遵义县南乡忠庄六甲地名天子宿。承元落业新民镇青树园，后裔已传十五代，分布在开阳、马场、石家寨等地。承礼居云南惠草坝。

字派：承国登子明，奇荣应永远。世顺有天长，耀祖光宗显。兴正贵维珍，兆瑞洪开选。

7．三岔傅氏：此支系祖籍湖南，从四川邻水县迁来遵义县三岔。

字派：有大上良任，诗礼传家策。经伦华国才，公侯伯宰相。世德永蕃开。

8．青旺园傅氏：

字派：承国登文△，怀应朝明金，芝顺有天长。

9．龙坪镇傅贤贵：

字派：希梅登之泽言，文立廷帮国贤，金纬关龙景化。

10．三渡镇傅其海系：

字派：大发文诗举，应世正朝廷。永启开中远，因源得厚增。良心与道德，宗孝恩才深。

11．傅平章：入黔后，在遵义池平（鸭溪）落业，是鸭溪的分宗祖。

12．尚嵇镇傅氏：我祖文尉云，原籍江西临江府清江县梧桐里十三都傅家湾。因南黔征夷，迁西蜀（现四川）顺庆府（现重庆）南充县打铁街生二世祖时忠，王氏。明万历四十一（1613）年，徙填播（现遵义市）南百里之处，经苟江水（现苟江镇）黑龙门，及高家寨（现尚嵇镇毛坪村高家寨），生三世祖成续（张杨氏），四世祖永国（陈氏）。单传达五代，遂将高家寨一型田产舍与朝阳寺，迁官田坝（现茅栗镇花果村官田坝），生六世祖金榜，张、陈氏。下衍五子：仲文（周郛氏）、仲伦（李氏）、仲礼（陈氏）、仲杰（王氏）、仲科（梁氏）。仲文一支滋生日繁，现人口 161 人；仲伦一支次之，现人口 55 人；正发（汪氏）一分支系，现有人口 31 人，但忘却仲字祖宗，竟属五仲中的哪一分支，无传无文，何时自江西迁出，无传说更无文字记载。至四川南充，只生二世祖时中一代，估计至多三十来年，明万历四十一（1613）年迁来遵义以南，历时四百载，流传十七代。现总人口 247 人。

字派：（原字派）时成永洪金，仲正国华明。遗鼎嘉良仕，绍书万代卿。（新义字派）桂冠可慕嘉，福禄寓奋发。博学深思行，振翩耀宗华。

13．尚嵇镇茶山村水井坎、大坝村张家沟傅氏：其祖傅登先（刘氏）原籍江西临江府清江县，小地名杨柳街。

字派：登学金荣，应贵明启。万正国顺，天良再永。坤枝发仁，宣世锡洋。

14．泮水傅氏：始祖傅公讳振万。雍正六年（1728），从江西省抚州府临川县九十三都积善乡东坑迁移来贵州省遵义府县西乡沙溪里一甲，地名永安场，已近三百年。

字派：振开文启忠，连鸿道有同。成家诗礼让，应世在谦恭。如裕前修茂，为铭祖德崇。光明培大本，永远复昌隆。

15．安常镇傅氏

16．小雅镇的二河傅氏

17．流渡镇的谢坝傅氏

18．尚嵇镇庐江村宝丰村民组支系：

字派：先国文。

四、仁怀市

1．傅氏：始迁祖自江西吉安入四川后到贵州居住。

字派：大公玉汝其，水予桂登世。德正存先致，泽茂肇本支。

2．茅台傅氏：由重庆荣昌县迁来。

字派：直宜文才武，必添仲廷显。仁大朝元奇，国正世上永，子孙登长春。时逢攀丹桂，万代裕祠荣。祖德恩泽重，宗功培植梁。西湖同本立，南川共道生。忠孝承先业，诗书训后昆。蜀楚合亲睦，纪述待超群。

3．茅台傅泽安系：由重庆綦江县入黔，在茅台落业，后成为当地分宗祖。

4．天台傅碧支系：入黔始迁祖傅添善，明末由重庆江津傅家镇迁仁怀。居天台新县小溪里傅家山。

字派：太维师时崇，秉伯添廷山。可玉思礼义，应金作世怀。能茂光先泽，宗远有新元，盈川振永佐，登安用绍联。

5．万坤祖支系：

字派：加兴学万忠，光文单洪芝。子在良元正，耳宗世代荣。

续派：道德增繁茂，腾芳裕后昆。朝廷科第仲，魁星显才能。国前登尚品，名远利高升。诚仁体先志，孝义满堂春。

6．万鼎祖支系：

字派：万作良文，宏志开元。式心继美（承其世泽），善守全模。昌明圣祖，玉赐贤人。从纯必正，舟楫远行。驰扬环宇，启迪后生。贻谋燕翼，千代繁荣。

7. 万义祖支派：

字派：万高天元尔，之同宗代予。言图求能相，辅臣为学训。志式克绍文，武有备其永。怀攸居斯世，美对扬肇敏。公用锡以爵，多纪便成咏。家齐国治兴，伦常宜尊敬。从此乐雍熙，依仁守本分。祖德应如山，根深枝茂盛。

五、绥阳县

1．马蹄车傅氏：绥阳马蹄车傅氏始迁祖嘉栋、嘉宠两兄弟于明中从重庆綦江傅家坮迁至仁怀，再转迁绥阳。现在族史记载，从目前发现的第四代祖芝琼墓碑载有“嘉庆三年戊午岁十一月初二日立”碑文推测，马蹄车始祖应大约在明末始迁马蹄车，至今现有约四百年，传承至今十七代。始迁祖嘉宠（蒋氏）、嘉栋（易氏）之墓合葬于马蹄车轿子顶山下。墓系五函生基，其墓浩大坚固，墓墙长 2.4 米，高 80 厘米，厚 40 厘米，盖、底、墙整石而成。坟左一颗大思梨树。其形如团扇，状有四周，高耸如云，坟右一颗大青红树，直立挺拔，状逾四围，常年守护祖墓。为了寻究来历。2006 年清明节，全体族人将墓门启封，察找碑文，终无碑文。其墓均设两道门。每函均存遗骨，未曾变动。

字派：嘉登忠芝△（△为单名），永德心朝钟，启学文汝贤。

2．河沙台傅氏：金竹台傅氏始迁祖傅朝禄系河沙台始迁祖傅明武第九代嗣孙，何年迁入辅乐金竹台，无据可考，繁衍至今已有数代。九户人家，相传应有一百余年历史，时逢年荒动乱，为逃难，迁入现在距辅乐街上十里之遥的小关乡金竹台村。

字派：明应天尽文，党永德朝承。体先（开）少光达，大正从家真。

3．黄家湾傅氏：始迁祖傅德先（陈氏）于道光年间始迁旺草河沙台，迁入至今已有一百多年，传承至今八代，人口五十余人。德祖之墓位于本地傅家窝凼。祖婆陈氏亦是，现仍有碑文载文。祖德公先在河沙台时有八大房，是何因迁至，无详实族史可考。由于列祖藏族谱不慎遗失，只知前数辈字派，后莫知。故现今小童赐名无能准用字派，比较混乱。后绥阳县城召开重议族谱会议，特由傅明贵参加同议族谱。

4．筲箕湾傅氏：明末从重庆綦江傅家坮迁至。

字派：良陶国云文先正，大光明万事其昌。

5．关口、重庆潼南县傅氏：募坝关口傅氏，祖授迁徙于旺草马蹄车，小地名大坝马桑柱头房子。谱书被杨氏祖母封甜酒坛所废，现无据细考。传迁出时系两兄弟，其弟租种耕种迁居蛮旺坝（今洪骆联坝后成大族，户满半个蛮旺坝。后衰败，幸存者无几）。高祖傅礼荣娶洪骆吴氏为祖婆，生傅海、傅会、傅怀、傅星美。星美 6 岁时，礼荣病故，因年荒无粮，祖婆吴氏携星美逃荒到旺里一甲十字台，给范书保家当长工。星美 15 岁时，祖婆吴氏病故。星美 26 岁时离开范家，时黑二舅公见星美无安居之地，才将杨家旁边桃树坪地送星美搭草房居住，又将方方田大面的两块土送其种菜。后娶金氏为妻，其外祖送三亩地作陪嫁。金氏生朝献一人，娶邻村岩角杨氏为妻生钟贵、钟发、钟财、钟祥四子，从此定居桃树坪，今称关口。历衍至今二百年，传承已有八代，人口百余人。

字派：德文芝见礼，星朝钟启学，开启能昌龙。

6．双龙王家沟傅氏：祖籍源于江西南川娥丘大田，守四十八道田渠兴家，当分南川籍，北川籍、福广籍，先祖官至重庆，其胞兄弟一支随行落业贵州桐梓县，一支随行落业贵州绥阳县城，传说在绥阳县城四方井立过祠堂，后有迁傅家寨，有迁傅家堡。此房先迁刘传堡，再迁双龙王家沟，至今近三百年。

7．石梁河傅氏：

字派：作朝祖柳先有，远钟维荣光明，大派文学安培。

8.傅家寨傅氏：

字派：维汝，灿培钟泽荣，国安邦治理，由仁井家新，义祥远有志，光干正品行。

9．傅家堡傅氏：明末清初，祖应校兄弟一行八人遵令迁贵州遵义府落业定居。一祖应枝由江西临江府清江县杨柳街大桥头（今上饶市桥头镇）迁遵义府（今红花岗区）深溪镇阁庄前丰组木确窝。二祖应宗由江西省临江府清江县清江乡九都迁遵义府绥阳县金子坝（今金承石确窝），四年后转迁今红花岗区深溪镇明光村竹林湾。三祖应吉由江西临江府清江县杨柳街大桥头迁遵义府（今绥阳县）风华镇金字村傅家寨，不久又迁傅家堡，即应吉祖为傅家堡、傅家寨两地之一始迁祖，如瑛祖为傅家寨、傅家堡的始迁祖。其后代两地均有分支。四房始迁祖应名由江西临江府清江县杨街柳大桥头迁遵义府（今遵义县）虾子镇明星村华台。

应枝系字派：怀正元金炳，福如东海益。

应宗系字派：仲金登枝，文天学立。春与后来发吉。

应吉系字派：维汝（伟如，江西原派）灿培钟，荣源国安邦，治义犹仁其。

应名系字派：良联王说文，应廷正启开，元世吉福来。

字派：应伟如维汝，灿培钟荣国，安邦治义犹，仁其家斯理，发祥远有志，光前正品行。

10．陶家沟傅氏：陶家沟傅氏属傅克荣祖之嗣孙。祖籍源于江西抚州府，入黔遵义南白，居数辈。祖傅纵亡后，田氏祖婆携三子傅克荣（长子傅克友、次子傅克亭不详）到绥阳青杠塘后槽落业傅家槽。克荣祖携五子于嘉庆二十二年（1817）移居野茶元场土地塘住居，因咸丰八年（1858）住房被匪贼烧毁，其谱书同焚。从此五兄弟颁照为业，各奔东西。长房傅阳（晏氏）移迁福泉牛场区黄家湾乡平艾村刊牛场村民组住居；二房傅明（黄氏），三房傅久（张氏），四房傅照（孙氏）迁居何地，无载；克荣祖及五房傅旺（陈氏）命归土地塘，三人均葬于野茶家田侧面靠陈家河边。傅旺子傅世万（王氏），四房傅世德（吴氏），幺房傅世品（杨氏）终落业野茶陶家沟，居住至今。二房傅世干（丁氏），三房傅家坤（陈氏）迁居何地有待考证。

字派（克荣祖自立）：克旺世德崇，玉乐启高宗。庆应兰廷远，朝正永昌隆。

11．茅垭傅氏：先祖从旺草马蹄车迁徙至茅垭街上。现只知道祖辈三弟兄的名字，长房傅光昌（陈氏），次房傅光启（宋氏、陈氏）。三房傅光廷（杜氏）。传承至今，仅知五代，现有人口30人。

字派：高仕光克文国。

12．城关傅氏：始迁祖傅龙骧公清顺治年间自湖广省迁至四川省重庆府江津县九如镇（今油溪镇）晏家坝傅家坝居住。自龙骧公至今，历经数百年，子孙繁衍，各地分布。民国元年（1912），荣国公由四川江津迁往贵州桐梓县沙嘴村居住，民国廿三年（1934），元凤公率全家由桐梓县沙嘴迁往绥阳县城关镇定居，至今八十余年，人口一百余人。由于社会变迁，读书、工作、结婚等诸多原因，部分人员迁离绥阳县，分布在贵阳市、遵义市、安龙县，广东深圳市等地。

字派：龙绍瑞玉，万世兴荣。凤趾呈祥，联辉锡庆。

13．上湾、旺草镇角口村傅氏：明末从重庆万盛东乡坝迁至。

字派：必鼎添振永，廷良于慎国。立心能体祖，以德开芝汝。光先思良相，文人继其所。同登清朝时，调元赞化浦。

14．乐村坡傅氏：

字派：应祖忠恩。

15．必胜祖系：

字派：震嘉邦天高万里鹏立心能体祖以德开芝汝光恩先良相人文继其所梦卜贤才远调元赞化。

六、正安县

1．土坪傅氏：先祖必胜公，石头署公之二十六世孙，珠湖棻公之十四代孙。迁南昌武宁县，明永乐时任四川荣昌县、新繁县事。时值苗民叛，公兴勤王师，平定川南，功封万户侯，食采于南川东乡坝万寿场。后裔分迁重庆，贵州遵义、正安土坪、兴仁、瓮安、盘县等地。

字派：必鼎添震永，廷良于慎国。世正能体祖，以德开之汝。光先思良相，文人继其所。梦卜贤才远，调元赞化浦。荣登大同世，待时应国辅。

2．斑竹乡上坝农场傅家湾傅氏：始迁祖惟椿公，友德公之次子。石头署公之二十五世孙，珠湖棻公之十三代孙。明洪武时迁入湖南洞口岩山，后裔再转迁贵州务川县涪洋区双河乡傅家湾居住。傅长水再迁斑竹。

老字派：维天道久，永承万世，敏达长水，修光宗，德正其家学孔孟，诗书应代永兴龙。维进朝庭修义礼，万世长久在广洪。（说明：更字后，“修”与“耳”同辈，“立”与“光”同辈，“宗”字在斑竹应用为“忠”字。）

七、凤冈县

1．花坪镇傅榜祥支系：祖籍江西临江府新喻县十字街大桥头。

字派：彦长应仕凤，文单政启朝。廷前登金榜，克大德光昌。

2．琊川镇傅世友支系：祖籍江西临江府杨柳街老屋基。

字派：启文正天兴，顺世代栋才。显荣廷流方，花奉应忠先。

3．鱼跳伯雅公支系：始迁祖傅伯雅，明洪武六年（1373）从江西临江府新喻县十字街大桥头，因中举迁贵州石阡府龙泉鱼跳佛堂岗，迄今二十多代，历时600多年。

字派：大国文师举，兴应佐朝廷。伯启开宗远，渊源德厚深。作舟川可济，维宇汉平钦。万世锦芳泽，贻蒙肖像行。家光恒绍绪，派衍庆国兴。（注：此50字，民国年间，在贵州湄潭七里坝傅国藩家更改）

4．土溪镇鱼泉村黑溪组傅氏：凤冈土溪宦飞公支系，宦飞公，友德公之十六代孙。明末清初流连贵州遵义府正安州德里九甲地名黑溪沟，今凤冈县土溪镇鱼泉村黑溪组。

字派：大明文贤举，国士正朝廷。惟天道久，永行万世。为添韬九，免型宦仕，敏达英华。

八、余庆县

1．太平镇螺丝坝傅氏支系：由四川省北道潼关府遂宁县南路上安里青山沟迁遵义马村，后迁余庆县太平区螺丝坝，已传六代，共45人。

字派：大德泽万兴，国正道隆廷。文明星运启，宗周保吉祥。

九、习水县

1．习水县傅家田、傅家岩、赤水官渡、桅杆山、池子塆、插腊塆，四川叙永后山傅氏：

始迁祖应龙公，系韶公子（韶公别有子：应藻、应洪、应龙、应凤、应鹤）于明季携李氏，子荣华公，孙长源、长庚由四川入播，卜居桐梓县。三世祖长庚（李氏）随后又徙居仁怀县二郎里三甲傅家田。一世祖傅应（映）龙，妣林、李氏，生傅荣华。二世祖荣华，妣高氏，生傅长庚；李氏，生傅长源。三世祖长庚，妣李氏，生傅国鼎；长源，妣赵氏，生国顺、国强、国统、国朝。四世祖国鼎，妣何氏，生傅芝碧、芝琳、芝琦；国强，妣陈氏，生傅芝玉、芝璋。

原系江西省吉安府吉水县上义村菜子沟人。一世祖母林氏，二世祖母高氏故，就地殡葬。起籍途中在四川的万县，二世祖荣华患病身亡，就地埋葬。仅有一世祖映龙（李氏），三世祖长源（赵氏），长庚（李氏），由川入黔，直奔桐梓。长源祖（赵氏）生四世祖国祥（陈氏），国顺（熊氏）。国顺（熊氏）生芝璋（张氏）。长源赵氏和国祥（陈氏）在桐梓身故，坟墓待查。

一世祖映龙（李氏），三世祖长庚（李氏）从桐梓迁来仁怀县二郎里三甲，地名傅家田家安乐业。迁来途中，国顺（熊氏）身亡，坟墓不明，后嗣已乏。后长庚祖（李氏），迁往他乡，坟墓待查。国鼎祖（何氏）生五世祖芝碧（李氏），芝琳（罗氏），芝琦（李氏）。芝琳祖之墓在傅家沟，后人返迁桐梓情况待查。族内口头留传："碧祖长房桐梓县，琳祖二房习水流。芝琦幺房未远走，永跟家田守坟丘。"芝琳（罗氏）生六世祖思敏、思文。思敏祖之后文朝，迁往东皇傅家岩，已繁衍成族；思文祖迁往习水所属官渡桅杆山（现属赤水县所管），也繁衍族大。芝琦祖就地守祖，犹恐将来迁往异地房多，年积月累，对守祖人无据查实，故编有七言六句诗。诗曰："江西起籍菜子沟，来在二郎创田畴。左坪右湾家田处，中渡江水往西流。迁往他乡牢记住，芝琦之后守坟丘。"六世祖思敏由傅家沟东迁土城里的傅家岩，思文祖北往赤水里的桅杆山，五世祖芝碧早迁桐梓，芝琦后嗣镇守傅家田。三世祖长源之裔远迁至川黔边境之叙永落居。故此族谱之支名理应为"仁怀"或"二郎"。

字派：映（应）荣，长国芝思，洪文朝廷。玉明华宇，金振英声。世原作相，家乃为霖。名芳经策，道式士林，清河繁衍，哲嗣绍兴。发由江吉，迁懋桐仁。勤耕贻穀，志学登云。福田用广，厚禄永增。怀忠守正，秉礼安民。卓然元达，尚希尔能。万枝齐秀，一本同荣。咏言特次，伦纪以循。兆年可叙，百字是铭。（备注：自"长"字一世数至"叙"字百世止，余"百字是铭"四字不用）

2．傅辅臣、傅建明支系：由桐梓县魁岩太平场迁入，始迁祖傅宗恒、傅宗扬、傅宗成三兄弟于清朝同治年间迁到仁怀三岔洪岩沟，现在的习水县岔河乡天水村，已发展十三代，百余户数百人。

原字派：今天同道耳，宗代余言图。麒思伦象辅，吉建得平安。

续字派（傅辅臣创）：龙福登高重，明震学连华。棉文师喜禄，礼义军朝国。艳燿飞满周，光辉燦永远。腾芳鹦彭胜，云应鼎泽昌。嬴孟清书海，乾坤显臣祥。

十、道真仡佬族苗族自治县

1．玉溪镇蟠溪村傅氏：此支傅姓约于清康熙年间从江西临江府新喻县十字街墨石头迁入。

字派：朝良国之应，廷献广元文。忠孝维家正（忠贞光永世），诗书启后祥（诗书玉后坤）。

道真傅氏合谱续字派：友吉孝家盛，才学达天成。克俭能安平，立志传邦兴。宏发齐方庆，信义定昭云。贤明必君正，德惠泽苍生。

2．三江镇群心村傅家山及上坝乡双河村龙凤头傅氏：始迁祖傅国奇。

字派：国应继昌奇，永朝梁学仕。文光启先德，世代广联芳。

3．洛龙镇鹰嘴村圈岩傅氏：祖籍江西临江府新喻县十字街大柏树。傅朝林1960年由武隆中心乡入洛龙。

字派：项庭学英乐，之国正天春。锡纪胜恩德，朝尔进士广。兴隆切登文，成强永万帮。

4．旧城镇槐坪村中寨傅氏：先祖来自江西临江府新喻县十字街高街檐，第四代世熬祖由务川县砚山迁往老鹰关居住，后来一部分迁居槐坪中寨楠木湾，故分别属于务川、道真两县管辖。

字派：诗尔继世，茂显荣宗。崇德体泉，登高尚智，远望朝廷，尊位镇禄，大其维明。

5．阳溪镇阳溪村大路槽傅氏：始迁祖傅文学。传说是三弟兄一同来道真的。

字派：文星宗万庆，汝德应大成。富贵从天许，玉后启贞祥。

6．忠信镇民星村傅氏：

字派：文是亨应，万世其昌，金玉满堂。

7．大阡镇土城坝村傅氏：由垫江经涪陵武隆进入道真居住。

字派：元文德庆炳，国朝世相家。忠孝以为本，光必大荣华。

8．平模镇顺河村傅氏：由重庆南川大铺子傅家砭高青坎迁入，道光七年（1827）赓续新谱。

字派：良长国之应，尔上光宗秀。文洪志仕显，荣庭永启后。明扬广川遗，万代思江右。

9．洛龙镇香树林傅氏：1960年由重庆武隆县土坎清水迁入。清水始迁祖傅正英，重庆酉阳谱名傅建荣，共四弟兄，生于康熙二年（1663），祖籍江西临江府，其祖1645年从酉阳迁入清水。

字派：正天洪万年，玉应登金榜。国恩家有庆，永进后丰隆。

10．玉溪镇茅香坡傅氏：从六盘水六枝县岩脚区石板街迁出。

字派：真大国祥。

11．洛龙镇丁氏坝傅氏：

（无字派）：荣华奇春。

12．旧城镇关坝堡上组傅氏：始迁祖傅朝贵。

字派：深尔继世，安邦荣宗。崇德体仁，登高尚自，永远朝廷。尊位纵禄，大启文明。

13．旧城镇关坝红子坝傅氏：

字派：真位敬世，茂显荣宗。崇德体仁，深尔进仕，永远朝廷。

14．阳溪镇四坪村刘家园傅氏：

（无字派）：树贵显。

15．阳溪镇龙台村杨家楼傅氏：属重庆涪陵良元公系，于涪陵李渡观音岩迁来。

字派：治国家以孝，继宗祖维思。念学光先德，永世昌汝基。

16．阳溪镇龙台村生基塘傅氏：于重庆武隆黄柏渡迁来。

字派：根德福克。

17．三桥镇桥塘村傅氏：先祖自重庆丰都县迁来。

字派：朝国进天洪，方良昆正应，伯立显神宗。

18．三桥镇新生村大岸组傅氏：

字派：文星天国正，良学太宗应。朝廷世在长，法贵友明扬。

十一、务川仡佬族苗族自治县

1．**砚山、大坪、柏村、泥高支系：**始祖傅万韶，出生于洪武年间，出生地为郡属河北清河县（又名固城），居江西临江府新喻县，于明永乐十八年（1420）迁入务川，住羊市坝一幢作坊里，大小人丁八人。后来，一个东迁板场，一个天冠西移。东迁板场的傅永鹤延续子孙在全县大坪、砚山、泥高、柏村、泥高、石朝等乡镇，西移的天冠疑是务川涪洋支系的始祖傅天官。

字派：思（生）尔济世，梦（安）显（邦）荣宗。崇德体仁（全），登高尚智。大启维明，贞位仲禄，永耀朝廷。

2．**分水乡傅家湾支系：**一世祖傅万现于康熙年间由重庆酉阳迁到贵州务川分水傅家湾。傅万现葬于濯水水口寺学堂保。始祖母王氏葬于分水乡木杨村。

字派：万再济世，茂显荣宗。崇德体仁，登高尚志，永耀朝廷。

3．**浞水街上支系：**一世祖傅用和从重庆垫江九龙太坪迁至贵州务川浞水街上。

字派：大天有祖宗，可应邦子孙。汝性本受用，文才必重宜。

4．**涪洋双河傅家湾支系：**该系口传起祖由江西迁入务川，迁入时间不详，始祖名为傅天官。

字派：天文丞有玉应凤，荣耀崇良耳光忠。德正其家学孔孟，诗书历代永兴隆。唯进朝庭修义礼，万世长久载广洪。

5．**丰乐镇茶坪村皂角兜支系：**一世祖傅正武，一家老少于清咸同时期，从重庆丰都迁至贵州省务川县丰乐区牛塘乡皂角兜落居生活。

字派：开太应福鼎，学成文武艺。宏昌永有德，远世正朝廷

6．**都濡城区支系：**从江西、重庆、铜仁及本县境内的大坪、丰乐搬迁至城区。

自江西部分字派：梁秉增钦汝，东燕尧鸾琼。

自铜仁字派：思耳继仕，安邦荣宗，崇德体全，登高尚志，永耀朝廷，余万之科。

自重庆菜园坝字派：云山宏银万，世代学礼先。龚侯介维本，德厚可佩英。

7．**红丝支系：**

字派：维崇忠尔杰，世茂德安贤。登高尚志福，永耀佐朝廷。

十二、湄潭县

1．黄家坝：始迁祖未详，由河南商丘迁四川泸州杨柳塘，后又迁贵州湄潭校场坝，黄家坝关堰村，已传五代，共70人。

字派：应知红文登，元中秀朝廷。仕代兴民国，家有孝为先。

毕节市

一、七星关区

1．毕节傅氏（属友德公世系）：始迁祖傅新辅曾在朝为官，友德亡后因受牵连而辞官归隐云南镇雄定居。

老字派：良商夔选抡，德中辅朝纲。圣地梦贤相，宏泽仁世芳。

字派：元明枝绍汉，善业振家声。观国人文焕，翔联必泰亨。

云南镇雄傅氏另派：学文枝本懋（学文枝万顺），修业宪芳声。显烈贻谋远，延年必泰新。（注：“元”、“学”与“辅”同辈）

2013年10月15日云南镇雄统颁毕节新字派：钦儒重道耀祯祥，安邦定稷显华章。唐虞运惠远昭佩，通达礼义庆延康。

2．阑祖系：

字派：万崇廷（应）登思君国元永正朝天伦长明大道光宗远文章启世庆昌荣。

3．对坡系：

字派：万代世永昌秉忠明枝绍汉修。

4．雷祖系：

字派：天国（仪）秉民起文永开明枝绍汉善业振家声。

5．霄祖系：

字派：良商夔选抡德中元明枝绍汉善业振家声。

6．古达系：

字派：良商夔弘天举朝正发祯枝绍汉钦儒。

7．玉夔系：

字派：良商夔凌尔民永於朝纲圣帝梦贤相。

8．帅夔系：

字派：良商夔选贤维永本朝枝绍（万）汉（顺）善业振家声。

9．吉场系：

字派：国教悦廷德文洪光枝绍汉善业振家声。

10．镇雄排行：

字派：高应天英维啟学（元）文（明）枝绍（万本）汉（顺懋）修业（武）宪先声。

11．则雄系：

字派：啟文学世大臣国开万能有恩德发远才高至久长。

二、大方县

1．居乐系：先祖从四川泸州玉寺镇迁徙到贵州省毕节地区大方县，已有四代。

字派：朝仕声名振，光宗世泽荣。人才怀国相，莲会永时清。（注：四川谱“莲”为“运”）

2．在拱九云公系：祖籍江西吉安，在朝为官，于清康熙六十二年遇害，祖妣王氏携子尚志、尚仁、尚贵避难迁来贵州金沙花觉定居。数载后，尚志、尚仁、尚贵亦同时遇难。幸尚志公所娶王氏年方三七，已有身孕。孤苦伶仃，无奈之中，乃择岳门斌臣公府居之。斌臣公祖籍云南镇雄石岩大石坝，先祖因经商徙四川桐梓定居，斌臣公乃生于桐梓。于乾隆年间赴黔至大定南路高炉定居，适时王氏临产，生应科公，斌臣公贤德，将应科公抚养成人，兴家立业。应科公配陈氏，生二子，为报答岳公抚育之恩，长子取名岳绍荣，次子取名傅齐。至此本支岳傅二姓同宗。

字派：九尚应传朝，思元国正天，兴顺与吉祥，长发太平安，恭敬仁伦厚。

3．王洪屯支系：

字派：良商夔选伦，德中辅朝纲。圣帝梦贤相，弘泽仁世芳。国正天星吉，永远传书香。

（1）白马山分支：琦，登坤以廷朝，玉明枝绍汉，善。

（2）飞雄新基分支：元鹏枝万顺，善言振家声。光辉人文焕，翔联必泰亨。（注：飞雄新基含河伟（尾）大海子、仓边、塘湾等分支；毕节原印谱“鹏”为“明”，“万顺”为“绍汉”）

（3）竹园德基分支：元鹏枝万顺，善叶振家声。观光人文焕，翔联必泰亨。（注：德基又为歹鸡）

（4）牛场分支：永美廷，应恩洪绍汉，善业正方。

（5）文阁、猫场分支：元明枝绍汉，善业振家声。观国人文焕，翔联必泰亨。钦儒重道耀祯祥，安邦定稷显华章。唐虞运惠远昭佩，通达礼义庆延康。（注：猫场有的用“绍汉”，也有用“万顺”者。飞雄新基、海子、仓边、河伟、竹园、德基、文阁等支系未曾用班行。按原排从“121”代起用，但都未用，拟作史存之）

（6）新场、甘棠分支：林启国芝从，永开文应洪。诗书道德远，祯祥世兴隆。

4．毕阳支系：

字派：国正天星顺，官清民自安。孝克贤忠美，德厚福永宽。

5．星宿支系：

字派：兴应光显朝，廷攀国太平。安邦兰定桂，崇开道启明。德惠智惟昌，永茂盛麒麟。

6．黄泥支系：

字派：

（1）青杠：光尚文经庭泽耀，宗德洪开立正道。思建芳名国运兴，世显荣昌永克绍。

（2）朝门：白举良文康，君开兆荣耀。友德应世显，永远守正道。（注：朝门也作槽门）

7．元岩支系：

字派：治喜元德发，启芝绍明春。林茂仕洪选，汝国朝科季。宪宗加喜庆，福禄远长青。光绪承业厚，世代着锦衣。

8．在拱支系：

字派：九尚应传朝，思元国正天。兴顺与吉祥，长发太平安。常咏祖恩远，理智誉坤乾。后秀显中华，美名颂宇寰。

9．雨冲支系：

字派：登风达之进，文连德开天。国安曾廷统，永镇大清权。

10．大山支系：

字派：朝司元庭登，国正如光清。家贫出孝顺，世代永乾坤。

11．城北支系：

字派：文高万炳天，世泽永绵延。诗书登龙第，道义习福全。

12．民乐支系：

字派：元明之（知）万顺（岁），得（德）永辅朝纲。全才是天应，开国大光昌。登风之从伦，文应德开天。国恩新惠正，尧舜定安乾。祖宗荣佑远，世代守昌连。诗礼永康泰，光辉子玉贤。

13．安化支系：

字派：国永承炳宪，德兴万发强。仁洪恩会译。

14．城西支系：

字派：国朝德胜，天兴顺绍。元相长泽，文明开道。世代永心，克昌觉跃。

注：以上各支字派，着重号字为对应同辈

三、黔西县

1．傅治华支系：始迁祖傅弼林公又名弼临，赉池公次子，原籍江西省高安县珠湖塘村人，黔西傅氏始迁祖，妣曾氏，子五：代超、代玉、代仁、代相、代华。后裔分居黔西城关金坡乡、红林乡、红水乡、太来乡。一直沿用江西高安珠湖傅氏世系。

字派：子大时若均，良廷景以可。则尚伟孔崇，希广万文国。

续派：赉弼代予言，图求爰命辅。尔惟训乃志，式克绍而武。有备其永怀，攸居斯世美。对扬肇敏公，是用锡多纪。

2．羊场国仁公支系：始迁祖国仁（号正远）公系播州必谦公后裔。生于壬申年八月二十六日，出生在四川重庆垫江县石人山、青木斗、傅家庄，于癸未年闰六月十四日在贵州省黔西县羊场乡告终，享年七十一岁。国仁公从川入黔至今约200多年，后裔已有十二代。

字派：国黔传永美文应，恩德兴万贵显民。安顺定立重正远，会泽忠祥诗义祯。洪韵广元学业庆，荣昌光大志世春。克勤贤良长福寿，华章家廷儒道清。

3．城关上马傅绍全支系：先祖自四川迁来。

字派：淘鸿德文光，少启桂书香。忠厚传家宝，朝廷立纲常。

4．大关镇关心村傅氏：

字派：尚朝世正元，明新学焕。

5．瑶坪伦林公支系：公元1361年友德公统兵恳化南疆，友德之孙天锡，从征云南大理，子孙繁衍川滇黔地，迄今六百余载，天锡传十三代之子孙轮林迁居以黑。

字派：林启国芝从，永开文应洪。诗书道德远，祯祥世兴隆。

6．傅恩贤支系：

字派：国恩欣庭盛，永茂正荣昌。家运承祖德，万世显芳华。

7．甘棠傅启伦支系：祖籍江西，后裔因任官迁居真安县（今遵义正安县）、绥阳县、威宁县、四川古蔺等。后裔现居黔西甘棠镇。

字派：寿廷尚玉光，大道定安邦。前裕先德泽，文朝天应昌。在良元银启，家国明治理。显庆荣华正，盛世聊科举。

8．林泉傅克儒支系：始祖良公，元末进士。祖籍江西，由江西流于黔邑贵州省，小地名牛场笨白箐，坐落数辈有余。

字派：爵芝荣朝永，必维文正彬。克守明先绪，忠居祖武纯。大起家声远，光昭世泽新。松柏元秋茂，桂兰秀芳春。蔚焕成济美，安敦厚德仁。儒仪宾仕国，天锡福禄臻。

9．傅家平支系：

字派：家起源在清河，长远有根基。江佑喜重庆，忠黔定金碧。胤嗣承国礼，仁义德先进，孝顺财权盛。

四、百里杜鹃管理委员会

1．戛木、龙塘、石丫支系：入黔始祖九云公，原籍江西吉安府，白马先锋。

字派：九尚应廷朝，思元国正天。兴顺与吉祥，长发太平安。恭敬仁伦厚，礼智定金黔。常咏道忠德，世泽文章贤。

2．化窝傅定学支系：先祖傅应朝，由江西吉安府庐凌县大桥头入黔，到黔西县沙窝水草冲落业。后迁金坡化窝傅家坡居住。

字派：祥美于贞应玉正，开国定天万代兴。忠厚传家纯祖武，贤明治世启乾坤。

五、金沙县

1．九云公系：九云公祖籍江西吉安，在朝为官，于清康熙六十二年遇害，祖妣王氏携子尚志、尚仁、尚贵避难迁来贵州金沙花觉定居。数载后，尚志、尚仁、尚贵亦同时遇难。幸尚志公所娶王氏年方三七，已有身孕。孤苦伶仃，无奈之中，乃择岳门斌臣公府居之。斌臣公祖籍云南镇雄石岩大石坝，先祖因经商徙四川桐梓定居，斌臣公乃生于桐梓。于乾隆年间赴黔至大定南路高炉定居，适时王氏临产，生应科公，斌臣公贤德，将应科公抚养成人，兴家立业。应科公配陈氏，生二子，为报答岳公抚育之恩，长子取名岳绍荣，次子取名傅齐。至此本支岳傅二姓同宗。

字派：九尚应传朝，思元国正天，兴顺与吉祥，长发太平安。

2．傅传耀支系：始迁祖廷銮公（傅文科子，文科乃石头署公三十五世孙，珠湖棻公二十三世孙）于明嘉靖年间从江西南昌府高安县珠湖塘，迁居四川叙永县老军营落业，后再迁贵州金沙。

字派：廷纪汝大玉，我其庭怀说。传家之至德，清河有世泽。文章可华国，良相从天赐。先人举自商，高宗师乃训。作辅克兴邦，祖武於书载。贤君倚赞襄，贻谋多典则。佑启广徵祥，生聚增繁盛。经营暦远方，豫中基业建。承继发南昌，明代迁川省，安居叙永乡。熙朝隆選士，揆奋庆观光。学问修纯粹，猷为益显扬。伦常昭慎重，受禄万年长。

3．太平乡傅氏：太平傅氏从四川古蔺县窝厂坝傅家村迁居贵州已有300余年。

字派：兴庭开天应，德泽照书香，安邦坐栋梁。

4．思益公系：清康熙年间，思益公偕思二公、三公，自江西吉安府庐陵朱石坛从军云南而来，落于贵州大定府黔西二里大塘。分布在金沙各地。现已传十三代。

字派：思应相仲传，弘国文永朝。正开德义启，才士远明高。克勤修身理，万代留金银。

5．岩孔柿花场傅氏：先祖傅国亮，入黔后，是岩孔柿花场分宗祖。

6．傅平贵支系：先祖傅平贵，入黔后居金沙古兴、角塘、禹谟协兴街背后三叉树上坝，是上述地区分宗祖。

7．兴化傅安昭支系：其先祖从江西吉安迁湖广宝庆府，再迁贵州金沙县安底镇，至今三百多年。共五房分支，长房、四房分住金沙、大方、黔西等地；二房、三房住息烽；五房迁云南。

字派：兴应光显朝，廷攀国太平。安邦兰定贵，从开道启明。德惠智惟昌，永茂盛麒麟。

六、织金县

1. 傅长文、傅报和支系：始迁祖方连公系友德公子惟椿、惟龙公后裔。明末由湖南武冈入黔，在织金落业。已经繁衍二十二世。传说三甲支系入黔始迁祖方连公于明朝万庆年间随军入黔围剿水西安邦彦结束后，由于随军艰辛疲劳，方连公解甲驻地，见慕恩里三甲山清水秀，随之定居三甲瓦厂。娶妻裴氏持家，后迁至三甲寨子（为了避免地方势力的影响，以经商入黔为名而居之），子孙繁衍至今。本族原有谱志载体，1965年在运动中被焚毁。方连公之父维（为）龙公留居湖南省保庆府武冈傅家村（即湖南省武冈市水浸乡），殁葬于本乡辛化田，辛山乙向。维龙公之父世鳌公膝下有五子：维（为）龙、为虎、为豹、为俎、为乾，系友德公第九世孙（水浸平乡傅氏族谱有载）。为豹公未娶妻生子；为乾公子孙外出，去向不明；只有为虎、为俎公子孙居住当地。为龙公娶妻郑氏，无生育（水浸平乡傅氏族谱有载），后在外娶妻顾氏（殁葬未详），生子方连（水浸平乡傅氏族谱载为龙公子孙外出）。在清朝年间，三甲支系曾有同门四进士之荣耀。其为：永绥（另名桐）、作书、作羹（另名梅平）、作金；曾有文秀才：永清、作梅、作忠、培先、培泽、培勋、培均（郭洪钧，文武兼并）；武秀才：永焕、作柏。可谓诗书继世家族。朝廷曾赐匾，称“一门三进士”。相传文官由北而来到保安寺、由南而来到瓦厂须下轿步行；武官同样在两地点下马步行。三甲绮结河支系是六枝迁往织金花红后又迁到黄家渡，最后迁到现常住的绮结河的。本支系因搬迁几次，资料无存，无从考证，由德望之人所述记入本谱。

字派：惟天道久，永行万世。维方学从大，永作培源长。报国家声远，忠厚启文章。俊杰才智显，举世齐观光。德正天心顺，令名万代扬。

2. 化起小纳雍支系：原籍四川桐梓县，绍开等五兄弟以及以上生长均在桐梓县，幺弟绍田迁往织金县小纳雍后所繁衍。

3. 凹河支系：由友德公第十七世孙永德之夫人张氏领三子及眷属多人由毕节迁入织金，落脚于化起镇鱼塘岩脚寨，随后纷迁各地，其中一支迁入凹河。本支系资料由绍先提供。

4. 响水洞支系：相传入黔始迁祖维龙、维凤、维标三兄弟祖籍为江西吉安府大桥头，清朝咸同年间随军征战至三甲，军队化整为零，就地安家落户，家眷各自纷纷赶到。维龙公常居三甲，维凤公迁至响水洞，维标公迁至六枝朗岱岩脚。

5. 实兴傅氏支系：由毕节迁入，其子孙系开贵后代。开贵公有四子：明光、明祥、明玉、明轩。明光公和明轩公后代迁居普定，其余常住实兴。

字派：惟天道久，永行万世，为添韬九，允型宦仕，敏达英华。

新派：维方学从大，永作培源长。报国家声远，忠厚启文章。俊杰才智显，举世齐观光。德正天心顺，令名万代扬。

七、纳雍县

1．新房乡以角支：（毕节转以角）始迁祖傅明发—云枝—银成—汉洋—立江等；明仁—开枝—绍清—友贤—修顺—立昶等—傅鹏（单名）等。

2．新房以角另支：始迁祖傅余文1900年后自四川綦江太公山迁来纳雍。传德言—仲枢—成荣、成华—贤、坤、明、刚—国龙、国豪、新玉、玉娇等。已有六代，数十人。

字派：万高天良珣，梦宗代予言，图成福国泰，永向朝廷显，文崇玉德贤。

3．新房以角另支：1961年前由四川安岳傅家乡傅家寨迁来。始迁祖傅海银，传关权、关祥—长贵、修昌共三代。

八、赫章县

1．傅培良支系：浩然公为必荣公后裔，明神宗威武将军。是贵州省赫章县、城关镇、妈姑镇、兴发乡、财神镇、摸迂沟、中田坝、六曲河镇、垃乐乡、毕节县（市）广羊铺、威宁羊街、水城以德、大河边、纳雍百兴、凯里、贵定、清镇市占街等地各分宗始迁祖。

字派：思智浩元万宗国永远昌泰万代洪光培桂荣崇鼎师兆霖维臣应芳才广正锦德云浩元万宗国永。

2．兴发乡铁柱傅氏支系：先祖启真公生长子鸿开，乾隆年间，为避白莲教乱，自江西太和迫迁贵州省赫章县兴发乡铁柱落业。是兴发、威宁小弯、纳雍凉山、野角、水城南开、观音山等地分宗祖。

3．姑基傅氏：祖籍江西临江府清江县茂在乡尧屋前保举处忙康，有奇匕佐祖茂（贸）易来于贵省大定府威宁州所属下归化里下桃园傅家湾居住。

字派：太奇廷正学，嘉文应永宗。德才宏绍远，吉祥认他终。

4．则雄德谦祖支系：毕节梁栋祖后裔，其后裔分布则雄，兴发，水城南开，钟山区大湾等地。

字派：启文学世大，臣国开万能。有恩德法远，才高至久长。（注："国"字派与毕节的"业"字派为同一辈）

5．朱明傅氏支系：

字派：国登应文人，维启廷永钦。发再明朝梦，万盛有余龄。

九、威宁彝族回族苗族自治县

1．斗古乡上关村傅氏：

字派：天开荣德正，文朝再成昌，尚贤自安元。

2．二塘区三合镇傅氏：先祖傅子荣，由江西表州府白马街柳树行大水井入黔，到贵州省威宁县二塘区三合镇大廓苏冲子落业。

3．羊街子傅永支系：先祖傅永，由江西过湖广，到四川向阳县黄楼迎风桥傅家街柳州巷鱼股庙，支分五处，长户德宗（杨氏）落本处，次房德槐（周氏）落雨淋，三房德林（施氏）落东川，四房德雍落镇雄雨林沟，五房德洪（王氏）落可裸铜厂半边街。又下代到羊街子姜家冲。至五世是傅友德祖。天成祖（妻唐氏）生一子傅正泰报予成性配合蔡氏，正泰祖生五子。

字派：太国登裕文，维启廷永青。长发如意茂，万盛有余零。

4．羊街子兴盛公系：祖籍福建汀州连城县河源里朋口村坑下。先祖怀思公字伍开，入于四川叙永府永宁县城河东辕门居住，公生于清乾隆四十六年（1781），殁于道光十七年（1837），妣柳氏。后裔兴盛公再转迁入黔到威宁落业。也是威宁另一分宗祖。

字派：肇启昌庆，远近贤良。克全忠孝，邦家之光。大才成德，世显名扬。绍基万年，怡禄久长。

5．二塘镇傅灿斌支系：起祖于江西省临江府青江县白水居大石板，来到贵州省遵义府，祖上兴旺发达，坟山请人看管。后因水淹遵义城，祖坟上的石头被他人拿去堵水。灿斌公因做生意流落到财神堂，路上遇澶神，接去财神安家供奉，到 1932 年才搬到威宁县二塘镇。灿斌传培友、培元、培先—忠明、忠祥—朝珍、朝恒、朝忠（无后）—廷银、廷和、廷芳、廷荣、廷轩（朝兴）、廷贵—永久—正祥、正荣。已繁衍七代，有上百人。

原字派：维汝灿培宗，朝廷永正开。

现字派：则尚伟孔崇，希德通学梦。铉维汝灿培，忠朝廷久正。钟泽果光增，镇洪东辉在。

6．朝佐公支系：系友德公第十七世孙。先祖敬公诰授扬威将军。敬公生傅钟、傅乔；钟生本，乔生镇；镇生显、润；显生文、齐；文生朝用；朝用生来任；来任生弼高；弼高生三爵；三爵生再藩；再藩生显明，显明生梦禄，梦禄生国臣，国臣生朝佐，朝佐为镇公十三世孙（黄氏祖婆），携子迁坝口。为威宁傅氏分宗祖。

字派：朝润有傅登秉佳照正文廷朝建纲。

续派：商相忠武晨，友铭良仁世方。敬乔传承祖，佐润树源业。云贵得吉昌，玉强生枝茂。学仕英泽远，怀志立兴功。继世俊崇善，根植锦秀春。国庆先登瑞，安荣常开泰。勤必家声振，宏伟耀宗德。

7．丰城彬侯公支系：先祖彬候公，隶属江西丰城傅氏，钦公后裔。清乾隆年间，由江西丰城贸易入黔，到贵州威宁县落业，是为威宁分宗祖。

字派：启仕元心作世国佳成衷孝可传家远绍先祖繁常开吉蒂花。

8．云贵乡友德公系：

字派：万元兴作成，国芝华盛盈。家梦留得远，富贵世代根。

9．双龙傅氏支系：

字派：继尔应思国朝起廷开家昭正文。

10．友德金相支系：

字派：万金高尚发呈显国兴正学仕诗彰孟体尧舜殷汤为武周志永煜太平景张若丹清飞白绘秋。

11．友德万成支系：

字派：万金高尚发文廷朝兴正学仕昌佩泽铭良灿为奇国美先登瑞家祥再立中安怀荣茂祖光大

12．友德子敬支系：

字派：文朝森来高爵藩明梦国朝杨有

13．猴场洞口友德支系：

字派：云雨正良梦维怀元德试畅舒昭秀丽祥光焕明新芳腾兰如桂馨香入阶庭

贵阳市

一、南明区

1．傅汝吉支派：该系先祖应是从绥阳、正安转迁安隆。

字派：礼德开芝汝，光先思良相，世时运国普。

2．傅贵林支系：本支系始迁祖傅荣虎，于明洪武初年由湖广黄州麻城县孝感乡迁四川嘉定府威远县西乡傅锡坝，上代失考，以傅农田、傅福田为第一世祖记录，将两房世系按14世以下字派对照执行。

字派一：亨运祥开，启谟承烈。敬守清芬，懋昭大德。仁树纲常，义秉勋业。基本立诚，道臻希哲。隆庆纯熙，克宏贻泽。

字派二：永绍书香，昌明理学。近效时贤，远宗先觉。志贵崇高，品宜超卓。忠厚传家，文章华国。光裕为怀，显荣禄爵。

二、花溪区

1．新井村：明末时期，觉思、觉灵因调北填南，由江西省庐陵县（太和县）迁广阳县从仍里麻线河居住。

字派：觉德善宗柏，万国应嘉登。行大恩廷永，绍盛如祥玉。招明世必兴，曹天宏正志。荣显土维新。

三、乌当区

1．乌当傅家湾傅其春支系：先祖起先公，清乾隆年间徙于贵阳乌当螺丝寨，分居傅家湾二十亩。生载明，载明生怀礼，怀礼生大有、大本、大全。至今已繁衍11代。

字派：起载怀大金，兴朝正其文。继美诗书盛，光照奇治勋。登伦善崇本，持家尚克勤。同宗庆万世，发达永传闻。

四、白云区

1．沙文支系：廷权公，祖籍江西丰城。名基权，号季达，遂臣公之子。生于清顺治十年（1653）冬月初七，于康熙三十一年（1692）偕兄弟廷桂、廷枚经商入黔。遂居于贵阳府贵筑县北上里，即今贵阳市白云区沙文乡。殁于乾隆十八年（1753）九月二十四日。享年百岁，建百岁坊于贵阳沙子哨。故尊公为入黔祖。配钟氏，生于康熙九年（1670），殁于雍正六年（1728 年）七月二十三日。至今繁衍 14 代。一百多户，五百六十多人。分布在寿堡、大土、金甲、沙文、中坝以及市内，还有少数迁往云南、广西、四川等地。

字派：志念师先正，修乃熙祖章。敏怀宗文广，道积培庆昌。明显天开发，起成远宏芳。如其应有德，永时以大祥。克从守本信，家纯仁礼杨。荣华朝安定，元锡贤继长。

五、清镇市

1．王庄乡五庄街傅姓一脉：

字派：廷万启文，明新学焕。

2．卫城镇南门村、星光村傅姓一脉：

字派：熙乾坤明新学焕。

3．卫城镇坪寨村七里半治山公支系：治山公祖籍江西省吉安府太和县高粱镇十字里，徙居云南昭通西里三甲八胯狮子山田湾。妣盛氏。二世祖起贤公经商，偕弟望山公、遐公客居贵州遵义。于清末光绪年间续修家谱。

字派：治起崇之文，开元世景正。新学焕贤方，万卉书英美。明俊国恒永，泽沛杰昌能。容光壁肇绪，朝廷汝裕仁。大本思礼义，远秀步登瀛。春熙映华堂，夏阳耀祖坤。秋月庆丰伟，红梅迎嘉宾。东南西北盛，孝廉保泰平。

六、修文县

1．电公支系:修文县傅氏为友德公第十代闲公之后儒公、电公两大支系。电公为闲公之五子，迁徙贵州普安。赵氏生配，徙江苏徐州，配生应芳。应芳任都司职，朝廷派往贵州平越府平乱，携家眷自徐州赴贵州瓮安县（今福泉中锁堡）傅家村居住。子大友，以贵州修文（杉林、白果寺、阳明洞、大山、放马坪、崇恩、美竹寨）、息烽白立田、瓮安、云南镇雄、威信等地分宗祖。

统一使用流宗新老字派 80 个字：闲电配应大，沛坤文启明。秉承联德绍，先绪（煦）科第林。元强声守卫，胜志和全成。开国泰希圣，传典赞诗经。礼尚世泽达，勤俭家资盛。嗣训重纲伦，敦谊首淳真。忠厚力才艺，显远保端清。勋绩光华夏，民乐喜春营。

2．霄公支系：贵阳修文闲公之后霄公第十代孙傅开科之子从毕节迁到贵阳市修文县六桶乡平山（石板寨）。

字派：元明枝万（绍）顺（汉），善业振家（芳）声。观国人文焕，翔联必泰亨。

3．儒公支系：

字派：闲儒国高应，天文仁维启。庭永钦发再，明朝位第林。元强声守卫，胜志和全成，开国泰希。

七、息烽县

1．白立田国云公系：大友公共生五子：荣、儒、沛、光、耀。繁衍情况：大友—耀—奎—文成—启林—锦文—国云—泰清—铭—芝—绍—顺—科，共十三代（与六枝、织金对应）。耀公第六代孙国云于道光二十年（1840）兵灾混乱时，由毕节海子街迁到开阳县白马洞落业，后迁息烽白立田定居。为开阳、息烽两地始迁祖。目前已繁衍七代，约上千。

字派：元强声守卫，胜志和全成。开国泰希圣，传典赞诗经。

2．牛场乡傅忠书支系：其先祖傅瑞公原籍清河郡，隶湖广省保庆府麻城县孝感乡。韦相祖入仕宦，任富顺县令尹，入籍四川富顺县和合乡傅家坝置业安居。后避难入黔阳，兄弟四人分散，幺房和三房入黔南，一支入息烽。

字派：邦朝永正世传宗，怀圣新时应必通。早遗后代维麟玉，贵发万枝意气隆。家有文星照明亮，运进业修满堂红。

八、开阳县

1．楠木渡（马场）镇傅氏：先祖演公，系播州（今遵义）必谦公五世孙，自重庆涪陵佛堂山分支迁来。

字派：演朝大枝德文应，友单国正文天庆。世兴维宗绍邦永，元崇道学荣华盛，勤登贤吉禄达昌。洪承益志鼎万全，蜀贵同建光明远。

2．傅安江：先由江西迁四川，尔后再迁贵州开阳，是开阳分宗祖。

六盘水市

一、钟山区

1．大湾镇小湾村傅氏：先祖来于江西袁吉安府白马街柳树巷大水井，来到威宁格书冲子大屋基，最后坐落现今小湾村二组。有 200 多年的历史，现在只有 20 户人。来地原是四位老祖人，但是祖坟碑上能够看清楚名字只有傅恒伯。公生二子：子荣、子泰。

字派：万恒公伯子，世锡振家声。文德成显泽，诗书易后昆。四大成功祖，威宁传大道。开国选精英。

2．傅良栋支系：从毕节迁以角，再迁六盘水。据玉舍水箐、纳雍以角、黄土坡公元路、金盆干河、水城俄脚、水城滥坝等系原谱所存文字记载，都是霄之子良栋祖之后。

字派：友天宽宣证，凤贤兴纪闲。霄良翼理万，仙得时林明，升绍汉修业。

3．大湾镇安乐村傅瑶支系：

字派：金启文学世，印大成国开。思恩占明远，云高祖德长。

二、六枝特区

1．新场村傅氏：始迁祖傅开山系江西临江府崇乐乡南山下蒲团箐生长人氏，因明代崇祯末年战乱，投入大顺王朝部下，转战四川、贵州，于顺治初年离营经商，以银器为艺，来到贵州郎岱属落龙（今六盘水市六枝特区新场村）定居立业。开山祖支系现有子孙万余人，分布在六枝、水城、镇宁、织金、晴隆、普安等地。

字派：开垂韶佐起，国天大金洪。元廷文应锡，尚仕登朝时。中宣兴正学，永绍得荣光。太清恩泽厚，显耀作民良。

2．新场正车公系：正车公，乃明征南将军友德公之十二世孙。清乾隆年间任北京宛平县县令，由于刚直不阿，得罪了权臣，正车祖为避祸，连夜逃回湖南宝庆府（今邵阳市）白玉乡塘玄湾，尔后带着祖妣陈氏及长子良佑公避居云南，行至贵州水城野钟乡猴子场时不幸染病身亡，墓葬于此。妣陈氏及长子良佑公徙居郎岱县鼎新乡廉泉村（今六枝新场）。后为水城冷灞双龙潭分宗祖（子孙后迁六枝等地）。

字派：云雨正良梦，维怀元德试。敏达英华，畅舒昭秀丽，祥光焕日新。

3．猴场洞口惟椿支系：维常公，友德公十五世孙。清乾隆年间，从湖南邵阳白玉乡塘玄湾村到贵州水城县猴场寻找正车公，随后徙居洞口居住，良佑（入黔二世祖）住郎岱，二公分别为两地分宗祖。

字派：云雨正良梦，维怀元德士。畅舒昭秀丽，祥光焕明新。芳腾兰如桂，馨香入阶庭。

三、盘县

1．柏果镇傅氏：先祖傅芝兰，携兄弟傅芝森四人，由江西临江府清江县墩上入黔，到贵州盘县柏果镇、普安县白沙坡等地居住。

2．柏果镇真龙地傅氏：祖辈从云南沾益断江镇大树屯村迁到云南宣威宗德小荒地，后迁贵州盘县柏果镇。有三房字辈。

（1）万金高尚发（启），呈显国兴正，学仕敦周愉，爱祚桂枝田，谅达才秀理，可觐相佐贤，如幼勤俭约，当生衣禄绵，受用盛宽益，恒久惟永年。

（2）万金高尚发（启），文庭嘉建纲，学仕昌佩泽，铭良灿为奇，普愿先登瑞，祯祥在立中，安怀荣茂祖，光大超前宗，受享齐繁此，蝎通岚嵩提。

（3）万金高尚发（启），应云秉德以，学仕孟诗章，体尧舜殷汤，洪武洎辉惶，观太平锦向，丹书亲召见，绘秋夏彩常。

坟台子祖茔字派：世连天上有（世连伦顶金），（宗）开显红遵明，敏勉同耀进，和悦怡然升，碧玉物之宝，昂扬志量轻，道路真复亮，康庄任坦行。（注：云南曲靖傅姓一脉字辈20字：万金高尚发，明德开加兆，文廷朝建刚，永远必寿昌。）

字派：世汉天尚有，成应金玉开。宗盛朝兴大，明国士隆钟。

3．珠东大槽子支系：祖籍江西吉安府太和县香炉山，以寄公于明末清初迁居贵州遵义正安洲土坪，二世祖汝宾公携子云高公行医落叶业盘县十里大洞放牛坡，后云高公于清道光二十年（1840）迁入傅家大槽子定居，已传十一代。尚习公迁入三官营，后分迁于小石桥、深沟、桐子树、白马田，已传六代。

字派：必鼎添震永，廷良于慎国。以汝云正文，民帮国家兴。德修育大泽，勤业永贵珍。忠昭仁智显，光耀著作春。胤增江吉府，礼仪定大平。

4．羊场傅家小河、羊场徐寨、地瓜七姊妹、平关龙吉、三板桥傅家大地等支系：祖籍湖南邵阳洞口岩山，先祖惟椿公，系友德公次子。先祖于明初入黔，辗转落业于六枝大岩脚。二世祖傅维学于清康熙三十九年（1700）前后迁居普安县城。嗣后元善公在清乾隆二十五年（1760）前后迁入现窝沿上寨管理驿站，祖茔多建上寨驿马坪，元善祖娶妻陈王胡氏，其子世贵为皇清侍赠修职郎，有碑为据。元甲公迁居地瓜七姊妹定居。元乙公迁居白沙定居。清嘉庆五年（1800）前后，五世祖邦梅公（世梅公）等五兄弟（梅、权、棋、珍）举家迁入马鞍山定居。世宣公为文士郎，于贵阳任职，有碑为据，娶姚氏；18世纪后期迁居盘县羊场傅家小河，现发展到到88户390人。板友公迁居羊场徐寨。

梦林祖之子维学公原配杨氏约于18世纪20年代由湘入黔定居普安盘水镇。殁后葬于普安城效后山代家小寨傅家坟，墓碑保存基本完好。

根据收集到的六枝新场傅氏族谱和本宗支保留族谱对比，湖南老字辈中前两派开先6字（云雨正良梦维）顺序及字相同，后四字中“天”与“怀”有别，“世”与“德”颠倒的情况看，这不是人云亦云的现象，而是在漫长的岁月中出现的差错

5．平关龙吉、米枝：为友德公后裔，由以德公徙居平关龙吉，已传八代。

6．三板桥支系：先祖云孟公落业盘县保基营龙家，后徙居羊场，因火灾继迁三板桥傅家大地，已经繁衍十二代。

7．两河敬公支系：先祖敬公为友德公后裔。于明初率军驻守云南曲靖府，敬公后裔落业于曲靖大树屯，由七世祖盛裔公迁入盘县两头河定居，至今已传十六代。

字派：盛文上选以潮襄，克正邦家必自强。祖德宗功成大业，荣华百世庆其昌。渊修道义传珍宝，鸿儒勤农培裕良。溯先型云台绘像，笃忠孝兴隆永疆。

8．褚皮洼美仁公支系：美仁公祖籍江西，于清光绪年间行医辗转于浙江湖南，后定居于盘县新民乡褚皮洼，繁衍七代。

9．云南富源后所摩帮宗支：原籍南京应天府高石坎柳树弯，远祖颍川侯友德公，明洪武四年（1371）奉命率师调北征南平定滇川黔，收服云南诸郡及曲靖沾益等地二十八府，诰授扬威将军敬傅公者，奉命镇守曲靖，创业大树屯，本支先祖于大树屯居之数代，终因人口繁稠密而外出他地居之。

字派：前谱：世连天（伦）尚有，开（宗）显洪遵明。敏勉同耀进，和怡悦然升。碧玉物之宝，昂扬志量轻。道路真明亮，康壮任坦行。

后续谱：世连天尚有，成文金玉兴。洪发子登瑞，德泽应祥祯。春秋永作胜，毓仕昌灿明。安怀荣茂祖，光显景代钦。君贤维俊杰，凯模皆崇庆。轩辕珍高贵，恭谨幸太平。

四、水城县

1．宗亨公支系：桐梓魁岩崇节公之八世孙，于清乾隆年间由桐梓迁徙云南镇雄落籍。宗亨公长子代现公迁威宁（现赫章）古达乡，旋转徙水城德坞白岩脚。已传十一代。

字派：则尚伟孔崇，希广万文国。赉弼代予言，图求爰命辅。尔惟训乃志。

2．傅一平支系：由贵州思南府安花县木王朗溪司锡牙场，地名磨盘溪洞迁入四川安岳，再分支迁徙水城。

派语：朝庭开科选，一定中名扬。世代登金榜，永远作栋梁。

3．米箩乡倮么村瓦厂傅氏：应朝公原籍江西瑞州府高安县珠湖塘。先祖明洪武时奉旨随友德公征南，后居于播州（今遵义），落业水城下坝浪河米箩乡傅家寨。后裔天应公传进元—朝向—金荣—文华—有光—学元—绍有—国成、傅国、正文—世忠—吾军。已繁衍十四代。

字派：应嘉，天进朝金文。有学绍国正，世吾定中知。

4．东双水井傅氏：先祖傅宝哥，于清乾隆年间，由江西临江府清江县大屋基入黔，到黔西县西城里甲板沟落业，乾隆年间因贸易搬入水城垃佐居住，到垊文公时，再次搬迁到水城东双水井，做皮匠手艺维生。

5．比德傅氏：始迁祖傅翘约于1820年由云南宣威迁入水城，传孝第—忠玉—良臣—德亮等五兄弟—振伦等—嘉豪等。共七代，百余人。

6．比德红旗果佐猓傅氏：此支傅姓于清顺治初年由江西省临江府崇乐乡南山下蒲田箐迁入。始迁祖傅二页，传绍壹、少华—朝亮、朝明—刚权等—应华等。已繁衍五代。

字派：开垂昭佐启，国天大金洪。元廷文应锡，尚仕登朝时。忠先兴政学，永绍德荣光。太清思泽厚，显耀作民良。

7．水城万福厂宗超公支系：国祯（宗超）。

字派：之同宗代予言，图求爰命辅，尔维训。

8．里拉板沟傅氏：先祖宝哥公，乾隆年间由江西临江府清江县大屋基入黔，到黔西县西城里甲板沟落业，乾隆年间又贸易搬入水城垃佐居住，再次搬迁到水城东双水井，做皮匠手艺维生。

安顺市

一、西秀区

1．西门傅氏：入黔先祖祖籍江西省临江府清江县龙井寨。明朝来到贵州，初住毕节县，康熙年间搬迁安顺县，在西门火神庙侧居住，农耕为生。来安顺始迁祖故葬于安顺县东门马槽龙井上侧，今已夷为平地；始迁祖妣朱氏故葬于安顺南门凤凰山脚。后德万公迁徙安顺县城内居住，德喜公则继续住西门。今西门傅氏皆是德喜公的后裔，德万公后裔，时代变迁，情况未详。德喜公生两子，长子有贤公，次子有文公。有贤公生两子，长子登高公，次子登荣公（王氏）；有文公（洪氏）生三子，长子登云公，次子登魁公，季子登科公。登高公（秦氏）生一子两女。登高公同治年间辞世，子光国，即是今西门傅氏的传人光国公。光国公（刘氏）生五子两女：培森公、培德公、培盛公、培敬公、培源公。有孙二十八个（女孙七个）。

字派：光培文永盛，安国启士元。明才成金玉，德荣乃绍先。烇华基品义，忠孝和安怀。明贤臣裕盛，干国栋良才。

2．南门傅氏支系：入黔始迁祖五德公自江苏南京高坎子石灰巷，迁安顺南门大仡佬定居。二世祖起凤公至孝，传至六世祖坤林公，迁徙轿子山袁家屯，农耕为生。后又迁郭家屯塘边。五德公（焦氏）—起凤公（王氏）—朝选公（王氏）—全公（王氏）—宗轩公（叶氏）—坤林公（景叶公）——天全公（刘氏）、天元公、天陆公（母氏）—永顺公（罗氏）、永二公—兴洪公、兴佚公、兴隆公（陈氏），兴朝公，兴成公。

字派：天永，兴帮选贤臣。周文国有道，世民得太平。

二、平坝县

1．傅氏支系：先祖傅国智，明洪武时期入黔，是平坝折溪分宗祖。

三、关岭布依族苗族自治县

板贵乡：始祖傅朝珍。清朝迁入贵州遵义府正安州小西里七甲，小地名新田街。有清道光二年（1822）傅仁华碑文记。

字派：登国天兴顺，朝庭太应忠，仁义啟仕祚，永远（在）洪中值居。

四、普定县

1．城关镇傅廷碧、傅大宪支系字派：

字派：朝廷显大用，儒维席上珍。德尚家声远，诗书启人文。

铜仁市

一、碧江区

1．十家坪：始迁祖士刚公从江西南昌丰城迁来。已有 270 年。

字派：宗祖再汝朝廷仕国家。

二、德江县

1．傅凤山系：入黔后落业德江岔花坪，是德江分宗祖。

2．江津太清公系：属珠湖系。傅金山、傅银山二公，属铜仁、印江等地分宗祖。

三、思南县

1．傅开勇一支：

字派：金正佐开天，大朝应新明。

四、石阡县

1．花桥：由江西猪市巷迁入。

字派：仲中国良奇，登维云廷应。朝镇显光明，治有德人心。

五、松桃苗族自治县

1. 傅一川支系：傅氏始迁祖子贤公自江西石头迁江西瑞州府高安县十三都官泮（今高安建山镇）仁孝里，后裔其玖公、开山公兄弟于明代经商于云南。开山公留居云南，其玖公转徙贵州铜仁府松桃县落业。

字派：朝国名第，开承士世。正应显达，荣光宗绪。

六、印江土家族苗族自治县

1．余粮坡傅氏：从沿河司茅坝迁入。繁衍人口 600 人。

家派：羽国三万，奇天兆知。维承祖德，旨世兴荣。

2．庙坪傅氏：繁衍人口近 800 人。

字派：崇正国朝贞，再承文永兴。

3．塘瓷寨：含木黄新场、朗溪、思南龙塘。

字派：大有慈和仁，万胜昌天成。

4．杨柳洋溪：

字派：万认昌云永，大有慈和明。先胜鸿福啟，朝廷镇乾坤。

5．六井溪、马家庄、沿瓦窑坪：

字派：大有慈和仁，万治昌天承。（大有国正明，万认昌天承）

6．永义格岩沟：含江口、秀山。

字派：如崇训丁鼎，连奇显应昌。维有中国顺，清朝治安邦。

7．绿阴滩：源于沿河黑水、官舟。

字派：仕啟云昌，显耀宗兴，世泽万明。

8．六硐：源于四川彭水、重庆。

9．池坝：源于松桃乌罗司。

字派：明国学兴，崇正道德。应继本宗，昌隆世泽。

七、沿河土家族自治县

1．瓦窑坪傅氏：已繁衍十三代。

字派：万以昌天承，大有慈和仁。

黔南自治州

一、福泉市

1．傅氏：先祖傅信是傅友德平定大西南的右指挥使，战死葬于福泉，其家眷后裔随即留守福泉，为福泉傅氏始迁祖，以龙昌、岔河、龙井五寨等地居住为多，明洪武年间进来。

字派:以绍继英

2．牛场镇傅氏支系：

字派：肇纪英贤远，庆延世泽长。克家礼纯正，继志希哲良。礼让培帮本，之宪字经长。昌绪成航修，光辉永吉祥。

3．道坪镇袁家寨傅氏：属重庆万盛东乡必胜公支系。

字派：立心能体祖，以德开芝汝。光先思良相，文人继其所。

4．傅德学支系：福泉马场坪。

字派：光先德发再。

5．曾家湾傅绍书支系：福泉曾家湾。

字派：炎好爵年祖宗启应登其朝廷绍纪英贤远庆。

二、瓮安县

1．草塘镇下司、老山沟、玉山镇新庄傅亿公支系：先祖傅亿公，祖籍江西省抚州府金谷县第三都抚溪里永丰社。明末崇祯年间迁入瓮安县，是下司、草圹分宗始迁祖。其后九代书香传世。谱载：“咸丰八年(1858)六月，吾随父叔寄居省城正本书院，在叔祖方坤家发现一手抄本(谱)，存放于叔父森荣处，后经整理：一世祖仕璋，二世祖万九……六世祖寿清，七世祖康三。以下十二世代六公生三子名：傅仕、傅伟、傅亿。傅仕字玉升，祠派五十三公，出贵州成家为归籍；傅伟字玉逸，祠派七十公。十五世傅沛、三十四世如释公字钦南。傅亿字寓舟，祠派七十一公。为贵州瓮安草塘下司傅氏先祖。”

字派：亿，商必如宗占。崇本泽嗣长，天元春永茂。家祥席先立，定国保安康。

2．草塘镇下司傅氏支系：先祖彦聪公，明末自江西临江府新余县十字街大桥头猪市巷徙居瓮安县草塘下司街河底下。

字派：占瞬良以金，文明应仕朝。国治恩宏栋，思维在石章。光祖显廷耀，先业永守昌。学儒锡珍璧，荣宗启瑞芳。泽裕培贤相，建定镇基帮。福厚家声远，德宽庆源长。

3．银盏、龙塘支系：先祖信祺公，祖籍临江府大桥头都司巷，于明朝末年，首迁入黔遵义桐梓，后转迁瓮安银盏，再迁入龙塘。至今已繁衍十四代，共 320 人。在当地曾为旺族，建造有祠堂，朝圣时耍龙灯最长有 120 节(代表 120 户)。

字派：天必应上，万世荣方，永发其祥。

4．银盏乡傅氏：先祖朝礼公系东乡必胜公之裔。居遵义四甲马村。祖有四兄弟：长龄公、长德公、长春公。长德公由遵义四甲马村迁徙重庆沙坪坝梁滩开基。长龄公于遵义四甲马村守祖坟，后裔迁居瓮安县银盏乡。

字派：晨致大朝应,长钟三希景，绅永尚万祥，国士起文明。自兴显家邦，作相崇三命，汉兴显云台。

5．中坪镇上坝、白沙乡龙门冲傅氏支系：先祖必胜公，石头署公之二十六世孙。珠湖棻公之十四代孙，迁南昌武宁县，明永乐时任四川荣昌县、新繁县事。时值苗民叛，公兴勤王师，平定川南，功封万户侯，食采于南川东乡坝万寿场，后裔分迁重庆、贵州遵义、正安土坪、兴仁、瓮安、盘县等地。

字派：必鼎添震永，廷良于慎国，应维忠体祖，以德开芝汝。光先思良相，文人继其所。梦卜贤才远，调元赞化溥。同登清朝时，待时应国辅。

6．木老坪乡、旧场傅氏支系旧坊：始迁祖傅奉成，祖籍江西省临江府猪市巷。已传十代，共 261 人。

字派：朝祖奉上学，登廷炳忠贞。家发基德大，永远绍光明。

7．老坟嘴乡关塘傅氏支系：

字派：朝中喻祖先，文学初开起。芝真广应元，帮国登龙再。

8．**建中镇贾楼傅氏支系**：始迁祖傅朝顺，清末由牛场曾家湾迁道坪桐木坪，民国年间迁贾楼。已传7代，共100人。

字派：朝廷成贞英。

9．**草塘镇小河山傅升公支系**：

字派：学应文左占，良朝正启光，天元春永茂，家祥锡先业，定国保安康。

10．**草塘镇新华傅氏支系**：分布于新华（岩们）、石家寨、后坡。清末有“铭”字辈入黔，居石家寨。原籍四川省北道潼川府乐至县崇仁乡八甲郎家沟黑竹湾。已传5代，共144人。

字派：国维于大兴，铭财昭德茂，方正炳家邦，源远流滚长，成立世克昌。

11．**草塘太平寨傅氏支系**：分布于太平寨，始迁祖傅银州。已传4代，共128人。

字派：梦显云中，崇德体仁。高曾重禄，永远朝廷。

12．**白沙乡傅氏支系**：

字派：洪泽九天登，大正上万世，荣宗启文昌，君恩清典士，定国永安邦。

13．**玉华乡太文傅氏支系**：始迁祖傅贵禄，祖籍江西省临江府新余县北外廿都福山分派遵义小里四甲。已传十二代，共300余人。

字派：国永世德玉，应发贵腾芳。天开文登正，朝廷显忠臣。

14．**天文镇平坝傅氏支系**：1795年从凯里迁思南，始迁祖未详。1863年从思南到余庆到瓮安。已传七代，共110人。

字派：朝应兴洪金士志家清。

15．**雍阳镇茅坡傅氏支系**：

字派：大文绍忠，国泰民安。

16．**平定营镇街上傅氏支系**：始迁祖傅元芳。已传六代，共33人。

字派：元国兴相臣世。

17．**木老坪乡新桥傅氏支系**：始迁祖傅永忠。祖籍江西宁都村乡新国村，1934年冬红军长征流落于此。已传四代，共38人。

字派：永锡钟华。

18．**木老坪乡街上傅氏支系**：已传五代，共36人。

字派：永在福厚。

19．**木老坪乡鸡爬坎傅氏支系**：始迁祖傅洪顺从湄潭迁到木老坪。已传五代，共36人。

字派：洪万银国云。

20．**岚关乡傅氏支系**：

字派：启才泽永有，道德自兴隆。成良家正大，光宗绍元昌。

21．建中镇茅坪傅氏支系：始迁祖傅利清。原籍江西，百余年前入黔住瓮安西门桥边，后迁建中茅坪。已传五代，共54人。

字派：利绍永龙秀成。

22．中坪镇茶坪傅氏支系：始迁祖傅万火。与白沙一支同。已传七代，共92人。

字派：洪泽九天登，大正上万世，荣宗启文昌，君恩清典士，定国永安邦。

23．中坪镇街上傅氏支系：祖籍江西临江府大桥头猪市巷。已传五代，共69人。

字派：成良元必，国大玉吉。天广昭干，立宗茂圆锡。

24．猴坊：已传十二代，共128人。

字派：商必如宗占，崇本泽世长，天元春永茂，家祥席先业（立），定国保安康。

25．对门寨、藕花塘：总人口450人。

字派：绍登全永，再兴光宗。

26．甘塘、柿花村、颜家寨：始迁祖傅元万。自四川泸州窟陇湾入黔，后居天文丁家寨，65年后迁甘塘等地至今。已传八代，共404人。

字派：朝廷祥德应，华光永世明。礼义家维贵，子贤在荣宗。国盛流芳远，天下定太平。

27．平定营五福：始迁祖傅正坤，从遵义迁入，住宅上道真。已传六代，共70人。

字派：正大芝伦启洪永长城。

28．珠藏荣院马路底：傅伦正、傅伦国后裔，于民国末至遵义三岔河迁居于此。已繁衍四代。

字派：伦华国才。

29．珠藏石榴山桃子湾：傅炳堂后裔，民国末至四川东道重庆府淳洲百里下四甲梨子坪。已繁衍四代。

字派：世兴能华泽，以炳国知汝。文光思礼相，桃红占代普。龙登诗书第，状元显奇才。

30．铜锣三窝凼：傅银成后裔，民国末至遵义龙坪冷水坪马柱头迁居于此。已繁衍四代。

字派：银世代云。

31．穿洞河：

字派：成开绍正。

三、贵定县

1．养马寨、傅家湾傅氏：

字派：陶建育贞定，举善尚登能。同兴共愿和，延远庆昌龙。

四、惠水县

1．三都镇傅姓一脉：

字派（老）：长仕国弼之应朝子元文启世泽光昭熙贤徙正成顺钦尧开宗敏秀荣耀

高超。

字派（新）：泽祖安国麒。

2．傅家敏支系：先祖从江西迁至贵州石阡，再迁至贵州惠水（原称定番）居住，唯有德字辈祖在惠水。

字派：其德洪应，文永家祥。善从宗泰，绥必增良。显耀光裕，振桂杨香。根深实茂，源远泽长。

五、长顺县

1．清河郡：

字派：国良茂雨兴，祖宗德泽长。家和仁孝友，世代启光昌。凤劝风廷栋，大海显明扬。

六、罗甸县

1．董王乡分支：先祖非城公，生五子，于清嘉庆年间，迁来四川省岳池县新场乡居住。长子国栋，占傅家大沟、上沟、牛马腾、吴家坝子、金银店；二子国柱，占中下沟、董家良子；三子国建，占养鹿山、高垭、界排；四子国茂，占柏树湾，削竹播占为业；五子国凤迁入贵州定番州（今惠水县）坪楼梯脚居住，由于各种原因又转迁打引乡居住，被土匪用辣子呛死在在半坡岩洞里，葬于茂降。生有一男叫正昭。正昭公生于贵州省贵阳府定番（今惠水县）金石狮所辖，小地名坪楼梯脚，生于 1850 年 9 月 26 日，殁于 1926 年八月初二，享年 76 岁。正昭公共有五个儿子，洪顺、洪发、洪兴，四子未知姓名，五子洪贵。至 2012 年底止，已繁衍九代，最年轻一代为恩字辈，共 432 人。主要聚居地为罗甸县董王乡。分布于贵州罗甸县、长顺县、惠水县，重庆市九龙坡区铜罐驿镇。

老字派：国良茂鱼兴，祖宗德泽长。家和仁孝友，世代启光昌。

续字派：国成真大，文霖纯昌，孝友一堂，朝廷恩厚，君正承梁，祖宗德广，桂茂兰芳，金玉人品，长发其祥，先辈创业，历尽艰险，继往开来，任重道远，精忠竭智，振兴中华，团结奉献，锦秀前程，亲族万年。

2．边阳傅氏：属重庆长寿良杰公派。承礼公由遵义府南乡忠庄里六甲天子宿迁贵州罗甸县边阳大坟冗然居住。罗甸罗暮乡胡家湾村田坳组傅氏现与天子宿合派。

字派：奇启世官义，益龙堂上虎。坐金安寅主，高胜须再正，长有福德。

3．边阳镇北成公傅氏：北成公，原籍湖北省黄州府麻城县孝感乡鹅掌大丘，明朝 1643 年被移民去四川武胜县新场乡（属岳池管辖），当年从湖北抽移四川的傅姓共 24 户，散居四川各地。1937 年三月，由第十代傅友春将儿子傅益顺带至罗甸县边阳镇落业定居。

字派：国成良大，文霖纯昌，孝友一堂，朝庭恩原。君政臣梁，祖宗德广，桂茂兰芳，金玉人品，长发其祥。

4. 傅永祥系：属黔西弼林公后裔。

字派：赉弼代予言，图求爰命辅。尔惟训乃志，式克绍而武。有备其永怀，攸居斯世美。对扬肇敏公，是用锡多纪。

七、龙里县

1. 醒狮镇傅氏支系：据传先祖傅天章与贵定落白河养马寨傅天其是弟兄。天章祖在醒狮镇传承辈代未详，但以后依家谱字辈当可靠无误，傅公大双生傅朝品（后人未详）、朝清，朝清生连芳、连凡（二人后人未详）。傅公连汝后人傅子朝、傅子忠、傅子臣弟兄三人均居醒狮镇。到荣字辈人丁兴旺。传承上十代，人口过百人。

字派：大朝连子荣，永光应华中，耀廷成先武，贞祥惠民良。

八、平塘县

1. 塘边镇拉龙傅氏支系：祖籍原来是湖广一带（现在湖南省兴阳县傅家大沟），康熙年间，移民入川，始祖傅祖松。

字派：国梁茂禹兴，祖宗德泽长。家和仁孝友，世代启光昌。奉行风廷栋，大海显明扬。

黔西南州

一、兴义市

1. 傅光辉一脉：始迁祖傅朝忠由遵义府首县（即遵义县）天旺里一甲大村篱上迁入，经单簿提到傅登第、傅虞书、傅虞贵、傅虞万、傅金、傅银等祖人。

字派：银朝，元永心之汝，光先思良将。（注：以前无字派，后沿袭正安傅氏字派）

2. 鸭谷田傅氏：先祖傅应品，祖籍重庆綦江傅家大院，文凤公之孙，明星公之子。清乾隆年间随父贸易，由重庆綦江县金银村傅家大院金竹湾入黔，在兴义县鸭谷田落业。是兴义县鸭谷田分宗祖。

3. 傅廷皆支系：清乾隆年间自四川綦江县傅家大院迁居湄潭。已传七代。

4. 文斌支系：先祖傅文斌三兄弟，祖籍云南昭通大树屯。文斌公自盘县傅家大槽子迁居到兴义市向村二组。

字派：红治开群英，国政永升平。先贤伟业荣，千秋万世春。

5. 敬南椿天平傅氏：1794 年，傅德华公因战乱由江西府（今樟树市）迁桐梓三春，后又迁兴义敬南椿天坪至今。

字派：乾阳月星照，坤山水云德。开国臣忠远，万世永崇仁。

二、普安县

1．东南支系：

字派：明万有登朝，光云天星顺。仕家永洪发，治国长丕盛。

2．巴山田支系：

字派：世。上德文应定，光明天星顺。思家永宏华，安国长辈胜。

3．团田支系：

字派：富朝天开启。明则有尚德，应定光烈（天）星顺。仕家永宏发，治国长丕盛。

4．地瓜七姊妹支系：

字派：云雨正良孟，维天元世德。清开旁志本，读值记为先。

5．城内南中路支系：

字派：中云兴能迁，正朝万华刚。

6．城郊芳草安支系：

字派：京臣林建洪，云万正家龙，平和兴光启。

7．窝沿木浪田支系：吾宗乃友德将军长子惟椿公后裔，明末清初，傅公兴甲，娶杨氏。从广东韶州府贸易至普安，后由普安兰花塘迁到窝沿乡铁厂居住，至今已传十一代。

字派：文绍定在昌，世清永发光。

8．新店乡细汆村支系：原籍遵义桐梓县东芸里七甲地九坝沟岩，启籍搬移贵州兴义府普安忠顺里阿歹甲，地名阿岗屯大坪地居住，现在地名新新店乡细汆村水洞组。

字派：则尚伟孔崇，希广万文国。天元尔之同，云中代予言。图求爰明辅，汝维训乃志。克纯祖武有，备其怀攸居。斯世美对扬，肇敏浩荣昌。

9．城内傅长福系：原籍福建省南安县金阔朵桥马前洋，后迁漳州市城内。祖傅子西生五子，长子仰信，次子文仁，余不详。父亲文仁因被抓壮丁，当兵后，1941 年落入普安定居，娶谢氏为偶，生有七男二女。长子长福、次子长友、三子长生、四子长林、五子长定、六子长春、七子长勇；长女长英、次女长学。到现在共有人口 30 多人。

福建南安晋江安溪傅姓一脉字派：夫卿理世，朝士侯伯。若维孙子，仰承懋绩。于以昭之，尚其有及。修和肇启，景瑞斯兴。裕文建武，奕冀恒升。

10．城郊东瓜组系：始祖是江西南山箐人氏。京席公（京入黔第一人）流落盘县朱洞居住（有京席公的坟墓在）。明朝初期，迁居普安白石安居，住了 20 多年，在清明节期间失火，奔普安城郊东瓜组，居住至今。现有京席公次子臣实公坟墓埋在白石岩。以下情况都清楚。已经十二代，现有人口 121 人。

字派：京臣林建宏，银万正家龙。平和兴光启，永朝定福中。

11．石头支系：碑文记载：傅在顺公本贵州省仁怀市人，于清道光三十二年迁居贵州省普安县楼下镇，小地名夹马石居住，婚配王氏。生有二子：傅良富傅良发。至今已发展至第八代，200 余人。

字派：在良元明德，汝维训乃志。式克绍而武，有备其永怀，攸居斯世美。

三、晴隆县

1．碧痕支系：

字派：则倘伟孔崇，希广万文国。天言耳之同，云忠代益元。图求爰明辅，汝惟乃志士。克纯祖武友，备其怀后悠。善良恭俭让，仁智礼义信。敦伦归厚禹，安邦发长春。

四、贞丰县

1．上寨傅氏：

字派：朝庭翰嗣新，国民庆泰平。福贵添美境，群乐颂阳升。

2．令盘、黄桶寨、烟登坡、纳秩傅氏：

字派：春来逢生，登国天顺。正应仕洪，华荣启盛。发达万代，永远长存。阳光普照，兰桂满庭。福禄双齐，伟业大兴。广学诗书，道德明显。仁志高贤，执掌乾坤。金玉辉跃。

3．纳泥田傅氏：

字派：万久登国仁，永正天恩光华。佳继祖荣贵，子和世代清。文明有大志，礼义尚书声。启顺元全锦，荣会绍吉祥。

4．龙塔、者坎傅氏：

字派：文作兴先安，益贵兆宗潘。克纯家声远，德泽配群环。

5．这吉、中场傅氏：

字派：伟大成正友，启应开国才。

6．龙场、雨柏傅氏：

字派：贵珍呈安仕。

五、兴仁县

1．傅国志支系：

字派：文耀诗礼乐，国安仁志启。

2．傅正昌、傅正友支系：祖籍南川东乡坝，为万户侯必胜祖第十六代孙，属于“以”字辈。后移居贵州桐梓县。清嘉庆年间贵州红白旗号军起义时，天朝公携但氏祖妣由桐梓县草鞋街（下街）避难迁入兴仁县居住，后代移居兴仁县潘家庄镇扯尼姑村核桃寨定居。天朝公生德顺（刘氏），德顺生治南（陈氏）。已经繁衍后裔十一代，约 150 人。

字派：必鼎添震永，廷良于慎国。世正能体祖，以德开之汝。光先思良相，文人继其所。梦卜贤才远，调元赞化浦。荣登大同世，待时应国辅。

黔东南自治州

一、凯里市

1．炉山镇：

字派：亨运祥开启，谟承烈敬守。清芬懋昭大，德仁树纲常。义炳勤业基，本立诚道臻。希哲隆庆纯，熙克宏贻泽。

二、锦屏县

1．高梅清河堂傅氏：原籍江西抚州金溪县狮子岩村。

字派：天元正孝文，有荣国世成。宗霖鸿毓廷，良沼永昌明。大朝恩情厚，修齐治平安。（注：原籍字派因苗叛，谱系丢失，讹称派发源：国正天心顺，官清民自安。忠厚家声远，诗书继世长。朝廷人文启，及弟状元郎。修盛龙凤舞，士大永荣昌）。

2．启蒙傅氏：

字派：国正天新胜，官清民自安。忠厚兴家远，诗书继世长（世代永荣昌），根培枝茂超。祖德勋功高，人文启万代英。

三、镇远县

字派：金昭国应天，士悦景朝玉。书颜锡庆德，茂友贤广大。

四、三穗县

1．字派：天有永耀成先德。

2．桐林区等溪乡高扣傅家湾：四川酉阳兴隆平傅长春迁至三穗。

字派：万世昌天成，大友辞和仁。木召盛丁鼎，清朝治安帮。三朝锡胜元，臣太文运长。克绍方先钰，益孟永立康。

第三节　贵州各支系字派辈代对照表

表 2

世系代次（第 1 世说公）	102	103	104	105	106	107	108	109	110	111	112	113	114	115	116	117	118	119	120	121	122	123	124	125	126	127	128	129	130	131	132	133	134	135	136	137	138
统一字派										溯	本	皇	帝	裔	玺	封	启	殷	朝	平	陆	显	圣	相	历	代	多	栋	梁	拥	君	谋	宏	计	图	民	福
江西珠湖字派	崇	希	广	万	文	国	赉	弼	代	予	言	图	求	爰	命	辅	尔	维	训	乃	志	式	克	绍	而	武	有	备	其	永	怀	攸	居	斯	世	美	对
遵义桐梓崇节公系	万	高	天	元	尔	之	同	宗	代	予	言	图	求	能	相	辅	臣	维	学	训	志	式	克	绍	文	武	有	备	其	永	怀	攸	居	斯	世	美	时
桐梓魁岩万干公系					万	作	良	文	宏	志	开	元	式	心	继	美	承	其	世	泽	善	守	全	模	易	明	圣	祖	玉	赐	贤	人	从	纯	必	正	舟
桐梓官仓万鼎公系					万	作	良	文	宏	志	开	元	式	心	继	美	承	其	世	泽	善	守	全	模	易	明	圣	祖	玉	赐	贤	人	从	纯	必	正	舟
桐梓万坤公系	加	兴	学	万	忠	光	文	单	洪	芝	子	在	良	元	正	耳	宗	世	代	荣	道	德	增	繁	茂	腾	芳	裕	后	昆	朝	廷	科	第	仲	魁	星
桐梓坡渡朝金公系					朝	山	旺	启	崇	之	荣	文	开	元	天	正	大	光	明																		
桐梓回龙必然公系	苏	登	之	爵	子	臣	明	钦	朝	安	应	寿	远	荣	诗	书	礼	义	立	德																	
桐梓金鹅、龙洞文霖公支系								筑	禄	尔	后	昆	昌	龄	守	斯	文	忠	贤	光	祖	德	仁	孝	振	家	声	力	作	方	知	世	行	成	在	令	名
桐梓小河芭蕉坝支系	高	永	忠	登	应	嘉	天	良	美	文	尚	天	能	应	永	正	国	朝	安																		
桐梓万坤、万章公系	有	坤	万	文	良	洪	绍	应	宗	支	碧	点	登	云	启	正	朝	发	大	世																	
遵义天子宿良杰公系			承	国	登	子	明	奇	荣	应	永	远	世	顺	有	天	长	耀	祖	光	宗	显	兴	正	贵	维	珍	兆	瑞	洪	开	选					
遵义尚嵇支系			时	成	永	洪	金	仲	正	国	华	明	遗	鼎	嘉	良	仕	绍	书	万	代	卿	桂	冠	可	慕	嘉	福	禄	寓	奋	发	博	学	深	思	行
遵义水井坎、张家沟支系				登	学	金	荣	应	贵	明	启	万	正	国	顺	天	良	再	永	坤	枝	发	仁	宣	世	锡	洋										
遵义洋水支系					振	开	文	启	忠	连	鸿	道	有	同	成	家	诗	礼	让	应	世	在	谦	恭	如	裕	前	修	茂	为	铭	祖	德	崇	光	明	培

续表 2

世系代次（第 1 世说公）	102	103	104	105	106	107	108	109	110	111	112	113	114	115	116	117	118	119	120	121	122	123	124	125	126	127	128	129	130	131	132	133	134	135	136	137	138
仁怀茅台支系	显	仁	大	朝	元	奇	国	正	世	上	永	子	孙	登	长	春	时	逢	攀	丹	桂	万	代	裕	祠	荣	祖	德	恩	泽	重	宗	功	培	植	梁	西
仁怀万坤公系	加	兴	学	万	忠	光	文	单	洪	芝	子	在	良	元	正	耳	宗	世	代	荣	道	德	增	繁	茂	腾	芳	裕	后	昆	朝	廷	科	第	仲	魁	星
仁怀万鼎公系	万	作	良	文	宏	志	开	元	式	心	继	美	善	于	全	模	易	明	圣	祖	玉	赐	贤	人	从	纯	必	正	舟	楫	远	行	驰	扬	环	宇	启
仁怀万义祖支系	崇	高	天	元	尔	之	同	宗	代	予	言	图	求	能	相	辅	臣	维	学	训	志	式	克	绍	文	武	有	备	其	永	怀	攸	居	斯	世	美	对
绥阳马蹄车支系					嘉	登	忠	芝		永	德	朝	钟	启	学	文	汝	贤																			
绥阳河沙台支系				明	应	天	尽	文	党	永	德	朝	承	体	先	少	光	达	大	正	从	家	真														
绥阳筲箕湾支系									良	陶	国	云	文	先	正	大	光	明	万	事	其	昌															
绥阳关口、重庆潼南支系							德	文	芝	见	礼	星	朝	钟	启	学	开	启	能	昌	龙																
绥阳石梁河支系							作	朝	祖	柳	先	有	远	钟	维	荣	光	明	大	派	文	学	安	培													
绥阳傅家寨支系									维	汝	灿	培	钟	泽	荣	国	安	邦	治	理	由	仁	井	家	新	义	祥	远	有	志	光	干	正	品	行		
绥阳傅家堡支系							应	伟	如	维	汝	灿	培	钟	荣	国	安	邦	治	义	犹	仁	其	家	斯	理	发	祥	远	有	志	光	干	正	品	行	
绥阳陶家沟系支系											克	旺	世	德	崇	玉	乐	启	高	宗	庆	应	兰	廷	远	朝	正	永	昌	隆							
绥阳茅垭支系												高	仕	光	克	文	国																				
绥阳城关支系							龙	绍	瑞	玉	万	世	兴	荣	凤	趾	呈	祥	联	辉	锡	庆															
绥阳上湾、角口村支系	添	振	永	廷	良	子	慎	国	立	心	能	体	祖	以	德	开	之	汝	裕	昆	思	良	相	仁	维	聚	其	所	同	登	清	朝	时	桃	园	占	化
绥阳乐村坡支系																应	祖	忠	恩																		
绥阳必胜祖系	震	嘉	邦	天	高	万	里	鹏	立	心	能	体	祖	以	德	开	芝	汝	光	恩	先	良	相	人	文	继	其	所	梦	卜	贤	才	远	调	元	赞	化
正安土坪支系				必	鼎	添	震	永	廷	良	于	慎	国	世	正	能	体	祖	以	德	开	之	汝	光	先	思	良	相	文	人	继	其	所	梦	卜	贤	才

续表 2

世系代次（第 1 世说公）	102	103	104	105	106	107	108	109	110	111	112	113	114	115	116	117	118	119	120	121	122	123	124	125	126	127	128	129	130	131	132	133	134	135	136	137	138
正安斑竹傅家湾支系				维	天	道	久	永	承	万	世	敏	达	长	水	修	立	英	华																		
凤岗土溪鱼泉支系		大	明	文	贤	举	国	士	正	朝	廷	惟	天	道	久	永	行	万	世	为	添	韬	九	免	型	宦	仕	敏	达	英	华						
余庆太平螺丝坝支系				万	兴	国	正	道	隆	廷	文	明	星	运	启	宗	周	保	吉	祥																	
余庆太平螺丝坝支系					大	德	泽	万	兴	国	正	道	隆	廷	文	明	兴	运	启	宗	周	保	吉	祥													
习水、赤水、叙永应龙公系				映	荣	长	国	之	思	洪	文	朝	廷	玉	名	华	宇	金	振	英	声	世	原	作	相	家	乃	为	霖								
习水傅辅臣、傅建明支系				今	天	同	道	耳	宗	代	余	言	图	麒	思	伦	象	辅	吉	建	得	平	安	龙	福	登	高	重	明	震	学	连	华	楴	文	师	喜
道真玉溪蟠溪支系							朝	良	国	之	应	廷	献	广	元	文	忠	贞	光	世	永	诗	书	玉	后	昆	友	吉	孝	家	盛	才	学	达	天	成	克
道真三江傅家山、龙凤头系							国	应	继	昌	奇	永	朝	良	学	仕	文	光	启	先	德	世	代	广	联	芳											
道真洛龙圈岩支系			项	庭	学	英	乐	之	国	正	天	春	锡	记	胜	恩	德	朝	尔	进	世	广	兴	隆	切	登	文	成	强	永	万	帮					
道真旧城镇槐坪村支系										诗	尔	继	世	茂	显	荣	宗	崇	德	体	泉	登	高	尚	智	远	望	朝	庭	尊	位	镇	禄	大	其	维	明
道真阳溪大路槽支系												文	星	宗	万	庆	汝	德	应	大	成	富	贵	从	天	许	玉	后	启	贞	祥						
道真忠信民星村支系									文	是	亨	应	万	世	奇	昌	金	玉	满	堂																	
道真大阡土城坝支系											元	文	德	庆	炳	国	朝	世	相	家	忠	孝	以	为	本	光	必	大	荣	华							
道真平模镇顺河支系					良	应	尔	上	光	宗	秀	文	洪	志	仕	显	荣	庭	永	启	后	明	杨	广	川	遗	万	代	思	江	佑						
道真玉溪茅香坡支系															真	大	国	祥	玉																		
道真洛龙丁氏坝支系															荣	华	奇	春	*																		
道真旧城镇关坝堡上组支系										深	尔	记	世	安	帮	荣	宗	崇	德	体	仁	登	高	尚	自	永	远	朝	庭	曾	位	纵	禄	大	启	文	明
道真旧城镇关坝红子坝支系										真	位	世	世	茂	显	荣	宗	崇	德	体	仁	深	尔	进	仕	永	远	朝	廷								

续表 2

世系代次（第 1 世说公）	102	103	104	105	106	107	108	109	110	111	112	113	114	115	116	117	118	119	120	121	122	123	124	125	126	127	128	129	130	131	132	133	134	135	136	137	138
道真阳溪四平村刘家园支系																	树	贵	显	*																	
道真阳溪龙台村杨家楼支系												庭	于	忠	治	国	家	以	孝	继	宗	祖	维	思	念	学	光	先	德	永	世	昌	汝	基			
道真阳溪龙台生基塘支系																	根	德	福	克																	
道真三桥桥塘村支系							朝	国	进	天	洪	方	良	昆	正	应	伯	立	显	神	宗	神	宗														
道真三桥新生村支系	文	星	天	国	正	良	学	太	宗	应	朝	廷	世	在	长	法	贵	友	明	杨																	
务川砚山、大坪、柏村支系						思	尔	济	世	梦	显	荣	宗	崇	德	体	全	登	高	尚	智	大	启	维	明	贞	位	仲	禄	永	耀	朝	廷				
务川分水乡傅家湾支系						万	再	济	世	茂	显	荣	宗	崇	德	体	仁	登	高	尚	志	永	耀	朝	廷												
务川都濡城区自铜仁部分						思	耳	继	仕	安	邦	荣	宗	崇	德	体	全	登	高	尚	志	永	耀	朝	廷	余	万	之	科								
务川红丝支系										维	崇	忠	尔	杰	世	茂	德	安	贤	登	高	尚	志	福	永	耀	佐	朝	廷								
湄潭黄家坝支系			应	知	红	文	登	元	中	秀	朝	廷	仕	代	兴	明	国	家	有	孝	为	先															
毕节七星关支系	辅	朝	纲	圣	地	梦	贤	相	宏	泽	仁	世	芳	元	明	枝	绍	汉	善	业	振	家	声	观	国	人	文	焕	翔	联	必	泰	亨				
七星关阑祖系						万	崇	廷	登	思	君	国	元	永	正	朝	天	伦	长	明	大	道	光	宗	远	文	章	启	世	庆	昌	荣					
七星关对坡系									万	代	世	永	昌	秉	忠	明	枝	绍	汉	修																	
七星关雷祖系							天	国	秉	民	起	文	永	开	明	枝	绍	汉	善	业	振	家	声														
七星关霄祖系							良	商	夔	选	抡	德	中	元	明	枝	绍	汉	善	业	振	家	声														
七星关古达系							良	商	夔	弘	天	举	朝	正	发	祯	枝	绍	汉	钦	儒																
七星关玉夔系							良	商	夔	凌	尔	民	永	於	朝	纲	圣	帝	梦	贤	相																
七星关帅夔系							良	商	夔	选	贤	维	永	本	朝	枝	绍	汉	善	业	振	家	声														

续表 2

世系代次（第 1 世说公）	102	103	104	105	106	107	108	109	110	111	112	113	114	115	116	117	118	119	120	121	122	123	124	125	126	127	128	129	130	131	132	133	134	135	136	137	138
七星关吉场系								国	教	悦	廷	德	文	洪	光	枝	绍	汉	善	业	振	家	声														
七星关镇雄排行								高	应	天	英	维	敞	学	文	枝	绍	汉	修	业	宪	先	声														
七星关则雄支系							国					德		敞	文	学	世	大	臣	国	开	万	能	有	恩	德	发	远	才	高	至	久	长				
大方居乐系													朝	仕	声	名	振	光	宗	世	泽	荣	人	才	怀	国	相	莲	会	永	时	清					
大方在拱九云公系									九	尚	应	传	朝	思	元	国	正	天	兴	顺	与	吉	祥	长	发	太	平	安	恭	敬	仁	伦	厚				
大方王洪屯支系							良	商	夔	选	伦	德	中	辅	朝	纲	圣	帝	梦	贤	相	弘	泽	仁	世	芳	国	正	天	星	吉	永	远	传	书	香	
大方白马山支系									琦	登	坤	以	廷	朝	玉	明	枝	绍	汉	善																	
大方飞雄新基支系														元	鹏	枝	万	顺	善	言	振	家	声	光	辉	人	文	焕	翔	联	必	泰	亨				
大方竹园德基支系														元	鹏	枝	万	顺	善	叶	振	家	声	观	光	人	文	焕	翔	联	必	泰	亨				
大方牛场支系													永	美	廷	应	恩	洪	绍	汉	善																
大方文阁、猫场支系														元	明	枝	绍	汉	善	业	振	家	声	观	国	人	文	焕	翔	联	必	泰	亨				
大方新场、甘棠支系											林	启	国	芝	从	永	开	文	应	洪	诗	书	道	德	远	祯	祥	世	兴	隆							
大方毕阳支系												国	正	天	星	顺	官	清	民	自	安	孝	克	贤	忠	美	德	厚	福	永	宽						
大方星宿支系							兴	应	光	显	朝	廷	攀	国	太	平	安	邦	兰	定	柱	崇	开	道	启	明	德	惠	智	惟	昌	永	茂	盛	盛	麒	麟
大方黄泥青杠支系									光	尚	文	经	庭	泽	耀	宗	德	洪	开	立	正	道	思	建	芳	名	国	运	兴	世	显	荣	昌	永	克	绍	
大方黄泥朝门支系									白	举	良	文	康	君	开	兆	荣	耀	友	德	应	世	显	永	远	守	正	道									
大方元岩支系		治	喜	元	德	发	启	芝	绍	明	春	林	茂	仕	洪	选	汝	国	朝	科	季	宪	宗	加	喜	庆	福	禄	远	长	青	光	绪	承	业	厚	世
大方在拱支系									九	尚	应	传	朝	思	元	国	正	天	兴	顺	与	吉	祥	长	发	太	平	安	常	咏	祖	恩	远	理	智	誉	坤

续表 2

世系代次（第 1 世说公）	102	103	104	105	106	107	108	109	110	111	112	113	114	115	116	117	118	119	120	121	122	123	124	125	126	127	128	129	130	131	132	133	134	135	136	137	138
大方雨冲支系									登	凤	达	之	进	文	连	德	开	天	国	安	曾	廷	统	永	镇	大	清	权									
大方大山支系											朝	司	元	庭	登	国	正	如	光	清	家	贫	出	孝	顺	世	代	永	乾	坤							
大方城北支系												文	高	万	炳	天	世	泽	永	绵	延	诗	书	登	龙	第	道	义	习	福	全						
大方民乐支系		元	明	之	万	顺	得	永	辅	朝	纲	全	才	是	天	应	开	国	大	光	昌	登	凤	之	从	伦	文	应	德	开	天	国	恩	新	惠	正	尧
大方安化支系													国	永	承	炳	宪	德	兴	万	发	强	仁	洪	恩	会	泽										
大方城西支系										国	朝	德	胜	天	兴	顺	绍	元	相	长	泽	文	明	开	道	世	代	永	心	克	昌	觉	跃				
黔西傅治华支系	崇	希	广	万	文	国	赉	弼	代	予	言	图	求	爰	命	辅	尔	维	训	乃	志	式	克	绍	而	武	有	备	其	永	怀	攸	居	斯	世	美	对
黔西羊场国仁公支系						国	黔	传	永	美	文	应	恩	德	兴	万	贵	显	民	安	顺	定	立	重	正	远	会	泽	忠	祥	诗	义	祯	洪	韵	广	学
黔西城关上马傅绍全支系								淘	鸿	德	文	光	少	启	桂	书	香	忠	厚	传	家	宝	朝	廷	立	纲	常										
黔西大关关心支系													尚	朝	世	正	元	明	新	学	焕																
黔西瑶坪伦林公支系											林	启	国	芝	从	永	开	文	应	洪	诗	书	道	德	远	祯	祥	世	兴	隆							
黔西傅恩贤支系												国	恩	欣	庭	盛	永	茂	正	荣	昌	家	运	承	祖	德	万	世	显	芳	华						
黔西甘棠傅启伦支系	先	德	泽	文	朝	天	应	昌	在	良	元	银	启	家	国	明	治	理	显	庆	荣	华	正	盛	世	聊	科	举									
黔西林泉傅克儒支系								爵	芝	荣	朝	永	必	维	文	正	彬	克	守	明	先	绪	忠	居	祖	武	纯	大	起	家	声	远	光	昭	世	泽	新
黔西傅家平支系													家	起	源	在	清	河	长	远	有	根	基	江	佑	喜	重	庆	忠	黔	定	金	碧	胤	嗣	承	国
百管委戛木、龙塘支系									九	尚	应	廷	朝	思	元	国	正	天	兴	顺	与	吉	祥	长	发	太	平	安	恭	敬	仁	伦	厚	礼	智	定	金
百管委化窝傅定学支系					祥	美	于	贞	应	玉	正	开	国	定	天	万	代	兴	忠	厚	传	家	纯	祖	武	贤	明	治	世	启	乾	坤					
金沙九云公支系									九	尚	应	传	朝	思	元	国	正	天	兴	顺	与	吉	祥	长	发	太	平	安	恭	敬	仁	伦	厚				

续表 2

世系代次（第 1 世说公）	102	103	104	105	106	107	108	109	110	111	112	113	114	115	116	117	118	119	120	121	122	123	124	125	126	127	128	129	130	131	132	133	134	135	136	137	138
金沙傅传耀支系			廷	纪	汝	大	玉	我	其	庭	怀	说	传	家	之	至	德	清	河	有	世	泽	文	章	可	华	国	良	相	人	天	赐	先	人	举	自	商
金沙太平乡支系										兴	庭	开	天	应	德	泽	照	书	香	安	邦	坐	栋	梁													
金沙思益公支系			思	应	相	仲	传	弘	国	文	永	朝	正	开	德	义	启	才	士	远	明	高	克	勤	修	身	理	万	代	留	金	银					
金沙傅安昭支系				兴	应	光	显	朝	廷	攀	国	太	平	安	邦	兰	定	贵	从	开	道	启	明	德	惠	智	惟	昌	永	茂	盛	麒	麟				
织金傅长文、傅报和支系	行	万	世	维	方	学	从	大	永	作	培	源	长	报	国	家	声	远	忠	厚	启	文	章	俊	杰	才	智	显	举	世	齐	观	光	德	正	天	顺
织金实兴支系	达	英	华	维	方	学	从	大	永	作	培	源	长	报	国	家	声	远	忠	厚	启	文	章	俊	杰	才	智	显	举	世	齐	观	光	德	正	天	顺
纳雍新房以角支系		万	高	天	良	珣	梦	宗	代	予	言	图	成	福	国	泰	永	向	朝	廷	显	文	崇	玉	德	贤											
赫章傅培良支系	元	万	宗	国	永	远	昌	泰	万	代	洪	光	培	桂	荣	崇	鼎	师	兆	霖	维	臣	继	芳	才	广	正	锦	德	云	浩	元	万	宗	国	永	
赫章则維德谦祖支系											抡	德	老	启	文	学	世	大	臣	国	开	万	能	有	恩	德	法	远	才	高	至	久	长				
赫章县朱明支系													国	登	应	文	人	维	启	廷	永	钦	发	再	明	朝	梦	万	盛	有	余	龄					
威宁羊街子傅永支系										太	国	登	裕	文	维	启	廷	永	青	长	发	如	意	茂	万	盛	有	余	零								
威宁羊街子兴盛公系																				肇	启	昌	庆	远	近	贤	良	克	全	忠	孝	帮	家	之	光	大	才
威宁二塘傅灿斌支系	崇	希	德	通	学	梦	铉	维	汝	灿	培	忠	朝	廷	久	正	钟	泽	果	光	增	镇	洪	东	辉	在											
威宁朝佐公支系	铭	良	仁	世	方	敬	乔	传	承	祖	佐	润	树	源	业	云	贵	得	吉	昌	玉	强	生	枝	茂	学	仕	英	泽	远	怀	志	立	新	功	继	
威宁彬侯支系	启	仕	元	心	作	世	国	佳	成	衷	孝	可	传	家	远	绍	先	祖	繁	常	开	吉	蒂	花													
威宁双龙支系										继	尔	应	思	国	朝	起	廷	开	家	昭	正	文															
威宁友德金相支系							万	金	高	尚	发	呈	显	国	兴	正	学	仕	诗	彰	孟	体	尧	舜	殷	汤	为	武	周	志	永	煜	太	平	景	张	若
威宁友德万成支系							万	金	高	尚	发	文	廷	朝	兴	正	学	仕	昌	佩	泽	铭	良	灿	为	奇	国	美	先	登	瑞	家	祥	再	立	中	安

续表 2

世系代次（第 1 世说公）	102	103	104	105	106	107	108	109	110	111	112	113	114	115	116	117	118	119	120	121	122	123	124	125	126	127	128	129	130	131	132	133	134	135	136	137	138
威宁友德子敬支系											文	朝	森	来	高	爵	藩	明	梦	国	朝	杨	有														
威宁猴场洞口友德支系														云	雨	正	良	梦	维	怀	元	德	试	畅	舒	昭	秀	丽	祥	光	焕	明	新	芳	腾	兰	如
贵阳南明傅汝吉支系														礼	德	开	芝	汝	光	先	思	良	相	世	时	运	国	普									
贵阳傅贵林支系	昌	明	理	学	近	效	时	贤	远	宗	先	觉	志	贵	崇	高	品	宜	超	卓	忠	厚	传	家	文	章	华	国	光	裕	为	怀	显	荣	禄		
花溪新井村	善	宗	柏	万	国	应	嘉	登	行	大	恩	廷	永	绍	盛	如	祥	玉	招	明	世	必	兴	曹	天	宏	正	志	荣	顕	土	维	新				
乌当傅家湾傅其春支系					起	载	怀	大	金	兴	朝	正	其	文	继	美	诗	书	盛	光	照	奇	治	勋	登	伦	善	崇	本	持	家	尚	克	勤	同	宗	庆
白云沙文支系													志	念	师	先	正	修	乃	熙	祖	章	敏	怀	宗	文	广	道	积	培	庆	昌	明	显	天	开	发
清镇王庄支系														廷	万	启	文	明	新	学	焕																
清镇卫城南门、星光系															熙	乾	坤	明	新	学	焕																
清镇卫城坪寨治山公系									治	起	崇	之	文	开	元	世	景	正	新	学	焕	贤	方	万	卉	书	英	美	明	俊	国	恒	永	泽	沛	杰	昌
修文电公支系				闲	电	配	应	大	沛	坤	文	启	明	秉	承	联	德	绍	先	绪	科	第	林	元	强	声	守	卫	胜	志	和	全	成	开	国	泰	希
修文霄公支系														元	明	枝	万	顺	善	业	振	家	声	观	国	人	文	焕	翔	联	必	泰	亨				
修文儒公支系				闲	儒	国	高	应	天	文	仁	维	启	庭	永	钦	发	再	明	朝	位	第	林	元	强	声	守	卫	胜	志	和	全	成	开	国	泰	希
六盘水钟山大湾支系	万	恒	公	伯	子	世	锡	振	家	声	文	德	成	显	泽	诗	书	易	后	昆	四	大	成	功	祖	威	宁	传	大	道	开	国	选	精	英		
钟山傅良栋支系	凤	贤	兴	纪	闲	霄	良	翼	理	万	仙	得	时	林	明	升	绍	汉	修	业																	
钟山大湾傅瑶支系													金	启	文	学	世	印	大	成	国	开	思	恩	占	明	远	云	高	祖	德	长					
六枝新场支系	开	垂	韶	佐	起	国	天	大	金	洪	元	廷	文	应	锡	尚	仕	登	朝	时	中	宣	兴	正	学	永	绍	得	光	荣	太	清	恩	泽	厚	显	耀
六枝新场正车支系				云	雨	正	良	梦	维	怀	元	德	试	敏	达	英	华	畅	舒	昭	秀	丽	祥	光	焕	日	新										

续表 2

世系代次（第 1 世说公）	102	103	104	105	106	107	108	109	110	111	112	113	114	115	116	117	118	119	120	121	122	123	124	125	126	127	128	129	130	131	132	133	134	135	136	137	138
六枝猴场洞口惟椿支系								云	雨	正	良	梦	维	怀	元	德	士	畅	舒	昭	秀	利	祥	光	焕	明	新	芳	腾	兰	如	桂	馨	香	入	阶	庭
盘县柏果真龙支系									世	汉	天	尚	有	成	应	金	玉	开	宗	盛	朝	兴	大	明	国	士	隆	钟									
盘县珠东大槽子支系	永	廷	良	于	慎	国	以	汝	云	正	文	民	帮	国	家	兴	德	修	育	大	泽	勤	业	永	贵	珍	忠	昭	仁	智	显	光	耀	著	作	春	胤
盘县两河敬公支系									盛	文	上	选	以	潮	襄	克	正	邦	家	必	自	强	祖	德	宗	功	成	大	业	荣	华	百	世	庆	其	昌	渊
盘县、富源后所摩支系	真	明	亮	康	壮	任	坦	行	世	连	天	尚	有	成	文	金	玉	兴	洪	发	子	登	瑞	德	泽	应	祥	祯	春	秋	永	作	胜	毓	仕	昌	灿
水城宗亨公系	崇	希	广	万	文	国	赉	弼	代	予	言	图	求	爰	命	辅	尔	维	训	乃	志																
水城傅一平支系											朝	庭	开	科	选	一	定	中	名	扬	世	代	登	金	榜	永	远	作	栋	梁							
水城米箩倮么支系								应	嘉	天	进	朝	金	文	有	学	绍	国	正	世	吾	定	中	知													
水城比德红旗果佐猓支系	开	垂	昭	佐	启	国	天	大	金	洪	元	廷	文	应	锡	尚	仕	登	朝	时	忠	先	兴	政	学	永	绍	德	荣	光	太	清	思	泽	厚	显	耀
水城万福宗超公系						之	同	宗	代	予	言	图	求	爰	命	辅	尔	维	训																		
安顺西秀西门支系										光	培	文	永	盛	安	国	启	士	元	明	成	金	玉	德	荣	乃	绍	先	烽	华	基	品	义	忠	孝	和	安
西秀南门支系								天	永	兴	帮	选	贤	臣	周	文	国	有	道	世	民	得	太	平													
关岭板贵支系							登	国	天	兴	顺	朝	庭	太	应	忠	仁	义	啓	仕	祚	永	远	在	洪	中	值	居									
普定城关傅廷碧、大宪支系												朝	廷	显	大	用	儒	维	席	上	珍	德	尚	家	声	远	诗	书	启	人	文						
铜仁碧江十家坪支系						宗	祖	再	汝	朝	廷	仕	国	家																							
同仁石阡花桥					仲	中	国	良	奇	登	维	云	廷	应	朝	镇	显	光	明	治	有	德	人	心													
松桃傅一川支系					朝	国	名	第	开	承	士	世	正	应	显	达	荣	光	宗	绪																	
印江塘瓷寨支系									大	有	慈	和	仁	万	胜	昌	天	成																			

续表 2

世系代次（第 1 世说公）	102	103	104	105	106	107	108	109	110	111	112	113	114	115	116	117	118	119	120	121	122	123	124	125	126	127	128	129	130	131	132	133	134	135	136	137	138
沿河瓦窑坪支系									万	以	昌	天	承	大	有	慈	和	仁																			
黔南福泉曾家湾傅绍书支系	炎	好	爵	年	祖	宗	启	应	登	其	朝	廷	绍	纪	英	贤	远	庆																			
瓮安草塘亿公系			亿	商	必	如	宗	占	崇	本	泽	嗣	长	天	元	春	永	茂	家	祥	席	先	立	定	国	保	安	康									
瓮安草塘彦聪公系				彦	占	瞬	良	以	金	文	明	应	仕	朝	国	治	恩	宏	栋	思	维	在	石	章	光	祖	显	廷	耀	先	业	永	守	昌	学	儒	锡
瓮安银盏、龙塘支系			信			天	必	应	上	万	世	荣	芳	永	发	其	祥																				
瓮安银盏支系	晨	致	大	朝	应	长	钟	三	希	景	绅	永	尚	万	祥	国	士	启	文	明	自	兴	显	家	邦	作	相	崇	三	命	汉	兴	显	云	台		
瓮安上坝、白沙龙门冲支系	震	永	廷	良	于	慎	国	应	维	忠	体	祖	以	德	开	芝	汝	光	先	思	良	相	文	人	继	其	所	梦	卜	贤	才	远	调	元	赞	化	溥
瓮安木老坪、旧场支系				朝	祖	奉	上	学	登	廷	炳	忠	贞	家	发	基	德	大	永	远	绍	光	明														
瓮安老坟嘴关塘支系												洲	启	朝	中	喻	祖	先	文	学	初	开	起	芝	真	广	应	元	帮	国	登	龙	再				
瓮安建中贾楼										朝	廷	成	贞	英																							
瓮安草塘傅升公支系								学	应	文	左	占	良	朝	正	启	光	天	元	春	永	茂	家	祥	锡	先	业	定	国	保	安	康					
瓮安草塘新华支系							国	维	于	大	兴	铭	才	昭	德	茂	方	正	炳	家	邦	源	远	流	滚	长	成	立	世	克	昌						
瓮安太平寨支系								梦	显	云	中	崇	德	体	仁	高	曾	重	禄	永	远	朝	廷														
瓮安白沙支系	洪	泽	九	天	登	大	正	上	万	世	荣	宗	启	文	昌	君	恩	清	典	士	定	国	永	安	邦												
瓮安玉华太文支系				国	永	世	德	玉	应	发	贵	腾	芳	天	开	文	登	正	朝	廷	显	忠	臣														
瓮安天文平坝支系							朝	应	兴	洪	金	士	志	家	清																						
瓮安雍阳茅坡支系											大	文	绍	忠	国	泰	民	安																			
瓮安平定营街上										元	国	兴	相	臣	世																						

续表2

世系代次（第1世说公）	102	103	104	105	106	107	108	109	110	111	112	113	114	115	116	117	118	119	120	121	122	123	124	125	126	127	128	129	130	131	132	133	134	135	136	137	138
瓮安木老坪新桥支系												永	锡	钟	华																						
瓮安木老坪街上支系												永	在	福	厚																						
瓮安木老坪鸡爬坎支系											洪	万	银	国	云																						
瓮安岚关支系									启	才	泽	永	有	道	德	自	兴	隆	成	良	家	正	大	光	宗	绍	元	昌									
瓮安建中茅坪支系											利	绍	永	龙	秀	成																					
瓮安中坪茶坪支系	洪	泽	九	天	登	大	正	上	万	世	荣	宗	启	文	昌	君	恩	清	典	士	定	国	永	安	邦												
瓮安中坪街上支系			成	良	元	必	国	大	玉	吉	天	广	昭	干	立	宗	茂	圆	锡																		
瓮安猴坊支系				商	必	如	宗	占	崇	本	泽	世	长	天	元	春	永	茂	家	祥	席	先	业	定	国	保	安	康									
瓮安对门寨、藕花塘支系									绍	登	全	永	再	兴	光	宗																					
瓮安甘塘、柿花支系										朝	庭	祥	德	应	华	光	永	世	明	礼	义	家	维	贵	子	贤	在	荣	宗	国	盛	流	芳	远	天	下	定
瓮安平定营五福支系										正	大	芝	伦	启	洪	永	长	城																			
瓮安穿洞河											成	开	绍	正																							
贵定养马寨、傅家湾支系								陶	建	育	贞	定	举	善	尚	登	能	同	兴	共	愿	和	延	远	庆	昌	龙										
惠水三都							长	仕	国	弼	之	廷	应	朝	子	元	文	启	世	泽	光	昭	熙	贤	徙	正	成	顺	钦	尧	开	宗	敏	秀	荣	耀	高
罗甸董王支系	启	光	昌	国	成	真	大	文	霖	纯	昌	孝	友	一	堂	朝	廷	恩	厚	君	正	承	梁	祖	宗	德	广	桂	茂	兰	芳	金	玉	人	品	长	发
罗甸边阳支系									奇	启	世	官	义	益	龙	堂	上	虎	坐	金	安	寅	主	高	胜	须	再	正	长	有	福	德					
罗甸边阳北成公系				国	成	良	大	文	霖	纯	昌	孝	友	一	堂	朝	庭	恩	原	君	政	臣	梁	祖	宗	德	广	桂	茂	兰	芳	金	玉	人	品	长	发
罗甸傅永祥支系							赉	弼	代	予	言	图	求	爰	命	辅	尔	惟	训	乃	志	式	克	绍	而	武	有	备	其	永	怀	攸	居	斯	世	美	对

续表 2

世系代次（第 1 世说公）	102	103	104	105	106	107	108	109	110	111	112	113	114	115	116	117	118	119	120	121	122	123	124	125	126	127	128	129	130	131	132	133	134	135	136	137	138
龙里醒狮支系									大	朝	连	子	荣	永	光	应	华	中	耀	廷	成	先	武	贞	祥	惠	民	良									
平塘塘边镇拉龙支系				国	梁	茂	禹	兴	祖	宗	德	泽	长	家	和	仁	孝	友	世	代	启	光	昌	奉	行	风	廷	栋	大	海	显	明	扬				
黔西南兴义傅光辉支系																	银	朝	元	永	心	之	汝	光	先	思	良	将									
兴义文斌支系											红	治	开	群	英	国	政	永	升	平	先	贤	伟	业	荣	千	秋	万	世	春							
兴义敬南椿天平支系							乾	阳	月	星	照	坤	山	水	云	德	开	国	臣	忠	远	万	世	永	崇	仁											
普安东南支系								明	万	有	登	朝	光	云	天	星	顺	仕	家	永	洪	发	治	国	长	丕	盛										
普安巴山田支系										世	上	德	文	应	定	光	明	天	星	顺	思	家	永	宏	华	安	国	长	辈	胜							
普安团田支系				富	朝	天	开	启	明	则	有	尚	德	应	定	光	烈	星	顺	仕	家	永	宏	发	治	国	长	丕	盛								
普安地瓜七姊妹支系					云	雨	正	良	孟	维	天	元	世	德	清	开	旁	志	本	读	值	记	为	先													
普安窝沿木浪田支系														文	绍	定	在	昌	世	清	永	发	光														
普安新店细余村支系	国	天	元	尔	之	同	云	中	代	予	言	图	求	爱	明	辅	汝	维	训	乃	志	克	纯	祖	武	有	备	其	怀	攸	居	斯	世	美	对	扬	肇
普安县楼下镇石头支系支系												在	良	元	明	德	汝	维	训	乃	志	式	克	绍	而	武	有	备	其	永	怀	攸	居	斯	世	美	
晴隆碧痕支系	国	天	言	耳	之	同	云	忠	代	益	元	图	求	爱	明	辅	汝	惟	乃	志	士	克	纯	祖	武	友	备	其	怀	后	悠	善	良	恭	俭	让	仁
贞丰上寨支系											朝	庭	翰	嗣	新	国	民	庆	泰	平	福	贵	添	美	境	群	乐	颂	阳	升							
贞丰令盘黄桶烟登纳秩支系				春	来	逢	生	登	国	天	顺	正	应	仕	洪	华	荣	啓	盛	发	达	万	代	永	远	长	存	阳	光	普	照	兰	桂	满	庭	福	禄
贞丰纳泥田支系						万	久	登	国	仁	永	正	天	恩	光	华	佳	继	祖	荣	贵	子	和	世	代	清	文	明	有	大	志	礼	义	尚	书	声	启
贞丰龙塔、者坎支系										文	作	兴	先	安	益	贵	兆	宗	潘	克	纯	家	声	远	德	泽	配	群	环								
贞丰这吉、中场支系											伟	大	成	正	友	啟	应	开	国	才																	

续表 2

世系代次（第 1 世说公）	102	103	104	105	106	107	108	109	110	111	112	113	114	115	116	117	118	119	120	121	122	123	124	125	126	127	128	129	130	131	132	133	134	135	136	137	138
贞丰龙场、雨柏支系															贵	珍	呈	安	仕																		
兴仁傅正昌、傅正友支系				必	鼎	添	震	永	廷	良	于	慎	国	世	正	能	体	祖	以	德	开	之	汝	光	先	思	良	相	文	人	继	其	所	梦	卜	贤	才
黔东南凯里炉山支系												亨	运	祥	开	启	谟	承	烈	敬	守	清	芬	懋	昭	大	德	仁	树	纲	常	义	炳	勤	业	基	本
锦屏启蒙支系						国	正	天	心	顺	官	清	民	自	安	忠	厚	家	声	远	诗	书	继	世	长	根	培	枝	茂	超	祖	德	勋	功	高	人	文
镇远支系	金	昭	国	应	天	士	悦	景	朝	玉	书	颜	锡	庆	德	茂	友	贤	广	大																	
三穗支系										天	有	永	耀	成	先	德																					
三穗桐林等溪傅家湾支系									万	世	昌	天	成	大	友	辞	和	仁	木	召	盛	丁	鼎	清	朝	治	安	帮	三	朝	锡	胜	元	臣	太	文	运
四川威远傅锡坝支系	启	谟	承	烈	敬	守	清	芬	懋	昭	大	德	仁	树	纲	常	义	秉	勋	业	基	本	立	诚	道	臻	希	哲	隆	庆	纯	熙	克	宏	贻		
巴南界界镇友德公系支系	万	世	梦	维	云	雨	正	良	茂	维	怀	元	德	试	光	大	定	帮																			
巴南石龙镇友德公系支系	万	世	梦	维	云	汝	正	良	茂	唯	怀	元	德	试	方	廷	富	贵																			
綦江崇节祖天钺公系	崇	高	天	良	绚		梦	中	代	予	言	图	成	福	国	泰	永	向	朝	廷	显																
沙坪坝德言公系支系	崇	希	德	通	学	梦	铉	维	汝	灿	堂	金	源	本	炳	培	钟	泽	果	光																	
江津太清公系支系	崇	秉	伯	天	挺	山	可	玉	思	礼	文	应	金	作	世	怀	能	茂	光	先																	
万盛区必胜公系支系	添	震	永	嘉	言	耀	尔	宗	立	心	能	体	祖	以	德	开	之	汝	光	先																	
綦江必荣公系支系	以	思	仁	仕	尚	大	万	若	九	良	忠	荣	贤	才	元	永	镇	国	太	守																	
綦江子爵公系支系	永	子	进	启	金	元	文	明	应	廷	安	光	自	辉	国	世	任	作	永	荣																	
沙坪坝朝礼公系支系	天	晨	致	大	朝	应	长	钟		希	景	系	永	尚	万	祥	国	士	启	文																	
綦江正国祖系支系	永	忠	云	应	嘉	天	良	誉	文	尚	天	能	应	永	正	国	朝	安	雨	大																	

续表2

世系代次（第1世说公）	102	103	104	105	106	107	108	109	110	111	112	113	114	115	116	117	118	119	120	121	122	123	124	125	126	127	128	129	130	131	132	133	134	135	136	137	138
巴南石滩镇必谦祖系支系	魁	尧	尚	朝	可	启	玉	文	克	永	正	大	光	明	佐	君	怀	忠	纯	化																	
巴南姜家镇必谦公系支系	永	忠		应	嘉	天	良	世	尔	子	之	大	光	明	宗	正	启	候	昆	天																	
江北天相公系支系	永	忠		应	嘉	天	元	尔	子	宗	代	予	言	源	接	浦	思	祖	德	增																	
云南曲靖沾益桃园支系支系		朝		来	高			明	梦	国	朝	润	友		登	秉	佳	照	正	文	仁	義	礼	智	顺	天	良	荣	华	昌	怀	志	德	永	盛	诚	信

第六章　珠湖外迁

第一节　珠湖谱记迁贵州人名录

弼睢：赉化长子，行一；生于大清乾隆二十六年（1761）六月十九巳时，商贵州。

赉颛：国道五子，行五；又名王美，生于大清康熙五年（1666）二月十一申时，寓贵州永宁州龙场营，殁于康熙五十六年（1717）二月初七殡归烟霞山；娶邓氏，生殁未详；侧室那氏；子一：幼仍居贵州永宁州龙场营记此以俟此子之后归。

予燕：代茂四子，行四；生于清雍正八年（1730）五月廿五，商贵州，殁葬娶俱未详。

予碗：代茂五子，行五；生于清雍正十三年（1735）五月初九，商贵州，殁葬俱未详；子二：言安、言珠。

言汴：予觉三子，行三；生于清乾隆二十五年（1760）八月初二，商贵州，殁葬未详；娶刘氏，生于乾隆二十九年（1764）十二月十四，殁未详，葬月形山；入继胞兄言汶次子图森为嗣。

代熏：弼元五子，行五；生于清康熙四十八年（1709）十一月十二，商贵州，殁葬未详。

予必：代仟长子，行一；生于清康熙十五年（1676）四月十日，商贵州省安顺府，殁葬未详。

予贰：代云次子，行二；生于清雍正十年（1732）二月初六，商贵州省，殁葬未详。

予足：代高长子，行一；生于清雍正十三年（1735）十一月初六巳时，商贵州普定街，殁于乾隆五十四年（1789）五月，葬未详；娶南昌府新建县罗家渡罗氏，侧室李氏，俱生殁未详；子一：言发。

言蛟：予国次子，行二；生于清乾隆三十七年（1772）十月二十八午时，殁于嘉庆十七年（1812）八月二十七戌时，葬贵州省城新东门外照壁山脚瑞州府义园；入继胞兄言胪四子图托为嗣，女一：梦英适灰埠陈，嫁母谌出。

言绍：予定长子，行一；生于清乾隆三十年（1765）二月初四寅时，殁于嘉庆二十三年（1818）九月十四未时，葬贵州省兴义府回龙厂官山。

言慎：予义次子，行二；字继容，生于清嘉庆五年(1800)闰四月廿三戌时，殁于道光三十年(1850)二月初四子时，葬贵州省新东门外照壁山脚下瑞府义园；娶五里谌氏，生于嘉庆五年(1800)十二月二十六亥时，殁于光绪年间，葬垴子头樟树下；子二：图骍、图驹。

代禄：弼族二子，行二；生于清雍正二年（1724）十月十九，商贵州；娶李氏。

赉星：国旺长子，行一；生于清雍正二年（1724）十二月廿一，商寓贵州，殁葬未详。

文御：万慎四子，行六；生于明万历四十七年（1620），被左兵难，入籍黔地。

弼理：赉教长子，行一；生于清康熙四十九年（1710）九月十二，商贵州平远州，殁葬未详；娶幸氏，生于康熙八年（1669）三月二十七，殁未详，葬烟霞山；子一：代领。

弼梧：赉戴二子，行六；生于大清康熙十一年（1672）二月十二，殁葬未详；娶枥山艾氏，生殁未详，葬荷树山；继娶杨氏，生于康熙二十九年（1690）八月十六日，殁于康熙五十五年（1716）八月二十一日，葬未详；子一：代镗商寓贵州省麻土司迁龙口。

弼茂：赉戴四子，行二；生于大清康熙二十六年（1687）六月二十四，寓贵州省麻土司迁龙口，殁葬未详；子一：代绍，女一：适未详。

弼秀：赉戴五子，行四；生于大清康熙二十九年（1690）五月初四，商寓贵州省麻土司迁龙口，殁葬未详。

弼美：赉杞长子，行一；商贵州，生殁葬未详。

代杨：弼细长子，行六；生于清康熙四十三年（1704）七月初六，寓商贵州贵阳府定幡州鸭子港；娶贵州赵氏，生殁葬俱未详；子二：予松、予柏。

代举：弼初次子，行六；生于清康熙五十四年（1715）十二月二十九，商寓贵州，殁葬未详。

代镗：弼梧长子，行一；生于清康熙五十四年（1715）七月十三，商贵州麻土司迁龙口；嫁殁葬未详。

代盛：弼茂长子，行一；随父客寓贵州。

代绍：弼秀之子，行一；随父客寓贵州。

予珠：代枳长子，行五；生于清乾隆五年（1740）二月二十七亥时，客贵州，殁葬未详；娶一都刘氏，生于清乾隆四年（1739）九月初七寅时，殁葬未详；子一：言润。

言寿：予廷嗣子，行四；生于清乾隆五十一年（1786）九月二十六亥时，商贵州镇远府，殁葬未详；入继胞兄言聪三子图宝为嗣。

予性：代律之子，行一；生于清康熙四十年（1701）四月十八，商贵州省定番州，殁葬未详；娶张氏，生殁未详，葬龚家山；子一：言近，嫁母黄出。

赉泌：国买二子，行三；生于清顺治九年（1652），商寓贵州。

赉渎：国买三子，行四；生于清顺治十八年（1661），商贵州。

弼满：赉寒长子，行三；生于清顺治十三年（1656），商贵州。

文松：万体之子，行五；殁贵州，娶谌氏，葬龙潭湾；子一：国顺。

赉宥：国勚二子，行二；生于清顺治十六年（1659），商寓贵州；娶黄氏。

弼锭：赉瑚之子，行一；乳名轿，生于明崇祯十四年（1641），商寓贵州遵义府，殁葬其地；娶胡氏，生于清顺治十四年（1657），殁于康熙三十年（1691），葬观山；子三：代龙、代虎（出继乌泥漆）、代豹；女一：适陈。

弼榨：赉国二子，行二；生于清顺治十一年（1654），娶周氏；子一：代摇，父子俱商贵州。

弼栎：赉卞长子，行一；生于清顺治十六年（1659）三月，商寓贵州。

代辐：弼浣之子，行一；生于清顺治十八年（1661），葬贵州。

代豹：弼锭三子，行三；生于清康熙十九年（1680），商寓贵州遵义府，殁葬未详。

代摇：弼榨之子，行一；生于清康熙三十三年（1694），商寓贵州。

代燮：弼标五子，行五；又名沺，书名纶，字玉成；生于清康熙五年（1666）七月；娶姚氏，生于康熙十五年（1676），殁葬未详；女一：适甘，入继贵州遵义府；继娶汪氏；子二：予遵、予义；女一：适丰城曾。

予遵：代燮长子，行四；生于清乾隆二十九年（1764），殁葬未详。

予义：代燮次子，行五；生于清乾隆三十八年（1773），兄弟俱入籍遵义府，殁葬未详。

言刊：予商长子，行一；官名国升，生于清乾隆三十一年（1766）四月二十八午时，原任贵州清江协标下外委，殁未详；娶申氏，生于乾隆四十二年（1777）五月初三子时，殁于嘉庆十八年（1813）八月初九亥时，俱葬贵州清江柳费营燕子山；子一：图轸；女二：长适彭，次适邓。

予胗：代礼三子，行三；生于清乾隆十年（1745）十一月三十日子时，殁施南府。

代华：弼屋长子，行一；生于清雍正七年（1729）又七月初六寅时，商贵州殁。

广达：希宰之子，行一；入继思南府务州县。

赉益：国祖长子，行一；生于清康熙二十四年（1685）二月初八日，殁于贵州；娶朱氏，生于康熙三十六年（1697）十月初十日，殁葬未详。

赉兴：国瑜嗣子，行二；生于清康熙十三年（1674）五月二十三，商寓贵州，殁于乾隆三十年（1748）八月，葬贵州；子一：弼接，（嫁母游出）。

弼铭：赉墀三子，行三；生于清康熙五十八年（1719）十月二十四，殁于乾隆四十四年（1779），葬贵州省；娶南阳杨氏，生于康熙五十五年（1716）七月十一，殁于乾隆九年（1744）八月二十三，葬烟霞山；子一：代儒；女一：适稳泉王；继娶贵州省氏；子一：代创（出继胞兄弼刨为嗣）；女一。

国桴：文纂二子，行四；商寓贵州，生殁葬未详。

赉琇：国梦四子，行四；又名份，生于清康熙三十八年（1699）八月二十八，商贵州平越府瓮安县；娶张氏，子二：弼海、弼湄。

赉遇：国樟之子，行一；生于大清康熙三十二年（1693）十月十一日，殁于乾隆十三年（1748）四月二十七，葬贵州省贵竹县北门；娶左氏，生于康熙四十三年（1704）十一月三十日，殁于乾隆二十四年（1759）正月十五，葬观山；入继堂弟赉冬次子弼巧为嗣。

赉茶：国洛长子，行一；生于大清康熙五十七年（1718）十月十五，殁贵州。

代接：弼橙长子，行一；生于清康熙五十四年（1715）十月十三日，殁于乾隆三十五年（1770）六月十五亥时，葬贵州省静办州；娶横港毛氏，生于康熙五十五年（1716）九月十七日，殁于乾隆四十五年（1780）七月二十五未时，葬烟霞山小襟；子三：予仁、予杰、予但；女一：适西阳刘。

代德：弼恒次子，行十；生于清乾隆十四年（1749）九月初十日，殁于乾隆五十三年（1788）十月二十九午时，葬贵州思南府安化县尖茶溪；娶五里谌氏，生于乾隆十六年（1751）六月十一日，孀居多载辛苦备尝情殷纺织无怠无荒为夫谋嗣竭力担当教读婚配族共夸张子复生子厥后克昌古稀不倦贤拟孟光，殁于道光八年（1828）八月口日未时，葬烟霞山；（入继胞兄代袖次子予作为嗣），女一：适五里谌。

赉欣：国载嗣子，行一；生于清康熙五十五年（1716）九月初十，商贵州省。

弼细：赉贡五子，行七；生于大清康熙三十九年（1700）八月十三日，殁葬贵州；娶黄氏，生殁未详，葬雷家上廒；子二：代永、代茂；女二。

代松：弼福长子，行三；生于清康熙五十七年（1718）十月十八，殁葬贵州。

弼寿：赉马二子，行二；商贵州，娶陶氏，生殁葬俱未详。

弼足：赉马三子；行三；商贵州，殁未详，葬贵州。

弼临：赉池二子，行七；生于清乾隆三十三年（1768）四月十五辰时，商贵州，殁未详。

予璋：代旧四子，行四；生于清乾隆八年（1743）八月二十三，商施南府；娶未详，子一：言长。

赉五：国茂次子，行二；生于清乾隆十三年（1748）五月初三巳时，商贵州，殁葬缺。

赉显：国用三子，行三；生于清乾隆二十三年（1758）十一月初十巳时，徒居贵州思南府安化县煎茶圩；娶朱氏，生于乾隆三十一年（1766）十一月初四戌时，俱葬尖茶墟马鞍山；子四：弼磰（出继堂弟赉昆为嗣）、弼琏、弼槭、弼硺；女一：适洪。

赉星：国用幼子，行七；字纯熙，太学生，生于清乾隆三十五年（1770）八月廿一未时，徒居贵州尖茶墟；娶金氏，生于乾隆三十七年（1772）九月十六寅时，殁俱葬尖茶墟；子一：弼；女四。

代绍：弼名次子，行二；商贵州松桃厅，娶袁氏，生殁葬俱未详；子三：予成、予二、予烈（出继胞兄代庸为嗣）。

予烈：代庸嗣子，行一；同叔父商贵州松桃厅，殁葬未详。

弼柏：赉袍次子，行二；清康熙十七年（1678）生，殁于贵州省定翻州；娶后港刘氏，清康熙二十一年（1682）生，清乾隆年殁，葬案山；子二：代报、代学（同父商寓贵州省定翻州）；女一。

言慎：予日长子，行一；康熙五十七年（1718）闰八月三十日生，商贵州平越府瓮安县；娶刘氏，子二：图勤、图影。

代学：弼柏次子，行三；康熙五十二年（1713）生，同父商贵州省定番州，遂卜居址，闻嗣繁衍，并有采芹者。

国蕃：文澜子，行也；生于康熙三十八年（1699）三月初三卯时，商贵州文家店，殁葬彼地；娶深巷童氏，于康熙四十一年（1702）十二月二十四辰时生，殁葬南排岭；子二：赉峨、赉急（商居贵州实选府龙泉县峰崖）。

国茏：文澜五子，行五；生于康熙五十八年（1719）八月十三亥时，殁缺；娶安居汪氏，生于雍正七年（1729）七月初七时，俱殁文家店，殁葬彼处；子一：赉基（商居贵州思南府文家店）。

国癸：文洋子，生于乾隆四十三年（1778）十二月初一申时，客居贵州花炜梽，殁葬彼处；娶贵洲杨氏，生殁葬未详；子二：赉岱、赉慑（俱甘出）。

赉峨：国蕃子，行一；生于乾隆六年（1741）二月二十日午时，客贵洲崖峰，殁葬彼地。

赉官：国风子，行九；生于乾隆十六年（1751）九月十七亥时，殁于乾隆六十年（1795）六月二十六申时，在贵洲客故葬彼地；娶邓氏，生于乾隆二十三年（1758）四月二十九酉时，殁于道光十二年（1832）七月初一辰时，葬云堆山；子二：弼寿、弼旦。

赉爵：国风子，行五；生于乾隆三十八年（1773）十二月十一寅时，出外贵洲；娶鳖圹罗氏，生于乾隆三十六年（1771）十月二十日，客贵洲；女一：足贞适张坊张氏。

赉佑：国葵子，字永吉，生长贵洲花獐梽。

十日：客贵洲省大定府，殁葬彼处；娶二里圹罗氏，生于嘉庆十二年（1807）九月二十八寅时，殁于道光十三年（1833）六月二十九日巳时，葬罗子坑；续娶程氏，生于嘉庆十九年（1814）十一月十六戌时，殁于光绪五年（1879）十一月二十九日未时，葬南排岭；侧室吴氏，生年未详，子四：予松、予七、予昌、予戌（入继代倜次子为嗣）；女三：桃贞适小湖陈，根贞适南园盛，二贞适玙溪孙。

言鲁：予连长子，行九；生于清雍正十一年（1733）正月初四日，子二；俱客贵州。

予佳：代怛三子，行八；入籍贵州省大定府平远州把步场（织金），娶吴氏；女一：适。

予来：代肥长子，行十；生于清康熙五十四年（1715）四月初四，殁葬贵州。

予仓：代肥四子，行四；生于清雍正年，娶涂氏，殁葬贵州。

予秋：代贵长子，行一；生于清雍正十一年(1733)十月初一，商外，殁葬未详。

予龙：代贵三子，行三；商外，殁葬未详。

予报：代贱嗣子，行三；生于清康熙元年（1662）五月初五，商贵州平远州，殁葬未详。

予贤：代佑之子，行一；生于清乾隆二年（1737）七月初七，商贵州，殁未详。

文斌：万条公幼子，行三；商于贵州，生于清顺治三年（1646）六月初六日辰时，殁于缺；娶刘氏，生于清顺治三年（1646）五月十六巳时，殁于康熙四十二年（1703）十一月初三日戌时，葬黄巢岭。

国大：文时三子，行四；生于明万历三十二年（1604）九月初一，与兄同入籍湖广黎平瓦寨。

国族：文时六子，行七；生于明万历三十三年（1605）六月二十日，于兄同入籍贵州乌当。

国成：文雨长子，行一；生于明万历三十二年（1604）十二月初三，商贵州，殁未详。

国终：文雨次子，行八；生于明天启三年（1622）八月十四，于兄同入籍贵州乌当。

赉桂：国重长子，行一；生于清顺治十四年（1657）五月十八，殁贵州尖山，葬未详；娶胡氏，生于顺治十五年（1658）二月十一，殁于雍正六年（1728）九月十三，葬大山；女一：适东西李；继娶贵州徐氏，生殁未详；子一：弼洪。

弼洪：赉桂长子，行一；商寓贵州省，生殁俱未详。

弼叶：赉椿长子，行五；生于清康熙三十九年（1700）九月初五，出寓贵州，殁葬未详。

弼逢：赉椿长子，行六；生于清康熙四十四年（1705）四月初七，出寓贵州尖山，殁缺。

代栋：弼洲三子，行四；生于清康熙五十一年（1712）四月初九，入籍贵州，殁葬未详。

代柱：弼洲四子，行五；生于清康熙五十三年（1714）十月十九，入籍贵州，殁葬未详。

代然：弼机之子，行六；生于清康熙五十八年（1719）二月十九，殁未详，葬贵州。

言贱：予会次子，行二；入籍思南府思南县。

第二节　珠湖谱记迁四川人名录

孔前：伟拾嗣子，行三；商四川重庆府，生殁葬娶俱未详；子一：崇合。

伟轸：尚功之子，商四川重庆府城内。

广浩：希达长子，行一；入籍四川。

广盎：希达二子，行二；入籍四川。

广坦：希达三子，行三；入籍四川。

予良：代谷嗣子，行二；生于清乾隆十四年（1749）三月二十四寅时，殁于嘉庆十七年（1812）十一月二十七辰时，葬笙竹山；娶四川宋氏，生于乾隆二十七年（1762）二月十九巳时，殁葬未详；入继胞兄予栖五子言秦为嗣；女二：长适熟溪卢，次适上湖卢。

予轼：代文次子，行五；生于清乾隆二十五年（1760）八月十九辰时，殁于嘉庆二十一年（1816）六月十七酉时，葬四川干溪场官山；娶梅冈陈氏，生于乾隆二十七年（1762）七月十八申时，葬月形山；子二：言勤、言努（出继亲兄予及为嗣）。

予姝：代有长子，行一；生于清乾隆二十年（1755）十月二十二亥时，殁于嘉庆十四年（1809）十一月，葬四川泉芤场蟹形山又名义山，子一：言清（嫁母徐出）。

予阵：代五嗣子，行二；生于清乾隆三十八年（1773）十一月二十九寅时，殁于乾隆五十九年（1794）九月十六辰时，葬四川干溪场冉家园；入继胞兄予康幼子言长为嗣。

予惕：代应三子，行三；生于清乾隆九年（1744）二月十三寅时，殁于乾隆五十三年（1788）十月初三午时，葬四川钱芤纸漕；娶王氏，生于乾隆七年（1742）八月十四亥时，殁于乾隆四十五年（1780）十二月初一子时，葬月形山；子一：言岸。

予环：代锣二子，行二；生于清乾隆三十一年（1766）六月三十日辰时，葬四川。

万领：广改二子，商四川。

言勤：予轼长子，行一；生于清乾隆四十八年（1783）三月初八亥时，殁于道光十一年（1831）九月初二申时；娶横港毛，国学生讳世裘之孙女，生于乾隆四十四年（1779）五月初八戌时，殁于道光十一年（1831）九月十六巳时，俱葬四川干溪场官山；子一：图日；女一：适临江府清江县罗。

予远：代敦次子，行二；生于清雍正元年（1723）十月二十五，商四川，殁葬未详。

予全：代细三子，行九；生于清乾隆二十年（1755）三月十七寅时，殁于嘉庆九年（1804）十二月十二，葬四川重庆府转龙场；娶喻氏，生于乾隆三十一年（1766）九月初一，殁于道光二年（1822）九月二十五午时，葬月形山；子二：言绍、言权。

言雁：予针五子，行七；生于清乾隆二十九年（1764）九月十九申时，殁于嘉庆十三年（1808）五月十一申时，葬四川酉阳州干溪挖招河义山；娶大阳墟邓氏，生于乾隆四十八年（1783）九月十二戌时，殁于同治六年（1867）正月二十一酉时，葬横港虎形山；子二：图敬、图品（出继胞兄言团为嗣）。

代篙：弼渔次子，行四；又名舟伯，生于清乾隆四年（1739）九月初八未时，殁于乾隆三十六年（1771）正月十九日午时，葬四川永川县；娶范氏，生殁未详，葬笙竹山。

代簦：弼彪嗣子，行六；又名笠甫，生于清乾隆六年（1741）八月十三日未时，商四川永川县，殁葬未详。

予黍：代并二子，行三；生于清乾隆三十五年（1770）七月十七酉时，娶四川王氏，生于乾隆四十三年（1778）二月廿五卯时，殁于道光二年（1822）正月二十二日午时，葬四川；子一：言明；女一：花英适四川。

予蝉：代箮二子，行五；又名起明，生于清乾隆四十九年（1784）五月初五卯时，商四川实宁府南普县新城，殁葬未详；娶王氏，生于乾隆三十年（1765），殁葬未详；子一：言庆、言逊。

言洗：予抒三子，行四；生于清乾隆四十六年（1781）九月十七日巳时，商四川，殁葬未详。

言柘：予琪长子，行三；又名祥生，生于乾隆三十年（1765）十二月初一戌时，商靖安，殁葬未详；娶陈氏，殁葬未详；子二：图跨、图财。

予棋：代楫四子，行四；生于清雍正四年（1726）九月二十四酉时，商四川，殁葬未详；娶荷山陈氏，生于雍正三年（1725）十一月十七，殁于乾隆三十二年（1767）二月初一，葬月形山；子一：言泗。

代稳：弼开长子，行一；生于清雍正十一年（1733）六月二十七，商四川，殁葬未详。

代稔：弼开次子，行二；生于清乾隆二年（1737）十一月二十五，商外，殁葬未详。

代汝：弼开三子，行三；生于清乾隆六年（1741）正月二十六，商外，殁葬未详。

代义：弼定二子，行二；生于清乾隆二年（1737）九月十六巳时，商四川，殁葬未详。

予宗：代金之子，行一；生于清乾隆十九年（1754）七月十一午时，商四川酉阳州，殁葬未详。

言义：予龙长子，行一；生于清乾隆三十年（1765）六月十二未时，客四川，殁葬未详；入继亲兄言勇次子图好为嗣。

言勇：予龙二子，行二；生于清乾隆三十五年（1770）四月二十日戌时，客四川；子二：图顺、图好（出继胞兄言义为嗣，嫁母甘出）。

言道：予亓长子，行二；生于清乾隆四十八年（1783）六月二十八巳时，殁于嘉庆二十三年（1818）八月二十九，葬四川省酉阳州泉孔场河背义地；娶曹氏，生于乾隆五十四年（1789）三月十三巳时，殁于嘉庆五年（1810）四月十二辰时，葬龚家山；继娶陈氏，生于嘉庆元年（1796）正月十四申时，殁未详，葬荷树山；子一：图双。

言君：予衍之子，行三；生于清乾隆五十三年（1788）十一月初十辰时，商四川，殁葬未详；娶广东唐氏，生于嘉庆元年（1796）九月十二巳时，殁于道光十八年（1838）三月十二申时，葬四川；子三：图长、图成（出继亲弟言贤为嗣）、图书（出继亲弟言牒为嗣）。

言岩：予月之子，行一；生于清嘉庆四年（1799）月日未详，商四川干溪场。

代应：弼馀长子，行一；生于清雍正三年（1725）正月初三，商四川嘉定府，殁葬未详；娶杨氏，生于雍正五年（1727）八月初五辰时，殁未详，葬烟霞山；女一：适乌泥漆；入继胞弟代才二子予宽为嗣。

代福：弼柏三子，行三；生于清乾隆三十二年（1767）六月二十九未时，殁于道光八年（1828）八月初三辰时，葬四川成都府大邑县场口上；娶大路陈氏，生于乾隆四十八年（1783）七月二十二戌时；子一：予吉庆；女一：莲英聘潭杨杨。

代祥：弼柏四子，行四；生于清乾隆三十六年（1771）十月初五巳时，娶四川张氏，生殁未详；女二：观英、喜英。

国华：文元二子，行二；生于清康熙元年（1662）二月初三，商寓四川重庆府，殁未详，葬四川汀北水月庵；娶龙虎冈龚氏，生于康熙五年（1666）十一月初三子时，殁未详，葬烟霞山；子三，赉尊、赉标、赉选；女二：长适下溪港黄，次适龚；子孙俱在四川重庆府。

赉团：国添三子，行三；生于清康熙五十一年（1712）二月十四寅时，殁于四川重庆府巴县长生桥年月日未详；娶张氏，生于康熙五十六年（1717）九月二十四子时，殁于乾隆四十六年（1781）四月二十七寅时，葬烟霞山；子五：弼生、弼旦、弼丑、弼净、弼末；女一：适鲁。

弼生：赉团长子，行一；生于清乾隆元年（1736）二月二十九寅时，商四川重庆府巴县长生桥；娶董氏，生殁葬俱未详。

弼征：赉锦四子，行六；生于清康熙五十七年（1718）八月初六亥时，殁于乾隆三十八年（1773）十月二十日子时，葬烟霞山小襟；娶罗氏，生于雍正二年（1724）正月初七日寅时，殁于乾隆十九年（1754）六月初五，葬观山；继娶四川巴县许氏，生殁葬未详，继娶四川巴县乔氏，生于雍正三年（1725）四月二十七子时；入继胞兄弼贤次子代显为嗣。

代理：弼毛之子，行三；生于清乾隆六年（1741）正月初二亥时，商四川。

予咬：代屋之子，行一；生于清乾隆元年（1736）十二月初五，商四川成都。

言远：予忏长子，行一；生于清道光三年（1823）八月二十三辰时，殁于咸丰六年（1856）十月十七，葬四川庆定府；子一：图帝（嫁母王出）。

代绵：弼遐嗣子，行三；生于清乾隆九年（1744）十月二十九，娶四川重庆府定远县走马场仁化里大院子刘氏，生于乾隆九年（1744）六月十九，殁葬俱未详；子一：予沁，女一：藻英。

代诸：弼麒长子，行一；生于清雍正九年（1731）十二月十五，殁于乾隆五十三年（1788）六月初一，葬四川重庆府定远县走马场仁化里周家祖坟山；子一：予兴（嫁母蓝出）。

代丁：弼春三子，行三；生于清康熙五十九年（1720）六月初三，商四川，殁葬未详。

代坐：弼春四子，行四；生于清雍正九年（1731）七月二十九，客四川，殁葬未详。

代喜：弼衔次子，行二；生于清康熙三十二年（1693）十月十二辰时，殁于乾隆二十五年（1760）六月十四巳时，葬四川长生桥；嫁殁葬未详，子一：予炭。

代油：弼创长子，行三；生于清雍正五年（1727）七月二十七日辰时，商四川嘉定府，殁葬未详；娶陈氏，生于雍正三年（1725）八月二十二未时，殁于乾隆五十年（1785）五月十五丑时，葬荷树山；入继胞兄代绽次子予浴为嗣；女一：适小湖陈。

代绽：弼创四子，行四；生于清乾隆四十年（1775）九月二十一巳时，商寓四川嘉定府；娶刘氏，生殁葬俱未详；子三：予沧、予浴（出继胞兄代油为嗣）、予满（出继胞弟代水为嗣）；女一：桃英适未详。

予炭：代喜之子，行一；生于清康熙六十年（1721）十一月初九，殁于乾隆二十九年（1764）二月初六辰时，商重庆府，因葬重庆府；娶堆上宋氏，生于雍正二年（1724）四月二十五，殁未详，葬烟霞山；子三：言享、言亮、言省。

言郑：予河次子，行二；又名钟义，生于清乾隆十六年（1751）十月初四，客四川，殁葬未详；子一：图和（嫁母黄出）。

言郃：予河四子，行十；又名钟志，生于清乾隆三十二年（1767）四月二十五，与子俱商四川，娶玙溪何氏，生于清乾隆三十二年（1767）十一月初三午时，殁葬未详；侧室四川萧氏，生于乾隆四十四年（1779）十二月初十申时；子二：图福、图童（俱萧出）。

言生：予洞三子，行三；生于清乾隆二十八年（1763）九月初三午时，殁未详，葬四川府城南街；娶况氏，生于乾隆三十九年（1774）五月二十日，殁于道光二年（1822）五月十四未时，葬观山；继娶四川鲜氏，生于嘉庆三年（1798）九月二十八酉时：子一：图湛；女一：适石塘刘，况出。

言五：予洞五子，行五；生于清乾隆三十七年（1772）三月二十九卯时，殁于道光六年

（1826）十月十九戌时，葬四川嘉定府健为县罗成铺；娶卢氏，生于乾隆五十年（1785）三月十八丑时，殁未详；子一：图茂；女一：适毛。

言亮：予炭次子，行二；生于清乾隆十三年（1748）六月二十九卯时，商四川；娶李氏，生于乾隆三十三年（1768）二月初八寅时，殁葬俱未详。

言鹤：予华五子，行五；生于清乾隆十九年（1754）九月二十二辰时，商四川重庆府，殁葬未详；入继胞兄言发次子图柟为嗣。

代贱：弼万次子，行三；生于乾隆三十二年（1767）正月二十一日寅时，商重庆府，殁葬未详。

言案：予命嗣子，行二；学名光辉，字耀魁，太学生；生于清道光六年（1826）十一月十三日卯时，殁未详，葬四川；娶曾氏，生于道光五年（1825）二月二十九日亥时，殁未详，葬烟霞山小襟；入继亲弟言慎三子图珩为嗣；女二：长珊英适白竹山陈，次桂英适牛路熊从九品济作次子。

代尔：弼照次子，行二；生于清雍正七年（1729）七月三十日申时，殁四川，葬未详。

代豸：弼含次子，行三；生于清康熙三十八年（1699）十月十一日申时，殁于乾隆十五年（1750）五月二十六未时，葬四川重庆府巴县长生桥；娶荷山陈氏，生于康熙四十四年（1704）四月十六卯时，殁于乾隆四十六年（1781）六月初八亥时，葬前岗官山；子一：予战；女一：适郑。

代沐：弼杰长子，行一；业儒，书名甘霖，字时雨，生于清乾隆四年（1739）十二月十二日辰时，殁于乾隆六十年（1795）五月二十五吉时，葬四川干溪场；娶五里谌氏，邑庠生讳克满之孙女，生于乾隆三年（1738）五月二十四丑时，殁于嘉庆十九年（1814）三月初八日，葬观山；子四：予玩、予球、予算、予福（出继胞弟代波为嗣）；女一：适一都刘。

代波：弼杰二子，行四；生于清乾隆七年（1742）十月十一戌时，殁于乾隆五十年（1785）五月十三未时，葬四川重庆府长生桥九甲坊；入继胞兄代沐四子予福为嗣。

代酒：弼雷三子，行三；字云峰，太学生；生于清乾隆十八年（1753）三月十七申时，殁于嘉庆十三年（1808）六月二十八午时，葬四川重庆府江西会地；娶四川巴县汪氏，生于乾隆二十六年（1761）六月十六戌时，殁于道光二十二年（1842）八月二十六辰时，葬四川重庆府江西会地；侧室四川吴氏，生于乾隆三十六年（1771）六月廿六子时，殁于嘉庆四年（1799）八月初九午时，葬四川重庆府江西会地；子四：予珊、予瑾（出继胞兄代盐为嗣）、予瑆（出继胞弟代玉为嗣）、予贵；女四：长适新建太学生金名世璞，次适花园渡熊，三适一都刘太学生名盛芳，四适王。

代玉：弼雷四子，行四；又名云龙，生于清乾隆二十一年（1756）十月十五亥时，殁于嘉庆十七年（1812）六月二十六卯时，与代酒合葬四川重庆府江西会地；娶四川巴县徐氏，生于乾隆三年（1738）六月二十六子时，殁于乾隆五十七年（1792）十一月初四戌时，葬烟霞山大衿；继娶岭前章氏，生于乾隆二十一年（1756）八月二十七日亥时，殁于嘉庆四年（1799）三月二十三酉时，葬官山；又继娶四川巴县入籍临川县周氏，生于乾隆三十四年（1769）三月十七巳时，殁葬未详；子三：予珚、予瑨、予朝；入继胞兄代酒三子予瑆为嗣；女一：适赤冈熊。

予算：代沐三子。行七；生于清乾隆三十五年（1770）五月十九日酉时，殁于乾隆五十五年（1790）九月初九申时，葬四川酉阳州。

予炮：代糠长子，行一；生于清乾隆二十年（1755）八月二十四日丑时，殁于乾隆四十八年（1783），葬夔州府；入继胞弟予燃四子言锻为嗣。

予琨：代盐长子，行一；又名光垲，生于清乾隆四十七年（1782）十月十三日辰时，殁于嘉庆三年（1798）四月初六午时，葬四川子背。

予珺：代盐次子，行二；又名光亭，生于清乾隆五十年（1785）十一月初七戌时，殁于嘉庆九年（1804）十一月十九辰时，葬四川重庆巴县大河边。

予珊：代酒长子，行一；又名墀光，字明曜，太学生；生于清乾隆五十一年（1786）八月初八未时，殁于道光二十六年（1846）正月初三戌时，葬四川江西会地；娶四川巴县萧氏，生于乾隆四十九年（1784）二月二十八子时，殁于道光十二年（1832）三月初四戌时，葬四川巴县江西会地；继娶白氏，生于乾隆四十七年（1782）六月十八酉时，殁于咸丰七年（1857）十二月初九寅时，葬四川重庆府江西会地；子二：言绥、言缮（萧出）；女一：适丰城熊。

予璜：代酒四子，行四；又名佩光，生于清乾隆五十七年（1792）八月二十一子时，殁于嘉庆二十一年（1816）九月十六酉时，葬四川江西会地。

予珚：代玉长子，行一；又名光墉，生于清乾隆四十九年（1784）十一月二十二亥时，殁于嘉庆三年（1798）二月三十日酉时，葬四川巴县子背；娶大桥徐氏，生于乾隆五十二年（1787）五月十二日亥时，殁葬未详。

言总：予珈长子，行一；职名其祥，候选巡政厅；生于清嘉庆十九年（1814）八月初三丑时，殁未详，葬四川；娶石溪宋氏，生于嘉庆二十年（1815）六月初十丑时，殁未详，葬观山；继娶新塘游氏，生于嘉庆二十年（1815）正月二十九亥时，殁于光绪二十年（1894）十月二十六酉时，葬马瑙山；入继胞弟言泉长子图川为嗣、入继胞弟言泉之女为女、昔英适五里谌。

言绥：予珊长子，行一；学名绥言，字安华，候选巡政厅；生于清嘉庆十年（1805）十月十二日午时，殁于同治三年（1864）四月二十七日酉时，葬四川重庆府江西会地；娶刘氏，陕西人四川巴县籍，生于嘉庆十二年（1807）四月十四巳时，殁于道光二十二年（1842）十二月亥时，葬四川重庆府江西会地；继娶白氏，生于嘉庆十四年（1819）十二月十三日辰时；子一：图乡(刘出)；女三：长适四川重庆府选巡政厅张龙治,次适湖广候选巡政厅谢上福,三适抚州学生许联芳。

言缙：予珊次子，行二；学名缙言，字泰华，候选巡政厅；生于清嘉庆十七年（1812）正月十八子时，殁于同治十二年（1873）五月廿五丑时，葬四川重庆府舒家坝；娶临江府清江县杨氏，候选巡政厅名义书之姐，生于嘉庆十六年（1811）四月二十七午时，殁于光绪十三年（1887）十月初六午时，葬四川重庆府苏家坝；子二：图伯、图作。

言绳：予堃长子，行一；又名德华，生于清嘉庆二十五年（1820）十一月初五午时，殁于咸丰六年（1855）七月十七未时，葬四川江西会地；娶稳泉塘王，生于道光二年（1822）十一月十八寅时，殁于光绪三十二年（1906）十一月初五日未时，葬马瑙山；子一：图敏；女一：适稳泉塘王。

言读：予睈长子，行一；生于清道光十五年（1835）九月二十一未时，殁未详，葬四川。

崇节：孔定长子，行一；又名胜，字万义，殁四川；娶陈氏，葬黄塘山；子二：希宣、希化。

崇略：孔定三子，行九；又名能，字高祥；娶孙氏，俱葬四川；子一：希钦。

希宣：崇节长子，行一；又名萝，入籍四川桐梓县；子二；俱生长在四川。

希化：崇节二子，行三；又名芧，与兄同籍。

希钦：崇略之子，行三；又名武，入籍四川桐梓县。

赉延：国蕙长子，行二；商寓四川。

言亮：予勉长子，行一；生于清乾隆七年（1742）二月初五寅时，商寓四川，殁葬未详；娶刘氏，生于乾隆二十六年（1761）十二月十八寅时；子一：图模（嫁母刘出）。

言高：予全长子，行一；官名启祥，字听康，号用庵，原任四川西阳州黔江县右堂；生于清乾隆三十五年（1770）正月二十一卯时，殁葬四川；娶荷山陈氏，生于乾隆三十五年（1770）二月二十八未时，殁于嘉庆十六年（1811）又三月二十八未时，葬黔江县南门外蘑沟李府地；侧室湖南沅州府曾任贵州普安营把总张大才之孙女，生于乾隆五十一年（1786）十二月十二子时；子二：图珣、图琨。

代俊：弼彤之子，行三；生于康熙五十一年（1712）八月十七，入籍四川重庆府秀山县，殁葬未详。

予省：代伯四子，行五；生于清雍正二年（1724）九月二十九日戌时，入籍四川，殁葬未详。

代鸣：弼招四子，行四；兄弟随父俱商四川，娶未详。

予雾：代遇五子，行三；生于清乾隆四十五年（1780）五月二十三日丑时，商四川黔江县。

代全： 弼显长子，行一；生于清乾隆二十七年（1762）九月初九巳时，殁于嘉庆十三年（1808）四月二十六亥时，葬四川穜子园；娶范氏，生于乾隆二十八年（1763）十二月二十五巳时，殁未详，葬前冈山；继娶伍氏，生于乾隆，殁葬未详；三娶谢氏，生于乾隆四十年（1775）二月初三未时，殁于咸丰十年（1860）又三月二十七未时，葬四川双鹤乡六甲地名黄沙镇子湾；子三：予佛、予伦、予寿。

代锦： 弼耀嗣子，行一；生于清乾隆三十八年（1773）正月十六巳时，殁于道光十七年（1837）二月初十巳时，商四川，葬嘉定府北门外筠阳义地；娶姚氏，生于乾隆四十五年（1780）六月初六子时，殁葬未详；子一：予泰；女一：满英。

代金： 弼耀嗣子，行二；生于清乾隆四十三年（1778）十月二十一戌时，殁四川，葬娶未详；子一：予德。

代喜： 弼茂嗣子，行一；生殁未详，葬四川重庆府长生桥。

代左： 弼灰长子，行一；生于清乾隆五十四年（1789）二月十四辰时，商四川兰州府；入继堂弟代业三子予米为嗣。

予伦： 代全次子，行二；生于清嘉庆七年（1802）八月十一辰时，殁于咸丰三年（1853）七月初六亥时，葬四川李子湾；娶陈氏，生于嘉庆十四年（1809）三月二十五子时，殁于道光十五年（1835）六月初五未时，葬李子湾；子三：言铣、言镇、言锡（出继胞兄予佛为嗣）；女一：三英；继娶钟氏，生于道光六年（1827）九月二十一戌时，殁于道光二十三年（1843）正月初五未时，葬四川李子湾；女一：七英。

予寿： 代全三子，行三；生于清嘉庆七年（1805）九月初七丑时，殁于道光二十六年（1846）六月十六辰时，葬四川李子湾；娶陈氏，生于嘉庆十六年（1811）十一月十二戌时，殁于同治四年（1865）五月十四午时，葬四川李子湾；子一：言钦。

予泰： 代锦长子，行一；生于清嘉庆二十二年（1817）五月初四子时，殁于道光三十年（1850）九月二十三日丑时，葬四川嘉定府北门外筠阳义地；入继亲兄予添六子言顺为嗣、又入继亲兄予粮三子言开为嗣。

予德： 代金之子，行一；生殁葬娶未详，商四川；子一：言俊。

弼丝： 赉炖三子，行四；乳名贱，生于大清康熙五十六年（1717）九月十四日，殁于乾隆四十九年（1784）十一月，葬四川；娶陈氏，生于康熙五十六年（1717）七月初二，殁葬缺；子二：代球（出继胞兄弼绍为嗣）、代珝；女一：适田心田。

弼收： 赉宪三子，行三；生于清康熙五十四年（1715）五月初五，殁于乾隆四十五年（1780）十一月初十，葬四川彭水县菜园霸胜家地。

弼谈： 赉章次子，行九；生于清雍正八年（1730）三月二十五，殁未详，葬四川省重庆府长生桥。

国器：文极之子，行一；生于明崇祯十一年（1638），商寓四川，殁葬未失稽。

赉靼：国洛幼子，行四；生于清乾隆四年（1739）七月二十四，殁于四川。

赉众：国闹次子，行二；生于清康熙四十六年（1707）九月十二，殁葬四川顺庆府；娶曾氏，生于雍正元年（1723）十一月十八，殁葬未详；子三：弼达、弼通、弼显。

赉泥：国锻之子，行七；生于清康熙三十六年（1697）六月十六，殁葬四川顺庆德东关场；娶黄氏，生于康熙四十五年（1706）十二月廿四日，殁于乾隆四年（1739）四月十六，葬烟霞山；子二：弼鹤、弼庭（出继金姓）。

弼达：赉众长子，行一；生于清乾隆六年（1741）十一月初十日，殁葬四川重庆府。

弼通：赉众次子，行二；生于大清乾隆十四年（1749）正月初一，商四川。

弼鹤：赉泥长子，行五；生于清雍正三年（1789）十二月十五，殁未详，葬四川重庆府；娶四川重庆府许氏，生于乾隆十六年（1751）十二月初三日，殁葬未详；子二：代玖、代远；女一：适椒坊陈。

予佑：代述之子，行一；乳名承璋，生于清乾隆元年（1736）九月十五，殁于乾隆五十一年（1786），葬四川重庆府义冢；子一：言德（嫁母左出）。

代枢：弼潮二子，行二；生于清乾隆十三年（1748）四月初八，殁四川卢州，葬未详。

代奴：弼金嗣子，行一；生于清乾隆三年（1738）十一月廿三，商四川，殁葬未详。

代党：弼名三子，行三；生于清乾隆二十五年（1760）十月，商四川，殁葬未详。

代闯：弼棉嗣子，行二；生于清雍正六年（1728）四月二十三辰时，殁于嘉庆十六年（1811）三月十六午时，葬四川西阳州彭水县菜园坝官山；娶西塘陈氏，生于乾隆九年（1744）九月初五日巳时，殁于嘉庆三年（1798）五月初一辰时，葬烟霞山小衿；子二：予捆、予梅。

予杉：代阅嗣子，行一；生于清乾隆二十七年（1762）十一月初二辰时，殁于道光七年（1827）四月十七未时，葬四川省嘉阳府峨巷岭；娶石溪邹氏，生于乾隆二十五年（1770）三月初三，殁葬未详；继娶赤溪熊氏，生未详，殁于嘉庆六年（1801）二月二十九未时，葬观山；入继胞兄予棇次子言炫为嗣。

予梅：代闯次子，行二；生于清乾隆四十四年（1779）六月初九辰时，殁于道光二十二年（1842）九月十一日，葬四川彭水县菜园坝；娶余氏，生于嘉庆三年（1798）十二月二十日，殁于嘉庆二十年（1815）六月初五寅时，葬观山；继娶戴氏，生于嘉庆七年（1802）二月初五戌时，殁葬未详；子三：言炼、言重、言孝。

予松：代开长子，行一；生于清乾隆二十五年（1760）十二月初二未时，殁于嘉庆十年（1805）五月十六巳时，葬四川罗坝场；子一：言灿；女一：适河背李；俱嫁母毛出。

言忠： 予梅次子，行二；生于清，殁于同治三年（1864）十二月十八日，俱葬四川彭水县菜园坝；入继亲兄言烛次子图塔为嗣。

言焰： 予樬长子，行一；生于清嘉庆九年（1804）八月初八申时，殁于同治四年（1865）十月十四辰时，葬四川嘉定府药阳山；娶谭氏，生于嘉庆十二年（1807）四月初四子时，殁于道光十三年（1833）四月二十日寅时，葬四川嘉阳峨巷岭；女一：适王，继娶张氏，生于道光元年（1821）十月初六申时，殁葬俱未详；子一：图森。

代奖： 弼茂长子，行五；又名璬，字君美；生于清康熙四十四年（1715）八月初九，殁于乾隆四十年（1775）正月十五申时，葬四川省重庆府长生桥；娶瀚溪黄氏，生于康熙五十五年（1716）九月初七，殁于乾隆三十三年（1768）三月十五申时，葬烟霞山小衿；子三：予和、予平、予纯。

予杰： 代接次子，行二；生于清乾隆五年（1740）九月初八，殁于四川重庆府；娶清潭岭刘氏，生于乾隆十四年（1749）八月十九日申时，殁于嘉庆十三年（1818）八月十一巳时，葬凤形山；入继堂弟予佃次子言财为嗣，女：适韦。

予偿： 代按长子，行三；生于清乾隆五年（1740）十二月初三日，殁于乾隆六十年（1795）正月二十八，葬四川芦州皮罗场；娶稳泉塘王氏，生于乾隆四年（1739）十月二十一，殁于嘉庆十七年（1812）七月十四日巳时，葬烟霞山小衿；子二：言燕、言狮。

予当： 代巩次子，行九；生于清乾隆二十五年（1760）九月十八戌时，殁葬四川省。

言哗： 予平长子，行七；生于清乾隆四十七年（1782）四月廿五卯时，商四川，殁葬未详。

言银： 予平次子，行八；生于清乾隆五十三年（1788）五月二十八日辰时，商四川，殁葬未详；娶陶氏，生殁葬未详。

言怀： 予阔嗣子，行三；生于清道光六年（1826）十一月二十七酉时，殁于同治六年（1867）九月二十六亥时，葬四川叙州府宜宾县官山。

言尾： 予汤嗣子，行四；生于清道光十年（1830）十二月二十七日寅时，殁于同治七年（1868）二月二十三寅时，葬四川叙州府宜宾县官山。

代泮： 弼珠四子，行十；生于清乾隆四十八年（1783）正月初八丑时，殁未详，葬四川重庆府。

予礼： 代荀五子，行十四；字文彬，生于清乾隆二十四年（1759）十二月二十五未时，殁于嘉庆二十二年（1817）月日未详，葬重庆府隆兴场客山；娶田心罗氏，邑庠-讳锦标之姐，生于乾隆二十三年（1758）十一月初四亥时，殁于乾隆四十六年（1781）七月初七申时，葬城塘山；继娶下蓝宋氏，生于乾隆二十六年（1761）

十一月初一申时，殁未详，葬上湖东头陈姓山；侧室四川重庆府周氏，生殁未详；子一：言万（周出）；女一：适东头陈（宋出）。

予红：代牛长子，行七；字胜辉，生于清乾隆十六年（1751）三月三十日辰时，殁于嘉庆九年（1804）六月十七寅时，葬四川梅桥坝客山；娶枫岭黄氏，生于乾隆十五年（1750）九月二十八戌时，殁于道光十三年（1833）三月初八卯时，葬烟霞山小襟；子一：言谟。

言万：予礼长子，行十；生于清嘉庆二十年（1815）七月十八日辰时，商四川，殁葬未详。

予孙：代方四子，行十四；生于清乾隆四十六年（1781）四月初五亥时，殁于道光六年（1826）九月廿四卯时，葬四川酉阳州干溪潘家桥；娶四都汝溪邓氏，生于乾隆四十四年（1779）三月十四巳时，殁于嘉庆二十二年（1817）五月初三辰时，葬烟霞山；继娶潘氏，生于乾隆五十二年（1787）五月十一子时，殁未详，葬凤形山；子二：言河、言海；女二：长珍绣适田陇陈邑庠生名立猷之弟，次春秀适丰城余，俱邓出。

代关：弼攀次子，行二；生于清乾隆十八年（1753）五月十三，殁于四川重庆府。

代沼：弼是长子，行三；又名恒升，生于清乾隆二十一年（1756）二月十八未时，商四川；娶均山刘氏。生于乾隆二十年（1755）十月二十三卯时；子二：予泰、予梅；女一：适长沙范；侧室四川巴县陈氏，生于乾隆二十七年（1762）七月初三卯时，殁于四川巴县；女一：适陈。

代台：弼是次子，行四；又名茂兴，生于清乾隆二十九年（1764）四月初五午时，殁于道光二年(1822)八月初四卯时，葬烟霞山小衿；娶曾氏，生于乾隆三十四年(1769)四月十九亥时，殁未详，葬烟霞山；子一：予果；女一；继娶岑氏，生于乾隆五十二年（1787）四月二十三辰时，殁于咸丰五年（1855）八月日时未详，葬烟霞山；子一：予杰；女三。

代玖：弼鹤长子，行一；生于清乾隆四十二年（1777）十二月初六，殁未详，葬四川；娶四川巴县杨氏，生于乾隆四十年（1775）四月初四，殁葬未详；子一：予禾。

代远：弼鹤次子，行二；生于清乾隆五十五年（1790）十二月十四，商四川，殁葬未详。

予禾：代玖之子，行一；商四川，殁葬未详。

弼才：赉奉四子，行四；又名猴，生于大清康熙六十年（1721）二月初二，娶郑氏，生于雍正八年（1730）九月十三，俱殁葬四川顺庆府；子二：代柱、代梗。

弼钦：赉鹿长子，行七；生于清雍正二年（1724）十二月初五，殁葬四川重庆府；入继胞弟弼奏次子代庆为嗣。

弼楞：赉溪次子，行二；生于清雍正十三年（1735）二月初二，适四川；娶陈氏，生于乾隆十年（1745）七月二十三，入继胞兄弼柏四子代惧为嗣。

弼朱： 赉浪次子，行七；生于清乾隆十二年（1747）八月二十六，商四川。

国锦： 文埠长子，行一；生于清顺治十二年（1655）三月二十七，商四川；娶聂氏，殁葬荷树山；继娶周氏，生于顺治十二年（1655）五月二十八，葬烟霞山；子三：赉淑、赉淮、赉洪；女三。

弼栩： 赉洵三子，行三；生于清康熙五十六年（1717）正月二十八日，商寓四川。

弼杓： 赉澍之子，行五；生于清雍正十年（1732）九月二十九戌时，商殁四川；娶石溪吴氏，生于乾隆二年（1737）五月二十三辰时，殁未详；子一：代合；女一：适杨。

代柱： 弼才长子，行二；生于清乾隆二十年（1755）六月二十六戌时，商四川，殁葬未详；娶曾氏，生于乾隆三十年（1765）八月初十戌时，殁未详；子四：予观、予祥、予福（出继堂弟代梗为嗣）、予寿；女二。

代梗： 弼前嗣子，行二；生娶未详，殁葬四川；入继胞兄代柱二子予福为嗣。

予书： 代棣四子，行四；生于清乾隆九年（1744）四月二十二，殁葬四川洪江。

赉免： 国备二子，行四；生于清乾隆十二年（1747）九月初九丑时，殁于四川；娶陈氏，生于乾隆十七年（1752）七月初九酉时，殁葬未详；子一：弼悖；女一：适三山张。

赉尾： 国罗二子，行二；生于清乾隆十七年（1752）六月十七辰时，客四川，殁葬未详；娶王氏，生于乾隆二十年（1755）九月初六午时，殁葬未详；子二：弼魁、弼显（为僧）；女一：适三山张。

弼悖： 赉免之子，行一；生于清乾隆三十八年（1773）十二月十三寅时，商四川，殁葬未详。

弼段： 赉喧四子，行四；生于清乾隆四十五年（1780）六月三十日寅时，商四川，殁葬未详。

弼信： 赉解二子，行二；生于清乾隆十五年年（1750）十一月十七日子时，商四川，殁未详，俱葬青冈山。

赉儒： 国安三子，行七；生于清雍正十年（1732）十月初四寅时，商四川，殁葬俱祥。

弼穆： 赉兴幼子，行二；生于清雍正七年（1729）三月十六辰时，殁于四川秀山县，葬未详；娶彭氏，生殁葬缺；女一：适胡。

国仲： 文海幼子，行二；商秀山；生于清康熙十六年（1677）八月廿四巳时，殁于乾隆四十一年（1776）十一月十九申时，葬秀山金谷水射科坝；娶冯氏，生于康熙十七年（1678）八月廿五子时，殁于乾隆十二年（1747）八月初五未时，葬蛇形山；子六：赉佑、赉伦、赉华、赉堂、赉朝、赉庭。

国参：文学幼子，行四；生于清康熙五十二年（1713）二月十一，徙居重庆府永川县；娶赵氏，生未详。

赉杨：国均长子，行三；娶吴氏，商秀山，俱生殁葬未详；子二：弼旺、弼将。

赉彩：国信长子，行一；商秀山县，生殁葬未详。

赉东：国门之子，行一；商秀山县，娶邓氏，俱生殁葬缺；继娶未详，子二：弼大、弼盘。

赉佑：国仲长子，行一；生于清康熙三十八年（1699）十月十三辰时，殁于乾隆十六年（1751）八月十三辰时，葬秀山金谷水射科坝；娶胡氏，生于康熙四十一年（1702）六月初二丑时，殁于乾隆三十三年（1768）五月十三亥时，葬蛇形山；子一：弼捡；女二。

赉朝：国仲五子，行五；字臣伯，生于清康熙五十一年（1712）二月二十四亥时，居秀山县坪块场；娶洪氏。生殁未详；俱葬商外处，子二：弼扬、弼名；女一：适龙城丁酉科举武举敖秉刚。

赉顺：国久长子，行一；商四川秀山县，生殁葬缺。

赉位：国久次子，行二；商外，殁葬缺。

赉三：国久三子，行三；客外，殁葬缺；娶陈氏，生殁葬未详。

赉川：国久幼子，行四；生殁葬缺。

赉夫：国孙长子，行一；生于清雍正十二年（1734），商外秀山；娶胡氏，生殁葬未详，子一：弼绣；女二：

赉崇：国印长子，行一；客寓重庆府，生殁葬未详。

赉宗：国印次子，行二；生殁葬未详，娶江氏，生殁葬未详。

赉转：国印幼子，行三；客寓四川，生殁葬未详。

弼纸：赉雷长子，行一；商秀山，生殁葬未详，子一：代东。

弼摄：赉雷三子，行三；商外，娶易氏。俱生殁葬未详。

弼毛：赉雷幼子，行四；生殁未详。

弼旺：赉杨长子，行九；娶吴氏，商秀山，俱生殁葬未详；子一：代长；女一：适张。

弼亮：赉廪之子，行一；生于清雍正十年（1732）二月十九寅时，商秀山县；娶易氏，生殁葬未详；子二：代瑞、代虎。

弼武：赉廪次子，行二；生于清乾隆元年（1736）七月初九辰时，商秀山，娶熊氏，生殁未详。

弼锦：赉廪三子，行三；生于清乾隆四年（1739）九月二十三寅时，商秀山；娶喻氏，生殁葬未详；子二：代麟、代春。

弼行：赉大次子，行二；商秀山，娶熊氏，生于清康熙六十年（1721）二月十五戌时，殁于乾隆十四年（1749）十一月二十七未时，葬婆坟山；子二：代正、代光，继娶洪氏，生于雍正十四年（1749）十月十二亥时，殁于嘉庆元年（1796）十二月二十二，葬院山；子四：代辉、代耀、代商、代成。

弼江：赉次四子，行四；又名高，居秀山，生殁葬未详。

弼纱：赉京次子，行二；字志远，生于清雍正七年（1729）三月十二亥时，徒居秀山县；娶洪氏，生于雍正十二年（1734）十二月廿五辰时，商外，殁葬未详；子五：代贵、代周、代秀、代琳（出继赉训为嗣）、代五；女五。

弼道：赉省三子，行三；徒居秀山，娶罗氏，生殁葬俱缺祥；子一：代华。

弼家：赉洪三子，行三；商秀山，生殁葬娶俱未详；子一：代金。

弼龙：赉洪四子，行四；商秀山县，娶张氏，俱生殁葬未详；子三：代宾、代明、代春（出继胞弟弼虎为嗣）。

弼发：赉招长子，行一；生于清乾隆四十八年（1783）二月廿四丑时，居彭水县；娶田氏，生子未详。

国宋：文章四子，行四；生于清乾隆十八年（1753）十一月十一日寅时，徒居秀山县，殁缺，葬坪块场；娶杨氏，出外未详；子三：赉旷、赉友、赉鹏；女一：适贯州欧阳氏。

赉时：国敕二子，行三；生于清乾隆三十五年（1770）三月初三卯时，商寓秀山县，殁于道光二十一年（1841）正月初五未时，葬金谷水；娶邓氏，生于乾隆五十一年（1786）九月初二酉时，殁于道光元年（1821）十月初六亥时，葬新官山；子二：弼碍、弼琮（出继亲弟赉习为嗣）；女二。

赉昆：国照之子，行一；又名黑生，生于清乾隆四十六年（1781）又五月廿一卯时，殁葬秀山坪块场；入继赉显长子弼礚为嗣。

赉料：国均幼子，行二；生于清乾隆三十八年（1773）十二月初四巳时，葬秀山坪块场。

弼炮：赉昱长子，行一；生于清乾隆三十五年（1770）又五月初三寅时，商秀山，殁葬其处；入继堂弟弼砞次子代冈为嗣。

弼砥：赉昱幼子，生于清乾隆四十二年（1777）五月廿九日午时，商秀山，殁葬其处；娶伍氏，生殁葬未详；入继堂弟弼砖之子代炳为嗣。

弼朱：赉昌长子，行一；字甫田，号志元，登仕郎；生于清乾隆四十五年（1780）三月初六巳时，居秀山，殁于道光二十七年（1847），葬秀邑；娶杨氏，生于乾隆四十六年（1781）正月十五辰时，出外，殁葬未详；子四：代煊、代熹（出继胞弟弼磻为嗣）、代煦、代焘。

弼砢：赉景三子，行三；生于清嘉庆二十三年（1818）九月廿八午时，殁于同治六年（1867），葬秀山县坪块场。

代东：弼纸长子，商外，居四川秀山；娶未详，子一，名未详。

代长：弼旺长子，又名寿，居秀山。

代耀：弼行四子，行四；商秀山县，娶氏未详，生殁葬未详；子一：予元。

代英：弼浚次子，行二；生于清乾隆二十一年（1756）九月十八亥时，商四川秀山县，殁葬未详；娶刘氏，生于乾隆三十年（1765）十月十九酉时，殁缺，葬院山；子四：予快、予怡、予惟、予惧。

代莱：弼浚三子，行三；生于清乾隆二十六年（1761）三月二十二午时，商秀山县，殁未详；娶刘氏，生于乾隆三十二年（1767）十二月廿五巳时，殁于道光十五年（1835）三月初一寅时，葬院山；子一：予辅。

代葡：弼浚幼子，行四；生于清乾隆二十八年（1763）十一月十五未时，商秀山县。

代芳：弼淡长子，行一；生于清乾隆三十六年（1771）四月初三亥时，客秀山县；娶徐氏，生未详，子一：予春。

代草：弼淡次子，行二；生于清乾隆四十年（1775）八月二十六辰时，商秀山县；娶邓氏，生未详；子二：予启、予贞。

代贵：弼纱长子，行一；学名鉴，字钦三，邑廪生，仍籍酉阳州秀山县；生于清乾隆二十二年（1757）三月初三丑时，殁于嘉庆十八年（1813）六月二十一未时，葬天生桥；娶袁氏，明经进士讳洁之姐，生于乾隆二十年（1755）二月初一亥时；子四：予珪、予璋、予瑚、予连（出继亲兄代刚名下为嗣）；女二。

代云：弼缉三子，生于清乾隆三十八年（1773）又三月廿五申时，商外秀山坪块场；入继胞兄代常长子予杰为嗣。

代霨：弼缉幼子，行五；字作祥，生于清乾隆五十年（1785）十月十一辰时，商秀山县坪块场，殁葬俱未详；娶谌氏；女一：适伍，母谌出；继娶秀山县坪场杨氏，生殁葬俱未详；子四：予立、予而、予道（出继堂兄代狮为嗣）、予生（出继亲兄代补为嗣）。

代贤：弼鳌之子，行一；商秀山县，生殁均未详。

代义：弼鳌次子，行二；商秀山县，生殁葬均未详。

代庸：弼名长子，行一；傻瓜秀山县，娶喻氏，俱生殁葬未详；女一：适萧；继娶彭氏，生殁葬未详；入继胞弟代绍次子予烈为嗣。

代圣：弼略次子，行二；学名作新，字德成，太学生；生于清乾隆三十六年（1771）十月初一寅时，殁于嘉庆二十二年（1817）五月二十日酉时，葬秀山县金谷水射科坝；娶晏氏，生于乾隆四十年（1775）三月十八辰时，殁于道光三年（1823）十二月初十辰时，葬院山；子三：予启（出继胞兄代源为嗣）、予寄、予来；女二。

予创：代谦次子，字迥远；生于乾隆五十一年（1786）二月二十四寅时，商秀山县；娶李氏，邑庠生魁蜀之女；子二：言敦、言科。

予立：代霭长子，行一；生于清乾隆三十二年（1767）二月初八亥时，殁于道光二十一年（1841）八月十七戌时，葬秀山县客山；娶杨氏，生殁未详。

予而：代霭次子，行一；生于清乾隆三十七年（1771），商秀山县，生殁葬未详。

予先：代琳长子，行一；生于清乾隆二十八年（1763）二月二十日子时，商秀山县，葬未详。

予乐：代琳三子，行三；商秀山县，生殁葬未详。

予莘：代和次子，行二；字美远，生于清道光二年（1822）十一月二十八亥时，殁未详，葬秀山县射科坝；入继胞兄予军次子言宗为嗣。

予仙：代梅长子，行一；字玉松，同父商秀山县，生殁葬娶均未详；子一：言瑞；女一。

予勋：代梅次子，行二；字玉柏，同秀山县，生殁葬娶均未详。

予文：代楫长子，行一；商秀山县，殁葬未详。

予经：代楫次子，行二；商秀山县，殁葬未详。

予成：代绍长子，行一；生殁葬未详。

予二：代绍次子，行二；同父客秀山县，生殁葬未详。

言敦：予创长子，又名连发，商秀山县。

言科：予创次子，又名连科，商秀山县。

言年：予来次子，行二；生于清道光十五年（1835）十二月初九日午时，商秀山县，殁葬未详。

代熹：弼磻嗣子，学名作航，一字春飘，习十三经；邑廪生，居秀山；生于清嘉庆二十二年（1817）二月初四丑时，娶杨氏，生殁葬俱未详；继娶张氏，登仕郎绍贤女，生殁未详。

代辉：弼琏之子，生于清嘉庆二十三年（1818）八月十二午时，徒居秀山县。

代焕：弼硹嗣子，字作楫；生于清道光十七年（1837）二月二十七亥时，娶杜氏，客秀山县。

代燃：弼砕长子，字作梅；生于清道光十二年（1832）五月二十日申时，娶黄氏，客秀山县。

代玙：弼碍长子，生于清道光十八年（1838）七月十八午时，商秀山县。

代友：弼碍次子，客秀山县。

代畴：弼礚嗣子，商秀山县。

代璠：弼碂之子，生于清道光十五年（1835）正月十九亥时，商秀山县。

弼尿：赍秀幼子，行二；生未详，兄弟俱商四川桃园县。

予龟：代众次子，行四；字永宁，乾隆二年（1737）二月十五未时生，乾隆五十四年（1789）十月十四殁，葬四川城都府出东门新繁县；娶火田卢氏，太学生讳洪公之侄女，乾隆七年（1742）正月十四巳时生，乾隆四十二年（1777）九月初一酉时殁，葬游神坛；子二：珠言、珍言；女一。

予听：代魁长子，行一；乾隆十五年（1750）六月十三生，嘉庆二年（1797）五月初五戌时殁，葬四川省城都府黄天垱；娶相城简氏，乾隆九年（1744）九月廿二辰时生，乾隆四十五年（1780）十月廿四未时殁，葬游神坛；子一：豹言；女一适东边孙有之次子。

言请：予恩三子，行三；字添禄，乾隆二十八年（1763）六月十六丑时，嘉庆十八年（1813）五月殁，葬四川城都府东门外安胜桥；娶高塘蓝氏，乾隆二十八年（1763）六月初一子时生，乾隆四十一年（1776）又七月廿五酉时殁于，葬狗眠山；继娶四川陈氏，乾隆三十九年（1774）八月初六未时生；子一：国蛮；女二。

言磊：予游次子，行二；乾隆十五年（1750）十二月十七亥时生，商四川木平河，殁葬未详；承继胞兄言多幼子图恽为嗣。

言万：予旭之子，行十；字添福，乾隆十九年（1754）十月十九未时生，道光六年（1826）六月初十卯时殁，葬于四川省东关外万年桥；娶五里谌氏，乾隆十九年（1754）正月廿四子时生，殁未详，葬游神坛；子二：国赞、国滚（立继堂兄言永为嗣）；女一。

言罕：予纹之子，行二；乾隆二十四年（1759）三月廿日酉时生，嘉庆十三年（1808）六月廿二未时殁，商成都府华阳县，葬其地；娶周氏，乾隆三十四年（1769）八月初一寅时生，道光十八年（1838）八月初十子时殁，葬游神坛；子一：图牛；女一。

言雪：予络之子，行四；字添爵，乾隆二十七年（1762）十二月廿八生，商成都府，殁未详，葬于其地；娶潘氏，乾隆十九年（1754）七月廿日生，殁未详，葬游神坛；子一：图平。

弼银：赉胜次子，行二；生于清康熙五十七年（1718）八月二十六臣时，商四川，殁葬未详。

弼华：赉胜四子，行四，生于清乾隆八年（1743）十一月二十七日戌时，商四川，殁葬未详。

赉鲤：国着子，行四；字成龙，生于乾隆二十五年（1760）九月十六酉时，商四川广安洲，殁葬未详；娶四川李氏，生于乾隆二十七年（1762）六月十四亥时，搬回三年殁葬罗子坑；在广安续娶王氏，生于乾隆四十五年（1780）十二月十二子时，殁葬未详；子一：弼冬。

赉鱼：国着子，行五；字龙，生于乾隆三十五年（1770）正月二十一寅时，客四川，殁葬彼地；娶熊氏，生于乾隆三十八年（1773）五月初四午时，殁葬未详。

弼集：赉炫子，行八；生于乾隆三十九年（1774）六月十七未时，商四川广安洲；娶甘氏，生殁葬未详；子三：代长、代发、代牛。

弼冬：赉里子，行二；生于乾隆五十年（1785）十一月二十八子时，商四川广安洲。

代院：弼丙子，行八；生于道光六年（1826）十二月十八辰时，殁于咸丰四年（1854）九月初一寅时，葬广东韶洲府乐昌县万寿私山。

言叔：予修三子，行三，生于清乾隆十五年（1750）九月廿二亥时，商四川；入继胞兄言吉五子图还以嗣。

予梧：代兴之子，商四川重庆府。

予实：代智长子，商寓铜鼓。

言姜：予锦之子，行十；生于清雍正二年（1724）七月初七，殁未详；娶四川重庆府遂宁县李氏，生于乾隆十二年（1747）正月十八辰时。

言铠：子敬嗣子，行四；生于清乾隆十年（1745）七月十六午时，殁于乾隆四十三年（1778）七月十六辰时，葬四川大陵县妙秀河；入继胞兄言钏三子图依为嗣。

言磔：予机长子，行一；生于清乾隆十年（1745）九月二十四卯时，殁于乾隆三十三年（1768），葬四川芭河；娶象城简氏，生殁未详；子一：图年。

言熔：予檀长子，行一；例授从九品候选巡政厅，生于清乾隆十八年（1753）十二月廿九亥时，殁于道光元年（1821）八月二十日戌时；娶畲山雷氏，生于乾隆二十六年（1761）十二月十八卯时，殁于道光十一年（1831）八月十八辰时；俱葬牛眠山；继娶神峰谌氏，生于乾隆三十五年（1770）十二月二十八戌时；子一：图善；侧室田氏，直隶保定府易州来水县，生于乾隆五十一年（1786）八月十六丑时，殁于咸丰元年（1851）六月初六卯时，葬牛眠山；又侧室勾氏，四川重庆府巴县，生于嘉庆元年（1796）三月二十四午时，殁葬未详；女四：长适五里谌，次适田西谢，三适湖上刘（俱谌出），四适神峰谌（勾出）。

代贵：弼社长子，行七；生于清乾隆五十二年（1787）正月十七亥时，商四川，殁葬缺；入继胞兄待贱三子予毛为嗣。

代贵：弼相嗣子，行三；生于清乾隆五年（1740）三月二十七午时，商四川，殁葬缺。

代正：代蚌长子，行四；生于清乾隆三十六年（1771）正月十七辰时，殁于咸丰二年（1852），葬四川木平井；娶胡氏，生于乾隆四十年（1775）八月十六，殁于道光八年（1828）十二月初三时，葬神堂山；入继胞弟予贰次子言顺为嗣。

予建：代禄长子，行一；生于清乾隆三十九年（1774）十月十七，娶邹氏，生于乾隆四十九年（1784）六月十六日，商四川，殁葬俱未详。

代喜：弼葬五子，行六；生于清雍正二年（1724）十月十二，商四川，殁葬未详。

予选：代羔次子，行四；生于清乾隆十年（1745）三月十四，殁未详，葬四川。

第三节　珠湖谱记迁湖广人名录

尚昌：则锭之子，生于明弘治六年（1493）十二月十九日辰时，商湖广，殁于嘉靖二十一年（1542）八月十四日申时，遂葬湖广琛州；娶盛氏，生殁葬未详；入继大坑伟胜次子孔仁为嗣孙。

大荣：子茂三子，商湖广。

廷意：良瑛三子，兄弟二人俱商湖广襄阳。

则探：可誉次子，商湖广襄阳府。

广棘：希应二子，行二；子一：万琏（商湖广）。

万慨：广选长子，兄弟俱商湖广。

万蛟：广选幼子，兄弟俱商湖广。

广浚：希谅长子，行一；寓湖广巨口铺。

广溟：希谅次子，行二；寓湖广巨口铺。

广藻：希谅三子，行三；寓湖广巨口铺。

广娄：希轰二子，行五；商湖广。

广衮：希轰三子，行一；娶王氏，子五：俱商湖广沅县何家坪。

万熔：广剑长子，行一；商湖广。

万锁：广剑二子，行二；商湖广，子一：文代（出继亲弟万寿为嗣）。

万锣：广剑三子，行三；商湖广。

万铜：广剑四子，行四；商湖广。

万锡：广剑五子，行五；商湖广。

赉琅：国是长子，行一；商湖广。

弼源：赉玑之子，行一；商湖广。

国亲：文代三子，兄弟随父寓湘阴县。

国检：文储四子，行四；娶谌氏，商寓湖广，殁葬未详。

赉乔：国稳二子，行二；商湖广。

国感：文闲三子，行一；商湖广益杨县桃花巷。

弼馒：赉枧长子，行二；生于清康熙十年（1671）二月二十日，葬湖广房县木瓜地，娶晏氏，生于清康熙二十二年（1683）十一月三十日，殁缺；子六：代河、代淮、代辉、代新、代悦、代汨。

予红：代依三子，行三；生于清乾隆二十三年（1758）正月二十四辰时，殁于嘉庆十三年（1808）四月初四日巳时，葬宜昌东门外常家湾义冢；娶周氏，生于乾隆三十四年（1769）十二月初三寅时，殁于乾隆五十五年（1790）三月十五日巳时，葬荷树山；女一：水英；继娶陈氏，生于乾隆三十二年（1767）正月二十日午时，殁于道光二十年（1840）十一月二十五日戌时，葬宜昌；侧室吴氏，生于乾隆五十三年（1788）七月二十日卯时；入继筠公予稚次子言嘉为嗣。

予蓬：代花之子，行一；生于清乾隆三十年（1765）正月廿四日午时，殁于道光十八年（1838）十一月初六酉时，葬宜昌常家湾义冢；娶王氏，生殁未详，葬宜昌东门外地藏庙左侧。

予爱：代帛嗣子，行二；生于清乾隆十九年（1754）八月二十七戌时，商外，殁未详，葬宜昌府常家湾义冢。

予珠：代茉长子，行一；书名嘉壁，字连城，生于清乾隆三十五年（1770）三月初二未时，殁于嘉庆八年（1803）二月初八日亥时，葬宜昌东门外常家湾义冢；娶大路陈氏，生于乾隆三十九年（1774）五月二十二辰时，殁于道光三十年（1850）九月九日寅时，葬烟霞山；入继筠公予发三子言宽为嗣；女二：长适谌，次探英适田东罗。

予璠：代茉次子，行二；学名予璠，字耀廷，一子昆山，国学生；生于清乾隆五十四年（1789）二月二十四日卯时，殁于道光二十年（1840）六月十五日酉时，葬宜昌河西后铺金家坝龙世汉之山；山名荫子岩之阳艮山坤向廉丑未，娶五里谌氏，生于乾隆五十四年（1789）六月初九子时未归而殁；娶五里谌氏，生于乾隆五十五年（1790）六月十一日未时，殁于咸丰十年（1860）三月二十日寅时，葬宜昌河西桃花铺百儿坡之阳干山巽向兼辰戌；子一：言诩；侧室刘氏，生于嘉庆十三年（1808）十月十八日辰时。

予玙：代茉三子，行三；字题廷，一字琢齐，生于清乾隆五十六年（1791）十月初五戌时，殁于道光二十年（1840）三月初八日午时，葬宜昌黄草坝八庙己山；娶谌氏，生于乾隆五十六年（1791）十月十六日戌时，殁于同治十二年（1873）七月十八日未时，葬烟霞山；子一：言憬；女一：菊英适谌；侧室陈氏，生于嘉庆十一年（1806）六月初七日寅时，殁葬未详。

言嘉：予红嗣子，行一；又名顺，字麟美，生于清乾隆五十七年（1792）正月初五寅时，殁于道光十七年（1837）十一月二十五午时，葬宜昌河西后铺金家坝虎形山；娶朱氏，生于乾隆六十年（1795）六月二十四巳时，殁于道光二年（1822）七月十一日巳时，葬宜昌黄草坝己山；继娶王氏，生于嘉庆十一年（1806）八月十七日；子二：图海、图源（夭）。

言诩：予璠之子，行三；书名政，字有恒，别字毅庵，国学生；生于清嘉庆二十年（1815）十月十六日戌时，殁未详，葬宜昌府；娶三角湖贾氏，国学生辑瑞公之长女，生于嘉庆十七年（1812）十二月初六辰时，殁未详，葬宜昌府；子四：园濂、园夏（出继堂弟言憬为嗣）、园炳、园毛（出继堂兄言宽为嗣）；女三：长适五里谌名祖吉之幼子，次适宜昌罗候补县右堂敬堂之六子。

予按：代屋五子，行八；生于清乾隆二十七年（1762）五月二十五酉时，殁未详，葬湖北；子一：言真（嫁母谢出）。

予书：代桥长子，行一；生于清乾隆三十三年（1768）十月十七，殁于乾隆四十三年（1778）正月二十四，葬湖北利川县；娶黄氏，生于康熙五十三年（1714）十一月十二，殁葬未详；子三：言松、言柘、言栋。

言种：予坚四子，行四；生殁葬未详，商湖广。

言松：予书长子，行一；生于清乾隆元年（1736）四月初四，殁于乾隆五十一年（1786）三月初四，葬湖北恩施县；子二：图叙、图选（嫁母毛出）。

言斐：予西长子，行三；生于清乾隆二年（1737）九月初八，殁于乾隆五十二年（1787）八月二十三，葬湖北利川县长茨塘关帝庙背；娶谌氏，生于乾隆三年（1738）二月初一，殁于乾隆四十九年（1784）九月初十，葬月形山；子三：图越、图瑚、图泰。

予渊：代铨长子，行五；又名孟源，生于清乾隆十九年（1754）三月二十七寅时，殁于乾隆五十年（1785）七月十一申时，葬黔阳县桐木场上街口熊姓山；娶灰埠陈贡监生讳朝柱之女，生于乾隆二十年（1755）七月十七，殁于嘉庆二十三年（1818）五月初一巳时，葬烟霞山，继娶乌泥漆氏，贡监生讳克俊之女，生于乾隆十九年（1754）四月二十一辰时，殁于道光十二年（1832）三月二十一寅时，葬月形山；子一：言楠。

子赤：代协长子，行二；又名光灿，生于清乾隆二十二年（1757）六月十六午时，殁未详，葬湖南沅州黔阳县桐木窑；娶府城上坊陈氏，邑庠生讳仕俊之侄女，生于乾隆二十一年（1756）十二月初九申时，殁于道光十一年（1831）九月十四未时，葬湖南黔阳县桐木窑；子二：言狮、言象；又入继亲弟予柳二子言长为嗣。

予芬：代轼二子，行三；又名馥馨，生于清乾隆二十八年（1763）十一月初十卯时，殁于嘉庆五年（1800）八月初二巳时，葬湖南黔阳县桐木场熊家山。

代悦：弼瑶五子，行五；生于清康熙六十年（1721）正月二十四，殁于雍正八年（1730）四月初四，葬益阳宋家山。

代国：弼福长子，行一；生于清康熙三十七年（1698）九月十一，殁于乾隆十九年（1754），葬益阳县。

予洪：代仁长子，行三；生于大清康熙六十年（1721）十一月初五辰时，商湖北，殁葬未详；娶陈氏，生于康熙六十年（1721）八月初八亥时，殁未详，葬烟霞山；子二：言顺、言耳。

予月：代倘嗣子，行三；生于清乾隆三十四年（1769）八月二十一申时，商四川酉阳州干溪场，殁葬未详；娶西岐欧阳氏，生于乾隆四十二年（1777）月巳时未详，殁葬缺；子一：言岩。

言诮：予晞嗣子，行二；生于清乾隆二十四年（1759）十月初十卯时，商外，殁葬未详。

言秝：予普长子，行四；生于清乾隆十九年（1754）六月十四巳时，客湖南保庆府，殁葬未详；娶童氏，生于乾隆二十一年（1756）九月二十三巳时，殁未详，葬荷树山；入继亲弟言租二子图盛为嗣。

言顺：予洪长子，行一；生于清乾隆十年（1745）十月十六日亥时，商湖北，殁葬未详。

代莲：弼元三子，行三；生于清康熙四十二年（1703）正月二十一，商寓交址波罗厂，殁葬未详。

予亮：代虎嗣子，行三；生于清乾隆三十四年（1769）三月二十一午时，殁于嘉庆二十年（1815）二月十五巳时，葬湖北山；娶郑氏，生于乾隆三十四年（1769）八月十二亥时，殁于嘉庆二十年（1815）正月十九巳时，葬湖北山；子一：言镇。

言坤：予饷嗣子，行二；生于清乾隆三十四年（1769）十月初四，殁于道光六年（1826）七月二十八戌时，葬湖北巴陵县东门外先龙潭；娶张氏，生于乾隆三十七年（1772）九月二十六辰时，殁于道光二十二年（1842）七月初十寅时，葬熊家山；子二：图仟、图陆；女二：长适黄，次适卢。

予多：代谷长子，行二；生于清乾隆四十五年（1780）十月二十九酉时，商湖北朱家河，殁葬未详。

言枝：予诚嗣子，行四；生于清嘉庆七年（1802）九月二十三未时，殁于道光三十年（1850）三月初三酉时，葬熊家山；子二：图从、图是（出继堂弟言池为嗣，嫁母张出）。

广莹：希立长子，行七；商寓湖广寿阳坪。

广亲：希立二子，又名浔，行五；商湖广柏木港。

万快：广冠三子，行三；寓湖南浏阳县。

文积：万慎三子，行五；商寓江陵，生殁葬未详。

文玉：万赞次子，行五；生于明万历四十六年（1618），商寓金陵，殁葬未详。

国彪：文祜嗣子，乳名三阳，生于大清顺治十五年（1658），殁未详，葬湖南澧陵官寮。

国经：文果次子，行二；生殁未详，葬湘东。

弼彻：赉次子，行二；生于清康熙六十年（1721）九月初十亥时，商湖南慈利县，殁于乾隆三十七年（1772）五月初六，葬双人滩；娶陈氏，生于雍正七年（1729）六月初十巳时，殁未详，葬烟霞山小襟；子三：代换（出继仁房弼排为嗣）、代汲（出继胞兄弼街为嗣）、代爆。

弼后：赉兔长子，行三；生于清康熙五十二年（1713）二月初十，殁未详，葬益阳。

弼咬：赉兔二子，行六；生于清雍正二年（1724）正月初六戌时，殁于乾隆三十年（1765）十月，葬湖北黄冈。

弼玉：赉梗嗣子，行二；生于大清雍正十三年（1735）十一月二十七未时，商外，殁于乾隆四十二年（1777）十二月申时，葬湖南省湘潭县；娶席氏，生于雍正十一年（1733）七月初四巳时，殁于乾隆二十二年（1757）三月二十七，葬烟霞山；子一：代楗；女一：正英。

弼尔：赉栎嗣子，行三；生于大清乾隆二年（1737）八月十一卯时，商外，殁于乾隆十九年（1754）三月十五未时，葬湖南省安化县地名太和平；娶长沙范氏，生于乾隆六年（1741）十月初十寅时，殁于乾隆三十年（1765）六月二十日申时，葬龚家山；子一：代拱。

弼介：赉诵五子，行七；生于大清康熙四十四年（1705）正月初五申时，娶童氏，生于康熙五十二年（1713）八月初九未时，商寓湖广利川县地名黄泥塘，俱殁葬未详；子一：代进；女一：适古桥陈。

弼文：赉卿之子，生殁葬俱未详，商寓高县。

予谟：代文次子，行二；生于清雍正九年（1731）八月十六日，殁于乾隆四十四年（1779）四月十三，葬湖南龙阳县谷塘总。

予图：代文三子，行三；生于清雍正十二年（1734）五月十八日，殁于乾隆三十九年（1774）八月初二，葬湘潭县官山。

言赞：予禄三子，行三；生于清乾隆五十六年（1791）正月初六，商湖北。

言庆：予奉长子，行一；生于清嘉庆九年（1804）十一月二十一午时，殁于道光十五年（1835）五月二十四寅时，葬湖北荆州府沙市瑞州义冢。

予钚：代尼次子，行二；生于清乾隆六年（1741）二月初二巳时，娶黄氏，生于乾隆七年（1742）二月初六，商湖南辰州，殁未详，因葬四方溪；子一：言官。

言松：予伯嗣子，行三；生于清乾隆十一年（1746）十一月十六日戌时，殁于乾隆四十六年（1781）十一月十二日巳时，葬湖北荆州府公安县红庙寺；娶报恩塘黄氏，国学生讳绍业之女，生于乾隆十六年（1751）十月二十六丑时，殁于道光十二年（1832）二月十一日戌时，葬烟霞山小襟；子一：图在。

予砚：代洒长子，行三；生于清雍正七年（1729）九月二十四丑时，商湖广。

予言：代江长子，行一；生于清雍正二年（1724）十二月二十七午时，殁未详，葬湖广永顺府。

予泰：代稳次子，行二；生于清乾隆三十八年（1773）三月十九寅时，娶二都梁氏，生于乾隆三十二年（1767）九月二十七寅时，商湖南走马坪，俱殁葬未详。

予若：代稳四子，行四；生于清乾隆四十六年（1781）十一月初二未时，商湖男走马坪，殁葬未详；娶湖南桃源县易氏，生于乾隆四十六年（1781）正月初六亥时，殁葬未详。

予公：代稳五子，行五；生于清乾隆五十一年（1786）十一月十三辰时，商湖南走马坪，殁葬未详。

代滕：弼贤之子，行二；生于清雍正十月十九寅时，殁于乾隆二十六年（1761），葬湖北省蕲水县。

代猪：弼赏次子，行二；生于清乾隆四年（1739）三月十一亥时，殁于嘉庆二年（1797）八月十六寅时，葬湖南辰州湾陵县四方溪大桥口，娶湖南湾陵县林氏，生于乾隆十七年（1752）九月十四亥时，殁于嘉庆二十一年（1816）正月初八未时，葬湖南安化山江南平渣里滩田垅湾田上；子四：予贵、予富、予金、予年；女一：适朱。

予年：代猪四子，行四；生于清乾隆五十三年（1788）十二月二十四午时，殁于道光十五年（1835）四月初五申时，葬湖南安化山江南坪渣里滩田垅湾。

希表：崇稳二子，行二；又名章，商寓湖广。

万涉：广载二子，行二；兄弟俱入籍辰州沅陵县拖竹溪。

万砮：广用之子，行三；商寓湖广。

广澧：希满长子，入籍澧州。

广洲：希满二子，入籍澧州。

广锦：希满三子，入籍澧州。

广秀：希满四子，入籍澧州。

万卣：广玉长子，行一；娶朱氏，入籍湖广澧州。

万源：广调二子，行七；娶胡氏，子二：文沁、文汾（二子俱商常德桃源小扶溪汾入籍辰州沅陵一都拖州龙潭溪后湾）。

万雒：广记长子，行二；又名杰，商寓湖广沅陵拖州；子二：广板、文凳。

万礼：广健长子，行一；葬龙潭湾。

崇信：孔辉长子，又名踦，行八；商寓湖广，生于明正统二年（1437），殁于明弘治十八年（1505）；娶朱氏，葬湖广郧西县龟形山；子四：希珠、希师、希学、希鼎（俱随父入籍湖广郧西县）。

赉宝：国辑二子，行八；生于清康熙三年（1664），殁湖广。

赉果：国乔长子，行一；商寓湖广。

赉饼：国乔二子，行二；商寓湖广。

国思：文板四子，行四；商寓湖广。

赉善： 国炼之子，行一；娶朱氏，殁湖广；子一：弼敦。

赉广： 国实之子，行五；商寓湖广沅陵。

文遗： 万溪二子，行八；生于明隆庆三年（1569），殁于明崇祯十六年（1643），葬荷树山；娶刘氏，生于明隆庆二年（1568），殁于明天启元年（1621），葬龙潭湾蟹行地；入继文遥次子国昆为嗣。

文添： 万烘三子，行七；商湖广。

国膳： 文日四子，行九；商湖广。

国信： 文轸二子，行五；兄弟俱入籍靖州衙前。

国仁： 文镣长子，行八；入籍靖州。

国智： 文镣二子，行三；殁湖广，子一：赉（嫁母蓝出）。

国纳： 文泼长子，行一；商寓靖州。

赉细： 国肱之子，行一；生于明嘉靖十年（1531），商寓湖广。

赉满： 国胪五子，行五；父子兄弟俱商寓湖广常德府桃园县。

予细： 代完次子，行二；生于清乾隆五十六年（1791）十一月十五辰时，殁于嘉庆二十年（1815）六月二十五子时，葬湖北安禄府天平县宜安门外义山。

万凰： 广锐二子，行二；兄弟俱入籍湖广高沙市。

万谷： 广秋五子，兄弟俱入籍湖广绥宁。

国渭： 文惕三子，行三；生于清康熙元年（1662），娶况氏，生于康熙八年（1669）八月十三日，商湖广德安县。

弼见： 赉送之子，行一；生于清雍正五年（1727）正月十二，殁于嘉庆二十三年（1818）十一月初二辰时，葬益阳县五里堆周家嘴；娶王氏，生于雍正十二年（1734）六月初六，殁于嘉庆十八年（1813）二月十七午时，葬烟霞山；子三：代遴、代斟、代晏。

弼龙： 赉玙之子，行一；生于清康熙四十九年（1710）七月二十日，商长沙常德府黄土店。

文嫩： 万佑长子，行二；乳名道，生于清顺治十一年（1654），殁湖广字陆县；娶张氏，生殁葬未详；子一：国成。

文嫜： 万佑次子，行二；又名流，生于大清康熙四年（1665），殁湖广安陆县；子一：国德。

国成： 文嫩之子，行五；学名国宾，字旅来，入湖广德安府安陆县县学生员因籍焉。

国德： 文嫜之子，行一；乳名和，生于大清康熙，入籍湖广安陆县十字街。

予喜： 代询长子，行二；生于清乾隆五十一年（1786）十月十三日丑时，殁于道光六年（1826）十一月二十二日辰时，葬湖南常德府武陵县德山义冢；子一：言总；

女三。

言教：予丑之子，行一；又名春茂，生于清道光二年（1822）十二月初九亥时，殁于同治十年（1871）九月二十三日未时，葬湖南常德府义地；娶坪湖张氏，生于道光二年（1822）十二月初一亥时，殁于道光十六年（1836）十月三十日亥时，葬凤形山；继娶三湖贾氏，生于嘉庆二十四年（1819）八月二十日巳时，殁于光绪十一年（1885）九月十七日申时，葬烟霞山；子三：图简、图光、图策（出继亲兄言胜名下为嗣）；女一：寿桃适湖溪郑太学生例赠文林郎讳懋琪公之孙癸巳，恩科举人拣选知县名献癸之胞兄太学生讳献馨。

代谦：弼名二子，行二；生于清乾隆二十年（1755）八月二十二日，殁未详，葬常德府德山义冢。

代龄：弼见长子，行一；生于清乾隆二十年（1755）九月初三吉时，殁于嘉庆二十二年（1817）三月二十六日未时；娶陈氏，生于乾隆二十八（1763）五月十一日，殁于嘉庆十九年（1814）正月十九日未时，俱葬湖南益阳县五里堆周家嘴；子三：予庆、予贺（出继胞弟代斟为嗣）、予竟。

言寿：予庆长子，行一；生于清道光元年（1821）十月二十三日戌时，商寓湖南益阳，殁葬娶未详；子一：图爱。

言阵：予茫四子，行四；生于清道光二十九年（1849）正月二十八日亥时，商寓湖南辰州。

言修：予联长子，行七；又名及时，生于清乾隆四十五年（1780）十一月初八寅时，殁于嘉庆十年（1805）六月二十八巳时，葬湖南常德府武陵县德山江西义冢；娶来苏刘氏，入继胞弟言团次子图粗为嗣。

代婆：弼元次子，行八；生于清雍正元年（1723）十二月初四巳时，商长沙，葬望城坡。

代金：弼元四子，行十；生于清雍正九年（1731）七月十五，商长沙，殁葬未详；娶善富张氏，生殁葬未详。

言浑：予太次子，行十四；生于清嘉庆十九年（1814）六月二十九辰时，殁未详，葬湖南长沙府。

言洄：予善之子，行七；生于清嘉庆九年（1804）十二月十六卯时，殁于咸丰二年（1852）二月二十八戌时，葬湖南长沙府善化县刘众山；娶横港毛氏，生于嘉庆六年（1801）九月二十日寅时，殁于同治三年（1864）九月二十一，葬凤形山。

崇关：孔凤长子，行二；入籍湖广宝康县。

崇闻：孔凤二子，行三；生平慷慨尚义，娶黄氏，生殁未详，入籍湖广宝康县。

希静：崇畿三子，生殁葬娶未详，兄弟俱入籍湖广房。

希选：崇钝之子，行八；生于明弘治七年（1494），入籍湖广房县。

希冉：崇术之子，名再，生于明弘治七年（1494），入籍湖广房县。

希舞：崇锦长子，行三，名鹤，生于明弘治元年（1488），入籍湖广房县。

希镇：崇锦三子，名铨，行五；生于明弘治十二年（1499），入籍湖广房县。

希晴：崇勇二子，名秦；生于明正德元年（1506），入籍湖广房县。

希辙：崇洁长子，名轩，行七；生于明弘治三年（1490），入籍房县。

希辏：崇洁二子，行八；生于明弘治十八年（1505），入籍房县。

希衎：崇海长子，行一；生于明正德八年（1513），入籍房县。

希衡：崇海二子，行二；生于明正德十年（1515），入籍房县。

希术：崇海三子，行三；生于明正德十六年（1521），入籍房县。

希衔：崇海四子，行四；生于明正德乙未年，入籍房县。

希期：崇惠三子，名捧；生于明正德二年（1507），殁房县，娶贾氏；子五：广苹、广葛、广艾、广萱、广蓝。

希宿：崇惠四子，行十；生于明正德五年（1510），入籍房县。

希湍：崇达三子，行三；生于明嘉靖二年（1523），娶胡氏；子一：广纺兄弟俱入籍房县。

希亢：崇继长子，行十；生于明弘治十三年（1500），入籍湖广房县。

希兴：崇继二子，行一；生于明正德十一年（1516），殁葬未详；入籍湖广房县。

希貌：崇令三子，行三；生于明嘉靖二年（1523），兄弟俱入籍湖广房县。

希晃：崇辟二子，行六；生于明正德十三年（1518），兄弟俱入籍房县。

崇彬：孔节二子，行十；生于明成化十八年（1482），娶彭氏，入籍房县。

崇柘：孔节三子，行一；生于明成化二十一年（1485），娶崔氏入籍房县。

希良：崇茂长子，名牛，行一；生于明弘治乙酉年，娶喻氏，生于明宏治癸丑，入籍房县。

希坑：崇茂二子，名完；生于明正德乙未年，入籍房县。

希克：崇茂三子，行三，生于明正德六年（1511），入籍房县。

希大：崇谋二子，行九；名泰，生于明正德五年（1510），入籍房县。

希腊：崇谋三子，行二，生于明正德六年（1511），入籍房县。

希丛：崇槐长子，行七；入籍房县。

希偿：崇槐幼子，入籍房县。

希菊：崇楷长子，行一；入籍房县。

希凡：崇楷二子，行二；入籍房县。

希珀：崇桥二子，行八；生于明正德十六年（1521），兄弟俱入籍房县。

希杏：崇栲二子，行三；生于明正德十三年（1518），兄弟俱入籍房县。

希饰：崇祥之子，名赤，行四；生于明正德十二年（1517），入籍房县。

希囊：崇冕二子，行二；生于明成化二十一年（1485），娶卢氏，入籍房县；子一：广晶。

希添：崇旈二子，行二；生于明弘治八年（1495），兄弟俱入籍房县。

希银：崇元四子，行十四；兄弟俱入籍房县。

希齐、广昭、广晈、广昤、广晶、广栋、万亮：俱入籍房县。

崇舟：孔善二子，行八；生于明成化十六年（1480），殁湖广襄阳府蕃城黑门厢铁窗口依亲康梦皋，葬康家祖山；娶陈氏，葬烟霞山；子三：希后、希苌、希复。

崇城：孔孝四子，行四；兄弟俱商湖广。

希漕：崇建二子，名巢；生于明正德六年（1511），兄弟俱入籍房县。

希苌：崇舟二子，名荣；入籍房县。

希复：崇舟三子，行三；名华，入籍房县。

希菜：崇楫二子，行二，名坤，兄弟俱入籍房县。

万善：广琥三子，行四；生于明万历三十二年（1604），殁葬湖广绥宁。

国捡：文瑞长子，行五；生于明万历四十五年（1617），入籍湖广卢溪县。

国捷：文瑞三子，行九；生于明崇祯六年（1633），入籍浏阳县。

弼烁：赉洵二子，行二；生于清康熙四十六年（1707）九月二十一，商浏阳县。

代上：弼享长子，行一；生于清康熙五十六年（1717）正月初四子时，殁于乾隆四十六年（1781）六月十二辰时，葬杨雀山；娶黄氏，生于康熙六十年（1721）又六月初七午时，殁于乾隆五十七年（1792）九月二十六卯时，葬烟霞山；子五：予集、予席、予酒、予先（出继长沙范）、予根；女一：适黄。

予栒：代好长子，行一；生于清乾隆十八年（1753）九月二十三巳时，殁未详，葬湖广。

予铅：代满嗣子，行二；生于清乾隆十六年（1751）七月二十二寅时，殁未详，葬湖南益阳县五里堆义山；娶吴氏，生于乾隆二十年（1755）五月二十七戌时，殁未详，葬游山冈；子一：言德。

广锦：希燕长子，行六；娶甘氏，商湖广衡州涞阳。

代发：弼上之子，行一；生于嘉庆八年（1803）九月廿九亥时，殁于咸丰二年（1852）七月十七，葬湖北黄梅县孔龙镇。

万祥：广昭幼子，字明州，商湖广；娶王氏，殁葬楚地余家山；子一：文迟；女一：适杨。

国米：文学三子，行三；商湖州，生殁葬未详。

文声：万童幼子，行二；同父徙居湖南永定县。

弼柱：赉粮之子，行一；字吉成，生于清嘉庆十四年（1809）九月初一子时，殁于道光二十三年（1843）二月初一，葬湖北杨矶；子二：代兴、代奥；女一。

弼宏、弼积、弼来、弼生、弼富、弼世、弼用：兄弟俱商寓湖广湘潭县。

弼宗：赉兴次子，行五；商寓荆州。

赉星：国环长子，行五；娶赵氏，入籍湖广安化县，地名芙蓉，葬于其地；子一：弼盛。

赉辉：国环次子，行六；与兄同籍湖广。

赉玉：国钏之子，行一；入籍湖广湘潭。

弼智：赉皆长子，行一；商寓湖广。

弼秀：赉皆三子，行四；商寓湖广。

弼命：赉玖次子，行三；清康熙三十五年（1696）生，商寓湖广，殁葬未详。

代待：弼谐次子，行二；康熙四十四年（1705）十二月十四日生，商湖广，殁于其地。

代尝：弼浣之子，行二；康熙二十七年（1688）四月初六生，商寓湖广，殁葬其地。

代柳：弼典五子，行五；康熙三十年（1691）五月十一生，商寓湖南永顺府桑植县，殁葬其地。

赉灼：国萳长子，行一；生于乾隆九年（1744）六月十四未时，客湖北汉口，商故，葬彼地官山；娶程氏，生殁葬未详。

代储：弼案子，行九；生于嘉庆十八年（1813）六月十四巳时，殁于道光二十九年（1849）十月二十八戌时，葬湖南衡州府，娶珏港何氏，生于嘉庆二十年（1815）七月二十八寅时，殁葬为详；继娶岭口罗氏，生于嘉庆二十一年（1816）九月十四未时，殁葬未详；子二：予礼、予书。

国鞍：文龙子，行；生殁缺，商湖广汉川县田二河，葬彼处。

国蛮：文恐子，生于未详，商湖广田二河，殁葬彼处。

赉长：国绯三子，行六；于乾隆四十八年（1783）二月初九亥时生，商湖广田二河，殁葬彼处春秋阁。

赉芬：国丝次子，行一；生于乾隆四十年（1775）七月初二未时，殁于道光十二年（1832）四月初八日辰时，葬湖广田二河东狱庙边；娶栗山艾氏，生于乾隆五十五年（1790）十月二十九戌时，殁于道光十二年（1832）三月二十四戌时，葬南排岭；子一：弼安；女三：翠贞适岭口刘，英贞适南园盛，辣贞。

赉贤：国总长子，行四；字紫龙，生于乾隆二十六年（1761）十月初二寅时，殁于道光元年（1821）八月十八巳时，葬湖广；娶墈岗朱氏，生于乾隆二十八年（1763）十二月十一未时，殁予道光十九年（1839）八月三十寅时，葬南排岭；子二：弼稳、弼垱；女一：寅贞适深巷童。

代鸟：弼戥长子，行一；生于道光十九年（1839）十月初四巳时，殁于光绪四十二年（1906）八月二十七未时，葬南排岭；娶衫分刘氏，生于道光十九年（1839）正月初七巳时，殁于同治十年（1871）三月二十六子时，葬长沙南门外金盆岭；继娶张氏，生于道光二十四年(1844)正月十八亥时,殇;又继娶黄氏,生于咸丰二年(1852)四月十八亥时,殁于民国癸丑年九月初三未时,葬南排岭壬丙兼子午向三分;子三:予兼、予纪(出继代款为嗣)、予训(出继代连为嗣);女二:盆英适青溪吴刘出,禾英适单黄出。

代清:弼戬次子,行二;生于道光二十六年(1846)八月十七巳时,殁于光绪廿一年(1895)二月廿九卯时,葬湖南省星沙河南门金盆祠江西公山;娶余港孙氏,生于咸丰二年(1852)七月初五亥时,葬缺;子五:予贱、予权、予长、予龙(出继代喜为嗣)、予八宝;女二:应英、杏英。

崇德:孔尊长子,又名子德;兄弟俱商寓湖光平江县城隍庙前

言平:予庆嗣子,行五;生于大清乾隆七年(1742)十月初一,殁于乾隆三十七年(1772)二月初九未时,葬湖南常德府东门外高坪头;入继胞兄言公次子图定为嗣。

言毛:予贞次子,行一;生于清乾隆五年(1740)正月二十一,父子三人俱商湖广平江县地名马嘶。

言鄢:予才之子,行三;生于清乾隆三十八年(1773)六月二十七亥时,因商殁湖北汉阳府,葬梅子山;子一:图林(嫁母喻出)。

赉恒:国差公幼子,行二;字必荣,商外,生于清乾隆五年(1740)三月三十日辰时,殁于嘉庆十五年(1810)九月十九戌时,葬湖南黔阳县玉皇阁对山公议山有碑为记。

弼多:赉纯公长子,行一;字大元,商湖南沅州府黔阳县里城三十里地名桐木场,生于清乾隆廿八年(1763)十月初八日亥时,殁于咸丰三年(1853)七月廿日子时,葬桐木场背竿坡得买邱姓屋后险地坟山甲山庚向;娶毛氏,生于清乾隆四十七年(1782)二月二十六日酉时,殁于咸丰八年(1858)六月初二日戌时,葬桐木对河桐木坪崇阳溪险地一名鱼形文山庚山甲向;生子四:代先、代成、代文、代龙;生女二:长凤英适临江府太洋州萧,次姓茶英适临江府游家州。

弼尚:赉纯公幼子,行二;子秀元,商辰州府,生于清乾隆三十七年(1772)九月二十一日亥时,殁于道光六年(1826)十一月年六日寅时,葬湖南辰洲府公议山有碑为记。

弼荀:赉底公次子,行二;生于清乾隆十五年(1750)十月初十日辰时,殁于嘉庆十年(1815)十月十六日子时,葬湖南辰洲府沅陵县山后。

代礼:弼海公次子,行二;商外,生于清乾隆三十四年(1769)九月二十三日午时,殁于道光元年(1821)十月十六日申时,葬湖南浦市;生子一:予星(母吴氏)。

代本:弼海公幼子,行四;商外,生于清乾隆四十一年(1776)二月十二日丑时,殁于道光十年(1830)十月十四日未时,葬湖南。

代好：弼举次公子，行二；商阮陵县，生于清乾隆四十一年（1766）六月十八日亥时，殁于道光十六年（1836）四月十六日申时，葬湖南辰州府后山地名黄犬练窝；娶罗氏，生于清乾隆五十四年（1789）十一月初十酉时，殁于嘉庆十六年（1811）十二月初一日辰时，葬辰州府后山地明红花园；生子一：予大，续娶高氏，生于清乾隆五十九年（1794）正月初八日子时，殁于道光二十九年（1849）七月十九日亥时，葬辰州府后山图名萧家山；生子三：予发、予万、予成；生女二：长银桂适湾溪刘，幼二贞。

予近：代麒公长子。行一；生于清嘉庆二年（1797）六月二十五日午时，殁于道光三十年（1850）七月十七日午时，葬湖南辰州府后山地名瑞郡议山；生子一：言喜（母冷氏）。

予翔：代旺公长子，行一；生于清嘉庆十三年（1805）六月二十日未时，殁缺，葬湖南益阳县

予早：代相公长子，行一；生于清嘉庆四年（1799）三月初十日己时，殁于道光二十四年（1844）十月初九日丑时，葬湖南辰州府沅陵县；娶穆氏，生殁缺，葬辰州府沅陵县金星山；续娶朱氏，生于清嘉庆五年（1800）二月十八日，殁于光绪三年（1877）十月二十四日辰时，葬辰州府狮子石杨亥已连干向；生子一：言杨。

予物：代相公次子，行二；生于嘉庆十年（1805）九月二十五日卯时，殁于咸丰二年（1852）五月十九日酉时，葬于湖北天门县；娶东安刘氏，生于清嘉庆十三年（1808）十二月十六日戌时，殁于道光廿七年（1847）八月廿八月二十日申时，葬黄巢岭；生子一：言将图；继胞弟予团三子言纯为嗣；生女一：秋英。

予大：代好公长子，行一；也儒，字有道，号天福，生于清嘉庆十四年（1809）三月二十日甲时。殁于咸丰五年（1855）二月廿四日未时，葬辰州府后山地名虾儿井；娶涌溪罗氏，生于清嘉庆十五年（1805）九月初五亥时，殁于同治二年（1863）九月二十三日申时，葬狮子岭坤山艮向；生子四：言怀、言散、言遵、言领；生女三：长女荷贞嫁泉港邓，次女漂贞嫁五里谌，幼女叶贞嫁店背。

予发：代好公次子，行二；生于嘉庆二十五年（1820）八月初五卯时，殁于光绪四年（1878）八月二十六日卯时，葬瑞府义山；娶彭氏，生于清嘉庆二十四年（1819）初五日申时，殁于同治九年（1870）十月十六日酉时，葬湖南浦沛。

予能：代妹公长子，行一；生于清嘉庆廿年（1815）十月初十辰时，殁于光绪十年（1884）十月廿四日吉时，葬湖北旧口山；娶上埠干许氏，生于清嘉庆十九年（1814）七月二十四日辰时，殁于同治六年（1867）九月二十七日戌时，葬黄巢岭；生子一：言稳。

言强：予生公长子，行一；生于清嘉庆廿年（1820）九月初八日酉时，殁于同治元年（1862）

五月廿日申时，葬湖北天门县议山；娶城上黄氏，生于道光五年（1825）二月初二日酉时，殁葬缺；生子一：图吉；生女一：泉英适小山谌。

言领：予大公幼子，行四；生于清道光廿三年（1842）三月初四日申时，殁于光绪五年（1879）八月十六日卯时，葬湖北地。

言叶：予昆公继子，行二；生于清同治六年（1867）十一月廿日戌时，殁于光绪廿年（1896）五月十六日吉时，葬湖北省江西山；生子二：图旺、图卯；生女一：贱贞适湾里刘，母杭桥陈氏。

言教：予梨公三子，行二；生于清同治二年（1863）九月廿六日上午时，殁于民国5年（1916）六月廿六日辰时，葬沙市。

言润：予峰公长子，行一；生殁俱缺，葬湖南黔阳县。

言始：予银公长子，行一；生于清道光六年（1826）四月初一日卯时，殁于光绪二年（1876）年二月十六丑时，葬湖北沙市。

万庆：广耀二子，行九；葬湖广扬州，娶吴氏，葬西岭；子三：文同、文连、文晚。

第四节　珠湖谱记迁北京人名录

弼却： 赉训之子，行二；清康熙二年（1663）生，寓北京。

代窖： 弼齐长子，行一；生于清康熙三十一年（1692）月日时未详，殁于乾隆十八年（1753），葬大头岭；娶吴氏，生于康熙三十二年（1693）三月二十三亥时，殁于乾隆四十三年（1778）九月二十七卯时，葬北京城外宫山；子二：予曲、予捷。

子捷： 代窖次子，行二，生于清雍正九年（1729）十月十六卯时，殁未详；娶徐氏，生于乾隆十年（1745）五月初十子时，葬北京城外宫山；子一：言敬。

言会： 予麟长子，行一；生于清乾隆四十九年（1784）十一月十九日卯时，殁未详，葬北京城；娶胡氏，生于乾隆五十九年（1794）十一月初一亥时，殁葬未详；子一：图己；女一：寅英适萧。

代昭： 弼香之子，商寓北京。

第五节　珠湖谱记迁山东人名录

孔服： 伟接长子，行一；居山东。

孔劝： 伟接次子，行三；居山东鄄县。

孔忠： 伟桂之子，行五；居山东鄄县。

孔惠： 伟桂长子，行二；居山东鄄县。

希吏： 崇品长子，行三；迁山东鄄县。

希霏： 崇达长子，行八；娶吕氏，俱葬祖山；子一：广语（居山鄄县）。

第六节　珠湖谱记迁安徽人名录

崇林： 孔知长子，行一；商安徽安庆；入继亲兄弟崇合三子为嗣。

言佳： 予喜三子，行三；生于清乾隆六十年（1795）十一月十八辰时，商九江；娶张氏，生殁葬俱未详；子二：图福、图兴（出继胞弟言代为嗣）。

第七节　珠湖谱记迁广西人名录

孔便：伟浩三子，名方，行八；殁于广西；娶龚氏；子一：崇轮。

孔魏：伟灵长子，居广西灌阳，生殁葬娶均未详。

孔琰：伟安次子，生殁未详，商广西平乐府昭手县。

文代：万寿嗣子，行四；乳名栏葬陵塘铺油榨下；娶焉氏，葬湘坠县清水冲；子三：国忠、国臣、国亲。

国铎：文苏四子，行四；娶谌氏，客寓广西。

希魁、希青、希铭：兄弟俱入籍广西桂林府灌阳县驴骡冲。

希广、希荣、希顺：俱入籍广西。

万贤：广翰次子，行五；殁葬广西灌阳县驴骡冲；娶谢氏，殁葬黄梅冈；子一：文玉。

崇频：孔幽之子，行二；娶毛氏，居广西。

崇莱：孔越次子，行二；居广西。

万隐：广币长子，行一；居广西灌阳县。

文娇：万厅三子，行一；入籍广西灌阳县。

广骍：希桐次子，于万历十九年（1591）正月初七寅时生，至天启元年（1621）七月殁于广西富川县羊头店，遂葬彼处；娶岭口刘氏，生殁缺，葬罗坑石郎岗。

赉许：国绯长子，行九；生于乾隆三十九年（1774）二月十六巳时，客桂阳县，殁日时缺，遂葬彼处敬场此地。

第八节　珠湖谱记迁山西人名录

国坚：文苏长子，行一；商山西。

国壁：文苏二子，行二；商山西。

国洗：文苏三子，行三；商外。

第九节　珠湖谱记迁广东人名录

国镛：文律子，同父商寓广东。

代间：弼钟三子，行三；生于清乾隆八年（1743）五月二十二，殁葬广东。

万孟：广唱子，行五；生年缺，殁于广东韶洲府，葬彼处。

国萑：文粤四子，四行；生于康熙六十一年（1722）十一月十一寅时，商韶洲府，殁葬彼处。

国荪：文沅八子，行八；生于康熙四十二年（1703）八月二十五未时，客韶洲府，殁葬彼处；娶刘氏，生殁葬未详；子一：赉粕；女一：还贞适栗山艾。

国蕴：文淳三子，行三，生于康熙五十七年（1718）二月二十四午时，客广东韶洲府，殁葬彼处。

国籍：文淳八子，行八，生于康熙五十九年（1720）九月二十八丑时，客广东韶洲府，殁葬彼地。

国前：文淳三子，行三；生于雍正元年（1723）十一月二十四戊时，商广东韶洲府，殁葬彼地。

国蕙：文如七子，行七；生于康熙四十二年（1703）七月二十四午时，客广东韶洲，殁葬彼处；娶库南左氏，生于康熙十六年（1677）时，葬桑梓园；续娶安居陈氏，生于康熙五十九（1720）四月初六子时，殁葬桑梓园；女一：象贞。

赉遂：国苍子，行一；生于乾隆十七年（1752）十月十三巳，出外韶洲府，殁葬彼处。

赉煌：国节子，行六；生于乾隆十二年（1747）十月初九寅时，商广东韶洲府，殁葬彼处。

赉端：国节子，生年未详，客广东韶洲府，殁葬彼处。

赉宽：国萱子，行九；生于乾隆二十七年（1762）九月十一辰时，客居南街。

言铄：予桂之子，行一；官名霈，字焕章；生于清乾隆二十三年（1758）十一月初一辰时，壮游京师考娶翰林院四库馆供事书成议叙选授湖南辰州沅陵县船溪司巡政厅，乾隆五十五年（1790）因丁母夏回籍守制服阕拣发广东以巡捡补用尚未至粤顺道回里而逝，殁于乾隆六十（1795）八月二十酉时，葬牛眠山；娶官溪邓氏，生于乾隆二十四年（1759）十二月十八子时，殁于道光八年（1828）十一月初九酉时；子二：图绣、图兴。

第十节　珠湖谱记迁河南人名录

代积：弼兴六子，行六；生于清雍正六年（1728）十二月十三，殁于乾隆二十八年（1763），葬河南雁山县；入继胞兄代布次子予郎为嗣。

代团：弼侓三子，行三；生于清康熙五十八年（1719）六月三十日丑时，殁于乾隆十四年（1749）八月十八申时，葬河南汝宁府罗山县官店周家山；娶何氏，生于乾隆三年（1738）年十月二十四丑时，殁于道光元年（1821）二月二十六申时，葬熊家山；子一：予贱；女二：长适贾，次适曾。

言房：予闰长子，行一；生于清乾隆四十四年（1779）八月十三日午时，殁于嘉庆二十三年（1818）三月廿四日，葬河南地；子一：图稍；女一：紫英适均山刘，俱嫁母黄出。

代礼：弼梢之子，行六；生于清乾隆五十三年（1788）十二月十六戌时，商河南，殁葬俱未详。

代南：弼长三子，行三；生于乾隆二十年（1755）六月廿九丑时，商河南，葬其山。

予管：代街之子，行十；乾隆十九年（1754）二月十二戌时生，商河南陈州府，殁葬未详。

予建：代河长子，行一；康熙六十一年（1722）十月十六生，商河南光州，殁葬未详；娶刘氏，雍正五年（1727）十一月十三生，乾隆四十六年（1781）正月殁，葬天马山；子三：言毛、言仙、言催；女一。

言毛：予建长子，行七；乾隆二十一年（1756）十二月十一子时生，商河南直隶光州，嘉庆九年（1804）九月廿一巳时殁，葬小南门外；娶王氏，乾隆三十八年（1773）八月十九未时生，子二：图把（承继胞弟仙言三子为嗣）、图浩（承继胞弟催言次子为嗣）；女一。

言赞：予仲五子，行六；嘉庆二十四年（1819）二月十七戌时生，商河南，殁葬其地；继胞弟言巷四子图尚为嗣。

言骡：予凑长子，行二；道光二年（1822）正月十七丑时生，同治三年（1864）六月十六未时殁，葬江南徐州府；娶河南郭氏，嘉庆二十五年（1820）年生，道光二十二年（1842）四月十七酉时殁，葬江南锡山县；女一：续娶韩氏道光二十二年（1842）正月十六子时生，咸丰五年（1855）九月殁，葬江苏徐州府泰山；女一。

崇德：孔以嗣子，行二；商河南，生殁葬娶俱未详；子三：希容、希茂、希秀。

弼完：赉胜幼子，行五，生于清乾隆五年（1740）六月二十七日辰时，商河南应山县，殁葬未详。

代墨： 弼命幼子，行五；生于清乾隆十三年（1748）十一月三十日午时，殁于嘉庆二年（1797）二月二十四午时，葬河南；娶聂氏，生于乾隆二十二年（1757），葬河南；子一：予六。

代元： 弼长长子，行一；生于乾隆三年（1738）九月二十日丑时，商河南，殁葬未详。

代院： 弼长四子，行四；生于清乾隆十二年（1747）五月二十一亥时，殁于乾隆五十六年（1791）七月十三卯时，葬河南应山县；娶邹氏。殁未详；子二：予算（殇）、予生，女一：适朱。

代陆： 弼咬长子，行一；生于清乾隆三十五年（1770）十一月廿八日寅时，殁于乾隆五十九年（1794）三月初七亥时，葬河南；娶吴氏，生于乾隆三十六年（1771）八月初八戌时，殁于乾隆六十年（1795）二月十八戌时，葬牛皮山；入继胞弟带架之子予计为嗣。

言千： 予接三子，行三；生于清嘉庆三年（1798）二月二十一寅时，商河南。

言求： 予接幼子，行四；生于清嘉庆九年（1804）十一月二十五酉时，商河南。

第十一节　珠湖谱记迁福建人名录

国门： 文问长子，父子俱寓福建延平府。

文熹： 万涌次子，行二；生于明崇祯十一年（1638），娶卢氏；女一：适上高聂；商寓福建。

第十二节　珠湖谱记迁浙江人名录

国佑： 文习四子，生未详，殁于浙江。

国嘉： 文鼎三子，行四；商寓兰溪县，娶朱氏，生殁葬未详；子一：赉寅。

言雅： 予耕次子，行四；生于清乾隆五十八年（1793）三月十二日卯时，殁于嘉庆二十三年（1818）八月初九辰时，葬宜德县客冢。

言均： 予阶之子，行二；学名恭先，字周盖，太学生；生于清嘉庆二十二年（1817）十一月初十巳时，殁于咸丰十一年（1861）十一月二十六巳时，葬浙江省杭州府富阳县山，娶堆上宋氏，生于嘉庆二十四年（1819）九月二十日巳时，殁于光绪四十年（1904）九月廿二申时，葬烟霞山小衿；后有周盖山传，子二：图沁（出继胞兄言钡为嗣)、图洎；女一：适塘桥垅太学生张锦堂。

万珞：广眍长子，行一；名玣，于康熙十年（1671）二月十八戌时生，乾隆二年（1737）五月十一殁于江南镇江府，遂葬彼处。

国荏：文粤二子。行二，生于雍正九年（1731）七月十三未时，商浙江，将为路经瑞洪风析船壤，殁于水，遂葬彼处官山。

国苎：文粤九子，行九；生于乾隆二年（1737）四月初六寅时，商浙江，殁葬彼处官山。

国营：文淡四子，生于康熙六十年（1721）闰六月初三未时，客浙江，殁葬彼处。

国霭：文淡四子，行四；生于雍正十一年（1733）七月二十三亥时，客浙江路为瑞洪风折船壤，殁于水，遂葬彼处。

国莆：文滋子，行一；生于乾隆十七年（1752）五月十七申时，商浙江，将归至洪风河折船壤，殁于水，遂葬彼处。

赉秧：国首子，行九；生于乾隆二十九年（1764）八月十六未时，殁于道光四年（1824）闰七月二十四午时，葬浙江；娶杭桥赵氏，生于乾隆二十九年（1764）七月三十日丑时，殁于道光二十四年（1844）十月初二申时，葬罗子坑；子一：弼望；女三：丹贞适湾头刘、年贞、枣贞适江北卢。

万奉：广祥子，行九；生于雍正七年（1729）九月廿一寅时，往红江容故彼处。

赉宽：国开子，行一；生于乾隆六年（1741）七月三十日辰时，客居浙江省江七三县，至嘉庆十五年（1810）正月十八未时葬彼此地。

予武：代吉长子，行七；乳名章，生于清康熙三十四年（1695）二月十七，殁未详，葬浙江省；子二：言盘、演果（为僧）；女一：适清湖朱，俱嫁母吴出。

言盘：予武长子，行四；生于清康熙五十三年（1714）正月初四，殁未详，葬浙江省

言茫：予占公长子，行一；生于清道光廿年(1840)七月廿八日寅时，殁于光绪二年(1876)五月廿二日未时，葬江南徐州府铜山县。

国经：文围长子，行三；商浙江，娶陈氏，葬神堂山；子一：赉长。

弼锡：赉龙之子，行一；商浙江，生殁葬未详。

弼茂：赉忠次子，行四；生于康熙五十四年（1715）十月十八，殁未详，葬罗佳山。

弼开：赉信长子，行一；生于清康熙五十年（1711）九月初八，殁葬未详。

弼多：赉信次子，行五；生于清康熙四十一年（1702）七月初八，商浙江，殁未详。

弼世：赉信四子，行七；生于清雍正元年(1723)十二月二十七，殁于乾隆二十九年(1764)，葬浙江宁国；娶罗氏，生于乾隆九年（1744）七月初二；子二：代京、代省（俱嫁母罗出）。

弼求：赉其之子，行一；父子俱商浙江。

第十三节　珠湖谱记迁云南人名录

文积：万侨四子，行六；生殁葬未详，商寓宁州茅竹山。

国溱：文长子，行五；生未详，殁于宁州。

予实：代栗次子，行二；生于清乾隆二十七年（1762）六月二十日申时，客寓云南。

予因：代栗三子，行三；生于清乾隆五十九年（1794）八月二十三日午时，商云南。

予祥：代振长子，行一；乳名予旦，生于清乾隆十一年（1746）九月二十九日辰时，殁于嘉庆十年（1805）八月二十一卯时，葬云南读山州锅园厂貌田水；娶枫岭黄氏，生于乾隆七年（1742）九月十五日戌时，殁于乾隆五十七年（1792）十一月二十三日未时，葬乌龟塘蛇山贴南；继娶上刘刘氏，生于乾隆二十八年（1763）五月十八寅时，殁于嘉庆十七年（1812）正月十三午时，葬烟霞山；子三：言绸、言曹、言郎。

赉黟：国菁子，行五；字天秀，生于乾隆二十六年（1761）六月初五申时，殁于嘉庆十八年（1813）十月十三申时，葬于云南官山；娶槐溪熊氏，生于乾隆三十六年（1771）七月初五未时，殁于道光二十六年（1846）八月初十申时，葬南排岭；子二：弼札、弼桥；女一：梨贞适孙氏。

第十四节　珠湖谱记迁陕西人名录

予晏：代蜀幼子，行三；雍正十三年（1735）四月初六生，乾隆五十三年（1788）八月殁，葬陕西汉阴县东城外白洋坪；子二：禄言、兑言（母陈氏）。

予均：代赵三子，行三；雍正九年（1731）二月廿七生，殁未详，葬陕西汉阴县。

言谨：予烈长子，行二；乾隆十五年（1750）十一月初二酉时生，嘉庆十九（1814）二月廿三寅时殁，商陕西汉阴县，殁葬彼地东城外白洋坪；娶张氏，乾隆十六年（1751）六月十七戌时生，殁葬陕西汉阴县；子二：图来、图快。

言许：予恩四子，行四；字泰和，乾隆三十四年（1769）七月廿六辰时生，商陕西汉阴县，嘉庆十八年（1813）十一月初四戌时殁，葬彼地东门外白洋坪；娶院前吕氏，乾隆三十三年（1768）六月初九巳时；子一：图财；女二。

言长：予升长子，行三；乾隆三年（1738）三月廿一午时生，商陕西汉阴县，殁葬未详；子一：图总；女二。

言永：予升次子，行七；乾隆十年（1745）正月初五寅时生，商陕西汉阴县，殁葬缺；娶五里谌氏，乾隆九年（1744）四月廿六丑时生，乾隆三十一年（1766）九月初三殁，葬游神坛；继娶五里谌氏，举人讳炳星公之孙女，乾隆九年（1744）七月廿五辰时生，殁未详，葬游神坛；继堂弟言万次子图滚为嗣。

代汉：弼福四子，行四；康熙五十九年（1720）十月初十未时生，商陕西奥安府汉阴县，殁未详，葬白洋坪。

予蚌：代端之子，行六；乾隆三十三年（1768）九月廿六巳时，商陕西奥安府汉阴县，殁未详，葬东门外白洋坪。

予锣：代凤次子，行二；雍正五年（1727）正月三十日酉时生，商陕西奥安府汉阴县，乾隆五十三年（1788）四月十八殁，葬东门外白洋坪；娶陈氏，乾隆元年（1736）十月初一寅时生，嘉庆三年（1798）二月殁，葬天马山；子三：言芝、言县、言忍（继与胞兄予铮为嗣）；女一。

予享：代咿长子，行一；字大安，雍正八年（1730）五月十二辰时生，享年七十有一，商陕西汉阴县，嘉庆五年（1800）四月十七寅时殁，葬彼地西门外西坛；娶刘氏，乾隆十六年（1751）五月二十二酉时生，现年六十有九，殁未详，葬游神坛。

予画：代咿四子，行五；字大有，乾隆十五年（1750）九月十七寅时生，商陕西奥安府汉阴县，乾隆五十九年（1794）四月十一卯时殁，葬东门外白洋坪；子一：言品（母周氏）。

予珍：代唔之子，三行；乾隆十年（1745）八月初一未时生，商陕西奥安府汉阴县，殁未详，葬东门外白洋坪。

言县：予锣次子，行二，字奥发，乾隆三十八年（1773）正月十三辰时生，商陕西汉阳县；娶吴氏，乾隆四十六年（1781）正月十三子时生，殁葬未详。

言准：予三之子，行二；字兴祥，乾隆五十三年（1788）九月十五戌时生，商往陕西汉阳县；娶塘下谢氏，举人讳绍哲公之曾孙女，乾隆五十三年（1788）四月十七寅时生；子一：图长。

言礼：予奴次子，行九；生于清雍正十年（1732）十月二十日，葬陕西。

第十五节　珠湖谱记迁江苏人名录

广禨：希懿长子，行一；商南京。

广褷：希懿二子，行二；客南京。

广祓：希懿三子，行三；客南京。

广寿：希懿四子，行四；客南京。

广星：希懿五子，行五；商南京。

广口：希懿六子，行六；商南京。

广统：希懿七子，行七；商南京。

万敦：广肘之子，行一；客南京。

弼恪：赉冬之子，商南京。

国钿：文早之子，商南京，生殁葬缺。

国杲：文首之子，商南京，生殁葬缺。

国利：文企二子，行二；出继南城赵氏，寓南京。

广枋：希佐三子，行四；商寓南京。

国乔：文厂二子，行三；殁南京，娶黄氏，葬灯挂山；子二：赉果、赉饼。

万仲：广延二子，商南京。

言统：予善次子，行十；又名始，字理夫，乾隆五十三年（1788）二月廿三辰时生，嘉定十九年（1814）商镇江至嘉庆二十一年（1816）八月初九申时殁。性嗜口蘖，自喜清闲；子一：图勘（母谌氏）。

言撑：予昕三子，行八；道光四年（1824）七月十四亥时生，光绪五年（1879）九月十八丑时殁，葬江苏徐州府太山。

言茅：予昕五子，行十；道光九年（1829）三月初二亥时生，光绪五年（1879）四月廿五巳时殁，葬江苏徐州府云龙山；娶吴氏，道光二十八年（1848）四月三十日子时生；子一：图轩（系继亲兄言出为嗣）。

文渚：万瑄七子，行七；字江友，于康熙三十五年（1696）十月十七酉时生，商江苏镇江，殁葬彼处；娶栗山艾氏，于康熙四十一年（1702）六月二十三寅时生，同子往镇江，殁葬彼处；子一：国荀。

国益：文涨子，行十；生于雍正四年（1726）二月初四亥时，商南京；娶姜，生有二子，不知其名。

国萱：文焰子，行四；生于康熙五十六年（1717）四月十六未时，客南京，殁葬彼处；娶雷氏，生殁葬未详；子一：赉宽。

国荀：文渚子，行十；生于雍正十年（1732）五月二十三子时，客镇江，殁葬彼处。

赉雪：国义长子，行一；商寓南京。

赉寿：国义次子，行二；商寓南京。

予佑：代季公长子，行一；生于嘉庆七年（1802）七月初一日，商扬州，殁葬缺。

第十六节　珠湖谱记迁台湾人名录

赉淳：国铭之子，行一；生于明天启五年（1625）九月初十，殁于清康熙十六年（1677）七月廿三，葬台湾玉山县，地名遥山；娶胡氏，生于明崇祯九年（1636），殁于康熙十四年（1675），葬台湾玉山县，名堨口；子一：弼桐。

人　物

历史人物

傅　说　傅说（yuè 音悦）者（约前 1335—前 1246，古虞国人，即今山西省运城市平陆县城关镇圣人涧村），殷帝小乙、帝武丁时圣人也。其先湮没弗传，昭穆难稽。黄帝二十五子，得姓者十四人。先是，嫘祖为黄帝正妃，生二子，其长曰玄嚣，姬姓。玄嚣生子曰蟜极，蟜极生子曰高辛。高辛立，是为帝喾。帝喾崩，子放勋立，是为帝尧，黄帝五世孙也。帝尧娶散宜氏女，曰女皇，生丹朱。帝尧封丹朱于丹水。帝舜即位，徙封丹朱于房邑。帝禹立，再徙丹朱之裔大繇于傅邑。大繇之裔因邑为氏，子孙世居于是。大繇之后世衰，裔孙没于草野，微为庶人，鲜有闻者。古之常制，贵者姓之，贱者名之，大繇裔孙遂失姓焉。傅邑，地河之北，虞虢之界是其属也。有涧水自北山南来入于河，涧上有绝岩壁立，岩周居者皆古傅氏之裔，因号岩曰傅岩。自大繇以降，历二十二世，有名说者，不姓惟名，抱道怀德，贤而隐于傅岩。

说生而神灵，弱而能言，幼而徇齐，长而敦敏，成而聪明。尝从其先习卜，识古文之字，闻见明辨；从老者游，善操筑之术，擅构长匠。教人治五气，艺五种，民得其利，咸谓说为圣人。

傅岩之野，有岭曰巅軨。山北之盐南运至河，必经之途也。是地东西绝涧，左右幽空穷深，道狭行艰，时有坠崖而毙者，民病之。有司思筑道，苦无师者。或曰："曷不咨之圣人耶？"乃于傅岩求之。说曰："喏，吾试为之。"图其方向，定其规矩，率胥靡筑之。依山而走，顺势而行，凸而平之，凹而充之，虚而夯之，狭而廓之。数年功成，地壑中筑以成道，指南北之路，曰巅軨坂道，盐道通畅，民大利焉。

坂道侧涧水南入于河，经傅岩，历说隐室前。久之，涧水坏道，通惟阻焉。有民患之，请曰："路坏道阻，盐所不行，奈何？"有司曰："吁！曷躁耶？遣人护之，何忧哉。"乃命胥靡刑人筑护坂道。然水急土散，随掩随溃，久而无功。有司复请于说曰："涧水湍急，土细难掩，如之何？"说笑曰："无虞！可用两板相夹，以泥塞其中，用杵舂实，置于坂道之侧，以掩涧水，可保久远。"有司喜曰："请汝代，若何？"说乃教之以版筑之法，代胥靡筑之，聊以供食。民欢娱，咸颂其德，依燧木取火、神农教耕、仓颉造字之义，遂以版筑之祖尊说，谓说隐居之窟为圣人窟，谓其下之涧为圣人涧。

帝小乙崩，子武丁立，武丁元年（公元前 1250 年），王思复兴殷，未得其佐。三年不言，政事决定于冢宰，以观国风。

武丁三年（公元前1248年），王西巡虞、虢之界，闻有圣人，乃访诸闾里。时说方率胥靡筑护坂道，指画驱使，中矩中规，人杂事芜，井然有序，累苦辛劳，众乐而从。武丁异而询曰："何人哉，俨然冢宰也？"或曰："说，贤而隐者。明哲作则，怀德藏用，圣人也。"武丁欣然额庆曰："帝赉良弼，以辅台德，中兴有望矣！"

武丁归，视政，犹不语。群臣咸谏曰："呜呼！知之曰明哲，明哲实作则。天子惟君万邦，百官承式。王言惟作命，不言，臣下罔攸禀令。"

王庸作书以诰曰："以台正于四方，台恐德弗类，兹故弗言。恭默思道，梦帝赉良弼，其代予言。以梦所见视群臣百吏，皆非也，奈何？"

对曰："王欲何，臣等惟命。"

王曰："审厥象，四方求之。"

于是，乃使百工以象旁求于天下。惟肖，得说于傅岩中。见于武丁，武丁曰："是也！"

武丁与之语，命之曰："朝夕纳诲，以辅台德。若金，用汝作砺；若济巨川，用汝作舟楫；若岁大旱，用汝作霖雨。启乃心，沃朕心！惟暨乃僚，罔不同心以匡乃辟，俾率先王，迪我高后，以康兆民。"

说乃进于王曰："呜呼！惟木从绳则正，后从谏则圣。明王奉若天道，建邦设都，树后王君公，承以大夫师长，不惟逸豫，惟以乱民。惟天聪明，惟圣时宪，惟臣钦若，惟民从乂。惟口起羞，惟甲胄起戎，惟衣裳在笥，惟干戈省厥躬。王惟戒兹，允兹克明，乃罔不休。惟治乱在庶官。官不及私昵，惟其能；爵罔及恶德，惟其贤。虑善以动，动惟厥时。惟事事，乃其有备，有备无患。"

王曰："旨哉！说。乃言惟服。乃不良于言，予罔闻于行。"

说拜稽首，曰："非知之艰，行之惟艰。王忱不艰，允协于先王成德，惟说不言，有厥咎。"

王曰："来！汝说。尔惟训于朕志，若作酒醴，尔惟曲糵；若作和羹，尔惟盐梅。尔交修予，罔予弃；予惟克迈乃训。"

说曰："王！人多求闻，时惟建事。学于古训乃有获；事不师古，以克永世，匪说攸闻。惟学逊志，务时敏，厥修乃来。允怀于兹，道德积于厥功。惟敩学半。惟说式克钦承，旁招俊乂，列于庶位。"

王曰："呜呼！说。四海之内咸仰朕德，时乃风。昔先正保衡作我先王，佑我烈祖，格于皇天。尔尚明保予，罔俾阿衡专美有商。其尔克绍乃辟于先王，永绥民。"

说拜稽首，曰："敢对扬天子之休命！"

王大悦，语群臣曰："说，果圣人也！"遂举以为相，置诸左右，以傅岩姓之，号曰傅说。史官记其事，刻《傅说之命》或曰《说命》，总为三篇。

傅说为相，佐武丁修厥身，允德协下，明后醇政；观天象，记日、月蚀，用干支记时；编历书，授之民，农事以时；教民植五谷，饲六畜，植桑养蚕，经丝纬麻，仓廪乃羡；惠困穷，济危厄，民服厥命，罔有不悦。不数岁，民气渐舒，百废兴焉。

武丁六年（公元前 1245 年），命说视学养老。

时尚神灵，谋事咸卜，事毕刻于甲骨，以备征询。然字未备，贞人苦乏。说乃教之以书，规字以则，行之于天下。咨国行政，祭祀吉凶，兵刑耕作，无事不卜，遇事必占，汇于王室，藏之窖穴，于是文字盛矣。

武丁十二年（公元前 1239 年），命说报祀上甲微。

越数旬，民殷国实，王病宫室之狭，乃语说曰：“嗟！予立之初，民困国弱，所以处隘也。今皇天眷佑，物阜民丰，群臣百吏渐众，王室偏狭，无以用礼。朕惟大宫，汝为作焉。”

说曰：“先王都商，盘庚五迁，居无定所，中涉南，乃治于殷。历三王未城，民无宁。都之城，民愿也；王之居，国之崇也。四方来享，万民景仰，焉罔惟大？然民之渐舒，犹病之初愈，未可剧劳也；国之渐实，犹囊之渐积，未可入不敷出也。骤兴土木，恐国民病也。”

王曰：“嗟！若何？”

说曰：“一朝谋之，数代作之，可也。”

王喜曰：“喏！汝为之。”

说乃定经纬，设规制，置殿堂，分宫室，伐东山之木，掘西丘之土，刈南野之茅，取北河之水，征四野之匠以制础，集八方之民以版筑，内建王宫，外垒城池，巍巍乎宫室立焉，煌煌乎都城备矣。

是时方国惟众，鬼方、舌方、土方、羌方、人方、虎方、周等布列殷周，时有不臣。会土方不享，王怒曰：“吁！土方顽凶，扰予西境，奈何？”

说曰：“先王平定四方，作《汤誓》：‘有夏多罪，天命殛之。’今土方弗恭，王致天之罚，可也。”

王曰：“谁可用其事，代予征伐？”

说曰：“王后妇好可也。”

王乃命后妇好总其五族众人，征师诸侯，与土方战于沚之东野，擒杀其酋，土方遂平。鬼方避而牧于西。

武丁三十二年（公元前 1219 年），鬼方作乱，不用帝命。王忧，语说曰：“曩者土方国小势弱，不足为虑，师出即克，所以成功也。今鬼方人多势众，且凶顽残暴，予恐征伐不利，为之奈何？”

说对曰："鬼方者，诸侯方国中之强也。数不敬享，所恃者惟富与众耳。若王以众庶断其通道，以师围其国门，久之必乏其给。供给乏，民心惧，惧必叛，则不战自乱。乱则弱，叛则寡，其富与众尚可恃乎？王再以强师分克之，毋忧鬼方弗平矣。然鬼方强久，非一触即溃，未可小觑。"

王疑曰："若此，何用？"

说对曰："王躬将众伐之，克矣。"

王悦。乃命妇好为前驱，令说为右，征诸侯之师，发多子族众庶之兵，以傅说之策，行先困乏后分战之术，武丁三十四年（公元前 1217 年）而克之。

越数年，王命说伐失仲。说将兵向围征之。失仲及子不战遁走。王师克之，邑人皆从。

武丁四十三年（公元前 1208 年），王师灭大彭。

武丁五十年（公元前 1201 年），王师征豕韦，克之。于是天下晏然。

帝赉良弼，说佐殷商。是时，君明臣贤，纲纪清平。兵戎息，诸侯顺，天下定，百姓安，万物俱盛，百业俱兴，九州睦睦，四海融融。铸鼎用礼，庙而祀焉；火土为陶，釉而亮焉；骨玉制器，修而饰焉；交易有无，商而市焉；大辙辕马，御而通焉；甲骨卜辞，典而册焉；兵戎锋利，师而雄焉。是以诸侯宾服，四方来朝，殷国大治，武丁中兴焉。

相传说诞于四月初八，居于虞、虢之界大臣村，佐武丁数十年，终年八十九岁，葬于马趵泉上。相传其子二，长曰奇，次曰宣，皆仕商。其后，子孙显扬，瓜瓞绵延，繁衍播迁，遍及海内。以其先年祀绵邈难稽，依孔子修《春秋》断自隐公、太史公作《史记》断自五帝之义，裔孙遂尊说为始祖，号其堂曰版筑。中华傅姓文化认同，奉傅说为共祖。以说出生于虞、虢之界，称平陆为祖地；以说举相于殷墟，视安阳为圣地云。

【译文】

傅说（悦 yue），殷帝小乙、帝武丁时圣人。其先祖名讳和事迹无传，世系难以查考。黄帝有二十五子，其中得姓的有十四人。早些时侯，嫘祖是黄帝的正妃，生二子，长子名玄嚣，姬姓。玄嚣生子名蟜极，蟜极生子名高辛。颛顼帝崩，高辛即位，称为帝喾。帝喾崩，其子放勋即位，称为帝尧，帝尧是黄帝的五世孙。尧帝娶散宜氏的女儿，叫女皇，生丹朱。帝尧封丹朱于丹水。帝舜即位，将丹朱改封在房邑。帝禹即位，再改封丹朱的后裔大繇到傅邑，大繇的后裔以邑为氏，子孙世代都聚居在那里。大繇以后家族逐渐衰弱，子孙流落民间，卑微成为平民，很少有闻名人物。远古的制度，贵族有姓，平民没有姓只有名，大繇的后裔于是失去了冠姓的资格。傅邑在黄河北岸，虞国和虢国交界的地方是傅国的辖地。有条小河从北边山涧往南流入黄河，河的两边是悬岩绝壁，险峻高耸，悬岩周围居住的都是古代傅氏的后裔，所以那悬岩叫傅岩。从大繇以来，经历二十二世，有一个名叫说的，没有姓只有名，怀着满腹经纶和高尚道德，隐居在傅岩。

说孩提时有灵异，幼年时很机灵，善言词，少年时笃实敏捷，成年时聪慧明智。曾向先辈学习卜筮，增长了文字知识，懂得了许多道理；又曾向老人学习，善于版筑技术，擅长建造架构。教农民根据季节气侯的变化种植庄稼，老百姓受益获利，都说说是圣人。

傅岩的附近有山岭叫巅軨。山北的盐向南运到黄河，必须经过这里。那地方东面和西面都是悬崖峭壁，道路的左边和右边都是很深的峡谷，路窄难行，不时有堕落崖下而死的，百姓们交通很不方便。当政的想修筑道路，但苦于找不到会修筑的师傅。有人建议说：“怎么不去请教圣人说呢？”于是当政者到傅岩去求说。说说：“好，我试试看吧。”于是测划方向，制定规矩，率领刑徒筑路。道傍山而修，顺地势而筑，高处削平，低处填充，土浮的夯实，狭窄的扩宽。经过几年，大功告成，山沟中修筑了一条大路通向南北，叫做巅軨坂道。从此运盐的道路畅通，百姓交通很方便。

坂道旁边，那条小河向南流入黄河，经过说隐居的岩前。时间长了，小河的水冲坏了道路，交通受阻。百姓很不方便，向当政的请求说：“道路坏了交通中断，盐运不出去，怎么办？”当政的说“咳，着急什么？派人去修复，有什么担忧的！”于是派刑徒去筑护坂道。然而水急土散，随堵随溃，筑了多天，毫无成效。当政的又向说请教说：“河水流急，土细难成堤防，怎么办？”说笑着说：“不必担心，可用两块木板相夹，将土倒入其中，用杵捣实，放在坂道之侧以挡河水，可以长久地保护道路。”当政的高兴地说：“好！请你代我们指挥筑路，怎么样？”说于是将版筑之法教给大家，带领刑徒修筑堤防，暂时借此供给饮食。坂道筑护好了，百姓们很高兴，都称颂说的贤德，依照上古燧木氏钻木取火、神农氏教民耕种、仓颉造字的意思，于是称说发明了版筑，是版筑的祖先，称说隐居的地方为圣人窟，称圣人窟下的小河为圣人涧。

帝小乙崩，儿子武丁即位。武丁元年（公元前 1250 年），王想复兴殷国，但没有理想的辅佐大臣。他对国事三年没有发表意见，国家大政都由大臣们决定，自己到各地去访察。

武丁三年（公元前 1248 年），王向西巡视到了古代虞国和虢国交界的地方，听说那里有一位圣人，于是到民间去查访。当时说正率领刑徒筑护坂道，指挥安排，很合规矩，虽然人多事杂，然而井然有序，丝毫不乱。刑徒们尽管劳累辛苦，却乐于服从。武丁很惊奇便询问说：“那位是什么人呀，就像朝廷的宰相？”有人回答说：“那人名说，是一位隐居在这里的贤德之人。他很明智，洞察事理，能制定法则，胸怀韬略，等待大用，是一位圣人啊！”武丁非常高兴地用手拍着额头庆幸说：“这是先帝赐给我的贤良大臣，来辅佐我的仁德，殷国中兴有希望了！”

武丁回到国都，处理国政仍然不发言。群臣都向王进谏说："啊！通晓事的叫做明哲，明哲的人实可制作法则。天子统治万邦，百官承受法式。王的话就是教命，王不说，臣下就无从接受教命。"

武丁于是作书告谕群臣说："要我做四方的表率，我恐怕德行不好，所以不发言。我恭敬沉默思考治国的办法，梦见上帝赐给我贤良的辅佐，他将代替我发言。我将梦中所见贤臣的形象来观察朝中的文武百官，都不是，怎么办？"

大臣们说："您想怎么办，我们唯命是从。"

武丁说："将梦中那位贤臣的形象画出来，到天下去访求吧。"

于是武丁派人拿着图像到天下普遍寻找。按照图像，终于在傅岩那地方访到了傅说。武丁见了说："就是他！"

武丁与说交谈，命令他说："请早晚进谏，以帮助我修德吧！比如铁器，要用你作磨石；比如渡大河，要用你作船和桨；比如年岁大旱，要用你作霖雨。敞开你心泉来灌溉我的心吧！希望你和你的同僚，无不同心来匡正你的君王，使我依从先主，追随成汤，来安定天下的人民。"

说于是向武丁建议说："啊！木依从绳墨砍削就会正直，君主依从谏言行事就会圣明。古代明王承顺天道，建立邦国，设置都城，树立侯王君公，又以大夫众长辅佐他们，这不是为了逸乐，而是用来治理人民。上天聪明公正，圣主效法它，臣下敬顺它，人民就顺从治理了。号令轻出会引起羞辱；甲胄轻用会引起战争；衣裳放在箱子里不用来奖励，会损害自己；干戈藏在府库里不用来讨伐，会伤害自身。王应该警戒这些！这些真能明白，政治就无不美好了。治和乱在于众官。官职不可授予亲近，当授予那些能者；爵位不可赐给坏人，当赐给那些贤人。考虑妥善而后行动，行动当适合它的时机。夸自己美好，就会失掉其美好；夸自己能干，就会失去其事功。做事情，就要有准备，有准备才没有后患。"王说："好呀！说。你的话应当实行。你如果不善于进言，我就不能勉力去做了。"

说跪拜叩头，说道："不是知道它艰难，而是实行它很难。王诚心不以实行为难，就真合于先王的盛德；我如果不说，就有罪过了。"

王说："来呀！说。你当顺从我想学的志愿，比如作甜酒，你就做曲蘖；比如作羹汤，你就做盐和梅。你要多方指正我，不要抛弃我；我当能够履行你的教导。"

说说："王！人们要求增多知识，这是想建立事业。要学习古训，才会有得；建立事业不效法古训，而能长治久安的，这不是我所知道的。学习要心志谦逊，务必时刻努力，所学才能增长。相信和记住这些，治道在自己身上将积累增多。教人是学习的一半，思念终和始常在于学习，道德的增长就会不知不觉了。我因此能够敬承您的意旨，广求贤俊，把他们安排在各种职位上。"

王说：“呜呼！说。天下的人都敬仰我的德行，是你的教化所致。从前先正伊尹使我的先王兴起，他辅佐我的烈祖成汤受到皇天赞美。你要勉力扶持我，不要让伊尹专美于我商家！你要让你的君主继承先王，长久安定人民。”

说跪拜叩头，说：“请让我报答宣扬天子的美好教导！”

武丁大喜，对众位大臣说：“说，果然是位圣人！”于是封说为相，安排在自己左右。因在傅岩访求到的，便赐他姓傅，号为傅说。史官将武丁与傅说对话的史事记载下来，刻《傅说之命》，有的叫做《说命》，一共是三篇。

傅说为宰相，辅佐武丁注重自身修养，培养道德，团结臣僚，君王贤明，国政清平；观察天象，记载日蚀和月蚀，首创用干支记时；编成历书，颁发给百姓，让农民按季节耕种，教百姓种植五谷，饲养六畜，栽桑养蚕，纺织丝麻，仓库的粮食日益充足；照顾穷苦，救济困难，百姓都服从命令，没有不高兴的。没过几年，百姓渐渐宽裕，各项建设逐渐兴起。

武丁六年（公元前 1245 年），王命傅说视察学校和养老。

那时崇尚神灵，谋划事情都要占卜，事情做完就刻在甲骨上，以备将来查考。但是当时文字并不发达，许多字都没有，主持占卜的人非常苦恼。傅说于是教他们书画文字，并将一些不统一的象形字规范起来，在各地实行，逐渐在全国普及，咨询国事，执行大政，祭祀神灵，占卜吉凶，用兵打仗，处理刑徒，耕种制作，每一件事情都要占卜，所刻甲骨汇集在王宫，储藏在窖穴，于是文字日渐完备。

武丁十二年（公元前 1239 年），王命傅说祭祀上甲微。

过了数十年，民富国强，武丁觉得王宫和都城不宽敞，于是对傅说说：“哎呀！我即位的初期，百姓穷苦，国家贫弱，所以住处狭隘。现在上天保佑，物资丰富，百姓富裕，文武百官渐渐多了起来，王宫和都城过于狭小，不能满足礼仪的需要。我想修筑王宫和都城，你帮我去办吧。”

傅说说：“先朝君王建都在亳，盘庚五次迁都，都城始终未定。中期渡过黄河，才定都于殷。经历三王未建王宫和都城，百姓不得安宁。现在修筑都城是百姓们的愿望；君主的宫殿，是国家最尊崇的地方。各地诸侯来朝，天下百姓景仰，怎么能不建宽敞呢？然而百姓渐渐宽裕，好比是大病后痊愈，不能剧烈劳动；国家虽然有了富余，好比是衣袋中的钱渐多，但也不能入不敷出。突然大兴土木，恐怕国家和百姓难以承受。”

武丁说：“哎呀，那怎么办呢？”

傅说说：“现在做好规划，几代人不断修筑，王宫和都城就可成功了。”

武丁大喜说：“好，你去办吧！”

傅说于是测定方向，设计规模，划分殿堂和宫室，采伐东方山上的树木，挖掘西方丘陵的泥土，刈割南方平原上的茅草，引取北方的河水，征集四方的匠人制作石基，调集各地的百姓进行版筑，内面建造王宫，外边修筑城墙，高大巍峨的王宫建起来了，宽广坚固的都城筑成了。

那时侯的方国有许多，鬼方、舌方、土方、羌方、人方、虎方、周等都分布在殷国的周围，时常有不臣服殷国的。恰好有土方不来朝贡，起兵作乱，武丁大怒说："咳！土方凶残顽劣，骚扰我国西方边境，怎么办？"

傅说说："当年成汤先王平定四方，写了一篇（汤誓）诏告天下；'夏桀罪恶极多，上天命我杀死他。'现在土方对君王不恭敬，您遵照上天的旨意发兵征讨他，是可以的。"

武丁说；"谁能带领兵将，代我去征讨呢？"

傅说说："您的王后妇好可以带兵征讨。"

武丁于是命令妇好统领五族的众人，征集各地诸侯的兵马，与土方在沚那地方的东边平原上交战，擒获杀死了他们的首领，平定了土方。附近的鬼方也逃向西方去镇守了。

武丁三十二年（公元前 1219 年），鬼方作乱，不服从武丁的命令。武丁很忧愁，对傅说说："昔日土方国家小而势力弱，不值得担心，所以王师一去便平定了。而今鬼方人多势力大，而且凶残顽固，我恐怕征讨不利，怎么办？"

傅说说："鬼方，是诸侯中强盛的方国。多次不来朝贡，自以为富强与人数多。假如王用兵将阻断他们通向外国的通道，派大兵围困他们的国门，时间一长必定缺乏供给。供给一缺，百姓就害怕，百姓一害怕必定会发生叛乱，那么就会不战自乱。内部一乱就会削弱国力，民众一叛兵马就会少，他们的富强和人数多还是可以依仗的优势吗？王再用精兵强将分割包围去讨伐，不愁鬼方不平了。然而鬼方势力强大已有较长时间，不是一触即溃的，未可小看他们。"

武丁疑惑地说："像这样，用什么办法平定鬼方？"

傅说回答说："王亲自率领将士们去征讨，一定会平定鬼方！"

武丁喜。于是命令妇好为前锋，傅说为右军，征集诸侯的兵马，发动多子族的将士，用傅说的计谋，实行先围困后分割的战术，武丁三十四年（公元前 1217 年）平定了鬼方。

过了数年，武丁命令傅说征伐失仲。说率领兵将向围进讨。失仲及子不战自退。王师平定失仲，那里的百姓都顺从了殷国。

武丁四十三年（公元前 1208 年），王师灭大彭。

武丁五十年（公元前 1201 年），王师征豕韦，克之。于是天下安定了。

上天赐贤相，傅说佐殷商。这时，君王圣明，大臣贤良，纲纪严肃，朝政清平，战争平息，诸侯归顺，天下安定，百姓乐业，万物茂盛，百业兴旺，全国和谐。铸造青铜，用于祭祀；制造陶器，釉色鲜亮；骨玉饰品，精致美丽；商品交易，市场繁荣；道宽车大，交通发达；刻字甲骨，典册保藏；兵器锋利，军队强大。所以四方诸侯恭敬朝廷，都来朝贡，殷国大治，出现了中兴景象。

相传傅说诞生于四月初八日，居住在古代虞国和虢国交界的大臣村，辅佐武丁数十年，终年八十九岁，葬在马趵泉上。相传他有子二人，长名奇，次名宣，都在殷商朝廷做官。后来，傅说子孙显耀扬名，繁衍发达，播迁移徙，遍及海内外，天下傅氏都是他的后裔。因为傅说先祖年代久远，世系难以查考，按照孔子编修《春秋》从鲁隐公开始和司马迁写作《史记》从五帝开始的道理，傅氏裔孙于是尊傅说为始祖，称傅氏堂号为版筑堂。中华傅姓文化认同，奉傅说为共祖。因为傅说出生成长在虞、虢交界的地方，傅氏称平陆为祖地；因为傅说举相发祥在殷墟，傅氏称安阳为圣地。

朗朗乾坤，芸芸众生，人有姓氏，族有祖先。各姓始祖或圣人或伟人或名人，大多有传记载于典籍。我傅姓共祖说公虽出身微贱，但终成贤相，为史家尊为圣人，且早于孔子七百多年，典籍本应详载。可惜年远代湮，说公不仅无传，且生平史实散存于各种典籍之中，片言只语，难成传记。幸今全族纂修通谱，编辑部汇集史料，贯珠成串，为共祖傅说立传，存于谱籍，以慰宗亲之愿。

《中华傅氏通谱》编纂委员会敬立

二〇一二年农历四月初八日

注：本传资料来源

1. 汉司马迁《史记》卷一《五帝本纪》、《史记》卷三《殷本纪》，中华书局，1959年版；
2. 清阮元《十三经注疏·尚书正义》卷十《尚书·说命上中下》，中华书局，1980年版；
3. 张玉春译注《竹书纪年评著·今本竹书纪年评著》，黑龙江人民出版社，2003年版；
4. 周秉钧《尚书注译·说命》，岳麓书社，2001年版；
5. 李民、王健《十三经译注·尚书译注》，上海古籍出版社，2004年版；
6. 左丘明《国语》卷十七《楚语上》，岳麓书社，1988年版；
7. 王玉哲《中华远古史》第七、八、九章，上海人民出版社，2003年版；
8. 胡厚宣、胡振宇《殷商史》，上海人民出版社，2003年版；
9. 马如森《殷墟甲骨学——带你走进甲骨文的世界》第七章，上海大学出版社，2007年版；
10. 谢玉堂《甲骨文的由来与发展》第三章，山东人民出版社，2011年版；
11. 宋镇豪、宫长为主编《中华傅圣文化研究文集》，文物出版社，2010年版；
12. 柏杨《中国历史年表》，海南出版社，2006年版；
13. 王安溟：《亘古一圣傅说》，吉林文史出版社，2005年版。

傅　夷　公元前782年前后在世。西周幽王时周畿内傅国国公也，时称傅公夷。

周宣王四十六年（公元前782年），宣王崩，子幽王宫涅立。幽王昏，宠任傅公夷和蔡公谷，时人病之。幽王二年（公元前780年），西周三川皆震。周大夫伯阳甫曰："周将亡矣！夫天地之气，不失其序；若过其序，民乱之也。阳伏而不能出，阴迫而不能蒸，于是有地震。今三川实震，是阳失其所而填阴也。阳失而在阴，原必塞，国必亡。夫水土演而民用也。土无所演，民乏财用，不亡何待！昔伊、洛竭而夏亡，河竭而商亡。今周德若二代之季矣，其川原又塞，塞必竭。夫国必依山川，山崩川竭，亡国之征也。川竭必山崩，若亡国不过十年，数之纪也。"幽王闻之，怒。问于傅公夷，曰："伯阳甫之言，如何？"夷对曰："荒诞不经之言，勿信。"幽王又问蔡公谷，对曰："伯阳甫谤王，无赦！"幽王乃逐伯阳甫。

幽王三年（公元前779年），伐有褒。褒，国名，夏同姓，姓姒氏。先是，有夫妇卖楱者。楱者，禁物也。宣王使执而戮之。夫妇逃于道，而见乡者后宫童妾所弃幼女出于路者，闻其夜啼，哀而收之，夫妇遂亡，奔于褒。时褒人有罪，请献童妾所弃女子于王以赎罪。弃女子出于褒，因其姓，是为褒姒。其女妖妍，王入于后宫，见而爱之。

幽王既宠褒姒也，时欲其乐耳。褒姒不好笑，幽王欲其笑万方，褒姒故不笑。幽王问于傅公夷、蔡公谷及虢石父，曰："何计能使后笑耶？"夷曰："女婢乐之舞，可矣！"谷曰："百工跳荡，乐哉！"虢石父曰："否！其日日有之，后未见笑也，不若举烽火以戏诸侯，后必笑矣！"幽王喜曰："善！"乃燃烽火以娱之。烽火者，信号也，有寇则举之，诸侯见烽火燃，必悉至戍王。幽王使燃烽火于台，大鼓，诸侯果悉至，至而无寇，褒姒乃大笑。幽王说之，为之数举烽火。其后不信，诸侯见之益亦不至。

幽王三年（公元前779年），褒姒生子伯服。王益嬖爱，欲废申后，并去太子宜臼，以褒姒为后，以伯服为太子。乃问傅公夷及蔡公谷。夷对曰："王之欲即天下之欲，胡不可？"谷亦对曰："王之命即天命，敢不遵？"幽王又问虢石父，对曰："废立乃王之愿也，国人焉有不怿？"幽王喜，竟废申后及太子，以褒姒为后，伯服为太子。太史伯阳曰："祸成矣，无可奈何！"

幽王以虢石父为卿，当国。虢石父为人佞巧，善谀好利，王用之，国人皆怨。又废申后，去太子也。申后，申侯女。于是，申侯怒。幽王十一年（公元前771年），申侯与缯侯引西夷犬戎举兵攻幽王。寇至，幽王举烽火征兵，诸侯皆以为又是褒姒之戏，兵莫至。遂杀幽王骊山下，虏褒姒，尽取周赂而去，傅公夷等莫知所终。于是，诸侯乃即申侯而共立幽王太子宜臼，是为平王，乃东迁都于洛邑。西周亡。

嗟乎！傅公夷为人之臣，辅王弗能以德，佐帝弗能以仁，所染不当，乃致幽王国残身死，此非天下为臣者戒欤？（编者根据《墨子·所染三》、《史记·周本纪》撰）

傅　瑕　（？—前679），殷商贤相傅说裔孙。郑昭公忽为太子时，瑕乃太子之属。

时郑庄公有子多人，其长曰忽，次曰突，又次曰子亹，子亹弟子婴，亦名子仪，幼。太子之位立也，诸子皆可为君，忽忧。瑕进曰："初，用祭仲言，公娶邓女，遂生公子，祭仲必厚。公子何不求之于祭仲也？或可谋之！"祭仲者，郑之上亲，郑庄公宠任者也。公子忽乃阴谒于祭仲，祭仲许之。

郑庄公三十七年（公元前707年），庄公不朝周，周桓王率陈、蔡、虢、卫伐郑。庄公与祭仲、高渠弥发兵自救，王师大败。祭仲乘机请立公子忽为太子，庄公从之。太子忽喜，傅瑕日见之用。

郑庄公三十八年（公元前706年），北戎伐齐，齐使求救，郑遣太子忽将兵救齐，败之。齐釐公欲妻之。太子忽谢曰："我小国，非齐敌也。"时祭仲与俱，劝使取之，曰："君多内宠，太子无大援将不立，三公子皆君也。"

太子忽不决，乃问于瑕。瑕曰："太子兄弟众，皆有宠于公，若突、子亹、子婴等皆觊觎于国，曷立，未可知也。祭仲之言是。毋疑。"太子忽乃娶齐女。

四十三年（公元前701年），郑庄公卒，祭仲遂立太子忽，是为昭公。昭公乃进傅瑕为大夫。

先，郑庄公又娶宋雍氏女，生公子突。雍氏有宠于宋。宋庄公闻祭仲之立忽，乃使人诱召祭仲而执之，曰："不立突，将死。"亦执突以求赂焉。祭仲许宋，与宋盟。以突归，立之。昭公忽闻祭仲以宋要立其弟，九月丁亥，瑕拥忽出奔卫。己亥，突至郑，立，是为厉公。

郑厉公四年（公元前697年），祭仲专国政，厉公患之，阴使其婿郑大夫雍纠欲杀祭仲。纠妻，祭仲之女，知之，谓其母曰："父与夫孰亲？"母曰："父一而已，人尽夫也。"女乃告祭仲，祭仲反杀雍纠，戮之于市。厉公无奈祭仲何，怒纠曰："谋及妇人，死固宜哉！"夏，厉公惧祭仲废，乃出居边邑栎。祭仲乃迎昭公忽，六月乙亥，复入郑。即位。

秋，栎守大夫檀伯使人筑城，虐，栎人杀之，厉公遂居于栎。宋颇予厉公兵，自守于栎，郑以故亦不伐栎。

昭公二年（公元前695年），公命傅瑕为宾客使齐通好。将行，瑕曰："臣观高渠弥不善，公且慎乎哉！"公曰："我高官厚禄之，彼曷害乎？"自昭公为太子时，父庄公欲以高渠弥为卿，太子忽恶之，庄公弗听，卒用渠弥为卿。及昭公即位，惧其杀己，冬十月辛卯，渠弥与昭公出猎，射杀昭公于野，慌称乱失。祭仲与渠弥不敢入厉公，乃更立昭公弟子亹为君。适傅瑕归，闻丧，哀之。

子亹元年（公元前694年）七月，齐襄公会诸侯于首止。首止者，卫邑，近郑之地也。郑子亹往会，高渠弥相，从，祭仲称疾。所以然者，子亹自齐襄公为公子之时，尝会斗，相仇，及会诸侯，祭仲请子亹无行。子亹曰："齐强，而厉公居栎，即不往，是率诸侯伐我，内厉公。我不如往，往何遽必辱，且又何至是！"卒行。于是祭仲恐齐并杀之，故称疾。子亹至，不谢诸侯，齐侯怒，遂伏甲而杀子亹。高渠弥亡归，归与祭仲谋，召子亹弟公子婴于陈而立之，是为郑子。

郑子八年（公元前686年），祭仲死。高渠弥虽老，其威权犹在，且有宠于郑子。郑子不恤其民，民怨。傅瑕哀昭公之死，欲复君仇，思动，弗敢妄行。苦无隙焉。

时郑厉公亡居于栎十七岁，无忘复辟。或告郑子暴虐，高渠弥老聩，郑大夫傅瑕欲复仇者，厉公喜曰："吾愿可遂矣！"乃阴治甲兵以待时。

是时傅瑕为郑大夫，会巡于栎之北。厉公闻之，乃使人诡言曰："高渠弥使者阴结厉王，盟于夏台。"夏台者，昔禹筑之台，栎之南郊也。瑕未知是诱，欲捕其使者而抑渠弥，乃绕而如之。厉公设伏于途，获瑕。

厉公曰："今郑子暴虐，渠弥老聩，汝欲除之，吾与汝一也。何不为应，以吾入也？"

瑕默之良久，思厉公求入，正可假他人之手以除郑子及高渠弥，伺机立昭公之子。乃曰："舍我，我为君杀郑子而入君。"厉公与盟，乃舍之。六月甲子，瑕杀郑子及其二子而迎厉公突，突自栎复入即位。

厉公复辟，让其伯父原繁曰："我亡国外居，伯父无意入我，亦甚矣。"原曰："事君无二心，人臣之职也。原之罪矣。"遂自杀。厉公惧傅瑕贰己。于是谓傅瑕曰："子之事君有二心矣。"遂诛之。傅瑕叹曰："重德不报，诚忽哉！"

瑕之去郑子而入厉公也，原欲假手而复君仇，不意为厉公所用，反遭其戮，慎乎哉！（编者根据《左传·鲁庄公十四年》、《史记·郑世家》撰）

傅　氏　公元前681年前后在世。佚其名，史称傅氏，或曰傅佚。春秋周釐王朝小宗伯。小宗伯，春官宗伯属官，掌四时祭祀之序事与其礼。若大灾，及执事祷祠于上下神祇，傅氏领焉。

周釐王五年（公元前677年），釐王崩，子阆立，是为惠王。初，釐王父庄王嬖幸姬姚，生子颓，颓有宠。惠王二年（公元前675年），欲夺颓之大臣蒍国之园为囿，傅氏谏曰："夺大臣园，非礼也，蒍国忿，恐为乱，弗值。且王囿甚广，曷为哉！"王不听，卒夺蒍国之园为囿。惠王三年（公元前674年），蒍国遂合边伯、詹父、子禽、祝跪五大夫作乱，谋召燕、卫师，伐惠王。惠王不敌，奔温，居郑之栎。蒍国、边伯乃立釐王弟颓为王。

王子颓饮三大夫酒，子国为客，乐及遍舞。国人怨之。傅氏乃进言曰："嗟，时至也!王奚弗敕郑公以入乎？"惠王乃告郑公。

郑厉公见虢叔，曰："吾闻之，司寇行戮，君为之不举，而况敢乐祸乎！今吾闻子颓歌舞不息，乐祸也。夫出王而代其位，祸孰大焉！临祸忘忧，是谓乐祸。祸必及之，盍纳王乎？"虢叔曰："诺！"

惠王七年（公元前670年），郑厉公共虢叔伐子颓。郑伯将王自圉门入，虢叔自北门入，杀子颓及三大夫，惠王乃复入也。以功，王厚傅氏。

惠王十五年（公元前662年），有神降于莘。王问于内史过曰："是何故，固有之乎？"对曰："有之。国之将兴，其君齐明、衷正、精洁、惠和，其德足以昭其馨香，其德足以同其民人。神飨而民听，民神无怨，故明神降之，观其政德而均布福焉。国之将亡，其君贪冒、辟邪、淫佚、荒怠、粗秽、暴虐，民神怨痛，无所依怀，故神亦往焉，观其苛慝而降之祸，神降，是皆明神之志者也。"

王问傅氏曰："内史之言，是乎？"傅氏对曰："臣以为是。昔夏之兴也，融降于崇山；其亡也，回禄信于聆遂。商之兴也，梼杌次于丕山；其亡也，夷羊在牧。周之兴也，鸑鷟鸣于岐山；其衰也，杜伯射王于鄗。是以四时奉牺牲而祀也。"

王又问曰："今是何神也？"对曰："昔昭王娶于房，曰房后，实有爽德，协于丹朱，丹朱凭身以仪之，生穆王焉。是实临照周之子孙而祸福之。夫神一，不远徙迁，若由是观之，其丹朱之神乎？"王曰："其谁受之？"对曰："在虢土。"王曰："然则何为？"对曰："臣闻之：道而得神，是谓逢福；淫而得神，是谓贪祸。今虢少荒，甚亡乎？"王曰："虢于吾有功，吾其若之何？"对曰："使太宰以祝、史帅狸姓，奉牺牲、粢盛、玉帛往献焉，无有祈也。"狸姓，丹朱之后，傅氏之先也。

王乃使太宰忌父帅傅氏及大祝、大史奉牺牲、玉鬯往献焉。内史过从至，公亦使大祝、大史土焉。傅氏曰："牺牲、玉帛以献者，求神佑福也。今公不修德求神，反求土劳民，是舍本求末也，愿公慎之。"虢公弗听。

归，内史过以告王曰："虢必亡矣，不禋于神而求福焉，神必祸之；不亲于民而求用焉，人必违之。精意以享，禋也；慈保庶民，亲也。今虢公动匮百姓逞其违，离民怒神而求利焉，不亦难乎，其祸不远矣！"

果不其然，后四岁，惠王十九年（公元前658年），晋取虢，虢国亡。（编者根据《国语·周语上》、《史记·周本纪》、《周礼·春官宗伯》撰）

傅　傁　公元前517年前后在世。晋人，殷相傅说之后，春秋时晋卿赵景叔家臣。晋顷公九年（公元前517年），赵景叔卒，子赵鞅立，是为简子。傅傁弼鞅，为赵简子家臣，以善谋名世。

赵简子在位，思强赵，问计于傁。傁曰：“主君欲强赵乎？是时也！”

简子曰：“汝何之谓也？”

傁对曰：“欲强诸侯者，必奉周，所谓挟天子以令诸侯也。今周室多事，太子圣而早卒，景王爱子朝，欲立之，会崩，子丐之党与争立，国人立长子猛为王，子朝攻杀猛。子丐入晋。先主君文子率六卿攻子朝而立丐，是为敬王。子朝自立，敬王欲归周而不得入，遂居于泽。敬王，景王嫡子；子朝，庶子。礼宜立敬王。今敬王虽立而不得入，犹未之立也。主君何不合诸侯以戍，入敬王于周，则诸侯敢不奉主君为强者耶？”

简子曰：“善！”

晋顷公九年（公元前517年），赵简子率诸侯会于洛，攻子朝。子朝惧，奔楚，遂入敬王于周，子朝为臣，诸侯城周，咸尊赵简子。赵简子喜，益任用傅傁。

晋顷公十四年（公元前512年），顷公卒。子午立，是为定公。晋益衰。

晋定公十三年（公元前499年），鲁贼臣阳虎来奔。赵简子不决，问曰：“傁，阳虎来，入乎？”

傁思之良久，对曰：“去岁晋之宗家祁奚孙、叔向子，相恶于君，六卿欲弱公室，乃遂以法尽灭其族，而分其邑为十县，各令其子为大夫，晋益弱。六卿皆大，臣观晋祀无远，而今卿所强者唯主君与魏、韩耳，来日必是赵、魏、韩三家分晋。若是，主君盍不蓄士以谋耶？”

简子曰：“嘻！汝之谋也远，吾不及也！”乃纳阳虎，厚遇之。

时赵简子太子伯鲁不肖，庶子毋恤贤，心欲废立，恐诸子不服，乃问傅傁曰：“若何？”

傅傁曰：“今之人畏者惟天与神也。主君何不假之天耶？”

简子颔首曰：“喏！”

会术者姑布子卿见简子，简子遍召诸子相之。子卿曰：“诸子无为将军者。”简子曰：“赵氏其灭乎？”子卿曰：“吾尝见一子于路，殆君之子也，请见之。”简子乃召毋恤。毋恤至，子卿则起曰：“此真将军矣！”简子曰：“此其母贱，翟之婢也，奚道贵哉？”子卿曰：“天所授，虽贱必贵。”自是之后，简子尽召诸子与语，毋恤最贤。

异日，简子告诸子曰："吾藏宝符于常山上，先得者赏。"诸子驰之常山上，求，无所得。毋恤还，曰："已得符矣。"简子曰："奏之。"毋恤曰："从常山上临代，代可取也。"简子大喜，遍告诸子及大夫，乃废太子伯鲁，而以毋恤为太子。

晋定公十四年（公元前498年），晋卿范吉射、中行寅作乱。简子问于傻曰："彼乱，吾将何？"傻曰："范、中行外强中干，正可借此灭之。"简子曰："患兵寡，奈何？"傻曰："可假卫士五百家也。"简子曰："诺。"

先是，赵简子围卫，卫人恐惧，故贡五百家，简子置之邯郸。至是，简子谓邯郸大夫午曰："归我卫士五百家，吾将置之晋阳。"午许诺，归而其父兄不听，信言。赵简子捕午，囚之晋阳，杀之。午子赵稷、涉宾反。晋定公使籍秦围邯郸。范吉射、中行寅与午善，不肯助籍秦而谋作乱，简子家臣董安于知之不告。十月范吉射、中行寅伐简子，简子奔晋阳，范、中行围之。范、中行仇人魏襄等谋逐范、中行，请于晋定公，伐之。范、中行败走，奔朝歌。韩、魏以赵氏为请，盟于公宫，晋之魏、韩、赵三国成矣。

晋定公十九年（公元前493年），鲁哀公二年也。夏，卫灵公卒。先二年，魏太子蒯聩与灵公夫人南子有恶，欲杀南子。蒯聩与其家臣戏阳速谋，朝，使杀夫人。戏阳后悔，不果。蒯聩数目之，夫人觉之，惧，呼曰："太子欲杀我！"灵公怒，太子蒯聩奔宋，已而奔晋之赵氏，简子纳之。初，灵公游于郊，令子郢仆。郢，灵公少子也，字子南。灵公怨太子出奔，谓郢曰："我将立若为太子。"郢对曰："郢不足以辱社稷，君更图之。"及灵公卒，夫人命子郢为太子，曰："此灵公命也。"郢曰："亡人太子蒯聩之子辄在也，不敢当。"于是卫乃以辄为君，是为出公。

简子问于傻曰："吾将入太子蒯聩入卫，若何？"

傻曰："辄已立，且前夫人南子惧，必不欲太子蒯聩入，可假卫人之意。"

简子乃令阳虎诈命卫十余人服绖归，简子送蒯聩。卫人闻之，发兵击蒯聩。蒯聩不得入，入宿邑而保，卫亦罢兵。

是年秋八月，齐人输范吉射粟，郑之子姚、子般送之，范吉射逆之。得悉，简子又问傻曰："奈何？"傻曰："范氏败，毋以缓，当阻之。"简子乃御之，遇郑师子戚。阳虎曰："吾车少，以兵车之旆，于罕、驷兵车先阵。罕、驷自后随而从之，彼见吾貌，必有惧心。于是乎会之，必大败之。"简子从之，卜占，龟焦，兆不成。简子疑。晋大夫乐丁曰："《诗》曰：'爰始爰谋。爰契我龟。'谋协，以故兆询可也，毋疑。"简子犹不决。傅傻进曰："强敌当前，勇者为先，当断不断，反受其乱。主君誓而进可矣。"简子乃誓曰："范氏、中行氏反易天命，斩艾百姓，欲擅晋国而灭其君。寡君恃郑而保焉。今郑为不道，弃君助臣。二三子顺天命，从君命，经德义，除诟耻，在此行也！克敌者，上大夫受县，下大夫受郡，士田十万，庶人、工、商遂仕，人臣隶圉免。吾无罪，君实图之！吾若有罪，绞缢以戮，桐棺三寸，素车、朴马，无入于祖茔，下卿之罚也！”

甲戌，将战，邮无恤御简子，卫太子为右。登铁上，望见郑师众，太子惧，自投于车下。无恤授太子绥，而乘之，讥曰：“妇人也！”

简子巡列，曰：“毕万，匹夫也，七战皆获，有马百乘，死于牖下。群子勉之，死不在寇。”卫太子祷曰：“曾孙蒯聩敢昭告列祖列宗，佑我无绝筋，无折骨，无面伤，以集大事。”

郑人击简子，中肩，踣于车中，太子救之以戈。郑师北，获温大夫赵罗。赵罗、范氏之党羽也。太子复伐之，郑师大败，获齐粟千车。

简子喜曰：“可矣！”傅叟曰：“虽克郑，犹有知伯在，忧未艾也。”后果有晋阳之患。

后数年，赵简子卒，太子毋恤立，是为赵襄子。卫太子蒯聩归国，立，是为卫庄公。复数岁，魏、韩、赵共分晋地，晋亡。

傅叟先简子卒，其先弗着，其后不知焉。（编者根据《左传·哀公二年》、《史记·晋世家》、《史记·赵世家》、《史记·卫世家》撰）

傅　宽　（？—前190），西汉阳陵侯，以魏五大夫骑将从，为舍人，起横阳。从攻安阳、杠里，赵贲军于开封，及击杨熊曲遇、阳武，斩首十二级，赐爵卿。从至霸上。沛公立为汉王，赐宽封号共德君。从入汉中，迁为右骑将。从定三秦，赐食邑雕阴。从击项籍，待怀，赐爵通德侯。从击项冠、周兰、龙且，所将卒斩骑将一人敖下，益食邑。

属淮阴，击破齐历下军，击田解。属相国参，残博，益食邑。因定齐地，剖符世世勿绝，封为阳陵侯，二千六百户，除前所食。为齐右丞相，备齐。五岁为齐相国。

四月，击陈豨，属太尉勃，以相国代丞相哙击豨。一月，徙为代相国，将屯。二岁，为丞相，将屯。

孝惠（公元前190年）五年卒，谥为景侯。子顷侯精立，二十四年卒。子共侯则立，十二年卒。子侯偃立，二十一年，坐与淮南王谋反，死，国除。（《汉书·傅宽传》）

傅　宝　字纪图，东汉牂牁平夷（后为贵州大定府属，今毕节大方一带）人，生活的年代约为公元100—190年之间。那时是东汉顺帝（刘保）到献帝（刘协）时代，经历了7个皇帝（有两个皇帝在位时间极短）。

据《华阳国志》与《大定府志》记载，在傅宝之前，南域未有学校。在东汉明帝（刘庄）永平至章帝（刘炟）建初这段时间，即公元58—88年。此间“毋敛尹珍，字道真，以生遐裔，未渐庠序，乃远从汝南许慎叔受五经，又师事应奉世叔学图纬，通三才，还以教授，于是南域始有学，而宝与夜郎尹贡出焉”。尹珍师从东汉大儒——经学家、文学家许慎。许慎博通经籍，被誉为“五经无双”，并广采古文经学文字训诂成果，写成《说文解字》一书，对中华文化作出了重大贡献。尹珍在其门下学成后回到南域办学，傅宝与尹贡等千里迢迢，不辞艰辛，笃志求学，刻苦学习，努力塑造修养自我，又找到这样的好老师，在“南州人士”中成了凤毛麟角的人物。

傅宝学成那时，还未有科举考试，被推举出来的人选就叫“举人”。傅宝像尹珍样“以经述选用”，是所选孝廉中有才能者。因此，一开始就入尚书台，初入台称守尚书郎中，在皇帝身边处理事务，可见傅宝才能超群。在尚书台不到3年时间，只升尚书郎，还未升侍郎（满3年成侍郎），便跳级任长安令。

长安是两汉京都，是当时全国户数和人口较多的地方。长安令就是长安的最高长官，是十分重要的职务，一般此职不是皇亲国戚便是久经考验的练臣担任。而这样的职务，却让一个连“侍郎”都没有任过的人来担任，可见傅宝非一般人才。

傅宝的最终职务是巴郡太守。郡这一行政级别从周朝开始设置到明朝消失。周制：全境分百县，县有4郡；春秋末年以来，各国始于边地设郡，面积较县为大；战国时在边境设县，逐渐形成县统于郡的两级制；秦统一六国，置三十六郡，以统其县；汉承秦制。

傅宝在巴郡任太守，那段时间，统辖14个县，46万多户，187万余人，平均每县人口13万多，是当时人口较多的郡。

郡是地方最大的行政区划，地方行政长官是太守，傅宝也可以称作封疆大吏了。（编者据毕节地区政协工委叶章龙文整理）

傅太后

孝元傅昭仪，哀帝祖母也。父河内温人，早卒，母更嫁为魏郡郑翁妻，生男恽。昭仪少为上官太后才人，自元帝为太子，得进幸。元帝即位，立为婕妤，甚有宠。为人有材略，善事人，下至宫人左右，饮酒酹地，皆祝延之。产一男一女，女为平都公主，男为定陶恭王刘康。恭王有材艺，尤爱于上。元帝既重傅婕妤，及冯婕妤亦幸，生中山孝王，上欲殊之于后宫，以二人皆有子为王，上尚在，未得称太后，乃更号曰昭仪，赐以印绶，在婕妤上。昭其仪，尊之也。至成、哀时，赵昭仪、董昭仪皆无子，犹称焉。

元帝崩，傅昭仪随王归国，称定陶太后。后十年，恭王薨，子代为王。王母曰丁姬。傅太后躬自养视，既壮大，成帝无继嗣。时中山孝王在。元延四年（公元前9年），孝王及定陶王皆入朝。傅太后多以珍宝赂遗赵昭仪及帝舅骠骑将军王根，阴为王求汉嗣。昭仪及根皆见上无子，欲豫自结为久长计，更称誉定陶王。上亦自器之，明年，遂征定陶王立为太子。月余，天子立楚孝王孙景为定陶王，奉恭王后。太子议欲谢，少傅阎崇以为："《春秋》不以父命废王父命，为人后之礼不得顾私亲，不当谢。"太傅赵玄以为当谢，太子从之。诏问所以谢状，尚书劾奏玄，左迁少府，以光禄勋师丹为太傅。诏傅太后与太子母丁姬自居定陶国邸，下有司议皇太子得与傅太后、丁姬相见不，有司奏议不得相见。顷之，成帝母王太后欲令傅太后、丁姬十日一至太子家，成帝曰："太子丞正统，当共养陛下，不得复顾私亲。"王太后曰："太子小，而傅太后抱养之。今至太子家，以乳母恩耳，不足有所妨。"于是令傅太后得至太子家。丁姬以不养太子，独不得。

成帝崩，哀帝即位。王太后诏令傅太后、丁姬十日一至未央宫。高昌侯董宏希指，上书言宜立丁姬为帝太后。师丹劾奏"宏坏邪误朝，不道"。上初即位，谦让，从师丹言止。后乃白令王太后下诏，尊定陶恭王为恭皇。哀帝因是曰："《春秋》'母以子贵'，尊傅太后为恭皇太后，丁姬为恭皇后，各置左右詹事，食邑如长信宫、中宫。追尊恭皇太后父为崇祖侯，恭皇后父为褒德侯。"后岁余，遂下诏曰："汉家之制，推亲亲以显尊尊，定陶恭皇之号不宜复称定陶。其尊恭皇太后为帝太太后，丁后为帝太后。"后又更号帝太太后为皇太太后，称永信宫，帝太后称中安宫，而成帝母太皇太后本称长信宫，成帝赵后为皇太后，并四太后，各置少府、太仆，秩皆中二千石。为恭皇立寝庙于京师，比宣帝父悼皇考制度，序昭穆于前殿。

傅太后父同产弟四人，曰子孟、中叔、子元、幼君。子孟子喜至大司马，封高武侯。中叔子晏亦大司马，封孔乡侯。幼君子商封汝昌侯，为太后父崇祖侯后，更号崇祖曰汝昌哀侯。太后同母弟郑恽前死，以恽子业为阳信侯，追尊恽为阳信节侯。郑氏、傅氏侯者凡六人，大司马二人，九卿二千石六人，侍中诸曹十余人。

傅太后既尊，后尤骄，与成帝母语，至谓之妪。与中山孝王母冯太后并事元帝，追怨之，陷以祝诅罪，令自杀。元寿元年（公元前2年）崩，合葬渭陵，称孝元傅皇后云。（《汉书·外戚传》）

傅介子　（？—前65），北地义渠人也，以从军为官。先是龟兹、楼兰皆尝杀汉使者，语在《西域传》。至元凤中，介子以骏马监求使大宛，因诏令责楼兰、龟兹国。介子至楼兰，责其王教匈奴遮杀汉使："大兵方至，王苟不教匈奴，匈奴使过至诸国，何为不言？"王谢服，言："匈奴使属过，当至乌孙道过龟兹。"

介子至龟兹，复责其王，王亦服罪。介子从大宛还到龟兹。龟兹言：“匈奴使从乌孙还，在此。”介子因率其吏士共诛斩匈奴使者。还奏事，诏拜介子为中郎，迁平乐监。

介子谓大将军霍光曰：“楼兰、龟兹数反复而不诛，无所惩艾。介子过龟兹时，其王近就人，易得也，愿往刺之，以威示诸国。”大将军曰：“龟兹道远，且验之于楼兰。”于是白遣之。

介子与士卒俱赍金币，扬言以赐外国为名。至楼兰，楼兰王意不亲介子，介子阳引去，至其西界，使译谓曰：“汉使者持黄金、锦绣行赐诸国，王不来受，我去之西国矣。”即出金币以示译。译还报王。王贪汉物，来见使者。介子与坐饮，陈物示之，饮酒皆醉。介子谓王曰：“天子使我私报王。”王起，随介子入帐中，屏语，壮士二人从后刺之，刃交胸，立死。其贵人左右皆散走。介子告谕：“以王负汉罪，天子遣我来诛王，当更立前太子质在汉者。汉兵方至，毋敢动，动，灭国矣！”遂持王首还。诣阙，公卿、将军议者咸嘉其功。上乃下诏曰：“楼兰王安归，尝为匈奴间，候遮汉使者，发兵杀略卫司马安乐、光禄大夫忠、期门郎遂成等三辈，及安息、大宛使，盗取节印、献物，甚逆天理。平乐监傅介子持节使斩楼兰王安归首，悬之北阙，以直报怨，不烦师众。其封介子为义阳侯，食邑七百户。士刺王者，皆补侍郎。”

介子薨，子敞有罪不得嗣，国除。元始中，继功臣世，复封介子曾孙长为义阳侯。王莽败，乃绝。（《汉书·傅介子传》）

傅　喜　（？—约8），字稚游，河内温人也。哀帝祖母定陶傅太后从父弟。少好学问，有志行。哀帝立为太子，成帝选喜为太子庶子。哀帝初即位，以喜为卫尉，迁右将军。是时王莽为司马，迄骸骨，避帝外家。上既听莽退，众庶归望于喜。喜从弟孔乡侯晏亲与喜等，而女为皇后。又帝舅阳安侯丁明，皆亲以外属封。喜执谦称疾，傅太后始与政事，喜数谏之。由是傅太后不欲令喜辅政。上于是用左将军师丹代王莽为大司马，赐喜黄金百斤、上将军印绶，以光禄大夫养病。

大司空何武、尚书令唐林皆上书言：“喜行义修洁，忠诚忧国，内辅之臣也。今以寝病，一旦遣归，众庶失望。皆曰：傅氏贤子，以论议不合于定陶太后故退，百僚莫不为国恨之。忠臣，社稷之卫，鲁以季友治乱，楚以子玉轻重，魏以无忌折冲，项以范增存亡。故楚跨有南土，带甲百万，邻国不以为难；子玉为将，则文公侧席而坐，及其死也，君臣相庆，百万之众不如一贤。故秦行千金以间廉颇；汉散万金以疏亚父。喜立于朝，陛下之光辉，傅氏之废兴也。”上亦自重之。明年正月，乃徙师丹为大司空，而拜喜为大司马，封高武侯。

丁、傅骄奢，皆嫉喜之恭俭。又傅太后欲求称尊号，与成帝母齐尊，喜与丞相孔光、大司空师丹共执正议。傅太后大怒，上不得已，先免师丹以感动喜，喜终不顺。后数月，遂策免喜曰："君辅政出入三年，未有昭然，匡朕不逮，而本朝大臣遂其奸心，咎由君焉。其上大司马印绶，就第。"傅太后又自诏丞相、御史曰："高武侯喜无功而封，内怀不忠，附下罔上，与故大司空丹同心背叛，放命圮族，亏损德化，罪恶虽在赦前，不宜奉朝请，其遣就国。"后又欲夺喜侯，上亦不听。

喜在国三岁余，哀帝崩，平帝即位，王莽用事，免傅氏官爵归故郡，晏将妻子徙合浦。莽白太后下诏曰："高武侯喜姿性端悫，论议忠直，虽与故定陶太后有属，终不顺指从邪，介然守节，以故斥逐就国。传不云乎？岁寒然后知松柏之后凋也。其还喜长安，以故高安侯莫府赐喜，位特进，奉朝请。"喜虽外见褒赏，孤立忧惧，后复遣就国，以寿终。莽赐谥曰贞侯。子嗣，莽败乃绝。（《汉书·傅喜传》）

傅　俊　（？—64），字子卫，颍川襄城人也。世祖徇襄城，俊以县亭长迎军，拜为将尉。襄城收其母弟宗族，皆灭之。从破王寻等，以为偏将军。别击京、密，破之。遣归颍川，收葬家属。及世祖讨河北，俊与宾客十余人北追及于邯郸，上谒，世祖使将颍川兵，常从征伐。世祖即位，以俊为侍中。建武二年（26年）封昆阳侯。三年，拜俊积弩将军，与征南大将军岑彭击破秦丰，因将兵徇江东，扬州悉定。永平七年（64年）卒，谥曰威侯。子昌嗣，徙封燕湖侯。建初中，遭母忧，因上书，以国贫不愿之封，乞钱五十万，为关内侯。肃宗怒，贬为关内侯，竟不赐钱。永初七年（113年），邓太后复封昌子铁为高置亭侯。（《后汉书·傅俊传》）

傅　育　（？—87），傅毅之父。东汉北地人。显宗（明帝）时初为临羌长，与捕虏将军马武等击羌，功冠诸军。迁武威太守，威声闻于匈奴。

汉章帝建初二年（77年）夏，傅育代吴棠为护羌校尉，移居临羌。元和三年，羌酋迷吾与弟号吾率众反叛。秋，号吾先轻入寇陇西，郡督烽掾李章追之，生得号吾，将诣郡。号吾曰："独杀我，无损于羌。诚得生归，必悉罢兵，不复犯塞。"陇西太守张纡权宜放遣，羌即为解散，各归故地。迷吾退居河北归义城。傅育不欲失信伐之，乃募人斗诸羌胡。羌胡不肯，遂复叛出塞，更依迷吾。

章和元年（87年），傅育请发陇西、张掖、酒泉各五千人，诸郡太守将之，育自领汉阳、金城五千人，合二万兵，与诸郡克期击之，令陇西兵据河南，张掖、酒泉兵遮其西。并未及会，育军独进。迷吾闻之，徙庐落去。育选精骑三千穷追之，夜至建威南三兜谷，去虏数里，须旦击之，不设备。迷吾乃伏兵三百，夜突傅育之营。营中惊坏散走，育下马手战，杀十余人而死。事闻于朝，汉章帝下诏追褒美之。封其子傅毅为明进侯，食邑七百户。（据《后汉书·西羌传》）

傅 毅 （？—约105），字武仲，扶风茂陵人也。少博学，永平中，于平陵习章句，因作迪志诗曰：“咨尔庶士，迨时斯勖。日月逾迈，岂云旋复。哀我经营，旅力靡及。在兹弱冠，靡所庶立。……”

毅以显宗求贤不笃，士多隐处，故作《七激》以为讽。

建初中，肃宗博召文学之士，以毅为兰台令史，拜郎中，与班固、贾逵共典校书。毅追美孝明皇帝功德最盛，而庙颂未立，乃依《清庙》作《显宗颂》十篇奏之。由是文雅显于朝廷。

车骑将军马防，外戚尊重，请毅为军司马，待以师友之礼。及马氏败，免官归。永元元年（89年），车骑将军窦宪复请毅为主记室，崔骃为主簿。及宪迁大将军，复以毅为司马，班固为中护军。宪府文章之盛，冠于当世。

毅早卒，著诗、赋、诔、颂、祝文、七激、连珠，凡二十八篇。（《后汉书·傅毅传》）

傅 福 （？—139），东汉顺帝时为上方令。不知何许人。其时外戚、宦官轮流专权，政治极端黑暗。延光四年（125），宦官孙程、王康等人，发动宫廷政变，拥立十一岁的济阴王为顺帝，宦官势力大盛。顺帝即位后又扶植外戚势力。顺帝永建三年（128），选梁商之女入掖庭，阳嘉元年（132）立为皇后，阳嘉元年，以梁商为大将军。次年封梁商之子梁冀为襄邑侯，到了永和年间，外戚梁氏已经大权在握。永和四年(139)，中常侍张逵、蘧政，内者令石光，尚方令傅福，冗从仆射杜永连谋，共谗商及中常侍曹腾、孟贲，云欲征诸王子，图议废立。然顺帝却曰：“大将军父子我所亲，腾、贲我所爱，必无是，但汝曹共妒之耳。”结果，张逵等为首者，全被诛杀，傅福亦在其内。傅福等人的上疏击中了时弊，但顺帝未能采纳，结果导致外戚梁氏擅权。梁商死后，梁冀继其父为大将军，与其妹梁太后先后册立冲帝、质帝和桓帝，专断朝政达二十余年。（《傅山论历代傅氏名人》）

傅 燮 （？—187），字南容，北地灵州人也，本字幼起，慕南容三复白圭，乃易字焉。身长八尺，有威容。少师事太尉刘宽，再举孝廉。闻所举郡将丧，乃弃官行服。后为护军司马，与左中郎皇甫嵩俱讨贼张角。

燮素疾中官，既行，因上疏曰：“臣闻天下之祸，不由于外，皆兴于内。是故虞舜升朝先除四凶，然后用十六相，明恶人不除则善人无由进也。今张角起于赵、魏，黄巾乱于六州，此皆衅发萧墙而祸延四海者也。臣受戎任，奉辞伐罪，始到颍川，战无不克。黄巾虽盛，不足为庙堂忧也。臣之所惧，在于治水不自其源，末流弥增其广耳。陛下仁德宽容，多所不忍，故阉竖弄权，忠臣不进。诚使张角枭夷，黄巾变服，臣之所忧甫益深耳。何者？夫邪正之人不宜共国，亦犹冰炭不可同器。彼知正人之功显，而危亡之兆见，皆将巧辞饰说，共长虚伪。夫孝子疑于屡至，市虎成于三夫，若不评察真伪，忠臣将复有杜邮之戮矣。陛下宜思虞舜四罪之举，速行谗佞放殛之诛，则善人思进，奸凶自息。臣闻忠臣之事君，犹孝子之事父也。子之事父，焉得不尽其情？使臣身备鈇钺之戮，陛下少用其言，国之福也！”书奏，宦者赵忠见而忿恶。及破张角，燮功多当封，忠诉谮之，灵帝犹识燮言，得不加罪，竟亦不封，以为安定都尉。以疾免。

后拜议郎。会西羌反，边章、韩遂作乱陇右。征发天下，役赋无已。司徒崔烈以为宜弃凉州，诏会公卿百官，烈坚执先议。燮厉言曰：“斩司徒，天下乃安！”尚书郎杨赞奏燮廷辱大臣。帝以问燮，燮对曰：“昔冒顿至逆也，樊哙为上将，愿得十万众横行匈奴中，愤激思奋，未失人臣之节，顾计当从与不耳，季布犹曰：‘哙可斩也。’今凉州天下要冲，国家藩卫。高祖初兴，使郦商别定陇右；世宗拓境，列置四郡，议者以为断匈奴右臂。今牧御失和，使一州叛逆，海内为之骚动，陛下卧不安寝。烈为宰相，不念为国思所以弭之之策，乃欲割弃一方万里之土，臣窃惑之。若使左衽之虏得居此地，士劲甲坚，因以为乱，此天下之至虑，社稷之深忧也！若烈不知之，是极蔽也，知而故言是不忠也！”帝从燮议，由是朝廷重其方格，每公卿有缺，为众议所归。顷之，赵忠为车骑将军，诏忠论讨黄巾之功。执金吾甄举等谓忠曰：“傅南容前在东军，有功不侯，故天下失望，今将军亲当重任，宜进贤理屈，以副众心。”忠纳其言，遣弟城门校尉延致殷勤。延谓燮曰：“南容少答我常侍，万户侯不足得也。”燮正色拒之曰：“遇与不遇，命也。有功不论，时也。傅燮岂求私赏哉？”忠愈怀恨，然惮其名不敢害。权贵亦多疾之，是以不得留，出为汉阳太守。

初，郡将范津明知人，举燮孝廉。及津为汉阳，与燮交待，合符而去，乡邦荣之。津字文渊，南阳人。燮善恤人，叛羌怀其恩化，并来降附，乃开屯田，列置四十余营。

时刺史耿鄙委任治中程球。球为通奸利，士人怨之。中平四年（187年），鄙率六郡兵讨金城贼王国、韩遂等。燮知鄙失众必败，谏曰：“使君统政日浅，人未知教。孔子曰：‘不教人战，是谓弃之。’今率不习之人，越大陇之阻，将十举十危，而贼闻大军将至，必万人一心。边兵多勇，其锋难当，而新合之众，上下未知，万一内变，虽悔不及。不若息军养德，明赏必罚。贼得宽挺，必谓我怯；群恶争执，其离可必。然后率已教之人，讨已离之贼，其功可坐而待也。今不为万全之福，而就必危之祸，窃为使君不取。”鄙不从。行至狄道，果有反者，先杀程球，次害鄙，贼遂进围汉阳。城中兵少粮尽，燮犹固守。

时北胡骑数千随贼攻郡，皆夙怀燮恩，共于城外叩头，求送燮归乡里。子干年十三，从在官舍，知燮性刚，有高义，恐不能屈志以免，进谏曰：“国有昏乱，遂令大人不容于朝。今天下已叛，而兵不足自守，乡里羌胡先被恩德，欲令弃郡而归，愿必许之。徐至乡里，率厉义徒，见有道而辅之，以济天下。”言未终，燮慨然而叹，呼干小字曰：“别成！

汝知吾必死邪！盖‘圣达节，次守节’，且纣殷之暴，伯夷不食周粟而死，仲尼称其贤。今朝廷不甚殷纣，吾德亦岂绝伯夷？世乱不能养浩然之志，食禄又欲避其难乎？吾行何之，必死于此。汝有才智，勉之勉之。主簿杨会，吾之程婴也！”干哽咽不能复言，左右皆泣下。王国使故酒泉太守黄衍说燮曰：“成败之事，已可知矣。先起，上有霸王之业，下成伊吕之勋。天下非复汉有，府君宁有意为吾属师乎？”燮按剑而叱衍曰：“若剖符之臣，反为贼说邪！”遂麾左右进兵，临阵战殁。谥曰壮节侯。干知名，位至扶风太守。（《后汉书·傅燮传》）

傅　干　（175—219），傅燮之子，傅玄之父，字彦材，小字别成，北地人。干年十三，从在官舍。知燮性刚，有高义，恐不能屈志以免，进谏曰：“国家昏乱，遂令大人不容于朝。今天下已叛，而兵不足自守，乡里羌胡，先被恩德，欲令弃（汉阳）郡而归，愿必许之。徐至乡里，率厉义徒，见有道而辅之，以济天下。”言未终，燮慨然而叹，呼干小字曰：“别成，汝有才智，勉之勉之。主簿杨会，吾之程婴也。”干哽咽不能复言，左右皆泣下。父死国后，傅干留居陇右，佐马腾镇守关中。兴平二年（195），关中遭灾，皇室落难东逃，士民南下荆州存身，韩遂、马腾拥兵陇右。司隶校尉钟繇使新丰令冯翊张既说马腾，为言利害。腾疑未决。傅干说腾曰：“古人有言：‘顺德者昌，逆德者亡。’曹公奉天子诛暴乱，法明政治，上下用命，可谓顺道矣。袁氏恃其强大，背弃王命，驱胡虏以陵中国，可谓逆德矣。今将军既事有道，阴怀两端，欲以坐观成败，吾恐成败既定，奉辞责罪，将军先为诛首矣！”于是腾惧。干因曰：“智者转祸为福。将军诚能引兵讨（河东郭）援，内外击之，其势必举。是将军一举，断袁氏之臂，解一方之急，曹公必重德将军，将军功名无与比矣。”腾乃遣子超将兵万余人与（钟）繇会。马超仍居关中，统领部曲，驻屯槐里。槐里为扶风郡治所在，而扶风作为三辅（京兆、扶风、冯翊）之一，归当时的司隶校尉部统管，司隶校尉为钟繇。傅干没有随马腾入邺，而与马超留在了关中，出任扶风太守。建安十八年（213）五月，曹操自立为魏公，加九锡。七月，魏始建社稷、宗庙。十一月，初置百官。傅干入邺为丞相府参军。时曹操论及天下形势，以为蜀主刘备不济。参军傅干进曰：“刘备宽仁有度，能得人死力。诸葛亮达治知变，正而有谋，而为之相；张飞、关羽，勇而有义，皆万人之敌，而为之将。此三人者，皆人杰也。以备之略，三杰佐之，何为不济也！”次年七月，曹操由邺城南下征讨孙权，参军傅干谏曰：“愚以为可按甲寝兵，息军养士，分土定封，论功行赏，若此则内外之心固，有功者劝，而天下知制矣。然后渐兴学校，以导其善性而长其节义。今举十万之众，顿之长江之滨，若贼负固深藏，则士马不能逞其能，奇变无所用其权，则大威有屈而敌心未能服矣。唯明公全威养德，以道制胜。”公不从，军遂无功。干终于丞相仓曹属。（编者根据《后汉书·傅燮传》、《三国志·马超传》、《三国志·魏武帝纪》、《三国志·蜀先主纪》改写）

傅　嘏　（209—255），字兰石，北地泥阳人，傅介子之后也。祖父睿，代郡太守。父充，黄门侍郎。伯父巽，黄初中为侍中尚书。嘏弱冠知名。是时何晏以才辩显于贵戚之间，邓扬好变通，合徒党，鬻声名于闾间。而夏侯玄以贵臣子少有重名，为之宗主，求交于嘏，而不纳也。嘏友人荀粲有清识远心，然犹怪之。谓嘏曰："夏侯泰初一时之杰，虚心交子，合则好成，不合则怨至，二贤不睦，非国之利，此蔺相如所以下廉颇也。"嘏答之曰："泰初志大其量，能合虚声，而无实才；何平叔言远而情近，好辩而无诚，所谓利口覆邦国之人也。邓玄茂有为而无终，外要名利，内无关钥，贵同恶异，多言而妒前，多言多衅，妒前无亲。以吾观此三人者，皆败德也，远之犹可祸及，况昵之乎？"司空陈群辟为掾，时散骑常侍刘劭作考课法，事下三府。嘏难劭论曰："……案劭考课论，虽欲寻前代黜陟之文，然其制度略以缺亡。……以古施今，事杂义殊，难得而通也……"

正始初，除尚书郎，迁黄门侍郎。时曹爽秉政，何晏为吏部尚书。嘏谓爽弟羲曰："何平叔外静而内铦巧，好利，不念务本。吾恐必惑子兄弟，仁人将远，而朝政废矣。"晏等遂与嘏不平，因微事以免嘏官。起家拜荥阳太守，不行。太傅司马宣王请为从事中郎。曹爽诛，为河南尹。河南尹内掌帝都，外统京畿，兼古六乡六遂之土，其民异方杂居，多豪门大族，商贾胡貊，天下四方会利之所聚，而奸之所生。前尹司马芝举其纲而太简，次尹刘静综其目而太密，后尹李胜毁常法以收一时之声。嘏立司马史之纲，裁刘氏之纲目以经纬之，李氏所毁以渐补之。郡有七百吏，半非旧也。河南俗党五官掾功曹典选职，皆授其本国人，无用异邦人者。嘏各举其良而对用之。官曹分职，而后以次考核之。其治以德教为本，然持法有恒，简而不可犯，见理识情，狱颂不加槚楚，而得其实。不为小惠，有所荐达及大有益于民事，皆隐其端迹，若不由已出。故当时无赫赫之名，吏民久而后安之。迁尚书。嘏常以为秦始罢侯置守，设官分职，不与古同，汉魏因循，以至于今。然儒生学士，咸欲错综以三代之礼。礼弘致远，不应时务；事与制违，名实未附，故历代而不至于治者，盖由是也。欲大改定官制，依古正本，今遇帝室多难，未能革易。

时论者议欲自伐吴，三征献策各不同。诏以访嘏，嘏对曰："昔夫差陵齐胜晋，威行中国，终祸姑苏；齐闵兼土拓境，辟地千里，身陷颠覆。有始不必善终，古之明效也。孙权自破关羽并荆州之后，志盈欲满，凶宄以极，是以宣文侯深建宏图大举之策。今权以死，托孤于诸葛恪。若矫权苛暴，蠲其虐政，民免酷烈，偷安新惠，外内齐虑，有同舟之惧。虽不能终自保完，犹足以延期挺命于深江之外矣。而议者或欲泛舟径济，横行江表；或欲四道并进，攻其城垒；或欲大佃疆场，观衅而动。诚皆取贼之常计也。然自治兵以来，出入三载，非掩袭之军也。贼之为寇，几六十年矣，君臣伪立，吉凶共患，又丧其元帅，上下忧危。设令列船津要，坚诚据险，横行之计，其殆难捷。惟进军大佃，最差完牢。兵出民表，寇钞不犯；坐食积谷，不烦运士；乘衅讨袭，无远劳费。此军之急务也。昔樊哙愿以十万之众，横行匈奴，季布面折其短。今欲越长江，涉虏庭，亦向时之喻也。未若明法练士，错计于全胜之地，振长策以御敌之余烬，斯必然之数也。”……时不从嘏言，嘉平四年（252）十一月，诏昶等征吴。五年正月，诸葛恪拒战，大破众军于东关。吴大将诸葛恪新破东关，乘胜扬声欲向青、徐，朝廷将为之备。嘏以为：“淮海非贼轻行之路，又昔孙权遣兵入海，漂浪沉溺，略无孑遗，恪岂敢倾根竭本，寄命洪流，以邀干没乎？恪不过遣偏率小将素习水军者，乘海溯淮，示动青、徐，恪自并兵来向淮南耳。”后恪果图新城，不克而归。

嘏常论才性同异，钟会集而论之。嘉平末，赐爵关内侯。高贵乡公即尊位，进封武乡亭侯。正元二年（255）春，毌丘俭、文钦作乱。或以司马景王不宜自行，可遣太尉孚往，惟嘏及王肃劝之。景王遂行。《汉晋春秋》曰：嘏因劝景王行，景王未从。嘏重言曰：“淮楚兵劲，而俭等负力远斗，其锋未易当也。若诸将战有别钝，大势一失，则公事败矣。”是时景王新割目瘤，创甚，闻暇言，蹶然而起曰：“我请舆疾而东！”以嘏守尚书仆射，俱东。俭、钦破败，嘏有谋焉。及景王薨，嘏与司马文王往还洛阳，文王遂以辅政。语在《钟会传》。《世语》曰：景王疾甚，以朝政授傅嘏，嘏不敢受。及薨，嘏秘不发丧，以景王命召文王于许昌，领公军焉。会由是有自矜色，嘏介之曰：“子志大其量，而勋业难为也，可不慎哉？”

嘏以功进封阳乡侯，增邑六百户，并前千二百户。是岁薨，时年四十七，追赠太常，谥曰元侯。子祗嗣。咸熙中开建五等，以嘏著勋前朝，改封祗泾原子。祗字子庄，嘏少子也。晋永嘉中至司空。祗子宣，字世弘。宣以公正知名，位至御史中丞。宣弟畅，字世道，秘书丞。（《三国志·傅嘏传》）

傅　玄　（217—278），字休奕，北地泥阳人也。祖燮，汉阳太守。父干，魏扶风太守。玄少孤贫，博学善属文，解钟律。性刚劲亮直，不能容人之短。郡上计吏，再举孝廉，太尉辟，皆不就。州举秀才，除郎中，与东海缪施俱以时誉选入著作，撰集魏书。后参安东、卫军军事。转温令，再迁弘农太守，领典农校尉。所居称职，数上书陈便宜，多所匡正。五等建，封鹑觚郎。武帝为晋王，以玄为散骑常侍。及受禅，进爵为子，加驸马都尉。

帝初即位，广纳直言，开不讳之路，玄及散骑常侍皇甫陶共掌谏职。玄上疏曰：“臣闻先王之临天下也，明具大教，长其义节。道化隆于上，清议行于下，上下相奉，人怀义心。亡秦荡灭先王之制，以法术相御而义心亡矣。近者魏武好法术而天下贵刑名；魏文慕通达而天下贱守节。其后纲维不摄，而虚无放诞之论盈于朝野，使天下无复清议，而亡秦之病复发于今。陛下圣德，龙兴受禅，弘尧舜之化，开正直之路，体夏禹之至俭，综殷周之典文，臣咏叹而已，将又奚言？惟未举清远有礼之臣以敦风节，未退虚鄙，以惩不恪，臣是以犹敢有言。”诏报曰：“举清远有礼之臣者，此尤今之要也！”乃使玄草诏进之。玄复上疏曰：“臣闻舜举王臣，无为而化，用人得其要也。天下群司猥多，不可不审得其人也。不得其人，一日则损不赀，况积日乎？典谟曰：‘无旷庶官’，言职之不可久废也。诸有疾病满百日不差，宜令去职，优其礼秩而宠存之，既差而后更用。臣不废职于朝，国无旷官之累，此王政之急也！臣闻先王分士农工商以经国制事，各业其业而殊其务。自士以上子弟，为之立太学以教之，选明师以训之，各随其才优劣而授用之。农以丰其食，工以足其器，商贾以通其货。故虽天下之大，兆庶之众，无有一人游手。分数之法，周备如此。汉魏不定其分，百官子弟不修经艺而务交游，未知莅事而坐享天禄；农工之业多废，或逐淫利而离其事；徒系名于太学，然不闻先王之风。今圣明之政资始，而汉魏之失未改，散官众而学校未设，游手多而亲农者少，工器不尽其宜。臣以为亟定其制而通计天下：若干人为士，足以副在官之吏；若干人为农，三年足有一年之储；若干人为工，足其器用；若干人为商贾，足以通货而已。尊儒尚学贵农贱商，此皆事业之要务也。前皇甫陶上事，欲令赐拜散官，皆课使亲耕，天下享足食之利。禹稷躬稼，祚流后世，是以《明堂》、《月令》著帝籍之制。伊尹，古之名臣，耕于有莘；晏婴，齐之大夫，避庄公之难，亦耕于海滨。昔者圣帝明王，贤佐俊士，皆尝从事于农矣。王人赐官，冗散无事者，不督使学则当使耕，无缘放之使坐食百姓也。今文武之官既众，而拜赐不在职者又多，加以服役为兵，不得耕稼，当农者之半，南面食禄者三倍于前。使冗散之官农而收其租税，家得其实，而天下之谷可以无乏矣。夫家足食，为子则孝，为父则慈，为兄则友，为弟则悌。天下足食，则仁义之教可不令而行也。为政之要，计人而置官，分人而授事，士农工商之分不可斯须废也。若果能精其防制，计天下文武之官，足为副贰者使学，其余皆归之于农。若百工商贾有长者，亦皆归之于农。务农若此，何有不赡乎？《虞书》曰：‘三载考绩，三考黜陟幽明。’是为九年之后乃有迁叙也。故居官久，则念立慎终之化；居不见久，则竞为一切之政。六年之限，日月浅近，不周黜陟。陶之所上，义合古制。夫儒学者，王教之首也。尊其道，贵其业，重其选，犹恐化之不崇，忽而不以为急，臣惧日有陵迟而不觉也。仲尼有言：‘人能弘道，非道弘人。’然则，尊其道者非惟尊其书而已，尊其人之谓也；贵其业者，不妄教非其人也；重其选者，不妄用非其人也。若此，而学校之纲举矣。”

书奏，帝下诏曰：“二常侍恳恳于此论，可谓乃心欲佐益时事者也，而主者率以常制裁之，岂得不使发愤耶？二常侍所论，或举其大较而未备其条目，亦可便令作之，然后主者八座广共研精。凡关言于人主，人臣之所至难。而人主若不能虚心听纳，自古忠臣直士之所慷慨，至使杜口结舌。每念于此，未尝不叹息也！故前诏敢有直言勿有所距，庶几得以发蒙补过，获保高位。苟言有偏，善情在忠益，虽文辞有谬误，言语有失得，皆当旷然恕之。古人犹不拒诽谤，况皆善意在可采录乎！近者，孔晁、綦毋和皆按以轻慢之罪，所以皆原，欲使四海知区区之朝无讳言之忌也！”俄迁侍中。

初，玄进皇甫陶，及入而抵，玄以事与陶争，言喧哗，为有司所奏，二人竞坐免官。泰始四年（268），以为御史中丞。时有水旱灾，玄复上疏曰："臣闻圣帝明王受命，天时未必无灾，是以尧有九年之水，汤有七年之旱，惟能济之以人事耳。故洪水滔天而免沉溺，野无生草而不困匮。伏惟陛下圣德钦明，时小水旱，人未大饥，下祗畏之诏，求极意之言，同禹汤之罪己，侔周文之夕惕，臣伏欢喜。上便宜五事：其一曰，耕夫务多种，而耕暵不熟，徒丧功力而无收。又旧兵持官牛者，官得六分士得四分；自持私牛者，与官中分。施行来久，众心安之。今一朝灭持官牛者，官得八分士得二分；持私牛及无牛者，官得七分士得三分。人失其所必不欢乐。臣以为宜佃兵，持官牛者与四分，持私牛者与官中分，则天下兵作欢然悦乐，爱惜成谷，无有捐弃之忧。其二曰，以二千石虽奉务农之诏，犹不勤心以尽地利。昔汉氏以垦田不实征，杀二千石以十数，臣愚以为宜申汉氏旧典，以警戒天下郡县，皆以死刑督之。其三曰，以魏初未留意于水事。先帝统百揆分河堤为四部，并本凡五谒者以水功至大，与农事并兴，非一人所周故也。今谒者一人之力行天下诸水，无时得偏。伏见河堤谒者车谊，不知水势，转为他职，更选知水者代之。可分为五部，使各精其方宜。其四曰，古以步百为亩，今以二百四十步为一亩，所觉过倍。近魏初课田，不务多其顷亩，但务修其功力，故白田收至十余斛，水田收数十斛。自顷以来，日增顷亩之课，而田兵益甚，功不能修理，至亩数斛已还，或不足以偿种，非与曩时异天地，横遇灾害也。其病正在于务多顷亩而功不修耳。窃见河堤谒者石恢，甚精水事及田事，知其利害，乞中书召恢，委曲问其得失，必有所补益。其五曰，臣以为胡夷兽心，不与华同，鲜卑最甚。本邓艾苟欲取一时之利，不虑后患，使鲜卑数万散居人间，此必为害之势也。秦州刺史胡烈，素有恩信于西方。今令烈往，诸胡虽已无恶，必且消弥，然兽心难保，不必其久安也。若后有动衅，烈计能制之。惟恐胡虏适困于讨击，便能东入安定，西赴武威，外名为降，可动复动。此二郡非烈所制，则恶胡东西有窟穴浮游之地，故复为患，无以禁之也。宜更置一郡于高平川，因安定两州都尉募乐徙民，重其复除以充之，以通北道，渐以实边。详议此二郡及新置郡并属秦州，令烈得专御边之宜。"诏曰："得所陈便宜，言农事得失及水官兴废，又安边御胡政事宽猛之宜，申省周备，一二具之，此诚为国大本，当今急务也。如所论皆善，深知乃心，广思诸宜，动静以闻也。"

五年，迁太仆。时比年不登，羌胡扰边，诏公卿会议。玄应对所问，陈事切直，虽不尽施行而常见优容。转司隶校尉。献皇后崩于弘训宫，设丧位。旧制，司隶于端门外坐，在诸卿上，绝席。其入殿，按本品秩在诸卿下，以次坐，不绝席。而谒者以弘训宫为殿内，制玄位在卿下。玄恚怒，厉声色而责谒者。谒者妄称尚书所处，玄对百僚而骂尚书以下。御史中丞庾纯奏玄不敬，玄又自表不以实，坐免官。然玄天性峻急，不能有所容，每有奏劾，或值日暮，捧白简，整簪带，竦踊不寐，坐而待旦。于是贵游摄伏，台阁生风。寻卒于家，时年六十二，谥曰“刚”。

玄少时避难于河内，专心诵学，后虽显贵而著述不废。撰论经国九流及三史故事，评断得失，各为区例，名为《傅子》，为内、外、中篇，凡有四部、六录，合百四十首，数十万言，并文集百余卷行于世。玄初作《内篇》成，子咸以示司空王沉，沉与玄书曰：“省足下所著书，言富理济，经论政体，存重儒教，足以塞杨墨之流遁，齐孙孟于往代，每开卷未尝不叹息也！不见贾生，自以过之，乃今不及，信矣！”其后追封清泉侯。子咸嗣。（《晋书·傅玄传》）

傅　咸（239—294），字长虞，傅玄子。北地泥阳人。刚简有大节。风格峻整，识性明悟，疾恶如仇，推贤乐善，常慕季文子、仲山甫之志。好属文论，虽绮丽不足，而言成规鉴。颍川庾纯常叹曰：“长虞之文近乎诗人之作矣！”

咸宁初，袭父爵，拜太子洗马，累迁尚书右丞。出为冀州刺史，继母杜氏不肯随咸之官，自表解职。三旬之间，迁司徒左长史。时帝留心政事，诏访朝臣政之损益，咸上言曰：“陛下处至尊之位而修布衣之事，亲览万几，劳心日昃。在昔帝王，躬自菲薄，以利天下，未有逾陛下也。然泰始开元以及于今十有五年矣，而军国未丰，百姓不赡，一岁不登便有菜色者，诚由官众事殷，复除猥滥，蚕食者多，而亲农者少也。臣以顽疏，谬忝近职，每见圣诏以百姓饥馑为虑，无能云补，伏用惭恧，敢不自竭，以对天问。旧都督有四，今并监军乃盈于十。夏禹敷土分为九州，今之刺史几向一倍。户口比汉十分之一，而置郡县更多。空校牙门无益宿卫，而虚立军府动有百数。五等诸侯复坐置官属，诸所宠给皆生于百姓。一夫不农，有受其饥。今之不农，不可胜计。纵使五稼普收，仅足相接，暂有灾患，便不继赡。以为当今之急，先并官省事，静事息役，上下用心，惟农是务也。”

咸在位，多所执正。豫州大中正夏侯骏上言，鲁国小中正、司空司马孔毓，四移病所，不能接宾，求以尚书郎曹馥代毓，旬月复上毓为中正。司徒三却，骏故据正。咸以骏与夺惟意，乃奏免骏大中正。司徒魏舒，骏之姻属，屡却不署，咸据正甚苦，舒终不从，咸遂独上。舒奏咸激讪不直，诏转咸为车骑司马。

咸以世俗奢侈，又上书曰：“臣以为谷帛难生，而用之不节，无缘不匮。故先王之化天下，食肉衣帛皆有其制。窃谓奢侈之费，甚于天灾。古者尧有茅茨，今之百姓竞丰其屋；古者臣无玉食，今之贾竖皆厌粱肉；古者后妃乃有殊饰，今之婢妾被服绫罗；古者大夫乃不徒行，今之贱隶乘轻驱肥；古者人稠地狭而有储蓄，由于节也，今者土广人稀而患不足，由于奢也。欲时之俭，当诘其奢。奢不见诘，转相高尚。昔毛玠为吏部尚书，时无敢好衣美食者。魏武帝叹曰：孤之法不如毛尚书。令使诸部用心，各如毛玠，风俗之移在不难矣！”又议移县狱于郡及二社应立，朝廷从之。迁尚书左丞。

惠帝即位，杨骏辅政，咸言于骏曰：“事与世变，礼随时宜，谅暗之不行尚矣。由世道弥薄，权不可假，故虽斩焉在疚，而躬览万机也。逮至汉文，以天下体大服重难久，遂制既葬而除。世祖武皇帝虽大孝烝烝，亦从时释服制，制丧心三年，至于万机之事则有不遑。今圣上欲委政于公，谅暗自居，此虽谦让之心而天下未以为善。天下未以为善者，以亿兆颙颙，戴仰宸极，听于冢宰，惧天光有蔽。人心既已若此，而明公处之固未为易也。窃谓山陵之事既毕，明公当思隆替之宜。周公圣人犹不免谤。以此推之，周公之任既未易而处，况圣上春秋非成王之年乎！得意忘言，言未易尽。苟明公有以察其悾款，言岂在多！”时司隶荀恺从兄丧，自表赴哀，诏听之而未下，恺乃造骏。咸因奏曰：“死丧之戚，兄弟孔怀。同堂亡陨，方在信宿。圣恩矜悯，听使临丧。诏未下而便以行造，急谄媚之敬，无友于之情。宜加显贬，以隆风教。”帝以骏管朝政，有诏不问，骏甚惮之。咸复与骏笺讽切之，骏意稍折，渐以不平。由是欲出为京兆、弘农太守，骏甥说骏不宜斥出正人，乃止。

骏弟济素与咸善，与咸书曰：“江海之流混混，故能成其深广也。天下大器，非可稍了，而相观每事欲了。生子痴，了官事，官事未易了也，了事正作痴，复为快耳！左丞总司天台，维正八坐，此未易居。以君尽性而处未易居之任，益不易也。想虑破头，故具有白。”咸答曰：“卫公云，酒色之杀人，此甚于作直。坐酒色死，人不为悔，逆畏以直致祸。此由心不直正，欲以苟且为明哲耳！自古以直致祸者，当自矫枉过直，或不忠允，欲以亢厉为声，故致忿耳，安有悾悾为忠益，而当见疾乎？”居无何，骏诛，咸转为太子中庶子，迁御史中丞。

时太宰、汝南王亮辅政，咸致书曰：“咸以为太甲、成王年在蒙幼，故有伊、周之事。圣人且犹不免疑，况臣既不圣，王非孺子，而可以行伊、周之事乎？上在谅暗，听于冢宰，而杨骏无状，便作伊、周，自为居天下之安，所以至死。其罪既不可胜，亦是殿下所见，骏之见讨，发自天聪，孟观、李肇与知密旨耳。至于论功，当归美于上。观等已数千户县侯，圣上以骏死莫不欣悦，故论功宁厚，以叙其欢心。此群下所宜以实裁量，而遂扇动，东安封王，孟、李郡公，余侯伯子男，既妄有加，复又三等超迁。此之熏赫，震动天地，自古以来，封赏未有若此者也！无功而厚赏，莫不乐国有祸，祸起当复有大功也。人而乐祸，其可极乎？作此者，皆由东安公，谓殿下至止，当有以正之。正之以道，众亦何所怒乎？众之所怒，在于不平耳。而今皆更倍论，莫不失望。咸之愚冗，不惟失望而已，窃以为忧。又讨骏之时，殿下在外，实所不综。今欲委重，故令殿下论功。论功之事，实未易可处，莫若坐观得失，有居正之事宜也。”

咸复以亮辅政专权，又谏曰：“杨骏有震主之威，委任亲戚，此天下所以喧哗。今之处重，宜反此失，谓宜静默颐神，有大得失，乃维持之。自非大事，一皆抑遣。比四造诣，及经过尊门，冠盖车马填塞街衢，此之翕习既宜弥息。又夏侯长容奉旨为先帝请命，祈祷无感，先帝崩背，宜自咎责，而自求请命之劳，而公以为少府。私窃之论，云长容则公之姻，故至于此。一犬吠形，群犬吠声，惧于群吠，遂至叵听也。咸之为人，不能面从而有后言。尝触杨骏，几为身祸；况于殿下，而当有惜。往从驾，殿下见语：'卿不识韩非逆鳞之言耶？而欻摩天子逆鳞！'自知所陈，诚额额触猛兽之须耳。所以敢言，庶殿下当识其不胜区区，前摩天子逆鳞，欲以尽忠；今触猛兽之须，非欲为恶，必将以此见怒。”亮不纳。长容者，夏侯骏也。

会丙寅，诏群僚举郡县之职以补内官。咸复上书曰：“臣咸以为夫兴化之要，在于官人。才非一流，职有不同。譬诸林木，洪纤枉直，各有攸施，故明扬逮于仄陋，畴咨无拘内外。内外之任，出处随宜，中间选用，惟内是隆；外举既颓，复多节目，竞内薄外，遂成风俗。此弊诚宜亟革之，当内外通塞无所偏耳。既使通塞无偏，若选用不平，有以深责；责之苟深，无忧不平也。且胶柱不可以调瑟，况乎官人而可以限乎！伏思所限者，以防选用不能出人。不能出人，当随事而制，无须限法。法之有限，其于致远，无乃泥乎！或谓不制其法，以何为贵？臣闻刑惩小人，义责君子。君子之责，在心不在限也。正始中，任何晏以选举，内外之众职各得其才，粲然之美于斯可观。如此，非徒御之以限，法之所致，乃委任之由也。……”

咸再为本郡中正，遭继母忧去官。顷之，起以议郎，长兼司隶校尉。咸前后固辞，不听，敕使者就拜，咸复送还印绶。公车不通，催使摄职，咸以身无兄弟，丧祭无主，重自陈乞，乃使于官舍设灵坐。……

时朝廷宽弛，豪右放恣，交私请托，朝野溷淆，咸奏免河南尹澹、左将军倩、廷尉高光、兼河南尹何攀等，京都肃然，贵戚慑伏。咸以“圣人久于其道，天下化成。是以唐虞三载考绩，九年黜陟。其在周礼，三年大比。孔子亦云，‘三年有成’。而中间以来，长吏到官，未几便迁，百姓困于无定，吏卒疲于送迎”。时仆射王戎兼吏部，咸奏：“戎备位台辅，兼掌选举，不能谧静风俗，以凝庶绩，至今人心倾动，开张浮竞。中郎李重、李义不相匡正。请免戎等官。”诏曰：“政道之本，诚宜久于其职，咸奏是也。戎职在论道，吾所崇委，其解禁止。”御史中丞解结，以咸劾戎为违典制，越局侵官，干非其分，奏免咸官。诏亦不许。……

咸累自上称引故事，条理灼然，朝廷无以易之。吴郡顾荣常与亲故书曰：“傅长虞为司隶，劲直忠果，劾按惊人，虽非周才，偏亮可贵也。”

元康四年（294）卒官，时年五十六，诏赠司隶校尉，朝服一具，衣一袭，钱二十万。谥曰：贞。有三子：敷、晞、纂。长子敷嗣。史臣曰：长虞风格凝峻，弗坠家声。

及其纳谏汝南，献书临晋，居谅直之地，有先见之明矣。（《晋书·傅咸传》）

傅 祗 （243—311），字子庄。北地泥阳人。父嘏，魏太常。祗性至孝，早知名，以才识明练称。武帝始建东宫，起家太子舍人，累迁散骑黄门郎，赐爵关内侯，食邑三百户。母忧去职。及母葬，诏给太常等五等吉凶导从。其后诸卿夫人葬给导从，自此始也。服终，为荥阳太守。自魏黄初大水之后，河济泛溢，邓艾尝著《济河论》，开石门而通之，至是复浸坏。祗乃造沉莱堰，至今兖豫无水患，百姓为立碑颂焉。寻表兼廷尉，迁常侍、左军将军。

及帝崩，梓宫在殡，而太傅杨骏辅政，欲悦众心，议普进封爵。祗与骏书曰："未有帝王始崩，臣下论功者也。"骏不从，入为侍中。时将诛骏而骏不之知。祗视骏坐，而云龙门闭，内外不通，祗请与尚书武茂听国家消息，揖而下阶。茂犹坐，祗顾曰："君非天子臣耶！今内外隔绝，不知国家所在，何得安坐？"茂乃惊起。骏既伏诛，裴楷息瓒，骏之婿也，为乱兵所害。尚书左仆射荀恺与楷不平，因奏楷是骏亲，收付廷尉。祗证楷无罪，有诏赦之。时又收骏官属，祗复启曰："昔鲁芝为曹爽司马，斩关出赴爽，宣帝义之，尚迁青州刺史。骏之僚佐不可加罚。"诏又赦之。祗多所维正皆如此。

除河南尹，未拜，迁司隶校尉。以讨杨骏勋，当封郡公八千户，固让，减半，降封灵州县公，千八百户，余二千二百户封少子畅为武乡亭侯。又以本封赐兄子俊为东明亭侯。

楚王玮之矫诏也，祗以闻奏稽留，免官。期年，迁光禄勋，复以公事免。氐人齐万年举兵反，以祗为行安西军司，加常侍，率安西将军夏侯骏讨平之。迁卫尉，以风疾逊位，就拜常侍，食卿禄秩，赐钱及床帐等。寻加光禄大夫，门施行马。

及赵王伦辅政，以为中书监，常侍如故，以镇众心。祗辞之以疾，伦遣御史舆祗就职。王戎、陈准等相与言曰："傅公在事，吾属无忧矣！"其为物所倚信如此。

伦篡，又为右光禄、开府，加侍中。惠帝还宫，祗以经受伪职请退，不许。初，伦之篡也，孙秀与义阳王威等十余人预撰仪式禅文。及伦败，齐王冏收侍中刘逵，常侍驺捷杜育，黄门郎陆机，右丞周导王尊等赴廷尉。以禅文出中书，复议祗罪，会赦得原。后以禅文草本非祗所撰，于是诏复光禄大夫。子宣，尚弘农公主。

寻迁太子少傅，上章逊位还第。及成都王颖为太傅，复以祗为少傅，加侍中。怀帝即位，迁光禄大夫，侍中，未拜，加右仆射、中书监。时太傅东海王越辅政，祗既居端右，每宣君臣谦光之道，由此上下雍穆。祗明达国体，朝廷制度多所经综。历左光禄，开府，行太子太傅，侍中如故。疾笃逊位，不许，迁司徒。以足疾，诏版舆上殿，不拜。

大将军苟晞表请迁都，使祗出诣河阴修理舟楫，为水行之备。及洛阳陷没，遂共建行台，推祗为盟主，以司徒、持节大都督诸军事传檄四方。遣子宣将公主与尚书令和郁赴告方伯征义兵，祗自屯盟津小城，宣弟畅行河阴令以待宣。祗以暴疾薨，时年六十九。祗自以义诚不终，力疾手笔敕厉其二子宣、畅，辞旨深切，览者莫不感激慷慨。祗著文章驳论十余万言。史臣曰：傅祗，名父之子，早树风猷，崎岖危难之朝，匡救君臣之际，卒能保全禄位，可谓有道存焉！（《晋书·傅祗传》）

傅　彪　东晋元帝时中大夫。大兴二年（738），石勒伪称赵王，赦殊死已下，均百姓田租之半，赐孝悌力田死义之孤帛各有差，孤老鳏寡谷人三石，大酺七日。依春秋列国、汉初侯王每世称元，改称赵王元年（319）。始建社稷，立宗庙，营东西宫。署从事中郎裴宪、参军傅畅、杜嘏并领经学祭酒，参军续咸、庾景为律学祭酒，任播、崔濬为史学祭酒。中垒支雄、游击王阳并领门臣祭酒，专明胡人辞讼，以张离、张良、刘群、刘谟等为门生主书，司典胡人出内，重其禁法，不得侮易衣冠华族。号胡为国人。遣使循行州郡，劝课农桑。加张宾大执法，专总朝政，位冠僚首。署石季龙为单于元辅、都督禁卫诸军事，署前将军李寒领司兵勋，教国子击刺战射之法。命记室佐明楷、程机撰《上党国记》，中大夫傅彪、贾蒲、江轨撰《大将军起居注》，参军石泰、石同、石谦、孔隆撰《大单于志》。自是朝会常以天子礼乐飨其群下，威仪冠冕从容可观矣。群臣议请论功，勒曰："自孤起军，十六年于兹矣。文武将士从孤征伐者，莫不蒙犯矢石，备尝艰阻，其在葛陂之役，厥功尤著，宜为赏之先也。若身见存，爵封轻重，随功位为差，死事之孤，赏加一等，庶足以慰答存亡，申孤之心也。"又下书，禁国人不听报嫂及在丧婚娶，其烧葬令如本俗。（见《晋书·石勒载记》）

傅　纯　东晋元帝时博士。不知何许人。西晋后期"八王之乱"，以东海王司马越独揽大权而结束。接着，永嘉四年（310），内讧再起。东海王司马越会合许昌驻军，拥众十万，退到项城。永嘉五年（311）三月，东海王司马越病死。受其嘱托，王衍统军撤退，石勒追踪而至，包围晋军，十余万人马、随军公卿大臣以及十八个宗室亲王，全被坑杀，王衍被俘，哀求活命，遭到石勒怒斥，并令士兵将其处死。接着，石勒攻破洛阳，肆行杀掠，还挖了司马氏的祖坟，焚烧了东海王司马越的尸体。东晋元帝时，司马越妃要求招魂葬越，朝廷让治书御史袁环与博士傅纯商量意见。环与博士傅纯议，以为招魂葬是谓埋神，不可从也。帝然之。（编者根据《晋书·袁环传》改写）

傅弘之　（377—418），字仲度，北地泥阳人。傅氏旧属灵州，汉末郡境为虏所侵，失土寄寓冯翊置泥阳、富平二县，灵州废不立，故傅氏还属泥阳。晋武帝太康三年（282），复立灵州县，傅氏还属灵州。弘之高祖晋司徒祗后封灵州公，不欲封本县，故祗一门还复泥阳。曾祖畅，秘书丞，没胡（石勒），生子洪。晋穆帝永和中，胡乱得还。洪生韶，梁州刺史、散骑常侍。韶生弘之，少倜傥，有大志，为本州主簿，举秀才，不行。

桓玄将篡，新野人庾仄起兵于南阳，袭雍州刺史冯该，该走。弘之时在江陵，与仄兄子彬谋杀荆州刺史桓石康，以荆州刺史应仄。彬从弟宏知其谋，以告石康，石康收彬杀之，系弘之于狱。桓玄以弘之非造谋，又白衣无兵众，原不罪。义旗建，辅国将军道规以为参军、宁远将军、魏兴太守。卢循作乱，桓石绥自洛甲口，自号荆州刺史，征阳令王天恩，自号梁州刺史，袭西城。时韶为梁州，遣弘之讨石绥等并斩之。除太尉行参军，从征司马休之，署后部贼曹，仍为建威将军、顺阳太守。

高祖北伐，弘之与扶风太守沈田子等七军自武关入，伪上洛太守脱奔走，进据蓝田，招怀戎晋，晋人庞斌之、戴养，胡人康横等各率部落归化。

弘之素善骑乘。高祖至长安，弘之于姚弘驰道内，缓服戏马，或驰或骤，往近二十里中，甚有姿制，羌胡聚观者数千人，并惊惋叹息。初上马，以马鞭柄策挽致两股内，及下马柄孔犹存。进为桂阳公，义真雍州治中从事史，除西戎司马、宁朔将军。略阳太守徐师反叛，弘之讨平之。高祖归后，佛佛伪太子赫连环率众三万袭长安，弘之又领步骑五千，于池阳大破之，杀伤甚众。环又抄掠渭南，弘之又于寡妇人渡破环，获贼三百，掠七千余口。又义真东归，佛佛倾国追摄，于青泥大战，弘之身贯甲胄，气冠三军，军败陷没，佛佛逼令降，弘之不为屈。时天寒，裸弘之，弘之叫骂，见杀。时年四十二。（《宋书·傅弘之传》）

傅　亮　（374—426），字季友，北地灵州人也。高祖咸，司隶校尉。父瑗，以学业知名，位至安成太守。瑗与郗超善，超尝造瑗，见其二子迪及亮。亮年四五岁，超令人解亮衣，使左右持去，初无吝色。超谓瑗曰："卿小儿才名位宦，当远逾于兄，然保家传祚终在大者。"迪字长犹，亦儒学，宋初终五兵尚书，永初二年（421）卒，追赠太常。

亮博涉经史，尤善文词。初为建威参军桓谦中军行。参军桓玄篡位，闻其博学有文采，选为秘书郎，欲令整正秘阁，未及拜而玄败。义旗初，丹阳尹孟昶以为建威参军。义熙元年（405），除员外散骑侍郎，直西省，典掌诏命，转领军长史，以中书郎滕演代之。亮未拜，遭母忧。服阕，为刘毅抚军记室参军，又补领军司马。七年（411），迁散骑侍郎，复代演直西省，仍转中书黄门侍郎，直西省如故。高祖以其久直勤劳，欲以为东阳郡，先以语迪，迪大喜告亮。亮不答，即驰见高祖曰："伏闻恩旨，赐拟东阳，家贫忝禄，私计为幸。但凭荫之愿，实结本心，乞归天宇，不乐外出。"高祖笑曰："谓卿之须禄耳，若能如此，甚协所望。"会西讨司马休之，以为太尉从事中郎，掌记室。以太尉参军羊徽为中书郎，代直西省。

亮从征关、洛，还至彭城。宋国初建，令书除侍中，领世子中庶子。徙中书令，领中庶子如故。从还寿阳，高祖有受禅意，而难于发言，乃集朝臣宴饮，从容言曰："桓玄暴篡，鼎命已移，我首倡大义，复兴皇室，南征北伐，平定四海，功成业著，遂荷九锡。今年将衰暮，崇极如此，物戒盛满，非可久安。今欲奉还爵位，归老京师。”群臣唯盛称功德，莫晓此意，日晚坐散。亮还外，乃悟旨，而宫门已闭，亮于是扣扉请见，高祖即开门见之。亮入便曰：“臣暂宜还都。”高祖达解此意，无复他言，直云：“须几人自送？”亮曰：“须数十人便足。”于是即便奉辞。亮即出，已夜，见长星竟天，亮捬髀曰：“我常不信天文，今始验矣！”至都，即征高祖入辅。

永初元年（420），迁太子詹事，中书令如故。以佐命功，封建城县公，食邑二千户。入直中书省，专典诏命。以亮任总国权，听于省见客，神虎门外，每旦车常数百辆。高祖登庸之始，文笔皆是记室参军滕演；北征广固，悉委长史王诞；自此后至于受命，表策、文诰，皆亮辞也。演字彦将，南阳西鄂人，官至黄门郎，秘书监，义熙八年（412）卒。

二年，亮转尚书仆射，中书令、詹事如故。明年，高祖不豫，与徐羡之、谢晦并受顾命，给班剑二十人。

少帝即位，进为中书监、尚书令。景平二年（424），领护军将军。少帝废，亮率行台至江陵，奉迎太祖（文帝）。既至，立行门于江陵城南，题曰“大司马门”。率行台百僚诣门拜表，威容礼仪甚盛。太祖将下，引见亮，哭恸甚，哀动左右。既而问义真及少帝薨废本末，悲号呜咽，侍侧者莫能仰视。亮流汗沾背不能答，于是布腹心于到彦之、王华等，深自结纳。

太祖登祚，加散骑常侍、左光禄大夫，开府仪同三司，本官悉如故。司空府文武即为左光禄府。又进爵始兴郡公，食邑四千户，固让进封。

元嘉三年（426），太祖欲诛亮，先呼入见，省内密有报之者，亮辞以嫂病笃，求暂还家，遣信报徐羡之。因乘车出郭门，骑马奔兄迪墓，屯骑校尉郭泓收付廷尉。初至广莫门，上遣中书舍人以诏书示亮，并谓曰：“以公江陵之诚，当使诸子无恙。”亮读诏讫曰：“亮受先帝布衣之眷，遂蒙顾托。黜昏立明，社稷之计，欲加之罪，其无辞乎？”于是伏诛，时年五十三。妻子流建安。

初，亮见世路屯险，著论名曰《演慎》。亮布衣儒生，侥幸际会，既居宰辅，兼总重权。少帝失德，内怀忧惧，直宿禁中，睹夜蛾扑烛，作《感物赋》以寄意焉。初奉大驾，道路赋诗三首。其一篇有悔惧之辞。亮自知倾覆求退无由，又作辛有、穆生、董仲道赞，称其见微之美。

长子演，秘书郎，先亮卒。演弟悝、湛逃亡。湛弟都随母徙建安郡。世祖孝建之中并还京师。（据《宋书》《南史》之《傅亮传》）

傅　隆　（369—451），字伯祚，傅亮族兄也。北地灵州人。高祖咸，晋司隶校尉；曾祖晞，司徒属。父、祖早亡。隆少孤，又无近属，单贫，有学行，不好交游。

义熙初，年四十，始为孟昶建威将军，员外散骑侍郎。坐辞兼，免。复为会稽征虏参军。家在上虞，及东归，便有终焉之志。历佐三军，首尾八年，除给事中。尚书仆射、丹阳尹徐羡之置建威府，以为录事参军。寻转尚书祠部郎、丹阳丞，入为尚书左丞。以族弟亮为仆射，缌服不得相临，徙太子率更令，庐陵王义真车骑咨议参军，出补山阴令。太祖元嘉初，除司徒右长史，迁御史中丞，当官而行，甚得司直之体，转司徒左长史。

时会稽剡县民黄初妻赵，打息载妻王死亡。遇赦，王有父母及息男称、息女叶，依法徙赵二千里外。隆议之曰："原夫礼律之兴，盖本之自然，求之情理，非从天坠，非从地出也。父子至亲，分形同气，称之于载，载之于赵，虽云三世，为体犹一，未能分之者也。称虽创巨痛深，固无仇祖之义，若称可以杀赵，赵当何以处载？将父子孙祖互相残戮，惧非先王明罚，咎由立法之本旨也。向使石厚之子，日磾之孙，砥锋挺锷，不与二祖同戴天日，则石碏、秺侯何得流名百代，以为美谈者哉！旧令云：'杀人父母徙之二千里外。'不施父子孙祖明矣。赵当避王期功千里之外耳。令亦云：'凡流徙者，同籍亲近欲相随者听之。'此又大通情体，因亲以敬爱者也。赵既流移，载为人子，何得不从？载从而称不行，岂名教所许？如此称、赵竟不可分。赵虽内愧终身，称当沉痛没齿，孙祖之义自不得永绝，事理固然也。"从之。

又出为义兴太守，在郡有能名，征拜左民尚书，对人未至，委出，白衣领职，寻转太常。十四年，太祖以新撰《礼论》付隆，使下意。隆表上五十二事。

明年致仕，拜光禄大夫，归老在家。手不释卷，博学多通，特精"三礼"，谨于奉公，常手抄书籍。二十八年卒，时年八十三。（据《宋书·傅隆传》）

傅　琰　（？—487），字季珪，北地灵州人也。曾祖弘仁，刘宋武帝之外弟，以中表历显官，位太常卿。祖劭，字彦先，员外散骑侍郎。父僧祐，山阴令，安东录事参军，有能名。琰美姿仪，解褐宁蛮参军，本州主簿，宁蛮功曹。宋永光元年（465），诸暨武康令、广威将军，除尚书左民郎。又为武康令，将军如故，除吴兴郡丞。泰始六年（470）迁山阴令，并著能名，二县皆谓之傅圣。

山阴，东土大县，难为长官。僧佑在县有称，琰尤明察，又著能名。其年爵新亭侯。元徽初，迁尚书右丞。遭母丧，居南岸，邻家失火，延烧琰屋，琰抱柩不动，邻人竞来赴救，乃得俱全。琰股髀之间已被烟焰。服阕，除邵陵王左军谘议、江夏王录事参军。

齐高帝辅政，以山阴狱讼烦积，复以琰为山阴令。卖针卖糖老姥争团丝来诣琰，琰不辨核，缚团丝于柱鞭之，密视有铁屑，乃罚卖糖者。二野父争鸡，琰各问何以食鸡。一人云“粟”，一人云“豆”。乃破鸡得粟，罪言豆者。县内称圣明，无敢复为偷盗。琰父子并著奇绩，江左鲜有匹云。时云诸傅有《治县谱》，子孙相传，不以示人。

昇明二年（478），太祖擢为假节，督益、宁二州军事，建威将军，益州刺史。建元元年（479），进号宁朔将军。四年，征骁骑将军、黄门郎。永明二年（484），迁建威将军、安陆王北中郎长史，改宁朔将军。明年，徙庐陵王安西长史、南郡内史，行荆州事。五年卒。琰丧西还，有诏出临哭。

琰子翙，为官亦有能名，后为吴令，别建康令孙廉。廉因问曰：“闻大人发奸摘伏，惠化如神，何以至此？”答曰：“无他也，唯勤而清，清则宪纲自行，勤则事无不理。宪纲自行则吏不能欺，事自理则物无疑滞，欲不理得乎？”时临淮刘玄明亦有吏能，为山阴令，大著名绩。琰子翙又代玄明为山阴。问玄明曰：“愿以旧政告新令尹。”玄明答曰：“我有奇术，卿家谱不载，我临去当告卿。”将别，谓之曰：“作县令，唯日食一升饭而莫饮酒。”天监中为建康令，复有能名，位骠骑谘议。翙子岐，仕梁，起家南康王左常侍。（据《南齐书·傅琰传》）

傅　永　（434—516），字修期，清河人也。幼随叔父洪仲与张幸自青州入（魏）国，寻复南奔。有气干，拳勇过人，能手执鞍桥，倒立驰骋。年二十余，有友人与之书而不能答，请于洪仲。洪仲深让之而不为报。永乃发奋读书，涉猎经史，兼有才笔。

自东阳禁防，为崔道固城局参军，与道固俱降，入为平齐民。父母并老，饥寒十数年，赖强于人事，戮力佣丐，得以存立。晚乃被召，兼治礼郎。诣长安，拜文明太后父燕宣王庙，赐爵贝丘男，加伏波将军。未几，除中书博士，又改为议郎，转尚书考功郎中，为大司马从事中郎。寻转都督，任城王澄长史，兼尚书左丞。

王肃之为豫州，以永为建武将军、平南长史。咸阳王禧虑肃难信，言于高祖。高祖曰：“已选傅修期为其长史，虽威仪不足而文武有余矣。”肃以永宿士，礼之甚厚。永亦以肃为高祖眷遇，尽心事之，情义至穆。

（齐）肖鸾遣将鲁康祚、赵公政众号一万，侵豫州之太仓口。肃令永勒甲士三千击之。时康祚等军于淮南，永舍淮北十有余里。永量吴楚之兵好以斫营为事，即夜分兵二部出于营外。又以贼若夜来，必应于渡淮之所，以火记其浅处。永既设伏，乃密令人以瓠盛火，渡淮南岸，当深处置之。教之云：“若有火起，即亦然之。”其夜，康祚、公政等果亲率领来斫永营。东西二伏夹击之，康祚等奔趋淮水。火既竞起，不能记其本记，遂望永所置之火而争渡焉。水深，溺死、斩首者数千级，生擒公政。康祚人马坠淮，晓而获其尸，斩首，并公政送京师。公政，岐州刺史超宗之从兄也。

时裴叔业率王茂先、李定等来侵楚王戍。永适还州，肃复令大讨之。永将心腹一人驰诣楚王戍，至即令填塞外堑，夜伏战士一千人于城外。晓而叔业等至，顿于城东，列阵，将置长围。永所置伏兵于左道击其后军，破之。叔业乃令将佐守所列之阵，自率精甲数千救之。永上门楼，观叔业南行五六里许，更开门奋击，遂摧破之。叔业进退失图，于是奔走。左右欲追之，永曰："弱卒不满三千，彼精甲犹盛，非力屈而败，自堕吾计中耳。既不测我之虚实，足丧其胆。俘此足矣，何假逐之？"获叔业伞扇鼓幕甲仗万余。两月之中，遂献再捷。高祖嘉之，遣谒者就豫州，策拜永安远将军、镇南府长史、汝南太守、贝丘县开国男，食邑二百户。高祖每叹曰："上马能击贼，下马作露布，唯傅修期耳！"

裴叔业又围涡阳时，高祖在豫州，遣永为统军，与高聪、刘藻、成道益、任莫问等往救之。军将逼贼，永曰："先深沟固垒，然后图之。"聪等不从，裁营辎重便击之，一战而败。聪等弃甲径奔悬瓠，永独收散卒徐还。贼追至，又设伏击之，挫其锋锐。四军之兵多赖之以免。永至悬瓠，高祖俱锁之。聪、藻徙为边民，永免官爵而已。不经旬日，诏曰："修期在后少有擒杀，可为汝阴镇将，带汝阴太守。"

景明初，裴叔业将以寿春归国，密通于永，永具表闻。及将迎纳，诏永为统军，与杨大眼、奚康生筹诸军俱入寿春。同日而永在后，故康生、大眼二人并赏列土，永唯清河郎。

萧宝卷将陈伯之侵逼寿春，沿淮为寇。时司徒、彭城王勰，广陵侯元衍同镇寿春，以九江初附，人情未洽，兼台援不至，深以为忧。诏遣永为统军，领汝阴之兵三千人先援之。永总勒士卒水陆俱下，而淮水口伯之防甚固。永去二十余里，牵船上汝南岸，以水牛挽之，直南趋淮，下船便渡。适上南岸，贼军亦及。会时已夜，永乃潜进，晓达寿春城下。勰、衍闻外有军，共上门楼观望，然不意永至。永免胄，乃信之，遂引永上。勰谓永曰："北望以久，恐洛阳难复可见，不意卿能至也！"勰令永引军入城，永曰："执兵披甲，固敌是求，若如教旨，便共殿下同被围守，岂是救援之意？"遂孤军城外，与勰并势以击伯之。频有克捷。中山王英之征义阳，永为宁朔将军、统军，当长围遏其南门。萧衍将马仙琕连营稍进，规解城围。永谓英曰："凶竖豕突，意在决战。雅山形要，宜早据之。"英沉吟未决，永曰："机者如神，难遇易失，今日不往，明朝必为贼有，虽悔无及。"英乃分兵通夜筑城于山上，遣统军张怀等列阵于山下以防之。至晓，仙琕果至，怀等战败，筑城者悉皆奔退，仙琕乘胜直趋长围，义阳城人复出挑战。永乃分兵付长史贾思祖，令守营垒，自将马步千人南逆仙琕，贯甲挥戈，单骑先入，唯有军主蔡三虎副之，余者无有及者。突阵横过，贼射永，洞其左股，永拔箭复入，遂大破之，斩仙琕子。仙琕烧营席卷而遁。英于阵谓永曰："公伤矣，且还营。"永曰："昔汉祖扪足，不欲人知，下官虽微，国家一帅，奈何使虏有伤将之名！”遂与诸军追之，极夜而返，时年七十余矣。三军莫不壮之。

义阳既平，英使司马陆希道为露板，意谓不可，令永改之。永亦不增文彩，直与之改陈列军仪、处置形要而已。而英深赏之，叹曰：“观此经算，虽有金城汤池亦不能守矣！”还京复封，永先有男爵，至是以品不累加，赐帛二千匹，除太中大夫，行秦、梁二州事，代邢峦镇汉中。

后还京师，于路除恒农太守，非心所乐。时英东征钟离，连表请永求以为将，朝廷不听。永每言曰：“文渊、充国竟何人哉！吾独白首见拘此郡。”深用扼腕。然于治民非其所长，故在任无多声称。未几，解郡，还为太中大夫行南青州事，迁左将军、南兖州刺史，犹能驰射盘马奋槊。时年八十，常讳言老，每自称六十九。还京拜平东将军、光禄大夫。熙平元年（516）卒，年八十三。赠安东将军、齐州刺史。

永尝登北邙，于平坦处奋稍跃马，盘旋瞻望，有终焉之志。远慕杜预，近好李冲、王肃，欲葬附其墓，遂买左右地数顷，遗敕子叔伟曰：“此吾之永宅也。”永妻贾氏留于本乡。永至代都，娶妾冯氏，生叔伟及数女。贾后归平城，无男，唯一女。冯恃子事贾无礼，叔伟亦奉贾不顺，贾常忿之。冯先永亡，及永之卒，叔伟称父命，欲葬北邙。贾疑叔伟将以冯合葬，贾遂求归葬永于所封贝丘县。事经司徒，司徒胡国珍本与永同经征役，感其所慕，许叔伟葬焉。贾乃邀诉灵太后。灵太后遂从贾意。事经朝堂，国珍理不能得，乃葬于东清河。又永昔营宅兆，葬父母于旧乡，贾于此强徙之与永同处，永宗亲不能抑。葬已数十年矣，棺为桑枣根所绕束，去地尺余，甚为周固，以斧斩斫，出之于坎，时人咸怪。未三年而叔伟亡。

叔伟九岁为州主簿。及长，膂力过人，弯弓三百斤，左右驰射，又能立马上与人角骋，见者以为得永之武，而不得永之文也。正光中，叔伟子丰生袭封。（《魏书·傅永传》）

傅竖眼　（？—约518），清河人。七世祖伷；伷子遘，石虎太常。祖父融，南徙过河，家于盘阳，为乡闾所重。性豪爽。有三子：灵庆、灵根、灵越，并有才力。融以此自负，谓足为一时之雄。尝谓人曰：“吾昨夜梦：有一骏马，无堪乘者。人曰：‘何由得人乘之？’有一人对曰：‘唯有傅灵庆堪乘此马。’又有弓一张，亦无人堪引，人曰：‘唯有傅灵根可以弯此弓。’又有数纸文书，人皆读不能解，人曰：‘唯有傅灵越可解此文。’”融意谓其三子文武才干堪以驾驭当世。常密谓乡人曰：“汝闻之不？鬲虫之子有三灵，此图谶之文也。”好事者然之。故豪勇之士多相归附。

（宋）刘骏将萧斌、王玄谟寇碻磝，时融始死，玄谟强引灵庆为军主。将攻城，攻车为城内所烧，灵庆惧军法，诈云伤重，令左右舆之还营，遂与壮士数十骑遁还。斌、玄谟命追之，左右谏曰："灵庆兄弟并有雄才，兼其部曲多壮勇，如彭超、户生之徒，皆一当数十人，援不虚发，不可逼也，不如缓之。"玄谟乃止。灵庆至家，遂与二弟匿于山泽之间。时灵庆从叔乾爱为斌法曹参军，斌遣乾爱诱呼之，以腰刀为信，密令壮健者随之，而乾爱不知斌之欲图灵庆也。既至灵庆间，对坐未久，斌所遣壮士执灵庆杀之。灵庆将死，与母崔诀，言："法曹杀人不可忘也！"灵根、灵越奔河北。灵越至京师，高宗见而奇之。灵越因说齐民慕化，青州可平。高宗大悦，拜灵越镇远将军、青州刺史、贝丘子，镇羊兰城。灵根为临齐副将，镇明潜垒。

灵越北入之后，母崔氏遇赦免。刘骏恐灵越在边扰动三齐，乃以灵越叔父琰为冀州治中，乾爱为乐陵太守。乐陵与羊兰隔河相对，命琰遣其门生与灵越婢诈为夫妇，投化以招之。灵越与母分离思积，遂与灵根相要南走，灵越与羊兰奋兵相击，乾爱遣船迎之得免。灵根差期不得俱渡，临齐人觉知，剉斩杀之。乾爱出郡迎灵越，问灵根愆期之状，而灵越殊不应答，但言不知而已。乾爱不以为恶，敕左右出匣中乌皮裤褶令灵越代所常服，灵越言不须。乾爱云："汝岂可着体上衣服见垣公也？"时垣护之为刺史。灵越奋声言："垣公！垣公！着此当见南方国主，岂垣公也！"竟不肯着。及至丹阳，刘骏见而礼之，拜员外郎、兖州司马，带鲁郡，而乾爱亦迁青、冀司马，带魏郡。后二人俱还建康。灵越意恒，欲为兄复仇，而干爱初不疑防。知乾爱嗜鸡肉葵菜食，乃为作之，下以毒药，乾爱饭还而卒。

后数年，而灵越为太原太守，戍升城。后举兵同刘骏子子勋，子勋以灵越为前军将军。子勋败，灵越军众散亡，为刘彧将王广之军人所擒，厉声曰："我傅灵越也，汝得贼何不即杀！"广之生送诣彧辅国府司马刘勔。勔躬自慰劳，诘其叛逆，对曰："九州倡义，岂独在我？"勔又问："四方阻逆，无战不擒，主上皆加以大恩，即其才用，卿何不早归天阙，乃逃命草间乎？"灵越答曰："薛公举兵淮北，威震天下，不能专任智勇，委付子侄，致败之由实在于此。然事之始末备皆参预，人生归于一死，实无面求活。"勔壮其意，送诣建康，刘彧欲加宥，灵越辞对如一，终不回改，乃杀之。

竖眼，即灵越子也。沉毅壮烈，少有父风。入国，镇南王肃见而异之，且奇其父节，倾心礼敬，表为参军。从肃征伐，累有战功。稍迁给事中、步兵校尉、左中郎将，常为统军，东西征伐。世宗时为建武将军，讨扬州贼破之，仍镇于合肥，肖衍民归之者数千户。后武兴氐杨集义反叛，推其兄子绍先为主，攻围关城。梁州刺史邢峦遣竖眼讨之。集义众逆战，频破走之，乘胜追北，仍克武兴。还洛。诏假节，行南兖州事。竖眼善于绥抚，南人多归之。

转昭武将军、益州刺史。以州初置，境逼巴獠，给羽林虎贲三百人，进号冠军将军。及高肇伐蜀，假竖眼征虏将军、持节，领步兵三万先讨北巴。萧衍闻大军西伐，遣其宁州刺史任太洪从阴平偷路入益州北境，欲扰动氐蜀以绝运路。乘国讳班师，遂扇诱士民奄破东洛、除口二戍。因此诈言南军继至。氐蜀信之，翕然从逆。太洪率氐蜀数千围逼关城，竖眼遣宁朔将军成兴孙讨之。军次白护，太洪遣其辅国将军任硕北等率众一千邀险拒战，在虎径南山连置三营。兴孙分遣诸统随便掩击，皆破之。太洪又遣军主边昭等率氐蜀三千攻逼兴孙栅，兴孙力战，为流矢所中死。竖眼又遗统军姜喜、季元度从东溪潜入，回出西岗，邀贼之后，表里合击，大破之。斩边昭及太洪前部王隆护首。于是太洪及关城五栅，一时逃散。

竖眼性既清素，不营产业，衣食之外，俸禄粟帛皆以飨赐夷首，赈恤士卒。抚蜀人以恩信为本，保境安民，不以小利侵窃。有掠蜀民入境者，皆移送还本土。检勒部下，守宰肃然，远近杂夷相率款谒，仰其德化，思为魏民矣。是以蜀民请军者旬月相继。世宗甚嘉之。肃宗初，屡请解州，乃以元法僧代之。益州民追随恋泣者数百里。至洛，拜征虏将军、太中大夫。萧衍遣将赵祖悦入屯硖石，以逼寿春。镇南将军崔亮讨之，以竖眼为持节、镇南军司。

法僧既至，大失民和。萧衍遣其信武将军、衡州刺史张齐，因民心之怨，入寇晋寿，频陷葭萌、小剑诸戍，进围州城。朝廷以西南为忧，乃驿征竖眼于淮南。既至，以为右将军、益州刺史，寻加散骑常侍、平西将军、假安西将军、西征都督，率步骑三千以讨张齐。给铜印千余，须有假职者听六品以下板之。竖眼既出梁州，衍冠军将军勾道侍、梁州刺史任太洪等十余将所在拒塞，竖眼三日之中转战二百余里，甲不去身，频致九捷。士民统军席广度等处处游击，斩太洪及衍征虏将军杨伏锡等首。张齐引兵西退，遂奔葭萌。蜀民闻竖眼复为刺史，人人喜悦，迎于路者日有百数。竖眼至州，白水以东，民皆宁业。

先是，萧衍信义将军、都统白水诸军事杨兴起、征虏将军李光宗，袭据白水旧城。竖眼遣虎威将军强虬与阴平王杨太赤，率千余兵夜渡白水，旦而交战，大败贼军，斩兴起首，克复旧城。又遣统军傅昙表等大破衍宁朔将军王光昭于阴平。张齐仍阻白水，屯寇葭萌。竖眼分遣诸将水陆讨之。齐遣其宁朔将军费忻督步骑二千逆来拒战，军主陈洪起力战破之，乘胜追奔，遂临夹谷三栅。统军胡小虎四面攻之，三栅俱溃。张齐亲率骁勇二万余人与诸军交战，竖眼命诸统帅同时奋击。军主许畅斩衍雄信将军牟兴祖，军主孔领周射齐中足，于是大破贼军，斩获甚众。齐乃栅于虎头山下，贼帅任令崇屯据西郡。竖眼复遣讨之，令崇率众夜遁。乃进讨齐，破其二栅，斩首万余，齐被重创，奔窜而退，小剑、大剑贼亦捐城西走，益州平。灵太后玺书慰劳，赐骅骝马一匹，宝剑一口。

竖眼表求解州，不许，复转安西将军、岐州刺史，常侍如故。仍转梁州刺史，常侍、将军如故。梁州之人既得竖眼为牧，人咸自贺。而竖眼至州，遇患不堪综理，其子敬绍，险暴不仁，聚货耽色，甚为民害，远近怨望焉。寻假镇军将军，都督梁、西益、巴三州诸军事。萧衍遣其北梁州长史锡休儒、司马鱼和、上庸太守姜平洛等十军，率众三万入寇直城。竖眼遣敬绍总众赴之，倍道而进，至直城，而贼袭据直口。敬绍以贼断归路，督兼统军高彻，吴和等与贼决战，大破之，擒斩三千余人，休儒等走还魏兴。

敬绍颇览书传，微有胆力，而奢淫倜傥轻为残害。又见天下多事，阴怀异图，欲杜绝四方，擅据南郑，令其妾兄唐昆仑，扇揽于外，聚众围城，敬绍谋为内应。贼围既合，其事泄露，在城兵武执敬绍，白竖眼而杀之。竖眼耻恚发疾，遂卒。永安中赠征东将军、吏部尚书、齐州刺史。出帝初，重赠散骑常侍、车骑将军、司空公、相州刺史，开国如故。

长子敬和，敬和弟敬仲，并好酒薄行，倾侧势家。敬和历青州镇远府长史。孝庄时复为益州刺史，朝廷以其父有遗惠故也。至州，聚敛无已，好酒嗜色，远近失望。仍为萧衍将樊文炽攻围，敬和以城降，送于江南。后衍以齐献武王威德日广，令敬和还国以申和通之意。久之，除北徐州刺史，复以耽酒为土贼掩袭，弃城走，征诣廷尉，遇恩免，遂废弃，卒于家。

琰曾孙文骥，勇果有将领之才，随竖眼征伐，累有军功。自强弩将军出为琅玡戍主。朐山内附，徐州刺史卢昶遣文骥守朐山，樵米既竭，而昶军不进，文骥遂弃母、妻以城降肖衍。后大以南货赂光州刺史罗衡，衡为渡其母妻。（《魏书·傅竖眼传》）

傅　昭　（454—528），字茂远，北地灵州人，晋司隶校尉咸七世孙也。祖和之，父淡，善“三礼”，知名宋世。淡事宋竟陵王刘诞，诞反，淡坐诛。昭六岁而孤，哀毁如成人者，宗党咸异之。十一随外祖于朱雀航卖日历，为雍州刺史袁恺客。恺尝来昭所，昭读书自若，神色不改。恺叹曰：“此儿神色不凡，必成佳器！”司徒建安王休仁闻之，因欲致昭，昭以宋氏多故，遂不往。或有称昭于廷尉虞愿，愿遣车迎昭。时愿宗人通之在坐，并当时名流。通之赠昭诗曰：“英妙擅山东，才子倾洛阳。清尘谁能嗣，及尔构遗芳。”太原王延秀荐昭于丹阳尹袁粲，深为所礼，辟为郡主簿，使诸子从昭受学。会明帝崩，粲造哀策文，乃引昭定其所制。粲每经昭户辄叹曰：“经其户寂若无人，披其帷其人斯在，岂非名贤！”寻为总明学士，奉朝请。

齐永明中，累迁员外郎，司徒竟陵王子良参军、尚书仪曹郎。先是，御史中丞刘休荐昭于武帝。永明初以为南郡王侍读。王嗣帝位，故时臣隶争求权宠，惟昭及南阳宗夬保身守正，无所参入，竟不罹其祸。明帝践祚，以为中书通事舍人。时居此职者皆势倾天下，昭独廉静无所干预，器服率陋，身安粗粝。常插烛板床，明帝闻之，赐漆合烛盘等，敕曰：“卿有古人之风，故赐卿古人之物。”累迁车骑、临海王记室参军、长水、校尉、太子家令骠骑、晋安王谘议参军，寻除尚书左丞、本州大中正。

高祖素悉昭能，引为骠骑录事参军。梁台建，迁给事黄门侍郎，领著作郎，顷之兼御史中丞，黄门、著作、中正并如故。天监三年（504）兼五兵尚书，参选事，四年，即真，六年徙为左民尚书，未拜，出为建威将军、平南安成王长史、寻阳太守。七年，入为振远将军、中权长史。八年，迁通直散骑常侍，领步兵校尉，复领本州大中正。十年，复为左民尚书。十一年，出为信武将军、安成内史。安成自宋以来兵乱，郡舍号凶。及昭为郡，郡内人夜梦见兵马铠甲甚盛。又闻有人云：“当避善人。”军众相与腾虚而逝。梦者惊起，俄而疾风暴雨倏忽便至，数间屋俱倒，即梦者所见军马践踏之所也。自后郡舍遂安，咸以昭正直所致。郡溪无鱼，或有暑月荐昭鱼者，昭既不纳，又不欲拒，遂委于门侧。郡多猛兽为害，常设槛阱，昭曰：“人不害猛兽，猛兽亦不害人。”乃命去槛阱，猛兽竟不为害。

十二年，入为秘书监，领后军将军。十四年，迁太常卿。十七年，出为智武将军、临海太守。郡有蜜岩，前后太守皆自封固，专收其利。昭以周文之囿，与百姓共之，大可喻小，乃教勿封。县令尝饷粟，置真绢于薄下，昭笑而还之。

普通二年（521），入为通直散骑常侍、光禄大夫，领本州大中正。寻领秘书监。五年迁散骑常侍、金紫光禄大夫、中正如故。

昭所莅官，常以清静为政，不尚严肃。居朝廷，无所请谒，不蓄私门生，不交私利。终日端居，以书记为乐，虽老不衰。博极古今，尤善人物，魏晋以来官宦簿阀姻通内外，举而论之，无所遗失。性尤笃慎，子妇尝得家饷牛肉以进。昭召其子曰：“食之则犯法，告之则不可，取而埋之。”其居身行己，不负暗室，类皆如此。京师后进宗其学，重其道，人人自以为不逮。

大通二年(528)九月卒，时年七十五。诏赙钱三万，布五十匹，即日举哀。谥曰“贞子”。长子谞，尚书郎，临安令；次子肱。谞子准有文才，梁宣帝时，位度支尚书。（《梁书·傅昭传》）

傅　映　（457—539），字徽远，昭弟也。北地灵州人。三岁而孤，兄弟友睦，修身励行，非礼不行。始昭之守临海，陆倕饯之，宾主俱欢，日暮不返。映以昭年高，不可连夜极乐，乃自往迎候，同乘而归。兄弟并已斑白，时人美而服焉。及昭卒，映丧之如父。年逾七十，哀戚过礼。服制虽除，每言辄感恸。

映泛涉记传，有文才，而不以篇什自命。少时，与刘绘、萧琛相友善。绘之为南康相，映时为府丞，文教多令具草。褚彦回闻而悦之，乃屈与子贲等游处。年未弱冠，彦回欲令仕，映以昭未解褐固辞，须昭仕乃官。

永元元年（499），参镇军江夏王军事，出为武康令。及高祖师次建康，吴兴太守袁昂，自谓门世忠贞，固守诚节，乃访于映曰："卿谓时事云何？"映答曰："元嘉之末，开辟未有，故太尉杀身以明节。司徒当寄托之重，理无苟全，所以不顾夷险以殉名义。今嗣主昏虐，狎近辟小，亲贤诛戮，君子道消，外难屡作，曾无悛改。今荆雍协举，桀据上流。背昏向明，势无不济。百姓思治，天人之意可知。既明且哲，忠孝之途无爽。愿明府更当雅虑，无祗悔也。"寻以公事免。

天监初，除征虏鄱阳王参军、建安王中权录事参军、领军长史、乌程令。所受俸禄悉归于兄。复为临川王录事参军、南台治书、安成王录事、太子翊军校尉。累迁中散大夫、光禄卿、太中大夫。大同五年（539）卒，年八十三。子弘。（《梁书·傅映传》）

傅　岐　（？—549），字景平，傅琰孙也。北地灵州人。仕梁，起家南康王左常侍，后兼尚书金部郎。母忧去职，居丧尽礼。服阕后疾废久之，复除始新令。县人有因斗相殴而死，死家诉郡，郡录其仇人，考掠备至，终不引咎。郡乃移狱于县，岐即令脱械以和言问之，便即首服。法当偿死，会冬节至，岐乃放其还家。狱曹掾固争曰："古者有此，今不可行。"岐曰："其若负信，县令当坐。"竟如期而返。太守深相叹异，遽以状闻。岐后去县，人无老少皆出境拜送，号哭闻数十里。至都，除廷尉正，入兼中书通事舍人，累迁安西中记室，兼舍人如故。

岐美容止，博涉能占对。大同中与魏和亲，其使岁中再至，常遣岐接对焉。太清元年（547），累迁太仆，司农卿，舍人如故。岐在禁省十余年，机事密勿，亚于朱异。此年冬，贞阳侯萧明伐彭城，兵败，囚于魏。二年，明遣使还，述魏欲通和好，敕有司及近臣定议。左卫朱异曰："边境且得静寇息人，于事为便。"议者并然之。岐独曰："高澄既新得志，何事须和？必是设间，故令贞阳遣使，令侯景自疑，当以贞阳易景，景意不安，必图祸乱。若许通好，政是堕其计中。且彭城去岁丧师，涡阳复新败退，令使就和，益示国家之弱，和不可许。"异等固执，帝遂从之。及遣使，景果有此疑。遂举兵入寇，请诛朱异。

三年，迁中领军，舍人如故。二月，侯景于阙前通表，请割江右四州安置部下，当解围还镇。敕许之，乃于城西立盟。求遣召宣城王出送。岐固执宣城王嫡嗣之重，不宜许之。乃遣石城公大款送之。及与景盟讫，城中文武喜跃，冀得解围。岐独言于众曰："贼举兵为逆，岂有求和？"及景背盟，莫不叹服。

寻有诏，以岐勤劳封南丰县侯。固辞不受。宫城失守，岐带疾出围，卒于宅。（《南史·傅岐传》）

傅　伏　（？—575），太安人也。父元兴，仪同、北蔚州刺史。伏少从戎，以战功稍至开府、永桥领民大都督。周武帝前攻河阴，伏自永桥夜渡，入守中潬城。南城陷，被围二旬不下，救兵至。周师还，伏谓行台乞伏贵和曰："贼已疲弊，愿得精骑二千追击之，可捷也。"贵和弗许。

武平六年（575），除东雍州刺史。会周兵来逼，伏出战，却之。周克晋州，执获行台尉相贵，以之招伏，伏不从。后主亲救晋州，以伏为行台右仆射。周军来掠，伏击走之。周克并州，遣韦孝宽与伏子世宽来招伏曰："并州已平，故遣公儿来报，便宜急下，授上大将军、武乡郡开国公，即给告身，以金马瑙二酒钟为信。"伏不受，谓孝宽曰："事君，有死无贰。此儿不能为臣竭忠，为子不能尽孝，人所仇疾，愿即斩之以号令天下。"周武帝自邺还至晋州，遣高阿那肱等百余人临汾招伏。伏出军隔水相见，问："至尊今在何处？"阿那肱曰："已被捉获，别路入关。"伏闻后主已被获，仰天大哭，率众入城，于厅事前北面哀号良久，然后降周。周武帝见之曰："何不早下？"伏流涕而对曰："臣三世蒙齐家衣食，被任如此，革命不能自死，羞见天地！"周武帝亲执其手曰："为臣当若此。朕平齐国，唯见公一人。"乃自食一羊肋，以骨赐伏曰："骨亲肉疏，所以相付。"遂别引之与同食。令于侍伯邑宿卫，授上仪同，敕之曰："若即与公高官，恐归投者心动，努力好行，无虑不富贵。"又问前救河阴得何官职，伏曰："蒙一转，授特进、永昌郡开国公。"周武帝谓后主曰："朕前三年教习兵马，决意往取河阴，正为傅伏能守，城不可动，是以收军而退。公当时赏授，何其薄也！"赐伏金酒卮。后以为岷州刺史，寻卒。（《北齐书·傅伏传》）

傅　縡　（529—583），字宜事，北地灵州人也。父彝，梁临沂令。縡幼聪敏，七岁诵古诗赋至十余万言。长好学，能属文。梁太清末，携母南奔避难（入湘）。俄丁母忧，在兵乱之中居丧尽礼，哀毁骨立，士友以此称之。后依湘州刺史萧循。循颇好士，广集坟籍，縡肆志寻阅，因博通群书。王琳闻其名，引为府记室。琳败，随琳将孙玚还都。时世祖使颜晃赐玚杂物，玚托縡启谢，词理优洽，文无加点。晃还言之世祖，召为撰史学士。除司空府记室参军，迁骠骑安成王中记室，撰史如故。

縡笃信佛教，从兴皇寺惠朗法师受《三论》，尽通其学。时有大心暠法师著《无诤论》以诋之，縡乃为《明道论》，用释其难。

寻以本官兼通直散骑侍郎使齐。还，除散骑侍郎、镇南始兴王谘议参军兼东宫管记，历太子庶子、仆，兼管记如故。

后主即位，迁秘书监、右卫将军兼中书通事舍人，掌诏诰。縡为文典丽，性又敏速，虽军国大事，下笔辄成，未尝起草，沉思者亦无以加焉，甚为后主所重。然性木僵，不持检操，负才使气，凌侮人物，朝士多衔之。会施文庆、沈客卿以便佞见幸，专制衡轴，而縡益疏。文庆等因共谮縡受高丽使金，后主收縡下狱。縡素刚，因愤恚，乃于狱中上书曰："夫君人者恭事上帝，子爱下民，省嗜欲，远谄佞，未明求衣，日旰忘食，是以泽被区宇，庆流子孙。陛下顷来酒色过度，不虔郊庙之神，专媚淫昏之鬼。小人在侧，宦竖弄权，恶忠直若仇雠，视生民如草芥，后宫曳绮绣，厩马余菽粟，百姓流离，僵尸蔽野，货赂公行，帑藏损耗，神怒民怨，众叛亲离。恐东南王气，自斯而尽！”书奏，后主大怒，顷之意稍解，遣使谓縡曰：“我欲赦卿，卿能改过不？”縡对曰：“臣心如面，臣面可改，则臣心可改！”后主于是益怒，令宦者李善庆穷治其事，遂赐死狱中。时年五十有五。有集十卷行于世。（《陈书·傅縡传》）

傅　奕　（555—639），相州邺人也，尤晓天文历数。隋开皇中，以仪曹事汉王谅。及谅举兵，谓奕曰：“今兹荧惑入井，是何祥也？”奕对曰：“天上东井，黄道径其中，正是荧惑行路所涉，不为怪异。若荧惑入地上井，是为灾也。”谅不悦。及谅败，由是免诛，徙扶风。高祖为扶风太守，深礼之。及践祚，召拜太史丞。太史令庾俭以其父质在隋占候，忤炀帝意竟死狱中，遂惩其事，又耻以数术进，乃荐奕自代，遂迁太史令。奕既与俭同列，数排毁俭，而俭不之恨。时人多俭仁厚，而称奕之率直。奕所奏天文密状，屡会上旨。置参旗、井钺等十二军之号，奕所定也。

武德三年（620）进，漏刻新法，遂行于时。七年，奕上疏请除去释教，曰：“佛在西域，言妖路远。汉译胡书，恣其假托，故使不忠不孝，削发而捐君亲，游手游食易服，以逃租赋。演其妖书，述其邪法，伪启三涂，谬张六道，恐吓愚夫，诈欺庸品。凡百姓黎庶通识者稀，不察根源信其矫诈，乃追既往之罪，虚规将来之福。布施一钱，希万倍之报；持斋一日，冀百日之粮。遂使愚迷，妄求功德，不惮科禁，轻犯宪章，其有造作恶逆，身坠刑纲，方乃狱中礼佛，口诵佛经，昼夜忘疲，规免其罪。且生死寿夭由于自然，刑德威福，关之人主，乃谓贫富贵贱功业所招。而愚僧矫诈，皆云由佛，窃人主之权，擅造化之力，其为害政良可悲矣！降自牺农，至于汉魏，皆无佛法，君明臣忠，祚长年久。汉明帝假托梦想，始立胡神，西域桑门自传其法。西晋以上国有严科，不许中国之人辄行髡发之事。洎于苻、石羌胡乱华，主庸臣佞，政虐祚短，皆由佛教致灾也。梁武齐襄足为明镜。昔褒姒一女，妖惑幽王，尚致亡国，况天下僧尼，数盈十万，剪刻缯彩，装束泥人，而为厌魅，迷惑万姓者乎？今之僧尼请令匹配，即成十万余户，产育男女，十年长养，一纪教训，自然益国，可以足兵。四海免蚕食之殃，百姓知威福所在，则妖惑之风自革，淳朴之风还兴。……”又上疏十一首，词甚切直，高祖付群官详议。唯太仆卿张道源称奕奏合理。中书令萧瑀与之争论曰：“佛，圣人也。奕为此议，非圣人者无法，请置严刑。”奕曰：“礼本于事亲，终于奉上，此则忠孝之礼著，臣子之行成。而佛逾城出家，逃背其父，以匹夫而抗天子，以继体而悖所亲。萧瑀非出于空桑，乃遵无父之教。臣闻非孝者无亲，其瑀之谓矣。”瑀不能答，但合掌曰：“地狱所设，正为是人。”高祖将从奕言，会传位而止。

武德九年（626）五月，奕密奏：“太白见秦分，秦王当有天下。”高祖以状授太宗。

及太宗嗣位，召奕赐之食，谓曰："汝前所奏，几累于我，然今后但须尽言，无以前事为虑也。"

太宗常临朝，谓奕曰："佛道玄妙，圣迹可师，且报应显然，屡有征验，卿独不悟其理，何也？"奕对曰："佛是胡中桀黠，欺诳夷狄。初止西域，渐流中国。遵尚其教，皆是邪僻小人，模写庄老玄言，文饰妖幻之教耳。于国家无补，于国家有害。"太宗颇然之。

贞观十三年（639）卒，年八十五。临终诫其子曰："老庄玄一之篇，周孔六经之说，是为名教，汝宜之。妖胡乱华，举时皆惑，唯独窃叹众不我从。悲夫！汝等勿学也。古人裸葬，汝宜行之。"

奕生平遇患，未尝请医服药。虽究阴阳数术之书，而并不之信。又尝醉卧，蹶然起曰："吾其死矣！"因自为墓志曰："傅奕，青山白云人也。因酒醉死，呜呼哀哉！"其纵达皆此类。注《老子》，并撰音义，又集魏晋以来驳佛教者为《高识传》十卷，行于世。（《旧唐书·傅奕传》）

傅仁均　（唐）滑州白马人也。善历算推步之术。武德初，太史令庾俭、太史丞傅奕表荐之，高祖因召令改修旧历。仁均因上表陈七事：其一曰："昔落下闳以汉武太初元年，岁在丁丑，创历起元，元在丁丑。今大唐以戊寅年受命，甲子日登极，所造之历即上元之岁，岁在戊寅，命日又起甲子，以三元之法，一百八十去其积岁，武德元年戊寅为上元之首，则合璧连珠，悬合于今日。"其二曰："《尧典》为'日短星昴，以正仲冬'，前代造历，莫能允合。臣今创法，五十余年冬至辄差一度，则却检周汉，千载无违。"其三曰："经书日蚀，毛诗为先，十月之交，朔日辛卯，臣今立法，却推得周幽王六年辛卯朔蚀，即能明其中间，并皆符合。"其四曰："《春秋命历序》云：'鲁僖公五年壬子朔旦冬至。'诸历莫能符合。臣今造历，却推僖公五年正月壬子朔旦冬至则同，自斯以降，并无差爽。"其五曰:"古历日蚀或在于晦，或在二日；月蚀或在望前，或在望后。臣今立法，月有三大三小，则日蚀常在于朔，月蚀在望前，却验鲁史，并无违爽。"其六曰："前代造历，命辰不从子半，命度不从虚中。臣今造历，命辰起子，半度起于虚六度，命合辰，得中于子，符阴阳之始，会历术之宜。"其七曰："前代诸历，月行或有晦犹东见，朔以西朓。臣今以迟疾定朔，永无此病。"经数月，历成奏上，号戊寅元历。高祖善之，武德元年（618）七月诏颁新历，授仁均员外散骑常侍，赐物二百段。

后中书令封德彝奏历书差谬，敕吏部郎中祖孝孙考其得失。又太史丞王孝通执甲辰历法以驳之。仁均对曰："宋代祖冲之久立差术，至于隋代张胄玄因而修之。虽差度不同，各明其意。今孝通不达宿度之差移，未晓黄道之迁改，乃执南斗为冬至之恒星，东井为夏至之常宿，率意生难，岂为通理？夫太阳行于宿度，如邮传之过逆旅。宿度每岁既差，黄道随而变易，岂得以胶柱之说而为斡运之难乎？……”孝孙以仁均之言为然。

贞观初，有益州人阴弘道又执孝通旧说以驳之，终不能屈。李淳风复驳仁均历十有八事，敕大理卿崔善为考二家得失。七条从淳风，余一十一条并依旧定。仁均后除太史令，卒官。（《旧唐书·傅仁均传》）

傅游艺 （？—689），（唐）卫州汲人也。载初元年（689）为合官主簿、左肃政台御史，除左补阙。上书称武氏符瑞，合革姓受命。则天甚悦，擢为给事中。阅数月，加同凤阁鸾台平章事。同月又加朝散大夫，守鸾台侍郎，依旧同平章事。其年九月，改天授元年（690），赐姓武氏。二年五月，加银青光禄大夫。兄神童，为冬官尚书，兄弟并承荣宠。逾月，除司礼少卿，停知政事。梦登湛露殿，旦而陈于所亲，为其所发，下狱自杀，以五品礼葬之。时人号为：“四时仕宦”，言一年自青而绿及于朱紫也，然岁中即败，前古少有其比云。

初，游艺探则天旨，诬杀皇枝。复请则天发六道使。虽身死之后，竟从其谋。于是万国俊辈恣斩戮矣。（据《新唐书》之傅游艺传）

傅　八 唐玄宗时诗人，不知何许人。与李白同时。傅八赴江南时，李白与诸昆季为其作江南序。序文如下：早夏于将军叔宅与诸昆季送傅八之江南序。《易》曰：“观乎人文，以化长天下。”穷此道者，其为傅侯耶？侯篇张警新，海内称善，五言之作，妙绝当时。陶公愧田园之能，谢客惭山水之美，佳句籍籍，人为美谈。前许州司马宋公，蕴冰清之姿，重傅侯玉润之德，妻以其子。凤凰于飞，潘、杨之好，斯为睦矣。仆不倭也，忝于芳墀，宴同一筵，心契千古，清酌连晓，玄谈入微。欢携无间，旋告睽折。将军叔，雄略盖古，英明东神。天王贵宗，诞育贤子。八龙增秀以列次，五色相辉而有文。会言高乐，晓饯金门。洗德弦觞怡颜，朱明草木已盛。且江嶂若画，尝盈前途，自然屏间，坐游镜里。行道霞月千里，足供文章之用哉!征帆空悬，落日相逼，二季挥翰，诗其增焉。（《傅山全集》）

傅良弼 字安道，（唐）清河人。以射冠军中。初，瀛之博野、乐寿，介范阳、成德间，每兵交，先薄二城，故常为剧屯。德宗以王武俊破朱滔功，皆隶成德，故以良弼守乐寿，李寰守博野。廷凑之叛，两贼交诱之，而坚壁为国固守。有诏以乐寿为左神策行营，拜良弼为都知兵马使；寰所领士隶右神策，号忻州营，亦以寰为都知兵马使。赐第京师。俄以良弼为沂州刺史。良弼率众出，战力，乃得去。寰引兵三千趋忻州，廷凑邀之，寰斩三百级，追者不敢前。天子以良弼、寰忠有状，乃更赐奴婢服马。召良弼为左神策军将军。宝历初，擢夏、绥、银节度使。异时蕃帐亡命来者，必偿马乃与，良弼至，皆执付其部，酋种欢怀。良弼终横海节度使。（《新唐书·傅良弼传》）

傅署、傅著 同胞兄弟。傅署行四，傅著行五，唐僖宗时人，原籍湖南道潭州

湘潭县白水湾，其先失考。江西清江（今樟树市）石头傅氏开基祖。

唐僖宗乾符末，黄巢起义，所向披靡。起义军自山东南下，沿江浙、福建一带直指广州，再由广州挥师北上进攻长安，沿途经广西、湖南至湖北，所到之处，吏民避兵，纷纷外逃。唐广明元年（880），黄巢兵逼潭州。为避黄巢之乱，傅署偕五弟傅著，携家从湘潭白水湾东徙，卜居江西袁州府新喻县（今新余市）思贤乡石头里，构堂筑室，创基而家，占籍乐业。宋淳化三年（992）置临江军，割新喻隶焉。宋神宗熙宁四年（1071）复分新喻之思贤乡隶属清江，故石头里人称清江石头里。

傅署性情豁达，为人敦厚，友善邻里，义待乡人，远近皆以高德谓之，咸钦羡焉。

傅署居家，则以经史教子，诗礼传家，循循善诱，奖掖上进，子孙卓异，冠于闾里，石头傅氏，遂显于世。

傅著敬恭兄长，昆仲颐然。不数年，傅著欲辟地高展，遂别兄徙于邻邑新淦县之南新里。后数世，其四世孙傅说之再回迁于新喻，今新喻诸多傅氏近半皆其后裔也。

傅署配黄氏，生子令霜。令霜生子四：邦、隅、祈、嗣。傅著殁后，夫妇同葬于石头里之月角山。前人有德，荫被后昆。其子孙耕读不辍，渐有头角者。第八世孙傅燮，北宋仁宗嘉祐二年（1057）丁酉科进士，与北宋大文学家苏东坡同榜，成为同年契友，往来密切。三年后，傅燮从弟傅肩，嘉祐五年（1060）庚子科进士，与北宋大诗人黄庭坚同科，二人意气相投，黄庭坚竟以姑氏配之。第九世孙傅雱，官至侍郎，出使金国，建功于朝。

自后，簪缨相继，代不乏人。第八世至十四世，石头傅氏就有五十八人出仕为官，其中进士十九名、特科十四名、封赠二名、世赏十四名、右科（武举科）五名、贡举四名。石头傅氏，名噪近二百年，成为江右巨族。

傅署裔孙第十三世有傅棻者，官瑞州高安主簿，升本邑县丞，解甲后留居高安珠湖塘，遂分宗焉。（江西樟树《石头傅氏族谱》）

傅　燮 字志康。江西清江石头里人。习赋。北宋嘉祐元年（1056）解魁，二年章衡榜进士，与东坡苏公同榜。七任监司，八典大郡，睦州法曹，温州税官，大理寺丞，惠州金判，广州仓提举，广西运使运判，知洪州，湖南仓提举，太常博士，知恩州，知曹州，知郑州，江东宪提刑，知蕲州，知宣州，两浙宪提刑，广东漕运使，司农卿，少

府监，知江宁府，知润州，提举灵仙官。所致有声，尤博学，藏书万卷于家。官至中奉大夫试少府监、上柱国、千乘县开国男，食邑五百户。赐紫金鱼袋。（江西樟树《石头傅氏族谱》）

傅　肩　原名最，字君倚。江西清江石头里人。北宋嘉祐庚子、壬寅，治平甲辰、丙午，连年四荐。治平四年（1067）许安世榜进士，与山谷黄公同榜。后娶山谷姑氏，号寿安县君。太学释褐，江州司理，芜湖薄，鼎州司理，知洛容县，秘画省校书，终南知县。（江西樟树《石头傅氏族谱》）

傅　实　（866—926），字仲诚。河南光州固始县梓里村人。福建南安傅氏开闽始祖。

唐广明间，实公带兵随赵国公镇入闽泉（即福建泉州），遂卜居于泉城东门外三里间之东湖，与妙应禅师为方外交。禅师尝谓公曰："此若室也，丐吾居也，吾有地愿与公易之。"且曰："我居尔室，干戈永息。尔居我穴，衣冠不绝！"公许之。遂将所居之地，舍为护安功德院。而别择居于武荣之周井堡（护安功德院旧址，即今泉州南少林禅寺所在地也）。实公深谙韬略、英勇善战，荡平闽泉群盗，保一方平安。其统率之军，是朝廷在东南沿海倚仗之师，自此，公在泉州建立了不朽之功业。

乾宁三年（896）九月，唐室升福建为威武军，授傅实为威武军节度招讨使、检校尚书左仆射。公雄才大略，英毅忠直，经文纬武，才略过人，深得唐室倚重。天复二年（902），唐昭宗下旨对实公进行褒扬，封实公为银青光禄大夫、上柱国、尚书省左仆射，食邑千户。封夫人黄氏为咸宁郡正一品夫人。

天佑三年（1356），唐朝灭亡。五代之初，天下混乱，民生涂炭。实公驻泉，内除群盗，外奉中国，使泉民无干戈之苦，保障一方太平，其德其泽深也大焉。

实公有子八：长居中，居晋江阳山内寨。次居献，居南安周井桃源。三仁远，居晋江瑶湖祥芝。四仁裔，居仙游罗峰，分派尤溪。五仁济，徙居江西建昌军，分派福建光泽。六仁坦，居漳州长泰白沙，一支分潮州。七仁和，居福建连江后溪。八仁育，失传，一云居漳白蕉湖。居中、居献仕阶左侍禁，仁裔仕阶金吾左卫大将军。

实公择居武荣周井堡后，开疆辟壤，繁衍闽泉。在历代诸裔孙中，进士出身者近百人，举人出身者百之三十有奇，南安傅氏遂为簪缨之家、邑之望族。（续修《南安傅氏族谱》编委会）

傅　菉　傅菉，南宋高宗绍兴年间人。字德芳，行七，原籍临江军清江县石头里，为石头傅氏开基祖傅署第十三代孙，江西高安珠湖傅氏开基祖。

傅菉出于官宦世家，自幼聪颖好学，经史典籍广有涉猎，稍长便学识大进，人皆目为大器。宋靖康丙午举进士，建炎戊申与叔公捷、公亮晋求再举，庚戌三举。初任瑞州高安主簿，升本邑丞。平生学问操履，皆可师法，为长僚钦敬。

傅菉博古通今，善观天文，精察地理，才大职小，不称其志，遂恳请解仕归田。见高安珠湖山水秀丽，遂卜居是地。子孙繁衍兴旺，遂为一方鼎族。

后子孙播迁各地，尤盛于川黔，均宗石头傅氏焉。（《珠湖傅氏家谱·菉公传》）

傅澄、傅潞　生年失考，唐末五代时人，岳阳傅氏开基祖。

傅澄，字朝清，号松岗。傅潞，字号未详。二公原籍江西洪州石头口（也叫石头津，今南昌市青山湖区蛟桥镇瀛上村东南、昌北凤凰村西北一带。魏晋间此地有城，《晋书》谓之"石头城"）。考其先世，若平陆之后，寄迹灵州，历庆阳，旋宁夏，有游宦洪州，居许真观铁柱前者，后迁沙墩，号曰义门。义门傅氏名卜公者生子二，长曰毅，次曰太初。毅生子名澄，太初生子名潞。傅澄与傅潞系同祖父之从兄弟。

五代后唐同光二年（924），傅潞试进士，授岳州太守，举家随宦岳州；从兄傅澄随迁为幕府。后傅潞终于任，葬巴陵曹公渡暖水湖山之上，即今传云傅公洞者。从弟殁，傅澄不忍离去，遂率子及侄寄居于离岳州城东南一百二十里，地名琴田落担段（今岳阳县饶村附近，又名田塘）。后唐明宗天成二年（927），傅澄迁松岗，地名龙过岭（今岳阳县步仙桥乡狮子山）定居焉。

傅澄为人敦厚，和善闾里，乡人咸尊为长者。澄性情豁达，随遇而安。尝谓子孙曰："尔后世子孙逢滩则住，遇田则居，遇塘则止，遇坡溪则栖，吾傅家必兴矣。"果如澄公所言，公生五子，五子俱旺，瓜瓞绵绵，枝蔓繁盛，分宗数十，遍布数省；人才济济，簪缨相续，至今已成为支系众多、人口数十万的煌煌巨族。尤可称道者，历朝累代，多有光大之裔：古有明进士傅志显，伴读越王；今有上将傅秋涛，开国元勋，辉耀当代。

澄、潞二公子孙敬祖之心极善，已于近年斥巨资修缮祖茔，将傅澄、傅潞墓茔辟为"岳阳傅氏始祖澄潞二公文化园"，供傅氏子孙及世人瞻仰祭祀，俨然成一胜地。（编者根据湖南《岳阳傅氏族谱》撰）

傅思让　（923—996），（五代时）冀州信都人。少无赖，有勇力，善骑射。太宗居晋邸，补亲事都校。即位，补卫士直长，累迁至平州刺史。奉诏破契丹兵于唐兴口。

端拱中，四迁为容州观察使，知莫州，移陇州。上命殿中丞林特同判州事，以夹辅之，以思让所为多不法故也。至道二年（996）卒，年七十四。赠保顺军节度。（《宋史·傅思让传》）

傅 潜 （？—1017），冀州衡水人。少事州将张廷翰。太宗在藩邸，召置左右。即位，隶殿前左班，三迁东西班指挥使。征太原，一日再中流矢。又从征范阳，先至涿州，与契丹战，生擒五百余人。翌日，上过其所，见积尸及所遗器杖，嘉叹之。师旋，擢为内殿直都虞候。上对枢密言："潜从行有劳，赏薄。"复加马步都军头、领罗州刺史，改捧日右厢都指挥使、富州团练使，迁日骑、天武左右厢都指挥使，领云州防御使。

雍熙三年（986），命大将曹斌北征，以潜为幽州道行营前军马步军都指挥使，师败于拒马河，责授右领军卫大将军，自检校司徒降为右仆射，仍削功臣爵邑。明年，起为内外马步都军头、领潘州防御使。寻拜殿前都虞候、领容州观察使。端拱初，加殿前副都指挥使、领昭化军节度，出为高阳关都部署。淳化二年（991）四月，拜侍卫马步军都虞候、领武成军节度。至道中，出为延州路都部署，改镇州。

真宗即位，领忠武军节度。数月召还。咸平二年（999），复出为镇、定、高阳关三路行营都部署。契丹大入，缘边城堡悉飞书告急。潜麾下步骑凡八万余，咸自置铁挝、铁锤，争欲奋击。潜畏懦无方略，闭门自守，将校请战者，则丑言骂之。无何，契丹破狼山寨，悉锐攻威虏，略宁边军及祈、赵，游骑出邢、洺，镇、定路不通者逾月。朝廷屡间道遗使督其出师，会诸路兵合击。范廷召、桑赞、秦翰亦屡促之，皆不听。廷召等怒，因诟潜曰："公恇怯乃不如一妪尔！"潜不能答。都钤辖张昭允又屡劝潜，潜笑曰："贼势如此，吾与之角，适挫吾锐气耳。"然不得已，分骑八千、步二千付廷召等，于高阳关逆击之，仍许出兵为援。洎廷召等与契丹血战而潜不至，康保裔遂战死。

及车驾将亲征，又命石保吉、上官正自大名领前军赴镇、定与潜会。潜卒逗遛不发，致敌骑犯德、棣，渡河凑淄、齐，劫人民，焚庐舍。上驻大名而边捷未至，且诸将屡请益兵，潜不之与；有战胜者，潜又抑而不闻。上由是大怒，乃遣高琼单骑即军中代之，令潜诣行在。至，则下御史府，命钱若水同劾按，一夕狱具。百官议法当斩，从驾群臣多上封请诛之，上贷其死，下诏削夺潜在身官爵，并其家属长流房州。潜子内殿崇班从范，亦削籍随父流所，仍籍没其资产。

五年，会赦，徙汝州。景德初，起为本州团练副使，改左千牛卫上将军，分司西京。大中祥符四年（1011），车驾西巡至洛，因命从驾还京，迁左监门大将军，还其宅。久之，判左金吾街仗。天禧元年（1017）卒。（《宋史·傅潜传》）

傅 卞 （1011—1069），字守正。福建兴化人。父傅现，弟兄八人，卞居其次。傅卞自幼聪明，十六岁举《书》、《易》中第，因年龄小而入国子监读书。后任海州怀仁县主簿，调泗州参军，升大理丞，知婺州兰溪县，后迁太子中舍，知眉州丹棱县。因政声颇佳，升任殿中丞隰州通判。寻任尚书虞部员外郎，并得入秘阁校书。不久任天章阁侍讲，得入殿阁向皇帝讲授经义。迁金部员外郎，判太府寺。后兼起居注官。傅卞以“人主选用之厚，事之当言者无不言，言者无不尽”的报主思想，积极向皇帝进言。所上表章，皇帝置座侧以便观看。加龙图阁直学士衔。宋神宗即位后，傅卞迁兵部员外郎，参与集录仁宗圣制，升宝文阁待制，判太常寺。不久出知怀州，年余又知相州。熙宁二年七月（1069）病逝。傅卞的父亲傅现（973—1047），北宋莒城南善政里（今山东省日照市莒县刘家官庄镇前于家庄）人。为人质朴谨厚，行善乐施，“赴人之急难，虽厚与而无所爱惜”。北宋天禧、明道年间大灾荒，傅现将所积之粮送给亲戚邻居，得活者五百余人。有八子。八子中有五人参加九经、五经及两经考试，均考中。傅现于庆历七年（1047）七月二十二日卒。以子贵，朝廷赠尚书驾部员外郎。傅现长子傅高，尽全力照顾弟弟们读书，其弟傅卞登第后，傅高于庆历三年（1043）二月病逝，年仅三十八岁。傅现三子傅禀，任前陈州南顿令；四子傅褒，任镇戎军判官；五子曾任国子博士，利州通判；六子傅充，曾任太子中舍知蔡州上蔡县，迁辽宁辽山令，后任国子博士，夔州通判；七子傅立，任颍州万寿县尉；八子傅亢，五岁而瞽，未仕。（《兴化府志》）

傅尧俞（1024—1091），字钦之，本郓州须城人，徙孟州济源。十岁能为文，及登第，犹未冠。石介每过之，尧俞未尝不在，介曰：“君少年决科，不以游戏为娱，何也？”尧俞曰：“性不喜嚣杂，非有他尔。”介叹息奇之。尝监西京税院事，留守晏殊、夏竦皆谓曰：“子有清识雅度，文约而理尽，卿相才也。”

知新息县，累迁太常博士。嘉祐末，为监察御史。衮国公主下嫁李玮，为家监梁怀吉、张承照所间，与夫不相中。仁宗斥二人于外，未几，复还主家，出玮知卫州。尧俞言：“主恃爱薄其夫，陛下为逐玮而还隶臣，甚悖礼，为四方笑，后何以诲诸女乎？”

皇城逻卒吴清诬奏富民杀人，鞫治无状，有司须清辨，内侍主者不遣。尧俞言：“陛下惜清，恐不复闻外事矣。臣以为不若使付外，暴其是非而行赏罚焉，则事之上闻者皆实，乃所以广视听也。纵而不问，则谗者肆行，民无所措手足，尚欲求治，得乎？”内侍李允恭、朱晦屈法任其子，赵继宠越次管当天章阁，蔡世宁掌内藏，而以珠私示内人。尧俞以为嬖宠恩幸过失，当防之于渐，悉劾之。

时乏国用，言利者争献富国计。尧俞奏曰：“今度支岁用不足，诚不可忽，然欲救其弊，在陛下宜自俭刻，身先天下，无夺农时，勿害商旅，如是可矣。不然，徒欲纷更，为之无益，聚敛者用，则天下殆矣。”

仁宗春秋高，皇嗣未立，尧俞请建宗室之贤，以慰天下望。及英宗为皇子，有司阙供馈，仁宗未知。尧俞言："陛下既以宗社之重建皇嗣，宜以家人礼，使皇子朝夕侍膳左右，以通慈孝之诚。今礼遇有阙，非所以隆亲亲、重国本也。"于是诏有司供具甚厚。

英宗即位，转殿中侍御史，迁起居舍人。皇太后与英宗同听政，英宗有疾，既平，尧俞上书皇太后，请还政。久之，闻内侍任守忠有谗间语，尧俞谏皇太后曰："外间物论纷惑，两宫之情未通。臣谓天下之可信者，无大于以天下与人，亦无大于受天下以公，况皇帝以明睿之资，贯通古今，而受人之天下乎？如诛窜谗人，则慈孝之声并隆矣。"于是皇太后还政，逐守忠。尧俞言于英宗曰："皇太后给事左右之人，宜颇录其勤劳，少加恩惠，上慰母后，下安反侧。且守忠已去，其余不问可也。"

迁右司谏、同知谏院。英宗眷遇尧俞，尝雪中赐对，尧俞自东庑升，英宗倾身东向以待，每奏事退，多目送之。尝问曰："多士盈庭，孰忠孰邪？"尧俞曰："大忠大佞，固不可移；中人之性，系上所化。"英宗纳其言。

时英宗初躬庶政，犹谦让任大臣，尧俞言："大臣之言是，陛下偶以为然而行之可也；审其非矣，从而徇之，则人主之柄安在？愿君臣之际，是是非非，毋相面从。总览众议，无所适莫，则威柄归陛下矣。"尝因论事，英宗曰："卿何不言蔡襄？"对曰："若襄有罪，何不自正典刑，安用臣言？"英宗曰："欲使台谏言，以公议出之。"对曰："若付之公议，臣但见襄办山陵事有功，不见其罪。臣身为谏官，使臣受旨言事，臣不敢。"

陕西言，近边熟户颇逃失。诏以内侍李若愚等为陕西四路钤辖，专使招纳，岁一入奏事。尧俞言："此安抚、经略使职也。且若愚等，陛下不信其言，则如不用；言必见从，则边帅之权，移于四人矣。"寻罢之。

大臣建言濮安懿王宜称皇考，尧俞曰："此于人情礼文，皆大谬戾。"与侍御史吕诲同上十余疏，其言极功。主议者知恟恟不可遏，遂易"考"称"亲"。尧俞又言："'亲'，非父母而何？亦不可也。夫恩义存亡一也，先帝既以陛下为子，当是时，设濮王尚无恙，陛下得以父名之乎？"又因水灾言："简宗庙，则水不润下。今以濮王为皇考，于仁宗之庙，简孰甚焉。"

俄命尧俞与赵瞻使契丹，比还，吕诲、吕大防、范纯仁皆以谏濮议罢，复除尧俞侍御史知杂事。尧俞拜疏必求罢去，英宗面留之。尧俞言："诲等已逐，臣义不当止。"因再拜辞，英宗愕然，曰："是果不可留也。"遂出知和州。通判杨洙乘间问曰："公以直言斥居此，何为未尝言及御史时事？"尧俞曰："前日言职也，岂得已哉？今日为郡守，当宣朝廷美意，而反呫呫追言前日之阙政，与诽谤何异？"

神宗即位，徙知庐州。熙宁三年（1069），至京师。王安石素与之善，方行新法，谓之曰："举朝纷纷，俟尹来久矣，将以待制、谏院处君。"尧俞曰："新法世以为不便，诚如是，当极论之。平生未尝好欺，敢以为告。"安石愠之，但授直昭文馆、权盐铁副仗，俄出为河北转运使，改知江宁府。陛辞，言："仁庙一室，与艺祖、太宗并为百代不迁之主。"

徙许州、河阳、徐州，再岁六移官，困于道路，知不为时所容，请提举崇福宫。先是，徐人告有谈天文休咎者，尧俞以事未白，不受辞。谈者后伏诛，尧俞坐不即捕，削官职。稍起，监黎阳县仓草场，郡掾行县，尧俞从众出迎尽礼。守为遣他吏代主出纳，尧俞不可，曰："居其官安得旷其职？"虽寒暑，必日至庾中治事，凡十年。

哲宗立，自知明州召为秘书少监兼侍讲，擢给事中、吏部侍郎、御史中丞。奏言："人才有能有不能，如使臣补阙拾遗以辅盛德，明善正失以平庶政，举直措枉以正大臣，臣虽不才，敢不尽力。若使窥人阴私，抉人细故，则非臣所能，亦非臣之志也。"御史张舜民以言事罢，诏尧俞更举御史，尧俞封还诏书，请留舜民。不听，即以尧俞为吏部侍郎，尧俞不可，遂以龙图阁待制知陈州。未几，复为吏部侍郎、御史中丞。

前宰相蔡确坐诗诽谤，贬新州，宰执、侍从以下，罢者七八人，御史府为之一空。尧俞曰："确之党，其尤者固宜逐，其余可以一切置之。"且言："以陛下盛德，而乃于此不能平？愿听之如蚊虻之过耳，无使有纤微之忤，以奸太和之气。事至，以无心应之，圣人所以养至诚而御遐福也。"

水官李伟议大河可从孙村导之还故道。尧俞言："河事虽不可逾度，然比遣使按之，皆言非便。而伟又缪悠不肯任责，岂可以遽兴大役！"朝廷遂置伟议。进吏部尚书兼侍读。元祐四年（1089），拜中书侍郎。六年，卒，年六十八。哲宗与太皇太后哭临之，太皇太后语辅臣曰："傅侍郎清直一节，终始不变，金玉君子也。方倚以相，遽至是乎！"赠银青光禄大夫，谥曰献简。绍圣中，以元祐党人，夺赠谥，著名党籍。后党锢解，下诏褒赠，录其后。

尧俞厚重言寡，遇人不设城府，人自不忍欺。论事君前，略无回隐，退与人言，不复有矜异色。初，自谏官补郡，众疑法令有未安者，必有所不从，尧俞一切遵之，曰："君子素其位而行，谏官有言责也，为郡知守法而已。"徐前守侵用公钱，尧俞至，为偿之，未足而去。后守移文尧俞使偿，久之，考实非尧俞所用，卒不辩。司马光尝谓河南邵雍曰："清、直、勇三德，人所难兼，吾于钦之见焉。"雍曰："钦之清而不耀，直而不激，勇而能温，是为难尔。"（《宋史·傅尧俞传》）

傅　楫　（1042—1102），字元通，兴化军仙游人。少自刻厉，从孙觉、陈襄学。

第进士，调扬州司户参军，摄天长今，发摘隐伏，奸猾屏迹。转福清丞，知龙泉县。孙觉为御史中丞，语之曰："朝廷欲用君，盍少留！"楫曰："仕宦所以乐居中者，免外台督责耳。今俯首权门，与外台奚择？且外官，己所当得也。"遂去不顾。

道除太学博士，居四年，未尝一迹大臣门。既满，径赴铨曹。楫丞福清时，受知郡守曾巩，巩弟布方执政，由是荐为太常博士。徽宗以端王就资善堂学，择师傅为说书，升楫记室参军，进侍讲、翊善。中人莅事于府者，多与宫僚狎，楫独漠然不可亲，一府严惮之。五年不迁。邹浩得罪贬，楫以赆行免官。

徽宗即位，召为司封员外郎，历监察御史、国子司业、起居郎，拜中书舍人。时曾布当国，自以于楫有汲引恩，冀为之用。楫略无所倾下，凡命令有不当，用人有未厌，悉极论之，虽屡却不为夺，布大失望。帝以旧学故，多所延访，楫每以遵祖宗法度、安静自然为言。他日，李清臣劝帝清心省事，帝曰："近臣中唯傅楫常道此。"

楫在朝岁余，见时事浸异，窃叹曰："祸其始此乎！"闻者甚之，楫笑曰："后当信吾言。"遂上疏丐去，以龙图待制知亳州。卒，年六十一。帝念其藩邸旧臣，赐绢三百匹。（《宋史·傅楫传》）

傅　察　（1089—1125），字公晦，孟州济源人，中书侍郎尧俞从孙也。年十八，登进士第。蔡京在相位，闻其名，遣子儵往见，将妻以女，拒弗答。调青州司法参军，历永平、淄川丞，入为太常博士，迁兵部、吏部员外郎。

宣和七年（1125）十月，接伴金国贺正旦使。是时，金将渝盟，而朝廷未之知也。察至燕，闻金人入寇，或劝勿遽行。察曰："受使以出，闻难而止，若君命何？"遂至韩城镇。使人不来，数日，金数十骑驰入馆，强之上马，行次境上，察觉有变，不肯进，曰："迓使人，故例止此。"金人辄易其驭者，拥之东北去，行百里许，遇所谓二太子斡离不者领兵至驿道，使拜。察曰："吾若奉使大国，见国主当致敬，今来迎客而胁我至此！又只令见太子，太子虽贵人，臣也，当以宾礼见，何拜为？"斡离不怒曰："吾兴师南向，何使之称？凡汝国得失，为我道之，否则死！"察曰："主上仁圣，与大国讲好，信使往来，项背相望，未有失德，太子干盟而动，意欲何为？还朝当具奏！"斡离不曰："尔尚欲还朝邪？"左右促使拜，白刃如林，或捽之伏地，衣袂颠倒，愈植立不顾，反复论辨。斡离不曰："尔今不拜，后日虽欲拜，可得邪！"麾令去。察知不免，谓官属侯彦等曰："我死必矣，我父母素爱我，闻之必大戚。若万一脱，幸记吾言，告吾亲，使知我死国，少舒其亡穷之悲也！"众皆泣。是夕隔绝，不复见。金兵至燕，彦等密访存亡。曰："使臣不拜太子，昨郭药师战胜有喜色太子虑其劫取，且衔往忿，杀之矣。"将官武汉英识其尸，焚之，裹其骨，命虎翼卒沙立负以归。立至涿洲，金人得而系诸土室，凡两月。伺守有怠，毁垣出，归以骨付其家。副使蒋噩及彦辈归，皆能道察不屈状，赠徽猷阁待制。察自幼嗜学，同辈或邀与娱戏，不肯就。为文温丽有典裁，平居恂恂然，无喜愠色，遇事若无所可否，非其意，崒然不可犯。恬于势利，在京师，故人鼎贵，罕至其门，间一见寒温，谈笑而已。及仓促徇义，荦荦如此，闻者哀而壮之。时年三十七。（南宋孝宗）乾道中谥曰“忠肃”。（《宋史·傅察传》）

傅　雱　（1079—1152），字彦济，行三十郎。江南西路临江军清江县石头村人。北宋徽宗政和初年由乡贡入太学，登政和八年（应为：重和元年，1118）进士第。授潭洲浏阳主簿，继任岳阳丞。南宋高宗建炎元年（1127）六月二日经丞相李纲荐以使金，自邑丞假工部侍郎，为宣义郎祁请使，挺身前往河东燕山金营问安徽、钦二帝。不辱君命，全节而返。除吏部考功员外郎。历任京浙抚谕使，两河计议使，宣制杭宜。建炎四年（1130）二月二十八日，任湖北制置使，招谕孔彦周。绍兴元年（1131）七月十六日，因故坐贬。未几，起用复官，任韶州知府。官至朝散大夫。暮年以老求罢，高宗赐以紫金鱼袋。有《使虏录》传世。《临江府志》有传，《宋续纲目》有记。（《宋史·高宗本纪》）

傅　芷　（1143—1221），字升可，婺之义乌人。钟墟傅氏开基祖。性刚毅，貌魁梧，屹然玉立。居常正襟危坐，风岸峭绝，不能与俗浮沉。杜门读书，通六经、百家言，尤精史学。登淳熙五年（1178）进士第，出尉仙居。仙居滨苦海，民以渔猎为生，家贫俗朴。公佐令君整饬之，教以孝悌力田，月吉读法诱之，随宜民风，因之不变。然廉介不能请谒上官，不调者阅三考。公顾心安之，未尝以迁转介乎中也。于官舍题十咏，有云：“我爱仙居好，风淳俗不刁。政和人自治，江水夜潇潇。”则公循良政绩，壮行细学之情见乎词矣。淳熙十五年（1188），以部使者荐，召赴阙下。耿孑特立，当事者嫉之。俄光宗嗣位，嬖悍妇不朝重华宫。公抵触忌讳，蹈白刃危言，冀发天性之爱。疏留中不报，公遂挂冠而归。途中口占曰：“批鳞敢惜残生丧，愿使彝伦著圣朝。”盖怅情隔九阍也。遂筑室南园，讲明性学，四方从游，户履常满。然教必以身先之，因其才质，要必准诸实践为本。吕伯恭、朱元晦特爱敬焉。因访公并至杏溪，会同叔稽逾旬日。塘今以稽停名者，缘朱吕二大儒淹留称也。嘉泰元年（1201）特旨，起为沿江制置大使，驻节建康，节制江淮等处七百余里。置戍卒，立屯堡，绰有规模，威震西北。上命赵汝愚视师，赞叹不已，及还，亟称之于朝。未几，当事者志邀边功，大张挞伐。公以为不度才量力，必致涂炭生灵。议既忤时宰，开禧二年（1206）九月，遂乞骸归里。谢贵游而申教育，得先儒理学之派，世皆称为“南园先生”。嘉定十四年（1221），卒于家，享年七十有九。谥定襄。公之道德文章，卓然名世。尚气节，坚苦自持，立身治人，皆有法度可式。所著有《南园讲义诗文杂稿》二十卷，《沿江措置方略》二卷，《军武政议录》一卷。三子皆仕。（浙江《义乌钟墟傅氏宗谱》）

傅慎微　（约1098—约1163），字几先。其先秦州沙溪人，后徙建昌。慎微迁居长安。宋末登进士，累官河东路经制使。

宗翰已克汴京，（天会四年（1126）十月）使娄室定陕西。慎微率众迎战，兵败被获，送至元帅府。元帅宗翰爱其才学弗杀，羁置归化州，希尹收置门下。宗弼复取河南地，起为陕西经略史，寻权同州节度使事。明年，陕西大旱，饿死者十七八。以慎微为京兆、鄜延、环庆三路经济使，许以便宜。慎微募民入粟二十余万石，立养济院饲饿者，全活甚众。改同知京兆尹，权陕西诸路转运使。复修三白、龙首等渠以溉田，募民屯种，贷牛及种子以济之，民赖其利。转中京副留守，用廉改忻州刺史。累迁太常卿。除定武军节度使，移静难军，忤用事者，苏保衡救之得免。大定初，复为太常卿，迁礼部尚书，与翰林侍讲学士徒单子温、翰林待制移剌熙载俱兼同修国史。卒官，年七十六。

慎微博学，喜著书，尝奏《兴亡金镜录》一百卷。性纯质，笃古，喜谈兵，时人以为迂阔云。（《金史·傅慎微传》）

傅自强　（约1085—约1179），字志学。浙江义乌人。以《春秋》中崇宁乡试，

解试南省不捷。时金人既退，当事无复远略，防御疏懈。公言："金轻中国，秋冬势必复来，防御之法所宜先略。"及羽书旁午，大臣不知所措，仍遣使讲和，金人佯许而剽掠自如。诸将帅以讲好，故皆不出兵。公言彼"名和而实攻，朝廷不于此时进兵遣将，何也？请大集勤王之师，一以奔冲，一以卫京邑"。书上不报，公即东归。后以特奏，补颍州推官阶承直郎。摘弊钩隐，而豪滑敛手，州遂称治。既而通判开封府，历宣城太守，咸有惠政可纪，士民立祠以祀。秩满升京东转运使。体国便民，不为苛刻。上乃擢御史中丞门下侍郎，寻又转中书令史，开府仪同三司，使平章政事。治尚宽简，不为严密，故其言又云："薪聚则火烈，政猛则民残。王室多故，政宜宽厚，以收人心，绳以峻法，惧者众矣。"既而叹曰："位极人臣，无能补救，景迫桑榆，犹变朱紫，岂不愧二疏乎？"乃请老，以观文殿大学士、提举洞霄宫致仕。薨年九十三，谥恭简。（浙江《义乌市志》）

傅　寅　（1148—1215）名杏溪，字同叔。世居义乌双林乡。双林有古刹，实为

先生家，傅大士之精舍。今邑之傅姓数千家，皆其派云。先生曾大父荣、大父滂、父孝侀，母夫人楼氏。初，先生之母夫人祷于石姆山而孕。自幼器识好读书，昼夜不倦。尝于儿行道间，遇乡之先生月堂朱公，群儿揖而去，先生趋而立，月堂异之。稍长，从说斋先生唐公仲友游，凡所质疑问难，皆有援据可反复。说斋喜曰："吾得子益友也。"及闻其升而分陕之说，语门人曰："职方舆地尽在同叔中腹矣。"先生益不自休，每为以礼失求之野，虽山翁、老农亦无所不访问。其馆吴氏义学也，闻有村民三十翁者，旧尝遇异人，

知星历，推日月蚀，良验。一日踵其门，勿遇，径入其室得其书，拿之以归。明日，叟兵杖来索书，其怒。先生敬谢之，所以遂传其学。其后与里人朱单纯叔遍游江淮，求六朝故迹，观江南形胜，退而验之史牒，问诸故老，求其所以废兴成败之故。由是天文、地理，默识旁通，与夫六经所载明堂、封建、井田、乐律、兵制、尺步之类，群疑谬，谒世儒，置而不讲者，穷核原委，辩论谬误，绪次彪列为一图，尽究众说，而断以己意，名之曰《群书百考》。所以晓人如指诸掌，有所未达，曲譬详阅，其于必晓。盖先生于学，殆若宿悟，而又资取甚博，恭验甚精，要其归宿，必使之于义理相发明而后止。其教人亦然，以为下学上达，自有次第广大精微之妙，寓于制度。文为之粗，不先其小者、近者，而骤语以大者、远者，后生浅薄，学益不实，故于小学尤所留意，谓世之教童远者，强以记诵而不以训义，久益忘，非教也。惟优游涵养，就其耳闻目见者指诱之，久则触类自通，兴于义，乐于学矣。尝举杜工部诗“随风潜入夜，润物细无声”二语，以为此乃教小儿法也。有来学者必先授以《曲礼》内则、少仪、乡党诸篇，及制度则必晓，又以器物，如明堂则以工匠之规矩丈尺为准，井田则必指田画为验，他皆类此。虽义理之说，则必以日用实事证之。故经先生指书者，皆实学可措诸用，惟不喜人读兵书。曰：“胸次未有《论语》《孟子》为权衡，遽闻诡诈之说，则先入者为主，害心术矣。”朱晦翁先生自婺亲造其庐，相与讨论者弥月，后因名其塘曰“稽停。”乡邻有以右科魁大庭者，士争尚之。先生忧形于色曰：“士习之染自利禄之心，饮以古今之书，不惟涵养德性，变化气质，而课试之文，亦何以加此。”闻者乃信服。前后从游盖数百人，皆为纯实之士，显用咸有干济。

先生事亲至孝，家虽贫而丧必诚、必信，绍章、哀诗，必得世之闻人以为亲荣，乡咸称美焉。处兄弟子侄均一无间，亲朋有馈必分给之。自犹子定以下，悉自课督严，而和爱不阿。又遣定从晦翁朱先生游，能以其学归与诸弟共讲，先生亦为之慰。处乡党尤有思意，日与田夫野老相尔汝，故为町畦又作俚语，诱导之为善，人人爱敬之。待童仆未尝呵叱，每出入必与同甘苦。曰：“彼亦人耳，以人道使用，权人理，当如此。”乡里有事必身任之，家常当里长，当督输，自往白县，请给三限。人感其诚，如期而集。力不能输者，至以代输。其后负者，火其券弗取。所居有石姆坊圮，率众更新之。县官以旧额督各钱，民相纠摘无宁岁。秘监王公冉来为县丞，先生为言其故，灭其旧额之二三，令自相认，十家为率，三岁一升降，至今便之。县官之贤者，必造先生之闾而问政焉。先生每告之以仁厚慈惠之道，然非公事不至官府。王公秩满来别曰：“吾丞乌伤，或以私来请，先生绝无有，吾不敢忘德。”侍郎孟公猷之守婺也，招先生教其二子、亲故，先生绝不报。久之叹曰：“吾居乡之日多，居馆之日少，吾岂可以一馆失平生亲旧欤？”去之已，孟公弗能留也。

与人交，必有终始，不妄誉人，亦不轻绝人。常诵邵尧夫语曰：“与不善人交，既相亲不可遽舍；与善人交，未相亲，不可急合。”其馆吴氏，与马公之纯善，相与学星历。馆孙氏，与沈公焕交，益讲义理。其后出见大愚先生，一见意合，大愚得先生《禹贡考》，喜曰：“是书可谓集先儒之大成矣。”模其图，置座，请先生申其说，命诸生环坐以听。且曰：“读书欲求益而已，某尝以所能者教人，所不能者受教于人，理之所在，初无彼此。”先生亦乐为之，尽勤勉不倦，自是往来益密。既而大愚官于朝，数称先生于公卿间，以为读书精苦，有古国士之风。西坡黄公灏为泰常主簿，首虚席致之。诸公闻声，咸愿纳交。馀如汪公逵、黄公度、彭公龟年、张公颖、吴公猎皆一时闻人，争相推敬。黄公常与诸公谋曰：“异时吾侪当奏补以官。”知先生不可屈，乃止。与西波相从最久，宾主之间惟以义理相箴切，不为无益语。他所与游亦多当世显人，至其为台谏、为执政，则绝不与通。问，曰：“此是悔吝之地，君子所宜远也。”端明戴公溪之主闽学而还也，亲踵先生之庐，曰：“昔季札之见子产如旧相识，与之缟带，溪也有不腆之币以贽。”其见爱慕如此。大愚先生既南还，时论一变，同时诸公相继放逐，而先生亦杜门不复出矣。大愚尝贻书云：“他日倘得生还，与同叔订证古书于林泉间，足矣。”先生终身悲之。

先生喜为诗，讽咏不离口。时时感物述怀，操笔立就，不加雕琢，而闲逸古淡，语意自足，有陶靖节、邵康节之风焉。大愚先生得先生《岁朝吟》，欢咏不已，以书复先生曰：“雪寒自许，愈见高劲。先生自吟其诗，音节抑扬，意多感触，听者为之慨叹。一时工诗者，反自为不及也。”尤喜饮酒，少饮辄醉，醒则复饮。客至无贵贱辄留，必尽欢乃止。退且陶然，不知世之有人，已之有躯也。暮年尤以此自娱，而亦终以成疾。

素不治生业，家累近三百，指以笔耕当古百亩，得钱辄买书。语家人曰：“此为吾子孙买田宅也。”西坡为浙右常平使，时遗以钱五十万。先生一切散之以及宗族乡人，无留者。晚益贫，孟公守婺叹曰：“使贤者饥饿于我土地，吾耻之。”会有在官乡人议，率为先生买之。今湖南宪使孙公，初与先生之外兄药局吴公，察言观色，首倡其事；天台使君康公仲颖从而赞之，而孟公亦捐帑以助其费，先生始有田宅。未几，今京口使君丘公隽实来为郡，而又陈公贵诚，王公定令佐，赵公崇岩在幕府，皆推重先生，相与维持之，先生始得安其田庐，可以少逸。其老而不幸死矣。死之前十余日，八邑尽访常所往来，若相诀别者。归则却酒蔬食，时时澡浴以自洁。病则却药危坐，犹作捕蝗诗。属纩时，墨犹未干也。呜呼！古之为刑名度数之学者，多率皆牵合附会，或支词繁淳，未有补于义理实证如先生者。放而居家，处乡笃厚周谨，持身有法，不自处于绳墨之外，所谓达士醇儒先生兼有之。先生有诗十卷，《群书百考》亦为十卷，《春秋解》二卷。

（浙江《义乌市志》）

傅伯成　（1143—1226），字景初，吏部员外郎察之孙。少从朱熹学。登隆兴元年（1163）进士第，调连江尉。试中教官科，授明州教授。以年少，嫌以师自居，日与诸生论质往复，后多成才。改知闽清县。丁父艰，服除，知连江县。东湖溉田余二千顷，堤坏。即下流南港为石堤三百尺，民蒙其利。

庆元初，召为将作监，进太府寺丞。言吕祖俭不当以上书贬。又言于御史，朱熹大儒，不可以伪学目之。又言朋党之敝，起于人主好恶之偏。坐是不合，出知漳州，以律己爱民为本。推熹遗意而遵行之，创惠民局，济民病，以革礼鬼之俗。由郡南门至漳浦，为桥三十五，治道千二百丈。

两为部使者，迁工部侍郎。时权臣方开边，语尚秘。伯成言："天下之势，譬如乘舟，中兴且八十年矣，外而望之，舟若坚致，岁月既久，罅漏浸多，苟安旦夕，犹惧覆败，乃欲侥幸图古人之所难，臣则未之知也。"相府灾，同列相率唁丞相，或以为偶然者，伯成正色谓："天意如此，官师相规时也，以为偶然乎？"丞相色动。遂陈三事：一曰失民心，二曰黩军政，三曰启边衅。进右司郎官，权幸有私谒者，皆峻拒之。出为湖、广总领。朝议欲纳金人之叛降者，伯成言不宜轻弃信誓，乞戒将帅毋生事。御史中丞邓友龙遂劾伯成，罢之。

嘉定元年（1208），召对，面谕："前日失于战，今日失之和。小使虽返，要求尚多。陛下不获已，悉从之。使和议成，犹可以纾一时之急；否则虚帑藏以资敌人，驱降附以绝来者，非计也。今之策虽以和为主，宜惜日为战守之备。"权户部侍郎史弥远初拜相，麻词有"昆命元龟"之语，闽帅倪思以为不当用，御史劾罢思。伯成因对及其事，帝曰"过当"者再。对曰："思固过当，但恐摧抑太过，遂塞言路，乞明诏台谏侍从，竭尽底蕴，无以思为戒。"李壁谪居抚州，伯成言："侂胄之诛，壁与有功，不酬近功，乃追前罪，他日负罪之臣，不容以功赎过矣。"

伯成未为谏官也，尝言："弥远谋诛侂胄，事不遂则其家先破，侂胄诛而史代之，势也。诸公要相协和，共议国事；若立党相挤，必有胜负，非国之福。"又劝丞相钱象祖："安危大事，以死争之；差除小者，何必乖异？"拜左谏议大夫，抗疏十有三，皆军国大义。或致弥远意，欲使有所弹劾，谓将引以共政。谢之曰："吾岂倾人以为利哉。"疏乞诏大臣以公灭私。

左迁权吏部侍郎。以集英殿修撰知建宁府。蔡元定谪死道州，归葬建阳，乃雪其冤于朝。进宝谟阁待制、知镇江府。全活饥民，瘗藏野殍，不可胜数。制置司欲移焦山防江军于圌山石牌，伯成谓："虚此实彼，利害等耳。包港在焦、圌之中，不若两寨之兵迭戍焉。"圌山寨兵，素与海盗为地，伯成廉知姓名，会郡都试捕而鞫之，无一逸去。狱具，请贷其死，黥隶诸军。

嘉定八年（1215），召赴阙，辞不获，行至莆，拜疏曰："臣病不能进矣。"除宝谟阁直学士、通奉大夫，致仕。理宗即位，升直学士，落致仕，予祠，锡金带。伯成辞免，乃进"昭明天常、扶持人极"之说，诏进一官。

宝庆元年（1225），与杨简同召，寻加宝文阁学士，提举佑神观，奉朝请。虽力以老病辞，而爱君忧国之念不少衰。闻大理评事胡梦昱坐论事贬，蹙然语所亲曰："向吕祖俭之谪，吾为小臣，犹尝抗论。今蒙国恩，叨窃至此而不言，谁当言者？"遂抗疏曰："臣恐陛下不复闻天下事矣。方今内无良吏，田里怨咨；外无名将，边陲危急。而廉耻道丧，风俗益偷；贿赂流行，公私俱困。谓宜君臣上下，忧边恤民，以弭祸乱。奈何今日某人言某事，未几而斥，明日某人言某事，未几而斥，则是上疏者以共工、欢兜之刑加之矣。昔韩愈论后世人主奉佛，运祚短促，唐宪宗大怒，将抵以死，自崔群、裴度戚里诸贤皆为愈言，止贬潮州，寻复内徙。今上疏者非可愈比，然在列之臣，无一为言者，万一死于瘴疠，陛下与大臣有杀谏者之谤，史册书之，有累圣治。臣垂尽之年，与斯人相去，风马牛之不相及，独以受恩优异，效其瞽言。"不报。明年，加龙图阁学士，转一官，提举鸿庆宫，复辞。

伯成纯实无妄，表里洞达，每称人善，不啻如己出，语及奸人误国，邪人害正，词色俱厉，不少假借。常慕尸谏，疏草毕，亟命缮写，朝服而逝，年八十有四。赠开府仪同三司。端平三年（1236），赐谥忠简。（《宋史·傅伯成传》）

傅　求　字命之，考城人。（北宋仁宗时）进士甲科，通判泗州。淮水溢，毁城。朝廷遣中使护筑，绝淮取土，道远，度用兵六十万。求相汴堤旁有高埠，夷之得土，载以回舟，省工费殆半。

徙大名府，府守吕夷简委以事。夷简入相，荐其才，擢知宿州，提点江西、益州刑狱，为梓州路转运使。夷獠寇合江，钤辖司会兵掩击。求驰往按所以状，乃县吏冒取播州田，獠故恐而叛。即黥吏置岭南，夷人闻之散去。益州文彦博上其状，进秩，徙陕西。关中行当十铁钱，盗铸不可计，求请变法。时州县已散二百八十万缗，亟下令更为当三。民出不意，荡产失业，多自经死，然盗铸遂止。自康定用兵，移税输边，民力大困。求令输本州，而转钱以供边籴，民受其惠，而兵食亦足。召为户部副使。

陇右蕃酋兰毡献古渭州地，秦州范祥纳之，请缮城屯兵，又括熟户田，诸羌愤之，相率叛。夏人欲得渭地，移文来索。后帅张昪以祥贪利生事，请弃之。诏求往视，求以为城已讫役，且已得而弃，非所以强国威。乃诏谕羌众，返其田，报夏人以渭非其有，不应索，正其封疆而还，兵遂解。进天章阁待制，陕西都运转使，加龙图阁直学士、知庆州。

环之定边寨蕃官苏恩，以小过疑惧而遁，将佐议致讨。泾原既出师境上，求谓恩非素携二者，乘以兵，必起边患。但遣裨将从十数卒扣其帐，开以祸福，恩感泣，还寨如初。入判太常寺，权发遣开封府，迁枢密直学士，知定州，复以龙图阁学士权开封。

求本有吏能干局，至是春秋浸高且病聩。三司大将钱告密杀妹。为邻所告，求不能决，反坐告者；又断狱数差失。御史言其不胜任，出知兖州。卒，年七十一。（《宋史·傅求传》）

傅　彬　宋神宗时人，籍贯不知何处。与宋代婉约派词人、苏州四学士之一的秦观有书信往来，并受到秦观尊重的一位学者。秦观给傅彬的回信，其文曰："彬老足下：昨奉手教，所以慰诲甚勤，蒙录示寄苏登州书，并题眉山集后。尊贤善道，发于诚心，词旨清婉，近世所希见也。发涵展读，殆不能释手。钦想高风，益增企系，屡迫贱事，修报后时，悚愧何已。然仆昧陋，不能冥晓盛意，中间有未然处，辄为左右具言之。惟阁下恕其僭易，幸甚!幸甚!阁下谓蜀之锦绮，妙绝天下，苏氏蜀人，其于组丽也，独得于天，故其文章如锦绮焉。其说信美矣，然非所以称苏氏也。苏氏之道，最深于性命自得之际，其次则器足以任重，识足以致远，至于议论文章，乃其与世周旋至初者也。阁下论苏氏而其说止于文章，意欲尊苏氏，适卑之耳。阁下又谓三苏之中，所愿学者登州为最优，于此尤非也。老苏先生，仆不及识其人，今中书、补阙二公则仆尝身事之矣。中书之道，如日月星辰，经纬天地，有生之类，皆时仰具高明。补阙则不然，其道如元气行于混沌中，万物由之而不知也。故中书尝自谓吾不及子由。仆窃以为知言。阁下试赢数日之粮，谒二公于京师。不然，取其所著之书熟读而精思之，以想其人，然后知吾言之不谬也。文翁哀词，杼思久矣，重蒙示谕，尤增感怆。时气尚热，未及晤见，千万顺时自爱。因风无措，以书见及，幸甚。"（《傅山全集》）

傅　友　元末明初人。祖籍四川省成都府温江县。山东省昌邑市柳疃镇东傅村傅氏开基祖。元皇庆二年（1313）奉诏播迁，始徙河南。一年后自河南继徙安徽凤阳府，居五十六年。明洪武二年（1369）又奉诏播迁，傅友率三子自凤阳迁徙山东省莱州府。长子傅官，居昌邑县北瓦城村；次子傅贵居平度县西辛河镇于家村；三子傅信，随父同居昌邑县柳疃南头傅家泊。定居后四辈单传，第五辈有兄弟五人，始分五派，至今已有六百余年。各支派子孙繁衍兴旺、分布较广，据统计，傅友后裔有两千多户，约有四千多人（不包括长子和二子的后裔）。

傅友后裔中，虽非王侯之家，但也不乏出类拔萃之人。清朝，十七世傅振邦，道光年间甲午科武举人，丙申科进士，钦点御前侍卫、乾清门行走，选任湖南长沙协中军都司，调绥靖右营都司，调江南徐宿总府，任云南提督，统五省兵勇，为三省钦差，河南、江南、山东三省经略，历任谷北口襄阳府提督，诰授振威将军。十八世傅凤阳，也是一位很有名望的人物，做过南安宁州知州署，开化府知府，任滨川州知州，升任元江直隶州知府，任南阳府知府，加三品道台衔。

抗战时期的人物也很多，二十二世傅喜峰从连长、营长直升为南京空军参谋长（正军级）。二十一世傅乐仁，曾干过地下革命工作，新中国成立后任抚顺市市委委员、抚顺市粮食局局长。当代亦有多人贵显于世，为人称颂。（山东昌邑市《柳疃镇东傅村傅氏族谱》）

傅目连 佛教人物。相传傅目连是西方佛祖门下弟子。桂枝罗奉佛祖指令下凡投生救母的大孝子。傅目连出生在龙凤府傅员外家，母刘氏。父母平生好施，肯做善事，在家门口修了一座善缘桥，便利来往行人。并组织家人在桥头施茶舍物救济贫苦民众。傅员外被皇上诰封为劝善大夫。傅目连降生以后很有孝道，好生怜物之心，从小就不乱吃食物，自愿脱离红尘。父母虽与其了却平生之愿，选择佳人配成婚姻，傅目连全不放在心上。天书下诏，父死之时嘱咐傅目连要好好服侍孝敬母亲，严守斋戒，和睦家庭。但父死之后傅目连出家修行，祝告母亲牢守父嘱，千万不可违规。母亲答应，当天发下誓愿，若有违规越矩，永坐十八层地狱。傅目连出家后，母亲却开斋破戒，杀生害命。傅目连出家修行真心实意，观音菩萨扶持投拜西天佛祖。佛祖宠爱，佛法甚深，果成大道，想起母亲便回家望母。到家观看，家已四散无业，只有一家人还存在，告诉傅目连说："自你去后，祖母便开斋破戒，现已辞世；你妻子已出家，去庙修为尼姑。"傅目连听了很悲观，便到地府追寻母亲的下落，会见十殿阎君，阎君开口问傅目连："出家的姓名和母亲的名字。"傅目连回答："家住长安龙凤府，王舍城中是家门，父亲有名傅员外，母亲刘氏老夫人，不知我母何处困，特来救母出狱门。"阎君回答傅目连："你母阳间造孽甚，今在血河受辛苦，你要救出生身母，除非血河把水吞，尔把血河水吃尽，才能救出你生母。"傅目连同阎君打下赌，便到血河把水吞。傅目连喝干血河水，终于救出老母亲。傅目连孝心感动了天地佛祖，敕封傅目连地藏王，统辖十殿冥王君，千秋享祀民烟火，三曹六案共钦遵！（《安顺傅氏家谱》）

弥勒佛傅大士 （497—569），名翕，字玄风，号善慧，梁朝东阳乌伤人，自号"双林树下当来解脱善慧大士"。傅大士曾以捕鱼为生，一天，遇天竺异僧嵩头陀（名达摩）知往因，问修道之地，嵩头陀指松山，傅大士便在松林树下结庵苦行七年，成为东弥勒教的创始人，也是义乌双林寺的创建者，曾应梁武帝诏讲《金刚经》，与达摩、宝志共称梁朝三大士。隋开皇十五年（595）皇帝作书敬问大士弟子慧则法师，书迹至今犹存。唐贞元二十年（804），日本高僧最澄来中国时，推崇傅大士与慧文禅师，同列为天台宗二祖，最澄返回日本时携带了大批佛像及经书。最澄选择极像义乌双林寺之地建日本双林寺。日本双林，云黄寺至今仍耸立在义乌云黄山上，双林铁塔现安放在

云黄山上的双林庵，还有铁罗汉。

傅大士传语，昔日甚多，唐代义乌进士楼颖曾追访长老，录大士圣言懿行，汇成《善慧大士传录》，也名《双林傅大士语录》八卷，此后宋、明、清及近代皆有人传刻重刊。今义乌市志编辑部重印了《傅大士集》。

傅正先 （1241—约1320），号仰斋，乃闽西傅氏始祖。乳名是郎，因“是”与“侍”同音，故又被人称为侍郎，以南公之三子。生于南宋理宗淳祐元年（1241）二月初五，卒于元朝延祐年间，享年七十余岁。增广生员，卒葬大岭背杉树坑，即今连城县宣和乡傅家墙。

正先公之父以南公为南宋进士，曾任安徽宿州太守，从江苏迁到有“客家祖地”之誉的福建宁化石壁大城坑，暂居十余年。据清道光十二年（1832）《蛟洋傅氏族谱》记载：“侍郎公讳正先，由生员历任吏部，隐居长汀杉树坑，即傅家墙。先世一郎公，讳以南，宋进士，任太守，由吴抵宁化石壁。生三子，一旦郎，二景郎，三侍郎（另有宗图“侍”作“是”）。”

宋德祐二年（1276），元兵大举南下，宋王朝风雨摇摆。是年五月，元军攻下临安，宋恭帝被俘，南宋朝廷移迁福州，益王在福州即位，改元景炎，是为端宗。宋端宗授文天祥为枢密使，都督诸路军马。七月，文天祥在南剑州（南平）号召起兵勤王抗元，十月，文天祥移兵汀州，以南公率众奔长汀与文天祥会合。元军从江西、南平两路进攻汀州宋军，汀州郡守黄去疾投降元军。文天祥于至元十四年（1277）一月离开长汀，移兵龙岩，并南下漳州，以南公随行。经过汀州宣和里时，以南公嘱咐其子是郎留在该地，以避战乱，并作勤王后应。

汀州宣和里，又称河源里，即今连城宣和乡，山高林密，人迹罕至。周围方圆数里人烟稀少，只有五里外的洋背来了巫氏，十里外的黄沙坑来了黄氏，都不过寥寥数户人家。正先公遵照父嘱，选择了便于隐蔽的河源里大岭背山麓的杉树坑作为栖身之地。杉树坑又称水竹垅，正先公就在此开基辟业，繁衍生息。正先公的老屋基只有数间平房，至今仍可寻见旧址，后来正先公迁居墙里，即现在的傅家墙一带，呈现出欣欣向荣的喜人景象。老谱记载：“当胡元之初，以华夷相混，不乐于仕，惟率仆殚力于农，妇女乐于机杼，训诸子皆明经。”可见男耕女织，其乐陶陶。

正先公在杉树坑开基时，已年过三十，并在外地结婚成家，原妣万氏五百娘，葬苦株树下，现已无可考证。继妣赵氏三娘、陆氏福金，与公同葬。正先公之八子均为陆氏所生。《蛟洋傅氏族谱》（清道光十二年，1832）记载：“侍郎公移傅家墙，生八子，俱以念字冠行为名，唯念三郎守祖，余皆徙，而念二郎移朋口，念七郎移上杭，念二郎第四子百一郎亦移上杭。”

“清河世泽源流远，岩野家风吉庆长。”闽西傅氏开基祖正先后裔，枝脉繁衍，源远流长，兴旺发达，人口遍及闽、粤、赣、浙、湘、川、台等地。据不完全统计，居住在闽西的傅氏宗亲已逾2.2万人，他们都尊正先公为开基始祖，敦亲慕祖，对先祖无限崇敬。（福建《闽西傅氏族谱》）

傅功腾（千八公）　（1230—？），号宗元，行千八。江西临川鹏田傅氏开基祖。南丰水北开基祖万六公第六世孙、季二公幼子。公累举不第，洁身高隐，著书自娱，寄情山水。宋景定间携家从南丰徙抚州临川鹏田居焉。

据临川鹏田《千祠傅氏宗谱》记载，师夔公后十世有朝纲公，朝纲子崇俭，崇俭公行万六。避宋靖康之乱，自清江徙居南丰县太平乡水北双井里。是时，同族万一公徙居新喻黄塘，万四公徙居临川蓝田。崇俭公字拱奎，乾道乙酉乡荐第一。崇俭子孟二。孟二子福荣，行名仲一。福荣子岩，字安定，行季二，淳祐甲辰留梦炎同榜进士，官赣州府信丰县丞。子千一、千五、千八。千八公避蒙古之乱隐居不仕，由南丰双井徙居临川之鹏田，生子四：长小一居石井；次小二居新坊外巷；次小三居上坑，后衍闽楚（今湖北汉沔一带）；次小四居新坊、礼堂、鹏田等处。（江西临川《千祠傅氏宗谱》）

傅念七郎　（约1265—1332），福建上杭县蛟洋傅氏始迁祖。是闽西开基祖傅正先（又名是郎）的第七子，从傅家墙（今属连城县宣和乡）迁来。约为南宋末期至元代初期人。相传有一日，念七郎在八岭岗种茶时，忽然电闪雷鸣，风雨大作。念七郎急忙到岩下避雷雨，突然岩土塌陷，不幸身亡。念七郎遂被称为“天葬公”，其墓被称为“天葬坟”，八岭岗遂被称“天葬岗”。

念七公，徙居汀州上杭蛟洋后，在本邑八岭岗种茶。他生性敦厚，崇尚仁爱，克勤克俭治家，不藏不缩待人。忠孝节义教子，诚信亲睦处世，深为邑人敬重。如今，祖地蛟洋山乡的傅氏，已传三十代，有四千余人丁，而从蛟洋祖地迁徙浙江、广东等地山区的各支后裔，估计有数万人之多。（福建《蛟洋傅氏族谱》）

傅百一郎　是闽西傅氏主要一支开基祖，傅是郎次子念二郎之第五子。

傅是郎生有八子：念一郎迁广东，念二郎迁连城朋口，念三郎留居祖地傅家墙，念四郎迁泉州，念五郎迁潮洲，念六郎迁福州（一说迁山东），念七郎迁上杭蛟洋，念八郎迁连城东门。

念二郎迁连城朋口后生有六子，宋末元初，其第五子百一郎从连城朋口徙居上杭西门。后又转迁上杭胜运里俞溪（今太拔乡增坑村）居住。

百一郎之子念六郎生有九子：大一郎、大二郎、大三郎、大四郎、大五郎、大六郎、大七郎、大八郎、念九郎。念九郎迁徙上杭白砂开基。

百一郎其后裔分布在白砂的城厦、硕科、大华、桐子隔、关山口、上甲源、鹏背、安贝、田心里、蛟洋中村等地。还有二支分别迁往长汀的新桥镇潭复村、刘坊村。百一郎在白砂的后裔已传至二十九代三千二百多人。到第十世时，福广公等又从白砂迁往长汀河田镇伯公岭（今伯湖村）开基，其后裔已传到二十九代三千六百多人。

百一郎子孙繁衍迅速，从第三代起就大量外迁。清末以前外迁浙、赣、粤、湘、黔五省的共有三十八批（其中迁浙江省温州、龙游、衢县、云和、金华、杭州、台州开基的有二十批；迁往江西省瑞金、兴国、崇义、万载、万安、泰和、井冈山的有八批；迁往广东省龙川、连平、惠州、粤北的有六批；迁湘、黔的各一批。）

百一郎后裔每到一处就落地生根，迅速繁衍，省内外后裔达数万人之多。（编者据《长汀县姓氏志》《上杭县姓氏志》整理）

傅鼎孙　（1293—1320），字希贤。湖北石首绣林傅氏开基祖。元至元初，由新喻明经领乡荐，出为石首教谕。因元兵乱父母卒于官，不能回葬江西，遂籍石首焉。公长兄岩孙公，字希先，邑庠生，居积于乡，元末避兵莫知所终。三弟承孙公，字希佐，少读书，长为太医院。亦因兵乱莫知所终。傅鼎孙宦居石首，诸生莫不敬畏。公幼好学，忘昼夜，师学深叹其过人曰："聪明强记不足畏，寻思义理真可畏也！"终以乡荐为教谕，讲经石坛，生徒乐从其业。公父母双亡，生徒劝其葬于陡山岗。公命工匠为石圹，中空八九尺，厝考妣双棺，其中四壁置书器，可容人行，以一时草创为千百年子孙之计。识者谓傅氏为石邑著姓，良以此也。公当抱疾时，偕诸子汝楫、汝霖避兵山中，离家百余里。疾亟，嘱二子曰："今新葬者多为掘食，我死必火葬，免为人鱼肉。"二子泣从命，负烬余骸骨，归葬于里之三角垸。后因崩江逼近，复迁葬于东山祖遗八角嘴焉。此吾族籍石首之所由来也。（湖北《石首绣林傅氏族谱》）

傅以治　（1292—1350），字成秀。粤稽傅氏，其先世系起自商相讳说者"版筑"傅岩。梦通帝赉高宗旁求置诸左右，万姓说服。自商周以及唐宋谱牒散轶，虽有宗亲不可得而详矣。至元末始祖讳成秀生平正直，乐善好施，人皆称为傅善人。忽一日，有一道长，周身金箔，在街呼咕，若贫者在吾身揭取金箔去用，若病者可服金箔即愈。当时，先祖见道者相貌不凡，邀同至家，问其姓氏，道长曰：吾姓张，道号金箔。因尔家生平好善，特来造府。即在袖内取出一乌鸟，递与吾先祖，命置于内室自有分晓，谒曰四七毕呈瑞（此乃二十八宿毕月乌星北瑞），三八德显扬（德祖二十四岁从明太祖封侯）。是夜，先祖父母同观乌鸟旋绕数次，飞入帐中忽然不见，于是德祖应瑞而生，后为明朝开国元勋。昆仲三人，次友文，为户部尚书、湖广总督，三友贤，翰林学士，江西布政，俱为明朝显宦。此溯吾祖之由来，历代拜相封侯，竭忠世笃更无论矣。（《安顺傅氏宗谱》）

傅友德 （？—1394），其先宿州人，后徙砀山。元末从刘福通党李喜喜入蜀。喜喜败，从明玉珍，玉珍不能用。走武昌，从陈友谅，无所知名。

太祖攻江州，至小孤山，友德帅所部降。帝与语，奇之，用为将。从常遇春援安丰，略庐州。还，从战鄱阳湖，轻舟挫友谅前锋。被数创，战益力，复与诸将邀击于泾江口，友谅败死。从征武昌，城东南高冠山下瞰城中，汉兵据之，诸将相顾莫前。友德帅数百人，一鼓夺之。流矢中颊洞胁，不为沮。武昌平，授雄武卫指挥使。从徐达拔庐州，别将克夷陵、衡州、襄阳。攻安陆，被九创，破擒其将任亮。从大军下淮东，破张士诚援兵于马骡港，获战艘千，复大破元将竹贞于安丰。同陆聚守徐州，扩廓遣将李二来攻，次陵子村。友德度兵寡不敌，遂坚壁不战。诇其众方散掠，以二千人溯河至吕梁，登陆击之，单骑奋槊刺其将韩乙。敌败去。度且复至，亟还，开城门而阵于野，卧戈以待，约闻鼓即起。李二果至，鸣鼓，士腾跃搏战，破擒二。召还，进江淮行省参知政事，撤御前麾盖，鼓吹送归第。

明年从大将军北征，破沂州，下青州。元丞相也速来援，以轻骑诱敌入伏，奋击败走之。遂取莱阳、东昌。明年从定汴、洛，收诸山寨。渡河取卫辉、彰德，至临清，获元将为向导，取德州、沧州。既克元都，侦逻古北隘口，守卢沟桥，略大同，还下保定、真定，守定州。从攻山西，克太原。扩廓自保安来援，万骑突至。友德以五十骑冲却之，因夜袭其营。扩廓仓卒遁去，追至土门关，获其士马万计。复败贺宗哲于石州，败脱列伯于宣府，遂西会大将军，围庆阳，以偏师驻灵州，遏其援兵，遂克庆阳。还，赐白金文绮。

洪武三年（1370）从大将军捣定西，大破扩廓。移兵伐蜀，领前锋出一百八渡，夺略阳关，遂入沔。分兵自连云栈合攻汉中，克之。以馈饷不继，还军西安。蜀将吴友仁寇汉中。友德以三千骑救之，攻斗山寨，令军中人燃十炬布山上，蜀兵惊遁。是冬，论功授开国辅运推诚宣力武臣、荣禄大夫、柱国、同知大都督府事，封颍川侯，食禄千五百石，予世券。

明年充征虏前将军，与征西将军汤和分道伐蜀。和帅廖永忠等以舟师攻瞿塘，友德帅顾时等以步骑出秦、陇。太祖谕友德曰："蜀人闻我西伐，必悉精锐东守瞿塘，北阻金牛，以抗我师。若出不意，直捣阶、文，门户既隳，腹心自溃。兵贵神速，患不勇耳。"友德疾驰至陕，集诸军声言出金牛，而潜引兵趋陈仓，攀援岩谷，昼夜行。抵阶州，败蜀将丁世珍，克其城。蜀人断白龙江桥。友德修桥以渡，破五里关，遂拔文州。渡白水江，趋绵州。时汉江水涨，不得渡，伐木造战舰。欲以军声通瞿塘，乃削木为牌为千，书克阶、文、绵日月，投汉水，顺流下。蜀守者见之，皆解体。

初，蜀人闻大军西征，丞相戴寿等果悉众守瞿塘。及闻友德破阶、文，捣江油，始分兵援汉州，以保成都。未至，友德已破其守将向大亨于城下，谓将士曰："援师远来，闻大亨破，已胆落，无能为也。"迎击，大败之。遂拔汉州，进围成都。寿等以象战。友德令强弩火器冲之，身中流矢不退，将士殊死战。象反走，蹦藉死者甚众。寿等闻其主明昇已降，乃籍府库仓廪面缚诣军门。成都平。分兵徇州邑未下者，克保宁，执吴友仁送京师，蜀地悉定。友德之攻汉州也，汤和尚顿军大溪口。既于江流得木牌，乃进师。而戴寿等撤其精兵西救汉州，留老弱守瞿塘，故永忠等得乘胜捣重庆，降明昇，于是太祖制《平西蜀文》，盛称友德功为第一，廖永忠次之。师还，受上赏。

五年副征西将军冯胜征沙漠，败失剌罕于西凉，至永昌，败太尉朵儿只巴，获马牛羊十余万。略甘肃，射杀平章不花，降太尉锁纳儿等。至瓜沙州，获金银印及杂畜二万而还。是时师出三道，独友德全胜。以主将胜坐小法，赏不行。明年复出雁门，为前锋，获平章邓孛罗帖木儿。还镇北平，陈便宜五事。皆从之。召还，从太子讲武于荆山，益岁禄千石。九年破擒伯颜帖木儿于延安，降其众。帝将征云南，命友德巡行川、蜀、雅、播之境，修城郭，缮关梁，因兵威降金筑、普定诸山寨。

十四年副大将军达出塞，讨乃儿不花，渡北黄河，袭灰山，斩获甚众。其年秋充征南将军，帅左副将军蓝玉、右副将军沐英，将步骑三十万征云南。至湖广，分遣都督胡海等将兵五万由永宁趋乌撒，而自帅大军由辰、沅趋贵州。克普定、普安，降诸苗蛮。进攻曲靖，大战白石江，擒元平章达里麻。遂击乌撒，循格孤山而南，以通永宁之兵，遣两将军趋云南。元梁王走死。友德城乌撒，群蛮来争，奋击破之，得七星关以通毕节。又克可渡河，降东川、乌蒙、芒部诸蛮。乌撒诸蛮复叛，讨之，斩首三万余级，获牛马十余万，水西诸部皆降。十七年论功进封颍国公，食禄三千石，予世券。

十九年帅师讨平云南蛮。二十年副大将军冯胜，征纳哈出于金山。二十一年，东川蛮叛，复为征南将军，帅师讨平之。移兵讨越州叛酋阿资，明年破之于普安。二十三年从晋王、燕王征沙漠，擒乃儿不花，还驻开平，复征宁夏。明年为征虏将军，备边北平。复从燕王征哈者舍利，追元辽王。军甫行，遽令班师。敌不设备，因潜师深入至黑岭，大破敌众而还。再出，练兵山、陕，总屯田事。加太子太师，寻遣还乡。

友德喑哑跳荡，身冒百死。自偏裨至大将，每战必先士卒。虽被创，战益力，以故所至立功，帝屡敕奖劳。子忠，尚寿春公主，女为晋世子济熺妃。

二十五年，友德请怀远田千亩。帝不悦曰："禄赐不薄矣，复侵民利何居？尔不闻公仪休事耶？"寻副宋国公胜分行山西，屯田于大同、东胜，立十六卫。是冬再练军山西、河南。明年，偕召还。又明年赐死。以公主故，录其孙彦名为金吾卫千户。弘治中，晋王为友德五世孙瑛援六王例，求袭封。下礼官议，不许。嘉靖元年（1522），云南巡抚都御史何孟春请立祠祀友德。诏可，名曰"报功"。（《明史·傅友德传》）

傅惟椿 （约1357—？），原名应说，字萱茂，湖南省洞口县岩山傅氏开基祖。家传老谱载傅惟椿系明开国元勋傅友德之长子。傅友德从太祖朱元璋南征北战，平定天下，以功进封颍国公。因太祖多疑，傅友德晚年被赐死。为避父难，傅惟椿偕弟于洪武二十七年（1394）从云南经湖南回砀山老家，途经湖广宝庆府武冈州之西，见岩山山水秀丽，地沃物饶，遂择岩山（今洞口县岩山乡）落业，其弟傅应龙落业邵阳。

傅惟椿入籍岩山后，耕读传家，忠孝课子，子孙渐显达。傅惟椿配童氏，继配张氏。生子天禄、天爵、天佑。傅惟春殁后厚葬岩山老家长山塘龙形地，现有墓茔碑记存焉。其后裔主要分布在邵阳九县三区，另有后裔迁徙怀化芷江、沅江、洪江等地，还有远徙于贵州、四川、重庆、广西。至今已繁衍近三十代，人口已达十万余，可谓枝繁叶茂，兰桂腾芳。（湖南洞口《岩山傅氏族谱》）

傅天锡 生卒未详，系共祖傅友德三子，字佑之，号文溪，钱塘人，配余氏。傅天锡为毕节王洪屯及其余地区和镇雄、四川叙永等地大多傅氏族人尊为共祖。其身高魁伟，开通超群，博学聪敏，文才迈众，品格高尚，尤工诗赋。

元至正二十六年（1366），明太祖遣李文忠破富阳、余杭，天锡劝平章潘元明以杭州降，于明洪武年间，文中荐天锡为明州训导，以功升大明府。时僧几（幾）先杰黠有谋，引倭袭明州，天锡诱缚之，以功升知大名府。元兵犯大名，天锡莅任甫七日，备未俱，不敌，綰印还，请就司寇，法诏报曰：天锡有殊绩，郡新造，非尔咎，安置云南永平。又二年，拜大理卫知事。未几，普安贼叛，天锡督兵与战不利，或劝之逸，天锡曰：往吾守大名不完，帝不以膏斧钺，使衣冠戴罪，德甚厚，非毕命桴鼓曷以报。免胄搏贼，死之，土人以葬驿后。正德十六年（1521）部使者以忠奏请于庙，立祠祀焉。黔南沐其德，念无以报，亦立祀建碑，至今相传。”（《贵州通志》冯时可撰《碑记》。按：《碑记》言天锡为傅友德第三子，又以潘元明为允明。考《明史·傅友德传》，其先宿州人，后徙砀山。子忠，尚寿春公主，无名天锡者。《李文忠传》，趋杭州守将潘元明降，今据以改正）。

附：

傅天锡墓碑记

盘州古用兵地。自汉唐迄宋元，代有战争，干戈扰攘，糜宁岁月。明洪武十八年（1385），乌撒叛。二十年（1387）阿资普旦入寇。太祖遣征南将军傅公下普安击败之，普安遂定，将军之功可谓伟矣！咸丰丙辰（1856）夏，予捧檄莅兹土，甫下车访公屯兵处，有所谓格孤山者，营址尚存。以政务麇集不获往，然慕公之心未尝须臾释。是岁十一月二日，圣帝诗僧普建来谒巡，其寺旁有将军墓，系何朝代、姓氏。僧答曰：“明将军傅姓遗其名。”予于是谓然曰：“此殆明征南将军颍国公之墓乎？”命家人往寻之，爬苔剔藓，得残碣，字迹模糊，依稀可辨，乃知为公嗣君冢茔。嗣君系公三子天赐，号文溪。洪武死安乃之难，土人葬之于此。记曰有功于民者祀之。普安之地赖公以存；普安之民，资公以保。况公为忠烈。文溪公父丰功伟业，彪炳盘江，忍听其嗣君湮没无闻乎！予将肃衣冠，洁楮帛，拜文溪公墓，并诹吉新其马鬣，重立碑志之，以垂不朽！愿都人士，毋忘公大德，永永奉祀，其嗣君酬庸报功于罔替也。岂不懿哉，岂不懿哉！

咸丰七年（1857）岁次丁巳孟春月署普安直隶军民府事楚鄂夏成业敬书并撰。

注：此碑文（当日夏府未写在碑上系书成一幅单条存圣帝庙中），由傅楠枝、傅冕臣到普安贸易抄回。余录以为纪念。

（民国《杭州府志》卷一三〇）

傅　瑛　傅公讳瑛，为人正直，品行端方。正值嘉靖主登基追封功勋，以袭铁券世职，受享天禄，而皇恩尚流于四世，亦吾家之幸也。（《赫章傅氏家乘·宦林》）

傅　龙　傅公讳龙，为人正直，居官清廉，于正德年间出仕，嘉靖时授礼部尚书。其嗣氏在京未可祥也。（《赫章傅氏家乘·宦林》）

傅　凤　傅公讳凤，配丁氏，生傅贤。（《赫章傅氏家乘·宦林》）

傅　贤　傅公讳贤，配赵氏，于正德年间授武职大夫。自南征以后，南蛮不时叛反，贤祖奉旨分发去南为师。随来十大指挥，李定住系同亲眷。在毕节居住数年后，贤祖官镇毕节，一日同李定住游玩，观西里王洪屯，此处俱是夷人，俗称为猓猡寨，见此幽静，即建立家居。往来观山水之清秀，听民俗之歌谣亦足，以畅幽情。不憶，南蛮复叛，李傅二家出征。家住在路病故，贤祖带兵出阵，杀进六诏被困，内无粮草，外无救兵，杀马度日，身带重伤，不能得出重围。原来贤祖有一姑母，幼蒙玄女勑法收为门下，得受异传，因闻侄被困，即往救援。白马现云，飞沙走石，躯六丁六甲，杀开重围救出。贤祖并数万人马自此隐迹，仍归玄女门下，贤祖具奏被困受伤情形，姑母救出之故，圣主念其忠义，封为白马先锋、金甲将军。后贤祖伤重身亡，葬于普安南岗山。有一子名兴府，命家小定方挑布往上探望父亲坟墓，路过高山我馆，在店外乘凉，忽见鸣锣，红伞旗号而来，小定方即问店主，是何官官长到来？店主果见来至店外，不见踪迹。陡然小定方昏迷跳跃，连夜跑回王洪屯家中云：出师阵亡，灵魂赴京奏方，同姑母俱得受封。一封白马先锋、金甲将军、花姑贞烈，一封威烈忠显将军之职，归宗祀奉等语。其子兴府方知父亲同姑母俱得受封为神。勋业昭垂，名标千古，受封显化贻厥孙。谋历代相传，今序世谱，其由来可注焉。（《赫章傅氏家乘·宦林》）

傅兴府　傅公讳兴府，配李氏，生傅纪。（《凯里傅氏族谱》）

傅　纪　傅公讳纪，配王氏生五子。（《凯里傅氏族谱》）

傅　恕　字如心，鄞人。学通经史，与同郡乌斯道、郑真皆有文名。洪武二年（1369）诣阙，陈治道十二策，曰：正朝廷、重守令、驭外蕃、增禄秩、均民田、更法役、黜异端、易服制、兴学校、慎选举、罢榷盐、停榷茶。太祖嘉纳之，遂命修《元史》。事竣，授博野知县。后坐累死。（《明史·傅恕传》）

傅元香　（？—1372）（傅大一郎），福建省龙岩市新罗区江山镇村美傅氏开基祖。其父傅太孙，福建省龙岩市新罗区入岩始祖。生年未详，殁于明洪武五年（1372）。简历失传，从何处入岩，无据可查。相传是银青公之后裔。太孙公之前辈为天葬公、孔宣公、泰轩公。太孙公子元香、元义，孙永山、佛兴。元香公于明洪武元年（1368）由龙岩州平在坊迁到表政里铜钵保之村尾（现名村美）开基立业。公有万夫长之职，忠于王室、策名县志。公克勤克俭，为子孙谋远，置下东阳山山场一片、蔡山山场一片，面积万余亩。建聚星堂一座，占地十五亩，保留至今。其弟傅元义迁漳平永福下坂。元香子傅永山，曾为本里里正。其后人遍布闽、苏、浙、赣、川、湘、鄂、粤、港、台，达数万之众。（福建龙岩《村美傅氏族谱》）

傅启让　（1380—1452），字仲礼，号七峰。湖广石首人。少孤力学，颖悟过人，长治经史。永乐六年（1408）领湖广乡荐，永乐十年（1412）登进士。观政都察院。永乐十二年（1414）秋，钦授河南按察司佥事，与大学士杨溥文定公同时以文学名世。在河南，罢黜赃吏，风采肃然。里闾豪滑，莫不屏迹。平反三疑狱，出逮系若干人。时贼杀长葛县教谕吴晋，劫去财物，经年不获。私行，得知生员胡昭鞠未服，潜令役绐其家曰："招矣。"遂取当时衣来，而血渍犹存，始服其罪。并同谋三人悉置于法，人服其明。先之逮者俱出矣。

傅启让出巡至汝临县，察其民俗，父先殁者既葬，后母殁必启父棺取骨，以舔土穿其人形，与母合葬，自以为孝。母先殁者亦然。乃榜谕曰："古有附葬之礼，未闻开棺暴尸舔骨之为孝也。尔民之愚，亦何至此！其后敢蹈其非者，绳以法。"俗遂革。又民俗嫁娶多论财物，男女愆期不得婚配。复榜谕曰："夫妇人伦之始，嫁娶必以时。婚礼厚薄宜称家之有无。民间有愆期不嫁者，许乡耆纠劝成就之，否则坐以罪。"由是民不论财而配合。

九年考满，河南合郡老人刘贤等九百六十三人诣阙请留。上允其请，奉旨迁正四品，且去河南复职。黄河旧无堤岸，奔悍莫支，濒河苦患，而开封所辖归德、淮郑等二十二州县尤甚。蒙圣恩屡蠲其租，未塞其源。启让观风如斯，心甚忧之，乃书情上闻，自请筑堤保民。章奏天子，嘉纳命下。启让曰："吾事也，曷容辞！"遂躬临部属，召取濒河之民得万三千人，东自归德，西抵荥泽明山，共筑堤四百余里，塞其缺处一百八十有七，开减水河三，用人力三百余万，经始于宣德三年（1428）二月初吉，成于冬十一月八日。功成，民请名其堤曰"傅公堤"。布政肖省身、佥事刘成、参政周鉴等立碑以记之。未几，继迁陕西按察司副使。

宣德三年（1428），蹇义、夏原吉二尚书荐方面官九人可为京堂者，惟启让及郑辰、邵圮等人。帝素知其名，是年即着办事官霍诚铺马取回，除行在大理寺右少卿。事详《明史·郑辰传》。钦封中宪大夫，给诰命，封赠父母、妻室。庚戌春，朝廷因苏松等处粮储事，建议推公，期以三年可完。未几，事竣回京，众感愕然。

宣德六年（1331）辛亥患风疾，傅启让请命钦准放回养病，旨意着回医调好来用。后累移文行取，不痊。景泰三年（1452）十月初十终，寿七十三。

明年，从子绎至京奏闻，上甚哀悼，命礼部照例行有司，动支官钱谕祭。于景泰五年（1454）夏，命翰林院撰祭文，遣荆州推官致祭。史家评论曰："忠心可贯日月，廉操可方冰玉，威仪可使鬼神畏服。"《大明一统志》注曰："清慎有为，吏民畏服。尝奏筑堤以御河水，患民皆得其所。"（据《楚纪》、《献征录》）

傅必胜 （1425—1512），字巨川。江西石头傅氏后裔，重庆南川东乡傅氏始迁祖。原籍江西瑞州府高安县珠湖塘，迁吉安府永丰县。明景泰元年（1450）举人。历任四川新繁县、荣昌县知县。时值北方瓦剌兴兵犯境，明英宗北狩。傅必胜招兵买马，兴勤王师，平贼有功。天顺元年（1457），明英宗复位，赠光禄大夫。公遂舍洪都（南昌）而家居南川东乡坝荣懿镇万寿场，荫子食邑。享年八十七岁。墓葬南川东乡坝高墙垣。妣黄氏，特赐一品夫人；续戴氏。子三：傅魁、傅旭、傅鼎。（重庆《东乡傅氏族谱》）

傅　瀚 （1435—1502），字曰川，新喻（水北小水）人。天顺八年（1464）进士。选庶吉士，除检讨。嗜学强记，善诗文，再迁左谕德，直讲东宫。孝宗嗣位，擢太常少卿兼侍读。历礼部左、右侍郎，寻命兼学士入东阁，专典诰敕，兼掌詹事府事。

弘治十三年（1500）代徐琼为礼部尚书。保定献白鹊，疏斥之。陕西巡抚熊翀以户县民所得玉玺来献，以为秦玺复出也。瀚率同列言："秦玺完毁，具载典册。今所进玺形色、篆纽皆不类，盖后人仿为之。且帝王受命在德不在玺，太祖制六玺，列圣相承，百三十余载，天休滋至，受命之符不在秦玺明矣。请姑藏内府。"帝是其言，薄赏得玺者。

京师星变、地震、雨雹，四方多变异。瀚条上军民所不便者，请躬行节俭以先天下。光禄寺逋行户物价至四万余两。瀚言由供亿之滥，愿敦俭素，俾冗费不生。所条奏，率傅正议。十五年卒，赠太子太保，谥文穆。（《明史·傅瀚传》）

傅　著 字则明，长洲人。史成，归为常熟教谕。魏观行乡饮酒礼，长洲教谕周敏侍其父南老，著侍其父玉，皆降而北面立，观礼者以为盛事焉。历官知府，卒。（《明史·傅著传》）

傅崇节 （约1436—？），又名崇胜，字万义，系傅孔定三子。原籍江西瑞州府高安县珠湖塘。明成化年间（一说正德十年，1506），偕妻子黄氏，携长子傅宣和次子傅化，由江西瑞州府高安县务农乡长俑堡宦游进川入播，卜居四川之播州府播川驿上街（今贵州桐梓县城南魁岩栈），是为桐梓魁岩傅氏始迁祖。

崇节公为人正直，处事公平。宦游期间，为乡人排忧解纷，无不乐从；闾里公益，捐俸以助；县邑事繁，尽心尽责；邻里有难，有求必应，百姓多受其惠。然公忙于公事，不辞辛苦，终因积劳成疾，英年早逝，年仅四十一岁。

崇节公子傅希宣，谨遵父训，谆谆教诲，子孙铸成大器：四世孙傅元勋，傅天镇长子，邑武庠生，天启间，以平奢贼著功，由守备召见，钦授山海关总镇，诰封光禄大夫；傅元和，傅天镇次子，明天启举人，历任溆马泸永兵巡道，升云南按察使，诰封通议大夫，卒后入乡贤祠。其后子孙屡有显者。（贵州《桐梓傅氏族谱》）

傅　珪 （1461—1516），字邦瑞，清苑人。成化二十三年（1487）进士，改庶吉士。弘治中授编修，寻兼司经局校书。与修《大明会典》，成，迁左中允。武宗立，以东宫恩进左谕德，充讲官，纂修《孝宗实录》。时词臣不附刘瑾，瑾恶之。谓《会典》成于刘健等，多所糜费，镌与修者官，降珪修撰。俄以《实录》成，进左中允，再迁翰林学士，历吏部左、右侍郎。

正德六年（1511），代费宏为礼部尚书。礼部事视他部为简，自珪数有执争，章奏遂多。帝好佛，自称大庆法王。番僧乞田百顷为法王下院，中旨下部，称大庆法王与圣旨并。珪佯不知，执奏："孰为大庆法王，敢与至尊并书，大不敬。"诏：勿问。田亦竟止。

珪居闲类木讷者。及当大事，毅然执持，人不能夺，卒以此忤权幸去。教坊司臧贤请易牙牌，制如朝士，又请改铸方印，珪格不行。贤日夜腾谤于诸阉间，冀去珪。流寇扰河南，太监陆暗谋督师，下廷议，莫敢先发。珪厉声曰："师老民疲，贼日炽，以冒功者多，偾事者漏罚，失将士心。先所遣已无功，可复遣耶？今贼横行郊圻肘腋间，民嚣然思乱，祸旦夕及宗社，吾侪死不偿责，诸公安得首鼠两端？"由是议罢。疏上，竟遣暗，而中官皆憾珪。

御史张羽奏云南灾，珪因极言四方灾变可畏。八年五月，复奏四月灾，因言："春秋二百四十二年灾变六十九事。今自去年秋来，地震雷鸣，雹降星殒，龙虎出现，地裂山崩，凡四十有二，而水旱不与焉，灾未有若是甚者。"极陈时弊十事，语多斥权幸，权幸益深嫉之。会户部尚书孙交亦以守正见忤，遂矫旨令二人致仕。两京言官交章请留，不听。

珪归三年。御史卢雍称珪在位有古大臣风，家无储蓄，日给为累，乞颁月廪、岁隶以示优礼。又谓珪刚直忠谠，当起用。吏部请如雍言，不报。而珪适卒，年五十七。遗命勿请恤典，抚、按以为言，诏荫其子中书舍人。嘉靖元年（1522）录先朝守正大臣，追赠太子少保，谥文毅。（《明史·傅珪传》）

傅　楫　（1477—1527），字定济，泉州南安人。祖凯，父浚，并进士，为部郎。楫年十六举乡试，二十成进士。弘治中，授行人，出行襄府。半道闻母病，请入京省视，再往竣事。礼部尚书刘春曰："无害于若，而可教孝。"奏许之。浚后迁山东盐运司同知，娶继妻，私其二奴。浚闻，将治之，遂暴卒。楫心疑未发，奴遽亡去。久之，侦一奴逃德化县，佣巨姓家。楫微行往，伺奴出，袖铁椎击杀之，而其一不可迹矣。

楫不欲见继母。葬父毕，号恸日："父仇尚在，何以为人？"乃裂衣冠，屏妻子，出宿郊墟间，蓬首垢面，饥寒风雨，不知就避。亲戚故人率目之为狂，楫终不自明也。子焘卒，不哭。或诘之，则垂涕曰："我不能为子，敢为父乎！"继母卒，乃归。盖自废自罚者三十五年。又十五年而卒。（《明史·傅楫传》）

傅应祯　（?—1586），字公善，安福人。隆庆五年（1571）进士，除零陵知县。歼洞庭剧寇，论杀祁阳巨猾，民赖以安。调知溧水。万历三年（1575）征授御史。张居正当国，应祯其门生也，有所感愤，疏陈"重君德、苏民困、开言路"三事。言："迩者雷震端门兽吻，京师及四方地震迭告，曾未闻发诏修省，岂真以天变不足畏耶？真定抽分中使，本非旧典，正统间尝暂行之，先帝纳李芳言，已遭罢遣，而陛下顾欲踵行失德之事，岂真以祖宗不足法耶？给事中朱东光奏陈保治，初非折槛解衣者比，乃竟留中不报，岂真以人言不足恤耶？此三不足者，王安石以之误宋，不可不深戒也。

"陛下登极初，自隆庆改元以前逋租，悉赐蠲除，四年以前，免三征七，恩至渥也。乃上珍恤已至，而大延玩自如，曾未有担负相属者，何哉？小民一岁之入仅足给一岁，无遗力以偿负也。近乃定输不及额者，按抚听纠，郡县听调，诸臣畏谴，督趣倍严，致流离接踵，怨咨愁叹，上彻于天，是岂太平之象，陛下所乐闻者哉？请下明诏，自非官吏干没，并旷然除之。民用既苏，则灾异自弥。陛下登极初，召用直臣石星、李己，臣工无不庆幸。近则赵参鲁纠中涓而谪为典史，余懋学陈时政而锢之终身，他如胡执礼、裴应章、侯如、赵焕等封事累上，一切置之，如初政何？臣请擢参鲁京职，还懋学故官，为人臣进言者劝。"

疏奏，居正以疏中王安石语侵己，大怒，调旨切责；以其词及懋学，执下诏狱，穷治党羽。应祯濒死无所承，乃谪戍定海。给事中严用和、御史刘天衢等疏救，不听。方应祯下狱，给事中徐贞明偕御史李祯、乔岩入视之，锦衣帅余荫以闻，三人亦坐谪。

十一年，用御史孙继先言，召复官。帝将幸昌平阅寿宫，而蓟镇告警，应祯止帝勿行，且陈边备甚悉，优召答之。俄擢南京大理寺丞。将行，奏荐海内知名人士三十七人。寻移疾归，三年而卒。赠本寺右少卿。应祯与同邑刘台同举进士，为御史，同忤居正得祸，乡人并祠祀之。（《明史·傅应祯传》）

傅崇敏 （1495—？），字万章，号昌祚，孔定公五子中之最幼者。原籍江西瑞州府高安县珠湖塘，贵州桐梓金鹅庄傅氏由赣迁桐梓始迁祖。

公少年时机敏聪慧，任侠使气，屡孤身出游。因业贾，徙居南昌府丰城县桂花街。历有年，见邻街恶少，横行闾里，公义愤之，遂伤人出走。携二三友人，辗转贩贸。后于四川涪州（今重庆涪陵）蔺市里落业，买得薄地百亩，变商为农，创业兴家，娶妻生子。并率子孙建祠于泡桐寺，修坟山于七颗石。历三世至第四世傅金城迁遵义，第五世傅应洪迁桐梓金鹅庄定居发祥。自傅崇敏始，至今已繁衍十八世。（贵州《桐梓金鹅庄傅氏族谱》）

傅应期 （1533—1602），名霖，字应期，山西太原忻州人也。父承翁主徙居阳曲，十三为诸生，二十举于乡，又七年举于南宫，归而益渔猎六艺百家。又三年奉廷对，名在二甲，当为郎。以宗正条格除知寿州。寿州滨淮河，与淮争道，溢皋陆。岁累旱，蝗食稼。集诸名宿三老高年问所宜，厘改制量，皆曰："病在枝官。"于是罢寿春驿，正阳镇巡检，所省共张榷会金数千。游徼散卒不得为奸利，宾旅安于次，商贾歌于途焉。右族丁口更相隐蔽，单产孱民转徙四方，田部乡吏数负其课舔糠及米矣。为综核质问许自占数，民惮公严明，悉吐实，裒多益寡，相地衰征而徭赋平。吴会、中岛君兴不给，征旁郡金粟助之，后以为常，有司苦不支，未敢班班显言，公力请尽豁之。已议里甲、均马田、缮城郭、修堤梁、通沟洫、广储蓄、饰庙学、创序室、勤考校、奖节义、禁残暴，善政善教，灿然备举。大小之狱，必以情，时加优饶，邻邑弃其亲家来奔者，比肩并起，壹使行县虑囚必以俱，寿春之人亲之欢若父母，好之芳若芝兰，貌公像而尸祝三年。举最，当迁京朝，复以宗正条稍迁大名郡丞，再迁河南佥事，兵备睢陈。有罗姓者，颇以军法部署其党与将，祸首自度无能，为以情相归，公义而释之，使复其所，盗贼应时崩解。所司察其廉，以闻名，公是以有华州除。念二亲老不欲行，父剌促之不休，已受事，而父病，请急还。视药饵，三月卧不贴席，食不溢米，短后衣为尽穿。父卒，哭不偯，礼无容，言无文，衣衾棺椁，冢树、大象其生以送其死。卜筮、斋戒、几筵、馈荐、告祝如或飨之物，取而皆祭之，或如尝之。已事而哭，如或去之。服除，不与外事交。公除平度州，凡七月，为之城，城移时而毕，民忘其老。寻迁湖广佥事部荆西，中贵人衔命营显陵，以为奇货，盗帑资强半，公持之，费省而事集。汉水塞淤池，肥美皆民田也。中贵人将履亩籍之官，公驳议数四而止。三年，迁秦参藩部陇右，旋遭母丧，徒跣而奔，居庐襄大事，一如丧父。服除，除故官，山东备兵辽海。辽海虏比境，虏小创而愤祸，拿未解，公以严威制号定令，以必信庆赏刑，以周围处舍收藏，以安重疾速举徙进退，以参伍潜深窥敌观变，将吏宽假辔策，无令拘阂，汰其默黩，黜其冗滥，余力布富，囤窑壁垒，旌旗改色。得敢死士五百人，虏降者收之，赐予有加等愿为公尽力刺候。虏动息曲折，我先为备，以故三出塞斩首虏百计，虏震叠避地二百里而远，两岁夜户不闭。中丞御史上其工，大司马壮之将，授中丞节，而先是公承摄他道事，兴除利弊，同官以为振暴其短，共构之，计典镌二阶，中丞御史争之，强诏以故官所用。再起宁前治，一如辽而加毖。裨将某缩朒而又挑虏衅声其罪斥之，柄臣未解弗得备御，某以五百金下吏，竟案。督府中丞御史及大阅夕即疏荐于朝，而憾者惧者一旦乘权引绳排根不已，公遂落职矣。叔氏以御史予告从田间上言："臣伯兄历事三朝，童牙华巅，操行不易，不治观者之耳目，不赂贵者之权势，不利传辟者之辞，内以忠诚自固，外以法度自守。奔奏疏附，縻事不为，何等不可。即两度度辽，积蓄修斗，颠倒其敌，战如守，行如站，啸阚足以捶笞之，声名足以暴炙之。功绪较然，天下聚目而视，攒耳而听，谓准之前事当有景风之祚。而二三忮害好陷人罪，膏唇拭吞，逆曳点灼直欲入三泉之下，镇以大石，臣伯兄释重负，偃仰从容，以送余齿，歌咏圣朝，宁有纤介于怀？第变化非是，故相反易使，辩治之朝，抱功修职之吏，失意解体。臣虽屏居草野，激浊扬清，故其典司语曰：圣人在患饥不及餐，矧于同气可引嫌自远。惟下裁察。"疏奏，当事者恐借后来口实，公罢不叙，而仲亦薄罚，天下两高之。以仲不爱其官，慷慨发愤为伯氏辩数，是必有内美修能，切至当人心者，而后仲感慨若是。公已谢，合门养威重，非公事不谒，岁时有司时肃衣冠，吁天祝圣。国有大征伐典礼，忧喜见乎色，或形之谈咏，月朔不宿于内，厌旦率诸子祝家庙而焚香，默以所为告天。先世生忌辰四时之祭，夙夜有恪而诏子孙祖父起家之不易也。泣不沾襟。两弟殁，抚其孤，食而教之，今登贤能，书若明经茂才，接武矣。御诸子妇俨若朝典三党之戚。有义田已济饥，忻宗人二百里休戚不时闻，置田四顷，供展墓。若婚冠丧祭之费，主以宗老，而为贤良、守业、偷惰三等差次给之。岁大饥，发粟糜活者数万人。疫而死者敛瘗之数千人。郡地形左卑不胜右，缙绅学士建永祚寺、宣文塔于东山，以辅所不足，推公首事。忻学圮敝，更新，所捐助皆数百金。衣布褐而之，食时不力珍，恒言："勤，生之本也；俭，德之共也，自天子以逮庶人，废一不可。"为园城东命之曰"从好"，日啸歌其中。身长大佼，美好须髯，望之知为福德人，喜诵养生家言，得其旨。年逾七十矣，发真面光泽，五官神明不衰，却杖捷步。盖寝疾七日而殁。旧史氏曰：傅公尝慕晋随会贤，以名其堂。夫立公子雍，非计不见先蔑，非情瑕之败以国情。予敌寿余执帑惧为戮先，赵盾谏而不继，"邲之战"不力抗，先縠虞郤克之逞志也。而请老非忠，私问殽蒸，非知傅公有一于是乎？能贱而有耻，柔而不犯或姑取节焉耳矣。余读叔子讼公章，未尝不三叹也。遭家不造，事颇相类，卒宛舌无一言。人之贤不肖，相越岂不远哉？（明天启朝南京礼部尚书李维祯撰《傅应期先生传》）

傅应沾　（约1537—？），公讳霈，字应占，号兆野，山西太原忻州人也。举丁丑进士，与予同出山阴朱公门。公丰神凝重，不妄言笑，吐属不凡，同侪枉度者辄厉词色拒之。予私计曰："夫端人，必能为国家肩巨履鸿，相视莫逆于心。"未几，而予以狂言杖阙廷，濒死，辱公顾护有加。予擿夜郎去，公亦拜咸阳令，寻丁母忧，补华亭令。

两地皆南北剧邑，公一切以廉静镇之。咸阳拯饥兴粱，士民歌颂，而在华亭革柜头苦，诸巨室赖以生全保护，穆如清风，所称神明，宰近之矣。以治行高等入为御史，一巡仓漕，再巡蜀，批隙导空，恢恢游刃。其所条次国家便宜状，皆其巨者。西蜀有巨帅以重金赏公，公以柱后惠文纠之债，帅望风解印绶去。其溺职者即尚虚名，不少贷。竣事还朝，闻仲兄病，遂请归。仲兄愈，而伯仲兄藩参公中计事，公义迫于中。疏曰："臣兄治兵塞上且久，劳勋最著，沉塞迁滞，臣方痛心疾首，不能嫌荐扬，为国大用。今中以考功令，臣兄何罪？独臣令华亭与柄臣却其罪耳。罢臣兄不如罢臣。"旨下部议，而有引例难公者，遂镌公职一级。公议虽不行，士论韪之。藩参服官至久且贵也，以计免官，非生死危急之介也，铨臣至尊宠也，御史雄司也，公损其雄要与尊宠者亢，官可罢，兄冤不可不白。即藩参与公服官久近，尊卑不计，公之襟度岂夷所思哉！嗟嗟世衰道丧，阋墙衅作，无论贩夫贩妇。缙绅家贵盛而愈隙，分门割户至通宵，披情愫，衔杯酒者，骨肉曾不得一沾其余粒焉。又有明诗书，口谈性命，若数家珍，至薄一切伦常，方且轩轩以为于道有闻，所厚者薄，视公何如也！公虽落职家居，然偕伯仲，埙篪迭奏，怡愉觞咏，里闾传以为吉祥盛事。海内有习公者，旦夕引领公出，而胎育元气，增光庙社，而公遂谢世，悲哉！夫人凋三光，贯金石，质神帝，千万年惟此真常一念耳。公此一念起，古先诸名硕大儒，权德比谊，何后先焉？

闻公为诸生时，父西冈公，忽中寒病不能言，公夜哭而搏桑医门，投千金，西冈公起立。闻母夫人讣，忧病中，时时寐语而见太夫人饮食之，公孝友绾结自其天性，夫世固未有不孝亲而能敬长者，亦未有敬长而不根孝亲者。诗曰：我仪图之，仲山举之。公之谓矣。予尝怪太史氏不别立孝友传，岂其谓无关国是？不知孝友者三极之维纽也。先正曰："求忠臣于孝子之门。"知言哉。我国家以孝友为诸臣鹄，金匮石室不知有载公前疏者否？予悼公亡，恐其湮没不著，敬为之传，俾司世教者采焉。邹元标曰：予束发向道，冉冉至矣，而知孝友为圣学，枢菀百行宗萃云。书曰："是亦为政，言孝友即政也。"予昔期传先生勋名，为国家奠磐石，灿然旗常，乃其竖立家庭间，宏远如是，虽赍志没，百世下鄙薄亦当兴起，奚论功名哉？

傅霈子，傅之诏，万历癸卯科乡举。（明万历朝刑部右侍郎邹元标撰《傅应占先生传》）

傅希挚　衡水人。累官右佥都御史，巡抚山东。隆庆末，户部以饷乏议裁山东、河南民兵，希挚争之而止。改总理河道。以茶城淤塞，开梁山以下宁洋山，出右洪口。万历五年（1577）进右副都御史，巡抚陕西。迁户部右侍郎，坐陇右矿贼未靖，论罢。起总督漕运，历南京户、兵二部尚书。召理戎政，以老被劾。加太子少保致仕。（《明史·傅希挚传》）

傅好礼　字伯恭，固安人。万历二年（1574）进士，知泾县，治最，入为御史。尝陈时政，请节游宴，停内操，罢外戚世封，止山陵行幸。又上崇实、杜渐诸疏。语皆剀直。

巡按浙江。岁大侵，条上荒政。行部湖州，用便宜发漕折银万两，易粟赈饥民。改按山东。泰安州同知张寿朋贬秩，文选郎谢廷寀用为永平推官，谓州同知六品，而推官七品也。好礼驰疏劾其非制，廷寀坐停俸，寿朋改调。好礼寻谢病归，召进光禄少卿，改太常。

时税使四出，海内骚然。二十六年冬，奸民张礼等伪为官吏，群小百十人分据近京要地，税民间杂物，弗予，捶至死。好礼极论其害，因言："自朝鲜用兵，畿民富者贫，贫者死，思乱已久，奈何又虐征？国家纵贫，亦不当头会箕敛，括细民续命之脂膏；况奸徒所得千万，输朝廷者什一耳，陛下何利为之？"奏入，四日未报，复具疏请，帝大怒，传旨贬三级，出之外。大理卿吴定疏救，帝益怒，谪好礼大同广昌典史，定镌三级，调边方。言官复交章论救，斥定为民。既而，帝思好礼言，下其疏，命厂卫严缉，逮礼等二十八人诏狱，其害乃除。

好礼之官，未几，请急归，家居十五年卒。天启中赠太常卿。（《明史·傅好礼传》）

傅光宅　（1547—1604），字伯俊，号金沙，山东聊城人。万历五年（1577）进士。初授灵宝县令，历官御史、南京兵部郎中、工部郎中、重庆知府、按察御史、提督学政等职。为人质直，不避权贵，曾因疏荐戚继光和表救御史王某，两次被罢官降职。临清市民因反抗税官欺压，火烧马堂署后，许多大臣认为是民众作乱，傅光宅独抗疏，说事由马堂激怒民众引起，又遭左迁。时播贼猖獗，总制李化龙驻渝（今重庆市）城，宅督理戎马、军粮，有才略，平播有功，赞划为多。后遵义府缺，当事者趣入视事。宅安辑夏、彝，招抚流移，吊忠义，瘗遗骨，周贫困，恤疮痍，振学尤加虔毖。寻授遵义道，复改督学。归卒。有《奏疏》《四书讲艺臆说》及《吴门燕市》《蚕丛》诸诗集行世。（编者根据贵州《遵义府志》等资料整理）

傅廷銮　明万历时人。原籍江西南昌府丰城县傅家桥蛛浮塘傅家村。四川叙永傅氏、贵州金沙傅氏开基祖。公自幼聪颖好学，研文习武，才艺超卓，人称神童。举为秀士，官居守备。明万历二十四年（1596），奉旨领兵十万，同总督朱燮元、巡抚安邦彦征讨山东逆寇。平寇有功，傅廷銮超升参将。寻又随总督巡抚攻重庆，取成都。贼据成都固守，傅廷銮率长子傅纪、次子傅举挥军围城，三月而贼降，蜀地遂平，百姓遂安。于时，督抚出示，晓谕将士，愿从戎者归营，愿落业者，可予讨招成粮，入籍落业。是时，傅廷銮以叙永山川秀美，民风朴淳，决意安家立业，以教子孙，遂命傅纪、傅举二子领旨，签讨照征，得叙永卢味大坝，后又讨得纸槽沟、鸭公河、锅厂坝、水边，上至游家寨、横山子、黑雀岭数处，周围数十里，皆为傅家之业。

傅廷銮定居叙永后，一边讨招镇守，一边耕读传家，同时教习骑射，绥靖地方。居家，以忠孝节廉训导儿孙，一家恂恂然如君子循良；处世，以仁义诚信接物待人，邻居融融也如昆仲友爱。四乡父老莫不钦敬，咸谓德高望重焉。

傅廷銮殁后，葬于四川叙永老军营头塘，夫人古、方二氏合墓。

自后，傅廷銮后裔安居叙永，子孙繁衍，至今已历十四世，四百余年。清末，有九世孙怀钦公者从叙永县军粮府东荣里，始迁贵州省金沙县安底区岚头下寨，别为一支。叙永、金沙傅氏祖德流芳，泽被后世，簪缨接踵，贤达如缀，世有俊杰，代有闻人，仅有清一代文武庠生就达三十余人，其中佼佼者、卓异者不乏其人。尤可称者，古有六世孙傅宗武，会试武进士，扬名清代；继有傅华峰，从观察赵尔丰征西藏，督四川，代理边务大臣；近代则有傅传滨，设馆授教，一时名师。时至而今，叙永傅氏子孙愈益显扬，上至省部，下至县市，均有不少亢宗者身居要职，位列高层，显扬于世；更有创业精英，事业有成，成为一方企业大家。是以，叙永傅氏乃至金沙傅氏成为川贵望族云。（毕节金沙县安底乡岚头《傅氏世系总谱》撰）

傅明寿 明万历时人。口碑相传，原籍湖广黄州府麻城县孝感乡千子山傅家村，老家有玉石栏杆为记（今为湖北麻城古楼办事处沈家庄）。

傅明寿自幼聪敏好学，稍长即入县庠，后为岁进士，拔入国子监肄业。万历间擢为教职，宦游云南布政使司镇雄州，在牛场镇大寨大土司陇家衙门教书。

傅明寿居官兢兢业业，训课有方，传道授业，解疑答惑，士子多受其惠，举于乡里者不乏其人。其业绩颇受土司赏识，赢得乡民称颂。

几年考满，傅明寿思亲心切，欲辞归故里。土司仰其道德才华，强留不舍。但傅明寿执意不留，土司无奈，只好假意应允，馈赠钱物并派人送行，暗中却叫人在半途将其财物抢劫一空。傅明寿见道远路险，只好返回土司衙中。土司殷勤款待，竭力宽慰，表示愿意赔偿一切财物损失，诚恳挽留他留下来为其教授子弟。傅明寿见返乡无望，又见土司真诚，乃应允土司，决然安居。土司欣喜不已，将其所辖地盘距牛场衙门约八十里的高芝坝（即今傅家寨）地产赠送给傅明寿。傅明寿见高芝坝山川秀美，民风纯朴，宜家宜室，遂欣然卜居于此，成为镇雄盐源傅氏的开基祖。

傅明寿娶杨氏，生子五人：长子有忠，迁湖广；次子有贤，迁贵州；三子有德，迁四川富顺；五子有盛，无考。唯有四子有余，世居盐源，今盐源傅氏均为其后裔。

傅明寿定居之后，子孙兴旺发达，至今已传十八代，约六千余人，成为一方鼎族。（云南镇雄《盐源傅氏族谱》）

傅祖茂 字发畅，号隆东。明万历时人，生卒未详，其先失载。原籍浙江绍兴府嵊县城西戴德村。

祖茂公自幼好寻风水。年将弱冠，自原籍嵊县南来，一路寻觅宝地，间游山川景物，过江南，进梅岭，到粤东，并未如愿。明万历年间，公游至高州府吴川县南三都后背海（今广东省湛江市坡头区南三镇清训村），见大海左环右绕，低山起伏绵延，村场形势极佳，不禁满志顺心，遂卜居于是，开基立业，并名其村曰清训村。祖茂公成为南三镇清训傅氏开基始祖。

祖茂公开基后，辟荒斩草，治滩造田，植谷捕鱼，辛勤劳作，不数年家积渐殷，闾里奉为首户。

祖茂公性情淳朴，待人谦和，急公趋义，乐善好施。邻有贫弱不支者，给以钱米，周而济之；里有危难困厄者，慷慨解囊，救而扶之；乡有道桥公益之举，以身垂范，捐两助之。公明辨是非，处事公平，邻里信赖。乡人遇有争讼，皆诉于公，公三言两语，纠纷立解，闾里咸颂其德，尊为长者。

公居家严谨，训子有方，尝教诲子孙富不忘贫，贵不忘贱，礼义处世，忠孝传家，淳良家风，一时成为邑之典范。

祖有盛德，泽及后昆。祖茂公、妣辞世后，枝繁叶茂，子孙发达。五世时，长支德华公移居南菉，二支怀义公世守清训，三支怀旦公迁廉州府合浦勇安，四支怀谷公迁雷州府遂溪胡竹沙尾，五支怀秀公徙琼州后水。尔后历代，时有子孙迁徙，客居钦州、香港、新加坡、马来西亚、加拿大、美国等地。他们乐居异国他乡，苗裔繁昌，多有建树，世称望族。（广东湛江《清训傅氏族谱》）

傅宗龙　（1593—1641），字仲纶，昆明人。万历三十八年（1610）进士。除铜梁知县，调巴县，行取，入为户部主事。久之，授御史。

天启元年（1621），辽阳破，帝下募兵之令，宗龙请行。一月余，得精卒五千。明年，安邦彦反，围贵阳。土寇蜂起，请发帑金济滇将士，开建昌，通由蜀入滇之路，别设偏沅巡抚，罢湖广退怯总兵薛来允，帝多采纳之。又上疏自请讨贼，言：“为武定、寻甸患者，东川土酋禄千钟。为沾益、罗平患者，贼妇设科及其党李贤辈。攻围普安，为滇、黔门户患者，龙文治妻及其党尹二。困安南、据关索岭者，沙国珍及罗应魁辈。困乌撒者，安效良。臣皆悉其生平，非臣敌。臣愿以四川巡按兼贵州监军，灭此群丑。”帝大喜，下所司议，会宗龙以疾归，不果行。四年正月，贵州巡抚王三善为降贼陈其愚所绐，败歿。其夏即起宗龙巡按其地，兼监军。初，部檄滇抚闵洪学援黔，以不能过盘江而止。宗龙即被命，洪学令参政谢存仁、参将袁善及士官普名声、沙如玉等以兵五千送之。宗龙直渡盘江，战且行，寇悉破。乃谢遣存仁、善，以名声等士兵七百人入贵阳擒斩其愚，军民大快。宗龙尽知黔中要害及土酋逆顺，将士勇怯。巡抚蔡复一倚信之，请敕宗龙专理军务，设中军旗鼓，裨将以下听赏罚，可之。宗龙乃条上方略，又备陈黔中艰苦，请大发饷金，亦报可。初，三善令监军道臣节制诸将，文武不和，进退牵制。宗龙反其所为，令监军给刍粮，核功罪，不得专进止。由是诸将用命，连破贼汪家冲、蒋义寨，直抵织金。

五年正月，总理鲁钦败绩于陆广河。宗龙上言："不合滇、蜀，则黔不能平贼；不专总督任，则不能合滇、蜀兵。请召还朱燮元，以复一兼督四川，开府遵义，而移蜀抚驻永宁，滇抚驻沾益，黔抚驻陆广，沅抚驻偏桥，四面并进，发饷二百万金给之。更设黔、蜀巡抚。"帝以复一新败，令解官，即以燮元代，而命尹同皋抚蜀，王瑊抚黔，沅抚闵梦得移镇，一如宗龙仪。

陆广败后，诸苗复蠢动。复一、宗龙谋，讨破乌粟、螺蛳、长田诸叛苗，大破平越贼，毁其寨百七十，贼党渐孤。宗龙乃条上屯守策，言："蜀以屯为守，黔则当以守为屯。盖安酋土地半在水外，仡佬、龙仲、蔡苗诸杂种，缓急与相助，贼有外藩，我无边蔽，黔兵所以分力愈诎。臣谓以守为屯者，先发兵据河，夺贼所恃。然后抚剿诸种，随渡口大小，置大小寨，深沟高垒，置烽墩炮台。小渡则塞以木石，使一粟不入水内，一贼不出水外，贼无如我何。又令沿河兵习水战，当贼耕耨时，频出奇兵，渡河扰之。贼不敢附河而居，而后我可以议屯也。屯之策有二：一曰清卫所原田，一曰割逆贼故壤，而以卫所之法行之。盖黔不患无田，患无人。客兵聚散无常，不能久驻。莫若仿祖制，尽举屯田以授有功。因功大小，为官高下，自指挥至总、小旗，畀以应得田为世业，而禁其私卖买。不待招徕，户口自实。臣所谓以守为屯者如此。然兵当用四万八千人，饷当岁八十余万，时当阅三年，如此而后贼可尽灭也。"部议从之。

复一卒，王瑊代，事悉倚办。宗龙乃渐剪水外逆党，将大兴屯田。邦彦惧，谋沮之。六年三月，大举渡河入寇。宗龙击破邦彦赵官屯，斩老虫添，威名大著。当是时，大帅新亡，全黔震动，燮元远在蜀，瑊拥虚位，非宗龙，黔几殆。诏加太仆少卿。忧归。

崇祯三年（1630）起故官。用孙承宗荐，擢右佥都御史，巡抚顺天。未几，拜兵部右侍郎兼佥都御史，总督蓟、辽、保定军务。

用小故夺官矣，居久之。十年十月，流寇大入蜀，陷蜀三十余州县。帝拊髀而思宗龙曰："使宗龙抚蜀，贼安至是哉！"趣即家起宗龙。宗龙至蜀，代王维章与总兵罗尚文御却贼。十二年五月，以杨嗣昌荐召为兵部尚书，去蜀。宗龙自定黔后，凡十有四年辄起用，用不久则迁去。八月至京入见帝。宗龙为人伉直任气，不能从谀承意。帝愤中枢失职，嗣昌以权诡得主。知宗龙朴忠，初入见即言民穷财尽。帝颇然之，顾猥言不已，遂怫然曰："卿当整理兵事尔！"既退，语嗣昌曰："何哉？宗龙善策黔，而所言卑卑，皆他人唾余，何也？"自是所奏请多中格。

熊文灿既罢，宗龙乃言："向者，贼流突东西，嗣昌故建分剿之策。今则流突者各止其所，臣请收势险节短之效。总理只辖楚、豫，秦督兼辖四川，凤督兼辖安庆，各率所辖抚镇，期十二月成功。”因荐湖广巡抚方孔炤堪代文灿。帝不用，用嗣昌督师。

嗣昌既督师，上章请兵食，不悉应，劾中枢不任。宗龙亦劾嗣昌徒耗敝国家，不能报效，以气凌廷臣。会蓟辽总督洪承畴请用刘肇基为团练总兵官，中官高起潜又揭肇基恇怯，宗龙不即复。帝遂发怒，责以抗旨，令对状。奏上，复以戏视封疆下吏，法司拟戍边。不许，欲置之死。在狱二年矣。十四年春，嗣昌死，尚书陈新甲荐其才，帝未有应也，良久曰："朴忠，吾以夙负用之，宜尽死力。”遂释之出狱，以兵部右侍郎兼右佥都御史代丁启睿，总督陕西三边军务。

当是之时，李自成有众五十万，自陷河、洛，犯开封，罗汝才复自南阳趋邓、淅与合兵。帝命宗龙专办自成。议尽括关中兵饷以出，然属郡旱蝗，已不能应。

九月四日，以川、陕兵二万出关，次新蔡与保督杨文岳兵会。贺人龙、李国奇将秦兵，虎大威将保兵，共结浮桥，东渡汝，合兵趋项城。五日两军毕渡，走龙口。自成、汝才亦结浮桥于上流，将趋汝宁。觇两督兵至，尽伏精锐于林中，阳驱诸兵自浮桥西渡。人龙使后骑觇李自成军，还报曰："敌军向汝矣，结浮桥将渡矣。”宗龙、文岳夜会诸将于龙口，诘朝将战。六日，两军并进，中道一骑驰而告曰："敌军毕渡矣。”复进，一骑驰而告曰："敌军半渡矣，三分渡其二矣。”宗龙、文岳曰："驱之。”走三十里，至于孟家庄，日卓午，人龙、大威曰："马力乏矣，诘朝而战，止兵为营。”诸将弛马甲、植戈鋍散行墟落求刍牧。自成兵觇之，尘起于林中，伏甲并出搏明兵。人龙有马千骑不战，国奇以麾下兵迎击之，不胜。秦兵、保兵俱溃，人龙、大威奔沈邱，国奇从之，三帅师溃。宗龙、文岳合兵屯火烧店，自成以步兵攻其营。诸军鸣大炮震死敌军百余。日暮，自成军引去。宗龙军西北，文岳军东南，画堑而守。保兵宵溃，保督副将挟文岳骑而驰，夜奔于项城。宗龙复分秦兵立营于东南，诸壁分壁当贼垒。

九日，檄人龙、国奇还兵救，二帅不应。宗龙日："彼避死，宜不来，吾岂避死哉！”语其麾下曰："宗龙老矣，今日陷敌军中，当与诸军决一死战，不能效他卷甲走也！”召裨校李本实，即文岳壁穿堑筑垒，以拒敌军。敌军亦穿壕二重以围之。

十一日，秦师食尽，宗龙杀马骡以饷军。明日，营中马骡尽，取自成兵尸分啖之。十八日，营中火药、铅子、矢并尽。宗龙简士卒，夷伤死丧之余有众六千。夜半，潜勒诸军突贼营，杀千余人，溃围出。诸军星散，宗龙徒步率诸军且战且走。十九日，日卓午，未至项城八里，自成军追及之，执宗龙，呼于门曰："秦督围随官丁也，请启门纳秦督。”宗龙大呼曰："我秦督也！不幸堕敌手，左右皆敌耳！”自成兵唾宗龙，宗龙骂曰："我大臣也，杀则杀耳，岂能为敌军赚城以缓死哉！”自成兵抽刀击宗龙，中其脑而仆，斫其耳鼻，死城下。

事闻，帝曰："若此，可谓朴忠矣！"复官兵部尚书，加太子少保，谥"忠壮"，荫子锦衣世百户，予祭葬。人龙、国奇兵溃归陕，自成军遂屠项城。分兵屠商水、扶沟，遂攻叶县。（《明史·傅宗龙传》）

傅　冠　（1595—1646），名元范，号寄庵，江西进贤县城人。万历三十四年（1606）乡试第二名中举。天启二年（1622），殿试榜眼及弟，授翰林院编修。

崇祯元年（1628），傅冠升侍读学士，会试充阅卷官。当年，崇祯登基封典百官，他被荐任左春坊左中允，为崇祯讲授经史，记录举止言行。

期间，翰林院诸讲官轮流为崇祯进讲《资治通鉴》。当讲到"九黎乱德"一章时，内阁大臣异常讳忌，打算加以修改后进讲。傅冠心事坦然地说："圣主乃谦虚好学之君，进讲若有谬误，陛下会鉴察比较，我们没有什么可讳忌的。"这样，仍进讲原文章节，崇祯欣悦地听完傅冠讲解，并嘉奖说："进讲不避讳，真是个正直的人啊！"后提拔他任詹事府左谕德，奉旨册封周藩。

崇祯六年（1633），傅冠出任春坊庶子，与状元文震孟同撰《熹宗实录》。

崇祯七年（1634），他以詹事府少詹事官阶，再次充任会试阅卷官，随之就职国子监祭酒。他上疏崇祯，奏请扩大举才之路，整治"太学"，淘汰无专职备用官员。奏疏获准后，冠奉旨教习翰林院，他以治国安邦之策，勉励庶吉士勤奋学习，精于政务，不久擢拔为礼部右侍郎。

崇祯十年（1637），调任实录馆副总裁。他至诚尽性进讲经史，甚得崇祯帝嘉纳。同年六月，傅冠入阁，官拜礼部尚书兼东阁大学士（相当宰相职务），参与机务，为崇祯皇帝辅政。

当时，士大夫多朋比结党，竞相挑拨是非，陷害他人于罪，傅冠终不介入权势之争。他严谨厚道，中立不迩，为此受到崇祯的尊重与赏识，晋任为文渊阁大学士。

崇祯十一年（1638）八月的一次御前会议上，傅冠误把大臣发送的奏章，当作内阁直达皇帝的文件，挥笔在奏章上签字。事后知其有误，当即惶恐认罪。崇祯念他性格简易，未过追究责任，只将他削职放归。

崇祯十七年（1644），岁次甲申，李自成率义军攻入北京，崇祯见大势已去，逃到景山自缢身死，明皇朝随之宣告灭亡。

清顺治二年（1645），封藩唐王朱聿键（明朝宗室），潜逃福州称帝，改号隆武。他诏旨傅冠，以尚书兼大学士原官督师江西，并锡以尚方剑同清军抗衡。第二年江西失守，傅冠率兵进入福建。由于清军攻势凌厉，使之连吃败仗，由鄂武退避泰宁，最后，只得隐寓于门人汪亨龙家中。汪考虑傅冠乃明朝重臣，怕清军抓捕遭其连累，与子养元商议后，将傅冠绑献于清军。

清营大帅李成栋待傅冠为上宾，多次劝其归顺清朝，并保证加以重用。傅冠坚持气节，执意不予顺从，两次寻机自杀未遂。

顺治三年（1646）十一月二十一日，傅冠被清军处死于汀州（今福建长汀县）。家人傅国贞收其遗体权葬于汀州的罗汉岭。顺治六年（1649），傅冠子亲赴汀州，将其骸骨运回重殓，葬于进贤县城南门外的山川坛。傅冠临刑前曾赋诗诀别：幻影落红尘，倏忽成今古。名义重如山，以身弃如土。四顾环刃戟，辗转不得死。矢念终不移，皎日有如此。（《明史·傅冠传》）

傅佑商　字云台，其先金溪（今江西金溪）人。考避魏珰祸入黔。嗣流寇炽，遂家瓮安，少从父游幕，谙时务，有才略。父卒，事母以孝。顺治初，省墓金溪，闻献贼余党扰黔蜀间，移书县尹，陈守御策，不能用。及归至溇，而贼果入黔乡里，暴桀亦借声势，恣杀掠，闻警趋归，母谢已遇贼自刎黄平潘家寨山中，遂葬其地，庐墓以居，抚弟受商，跬步不相离，岁必同之金溪。及弟卒，子必荣辈已分析，而弟七子犹依翁以居，其孝友如此。（民国《瓮安县志》）

傅光说　贵州遵义县西沙溪里人，监生。兄元恺，贵阳诸生总团务。同治改元，倡修西平、西安、西服、西化等寨，光说弟作忠襄其役，寨成之。次年，白号伪侯张五等来攻，西安各寨皆附，惟西平一寨作忠严守御，不得逞。三年五月，匪益围攻，作忠督练击毙伪将军潘名杰，获奖五品军功。贼伪帅刘昆山复率大队来攻，光说乘战胜无备，夜出练击之，初败之山下，再败之西安寨外。六月，援贼大集攻，寨急，奸人内应，焚火药仓，贼乘势破寨。光说被执，贼欲任以伪副军师，光说不从，杀之。作忠为贼获，索财帛不与，反大骂，贼怒，并杀之，弃尸未获。从弟尚忠、贞忠初被虏时，贼不知其傅氏子，仅虐待之，后知之，皆被杀。（民国《贵州通志》）

傅光国　入黔先祖，祖籍江西省临江府清江县龙井寨。明朝来到贵州，初住毕节县，康熙年间搬迁安顺县定居西门火神庙侧，农耕为生。传明清交替时期，民族矛盾导致安顺很多房屋被烧，傅氏祖宅遭殃，烧之殆尽，家谱也在大火中灭失，渊源中断，无文可考。

来安始祖故葬于安顺县东门马槽龙井上侧，今已夷为平地。始祖妣朱氏故葬于安顺南门凤凰山脚。乾隆十五年（1750），德喜公、德万公兄弟两为始祖妣朱氏立碑。“文化大革命”中被毁，现墓碑已不复存在。

德万公迁徙安顺县城内居住，做药材、棉布等生意。安顺县原东街傅仁昌号就是德万公家，曾任民国安顺县县长的傅启运和贵州省教育厅长的傅启学就是德万公后裔。德喜公则继续住西门，今西门傅氏皆是德喜公的后裔。

德万公后裔，时代变迁，情况未详。

德喜公生两子，长子有贤公，次子有文公。有贤公（王氏）生两子，长子登高公，次子登荣公。有文公（洪氏），生三子，长子登云公，次子登魁公，季子登科公。

登高公（秦氏）生一子两女。同治年间登高公辞世，长女十四岁，次女十二岁，儿子仅六岁，由秦氏帮人缝衣、织布，含辛茹苦把三个儿女抚养成人。长女十八岁适安顺韩立朝（其孙韩文焕系贵州省警察厅中将副厅长兼保安处长），次女适云南沾益中营李姓。儿子傅光国，即是今西门傅氏的传人光国公。

光绪年间，光国公成家立业后，经地方百姓推荐为理事长，民国期间继任保长，共四十余年。光国公继承了登高公的优良品德，心地善良，为人公正，调解邻里纠纷公平，几十年如一日，两袖清风，受地方公众敬仰。

光国公（刘氏）生五子两女，培森公，培德公，培盛公，培敬公，培源公。有孙二十八个（女孙七个），人丁兴旺。祖公以“家和万事兴”教诲子孙，常说：一家人和睦，对外人也要和睦，和得邻里好，即如捡得宝。光绪十二年（1886），光国公亲定家谱，并为孙辈起了名，谱词是：燵华基品义，忠孝和安怀；明贤臣裕盛，干国栋良才。

祖公为孙辈起的名字，内涵丰富，寓意深刻。作为公的后人，肤浅的理解，其意是：环球世界，大地中华，人最基本，道德品质，讲人讲义。对国忠诚，孝敬父母，和气待人，安分勤劳，无论当官，还是发财，都要厚道，不断追求，成国家栋梁，成有用人才。

民国时期，为念及光国的德绩，安顺众绅王锡封、韩云波发起，为光国公刻赠匾额，适安顺修志，安顺在外文人志士应邀回安，文人济济，荟萃一堂，众绅邀请刘少樵和任可澄为其撰联：其为父子兄弟足法；是即富贵福泽之源。横额：齿德堪钦。

地方众绅和乡亲刻赠匾额，是对祖公一生高风亮节的褒奖。

1937年，祖公因疾而终，享年81岁。作为公的后裔，遵循祖公倡导并身体力行的家风，对国忠诚，贤良勤劳，孝敬父母，家庭和睦，友好邻里，待人和气，功成名就，清白做人。（《贵州安顺族谱记》）

傅作霖　（?—1647），湖广武陵人。神宗万历四十年（1612）举人，官黄冈教谕。清军陷北京，仕唐王，大学士苏观生奏为职方主事，监纪其军。观生殁，倚何腾蛟长沙，改监军御史。顺治三年（1646）永明王在全州，超拜兵部左侍郎，掌部事，寻进尚书，从至武冈。时刘承胤擅政，作霖与相善，故骤迁。及清孔有德大兵逼武冈，承胤议迎降，作霖勃然责之。承胤遣使纳款，大兵入城，作霖冠带坐堂上，承胤力劝之降，不从。作霖大骂，举石相击。孔有德目睹此景，叹息日："吾阅人多矣，未见若子者，当成汝名。"作霖答道："吾血欲洒者久矣。"遂整衣冠，北面再拜，从容于袖中出绝命诗十首。孔有德命校卒拔短刀刺其右肋而死，全其首领，葬于武冈东塔寺旁。八月，桂王得悉，赠东阁大学士，谥忠肃。妾郑有殊色，被执，驱之过桥，跃入水中死。（据《明史·傅作霖传》）

傅浩然 生于嘉靖十年（1531）左右，明神宗的威武将军。是河南郑州傅姓始迁祖。系署公第三十世孙（是霓公第十九代孙，均政公第十二代孙，以济公第七代孙）传至傅永清时属说公第110代孙（枢公第三十五代孙）。于嘉靖年间贸易入黔，定居贵州省大定府威宁州辖墨特州（现在的赫章县）中街落业，创业成家。是赫章县城关镇、妈姑镇、兴发松林乡、财神镇（摸迁沟村，中田村施家坡）方曲镇、（拉乐乡）毕节县广羊铺，威宁县羊街乡，水城特瓦以德，大方边乡、纳雍百兴镇，黔东南凯里市，贵定县晓峰村，清镇市占街等地本支始迁祖。现已繁衍17代，自说公后122代，共13个支系，约近万人。自明朝以来有"文林郎"、"奉政大夫"傅以济，明宣德年间"茂五马太守"傅必荣，提督大将军（员外郎、武进士）傅成金。明神宗时威武将军傅浩然、骑尉总督傅元善，大清时连续三代皇封例授"登仕佐郎"傅元蔚、傅昌颜、傅泰益，"文林朗"傅昌泗。道光年间贡生傅万钟，武庠傅万策、文庠傅世勋，坚生傅世璋。新中国成立后在党、政、军界就职的有26人，其中：正科级以上，或中科级职称以上，大学本科以上人员共28人。可见人才辈出，人丁兴旺，名门望族也。（《赫章县傅氏族谱》）

傅朝佑 （？—1639），字右君，临川人，有孝行。世居临川城北门。万历中举乡试第一，师事邹元标。天启二年（1622）成进士，授中书舍人。崇祯三年考选给事中。永平初复，列上善后七事。帝采纳之，补授兵科。明年八月，疏劾首辅周廷儒："以机械变诈之心，运刑名督责之术。见佞则加之膝，结袁弘勋、张道浚为腹心；遇贤则坠之渊，摈钱象坤、刘宗周于草莽。倾陷正士，加之极刑，曰'上意不测也'。攘窃明旨，播诸朝右曰'吾意固然也'。皇上因旱求言，则恐其扬己过，故削言官以立威；皇上慎密兵机，则欲其箝人口，故挫直臣以怵众。往时纠其罪恶者尽遭遇斥逐，而亲知乡曲遍列要津，大臣之道固于是乎？"忤旨切责。

屡迁工科左给事中，陈当务十二事：一纳谏，二恤民，三择相，四勿以内批用辅臣，五勿使中官司弹劾，六勿令法外加滥刑，七止缇骑，八停内操，九抑武臣骄玩，十广起废，十一敕有司修城积粟，十二讲圣谕六条。出封益藩，事竣还里。

九年即家，进刑科都给事中。还朝愆期，为给事中陈启新所劾，贬秩调外，未行，疏论温体仁六大罪。略言："陛下当边警时，特简体仁入阁。体仁乃不以道事君，而务刑名。窥陛下意在振作，彼则借以快恩仇；窥陛下治尚精明，彼则托以张威福。此谓得罪于天子。凤阳、昌平钟灵之地，体仁曾无未雨绸缪，两地失守，陵寝震惊。此谓得罪于祖宗。燮理职在三公。体仁为相，日月交蚀，星辰失行，风霾迭见，四方告灾，岁比不登，地震河决，城陷井枯，曾莫之惩，则日寻恩怨，图报睚眦。此谓得罪于天地。强敌内逼，大盗四起，高丽旦暮且陷。体仁冒赏冒荫，中外解体因之。此谓得罪于封疆。体仁子见屏于复社诸生，募人纠弹，株连不已。且七年又议裁剪茂才，国家三百年取士之经，一旦坏于体仁之手。此谓得罪于圣贤。同生天地，谁无本心，体仁自有肺肠，偏欲残害忠良，只今文武臣僚几数百人，骈首囹圄，天良尽丧。此谓得罪于心性。夫人主之辩奸在明，而人主之去奸在断。伏愿陛下大施明断，速去体仁。勿以天变为不足畏，勿以人言为不足恤，勿以群小之逢迎为必可任，勿以一已之精明为必可恃。大赦天下，除苛政，庶倒悬可解，太平可致。"帝怒，除名，下吏按治。逾月，体仁亦罢。

中官杜勋雅重朝佑，令其上疏请罪，而己从中主之，可复故官，朝佑不应。十一年冬，国事益棘，获罪者益众，狱几满。朝佑乃从狱中上书请宽恤，语过激。会有边警，未报也。明年春，责以颠倒贤奸，恣意讪侮，廷杖六十，创重而卒。当时台省竞言事，言不中，多获谴。章正宸、庄鳌献、李汝璨之徒好直谏，朝佑尝疏称之。福王即位后，追复原官。著有《巨英集》。（《明史·傅朝佑传》）

傅鼎铨 （1610—1651），字维新，临川人。崇祯十三年（1640）进士，翰林检讨。李自成陷京师，鼎铨出谒，自成败，南还。

唐王时，曾樱荐鼎铨，命予知府衔，赴赣州军自效，寻复其故官。赣州破，退隐山中。已，闻金声桓叛，鼎铨举兵以应。永明王命为兵部右侍郎兼翰林院侍读学士。声桓灭，鼎铨往来自盛、大镐军。顺治八年（1651），至广信张村，为守将所执，系南昌狱。谕之降，不从。令作书招重熙，亦不从。八月初，乃从容就刑。

鼎铨自降流贼，为乡人非笑，尝欲求一死所，至是得死，乡人更贤鼎铨。已，重熙、大镐相继败，都昌督师余应桂亦以是岁亡，江右兵遂尽。（《明史·傅鼎铨传》）

傅一鹫 （？—1648），贵州开州（今贵阳市开阳县）人，官副总兵。崇祯十六年（1643），仲家苗作乱，陷开州，知州黄嘉隽、吏目聂禁死焉，一鹫帅师讨平之，遂设镇于开州，命一鹫为总兵官。顺治初，明永历二帅王祥、皮熊皆受爵为公，祥镇遵义，熊镇贵阳。二人不睦，因率兵相攻。五年七月，祥围贵阳，明别帅武邦贤、杨光谦率兵救贵阳，祥乃解围而去。十月，熊复遣兵攻祥，师次乌江，一鹫与裨将周虎（龙里县人）皆助熊，为祥所围，绝粮三日，突之而出，全军皆殁。鹫与虎均战殁。二公虽非死于国

难，而死于内讧，亦可谓顺其长上者矣。至恢复州城之功，自亦不能忘。（道光《贵阳府志》）

傅宗祥 开州（今贵州开阳县）人，总兵傅一鹫之孙，以岁贡官兴隆卫教授，擢四川梓潼知县，有善政，以乞终养归。宗祥学问淹贯，凡推步星象舆地之学，莫不赅究，尤精易学，且旁及阴阳术数，甚为时所称。殁后祀乡贤祠。（道光《贵阳府志》）

傅天镇 （1554—1653），号继屏，贵州桐梓县魁岩栈人。为傅氏由江西高安迁桐梓入籍之第三代。读书不求仕进，专意于医术，时称有“一七活人”之妙，名满滇、黔、秦、蜀之间。“凡中垂方伯，咸以蒲轮迎之。”

傅天镇著作有《增补金镜录》《手置验方》多卷，川抚刘某为其刊行于世。以鹤发童颜、德劭齿尊而被人尊称为“百岁公”。生子三：长子元勋，任山海关总兵。次元和，任云南按察使。三元佐。傅天镇以两子贵显，封赠中顺大夫、晋通仪大夫。妻严氏诰封太恭人。清顺治十年（1653），傅天镇百岁乃卒。（贵州《遵义市志》）

傅元勋 字鼐铭，明遵义桐梓人。傅天镇长子，邑武庠。天启年间，因奢（崇明）贼破城，慷慨从戎，设计破贼，以守备召见。上嘉其功，钦授山海关总镇、三团营副总兵，诰封光禄大夫。（贵州《桐梓县志》）

傅元和 （1586—1668），字商梅，贵州桐梓县魁岩栈人。明天启元年（1358）拔贡，四年副榜。崇祯六年（1633）任广西桂平知县。任中“兴学，劝农，通商，惠工，人平”。升任云南云州知州，又能“厘奸剔弊，弥资息争”。内阁大学士王应熊谓其为“全川人才第一”，荐任贵州督粮道关防总理监事。后升四川布政使司参议，补授叙马泸永兵备道。任期九年，能“逐寇贼以靖地方，给籽种以广招徕”。后升任云南按察使兼理布政使，累赠通议大夫。卒于清康熙七年（1668）。长子尔玄，工诗文，有《居易堂诗抄》五卷。其孙之奕，康熙举人，著有《四书讲义》《麟经全旨》《双梅堂诗集（四卷）》。曾孙同形，乾隆举人。有诗集《雪鸿草》《雪鸿续草》，存诗数千首。书法也精。（贵州《遵义市志》）

傅尔讷 （约1564—约1637），字若木，明遵义桐梓人。邑庠生，崇祯岁贡，官镇远知县，有惠政。寻归授徒，七十三为赞，书毕而逝，入乡贤祠。尔讷临终自赞：“明有逸民，名曰尔讷。虽仕溆溪，彭泽不足。归休于家，诗书自淑。傅与儿曹，怡然以殁。”著有《春秋讲义》。入选《黔诗》。（贵州《桐梓县志》）

傅尔才 字笃生，明遵义桐梓人。崇祯岁贡，官湖广会同知县，多惠政，民号慈母。其悼诗为《哭识先尔默弟殉难》：“梓里无端忽即戎，势难两立敢称忠。伤余以后成孤子，让尔当先作鬼雄。”载入《耆旧诗》。（贵州《桐梓县志》）

傅尔默 （？—约1642），字识先，明遵义桐梓人，诸生。奢崇明叛乱，随父带队以御奢贼，被俘，死于孝。兄尔才为之作悼诗。天启拔贡、崇祯庚午副榜、累官至贵州布政使的胡宾夏作诗《挽傅识先尔默秀才》，缅怀傅尔默抗击奢崇明叛军死难之惨烈："桐城两次失，君有两次复。功或他人歌，丧先吾子哭。射虎心固雄，为猿意莫怵。三年苦尝胆，一朝惨飞肉。胜败兵之常，生死命所局。本拟文章报，何期头颅戮！终军身虽亡，南越数弥促。男儿生世间，两伦殊难笃。尽孝复全忠，疆场原是福。入庙享蒸尝，骑箕作星宿。恩泽尚待颁，竹帛已早握。聊用纪松筠，可备刍一束。"（贵州《桐梓县志》）

傅尔玄 亦名尔元，字澹方，明桐梓（今贵州桐梓县）人。少年英异，明思宗崇祯年间拔贡，四川提学钱邦芑评他为蜀才第二。清顺治十年（1653），邦芑隐居贵州余庆之蒲村，尔元从之游。尔元具有经世之才，足迹半天下，曾两赴京华，讫无所遇，乃浪迹沧桑，归隐乡里，卒年三十五，不尽其才。著有《居易堂诗钞》《文》《制文》各集，久轶。邑子赵旭搜得其集诗二百余首，《黔诗纪略》录其诗五十首。（贵州《桐梓县志》）

傅以渐 （1608—1665），字于盘，一字星岩。山东聊城人。上世籍江西永丰，明成化间，其祖傅回令冠县，因占籍聊城，至公七世矣。祖父为儒，不显于时。公生三岁能诵书，十岁能属文，稍长从大师受经讲，明义理之学，选为博士弟子属。明季大乱，不肯应举子试，时人莫测也。土贼围东昌城，几破，方开户雒诵，安然如不闻者。或曰："生死目前，奚事此？"笑曰："死生命耳。苟不死，天下不用读书人耶？"家故贫，不给于纸，作文字或就壁上起草，已，拭去更为之。夜或燃香照字，以故博通群书，尤留心经世之学，自天文、地理、礼、乐、兵、农之说皆考古审今，讨论原委，要求可以施于世者。尝诵古人之言，苟有用我则举而措之耳。

清朝定鼎，连举乙酉、丙戌科，进士及第第一人。授宏文院修撰。自明季，士习嚣凌，文章驳杂，公以开国鼎元，独守先正，轨则为文，元本理法，根柢经义。居官恂恂谨谨，不奔竞于势力，不跪随于门户，隐然有公辅之望矣。丁亥，分校会试，得黄机、张九征等二十人。累迁侍读、左庶子、少詹事，再迁为国史院学士，教习庶吉士。

世祖章皇帝稽古右文，留意经史兼及书画，公日承顾问，应对如响。世祖尝问"扼要"二字其义何分，群臣相顾未发。公对称旨由是有大用意。甲午，授内秘书院大学士。时公始预陪推，即蒙特擢，盖简在有素也。公感知遇之隆深，思报称，每赞书机务，蹇蹇匪躬，积劳成疾，未敢以请。乙未，陈安民大计三事，咸中机宜，加太子太保。谕旨有曰："卿等左右朕躬，恪勤职业，股肱竭力，各怀励翼之忱，密勿抒诚，共效赞襄之益。"寻为《两朝圣训》总裁，又为《通鉴全书》总裁。是岁以病请告，命大学士车克传谕曰："君臣之谊，终始相维，今后勿以引年请归为念。尔等岂忍违朕，朕亦何忍使尔等告归也？”寻赐汉字表忠录。命修《内则衍义》，又纂辑《周易》，复核《赋役全书》。

丁酉冬，皇太后违和，群臣惶惶，内阁奏疏颇多壅积，公于数日内悉为票拟，皆称上意。戊戌为会试总裁，取张贞生等四百人。是岁考满，以久参机务，懋著清勤，改武英殿大学士兼太子太保、兵部尚书，加少保，进阶光禄大夫，赠荫如制。十月，乃以葬亲乞假归。命学士王熙传谕曰：“途中保重，勿以朝政为忧。”然公自是卧疾不复出。庚子自陈，引疾求罢，得旨：“卿清慎素著，佐理有年，宜加意调摄，痊日即来供职。”逾年，闻世祖升遐，痛哭呕血，即日奔赴。寻以病再疏乞休，得归。又三年而没，年五十有七。遗言勿请恤、请谥，故恤典不及。

公方面丰颐，颏下多髯，伟腰大腹，不惯骑马，扈从南海子乘以黑驴，令二仆执辔，世祖偶见大笑。一日，赐画轴，乃图公骑驴小像，御书前人《云龙山下试春衣诗》，而改“马”字为“驴”，虽一时游戏，亦恩遇中一段佳话也。旧居郡东南隅，当贼围城时，有僧语人曰：“吾望东南气甚佳，城必无虑。”围果解。公笃于天性，垂老无间，居相位食不重味，衣皆再澣，与寒素无异。生平著述及在朝奏议毁于火，故不传。

史官曰：傅公起孤寒，不十年至宰相，必有以得主知者矣。予观当时诸相，权势相轧，党援贪戾者多矣，虽卒归败覆，其于倚毗何如也！傅公见可而进，审几而退，既清且慎，不争不党，君子人欤，古之大臣欤！（山东《东昌府志》）

傅维鳞 （1608—1667），字掌雷，傅永淳长子，灵寿人。少而颖异，读经史过目成诵，作诗赋染翰立成。与真定府梁清标、柏乡魏裔介同读书恒阳书院时，受真定知府范志完赏识，选拔为三杰生员。崇祯十五年（1642）中举，为燕赵著名才子。

顺治三年（1646）开进士科，与傅以渐同科会试，维鳞考中进士五十六名，殿试列二甲五十三名，赐进士出身。又选为庶吉士，以正七品进内翰林国史院庶常馆进修。因所著馆课清峻绝伦，破格提前二年授内翰林秘书院编修；又因政绩卓异，顺治四年（1647），嘉封儒林郎内翰林秘书院编修加一级，同时嘉封其父母。顺治五年（1648），维鳞奉命典试江南，旋晋左春坊左中允兼内翰林宏文院编修，得分修《明史》。顺治御试三院，维鳞文行超卓，列第三名。

顺治十年（1653），维鳞因直言冒犯执政大臣调离京师，出任按察副使东昌路兵备道，驻守临清（今山东临清市）。时临清为水、陆要冲，河东股肱之寄。因战祸城垣塌陷，逃人出没，为荒乱之地。维鳞赴任后，缮修城防，供储粮，赈饥民，缉捕逃士，安抚流亡，赖以活命者数万人。凡有大军经过，设法供应，不令民间输米。又以屯田之令无功而为民害，维鳞撰《屯田苦民书》，提出改革措施，投御史上奏朝廷，尽除屯田苛政，其民得以安居。任职二年，“治行为全国第一”。士民立碑，颂其功德。

顺治十二年（1655）十月，维鳞奉旨诏为大理寺少卿，旋升太仆寺卿，又升通政使。甫五日，适左副都御史缺，吏部尚书未及提名，上亲点维鳞升左副都御史。维鳞赴任后，上《谏游幸劝学疏》，洒洒数百言，意极忠恳，毫无忌讳。满臣司译为其咋舌，给谏陈协厉声曰：“此十四年来第一疏也。”维鳞复密陈边海机务，后悉知其所料。顺治十四年（1657）颁发《封通奉大夫都察院左副都御史加一级傅维鳞诰命》，同时颁发封其父傅永淳，赠其祖傅铤为通奉大夫都察院左副都御史加一级；其母彭氏、其祖母李氏赠为诰命夫人。维鳞于都察院知无不言，不避权贵，谏劝皇帝，语极剀切忠恳，每一疏出，争相传诵。

顺治十五年（1658）三月，维鳞奉命赈济广平、大名两郡，颂其公平。旋晋太子少保，户部左侍郎加一级。时盐条议上之，课引以清。

顺治十六年（1659）冬，维鳞请假归里，治理亡母坟。见灵寿连年遭灾，百姓赋役沉重，生活困苦不堪，乃率士民具呈请蠲荒赋，翌年得恩旨，准免灵寿水冲沙压荒田二百八十六顷六十亩，永免赋银三千四百六十九两。值世祖升遐，维鳞北向跪拜，捶胸顿足，号泣不止，如丧考妣。

顺治十八年（1661）五月，维鳞假满，回朝补工部右侍郎，旋晋左侍郎，七月迁工部尚书。上赐黑狐朝帽、貂裘朝服各一，彩缎八匹。康熙元年（1662）冬十一月五日早朝，雨雪霏霏，冰凝丹墀，维鳞滑坠阶下，摔伤左臂。康熙闻知，遣内大臣多次慰问，复遣御医诊视，再赐御制药饵、被褥等物。维鳞感泣誓以死报效。病稍愈即督孝陵，精勤察视，无间风雨。以三品考满，蒙赐羊酒表里。

维鳞在工部供职六年，内主部务，外督陵工，劳瘁之成痼疾。康熙五年（1666）六月，具疏恳请回籍养病，蒙旨准：“回籍调理，病愈起用。”十月抵家，渐有起色，六年二月，其父冢宰公病逝，维鳞抚棺痛哭，寝处，手书《冢宰公引实》。自是鸡骨支床，药饵无效，于康熙六年（1667）五月二十日卒。（河北《灵寿县志》）

傅和鼎 陕西泾阳人，举人，清朝康熙年间任安顺府知府，后任黎平府知府，于康熙二十九年（1690）撰《重修黎五合志》（即《黎平县志》）十二卷。康熙四十四年（1705）任福建都转运盐使司盐法道。（贵州《安顺府志》）

傅如璋 字奉辟，贵州瓮安草里（今瓮安草塘）人，傅必大子。少入湄潭邑庠，嗜学不厌，父必大常命守谷田中，辄携一卷往，夜中默诵所熟，有所遗忘，则燃稻秸烛之，其专一如此。与族孙占爵同试，中康熙五十三年（1714）甲午科举人，官四川达州州同。日引人士论文，从学者，屣履相接。后摄属县事，及署州篆，诸学子为之耳目，听断皆得情，所部称治。数年谢病，布蔬如未仕时。（贵州《瓮安县志》）

傅汝为　字宇宣，湖广江陵人。崇祯七年（1634）进士。令秀水、归善二县，擢南兵部主事。崇祯十四年（1641），李自成陷南阳，汝为擢汝宁知府，出守汝宁，至则缮城守望，励士卒。时大河以南县尽殁于贼。总督杨文岳率兵御敌，十四日城破，文岳被执，汝阳知县文师颐被杀于城上。汝为闻变，劝谓妻子曰："吾家世受国恩，既不能杀贼以释主忧，南郡何复惜此顶踵？但八十老父在，汝辈可疾归奉养。吾得死所矣！"十五年闰十一月，贼悉从汝宁。十三日，贼压城五里，兵渐不支，汝为闻变，赴水死。有绝命诗曰："孤城烽火彻宵红，倚堞时望仗钺雄。恋栈已无首尾救，借筹翻似马牛风。君恩未报遑将父，国步中兴自奏公。从此臣身为厉鬼，敢言海岳气如虹。"著有《淡思居诗集》。（据《明史·傅汝为传》、湖北《荆州府志》）

傅宏烈　（1623—1679），字仲谋，江西进贤十五都（今池溪乡）人。清顺治三年（1646）中举。由知县升任韶州同知，后提拔为陕西庆阳知府。

当时，明朝叛将吴三桂被封为云南藩王，蠢蠢欲动，阴谋叛乱。傅宏烈关心时局，疏请朝廷作好应变准备。当时清庭却以离间王公大臣罪，将其逮捕，拟处死刑。时逢康熙登基加冕，宏烈被特旨赦死，改流广西梧州戍边。

康熙十三年（1674）冬，吴三桂据云南叛乱，清广西镇宁将军孙延龄亦倒旗投降，并派提督郭茂补拘禁傅宏烈，以挟其归顺吴三桂。傅宏烈论理以大义，与孙延龄推心置腹交谈，断言叛乱终将失败，劝其回心反正，杀敌立功。出污泥而不染的延龄在其感召下，始有悔悟，决心与傅宏烈联合平藩。两人商议"明降暗斗"之计：傅宏烈假意投降，在孙延龄部下为将，以方便出入敌营，并亲往南宁联合交趾，使其派兵接应。

康熙十六年，傅宏烈通过广西巡抚麻尔吉向朝廷上疏，陈述征讨吴三桂，收复广西方案。康熙皇帝准可他的奏疏，并任其为广西巡抚兼抚蛮灭寇将军。同年七月，宏烈大举兴兵出征，首战韶州告捷，生俘叛军总兵王云龙。尔后又连克梧州、浔州、平乐三府，斩杀叛军总兵张元。前后五战，皆捷，傅宏烈威声大震。康熙十七年（1678）三月，傅宏烈乘胜出击，遣副将林大忠、张文玉分头进剿，攻克北流、兴业、陆川、博白四县。四月，再克郁林白米岭，斩叛军总兵梁子玉。至此，广西全境均告收复。

吴三桂得报孙延龄反正和广西全境失利后，异常愤怒。康熙十七年（1678）正月，派其孙吴世琮率大队精兵，由湖南宜章入犯广西。在桂林诱杀孙延龄后，又出兵浔州。广西总督金光祖与其交战失利，两广为之震惊。

清廷闻战事失利，广西吃紧的战报后，急令江宁总兵额楚率大军南下广西参战。傅宏烈与额楚两军会合后，日夜兼程与吴世琮大战于藤县。因兵力悬殊，战事两次受挫。此时，吴世琮骄横不可一世，命所部再犯梧州。

傅宏烈平时胆勇过人，战事暂时受挫毫不退缩。他总结前段战斗经验教训，抓紧时间整训军伍，并激励将士奋勇杀敌，争取阵前立功。

康熙十八年（1679）正月，傅宏烈与镇南将军莽依图率汉满联军坚守梧州，双方激战一月。吴世琮伤亡惨重，加之后勤供应紧张，已无力坚持再战，只得弃营趁夜而逃。汉满联军乘机出击，吴世琮所部溃不成军，败回湖南。

同年三月，吴三桂令元帅范齐韩占据广西柳城、融安两县，并窥伺进犯桂林、柳州，妄图打开通道以接应南宁。傅宏烈当即命济南将军邓林才，会同柳州提督马承荫进剿。数战皆捷，范齐韩兵败而逃。柳、融两县宣告收复，两广之危亦告解除。

捷报传至北京，康熙诏旨嘉奖宏烈的征战功绩，加授他为太子太保。此时，傅宏烈三次上疏，请求辞去广西巡抚，专职统兵进剿云南。康熙诏准，他于康熙十八年（1679）十二月兴师西征，大军直向云南进发。

柳州提督马承荫，原为吴三桂部将。吴世琮败回湖南后，他投降傅宏烈。此次进兵云南，马承荫被任为前锋。大兵至柳州时，他请傅宏烈到提督府发令，以统兵入滇。傅宏烈部将均认为马承荫反复无常，不可轻信而中其奸计。傅宏烈认为，马承荫既然投降，就不该有所怀疑。于是只率四十骑进城赴约。众部将担心事情有变，即令大队兵马尾随于后。马承荫见傅宏烈后有大军，疑为是来捉拿自己的，当即下令将傅宏烈拘禁，并押送到桂阳（今湖南桂阳县）。

当时吴三桂已死，其孙吴世瑶盘踞桂阳僭号称王。他素闻宏烈英勇机智，想劝之投降，为自己效劳。但傅宏烈大义凛然，对吴世瑶骂不绝口，终日颗粒不食，并作绝命词以殉节。不久，即被吴世瑶杀害，后其灵柩葬于进贤六都北岭（今凰岭乡北岭），占地十亩。康熙诏旨赐傅宏烈祭葬，并加赠太子太师、兵部尚书，谥忠毅。

傅宏烈不仅武略超人，且文才出众。除出师征战外，还著书立说，《易经须知》、《经教汇集》是他的代表作。（江西《进贤县志》）

傅　山　（1607—1684），字青竹，后改字青主，号真山、石道人、松桥老人等，阳曲（今山西省太原市）人，明末清初书法家、学者、医学家。世称“清代奇才，天下名医”。

傅山精通经史，是位饱学之士。忠君、爱国思想浓烈。明朝亡后，着朱色衣，居土穴中，自号朱衣道人。后隐居在阳曲附近山中，苦读医书，专研医学，研习金石书画。

清康熙十七年（1678），朝廷为了笼络汉族士大夫，消除对清廷的抵触情绪，特开博学鸿词科，以资延揽士子。傅山被当地官员用床抬到京城，强迫参加博学鸿词科，亦坚决不同意，朝廷免试硬加授中书舍人官衔放其回家。

傅山主张诗人应该“生于节气”，以是非有利于国家和民族为衡量标准。著述颇丰，惜所著宏说大都失散，只存书名、片名。留存于世的只有《霜红龛集》和《西汉人名韵》。傅山诗文、书法、绘画皆善学妙用，造诣颇深。“其知识领域之广，成就之大，在清初诸儒中，无出其右者”。书法被时人尊为“清初第一写家”。傅山大约于20岁开始学习晋、唐书法，总学不像，于是毅然改学频孟　董其昌，深爱其圆转流丽影响，临帖达到乱真程度，且从中悟出了做字先学做人的道理。尔后又复学颜真卿，并上溯魏、晋、汉，并提出著名的“宁拙毋巧，宁丑毋媚，宁支离毋轻滑，宁率真毋安排”的“四宁四毋”主张，表明其书法美学观点。特别是背书，笔法缓稳沉着，笔笔到家；结字从容不迫，宽博而不疏散；体势趋圆、趋转，融有篆籀遗法；行草纵逸跌宕，生动自然，能表现出宏逸、浑脱的艺术风格；篆隶书笔法浮古。所著《霜红龛集》共40卷，其中诗赋等14卷，文26卷。附录传记、事略等3卷，年谱1卷，除工篆、隶、楷、行、草诸体外，还能花山水，风格古拙奇特。

傅山博经史诸子百家和佛家之学。在哲学上以“叛经离道”自命，用佛学解释《庄子》，用训诂诠释《墨子》、《公孙龙子》等，阐述颇有新义，提倡“经史不分”，打破儒家正统只见，开清代经学研究的风气；反对宋、明学者注经的态度和方法，批评道学家为“奴儒”。

傅山精通医学，具有巨大的成就。后人将其医学见解和临床经验等集成了《傅青主女科》《傅青主男科》两书。（《中华傅氏名人》）

傅维楧　（1616—1700），字宜和。河北灵寿人。由拔贡授江南休宁县知县。顺治十六年（1659），郑成功入犯江南，防弁唐士奇、李芝等叛应之，焚掠四出，至休宁。维楧严保伍，厚守饷，昼夜登陴，贼攻四门不克，英招叛首，谕以大义，贼解甲去，邑赖以安。叙功，升贵州广顺州知州，致仕。（《灵寿傅氏文化遗产略览》，河北人民出版社，2007年版）

傅腊塔　（？—1694），伊尔根觉罗氏，满洲镶黄旗人。自笔帖式授内阁中书，迁侍读。康熙十九年（1680），授山东道御史，有声台中。二十五年，出为陕西布政使。二十六年，擢左副都御史，迁工部侍郎。二十七年，偕侍郎多奇往云南按提督万正色与总兵王珍互讦事。谳实，正色、珍俱论罪有差。调吏部，授两江总督。陛辞，上谕曰：“尔当洁己奉公，督两江无如于成龙者，尔效之可矣！”傅腊塔至官，清彝政，斥贪墨，谳狱尤明慎。赣县民诉知县刘瀚芳私征银米十余万，并蠹役不法。傅腊塔因劾布政使多弘安、按察使吴延贵、赣南道钟有德，于吏役婪赃不速勘，复从轻拟，曲为庇护。弘安、延贵、有德并坐罢。

二十八年，上南巡，阅运河，命傅腊塔会河道总督王新命勘仪真河闸。疏言：“闸外为北新洲，北新洲外又有涨沙平铺江中。应疏北新洲支河，直通四闸。粮艘循涨沙尾入新河口，可以通行。”别疏言：“江宁廛税累民，内输房税，外输廊钞，更外输棚租，请予蠲免。”皆如所请。二十九年，淮、徐饥，发常平仓谷赈恤，灾民赖焉。芦洲丈量，例委佐贰，民苦需索。傅腊塔定五年一行，悉以印官理其事。历年逋赋，量为带征，由是积困顿解。是年，监临江南乡试，疏称士子应试者万有余人，请广科举额，下部议，增广额四十名。疏劾大学士徐元文、原任尚书徐乾学纵子弟招权罔利，巡抚洪之杰徇私袒庇。诏毋深究，予元文休致。沭阳民周廷鉴叩阍讼降调侍郎胡简敬居乡不法，并及之杰瞻徇状，命傅腊塔按治。得实，简敬及其子弟并治罪，之杰夺官。

三十二年，广东巡抚江有良与巡盐太常少卿沙拜互讦。傅腊塔往按，有良、沙拜并坐受赇，夺官。三十三年，疏言：“淮、扬所属多版荒，巡抚宋荦曾请缓征，格于部议。臣履亩详勘，盐城、高邮等州县因遇水灾，业户逃亡者众。今田有涸出之名，人无耕种之实，小民积困。熟田额粮尚多悬欠，何能代偿盈万之荒赋？请恩赐蠲除，庶逃户怀归，安居乐业。”疏入，下部议，不许，上特命免征。旋卒于官。上闻，谕廷臣曰：“傅腊塔和而不流，不畏权势，爱惜军民。两江总督居官善者，于成龙而后，惟傅腊塔。”遣太仆寺卿杨舒赴江宁致祭，赠太子太保，谥清端，予骑都尉世职。士民怀之，为建祠江宁。四十四年，上南巡，经雨花台，赐祠额曰“两江遗爱”。雍正中，入祀贤良祠。（《清史稿·傅腊塔传》）

傅尔丹　（？—1752），瓜尔佳氏，满洲镶黄旗人，费英东曾孙，倭黑子也。康熙二十年（1681），袭三等公，兼佐领，授散秩大臣。四十三年，上西巡，驻跸祁县郑家庄，于行宫前阅太原城守兵骑射。有卒马惊逸近御仗，傅尔丹直前勒止之，摔其人下。上悦，谕奖傅尔丹，赐貂皮褂。寻授正白旗蒙古都统。四十八年，授领侍卫内大臣。五十四年，以诧疾未入直，罢领侍卫内大臣。命率土默特兵千赴乌兰固木等处屯田。五十六年，复授领侍卫内大臣。师讨噶尔丹，授富宁安靖逆将军，出西路；傅尔丹振武将军，出北踣，驻军阿尔泰。五十七年，疏请与富宁安分路进兵，谕定师期。傅尔丹请与征西将军祁里德将万二千人，以七月出布鲁尔，直抵额尔齐斯河。会策妄阿喇布坦使来乞和，令暂停进取，缮兵防守。上欲于乌兰固木、科布多筑城卫喀尔喀游牧，命傅尔丹相度具奏。五十八年春，傅尔丹疏请筑城鄂勒齐图郭勒，上以鄂勒齐图郭勒距师远，命更于科布多筑城。傅尔丹复疏言：“科布多阻大河，材木难致。请筑城察罕廋尔，距鄂勒齐图郭勒千里，中设十一站。”上从之。五十九年，将八千人自布拉罕进次格尔额尔格，准噶尔兵溃，击斩二百馀级，擒宰桑等百馀，尽降其众。又焚乌兰呼济尔敌粮，引还。雍正元年（1723），命兼统祁里德军，分兵驻巴里坤。三年，召还，授内大臣。四年，授黑龙江将军。六年，授吏部尚书，赐双眼孔雀翎。

初，青海罗卜藏丹津败走，准噶尔策妄阿喇布坦纳之。上屡遣使索献，策妄阿喇布坦亦遣使请和，上罢两路兵，久之议未决。策妄阿喇布坦死，子噶尔丹策零嗣，屡犯边。七年二月，上命廷臣集议，大学士朱轼、左都御史沈近思皆言天时未至，副都统达福亦言不可，惟大学士张廷玉赞用兵，上意乃决，复出师。命傅尔丹为靖边大将军，出北路；发京师八旗兵六千、车骑营兵九千、奉天等处兵八千八百，以巴赛为副将军，顺承郡王锡保掌振武将军印，陈泰、衮泰、石礼哈、岱豪、达福、觉罗海兰为参赞。定寿将前锋. 魏麟、闪文绣将车骑营，纳秦将奉天兵，塔尔岱、西弥赖将索伦兵，费雅思哈将宁古塔兵，阿三将右卫兵，素图将宁夏兵，承保、常禄将察哈尔兵，马尔齐、衮布将土默特兵，丹巴、沙津达赖将喀喇沁、土默特兵，法敏、伊都立、巴泰、西琳、傅德理饷，永国护印。上祭告太庙，幸南苑阅车骑营兵，御太和殿行授钺礼，赐傅尔丹御用朝珠、黄带、紫辔、白金五千，加少保。出驻阿尔泰。八年，噶尔丹策零表请执罗卜藏丹津以献，上命缓进兵。寻召与岳锺琪同诣京师议军事，遣还军。九年，疏言科布多为进兵孔道，请仍于此筑城，下廷议，如所请。

五月，傅尔丹移军科布多，噶尔丹策零遣所部嗒苏尔海丹巴为间，为守卡侍卫所获，诘之，曰："噶尔丹策零发兵三万，使大策零敦多卜、小策零敦多卜分将犯北路。小策零敦多卜已至察罕哈达，大策零敦多卜以事宿留未至。"傅尔丹信其语，计及其未集击之。令选兵万人，循科布多河西以进，素图、岱豪为前锋，定寿等领第一队，马尔萨等领第二队，傅尔丹举大兵继其后，令衮泰护筑城，陈泰屯科布多河东，断奇兰道。六月庚子，师发科布多，定寿等进次扎克赛河，获准噶尔逻卒，言距察罕哈达止三日程，准噶尔兵不过千人，未立营。傅尔丹命乘夜速进，行数日不见敌。戊申，获谍，言准噶尔兵二千屯博克托岭。傅尔丹遣素图、岱豪将三千人往击之。敌出羸兵诱师，而伏二万人谷中。己酉，定寿师次库列图岭，遇敌，斩四百馀级，敌驱驼马逾岭遁。庚戌，傅尔丹师至，素图、定寿皆会。辛亥，逐敌入谷，伏发，据高阜冲击。傅尔丹督战，杀敌千馀，塔尔岱、马尔齐督兵夺西山，敌据险，师攻之不能克。傅尔丹令移军和通呼尔哈诺尔，定寿、素图、觉罗海兰、常禄、西弥赖据山梁东，塔尔岱、马尔齐据其西，承保居中，马尔萨出其东，达福、岱豪当前，舒楞额、沙津达赖等护后。师甫移，敌力攻山梁东西二军，定寿等奋战。大风雨雹，师为敌所围。傅尔丹遣兵援塔尔岱出，又令承保援定寿，日暮，围未解。癸丑，海兰突围出，定寿、素图、马尔齐皆自杀；西弥赖令索伦兵赴援，兵溃，亦自杀。甲寅，敌环攻大营，傅尔丹督兵御之，杀敌五百馀。科尔沁兵溃，沙津达赖奋战入敌阵，师望见其纛，曰："土默特兵陷贼矣！"遂大溃。乙卯，永国、海兰、岱豪皆自杀。傅尔丹杂士伍中以出。敌大集，查弼纳、巴赛、达福、马尔萨、舒楞额皆战死。傅尔丹率残兵渡哈尔噶纳河，敌追至，击杀五百馀人。七月壬戌朔，还至科布多，收馀兵，仅存二千馀。

方战，科尔沁蒙古兵先败，傅尔丹闻人言，谓先败者土默特兵也。劾沙津达赖，论斩。归化城土默特副都统衮布降敌，戮其孥。傅尔丹疏请罪，上谕曰："损兵诚有罪，朕因尔等竭蹶力战，特宽恕之。痛恻难忍，不觉泪下！解朕亲束带赐傅尔丹。尔等毋妄动，敌至能坚守，即尔等之功。科布多不能守，可还军察罕廋尔。"傅尔丹复疏请罪，上谕曰："轻信贼言，冒险深入，中贼诡计，是尔之罪。至不肯轻生自杀，力战全归，此尔能辨别轻重。事定，朕自有处置。"寻命以锡保为靖边大将军，傅尔丹掌振武将军印，协办军务。十年七月，准噶尔侵乌逊珠勒，锡保令傅尔丹将三千人御之，败绩。锡保疏劾，罢领侍卫内大臣、振武将军，削公爵。十一年，锡保再疏劾傅尔丹，上察傅尔丹兵寡，原其罪，命留军效力。

十三年，伊都立等侵军饷事发，辞连傅尔丹，命侍郎海望逮诣京师下狱，并追论和通呼尔哈诺尔及乌逊珠勒失机罪，王大臣等依律拟斩。命未下，世宗崩，高宗即位，命改监候。乾隆四年（1739），与岳锺琪并释出狱。十三年，师讨大金川未下，授内大臣、护军统领，赴军，寻命署川陕总督，与锺琪治军事。大学士傅恒出为经略，奏傅尔丹衰老，惟熟于管理满洲兵，请专治营垒诸事。十四年，命为参赞。大金川师罢，授黑龙江将军。十七年，卒，赐祭葬，谥温悫。子兆德，袭爵；哈达哈，自有传。

傅尔丹颀然岳立，面微赤，美须髯。其为大将军，廷玉实荐之。钟琪尝过其帐，见壁上刀槊森然，问："安用此？"傅尔丹曰："此吾所素习者，悬以励众。"锺琪出曰："为大将，不恃谋而恃勇，败矣！"（《清史稿·傅尔丹传》）

傅　扆　（1614—1684），字兰生，一字彤臣，号丽农，明末清初山东新城人。事继母以孝闻。顺治十二年（1655）进士。初授河间府推官，官至监察御史。十四年，如京，授御史。后出按江西，闻九江兵缺饷将变，疾驰而至，论以大义，给饷二月，乱遂定。明年，乞养归。扆博闻强记，能诗文，跌宕有致。与王士祯善，以文章相切磋。著有诗文集二十卷，古赋一卷，《奏疏》二卷，词曲二卷，《诗语》二卷，《读书涉笔》二卷，《砚田漫笔》四卷，《续笔》二卷，《姓谱增补》十卷，《韵府补遗》六卷，《赠订尧山堂外记》一卷，《新城轶事》一卷及《傅氏博考》一卷，均见《清史列传》，并行于世。康熙间，举鸿博，罢归。工诗文，亦善作词曲。（《清史列传》）

傅汝友　（？—1680），巴县籍，陕西延安府清涧县人。官四川提标随征总兵。康熙十九年（1680），逆贼吴世璠踞贵阳，遣逆尤廷玉、胡国柱等复犯永宁，汝友随提督王之鼎往援。贼围三余月，粮尽援绝，城陷。之鼎部下汝友等十二人同被执。舁至贵阳，贼百方劝胁，汝友等无一降者，遂于九月二十九日延颈就戮于贵阳北门之川主庙前。是日黄尘蔽天，大风拔木，总都督同知赐祭葬。子宏经，以父难荫施州卫守备、千总。（贵州《贵阳市志》、乾隆庚辰本《巴县志》）

傅应芳 （1665—1728）年，说祖公109世孙。傅配祖之子，祖籍贵州普安，公自幼攻书习武，胸怀大志，从军担任都司（正四品）之职。住军徐州，睢宁等地。大清，康熙年间，贵州地方顽固派四处兴风作浪。一心想自成气候。朝廷经常指派钦差官员与大量军队，进行武力征讨都得不到稳定的效果。千千万万的无辜百姓，怨声载道在水深火热之中。为此朝廷特意指派，顿住徐州睢宁军队。平定贵州。都司应芳公奉命带兵进军贵州平越府。在瓮安福泉等地区安营扎寨。三个月时间，全力缴灭地方顽固派数万人之多。所剩余部，全部归顺朝廷。从那时起，贵州才得以多民族的团结。至今数百年。应芳公配汪氏。生子，大友，详见，中华傅氏通谱《贵阳卷一》。

傅　坤 （1725—1777）为说公后112代孙，沛祖公之三子，字昆，贵州瓮安人，自幼习武，在翰林高公景相麾下从军，奉命于滇黔川一带平息地方动乱，在贵州清水江、黔南州、云南镇雄州等战役中，屡立战功被编为川军。晋升为统领（旅长）职务，享受朝廷俸禄（见贵州黔南志）。坤公作战奇特，带兵如子，在恶劣的环境条件下，每次作战都会胜利归来，他英勇奋斗，临危不惧，为人发安居乐业立下了不朽的功勋。坤公作战到镇雄州后，在雨河大海子安家落业置地，如今的镇雄县雨河镇大海子村成了坤祖公后裔主要居住地，为傅氏后裔创造了宏大的基业。坤公为国忠诚，在平定动乱后，虽安家落业，但还带兵住营，报效朝廷，在军营抱病，因公殉职，英年五十二岁，以之敬矣。傅坤公配汪氏生子二，文魁、文举，后裔繁衍在贵州云南的部分县市，详见《中化傅氏通谱贵阳卷一》。

傅文魁 经商兴家业，诚信访弟踪。坤祖公之长子也，生于乾隆年间。公一生经商的根本原则是以诚信为主，公买公卖，迎来了三州五县的商家上门拜访，热闹一街之半，此门内，镶门口，渔塘口，人称此街为傅半街。家庭富裕，公常常深思怀念早年为朝廷效力，在普洱平息爆乱英勇就义的同胞弟弟文举公，魁公为手足之义付出了很多很多的精力，真让知情者可钦可佩。（《安顺傅氏家乘》）

傅文举 （1747—1779）是说祖公113世孙。傅坤公之次子，祖籍贵州瓮安，世袭父亲坤祖公武职，经常应征作战，屡立战功。大清。乾隆四十年（1775），从征三槐堡，职任守备。后来奉调克乱普洱，占捷数年，晋升为都统。普洱的朝廷官员及地方百姓，无一不称赞文举公的勇猛功勋。皆言，傅都统平定了动乱，才使三槐堡百姓安居乐业。只因遇上未消灭的残余敌人，逃离外地。重炼凶恶势力。如脱缰野马反冲都统营与普洱府。文举公为救朝廷官员与地方老百姓的安全，马上带兵冲向敌方展开九死一生的搏斗，部下惨死，文举公寡不抵众，不幸失机。尽忠全节，名留史册。墓葬普洱忠烈祠处。英年32岁。文举公配吴氏，生子三，启富，启贵，启荣。后裔繁衍于贵州云南的部分县市。详见中华傅氏通普《贵阳卷一》。

傅玉书 （1746—1812），字素余，号竹庄，贵州瓮安县草塘下司人。从小聪敏过人，六岁开始吟诗作对。阳春三月，随父龙光和塾师游于小河桥上。塾师以“河边渔翁停停钓”为上联考之，玉书即以“桥头学子抱抱袍”为下联相对。清乾隆三十年（1765）乙酉科考中举人，后任江西安福县知县，署瑞州府铜鼓同知。未及三年，罢官回家。

乾隆三十四年（1769），玉书进京会试落选，得知明末被无辜杀害的贤臣杨涟、左光斗两家儿女婚姻用鸳鸯镜作聘物，遂于三十八年冬撰成戏曲剧本《鸳鸯镜传奇》，揭露魏忠贤专权，结党营私，陷害忠良，导致明王朝由衰败而灭亡。借以“明雅正之分”，“口诛笔伐之义”。百余年后，尚书李苾园还大为推重。《鸳鸯镜传奇》为贵州早期的戏曲名作，在国内也颇有影响。

乾隆四十九年（1784），父病危，嘱其修志。玉书以十余年之见闻，上稽前史，旁及《通志》、《郡志》，参考雍正《瓮安县志》，于嘉庆三年（1798）纂成《桑梓述闻》十卷，四十篇，十余万字。实为私家编纂的县志。玉书在序言中写道：“不曰县志而曰《桑梓述闻》者，不敢侵邑大夫之权，且以著先君子之遗意也”。民国《瓮安县志》称其为“能使乡邦文献赖以不坠……实邑中数百年仅有之一人”。私家编纂出版县志，全省罕见。

玉书编辑的诗歌《黔风旧闻录》、《黔风鸣盛录》二十四卷，上自前明，下及乾嘉，广征博采，内容丰富，为相国阮芸台所校镌，翰林院编修翁同书等所推崇。其青壮年时期所撰的诗文汇成的《竹庄诗文集》四十余卷，礼部侍郎钱箨石为之作序，侍读吴白华、户部员外郎钱质夫等交口称赞。玉书与犹酉樵素交，常一起研究古文，以诗文相砥砺，两人诗文均有成就。《黔诗纪略后编》称：“诗文兼擅，自竹庄始。”“乾隆中，吾黔之谈古文者，以竹庄为称首，酉樵其次也。”

玉书历任贵州黄平星山书院、龙渊书院、镇远㵲阳书院、贵阳正习书院讲席。讲学之余，从事著述。除有上述著作之外，还有《读书拾遗》十余卷，《象数蠡测》四卷，《卦爻蠡测》二卷，《汉诗笺》四卷，《古今诗赋文抄》等等，也甚著名。民国《贵州通志》称“时海内学子无不知有竹庄者”。（贵州《瓮安县志》）

傅弼林 （1768—？），又名弼临，赉池次子。原籍江西瑞州府高安县珠湖塘。贵州黔西金坡傅氏始迁祖。公幼时聪明好学，思维敏捷，颇羡乡里商贾。稍长，即开始习做买卖。日积月累，出余入缺，贱买贵卖等生意之经了然于胸，逐渐成为乡闾业贾能手。

时嘉庆帝初立，天下太平，百姓乐业，商贾繁荣，邑人纷纷外出谋富求财。弼林公志存高远，携妻子曾氏欣然西行，几经磨难，转碾向前，翻山越岭，走进十万大山，来到贵州省黔西县城关西门。公见此地山清水秀，民风淳朴，是一处宜商宝地，遂卜居于此，落籍经商。他秉性忠厚，诚信待人，买卖公平，老少无欺，不几年便生意兴隆，家道逐渐殷实起来。他平生急公向义，乐善好施，邑闾街坊每有义举，皆率先响应，街坊邻舍咸谓之高义。

弼林公居家以忠孝教诲子孙。公生五子：代超、代玉、代仁、代强、代华。代华不负盛望，孝悌力业，为邑人所重。弼林公殁年失考，葬于黔西金坡街后大水井公鸡山（今黔西县金坡乡红场村公鸡山）。祖德流芳，泽及子孙。弼林公后裔枝繁叶茂，兴旺发达，或经商，或从政，多有成就，被誉为一方望族。（贵州《黔西金坡傅氏族谱》）

傅　云　（？—1815），字从龙，贵筑（今贵阳市）人，乾隆四十四年（1779）以行伍补抚标左营外委。五十二年台湾林爽文反，从总兵讨之，屡立战功。五十三年正月，云手擒爽文，矛伤其右腿，福康安赏以大银牌。二月攻下鼻头，又擒贼帅庄大田。六月，台湾平，旋贵州。五十九年进把总。六十年胡贵苗反，二月从击贼，解正大营围。四月与贼战于麦地，战甚力，贼伤其左胁，创愈，攻克大乌草河及狗脑坡，升镇远千总。嘉庆二年（1797），南笼狆家苗反，从总兵往征，云先行辟安枯排沙凉风坳诸处路，以延官军，四月从击贼于新城，解其围，再战于碧峰山，重被伤。升普洱守备。六月，云别率清江兵攻洞洒，擒七绺须，升石阡都司，从翼长进兵黄草坝，旋调往四川征剿教匪，从四川将军提督，进兵所至，有战功，升贵州提标前营游击，四年正月、三月、五月屡与贼战于竹石坪，手擒贼首罗其清。七月升永北营参将，其月叙南笼功，剿北乡功。最剿马乃屯锣锅背松林红崖，亦最悉予功札纪录，又随征至陕西。十月攻克双相树张公桥二道河大蓬寨，生擒贼首李潮，击杀贼帅张汉潮。参赞大臣明亮奏请赏戴花翎。俄从经略额勒登保剿贼。五年五月击杀贼帅庞洪胜，生擒洪胜子有儿，七月叙四川功，攻克沙兜寨结石岗，功皆最，又叙剿洞洒功，获贼帅王囊仙，功次最，通道碧峰功最，克安有山梁功次最，皆与功札纪录。六年正月，从剿贼帅伍怀志于宁陕厅。六月自旧县关追怀志，擒之于一层崖。又擒伪副帅胡长胜等十二人，宁陕贼平。七月从至四川开县，与贼战于满月槽，擒其渠帅廖世雄、魏琼等，十月生擒贼首高见奇于紫阳县县之邱家沟，伪军师伪元帅周万友皆授首。已，别率兵屯斑鸠关，防贼冲逸。七年四月，追贼于羊圈，至高头坝，贼逸入湖北大溪河，云及之，生擒贼目张二镖，贼目王国贤被围急，赴水死。九年七月，川陕教匪悉平，云自兴安还永北。十一年十月调威远营参将，十四年十月升（湖北）竹山协副将，十七年署郧阳总兵，十八年正月旋竹山，十九年陕西教匪复反，云率兵防关垭，贼平，旋任，以伤发乞归。久之，卒于家。（《贵州通志》、《贵阳府志》）

傅　潢　（1773—1837），字星北，号筱泉、松眉，清贵州贵阳人。十三岁学诗，十六年工诗，十九岁补县学生。学政洪亮吉教之以汉学，又从翟翔时学，故学行咸有矩则。嘉庆三年（1798）游湖南，历时四年，学益大进。八年教授于贵定，作《诗义长篇》二十五卷。九年应乡试本已中举，因用汉注义，黜置副榜。自此连岁客京师，结交当时诸多名士，遍览载籍，作《篠泉笔记》。十三年，充国史馆誊录。次年改充八旗教习官。十五年在顺天中举人，十六年蒋立镛榜成进士。回籍，主讲正习书院八年。道光二年（1822）选任直隶博野县知县，逢大水，监赈灾民。继又连任满城、丰润、宛平知县。十一年任广西兴安知县。继任苍梧知县，时苍梧有冤案，株连数十人，数年不决，他到后，察知无辜，尽放之。十四年任百色同知，次年充广西同考官，升全州知州。十七年调西隆州，未上，四月卒于桂林。著有《庭训》四卷，有诗集十六集。（《贵阳市志·人物志》）

傅怀芳 贵州桐梓县官仓坝人，傅汝梅（字春和）之长子，征仕郎，议叙训导，家学渊源，世安儒素。怀芳少英敏，颖悟过人，长嗜学，登道光丁酉拔贡，砥行砺品，为文洋洋洒洒数千言。邑文庙朽壤，屡议重修不果。丙申夏，陈令鳌来任，委怀芳董其事，司出纳，督工匠，勤慎不苟，凡七阅月告成，悉如制。而明伦堂、尊经阁、惜字阁，魁星、名宦、乡贤等祠，亦次第藏功。惜不永年，三十五岁遽卒，生三子，皆学成。少子廉，宦蜀，详《宦绩》。（《桐梓县志》）

傅绳勋 （约1780—1860），山东聊城人。其父傅廷辉，祖父傅永绰 曾祖傅宅揆，高祖傅以渐，自东昌（聊城）傅氏始迁祖傅回至傅绳勋计十一世。

字接武，号和轩，又号秋屏。自幼聪明好学，刻苦自励，英俊少年即考取秀才。时隔不久，即于嘉庆十八年秋考中举人。嘉庆十九年（1814）三月赴京会试，考取贡士。四月二十一日，在保和殿内参加殿试，四月二十五日传胪，傅绳勋考取第二甲第四十七名进士。五月四日，被选为庶吉士，在翰林院肄业三年，嘉庆二十二年（1817）四月二十日散馆。他曾任武英殿协修，工部虞衡司主事、郎中，军机处章京，方略馆纂修。道光乙酉、戊子科顺天乡试同考官。道光十一年（1831）出任广东琼州府知府，后改调四川夔州知府，升任陕西潼商兵备道，浙江盐运使，广东盐运使。在任广东盐运使期间，潮州府有洋人入城，百姓起哄事。傅绳勋奉檄赴潮州查办，以恩谊结百姓，以德威慑洋人，事得平和了结，广东人民对傅绳勋感恩戴德。因政绩斐然，傅绳勋于道光二十二年（1842）四月十六日，擢升为陕西按察使。道光二十四年（1844）二月六日，升为云南布政使。道光二十五年（1845）正月十日，改调广东布政使。道光二十六年（1846）九月二十五日，任江宁布政使。道光二十八年（1848）六月二十六日，擢升为浙江巡抚。是年六月二十八日，改调江西巡抚。当时，德化等二十余州县大水成灾，傅绳勋一赴任即捐廉银三千两，用以赈济灾民，又奏请借用库款，资助灾区，广大饥民赖以苏息。道光二十九年（1849）四月四日，傅绳勋调任江苏巡抚。其间，因与两江总督陆建瀛不和，以病为由，上疏辞职。咸丰元年（1851）二月二十五日，傅绳勋辞去江苏巡抚职务，返回故乡聊城。

咸丰初年，洪秀全的太平天国大军攻克南京，宋景诗率“黑旗军”在鲁西北暴动，清廷震惊。傅绳勋奉旨任督办山东团练大臣，诰授荣禄大夫，官阶从二品。他协力防守，出谋划策，致使东昌府署所在地聊城，安然无恙。事后，咸丰皇帝下诏重新起用，而傅绳勋却称病未赴任。晚年讲学于济南“泺源书院”和聊城“启文书院”，卒于家，享年八十二岁，入祀乡贤祠。

傅绳勋的作品大多散佚，现存的《重修东昌试院记》和《朱母王安人传》两篇文章，被收录在清宣统二年（1910）版《聊城县志》中。《重修东昌试院记》，写于同治三年（1864），该文刻在石碑上，石碑在今聊城教育学院院内。傅绳勋现存的墨迹也不多，道光二十八年（1848）《重修东昌光岳楼记》碑文，是由杨以增撰写，傅绳勋“书丹”，至今仍保存在光岳楼上。

傅绳勋的另一重大历史功绩是与胞弟傅纪勋一起组织族人纂修《东郡傅氏族谱》。该族谱于道光二十三年（1843）印行，当时，傅绳勋正任陕西按察使。《东郡傅氏族谱》，既撰写了家族史，又保存了许多珍贵的史料，尤其是有关傅以渐的资料，如《国史列传·傅以渐传》、翰林院编修德州宋弼所撰写的《少保大学士傅公传》，另有一篇未署名的《皇清诰授光禄大夫少保兼太子太保武英殿大学士傅公家传》等等。上述史料不但可以弥补《清史稿·傅以渐传》和《聊城县志·傅以渐传》的缺陷和不足，而且对于研究傅以渐这位著名的历史人物堪称“弥足珍贵”。

通过《东郡傅氏族谱》保存下来的大量史料，我们不但可以分清“阁老傅”家族的世系，而且对于研究当时东昌府其他名门望族与傅氏的关系也大有帮助，与此同时还可以订正《聊城县志》（清宣统二年，1910版）中的许多错误，并填补其空白。

傅绳勋与杨以增的关系非同一般，二人既是童年时代的好朋友——“总角交”，又是世交和亲戚。所谓世交，即傅绳勋之父傅廷辉与杨以增之父杨兆煜“性情气谊，大略相同，故投契最深，无三日不过从也，如是者廿年”。杨以增将他们的关系比拟为东汉的范式和张劭之间的“死生交”。所谓亲戚关系，即傅绳勋的母亲和杨以增之妻，同系顺治朝工部尚书朱鼎延的后裔；更进一层的是，杨以增与傅绳勋结为“姻亲”——傅绳勋的长女嫁给了杨以增的次子杨绍和为妻。张英麟撰《翰林院侍讲学士杨公墓志铭》载：“杨绍和娶傅淑人，江苏巡抚傅公绳勋长女。”在讲究“门当户对”官宦家族联姻的时代，杨以增与傅绳勋作为“儿女亲家”堪称“般配”，二人都是进士出身，杨以增于道光二年（1822）考取第二甲第八十三名进士，官至江南河道总督，从一品封疆大吏。傅绳勋翰林出身，官至浙江、江西、江苏巡抚，诰授从一品文职官阶“荣禄大夫”。傅绳勋与咸丰朝宰相贾桢也是“儿女亲家”，傅绳勋的次子傅沅是贾桢的女婿，大名鼎鼎的翁同龢也是贾桢的女婿，傅沅与翁同龢是连襟。傅延生、傅庭芳、傅斯涵、傅一正、傅坦五位拔贡，均见于《东郡傅氏族谱》，却被《聊城县志·选举志》遗漏。由此可见，傅绳勋纂修《东郡傅氏族谱》，功不可没。

傅绳勋有八个儿子：长子傅浚，次子傅沅，三子傅汉，四子傅湝，七子傅濂。其他诸子名字无可查考。（山东聊城政协《东昌望族》）

傅　廉　字湘泉，贵州桐梓县人。傅怀芳子。弱冠知名，年十六补弟子员，咸丰辛酉拔贡，朝考一等，授某部小京官，在职二年转主事。数年，丁母艰，归。值同治丙寅，县城失陷。知县黄克巩请办团务，不得已，墨经从戎，纠合团练战守兼筹，桑梓倚赖。丁卯服阕，仍到部就职。光绪元年（1875）改官四川知县，禀到即襄办军务，历充发审筹饷等局差务，大吏察其能，委署威远县事政，平讼理。继署眉州，授四川越隽厅同知。所至政绩卓著，后代理资州，因病请假回省就医，明年卒于成都。（《桐梓县志》）

傅良举　（约1832—1868），贵州遵义仁怀县人。咸丰二年（1852）从军入伍，攻打金刀坑落门城有功，由遵义五属封顶子五个，任遵义府事。咸丰八年（1858）奉旨回归故里辅政平乱。他修筑麻窝沟品义寨，招安各方头领，屯兵扎营；负责平息仁、桐、遵、习边境匪患，维护边境社会安定，保护边民安居乐业。同治七年（1868）九月初四日，出外劝降遇难，殁于官摩岩川塘。匪徒乘机抢占了麻窝沟品义寨。同治八年（1869）四月初四，傅良举之妻王氏为夫报仇，调兵二十余人以借粮度荒为由，上寨斩杀匪首“尼姑头”，一举夺回了品义寨，维护了圆满观地区边境安定和傅姓安居乐业。（贵州《仁怀圆满观傅氏族谱》）

傅龙光　名文学，字燕侯、石臣，又号月川。清朝贵州瓮安人，贵州著名诗人傅玉书之父。科举累试不中，未为官。潜心研究经义，以《礼》经为言行准则。著述宏富，有《易经管见》十卷、《易经浅说》十二卷、《学隐》二卷和《晴雨石》《玉华捧月》《钟鼓石》《狮子岩》《瓮安县赋》等诗词，他是清朝雍正、乾隆年间贵州知名的学者和诗人。（贵州《瓮安县志》）

傅瑶光　字灵川。瓮安县人，龙光弟。优贡生，画家。乾隆年间，授祁州吏目。因负其能，抵触上司，被罢职归里。他博学多能，医、卜、星、相、书、画、诗、文、琴、棋、剑术，几无所不能。著有《白云诗赋集》。（贵州《瓮安县志》）

傅　恒　（？—1770），字春和，富察氏，满洲镶黄旗人，高宗孝贤纯皇后弟也。

父李荣保，祖父米思翰。傅恒自侍卫擢户部侍郎。乾隆十年（1745）六月，命在军机处行走。十二年，擢户部尚书。十三年三月，孝贤纯皇后从上南巡，还至德州崩，傅恒扈行，典丧仪。四月，敕奖其勤恪，加太子太保。时讷亲视师金川，解尚书阿克敦协办大学士以授傅恒，并兼领吏部。讷亲既无功，九月，命傅恒暂管川陕总督，经略军务。寻授保和殿大学士，发京师及诸行省满、汉兵三万五千，以部库及诸行省银四百万供军储，又出内帑十万备犒赏。十一月，师行，上诣堂子告察，遣皇子及大学士来保等送至良乡。傅恒既行，上日降手诏褒勉。傅恒道陕西，言驿政不修误军兴，上命协办大学士尚书尹继善摄陕西总督，主馈运。入四川境，马不给，上又命尹继善往来川、陕督察。旋以傅恒师行甚速，纪律严明，命议叙，部议加太子太傅，特命加太保。固辞，不允。发京师及山西、湖北马七千佐军。傅恒发成都，经天赦山，雪后道险，步行七十里至驿。上闻，赐双眼孔雀翎，复固辞。

初，小金川土舍良尔吉间其兄泽旺于莎罗奔，夺其印，即丞于嫂阿扣。莎罗奔之犯边也，良尔吉实从之，后诈降为贼谍。张广泗入奸民王秋言，使领蛮兵，我师举动，贼辄知之。傅恒途中疏请诛良尔吉等，将至军，使副将马良柱招良尔吉来迎，至邦噶山，正其罪，并阿扣、王秋悉诛之。事闻，上褒傅恒明断，命拜前赐双眼孔雀翎，毋更固辞。十月，至卡撒，以屯军地狭隘，与贼相望，且杂处番民市肆中，乃相度移旧垒前，令总兵冶大雄监营垒。十四年正月，上疏言："臣至军，察用兵始末：当纪山进讨之始，马良柱转战而前，逾沃日收小金川直抵丹噶，其锋甚锐。彼时张广泗若速进师，贼备未严，殄灭尚易；乃坐失事机，宋宗璋宿留于杂谷，许应虎败衄于的郊，贼得尽据险要，增碉备御。讷亲初至，督战甚急，任举败没，锐挫气索，军无斗志，一以军事委张广泗。广泗又为奸人所愚，专主攻碉。先后杀伤数千人，匿不以闻。臣惟攻碉最为下策，枪炮不能洞坚壁，于贼无所伤。贼不过数人，自暗击明，枪不虚发。是我惟攻石，而贼实攻人。贼于碉外为濠，兵不能越．贼伏其中，自下击上。其碉锐立，高于浮屠，建作甚捷，数日可成，旋缺旋补。且众心甚固，碉尽碎而不去，炮方过而复起。客主劳佚，形势迥殊，攻一碉难于克一城。即臣所驻卡撒，左右山巅三百馀碉，计日以攻，非数年不能尽。且得一碉辄伤数十百人，得不偿失。兵法，攻坚则瑕者坚，攻瑕则坚者瑕。惟使贼失所恃，我兵乃可用其所长。拟俟诸军大集，分道而进。别选锐师，旁探间道，裹粮赢入，逾碉勿攻，绕出其后。番众不多，外备既密，内守必虚。我兵既自捷径深入，守者各怀内顾，人无固志，均可不攻自溃。卡撒为进噶拉依正道，岭高沟窄，臣当亲任其难。党坝隘险，亦几同卡撒，酌益新军。两道并进，直捣巢穴，取其渠魁。期四月间奏捷。"上以金川非大敌，劳师两载，诛大臣，失良将，内不怿。及是闻其地险难下，益不欲竟其事，遂以孝圣宪皇后谕命班师，而傅恒方督总兵哈攀龙、哈尚德等攻下数碉。上以金川水土恶，赐傅恒人参三斤，并及诸将有差，屡诏召傅恒还。又以孝圣宪皇后谕封一等忠勇公，赐宝石项、四团龙补服。傅恒奏言："金川事一误，今复轻率蒇事，贼焰愈张。众土司皆罹其毒，边宇将无宁日。审度形势，贼碉非尽当道，其巢皆老弱，我兵且战且前，自昔岭中峰直抵噶拉依，破竹建瓴，功在垂成，弃之可惜。且臣受诏出师，若不扫穴擒渠，何颜返命？"并力辞封赏，上不允，手诏谓："匈奴未灭，无以家为，乃骠姚武人锐往之概。大学士抒诚赞化，岂与兜鍪阃帅争一日之绩？"反复累数千言，复赐诗喻指。

时傅恒及提督岳锺琪决策深入，莎罗奔遣头人乞降，傅恒令自缚诣军门。莎罗奔复介绰斯甲等诣岳锺琪乞贷死，钟琪亲入勒乌围，挈莎罗奔及其子郎卡诣军门。傅恒遂受莎罗奔父子降，莎罗奔等焚香作，誓六事：无犯邻比诸番，反其侵地，供役视诸土司，执献诸酋抗我师者，还所掠内地民马，纳军械枪炮乃承制赦其罪。莎罗奔献佛像一、白金万。傅恒却其金，莎罗奔请以金为傅恒建祠。翌日，傅恒率师还。上优诏嘉奖，命用扬古利故事，赐豹尾枪二杆、亲军二名。三月，师至京师，命皇长子及裕亲王等郊迎。上御殿受贺，行饮至礼。傅恒疏辞四团龙补服，上命服以入朝。复命用额亦都、佟国维故事，建宗祠，祀曾祖哈什屯以下，并追予李荣保谥，赐第东安门内，以诗落其成。

十九年，准噶尔内乱，诸部台吉多内附。上将用兵，谘廷臣，惟傅恒赞其议。二十年，师克伊犁，俘达瓦齐以归，谕再封一等公，傅恒固辞，至泣下，乃允之。寻图功臣像紫光阁，上亲制赞，仍以为冠，举萧何不战居首功为比。二十一年四月，将军策楞追捕阿睦尔撒纳未获，上命傅恒出视师，赴额林哈毕尔噶，集蒙古诸台吉饬军事。傅恒行曰，策楞疏至，已率兵深入，复召傅恒还。

三十三年，将军明瑞征缅甸败绩，二月，授傅恒经略，出督师。时阿里衮以副将军主军事，上并授阿桂副将军、舒赫德参赞大臣，命舒赫德先赴云南，与阿星衮筹画进军。

三十四年二月，傅恒师行，发京师及满、蒙兵一万三千六百人从征，上御太和殿赐敕，赉御用甲胄。四月，至腾越，傅恒决策，师循戛鸠江而进，大兵出江西，取道猛拱、猛养，直捣木梳。水师沿江顺流下，水陆相应。偏师出江东取猛密，夹击老官屯。往岁以避瘴，九月后进兵，缅甸得为备。傅恒先数十团出其不意，攻其未备，水师当具舟。上初命阿里衮造舟济师，阿里衮等言崖险涧窄不宜舟，傍江亦无造舟所。上又命三泰、傅显往视，言与阿里衮等同。及傅恒至军，谘土司头人，知蛮暮有山曰翁古多木，旁有地曰野牛坝，野人所居，凉爽无瘴。即地伐木造舟，野人乐受值，执役甚谨。傅恒即使傅显佐莅事。舟成，督满、汉兵并从行奴仆，更番转搬。又得茂隆厂附近炮工，令范铜为炮。状闻，辄降旨嘉奖，为赋造舟行焉。傅恒初议自将九千三百人渡戛鸠而西，师未集，七月，将四千人发腾越。上以经略自将师寡，促诸军速集如初议。八月，傅恒自南蚌趋戛鸠。奏至，上方行围木兰，入围获狍，畀福隆安以赐傅恒。傅恒道南底坝至允帽，临戛鸠江，时猛拱大头人脱猛乌猛、头人贺丙等，诣傅恒请降。师至，脱猛乌猛将夹江诸夷寨头人来迎，与贺丙具舟。傅恒命分兵徐济，夹江为寨猛拱后土司浑觉亦请降，献驯象四。上赉三眼孔雀翎，傅恒疏辞。师复进，取猛养，破寨四，诛头人拉匿拉赛。设台站，令瑚尔起以七百人驻守。遂至南董干，攻南准寨，获头人木波猛等三十五人。进次暮腊，再进次新街。傅恒自渡戛鸠江，未尝与缅甸兵战，刈禾为粮，行二千里不血刃，而士马触暑雨多疾病。会阿桂将万馀人自虎踞关出野牛坝，造舟毕成，征广东，福建水师亦至，乃合军并进。哈国兴将水师，阿桂、阿里衮将陆师，阿桂出江东，阿里衮出江西。缅兵垒金沙江两岸，又以舟师扼江口。阿桂先与缅兵遇，麾步兵发铳矢，又以骑兵陷阵，缅兵溃。哈国兴督舟师乘风蹴敌，缅兵舟相击，死者数千。阿里衮亦破西岸缅兵，傅恒以所获纛进。上复为赋诗，阿里衮感瘴而病，改装水师，旋卒。十二月，傅恒复进攻老官屯，老官屯在金沙江东，东猛密，西猛墅，北猛拱、猛养，南缅都阿瓦，为水陆通衢。缅兵伐木立寨甚固，哈国兴督诸军力攻，未即克。师破东南木寨，缅兵夜自水寨出，傅恒令海兰察御之，又令伊勒图督舟师掩击，复获船纛。缅兵潜至江岸筑垒，又自林箐中出，海兰察击之，屡有斩馘。师久攻坚，士卒染瘴多物故，水陆军三万一千，至是仅存一万三千。傅恒以入告，上命罢兵，召傅恒还京。傅恒俄亦病，阿桂以闻。上令即驰驿还，而以军事付阿桂。会缅甸酋懵驳遣头人诺尔塔赍蒲叶书乞罢兵，傅恒奏入，上许其行成。傅恒附疏言：“用兵之始，众以为难。臣执意请行，负委任，请从重治罪。”上手诏谓：“用兵非得已，如以为非是，朕当首任其过。皇祖时，吴三桂请撤藩，谘于群臣，议撤者惟米思翰、明珠数人。及三桂反，众请诛议撤诸臣，皇祖深辟其非。朕仰绍祖训，傅恒此事，可援以相比。傅恒收猛拱，当赐三眼孔雀翎，疏辞，俟功成拜赐。今既未克贼巢，当缴进赐翎，以称其请罪之意。”懵驳遣头人诣军献方物。十月，傅恒还驻虎踞关，上命傅恒会云贵总督彰宝议减云南总兵、知府员缺，厘正州县旧制。

三十四年二月，班师。三月，上幸天津，傅恒朝行在。既而缅甸酋谢罪表久不至，上谓傅恒方病，不忍治其罪。七月，卒，上亲临其第酹酒，命丧葬视宗室镇国公，谥文忠。又命入祀前所建宗祠。其后上复幸天津，念傅恒于此复命，又经傅恒墓赐奠，皆纪以诗。及赋怀旧诗，许为“社稷臣”。嘉庆元年（1796），以福康安平苗功，赠贝子。福康安卒，推恩赠郡王衔，旋并命配享太庙。傅恒直军机处二十三年，日侍左右，以勤慎得上眷。故事，军机处诸臣不同入见，乾隆初，惟讷亲承爵。迨傅恒自陈不能多识，乞诸大臣同入见。上晚膳后有所谘访，又召傅恒独对，时谓之“晚面”。又军机处诸大臣既承旨，退自属草，至傅恒始命章京具稿以进。上倚傅恒为重臣，然偶有小节疏失，即加以戒约。傅恒益谦下，治事不敢自擅。敬礼士大夫，翼后进使尽其才。行军与士卒同甘苦。卒时未五十，上尤惜之。子福灵安、福隆安、福康安、福长安。（《清史稿·傅恒传》）

傅之奕　（约1660—约1742），字嗣期，贵州桐梓人，傅尔谦次子，尔玄之侄。自幼聪慧，博学多才，但时运不济，到五十多岁才中清康熙五十二年（1713）癸巳科举人。其后两度进京会试未中，后截取江苏上元县知县。著有《四书讲义》《麟经全旨》《双梅堂诗集》（四卷）。其诗和平安雅，宗法元白，与李晋齐名。卒年八十二岁。（贵州《遵义地区志》）

傅代铎　字牖堂，傅之奕孙，清遵义桐梓人，乾隆癸卯第十一名举人。家贫，馆于外，忽心动，驰归，父病方剧，割臂疗之。后官山东青州临朐知县，清慎自持。在任三载，改教职。归，买田纳学，为邑人录遗费。著有《牖堂诗钞》，亡佚。《播雅》选载八首，其一《四月初十日出临朐署偶成》：“伸眉一笑脱笼樊，自顾才疏愧理繁。官去真如重胄免，身轻始觉敝裘温。诗教久废缘为吏，书喜重看欲课孙。莫道归休无长物，传家犹有砚田存。”（贵州《桐梓县志》）

傅汝桂 （？—1763），清遵义绥阳人。乾隆十八年（1679）中举，乾隆廿五年（1760）成进士。官四川射洪县知县，任二年卒于官。其祖傅钊，清廪生；父维澄，又名继征，清庠生，皆英年早逝。傅钊亡时，祖母时年三十六岁，父维澄亡时，母时年十九岁，汝桂时年二岁。至婆媳俱孀，悲不欲生，几欲赴黄泉，忧汝桂孤独，婆媳守节不易，共矢冰操，共育汝桂，苦心教子成名，终中进士。其祖母黄氏四十九岁卒，乾隆三年（1738）题旌，建坊于绥阳县城西关外，贵州巡抚赠诗四首，其一云：“为母为师数十年，机书声乱夜灯前。而今画阁流芳远，节义文章动九天。”县建牌坊，以示旌表。（贵州《遵义市志》）

傅育贤 字哲楷，号晓亭。清贵州瓮安人。乾隆壬午举人。为人淳朴无华，时以严正自持。掌教川书院十余年，勤于课士，多所造就。年八十三卒。著有《山居集》、《山谷草堂集》。（贵州《瓮安县志》）

傅师瞿 （约1755—约1836），字又淳、恕庵。清遵义仁怀人。乾隆四十五年（1780）庚子科举人。任印江教谕，升安顺府教授，嘉庆二十三年（1818）授直隶定兴县知县。以性耿直，为上官所厌，未一年即解官。八十岁时精力尚壮，能自理生活。道光年间，卒于湖北松滋，仅行李、破书数箧而已。著有《四梧轩诗集》。（贵州《仁怀县志》）

傅汝怀 字渊伯，一字确园。清贵州瓮安人。傅玉书之子。嘉庆年间贡生。主讲贵州黔西万松书院，晚年以贡生选教官。著有《确园诗稿》十余卷。整理其父所辑黔诗，编成《黔风旧闻录》六卷和《鸣盛录》十八卷，并增辑《黔风演》数卷。（贵州《瓮安县志》）

傅荣祖 （？—1863），字济川，清贵州黔西州（今毕节黔西县）永五甲人，居谢石田。癸亥春，号匪入境，各团溃散，被贼逼扑沿弓塘，死者数百，莫之敢御。济川乃招集流民复故土，联络附近三十余村，号一心团，新制器械，申明约束。命子德芳率众御贼，先后接战，杀贼数百名。年余，贼党不敢犯其境，三十余寨赖以保全。既而贼势愈众，遵黔居民胁从歹尽，独其团誓死不投。及父子积劳身故，地方始被蹂躏，至今里人言之，犹多感泣者。（贵州《黔西州续志》）

傅启绪 （1803—1863），字心斋，贵州遵义县泮水镇永安人。道光十二年（1832）考中三甲进士，分发到吏部任主事。咸丰立帝后，受封奉直大夫。咸丰七年（1857），太平天国翼王石达开与天王洪秀全决裂，带领十五万太平军西征。傅启绪闻讯后，立即启奏皇帝，请求返乡泮水组织军队围剿石达开。咸丰帝准奏，并允许他带领任职于京城的胞侄傅从中，侄孙傅连楫到贵州，复令贵州总督田兴怒分拨清兵回泮水。田兴怒接旨后，将傅启绪二子傅怀忠、傅作忠（二人均为千总）部下二千清兵点交傅启绪。傅启绪于同年腊月，带领子侄、官兵回到泮水，并招募地方乡勇二千多人组成团练进行军事训练。咸丰九年（1859），石达开率太平军到黔谣、打鼓新场（今金沙）一带休整，召开军事会议，征集粮草，补充军械，确定入川路线。贵州总督令吴安康率清军迎战太平军。吴好胜轻敌，未把太平军放在眼里，一开始猛攻猛打，结果被太平军伏击打败。田兴怒闻报，令傅启绪带兵援助，傅启绪接令后，兵分两路直赴打鼓新场。同年七月七日，对驻打鼓新场的太平军发起猛攻，并将在泮水特制的二十四门大炮同时向太平军开火。吴安康余部见援兵到来，士气大增，向驻守五星坡的太平军发起猛攻。傅怀忠、傅作忠带领敢死队冲入太平军大营，太平军抵挡不住，撤兵仁怀。傅启绪回师泮水后，自筹资金于咸丰十一年（1861），在现泮水镇纸厂村土地上修建“傅家寨”，每日投工二千余人。同治元年（1862），石达开在四川涪陵大战失败，挥师返黔，自统大军取道仁怀鲁班场，佯攻傅家寨。另一路由佐辅李福猷率领从遵义—鸭溪—西安直取傅家寨。同年九月二日夜，太平军偷袭傅家寨失败，交战受创。第三日，石达开从岩孔来到泮水，登上凤凰山观察傅家寨，见寨上旗帜鲜明，寨墙坚固，传令部下“改日再来攻打”，率太平军撤往黔腰。太平军虽撤走，但石达开组建的黄、白号军，不断发展，日渐强大，时常进兵攻打傅家寨。一次，傅启绪令傅启勋到岩孔探敌情，遭白号军围歼，傅启勋等二十几人死于岩孔。傅启绪于同治二年（1863）五月，病死于傅家寨。（编者根据遵义县《泮水镇志》资料整理）

傅尔谦　字若虚，贵州桐梓人，傅元和次子。以岁贡随父破贼有功，官湖广溆浦知县，有惠政，告归养亲。永历称号，用为兵部职方司主事，赐敕云：“伏处林泉，应抱张良之痛；抗怀击楫，饶具祖逖之才尔。”其益励臂力，倡大义以挽未昧之人心，广联络以鼓导周之将士。永历入滇，遂隐不出，年八十五乃卒。（贵州《桐梓县志》）

傅同形　字鹤亭，遵义桐梓人，之奕次子。乾隆四十五年（1780）举人。博览嗜吟，游历半天下。著有《雪鸿草》、《雪鸿续草》，存诗数千首。后人评其诗“语态温和，自饶蕴籍，足称嗣响。”书法亦精。卒年九十余。（贵州《遵义市志》）

傅同人　字子野，清遵义桐梓人。雍正甲辰举人。父之岩，字来筑，贡生，以学行称诗，文人争传诵。同人孝友端谨，言行必以礼仪。一日，在馆闻继母病，驰归。至中路，遇一虎，语之曰：“当食则食，不当食则去。”虎垂头去之。《诗选》选其诗《水仙花》：“南园雪后一花无，独伴仙人风韵殊。琴在为弹东海操，月洒如赠汉皋珠。小书玉版问相对，文石磁盘信可娱。樊弟梅兄知忆否，凌波罗袜正清癯。”（贵州《桐梓县志》）

傅清　（？—1750），富察氏，满洲镶黄旗人，李荣保次子，傅恒弟也。雍正间，授侍卫。乾隆初，累迁至直隶天津镇总兵。康熙中定西藏，留兵镇抚，以大臣驻藏办事，为员二，嗣省其一。是时驻藏副都统索拜当代，命傅清以副都统往。十一年，疏言："西藏处徼外，西北界准噶尔，北通青海，为四川西南外郛。自雍正十二年（1734）设塘汛，不特传送官文书，且以联络声气。上年索拜以节费议撤汛，使藏人任邮递，谓之番塘。未几辄被盗。今准噶尔当入藏熬茶，番塘恐滋误。请自打箭炉至藏复置塘汛，酌冲僻远近，当得兵千人以内。"议如所请。

十二年，西藏郡王颇罗鼐卒。颇罗鼐爱其次子珠尔默特那木札勒，请以为嗣，遂袭爵为郡王。上谕傅清曰："颇罗鼐更事多，黾勉事中国。珠尔默特那木札勒幼，傅清宜留意。如珠尔默特那木札勒思虑所未至，当为指示。"傅清疏言："颇罗鼐在时，长子公珠尔默特策布登出驻阿里克夏，当令珠尔默特那木札勒帅师出驻腾格里诺尔、喀喇乌苏诸处。今仍遣珠尔默特策布登驻阿里克夏，令别遣宰桑驻腾格里诺尔、喀喇乌苏诸处。"又以准噶尔入藏熬茶，请增兵分路防护。上命与珠尔默特那木札勒商榷，毋涉张皇。十三年，命以提督拉布敦代，傅清还。复授天津镇总兵，迁古北口、固原提督。珠尔默特那木札勒请撤留藏兵，上从之。旋以副都统纪山代拉布敦。

十四年，纪山疏言珠尔默特那木札勒与达赖喇嘛有隙，请移达赖喇嘛置泰宁。上知珠尔默特那木札勒乖戾且为乱，命驻藏大臣复旧置二员，予傅清都统衔，自固原复往。纪山复疏谓珠尔默特那木札勒言其兄珠尔默特策布登将举兵相攻，上命傅清途中诇虚实。傅清疏言："珠尔默特策布登未尝构兵，珠尔默特那木札勒妄言，借以夺其兄分地。臣至藏，即将珠尔默特那木札勒惩治。"是时，上已遣侍郎拉布敦代纪山，因谕傅清，珠尔默特那木札勒乖戾且为乱，令熟计密奏。

十五年，傅清与拉布敦先后至藏，珠尔默特那木札勒迫其兄珠尔默特策布登至死，遂逐其子，遣使通准噶尔，叛逆有迹。上命副都统班第赴西藏，与傅清、拉布敦密谋取进止，仍诏傅清、拉布敦毋轻发，并密谕四川总督策楞勒兵为备。珠尔默特那木札勒谋愈急，绝塘汛，军书不得达。傅清与拉布敦未得上诏，计以为："珠尔默特那木札勒且叛，徒为所屠。乱既成，吾军不得即进，是弃两藏也。不如先发，虽亦死，乱乃易定。"

十月壬午，召珠尔默特那木札勒至通司冈驻藏大臣署，言有诏，使登楼，预去其梯，若将宣诏。珠尔默特那木礼勒方拜跪，傅清自后挥刀断其首。于是其党罗卜藏札什始率众围楼数重，发枪炮，纵火，傅清中三创，度不免，自刭死。拉布敦死楼下。主事策塔尔、参将黄元龙皆自杀。通判常明中矢石死。从死者千总二、兵四十九、商民七十七。事闻，上轸悼，宣示始末，谓其"揆几审势，决计定谋，心苦而功大"。傅清追封一等伯，谥襄烈，旋命立祠通司冈。丧还，上临奠。其子孙以一等子世袭，赐白金万。

班第至藏，戮罗卜藏札什等，疏陈珠尔默特那木札勒自立名号，通款准噶尔，称策旺多尔济那木札勒为汗，请其发兵至拉达克为声援。上复降诏褒傅清、拉布敦，建祠京

师，命曰双忠。子明仁，以侍卫袭子爵。从征金川，卒于军。（《清史稿·傅清传》）

傅 鼐 （？—1738）富察氏，字阁峰，满洲镶白旗人，清朝大臣。初授侍卫。雍正二年（1724），授镶黄旗汉军副都统、兵部侍郎。三年，调盛京户部侍郎。世宗在潜邸，夙知傅鼐好事，既即位，令隆科多察其为人。隆科多称傅鼐安静。傅鼐在上学尝言隆科多子岳兴阿甚怨其父，谓“我家受恩深，当将生平行事据实奏闻，若稍有隐饰，罪更不可逭”。及隆科多被谴追赃，岳兴阿隐其父财产。上以与傅鼐言不符，疑傅鼐与隆科多交结，虑且败，预为岳兴阿地。会傅鼐任侍卫时，浙江粮道江国英被劾，为关说，得银万馀。事发，上命夺官，械系逮诣京师，下刑部按治。谳上，免死，发遣黑龙江。

九年，召还，赴大将军马尔赛军营效力。寻予侍郎衔，授参赞大臣。十年，准噶尔台吉噶尔丹策零入寇，额驸策凌御之额尔德尼昭，噶尔丹策零大败，自推河窜走。时马尔赛驻拜里城，有兵万三千。策凌檄速发兵断噶尔丹策零归路，马尔赛不能用。傅鼐进曰：“贼败亡之馀，可唾手取也！请发轻骑数千，俾率以战，事成，功归大将军；事败，原独受其罪。”马尔赛默然，再三言不应，至长跪以请，终不许。傅鼐愤甚，将所部出城逐敌。噶尔丹策零已遁走，得辎重、牛羊万计。事闻，上诛马尔赛，赉傅鼐花翎。平郡王福彭代为大将军，傅鼐参赞如故。噶尔丹策零既大创，不敢深入，师亦未能远征。上召策凌及大将军查郎阿诣京师廷议，庄亲王允禄及策凌等主进讨，大学士张廷玉等言不若先抚之，不顺则进讨。两议上，上问傅鼐，傅鼐赞抚议。降旨罢兵，遣傅鼐偕内阁学士阿克敦、副都统罗密谕噶尔丹策零。噶尔丹策零欲得阿尔泰山故地，傅鼐力折之。十三年，使还，予都统衔，食俸。

高宗即位，命署兵部尚书，寻授刑部尚书，仍兼理兵部。乾隆元年（1736），疏言：“刑罚世轻世重。我朝律例，颁布于顺治三年（1646），酌议于康熙十八年（1679），重刊于雍正三年（1725）。臣伏读世宗遗诏曰：凡诸条例，或前本严而朕改从宽，此乃昔时部臣定议未协，朕与廷臣悉心斟酌而后更定，应照更定之例行；若前本宽而朕改从严，此以整饬人心风俗，暂行一时，此后遇事斟酌，若应照旧例者，仍照旧例行。臣思圣心惓惓于此，盖必有所轸念而未及更正者也。皇上以世宗之心为心，每遇奏谳，斟酌详慎。臣见大清律集解附例一书，现今不行之例犹载其中，恐刑官援引舛错，吏胥因缘为奸。请简熟悉律例大臣，详加核议。律文律注，当仍其旧。所载条例，有今已斟酌改定者，应从改定；有应斟酌而未逮者，悉照旧章。务归于平允，逐条缮折，恭请钦定纂辑颁布。”得旨允行。又疏言：“断狱引用律例，宜审全文。若摘引律语，入人重罪，是为深文周内。律载：‘官吏怀挟私仇，故勘平人致死者，斩监候。’又载：‘若因公事干连在官，事须问鞫，依法拷讯，邂逅致死者，勿论。’律意本极平允。数年来，各督抚遇属员误将在官人犯拷讯致死，辄摘引‘故勘平人’一语，拟斩监候。尚书张照又奏准：‘如将笞杖人犯故意夹拷致死二命以上，及徒流人犯四命以上，俱以故勘平人论。’不思既非怀挟私仇，于故勘之义何居？若谓在官之人本属无罪，则必有诬告之人，应照律抵罪；若谓轻罪不应夹讯，命盗等案，当首从未分，安能预定为笞杖、为徒流？若谓拷讯不依法，自有‘决罚不如法’律在，致死二人、四人以上，当议以加等。请敕法司酌改平允。”下部议行。是秋，以勒借商银，回奏不实，夺官。寻命暂署兵部尚书。二年，授正蓝旗满洲都统。三年，坐违例发俸，发往军台效力。寻卒。（《清史稿·傅鼐传》）

傅飏言 字厂宾。清贵州瓮安人。少孤，赖祖母抚养成立。为人光明俊伟，有气节，不近时。关闽濂洛之学、汉魏唐宋之文，靡不究心。自飏言出，而新繁文体一变。张宏仁、黄熙载皆出其门。（贵州《瓮安县志》）

傅怀忠、傅作忠 傅怀忠（1826—1863）、傅作忠（1827—1863），二人均是傅启绪之子，先为监生（文秀才），后为千总（武秀才），遵义县泮水镇永安人。傅怀忠、傅作忠兄弟俩相差一岁，性格意趣相和，自幼形影不离，好学好动，机智过人，胆量超群，好舞刀枪。六七岁时，双双进入傅家学堂。在傅氏的严格教育下，道光二十六年（1846）同去黔西州赴考，均考上秀才。至此兄弟二人更加情深义重，患难相顾。后弃文习武，投师三载，刀枪箭戟，马上马下，各般武艺精通。咸丰初年，二人赶赴贵阳参考，均中武举，并任职于省城，不久提升为千总。咸丰七年（1857）傅启绪从京城返回贵阳，贵州总督田兴恕将二千清兵拨交傅启绪带回泮水，又招募乡勇二千多人，由傅怀忠、傅作忠二人指挥训练，游击于遵义、沙士、大定（大方）、仁怀，并同傅启绪修筑傅家寨。同治四年（1865），兄弟二人在保卫傅家寨的战斗中，立下军功，清朝政府授予傅怀忠四品军功，授予傅作忠五品军功。不久，二人死于战事。（编者根据遵义县《泮水镇志》资料整理）

傅连华 （1844—1873），贵州遵义县泮水镇永安人。傅连华两三岁时即非常聪俊，言语流利，记忆力很强。五六岁时，在母亲陈氏的教诲下，能背诵朗读百余首诗，《三字经》《百家姓》更是倒背如流。咸丰九年（1859），傅连华十四岁赴黔西州考取第一名补廪秀才。咸丰十年（1860），时年十六岁的青年秀才傅连华被泮水父老一致推荐撰书灵主庙碑文，竖立于泮水下场口灵主庙前的大柏树下。同治四年（1865），傅家被农民义军攻破，傅连华随傅氏老幼逃出傅家寨，幸免一死。翌年秋天，傅允忠请兵平定农民义军后，得重返泮水。傅连华在胞叔傅允忠和良师的严格管教下，学业大进。同治六年（1867），赴贵阳乡试中举人，同治九年（1870）进京参加会试，考中贡生。同治十二年（1873）参加殿试，考中进士。同年返乡祭祖，从京城至武汉，改乘木船西上，船经三峡地界，不服水土，身染痢疾，无医无药，死于船上。（编者根据遵义县《泮水镇志》资料整理）

傅有赓 清贵州贵阳人，学者。他于道光十八年（1838）撰写了《三国志音证》。古代南朝刘宋时裴松之编写了一部《注三国志》，成为人们研读《三国志》不可缺少的辅助与参考材料，但它亦非完美无缺。傅有赓的《三国志音证》，为其补缀音义之不及，是一部很有价值的书。（贵州《贵阳市志》）

傅忠信 广西人。初参加太平军，咸丰五年（1855）为检点，十月随石达开自安徽安庆（令安庆市）西援湖北，继赴赣。次年三月，攻克吉安（今吉安市），留此驻守。九月至永新（位井冈山北），寻集合临江（今蒲江县，位新干县北）等地义军往分宜（今宜春市东），援袁州（今宜春市），为清军所拒。咸丰七年（1857），随石达开独立行动，由赣去浙、闽，复入赣南。次年十月，率部占领瑞金，进向会昌。咸丰九年（1859）三月，与赖裕新攻占湖南桂阳、郴州、嘉禾等地，旋回永州，转取东安。八月，趋广西，旋经金州（兴安县东北）等地至融县（今融水苗族自治县，位柳城县西北）。十月，占庆远（今宜山县，位柳州市西）。咸丰十年（1860）一月，同谭体元等脱离石达开，走柳州、象州（位柳州市东南）等地。九月，从龙虎关（位湘桂边界恭城县北）进入湖南，旋入江西。其所部由谭体元率领赴皖。之后，傅忠信事迹未详。（《中国古今名人大辞典》）

傅　衡 原名钧，字虎生，清贵州贵筑县（今贵阳市）人。同治六年（1867）举人，官广西左州知府。性气疏狂，博学多艺，文章、诗、词、书、画，无所不能。其画喜仿唐朝大小李将军的金碧山水，笔触细如游丝，而骨力贯注，精锐绝伦，为贵州省杨龙友、马瑶草之后仅见的杰出画家。其诗突兀横放，恰似其人。词亦有佳作。著有《师古堂诗集》、《师古堂词钞》等。（《吟诗纪略后续》）

傅得胜 （？—1864），号心斋，贵州普安县人，性忠勇廉介。同治二年（1863）从总兵赵德昌，逾盘江，剿兴郡县令陈澍南，克复县城，战绩卓著，果保至副将。三年春，署普安营游击，督兵剿普盘两属贼。身先士卒，甘苦与共，所向有功。龚盆叟，悍贼也，望风归降，一见倾心。四月由播政独山，进营楼下，攻者归山贼巢，盆叟战死，旋克之，逐月五，赐进营小歹苏（县北），以瞰新城。新城贼闻之震慑，议纳款，时有袖重金投诚者，得胜却之曰："余不爱财，只望人肯反正耳！此间兵众兵军胜算难，必如能平贼，即为人民之福，抑或为贼戕害亦冀，百姓念我一声好耳。"五月四日，轻骑山相战也，至磴脚下干海子，劣贼伏小松林内击之，中飞子而亡，尸失无获，绅民哀之，葬其衣冠于今盘县北门外凤鸣山，傅文溪公墓侧，岁时祀焉。（贵州《普安县志》）

傅　孙 清贵州贵筑县人。由监生报捐同知，单月选用。因剿办固始股匪案内保奏，以同知分省归候补班前补用。又因陇肃清案内保奏，补缺后以知府用。又于收复吐鲁番满汉两城案内保奏，归知府班加监连使衔，遵例报捐指省湖北。同治十二年（1873）十一月引见。（《清代官员履历档案全编》）

傅振邦 （？—1883），山东昌邑人。道光十六年（1836）武进士，授三等侍卫。二十三年，出为湖南长沙协中军都司，署镇筸游击。三十年，从平新宁土匪李沅发，受枪伤，赐花翎，实授游击。咸丰二年（1852）赴援桂林。三年，从向荣追太平军抵江南，擢湖南抚标中军参将。以围攻江宁功，赐号绰克托巴图鲁。四年，擢贵州定广协副将，署江苏徐州镇总兵。太平军由芜湖犯东坝，陷高昌，向荣令迎击，败之，复其城。又偕邓绍良克太平府，逼秣陵关，破太平军于采石矶。六年，莅徐州署任。捻酋张洛行、夏白、任乾围宿州，振邦败之夹沟、符离，解城围。再败张洛行于瓦子口，毁其巢。击退蒙城捻军于滩口。又偕伊兴额破捻酋纪学中、王得六于永城铁佛寺，毁柳集、临涣集捻军巢，擒学中。实授徐州镇总兵。会江南大营失利，命振邦驰援。总兵明安泰、秦如虎破太平军东坝，进攻溧水，七年，克之。又破太平军湖墅，追至龙都。偕张国梁克句容。加提督衔。八年，援宁国，拔湾沚、黄池，郡城解严。四月，回军徐州，命帮办袁甲三军务。

时捻军蜂起，振邦驰逐江北、皖、豫之间。擒石得珍于山套，覆李大喜于符离，蹙孙葵心于茨河，归德、陈州均肃清。以提督记名。九年，命代袁甲三督办三省剿捻军事，副都统伊兴额副之。寻复命帮办钦差大臣胜保军，仍留督办三省剿捻事。浍北捻渠刘添福纠众三万，围团练苗沛霖营，振邦驰救，毁捻军营垒二十四。乘胜攻浍南阵，斩捻酋任乾，夷其圩。授云南提督。蒙城王家圩、诸圩闻任乾死，俱乞降。独淝南板桥集捻军陆连科负隅久抗。振邦设计招降黄家圩，李华东为内应，擒陆连科诛之。淝南北六十余圩悉就抚。六月，捻军陷定远，振邦驰援，破捻军于宿州。捻军退固镇，破之于方家坎渡口。孙葵心窜唐家寨，窥济宁，截击之，捻军退走。

十年，诏袁甲三代胜保为钦差大臣，振邦专任徐、宿剿捻事。捻军屡窥徐、宿。其老巢袁、徐两圩跨浍河南北，振邦进剿，连破其冲要。临涣、韩村、赵家海、张圩等自拔就抚，遂渡浍河攻袁圩。捻首刘添福自豫回窜，击败之，再破之褚庄、邱家圩、檀城，五战皆捷，歼捻军六千有奇，擒其首领任护、任大牛。东路捻军扰宿迁、睢宁，振邦战于苗村，大破之。闰三月，偕田在田克阎圩，擒任虎、任三摩等诛之。复破援军，擒李大喜。四月，连克浍南解沟、五沟、任圩捻巢，斩捻军首领李四喜、任李得三十余名。收抚童亭、藕池四十二圩。五月，会攻袁圩，捻军首领刘添福等大举来援，分军击之。而永城捻万余直趋童亭，窥孙町大营。振邦令副将张耀伦击败其众，擒捻首赵学焕等。七月，拔蒙城西洋集捻军圩十四。颍、亳捻首姜台凌等北窜浍南。扼险截击，擒捻目百余。寻因伤发，请假回籍医治，允之。

十一年，命督练民团，防堵登、莱、青三府。振邦病未已，疏辞防堵，请专任团练，报可。是年冬，命来京候简。

同治元年（1862），胜保奏调振邦帮办皖豫军，为山东所留，不果行。二年，僧格林沁调统前军，从攻淄川、白莲池，援蒙城。三年，从破捻酋张总愚。四年，以疾告归。

未几，疾愈，留督军青、莱，移扼张秋河防。六年，会剿直隶捻军。捻军降复叛，褫翎顶。寻破贼夏津，复之。五年，西捻平，补直隶提督。光绪六年（1880）调湖北。九年，以伤发回籍，未几，卒于家。赐恤，谥“刚勇”。（《清史稿·傅振邦传》）

傅善祥（1832—？），字鸾史。江宁（南京）人。清道光十二年（1832）春生于南京城南钞库街。父槐，屡试不第，为例监，上元（南京）书吏。

善祥幼聪慧，三岁能诵《长恨歌》，琅琅上口。少长即能诗，尝咏《寒帘》有句云：“怕有风删垂密密，更无人处护重重。”极为汤雨生都督所赏。父母俱奇爱之，不啻拱璧。每顾而乐之曰：“此吾家不栉进士也！”每一诗出，闺阁传写，由此才名大噪。

将及笄，慕名求偶者众。善祥语父曰：“凡求婚者，请试以诗。”因是少年弟子欲为东床选者，无不貌拟汉魏，口谈李杜。然皆不当意。

道光三十年（1850）二月初十日，洪秀全太平天国起事。义军自广西金田北上，夺永州，出湖南，克武昌，所向披靡。咸丰三年（1853）二月十一日，义军下南京，旋即定都于此，易名天京。

九月，洪秀全增开女科天试。十月初一秋闱开场，善祥被取为天朝女科状元。寻入东王府，擢为簿书，杨秀清一切文札皆委以处之。凡有文书，皆归批判，颇当东王意。善祥恶弃诘屈聱牙之文，力倡朴实明晓之风，令为文语句不加藻饰，只明白晓畅，以便人人易解。由是义军中官吏无不尚文。有不合善祥式者，辄令改之。

太平天国四年（1854）春，东王杨秀清纳善祥。自此日侍东王左右，东王宠之专房，而善祥亦善逢迎王意。

东王佑政事，辜事严整，立法安民，民心佩服。然位高权重日渐骄横跋扈，滥施权威。凡东王驾出，官兵士民如避不及，当跪于道旁。如敢对面行走者斩首不留，由是义军将士积怨日深。善祥尝以谏劝。一日，东王朝罢归府，善祥随行，途中忽遇巡查陈继书背负公文而来。因突然相遇兼且负重，继书竞忘跪。东王大怒，喝令当街杖三百。善祥晓以大义，徐徐劝阻之，东王终为其言所折服，亲释继书缚，赏银三蘸，继书感激涕零而去。

时义军中有一女百长于武昌战乱中收留一失散女名朱慧仙，人称朱九妹。东王征识字女入府，九妹不欲，女百长匿而未报。事发，东王大怒，杖杀女百长，并责令九妹入府罚治厨庖，九妹屡泣。善祥闻而怜之，欲助其返家。适东王出巡，遂擅放九妹出府。东王归怒，欲斩司阍者。善祥挺身而出曰：“此为臣妾所为，欲坐者请诛臣妾！”东王盛怒，即令枷号女馆，聊示薄惩。善祥于馆中修书上呈，东王览书悔怜不已，即假以天父命，亲赴女馆接善祥回府，情意弥笃，宠爱益深。

初，义军起事立男、女营，将起义之夫妻母子隔离，诺以克江宁后团聚。及立都天京，此令未除，且更令庶民男女分居，夫妻相处亦谓触犯天条当斩，因是军民怨生，义军将士时有叛亡者。东王语善祥曰："吾待众不薄，何以见背？"善祥答曰："家人团聚天之常理，人之常情，实难违拗。今不若顺乎众意，准团聚，许婚配，则人民可安矣！"东王从之，诏诰天下，许夫妻团聚，男女婚配，并置男女媒官专司媒妁之事。是以军民雀跃，人心大定。

初，天王洪秀全有妹名洪宣娇，尝与东王杨秀清相悦，然宣娇用情匆专，寻与北王韦昌辉有染，旋嫁西王肖朝贵。朝贵殁，宣娇寡居。定都天京后入侍东王，东王碍于天王情面违意纳之。及善祥入府，东王专宠，宣娇妒甚，尝谒天王，谓东王"竟薄手足，而信妖女"。天王召秀清，从容讽以手足旧谊，不宜以疏间亲，秀清默然。越日，东王假天父降身，暴宣娇之隐慝，斥使长跪自责，由是宣娇怨秀清。

是时，东王恃功，屡欲篡位。善祥屡屡谏之，不听。太平天国六年（1856）七月，东王假天父下凡，召天王入府，强令天王封东王为万岁。善祥闻之，叹息不已。

九月初，东王与部属密谋杀天王以代之。讵料宣娇窃听，密报上闻。天王急召北王韦昌辉及燕王秦日纲，及赖汉英、罗琼树诸将入京，谋诛杨秀清。

善祥察知有异，遂密谏东王曰："宣娇言甘而态媚，异乎平日，此有所图也；且北韦燕秦非令而至，此来者不善，不可以不备！"东王不以为然，傲然曰："北韦仅吾幼弟，吾卵翼彼，岂敢逆天而行，密图于我？"遂不听。善祥见其执迷不悟，掩泣而退。

翌日夕，韦昌辉令赖汉英先伏勇士于东王府后，罗琼树率甲士接应，并以敢死侠徒伪充娈童。已，与秦日纲佩剑而入东府赴宴。席间，昌辉起身佯向东王禀报军情，乘其不备，忽抽刀猛刺秀清，洞其胸背，东王殒命。预伏甲士蜂拥而入，东王府顿成屠城。

事发后，众人百般寻觅无果，善祥不知所终。（《状元传·傅善祥传》）

傅寿彤　（1818—1887）原名华赓，后更名昶，字青余，清贵州贵筑（今贵阳市）人。道光二十四年（1844）举人，咸丰三年（1853）癸丑科进士，三甲七名。早年父亲傅潢教以洪亮吉之学，是乾嘉年间汉学大师洪亮吉的籍传弟子。平生笃信王阳明"知行合一"之学，又拜汉学名家程恩泽为师，将朴学与理学合而为一。其博学多才，精于汉学、史志、书法、诗词，是当时贵州在汉学领域能与"西南巨儒"郑珍、莫友芝相提并论的学人。中进士成为翰林院庶吉士后，不久从军，投入与捻军的战斗中。他知兵善战，屡败河南捻军，因此被督师河南的僧格林沁亲王称赞为"文官能习武事"的难得人才。傅寿彤以军功特授检讨，历任归德、南阳、开封知府，河南汝光道，光绪元年（1875）迁河南按察使、布政使。善书法，幼年随宦粤中，服膺许郑之学，乡试时为学使何绍基赏识，何书“实事求是”赠之。寿彤书法师何绍基，四体皆工，中年精研晋草运腕之妙，尤得道真传。晚年居长沙，该地书家甚多，而傅氏书名特彰，求书者应接不暇。晚年退居林下，筑“止园”于长沙，居十余年，著述多种。著作有《孝经述》《古音类表》《于庭学裔》《澹勤室诗录》、《湘漓别志》《十六国年表》《十六国方域考》十四卷《吴越游记》《吴越归程记》《淡语》《真录篇》《古文辞》等。另著《古易殊文记》一卷、《易源》二卷。他认为自商瞿而后，传《易》者代不乏人，唯典午以前之三十二家为有师法。但自江左王弼《注》于学官，而《易》古义亡。自庸《兼义》出，并古《易》注皆亡矣！认为经莫古于《易》，而《易》家之授受，源流亦最繁，非挈其纲，述其略，以己意贯其先后，致使易的眉目不易明也。光绪十三年（1887）卒于长沙，与妻刘氏合葬于湖南浏阳南乡渡头市淡庄。育五子五女。（贵州《贵阳市志·人物志》）

傅梦琼　（1834—1900），女，字清漪，清朝贵州贵筑（今贵阳市）人。她是河南按察史傅寿彤之长女，贵州开州（今贵阳市开阳县城南永兴场人）朱庆墉之妻，北洋政府代总理朱启钤（1872—1964，五任北洋政府的交通部长，三任内务部长，代理一任国务总理，新中国成立后曾任北京市政协委员、全国政协委员）之母。善诗，著有《紫荆花馆诗》一卷，首刊于朱启钤编《紫江朱氏家乘》。（侯清泉编《贵州历史人物》）

附：

先妣傅太夫人行述

朱启钤

傅太夫人，讳梦琼，河南按察使傅公寿彤长女，生而敏慧，幼秉礼教，精女工书算，尤好涉览群书，能通大义。先大父丽生公，与傅公本以姻娅为文字交。每过从，见先府君端瑾好学，遂以许字，戚党称者佳耦。咸丰初，傅公以翰林改官河南，嗣除南阳知府。丁巳，先大父以毕节教谕家居告终，傅公乃召先府君至府署读书。服阕，即就甥馆成嘉礼。维时黔省贼匪窜扰，烽火连郊，先大母率姑叔等困居危城，艰难万状。先府君得家书，亟欲赴援。时东南道梗，数千里遍地荆棘，亲友咸以阻塞为虑。太夫人谓先府君曰：“伯兄等以官职羁绊，不克往，君宜独任厥艰，间道探进，费不给，当出私蓄备缓急，毋事他虑。”先府君韪之，星驰回黔，奉先大母并携姑叔四人出。先大母自经变乱，抵豫屡病。二伯父方以微职，需次会垣，陡增食指，日益难给。先大母恒郁郁不乐，先府君始另卜居奉迎就养。时授两舅氏读，藉束修以供菽水。不足，太夫人则私典钗钏以助，故能得先大母欢，诸姑叔亦怡怡相依，从无闲言。先府君励行独学，屡试不售。傅公念先府君家贫累重，曾以报输军粮，移奖通判，冀稍博禄养，以慰亲心。而先府君坚欲继承先绪，以未博一第为憾，不肯轻就。故虽家况极寒，而志未稍挫。太夫人曲体厥意，独立撑持，凡居家琐屑之事，不以扰先府君，俾得专致力于学。庚午，先府君从黄子寿太姻丈入京肄业，应京兆试，不第归。先大母衰病愈增，诸姑年已及笄，行将遣嫁，忧愤交集。太夫人侍奉浮药之余，兼筹治奁具，分先府君忧。讵先大母病弥笃，竟于壬申夏弃养，先府君哀毁逾恒，痛创莫起。太夫人摒挡丧事，备极艰窘，心血由是而耗。是年傅公擢南汝光道，太夫人归宁，十月启钤生。甲戌九月女弟征莲生。光绪乙亥，先府君回黔乡试，卷列堂备，以额满见遗。适傅公升任豫臬，署藩篆，因致书促先府君归，不期先府君以郁成疾。行至玉屏，舟触滩石失事，竟弃养。迨闻噩耗，已三阅月，时启钤甫三龄耳。太夫人痛不欲生，誓以身殉。经先外祖父母以守节抚孤，谆谆劝谕，乃稍抑正。而怔忡之疾，自此始矣。戊寅，先外祖解组归湘，特命太夫人率启钤及女弟俱随侍，并就塾焉。时先大母柩尚厝汴梁，先府君柩尚厝玉屏，太夫人以吾乡兵燹之后，田园庐舍，荡然无存，难作归计，遂措资分途奉还，就湘卜葬。既妥先灵，太夫人之心始少安，素性好佛，至是不茹荤。昕夕侍先外祖母趺坐诵经，暇时精就医术，为戚党疗治，多所痊活。丁亥夏，先外祖猝得痰症，投药弗及，亟臂以进，卒不起，大夫人抱，摧伤，怔忡益剧，犹强起解慰先外祖母忧，有病辄自讳。己丑，为启钤论婚茶陵陈氏。越年，孙男沛生。太夫人含饴弄孙，稍霁颜色，又以启钤坐读，无以佐养餐，素居不能广学识为虑。适姨丈瞿子久夫子，视学蜀中，因命负笈从游，稍涉经世之务。壬辰冬，先外祖母弃世，太夫人过哀，触发旧恙，偃卧经旬。又值赡养薄资，悉被他人侵没，数十年积累经营，一元罄尽，家计日难，因驰书促启钤谋食。复称贷为捐府经历，就川筮仕。藉博升斗。癸巳，启钤回湘省亲，因遣嫁女弟归江苏钱氏，并奉太夫人携家入蜀。启钤方供差官运盐局，遣调靡常，板舆所历，动涉险阻，仆仆数年，未得一日安。兼之水土不服，疾痛侵寻，荒陬僻邑，医药罔便。丙申冬，启钤奉委督修云阳新滩，工程极险。且去家年余里，倚闾之望，莫之能慰。元配陈氏，体素孱弱，又因产后内伤遘疾，太夫人垂念启钤身肩钜任，未遽谕知。内侍汤药，外支门户，半年来寝馈俱废。迨丁酉四月，启钤差竣，闻电驰归，陈氏旋亦永逝。太夫人代抚幼弱，心摧实甚。是年八月，亟为启钤续娶于氏。而太夫人以早衰之躯，遭家多故，忧劳叠撼，冬间即患咳血，虽进药惭已，然体气已大亏矣。又抵蜀以后，恒以女弟远嫁，不克相依为念，病中萦思愈切，百计莫解。启钤适以知县请咨引见，拟顺道奉太夫人至鄂，并归陈氏榇于湘，舟经涪陵险滩，几濒于危，太夫人猝受惊恐，致成风痹之症，遂就医鄂垣。启钤以吴楚一江之便，往来较易，决计改省江苏。己亥夏，奉委上海出口捐局，迎养差次，幸赖药饵之功，筋骨渐舒，竟能扶杖起步。不料庚子六月，染患时疫，继以痰逆反胃，水谷艰纳，苓术无功，以致神形日惫，旧症兼作，延访名医诊治，间获小效，究以正气亏弱太甚，无术补救。弥留之际，犹训启钤以居官处世，待人接物，一秉忠诚，切戒随波逐末，以贻先生羞。继又絮述平生，处分家事及身后一切，罔不详尽，时光绪二十六年庚子闰八月二十四日丑刻也。呜呼痛哉！太夫人明达□敏，于书数烹饪医术刀圭之事，无所不习。工绣，犹好绣诗，及古今名书法画。曾学诗于杨剑昙先生，有《紫金花馆诗稿》一卷，皆家塾窗课，闺房倡随之作。自先府君弃养后，终身不复事吟咏。先府君志高逸行，郁郁早世。太夫人追体遗意，教育孤子期其克自树立，以偿先人未竟之志，其境为至艰，其心为至苦，有非笔墨所能罄述者。启钤无似，早遇艰屯，沉沦下吏，三十以后，始窃禄于朝，渐不为当世通人所弃。而三釜之养，已无及矣。吾家自先祖妣以来，葬于长沙，爰尊遗志，卜壤于善化，八都西塘冲之原，而以元室陈氏祔焉。岁月侵寻，而表墓之文犹阙，然有待。谨追次平生，伏望当世贤达，锡之文词，俾太夫人嘉懿之行，艰苦之节，彰于不朽。（文载钟景贤撰《开阳县志稿》民国二十九年铅印本）

傅幼琼 （1862—1930），字婉漪，清朝贵州贵筑（今贵阳市）人。河南按察使傅寿彤之三女，善书法、诗词及古琴，尤工汉隶。17岁时嫁于晚清重臣礼鸿 （1850—1918，湖南长沙人，进士，曾任四川学政、工部尚书、军机大臣、政务处大臣、外务部尚书、总理各国事务衙门）。在踿適瞿鸿 赴浙江、四川及苏州任学政期间，曾有礼请瞿鸿 撰文，傅氏手书，刻于石碑，刊行《瞿太夫人书般若波罗密多心经》于世，著名文史学家、国学大师陈垣著有《日知录校注》，请其书写刊名。其二儿子瞿宣治通晓英、法、德文，是学贯中西的外交家；四儿子瞿宣颖毕业于上海复旦大学，早年任北洋政府国务院秘书，国史编纂处处长、印铸局局长，湖北省政府秘书长等职，后在南开大学、燕京大学、清华大学、辅仁大学任教，新中国成立后任上海市政协委员。（编者根据贵州《文史资料》及瞿鸿禨家世资料整理）

傅华峰 （1869—1929）名传山，又名嵩木，四川古蔺县护家乡锅厂坝人。清同治八年（1869）生于卖油业之家。

童年就读于龙山镇（今龙山乡）邓礼堂私塾，研习经史，勤奋好学，常以“士之为己，穷则独善其身，达则兼济天下”自勉。光绪二十一年（1895）试补学官弟子员。时匪患猖獗，目睹民不安居，由衷感慨“学何以致用，我当捍卫乡里”。遂返乡筹办团练，委以团总。任职中，倡导修桥补路，营建锅厂坝街市。为民解纷必据理剖明是非．对盗匪从不宽宥。傅有亲戚许敬臣，其子许三为匪，一次许三率匪徒窜挠锅厂坝，烧毁民房，残害群众，傅不徇私情，将其逮捕法办。匪首唐顺安、雷少堂出没城乡抢劫民财，视傅华峰为眼中钉。光绪二十三年（1897），川督岑春煊派守备黄国祯来蔺视察，唐借机串同黄占安，酒宴款待，施以贿赂，诬傅通匪。黄去锅厂坝将傅诱至行馆扣押。傅部属不服，冲击行馆，被打死丁壮一名，激起数百群众义愤，包围黄的卫队，解除其武装，将黄押送叙永军粮府，吁请省督严惩。岑春煊迫不得已，始下令将黄解至资州系监候审。傅华峰办团数年，地方安靖，外地商贾多来此开设作坊、工场、商号。锅厂坝遂成为古蔺东南一繁华集市。傅之声望亦随之而传遍乡里。

光绪三十年（1904），古蔺地区出现以小商贩、农民为主的组织“平会”（又称龙会），与豪绅富商组成的“成会”相对抗。三月，平会在苗沟与团总罗大成家丁发生械斗，罗大成报永宁道署，称平会“为匪暴乱”，永宁道赵尔丰率清军来蔺，调集各屯团练协同清剿。傅华峰出谋划策，博得赵信任。赵离蔺返任，深感古蔺地区辽阔，鞭长莫及，傅即建议，于古蔺添设一县，获赵赞许。乃以古蔺乡绅名义以“（叙永厅属）内里（即今古蔺）地方辽阔，离城太远，盗匪出没难以防备，兼患民间印契、纳粮、诉讼往返艰难，官民势隔，声息鲜通……”等情，拟请将永宁县移至古蔺。赵即令王治安、李熏廷勘界绘图，转报川督锡良。此议，为1908年古蔺置县奠定了基础。

光绪三十一年（1905），赵尔丰署建昌道，率兵进入巴塘督办军务，邀傅为幕僚，并保荐以府经历职衔托委帮办事务。是年冬，理塘土司四郎占对勾结乡城桑披寺喇嘛普仲扎娃，啸聚人枪数千，及该寺喇嘛共谋叛乱。赵尔丰奉命率部驰往乡稻，相机抚剿。四郎占对凭借桑披寺地险、墙坚、粮足，易守难攻，与赵军周旋，大量杀伤赵军，并切断赵军粮道，抢去军粮四百余驮。眼见桑披寺久攻不克，赵惶徨不安。傅华峰向赵献策：藏人日食糌粑，饮茶特多，耗水量大，即令掘井蓄水，亦难供应，今围寺半年，寺内并无缺水现象，必有流泉注入，若寻其水源，断其源头，寺内无水，不攻自破。赵然傅说，遂率兵掘断寺外水源。傅以智勇兼备助赵攻下桑披寺，赵极为嘉许。六月，赵尔丰奏请清廷，以府经历归部选用并加四品衔。委托办理稻坝、乡城善后。八月，朝廷批准赵尔丰改土归流之议，任命赵为川滇边务大臣。九月，傅随赵返巴塘，受命大臣府总文案，兼管经费收支，办理内务。傅审时度势，为赵谋划，招民垦殖，整顿税制，兴办学校。聘请英国人勘测金矿，在巴塘办厂制革，河口建钢桥，设医药局，设电讯，修道路，建旅馆，精心开发巴塘、理塘，为建设川边拟定各种条例。

光绪三十四年（1908），德格土司家族内讧，征战不已。百姓苦于苛役。赵尔丰用兵德格，九月，派傅华峰进兵三哨，由章谷分道并进。傅驰驱征战八九个月，打败制造事端的土司昂翁降白仁青一派，生擒叛乱头目洛已生根、约达布工。傅军所至，百姓纷纷请求改设流官。德格土司多吉僧格亦表示“愿将全境人民土地纳还朝廷”。赵再次保奏擢升傅华峰为知府分省补道用，赏加三品衔。

宣统元年（1909），瞻对藏官在大贵族集体的唆使下，侵犯川边。傅华峰扼守昌泰，并传檄藏官不得干预德格内务，骚扰百姓，使德格全境改流得以顺利进行。

宣统二年（1910）十月，傅华峰受命督兵五路进剿三岩，时值隆冬，大雪封山，傅身先士卒，攀悬崖，履峭壁，苦战三昼夜，直上三岩，夺要隘十余处。新军统领马凤山与之配合，傅全力出击，追逐三百余里。叛匪窜入密林，隐匿于山洞，傅乃将全军分作散队，人各为战，并晓谕全军，不准杀伤妇女，不准强夺财物。命令通事（翻译）出示招抚，开导家属，逃者受其感动，纷纷归服。此次战役历时二月余，大小战斗数十次，辟地千余里，收丁二万余，安定了自清中叶以来难以羁服之区，使川藏交通埂塞得以廓清。三岩一役，清廷以傅华峰“厥功甚伟”擢升道员，赏加二品衔。

傅华峰在协理川边政务中，积极推行新政，身体力行，深得当局好评，赵尔丰多次在给朝廷的奏折中称其“学识优长，才堪经世，久经倚任，办事实心”；“剿抚兼施，悉合机宜，且能剀切宣布朝廷恩德，使番民感化甚速，厥功甚伟……”；“出关六年，经手银钱数百万（两），一丝不苟，每遇战阵，奋勇先登……诚属难得之才”。

宣统三年（1911）四月，清廷任命赵尔丰署理四川总督，赵保举傅华峰以道员代理川滇边务大臣。赵离藏回川前，与傅华峰同行阅边，绕道北大路，六月至孔撒、麻书，设甘孜委员；后经灵葱、白利、倬倭、车科、车东、鱼科，各地土司纷纷缴印改流。之后，傅华峰继续推进泰宁、下科罗、崇喜、毛丫、曲登、纳寺等地土司改流工作。九月，又将察木多、乍亚两呼图克图所辖地方改设理事官。在赵尔丰、傅华峰的积极经营下，川边藏区各土司、活佛均已改土归流完毕。西康改流后，土地概归国有，计所收边地，东西三千余里，南北四千余里，设治所三十余区，大体已具一个省之规模。六月，傅华峰以川滇边务大臣职衔提出“定名义，卫川援藏，设立州县”。条析利弊，呈请设立西康行省，加强川边实力，抵制英、俄帝国主义北进南下计划，以固边疆。

1911年5月，同盟会领导的四川保路运动风起云涌，罢市罢课革命风潮席卷全川。8月，由川边奉调赴成都署理川督之赵尔丰，力图支撑其将倾之大厦，在诱捕革命党人，查封保路同志会、铁路公司的同时，制造成都“九·七”屠杀群众血案。9月8日至16日，全川各州县同志军，集结力量，打出“驱除挞虏，恢复中华，创立民国，平均地权”旗号，包围成都。赵尔丰急调傅华峰率所部边军（又称“西军”）赴成都救援。傅华峰为报答赵知遇之恩，于十月初统率大军兼程进发，中旬至大相岭，被雅州（雅安）同志军阻击。傅华峰付出极大代价，23日进抵雅州，风闻成都、重庆等地已相继独立，遂逗留不前，观望局势。四川军政府都督尹昌衡委傅为雅州知府，傅拒不受。军政府乃派陆军第三师师长彭光烈领兵讨伐，于金凤山、桐梓林重创傅军后，在雅州罗子福率领的同志军配合下，将傅军围困在雅州，向城内炮击，并派代表入城晓谕傅军投降。傅见大势已去，于11月22日始挂降旗。彭军入城在天主教堂将傅俘获。26日解送成都羁押。傅华峰在成都滞留期间，撰写《西康建省记》一书，对西康建设、疆域规划、边藏民情分析、人员配置作了详尽记述。书成奉献当局。后军政府派人送傅回归古蔺。

民国三年（1914）春，傅华峰约集同事陈少端、肖君浦、朱孔昭等一行六人去北京私访，以审时度势。曾会晤清史馆编修赵尔巽及赵尔丰遗孀。赵尔巽挽留傅华峰等人留京任职。徐世昌等亦以“为国之大义，洁身之义侠”劝傅出仕，并转达袁世凯要傅在京听差之意。傅以袁为世之奸雄，借故推辞不受，匆匆离京返蔺。回乡，热心地方公益，尤重视地方实业，曾创办碗厂、油房，参与孔庙扩建。战争年代，古蔺匪患迭起，傅避居锅厂坝附近野人洞，于洞口自题对联一幅：“营成世外桃源，独善何如兼善乐；吩咐此间泉水，出山须似在山清。”以明其忠清廷之志。

1929年7月，傅华峰病故，时年六十岁。葬于锅厂坝街侧。其墓有古蔺一代文人邓晴皋（彦芬）撰拟、邵朝采书写的墓志铭碑刻，至今完好保存，列为市县文物保护单位。

（据四川《古蔺县志》）

傅德洋　（1879—1918），字溢诚，今黔西县金坡苗族、彝族、满族乡宋家沟人。傅德洋自幼刻苦攻读，11岁童试入学，16岁入泮，翌年补廪。后在家设馆边教学，边自修英语、算术。1903年到贵阳就读，1905年秋，经考试获送日本入速成师范。此间，受孙中山、梁启超、鲁迅等爱国志士思想影响，积极参加中国留学生的反清活动，并加入同盟会。1907年在师范毕业后，考入宏文学堂，攻读政法本科。在日本留学期间，发现流入日本的《四书》《诗经》原版各1部，甚为喜爱，想尽办法在日本翻印，共计48册带回祖国，1911年学成归国，与乡人肖绣谷前往广州、江西、湖南以及贵州等地游览考察，增长见识。辛亥革命以后，总统府委任傅德洋当贵州教育厅厅长，因傅德洋与袁祖铭政见不合，不愿就职，在贵阳与钟昌祚、宁士谦、张泽均等办学并了解政情。1915年袁世凯复辟帝制，傅德洋不畏权贵，三次上书备责其错误，愤然离开贵阳回乡办学。在教学中，常以帝国主义欺辱中国人民，清王朝政府腐败无能等事例，激励学生奋发进取，将来报效祖国。

次年，傅德洋约肖绣谷外出了解世态，运回书籍十余驮，以供发展家乡教育之用。1917年再同肖绣谷赴贵阳任教，临行时对怀孕妻子说：若生儿子就取名“进同”（进化大同之意）。第二年，傅德洋同肖绣谷去广州找孙中山，诉说恳请参加革命的意志。孙中山予以鼓励并指示回贵州发展同盟会员，开展新文化革命运动。傅肖二人接受旨意后，在返回贵州途中，同时抱病，至贵阳不幸，双双于7月14日在马王庙逝世，其遗体由随行人员赵平章运回黔西，葬于桃园骆家寨，并立碑简述生平事迹。惜碑于1967年“文化大革命”被砸烂。

附：

傅德洋墓碑记

公讳德洋，字溢诚，黔西上洪水乡人也。敏而好学，报冲霄志。年十四入邑庠，盖研经史，精究百家，更习基文算术，以奋进历阶梯。乙巳春，考送日本速成师范，期年毕业；自费入宏文学科，改入法政大学，继入法律本科，辛亥学成归国，不受清廷职官。改革后，袁氏秉政，仍将帝制为，公不畏权贵，三上书备指得失。总统府欢迎任职，弃而不就，利禄不足动其心。后任教于贵州学校，置身清白，岂不哀哉。

傅良弼　（1876—1919），字佐卿，贵州贞丰人。自幼苦志笃学，儒业日进，应试取秀才。早年参加湘人吴嘉瑞在贞丰创组的“仁学会”，受维新思想熏陶，以振兴华夏为己任。

清光绪三十一年（1905），贵州巡抚林绍年请准清廷，在贵州选派学生东渡日本留学。良弼为官费学生，系贞丰第一个出国留学者。在日本加入孙中山领导的同盟会，由维新主义者转为民主主义战士。

学业届满归国，服务桑梓，传播孙中山思想，倡导青年男女剪发放足，反抗清廷统治。常用“书到用时方恨少，事非经过不知难”的哲理，鼓励青年努力学习，报效中华。饶毅在良弼的思想熏陶下，成为贵州辛亥革命的骨干，并献出了宝贵的生命。

良弼离乡赴筑，入“自治学社”，从事反抗清廷活动，与乡友胡刚集资开办“黔南合资会社”书店，作为传播孙中山思想和反抗清廷的场所。

“自治学社”为反抗清廷统治，将贵州革命力量分为五路。良弼为南路指挥，教育训练民众，待机起义，多人后来成为贵州辛亥革命的骨干。

贵州光复时，良弼与黔东道尹吴嘉瑞均在榕江任上。吴立即出任“大汉贵州军政府黔东分府”都督，良弼为靖边营长，以实际行动响应贵州独立，对于稳定贵州政局，安定民心，都起到了作用。1913年，二次革命失败，孙中山高举反袁（世凯）大旗，良弼与贵州的革命党人吴传声、熊其勋等将领，待滇、川、湘发难反袁时，立即响应。

护国胜利，黔局稳定，良弼先后出任古州（榕江）、镇台、黎平、荔波县长，居官司慎，政声四传。在荔波任内，亲赴黔桂边境，招安土匪三千，使边民得以安居乐业。1919年，傅良弼逝世，荔波地方人士自动建傅公祠于该县桑区，以志纪念。后灵柩运回故里，安葬于贞丰县城北木塔山腰部。（据贵州《黔西南自治州志》《贞丰县志》）

傅朝臣 字肖岩，又名傅慊，原习水县官渡镇（先赤水市辖）籍。生于清咸丰十一年（1861），卒于民国十年（1921）。朝臣祖天资聪慧，尊敬师长情重，新菜鲜瓜，先送老师，以菜根瓜蒂佳章考取秀才，继中戊戌岁贡，廪生，受禄待任。1885年至1899年，初为吉林省布政使（民政厅长）谢汝卿家庭教师年许，后任吉林、长春、宜宾等府州幕僚（相当于今秘书长）。光绪二十五年（1899）后与地方社会贤达、乡贤父老诸公一起发起、领导兴新学，兴办仁怀县萃华书院，于1905年落成。光绪末年，倡导将傅氏桅杆山清明会积蓄修建傅家祠堂余思文祖墓侧的大田头，由时任族长廷镛（全兴）经理、玉钊、明光组织纠工，将竣工之期，异姓以压着祖坟龙脉干扰而停，遗址仍存，名曰祠堂田。民国三年（1914），唯恐我族无纪，将莫寻其所自，撰写了《傅氏谱系》和含义深远的《派行百字韵言》作命名之依，世世相传，代代钦遵。1915年任习水县公署经费局局长。

居者“版筑山房”，又名“迂庐”，自号“版筑山人”自嘲“迂翁”。为人正直，刚正不阿。著有《迂庐记》《习水山脉河流考》《萃华书院修建始末》《五里坎培修记》《三义宫修建记》《习水设县记》《盂兰会碑记》等佳作留世。民国初年担任《贵州通志》采编员期间，收集了不少市井歌谣，撰写了不少地方人文地理篇章，同期，参谋磋商设置习水县之事宜。其贡献是昭日可见、彪炳百世。（据《习水县志》）

傅孟和 名廷闾，傅朝臣子，原遵义习水县官渡镇籍。生于1888年，卒于1956年2月，享年68岁。晚清年间，在萃华学堂攻读诗书，后考入遵义初级师范正科（相当于本科），享受全官费。民国初年，任萃华两级小学校长，直到1915年官渡改设县治。1917年调任习水县劝学所长，1918年考入北京师范学堂（五年制北京师大）肄业三年（因父逝返家期丧，且管家务而休学）。1925年选为贵州省参议会议员，1926年参军北伐，在民国革命军第十军王天培部任中校秘书长，1927年转战汇水、蚌坪一带，由于蒋介石徐州会战惨败，又因老母病危而辞职还乡。1929年任习水县教育局局长，开办平民讲学班，兴办图书馆、阅览室，购置全套《万有文库》，举办全县两级小学及两级女子小学校。孟和十分关注习水遭匪而灾和旱魔给黎民的困境，以习水县教育局长之名向贵州省赈务委员会主席毛光翊呈《灾情报告书》，获赈济。1930年选为省议员期间，任《贵州日报》节日纪念版采编，撰写了不少进步文章。后任四川省合江县教育局局长。1938年任习水县教育科长，为完成袁吉皆先生捐产办学的遗愿，以适应当时无力出外求学的学生之迫切需要，与袁烈光先生等诸公一起筹组私立吉皆中学校董事会，进行纠工砌石，学校于1942年成立开学，并于1943年任吉皆中学校长，先后两轮。此期间当选为习水县临时参议会议员，任过习水县县志筹委会文献会主任，直至新中国成立。

孟和为人耿直，从不阿谀奉承，从不同流合污，待人与人为善，接物实事求是。为了发展地方教育事业，以老一辈的忘我精神以自勉，竭尽全力保持了学者、教育局的风范；追求真理，保护地下共产党人袁成颖、叶方真等多名，其对社会的贡献，也是昭日可见，流芳千古。

健在的九十三寿孟和之遗孀淑尧，原籍四川省犍为县中窟场人，毕业于川南中学和贵阳女子师范学校，是习水县女子小学首任校长，担任过习水县妇女会主席。新中国成立后，由社会走进家务，省吃俭用，精心培植六个子女，从入学到工作，淑尧竭尽呕心，不惜经济，抚育成人成才。她老人家，秉性慈淑，孝顺于祖，恩爱于夫，关爱儿女，妯娌和睦，为人谦和，待人诚恳，做事公正，实乃受人尊敬的老人。她老人家为解放妇女痛苦，为家庭为社会做出的贡献历历在目。50年代中期，子女们将其从合江接至筑城，享受其骨肉之供奉，安度晚年。（据《习水县志》）

傅　亿 字大安，江西金溪诸生，与南昌万爆善游京师，馆其家。于阉党多所讥诃，及爆忤珰死，遂避之黔蜀间，尝居舟中，自号寓舟。已游瓮安，与邑人陈达道、宋使杰交好，遂家焉。傅亿诗《卜居草塘》：扁舟牂牁原，卜居草堂里。山深车马稀，土腴稻粱美。结庐依土岗，开轩临曲水。日斜牛羊归，月出钓丝理。比邻三数家，淳古风可喜。岂不念故乡，钓党殊未已。（民国《瓮安县志》）

傅必贵 字钦扬，佑商子，少以孝谨，为父钟爱，父老兄析居，他徙独奉父叔，尽孝养，抚两弟及从弟七，皆成立授产。兄资屡耗，辄分己所有。子之人有负债不能偿，怀怒乘醉来见，语倨甚，翁不知校，反子冬衣，其人惭谢去。又有拘人污控翁者，县正谳得实，重杖几毙，翁顾为请贷，且使医疗其创，两人皆改行，乡里称长者云。卒年五十二。（民国《瓮安县志》）

傅匡宗 贵州瓮安草里人，字子卫，弟远宗，字帝传。匡宗以诸生助饷，准贡。慷慨好施。时邑中马馆丁银并入条编，而里胥仍以烟差名色，岁为民累，匡宗力言于官，除之。子占彪、占虎、奎南俱邑庠生。远宗以监生加州判职，事亲以孝闻。匡宗第四子文辉、远宗仲子桥英皆有孝弟，称桥英庠生。南阳敕书皆武庠，桐英廪生，以文学知名，藜英有传，放文苑。桥英子崇仑，桐英子崇嵘，恩贡。崇皞，庠生。（民国《瓮安县志》）

傅如梅 字尔和，贵州瓮安人，弟如楫，字尔济。如梅性每强记为文，未尝属稿，日可五六艺。如楫迟钝，书必数十遍乃成诵，文亦屡易稿，始就然，每试名辄相次。如棫，字维周，如梅族弟，亦有文名，并以诸生高等久次得岁贡。如梅官遵义府学训导，二十年，以老告归，又廿余年乃卒。如楫未仕卒。如棫官锦屏训导。时邓世臣、世芳亦兄弟并称庠序间，皆岁贡生。（民国《瓮安县志》）

傅藜英 字文渊，贵州瓮安人，笃志经学，尤长于《春秋》，接物论事，必援引经义。与人交，遇疾病患难，倾身调护。庚寅辛卯屡荐不售，年四十二卒。所著《春秋义》及杂文十卷，藏于家。弟桐英，亦以文学知名。子崇刚，邑庠生。（民国《瓮安县志》）

傅裕昌 （?—1932），江西省樟树市吴城乡十里店人。裕昌出身贫苦农家，身材高大，性格倔强。1926年，北伐军光复清江，裕昌参加了十里店农民协会，在清江县城亲耳聆听北伐军第二军政治部主任李富春的演讲。1929年11月，湘鄂赣边境苏区派廖梅修（城关乡双港人）从万载到家乡开辟工作。裕昌在其引导下，加入共产党。裕昌积极工作，在十里店、上京塘、双港、岗上一带广泛开展革命活动，组织各地群众秘密加入农会。同年10月，红军进驻清江，裕昌先后任光华山区苏维埃主席、清江县农会主席。11月，红军转移，农协组织活动转向秘密。同年冬，反动军队到十里店捉拿裕昌，在乡亲们的掩护下，裕昌得以安全转移，但其妻鄢氏和堂弟万昌被捕，房子被烧毁。

鄢氏是光华山区苏维埃妇女委员，在白色恐怖的日子里，她身怀有孕，仍坚持工作。被捕时，她带着才几个月的孩子，与万昌同解樟树，在狱中虽遭严刑折磨，但始终坚贞不屈。鄢氏被敌人割下双乳，万昌被割去舌头后一道就义，小孩被活活饿死。裕昌对妻儿和堂弟的牺牲深感悲痛，而对革命则更加坚定："敌人毁了我的家，但毁不了我的志。"1931年夏，裕昌代表组织出席湘鄂赣工农兵第一次代表大会。回县后，积极贯彻大会精神，发展农民武装，并受省苏维埃政府的委派至高安等地进行宣传。1932年5月，"剿共"大队长黄裕章带领百余名乡丁包围十里店，裕昌被捕，于清江横塘杨家溪英勇

就义。1952年，中央人民政府中南军政委员会在光华山为傅裕昌等三位烈士竖立了一块高大的合葬墓碑。（江西《樟树市志》）

傅晋廷　党民，直隶行唐人，保定陆军军官学校2期步科毕业。1924年4月4日中华民国北京政府授陆军少将。曾任贵州陆军第二混成旅第二团副团长，中央直辖黔军第二混成旅第一团团长，贵州陆军第二师第一团团长，贵州陆军第二师第三旅旅长。其余情况未详。（据《贵州文史》资料整理）

傅仁山　贵州安顺县人，经营绸缎商行。宣统元年（1909），贵州安顺商会成立，傅仁山被推举为安顺县商会第一任经理。当时商会的主要职责是为政府摊派捐税，为驻军筹款筹粮，为商户调解纠纷，代政府办理商户开业、停业，维护市场秩序，取缔违法无证商贩，搜集市场动态信息等。政府之倚重商会，几不可离之须臾。（据《民国安顺县商会档案史料汇编》整理）

傅方权　（1920—1941），贵州赤水县人。1935年就读于赤水省立二中，后转学成都成城中学。1937年抗日战争爆发时毕业回乡，参加抗日宣传活动。不久去武汉读高中。1938年夏，由武汉转到重庆，参加抗日救亡活动。同年秋，经江浩然介绍加入中国共产党，受中共川东特委派遣，回赤水开展地下斗争。1938年12月到四川合江重建市党支部。1939年春又赴大洞场，建立了大洞党支部，担任支部书记。同年5月，中共赤水支部复建为赤水特支，担任特支书记。1939年年底到1941年夏曾三次入狱。1941年7月16日，被国民党赤水当局秘密杀害，年仅21岁。（贵州《赤水县志》）

傅道新　（1907—？），字傲农，贵州遵义县泮水（今泮水镇永安小区）人。自幼勤奋好学，熟读“四书”“五经”、《左传》等，精通古文，对郑珍、莫友之、黎安理三家著作研究颇深，人们称他是“沙滩文化”的传人，是遵义赵乃康先生的得意弟子之一。傅道新精研王羲之书法和赵乃康的“赵书”，更擅长隶书，被誉为民国年间西乡“四大笔手”之一。他精通音律，自写地方小调曲谱、花灯曲谱在泮水演唱，保存于1942年修建的“赵楼”（傅道新为感谢恩师赵乃康而修建的藏书楼）之上。傅道新1934年曾任国民党二十五军易少荃独立旅毕节司令部少校军需处长，1938年任遵义县鸭溪区区长，1946年被选为遵义县参议员。（根据遵义县《泮水镇志》资料整理）

傅图章　（1879—1939），字凤珩，贵州赤水县城关人。光绪三十二年（1906）考入贵阳师范传习所。三十四年，倡导举办仁怀厅师范传习所及师范体育班。1911年，高等小学堂校址被军队强占，仪器书籍受到很大损失。傅图章只身守护学校，亲将仪器书籍运到劝学所保存。次年，男校次第恢复，女校仍然停办。傅图章商同杨春山等人开办女子私塾，并于次年恢复懿范女子学校。1927年，傅图章建议地方当局开办两年制女子师范讲习所，培养了一批女子师资。在其倡导下，讲习所于1931年改建为县立女子初级中学。傅图章教学严谨认真，经常到学生家辅导学生。他讲究直观教学，注重以爱国主义精神教育学生。一次，在讲授民族英雄文天祥事迹时，心情激动，竟在讲台上痛哭流涕，学生们深受感动。傅图章不求利禄，疾恶如仇。1936年，国民党县党部干事罗家祥因其父系土豪，被红军镇压而气急败坏自杀，赤水当局强令机关学校送挽联哀悼。傅图章对此十分气愤，撰写对联加以谴责："劳民伤财竟使党部多事，恶生好死反是罗家大祥。"常年不嗜烟酒、常着粗布衣服的傅图章，惟独国庆日和孔子生日才着长袍马褂礼服。常年吃集体伙食，从不加菜，节约的工薪全部购书或资助贫苦学生。傅图章著有《珠算开方》一书，获得商务印书馆优秀著作奖银元一百元。傅图章以中华书局股金500元捐赠地方教育事业，并以藏书十大箱赠给民众教育馆。（贵州《赤水县志》）

傅为霖　字雨农。贵州清镇县人。清末秀才。光绪三十三年（1907），知县斌术创办官立高等小学堂后，为霖为第三届堂长。清宣统三年（1911）十一月一日，清镇县宣告反正，拥护贵州军政府，县城成立城议会，有议员十八人，傅为霖任议长。傅为霖、王文宣与贵阳张百麟、彭述文等，组织贵州自治学社。当时清朝在清镇的统治势力尚强大，他们两人不避艰险，奔走革命，组织起义。1911年，大汉贵州军政府成立，傅为霖在军政府供职，并当选为贵州省议会议员。

民国元年（1911），为霖与郭建屏创办清镇县第一所私立女子初级小学，以丁字口为霖住宅作为校舍。之后，傅为霖事迹未详。（贵州《清镇县志》）

傅春徽　（1892—1958），字晓松，贵州遵义老城北门人。出生中医世家，23岁随父应诊，38岁独立行医。傅春徽以济世活人为天职，善待患者，精心诊治。贫富不同，取值有异。1945年后，任遵义救济院施医所医生三年，不避寒暑，不嫌脏臭，为孤老病残者治病不遗余力。新中国成立后，任遵义市中医院副院长。傅春徽精研《内经》《伤寒》，兼研前人名家医著。结合家传和自己临床实践，立一家之言，对治疗血崩、心脏性水肿、狂犬病及其他杂症，均有独到之处。.

遵义市在编制《十万锦方》一书时，傅春徽献出甚多平时收集的民间验方。一病人患慢性痢疾，腹泻三年，长期医治无效。傅春徽取瓦房顶晾干的白萝卜缨研粗末，红糖水冲服，二日即愈。（贵州《遵义市志》）

傅梦秋　（1889—1961），亦名廷栋，贵州遵义县团溪人。1921年毕业于南京高等师范学校，先后在重庆、贵阳、安龙、安顺、大定等地任中学教员、校长。1931年至1936年，先后任省民政厅秘书，施秉、台拱代理县长和贵阳民众教育馆馆长。抗日战争爆发后返遵，任县立女子初级中学校长。当时，女中学生毕业后，多不升学就业，乃集资筹办简易示范班，招收女中毕业生就读，毕业后分赴城乡小学任教。为将学校办成完全中学，先将学校礼堂主席台上的菩萨搬走，继将校舍拓展至祝厘寺。1939年，完中成立，易名县立中学，招收男生，首开男女同校之风。浙江大学迁遵义时，校长竺可桢寓居其家，看重傅梦秋学识，聘任为浙大事务主任。1942年，筹建省立遵义高级中学，亲拟修建计划，编制预算，预订仪器设备。后因选址一事与有关负责人意见相悖而离去。抗日战争胜利后，任贵阳师院、贵州大学讲师。新中国成立初，任遵义市第一届政协委员。1951年任遵义市图书馆馆长，带头献书，自编自刻自印《书名目录》《图书分类目录》，并组织工作人员学习业务知识，对遵义市图书馆有奠基之功。

傅梦秋传统文化功底深厚，对词谱的研究尤深，著有《词调辑遗》《词调拾读》《词调拾遗补》和《词调汇编》。中国社科院吴世昌认为其著作“较清人万树的《词律》完备”。傅梦秋还著有《健康学》《体育研究》等。1957年被错划为“右派”，1961年病逝，享年63岁。中共十一届三中全会后得以平反改正。（贵州《遵义市志》）

傅启运 （1898—1976），字肇文，贵州贵阳人。清光绪二十四年（1898）九月五日生。中国国民党员。启运中学毕业后，考入贵州省立法政专门学校政治经济本科学习，又保送到北平深造政法理论。1921年与友人在贵阳刊行《平民日报》。1925年参与组织孙文主义研究会，发行《国民周刊》。曾任贵阳市乐群小学校长，1927年任湄潭县征收局局长。1929年任国民政府交通部交通职工事务委员会委员。1930年回黔，任中国国民党贵州省党务指导委员会委员兼组织部部长。1931年赴南京，与友人刊行《晚钟报》，任总编辑。1932年复任国民党贵州省党务指导委员兼常务委员、省党部法制室主任。1938年2月至12月任普定县县长，1938年12月至1940年1月任兴义县县长，1940年1月至1941年1月任瓮安县县长，1945年4月至1946年4月任龙里县县长，1946年4月至1948年6月复任瓮安县县长，1948年6月至1949年2月任安顺县县长。新中国成立后情况未详，于1976年病逝。

傅启运祖父傅浚安，在安顺县行医，经营中药材，1912年迁贵阳；傅启运父亲傅寿涛，字文山，生于1873年腊月二十日，1897年考中秀才，1906年考取廪生，任巡检等职，分发四川，后回黔，任安顺豫章中学校长，江西同乡会会长。傅启运兄弟四人，启运、启奎、启学、启纶。（根据《民国人物大辞典》及其家史资料整理）

傅启学 （1903—1993），字述之，贵州贵阳人。1923年加入中国国民党。1925年5月，任北京大学学生救国团宣传部部长、北京大学学生会对外代表。1926年任北京大中公学总务长兼代校长。1927年5月，任北京市党部清党委员。1928年毕业于国立北京大学政治系。1929年3月，任国民党中央宣传部指导科主任。1931年4月，任美国旧金山《少年中国晨报》主笔；同年秋就读于美国加州大学研究院。1935年任国民党中央宣传部秘书。1938年任国民党贵州省党部执行委员兼贵州《晨报》社社长。1940年2月，任贵阳大夏大学政治系教授兼训导长。1942年10月，任国民党贵州省党部主任委员。1945年1月，任贵州省政府委员兼教育厅厅长；同年5月，国民党第六次全国代表大会当选为中央候补执行委员。1946年7月2日任贵阳市体育协进会主席；1946年11月，当选为制宪国民大会代表。1948年5月任贵州出席第七届全国运动会选拔委员会副主任和总领队长。1950年2月去台湾，任台湾大学政治系教授兼训导长。1955年后专任教授。1974年退休，后任台湾大学政治研究所及师范大学三民主义研究所兼职教授。中国国民党第八次全国代表大会当选为中央执行委员会候补执行委员，第九次全国代表大会选为中央评议委员。著有《国父遗教概要》《中国政府》《六十年来之外蒙古》（1961年）、《中华民国监察院之研究》（1967年9月）、《国父孙中山先生传》（1968年）、《五代时期与契丹的关系》（1969年6月）、《中国外交史》（上、下）（1972年）、《中国古代外交史料汇编》（1980年5月）、《中山思想本义》（1984年）、《中山思想体系》（1985年2月）、《三十年中美中俄关系的演变》（1986年）、《韩非子政治思想》《我与罗志希先生》（1989年12月）、《世界史纲》（1993年）、《心理建设研究》《元明两朝征讨安南之挫败》《司马迁史记读后杂论》等。（《中国现代社会科学家大辞典》）

傅　泽　（1926—1961），幼名培生，字逸苍，亦名了布，贵州遵义老城北门人。十岁能诗，喜好文学。就读于县立中学，后因患肺结核辍学，便一面养病，一面教书。受进步教师和中共党员的思想影响，教书期间创作的独幕话剧多以反抗不平、唤醒民众为题材。1947年，以同等学历考入贵州大学中文系，参加校内“播风学会”及其学刊《召唤》的活动，并将《召唤》和其他进步书刊寄回遵义，供学妹学习。在家信中，傅泽写道：“国民党统治这座已经腐朽不堪的大厦就要倒塌了，大家用力推它一把，让它垮得更快些。”

贵阳解放后，傅泽参加中国人民解放军。1952年随中国人民志愿军入朝参战，任志愿军铁道兵某部技术参谋。停战后，1954年转业陕西商业部门工作。1957年调回遵义，任市第三中学教师。由于其文艺创作的成绩，次年当选为中国作家协会贵州省分会筹委会委员。1960年，调贵州省文联专事文学创作。1961年正创作小说《零下三十度》时，不幸病逝。时年三十六岁。

先后发表《水塔顶上的人》《号声飞过山林》《小姐妹们》《天鹰》《活愚公》等十二篇短篇小说，部分作品收入全国《1956年短篇小说集》和《建国以来短篇小说》。文学评论家侯金镜评论其《小姐妹们》“是一首晶莹动人的抒情诗”，认为该作“结构完整，看不出刀斧雕琢的痕迹，内容丰富，爱憎分明”。（贵州《遵义市志》）

傅淑芳　（1899—1971），字京，号若昭，贵州贵阳市人。自幼丧父，家境清贫，勤奋好学。于贵州省女子师范学校毕业后，执教于贵阳女师附小、正谊、复旦、崇正小学。1938年，应学友马文琴（玉屏人）女士之邀，来县任端本女子小学教员。1940年，全省推行乡村国民教育新体制，傅淑芳被派至城西野鸡坪创办实验小学，任校长，为本县乡村第一位女校长。到校后不计环境艰苦，只身住校，以校为家。为提高入学率，亲自深入村寨，动员男女儿童入学。其时，由于封建思想严重，家长不愿送女孩读书。经其说服动员，始有女孩入学。在教学上，积极推行国音字母教学，开展文娱体育活动，学校办得很有生色。1944年，调回县城，创办玉屏县立幼稚园，任园主任，为玉屏幼儿教育奠基人。

新中国成立后，傅淑芳当上人民教师，更热爱人民教育事业。1950—1958年，任幼儿园主任。在工作中，热心培植新教师，帮助树立专业思想，提高教学水平。从备课、上课，到需要掌握的基本功，诸如纸工、泥塑、唱歌、游戏等，皆悉心指导，任劳任怨。对幼儿关心爱护，坚持每天上午、下午放学时，组织老师护送幼儿回家。傅淑芳生活艰苦朴素，从不乱花一分钱。但对贫苦幼儿，却又慷慨解囊，为其交学费杂费、缝制衣服，从不吝啬。教学上以身作则，与教师同等分担课程。备课、上课、辅导，一丝不苟，深得家长信赖和社会好评。一天，傅淑芳被毒蛇咬伤，街道群众、学生家长闻讯后，纷纷赶到，为之求医找药，不久就痊愈了。1959年，调田坪孤儿院任教。虽年逾花甲、孑身一人，仍忠于职守，带病坚持工作。1971年，病逝于田坪小学，终年72岁，为玉屏教育事业奉献了一生。（贵州《玉屏县志》）

傅廷弼　（1898—？），字少谷，湖南干城人，1923年毕业于燕京大学，得其伯父傅良佐的推荐，在段祺瑞执政府航空署任秘书。1926年，辞职回家，1928年任干州县模范小学校长。1932年7月29日任安顺镇宁县长，1933年元月25日复任县长。同年创建苗圃，1941年改设农业推广所，1946年裁撤仍复原名，其地在城外东北马路旁，占地约15亩，负全县培育各树种苗之责。（贵州《镇宁县志》）

傅开昶　（1933—1995），贵州正安县土坪镇人，1950年9月参加工作，1952年11月加入中国共产党。先后任正安晏溪乡长、谢坝区青年干事、正安县组织部副部长，谢坝区委书记、正安县委办公室主任，县委农工部副部长、部长，道真玉溪区委书记，旧城区革委会副主任、旧城公社革委会主任，玉溪区革委主任、区委书记，道真县委组织部部长、县委办公室主任。1980年9月至1993年3月，任道真县第七届、第八届，道真自治县一届、二届人大常委副主任（正县级）。1982年6月，道真县委决定由傅开昶任道真县民族识别工作领导小组组长。根据中央关于民族识别和恢复民族成分的方针政策，开昶认真组织并亲自率领民族识别工作人员，深入全县各区乡及农村，开展广泛深入调查研究，考察民族族源、习俗、宗教信仰及语言等民族特征。两年间，组织编写71个调查报告，多次带队赴省、地汇报民族识别工作，并向民族工作专家学者请教，经上级认可，县人民政府发文分期分批恢复了县内少数民族成分。根据县委、县人大常委会、县人民政府的统一安排，开昶率队赴地、省、中央汇报工作，请求成立道真仡佬族苗族自治县。1986年9月9日，国务院国函〔1986〕115号批复，同意撤销道真县，成立道真仡佬族苗族自治县。接着县委决定成立道真仡佬族苗族自治县筹建委员会，傅开昶任副主任。为做好自治县成立筹备工作，开昶率队赴北京向国家民委、民政部汇报请示，随团赴省内外民族地区考察成立自治县的经验，具体负责筹建委员会办公室工作，精心组织，忘我工作。于1987年11月28日，道真仡佬族苗族自治县正式成立。傅开昶沤心沥血，为道真的民族工作作出突出贡献，1989年被评为全省民族团结进步先进个人，获贵州省委、省人民政府表彰。也受到省民委领导、专家学者好评。开昶对民族工作有深厚感情，1993年退休后，仍关注全县的民族工作，为民族工作献计献策。1995年10月5日，因患脑溢血在贵阳逝世，葬贵阳海天园，享年62岁。（贵州《道真仡佬族苗族自治县志》）

傅种孙（1898—1962），字仲嘉，江西高安珠湖傅村人。1909年入筠北高等小学，1916年毕业于江西省立第八中学，同年考入北京高等师范学校数理部，1920年毕业即留校任教，1928年升为教授。抗日战争以前，先后兼任北京女子师范大学、北平女子文理学院、北京大学、北平辅仁大学教授。1935年当选中国数学会评议委员。1939年任西北大学教授。1945年赴英国考察。1947年归国后为北平师范学院数学系主任。新中国成立以后，任北京师范大学教务长、副校长，兼北京市人委和市政协委员。1950年任中国数学会及该会北京市分会常务理事，《中国数学杂志》总编辑。

中学时期，傅种孙就显露出数学才华。在北京高等师范学习他和同学们组织数理学会发行《数理杂志》。傅种孙是第三任会长，他发表在该杂志的《几何原理》，是中国报道几何基础的第一篇文章。《大衍术》则是用近代数学研究中国古典哲学的创举。

傅种孙从1920年起就从事数学教育，四十余年如一日，是中国著名的数学家。早在20年代他就为北师大附中试验新学制编写了三三制中学数学教材《初级混合数学》《高中平面几何》，被教育部用作蓝本，拟行全国。

傅种孙特别注重数学的研究，他从经验上知道许多中学老师不善于把高等数学的理论和中学教材结合起来。因此，他专门为师大数学系设计了一门《初等数学研究》课，并亲自讲课。他还经常利用假期为中学教师举办讲习会，是中学教师的良师益友。

傅种孙对课堂教学极有研究，讲课深入浅出，剖析精深。他讲课的突出特点是不拘泥书本，居高临下，讲他自己的体会，自己的心得，突出他从字里行间所看到的，而学生不易看到的东西。他常说："如果只是书云亦云，将或罔于不思。"

傅种孙知识渊博，数学造诣很深。他从20世纪30年代开始不断向国内介绍几何基础知识，数学基础也是他首先介绍到中国来的。1922年，他与张邦铭共同翻译出版了《罗素算理哲学》，这是植入中国的第一株数理逻辑新苗。此外，他还发表过不少有关几何基础、近世代数方面的论文和著作。

傅种孙十分爱惜人才，善于发现和培养人才。闵嗣鹤是他的学生，他从闵嗣鹤的提问和日常学习中注意到这个学生的精细和颖慧。1935年，闵嗣鹤一毕业他就四处奔走，不避同乡之嫌，极力推荐嗣鹤到母校附中教书。后来，他又把嗣鹤推荐给清华大学的熊庆来先生。他还越级提拔过王世强为讲师，聘请自学成材的梁绍鸿作师大讲师。

1920年夏，傅种孙从北京回到故乡珠湖村，筹备捐款兴办小学。次年春，珠湖小学成立，他亲任董事，一直到抗战前夕。他年年向这所小学捐钱，寄赠少年读物。

傅种孙为人耿直，不畏强暴，敢于主持正义，支持进步。1924年，北京女子师范大学爆发了驱逐校长杨荫榆的风潮。4月28日，他和14个教师联名致书杨荫榆，数列她的劣迹，并宣布辞职。1925年，以鲁迅为首的进步师生在西城宗帽胡同租赁教室上课，傅种孙积极参与义务授课，支持复校斗争。复校斗争胜利，傅种孙任数学系教授兼财务委员会委员长。

1948年4月9日凌晨，国民党军警特务逾墙入校，用枪棒毒打师大学生，并抓走8人。血案发生，傅种孙愤然拍案而起，力主罢教，以声援学生，抗议反动政府的暴行。当日，他随学生结队到行辕门前请愿，坐在地上，坚持到天晚，直至释放被捕学生。晚上，他又积极参与召开教授会，主张“不惜忍痛出此罢教手段，以争取生命安全之自由”。他接连为教授会起草了三篇关于罢教的宣言，怒斥国民党政府如“东厂肆威，锦衣诏狱。岂特被害者含冤莫诉，凡有血气者，实皆耻之”。他揭露国民党“文武官员，信誓旦旦，莫不以奉公守法服务人民为口头之禅。今纵令未能，岂可作威作福，肆凶肆恶，视学府为寇仇，等青年于鱼肉”。同时，也表现了他对学生的深切同情和关怀：“且祸出无名，人谁不畏？逮捕私行，纲纪何在？同人不敏，既已献身教育，自应保护学府，爱护青年，与国家留一线命脉。”宣言一发表，全国许多报纸纷纷转载，影响甚大。

1949年，毛泽东主席到师大看望老同学汤操真，并在汤寓设宴，傅种孙夫妇应邀作陪。1951年他创办了新中国数学会第一个数学教育刊物《中国数学杂志》（后改为《数学通报》），请毛泽东主席为该刊题写了刊名。

北京和平解放之初，傅种孙出任北京师范大学教育长，他主持制订了全校各系的教学计划，选聘了一批知名学者来校任教，这为师大教学建设和师资队伍的建设打下了很好的基础。傅种孙在纷忙的校务之外，还教研究班的几何基础。他还受教育部委托，组织人力，拟成数学教材精简方案，推行全国；审阅全国通用数学教材，多次对中小学数学改革提供意见。1956年，他当选为全国先进生产者。1957年，傅种孙被错划为右派分子。

1979年，傅种孙被错划为右派的问题得到改正。1981年5月，北京师范大学召开纪念傅种孙座谈会，缅怀他热爱社会主义祖国，忠诚党的教育事业的高尚品德。（江西《高安县志》）

傅明轩　（1889—1963），又名傅杰，号时俊，祖籍四川，后移居贵阳。1910年毕业于贵州陆军小学堂，1911年升入武昌陆军第三中学堂。10月10日晚武昌起义爆发，11日早晨，傅明轩和陆军三中同学五百多人集队入城，到楚望台军械库领取子弹，编为学生军，到省咨议局革命军临时总指挥部担任警戒任务，同时参加宣传工作。11月3日，黄兴奉孙中山之命从上海赶到，就任战时总司令部总司令，傅被调入总司令部工作。清军进攻汉阳，傅参加血战，汉阳失陷后退守武昌。黄兴辞职离去，蒋翊武继任总司令，将总司令部移至离城10公里的洪山，傅仍在总司令部服务。12月3日，南北停战议和，傅奉命回黔。1913年至1931年，先后任贵州都督府宪兵第二连连长、贵州陆军一团一营营长、陆军第二团团副代理团长、梯团长，黔军总部副官长兼宪兵营长，同时兼重庆卫戍司令部副官长、重庆援川各军总部副官长兼宪兵司令，二十五军第六师副师长兼六路军总部宪兵司令等。参加过护国、护法等战役，因战功卓著，获黎元洪总统颁发的立功奖状。1924年4月4日中华民国北京政府授陆军少将衔。1927任贵州省公署警务处长兼警察厅厅长，1930年9月16日任安顺镇宁县县长，1931年至1936年任二十五军驻广西和云南的代表，1936年以后变卖祖业筹资买下惠川火柴厂，1938年下半年发起组织“精忠社”并任社长，后任遵义转运公司经理。抗日战争时，与双清等爱国人士组织民众参加抗日救亡活动，被以“私通共党，图谋不轨”逮捕，关押三年。新中国成立前夕，任贵阳市临时治安委员会第一分会主任。新中国成立后任贵州省政协委员、贵阳市民众义济会理事。1949年至1963年在贵阳开办诊所，任中医师。（编者根据侯清泉《贵州历史人物》《贵阳文史资料》整理）

傅抱石　（1904—1965），原名长生，谱名中洲，字庆远。江西新余北岗乡章塘村人。1921年秋，南昌课余卖画鬻印时自号“抱石斋主人傅抱石”，名遂行世。所以名“抱石”者，盖因崇屈子，取楚辞“抱石怀沙”之意也。父得贵，谱名文苡，字聚和，母徐氏。家贫苦，为求医而背井离乡，流落南昌，以修补阳伞为业。

抱石5岁时，因居处左右有裱画店和刻字摊，耳濡目染，对彩画刻印产生极大兴趣，常临画瓷器上的彩绘。6岁时家贫，无力入学，乃从街坊巡警陶某识字。1911年7岁，始在亲友帮助下进南昌“新会会馆”私塾免费旁听。课余仍常流连于裱画店和刻字摊。尤其喜刻印，常向坊间求刻木质名章，积藏颇多。1913年九岁，得《康熙字典》1部，渐通篆法。学刻印章，已能刻白文篆书印，常主动为师友同学刻名氏印。1915年11岁辍学，12岁去瓷器店当学徒，仍坚持自学篆刻，一年后回家养息，自学读书。习画刻印，得裱画店画师左莲青指点。14岁，始入南昌江西省立第一师范附属小学插班初小四年级，改学名傅瑞麟。1922年18岁，免试升入省立第一师范预科，书画篆刻技艺大进。因生活困难，开始课余卖画鬻印生涯。1924年20岁，在省立第一师范正式开始美术创作和美术理论研究。1925年完成第一部著作《国画源流述概》。是年9月，作《策杖携琴》山水条屏四幅，是迄今为止发现的现存傅抱石最早的国画作品。1927年，时年23岁，于南昌江西省立师范学校毕业，以考试成绩第一，受聘留校任教。9月，完成《摹印学》。1928年，精心刻治楚辞诗句“采芳洲兮杜若”朱文印一方，三面边跋刻《离骚》全文2400余字，细致精微，肉眼难辨，为中国现代微雕之一种，堪称印跋雕刻之首创神技。1930年时年26岁，写成《中国绘画变迁史稿》。1930年3月，与夫人罗时慧女士结婚。是年，升任江西省立一中高中部艺术科主课教师，作《醉翁亭记图》，为抱石第一幅写意山水与工笔人物相结合的作品。1931年，南京国立中央大学艺术科主任徐悲鸿到南昌，经友人引荐，抱石持作品前往拜访求教，徐极为赏识。为徐治印四方，徐作水墨画《鹅嬉图》回赠。1932年5月，应邀回故里新余县章塘村，祭拜祖祠。章塘及附近傅姓十村乡亲父老变卖一山松树，筹款资助抱石出国留学。9月，到达日本东京，开始对日本美术的研究，其间结识郭沫若。郭对抱石十分器重，两人常往返求教，感情弥深。1933年开始搜集资料，准备撰写《石涛上人年谱》。1934年3月，入日本帝国美术学校，师从日本著名美术家、美术评论家、东方美术史权威金原省吾教授。1935年5月10日至14日，在日本东京银座松板屋七楼举办“傅抱石书画篆刻个人展”，郭沫若、金原省吾亲临展场主持展览，轰动日本艺术界。展品中，连款刻《离骚》全文、《洛神赋》全文、《前出师表》全文、《渔文》全文等作品，被誉为“精神雕刻”，称抱石为“支那篆刻神手”。评论说：“中国的雕刻大师压倒了日本的‘粒米能手’。”是年7月中旬，因母亲病危，抱石结束日本留学生活回国。9月，经徐悲鸿推荐，任教南京中央大学。1937年7月抗日战争爆发后，撤至安徽宣城，徒步考察石涛遗迹，为《石涛上人年谱》准备资料。1938年2月，携妻儿全家回新余章塘村故里，所携书稿、图册、语录等资料十余箱，寄存于族叔之家。4月，在章塘村编写《章塘村傅氏世系图》，重修《傅氏族谱》。4月，到达武汉，参加郭沫若主持的军委政治部第三厅工作，为郭沫若秘书。1940年5月，当选为中华全国美术会理事。9月，政治部三厅改组，同郭沫若等退出三厅，重回中央大学艺术科（已迁重庆）任教。1941年3月，经教育部审定为正教授。同年完成《石涛上人年谱》。1942年10月，在重庆夫子池由中国文艺社、中华全国美术会主办“傅抱石教授国画展览会”，展出作品一百件，重庆《中央日报》发表陈立夫、徐悲鸿等名人名家评介诗文多篇。此后寓居重庆西郊歌乐山金刚坡下“抱石山斋”。曾多次参加画展，售画所入，尽数捐于抗战。1943年1月，发表《中国山水画论》。1944年8月作《天女散花图》和《贵妃》。1946年，随学校回南京，仍执教中央大学艺术系。1947年10月，在上海举办“傅抱石画展”，郭沫若为之属文。1948年1月，《石涛上人年谱》由京沪周刊社出版。12月，为避战火及撤台纠缠，率全家返抵南昌。南京解放后，1949年10月，由南昌返回南京，受聘为南京师范大学、师范学院艺术系教授。1950年2月起，开始构思并创作以毛泽东诗词为题材的国画，相继完成《清平乐·六盘山》、《七律长征》、

《沁园春·雪》等作品。1951年6月，当选为南京市二届文联常委。1953年10月，中国美术家首集体创作《送瘟神》大幅图画。5月，华东美术家协会在上海成立，当选为理事。9月，江苏省第一届文代会召开，当选为理事。11月，为中国人民保卫世界和平委员会作《东方红》一画。12月，《中国的人物画和山水画》出版。1955年4月，当选为江苏省政协委员，1956年月1月增补为全国政协委员。1957年5月，率中国美术家代表团离京赴捷克斯洛伐克和罗马尼亚访问，任团长。1958年12月美协南京分会筹委会改称“中国美术家协会江苏分会筹委会”，任主任委员。1959年上半年，他应邀赴湖南完成组画《韶山》二十余幅。9月5日，由抱石画稿，与广东画家关山月合作，为人民大会堂绘制巨幅图画《江山如此多娇》完成。1960年3月，《中国山水画史的研究》出版。同月，当选为江苏省第三届文联委员。中国美术家协会江苏分会正式成立，当选为分会主席。8月，当选全国美协第二届副主席和常务理事。同月，当选第三届全国文联委员。9月起，访问全国各地，先后参观三门峡水电站建设工地、延安、杜甫草堂、红岩村、三峡、广州等地，历时三个月，行程二万三千余里。1961年6月至9月，同关山月赴东北写生，作画八十余幅。1962年6月，江苏省第二届人代会召开，当选为主席团成员。1963年10月，以全国人大代表身份，视察江西，到达南昌，参观“八一南昌起义纪念馆”、井冈山等地并题词。1964年9月，当选为江苏省人民委员会委员及第三届全国人大代表。10月25日，西冷印社建社六十周年纪念，在杭州召开社员大会，会议通过章程，被选为副社长。12月20日，出席第三届全国人大会议。1965年2月作《井冈山》，完成《毛泽东诗意》册页，共8幅。3月作《中山陵》。5月作《茅山雄姿》，为最后一幅丈二匹大画，悬于江苏省政协礼堂。9月23日，受上海市人民委员会邀请赴上海，拟为上海国际机场候机大厅作画。9月28日下午，自沪飞返南京。9月29日，突发脑溢血，下午1时病逝南京汉口路一三二号寓中，享年62岁。

抱石作画治印四十余年，作画大约在四千幅以上，刻印超过五千方，著述两百余万字。从1950年2月开始构思以毛泽东诗词为题材的国画创作，至仙逝共作画八十余幅。郭沫若为1958年出版的自选《傅抱石画集》题签并序：“抱石作画别具风格，人物皆能传神，山水别开生面，盖于旧法基础之上摄取新法，而能脱出窠臼，体现自然。”画集主要有《韶山》组画、《东北写生集》《访问罗马尼亚和捷克写生画选》《浙江写生集》、自选《傅抱石画集》、金陵出版社出版的《傅抱石画集》等。主要著述有：《国画源流述概》《中国绘画变迁史纲》《木刻之技法》《基本图案学》《明末民族艺人传》《石涛上人年谱》《中国古代山水画研究》《中国绘画理论》《人物山水技法》《中国的人物画和山水画》《中国美术年表》等等。被称为中国现代史上杰出的国画家、金石家、美术史论家和美术教育家。（编者根据叶宗镐著《傅抱石年谱》编写）

傅斯年

（1896—1950），出生于山东聊城北门里相府大院里。史籍称傅氏家族为鲁西名门望族，世居聊城，共历14代，约480年左右。傅斯年的出身可以说是典型的书香门第、官宦世家。

关于傅氏先世远祖，聊城傅氏后人通常认傅回为傅氏家族始祖。据《东郡傅氏族谱》记载，傅回本是江西吉安府永丰人，明成化年间，任山东东昌府冠县令。任职期满后，携四子南返，留下三子。留下的一子傅祥奉母命占籍聊城。择定聊城城南三华里处为傅氏祖茔，自此，后代世居在聊城。

傅祥事迹无考，可能毕生以务农为业。其子傅纶改习商业，鬻卖纸布，以信义著称，由此生意兴隆，资用充裕。他十分重视诗书传家，督责子孙攻读举子之业，学习八股文化，每每亲自“口授章句”，并“引古人及郡先达”事，激励他们奋发向上，建立功业。因此，傅氏家族逐渐形成了诗书传家的传统，代代相继。

傅祥五传到傅以渐，终于振兴了傅氏家族，奠定了傅氏名门望族的基础。自傅以渐之后，傅氏成为典型的官宦世家，获取功名，中举人、进士、为庠生、太学生者不下百人，在朝为官和出任封疆大吏者几代不绝。傅以渐三传到傅继勋（字玉溪，号湘屏）就是傅斯年的曾祖父，为道光五年（1825）拔贡，官至安徽布政使，清末重臣李鸿章、丁宝桢均出于门下。直接影响傅斯年一生的是傅继勋的第三子，也就是傅斯年的祖父傅淦。傅淦，字笠泉，生于道光二十五年（1845），少负才名，博通经史，工诗书画，尤以书法知名，且文武双全，又精通医道。为同治十二年（1873）拔贡。但他自甘淡泊，不乐仕进，得到贡生资格后，便绝意仕途，终生不参加科试，平生友善，重孝悌，好交游，乐善好施，赴义惟恐人后。

傅斯年的父亲傅旭安，字东芝，号晓麓，生于同治七年（1868），自幼勤学好问，攻举子之业，性仁厚，有文名。光绪二十年（1894）乡试中举。因家庭经济窘迫，为全家生活计，谋职业养家，没有入仕，出任东平龙山书院山长，靠其束修维持家计。傅旭安为师，不仅知识渊博，对学生教诲有方，而且尤能极力扶掖生活贫苦的学生，使其不因家贫而辍学，因此得到学生们的普遍尊敬，也得到社会的广泛赞誉。

傅斯年出生时，虽然其祖宅还巍峨壮观，院落还相当整齐，标志门第显赫的“相府”与“状元及第”两块金字匾额依然高悬，二重门上的御笔“圣朝元老”楷书金匾及门框上浮雕精刻的金字对联“传胪姓名无双士，开代文章第一家”仍然引人注目，但这些都无法遮掩傅家的衰败。尽管如此，傅斯年的出生依然给这个日益破落的世家带来了喜悦。傅旭安喜得贵子，自不必说；傅淦52岁得此长孙，更是分外高兴。自傅斯年出世，他就不再远游，以含饴弄孙为乐。等到傅斯年三四岁时，就开始教其识字，背《三字经》《百家姓》《千字文》等蒙童读物。傅斯年尚不满5岁，便被祖父迫不及待地送入了私塾，并且选了最好的塾馆。

正当傅斯年在塾师和祖父严格督导下苦读经书时，其父傅旭安病逝，年仅39岁，这年傅斯年刚满9岁，傅斯年的弟弟刚出生7个月，而此时傅淦已年过花甲，可以说，这一变故对傅家真是雪上加霜，他老年无靠，其心凄苦可知。惟一的希望就寄托在两个年幼的孙子身上。因之，对孙子的学习督促甚严。由于傅斯年资质聪慧，读书颇为勤奋，所以11岁时便读毕十三经，初步奠定了学识基础。傅斯年在讲到其祖父对于他们兄弟的影响时说："祖父生前所教我兄弟的，净是忠孝节义，从未灌输丝毫不洁不正的思想。我兄弟得有今日，都是祖父所赐。"

对傅斯年幼年学业和思想产生深刻影响的，除了其祖父外，还有他的母亲李夫人。傅母闺名叔音，聊城城西南郊贺家海人。她出生于一个富裕家庭，虽然识字不多，但却受到严格的家庭教育，贤孝识大体。丈夫病逝后，既要孝养高年之公婆，又要抚育幼年双子，克勤克俭，备尝艰辛。李夫人一家五口生活仍日益窘迫，难以维持。到后来，房屋破旧损坏，亦无力维修。每逢下雨，李夫人便抱着幼子，头上撑着一把雨伞遮盖，可以想象他们母子孤苦伶丁的境况。即使如此，李夫人仍严格督促傅斯年兄弟二人读书，并且母兼父职，督责甚严，这促成了傅斯年自觉攻读的治学习惯。

傅斯年人生的重大转机，是1908年离开家乡，来到天津求学。父亲傅旭安的学生侯延爽的资助，改变了傅斯年整个人生命运。侯延爽曾受到过傅旭安的知遇。他在傅旭安墓前自誓，决心把斯年、斯岩兄弟二人培养成才，以报恩师当年知遇之情。

侯延爽深深意识到聊城地处偏僻，远离新文化中心，傅斯年如长期呆在家乡，接触不到新事物，学不到新知识，有可能耽误学业，影响前程，因此，单靠资助一些钱物是解决不了根本问题的。于是他便产生了带傅斯年去大城市读书的念头。1908年冬，傅斯年辞别了故乡，随侯延爽到了天津，开始了他人生的第一次重大转折。这次转折很大程度上改变了他的学业和人生发展方向。

傅斯年到达天津后，暂住在傅淦昔日的学生孔繁淦家中，复习高级小学功课，迎接春季的新生入学考试，生活费用由侯延爽供给。1909年春季，傅斯年考入天津府第一中学堂。

1913年夏天，傅斯年从天津府立第一中学毕业，以优异成绩考入北京大学预科。三年后又升入本科国文门，直到1919年毕业，他在北京大学这所当时全国最高学府中整整学习了6年。之后，他又赴英国伦敦大学，后入德国柏林大学留学，1926年冬学成回国，在欧洲著名学府留学整整6年时间。在北大的6年加上在欧洲留学的6年，这12年最关键的求学生涯中，傅斯年经过艰苦的努力和勤奋的学习，把自己最终塑造成了一位学贯中西的学术大师，成为中国现代史上著名的思想家、历史学家和教育家。

傅斯年在北京大学新思潮的激荡下，在胡适、陈独秀等人的引导下，开始投身于新文化阵营，充分发挥了他的文才和组织才能。他开始撰写文学革命的文章，如《文言合一草议》《中国学术思想界之基本误谬》《戏剧改良各面观》诸文，发表在《新青年》杂志上。同时傅斯年还与同寝室的顾颉刚、隔壁的徐彦之等同学，经常探讨学术以及自己办刊等问题。

1918年12月3日，他们在《北京大学日刊》上刊登了《新潮杂志社启事》，宣告新潮社成立。1919年1月1日，《新潮》第一卷第一号（创刊号）正式面世。

傅斯年不仅是《新潮》杂志的总设计师和编辑灵魂，而且也是该刊的主要撰稿人，许多文章就出自他的笔下。仅1919年这一年，他在《新潮》杂志上发表的文章和新诗，就有43篇之多，是他学生时代写作最多的一年。其思想观点和学术主张也随着《新潮》杂志的广泛散播而为人们所熟知。傅斯年也由此成为五四新文化派的著名代表人物之一。五四运动是中国现代史上的一场以青年学生为主体的反帝爱国运动，也是一场思想启蒙运动和新文化运动。

1919年年初，第一次世界大战的战胜国在法国巴黎举行和平会议，中国北洋政府作为战胜国参加了会议。在会上，中国代表要求取消日本逼迫中国订立的二十一条，并收回德国在中国侵占的领土和权益，可是，各帝国主义国家的代表无视中国的要求，反而把德国在中国的权益转让给了日本，而中国代表竟然同意在丧权辱国的和约上签字。5月1日，当中国在巴黎和会上外交失败的消息传到国内，舆论沸腾。

1919年5月3日晚上，北大学生会在北河沿法科第三院大礼堂召集临时会议，并邀请了北京各校代表参加，讨论了当前救国应采取的步骤，决定第二天举行游行示威。会上公推代表20人，傅斯年为参与五四运动的北京大学学生代表之一。

1919年5月4日，学生高举“外抗强权，内惩国贼”的标语在校园集结，傅斯年扛着大旗率领学生在天安门与其他院校学生会合，然后向东交民巷使馆区进发，准备向各国使馆抗议。走到东交民巷，受到外国军警的阻拦，学生推举代表向各国使馆递交了说帖。这时有学生提出，我们找卖国贼算账去。于是傅斯年又率领学生经御河桥直奔赵家楼曹汝霖的住宅，火烧了曹汝霖的住宅，痛打了章宗祥。对傅斯年在五四运动中的作用，吴组湘在《傅斯年学行并茂》一文中评价道：“《新潮》第五期出版，五四运动发生。傅斯年在这一伟大爱国运动中是北京大学学生领袖，为是日在北大集会时主席，为游行示威总领队。游行队派代表向各国公使馆致送声明书以后，队伍中即有人高呼：‘到外交部去！卖国贼的家去！’傅斯年曾劝说同学不要激动。但喧嚣愤怒的声浪，使傅斯年无法控制局势，乃自举大旗率众往赵家楼曹汝霖住宅。”这一天是五四运动发起的第一天，发生了痛打章宗祥和“火烧赵家楼”事件。当天有二十几位同学被捕。

五四运动是中国青年学生关心国家前途命运的集中体现，因此，充分沐浴了新文化运动思想养料的北京大学学生成为五四运动的主体，自然是理所当然的事。傅斯年作为五四运动的代表人物，自然也是思想领袖。而当五四运动发生时，他又作为学生领袖之一，走在游行队伍的最前列，由文化批判的精英转变为社会批判的精英。虽然他没有参加五四运动的整个过程，但是，提起五四运动绝对不能不提傅斯年，否则五四运动史则是不完整的。

1919年秋天，傅斯年考取山东省官费留学，是年冬，留学英国。

新文化运动和文学革命的主将是陈独秀、胡适等人。傅斯年以学生身份成为这一运动的追随者和积极参与者。傅斯年是其中最活跃、最坚决的一员勇将。

1919年2月底，傅斯年和俞平伯到达英国利物浦，次日乘车去伦敦。入伦敦大学研究院，从史培曼（Speaman）教育研究实验心理学，同时选修本科的课程，主要选修了物理学、化学和数学等自然科学的课程。他在努力学习实验心理学和选修自然科学的课程之外，还广泛地涉猎英国的文学、史学、政治学等学科。

1923年9月，傅斯年离开了学习三年之久的伦敦大学，转入德国柏林大学继续留学。

傅斯年由英国去德国柏林大学，其中一个原因就是有一批青年学子包括陈寅恪、俞大维等人正在柏林大学留学。他到柏林后不久，何思源、毛子水也到了柏林大学。此外还有赵元任、徐志摩、金岳霖诸位，也都在柏林。因此，与这些学友们互相砥砺和相互启发成了傅斯年学业进步的重要因素。傅斯年对陈寅恪的学问十分佩服，在留学期间受陈寅恪的启发和帮助很大，在以后的长期共事中，两人都没有脱离教育界和学术界，毕生相互帮助，相互尊重，成为学人交往的典范。

傅斯年与俞大维也有密切的交往关系，他们之间不仅是学术上的益友，同时还有亲属关系，傅夫人即是俞大维的妹妹。俞大维系浙江人，也出身于书香世家。其父俞明颐，曾任湖南陆军小学总办。他们在柏林大学期间关系很密切，在学业上互相砥砺而又互相佩服。据说俞大维原先也是注重学习文史的，自从与傅斯年交往，深感功底不如傅斯年，才改学了自然科学。傅斯年对俞大维也很有佩服。

傅斯年在西欧留学6年，饱尝西方文化的精蕴，因此，西欧的社会人文及学术倾向不可能不对他产生影响。并且这种影响一直贯穿在他回国后服务于工作生活的各个方面，特别在他的学术思想和人生价值观中处处可以看到西方学术文明的影响。

1926年冬，傅斯年结束了长达6年之久的海外留学生涯，由德国返国。受聘中山大学，年底赴中山大学任教。

傅斯年任教中山大学，是当时负责中山大学教务的朱家骅聘任的。在傅斯年尚未回国之前，朱家骅曾就傅斯年任职一事与中山大学委员长戴季陶商议，决定聘任傅斯年为中山大学教授，兼任文科学长（后改为文学院长）和国文、历史两系主任。

傅斯年受聘后返国，12月，自家乡聊城携其弟傅斯岩赴广州中山大学任职。这是傅斯年经多年海外留学深造后，回国任教的第一所大学。正如朱家骅所说，他来中山大学马上全力以赴，参与了学校的建设，延聘多位知名学者，他自己也担任了不少课程的讲座，其中他留学时的心得及不少学术著作，都是在中山大学任教期间写就的。应该说，他对后来中山大学的发展做出了不小的贡献。

1927年秋，还是在中山大学期间，傅斯年为了提高中山大学文史类学科的学术水平，联合顾颉刚等人创立了中山大学语言历史研究所，创设《中山大学语言历史研究所周刊》，开始招收研究生，傅斯年同时兼任所长及《周刊》主编。同时派顾颉刚去上海、北平购买图书，着手开始历史、语言方面的研究。1928年春，南京国民党政府委派蔡元培筹办中央研究院，规定国立中央研究院“为中华民国最高科学研究机关”。11月，该所在广州成立，傅斯年辞去中山大学教务，专任所长兼《中央历史语言研究所集刊》主编。并聘请陈寅恪为历史组主任，赵元任为语言组主任，李济为考古组主任。以历史语言研究所为大本营，在中国建筑“科学的东方学正统”，一直是傅斯年的理想。从研究所的筹办、成立到发展经历了世间沧桑，风风雨雨，先后经历了抗日战争、国内战争，到处搬迁，躲避战乱，可以说历史语言研究所就是傅斯年的生命，他的象征。他担任该所所长这个职务一直到他去世，可以说是呕心沥血，为中国现代学术发展树立了不朽的丰碑。

从1929年到1948年，史语所及其工作人员总是过着迁徙生活，同时还执着于学术研究，备尝艰辛。可以想象，作为史语所主要负责人的傅斯年的困难更是可想而知了。

尽管迁徙千难万苦，但是史语所宝贵的资料、“学问的原料”，都在傅斯年等人的精心呵护下完整地保存下来，这实在是中国现代学术史上不幸而万幸的事。这里面有傅斯年的功劳，所以李济认为傅斯年几十年执着的努力，他的心“是留在历史语言研究所的学术事业上”的，傅斯年为史语所的发展留下了不可磨灭的贡献。

一、在收集整理典籍资料

史语所从上海收购“群碧楼”的藏书开始，以后在北平、南京，以及抗战期间所迁到的地方，如湖南、云南、四川，均随时随地就近或设法向其他地方收集书籍资料，尤其是史语所在四川的时候，集中收集四川的地方志，就收到很好的效果。

在史语所迁址北平期间，史语所的许多同仁在傅斯年领导下集体进行明清档案的整理工作。这批清代所藏的内阁大库档案，共重约12万余斤，以1.8万元的代价从李木斋手中购到。这些原始史料，正是史语所寻求的工作对象，价值的珍贵自不待言。内阁大库档案可靠性的程度与敦煌卷子、居延汉简以及殷墟甲骨是相等的，其内容的丰富又远在这三批材料以上。基于内阁大库档案整理而成的由史语所刊行的40本《明清史料》，无疑具有重要的史料参考价值。

史语所迁回南京后，傅斯年又用一笔不少的钱，买了傅增湘氏所藏的北京刊南宋补刊本《史记》。在购买这部书的过程中，经过了很长时间的思考、研究，还向上海精于版本的徐鸿宝先生请教。买后专门存入史语所事先已买好的一座大型保险柜，这个保险柜里除了装这部《史记》外，还有零星买来的敦煌卷子《佛国记》（当时流传在市上的敦煌卷子大都是佛经，“传记”方面的很少，所以史语所把这一卷《佛国记》也放在里面），都是傅斯年亲手买来的。

史语所迁回南京后的第二年（1947年），傅斯年把抗战胜利后接受日本人的“人文科学研究所”所藏的大批书籍，选择其中比较珍贵的陆续运到南京。史语所迁台时，也随同史语的原收藏的书籍一同运到了台湾。

傅斯年一生爱书，热爱学术，他甚至把他的纸片资料和文稿当作自己的生命。傅斯年留给后代的不仅是珍贵的书籍，更有无法估价的道德人格财富。

二、在组织殷墟的发掘

组织殷墟发掘是傅斯年主持历史语言研究所期间的一项重大工作，也是该所在考古学界取得的重大贡献。在傅斯年精心策划下，在董作宾、李济主持下，从1928年开始的殷墟发掘，这也是自1899年甲骨文行世后第一次有计划有组织应用科学方法进行的发掘，直至1937年止共历10年，先后发掘15次，发现大量殷代铜器及甲骨文。这些铜器经过专家研究，遂使商代史事，由隐晦而日趋显明，中国信史也因此向前推进数百年之久。

傅斯年在《本所发掘殷墟之经过》一文中，明确指出了发掘安阳殷墟的原因，是为了保存和整理古代地下资料，推进考古学事业的发展。

面对安阳殷墟的地下文物的被盗和被毁，傅斯年深感担忧，因此，他组织大规模殷墟发掘的目的，就是采用科学方法，全方位地收集和整理除龟甲以外的地下资料，并用资料解决中国上古史中年代确定的问题。

确定了史语所考古工作的方向，还需要有专门人才来具体实施和操作，他为此礼聘李济主持田野考古工作。此外还有董作宾、梁思永等一批专家。

傅斯年与殷墟发掘的关系是多方面的，除了领导的作用外，行政的交涉与经费的筹划，他担负了最大部分的责任。在当时，从事考古工作被当作是掘人坟墓的工作，是一件很不容易的事。地方上的势力，古董商的势力，政治上、社会上一切的势力，都会干扰考古发掘，使其不易公开地进行。当史语所在安阳发掘时，就最先遇到了地方政府的干预。地方政府认为是挖河南的宝贝，中央把河南的宝贝给抢走了，河南省政府组织一支队伍，结果弄得不能正常工作。傅斯年为此亲自到开封去办理交涉，逗留长达三个月之久。为办好此事，还直接找到蒋介石，请蒋介石出一个条谕，才把这个问题解决，这样才使得安阳的田野考古工作顺利进行下去。经过史语所考古组同仁的共同努力，通过安阳的发掘，找到了若干重要的殷商文化遗存，一直到现在仍然为世界学术界所重视，认为是民国时期学术界最大的科学成绩。

殷墟发掘对考古学的重要性至少有三点：第一，科学的发掘证明了甲骨文字的真实性。因为，在殷墟发掘以前，甲骨文字的真实性是假定的，就是没有章太炎派的质疑，科学的历史学家也不能把它当成头等的材料看待。有了历史语言研究所的发掘，这批材料的真实性才得到证明，由此，甲骨文的史料价值也得到了最大程度的提高，此后，就是最善疑古的史学家，也不敢抹杀这批材料。第二，甲骨文虽是真实的文字，但传世的甲骨文却真伪难辨，在殷墟发掘以前，最有经验的收藏家也是常常受骗的；有了发掘的资料，才得到辨别真假的标准。第三，与甲骨文同时，无文字的器物出土时，不但充实了史学家对殷商文化知识的内容，同时也为古器物学及史前史的研究，奠定了坚实的基础。总之，安阳殷墟的考古发掘，是傅斯年主持中央历史语言研究所期间最突出的贡献之一。

中央历史语言研究所全体研究人员共同努力所取得的学术成就，集中地体现了傅斯年作为该所领导者和设计者的学术理想，从某种意义上也是他一生学术追求的集中体现。在傅斯年主政期间，在他精心布置和直接筹划下，进行了明清大库档案的整理和对安阳殷墟的15次大规模的发掘，以及其他许多重大项目的开创性研究，奠定了史语所在旧中国社会科学界中的权威地位。对于傅斯年领导历史语言研究所的组织才能和研究方面的课题规划，他的同事都给予了高度评价。可以说，离开了傅斯年的组织和筹划，史语所是很难取得令人瞩目的进步和发展的。从总体上看，他领导的历史语言研究所取得了如下方面的成就：

第一，奠定了旧中国社会科学研究的基础。可以说，傅斯年在任期间的史语所在科学理论及方法论、研究领域和开拓、资料的整理等方面奠定了民国时期社会科学发展的基础。

第二，崛起了一批蜚声国际的学者。研究所成立后，傅斯年多方努力，罗致了一大批人才，如陈寅恪、赵元任、李方桂、李济、董作宾、凌纯声、梁思永等一流学者。其他成员也各有千秋。而在傅斯年、陈寅恪、赵元任等人的培养下，史语所在建立的十余年中，培养了大批高质量的学术人才，这些人至今仍是我国文史界的栋梁。

第三，确立了人文学科的规范化研究方式，初步实现了“科学的东方学之正统在中国”的目标。以傅斯年为核心的史语所全体同仁在学术前沿的集体攻关方面，已逐步取得国际学术界的认可。

抗日战争时期，国民党政府推行的不抵抗政策，招致了国内有识之士普遍反对。傅斯年作为当时国内的著名学者，他发出的批判国民党政府不抵抗政策的声音更强烈，也更尖锐。

1932年1月，国联决定组成以英国李顿爵士为首的调查团，美、法、意、德参加。日本军国主义分子为了使占领中国东北地区合法化，大造舆论，宣扬“满蒙在历史上非支那领土”的谬论。为了驳斥日本人的谬论，教育国人，增进国人对东北历史的了解，傅斯年深感义不容辞，乃联络方状猷、徐中舒、肖一山、蒋廷黻等人赶撰一部东北地方史，运用民族语言学及古籍中史地资料等大量历史事实，说明东北原为中国郡县，无论任何方面均与中国有不可分割的关系。傅斯年满怀激情，日夜奋战，奋笔疾书，在很短的时间内便写成了第一卷，命名为《东北史纲》，用大量的不容置辩的历史事实证明东北自古就是中国的固有领土。当然，书在当时的作用是非常大的，当李顿调查团到中国后，傅斯年又让李济将《东北史纲》的主要部分译成英文，交给李顿调查团，作为证明东北地区是中国领土的证据，从而用史实驳斥了日本政府的谬论和狡辩。

李顿调查团经过对东北历史的了解和对现状的调查，向国联写出了报告书。该报告虽然对日本的侵略行为有所偏袒，但也明确指出东三省“为中国之一部，此为中国及各国共认之事实”。《东北史纲》为此提供的大量证据之功是不可抹煞的。

在抗日战争时，傅斯年主张坚决抗日保中华。

1935年3月，他写了《“中日亲善”？？！！》一文。文章一开始就对所谓的“中日亲善”进行了讽刺。

针对当时舆论界出现的对日妥协苟安的骑墙论调，傅斯年发表了《北局危言》一文进行批判。

傅斯年不仅发表文章，用舆论的武器去批判妥协退让的投降论调，而且还用实际行动抵制妥协投降行为。有一次，宋哲元的高级幕僚，在北平主政的萧振瀛召开北平教育界人士座谈会，要求教育界人士对日本侵略者的入侵沉默缄言，不要发表对日不利的言论。出席这次座谈会的傅斯年对此十分不满，慷慨陈词，把萧振瀛狠狠教训了一顿。傅斯年在会上明确表示，坚决抗日，反对华北自治，并警告汉奸和亲日分子，任何背叛民族、分裂祖国的行为，必然遭到唾弃。他揭露所谓“华北五省自治”的实质是强奸民意，分裂祖国。与会人士群起响应，使萧振瀛当场丢丑，狼狈不堪。

1935年11月24日，傅斯年等人闻知著名汉奸殷汝耕等要成立所谓“冀东防共自治委员会”，脱离国民党中央政府，“树联省之先声，谋东亚之和平”，与日本侵略者相勾结，成为日本侵略者卵翼下的汉奸政府，十分愤怒，当即联合学术界知名人士发表声明进行谴责。在声明上签名的主要有蒋梦麟、梅贻琦、李蒸、傅斯年、胡适等人。

1945年随着抗日战争胜利的到来，傅斯年再次肩负重任，负责北京大学抗战胜利后迁回北平复校的任务。同时，由于当时国共内战爆发在即，全国各地学校反蒋独裁，反内战学潮蜂起，西南联大更爆发大规模学潮，置身于此漩涡中的傅斯年又奉命办理学潮。他既要维护国民党的正统和威信，又要维护学生的利益，处于难以抉择的两难境地。总之，从傅斯年代理北大校长的一年时间内，可以看到他在北大的重建，伪北大教职人员的摒弃，平息学潮，致力于北大传统的恢复等方面所做的工作。

傅斯年是一位学者，虽然也关心政治，但他绝不是政客。他从来没有在国民党政府中担任过行政职务，早年曾加入国民党，30年代后又退出国民党。“七七事变”后，蒋介石于庐山召集谈话会，傅斯年以社会名流参加，并应聘参加了随后设立的国防参议会，从此积极投身政治，从1938年到1945年相继担任第一至第四届参政员，1946年出席重庆政治协商会议。此外还曾相当过立法委员。1946年3月，国民党政府打算让傅斯年担任政府委员，傅斯年坚辞不就。傅斯年从来也没有放弃“书生参政”的志向，这使他必须要置身于国共两党对抗的政治漩涡之中，他维护国民党统治，却痛恨国民党的腐败和无能，猛烈地抨击贪官污吏。

1949年1月，国民党在大陆的统治行将崩溃之际，傅斯年浮海东渡台湾，出任台湾大学校长，同时继续兼任历史语言研究所所长职务。

傅斯年作为中国现代教育家，他的许多关于高等教育的改革设想及其实践，就是在台湾大学校长任内实施的。为教育的操劳不仅使他久病身躯不堪重负，夺去了他的健康，而且也使他过早地离开了人世。但是他却在中国现代教育史上树立了一座丰碑。

傅斯年在接任台湾大学校长之前，就已因高血压病，在美国就治。出院后，美国医师就曾嘱其不要过分劳累，注意调养休息，千万不能担任行政工作。

1950年12月20日上午，傅斯年出席了由蒋梦麟召集的农复会的一次会议，讨论农业教育改革和保送大学生出国深造问题。在这个会议上，傅斯年提了不少意见，他一会儿用汉语讲话，一会儿用英语和美国人交谈。会议开了两个小时，他讲的话比任何人都多。

午饭后稍事休息，他又于下午2时许赶往省议会厅，列席台湾省参议会第五次会议。这一天，参议会所质询的问题主要是有关教育行政方面的事，下午会议开始后，傅斯年曾登台讲话，但主要是台湾省教育厅作答。大约开到5点40分左右，参议员郭国基咨询有关台大的问题，包括国民党“教育部”从大陆运到台湾保存在台湾大学的器材的处理和放宽台大招生尺度的问题，这些问题需要由傅斯年答复，于是傅斯年第二次登台讲话。他回答完上述两个问题后，又简单谈了其办学的原则和理想。大约6点10分左右，傅斯年讲完话，高血压病发作。据在场的友人回忆，他结束讲话后，病状已逐渐显露：他缓缓地移动脚步，回到距离发言台不过三四步路的座位上。因为发言台离座位距离太近了，他的纡缓步伐和苍白的面容，并未为人所发现。直到6时18分，主席台主持会议的李方居副议长宣布散会，跨下主席台与傅斯年握手时，发现他的手指冰冷，李氏惊呼：“傅先生，您的手怎么这么冷？”站在两旁的陈雪屏和谢东闵闻声赶忙用手扶他，陈雪屏低声问：“孟真，您觉得不舒服吗？”当时傅斯年用手扶额，站起来的身体又重复坐下，微弱地说：“我不行了，我不行了。”他一面说，一面闭上眼睛用手指着左手的脉搏，做出需要注射的状态。

不一会，台大医学院、国防医学院等处著名医生陆续赶来，经诊断傅斯年得了脑溢血，当即进行紧急抢救。这时，台湾政界要人如王世杰、陈诚、何应钦、程天放、罗家伦、朱家骅等，学术界人士如李济、董作宾、毛子水、萨孟武、英千里、劳干等人纷纷赶来探视病情。蒋介石闻讯后，嘱咐陈诚动员台湾所有名医，不惜任何代价，抢救傅斯年，并要陈诚每过半个小时给他打一次电话，报告傅斯年的病情。晚9时许，傅斯年的血压降低，病情好转，至晚11时血压猛增，晚11时23分，终于停止了呼吸。

傅斯年逝世后，该校师生为悼念校长特于第二天（21日）停课一天，并下半旗致哀。各院系学生闻耗，均同声哀悼，泣不成声，整个校园沉浸在悲痛之中。各院系学生代表联合会发出通告，号召全体同学齐集校门口，整队前往极乐殡仪馆致唁，瞻仰傅斯年校长遗容。

傅斯年逝世后，台湾大学师生为了纪念这位校长，特在其实验植物园里建造一座罗马式纪念亭，亭中砌长方形墓一座，墓前立有无字碑，修有喷水池。园中有兵工署捐赠的一座纪念钟，钟上铸有傅斯年提出的校训“敦品、力学、爱国、爱人”八个大字。1951年12月20日是傅斯年逝世周年祭日，这一天，由台湾大学新任校长钱思亮主持仪式，将傅斯年的骨灰安葬在纪念亭内大理石墓中。从此，人们即称其安葬地为“傅园”，称那口纪念钟为“傅钟”。每日上课、下课时，深沉悠扬的钟声便在这里响起，它激起台湾大学师生工作和学习的热情，鞭策师生在学术攀登探索中不断努力，这钟声也时常勾起人们对傅斯年这位伟大学人的怀念。（摘录《傅斯年传》）

傅　雷　（1908—1966），江苏省南汇县周浦镇渔潭乡西傅家宅（现隶属于上海市南汇县下沙乡王楼村五组）人。或许是傅雷呱呱坠地时的哭声有愤怒之象吧，他那信奉儒家传统的长辈们，从《孟子》上所说的“一怒而天下安”得到启示，为他取了个“怒安”（又作“怒庵”）的名字。这既传神了他的气质禀性，又对他寄予了宏大的愿望（由他的“一怒”，天下则可“安”矣）。他是长子，故小名为“大儿”（取自《三国志》上祢衡对曹操问“大儿孔文举”之义），按当地对长子的俗称习惯，又叫“大官”。

原名傅怒安，后来又为何改成为傅雷呢？他的远房表亲张愚石老人说：“怒安约在十五岁左右，名雷而以怒安为字。查起名之因，以我正在热中篆刻，其时正作客傅家，工具随身，怒安以此为请，篆彼名字，并合拟一单名。我俩人共认怒安两字，取义于《孟子》‘文王一怒而天下安’之句，俗谓大发雷霆之谓怒，我提议以雷为名，如是名与字可相得益彰，君欣然从之。此改名之由来也。即日为其作印二方，一白一朱，仿印人赵为叔体，当时自以为颇具雅趣。

这样，改名为傅雷后，原名就成了他的字；再后来，他又由这名与字，引伸出了“疾风”“迅雨”“移山”等笔名和“疾风迅雨楼”的斋名。

傅雷的祖父傅炳清，拥有四五百亩土地、三十多间房子，在当地算得上是一家大户了。祖父生有二子，长子傅胜，结婚不久就离开了人间。次子傅鹏，即傅雷之父，虽继承了家庭的全部财产，自己也有职业，但他并不是一个理家生财之人，只能守成而不能发展。一场突来的灾祸，终使家产损失过半。在傅雷还不到4周岁的时候，在周浦镇扬洁女子中学任教的父亲，被人诬告入狱，在牢中受了三个月的折磨。等到用巨款把他保释出来，已到了痨病后期，不久就去世了。他仅仅活了二十四岁。这期间，傅雷的母亲，忙于营救丈夫和给丈夫治病，无暇照料家务，弱小的二子一女也相继夭折了。一年之中，傅雷家连失了四口人。

傅雷的母亲李欲振，身材短小却端庄秀丽，又贤淑能干，极有主见，人们尊称她为鹏少奶奶。1912年，她离开了傅雷的出生地，搬迁到西去十多里外的“小上海”周浦镇，租下了曹家的西半个宅院。

傅雷在曹家院内住下之后，母亲为他的学业作出了安排。先是由帐房陆先生，教他读认写在一张张方块纸上的单字（俗称“方块字”）。到他七岁那年，又和几户人家共同请来一位叫做斗南公的塾师，在租借的一间厢房内设案授课。傅雷和五六个孩子一起，跟着斗南公念起了诗云子曰、之乎者也。

傅雷经受的是双重的管束。由于课堂就在自己家中，白天老师授课时，母亲往往陪坐在一边，手里做着针线活儿，眼睛则监视着儿子的一举一动，傅雷怎敢稍有分心与懈怠呢？到了晚上，她又一步不离地督促着儿子，一遍又一遍地背诵着白天学下的课文。她并不识字，却记性特好，又有极高的理解力，傅雷哪处背错了，背漏了，她能一一加以指正，直到儿子背得烂熟，毫无差错为止。

傅雷天资聪颖，也能刻苦用功，但在私塾时期，毕竟还是个孩子，偶有疏忽是难免的。每当这个时候，母亲对他的管教，其严厉的态度和采取的方式，在旁人看来，有些不近人情。一次，傅雷玩耍的时间长了些，母亲在一气之下，用包袱皮将他紧紧兜起，急匆匆地向河边奔去，好在邻居们及时赶了上来，千说万说，她才没将儿子扔进水里。

傅雷跟着老贡生斗南公背诵了4年四书五经。这期间，还由另一位教师教他英语和算术。到五四运动发生的那一年——1919年，由于新思潮对其母亲的推动，傅雷有机会走出了刻板、枯燥的私塾，进入周浦镇小学二年级就读。他只在周浦镇小学读了一个学期，就转学到上海去了。

1926年春天，傅雷被迫离开了大同附中，由母亲领回乡下老家。在家乡自学到这年秋天，以同等学历，考入上海持志大学。

1928年春，傅雷考入巴黎大学文科后，住在法国青年宿舍，一边去大学听受主修课程文艺理论，一边还去卢佛尔美术史学校和梭旁恩艺术讲座听讲。除了上课，他频繁地接触文化艺术界人士，并经常到巴黎和南欧众多的艺术馆、博物馆参观美术大师们的不朽名作，以扩大自己的知识面和增加感性知识。他还实地考察了许多艺术圣地。具体感受其弥漫于千年之间和所在都市的艺术氛围。从接触当时法国最伟大作家之一罗曼·罗兰的作品，他又爱上了音乐。以后他在美术和音乐上表现出了深厚的造诣和很高的艺术鉴赏力，其基础，就是在留法期间打下的。为了不断提高法语水平，傅雷在学习之余，经常试着翻译一些法国文学名著。到巴黎后的第一年，译出了都德的短篇小说和梅里美的中篇小说《嘉尔曼》。

1931年，在去罗马之前，傅雷翻译了屠格涅夫等人的几首散文诗，后以“小青”、“萼子”等笔名发表于《艺术旬刊》上，并开始了罗曼·罗兰三大名人传之一的《贝多芬传》的翻译。后因上海《国际译报》编者之请，将这一译稿节录勾要，以《贝多芬评传》为名，发表于该报1934的第一期上。

1931年9月间，傅雷由法国回来时，年仅23岁，即被刘海粟聘为上海美术专科学校办公室主任。当时在这所学校中，集中着国内第一流的人才，如早已著名的教授黄宾虹、姜丹书、黄目、张善子、张大千、贺天健、张辰伯、潘玉良、庞熏木、容大块、许醉侯等；较年轻些的教员有蒋兆和、潘思同、刘海若、俞剑华、杜镜吾、娄师白、马孟容、谢公展、张玉珍、汤凤美等，这些人日后也大都成了文化艺术界的佼佼者。在这样一所人才济济的学校中，出任办公室主任，说明年轻的傅雷确实具有不同一般的学识。除了日常行政工作，他还开设了两门课程：美术史和法语。

1932年1月，他与朱梅馥在上海结婚。从此，俩人一同走完了多灾多难的人生之路。

朱梅馥端庄秀丽，娴淑豁达，受过良好的现代教育，毕业于上海宴摩氏女校。她不只通晓英语，文笔亦非常流利优美。人们称赞说，几乎一切中国标准的美德，都结集在她身上，是一个典型的东方女性。

朱梅馥在傅雷一生中的价值确是巨大的。这不只是就其在性格上与傅雷的刚柔相济而言。

人们在谈论傅雷时，都这样认为，在他的一生事业中，包含着朱梅馥的辛勤劳动和无私奉献；如果傅雷不是与朱梅馥结合，可以说，他的成就程度，就不会像现在这么突出了。

1932年1月，上海美专因“一·二八事变”停课半年。又正值寒假期间，校中已无多少事务。这时，傅雷在点清了办公室的图书表册，并认真地作了移交手续后，向校长表示了辞职的意愿。刘海粟反复恳请，当时傅雷没有言声。再三问他辞职的原因，他也不肯说出。

这以后近一年时间中，傅雷发表了一批文章。主要的有：“刊登在《时事新报》“星期学灯”专栏的《现代法国文艺思潮》《研究文学史的新趋向》《乔治·萧伯纳评传》、《从“工部局中国音乐会”说到中国音乐与戏剧底前途》、《当代青年的烦闷》等5篇论文；为《艺术旬刊》撰写的论文《现代中国艺术之恐慌》《我再说一遍：往何处去？……往何处去？》《文学地于外界现实的追求》等4篇，以及和为讲义稿的《美术史讲座》十一篇，《世界文艺动态》十八则。还有翻译如《高尔基文学生涯四十周年》、《精神被威胁了》、《一个想不到的美国》以及以“萼君”“萼子”等笔名发表的译作屠格涅夫等人的诗，以“狂且”笔名译出的拉洛倏夫谷格言二十六则。

傅雷留法四年，现在要向祖国贡献自己的学识与才能了。这些文章与译著，即是他奉献的第一束花朵。这中间，也开始显示了傅雷作为一个文艺理论家，尤其是美术批评家和翻译家的独特品性。

在同一时间（1933年），傅雷以“疾风”为名译出，并以“自己出版社”的名义自费出版了斐列甫·苏卜的《夏洛外传》。这是他正式出版的第一部译著。

1933年9月，傅雷母亲病逝。这次，他以回乡料理丧事为由，坚决辞去了上海美专的教职。

法国大文豪罗曼·罗兰，以其长篇巨著《约翰·克利斯朵夫》和三大名人传《贝多芬传》《米盖朗琪罗传》《托尔斯泰传》闻名于世。

此时，中国正处于内忧外患的年代。国内，国民党日益加紧了对革命力量的围剿，国际上，日本帝国主义通过制造“九一八”事变，步步扩大着吞并中国的侵略战争。斯时正如刘海粟所说，傅雷是一个“坚定不移的抗日派”，爱国热情与国人一般高涨；而傅雷并非是一个徒作大言和空言之人，他总是从自身可能的情景出发，力所能及地从事着自己的工作。

在翻译罗曼·罗兰三大名人传的同时，傅雷完成了他一生中唯一一部系统性的学术论著：《世界美术名作二十讲》。

1933年9月辞去上海美专教务以后，傅雷成了一个自由职业者，主要致力于法国文学的译介工作。

1936年11月间，滕固邀请傅雷，以“中央古物保管委员会专门委员”的名义考察龙门石窟，研究古文物的保管问题。他和助手往往在龙门一连要住上六七天，才能回来整理材料，稍事休息，这样循环不已的操劳，大概花了三四个月的时光，才告结束。

傅雷是一个非常有原则，又富于博爱精神的人。

傅雷的长子傅聪，原在上海淡水路西域小学上学。后来，由于发现他有音乐天赋，傅雷为了让他专心于学习钢琴，让他退了学。同时，请来了郁树敏先生作家庭教师，为他讲授国文和数学，以继续小学课程。国文课的课文，由傅雷自己从《论语》《庄子》《吕氏春秋》《世说新语》等古文献中选出一些篇章，抄写编订。

1937年7月8日，“芦沟桥事变”后第二天，傅雷应福建省教育厅的约请，到福州为“中等学校教师暑期讲习班”讲授美术史大要。此时，日本侵略者正加紧对上海的围困，时局异常紧张。傅雷在二十多天中，加紧讲完课程后，于8月4日匆匆返回上海。

回上海后，傅雷在家蛰居了一年多时间。

这期间，傅雷翻译了莫罗阿的《人生五大问题》《恋爱与牺牲》《服尔德传》、罗索的《幸福之路》、杜哈曼的《文明》、巴尔扎克的《亚尔培·萨伐龙》《高老头》等；1936年开译罗曼·罗兰的《约翰·克里斯朵夫》，至1939年译毕，1941年全部出版；1942年又重译了罗曼·罗兰的《贝多芬传》。在这些译着上，傅雷大都写有不同形式的序言或说明。从这些文字中可以看出，他的所谓“隐遁于精神境域”，并不是在逃避现实，而是在“隐遁”的形式下，以不易引起敌人注目的“精神境域“为阵地，间接地和巧妙地进行着别一种战斗。

1931年秋，二十三岁的傅雷，到上海美专出任办公室主任时，早在那里任教的国画大师黄宾虹，已近古稀之年，他们俩却很快成了情谊深厚的忘年交。

1939年5月，傅雷由昆明回到上海后，几年间深居简出，专事于翻译巴尔扎克等人的著作。但在敌伪时期，除了《约翰·克里斯朵夫》，他未出版过其他译著；直到抗战胜利后，才陆续出版了《贝多芬传》（重译本）、《高老头》《文明》《亚尔培尔·萨伐龙》等作品。

1945年“八一五”那天，傅雷在外面听说抗战胜利了，兴奋异常。一进家门，他将这一消息告诉了正在等候着他的夏丏尊先生。之后，对家庭教师郁树敏说，今天是高兴的日子，不给孩子上课啦！说完，又忙着给朋友们打电话，互相祝贺，并展望着未来，谈他今后的打算……

1945年12月30日，“中国民主促进会”在上海中国科学社召开成立大会，出席者共26人，傅雷被列为后补理事。

应该说，傅雷是“中国民主促进会”的发起者之一。但他，却从未明确地承认过自己是这一党派的成员，也没有明确申明过，他不是它的成员，只是从第二次会员大会后，就不再出席该党的所有会议和活动了。

1945年11月间，傅雷以《新语》半月刊社评的名义，发表了一篇题为“国民意志高于一切”的政论。

傅雷在40年代中后期写作的一些文章，或以小见大，微言大义，或综观全局，层层剖析，论证充分，说理透彻，嬉笑怒骂，尖锐泼辣，显示了一个政论家与杂文家的才华。

1948年年底，傅雷受友人之邀，到了昆明。傅雷是一个自由职业者，没有固定的经济来源。母亲去世后，每年田租的收入加上一些稿费，也只够一家人半年的开支，其余只能靠卖田过活。抗战前一年，一次卖去了一百多亩；第二年抗战发生时，才有川资去广西避难。以后每年卖田，到1948年，原有的四百多亩，只剩下不到一半，连基本生活费都难以保证了。

到1949年6月，傅雷在昆明旅馆中已经住了七个多月。再滞留下去，坐吃山空，一家人生活都会成问题了。傅雷决定转去香港，到那里再作打算。

傅雷在香港住了半年，受不了殖民地的生活。1949年12月由海路经天津到了北京。他准备在北京逗留数天后再回上海。尽管对共产党、新中国抱有疑虑，但傅雷说：“我是中国人，我的根在中国。我死也要死在自己的国土上。”

这次在北京期间，傅雷拜访了陈叔通、马叙伦、钱锺书夫妇等老朋友，相互畅叙了别后的经历和思念。

首都的文采风流，清华园的学术气氛，众多老朋友的热情，没能留住傅雷，他决计仍回上海，干他的翻译工作，兼带着钻研艺术理论。过惯了书斋生活的傅雷，以他当时的心态，自然又想回到书斋中去，与巴尔扎克、罗曼·罗兰、梅里美、伏尔泰、泰纳等大师们神交意会，是更符合他的心性与脾胃的。

50年代的前五六年，是傅雷一生中阳光明媚、心情跃奋的时期。

这期间，他除重译、出版了巴尔扎克的《高老头》、罗曼·罗兰的《约翰·克里斯朵夫》，还新译和出版了巴尔扎克的《贝姨》《邦斯舅舅》《夏培尔上校》《奥诺丽纳》《禁治产》《于絮尔·弥罗埃》，梅里美的《嘉尔曼》《高龙巴》，伏尔泰的《老实人》《天真汉》《查第格》及其他7个短篇等法国文学名著，奠定了他在当代中国翻译界法国文学尤其是巴尔扎克作品权威翻译家的地位。诗人毕朔望将他与玄奘、严复、伍光建、鲁迅等相提并论，还以“大汉风神只此鲲”的诗句来盛赞他，这是不为过的。在当代中国略有文学修养的人中间，傅雷的名字几乎无人不知，无人不晓。

傅雷的译品是第一流的。这首先是因为他在法语及其文学以及整个学识上的高深造诣，又与他严肃认真的治学态度和从不满足的进取精神有关。

傅雷为了译好自己喜爱的一部作品，在开译之前，他不只将故事、情节记得烂熟，分析彻底，人物形象在脑子里活了起来，对隐藏在字里行间的微言大义有所渗透，尤其能从总体上准确地把握到原作的风格。

傅雷译笔的流畅晓达，早已有口皆碑。可他还常在自苦于译笔的呆滞，力求更加生动活泼一些。

傅雷的译品取得较高成就，还与他的翻译观念和翻译风格有关。

1963年1月6日，傅雷在写给罗新璋的信《论文学翻译书》中说：“重神似不重形似；译文必须为纯粹之中文，无生硬拗口之病；必须能朗朗上口，求音节和谐；至节奏与tempo，当然以原作为依归。”这几句话，大体上可以概括傅雷的总体翻译观。

与个人在事业上不断取得辉煌成就的同时，傅雷看到自己多年来精心培育的爱子傅聪，也在迅速地成长起来，这是他更加欣慰的了。

经过几任老师的培训和傅雷的独特教育，傅聪迅速脱颖而出。1952年夏天，他还在师从勃隆斯丹夫人时，演奏俄国斯克里亚宾的作品，受到了老师的赞赏。勃隆斯丹夫人对傅雷说：“要了解这样一位纯粹斯拉夫灵魂的音乐家，不是老师所能传授的，要靠学者自己的心领神会。而傅聪，已经真正显出了这样的悟性。”

仅仅过了一年，1953年夏天，经过选拔，傅聪前往罗马尼亚，参加第四届国际青年与学生和平友好联欢节钢琴比赛。临行前，傅雷嘱告他：“你只要永远记住这四句话就可以了：第一，做人；第二，做艺术家；第三，做音乐家；最后才是钢琴家。”一路上，傅聪反复体味着父亲的临别赠言。他在联欢节上演奏斯克里亚宾，效果极佳，连苏联青年钢琴选手们都为之感动得热泪盈眶。

1954年1月17日，傅雷在又自慰又自责的心情下，与家人一起在上海火车站送傅聪去北京准备出国。傅聪走后的第二天，傅雷即有信给他。这就是后来形成为《傅雷家书》的开篇。

傅雷的杰出，不光在于他个人的突出成就，他还为中国和世界培育了傅聪这样一个第一流的艺术家。

当代中国的专业作家，除了稿酬，还可拿到一份固定的工资；生活水平不高，粗衣淡饭是可以保证的。从这个角度上说，他们是幸福而优越的。但有两位作家，从未拿过国家的俸禄，一位是巴金，另一位就是傅雷了。他俩在文学上的成就，又是超群而特异的。这不能不说是令人钦敬的事。

新中国成立以后，傅雷有过这样一些头衔：上海作家协会理事、书记处书记，上海市政协委员，《文汇报》社外编委，虽分文不取，他却以这些头衔，热情地做过一些社会工作。

从1955年5月起，傅雷参加上海政协活动，并被委任以“文学、新闻、出版小组”副组长。

在上海，傅雷成为文学、新闻、出版界的代表性人物之一。1956年7月，他又被聘担任了《文汇报》的社外编委。这在傅雷，或许是无意中得之。但以《文汇报》的影响，这一职务，并不是一般人所能向往的。

1957年3月间，中共中央在北京召开全国宣传工作会议，傅雷应邀到会，直接听到了毛泽东的讲话。

傅雷在给傅聪的信中，谈到这次进京的感想时说：“毛主席的讲话，那种口吻，音调，特别亲切平易，极富于幽默感；而且没有教训的口气，他的马克思主义是到了化境的，随手拈来，都成妙谛，出之以极自然的态度，无形中渗透听众的心”；毛主席“胸襟宽大，思想自由，……加上极灵活地运用辩证法，当然国家大事掌握得好了”，他是“真正古今中外的哲理融会贯通的人”，“毛主席只有一个，别国没有”。

带着这样的心态与情绪，傅雷返回沪上。接着参加上海市的宣传工作会议，参加整风运动，作发言，写文章，忙碌了两三个月，日常翻译工作几乎无暇顾及了。

傅雷将他在宣传会议上的发言，整理成为两篇文章：《为繁荣创作、提高出版物质量提供更好的条件》、《关于整理、编辑、选题计划的三点意见》，分别发表在5月14日、5月17日的《文汇报》上。翻开当时的报纸可以看出，不同的代表性人物，都在讲自己所在领域中存在的问题，并提出建议；但像傅雷讲得这样具体、客观、有分寸，并富于建设性，实在并不多见。他确实抱着“一颗赤诚的心”，希望自己国家各方面的事业，得以不断地改善和改进。

形势的发展却完全出乎傅雷的预料。6月8日中央发出组织力量反击右派分子进攻的党内指示，同日《人民日报》发表《这是为什么？》的社论。一场全国规模的群众性的急风暴雨式的反右派运动猛烈地开展起来了。

一声霹雳，终于打到了傅雷的头上。开始，一些人在会上会下诬陷他，说他写给庞熏荣的一封信，是在“煽风点火”。从8月下旬起，上海各家报纸上就点了傅雷的名字，说他坚持“中间路线”，说他反党反社会主义。于是，将近半年中间，对傅雷的批判会多达十余次。人瘦了许多，常常失眠；而心情的不安定，致使工作停顿，这对傅雷，就更痛苦难耐了。

但傅雷的问题还没作结论，他也仍然坚持着不愿意作“廉价的检讨”。

傅雷的检讨还是没有通过，有关领导部门仍然要将他定为“右派分子”。上海作家协会按照上级指示，召开了一次为傅雷定性的会议。会上主持者讲了一通为什么要给傅雷戴帽的理由，然后要大家表态，一个一个问过去，都表示同意。只有一个周煦良不说话，不表态。在当时，他也只能做到这样。

被宣布为“右派”的那天——1958年4月30日，夜，已经很深了，傅雷还没有回家。深知丈夫脾气禀性的朱梅馥，真担心他在无端受辱之后，会有什么意外。她忧心如焚地等待着丈夫的归来……终于有了敲门声。傅雷进门之后，默默无言地面对着朱梅馥，过了好长一段时间，才长叹一声，说：“如果不是因为阿敏还太小，还在念书，今天我就……”

傅雷以“一颗赤诚的心”参加共产党发起的整风运动，最后竟被戴上“右派分子”的帽子！

习惯于书斋生活，一心埋头于研究巴尔扎克的傅雷，50年代中期一段短暂的社会活动，其结果是被错划为“右派分子”！从此，他又回到他的书斋，杜门谢客，几乎隔绝了与外界的来往。

正在这时，又一个打击临到了傅雷的头上。1958年年底的一天，领导上通过周煦良，向傅雷通报了“傅聪从波兰乘飞机出走英国”的消息。早在1957年整风反右时，傅聪和父亲几乎同时挨整。他是从波兰被召回北京参加运动的，在作了一个检查之后，总算允许他还去波兰继续留学。但在他走后不久，对他父亲的批判越来越扩大化了。在傅雷被定为“右派”后，傅聪也在留学生中成了批判的对象。过了一段时间，傅聪即将留学期满，他顾虑到回国后不会有什么好的境遇，于是作出了出走英国的决定。这在傅聪，虽然是很内疚的，但在当时，却是“被逼上梁山”的。

在极度的苦闷中，傅雷继续从事他那神圣的翻译事业。从1958年到“文化大革命”前夕，他翻译了泰纳的《艺术哲学》，巴尔扎克的《赛查·皮罗多盛衰记》《搅水女人》、《都尔的本堂神甫》《比哀兰德》《幻灭》，重新修改了《高老头》。他没有工资收入，向以稿费为经济来源。可当他把一些译稿交给人民文学出版社时，出版社方面虽表示可以印行，但又建议他另用一个笔名。傅雷回答说：“不！要嘛还是署名傅雷，要嘛不印我的译本！”他认为，给他戴帽，本来就是错误的，因戴帽而改署名更是错误了。就这样，在戴帽期间，傅雷没有出过一本书，靠“预支稿费”，艰难地维持着一家人的生计。

随着傅聪出走英国，傅雷更不便去信了。

这时，傅雷的内兄朱人秀，受组织委托，经常去看望他、关心他，给他讲党的方针政策以及外面的形势。一次，朱人秀问傅雷有什么要求，他说他希望能与傅聪保持通信。这件事逐级向上请示，最后反映到了最高决策层那里。周恩来、陈毅很快通过夏衍，通过柯灵，明确地表明了对傅聪的态度：祖国的大门，任何时候都对傅聪开着；只要他愿意回来，就欢迎。思想开阔、眼光远大的陈毅，还同意了傅雷的要求。这对苦闷中的傅雷，无疑是极大的安慰。他表示一定要做好傅聪的工作。这样，中断了两年之久的傅雷、傅聪父子之间的通信，从1959年10月起，终于又接续了起来。除了还是反复地讲为人之道、讲艺术修养之外，傅雷在给傅聪的信中，现在更突出地向他提示着热爱祖国、不忘民族尊严、继承民族优秀文化传统之重要。

今天，一部《傅雷家书》在海内外成千成万的读者中间流传，对人们的道德、思想、文化修养起的启迪涵泳作用，已是既深且远了。傅雷为我们留下了一笔价值巨大的精神财富。

傅雷被错划为“右派”，蒙受着无端的屈辱，但他依然桀骜不驯、狷介倔强。1961年9月间，有关部门决定给傅雷摘掉“右派”帽子。考虑到傅雷的脾气，事先派人给他透出个喜讯，希望他有个认识错误的态度，意思是双方好下台阶。如同两年多以前，他根本不承认自己有错那样，傅雷在听到这个消息之后，还是回答说：“不！”他说宁可戴着帽子，也不承认当初有错！上海作家协会的负责人去看望他时，他竟闭门不见。后来，还是朱梅馥开了门，把负责人请进会客室，倒了茶并“表示感谢”。由于傅雷不愿认错，那位负责人提出，请朱梅馥代写几句表示检讨和感谢之类的话，希望傅雷不要拒绝。在夫人的再三劝说之下，他才实事求是地表了个态。说完之后，长叹一声，回到自己的书房，无声地流着辛酸的泪水。

再三劝说丈夫，代写检讨，或者说上几句感谢之类的话，在朱梅馥，也是违心的啊！但是为了丈夫，为了孩子，彼时彼地的她，也只能那样应付了。

1961年9月30日，报上注销了摘去右派帽子的消息，他面对报纸没有笑容，说，“当初给我戴帽子，本来就是错的！”

“右派”的“帽子”是摘去了，但仅仅是摘帽而不是平反，傅雷的冤案还没有得到彻底解决。虽说，傅雷的心理上减少了一些压力，但阴影不可能抹掉。从摘帽以后的四五年间，除仅有两次，应友人之约，去南京、苏州、镇江等地稍作游览休息，他仍然深居简出，不在社会上露面，成年累月地在他那个幽静而寂寞的书斋中，与历史上的艺术大师们对话作伴，直到又一场狂风骤起，承受更大的屈辱……

1966年夏天，红卫兵运动席卷着中国大地，无穷的灾难降临到了千百万人的头上。

傅雷预感到，这次又要搞到他头上了。周煦良来家看望，他对周说：“如果再来一次1957年那样的情况，我是不准备再活的。”周听后不寒而栗，心想：“1957年时，言者无罪是整风宗旨，后来却违背了这个宗旨。何况眼前这场运动来势要比那时迅猛得多呢！傅雷能幸免吗？……”他不敢再往下推想了，前途实在难以预测。

8月30日下午，区房管局的一批人来到傅雷家搜查，7点半左右才离开。

深夜11点多了，音乐学院的一伙红卫兵，连同一些长了胡子的特派，突然敲打着傅雷家的大门。这伙人进来之后，把傅家院中盛开的月季一棵棵连根拔起，还掘地三尺，想在那里找到“变天账”一类的罪证。毫无收获，又撬开了傅家的地板，还是没有找到他们需要的东西。

红卫兵们在翻箱倒柜，终于搜出了几本分类整理的傅雷家书，他们如获至宝，以为这下可抓住了傅雷的罪证。可从那上面看到的，竟是与他们设想完全相反的内容。还是不肯善罢甘休，继续搜查着。最后，他们在阁楼上找到了一只箱子，从里面翻出了一面小镜子，镜子背面嵌有蒋介石的相片；还翻出了一本旧画报，其中有一张宋美龄的照片。“罪证俱在！”傅雷夫妇立刻被推倒跪在地上。这就开始了对他们俩长达四天三夜的批斗折磨。

那只箱子，是一个亲友存放在傅家的。既是人家存放的东西，多少年来，傅雷夫妇从未打开过，他们也根本不知道里面装的什么东西。现在翻出了那些物件，他们又不愿意说出箱子的主人究竟是谁，这样，“罪责”也就难逃了。

9月2日上午，傅雷夫妇被拉到大门口，戴着高帽子，站在长凳上接受批判。看看周围的墙上，贴满了大字报：“打倒傅雷！”“大右派傅雷不老实！”围观的人群挤满了整个弄堂。这对一生自严自尊、疾恶如仇、痛恨软骨媚态之举的傅雷，是何等地难以承受呵！

派出所人员在傅雷卧室的桌子上，发现了一个用火漆封住的白布包，上在写着：“此包由XXX路X弄X号朱人秀会同法院开拆。傅、朱”。朱人秀闻讯赶来，会同法院的人拆开了布包，里面有傅雷夫妇的遗书、几个信封，信封里装着一些钱物。遗书中这样写着：

人秀：

尽管所谓反党罪证（一面小镜子和一张褪色的旧画报）是在我们家里搜出的，百口莫辩的，可是我们至死也不承认是我们自己的东西（实系寄存箱内理出之物）。我们纵有千万罪行，却从来不曾有过变天思想。我们也知道搜出的罪证虽然有口难辩，在英明的共产党领导和伟大的毛主席领导之下的中华人民共和国，决不至因之而判重刑。只是含冤不白，无法洗刷的日子比坐牢还要难过。何况光是教育出一个叛徒傅聪来，在人民面前已经死有余辜了！更何况像我们这种来自旧社会的渣滓早应该自动退出历史舞台了！

因为你是梅馥的胞兄，因为我们别无至亲骨肉，善后事只能委托你了。如你以立场关系不便接受，则请向上级或法院请示后再行处理。

委托数事如下……

使你为我们受累，实在不安，但也别无他人可托，谅之谅之！

傅雷　朱梅馥

一九六六年九月二日夜

遗书中不只有傅雷夫妇的悲愤与控诉，也体现着他们一生立身行事的高尚人格。

中国的一代译界巨匠傅雷先生，以及他那贤淑忠贞的伴侣与助手朱梅馥女士，就这样地在无穷的悲愤与寂寞中，离开了人间！

傅雷之死，“完成了他的崇高的品德”；而朱梅馥之能与傅雷“同归于尽”，则是她对傅雷的人格力量及其一生事业的最后的，也是永久性的肯定与倾慕。

傅雷与朱梅馥的双双辞世，是中国历史上的一曲悲壮之歌。也是一对高品位的琴瑟，最后奏出的，一曲和谐而感人的歌！

1979年4月26日，上海市文联、作协上海分会，隆重举行了傅雷夫妇的追悼会。柯灵在会上致词，郑重宣布：1958年将傅雷划为右派是错误的，应予改正；十年浩劫中所受诬陷迫害，一律平反昭雪，彻底恢复傅雷夫妇的名誉。

傅雷的人格和精神是不会随着他肉体的消失而消失的；他那一生留下的业绩，也将永存而不朽。

一部《傅雷家书》，一版再版，成了当今青年包括艺徒们思想、道德、文化修养的教科书；

煌煌十五大卷《傅雷译文集》的编辑出版，不仅为外国文学爱好者们提供了众多准确、精美的译着，使他们得以沐浴于巨匠大师们所创造的艺术世界之中；更为中国文学翻译界树立了一座丰碑，一位倾慕于傅雷的研究人员，把其二百多万字的译文作为楷模，对照着原文抄录了一遍；

《世界美术名作二十讲》《与傅聪谈音乐》，被中国艺术理论界赞誉为少有的精湛之作；与国画大师黄宾虹论艺的《傅雷书信集》即将面世。

再卷本、近六十万字的《傅雷文集》也可望出版。（摘录自金梅《傅雷传》）

傅连暲（1894—1968），字日新，为党作秘密工作时化名郑爱群。福建汀州（今长汀县）人。父亲傅贵成是个勤劳笃实的贫农，母亲官福娣也是个善良贤慧的农家妇女。他们一家祖辈耕种地主的田，因沙地贫瘠，田租沉重，收成不敷交租，屡遭地主逼债欺凌。傅连暲的大哥不满三岁，就被地主强抢去拍卖抵债。在百般无奈的情况下，1889年秋，傅贵成举家离开老家，流落汀州城谋生。

傅连暲的父母共生养13个孩子，傅连暲排行十一，由于家境贫寒，难于抚养，孩子生下后，送的送，死的死，最后只剩下四姐傅荣娣、六姐傅六姐、老七傅明新和傅连暲及一个妹妹等五人。

傅连暲12岁从崇正小学毕业，1911年考入教会办的中西班，为第二期学生。他的老师李灼基，精通内、外科，曾获英国内科和外科博士，他很喜爱勤学苦练的傅连暲，除了热心帮助他学习外，临床和出诊都带他在身边，这对傅连暲医术的长进起了很大的作用。

1914年，傅连暲的父亲在贫病中去世。临死前，傅连暲的母亲执意要刚满20岁的傅连暲与刘赐福结婚，名为“冲喜”。刘赐福也是贫民出身，生后第七天就抱给官福娣家做童养媳，官婆婆用自己的奶水把刘赐福拉扯大。刘赐福11岁时，在城里英国人办的华英女子学校读书。17岁毕业时，因成绩优秀，留校任教，每月薪水四块大洋，这样家境才稍有好转。

1916年，傅连暲在汀州“亚盛顿医馆”经过5年攻读，以优异成绩毕业了，并被赖查理聘为汀州八县旅行医生。从此，他不辞辛劳，常年在闽西山区农村奔走行医。他医术高明，医德又好，在汀州颇负盛名，求医看病的人越来越多。

1927年8月，八一南昌起义部队在周恩来、贺龙、叶挺、刘伯承、朱德等率领下挥戈南下，在江西瑞金接连打了两次大仗，歼灭国民党钱大钧部四个团，俘获敌军官兵九百余人，缴获大量枪枝弹药。然而，在激烈的战斗中，起义军也有不少伤亡，大约有三百多名重伤病员，被送到汀州福音医院治疗。傅连暲不顾危险，立即发动汀州所有的医务人员，以福音医院为中心，成立临时“组合医院”，紧急抢救伤病员。他还以博爱和人道的名义，向商人募捐了一大笔钱作为伤病员的生活费，所需药品全部由福音医院无偿供给。他还动员汀州女子师范和省立七中女生协助看护伤员。

年轻的营长陈赓左腿两处中弹，膝盖筋被打断，腕骨骨折，伤势很重，身体非常虚弱。傅连暲对陈赓敬佩万分，决心要保住陈赓的伤腿，对他采取了“保守疗法”。傅连暲每天用“由素”替他消毒，用夹板固定伤腿，还把自己喝的鲜牛奶留给陈赓喝，以增强他的身体抵抗力。经傅连暲精心治疗，陈赓的伤腿保存下来了，避免了截肢之苦。陈赓深为感动。

起义军第三师政治部主任徐特立，年纪50岁了，患了急性肠胃炎，上吐下泻，发着高烧，昏迷不醒。傅连暲同样精心治疗，徐特立的病情迅速好转。

1928年春，在中共“八七”会议精神指引下，共产党员郭滴人、朱积垒、邓子恢、张鼎丞等，领导后田、长乐、蛟洋、金砂等地农民举行了震动全省的闽西暴动。暴动的消息传来，中共长汀特支跃跃欲试，准备在汀州开办“训政人员养成所”，训练农运骨干。当时汀州驻扎着国民党福建省防军第二混成旅郭凤鸣部。为了使这个“养成所”合法化，特支委托傅连暲通过给郭凤鸣治病的机会，请求郭凤鸣予以支持。郭凤鸣并不了解这是中共的训练班，以为可利用青年知识分子替他训练训政干部，一口答应，并指令由商会出钱。于是，中共长汀特支从长汀、清流、宁化、连城等县选拔了大批进步的青年农民参加培训，培训了一百多名农民运动骨干。

1929年3月，毛泽东、朱德和陈毅率领红四军首次入闽，消灭郭凤鸣旅二千余人，占领汀州城。毛泽东进城后，身体不大好，有人说他可能患了肺病。傅连暲给他检查身体，认为没有肺病，毛泽东很高兴。傅连暲还给朱德检查了身体。当时，正当天花流行季节，红四军中发现有天花病人。为防止天花在军中蔓延，傅连暲向朱德建议赶紧给全军普种牛痘。朱德很高兴地接受了这一建议。于是，傅连暲一方面为红军治疗伤病员，另一方面用了半个月时间，为红四军全体指战员种了牛痘。红四军离开汀州时，傅连暲介绍他身边两名得力的医生叶青山、黄成（1931年牺牲）随军服务。经过革命斗争的锻炼，这两位医生，以后成为红军中优秀的卫生工作领导人。

傅连暲根据毛泽东的要求，以福音医院的名义，订购了上海的《申报》《新闻日报》，广州的《超然报》《工商月报》等各种报纸。他化名郑爱群，通过汀州邮局的邮递员、地下党员罗旭东，将报纸转送毛泽东参阅。毛泽东在戎马倥偬的军旅途中，得到这些重要的参考资料，非常高兴，他收到报纸以后往往亲笔给傅连暲写收条：“×月×日报纸收到，这样做很好。毛泽东。”

1930年，傅连暲住宅的几个房间被国民党军的一个团长强占，当作“公馆”。不久，红军再次袭击汀州，敌军连夜撤防，但是敌团长堆放在傅连暲家里那一大堆金银绸缎无法带走，敌团长和姨太太急得直跺脚。傅连暲灵机一动，向敌团长建议把十箱军用地图腾出来，暂时留下来由他保管，用这个箱子把财物运走。敌团长接受了他的建议，赶紧腾出箱子装起金银绸缎逃跑了。第二天，红军入城，傅连暲将这一箱军用地图交长汀县委书记段奋夫，转红一方面军代参谋长郭化若，再转送给毛泽东。

1931年，汀州已经成为了中央苏区的经济中心，福音医院也成为了中央苏区最大的一所医院。许多中央领导人和红军指战员前来这里治疗。但是，由于国民党对中央苏区进行经济封锁，药品十分紧缺，毛泽东指示傅连暲派人到上海买药，并在上杭、峰市、汕头、上海等地开设地下药店，建起了一条从苏区至上海的秘密采购药品的运输线。

同年，伍修权在中央苏区第二次反“围剿”战斗中，左腮被敌人子弹击中，弹头滑落口腔后部，伤口感染化脓，在上杭才溪后方医院治疗未获痊愈，被转送到汀州福音医院医治。在傅连暲细心治疗下，他的伤口迅速好转。

1932年1月，傅连暲根据毛泽东为适应革命战争的需要，为红军培养医务人员的指示，在福音医院创办了中央苏区第一所“中国工农红军中央看护学校”，校长为傅连暲，红军给派来了政治委员张悌，教员有陈炳辉、肖自高等，学习时间两个月。第一期学员60名，男女各半，都是从江西、福建挑选来的优秀分子，但是文化水平很低。为使他们在两个月内能掌握一般的医疗技术，傅连暲结合实际，选择了部队中最常见的疾病和最常用的药物来编写课本，耐心细致地讲解、示范和指导，毕业时学员们都取得了良好的成绩，大部分被分配到前方部队。毕业那一天，红军总司令朱德专程从前线赶来参加毕业典礼，并在会上发表讲话，勉励大家到前方去发挥作用。对傅连暲的给予了充分肯定。

1932年春末夏初，毛泽东的夫人贺子珍前来福音医院分娩，傅连暲为她安全接生一个小男孩，取名小毛。刘赐福热情护理贺子珍，每天给她做营养菜，还为小毛做衣服穿。

同年夏，毛泽东率东路军东征漳州，消灭国民党部张贞一个师，胜利回到赣南。同年10月，毛泽东在宁都会议之后，由于长期的军旅生活，劳累过度，来到福音医院老古井休养所养病。毛泽东在住院休养的三个月期间，坚持深入调查研究，经常工作到深夜。傅连暲除了每天按时给毛泽东打针服药外，每天下午五点钟，邀请毛泽东到疗养所附近的北山散步。傅连暲邀请毛泽东散步，是为了让他借此得到休息，毛泽东很乐意接受邀请。每次散步，傅连暲都能从毛泽东那里听到许多他过去所不懂得的道理，深深了解到毛泽东所具备的渊博精深的政治军事知识以及多方面的才华，从而更加敬佩毛泽东。

毛泽东在福音医院住院期间，傅连暲请毛泽东到他家作客。在谈话中，毛泽东对傅连暲的身世作了详细的了解，然后热情地帮助傅连暲分析历史和思想。毛泽东对傅连暲说：你能参加革命和出身有关，你是受压迫阶级出身的。接着又进一步指出："要反对帝国主义，还要反对国内的统治阶级，我们才有出路。"毛泽东的每一句话，都深深地触动了傅连暲的心灵，使他加深了对中国共产党及其领导下的革命运动的认识。

此时的福音医院，实际上早已成为一座红色医院，只是为了到白区购买药品和订购报纸的便利，才保留着教会医院的名称。毛泽东将要离开福音医院的时候，对傅连暲说："我们要有个自己的医院，不要再叫福音医院了。福音医院是个基督教会医院的名字，我们要把它改成中央红色医院，你看怎么样？"傅连暲很高兴地表示完全同意。

毛泽东又问："蒋介石的军队打来了，你怎么办？"傅连暲毫不犹豫地回答："我们把医院搬到瑞金去，我们全家人也一起搬去！

毛泽东在福音医院休养三个月，无论在政治、思想、工作和生活等方面，都给了傅连暲很深的影响。如果说瞿秋白办的刊物使傅连暲从同情革命走上了革命道路，那么毛泽东的言论与行动则使傅连暲更坚定了革命的信念和决心。自从结识了毛泽东，傅连暲"象是黑夜里见到了明灯，荒山中遇到了亲人一样，永远离不开毛主席，永远离不开共产党。"

1933年年初，中央工农民主政府接受毛泽东的建议，将汀州福音医院迁往瑞金叶坪杨岗下，正式创立了中央红色医院，任命傅连暲为院长，兼中央红色医务学校校长。

1933年6月，中国工农红军卫生学校由兴国茶岭迁到瑞金叶坪，与傅连暲主持的中央红色医务学校合并，中央红色医院改为卫生学校的附属医院，傅连暲仍为该院院长。附属医院可收容三百多名病人，在中央苏区是设备条件最好、技术水平最高的，医院能施行比较复杂的手术，并拥有X光和比较先进的检验设备。

9月，正当第五次反"围剿"的最后关头，毛泽东在于都突然病倒了，高烧到41摄氏度，一连三天不吃不喝，肚胀、头痛，咳嗽不止。党中央接到报告后，马上派傅连暲前往治疗。瑞金到于都一百八十华里，傅连暲骑了一匹骡子，星夜兼程，第二天傍晚赶到了于都。他详细了解了毛泽东患病后几天来的情况，接着检查了毛泽东的身体，确诊为患了恶性疟疾。于是给他吃了奎宁片，注射奎宁和咖啡因。翌日，毛泽东的病情转危为安，体温开始降低，还能安稳入睡。到了第四天，毛泽东就恢复健康，又开始工作了。

毛泽东当时正在负责调查红军突围路线，他的健康和红军的存亡密切相关。所以，毛泽东及时得到治愈，人们都认为傅连暲在关键时刻为党立了一大功。

1934年10月，中央红军开始长征。组织上考虑傅连暲的肺病还没有完全好，且患有胃病和痔疮，怕他经受不了长途跋涉之苦，提议送他回汀州。对于一个基督教徒，有名望的医生，国民党不致对他怎么样，他仍可以继续办医院，过富裕舒适的生活。但是傅连暲坚决要求参加长征。这时留在苏区主持工作的项英也来劝他留在游击区，傅连暲还是坚持要参加长征。他的要求得到了组织的批准。

长征出发的时间非常匆促，傅连暲因忙于整理行军药品，来不及回家与亲人告别，只派一个人到他家，将他需要的药品器械取去。刘赐福带着年幼的几个孩子脱不开身，他的长子傅维光和女婿陈炳辉前往送行。傅连暲坚定地对儿子和女婿说："我们一定要打回来的，毛主席一定会领导我们胜利的！"

长征途中，傅连暲与医务人员一起冒着敌人的弹雨，为负伤的战友急救包扎。为了躲避敌机，部队改为日宿夜行，到达宿营地时，大多是黎明的时候。傅连暲常常放弃休息，一到宿营地就背上药箱给战友们看病，看完了病，再回住地吃饭、睡觉。

在漫长而艰苦的长征途中，傅连暲克服重重困难，坚持做好部队卫生保健工作。当时担任军委卫生部长的贺诚后来回忆傅连暲时说："傅连暲在长征途中，继续为中央领导同志和战友治病。周恩来在长征途中患重病，他参加过治疗。在草地上，张国焘分裂党，另立伪中央，我们一起被裹挟到四方面军去。当时，我受到严密监视，无法工作。他就拖着瘦弱的身子，设法为朱德、刘伯承等治病，照料他们的身体健康。任弼时的爱人陈琮英在阿坝生小孩，他为之接生，还把自己的面粉送给她补养身体。康克清患伤寒病，也是他治疗，直至痊愈。"过草地时，王树声、邵式平患严重伤寒，也是傅连暲给治好了。

自从长征后，傅连暲与家里完全失去了联系。中央红军进军遵义，城里有一家药铺，傅连暲曾通过这家药铺给刘赐福写了一封信，可是一直没有收到她的回信。长征途中，他从报纸上看到国民党通缉他的消息，还听说刘赐福已被敌人杀害，孩子们下落不明。

党中央从保安迁到延安后，成立了陕甘宁边区医院，傅连暲任院长，并负责中央领导同志的医疗保健工作。毛泽东眼睛有病，又常常熬夜，眼病很不容易好，傅连暲每天早上给他精心治疗，终于把毛泽东的眼病治好了。

1938年，毛泽东和陈云亲自介绍傅连暲参加了中央党训班学习。然后，由党训班班主任王德和胡嘉宾作介绍人，于1938年9月7日，傅连暲被正式批准入党。

傅连暲担任中央总卫生处处长后曾为改变边区卫生面貌作出了积极的努力。

1944年中秋节，正值傅连暲五十诞辰，党中央特地为他举行祝寿会，《新华日报》还专门报道了这一消息。在延安的中央主要领导人周恩来、刘少奇、朱德、张闻天、王稼祥等许多同志都参加了祝寿会。

周恩来在代表中央的讲话中指出，傅连暲参加革命队伍，加入共产党，这是党的胜利。我们之所以给他祝寿，因为他是有功之人。这样的同志，我们应该永远记住他，感谢他。

毛泽东虽然那天因为工作忙未能参加，第二天看到傅连暲时，紧紧握住他的手说："祝贺你五十大寿。"

1945年，中央军委总卫生部成立，傅连暲任副部长，兼中央卫生处处长；党内任军委总卫生部总支书记。

傅连暲向来诚实待人，刚正不阿，但是，他也常常因此蒙受冤屈。在延安，傅连暲曾对江青影响毛泽东健康的行为，提出过批评。为此，江青对他一直怀恨在心。

此时，党中央发布了毛泽东起草的《中国人民解放军宣言》，提出了"打倒蒋介石，解放全中国"的伟大号召，解放大军在全国发起了大举反攻。这时，傅连暲的身体状况很不好，但他对中国革命充满胜利信心。因此他在信中还向毛泽东提出两点建议。

毛泽东收到傅连暲的信后，很快就给他写了回信："连障同志：来文悉，很感谢！我身体近来更好些。你身体有病望于工作中保重。此祝健康！毛泽东，11月10日"。

毛泽东的回信使傅连暲万分鼓舞，他表示："不愿随便死去，活一天做一天"，"把自己完全贡献给革命。"

1949年3月，中共中央由西柏坡迁往北平，傅连暲随党中央和毛泽东进入北平城。这年下半年，根据中央指示，傅连暲建立了中央保健办公室，并主持工作，负责中央领导同志的卫生保健，以及中央直属机关的卫生工作。

傅连暲对中央保健工作忠心耿耿，兢兢业业，他时刻不忘毛泽东、刘少奇、周恩来、朱德等老一辈无产阶级革命家的身体健康情况。

1950年1月，傅连暲任中央军委总卫生部第一副部长。8月，当选为中华医学会理事长（又称会长）。1952年任中央卫生部副部长。

1955年，傅连暲被授中将军衔，获一级八一勋章，一级独立自由勋章，一级解放勋章。

1966年“文化大革命”一开始，林彪死党邱会作秉承林彪旨意，打击陷害傅连暲，诬陷“傅连暲反对毛主席，反对林副主席”，“林副统帅病危时，不给药吃，陷害林副统帅”。指使张贴傅连暲是“三反分子”“修正主义分子”的大字报，先后两次查抄傅连暲的家。接着，对他进行游斗，还举办了“傅连暲罪行展览”。林彪为什么要趁“文化大革命”之机迫害傅连暲呢？历史要追溯到1950年抗美援朝时。当时，党中央本拟委派林彪出任志愿军司令员，但是，林彪称病，拒不出任。鉴于林彪长期称病，1953年，毛泽东指示傅连暲组织专家对林彪会诊。叶群暗示傅连暲给林彪开个假证明，傅连暲没有听从。会诊结束后，傅连暲如实向党中央和毛泽东写了会诊报告。毛泽东对林彪装病，早有所察觉。

从此，林彪对傅连暲恨之入骨，曾经说：“等我好了，撤他的职，算他的账。”

傅连暲觉察出林彪在背后搞他，情况危急，即向毛泽东写了求救信。1966年9月3日，毛泽东对傅连暲的信作了指示：“此人非当权派，又无大罪，似应予以保护。”

林彪一伙对毛泽东的指示阳奉阴违，表面上让傅连暲一家搬到香山居住，名为“保护”，暗中却严密监视，加紧罗织罪名，私自成立“傅连暲专案组”，炮制了《关于批判傅连暲三反言行的请示报告》和所谓《罪行材料》，给傅连暲强加了许多莫须有的罪名。

与此同时，康生、江青等人也积极配合，利用他们控制的部门，无中生有诬陷傅连暲是“特务”，说他于1950年把毛主席、林彪的健康治病情况报告了安子文。安子文通过所谓“特务电台”，当作重要情报发给香港特务机关了。

1968年3月13日晚，江青在听取八个专案组汇报时，凶狠地下令道：“傅连暲是个坏家伙，他怎么随便把毛主席的健康状况向外扩散。把他抓起来！”第二天，邱会作指挥北京卫戍区将傅连暲、陈真仁逮捕，之后，将他们夫妻分开投入北京郊区的秦城监狱。

1968年3月28日，傅连暲含恨死于狱中。

1971年，林彪自我爆炸后，陈真仁才获释回到北京。这时，她才得知傅连暲三年前就被林彪迫害致死。陈真仁悲痛欲绝，多次上书党中央毛主席，控诉林彪一伙迫害傅连暲的罪行，要求为傅连暲平反昭雪。

1973年11月12日，经解放军总政治部批准，追认傅连暲为革命烈士。

粉碎“江青反革命集团”后，在中华医学会常务理事们要求下，经党中央批准，1978年11月22日，总后勤部在北京首都体育馆召开万人大会，公开为傅连暲平反昭雪，恢复名誉。会上对傅连暲革命的一生作了高度评价：“傅连暲同志是我党的优秀党员，参加革命几十年如一日，勤勤恳恳，兢兢业业，谦虚谨慎，艰苦朴素，襟怀坦白，光明磊落。

他一贯坚持努力学习马列主义、毛泽东思想，具有高度的阶级觉悟和坚强的党性；他立场坚定，旗帜鲜明，面对林彪、“江青反革命集团”、康生的诬陷和迫害，始终坚贞不屈，顽强斗争；他对党赤胆忠心，全心全意为人民服务，在长期的革命斗争中，为中国人民的解放事业、为我党我军的卫生事业作出了重大贡献。傅连暲同志的一生，是革命的一生，战斗的一生，为共产主义事业奋斗的一生。他的逝世是我党我军的一大损失。”（摘录《中共党史人物》有删节）

傅怀忠　（1912—1971），贵州沿河县和平镇人。1934年5月31日，贺龙、关向应等率领中国工农红军第三军进占沿河县城西岸后，乌江渡口处所有船只，被国民党守军彭慎朴团退守时全部控制在东岸，彭团自知难守，于当晚深夜遁去。次日清晨怀忠邀约船工二十余人，将船划至西岸迎接红军渡江，深受贺龙赏识。此后，红三军经过月余时间转战，于7月下旬，在船厂乡（今白石乡）土地湾，成立了“黔东特区革命委员会”，从而进一步引起国民政府及其军阀们的恐慌和仇视，同时采取军事进剿和经济封锁的策略，妄图困死红军和扼杀新生革命政权，使红军部队和特区人民严重缺盐少药，尤其是伤病员急需药物医治。为了解决这个问题，贺龙两次派傅怀忠持其亲笔信，赴彭水找挚友龚渭清设法帮助采购。第一次购得食盐2000公斤，安全运回特区；第二次购中西药物28担，雇31人挑运，渭清亲自与怀忠押运返程。行至沙子水淹沱，被当地区长袁仲英、保警队长田明道拦劫。怀忠被捕入狱，渭清当场就义。同年10月，贺龙命九师师长贺炳炎和政委廖汉生率军攻破县城，救出怀忠。此后怀忠参加工作，1971年病故。（贵州《沿河县志》）

傅作义　（1895—1974），字宜生，山西临猗安昌村人（原属荣河县）人。光绪二十一年端午生。幼年家贫。父庆泰为黄河渡口摆渡船工，后渐富，辟煤厂，遂为晋南大贾。尽管如此，傅庆泰还是勤俭持家，并以“勤俭”教育子女，提醒他们不要忘本，不要忘记这份家业来之不易。所以，俭朴的思想早已根植在傅作义的头脑里，他一生的俭朴作风与家庭教育和影响有着重要关系。

傅作义6岁入塾，10岁入荣河县立小学，13岁考入运城河东中学，勤奋自勉，品学兼优。15岁（1910年）弃文习武，考入太原陆军小学，17岁（1912年）入北京清河镇第一陆军中学，20岁（1915年）考入保定陆军军官学校第五期步兵科，1918年毕业，入晋军。1922年任营长，1924年任团长。1926年，阎锡山和直奉军合攻冯玉祥，傅作义奉命率第八团固守京绥铁路上的天镇城。从5月19日起，冯玉祥的国民军围攻天镇城。傅作义凭借城池坚固和天镇一带险要的地形，在晋军主力退守雁门关以后，却指挥一团孤军，阻止住了国民军大部队的围攻，开创了晋军以少胜多的先例。国民军由于直奉两系军阀进攻，整个战局不利，便撤兵西区，天镇之围遂解。天镇保卫战达三月之久，傅作义因指挥有方，挫败强敌，被擢升为晋军第四旅少将旅长。不久晋军由10个旅扩编为17个师，傅作义升任第四师中将师长。在这一年中，31岁的傅作义，由上校升到中将，升迁如此之快，在晋军中传为佳话。

1927年10月，傅作义奉命率部作为别动队奔袭奉军。他率领兵将，北出雁门关，经晋东北的应县、广灵，到直隶（现河北）省的蔚县。为了不使敌方发觉，他率部从蔚县县城东的九宫山进入山地，再沿拒马河东下。此路沿途人烟稀少，难筹给养，晋军忍饥挨饿，日夜兼程，急行军6天，到达房山县的张坊镇。这里距离涿州城不过五十里路。由于傅作义采取这一奔袭的行动，一路之上没有遇到奉军一兵一卒抵抗。

10月11日，他命部队出其不意地由张坊镇奇袭涿州，与奉军王以哲旅遭遇。13日凌晨，傅作义部队先遣队步炮协同猛击奉军，奉军被迫溃退。14日黎明，傅作义率第四师司令部和所部人马进入涿州城。此战作义一举成名，“弥著功勋，实深嘉慰”，被通电表彰。南京国民政府代表对傅作义称颂道：“傅师长神勇无比，各将士英勇绝伦，国内报章以至海内外人士无不惊服，传颂不已。”

1928年6月，傅作义任天津警备司令。1931年任国民革命军第35军军长和绥远省政府主席。

1931年9月18日，日本发动了“九一八事变”。1931年9月22日，傅作义率晋绥军将领15人联名通电全国请缨抗日。1933年1月，傅作义率部由绥远东进，开赴长城抗日前线。5月，怀柔浴血，重创日军，长城抗战获重大胜利。1936年11月，红格尔图之战毙敌千人。在取得红格尔图之战胜利后，傅作义立即进行奇袭百灵庙的军事部署。11月21日下午，他召开秘密军事会议，表示坚决消灭日本侵略者占领军，誓死恢复失地的决心。随即部署5个团的兵力，严行封锁消息，绝对保密，将部队秘密集结在距百灵庙东南一百三十里地的二分子待命。23日晚8时，傅作义部队向百灵庙乘夜攻击前进。午夜12时，攻击部队接近百灵庙，突然向日军发起攻击。日军突遭袭击，猝不及防，激烈抵抗之后纷纷四处溃逃。傅作义通夜未眠，临阵指挥作战。11月24日上午9时半，傅作义部全歼日本侵略者守军，收复百灵庙。袭击百灵庙这一仗，击毙日伪军八百余名，伤敌六百余人，俘敌四百余人。缴获火炮十三门、机枪二十余把、枪弹无数。战争结束，著名记者范长江在天津大公报上载文说：百灵庙大捷“造成此次抗战中第一次光荣纪录”。

“七七事变”后，1937年8月，转战平绥线，指挥平型关战役，与八路军并肩作战。9月，大战忻口。11月，保卫太原。1938年4月反攻归绥。

由于阎锡山的歧视和猜忌以及阴谋陷害，1938年冬，傅作义弃阎投蒋，率部入河套。1939年12月，奔袭包头，击毙敌军3000多人，其中有日军骑兵联队长小村一男大佐和小原一明大佐等敌军指挥官，击毁敌军汽车、坦克100余辆，缴获武器弹药不计其数。1940年2月，傅作义采取掏心战术，捣毁了固守五原的日军指挥部，日伪军失去神经中枢，四处奔逃。傅作义乘胜挥军拼杀，歼敌3400多人，俘获300多人，击毙日军水川中将、大桥大佐等多人，收复五原。1942年3月至1945年7月，绥西无战事，傅作义在绥远整理土地，休养生息。

1945年8月，日军投降后，傅作义就任第十二战区司令长官，在蒋介石命令下，傅作义东窥热、察、绥，遇贺龙所部抵抗，退守归绥、包头。1946年月8月，傅作义率部驰援，解围大同。

1947年12月5日，傅作义在张家口就任"华北剿总司令"。12月26日，入驻北平。

抗日战争胜利后，本应和平建设的中国，却因国民党蒋介石悍然发动内战，大举进攻解放区而重新陷于战火。面对蒋介石的倒行逆施，傅作义困惑、失望和疑虑，对蒋介石所谓的"正统"发生了动摇。他开始阅读共产党出版的书报，对共产党、毛泽东的主张有所理解，对他后来思想立场的发展产生了重要影响。

1948年12月，平津战役开始，解放军兵临城下。傅作义心系古城北平，在中共北京地下党负责人崔月犁等人和他的女儿、中共地下党员傅冬菊（又名傅冬）的秘密工作下，傅作义开始酝酿和谈。1948年10月25日的深夜，傅作义把他信任的时任政工处长的王克俊找来，秘密商量和谈事宜。他们认为共产党必胜，国民党必败，这是大势所趋，人心所向。他们进一步商量走向和平的方式和有利时机，认为需要等到解放军围定北平城后，利用内外力量的配合，才能圆满地实现走向人民道路的目的。商量到这里，傅作义决然地说道："现在与共产党和谈，我准备冒着三个死的决心，来做这件事情：首先，在北平地区，蒋介石的嫡系军队的实力，约十倍于咱们的兵力，这件事如果做得不好，一旦泄露出去，蒋介石会以叛变罪处死我；其次，几年来我不断对部属讲'戡乱''剿共'的话，今天却猛然地来个一百八十度的大转变，如果有人对我投向共产党思想上想不通，就会开枪打死我；再者，共产党能不能真正宽大像我这样变敌为友的国民党高级将领呢？会不会以战争罪犯处我呢？"说完他紧握拳头，表示已经下定了决心，毅然派出特使与中共接触。民国十三七年（1948）傅作义出资5000块大洋首次修全国全族傅氏通谱，因受战争影响，未完成心愿。

之后，傅作义先后多次派特使与中共特使和谈，终于达成一致。1949年1月16日下午，中共代表与傅作义代表签署了《北平和平解放的初步协议》，19日双方又签署了《关于和平解决北平问题的协议》。1949年1月21日，傅作义宣布起义，北平和平解放。傅作义为保护千年古都和数百万百姓的生命安全作出了重大历史贡献。1月22日，中共中央、中央军委领导人毛泽东、朱德、周恩来等在西柏坡接见了傅作义。毛泽东握着他的手风趣地说："过去我们都在战场上见面，清清楚楚。今天，我们是姑舅亲戚，难舍难分。"9月，傅作义亲临绥远抚慰部下，19日，绥远和平起义致电签字，归绥解放。

1948年9月22日，傅作义被接到中南海怀仁堂，参加中国人民政治协商会议第一届全体会议，并在大会上登台发表充满爱国主义激情的讲话，他由衷地表示拥护中国共产党，拥护毛泽东主席的领导，将继续为建设繁荣、富强的新中国而努力奋斗。

毛泽东、朱德和周恩来等中国共产党、中国人民解放军的领导人，在傅作义讲完话后，为他热烈鼓掌，还迎了上去和他热烈握手。

1949年10月19日，傅作义被中央人民政府任命为水利部部长，中央人民政府军事委员。1950年6月至1955年率队查勘黄河中游，视察淮河，赴荆江分洪工程慰问，视察珠江流域，视察新疆水利工程，视察东北水情。1956年4月访苏。1957年4月13日参加黄河三门峡水利发电站开工典礼。1958年2月，任水利电力部部长。1959年3月当选为第二届全国人大代表，兼国防委员会副主席。1960年带病视察东郊密云水库、广东水利工程。傅作义走遍千山万水，为新中国水利电力事业的发展奠定了坚实基础。1965年1月5日，当选全国政协第四届委员会副主席，为祖国的统一大业奔走呼号，做了不少有益的工作。

傅作义的生活一贯俭朴，这和他父亲勤俭持家对他的影响有关。他律已从严，也要求部属不浮华奢侈。1928年他任天津警备司令时，曾对部下“约法三章”：不许吃喝嫖赌；不准敲诈勒索；不能贪赃枉法。他自己以身作则，清正廉法，不烟、不酒、不嫖、不赌，几十年如一日地过着俭朴生活。他在部队时，穿的是黄布士兵服装，腰里扎着一条窄细的皮带，和他初次见面的人，决不会认为他就是闻名中外的将军。只是在他红光满面，炯炯有神的目光下，可以看出他是一位气宇不凡的人物。因之，被人称为“布衣将军”。

傅作义每餐的主食是晋南人爱吃的无碱馒头，喝的是小米稀饭。早餐的副食是一碟咸菜，一碟山西晋南、陕西关中人习以为常的红辣椒面，小碟中放着的几节大葱；午餐、晚餐的副食是青菜、豆腐，偶尔有一碟鸡蛋和荤菜，那就是改善生活了。

傅作义在绥西后套时，外出或骑马或骑自行车，虽然有一辆在五原战役中缴获的日本小汽车，但他并不乘坐。他去重庆、西安、兰州开会时，乘的是大卡车，和司机并排坐在驾驶室里，随从参谋、秘书、副官和警卫人员就坐在卡车的车厢里。抗战胜利后，他也只是乘坐军用吉普车，有时还是亲自驾驶。在他的办公室里，陈设极为简单，没有沙发、皮椅，只有一张办公桌、一个长方形的会议桌和几把木椅。可是室内窗明几净，清洁整齐。

傅作义治家从严，教育子女家属也崇尚节俭。对孩子们用钱，他掌握得很严。他的大女儿傅冬菊在昆明西南联大上学时，全靠她自己当小学教师挣些钱，维持生活和购买学习用品。对于其他在外读书的孩子，他也只是寄最低限度的生活费。他向他们说明，并不是他吝啬，而是让他们从小养成艰苦朴素、勤奋上进的习惯，绝不能高人一等，更不能仗势欺人，要像普通人家的子弟一样，不许有骄、娇二气。

傅作义从不重用亲属，在他部队里工作的一个弟弟和侄子，多年都得不到提拔。

新中国成立后，共产党、人民政府对傅作义待遇从优，但他依然过着俭朴的生活。平时仍然是布衣、布鞋，饮食从简。国家配给他的小汽车，他因公外出才乘坐，家属决不能坐此车。他说："车子是让我工作时坐的！"按国家规定，像他这一级领导干部，因公去外地，可以用铁路上的"公务车"，可他从来不要。他说，他和他的随行人员合用一间卧铺包厢已经够用了，何必让国家增加过多开支呢？

1967年至1971年，文化大革命期间，受周恩来保护，免受造反派冲击，因病情请辞水电部部长，住院治疗。1974年4月15日，病情转危，周恩来抱病前往医院探视。4月19日在北京医院逝世，终年79岁。统一祖国，振兴中华，是中国人民神圣而伟大的事业，新中国成立后，傅作义为此夙愿作了二十多年不懈的努力，他直至生命的最后一刻，还念念不忘祖国的统一大业。病危时，还对他的夫人刘芸生表示，为他不能亲眼看到台湾回归祖国，同胞骨肉不得团圆而深感遗憾。他在病床上口述了对台讲话，语重心长地对台湾军政人员和友好故旧重申："我无时不在怀念着由大陆到台湾的朋友和同事们。""大陆是咱们的家，我们热烈地欢迎你们早日归来。"

傅作义病重期间，周恩来代表中共中央、国务院和毛主席多次前往医院看望。1974年4月23日，傅作义的追悼会在北京八宝山革命公墓礼堂举行。中共中央主席毛泽东、中国共产党和国家其他领导人朱德、周恩来、董必武、宋庆龄、叶剑英、刘伯承、徐向前、聂荣臻、郭沫若等送了花圈。周恩来、邓小平、李先念、李富春、徐向前、聂荣臻、阿沛·阿旺晋美、周建人、沈雁冰、许德珩等参加了追悼会。追悼会由周恩来主持，叶剑英致悼词。叶剑英在悼词中对傅作义作了高度评价："傅作义先生1933年和1936年曾率部参加长城抗战和绥远抗战，1937年参加抗战，反对日本帝国主义侵略中国。傅作义先生于1949年率部起义，对北平和绥远的解放，做出了重要贡献。二十多年来，傅作义先生为解放我国的神圣领土台湾的斗争，贡献了自己的力量。"

傅作义的骨灰盒安放在八宝山革命公墓，为已故国家领导人辟设的骨灰盒陈列室里。从1984年清明节起，他的骨灰盒和朱德、董必武、彭德怀等老一辈党和国家领导人的骨灰盒排列在一起，供广大人民群众瞻仰。（摘录《傅作义传略》）

傅秋涛　（1907—1981），曾用名傅旭高、武民，湖南省平江县南乡安定区鸣山程家园人。是中国共产党的优秀党员，坚强的无产阶级革命战士，第二次国内革命战争时期湘鄂赣革命根据地的主要领导者之一，中国人民解放军的优秀指挥员和民兵建设杰出的组织领导者。他的一生是革命战斗的一生，艰苦奋斗的一生，鞠躬尽瘁为人民的一生。

他从七八岁开始，就跟着父亲学种地并担负起打柴、挑水等较重的

家务劳动。10岁那年，父亲把他送到离家十几里的水南（村）姓田的地主家放牛。后来又换了两家。他在地主家，除放牛外，还得挑水、砍柴、扫院和做饭，什么活都要干，一天到晚，忙个不停。可是，每天吃的却是剩菜剩饭，还没有任何报酬。只是到了过年，遇到地主高兴的时候，才赏给几个钱，让他回家看看亲人。15岁那年，他到了离家三十多里的三眼桥，给地主兼商人开设的店铺干活。先在钱义松开的裕义恒商号，后又到姓毛的开的全福生商号，各干一年多时间。

1925年，湖南农民运动在党的领导下兴起时，傅秋涛参加了三眼桥的农民革命组织雇农工会。不久，被选为雇农工会委员长。在这里，他结识了当地的小学教员钟期光。从此，他俩就一直是革命队伍里的亲密战友。

1927年9月16日，傅秋涛参加了平江农民暴动。这次暴动是在平江县暴动委员会领导下进行的，是一次平江的党组织和群众在“马日事变”后，奋起武装反抗国民党反动派的英勇斗争。当时决定以城内100名工人为内应，以善惠庵钟声为信号，以夺取县城为目标。那天晚上，年仅20岁的傅秋涛，怀着紧张激动的心情，积极地投入了战斗。这次暴动，虽然没有成功，却在傅秋涛的心中点燃了革命斗争的烈火。

1929年3月，放牛娃出身的傅秋涛，经周义高、邓楚青介绍，光荣地加入了中国共产党。1930年，他曾率领赤卫队参加配合红军攻打长沙城的战斗。

大革命失败后，各地工会遭到反动派严重摧残。经过党的艰苦工作，才逐渐地得到恢复。1930年年底，湘鄂赣省总工会筹备处成立。1932年4月18日，根据中央代表团和全总巡视员陈佑生等的意见，召开了第一次省总执委扩大会议，改选了执委会，傅秋涛被选为委员长。

从1933年3月起，傅秋涛转入红军部队工作。他同其他同志一起，领导了湘鄂赣革命根据地的反“围剿”斗争。

1934年1月，在小沅召开的省委扩大会议上，决定傅秋涛任省委副书记。不久，敌重兵压境，小沅被占，省委机关和部队被迫向铜鼓转移。

在突围战斗中，八个人冲散成为两部分，有四人冲出去后，回黄金洞找省委去了；傅秋涛和另外三人冲出来后，绕过通城县，转移到湘鄂边的药姑大山，见了中心县委书记钟期光。在这里住了两晚，然后由县委派人护送他们到崇阳，又由崇阳县委派游击队员护送他们到通山。在通山的冷水坪，他们终于找到了湘鄂赣军区参谋长严图阁等。傅秋涛随即召开会议传达省委决定，经过讨论，确定了边打边扩红的行动方针。

会后，傅秋涛等率领部队，由通山、崇阳，向临湘、平江方向前进。沿途捣毁了许多国民党的区、乡政府，打击了土豪劣绅，消灭了南江桥驻敌一个排，击溃了敌新七旅一部，缴获了一批武器物资，还捉了七八十个俘虏。由于接连打了一些胜仗，又动员许多群众参加红军，部队很快就发展到了一千一百多人，红十六师又迅速地壮大起来。

从1935年6月开始，蒋介石把原进攻中央苏区之主力汤恩伯等部，会同何健的西路军以及湘鄂赣三省保安团，共十几万人，向我省委驻地平江虹桥、长庆等地发动大规模的包围“进剿”。面临敌人大举进攻的险恶形势，傅秋涛在长庆主持召开了省委紧急会议，决定突围出去，以保存革命力量。

部队按照傅秋涛的命令，天黑以后，马上出发。一千七百多人的队伍，屏气轻步，静静悄悄，一个紧跟一个，穿过敌人的碉堡群和重重路障，神速地从雷家滩渡河到达爽口，胜利地突出重围。突围中，傅秋涛的爱人曾相娥（省委妇女部长）不幸牺牲。

1935年下半年后，湘鄂赣边区进入最艰苦的斗争阶段。国民党反动派在“宁可错杀三千，不能漏掉一人”的口号下，疯狂地实行灭绝人性的大屠杀，使湘鄂赣边区许多地方变成一片荒凉。在这种情况下，傅秋涛率领的队伍，有时几个月甚至半年，都吃不上一顿饱饭。常常是二百人只有二升米，仅能熬米汤喝。指战员们成年吃野菜、住山洞，过着极端艰难困苦的生活，但革命的斗志和信念却愈益坚强。

为了部署反“围剿”斗争，傅秋涛于1936年3月在平江黄金洞主持召开省委扩大会议，提出创建十个独立营的计划。会后，傅秋涛即率领省军区独立团部分兵力，到平江芦洞、白水、义口一带，发展游击队，开展游击活动。

1937年2月，湘鄂赣省的党政领导进行了人事调整。省委常委由9人组成，涂正坤任书记，傅秋涛改任省苏维埃主席。5月，省委决定一面派人与党中央联系，一面同国民党地方当局进行谈判，并于5月10日成立了湘鄂赣人民抗日红军军事委员会，由傅秋涛任主席，涂正坤等任委员，统一领导指挥所属各游击队。

1937年8月20日，省委派刘玉堂、黄耀南去武汉行营谈判。这时，董必武已到武汉并负责同国民党谈判。从此，省委同党中央取得了直接联系。8月29日，谈判成功，这标志着湘鄂赣边区抗日民族统一战线的建立。

武汉谈判成功后，省委派傅秋涛去武汉，会见了周恩来、董必武、叶挺、项英等。他们在一起，着重研究了湘鄂赣边区红军游击队改编为新四军和如何开赴抗日前线等问题。在武汉，叶挺还举行盛宴招待大江南北各省的红军代表和党中央派来的干部，以扩大影响。至此，湘鄂赣边区军民在党的领导下，坚持进行英勇卓绝、艰苦奋斗的游击战争时期，宣告胜利结束。

1938年1月，新四军军部在南昌正式成立。叶挺、项英分任正、副军长。根据中共中央决定，还成立了新四军军政委员会，直属中央军委，项英为军政委员会书记，傅秋涛等为委员。军部决定将南方各省红军游击队编成4个支队，湘鄂赣人民抗日红军游击队改编为新四军第一支队第一团，傅秋涛任支队副司令员兼团长。

根据军部指示，傅秋涛率部于1938年1月4日离开平江，奔赴抗日前线。沿途军纪严明，秋毫无犯，备受群众欢迎。青年们纷纷参军，短短几天，就有四百多人入伍。部队到达江西玉山下车，即向浙江挺进。在抵达开化时，傅秋涛会见了第一支队司令员陈毅。在开化休整几天后，又继续前进，到达安徽屯溪岩寺，与新四军军部会合。

部队在岩寺进行了整训，然后驻防于泾县的三里店附近。6月，根据党中央关于“东进”的指示，傅秋涛部奉命渡过青弋江，经寒亭、高淳，渡石泊湖，到达博望镇，顺利挺进江南。随即在高淳、当涂、江宁、句容等县，积极开展了敌后抗日游击战争。

1939年1月，日本侵略者入侵繁昌，傅秋涛曾调去一个营参加保卫战，消灭日本侵略者四十多名。

1939年11月，日本侵略者三千余人向我繁昌地区进犯。这是敌人进行的又一次“扫荡”，历时20天。傅秋涛指挥部队，配合三支队，在繁昌东郊的峨山头阻击，予敌重创，取得了反“扫荡”的胜利，毙伤敌中佐以下四百五十余人。

1940年4月26日，芜湖日军五千余人进占南陵，然后分两路进攻新四军。其一路两千余人，在空军掩护下向我军傅秋涛部所在的父子岭阵地进犯。傅秋涛命令部队在三里店父子岭一带构筑工事，严阵以待，歼灭日军。主力部队在父子岭杀伤敌人。经8小时激战，日军伤亡三百七十余名，狼狈而退。另一路三千余人向我第三团何家湾阵地进攻，也被我击退。捷报传来，皖南人民深受鼓舞。

1941年1月，蒋介石一手制造的震惊中外的“皖南事变”爆发。

1月4日，傅秋涛奉命转移。他率领新一支队司令部和特务营，以及所属部队新、老一团，踏上了北移征途。

1941年春，傅秋涛奉调到苏北盐城中共中央华中局党校学习，并担任大队长。在那里，他听了刘少奇的《论党内斗争》等重要报告。

1943年2月，傅秋涛被任命为新四军七师副师长，到无为就职。这一年，傅秋涛被选为新四军出席党的七大的正式代表之一。动身前夕，陈毅建议他们把小孩带着，在路上可以起到掩护身份的作用。于是，傅秋涛夫妇扮成走亲戚的老百姓，携带一岁多的小孩傅宁和简易行装，在深秋的一天上午，开始登程。越过敌人的几道封锁线，进入了晋冀豫抗日根据地，到达八路军前线指挥部驻地麻田。在那里，一二九师政委邓小平向傅秋涛详细地询问了关于新四军坚持抗日斗争等情况，并盛情地邀请傅秋涛夫妇到他家里吃了一顿饭，由李达等作陪。在麻田休息几天后，傅秋涛全家又开始继续赶路。他们一路上风尘仆仆，过汾水，渡黄河，经米脂、延川，终于在1943年11月28日，到达向往已久的党中央所在地延安。

根据党中央决定，来自各地的七大代表，均到中央党校参加整风学习。傅秋涛参加了学习，并担任一支部的党支部书记。

1945年4月23日至6月11日，中共七大在延安杨家岭中央大礼堂隆重举行。傅秋涛在七大期间，以极其兴奋的心情，听取了毛泽东、刘少奇、朱德、周恩来等的重要报告和发言。讨论中，他还在军队代表团及其小组的会议上发了言，衷心拥护大会制定的党的路线和政策，对争取全国胜利感到信心百倍，力量无穷。

1945年8月下旬，日本帝国主义投降后不久．傅秋涛和陈毅等一行，带着党中央部署的战略任务前往山东。陈毅是中共中央华东局成员、山东军区司令员，负责统一指挥山东和华中的部队；傅秋涛是鲁南区党委书记兼鲁南军区政委，在陈毅直接领导下工作。

为了粉碎国民党反动派的疯狂进攻，傅秋涛领导鲁南军民，一面开展武装斗争，配合主力部队阻击蒋军；一面大力发展生产，发动群众积极支援前线。

1947年春，国民党对解放区的全面进攻已经失败。4月初，蒋军纠集了25万多人，沿临沂、泰安一线，开始对山东的重点进攻。为粉碎敌人的重点进攻，我华东野战军主力分向敌两翼进行迎击。鲁南区的党政机关大部分已经转移，由傅秋涛等组成前方指挥部，统一指挥留下的十八、十九两团及各县地方武装，坚持斗争。他们在鲁南山区，采取了昼伏夜行“下跳棋式”的战术，同十倍于己之敌迂回周旋，牵制了35个团的蒋军，有力地配合了主力部队的战略行动。

1947年6月30日，刘邓大军在鲁西南强渡黄河，揭开了全国战略进攻的序幕。此后，鲁南形势日益好转。傅秋涛领导鲁南军民大力开展了收复失地，进行土地改革和发展生产等运动，使鲁南解放区迅速地巩固和扩大。

1948年秋季以后，全国解放战争捷报频传，取得了辉煌的胜利。

根据中共中央指示，10月下旬，鲁中南区党委成立，康生为书记，傅秋涛为第一副书记。傅秋涛的主要工作仍是支前。他担任了华东支前委员会主任和华东支前司令部司令员，致力于组织淮海战役的支前工作。

整个淮海战役，历时65天，歼敌主力55.5万人。华支委员会在傅秋涛领导下，共动员了二百多万民工和民兵支前参战。几亿斤粮食，全靠民工推着小车，不远千里从各地运到前线。1949年2月，陈毅在徐州召开的华野前委扩大会上，高度赞扬了人民支前的伟大作用。他说：“淮海战役是怎么胜利的，是人民群众用小车子推出来的。”

1949年1月20日，蚌埠解放，傅秋涛率领华支进驻蚌埠市。3月间，谭震林在这里向他们传达了中共七届二中全会精神。4月21日，我百万雄师突破长江天险，23日，解放了南京。傅秋涛率领华支紧随大军渡江到达南京，指挥着华支机构，努力保证部队的军需供应。

1949年5月27日，第三野战军解放了中国最大的城市上海。6月，傅秋涛即从南京来到上海。这时，华东支前司令部已改为华东运输司令部，他仍任司令员。当时，傅秋涛兼任山东分局第一副书记和山东军区副政委等职。他在上海紧张地战斗了几个月后，于1949年年末返回山东，主持分局的工作。

新中国成立后，党中央于1950年6月6日至9日在北京中南海居仁堂举行七届三中全会。傅秋涛以部分省市负责人身份，来京参加了这次重要会议。会后，中央组织部通知他暂时留下，以等侯中央给予布置新的工作任务。

不久，中央决定成立中央复员委员会（后改为中央转业建设委员会），调傅秋涛担任中央复员委员会秘书长。当中央组织部部长安子文向他传达中央这一决定时，他立即表示坚决服从中央安排，努力完成中央交给的新任务。

中央复员委员会在各级人民政府和广大人民的配合支持下，几年中安置了几百万复员军人，做出了很大成绩，并积累了丰富的经验。

1955年被授予上将军衔。获一级八一勋章、一级独立自由勋章、一级解放勋章。

1956年9月，傅秋涛当选为中共八大代表，出席了具有重大历史意义的中共第八次全国代表大会。1959年4月和1964年12月，傅秋涛两次当选为解放军出席全国人民代表大会的代表，参加了第二届和第三届全国人民代表大会。在两次会上，均被选为提案审查委员会委员，同时还分别被任命为第二届和第三届国防委员会委员。

傅秋涛是雇农出身，一直没有离开过人民军队，历史上没有任何问题。但在“文化大革命”期间，同样遭到了林彪、“江青反革命集团”的摧残和迫害，被加上许多莫须有的罪名。幸而后来周恩来总理出来干预，才使林彪一伙的阴谋未能得逞。

1975年1月和1978年2月，傅秋涛又两次当选人大代表，出席了第四届和第五届全国人民代表大会，而且两次均被选为人大常委会委员。1978年12月，具有伟大历史意义的中共十一届三中全会在北京举行。全会选举产生了以陈云为首的由100人组成的中央纪律检查委员会。傅秋涛被选为中纪委常务委员会委员。

1981年5月初，傅秋涛第三次住进医院。同年8月25日，傅秋涛的心脏停止了跳动。他把最后一点心血毫无保留地献给了党的事业。（摘录自《中共党史人物》）

傅传作 （1913—1982），字吉林，派名传焯。湖北省石首市调关镇伯牙口村人。父傅在朝，码头搬运工人。3岁丧母，家境贫寒，7岁即随父劳动，15岁帮工，饱尝艰辛。时农民革命运动兴起，即加入少先队，参加反封建、打土豪等革命活动。1930年4月，参加贺龙领导的红军，投身革命，是年17岁。因作战勇敢和精明能干，先后给胡梯之、段德昌两位师长当警卫员。

1931年4月，傅传作加入中国共产党，入红二方面军教导团学习，毕业后调鄂西北学校任区队长。1934年秋任红二军六师十八团连长。1935年春，任红二军四师十二团营长，参加红军长征，抢渡金沙江，虽身负重伤仍坚持指挥，掩护部队安全转移。甘肃海原县战役中与大部队失去联系，率队涉险，越山穿林，终于回到部队，国家副主席王震评曰："傅传作作战勇敢，服从命令坚决。"

1936年红军到达陕北后，傅传作入抗日军政大学学习。1937年上半年，他在红二军团四师任团长，年仅24岁，后调任一二〇师独立一旅二团任团长。

1937年，抗日战争开始后，傅传作率队奔赴抗日前线，参加了齐会、陈庄、忻口等战役和著名的百团大战，英勇善战，多次受到表彰。特别是在陈庄战斗中，傅传作二团发挥了非常重要的作用。当时，日军第八旅团长水原重义少将，纠集日军精锐部队1500人，运用"包围、迂回、欺骗、急袭"的"牛刀子战术"，轻装急进，突袭我晋察冀边区政府所在地陈庄。王尚荣旅长将计就计，指挥独一旅以二团为主力布好了包围圈。战斗一打响，傅传作率部冒着炮火，迅速展开部队，抢占有利地形，将日军包围在陈庄附近鲁柏山下长300米、宽100米狭窄的小高地和山沟里，日军处处受攻，伤亡惨重，不得不坚守待援。第二天水原见待援无望，遂在飞机和毒气弹的配合下，集中全力向二团阵地进攻，傅传作巧妙地率领二团顽强地顶住日军的突围。经过敌我双方的反复冲杀，至第三天21时，我独一旅攻占日军的一切制高点，第四天凌晨全歼日军1500余人。素有"才智过人"、"反游击专家"之誉的水原少将的"牛刀子"新战术宣告彻底失败。陈庄一役，傅传作取得了山地歼灭战的宝贵经验，更使我八路军声威远扬。国民党政府军事委员会致电一二〇师师长贺龙："对陈庄血战，尽歼顽敌，予敌重大打击，树立华北抗战之楷模，振军威于晋察，特传令嘉奖。"

傅传作到延安军政学院高级班学习，1943年回到二团，1945年升任独一旅副旅长。傅传作在抗日战争中两次负伤。

1945年4月，参加中共第七次全国代表大会。11月，升任一二〇师独立一旅副旅长。后调任西北军区第一纵队第七旅旅长，率部参加解放临汾等战役，运筹帷幄，多谋善断，英勇顽强，指挥果敢，被称为"优秀指挥员"。

1948年秋，解放太原战役打响，在十八兵团司令员徐向前直接指挥下，傅传作率部主攻守敌设防重点太原城外要冲东山牛驼寨。为弄清敌情，正确指挥，傅传作孤胆英雄，仅带两名参谋，扮作山民，攀援险峰，越过丛林，深入敌堡丛中，亲自侦察地势、敌情。战斗开始，傅传作率部在敌六千多发炮弹狂轰滥炸中，击退敌人15次冲锋，攻下了牛驼寨，摧毁了敌东山整个防御体系，奇谋制胜，为解放太原立下头功。

1949年4月，人民解放军百万雄师横渡长江，傅传作升任第一野战军第一军第一师师长，人称“天下第一师长”。打过长江后，他率部挺进，为解放大西南立下不朽功勋。

新中国成立后，傅传作任西南军区空军司令员。他在任西南军区空军司令员时亲自指挥过一次大的军事行动。当时以国民党军统特务为头目的土匪集团三千余人盘踞于四川黑水地区，梦想建立“陆上台湾”，是我军必剿之地。1952年7月，川西军区奉命对这股土匪进行清剿。考虑到这一地区的地理位置，以及台湾当局有可能派飞机空投武装人员和物资接济，中央军委决定由空军派出轰炸机、歼击机各一个大队及运输机部队，予以支持。7月5日，空军令第八师以图-2轰炸机6架，第九师以拉-9歼击机5架组成混合团，分别从齐齐哈尔、吉林进驻四川广汉机场执行这一任务，归西南军区空军指挥。同时，以驻四川新津机场的第十三师，担负战区空运粮食和作战物资的任务。川西军区与西南军区空军7月12日联合发布作战命令。为了保证对空军部队统一指挥和有效地进行陆空协同作战，西南军区空军在广汉机场组成基地指挥所，由傅传作任指挥员，同时在茂县设立辅助指挥所。根据作战方案，确定空军在这次作战中的任务是：实施空中侦察、轰炸，配合陆军围歼敌人；空投传单，开展政治攻势；拦截可能从台湾来的敌机，地面部队所需的粮食、弹药、实施空投补给。经过紧张的准备之后，进剿部队于7月20日发起进攻，8月20日以全歼敌人宣告战斗结束。在一个月的作战中，空军出动轰炸机、歼击机17架次，对本疏衙门、杂窝等地的土匪集结区多次轰炸扫射，出动运输机237架次，给进剿部队空投粮食和其他物资。空军部队的战斗活动对于震撼土匪，为陆军部队提供补给，起到了重要作用。

之后，傅传作调任中南军区空军副司令员，1955年调任武汉空军司令员。1960年，傅传作主持陆军十五军改建空降兵工作。1955年任武汉军区空军司令员。1955年授少将军衔，获二级八一勋章、二级独立自由勋章和一级解放勋章各1枚。1960年后，升任空军政委，当选为中共中央第九届中央候补委员，中共第十届中央委员，第四届全国人大代表。

傅传作在生活上廉洁朴素，严格要求自己。他经常强调按章办事，从不搞个人特殊，更不以权谋私。跟他三十多年的炊事员老代，想叫自己的孩子当兵，请他给说句话，都被他谢绝。傅传作的孩子有时放学晚，回家赶不上公共汽车，警卫员提出用车去接一下，也被他制止。傅传作入伍后，20年之久没和老家通信，新中国成立后才取得联系，得知家中因遭战争摧残，仅剩简陋茅屋一间，73岁的父亲还在世，叔父已半残疾，缺乏劳动力，生活很困难。身为司令员的傅传作，除用自己的薪金补贴家庭生活外，未向组织提出任何要求。他认为，家庭问题是整个社会问题，只能随着国家富强而好转。傅传作平时爱抽四川制的黑烟（类似雪茄），有时北京买不到就托人由四川带。驻成都部队的一位领导，让人给送来了4条黑烟，说是给首长抽的，没要钱。傅传作拒绝接受，他生气地说：不花钱的烟我不抽。

在长期革命实践的锻炼中，傅传作由战士到将军，由普通党员到中央委员，在其成长历程中，他把自己的一切都交给了党，对自己的身体却毫不顾惜，长期带病坚持工作，致使肝病耽误了治疗，逐渐恶化。1982年8月26日，因患癌症，医治无效，在北京逝世，享年69岁，骨灰安放于北京八宝山革命公墓。中央军委作悼词，对其一生作了高度评价："傅传作同志的一生，是革命的一生，战斗的一生。在中国革命的艰苦年代里，经受了严峻的考验，立场坚定，流血牺牲，曾经多次负伤，表现了一个共产党员忠诚党的事业的高尚品质。"

夫人李景春，早年投身革命，现为空军离休干部。长子海涛，次子海斌，女海玲。（摘录《开国少将》）

傅　钟　（1900—1989），出生于叙永县城一书香之家，早年就读于县立模范小学。1919年春，入永宁中学堂学习。在校期间，担任全县抵制日货运动委员会宣传干事，参加游行、演说、查禁日货、撒传单、贴标语等活动。

1920春，赴上海预习法文，参加"工读互助会"活动。是年冬，赴法国勤工俭学。傅钟1920年12月中旬到达法国后，在克鲁梭钢铁厂做工。该厂是法国最大的炼铁、铸造及制造火车头的工厂，有职工3万多人，华工约占三分之一。赵世炎、李立三、聂荣臻、邓小平也都先后在这家工厂做过工，艰苦的条件磨练了他们的意志。1921年9月，傅钟和赵世炎、周恩来、蔡和森等一起发动和领导了要求将里昂大学向贫苦的勤工俭学学生开放的请愿运动。

不幸的是，运动失败了。傅钟只好转到法国中部的布里佛城中学学习。不甘向命运低头的学生们，逐渐明白只有团结起来，共同斗争，才能取得革命的胜利。1921年冬，张申府、赵世炎在法国组建旅法共产主义小组（二人在国内就参加了共产主义小组），其成员有周恩来、刘清扬等。经赵世炎介绍，傅钟加入中国共产党并参与筹建旅欧中国少年共产党。1922年，该组织发展成为中国共产党旅欧支部。

在法国的勤工俭学期间，傅钟的领导才能逐渐显露出来。他在布里佛中学吸收中国同志组织了党的支部，并通过支部组织领导勤工俭学学生，成立了“书报流动阅览社”，举办“读书会”，宣传革命思想，团结非党群众，同企图瓦解革命力量的“国家主义派”作斗争。不久，傅钟到蒙达尔尼城橡胶工厂做工，继续开展多种活动，发展党的组织。

在此期间，傅钟一直担任党的领导工作，并经常前往巴黎出席党的会议、汇报工作，与赵世炎、陈延年、周恩来等保持联系。经过这些实践锻炼，傅钟积累了丰富的革命经验。1925年后，傅钟担任了第五、第六届中国共产党旅欧总支部书记。

在法国期间，傅钟加入了法国职工会，成为其正式会员，经常与法国共产党中央有关部门保持联络，有时还列席法共中央讨论有关殖民地民族问题与东方问题的会议。

震惊中外的“五卅惨案”发生后，傅钟领导中共旅欧总支部组织旅法勤工俭学学生和华工集会，在中国驻法使馆门前举行示威，声援国内人民反对帝国主义和殖民主义的斗争。此后，法国警方对中国留学生加紧迫害，不断逮捕和驱逐中国留学生。

时任中共旅欧区委秘书、中共旅欧总支部书记和共青团旅欧区执委会秘书的傅钟，并没有因为白色恐怖而停止工作。他及时与中共旅俄支部书记陈乔年联系，根据党的指示，有组织、有计划地先后分3批从法国撤出70名留学生，经柏林、莫斯科归国，并组织营救仍被关在狱中的留学生。法国警方以莫须有的罪名，加紧了对傅钟等人的限制和迫害。1926年1月上旬，傅钟和邓小平、任卓宣等离开巴黎，转赴莫斯科，结束了长达5年的旅法勤工俭学生活。

到苏联后，傅钟和邓小平等到莫斯科中山大学学习。他和蒋经国、左权、张闻天、周小舟、屈武等成了同班同学。傅钟还担任学生总支部局副书记。

莫斯科中山大学，学制四年，第一学期主要是学习俄语。具体课程是：中国革命运动史、通史；社会形态发展史；哲学（辩证唯物主义与历史唯物主义）；政治经济学（以《资本论》为主）；经济地理；列宁主义。还有一门重要课程就是军事训练。

学习基本单位是小组。当时，约有学生三百余人，设十一个小组，每组三十至四十人不等。学校十一个学生小组中，有一个被称为“理论家小组”的第七组，比较引人注目。这个小组云集了当时在校的国共两党的一些重要学员，中共方面有傅钟、邓小平、李卓然等，国民党方面则有谷正纲、谷正鼎、邓文仪，还有汪精卫的侄儿和秘书、于右任的女婿屈武等。

虽然处在国共合作时期，但共产党和国民党人士的信仰、观点和阶级立场毕竟不同，因此在一些问题上常常发生争论，甚至经常出现一定程度的斗争。

学习期间，傅钟针对学生中争论的重大问题，曾约请斯大林到校作关于中国革命问题的解答报告。他还曾应邀列席联共（布）第十五次代表大会。参加共产国际执委扩大会议工作。

蒋介石发动“四一二政变 ”后，莫斯科中山大学随之停办。奉党的指示，傅钟转到列宁格勒托尔马乔夫军事政治学院学习。他编在师职军官队，但一切行动都按红军士兵一样要求。傅钟考虑到国内武装斗争的需要，从不缺课，一丝不苟，始终严格要求自己。

经过两年多时间的军校正规训练，傅钟以优异成绩于1929年年底毕业。1930年春天，傅钟在莫斯科大街上和周恩来相遇。周恩来得知他即将回国很高兴，颇有感慨地说：“你是海外十年哪！国内正需要你们回去参加斗争。”

傅钟旅法5年，留苏5年，这10年里，磨练了傅钟的毅力，傅钟学到的新思想、新文化，更坚定了为共产主义奋斗终身的理念。

傅钟回到上海后，在中央军委负责干部工作和兵运工作。他不顾国民党的白色恐怖，为苏区和红军输送了许多重要干部，为争取外国海员和瓦解国民党驻沪军警做了大量工作。1931年夏，傅钟根据中共中央决定到鄂豫皖苏区工作，先后任鄂豫皖苏区军委政治部秘书长、红军第十二师政治委员、红四方面军随营学校校长兼政治委员、彭（湃）杨（殷）军政干部学校政治部主任、红军第十师政治部主任等职。

傅钟始终奋斗在革命的第一线，在鄂豫皖苏区反“围剿”作战中，他操步枪和战士一起冲锋陷阵。在战斗间隙，他亲自给干部战士授课，为部队培养了大批骨干和基层干部。1932年冬，傅钟随红四方面军入川，任红四方面军政治部副主任，参加创建川陕苏区的工作。他兼任川陕根据地临时省委书记，和张琴秋共同负责筹备党代表大会，成立正式省委，后被选为川陕省委委员，调任红四方面军（西北军区）政治部副主任。

在粉碎敌人对川陕苏区“三路围攻”“六路围攻”的反“围剿”和仪南、营渠、宣达等进攻战役中，傅钟率政治部干部深入前线部队，走遍各战地医院，为鼓舞士气，保证作战胜利和扩大苏区、发展红军，做了大量思想工作与组织工作，深得指战员们的爱戴，对部队养成狠、硬、快、猛、活的战斗作风，起了带动和促进作用。1935年春，红四方面军为接应中央红军北上，进行了广（元）昭（化）战役、陕南战役和强渡嘉陵江战役。傅钟在战前通过政治机关和各级政工干部深入进行政治动员，并亲临前线检查、指导工作。

1935年5月初，傅钟随红四方面军参加了长征。11月，红四方面军攻克芦山县城，成立了中共四川省委和省苏维埃，傅钟受命任四川省委书记，统一领导先后建立的天全、芦山、宝兴、太平、荥经、雅安等6个县委。1936年2月下旬，红四方面军转移，翻越大雪山，到达道孚、炉霍后，傅钟身染重病，先后随红三十一军和红五军团治疗、休养。7月，红二、红六军团同红四方面军在甘孜会师。会师后，红二、红六军团根据中央军委命令，组成红二方面军。随后，红二、红四方面军决定共同北上，同中共中央会合。红二、红四方面军会师后，经中共中央同意，成立中共中央西北局，傅钟任组织部部长。部队走出草地占领甘南十余县后，傅钟兼任中共甘肃工委书记。

在挺进川西北的征程中，傅钟积极开展政治工作，并参与领导后勤保障和发动群众的地方工作。他组织部队为迎接中央红军筹集了大批粮、款、骡马和其他军需物资。

中央红军渡过大渡河后，傅钟与王维舟代表红四方面军总部随李先念率领的红三十军南下迎接。中央红军与红四方面军在懋功（今小金）会师后，傅钟筹集了几十匹马、一些衣物以及红四方面军一个营的全部粮食，送给中央纵队。他腾出自己住的房子给毛泽东住，把自己的一匹能驮善走的骡子送给了周恩来。看到老战友邓小平的马死了，傅钟便大力相助，解决困难。为这件事，邓小平曾不止一次地说："过了雪山后，傅钟送了我三件宝，一匹马，一件狐皮大衣，一包牛肉干。这三样东西可真是顶了大用呀！"

1935年8月，中央红军恢复红一方面军番号。傅钟还亲自率领红四方面军第二九四团补充给红一方面军第四团，为这个给全军开路的先行团增添了有生力量。

红一、四方面军会师后，张国焘拥兵自重，对中央制定的北上抗日方针阳奉阴违，造成中央率一、三军团单独北上。张国焘同党中央分道扬镳后，10月5日公然在四川省理番县卓木碉另立党的"中央"。傅钟对此保持了清醒的头脑，拒绝在张国焘自立的"中央"担任职务。张国焘恼羞成怒，剥夺了傅钟在四方面军的职务。11月，傅钟受命担任中共川康边区省委书记，领导开辟天全、芦山、宝兴等新苏区。

1936年7月，红二、六军团与四方面军会师后，成立中共中央西北局，傅钟任组织部长，在干部中积极进行维护党的团结统一的思想政治工作，协助朱德、任弼时、刘伯承、徐向前等为挫败张国焘的分裂阴谋发挥了重要的作用，终于促成了红一、二、四三大主力红军的胜利会师。

红军三大主力会师后，在周恩来直接过问下，傅钟代表中央西北局，正式宣布被张国焘错误关押的廖承志、罗世文、朱光等人，恢复党的组织生活，分配工作。红军总部到陕北保安后，毛泽东亲笔写信给红军大学校长林彪，任命傅钟为红军大学政治部主任，并特嘱：什么话都可以和傅主任说。

1937年3月，傅钟在延安列席中共中央政治局扩大会议，在会上，他用大量事实揭发和批判张国焘分裂党和红军的严重错误，并且联系历史，清算张国焘在鄂豫皖、川陕、通（江）南（江）巴（中）工作期间一贯推行错误的干部政策、肃反政策，搞个人专制、实行军阀主义、取消党的工作和政治工作等方面的严重错误。6月，抗大教职员和学员在揭发批判张国焘的军阀主义、逃跑主义和反党反中央的严重错误时，傅钟也在会上作了重要发言。

1945年4月23日至6月11日，中共第七次全国代表大会在延安召开。傅钟出席了此次会议，并在会上作了《增强党的团结、反对山头主义》的长篇发言。在发言中，他回顾了红四方面军光荣的历史，指出了张国焘犯下分裂党、分裂红军的严重罪恶，玷污了红四方面军的光荣历史。他还着重讲了加强团结、反对山头主义倾向和情绪的重要意义。他指出，“要解决山头主义问题，必须正确处理山头与党、个人与党的关系。任何时候，都不能把依靠山头看得很重，而把依靠党看轻了，不能一事当前先考虑有无山头的依靠，而忘记了全心全意为人民服务。只有正确解决了个人与党的关系，依靠党依靠人民，才能力量无穷，稳如泰山，万事好办。”傅钟的发言受到了毛泽东和与会同志的称赞。大会发言完毕，毛泽东带头鼓掌，全场一片热烈掌声。第二天，在七大主席团和各代表团主任会议上，毛泽东说：“昨天傅钟同志在这里讲了一篇很好的话，我全篇都赞成。”此后，傅钟的发言被毛泽东接二连三地引用。

傅钟回国后，长期从事军队的政治工作。在长期的革命战争中，傅钟不断摸索军队政治工作的规律，他撰写和主持制定了许多关于政治工作的文章和规章制度。1934年，红四方面军通过了由傅钟起草的《红四方面军政治与党务工作决议案》《团政治处暂行工作细则》和《军师政治部暂行工作细则》等文件，这对于提高部队政治素质、加强机关政治建设，起了重要作用。由傅钟执笔制定的“智勇坚定，排难创新，团结奋斗，不胜不休”的十六字《军训》词谱曲后，在部队广为传唱，起到了鼓斗志、壮军威和发扬优良传统的作用。

抗日战争中，傅钟随八路军总部开赴抗日前线。他一面随部队行军作战，投入紧张的工作，一面将所见所闻用生动流畅的文字，撰写了《第八路军是怎样战斗着的》前线通讯，真实地描写八路军行军作战的情况。1938年1月，傅钟接任八路军政治部副主任，后任八路军野战政治部主任，在中共中央、中央军委、总政治部和朱德、彭德怀以及中共中央北方局领导下，长期转战在太行山区。

傅钟善于联系群众，平易近人。他经常深入部队调查研究，检查指导工作，定期或不定期召开各种会议，部署、检查工作，总结交流政治工作经验。他还和八路军领导联合发布一些重要文电，在报刊上发表个人署名文章，用以指导工作。1940年傅钟提出了《政治整军方案》，参与制定并发布与朱德、彭德怀、左权共同署名的《政治整军训令》。按照训令要求，各部队普遍巩固和加强了党的领导，部队得到很大发展，指战员的军政素质明显提高，整个政治工作为保证这个时期对日作战与反顽斗争的胜利，发挥了重要作用。

解放战争中，中央副主席刘少奇兼任总政治部主任，傅钟任副主任。傅钟主持拟订了《中国人民解放军党委员会条例（草案）》。贺龙、罗瑞卿和罗荣桓等高度评价了这个条例草案。指出："对于部队加强党的建设，统一领导思想，解决大兵团连续作战中的重大问题，起了指导和保证作用。"傅钟主持总政日常工作期间，还参加了晋察冀军区的高级干部会议、全国土地会议，完成了中央工委、中央军委交办的许多任务。

1948年年初，他积极参与了中央工委研究运用"不战而屈，攻心为上"的策略，使其充分运用到瓦解敌军的工作当中。他汇集、归纳了解放战争进入反攻后蒋军内部急剧变化的复杂情况和我军必须针对不同情况采取不同政策的材料，协助刘少奇、朱德在全军政治工作会议上，作了透彻分析形势、具体提出对敌政策的报告与讲话，解决了各部队开展政治攻势的指导思想与工作部署问题。同时对部队必须加强组织纪律性和政策教育问题，提出了明确要求。

毛泽东、周恩来等到达西柏坡同中央工委和后委会合后，党中央书记处指定傅钟列席中央政治局会议，参加总部作战局汇报会。三大战役期间，他协同军委秘书长杨尚昆，完成了党中央交给的许多重要任务，并列席中共七届二中全会，汇报了军队政治工作和加强部队思想教育问题。

傅钟随党中央、中央军委在1949年春天离开西柏坡进驻北平。他一面加强总政机关的扩充与建设，一面领导部队进行向全国进军的政治工作，引导全军发扬艰苦奋斗的优良传统，切实遵守三大纪律、八项注意和约法八章、入城守则，以及向国内外宣传人民解放军辉煌战绩等。同时为统一全军随军家属工作的领导体制和组织制度制订了方案。在中华人民共和国成立前夕，傅钟作为部队代表之一，出席了中国人民政治协商会议第一届全体会议，并完成了中央交办的筹备开国大典的许多工作。

新中国成立后至1982年，傅钟一直担任中国人民解放军总政治部副主任。新中国初期，他致力于全军的理论教育、宣传工作，开展青年文化、体育和开办院校等工作。可以说，傅钟在团结大批知识分子和专业人才方面，取得了具有开拓意义和奠定基础的显著成绩。

1954年春，傅钟应南京军事学院院长刘伯承邀请，受总政治部主任罗荣桓委托，到该院系统讲授军队政治工作基本问题。他在讲授中，对人民解放军从井冈山时期开始的政治工作优良传统和抗日战争、解放战争以及抗美援朝战争的政治工作经验，进行了全面总结，系统地阐述了毛泽东关于人民军队、人民战争的学说和政治工作的基本问题，受到刘伯承和听课人员的高度赞扬。

这次讲课的讲稿后来定名《政治工作基本问题》，中共十一届三中全会后正式出版发行。此书对继承和发扬人民军队政治工作的优良传统具有重要指导作用。

20世纪60年代初，傅钟撰写的《毛泽东军事辩证法的伟大胜利》一文在国内外引起强烈反响。中共十一届三中全会之后，他写的《毛泽东军事科学永远是中国人民之瑰宝》《坚持并发展毛泽东同志的建党学说》等重要文章，对于着重从思想上建设党，维护民主集中制的组织原则，创造性地进行党的三大作风建设等问题，作了深刻论述。

傅钟从中顾委常委岗位上退下来后，曾上书党中央，保证“退下来后仍要不断学习党的路线、方针、政策，思想上政治上同党中央保持一致，终身做一个马列主义、毛泽东思想的宣传员”。他在病重期间，仍然奋力撰写了《党中央的召唤》《西北局的光荣使命》《敌后抗战的开端队》《初上抗日战场》等军史回忆文章，对革命战争年代的政治工作经验文稿，进行了整理。

傅钟长期担任中国人民解放军总政治部副主任，提出部队文艺工作是部队政治工作的重要组成部分，主张文艺为部队建设服务。经常深入到部队各文艺单位指导工作。“文化大革命”期间，被诬为“黑线人物”，受到迫害。粉碎江青反革命集团后，积极支持平反冤假错案，支持年轻干部走上各级领导岗位。撰有《描写我们的伟大现实——革命战争》、《军队文艺工作的光荣里程》等文艺论著。

1981年1月，亲笔题写“营盘山上桔子红”，寄回故里，勉励家乡人民继承和发扬红军革命传统。同年6月6日，赋诗“离家何太久，离家何太长。天涯觅真理，祖国思富强。征途分先后，作文得两章。山区花果美，年年发异香”，题赠县纪念建党六十周年画展。

傅钟晚年还始终念念不忘祖国的统一大业。他在台湾的老同学，有莫斯科中山大学时期的，也有旅法勤工俭学时期的，大都已八九十岁，最年轻的、和他同学也最久的，就是蒋经国。他们先在莫斯科中山大学，后在列宁格勒托马乔夫军事政治学院，同窗五年。面对和平统一祖国的新形势，傅钟非常怀念在台湾的老同学，也希望他们为此做出贡献。1983年中秋节，傅钟寄调《长相思·致台湾故旧》，以表述对老同学、老相识的思念和期望，其词曰：

喜中秋，庆中秋，中秋月夜思亲愁。团圆寤寐求。

念同俦，盼同俦，莫将归心付东流。大业在前头。

这首词在《人民日报》发表后，引起海内外强烈共鸣，著名作曲家傅庚辰谱了曲，歌唱家郁钧剑在第二届“海峡之声”音乐会上演唱，获得了北京35周年国庆文艺奖，后来还成了广播电台常常播放的节目。每当他的老同学徐君虎（全国政协委员、湖南省政协副主席、省民革主委）来看望他提及此事，他总是幽默地说：“不晓得台湾的老同学、老朋友们听不听得到哟!”

1989年7月病逝于北京，终年89岁。一直和他一起战斗、工作的诗人、书法家魏传统将军，以动人的诗句，记述了傅钟光荣征战的一生和雄健情怀：

“年少出川，旅欧去国远。由苏返沪，译苏军条令，献与红军三尺剑。不畏险阻，奉命进入鄂豫皖，管政教，西进到川陕。长征后，抗敌战太行，初把民运办。‘七大’会上，为团结，奋把山头主义反，博众赞。”

20世纪50年代后，先后当选为中国共产党第七、八次全国代表大会代表，第十三次全国代表大会特邀代表，中央顾问委员会委员、常务委员，第一、二、三届国防委员会委员，第三、五届全国人民代表大会常务委员会委员，第三、四届中国文联副主席。1955年被授予上将军衔，获一级八一勋章、一级独立自由勋章、一级解放勋章。1988年被授予一级红星功勋荣誉章。

1989年傅钟逝世后，解放军总政治部在《人民日报》发表《我军杰出的政治工作领导者——悼念傅钟同志》的文章，对其作出高度评价。（摘录自《中共党史纪实》）

傅继泽

（1918—1991），河北省博野县人。1938年年初参加八路军，3月进入晋察冀军政学校学习。历任冀中军区津南抗日自卫军独立第二旅参谋长、冀鲁边军区运河支队参谋长、冀鲁边军区第一军分区司令员、渤海军区第一军分区司令员兼山东军区警备第八旅旅长等职。在抗战的艰难时期，坚决执行上级指示，率部在津南地区发展抗日武装，积极开展敌后游击战争，在极其残酷的斗争环境中，紧紧依靠抗日军民，创建、保卫和扩大了根据地。1940年任运河支队参谋长，在马营公路战斗中，身先士卒，同敌人展开肉搏战。他身负重伤，不下火线，坚持指挥战斗，表现了大无畏的英雄气概。他参加了著名的“百团大战”。在艰苦卓绝的八年抗战中，不畏强敌，英勇善战，指挥果断，屡建战功。

1946年，任北平军调处执行部第十八小组（驻泊头）中共代表，参加了与美蒋的谈判斗争，出色地完成了任务。在解放战争中，先后担任华东野战军渤海纵队十一师师长、第三野战军第三三军九九师师长，指挥所属部队参加了青沧、昌潍、济南等战役，随即投入了淮海大决战和渡江作战，以及上海战役。他出生入死，浴血奋战，有勇有谋，充分展示了指挥才能，为中国人民的解放事业，作出了重要贡献。1949年9月从陆军调到海军，担任华东海军第一舰艇大队大队长兼政治委员，第六舰队参谋长，参加了人民海军的初创工作。

中华人民共和国成立后，1951年年初奉命创建中国第一支潜艇部队，任潜艇学习队队长兼政治委员，带领部队驻苏军舰队学习三年。不久又兼任潜艇学校校长。怀着建设一支强大的人民海军的历史责任感，刻苦钻研，勤奋工作，出色地完成了潜艇部队的组建工作。历任潜艇独立大队大队长兼政治委员，潜艇第一支队支队长，海军潜艇部部长。他继承和发扬了我军的优良传统和作风，经常深入部队调查研究，指导工作。他率先组建了“舰艇训练中心”和“海上舰艇机动编队”，为提高舰艇部队训练水平，加强海上战斗力建设，进行了开创性的工作。

1955年授少将军衔，获二级八一勋章，二级独立自由勋章，一级解放勋章和一级红星功勋荣誉章。

1960年起任海军副参谋长，北海舰队第一副司令员，南海舰队司令员。1981年以后任中国人民解放军海军副司令员，为提高海军部队军政素质和保障能力，搞好装备科研和维修，加强院校建设，做了大量卓有成效的工作。新中国成立后的40多年里，为海军建设事业，呕心沥血，竭尽全力，建立了不可磨灭的功绩。他为潜艇部队的行政管理、军事训练、作风养成、作战勤务、战勤保障和思想政治工作等方面，打下了坚实的基础，培养了大批优秀的潜艇指战员，使潜艇部队在较短时期内，成为一支能担负近、中海防御作战任务的骨干力量。傅继泽为海军潜艇部队的创建和发展，作出了重要的贡献。

傅继泽同志忠于党、忠于人民、忠于共产主义事业。无论在斗争残酷、环境恶劣的战争年代，还是在社会主义革命和建设时期，无论是顺境还是逆境，始终对党和人民赤胆忠心，对革命事业坚定不移，经受住了各种严峻考验。在“文化大革命”期间，面对林彪、江青反革命集团的倒行逆施，他以共产党人的凛然正气，进行了坚决的斗争。尤其在个人遭受残酷打击迫害的情况下，一直保持着坚定的革命信念。

他衷心拥护中共十一届三中全会以来的路线、方针、政策，自觉地与党中央保持高度一致，对党和国家的前途充满信心，对人民无限热爱。他有强烈的革命事业心和政治责任感，即使在重病缠身的日子里，仍十分关心党和军队的建设事业，关心国际上发生的重大事件。他与疾病作了顽强的斗争，始终保持了革命英雄主义和革命乐观主义精神。

傅继泽胸怀坦荡，光明磊落，嫉恶如仇，刚正不阿，坚持原则，不徇私情；团结同志，联系群众，对下级干部既严格要求又倍加爱护；严于律己，廉洁奉公，党性坚强，顾全大局，严守纪律；作风深入，雷厉风行，勤于学习，勇于开拓，崇尚务实。傅继泽同志品格高尚，深受海军广大官兵的敬重。

傅继泽是政协第六届全国委员会委员，中共第十二次全国代表大会代表。

1991年8月30日在北京逝世，终年73岁。（摘录自《中共党史纪实》）

傅绍甫（1908—1993），安徽金寨县古碑镇人，幼时曾读私塾3年。1929年金寨县立夏节起义后，参加少先队任队长，8月加入中国共产党。1930年9月加入中国工农红军，后参加了鄂豫皖苏区第一、二、三、四次反“围剿”斗争。

1932年10月，傅绍甫随红四方面军西征川陕，任红二十五军七十三师二一九团前卫连连长兼指导员，参加了枣阳、老河口、漫川关等战斗。入川后，在巴中黄柏垭与川军一个团遭遇，傅绍甫带领前卫连勇猛拼杀，将敌击溃，为全军开辟了道路。自己右臂、双手均负重伤。在反刘湘“六路围攻”的四川万源保卫战中，傅绍甫所在的二六五团四连为突击连，他率四连夜袭马鞍山，歼敌一个团，突破了敌左翼阵地。二六五团被总部授予“夜老虎团 ”的光荣称号。1935年3月，傅绍甫率部参加了强渡嘉陵江战役。5月，在懋功与一方面军会合后，傅绍甫调任红三十军八十九师二六七团一营教导员，随军长征北上，艰难地涉过草地。由于张国焘叛离党中央，傅绍甫又两过雪山草地，历尽艰辛。1936年11月，傅绍甫所在部队编为西路军，在河西走廊与马步芳等国民党军浴血奋战。在倪家营子战斗中，傅绍甫头负重伤，留在当地群众家养伤。他伤愈后，沿途乞讨，千辛万苦才到达延安。

抗战初期，傅绍甫进入延安抗大学习。1938年8月，调新四军任三支队五团三营营长、一营营长。11月，率部与兄弟部队一道在繁昌鹅山头保卫战中与敌激战七天七夜，歼灭日、伪军三百余人。1940年9月，傅绍甫率三营前往江北桐东组建了抗日挺进团。在皖中沿江一带坚持敌后游击战争，开辟了沿江两岸大片游击根据地，部队也由五百多人扩展到近千人。1941年5月，傅绍甫任第七师五十八团团长。1943年，七师整编为和含、皖支、沿江3个支队，傅绍甫任沿江支队副支队长。3个支队紧密配合，协同作战，开展反“扫荡”、反“蚕食”斗争，进行大小战斗百余次，毙伤日伪军1000余人。同年11月，又取得磨盘山反顽战斗的胜利，歼敌1600余人。傅绍甫率部参加了周家山战斗，重创桂顽五二八团，毙俘营长以下官兵300余人。沿江支队在望城岗战斗中又歼敌八百余人，缴获许多武器弹药。经两年多的英勇战斗，沿江支队不断壮大，从初建时的1500多人发展到7000余人。沿江抗日根据地也日渐巩固、扩大。

抗日战争胜利后，傅绍甫任新四军七师二十一旅副旅长。1947年起，先后任华东军区七纵二十一师副师长、十三纵三十九师师长等职。参加了莱芜、济南、淮南、渡江等战役。在济南战役中，指挥三十九师在兖州消灭敌军一个师后，又配合兄弟部队攻打济南，经一天激战，全歼守敌，俘敌绥靖区司令员王耀武，解放了济南。1948年11月，傅绍甫率部参加淮海战役，奉命围歼溃逃之敌，共俘敌二万多人，击毙敌兵团司令黄伯韬。1949年4月，傅绍甫任三十一军九十三师师长，率部从镇江强渡长江，遂挥师东进，参加解放上海的战斗。该师担任外围攻坚战任务，经六天激战，攻克黄浦江口，断敌退路，为解放上海扫清了外围之敌。

1951年，傅绍甫调任三十一军参谋长。1962年入南京军事学院学习，毕业后，任南京政治师范学校副校长。1955年被授予少将军衔，同时获八一二级勋章、独立自由二级勋章、解放一级勋章各一枚。1961年任江苏省军区副司令员。1977年当选为江苏省政协第四届常委。1988年被中央军委授予中国人民解放军一级红星功勋荣誉章。1993年逝世于江苏镇江。（《安徽通谱》）

傅家选

（1909—1995），河南光山县白雀区傅家大洼人。上过两年私塾。10岁时，父亲被劣绅毒打致死。13岁跟人学理发。1928年，他鼓动贫穷青年与反动组织黄枪会作斗争。1929年10月，他参加了周维炯领导的赤卫队。1930年6月，由白雀区工作组长熊启飞介绍加入中国共产党。不久，任中共白雀区五乡党支部书记兼乡苏维埃主席、模范营副营长，参加打土豪分田地。

1931年6月，傅家选入鄂豫皖省苏维埃财经学校学习。8月中旬，成立商光边区政府，他未毕业即被调到余集做税务工作。1932年年初，任商城县经济公社（省属第六分社）支部书记兼副经理，接收商店、工厂十余处，职工近千人。9月，经红四方面军总顾问郑位三介绍，到红二十五军经理处任财务科长。后随红二十五军担负掩护红四方面军转移西进四川的任务。他们远距离急行军至鄂东北黄安县（今红安县），参加了红寿战斗。之后，任重新组建的红二十五军财务科长，并担任经理处党支部书记，参加了鄂豫皖苏区的游击战争。1934年随红二十五军长征，经历了方城县独树镇恶战、陕南庾家河激战。嗣后，参加创建鄂豫陕革命根据地的斗争。1935年7月，辗转于西（安）兰（州）公路作战28天。不久到达陕北延川永平，同红二十六、二十七军胜利会师，成立了红十五军团。参加了劳山、榆林桥战斗。毛主席率领的中央红军（当时称北上抗日先遣队陕甘支队）到陕北与红十五军团会师后，红十五军团编入红一方面军，接着进行直罗镇战役，大获全胜。继之，东渡黄河，进入山西，进逼太原。接着又西渡黄河，与红二、四方面军在会宁地区会师。后参加了山城堡战役。

1936年12月28日，红十五军团由商州转至咸阳。傅家选奉令带骑兵排到前敌总供给部（驻淳化）领钱。翌日早晨赶回部队时，得知泾河的王桥被国民党军占领，不能通过。为解决部队急需，傅家选在工兵的帮助下，将经费用绳索竹杆传送过河，自己冒着严寒泅渡泾河，完成了任务。渡河后身体冻伤，红十五军团军团长徐海东亲临慰问，并予以表扬。

“七七事变”后，傅家选所部编入八路军一一五师三四四旅。8月下旬，东渡黄河，北上抗日，参加了平型关战斗。之后，任旅供给处处长、供给部部长，第二纵队后勤部部长，冀鲁豫军区供给部部长、后勤部部长兼政治委员。参加了永年东辛店遭遇战，粉碎日军对濮阳沙区的“四一二大扫荡”和日军对冀鲁豫中心区“九二七大扫荡”，为扩大平原抗日根据地建设和部队的武器装备供给，作出了贡献，被评为模范干部。

日军投降后，傅家选任冀鲁豫军区副参谋长，冀鲁豫区经济部副部长。1946年12月任冀鲁豫军区参谋长，参加了平阴、羊山、魏店战斗。在1947年鲁西南战役中，他和鲁西南行署主任段君毅一起负责晋冀鲁豫野战军渡河船只，并协同部队选定位置，组织船工进行渡河训练工作，圆满完成了任务，受到了表扬。1949年2月，冀鲁豫地区组织南下干部支队，傅家选任支队司令员。他们随五兵团由安庆渡江，进到鹰潭，同四兵团司令员陈赓、江南游击队司令员曾敬冰会合后，成立赣东北军区，傅家选任第一副司令员。他积极组织部队收缴土匪枪支，整编土、杂、顽，建立各级政权和地方武装。并筹集公粮，支援上海。9月底南下干部支队改称西进干部支队，随五兵团进至贵州后，由兵团统一组织接管。傅家选任省政府委员、财经委员会主任、建设接管部部长，同时兼任抢建乌江公路大桥工程总指挥。大桥提前建成，修通川黔公路，受到第二野战军首长的赞扬。

1950年6月，傅家选任西南交通部第一副部长兼长江航务局民生公司董事。1951年后，调任解放军总后勤部军需部部长、军需生产部部长。1956年入高等军事学院学习。1960年毕业后，任总后勤部技术装备研究院院长、党委书记。1962年10月，任济南军区后勤部部长兼党委书记，军区党委常委。1964年后，任济南军区参谋长、副司令员、顾问。撰有《忆红二十五军在鄂豫皖苏区》《忆三四四旅在平型关大捷前后的片断》《回忆彭总的三次谈话》等回忆文章十余篇。1955年被授予少将军衔。荣获中华人民共和国二级八一勋章，二级独立自由勋章，一级解放勋章和一级红星功勋荣誉章。是全国政协第五届委员。（《河南省志》）

傅春早（1911—1996），安徽省六安市人。1929年参加中国工农红军。1933年，在一次战斗中，傅春早和部队失去联系，碰上患病掉队的鄂豫皖省委书记沈泽民，沈泽民要傅春早开枪打死他，傅春早拒绝了，他背着沈泽民急奔猛跑，脱离险境，赶上了队伍。后来高敬亭把傅春早当作“第三党”分子抓了起来，决定枪毙，沈泽民听说后立即制止，并传下命令：“对傅大个子以不杀头为原则！”保住了傅春早的性命。

土地革命战争时期，傅春早任六安独立团、独立师、红二十五军手枪队队长，红二十五军兵站站长。

傅春早担任红二十五军手枪队队长不久，便执行了一项特殊任务，并与当时大名鼎鼎的吉鸿昌将军有了一面之缘。1932年11月底或12月初，即重新组建红二十五军之时，一天傍晚，傅春早奉命赶到省委驻地郭家河。省委书记沈泽民见到他时，说："傅大个子，现在有个新的紧急任务，要你去完成——把吉鸿昌将军护送出苏区。"

傅春早接受任务后，带领一个便衣武装班，总共七八名红军战士，连夜从郭家河附近出发，执行这个特别护送任务。

当时选择的护送路线，是从郭家河附近出发北上，经由周党畈等地，送到竹竿河边为止。当天晚上，在路过叶家大湾休息时，吉鸿昌小声问道："大个子，你今夜负责护送我们，你们可知道我是谁？"傅春早一笑，念了几句顺口溜："吉军来打仗，枪口朝天放；丢下枪和炮，送给共产党。"随后才挨着将军的耳朵说："你就是吉军的总指挥！"吉鸿昌听了喃喃自语道："丢下枪和炮，送给共产党……共产党……"说着，他忽然从马背上掏出一百枚银元，顺手交给傅春早说："我是新党员，你们红军不肯收留我，我就交纳一百块大洋，算作我的党费吧！"说完，吉鸿昌让接收人傅春早给他开个收条。傅说他不会写收条，吉鸿昌就打亮手电筒，让那位随从副官代写了收条，然后叫傅春早在上面按了个手印。

天将蒙蒙亮时，他们到达竹竿河边。前面不远就是敌人驻扎区域，天一亮就不便行动。一旦发生什么意外，这一个班的武装也不好应付。于是，傅春早就向吉鸿昌报告说："吉鸿昌同志，我们不能往前护送你了，请你一路上多加小心，注意安全。"吉鸿昌急忙跳下马背，紧紧握住傅春早的双手，连声说："谢谢，谢谢，谢谢你了！"沉思片刻又说："我这次来到苏区，党和红军的各位领导，不是叫我总指挥，就是称呼我吉先生，省委书记还用俄语称我将军阁下，大个子，你能叫我一声同志吗？我们过去虽然不曾相识，今夜一见如故，大个子同志！"傅春早情不自禁地又喊了一声："吉鸿昌同志！"

临别时，吉鸿昌急忙又脱下他的灰布大褂，换上傅春早穿的一件粗布衣服，打扮成普通老百姓，这才一步一回头地向北走去。

完成任务后，傅春早把吉鸿昌交纳的一百块银元党费，如数转交给了省委宣传部部长兼中心县委书记成仿吾，并口头报告了有关情况。傅春早与吉鸿昌的一面之缘，久而久之，成了他记忆中的一段秘史。

1934年，傅春早加入了中国共产党。1935年参加了长征。

抗日战争时期，傅春早任八路军住陕办事处副官，一一五师三四四旅六八七团便衣队队长、营长，三四四旅六八八团副团长，冀鲁豫军区第二旅四团团长，教导第七旅第十九团团长。解放战争时期，任冀鲁豫军区独立第一旅副旅长，晋冀鲁豫军区第八纵队十九旅副旅长，鄂豫军区第三军分区副司令员，湖北军区独立第三师师长兼黄冈军分区司令员，中共黄冈地委副书记，鄂豫皖边区南线指挥部司令员。

中华人民共和国成立后，任第四野战军五一军二一一师师长，湖北军区大冶军分区司令员、中共大冶地委常委，黄石军管会主任，第五一军二一二师师长，广东军区粤东军分区副司令员，中共粤西地委委员，广西军区副司令员，中共广西壮族自治区委员会委员。河南省第四、五届人大常委，河南省第四届政协委员。

1955年被授予少将军衔。获二级八一勋章、二级独立自由勋章、二级解放勋章、一级红星功勋荣誉章。（《安徽通谱》）

傅崇碧

（1916—2003），四川省通江县人。1932年参加中国工农红军，同年加入中国共产主义青年团，1933年转入中国共产党。中华人民共和国成立后，任第十九兵团军长，中国人民志愿军六十三军长，率部坚守铁原；北京军区副司令员兼北京卫戍区司令员，北京军区政治委员。1955年被授予少将军衔。他是中国人民政治协商会议第三届全国委员会委员，第四、五、六届全国人民代表大会代表，中国共产党第八、十二次全国代表大会代表。

傅崇碧的家乡是四川通江县溪嘴村。爷爷是个教书先生，父亲是铁工，母亲是农村普通的劳动妇女，略识几个字，很能干。傅崇碧的祖父辈家境还算富足，属中农偏上，爷爷在地方上也算个知识分子，于是六七岁时小崇碧就跟从爷爷学文化。小崇碧8岁那年爷爷去世，家中境况就日见艰难。不到一年，母亲又因病撒手西去。为了把丧事办好，小崇碧的父亲把田产当了出去。谁料不到3年，照料自己的奶奶又告别了人间，家里只好又卖掉一部分地产给奶奶办丧事。于是，家庭状况由上中农降到贫农。失望中，小崇碧的父亲给他要了个后娘。父亲在艰苦度日中送小崇碧上学，农忙时小崇碧主动帮着做些农活或放牛。

有一回，小崇碧放牛时没在意，牛跑到地主家的稻田里糟蹋了一些秧苗。地主的儿子看见了，不问青红皂白就把小崇碧抽打了一顿。少年气盛的小崇碧咽不下这口气，当即还手。这下可闯了大祸，地主到傅家大闹，父亲叩头道歉，又赔稻籽，但地主还是不罢休，提出许多无理条件。当时，傅崇碧挨了父亲的打，又遭到地主的骂，心里不是个滋味。这件事在傅崇碧幼小的心灵里烙上了深深的印痕，使他从心里对剥削者充满了刻骨仇恨。

1932年12月，一路浴血奋战的红四方面军，突破敌人的重重围追堵截，千里西征，从鄂豫皖进入陕川地区。这时，参加过“吃大户”斗争的傅崇碧跟随自己的在校老师（地下党员）离开了家乡。傅崇碧在这位老师身边感到心里踏实，只是寄望着哪一天脱离苦海，翻身做主人。后来他的表现得到地下党的认可，经几次组织上的谈话，傅崇碧被介绍加入了共产主义青年团。

不多久，傅崇碧走进了中国工农红军的行列，并在第一次战斗中便缴获了两支枪、一把大刀，心里有说不出的高兴。随后，他就被安排到家乡做“扩红”工作。于是，这个才十五六岁的“娃娃头”走到哪里，身后总少不了跟着一帮子半大小鬼，叽叽喳喳嚷着，又缠又磨，让他替着说情加入红军。可别小瞧当年的“小不点”傅崇碧，热情高，嗓门大，在做“扩红”演讲时很有鼓动性，台下总是掌声雷动，群众情绪高涨。据了解，傅崇碧在通江任县委书记前后那段火红的岁月里，仅通江一县先后参加红军的，就有近3万人。

1933年10月，四川“剿匪”总司令刘湘调集二十万大军对川陕根据地进行六路围攻。一次战斗中，时任中共通江县委书记兼独立团政治委员、川陕工作团团长的傅崇碧，带领独立团坚守山头阵地。山上枪打得很急，子弹不断地从头顶呼啸而过。有一回，正当傅崇碧拿起望远镜观察敌情时，只听得子弹响声不对头，便赶紧低头，但一颗子弹仍从他的后脑勺打进。他当即晕倒过去，清醒时已被送进医院，住了两个多月医院，伤口才恢复。

在敌人的重重围攻下，根据地内部的地主反动武装也非常猖狂。有一次，傅崇碧带着工作队与民团遭遇。因寡不敌众，只得边打边撤，最后退到一座山顶上。山上树很多，但下山的路只有一条。民团有一百多人叫着往上冲，傅崇碧这边才十多个人，几支手枪。打到最后，大家只得从悬崖上往下跳。傅崇碧纵身跳下去，头朝下被挂在树藤上，离地面还有一丈多高。傅崇碧用脚使劲蹬缠在腿上的树藤，一下子头朝下掉了下去，脸被石头划开一条大口子，血流如注。当时，敌人从山上往下扔了一颗“马尾”手榴弹，幸好被树枝挂住了，没有爆炸，不然，傅崇碧早就牺牲了。

1932年初春，傅崇碧怀着难离难舍的心情，告别了父老乡亲，带着2000多名游击队员、赤卫队员加入了红军的行列，匆匆离开了生己养己的川陕革命根据地。5月前后，傅崇碧所在独立团担负掩护红四方面军主力部队撤离转移与红一方面军会合的任务。在一次阻击敌人的战斗中，双方距离不到百米，战斗进行得非常激烈。突然，一颗手榴弹飞来，在距傅崇碧很近的地方爆炸了。傅崇碧只觉得腿一麻，便不能动弹了，鲜血涌流而出。这时，天还未明，傅崇碧躺在担架上，因流血过多而迷迷糊糊，只感到口干舌燥。天亮时，医生来换药，才发现绷带已被血浸透了。在行军中，转移了二十多天的傅崇碧，被安排在一个喇嘛庙内又养伤二十多天。从外表看，伤口似乎长好，但傅崇碧只觉得腿不能动，肿痛难忍。后经红四方面军总医院检查，才知腿已化脓，得动手术。手术中又取出两块不小的弹片，正是这弹片在作怪。

傅崇碧16岁参加红军，经历过土地革命、抗日战争。在解放战争的清风店战役中，身为第四纵队第十旅政委的傅崇碧，在旅长负伤、参谋长牺牲的情况下，指挥部队与敌人展开反复激烈的村落争夺战，并带领部队率先冲入敌军军部，活捉敌军军长罗历戎、副军长杨光钰及第七师师长李用章等。1947年11月，在解放石家庄战役中，时任第十旅旅长的傅崇碧乘夜率两个侦察连摸到位于市中心的敌指挥部，活捉石家庄敌最高指挥官第三十二师师长刘英等二十余名军官，并迫其写信命令所部投降，从而加快了战役胜利的进程。

1951年2月，傅崇碧任中国人民志愿军第六十三军军长，跨过鸭绿江，率部队出生入死，历经百战，给美军及其同盟一次又一次重创，谱写了一曲曲壮丽的战斗诗篇。在著名的铁原阻击战中，他指挥部队，浴血奋战13天，经受了六十三军有史以来规模最大、时间最长、最激烈、最残酷的战斗，取得了歼敌1.5万余名的辉煌战果。为配合板门店谈判，在开城防御作战中，亲临前沿指挥，战斗历时8个月，进行大小战斗190余次，歼敌1万余名，受到志愿军总部的通令表彰。两次受到金日成的接见，荣获朝鲜民主主义人民共和国授予的一级国旗勋章一枚，二级国旗勋章两枚。

“文化大革命”初期，傅崇碧任北京军区副司令员兼北京卫戍区司令员，他严密组织日常和重大活动的安全警卫工作，保证了党中央和首都的安全，多次受到毛泽东主席和周恩来总理的表扬。其间，傅崇碧还千方百计保护了一批干部。有一次，周恩来的胞弟周同宇和王光美的哥哥吃过几次饭，红卫兵就说是阴谋“聚餐会”，是特务活动。案子报到江青那里，不问青红皂白，一下送到了总理办公室。总理找到时任北京卫戍区司令员的傅崇碧商量，傅崇碧建议，与其让红卫兵乱来，不如由卫戍区出面以拘留的形式把周同宇保护起来，以免落在心术不正的坏人手里。总理接受了傅崇碧的建议，不过他提笔批示时把“拘留”改为“拘捕”。拘留时间短，而拘捕则不同了。因而，周同宇才得以安全躲过一劫。

此类全力保护同志或老帅，打折扣执行“中央文革小组”“指示”的故事，傅崇碧记不清有多少。但是，他为此埋下了以后林彪、江青一伙处心积虑地把自己打倒的祸根。

1968年3月22日，林彪、江青一伙出于篡党篡军的需要，设下圈套、捏造罪名、突然袭击，制造了所谓的“杨余傅事件”。杨成武、余立金、傅崇碧三人当时分别担任解放军代总参谋长、空军政委和北京卫戍区司令员的职务。3月5日夜，傅崇碧为当面汇报清理鲁迅书信手稿去处，与“中央文革办事组”事先联系好，然后带三人分乘两辆车赴“中央文革”所在地，经允许后驱车进入，旋即落入了江青一伙预谋的政治圈套。3月22日凌晨到25日，林彪、江青等人接连召开全军部分师以上干部和北京卫戍区、北京军区干部战士大会，一口咬定傅崇碧带人“武装冲击中央文革”。其后甚至捏造说，傅崇碧的秘书用装有手枪的皮包打了江青的腰，“后面车最低限度有一挺机枪”等等。并进而诬陷杨成武、余立金、傅崇碧“为二月逆流翻案”，“是‘五一六’的黑后台”。林彪诬陷捏造杨成武搞“山头主义，宗派主义”，“同余立金勾结，要夺空军的领导权”，“同傅崇碧勾结要夺北京市的权”，“杨成武三次下命令给傅崇碧冲进钓鱼台到中央文革去抓人”。25日凌晨1时35分，毛泽东接见全体到会成员，表示对处理“杨余傅事件”的支持。3月22日，中共中央发布命令，撤销杨余傅的职务，任命黄永胜为总参谋长，温玉成为副总参谋长兼北京卫戍区司令员。

林彪一伙就此控制了军委很大一部分权力。杨成武、余立金、傅崇碧等人遭到残酷迫害，并在全国范围内株连了一大批人，有的致残、致死，造成严重恶果和影响。

林彪事件后，1974年7月，毛泽东亲自批准为杨、余、傅三人平反，恢复名誉，宣布杨、余、傅问题是林彪搞的，搞错了，宣布平反。中央、中央军委重新安排了他们的工作。

在周恩来总理的亲切关怀下，傅崇碧在因“杨余傅事件”而丧失自由七年之后，终于回到北京。1974年9月30日晚，杨成武、余立金、傅崇碧应邀出席建国二十五周年的国庆招待会。三人被“解放”后第一次重逢，面对熟悉而陌生的人民大会堂，怎能不感触万端。7年前，逮捕他们的决定就是从这里发出的；今天，他们又来这里出席宴会。相见后，他们只能用辛酸苦涩的微妙的笑作见面礼。1975年4月，中央军委任命傅崇碧为北京军区第一副司令员；1977年9月，中央军委任命傅崇碧为北京军区第一副司令员兼任北京卫戍区司令员。

1985年6月，年届古稀的傅崇碧主动提出退出领导岗位，把年富力强的同志充实上去，得到中央军委的批准。但是，傅崇碧退而不休，时刻关心党和国家、军队的大事，还适时同在任的有关领导推心置腹，交流看法，提出个人建议，不少建议被中央采纳了。

“过去没有时间坐下来读书，退下来以后时间充裕了，就坚持读书和学习。”傅崇碧时常告诫年轻人多读书，多学习，接受新知识。“在新的历史条件下，我们要讲学习，讲政治，讲正气，汲取历史的成功经验，记取失败的教训，保持党的光荣传统和发扬艰苦奋斗、勤俭建国的精神，把个人融入到社会的发展之中去，融入到为人民服务之中去”。

傅崇碧是这样说，也是这样做的。2001年七一前夕，在中国共产党成立八十周年到来之际，老将军委托儿子傅欣专程从北京赶到成都，将自己的积蓄20万元捐献给四川省的“希望工程”，在他的家乡、革命老区通江县建一所希望小学，以表达一位老共产党员对家乡人民和家乡教育事业的深情厚谊。

“将军在生活上十分节俭，从没有什么特殊的要求，他最爱吃的菜就是地瓜、土豆，尽量从工资中节省下钱来。”傅崇碧将军的秘书姚志利十分动情地向记者谈起老将军的生活。“本来，父亲那次想亲自将这笔钱送到家乡人民的手中，但因年事已高，加之身体状况欠佳，医生坚决反对，才未成行。父亲十分遗憾。”将军的儿子傅欣说，“他一再叮嘱，要把钱用在最需要的地方，千万不要搞什么树碑立传。”

傅崇碧自1935年年初随红四方面军长征离开家乡之后，再也没有回到过生长养育了自己的乡土。20世纪60年代初期，他因公到重庆，成都军区的领导中有不少自己的老战友，他们热情地欢迎傅崇碧到家乡看一看，走一走，傅崇碧当然有说不出的高兴。当地政府为欢迎他回去，还特地为他准备了医生和车子。这时，有人告诉傅崇碧，通江县政府门口等他的人成百上千，想向他打听同他一起参军的亲人的下落，其中有些还是多年翘盼儿孙胜利归来的孤寡老人。那一刻，傅崇碧的心情非常沉重。“多少优秀儿女为了中国革命的胜利，告别父母，离别家乡，从此一去不还，永远地长眠他乡，而带他们上火线的我却活下来了。我该如何面对成千上万死者的亲属父老？”傅崇碧找不到合适的语言表达自己内心复杂的感情，因此尽管非常想念故乡的父老乡亲，但还是没有成行。

小傅崇碧六岁的黎虹，自老伴进医院康复楼以来，一直陪伴照顾。二人自延安“抗大”相识，相濡以沫六十余年。傅崇碧笑言，自己是先结婚后才懂得恋爱。”我们是经组织介绍认识的，那时候不会谈恋爱，也没时间谈感情上的事，各自忙自己的工作。当时，’抗大’总校分开，我要分到二分校，如果不结婚黎虹就不能到前方去。”就这样，临走之前，他们在组织的催促下结婚了。“婚礼只请几位领导吃了个便饭，喝了杯喜酒。在晋东南农村，两床被子往一块一抱，就算结婚了。”

傅崇碧一儿三女都事业有成，没有因出身名门而高高在上，或借势谋利，相反在“文化大革命”中一同无辜地受到牵连，家被抄，当兵的被清出部队，上学的被勒令退学，都改名换姓，下放农村，连北京户口也被吊销了。值得欣慰的是，而今子女们不断弘扬父辈的革命精神，在各自的岗位做贡献。1978年，女儿黎燕从北京医学院毕业，分配到军事医学科学院从事自己热爱的医学事业。学历低、起步晚等客观现实，使她更为发奋努力，进取向上。功夫不负有心人，她的一系列研究成果受到了国内外专家、学者的好评，得到了国家、社会的认可，先后获得国家科技进步二等奖、军队科技进步二等奖各三项，还被评为“中国中青年医学科技之星”，并出任军事医学科学院基础医学研究所研究员。

傅崇碧的晚年生活很平民化，散步、看报、收听新闻、接受按摩、休息，最大的爱好是钓鱼，多次获过北京市老年协会组织的钓鱼大赛一等奖。他曾说：“扪心自问，我的一生无愧无悔，更无他求。现在，尽管时有病痛，但我的每一天都过得非常充实，精神愉快。应该说这是革命生涯对我个人生命的馈赠。”

2003年1月17日，傅崇碧因病医治无效，在北京逝世，享年87岁。（据《傅崇碧：铁血将军柔水情》改写）

傅爱农　（1915—1991），山东省德州宁津县孟集乡王德普东村人。1930年在宁津参加抗日救国会，担任本村救国会主席。1934年7月，加入中国共产党。1934年11月，任村党支部书记，积极参加并领导本村反帝反封建的救国运动。他投身抗日洪流，奔赴抗日前线，在东光、沧县、南皮等地组织领导群众，开展游击战争，舍生忘死，浴血奋战，为建设敌后根据地做出了突出成绩。

1945年11月，任渤海军分区农民救国联合会主任。1947年1月，任中共庆云县委书记兼县大队政委。同年12月，任中共渤海区地委委员、组织部部长。1948年12月，任渤海地委副书记。1949年6月，渤海地委改名为沧南地委，仍为副书记。同年12月，任沧南地委书记兼军分区政委。这一时期，一方面，组织兵员，动员群众，支援前线，积极参加解放战争；另一方面，大力加强渤海、庆云、沧南等新解放区的建设，深入开展清匪、镇反、土地改革和巩固政权的工作，顺利地完成了这些地区新民主主义革命的任务。1950年5月，山东分局撤销了渤海区党委，将原属渤海区党委的泺北地委和沧南地委合并，建立了德州地委，他任地委第二副书记。1953年1月，任地委书记。后历任山东省委候补委员、委员，交通工作部部长，山东省地质厅党委书记兼厅长。1965年调贵州后，任贵州省地质厅党委书记兼局长。“文化大革命”初期，下放到省“五七干校”劳动。1970年，重新出来工作，被组合到贵州省革委生产指挥部任领导成员，后历任贵州省革委常委，省委常委，省委顾问，省顾委委员、常委。他长期担任地委和厅局的领导工作，密切联系群众，深入调查研究，坚持实事求是，为山东渤海、德州地区党的建设和经济建设，为发展山东、贵州的交通、地质事业，呕心沥血，忘我工作，做出了显著成绩。1971年担任省的领导职务后，特别是中共十一届三中全会以来，他积极贯彻执行党的路线、方针、政策，经常深入生产第一线，调查研究，制定规划，精心组织实施，为贵州工业的发展和经济建设做了大量卓有成效的工作。1982年，为实现领导班子的新老接替，他率先退居二线，但仍十分关心贵州的发展和建设，向省委和省政府提出了许多好的意见和建议。1991年4月29日，在贵州省贵阳市病逝，终年76岁。（《傅爱农传》）

傅书荣　（1957—1979），贵州思南县文家店区过天乡人，共产党员。1975年，塘头中学毕业后，回家在生产队当过饲养员、代课教师。1977年加入中国人民解放军三五二一一部队四连当战士，参加对越自卫反击战。

1979年2月17日，四连经过17个小时的穿插后，九班长傅书荣带领全班战士向“一一二八”高地迂回时，突然与小股越军遭遇。他立即带一个小组从侧翼包抄上去，以猛烈的火力向敌人发起冲击。当场毙敌一名，余敌逃窜，为部队南进打开了通路。

次日上午，攻打十三号高地的战斗正在激烈进行。书荣带领九班跑步赶到，立即投入战斗，一直冲杀在部队的最前面，配合主力部队迅速攻下了十三号高地，战斗结束，已夜幕降临。书荣不顾一天战斗的疲劳，经过一夜的奔忙，次日拂晓，把伤员和烈士遗体安全送到目的地，这天，书荣被升任三排长。

2月28日上午，四连经过穿插，开始珊嘎战斗。连部研究把三排定为预备队。书荣知道后，找连长再三请求担任主攻。连长批准了他的请求。书荣带领八、九两班，一鼓作气攻下高地，接着又占领了敌前第一道堑壕。

阵地上枪炮声稀落下来，二排突然又向敌人第二道堑壕发起进攻，却受到左侧林里一敌人火力的封锁，书荣命令八、九班进攻还击，自己从后侧绕过去消灭它。他抱着炸药包跑步前进，隐蔽向敌火力点冲击，随着一声巨响，敌人的左侧火力点被消灭。残敌向三排投来集束手榴弹爆炸，有5个同志被炸伤，一人牺牲，书荣大腿被炸伤。但他强支身体，重新把战友组织起来，继续发起进攻。经过反复争夺，终于推进到离敌人10米远的地方，但阵地上只剩下傅书荣等8个战士了。

敌人集中火力疯狂扫射，又有4人负伤了，书荣把4人分成两个小组，继续向敌人发起攻击。就在快要占领主峰阵地时，敌人增援部队赶到，在这生死存亡之际，书荣沉着应战。叫两个战友将伤员救下，自己在后面掩护，子弹从头上“嗖嗖”飞过，他全然不顾，一直将伤员撤退到安全地带。敌人见阵地上只剩下书荣一个人了，纷纷向他涌来，他端起冲锋枪边打边冲，迅速冲到敌阵地中央。离敌壕只有15米时，他又负伤了，但他忍着伤痛，拖着枪，一步一步向敌壕爬去，向敌群射出了最后一颗复仇的子弹，壮烈地牺牲在敌壕前沿。1979年，云南边防部队授予傅书荣“战斗英雄”称号，并追记一等功。（贵州《思南县志》）

傅银州　（1903年—1982），字朝金，艺名法灵，贵州石阡县花桥乡人。银州生于木偶艺术世家，祖辈办有“泰洪木偶戏班”，四方巡回演出。6岁跟父亲傅童芳（艺名）学木偶戏，因天资聪慧，记忆过人，学会端头子和唱一些折子戏，13岁时，开始独立演唱当家角色。20岁时，由于嗓子甜美，头子和杆子功夫纯熟，无论文武角色，皆演得维妙维肖，栩栩如生。尤其精武戏，十八般武技、翻滚扑打，件件精通，常博得观众喝彩。

1914年，傅童芳病逝，银州接任“泰洪班”班主，挑起了戏班子和家庭两副重担。1930年，所唱高腔戏誉满一时。次年，又攻克弹戏，并学会了胡琴伴奏，使木偶艺术发扬光大，更受人民喜爱。

石阡有“木偶之乡”誉称。20世纪30至40年代，县内有“天福”“泰洪”“太平”“兴隆”“杨本家”等职业木偶戏班，长期活动于黔、川、湘、鄂边区城乡，为丰富城乡人民文化生活发挥了重要作用。1940年，银州以“泰洪”掌教名义，邀各木偶班名角20余人，在思州岑巩龙颈坳镇上，分行当连续演出100天，盛况空前，传为佳话。

新中国成立后，1956年经县政府批准，成立“石阡县木偶剧团”，银州任团长。在他的带领下，剧团经常到乡村为农民演出。银州虽然年事已高，仍担任剧务、导演、乐队伴奏等工作，是全团最辛劳的人。1956年秋，铜仁地区举办第一届民间会演，银州与张德轩编演的《梨花斩子》剧获演出一等奖。1958年，木偶戏剧团合并于县文工团，银州和其他几位老艺人告老还乡。1982年10月29日，以79岁高龄辞世。（贵州《石阡县志》）

傅　哲　（1914—1982），四川潼南县人。1938年毕业于四川重庆市宽仁护士职业学校，1949年，在宽仁医院工作，1949年元月到贵定，任贵定县卫生院院长。他对医疗专业没有系统地学过，但由于刻苦钻研，不久，就已能单独为病人诊断病情和对症下药。1949年12月至1952年5月，任贵定人民卫生院院长期间，在人员少、条件困难的情况下，除留部分人员在家值班外，他经常带领医务工作者下乡巡回医疗，为广大人民群众看病治病。傅哲在从事儿科医疗工作中不断总结经验，精益求精，判断正确，对症下药，在群众中享有很高的威望和声誉，多次被评为先进工作者、出席省、州、县的代表大会。

为了使贵定县的医务工作后继有人，除工作之外，他注意培养中青年医务工作者，帮助他们把理论知识与实践工作结合，教育他们注意医德、尽量减少病人的痛苦。后来，傅哲当选政协贵州省第四届委员会委员和政协贵定县第四届委员、常委，政协贵定县第五届常委、副主席。“文化大革命”中，他始终拥护共产党的领导，拥护社会主义制度，热爱祖国和人民，为人民的事业鞠躬尽瘁。1982年2月1日在贵定县城关镇病逝，享年67岁。（贵州《贵定县志》）

傅金玉　（1921—1982），生于山东菏泽县一个贫农家庭。15岁开始闯关东，1944年在农村参加中队，1947年加入中国共产党，在抗战和解放战争中，先后担任莒南县大队长张苗区中队战士、排长、村干、农会主席，禹城县独立营连长，解放军连长等职。1948年参加淮海战役，1949年随军南下，1950年2月3日随同社介厘等17人到达荔波，27日任朝阳区区长，开展革命工作，1954年8月任荔波县委副书记、书记等职，“文化大革命”期间任荔波革委会副主任，党的核心小组成员。一生多次立功，生活艰苦朴素，为荔波各级干部和人民树立了榜样。1982年病故，终年61岁。（贵州《荔波县志》）

傅秀峰　（1911—1969），山东省齐河县人，1932年2月加入中国共产党，1938年参加革命。南下前历任村农会主任，区农会会员，东阿县办事处文教科长，区抗联主任，县合作社社务部长、主任，县银行经理，区委书记，县委组织部部长、民运部部长等职。

1949年3月，傅秀峰随野战军南下解放江西，任资溪县工委书记。10月，奉命随军西进贵州，12月解放台江，任中共台江县工委副书记。原国民党台江县县长包和麟逃回炉山老家，县乡军政人员逃匿。秀峰根据“约法八章”，通过各种形式宣传共产党的政策，号召旧职人员返回县城，投向人民政府，既往不咎；凡愿继续为人民政府工作的，根据所长量才录用，所有乡（镇）长，一律原薪原职。旧职人员消除顾虑，陆续回城向人民政府报到就职。秀峰专门召开会议，以宣传政策和讲解形势与个别交谈相结合，争取各界人士真诚拥护共产党。对一时认识不清的个别少数民族上层人士，则耐心等待。积极争取原国民党省参议员潘海澄和台江中学校长张树福靠近人民政府。部昌平反叛为匪后，秀峰一面派人劝部归正，一面派解放军星夜从白朗接潘志清至施洞。为团结共事，秀峰选送上层人士欧阳海、严伯屏、陈伯庸、杨雨滋等赴镇远干校学习，并一再告诫工作人员：“党要我们下大力气培养苗族干部，不能用阶级感情代替民族感情。”在台江举办民族干部和师资培训班，培养当地少数民族干部和知识分子，选送一批苗族青年到榕江干校学习，回县参加革命工作，挑选骨干担任党政主要领导职务。经常深入农村了解民族习惯、体恤民众生活，培养农村骨干力量。

秀峰深知建立革命武装的重要性，抓紧组建县大队和区分队，成立人民武装委员会，建立情报站。在台江土匪暴动中，始终把握斗争的主动权。4月5日在镇远接受“撤离县城，转移施洞”的任务时，土匪已包围了台江县城。秀峰回到排略塘得知消息，心急如焚，率领交通班和武工班急速赶回台江，不顾个人安危，疾奔入城，与县长王子奎全力扫除外围土匪，胜利转移施洞。坚持领导干部和解放军发动群众，进行剿匪斗争，固守施洞。9月18日率部收复县城，工委改成县委后任台江县委书记，领导完成清匪反霸及土地改革任务。

1952年，秀峰调离台江，先后任贵州省翁井煤矿党委书记，西南有色金属局冶金建设第三工程公司党委书记、建工局局长，中共昆明市委委员、市委工业部副部长、市人委秘书长、昆明市副市长等职。秀峰一生被誉称为“老黄牛”。在“文化大革命”中惨遭诬陷迫害，1969年含冤逝世，终年58岁。（贵州《台江县志》）

傅鸿兴　（1921—1963），贵州凯里市万潮乡人，工人。1938年初中毕业后到贵阳学习汽车修理，之后又学汽车驾驶。出师后即能独立作业和驾驶汽车，备受师傅喜爱，被收为义子。师傅逝世后，鸿兴继承家业，在市场竞争中破产倒闭。1948年，鸿兴由贵阳迁居镇远做小本生意。翌年镇远解放，鸿兴以旧汽车引擎为动力兴办打米厂。1950年鸿兴为镇远军分区办发电厂和打米厂。1952年经镇远专区工会介绍到台江，先后为台江县建起火力发电厂、打米厂、电锯厂等，历任电厂和打米厂技术工人、厂长，科普协会会员，县工会委员、县人民代表。1959年鸿兴在台江创办机械学校，培养300余名技术骨干，成为台江第一代产业工人。县工会为表彰其业绩，评选为县模范技术工人，出席黔南自治州劳模代表大会，评为先进工作者。1960年当选为台江县参加北京科技交流会代表。1963年傅鸿兴因心脏病突发，抢救无效而离世，终年42岁。（贵州《台江县志》）

傅　浩　（1928—1993），笔名沧一，贵州遵义市人。读遵义师范学校时，因父亲病重，被迫辍学。1945年任教职。新中国成立后，先后任丰乐小学、高桥小学教师、教导主任、校长等职。1965年调任市教育局视导员、办公室主任等职。

傅浩工书法，擅行草书。行书承于右任，兼效苏、颜，草书法二王，又添新意。晚年博采众长，稳中求动求变，运笔灵动。1981年起，作品参加多种书法展览和比赛，屡屡获奖。1992年，西安、贵阳、遵义14家文化团体为傅浩、傅森兄弟举办《贵州山水美》书画展览，受到好评。

1985年，任《遵义市志·教育篇》主编。广征博采，潜心编纂，反复修订，使篇章富有特色。

傅浩生性文静，淡泊名利，洁身自好。为全国书法家协会会员，贵州省书协理事，遵义地区及遵义市书协主席。1993年6月18日病逝。（贵州《遵义市志》）

傅懋恭　（彭真）（1902—1997），山西省曲沃县候马镇垤上村人。原名傅懋恭，因地下工作需要，1937年改名彭真。1991年，彭真亲笔书写“傅彭真”三字，以恢复本姓。

彭真于1902年10月出生于一个贫苦农民家庭，幼年饱尝生活艰辛，曾随祖母愤起反抗恶霸。欺压。由于家寒，12岁始入私塾，1919年考入县立第二高等小学，受五四运动影响，带领同学进行反帝爱国宣传。1922年考入山西省第一中学，参加进步组织青年学会，接受了马克思主义。1923年加入中国共产党，是山西省共产党组织的创建人之一。1924年至1929年，他先后在太原、石家庄、天津、唐山等地从事革命活动，曾任中共太原支部书记，中国共产主义青年团太原地委书记，正太铁路总工会秘书，中共天津地委组织部部长，中共天津市委书记，中共顺直省委代理书记，是中共在北方地区的主要领导人之一，领导了北方地区的工人运动、学生运动。1929年，由于叛徒出卖，他在天津被捕，遭受酷刑摧残，坚贞不屈，在狱中组织被捕同志开展各种形式斗争。1935年刑满出狱后，任中共天津工作组负责人，组织领导抗日救亡运动。1936年任中共北方局组织部部长，直接领导中华民族解放先锋队总队部。同刘少奇一道，为恢复和发展北方地区党的组织，推动抗日民族统一战线的建立，开创白区工作的新局面，发挥了重要作用。1937年5月，作为白区代表团主席，参加在延安召开的党的全国代表会议，任大会主席团成员。接着，又参加了中共中央召开的白区工作会议和中央政治局会议，认定毛泽东是中国共产党当之无愧的领袖。

抗日战争爆发后，彭真参与部署党在北方地区开展游击战争，创建抗日根据地的工作。1938年，任中共中央北方局书记，同聂荣臻一起，开辟了晋察冀抗日根据地，创造性地执行党中央关于抗日战争的战略方针和基本政策，放手发动群众，壮大人民力量，提出并实施了根据地党的建设、政权建设、武装建设以及土地、经济、劳动金融等方面的政策，主持制定了《中共中央北方分局关于晋察冀边区目前施政纲领》。他明确提出“要使马克思主义中国化”，在根据地“改造旧社会，建立一个新民主主义社会”。晋察冀边区被党中央誉为“敌后模范的抗日根据地及统一战线的模范区”。1941年，他在延安向中央政治局和毛泽东汇报晋察冀边区各项具体政策及党的建设经验，分析了边区各阶级、阶层的政治动向，说明了确定边区党的各项基本政策的根据和不同时期执行政策的重点，从理论和实践的结合上全面系统地总结了边区建设的基本经验。这个汇报受到毛泽东高度评价，称它“是马克思主义的”，由中央批转各根据地党委。此后调中央，任中共中央党校副校长、中组部部长、城工部长，参加领导了延安整风运动。1944年，参加中共六届七中全会，参与起草了《关于若干历史问题的决议》和《关于修改党的章程的报告》。在延安，他为总结党的历史经验，确立毛泽东思想的领导地位，为培养党的领导骨干，为开展敌占区、国统区党的地下工作，作出了重大贡献。1945年，出席党的七大，为主席团成员，并任代表资格审查委员会主任。在会上作了《关于敌占区的城市工作》的发言，总结党进行地下斗争的历史经验。在党的七大和七届一中全会上，当选为中央委员和中央政治局委员，同年8月被增补为中央书记处候补书记。

抗日战争胜利后，为实现中共七大作出的争取东北的战略决策，彭真任中共东北局书记，东北民主联军政治委员，在矛盾错综复杂、形势变化急剧的情况下，严肃执行中央、中央军委、毛泽东主席的决定、指示、命令，粉碎国民党军事进攻，放手发动群众，壮大人民力量，迅速扩大部队，建立根据地，为最后取得胜利奠定了基础。1947年回到中央，任中共中央工作委员会常委。1948年，任中共中央组织部部长、政研室主任，同年12月兼任中共北平市委书记。1949年，当选为全国政协委员，中央人民政府委员，为中国革命的胜利和中华人民共和国的诞生，建立了不朽功勋。

新中国成立后，彭真长期担任党和国家的领导职务。建国初，他担任中央人民政府委员、政务院政治法律委员会副主任、中央政法小组组长。从1954年起，任第一届、第二届、第三届全国人大常委会副委员长和第二届、第三届、第四届全国政协副主席。1956年在中共八大和八届一中全会上，当选为中央委员、中央政治局委员、中央书记处书记，在中央书记处协助邓小平负总责。新中国成立后一直兼任北京市委书记、北京市市长，直至1966年5月。新中国成立后十七年中，他作为以毛泽东为首的党和国家第一代领导集体的成员，为党的建设、政权建设、经济建设，政法工作、统战工作、民族工作、思想理论工作、科学教育文化工作、外事工作，以及首都的建设和发展，呕心沥血，作出了重大贡献。

在和平接管北京的过程中，彭真善于把原则的坚定性和策略的灵活性结合起来，依靠工人阶级和劳动群众，团结各民主党派、无党派民主人士、知识分子和其他一切可以团结的力量，使北京在很短的时间内，就荡涤了旧社会遗留下来的污泥浊水，建立了新的社会秩序，实现了翻天覆地的伟大社会历史变革。解放前，北京是一个民生凋敝、满目疮痍的消费城市。北京刚一解放，他就强调把恢复、改造与发展生产作为北京市党政军民的中心任务；其他一切工作都应该围绕并服从于这一中心任务。并明确提出，首都建设要为人民大众服务，为发展生产服务，同时又要为党中央和中央人民政府机关服务。到1951年，北京市的国民经济就得到了全面恢复，并超过历史最高水平。

他从进城不久就开始抓首都城市规划，1956年提出“城市规划要有长远考虑，要看到社会主义远景，要给后人留下发展的余地”的指导方针。

1958年，他领导了北京十大建筑的建设和天安门广场的规划。他为把首都建设成为社会主义的现代化城市，精心擘划，作出了卓越贡献。

彭真同志一向尊重知识，尊重人才，对于发展科学教育文化事业，给予高度重视。他强调北京是全国的文化中心，又是高等学校集中的地方，努力办好这些高校具有十分重要的意义。他热忱关怀青年的健康成长，连续多年向首都高等院校毕业生讲话，勉励他们同工农相结合，全心全意为人民服务，为国家服务。他主持制定了提高北京市中、小学教育质量的决定。他提出“发展城市人民大众的文艺”，号召文艺工作者深入基层，反映新时代，并提出文艺要“推陈出新”。他经常深入教育界、科技界、文艺界，广交朋友，听取意见。他尊重、团结老年知识分子，关心、培养青年知识分子，重视发挥他们在国家建设中的作用。1965年在文化领域中“左”的倾向已经相当严重的情况下，他明确提出：要区别政治问题和学术、艺术问题；真理要受社会实践检验；一切人，不管谁，都应该坚持真理，随时修正错误，在真理面前人人平等。

彭真把执政党的建设摆到突出的位置，认为这是关系到社会主义各项事业成败的关键。1950年他把新形势下防止党的腐化问题提到了全党面前。他指出，保证党永不腐化，一靠政治上、组织上和思想上的纯洁，二靠跟群众密切联系和广大群众的监督，三靠批评与自我批评，四靠制度、法律和纪律。他强调，保证党在任何情况下都不发生严重问题，很重要的一条就是要靠集体领导，坚持民主集中制。他要求北京市的党组织和广大共产党员“站在革命和建设的最前线”，“以可能达到的最高标准要求我们的工作”。他说，要正视工作中的缺点和错误，老老实实，对就对，错就错，有多少就说多少，这是共产党的本色。不要说瞎话，不要掩盖缺点和错误，更不要文过饰非、讳疾忌医、报喜不报忧。他尖锐地指出，官僚主义害死人，是要亡国的；严肃地告诫广大党员特别是领导干部，必须坚决克服脱离群众的官僚主义作风。

“文化大革命”中，彭真受到错误的批判，遭受林彪、江青一伙的残酷迫害，失去党内外一切职务和人身自由。他同林彪、江青一伙进行了坚决的斗争。中共十一届三中全会后，中共中央宣布：“文化大革命”中，“强加给彭真同志的各种罪名和一切诬蔑不实之词，均应予以推倒”。

彭真恢复工作后，在1979年4月第一次参加中央工作会议时，他就旗帜鲜明地指出，我们必须坚持高举马克思列宁主义、毛泽东思想的旗帜，否则必然造成全党、全军、全国各族人民的思想和整个革命战线的混乱。不能动摇我们扩大党内民主和人民民主的决心，不能动摇我们坚持实事求是，解放思想，用社会实践作为检验真理标准的正确思想路线的决心。1979年9月在中共十一届四中全会上被补选为中央委员、中央政治局委员。之后，连任中共第十二届中央委员、中央政治局委员。1980年任中央政法委书记。1979年6月在五届全国人大二次会议上被补选为全国人大常务委员会副委员长。1983年6月，在六届全国人大一次会议上当选为全国人大常委会委员长。在新的历史时期，彭真作为以邓小平为核心的第二代党和国家领导集体的重要成员，参与了党和国家一系列重大决策的制定，为确立党的基本路线和建设中国特色的社会主义，为祖国的统一和民族的团结，作出了重大贡献。他反复强调，要“把国家的工作重点坚决转移到社会主义现代化经济建设上来。一切工作都要围绕这个重点，为这个重点服务”；“四项基本原则既反映了不以人们的意志为转移的历史发展规律，又是中国亿万人民在长期斗争中作出的坚决性选择”，“在新的历史条件下坚持四项基本原则，必须把马克思主义的普遍真理同中国社会主义的具体实践结合起来，走出一条具有中国特色的社会主义建设的道路”；“改革开放是客观规律的反映，是从总结我国三十多年实践经验中得出的结论，是不会改变的”。他不顾年事已高，经常到全国各地深入基层，调查研究。他十分关心经济特区建设，多次进行实地考察。1987年他到深圳、珠海视察时，指出“特区办得成功，方向对头”。鼓励特区更加改革，更加开放，更加搞活。

彭真长期领导主持社会主义民主与法制建设工作。1954年，他参加了新中国第一部宪法的制定工作。接着，又领导了刑法等法律的起草工作。中共十一届三中全会后，三个多月就主持制定了我国第一部刑法、刑事诉讼法等七部重要法律。1980年，他直接主持了宪法的修改工作。1979年以来，他领导制定了一系列关于国家机构、民事、刑事、诉讼程序、经济、涉外等方面的基本的重要的法律，为中国的社会主义法制奠定了坚实的基础。他对中国社会主义法制建设提出了许多重要思想。指出，从革命战争时期主要依靠政策办事，到人民掌握全国政权以后，不仅依靠政策，而且依法办事，这是一个历史性的转变；健全社会主义法制，必须围绕经济建设这个中心，坚持四项基本原则，坚持改革开放，为建设有中国特色的社会主义服务；立法工作必须以马克思主义为指导，从中国的国情出发，总结自己的实践经验，同时吸取古今中外有益的东西；各级国家机关必须严格依法办事，同时通过宣传教育，把法律交给群众，这是法律得以遵守、执行的可靠保证；在我们国家，党领导人民制定宪法和法律，党也领导人民遵守、执行宪法和法律，党自己也必须在宪法和法律的范围内活动。坚持党的领导，严格依法办事，服从人民意志，三者是统一的。

彭真长期主持全国人大常委会工作，对建立和完善人民代表大会制度倾注了大量心血。早在1951年，他就指出，人民代表大会制度是我们国家的根本政治制度，是全国人民管理国家的基本组织形式，是我们在政权工作中走群众路线的最好、最有效、最重要的形式。在新的历史时期，他提出，人民通过人民代表大会制度，把国家的、民族的前途和命运掌握在自己手里，这是维护人民根本利益的可靠保证，也是我们国家能够经得起各种风险的可靠保证；人大常委会依照宪法赋予的职责进行工作，一不要失职，二不要越权；在工作中必须严格遵守民主集中制的原则，集体行使权力，集体决定问题，在充分发扬民主的过程中统一思想，实行高度民主基础上的高度集中；要不断加强人大常委会的组织、制度建设，使它的工作逐步走向制度化、规范化。

他长期分管新中国政法战线的工作，为建立和健全政法战线的机构、制度和队伍，为维护国家安全和社会稳定、保障社会主义建设顺利进行，作出了重大贡献。1980年，他任“两案”审判的指导委员会主任，统一领导审判林彪、江青两个反革命集团的工作，保证了“两案”审判的巨大成功。

1988年，彭真从领导岗位退下来之后，仍然一直关心中国的改革开放和社会主义现代化建设事业。他坚决支持以江泽民为核心的中央领导集体，高度评价邓小平视察南方重要讲话和中央政治局全体会议精神，对统一思想，稳定发展起了重大作用。曾于1991年4月和1992年9月先后两次突患重病，1997年4月26日因病医治无效，在北京逝世，享年95岁。

彭真逝世后，中共中央、全国人大常委会、国务院、全国政协、中央军委为彭真举行了隆重的追悼会，评价说：“彭真同志是伟大的无产阶级革命家、政治家、杰出的国务活动家，坚定的马克思主义者，我国社会主义法制的主要奠基人，党和国家的卓越领导人。彭真同志的一生，是革命的一生，光辉的一生。彭真同志在七十多年的革命生涯中，对共产主义具有坚定的信念，对党、对人民、对无产阶级革命事业无限忠诚，百折不挠，坚韧不拔。他孜孜不倦地学习马克思主义、坚持理论联系实际，善于运用马克思主义的立场、观点、方法，敏锐地发现问题，实事求是地分析问题、解决问题，显示出创造性地开拓新局面和处理复杂问题的革命家的胆略和组织才能。在关系党和国家前途、命运的关键时刻和重大问题上，他一贯坚持原则。他始终不渝地坚持全心全意为人民服务的宗旨，以最大多数人民的最大利益为准则，始终保持人民公仆的本色。他坚持民主集中制原则，坚持党的集体领导制度，坚持群众路线，深入实际，调查研究，作风民主，重视倾听不同意见，集思广益，多谋善断。他谦虚谨慎，朴实无华，严于律己，坚持真理，随时修正错误。他胸怀坦荡，光明磊落，顾全大局，模范地遵守党的纪律。他关心同志，爱护干部，尊重知识，尊重人才，为党的事业培养了大批领导骨干。彭真同志不愧为德高望重，功勋卓著，深受全党和全国各族人民爱戴的老一辈无产阶级革命家。”

1991年1月，中共中央文献编辑委员会编辑出版了《彭真文选》。他的《论新时期的社会主义民主与法制建设》《站在革命和建设的最前线》和《论新中国的政法工作》三个文集先后出版。（《傅懋恭传》）

傅以平　（1911—1943），贵州省镇宁县城关人。中共党员。1935年7月毕业于北平师范大学，受北平共产党组织宣传的革命道理影响。回乡在贵阳、安顺等地创刊校报，宣传抗日救国，传播革命思想，1938年1月创办了安顺地下党（烽火）杂志。1938年5月至1942年6月活动在贵阳、安顺、镇宁等地。利用各种方式宣传共产党的减租减息，男女平等，反对剥削、压迫等革命主张。组织关岭、六马的少数民族暴动，杀了伪区长1人，伪保长2人。打击了反动势力，显示了农民武装力量的威力，于是国民党利用特务与交朋友等方式用毒药将傅以平毒死在贵阳。时龄32岁。1950年傅以平被追认为革命烈士。（《安顺市文史资料》第八辑）

傅云清　（1927—1985），河南省林县采桑乡秦家坡人。1943年4月参加革命，1947年11月加入中国共产党。抗日战争期间，先在太行军区一旅当战士、通讯员、副班长，后在华东野战军四纵十师二十九团二营六连当班长。1950年在贵州镇远军分区侦察建先后任副科长、城关镇党委书记、工商局长和调研员。他在部队作战机智勇敢，身先士卒。1947年在枣庄战斗中带领三个爆破组出色完成了爆破城墙的任务，使部队很快结束战斗，被评为二等功臣。1950年在岑巩县剿匪时，带领一个小分队摸到敌人山头，消灭敌人。被评为作战英雄，全侦察连被评为功臣单位。转业到地方后，工作认真负责，作风严谨，生活朴素，待人和蔼可亲，不摆架子。1958年带领刑侦人员到三塘区，奋战三天三夜，破获了一个涉及纳雍、普定、织金三县的重大案件。1959年被评为先进工作者。1985年3月病逝，终年58岁。（贵州《织金县志》）

傅砚农　（1905—1947），字培德，贵州开州（今开阳县城）人。1925年考入贵阳师范学校，1926年在贵阳投身于北伐战争中，担任宣传员。1927年考入黄埔武汉分校，在校期间结识中共地下党魏巍等人。7月汪精卫在武汉发动“七一五反革命政变 ”，傅砚农毅然离开武汉追寻起义部队，准备参加南昌起义。因途中被捕，未能如愿。出狱后，回贵州李晓炎部四十三军第一师任参谋长。1927年年底被副师长推荐到日本步兵学校深造。1930年学成归国，在四十三军新编第十师任政治处处长。1931年以优异成绩考入国民党陆军大学，在陆大又与魏巍重逢。

1937年抗战爆发，傅砚农从陆大毕业，分配到第二战区卫立煌所辖十四军八十三师。1937年10月3日，日军坂垣征四郎指挥第五师团及关东军第一、第十二师团共5万多人由晋北南下，进攻忻口，直逼太原，中国守军在卫立煌指挥下英勇抵抗，史称忻口战役。当时傅砚农任十四军八十三师参谋长，奉命随八十三师参加忻口战役，担任左翼防卫任务，在离忻口十多里的沙窝一带阻击日军，直到11月初奉命撤出，忻口战役是抗战初期最大战役之一，日军伤亡2万余人。其后不久，傅砚农调任第二战区卫立煌所属九十三军新八师任参谋处长。1938年调任八十五师参谋长，1940年8月20日，日军开始对晋察冀边区实施冬季“大扫荡”，傅砚农所在新八师奉第二战区副司令卫立煌之命，为配合八路军展开“百团大战”而在晋东南与八路军一二〇师联合开展“反扫荡”战役，先后拔除了沁水县东起高平北至长治的日军据点多处，并攻克高平关、寺庄镇、高平县城和大野川等战略据点，有效牵制了日军，为“百团大战”的胜利创造了有利条件。1940年12月，傅砚农因功升任九十三军新八师参谋长、继任少将副师长。

1941年夏，九十三军在晋东南时，受到日本几个师团大举围攻，在八路军支援下撤至陕西宝鸡境。1942年年初，九十三军奉命驻守潼关至三门峡一段黄河。1942年秋，傅砚农随所部开往重庆，卫戍“陪都”，不久调任九十三军参谋长。1944年9月上旬，日军大肆入侵湘东南和广西，前峰直指全州。九十三军奉命千里驰援，此时傅砚农因病回家乡开阳疗养，故9月14日全州失守后，九十三军军长陈牧农等被就地正法，傅砚农未受多大牵连。同年9月下旬，被秘密幽禁于开阳刘育的张学良将军曾亲往傅宅拜访傅砚农。抗战胜利后，傅砚农曾参加美国和国共两党三方组成的军调部工作。1946年1月回国民党军调处任职，8月，奉命赴台湾参与从日军手中接收台湾，9月任台北警备司令部参谋长。1947年2月病逝于台湾，1948年骨灰从台北归葬故里贵州开阳县双流翁荫。墓封土呈鱼尾形，1987年立有青石质方首形墓碑，正中楷书阴刻“傅公砚农之墓”，碑文简要记述其主要生平事迹。（贵州《开阳县军事志》）

傅衡中　（？—1950），号爱农，贵州开阳县冯三乡人，贵州陆军讲武学校第三期毕业，国民革命军少将副师长。1930年6月，遵义道真县杉木乡陈德轩自称“护国公大元帅”，率四百余“神兵”进驻正安县安场镇，自立国号“大治”，改称“长安”，攻打正安县城。国民革命军第二十五军第三师师长蒋在珍、副师长车鸣翼于1931年10月率部进驻遵义，派旅长傅衡中率部开赴正安、道真“进剿”陈德轩，同时进行“清乡剿匪”，维护一方平安。抗日战争打响后，于1938年2月12日，国民革命军新八师（师长蒋在珍，作战参谋熊先煜，所在万余官兵全是贵州人）奉第一战区司令长官程潜之命，由郑州开赴黄河铁桥两岸布防，并受命在强敌逼近北岸之际，炸毁黄河铁桥，使日军机械化部队不能长驱直入郑州。时任新八师第一团团长的傅衡中奉命掩护，待铁路官兵及家属全部撤离后，熊先煜亲率部队炸毁黄河大桥，以阻日军机械化部队进犯。1938年6月郑州花园口黄河决堤，傅衡中等部击退进犯郑州之日军。傅衡中后来以国民革命军二十五军少将副师长退役回开阳，又任冯三乡乡长，1946年10月傅与廖文正合伙在开阳冯三乡十字路口开办“美烟”农场。1949年开阳县解放不久，傅联络在马场的国民党特务头子杨天经策划，组织“黔北游击司令部”，傅衡中任反共“预备兵团”团长，伙同伪省参议员范及峰企图扼杀新政权。1950年2月20日，傅衡中、杨天经、蒲晋康等“抗粮委员会”反动组织的骨干成员被开阳县政委张悦斋、县长冯三和公安局局长陈畦章逮捕，报经贵阳地委批准执行枪决。（据贵州《开阳县志》、《道真县志》整理）

傅恒修 （1908—1990），别名荣寿，出生于原大定府黔西州煤洞场雨灌河（今黔西县金坡乡雨灌村）。满族。

傅恒修幼时聪颖，虽家贫无力就读，但能以家庭长辈和邻里寨老为榜样学习所长，开阔视野，练就了一定的组织能力和能言善辩水平，“融得性情上的偏私，消得家族中嫌雪”，团结了一批人，敢于向豪强与恶势力作斗争，因之受到当地大多数民众的拥戴，也得到上层人士的看重，便于1943年4月被选为大定县东二区沙厂乡第六保（即黄泥保）副保长。在任职期间，除了按常规履行一般工作外，重点抓地方经济发展，保护地方治安，维系家族利益。没有敲诈勒索，吃人害人的事，没有人反映傅恒修有任何问题。临近大解放时，社会混乱，反动势力嚣张，当地重新设有“反共司令部”，安有司令、参谋等官员，收罗了地方一些黑恶势力，蒙蔽了部分不明真相的群众，有不少人来动员拉其入伙，遭到了傅恒修的严词拒绝，并说：“人家解放军大江大海都过了，还怕这几条小沟沟。”

中华人民共和国成立后，大定解放初期，即1950年的清匪反霸斗争中，发动群众诉苦，傅恒修亦积极主动加入武工队组建的民兵组织，参加在百纳、油杉河、化育等地剿匪。在化育剿匪战斗中，傅恒修腿部受伤，解放军将其接到百纳治疗。伤愈后回老家，被选任十三区（沙厂）朝门村农协会主席。此间，带领群众，清匪反霸，减租退押，开展抗美援朝工作，并积极动员支持长子傅耀宗参加民兵，接着参加中国人民解放军。

傅恒修一向拥护共产党，热爱伟大的领袖毛主席，严格抚教子女成人，兢兢业业搞农业生产。在大集体时是积肥能手，每年捡几万斤牛马粪。“文化大革命”中，因当过保长被视为反革命分子，受到不公正的对待，将其突出的劳动事迹写在别人头上当劳模，积肥所得的高工分被诬蔑为“投机工分”。其子女不同程度受到牵连，虽有才识，都未得到相应的重用，直至中共十一届三中全会后才得彻底翻身，堂堂正正地做人。

傅培浩 （1922—2000），山东长清县人，1943年6月参加革命工作，1946年10月加入中国共产党。抗战时期曾任县通讯员，他作战英勇，置生死于度外。解放战争时期先后任班长、排长、副连长等职，多次立功受奖。随部队渡江南下在贵州剿匪期间，做了很多宣传教育转化工作，为贵州解放立下了功劳。1954年转业到惠水县任公安队队长、武装部部长，调任贵阳市公安局劳教管理科副科长、八处副处长，白云区公安局副局长。1962年调乌当区工作，先后在区民政局、物资局、工会等六个部门任支部书记、副科长、副主任、主任等职，1978年9月任区检察院党组书记、代理检察长，1980年任区人大常委会副主任，1983年离休。1990年12月经省委组织部批准享受副地级干部待遇，2000年5月病故，享年78岁。（贵阳《乌当区志》）

傅银阶 （1921—1987），河南清丰县人，1944年加入中国共产党，1952年10月至1955年3月任贵筑县委常委，1955年1月至1955年3月任贵筑县人民政府县长，1956年3月至1958年4月，任贵阳市农村工作部副部长，1956年6月至1958年1月任中共贵阳市郊区工作委员会常务委员、办事处主任，1958年2月至1960年3月任贵阳市乌当区委副书记、区长，1959年12月至1962年6月任云岩区委副书记、区长，1962年6月至1966年5月任贵阳市供销合作社副主任，1970年3月至1972年6月任贵阳市工商行政管理局副局长，1973年10月至1976年1月任中共白云区委副书记、区革委会主任，1976年1月至1976年10月任贵阳市税务局核心小组副组长，1976年10月至1982年12月任贵阳市税务局党组书记、局长。（编者根据《贵阳市组织史资料》整理）

傅治国 （傅求财），贵州黔西金坡人。1933年9月28日生，1951年1月入伍，抗美援朝入朝参战，1959年11月26日服役转业退伍，少尉技术军官（炮兵），已列入预备军官登记，立二等功两次，三等功三次，福州军区司令部、政治部颁发了优等技术能手证书，复员后安排纸厂区粮管所工作。1960年任纸厂区铁木社厂长，正值粮食难关时期，由于家庭人口众多，18元月薪无法维持一家八口人生存，自动离职举家迁到黔西东门4公里外的驮煤河村小塘组居住。傅治国孝顺父母，呵护弟妹和邻里，亲友邻里的大事小事都少不了他。傅治国为了保全家人的生存，放弃自己的美好工作前程，任劳任怨的美德，我们将永远铭记。（资料由编委会整理，以下同）

唐世忠　（1915—2005），女，白族，毕节大定（今大方县）仁育里八甲（今八堡彝族苗族乡八一村营脚组）高跳蹬人，中共党员。

唐世忠出生贫苦家庭，从小未进学校，但常在私塾门外听赵先生上课，长期坚持，能背《三字经》《四字经》《五字经》，受传统美德熏陶，养成尊老爱幼、孝敬父母、友爱兄弟姊妹的淳朴家风。宜室宜家后，居义渐里九甲七坵（今响水白族彝族仡佬族乡粮丰村长石村民组），不畏强权，好主持公道。中华人民共和国成立后，积极参加清匪反霸斗争、土地改革、农业合作化运动以及各个时期的社会主义建设。先后在当地任互助组长、高级社妇女委员、人民调解员、生产队长和粮丰大队、凉水乡妇女委员。在农业生产劳动中，积极带头生产、改沟造田，成效显著，多次被选为县、乡党代表、人大代表，地、县、乡妇女代表。

1952年，按贵州省人民政府关于建立区、乡调解组织的指示，唐世忠被群众推选，土改工作组组长刘功琼审定，经原凉水乡人民政府研究任调解员。1955年参加响水区组织的调解员学习培训。从20世纪50年代至90年代，经唐世忠所调解的婚姻、家庭、赡养、财产分割、退赔山林、土地边界争端、牛马牲畜偷盗息诉、青苗赔偿等引起大大小小各类民事纠纷数百件，调解成功率在90%以上。因其在地方上德高望重，一些乡（公社）、村（生产大队）难于解决的民事纠纷，经唐世忠入情入理、耐心细致的调处，多能迎刃而解。譬如1953年粮丰村丫口陈炳宣家大儿子陈绪昌（哑巴）与李定英（童养媳）退婚。当时陈炳宣任组长，李定英是其收留渡过困难时期的。因其儿子是哑巴，便决定收李定英作童养媳。故一向视李定英为女儿，而今轻易退婚想不通，且又担心哑巴儿子今后难于找到媳妇，因之反正不答应，区、乡干部几次做工作未果。后经唐世忠宣传中华人民共和国《婚姻法》，反复说明李定英心已变，强留不住，一旦被人叼走（实已有人叼），李家要找陈炳宣要人，如何担当得起。如此反复动员，晓以厉害，终于说服陈炳宣家退了童养媳，也未索要养育费。又如1986年，粮丰村丫口村民组杨朝友家借陈学昌家马驮煤，因马死赔偿引起纠纷，双方相互争斗，各将其妻子背到对方家中，皆声称被对方打伤，矛盾更加激化，凉水公社书记几次亲自出面调解无效。唐世忠弄清产生纠纷的原委后，由小见大，鞭辟入里地反复向双方晓以大义，邻里要团结，今后相处的时间长得很，凡事要互谅互让，终于平息了这场风波，各自接回妻子，合理赔了马款。村民们称赞说：唐世忠“药功”好！

唐世忠在平常的生活中，对家族邻里均善于忍让，不记仇不怕吃亏，乐于扶贫济困，助人于难。毕节小坝孙长元遗失还账的5块大板（大洋）在林绍家枇杷树脚，被唐世忠一个人拾得，孙长元急得直流泪，顿足捶胸，唐世忠了解核准后及时归还，孙直至多年后还千恩万谢。对村邻，有特困，被火烧房等，也给予大力资助。

唐世忠一生对党忠心耿耿，热爱中国共产党，热爱毛主席，还把毕节地区奖给的毛主席塑像供奉在家龛上，并常给子孙们讲：没有共产党、毛主席，就没有我们穷人的今天，一定要听党的话，干什么事手脚要干净，多为人民办好事实事。她以身作则，75岁时，还被选为大方县第十一届人大代表；88岁高龄，还常拄着竹杖，拿着电筒到离家4公里的村党支部去过组织生活，到寨邻中去帮助解决家庭纠纷。2005年11月，因突发疾病去世，在逝世前3天还去村党支部过组织生活。

唐世忠大半生在新社会渡过，对中国共产党和毛主席极有感情，生产劳动认真，工作积极，曾多次被地、县、乡授予劳动模范、三八红旗手、优秀共产党员、五好家庭等荣誉称号，受到地、县、乡多次奖励。而今地区奖励的纪念品还完好地保存纪念。唐世忠虽然已去世几年了，但村人、邻里一提到她还称之为“老积极”“化解星”。在去世后，挽联云：“寿享九十年，历沧海、经坎坷、解人难、得失无所为谓，苦也乐观、甜也乐观，孰不称梓里巾帼不让须眉，叹乎盛世乘鹤去……”

傅剑秋 （1930—1998），别名傅金妹，女，四川叙永人，中共党员。傅剑秋幼时随父与继母入贵州大定（今大方），居住在理化区羊场坝。继母张亚群视为己生，呵护调教，细心周详，使其思想进步，为地下党做了一些有益的工作，1949年5月同继母张亚群一道在万仁慕、余辉介绍下加入中国共产党。此间，主要从事地下服务联络工作。1949年11月25日大定解放，傅剑秋随爱人万仁慕（原系中共羊场坝特支书记，后迁往成都刀具厂任党委书记兼厂长）迁往成都刀具厂搞工会工作，后任厂工会主席。

傅元珍 （1907—2010），女，1907年冬月初八生，黔西县金坡乡人氏。故于2010年，享年103岁。

傅元珍一生行医，乐善好施。曾经帮助过很多傅氏宗族子女及外姓人。凡遇经济困难的患者，皆为其提供无偿的治疗，很受傅姓宗族的尊敬及外姓人们的赞扬，口碑极好。

张幺妹 （1893—1972），女，系六盘水盘县老厂区中山乡（现珠东乡）大槽子村人。张公洪甲之四女。自幼秉性聪允、温良，针织巧术，处事井井有理，在地善作耘锄，在家孝敬长辈。与傅公明理老人成亲。二老协力同心，独掌家园。先后生长子傅训邦，以农为本；次子傅权邦，历任小学校长、族长，小学高级职称、县人大代表。退休后老有所为，组织领导盘县各地傅氏首编盘县《傅氏族谱》。三子傅忠邦为贵阳耐火材料厂质检技术人员；四子傅宪邦大专毕业从教，中学一级职称，族长，贵州傅氏宗亲联谊会副会长。长女傅叶素，次女傅叶佐，三女傅秀邦，四女傅嘉邦，中共党员，册亨县妇联主任，黎平

县林业局总会计。张幺妹历经三朝，对抚育八个子女谆谆教诲，含辛茹苦，呕心沥血，终教八孩从事革命工作。怎不叫人瞻仰乎！

傅门张氏，不但家务、耘锄、针织是个里手，对贫困者善赠银、粮，对长辈讲孝道，族中，寨邻有婚丧喜事，闻风而动，是吾傅氏媳妇之典范！

张亚群　（1917—2002），又名张莲英，女，四川省叙永县城关区芭蕉拐人，系经商的傅森荣配偶，于1949年5月在大定（今大方）县羊场坝参加中国共产党，以开客栈为名，为党开展地下活动，打击反动势力。

张亚群于1923年2月在叙永读私塾；1925年母亲病逝后辍学在家学做家务；1935年18岁赴重庆，欲进胜家公司学职业，同年底随姨母进贵州，次年年初在广顺与傅森荣结婚后随其转到大定鸡场区做京果、糖食、食盐生意，后因经济效益不佳，便于1940年3月返回叙永织布；1943年元月，房子失火破产，又返回大定，先后在鸡场区、织金八步做小生意；1947年12月到理化，后经万仁慕、余辉介绍加入中国共产党，并以开客栈为名，为党做地下工作，直至1949年11月25日大定解放。

张亚群在大定解放时参与地下党其他成员欢迎中国人民解放军，为解放军做了许多有益的工作。带领群众闹翻身，求解放，谋自由，被群众推选为羊场坝农协会副主席。之后成为理化区土改工作组组长。此间，在理化区羊场村组织发动农协会男女会员1600多人，组织3个读报小组，7个冬学，创办3个民办小学，积极开展反霸斗争，没收了地主的若干财产，查获黑地粮食2500余公斤，收缴大烟烟具200多套。在征粮、减租、退押等工作中，成绩突出，被评立县三等功，获衣服1套、长衫1件、小孩衣服1件、镰刀1把、奖状1张，并被推到贵阳水口寺第三期党校学习。

张亚群在理化土改结束后调县妇联，于1953年被选为县妇联副主席，次年地委组织部行文为区级干部；1956年被推送到贵阳干部文化速成班学习深造一年；1958年又调任贵阳医学院卫生系支部书记3年，受到院党委和学员的好评，医疗系总支委员会给予高度评价，称其：“执行党委的决议坚决，能按照党的指示、意图灵活进行工作，使其所在支部的工作在党的领导下成绩显著；工作积极胆大，原则性强，在工作上具有嘴勤——勤请示，眼勤——工作深入，手勤——一般的事情自己亲自做，以自己的模范行为带动大家，赢得群众好评；对政治学习和思想工作抓得较紧，对思想落后的同志教育及时，都进行了个别谈话，使落后的同志转变思想，共同进步；对人诚恳、直爽，和群众打成一片，能开展批评于自我批评，有对事不对人的作风；工作中，能克服困难，不怕碰钉子，还能刻苦学习文化，尽快熟悉工作。”

张亚群于1962年调到大方县银行，任人事股副股长，后人、农两行分开办公，调回县妇联继任副主任，为大方妇女工作的推进与发展贡献了毕生精力。曾任政协大方县首届委员。1989年中华全国妇女联合会颁发了从事妇联工作三十年荣誉证书和纪念章。

张亚群为党为国尽忠，尊老敬孝，为家庭尽责，对子女竭尽养育之力。组织评价她的工作时指出：“入党以来，没有脱离过家庭生产，目的为儿女生活问题，强调孩子吃奶不能离娘。”可见，对家庭对子女是何等尽心竭力，百般呵护。在其精心培育下，子女中有两个大学生，两个高中生，且个个成才，为党为人民作出了不可磨灭的贡献。

张亚群于1980年2月退休，1983年3月改为离休，2002年因病治疗无效去世，享年85岁。墓碑赞词云：“一生革命无怨无悔鞠躬尽瘁，两袖清风可歌可泣风范永存。”

傅权邦 （1925—2004）贵州省盘县中山乡（现珠东乡）大槽子村人，从教45年，小学高级教师，历任小学校长、区农教专干、县人大代表。

1947—1948年任老厂区完小校长，1949—1950年投入中国人民解放军武工队，1951年参加中山独密村土改，1952年调盘县盘关区任土城小学校长，“文化大革命”中被打成黑帮，平反后1971年调盘关区猪者小学任校长，1973年调柏果小学任校长，1984年任盘关区扫盲工作辅导员。

傅权邦在土城中心完小任校长20年，学校一直都是县先进单位。如1964年在校升学率达95%，被教育局通报表扬，并出席县、地、省先进教育工作会议，获县、地、省奖状或荣誉证书，被选为人大代表。

傅权邦从教45年兢兢业业，克己奉公，清正廉洁，桃李满天下，如六盘水市市长黄金，贵州省监督厅厅长叶文邦都毕业于土城完小。他平易近人，和他在一起工作的同志都赞扬他和蔼可亲，如原在土城小学任教的教室李本良后升任为县教育局局长，县志主编，在傅权邦校长80寿辰时，亲送白寿图篇，逝世时在追悼会上作沉痛的吊唁，并作了诗歌颂他高尚的道德和情操。

傅权邦退休后眼观天下，老有所为，关心傅族族务事业，于1995年组织领导盘县各地傅氏首编出版盘县《傅氏族谱》，在盘县傅氏历史上留下了光辉的一页。为编好家谱，栉风沐雨，到遵义正安县土坪、普安县白沙坡、盘县羊场小河口，调查了解傅氏历史，付出了艰辛的劳动，为傅氏宗亲作出了不朽的贡献。

傅权邦既关心族务又讲“孝道”，修祠率全家捐资4000元。遇到族人、族外老弱病残者乐于施舍，退休后的十多年里，每年都回老家和族人扫墓，讲述前辈的故事和族史宣传，是傅氏族人的典范，为傅圣文化增添了光彩。

傅南华 原名傅克明，曾任国民党宣威水城普安寺县书记长，国大代表，省参议员，中央监查委员参议长等职。

傅文盛　原中共紫云县委副书记，生于1932年，1989年退休，正县级待遇。文盛之父傅培德，祖父傅光国，祖籍江西省临江府清江县龙井村。祖上传述是傅友德后裔。明崇祯二年（1622）贵州大方水西安邦彦围攻安顺城，纵火烧毁城周边民房，傅文盛家位于安顺市西门火神庙祖宅被烧，家谱灭失，字派中断。1980年，傅文盛祖父重修家谱，字派：光培文永盛，安国启士元。明才成金玉，德荣乃绍先。

傅文盛家庭贫寒，少年读几年私学，14岁辍学回家帮父亲种田，后去贵阳黔灵西路古董商店等处学徒。1949年11月中国人民解放军入黔，国民党弃贵阳城撤退，社会秩序混乱，物价暴涨，傅文盛不能生存，1950年年初回安顺，恰解放军土改工作队入村进行土改，查田评产。工作队刘连长知傅文盛在外学徒，会记账，算盘也打得好，邀请傅文盛帮工作队统计查田评产。工作队的青年团负责人王永义，根据傅文盛的表现，1950年6月做介绍人介绍傅文盛加入中国共产主义青年团。

1951年初，傅文盛19岁，正式被吸收参加土改工作队，派往安顺县宁谷开展土地改革运动。1951年4月加入中国共产党，宁谷土地改革完成后，调紫云板当区任青年团干部，参加清匪反霸。1952年调紫云县委办公室工作，由于工作勤奋，忠厚老实，组织纪律性强，提为保密干事。1958年人民公社化时，傅文盛调紫云宗地公社任宣传部部长，后调紫云县委统战部任副部长，宣传部部长，后任县政协副主席，代主席等职。

傅玉宗　号相周，廷奎之子。1914年农历八月十五日生于贵州省黔中道仁怀县温水分县赤水里七甲地名大湾子（今赤水市官渡镇辖）。玉宗、玉玺、玉轩、玉财兄弟共四人，因家境贫寒，宗未曾入过学门，薄地立足，勤耕苦耘。1930年配偶杨秀，次年生子明遂。玉玺相继成家，人丁逐添，屋窄难容，加上“三丁抽一”抓兵逼迫，1940年分居各爨。1947年全家六口别境迁居程寨（习水辖），求业谋生。玉宗从小受父母严教，懂得处世之道，知晓人情之理，秉性善良守信用，事业心强求实效，喜酒乐观好玩笑。虽目不识丁，但能说善谋有远见。落业程寨后，借钱讨物搭茅房，佃地耕种办实业，白手兴家开酒坊、条粉坊、面粉坊、榨油坊，摆渡，不断挣得汗水钱。于是开始治窝安居，筑土墙、盖瓦角，先后修起六套房（遂、永、邮、才、杰、开六子各一套），举家卅口共一灶，业旺人兴，温饱始度。树大招风遇横眼，面上“社教”资产倾，含辛茹苦十六年，时值七万斤大米一风吹，有志无权实业者，就此业破财产损。庞大家庭难统管，只好一分为六各谋生。宗秀二老和明才子，移居山青水美的五代屿。

甲戌中秋月皎明，五代欢庆杖朝星，儿孙捧敬桂花酒，齿德俱增期颐升。1994年9月9日午夜，习水河畔关合村，傅家院子灯火辉煌，户户欢腾，火树银花不展示，四邻戚朋未光临。高堂寿席，端坐胡无白，眼明耳聪，荣光焕发的玉宗寿星，子孙曾玄四代，一一礼跪顶酒祝寿，岁半的玄孙，由宇泽偕妻牵扶捧杯敬愿高祖福如东海，寿超百年。齐受老人封赠：添福超寿百业兴盛，穷有志，富正经，玄孙茁壮成长，考上研究生。此乃是：五世同堂世间有，七十九载古来稀，六男二女五房媳，孙曾玄丁六十九。

傅学东 （1924—1994），河南濮阳人。1942年参加工作，1943年6月加入中国共产党。历任共产党地下通讯交通站译电员，十六军政治部新闻股股长，司令部机要科股长，遵义行署机要科副科长、科长、机要局长，遵义运输公司经理及党委书记，筑路工程队队长，遵义地委安置办副主任，遵义地区革命委员会安全指挥部交通副组长，遵义地区交通局副局长等职务。

傅文堃 （？—1915），字厚叔，号中藩，室名景逖堂。廪生。贵筑县（今属贵阳市）人。初附和康有为梁启超，主保皇甚力。后倾向革命，辛亥革命贵州光复后，在贵阳、上海等地活动。贵阳乐群两等小学堂及科学会创办人之一。清光绪三十年（1904）参与创办贵阳乐群小学，长期执教该校。同时还参加了乐嘉藻、彭述文、平刚等人的“科学会”。宣统三年九月（1911年11月）贵州军政府成立后，任军政府行政院学务部副部长（1912年2月2日卸任）。同年底随平刚出游上海。民国二年（1913年）二次革命中随张百麟在上海宝山参加讨袁活动。民国四年（1915年）在上海病逝。

傅北萍 （1906—2008），其祖父傅国华，江西南昌人，于咸丰元年（1851）在贵阳创办“傅恒镒油号”，其父傅炳南继承家业，继续扩大生产规模。1951年“傅家油号”与“杜锦源油号”合并成立“贵阳大新油脂公司”，傅北萍任董事长，杜弼臣任总经理。1958年5月至1963年10月，北萍任贵阳市人民委员会委员。1959年12月至1964年2月任政协贵阳市第二届常务委员会委员，工商工作组、家属工作组副组长。1964年2月至1966年5月任政协贵阳市第三届、第四届常委。1960年12月任贵州省工商联第三届委员会常委，1980年6月任第四届常委，1984年11月任第五届常委。1980年1月至1983年4月任贵州省第五届人民代表大会常务委员会委员，1985年12月至1987年12月任贵阳市第七届、第八届人大常委会副主任。贵阳市第一届至第九届人大代表。

傅正广 （1932—2011），生于1932年9月13日，元洪公长子，仁怀市方家沟出生。中共党员，初中文化。1950年任农会青年委员，1951年参加仁怀土改工作队，1952年调任鲁班区团工委青年干事，1953年调任永安区团工委书记、区委组织委员、区长，1959年调任仁怀县团委副书记，先后任回龙、大坝、合马等区区长、区委书记，1986年调任仁怀县委、政府政研室副主任，体改办主任，1988年调任中枢镇党委书记，选为仁怀县委委员、县人大常委委员，1944年退休，2011年去世。为改变家乡贫困面貌出谋划策，在

县、乡两级政府的支持下，先后修通仁桐公路，架设了圆满观大桥，照上了电灯，安装了闭路电视，支持兴建了饮水工程，架设了通讯设施，为开发桐梓河、修建圆满观电站创造了有利条件，现已建成投产发电。同时也为族人振兴和发展做了大量工作，组织领导第二次续谱工作。娶冯氏思珍（1930年3月4日生），冯家嘴人。女傅耳花（1954年9月生），中专文化，遵义医学院护士，调七冶职工医院，已退休。

傅贤能 （1965—2012），1965年3月18日生，毕节地区大方县大道乡古打大队仓边生产队（今响水白族彝族仡佬族乡古打村仓边村民组）人，1986年4月加入中国共产党，大学文化，上校军衔。傅贤能幼时聪颖，1970年9月在海子民校启蒙读小学；1976年9月在古打小学读初中，1978年9月转学在大道小学续读初中；1980年9月考取大方一中读高中；1982年9月在毕节师专读书；1985年8月在中国人民解放军桂林陆军学院读书，次年7月转入中国人民解放军35207部队，先后任排长、副连长、指导员；1992年12月调中国人民解放军贵州省军区田坝干修所任政治干事，热心为离退休老干部服务；2003年3月调任中国人民解放军贵州省荔波县人民武装部副部长，次年11月调任独山县人民武装部副部长，2006年3月升任政委暨中共独山县委常委；2007年3月调任龙里县人民武装部政委暨中共龙里县委常委。傅贤能从学校步入部队，不管在那个岗位上，工作卓有成效；2008年抗击特大凝冻灾害，2010年抗击百年罕见旱灾，均受到各级表彰奖励。曾多次被中央电视台等媒体宣传报道其先进事迹，立三等功一次，并获贵州省道德模范提名奖，被贵州省军区评为军人道德之星。2012年4月24日因病医治无效在贵阳逝世，葬于贵阳景云山公墓。

傅应錞 （1909—1961），号敬民，宣统元年（1909）六月初四日生于瓮安下司河底下屋基，明伦公之长子，幼年好学，天赋聪颖，成绩卓越，爱好诗文。特长于柳、赵二体，吟诗作对，不离朝暮，口诵心惟，指导后人，常与家间世人书碑写联，众皆敬仰。应錞为省立六中第二届毕业生，其学业成绩仅次当年的任忠经，列居第二。出社会后，从教二十余年至新中国成立。其间曾在宋家湾草塘中心担任国文史地教学工作，年年有县长签发的聘书，一直保存到“文化大革命”期间才被销毁。新中国成立后，因新旧社会的更替，幼时所害的精神分裂症复发，不问世事，仓惶度日，不幸于1960年冬月10日深夜在灯冲湾茅屋，51岁告终，丢下妻儿五口与世长辞。妻肖怀珍，乳名金仙，瓮安下司上王家寨肖光远之长女，1913年冬月3日生。一生操劳，勤俭持家，纺纱织布，养猪种菜，料理家务，女工针指，烧菜弄饭，待人接物，侍奉公婆，和睦妯娌，抚儿育女，含辛茹苦、劳苦功高，乡里称道。因奔波劳碌，不幸于1961年腊月21日病故，终年48岁。

傅仕廉　（1924—2008），女，1924年8月24日生，瓮安县草塘下司人，大专文化。青年时求学离家，考入杭州国立艺专，师从丰子恺、潘天寿等一代名家，随校辗转重庆、杭州、丹阳等地。新中国成立后来到兴仁中学，一生从教，1951年参加土改工作，事后调兴仁中学任教，后又调兴义师范，最后调黔西南州教育局工作。曾任州政协委员，其间种桃育李成千上万，遍及全国。她一生治学严谨，关爱学生，教书育人功不可没，尤其自家孩子特别严厉，在她的精心抚育下，膝下四子四女个个成才，均为大学文凭。长子袁承一曾任铜仁万山汞矿副矿长、黔西南州戈塘金矿矿长；次子袁承人曾任县文化局局长，州歌舞团团长、图书馆馆长等，群文副高、作家；三子袁承力为省铝矿干部；四子董刚毕业于贵州工学院，为黔西南州县级干部；长女董芸芸为省职业技术学院教师；次女董红旗,任至黔西南州侨联主席；三女董红心医学博士后，定居美国任教；四女傅艺艺任职上海中华学院。为在她六十年的教学生涯中，精神可贵、功勋卓著，是傅氏族中教子有方的巾帼英雄，其后世儿孙以她为学习楷模，认真关心培养下一代，为国家造就有用人才。逝于2008年12月20日，享年84岁。

傅善忠　（1937—2010），1937年7月生，贵州省毕节地区毕节市人。经济师。贵州省墙体材料工业协会副秘书长，毕节市建材工业公司经理，中国砖瓦行业知名专家。受聘为中国科联经济发展研究中心研究员，兼任中国硅酸盐学会烧结制品学术委员会委员，《砖瓦》杂志贵州记者站副站长，《贵州建材》杂志编委，贵州硅酸盐学会房建材料专业委员会常务理事，“贵州墙材科技信息网”副网长等。主要业绩：改革开放中主要从事以建材技术经济，烧结墙材制品为方向的学术研究，取得多项成果和学术成就。早在1959年曾获全国公安先进工作者称号，出席全国公检法先进工作者代表大会。1996年被国家两部两局墙材革新领导小组授予墙材革新优秀工作者称号，被毕节市委、政府授予毕节市有突出贡献知识分子荣誉。2010年去世，享年73岁。

傅文健　（1943—2005），1943年5月生，遵义绥阳县马蹄车人，中共党员，一级警督，1964年毕业于遵义师范，分在县教育局工作，1974年调公安局工作，1978年任预审科科长，1980年任公安局局长，1987年5月调遵义地区遵义市公安局任局长、党组书记，1995年任遵义市政法委书记，1998年兼任市司法局局长，2003年退休，2005年9月去世。

傅能华　（1933—2007），1933年6月16日生，贵州桐梓人，号海泉。中共党员，1949年参军，任昆明军区通讯修理所所长，团职干部。转业后任云南省电力公司工会主席。卒于2007年6月17日。

傅家修（傅绍明）（1927—1992），1927年生，原金沙县安底镇综合商店经理，1992年已故。

贵州烈士名录表

遵义县： 傅现济、傅向伦、傅少全、傅文品、傅德明、傅亮舟

桐梓县： 傅守玉、傅世洪、傅忠伟、傅国操、傅守坤、傅商鸿、傅能海、傅相文、傅宗新、傅鸣皋、傅银臣

湄潭县： 傅忠华

凤冈县： 傅廷景

正安县： 傅德贵

仁怀县： 傅忠书

赤水县： 傅方权、傅相成

务川县： 傅廷云、傅崇高、傅吉廷、傅光文

安顺市： 傅陶溶、傅宾度

平坝县： 傅兴有

关岭县： 傅忠志

紫云县： 傅应文、傅开科

思南县： 傅书荣

罗甸县： 傅明德

荔波县： 傅开科

平塘县： 傅友俊

水城县： 傅祝枝、傅灿真、傅灿珍、傅久长

黔西南： 傅成书、傅孔华、傅德能、傅朝庆

黔东南： 傅莹禄

南明区： 傅正德

六　枝： 傅书良

惠水县： 傅玉芝

施秉县： 傅友俊、傅步周

麻江县： 傅晋之、傅瑞山

黄平县： 傅荣禄

毕节市： 傅吉昌、傅俊英、傅少先、傅仁昌、傅少舟、傅树坤、傅宗雄、傅先国、傅绍宣、傅汉谋、傅传光、傅正伦、傅维贵、傅汉国、傅来吉、傅学礼、傅庆生、傅云昌、傅绍舟

安龙县： 傅义文

遵义市： 傅相汉、傅廷映、傅守新、傅光文、傅庆生

铜　仁： 傅登高、傅小明

安顺市： 傅以平

1949年前贵籍暨任职贵州傅姓官宦名录

表3

姓名	籍贯	年代	最高官职	来源
傅耕道	江西清江	北宋元丰	海丰知县	《石头傅氏族谱》
傅　实	广东南海	明成化	贵州巡按监察御使	嘉靖《贵州通志》
傅　习	江西进贤	明嘉靖	贵州按察使	嘉靖《贵州通志》
傅应祥	江西进贤	明嘉靖	贵州按察副使	万历《贵州通志》
傅贵贤	四川	明永乐	思南府知府	嘉靖《贵州通志》
傅元鹏	贵州桐梓	明	四川永宁道台	《桐梓傅氏宗谱》
傅承良	贵州婺川	明	四川名山知县	道光《思南府续志》
傅　洪	山东登州	明正德	婺川县知县	道光《思南府续志》
傅作相	湖广蕲州	明	湄潭县知县	《湄潭县志》
傅汝舟	湖广清浪卫思州	明成化	福建参政	《贵州图经新志》
傅永韶	贵州婺川	明嘉靖	蒲江县知县	道光《思南府续志》
傅　铭	贵州思南	明嘉靖	湖广竹溪县教谕	《贵州通志》
傅　科	贵州都匀	明嘉靖	荔波县知县	《贵州通志》
傅　纨	贵州平越	明嘉靖	广西庆远府知事	《贵州通志》
傅如宾	贵州婺川	明隆庆	新添卫儒学教授	《贵州通志》
傅顺孙	云南昆明	明万历	贵州巡按监察御使	万历《贵州通志》
傅赉奎	福建漳州	明万历	镇远府推官	《镇远府志》
傅良嘴	湖广会同	明万历	峒苗首领	《续修天柱县志》
傅如峰	贵州思南	明万历	普定卫教授	《贵州通志》
傅良谏	江西临川	明万历	重庆府副使	《遵义府志》
傅尔性	贵州桐梓	明崇祯	云南知县	民国《桐梓县志》
傅尔远	贵州桐梓	明崇祯	参将刺授武义将军	民国《桐梓县志》
傅元泰	贵州桐梓	明崇祯	四川涪陵教授	民国《桐梓县志》
傅尔讷	贵州桐梓	明崇祯	镇远知县	民国《桐梓县志》
傅尔才	贵州桐梓	明崇祯	湖广会同知县	民国《桐梓县志》
傅尔性	贵州桐梓	明永历	云南知县	民国《桐梓县志》
傅尔谦	贵州桐梓	明永历	湖广溆浦知县、兵部职方司主事	民国《桐梓县志》
傅延泰	贵州桐梓	明	守备	民国《续遵义府志》
傅应升	贵州桐梓	明	守备	民国《续遵义府志》
傅尔砺	垫江	明崇祯	石阡府知府	《贵州通志》
傅一鸰	贵阳开州	明崇祯	开州副总兵	民国《开阳县志》

续表3

姓名	籍贯	年代	最高官职	来源
傅和鼎	绵竹	清顺治	普安州知州	《贵州府志》
傅春闱	泾阳	清康熙	安顺府知府	咸丰《安顺府志》
傅如励	贵州瓮安	清康熙	博士弟子员	《瓮安县志》
傅之亮	贵州桐梓	清康熙	永州溆浦知县	民国《桐梓县志》
傅之奕	贵州桐梓	清康熙	江苏上元知县	《续修天柱县志》
傅严星	贵州天柱	清康熙	廷试候选	《安顺府志》
傅岩星	不详	清康熙	长沙府益阳县教谕	《镇远府志》
傅天爵	贵州修文	清康熙	永宁州学正	《贵州通志》
傅泽云	贵州	清康熙	都匀府知府	《贵州通志》
傅作楫	广陵（扬州）	清康熙	军粮驿道	《贵州通志》
傅泽润	贵州	清康熙	都匀县知县	《贵州通志》
傅弘业	奉天	清康熙	荔波县知县	《遵义府志》
傅天宠	山西汾州	清康熙	遵义军民府知府	《遵义府志》
傅学翰	顺天	清康熙	遵义府典史	《遵义府志》
傅学明	贵州绥阳	不详	广西都司	《大定府志》
傅述夔	贵州	清康熙	知州官员	《大定府志》
傅发祥	湖南湘阴	清乾隆	大定府经历	《大定府志》
傅廷珠	山东	清乾隆	大定府经历	《大定府志》
傅　伦	云南昆明	清乾隆	大定府左营守备	道光《遵义府志》
傅汝桂	贵州绥阳	清乾隆	四川射洪县知县	《玉屏县志》
傅启忠	贵州玉屏	清乾隆	辰州卫守备	《桐梓县志》
傅予庆	贵州桐梓	清乾隆	仁怀训导	道光《仁怀直隶厅志》
傅师瞿	贵州桐梓	清乾隆	直隶定兴县知县	《大定府志》
傅家俊	遵义	清乾隆	大定州时学政	民国《桐梓县志》
傅代珏	遵义桐梓	清乾隆	直隶汾州正堂	民国《桐梓县志》
傅代铎	遵义桐梓	清乾隆	山东临朐知县	《白云区志》
傅国相	贵州贵阳	清乾隆	义乌知县	《贵阳府志》
傅宗俊	遵义桐梓	清乾隆	平远州学正	《安顺府志》
傅运诗	湖南临武	清嘉庆	普定县典史	咸丰《安顺府志》
傅予涵	贵州桐梓	清嘉庆	千总	《贵州通志》
傅宗祥	贵州开州	清	四川梓潼县知县	《贵阳府志》
傅畴佐	贵州贵阳	清嘉庆	知县	《安定县志》
傅　云	贵州贵阳	清	郧阳总兵	道光《贵阳府志》
傅秉忠	贵州毕节	清道光	安定知县	《贵州府志》

续表3

姓名	籍贯	年代	最高官职	来源
傅　权	不详	清道光	遵义协都司	民国《遵义续府志》
傅启荣	贵州遵义	清道光	南京为官	《兴义府志》
傅　裕	直隶通州	清道光	安顺府归化厅通判	咸丰《安顺府志》
傅　裕	贵州兴义	清道光	贞丰州州同	《瓮安县志》
傅文政	贵州瓮安	清道光	五品封典	《大定府志》
傅文远	贵州石阡	清道光	大定州学正	《大定府志》
傅廷魁	贵州	清道光	大定府左营千总	《德江县志》
傅良贤	贵州	清道光	永宁州教谕	《思南府续志》
傅　凤	江西	清道光	外委署	《思南府续志》
傅　翱	顺天大兴	清道光	思南府吏员	《思南府续志》
傅于贵	贵州黄平	清道光	务川县训导	《遵义府志》
傅学明	贵州绥阳	清道光	广西都司	《桐梓县志》
傅钦若	贵州桐梓	清道光	开泰教谕	《贵阳府志》
傅文佐	贵州惠水	清道光	单县知县	《四川通志》
傅有霖	贵州贵筑	清咸丰	四川双流县知县	民国《桐梓县志》
傅　廉	贵州桐梓	清咸丰	四川越雋厅同知	民国《贵州通志》
傅　衡	贵筑县	清同治	广西左州知州	民国《贵州通志》
傅南金	不详	清同治	镇宁州学正	光绪《镇宁州志》
傅莲诗	湖北	清同治	镇宁州吏目	光绪《镇宁州志》
傅大亨	四川洪雅	清同治	遵义县知县、平越府直隶州知州	《开阳县志稿》
傅必胜	贵州	清同治	贵阳营游击	《清镇县志稿》
傅必荣	贵州	清同治	贵阳营游击	《息烽府志》
傅文钦	贵州桐梓	清光绪	献县知县	《镇宁州志》
傅莲诗	湖北	清光绪	镇宁州吏目	《贵州通志》
傅轩衢	湖南	清光绪	清江协副将	《桐梓县志》
傅承禧	贵州桐梓	清光绪	桐梓县议会议员	《仁怀傅氏族谱》
傅在钤	贵州遵义	清光绪	五品府官	《贵州通志》
傅基虞	湖南岳州	清宣统	清镇知县	《贵州府志》
傅达源	贵州瓮安	清	四川候补同知	《贵州府志》
傅升荣	贵州瓮安	清	知县	《贵州府志》
傅之介	贵州桐梓	清	贵州龙里训导	《贵州府志》
傅之励	贵州桐梓	清	吉安府经历司	《贵州府志》
傅之吕	贵州桐梓	清	四川渝州经历司	《兴义府志》
傅泽洪	贵州兴义	清	江南淮扬道	《瓮安县志》

续表3

姓名	籍贯	年代	最高官职	来源
傅埏源	瓮安草塘	清	四川丰都叙永厅县	《瓮安县志》
傅森荣	瓮安草塘	清	四川知县	《瓮安县志》
傅占胜	瓮安草里	清	候补都司	《瓮安县志》
傅　宾	贵州瓮安	清	癸酉选拔	《独山州志》
傅君兆	湖南常德	清	贵州独山州把总	《独山州志》
傅　德	贵州都匀	清	贵州独山州守备	《大定府志》
傅忠泰	贵州	清	大定府左营守备	民国《续遵义府志》
傅惟芳	贵州贵阳	清	正安州训导	民国《续修安顺府志》
傅　涛	贵州	清	四川巡检	民国《续修安顺府志》
傅良翰	贵州	清	知州官员	《大定府志》
傅琦玉	贵州	清	黔西世职	《桐梓县志》
傅承衡	贵州桐梓	民国	桐梓县参议长	《贵阳府志》
傅规杰	贵州桐梓	民国	国民党书记长	《清镇县志稿》
傅　谦	湖南岳州	民国	清镇县千总把总	《桐梓县志》
傅长民	贵州桐梓	民国	十八路机要处主任、秘书长	《兴义县志》
傅希贤	贵州遵义	民国	兴义县国民党书记长	《贵州档案指南》
傅启钧	四川叙永	民国	贵州省农工厅厅长、开阳县长	《开阳县志稿》
傅培元	贵州遵义	民国	开阳县电话局董事	民国《开阳县志》
傅　杰	贵州贵阳	民国	镇宁县县长	民国《镇宁县志》
傅增湄	四川江油	光绪	贵州学政	民国《息烽县志》
傅天鉴	贵州遵义	民国	遵义县经费局总董事长	民国《续遵义府志》
傅廷弼	湖南乾城	民国	镇宁县县长	民国《镇宁县志》
傅基虞	湖南岳州	宣统	清镇县知县	民国《清镇县志》
傅　谦	湖南岳州	民国	清镇县知县	民国《清镇县志》
傅为霖	不详	民国	贵州省议会议员	民国《清镇县志》

贵州历代科举名录表

表4

姓名	籍贯	年代	功名或来源
傅汝桂	绥阳	清乾隆二十五年	明清进士提名碑录
傅　潢	贵筑	清嘉庆十六年	明清进士提名碑录
傅寿彤	贵筑	清咸丰三年	明清进士提名碑录
傅仲涛	贵阳	清光绪十八年	明清进士提名碑录
傅　绩	婺川	清康熙	见碑录族谱
傅永韶	婺川	万历四十年壬子	四川蒲江知县
傅天奇	贵阳	康熙辛酉	
傅九鼎	新贵	康熙甲子	
傅天爵	贵阳	康熙癸酉	学正
傅如璋	湄潭	康熙甲午	
傅占爵	瓮安	康熙甲午	
傅思蕃	贵阳	雍正己酉	
傅宗俊	桐梓	乾隆丙辰	
傅汝桂	绥阳	乾隆癸酉	乾隆二十四年己卯（1759 年）科进士
傅　霖	贵阳	乾隆二十五年庚辰	
傅国相	贵阳	乾隆庚辰	浙江义乌知县
傅友龙	贵筑	乾隆戊子科	
傅师瞿	仁怀	乾隆庚子	
傅代铎	桐梓	乾隆癸卯	
傅予庆	桐梓	乾隆甲寅	
傅　昱	贵阳	嘉庆丁卯	
傅秉忠	大定	嘉庆丁卯	
傅　潢	贵筑	嘉庆庚午	嘉庆 16 年辛未恩（1811 年）科进士
傅绍益	修文	嘉庆戊寅	
傅天泽	贵筑	道光辛卯	
傅钦若（傅汝为）	桐梓	道光壬辰	
傅　沆	贵筑	道光甲午	

续表4

姓名	籍贯	年代	功名或来源
傅　涝	贵筑	道光甲午	
傅　昶（傅寿彤）	贵筑	道光甲辰	咸丰癸丑（1853年）科进士
傅儒超	遵义	道光甲辰	
傅　衡	贵筑	同治丁卯	
傅　昆	贵筑	同治丁卯	贞丰学正
傅维芳	贵筑	同治己巳	
傅东藩	婺川	光绪丙子	四川知县
傅文钦	贵阳	光绪己卯	
傅锺涛	贵阳	光绪壬辰	科进士
傅　夔	贵筑	光绪乙未科	
傅　镆	贵筑	乾隆己酉科	把总
傅占魁	贵筑	嘉庆丁卯科	把总
傅世凤	松桃	道光戊子	
傅先春	修文	光绪乙亥科并补行同治壬戌恩科武举人	
傅森春	贵筑	光绪壬午科	
傅元魁	仁怀	光绪乙酉	
傅朝相	石阡	光绪戊子	

全国当代傅氏代表人物

关心全国傅氏宗亲联谊，为建傅相陵、祠及《中华傅氏通谱》编纂出资出力，作出重大贡献的代表人物。

傅全有 山西崞县（今原平县）人。大专学历。上将军衔。1947 年 8 月加入中国共产党。1946 年 10 月参加中国人民解放军。1947 年先后任班长、排长。1948 年任第一野第七师二十一团副连长。新中国成立后，先后任连长、营参谋长。1953 年 2 月参加抗美援朝，任中国人民志愿军第一军第七师第二十一团的营参谋长、副营长、营长。1958 年 10 月回国。1960 年中国人民解放军高等军事学院毕业。后历任团参谋长、副团长、师副参谋长、师参谋长、副师长、师长、军副参谋长、军参谋长、军长。1985 年 6 月任成都军区司令员。1990 年 5 月任兰州军区司令员、党委副书记。1992 年 10 月至 1995 年任中国人民解放军总后勤部部长。1992 年 10 月在中共十四大上当选为中国共产党中央军事委员会委员。1993 年 3 月在全国人大第八届一次会议上被任命为中华人民共和国中央军事委员会委员。1993 年至 1998 年任全国绿化委员会副主任。1994 年 1 月任全国爱卫会副主任。1995 年至 2002 年 11 月任中国人民解放军总参谋长。1997 年 9 月在中共第十五届一中全会上被任命为中央军委委员。1998 年 3 月至 2003 年 3 月任中华人民共和国中央军事委员会委员。中共第十二至十五届中央委员。1988 年 9 月被授予中将军衔。1993 年 6 月 7 日被授予上将军衔。

傅双喜 汉族，1944 年 10 月 1 日生，山西潞城人，大学本科文化，空军特级飞行员，研究员（正教授），技术四级。1964 年入伍历任中国人民解放军飞行学院飞行学员，飞行教员。1968 年至 2005 年，先后在中国人民解放军飞行学院担任飞行中队长，飞行大队政委，飞行团领航主任，团长，飞行学院领航主任，飞行训练处处长，南京军区空军招飞办主任，安全指导委员会主任，中央军委空军招飞办副主任（正军职待遇）。2005 年 10 月离休，担任中国老龄事业发展基金会副理事长兼办公室主任。先后受各类嘉奖十多次，立三等功 3 次、二等功 1 次，多次被评为各类模范和先进分子。1999 年入典《国魂·中华新世纪兴国英才传略》。热心傅氏宗亲联谊工作，2010 年以来，积极参加各地傅氏联谊活动，支持傅氏联谊工作的发展，为编修《中华傅氏通谱》建言献策。

傅加星 1946年生，福建泉州人。空军第十六飞行学院原副参谋长。福建傅氏宗亲联谊会会长、泉州海内外版筑宗亲联谊会会长。2005年当选首届世界傅氏宗亲联谊总会会长、中华傅氏商会名誉会长。

傅文山 1972年生，河南三门峡人，大学学历。河南三门峡香山红叶饮食娱乐有限公司总裁，三门峡傅圣文化传媒有限公司董事长。部队退伍军人，积极投身市场经济大潮，放弃了火电厂优越的工作，与妻子张玉香一起于1994年创建香山酒楼，经过15年的奋力打拼，现拥有多家经营实体，成为三门峡市颇具规模的民营企业。同时，积极承担社会责任，安排2000余名大中专毕业生、进城务工青年、下岗失业人员就业。热心公益事业，不忘回报社会，多年来捐款捐物累计超过250余万元。首届世界傅氏宗亲联谊总会常务副会长，2009年当选第二届世界傅氏宗亲联谊总会会长。2010年评选为三门峡市十大杰出青年。长期无偿接待前去平陆寻根问祖的全国各地的傅氏宗亲，为傅相陵、傅相祠的建设捐款数百万元。

傅秀平 满族，北京蟹岛产业集团公司董事长，北京市第十二届人大代表，中国民主建国会会员。曾获“首都劳动奖章”“北京市劳动模范”“北京京郊经济发展十大杰出典型”“北京优秀创业企业家”“全国优秀环境科技实业家奖”“中国乡镇企业十大新闻人物”“防治‘非典’先进个人”等多项荣誉称号。他应用生态学和物质多级利用良性循环的原理，建成的集种植、养殖、休闲、度假、加工业、太阳能采集、沼气生产、污水处理等于一身的环保生态园基地，不仅通过了原国家环保总局有机食品认证中心的有机食品综合认证，还获得“绿色环球21”针对全球旅游业颁发的唯一一项可持续发展认证项目。他旗下的公司也获得了“全国诚信守法乡镇企业”“高新技术企业”“北京市绿色生态园基地”“北京市现代农业示范企业”“精神文明建设先进单位”“北京市农业产业化重点龙头企业”等多项殊荣。为维修山西平陆县傅相陵祠捐资52万元，当选世界傅氏宗亲联谊总会理事长。

傅光明 1953年10月2日出生，江西省资溪县人，汉族，中共党员，中学文化，高级经济师。圣农创始人、福建圣农发展股份有限公司董事长兼总经理，中国光彩事业促进会理事，福建省人大代表，福建省光彩事业促进会副会长，福建省工商联副会长，南平市工商联会长，南平市慈善总会会长，福建省畜牧协会理事。全国劳动模范、全国道德模范（提名）、全国优秀企业家、CCTV2007年度十大三农人物、全国优秀特色社会主义建设者、海峡西岸经济区建设突出贡献者。“2010年福布斯全球富豪榜”公布

后，傅光明以10亿美元的资产上榜。为编纂《中华傅氏通谱》捐助人民币155万元（其中5万元在南昌2008年3月《中华傅氏通谱》工作会议上捐资，收款人傅加星）。

傅治国

1950年10月18日生，黑龙江省哈尔滨市人。全球非物质文化遗产基金会主席，美国纳斯达克上市公司ABAT、CHDA、CLTT集团董事局主席，黑龙江中强集团公司董事长。热心傅氏宗亲联谊工作，并积极出资对宗族事业建设作出重大贡献，2009年2月独资20万美元在山西平陆重修傅相陵，当选世界傅氏宗亲联谊总会理事长，为编修《中华傅氏通谱》捐资20万元人民币。

傅道全

1932年出生。安徽省合肥市人，1949参加工作,曾任乡长、财粮区员、副区长，1957年任霍邱县财贸科科长、财贸部部长、农机厂厂长、财办主任、计委主任。1985年调安徽省经济协作办公室技术处任副处长，正处级监察员等职，1994年离休。热心傅氏宗亲联谊工作，2005年任世界傅氏宗亲联谊总会副会长，2007年6月被推选为安徽傅氏宗亲联谊会会长，于2013年率先完成《中华傅氏通谱·安徽卷》的编纂发行工作。

傅荣楷

1944年4月生，江西南昌人，高级工程师，中共党员。1966年毕业于电子科技大学。现任江西省邮电科学研究所信息资源部主任工程师。大学毕业后，被分配到国防科工委系统从事电离层研究，参加过“D电离层研究”“微分多普勒卫星讯号接收机”“无线电信标”3项课题。这期间的科研实践，培养锻炼了他从事科研工作的基本功，为今后工作奠定了很好的基础。1973年调回江西省电信局，参与筹建省电信科研所，1996年主持创建省邮电科技情报中心站，1997年主持创办《江西邮电技术》期刊，同时作为主要成员参加科学研究。“QDJ-I型50门全电子电话交换机”获1978年全国科学大会奖；“ZDG78-I型500/1000门准电子电话交换机”于1980年获江西省科技成果四等奖。1977年借调省邮电管理局承担有关全国科学大会准备工作，筹建省通信学会、省局科技处，执笔起草了省邮电科技发展规划。1980年参加南昌电信局“PDP11/34计算机转报工程”研究，任翻译小组组长，该项目获江西省科技成果二等奖，翻译小组同时获省科技情报成果三等奖。1985年在江西省通信学会身兼五职，超负荷工作。1986年被评为江西省科协学会活动积极分子；1990年被评为中国通信学会活动积极分子；1992年被评为江西省科技情报系统先进工作者。任“江西省十五年（1986—2000）通信科技预测与技术政策”项目组副组长，该项目获江西省科技规划研究报告三等奖。1990年起专职负责《江西省通信科技》期刊编辑出版工作，该刊1989、1993年两次被评为邮电部优秀科技期刊。1994年主持创建软科学研究室，完成“电话进村工程方案技术经济分析”、“江西省邮电计算机网络 IP 地址规划研究”两项软课题，任项目组组长。前一项目获信息产业部 1999 年度科技进步奖（YD）三等奖。30 多年来，为了适应工作需要，学习业务技术新知识，在正式期刊和研究论文集上发表论文 20 余篇，其中 4 篇收入《中国科学技术文库》等文献库中。曾发表或提供工程项目使用科技英语译文 18 万字，发表科技俄语译文 1.3 万字。热心傅氏宗亲联谊工作，曾当选江西傅氏宗亲联谊会会长，现任江西省傅氏宗亲联谊会名誉会长，为《中华傅氏通谱》编修工作献计出力，并编著《江西傅氏通鉴》。

傅传松 汉族，1942 年 10 月生，湖北石首人。华中师范学院中文系毕业，大学学历。先后在教育部门、党政机关工作。曾任石首市朝阳中学校长、中共调关镇委副书记，石首市政府多种经营办公室主任、市纪委委员、市农委纪委书记等职。平生喜读书，尤喜研习历史，写有《十三经》《二十四史》《清史稿》《诸子集成》等经典著作的读书札记五十余万言。早年曾从事业余创作，有多篇作品在文艺刊物上发表，较有影响者小说《东山抗日支队》、剧本《桃花山下》和《湖边人家》、曲艺《南湖夜渡》和《阮大娘擒敌》、歌曲《采茶调》和《水乡谣》、器乐《开场舞曲》等等。

退休后致力于《明史》和杨溥文化的研究，5年准备，5年写作，历时10年，跋涉两万里，搜集了800万字的资料，写成了200万字长篇历史小说《南杨当国》。其间，参与编纂《明代贤相杨溥》《杨溥的故事》等书。热心傅氏联谊工作，致力于中华傅氏世系源流研究，2007年5月聘任为《中华傅氏通谱》执行主编，现在是主编。

傅文彬 1935 年 10 月出生于河南睢县龙王店。北京农业大学经济系毕业。党校系列高级讲师。曾在农业部、中国农学会、湖南衡阳县委、河南睢县县委和党校工作。历任干事、秘书、办公室主任、乡党委书记等职。兼任中国人口学会会员、河南省人口学会理事、睢县计生协会副会长。国家级史志辞典特约编委、顾问，湖南省东方名人文化研究院特聘院士、香港科学院特聘名誉博士。

从事行政工作，撰写经济管理文章 150 多篇。修建焦枝铁路时，撰写现场报道文章 100 多篇，总指挥部数次表彰。党校任教时讲授 10 门课程，撰写人口理论、领导科学、政论及党史党建等论著、论文 50 多篇。获国家、省、地、县劳动模范、先进工作者、模范教师、优秀论著共 30 多次。论著、论文参展世界 23 届人口科学大会，出席全国第七次人口科学大会，并多次参加国家各级科学研讨会。业绩被邀编入《中华人物大典》《中华人物大辞典》《中国杰出人物大典》《世界名人录》《世界优秀专家人才名典》《世界人物辞海》《中华名人格言》《新时期中国共产党人优秀格言选集》等 70 多部史志书中。多次被邀参加北京人民大会堂国庆座谈会。此外，还有《睢州傅氏家谱》（编辑 9 卷 6 册）、《河南睢县索桥墓志铭考证及诠释资料汇集》《中华傅氏探源资料汇编》《始祖傅说与傅姓探源》《略论〈中华傅氏通谱〉的基本框架》《〈中华傅氏通谱〉简论》《再论中华傅氏通谱》《中华傅氏通谱的基本框架》等论著，多次受中华傅氏联谊总会表彰嘉奖。

傅恩林 1928 年 2 月 28 日出生，福建省龙岩市上杭县白砂镇上城厦村人，闽西傅氏始迁祖以南公（南宋进士、宿州太守）第二十六代孙，大学本科学历、中学高级教师，享受副处级待遇离休老干部。解放战争期间参加革命，后就读于福建师范大学历史系，毕业后，曾先后在上杭一中、上杭二中、龙岩地区教育干部学院、上杭县教师进修学校等单位，长期从事教育、教学研究和师资培训工作，曾多次被评为省、地、县教育先进工作者。离休前，兼任省电大上杭工作站负责人多年，并获得福建广播电视大学颁发的“在创建和发展电大教育事业中，做出突出贡献”荣誉证书。热心傅氏文化研究，走访江浙福建两湖两广的傅氏宗亲，编修闽西傅氏族谱多本，为编修中华傅氏通谱提供 50 余份有价值的历史资料。

傅天兴 （盛富）政工师。1946 年 6 月 12 日出生，广东湛江市人，大专文化、中共党员。1964 年参军，历任报务学员、报务主任、电台台长；副连长、陆军第一六三师司令部参谋，师独立通信营副营长、营长（校官）等职。转业后，曾任湛江市邮电局霞山邮电分局办公室主任、局长、党总支书记，市局政治处副主任兼宣传科科长，郊区邮政局局长、书记。现任中国国情研究委员会邮电行业研究员、广东省湛江市邮政局副处级调研员、湛江市振兴南三经济促进会副秘书长，广东省湛江傅氏宗亲联谊会常务副会长兼秘书长等职。在部队 20 多年，多次受奖，在南疆自卫反击战中立两次战功。转业地方工作后，创造了思想政治工作“八动、八力操作法”，创办了《湛江通信报》，为湛江邮电两个文明建设做出积极的贡献。载入各类报刊的稿件达几百篇近 20 万字，撰写各类论文多篇，获部、省、市一等奖或二等奖，被评为研究工作积极分子。所撰《创建文明邮政行业之我见》载入《中国九五理论纵横》；《人才与信息产业的发展》载入《中国改革先锋》；《邮政发展战略的思考》载入《中华群英谱》；《21 世纪邮政产业发展思路》载入《中华群英谱》和《耕耘者——共和国的建设者们》；《邮政出路在创新》载入《中国市场经济信息汇刊领导工作文稿版》；《新世纪邮政企业管理者的素质》载入《厂长经理之友》和《中华群英谱》；《州邮政思想政治工作对策》和《党员干部应做构建和谐社会的先行者》都载入《全国重点人才创新学术成果大典》一书。《认清“源”、注重“立”、全面“动”、准确“导”》载入《全国地方党政干部文摘信息》2001 年第二期。《传承长

征精神·铭记毛泽东一代伟人的丰功伟绩》载入中国文献出版社出版的《为人民服务·中外名人颂扬毛泽东》一书，并获一等奖。其人生格言载入《人生格言经典》和《共和国建设者·智慧格言宝典》一书获得中国纪实文学研究会优秀格言创作奖和被授予“当代文学之星”的荣誉称号。

个人多次被评为优秀党务工作者、优秀党员、先进工作者。他的业绩被载入《中华魂·中国百业领导英才大典》《中国专家人名辞典》《世界优秀专家人才名典》和《全国优秀复转军人传略》。

天兴为湛江坡头南三新南乡山塘村（祖籍浙江省绍兴市嵊县），是开基祖茂公第十七世裔孙，第十五世祖德祥公第五孙，第十六世祖喜公三子，配林氏夫人（中共党员、科级干部）；生二子：长子傅馀俊（中共党员、大学本科、法官），配李氏夫人，生一女，傅蓝迪；次子傅馀浩（中共党员、北京邮电大学毕业、硕士生、工程师），配陈氏夫人，生一子，傅钰超。

傅天兴于2008年3月参加了由世界傅氏宗亲联谊总会常务副会长、“中华傅氏通谱”执行主任（牵头人）、贵州傅氏宗亲联谊会长傅治华组织召开的中华傅氏通谱江西南昌工作会议后，用5个月的时间组织成立了广东省湛江地区傅氏联谊会，用9个月的时间完成了湛江傅氏族谱的编修（上、中、下3卷，100多万字），并出版发行。傅天兴2008年3月至今，积极参与全国性及各省市组织召开的各种傅氏会议，积极参与中华傅氏通谱编修，组建广东省联谊会，被广东省傅氏宗亲代表推举为筹委主任。傅天兴宗亲为国家为家族奋斗不止，是贵州傅氏乃至全体傅氏学习的典型榜样。

傅为群 福建龙岩人，1951年3月29日出生于红坊镇倒流水村，江西临川鹏田傅氏千八公第三十六代孙、龙岩红坊蟠龙堂傅氏景荣公第十八代孙。1987年加入中国共产党，1991年毕业于福建省经济管理干部学院工业企业管理专业，经济师，龙岩市优秀人才。现任《中华傅氏通谱》编纂委员会副秘书长兼副主编、福建傅氏宗亲联谊会常务副会长兼秘书长。

1978年3月起，当了4年的冷作工人。1982年起从事企业管理工作，历任科员、车队长、副科长、科长、副厂长等职，曾多次获本单位先进生产者、优秀共产党员等荣誉称号。1995年2月被抽调参加国家“八五”重点科研攻关项目——世界首座碾压混凝土薄拱大坝的建设，任工程建设总指挥；1998年任龙岩溪柄电站有限公司总经理、2005年任高级顾问，2012年5月退休。1998年获电站建设“一等功臣”，2008年获水利部科学技术进步奖个人一等奖，2010年获国家科学技术进步奖个人二等奖，2011年被龙岩市委、市政府评为龙岩市首届优秀人才。

傅为群不计得失，辞掉民营企业高薪聘请的工作，回家参加《红坊傅氏族谱》的编修，担任执行主编。一年多的时间，《红坊傅氏族谱》编纂成功发行。2008 年 3 月初，自费到南昌参加《中华傅氏通谱》编纂工作大会。自驾车走遍闽西各县、市、区傅氏村庄，四处宣传、发动、组织各地傅氏宗亲编修傅氏族谱。短短的几年内，《龙岩红坊傅氏族谱》《龙岩村美傅氏族谱》《上杭蛟洋傅氏族谱》《漳平孝思堂傅氏族谱》《长汀傅氏源流、人才录》先后付梓，以实际行动支持《中华傅氏通谱》编纂工作。

2008 年 7 月中旬，族谱开始正式印刷之时，终因胃部被肿瘤堵塞并大量出血，病倒在印刷厂里。经送医院检查，被确诊为“胃腺癌晚期伴多处淋巴结转移”。2008 年 7 月 28 日，在龙岩第一医院做了胃全切除手术。同年 9 月 1 日，《红坊傅氏族谱》发行庆典隆重举行，此时，动完手术刚 35 天、还正在住院治疗的他，脖子上挂着化疗的针头，瞒着医生，悄悄地参加并主持了此次大会。为此，很多参会的宗亲代表都流下了热泪。

在化疗治病期间，先后自费参加了“中华傅氏源流研讨会”龙岩会议、南昌会议、吉安会议、井冈山会议，2007 年至 2010 年连续 4 年自费到祖地山西平陆参加祭祖活动。

长期带病参加傅氏文化和宗亲联谊活动，被大家称为“拼命三郎”。在他的积极带头努力下，闽西傅氏宗亲联谊会于 2009 年 12 月 22 日正式成立，福建傅氏宗亲联谊会及《福建傅氏通谱》编委会于 2010 年 12 月 12 日正式成立，《闽西傅氏通谱》编委会成立暨《闽西傅氏通谱》编纂启动大会于 2011 年 12 日 22 日隆重召开。

傅振中 1954 年 7 月生，山西壶关县人。1972 年加入中国共产党，1970 年 11 月参加工作，硕士研究生学历。

1972 年 12 月应征入伍，历任坦克无线电修理工、连队文书、营部书记、师卫生科书记、排长兼电气技师。1978 年 3 月考入装甲兵工程学院学习无线电专业，毕业后以优秀学员资格留校工作，历任干事、政治教导员。学工科专业转行行政后，攻读了北京市党政干部基础科，被评为总参“学习科学文化知识，培养两用人才”先进个人。1987 年 6 月作为优秀干部调解放军总部机关工作，历任调备干事、科技组组长、任免组组长，后勤部政治协理员、党委副书记等职。其间总结出“小的放大，远的拉近，散的收拢”基层建设经验，被全军推广。2001 年 2 月任中国人民解放军坦克学院政治委员、党委书记，学院面貌发生巨大变化，受到军委副主席郭伯雄批示表扬。2003 年、2005 年带领官兵投入淮河流域抗洪救灾，受到温家宝总理亲切接见和全军、全国表彰并立三等功。其间先后在西安政治学院、电子工程学院、国防大学、中宣部政治理论教育班深造培训。还分别赴韩国、土耳其和意大利等国考察访问。考察结束，在全军院校长集训班上的代表发言反响强烈，得到国防大学校长裴怀亮，政委赵可铭和时任副总参谋长许其亮（现为军委副主席）极高评价。2008 年 12 月调任总参军训和兵种部老干局政治委员、党委书记，在全局二十多个干休所狠抓“保本色、保健康、保稳定”成效显著，给老干部过“政治生日”的做法受到全军高度重视，影响全国并获全军建言献策“金点子”奖。给老干部讲“守望生命”“黄昏哲学”“文化养老”等获高度评价，受到军委委员总参谋长陈炳德批示表扬。军旅生涯中，三次立三等功，数十次受嘉奖，被评为先进个人，数十次荣获总参和全军优秀论文奖。是全国教育家大会第三、四届特邀嘉宾，2004 年百名中国改革人物先进个人、中国新闻人物新年论坛先进个人，2006 年共和国建设先锋人物。安徽华光集团博士后流动站兼职导师、高级工程师。退休后仍青春焕发，积极参与和推动社会公益事业，是中国民间艺术家协会会员，中华父亲节促进会副会长兼秘书长，中国政策科学研究会国家安全政策委员会高级研究员。

主要著作有：《军人审美学》《军人创造素质》《井水集》《淮畔足音》《淮畔随想》《垄上行》《阡陌上》《白云边》。主编《坦克学院风采录》一、二集。

（以上排名不分先后，大致按照资料报送时间排序）

贵州傅氏宗亲联谊会顾问简介

傅伯能

1930年12月19日生，贵州桐梓县人。周岁时，父亲逝世，全赖母亲与祖父傅图梁抚育。并受伯母曾氏、幺叔傅承高、叔母刘氏之关怀，四叔傅承圣、四婶桂洪兰更是照顾有加，先后入魁岩小学、黄氏私立吉安小学念书，高小毕业后升初中，因常生病，逐改以劳动壮身，4年耕耘不辍。1949年贵州桐梓解放，次年元月参加农干校学习，从事公职；1952年在中共贵州省委党校第五期毕业，同年加入中国共产党；1954年调第三分区（元田）任政委；1956年调桐梓县委农工部任副部长；1957年兼任七区（新站）第一书记；1960年调桐梓县生活福利部任部长；1962年调桐梓县委党校任副校长；1970年在湘黔铁路桐梓民兵团任党委委员、政治处副主任；1973—1985年期间，先调县科教办，后任文教办党组副书记、副主任，其间曾任花秋区、官仓管理区书记，遵义龙坪、上盆“四清”工作团党委委员、队长以及狮溪、栗子公社基本路线教育工作队长。傅伯能退休后，于1992年参与并主持纂修桐梓县傅氏六十年未续之宗谱，1999年带头集资重新整修祖墓群。被选成为贵州傅氏宗亲联谊会总顾问。2011年年底，多方协调宣传、发动族人集资投劳，重建傅氏宗祠，有效地完成了竣工典礼。

傅克宇

1935年8月12日出生，中专文化，中共党员，盘县两河乡吴官村人。少年时期，因家贫没有上学，在家放牛、务农。1952年土改后，作为翻身农民，积极要求入学读书。1953年至1956年在盘县盘关小学读书，任学生会主席。1956年9月至1959年8月在盘县中学读书，历任团总支委员，1959年9月至1961年8月在贵州省农业学校农机专业读书，历任团总支委员。1961年8月至1962年2月在家务农。1962年3月至1965年8月在盘县吴官小学教书，1965年9月至1967年8月在贵阳农校农企专业学习（留校参加“文化大革命”一年）。1967年8月至1970年元月在兴义地区文教局工作，任会计。1970年元月至1982年10月在兴义地区人防办公室工作，任会计，人防科临时负责人。1982年11月至1985年4月在黔西南州委组织部干部科工作。1985年4月至1997年12月在黔西南自治州政府工作，历任机要秘书、秘书科副科长、法制科科长、纪检组组长，党总支副书记。36年来，由于工作积极，曾被兴义地区人防办评为战备支前先进工作者，全省优秀档案工作者。被黔西南州直属机关党委评为优秀党员、优秀党务工作者。州政府办公室系统连续两年被评为先进工作者。2013年聘任为贵州傅氏宗亲联谊会顾问，为编修《中华傅氏通谱•贵州卷》捐款1000元。

傅克铭　黔西南自治州安龙县人。1949 年前曾在贵州盘县师范、兴义高中及三清团团校学习毕业，历任三清团安龙、盘县分团书记。1950 年后在兴桥农场任工会委员，龙广中学保管员、历史教员。被推举担任贵州傅氏宗亲联谊会顾问。

傅翰荪　1939 年 6 月生，黔西南自治州贞丰县人。中共党员，副处级。1959 年起，先后在农村任青年突击队队长、初高级会计；1958 年在公社任副主任兼主管会计，同年加入中国共产党；1959 年转为中共正式党员，任卫星人民公社财务主管，同年被选送省财经干校培训，因成绩优秀，被临时安排在兴仁县财政局人民公社财务股任辅导员和教员；1960 年正式参加工作后，曾任小屯管理区副主任、生产委员会主任、乡干事，纸厂党支部书记、厂长等；1970 年到税务部门，曾任税收专管员、税收会计、税务所所长、监交股股长；1983 年任贞丰县税务局副局长（主持工作），同年任局长至 1998 年。先后任税务局党总支书记、党组书记、党委书记，中共贞丰县委第四、五、六、七届委员会委员；1998 年任黔西南自治州国家税务局局长助理、调研员；1999 年退休。

在 40 年的时间里，受到党和政府的精心教育和培养，加上自身的努力学习、刻苦钻研、勤奋工作，坚持走群众路线，急民众之所急，想民众之所想，同广大人民群众心连心，树立了全心全意为人民服务的思想，为地方经济建设贡献了自己的一份力量。同时通过自学，全面完成了大学专科课程，取得了大学专科毕业证书。经省级考评，先后评得二级税收专管员、税务师、经济师等职称。

从 1954 年到 1999 年间，多次被省、州、县评选并授予统计、计划、财贸、税收、金融、民兵、治安、民族团结、创先争优等先进工作者，优秀共产党员；1983 年被贵州省人民政府授予贵州省劳动模范称号；其所领导的税务部门也保持了多年的先进单位，并获省人民政府授予全省精神文明单位称号。

1999 年退休后，创建了贵州省贞丰县农产化经营基地，受到了省、州、县领导的一致好评。2005 年老伴病逝后，便回小屯乡下寨村上寨老家植树、养花、务农，安度晚年。2011 年在得知傅氏宗亲联谊会后，立即安排儿子嗣铭、嗣荣，宗亲傅启江等将联谊会光盘、统计表分送到居住在贞丰县境内的傅氏宗亲，并到县境内的黄桶寨、令盘、纳泥田、这杰、雨柏、长田、纳秧、猫坡、烟登坡、县城等有宗亲居住或曾居住过的地方寻根问祖，给祖坟拍照，收集资料等，为居住在贞丰境内的傅氏宗亲能加入《中华傅氏通谱·贵州卷》做了大量的工作，并计划将居住在贞丰境内和毗邻的兴仁、关岭等支系情况摸清收集后，建立贞丰傅氏宗亲联谊分会，编撰《贞丰傅氏族谱》。聘任为贵州傅氏宗亲联谊会顾问。

傅书国 1940年9月22日出生，黔西县瑶坪村二组人。初中文化，曾任团支部书记。家庭团结和睦，四辈没有分家。

傅书国幼时聪明好学，成绩优异，1955年初中毕业，被调在瑶坪民族村任会计。由于工作认真负责，脚踏实地，1957年调在西溪水利任秘书一职3年。工作后继续努力学习，1960年起投身教育事业达31年，其间任校长8年。工作中，一直加强师德修养，提高道德素质，教学方面深信“其身正，不令而行；其身不正，虽令不从。”为此，时时处处严格要求自己，以“身教重于言教，尽量让学生多学一点知识”作为指导思想。“没有爱，就没有教育”，教学中，不断探索和追求，终于悟出教育之真谛在一个“爱”字，即对教育事业的热爱，对学生的爱。课堂教学的根本在于传道，要传好道，首先要处理好教材、教师和学生的关系，必须实现这三者之间或浓或淡的情感和谐与共振。坚信每一位学生都蕴藏着巨大的潜能，它需要在一定的环境中激发出来。所以，以爱心关爱每一个学生，发现学生身上的闪光点，及时给予表扬和鼓励，使他们的潜能得以激发，并获得自信的力量，在做到讲之有物，讲之有序，讲之有理外，更渗透“爱”。1991年转为正式教师，热爱家乡更热爱工作，无时无刻体会着教师是人类灵魂的工程师，是人类文明、先进文化的传播者。先后被评为“优秀教师”“优秀工作者”称号，并获优秀教师荣誉证书，以饱满的热情为教育事业贡献许多力量。

傅书国在生活中更是乐于助人，帮助了许多因家庭贫困而不能进入学校读书的儿童重返学校，用自己的工资去帮助贫困孩子交学费，还用自己的积蓄捐献给学校，重建校园。在家庭中，对老人克尽孝道，照顾年迈的老人，每天悉心照顾，侍奉饮食起居，不怕脏，不怕累，不怕臭，换洗不休，直至老人安然逝世。2004年退休后仍自学《易经》，研究命理风水，不图回报，神奇救人数百。

傅志磊 贵阳白云区人。14岁时便弃学回家学耕田，一生勤劳节俭，严格教育子女，年过五旬才开始办厂，现已安居乐业。全力支持傅氏贵州支系五修族谱编修工作，曾赴江西寻根问祖，立志完成先辈遗志。

长期以来积极参加贵州傅氏宗亲联谊会活动，为傅氏联谊会工作的开展做出了许多贡献。现担任白云区傅氏宗亲联谊会顾问，贵州傅氏宗亲联谊会顾问。与傅志坚弟兄俩一起代表白云区傅氏为《中华傅氏通谱·贵州卷》前后两次共捐款8000元。

傅毕立 1936年4月14日生，中共党员，贵州威宁县猴场镇人，1944年至1955年在本区任儿童团团长。1951年元月参加中国人民解放军任班长、副排长职务。1958年9月退伍分配在二圹税务所征税，1962年任管理区公安特派员、武装部部长，1992年任副镇长，1998年退休，享受正科级待遇。其间因工作认真负责立三等功一次，多次受到毕节地委行署及贵州铁路局表彰。2006年参加贵州傅氏宗亲联谊会成立大会后为贵州傅氏联谊活动走遍了六盘水、毕节地区，参加平陆祀祖活动3次，江西“中华傅氏族谱工作会”，贵州联谊会活动每次都参加。几年来，为联谊活动捐资及耗路费共上万元，因本人对傅氏联谊工作热情积极，被推选为贵州傅氏宗亲联谊会副会长，第二届时聘任为顾问。

傅相文 1922年5月22日农历四月廿六日生，遵义桐梓县傅家湾人，1935年1月中央红军四渡赤水期间，红一军团一个连的部队，驻扎在相文家中一个多月，其母令狐氏暗中保护红军，挽救了十余名红军战士的生命。当队伍半夜悄悄离开时，将院坝打扫得干干净净，不惊动老百姓，不拿群众一针一线，还在相文公家中桌子上留下300银元作为感谢。令狐氏为表示对红军的敬意，把仅有的一头架子猪杀掉，命其长子、年仅12岁的相文公挑着近百斤重的猪肉追赶红军队伍，红军连长为表示感谢，又把自己身上的一件上衣脱下来交给相文，还有一位首长自称“陈云”，把自己头上的帽子摘下来送给相文作为纪念，并让他长大以后去当红军。后来这件衣服作为善举、好事，被令狐氏老人撕成布条分送给穷苦百姓当成“药引子”熬药喝，现还剩陈云的一个帽子在长女傅辅容家作为传家之宝珍藏。至于那300银元，除拿出1元贴补家用外，其余299元被相文公和家人一直珍藏并在新中国成立初全部捐献给人民政府。傅相文1938年在桐梓中学初中毕业后，曾参加少共国际师抗战集训，1942年在桐梓574兵工厂工作，后参加西南公路桐梓养护段工作，秘密参加三二八师地下党组织，新中国成立后参加剿匪斗争，1949年10月编入桐梓公路段，曾在总段辊关担任土壤工程师，负责贵州山地泥结碎石路面的黏性结构试验工作，后因家庭困难自己申请转为养路工人，担任计划统计员、政治宣传员和班长，“文化大革命”中期在娄山关农场，专门为县级以上“走资派”煮饭，负责伙食，暗中保护老干部。1981年11月从桐梓公路段退休，现在家养老。相文夫人勤俭持家，身为长子长媳，他和夫人毕世菊带头尊老爱幼，在当地傅家湾传为佳话，实为典型的贤妻良母，新中国成立初期毕世菊积极努力为国家建设工作，因捐款有功，被选举为桐梓鞍山大队“八大委员”之一、大队妇联主任、缝纫社主任等，他们的家庭也深得族内宗亲的赞许与嘉奖，退休后随子女移居遵义，又多次被评为遵义市茅草铺社区街道积极分子、居委会先进代表、五好家庭；傅相文曾被评为遵义公路总段先进个人、五好职工，并先后两次立一等功；退休后的相文公还长期坚持上红军山挑水，锻炼身体。

乐于助人，无论是在桐梓傅家湾，还是在遵义茅草铺居住，都主动经常修桥补路，多做善事。至今九旬高龄，依然耳聪目明，精神矍铄，身体硬朗，坚持每天看书看报看电视，了解关心国家大事和社会发展。

傅仕愚

汉族，1937年生，初中文化，瓮安草塘下司人，应钺公长子。1958年在贵州省建筑四公司当工人，后又回当地小学任教师，最后回家务农到老。他出生于书香门第（父母均为新中国成立初期有名教师），小时受古训，重道德礼仪。热爱书法，尤工楷体，经常参加县、镇等单位书法笔会，2012年获得瓮安县首届硬笔书法奖和县文化馆软笔书法参与奖、“瓮水长歌”书画参展奖和瓮安县党的十八大书画参展奖。他关心、支持、热爱宗亲联谊，从2007年起多次参加本省本县的宗亲联谊会、清明祭祖会和修谱理稿会，负责誊录理稿，认真踏实、一丝不苟，他虽年近八旬，但字迹规范、态度端正，是傅氏后裔的楷模。积极参与《中华傅氏通谱·贵州卷》的编纂，从不计报酬，发路费都不要。

傅朝正

贵州省六盘水市水城县矿山机电市场人。傅朝正为了弘扬傅圣傅氏文化，积极主动参与联谊活动。近年来曾先后自费赴山西，跑江西，走湖南，巡回于贵州。并3次捐资1200元。跑遍毕节、黔西、赫章、威宁、纳雍以及安顺一带。尤其在六盘水市，80%的傅姓族人都走访过，此间向族人分发傅圣文化光盘200多套。自己花费了2万多元。积极主动联谊傅氏宗亲，和傅毕立二人为毕节地区、六盘水市傅氏联谊做了巨大贡献。

傅朝正在宣传走访家族中，还多方宣传傅圣傅氏文化，宣传党的方针政策，为族人排忧解难，直接或参与调解矛盾纠纷，在国家法律法规和政策范围内，维护族人合法权益。例如：赫章县双嘎乡傅刚学在盘县遭车祸，经调解获赔18万元；水城县陡箐乡傅启友之母发生车祸，经调解获赔25万元；水城县傅启英的孩子发生车祸，经调解获赔19万元；傅命德的孩子发生车祸，经调解获赔30万元；水城县盐井乡傅启仁的孩子被电触致死，经调解获得赔偿49.5万元；水城县盐井乡傅启红之母被车撞伤，经调解由车主先付医药费10万多元，待医治痊愈后再作处理；木果乡傅苹子之妻被矿上车撞伤骨折，也进行调解；木果乡傅刚发在矿上被打骨折，经调解获赔3万元，水城县盐井乡傅启伦与当地王家发生纠纷，用铁钉钉王家祖坟，通过调解，平息了风波；水城县双水傅宣鲜与当地刘家为土地发生纠纷，经调解刘家赔付2万元；水城县纵河傅启文房屋被开煤至垮，经调解获得赔偿12万元；等等，这一系列的调解处理，为族人出了力，为社会和谐作了贡献，深受族人和群众好评。

傅天德 布依族，1940年8月生，贵州省普安县江西坡镇东南村人，1962年9月参加工作，1989年加入中国共产党，细寨民族学校小学高级教师。

1957年8月至1960年7月在普安中学学习，1960年8月至1961年6月于贵州省安顺师范学校学习，后因学校停办，被遣乡支农。先后参加原细寨公社试算小组、细寨粮站工作。1962年9月开始创办东南民办学校（现东南小学），此期间在极其艰苦的条件下，白天任数班级的教学工作，晚上给成人扫盲，给群众评工分。“文化大革命”期间遭受迫害，停教数年。文革结束后才重返岗位。1980年4月，由民办教师转为公办教师。同年8月调到细寨民族学校任教。1988年9月被评为小学一级教师。1993年被评为小学高级教师。多次受到州、县等各级教育部门的表彰。1998年11月退休。现任贵州傅氏宗亲联谊会顾问，把晚年余力奉献给傅氏宗族的伟大事业。

傅庆福 1940年5月2日生于黔东南自治州三穗县，河北大名府王舍城傅徒第三十一世孙，贵州镇远傅必荣第十五世孙。1964年毕业于贵州农学院畜牧专业，1965年分配到雷山县农业局、畜牧局工作；1984年调到凯里市种鸡场、畜牧局工作。曾任雷山县畜牧局副局长，雷山县第八届人民代表大会常务委员会委员，凯里市种鸡场场长。热心傅氏宗亲联谊会工作，积极配合省联谊会通谱编纂工作，贵州通谱编委会成员。

傅银学 男，汉族，1937年5月3日生，中共党员，黔西县城关人。傅银学的父亲傅吉舟也是中共党员，老土改根子，首任村长，后又任大队长、村支部书记。傅银学的三儿子傅万华现接任本村村长，中共党员。傅银学一家是革命的家庭，祖孙三代先后担任洪水乡永平村干部，得到了县、乡政府及广大群众的认可。大儿子傅万全创建了黔西志毓牧业有限公司，是公司法人代表。二儿子傅万平是黔西五交化电器商场的总经理。小儿子傅万军是阳光保险股份有限责任公司经理。傅银学一家努力为社会作出了积极的贡献，还积极参加傅氏宗亲的各种联谊活动，关心支持中华傅氏通谱的编修工作。

（以上排名不分先后，大致按照资料报送时间排序）

贵州傅氏宗亲联谊会成员简介

傅治华 1949年农历九月初九日生。黔西县金坡人，小学文化。1965年在黔西金坡参加工作，1967年7月1日加入中国共产党。先后任黔西县金坡乡人民公社青年干部、革委委员、副主任，纸厂区革委委员，撤区并镇建乡后，任金坡乡人大常委委员，黔西县人大代表，县政协常委，县工商联常委、副主任，毕节地区工商联执委，贵州省黔西县金坡煤矿矿长、董事长。现任世界傅氏宗亲联谊总会常务副会长，贵州傅氏宗亲联谊会第一、二届会长。

傅治华幼时家贫，周岁丧父，随母艰苦生活，小学四年级失学。跟仲兄傅求文学锻工，办事精明，16岁参加工作，改革开放后创办金坡煤矿，通过艰辛努力，成为黔西县首批乡镇企业骨干矿，加之得到中共黔西县委、县政府及社会各界的大力支持，煤矿从油灯照明，手工作业发展到半机械化生产，轨道运输，皮带式输送生产线，有效地打开了广东湛江、茂名，广西柳化、龙化，湖南资江、止江以及贵州省内贵州铝厂、贵阳耐火材料厂、林东矿务局，贵州化肥厂、有机化和省监管局供销公司等厂矿单位销路，生意越做越火，除了还清周转资金等债务外，尚有可观的盈利。截至2010年年底，为国家提供税费3亿多元。生产发展，收入增加，便在黔西县城内购置土地，修建了占地575平方米的10层电梯房1幢，并在第一层开了小贝壳餐馆。在贵阳金阳车站对面明城景怡园内购置了两层套房，并且作为贵州傅氏宗亲联谊会活动场地和编纂《中华傅氏通谱·贵州卷》的办公室，以方便族人办族事。

傅治华致富后，除了营造、购置理想的住宅外，把回报社会、助困扶贫、助残、助教、助学作为了自己的一项重要职责。早在1987年，金坡乡修建政府会议室时，除捐赠水泥5吨外、还捐助人民币0.5万元；1996年为金坡乡雨灌村、花坡村、永河村村民出行过河方便，捐资0.5万元架桥1座，解决了村民、学生过河的困难；1997年投资33.2万元，架设10千伏高压输电线11公里。解决金坡、洗线沟、杉林、红场、竹林、民政局、白岩脚、曾家洞等8个煤矿的用电；与此同时，还解决了沿途洪水乡2个村、金坡乡7个村共33个村民组1.6万多人的用电。为白岩脚煤矿架设高压输电线2公里，还帮助修通进矿公路2公里；另外，还补贴2.5万元为联丰、茶林两村架设10千伏高压输电线路4.5公里；有效地解决了沿线公路、街道加工业、修理业动力用电20余户。1988年赞助0.5万元拍摄电影《龙腾乌蒙》。2000年为大坑洞的旅游事业的发展，捐赠0.5万元架设低压输电线路1公里。随之，还帮助大水洞、中寨、白岩脚3个煤矿调剂解决周转资金 14 万元。2003 年用土地手续二次为傅家碧贷款 50 万元作周转资金。

30 余年来，除对企业、集体尽力帮扶外，傅治华还对金坡乡特困户、残疾人、四属五保 28 户 38 人无偿安装输电线路；残疾人、五保户朱炳清、杨古古等 4 人用煤用电免费供给；为金坡小学助教捐资 0.3 万元，为该校 32 名失学儿童捐款 0.5 万元；为山西省平陆县圣人涧小学 2 名失学儿童捐赠 0.2 万元。此外，还出资 2 万多元扶持王元明、杨前林等 6 名失业青年办理汽车驾驶执照；帮助下岗职工杨登华、杨登平等 6 人解决购车资金 15 万多元。支持傅老幺、傅静（女）、傅元秀（女）等 6 户 6 万元修建房屋。

傅治华致富后，不忘回报社会，不忘家乡父老，不忘困难民众的良好风范，不仅受到群众好评，1989 年至 2002 年先后连续被中共毕节地委、毕节地区行署、地区乡镇企业管理局，中共黔西县委、县人民政府、县煤炭局、县乡镇企业管理局评为先进企业、安全生产先进个人，受到奖励表彰。1999 年毕节地区乡镇企业安全工作现场会议在傅治华经营的金坡煤矿胜利召开。《贵州日报》曾 4 次公开宣传报道。

2005 年之后，傅治华把主要精力投入世界傅氏宗亲联谊会、贵州傅氏宗亲联谊会、《中华傅氏通谱》以及《中华傅氏通谱·贵州卷》的编纂工作中，为了弘扬傅圣、傅氏文化，开展好傅氏宗亲联谊会活动，除了几次在平陆捐赠外，还出资 14.98 万元制作平陆祭祖光盘 5000 多套，分发给各地宗亲。在山西平陆祖地，贵州桐梓、黔西等地陵墓建设中捐赠了不少功德钱。为弘扬傅圣、傅氏文化以及收集编纂通谱资料，先后到新加坡、马来西亚、泰国和中国香港、澳门、台湾及四川、云南、陕西、甘肃、内蒙、山西、山东、河北、河南、黑龙江、北京、天津、上海、重庆、福建、浙江、广东、海南、广西、安徽、湖南、湖北等 24 个省市自治区，还有贵州的 9 个地州市和管辖的 88 个市（县区），历时 6 年，航空飞行 40 余次，地面行程达 30 万公里。包括在各地捐赠在内，耗资 300 余万元。

傅治华在近几十年的社会生活中，为化解社会矛盾，构建和谐社会，在国家法律范围内，充分发挥自身威望，作了许多除暴扶弱、主持正义的事情。1978 年、1983 年协助公安机关抓捕了 2 名杀人重犯，同时也解救了左老兴、左老二、欧老幺 3 个被判死刑者，分别改判无期，有期 20 年和 6 年徒刑。2008 年得知黔南州平塘县傅国辉儿子 2005 年被抢劫杀害，案件一直未破，几年上访无果，便组织贵州傅氏宗亲联谊会傅家国、傅恩贤、傅家平、傅应祥等人赶赴平塘，找到县委、县政法委和县公安局，上交了材料，终得客观实际答复。2009 年黔西县太来乡傅命学和爱人遭车祸，为挽救其生命，到场守护 3 天，又设法做工作送到上级医院，安排专人护理，又专程跑云南老山、麻栗坡、文山以及昆明军区为之补办了军人残疾证，前后为他们花 1.3 万多元。近两三年，黔西傅静（女）、傅老大、傅老二等 3 桩故意伤害案，经过反复说教调解，都得到谅解并顺利解决。黔西南州兴仁县潘家庄镇扯尼姑村、核桃寨组的傅氏8位宗亲（妇女、儿童）为维权索赔，惨遭拘留、毒打、侮辱，亦为其伸张了正义。为大方县大水乡农塘村傅与林无证驾车造成伤亡（1死12伤）事故，进行多方调解，较为合理负担了十余万元的伤亡补偿费，并使其免受刑事惩处。这一切不仅受到族人赞颂，还分别受到世界傅氏宗亲联谊总会和贵州傅氏宗亲联谊会的表彰，登上功德榜。

赞治华

少壮齐家办实业，记自傅说圣绩起。殷实小康育贤才，历代俊杰列典籍。

改革开放乘势上，考虑千年续派济。金坡煤矿宝聚来，派词“本是黄帝裔”。

追赶县城南阔潮，说圣“俄而治天下”。里沙道口建高层，治华统谱联宗绩。

转眼注目家乘事，大凡伟业成就者。损资率族溯源根，皆从平凡创神奇！

广联傅氏国内外，泛觅各地族衍痕。行程越里三十万，与时俱进胆识增。

平陆请缨承重担，中华通谱常务任。及时组织众英才，源流百代系亲情。

为促通谱梦变行，首抓贵州卷编修。突破黔嶺河森隔，溯源对派一表收。

——贺《中华傅氏通谱·贵州卷》出版发行

曾庆文

2013年7月31日

注：

(1)治华与发妻杨登芬，虽文化底子不厚，但夫妻二个齐心协力，先开打铁铺，后开采煤业，并育4男2女攻读学业，故其子、婿、媳有11名为大学本科生。

(2)治华在山西平陆主动向世界傅氏宗亲联谊会提出承担修纂中华傅氏通谱重任，获准担任常务副主任名誉称号。

(3)治华根据傅氏历史久远，繁族散漫分居，脉派繁杂的情况，多方听取各地族宗智士的意见并广泛收集族宗迁徙资料，力主以清理研讨的“中华傅氏百代源流”为族宗联谱主要轴线。

(4)治华与相关人员商定的百字字辈词定名为“本是黄帝裔”，已别于其他字派。

(5)俄：指时间很短，突然间，俄顷，俄而日出，光照海上。

傅长文 1939年4月13日生，贵州织金县绮陌人，中专文化。1958年12月参加工作，1962年入团，1981年加入中国共产党，2000年退休，享受副县级待遇。

傅长文幼时聪敏，1948年入绮陌私塾，即熟读《三字经》《弟子规》《幼学琼林》《论语》等。1951年别私塾，转入城关绮陌小学，1957年离校务农，次年12月参加工作，在毕节地区商业运输站当驾驶员。由于开车技术精湛，又善于处理人际关系，便很快升任车队长，在运输站整整工作25年；1983年调毕节地区胶木厂任厂长；次年调毕节地区酒厂任副厂长；3年后调毕节地区干休所任所长两年；1989年调中共毕节地委关心下一代协会办公室，任专职办公室主任；1991年调毕节地区工业学校任副校长，尔后又任工业学校工会主席、党委书记，直至退休。

傅长文在运输站期间，广交朋友，和睦待人，在贵阳、毕节、黔西、织金、大方等地一带，方便行人，接交有序，出入无差，受人尊重。任车队长后，善待驾驶员，严格管理，强调安全，自己带头遵章守纪，坚持原则，处事灵活，未出现车祸事故。1983年被贵州省商业厅授予为安全行车64万公里和“安全行车标兵”；调胶木厂、酒厂任领导，不摆架子，到生产第一线，与工人打成一片，离任时工人们还舍不得他调走。在干休所时，尊重退休老干部，常去访家拜户，关心他们的健康，有病即时协调住院，有困难帮助反映解决，深受同志们好评。在关协时工作卓有成效，调离后一如既往地做关协工作。调到学校后，主动配合校长，承担重任，团结教职工，在工校施展才干。特别是1996年5月，在苏州参加全国中专校长培训后，又大开眼界，拓宽了办校指导思想，工作更有起色。组织修缮校舍，让学员有好的环境，教职工有好的居室，还绿化校园，设置花园草坪。教学相长，学校获得国家教委、教育部授予的“国家级重点学校”称号，2000年傅长文被贵州省总工会毕节地区办事处授予“1999年度优秀工会工作者”称号；2010年9月被中共毕节地委、毕节地区行署评为“全区关心下一代工作先进个人”；2011年6月被中共毕节地区工业学校委员会评为“2010年至2011年度优秀共产党员”。教职工也给予称赞。

傅长文对傅圣、傅氏文化更情有独钟，自2005年以来，紧密配合傅治华会长，既抓世界傅氏宗亲联谊总会工作，又抓贵州傅氏宗亲联谊会的活动，在全国一些省市以及贵州不少地方，推动弘扬傅圣、傅氏文化活动，一些县成立了联谊会，组织编修族谱工作进展顺利。工作中自引出力，无私奉献，为成立贵州傅氏宗亲联谊会及编纂贵州傅氏通谱捐资6000余元，并组织织金、毕节族人积极捐资。2005年8月，世界傅氏宗亲联谊总会给他颁发了荣誉证书；2008年3月，世界傅氏宗亲联谊总会，《中华傅氏通谱》

编纂委员会又评其为“在宗亲联谊、傅圣文化及傅氏族谱的研究中，工作积极，无私奉献，成绩显著，贡献突出”，特颁发荣誉证书。任世界傅氏宗亲联谊总会副会长，贵州傅氏宗亲联谊会首届理事会常务副会长和第二届常务副会长。为编修《中华傅氏通谱·贵州卷》第二次为贵州傅氏联谊修谱捐资万余元。

傅培良 1939年3月6日生，毕节赫章县人。1955年12月参加赫章县供销合作社工作，1957年调赫章县商业局采购经理部。1958年12月参军，在铁道兵一师二团一营营部历任战士、班长、文书，1960年3月加入中国共产党。立三等功一次。1963年9月任司务长，1964年3月任副连长，1965年2月任团司令部管理员。1965年6月到越南“援越抗美”，1968年9月回国，后调武汉市公安局“支左”，任东西湖区公安分局政侦组组长，1973年9月转业到赫章县商业局百货公司任党支部书记。1974年2月调赫章县革委财贸办公室任人事干事，1978年11月调赫章县税务局任利润监交股股长。1984年3月任赫章县税务局副局长，1994年4月任赫章国税局局级调研员。获省税务师、经济师职称。

2006年3月当选贵州傅氏宗亲联谊会常务副会长，全国《中华傅氏通谱》常务副主任，《中华傅氏通谱·贵州卷》副主编，《中华傅氏通谱·贵州赫章卷》主编。2011任《中华傅氏通谱·贵州卷》副主编。为编修《中华傅氏通谱·贵州卷》捐款2000元。

傅恩贤 1949年6月22日生，贵州省黔西县人，大学文化，1968年11月18日参加工作，经济师，2000年5月退休。系贵州傅氏宗亲联谊会第一、二届常务副会长兼秘书长。

傅恩贤于1968年11月黔西一中高中毕业后上山下乡，在黔西甘棠大寨劳动锻炼；1971年9月进都匀四四三三厂当学徒；1972年4月被选送进成都电讯工程学院学习，1975年10月毕业后回原厂任技术员；1981年元月为照顾家庭几位老人，调黔西人民银行，后分到黔西县工商银行，任计划股股长；1997年10月任办公室主任，直至退休。

傅恩贤在校学习期间，全面发展，品学兼优，参加工作后积极向上，先后被提任股长、办公室主任等职，1987年11月被中国工商银行贵州省分行评为经济师，任命为副主任科员。因工作兢兢业业，认真负责，尊重领导，团结同志，多次被评为先进工作者，受到地区中心支行和县支行表彰。

在家庭内敬孝突出，为了照顾祖父、祖母、外祖母与父母及岳父，从工厂调回老家，早晚问安孝敬，尔后又提前内退，朝夕侍奉。更难能可贵的是年近80岁的父亲傅国梁在2000年患脑血栓，长期瘫痪在床，生活不能自理，大小便失禁，傅恩贤及室人陈尚英数年如一日，精心护理，直至2008年老人安然逝世，被人赞颂为孝子孝媳。

从2005年起，傅恩贤就积极投入了世界和贵州傅氏宗亲联谊活动，曾参与和支持傅治华会长跑了不少省市和地县，宣传傅圣、傅氏文化，促进了贵州联谊会的发展，推动了一些县（市）联谊会的顺利成立，因之被推选为贵州傅氏宗亲联谊会的第一、二届常务副会长兼秘书长。《中华傅氏通谱》在全国启动后，做了不少前期筹备工作，尔后又直接投入《中华傅氏通谱·贵州卷》的编纂工作。从策划到启动，从部署到收集资料，从编写初稿到修改，每个环节都少不了傅恩贤的无私奉献。

傅钦臣 1940年4月1日生，又名赵江，字钦先，白族，贵州省大定县义渐里九甲七垢人，今大方县响水白族彝族仡佬族乡粮丰村长石村民组。1963年9月参加工作，1979年7月加入中国共产党。2003年退休。

傅钦臣幼时在偏坡寨读私塾，启蒙名钦先。尔后在粮丰民校、凉水邵家小学、响水小学、百纳民族中学、大方一中读书，1963年高中肄业被选参加工作。曾就读于山西刊授大学两年。参加工作后，任过教师一年；在响水供销社工作过；在县农业银行、县“农业学大寨”班（后为农林水办公室）各工作10年；在中共大方县委组织部工作5年，任组织部办公室主任；1988年调县地方志办公室任副主任，尔后升任主任、党支部书记。系大方县诗词、楹联、书法协会会员；任过毕节地区乌蒙诗社理事，遵义《中国书画印研究》中级会员，《大方县志》主编，大方白族学会常务副会长。此间，参与主持、主撰《大方县农业经济区划（粗线条）》，获县科技成果二等奖；主持、主编《大方县志》，获全国二等奖，省科技成果一等奖；主持、主编《中国少数民族大词典·白族卷》大方词条；在毕节地区志办指导下，主持、参与完成了《大定府志》点校注；参与编写《黔西北白族史料》《中国地方志简本丛书·大方卷》；参与收集整理《贵州省志·政权志》大方部分资料；参加编辑《中国楹联集成·贵州毕节卷》；任《大方县卫生志》（此志与《大方县志》被县评为科技成果一等奖，获奖金近万元）副主编、《大方县军事志》执行主编、《大方县审判志》执行主编；同时还任《赵氏族谱》执行主编，当过县内5姓人家修家谱顾问和个人纪事编纂顾问以及大方《白族通讯》编委会副主任兼主编。曾获大方县人民政府授予科技成果二等奖、县机关党委所评优秀共产党员；2002年元月，贵州省人民政府授予“贵州省地方志系统先进工作者”称号，颁发了奖状奖金。因之，退休后享受100%工资。其主要简历入编《世界优秀人才大典》中华卷。

2009年3月，任大方傅氏宗亲联谊会顾问暨《中华傅氏通谱·贵州大方卷》编委会副主任兼执行主编，贵州傅氏宗亲联谊会增补为顾问兼副秘书长。为族人办族事作了一点工作。2010年4月，受到世界傅氏宗亲联谊总会表彰；2011年3月贵州傅氏宗亲联谊会颁发了荣誉证书，同时又被选为贵州傅氏宗亲联谊会第二届常务副会长。

傅贵兴 德芳公之次子，说公后一百二十世孙，生于1956年6月13日，贵州修文人。大学文化，中共党员，修文县专家院专家，1975年参加工作，现任修文县农业局主任科员，贵州傅氏宗亲联谊会常务副会长，修文县傅氏宗亲联谊会会长，《中华傅氏通谱·贵阳卷》一主编。曾在修文县小箐乡、修文县畜牧局、修文县人民政府农业办公室、修文县农业局、修文县畜牧中心等单位工作。曾任站长、副主任、主任、副局长、局长、总畜牧师、主任科员等职务，多次获得中央、省、市、县的先进工作者、劳动模范和项目成果一、二等奖。是中国人民政治协商会议修文县委员会第三、四、五、六、七届委员。贵阳市科学技术协会代表、委员会委员，发表农业方面的论文十多篇。自参加傅氏联谊会工作以来，首先组织编修了本县通谱为《中华傅氏通谱·贵州卷》作了示范，为《中华傅氏通谱》贵阳卷以及贵州卷共计捐资2万多元。

他的政策性强，坚持原则，严格要求身边的工作人员和子女朝着真、善、美方面发展，积极到中央、省、市争取农业项目资金数亿元到修文县，改善农村基础设施，调整了农业产业结构，使修文成为全省的畜牧养殖大县和果蔬种植大县，为家乡和族人改变了生产条件，深受人民和族人的好评。家族观念很强，族人有困难主动上前帮助，亲朋好友和族人大事小事他都出谋划策；族人遇事主动上前协调，团结多数族人沿着国家政策方针搞好家园建设。孝顺父母，尊老爱幼，年轻时候，顺从老人意志，听从老人安排。老人生病住院，长时间到医院陪伴老人，使病情早日康复，主动承担了大额医疗费用从不攀扯哥哥、弟弟。老人年迈生活不能自理时，他亲自照料。父母病逝后主动承担了大部分丧葬修坟立碑等近十万元的开支。他对家族中的老人和邻里老人非常尊重，时常前往，探望老人，深受族人的好评。在教育子女方面严格要求，虽已成家立业，时常在生活上给于以关心，学习上给以督促，工作上给以监督，使子女从德、智、体、各方面得到发展，目前分别在农业系统和金融系统工作，正在为社会发展作应有的贡献。

2006年9月组织成立《中华傅氏通谱·贵阳卷》一编纂委员会，并担任常务副主任（兼）主编。在编纂工作开展过程中，捐款万余元并多次与编纂委员会成员到云南、瓮安、福泉、都匀、毕节、普安以及山西平陆等地考察考证，查看地方志和有关资料，使得编纂工作顺利进行。对《中华傅氏通谱·贵阳卷》一谱书样式和编章结构及宗派设置，亲自设计和编排，还组织编纂人员夜以继日加班加点工作，为《中华傅氏通谱·贵阳卷》一成功出版发行，做出了巨大的贡献。完成《中华傅氏通谱·贵阳卷》一的编纂出版发行工作后，还积极协助省会会长工作，参加《中华傅氏通谱·贵州卷》的编纂工作，按时参加省会召集的会议，积极整理提供有关资料。为《中华傅氏通谱·贵州卷》编修出版发行做出积极的努力，正在为贵州省傅氏家族事业兴旺发达作努力。

傅舒福 1956年9月生，六盘水六枝人。1980年7月毕业于贵州省财政学校，中专文凭；1980年8月至1992年6月，在中国建设银行六枝特区支行工作，曾任拨款股科员、副股长、股长、副主任科员，1992年7月至2002年任投资信贷科科长，主任科员；1992年至1995年被六枝特区人民政府任命为那平路统一建设办公室副主任；2002年12月，任建设银行六枝特区支行副行长，兼综合业务部经理，2003年9月至2005年8月任副行长、支部书记，主持支行工作；2005年9月调到建设银行六盘水市分行工作至今，任专职贷款审批人、风险经理、信贷经理。工作期间，工作认真负责，努力钻研业务，1986年受聘为建行助理经济师，1993年受聘为建行经济师，获全国建设工程一级造价员，2004年获建筑造价工程师、注册造价工程师，曾多次被评为建行六盘水市分行先进工作者、优秀员工、优秀党员和优秀党务工作者。

2007年6月9日选为自湘入黔六枝新场傅氏宗族委员会委员、秘书长，并兼任自湘入黔六枝新场傅氏宗族五修谱委员会秘书长、五修谱主修人；2006年4月选为贵州傅氏宗亲联谊会常务副会长。为编修《中华傅氏通谱·贵州卷》捐资1000元。

傅忠元 1964年6月3日生，贵州省道真县玉溪区蟠溪公社河坝生产队人，中共党员，大学文化，1988年8月参加工作。傅忠元幼时家境不丰，父母年老体弱，生活困难，仅靠父亲傅文学制作竹编工艺品支撑家用，有时还受国家救济。1971年起傅忠元在蟠溪学校读小学和初中，学习勤奋，成绩优异，于1979年考入道真中学读高中，在学校艰苦生活。1982年10月和12月，父母不幸先后病故，傅忠元失去双亲，辍学在家务农，维持生计。

傅忠元吃苦耐劳，又聪明好学，为人谦恭，受到异海同山长兄傅忠现的支持，于1983年9月返校补习，次年考入贵州民族学院中文系。在民院读书期间，生活清苦，靠兄、姊、侄以及家族和亲戚朋友的微薄资助完成学业。1988年毕业分配在道真县税务局工作，在玉溪区大田、大路、巴鱼等地收税。次年3月调到局办公室做秘书工作。1994年分税制财政体制改革，傅忠元被划入道真国税系统，在道真国税局办公室做文秘工作，1997年任人事教育股副股长，2001年6月任道真自治县国家税务局纪检组组长，2004年7月转任副局长，2012年11月调遵义市汇川区国家税务局工作。在工作中因成绩显著，先后获省、市、县税务局、国税局及县政府等相关单位部门颁发的先进工作者、优秀公务员等20多项奖励。

傅忠元对知识不断渴求，在工作期间，又于2002年10月至2005年7月在中共贵州省委党校经济研究生班学习毕业。对傅圣、傅氏文化，更情有独钟。2006年起，自行出资出力，利用工作之余，通过组织、宣传、协调、策划，经过3年多的努力，搜集整理全县二十余支傅氏世系传承资料，主编《道真傅氏族谱》，于2009年年底出版发行，并发起成立了道真傅氏宗亲联谊会，受到了贵州傅氏宗亲联谊会的表彰，被增选为贵州傅氏宗亲联谊会常务副会长。同时还承担了《中华傅氏通谱·贵州卷》及《中华傅氏通谱》贵州部分的大量资料搜集整理和编校工作。

傅兰瑜 1965年1月14日生，贵州省毕节大方县星宿苗族彝族仡佬族乡龙山村人，白族，大学本科学历。

傅兰瑜在普通中学毕业后，于1981年12月进入中共大方县委党校，一年后分在原百纳区公所实习；1983年12月调在沙厂区和平乡任副乡长；1986年考入中共大方县委党校，学习两年后返回和平乡继任副乡长；1990年2月调入戛木乡任副乡长；1991年撤区并乡建镇后，调配在黄泥彝族苗族满族乡任党委委员；1997年9月至1998年7月在中共毕节地委党校大专班学习；学习结束于12月调在星宿苗族彝族仡佬族乡任党委副书记，2001年12月升任党委书记；2005年6月调果瓦乡任党委书记；2006年7月调中共大方县委组织部；2007年2月调任大方县畜牧局任党组书记、局长；2010年调县供销社任党组书记、主任；2013年调任大方县房管局党组书记、局长。自贵州联谊会筹备开始至今，从不空会，组建了本县傅氏联谊会，被推选为会长，积极组织编修了通谱大方卷，为贵州傅氏通谱作了范本并为大方县修谱捐款约3.5万元。

傅兰瑜在校刻苦学习，不断增长知识才干；在工作岗位上，兢兢业业、恪尽职守，干一行爱一行。在黄泥彝族苗族满族乡期间，带头兴办乡镇企业，加大招商引资力度，组织集资兴办了龙塘磨坟煤矿、大硐煤矿、何家湾煤矿、老区办厂煤矿、槽门梯子岩煤矿，使黄泥乡煤炭资源得到很好开发，对全乡经济发展起到了较大作用。在星宿乡期间，继续狠抓乡镇企业，又带头兴办兴龙煤矿，以此为契机，组织人员对星宿乡煤炭资源进行勘探、规划，尔后进行招商引资，使全乡煤炭资源得到合理开发利用，乡财政税收从50万元猛增至500万元。调县畜牧局后，认真学习畜牧业知识，在中共大方县委、大方县人民政府直接领导下，组织全县畜牧战线的技术人员，落实科学发展观，着力打造畜牧大县。此间，先后到北京、四川、湖北、吉林、内蒙古、山东、江苏等地进行畜牧业考查，结合县情，着力调整全县畜牧业产业结构，引进牛、羊优良品种，以规模化、标准化为突破口，使大方县达到生态畜牧业大县的雏形。

2010年被中共大方县委评为优秀科技领导干部。2009年3月，为促进和谐社会的构建，积极参与大方县傅氏宗亲联谊会的筹划，组织《中华傅氏通谱·贵州大方卷》的编纂工作，并带头捐资、集资，为族人作了不少的贡献。2010年4月被贵州傅氏宗亲联谊会增补为常务副会长，并受到世界傅氏宗亲联谊总会的表彰。2011年换届选举中，又被选为第二届常务副会长。为编修《中华傅氏通谱·贵州卷》捐资5000元。

傅仕策 1938年农历九月初五日生，瓮安县草塘下司人。高中文化，1979年参加工作，在当地农村小学的戴帽初中任语文课教师23年。获小教一级职称，2002年退休。现任贵州傅氏宗亲联谊会常务副会长。

傅仕策小时喜欢读书，凡所学之，熟背如流，在父亲应淳先生的辅导下苦读《幼学琼林》，勤练书法，热攻诗对，有所成就，故于1979年春奉命放下矿灯，进校从教，教书育人。退休后，居农村，常为民众红白喜事帮忙，书碑、写对、还客。得到学生、家长、百姓、社会的敬重。

自2006年8月以来，在世界傅氏宗亲联谊总会的领导下和贵州傅氏宗亲联谊会傅治华会长的带领指导下，为加强傅氏宗亲联谊，编修《中华傅氏通谱·贵州卷》，外出采访，搜集资料，踏实工作，无私奉献，受到两次大会表彰。

傅仕策在县内走访近三十个村寨，搜集了四十多支傅氏的源流、字派、世系情况，加以编排，并将编排资料返回与资料提供者见面，征求意见。各地宗亲非常满意，受到好评。另外还采集了余庆、湄潭、福泉等县的傅氏资料，并整理存档。

2009年3月，傅仕策同治华会长、常务副会长长文、恩贤、培良等人先后前去龙溪、江口、铜仁石家坪、笔架冲、印江、思南、凤冈、湄潭、福泉、桐梓、瓮安等处宣传联谊工作，作好走访笔记，提供真实材料，为编修《中华傅氏通谱·贵州卷》做了大量工作。

6年来，傅仕策参加过“黔西扩大会”“南昌会议”“平陆傅圣第三次文化节”“贵阳二次会议”“贵阳编修族谱会”“金阳编谱会”两次，本县“下司清明会”两次，龙堂清明会一次，在清明会上并作主要汇报发言。

在历时6年的宗亲联谊宣传活动中，印发资料，搜谱、理谱、差旅、拍照、生活接待，捐款立碑，出钱办会，约耗资万元以上。

傅　华 生于湖南，祖籍贵州毕节金沙县，大学文化。原中国有色桃林铅锌矿团委书记，湖南省委政策科学研究会秘书长助理，现任中共中央求是《小康》杂志社贵州联络处副主任（兼方正证券和招商证券高级顾问）。任贵州傅氏宗亲联谊会第一、二届常务副会长，为编修《中华傅氏通谱·贵州卷》捐资2000元。

傅桂国

1939年10月12日生，又名傅家国，贵州省赫章县城关镇人，小学文化。1958年参加工作，1959年10月加入中国共产党，1991年退休。

傅桂国于1958年参加中国人民解放军，在部队刻苦训练，努力奋斗，历任班长、排长、连长、营长等职，1975年转业时为副团级。转业后安排在贵州省黔东南州凯里市政府办公室，曾任凯里市政府办公室主任，市委常委。其工作认真主动，卓越成效，于1988年被卫生部门授予改水工程奖。傅桂国退休后，热心家族活动，2006年当选贵州傅氏宗亲联谊会常务副会长，2011年换届再次当选。并任《中华傅氏通谱•贵州卷》编委，《中华傅氏通谱·赫章县卷》编委会副主任。

傅舒祥

1951年农历正月十一日生，六盘水六枝人。贵州省计委第十二党支部副书记。毕业于贵州省广播电视大学法律专业，现住贵州省贵阳市黔灵西路省计委家属院，六枝傅氏五修族谱委员会委员。1972年在六枝矿务局参加工作；1985年调贵州省经委电热办工作；1989年任贵州省计委招待所所长；1996年任省计委干部培训中心办公室副主任；1999年至2006年分别任省计委干部培训中心事务部、综合部经理；2006年任省计委干部培训中心行政总监、工会主席；2011年退休。现任贵州傅氏宗亲联谊会常务副会长。关心傅氏宗亲联谊工作，积极参与傅氏宗亲联谊活动。为多次省联谊会会议节省经费开支数万元。为编修《中华傅氏通谱·贵州卷》捐资2千元。

傅相均

1951年8月22日生，遵义桐梓县傅家沟人，茅石中心煤厂厂长。贵州傅氏宗亲联谊会常务副会长，桐梓县傅氏宗亲联谊会副会长。《桐梓傅氏宗谱》领导小组副组长、编委成员，为修桐梓崇节公坟墓、桐梓三宫殿和重修傅氏宗祠作出巨大的贡献。为编修《中华傅氏通谱·贵州卷》捐款2千元。

傅报和

1955 年 9 月 6 日生。1976 年 12 月在织金县三塘区粮管所工作；1984 年 4 月在织金县珠藏区粮管所任所长；1986 年 10 月在织金县粮食局任纪检组组长；1988 年 6 月在织金县县纪委工作；1991 年 3 月在织金县城关镇任副书记（正科级）；1998 年 11 月至今在织金县直属机关党委任副书记（正科级）。长期以来关心贵州傅氏宗亲联谊会工作，被推选为织金傅氏宗亲联谊会会长，贵州傅氏宗亲联谊会常务副会长。为编修《中华傅氏通谱•贵州卷》作出了突出贡献。

傅家平 1957年6月出生于贵州省黔西县沙窝区沙井街上，初中文化，中共党员。

1976年初中毕业后当过板筋工、机电修理工。1977年9月在黔西县沙窝区金碧公社二大队九队当知青。1980年6月在黔西县沙窝区陇坤信用社工作，1985年任高坡信用社负责人，1987年调沙井信用社工作；1992—1995年任羊耳片区负责人；1995年10月进入黔西县信用联社；2006年12月退休。由于工作表现突出，分别于1988、1990、1997年获黔西县农行信用联社优秀工作者荣誉称号，1996年取得助理经济师职称，2006年被县机关工委评为优秀共产党员。

积极参加傅氏宗亲联谊会工作，多次出车服务贡献万余元捐资编修族谱。2006年贵州傅氏宗亲联谊会成立，被选为常务副会长，并主管财务，2011年联谊会换届选举连任常务副会长。

傅朝相 1966年生，高中文化，家住贵州省长顺县睦化乡睦化村老场坝组，经商，现任贵州傅氏宗亲联谊会副会长，兼任贵州省罗甸县董王乡傅氏宗亲联谊会会长。在任期间曾主持联系贵州省长顺县、平塘县、惠水县、罗甸县、紫云县等傅氏宗亲，了解傅氏文化以及各方面的工作，整理编写董王乡傅氏族谱，此书已于2013年5月完稿，即将付梓。多次为贵州傅氏宗亲联谊会捐款上千元。

傅宪邦 生于1939年12月13日，盘县大槽子村人，大专文化，族长，中教一级职称。曾任土城农中校长。一生从教，退休后从事家族联谊工作，被选为贵州傅氏宗亲联谊会副会长兼大槽子傅氏宗亲联谊会会长。

兄妹各四，排行老幺，自幼聪颖，眼光睿智，行事稳重端严，少时多困苦。1952年7月至1955年7月求学于大槽子土城民光小学，成绩名列前茅。1955年7月以优异的成绩考入县最高学府盘中。青年时酷爱体育运动，任校体协副主席，代表县参加省、地田径运动会，获800米国家级证书、证章，成为县体育尖子。1961年下半年在贵州黔东南锦屏林学院进修，毕业后分黎平县林业局工作。1963年回盘县土城农中任校长，后改柏果镇中，评为中教一级职称，负责校文体工作。1993年退休于柏果中学。

退休后，与兄傅权邦从事傅氏族务工作，与兄联合于2000年编修出版盘县第一部《傅氏族谱》。栉风沐雨，付出了艰辛的努力，为弘扬傅圣文化作出了贡献。2005年被大槽子村傅氏支系选为会长，领导大槽子傅氏二次修复宗祠。他重"孝"道，主持每年清明节集体扫墓30多年。他眼光独到，不但关心本支，更关心盘县傅氏的族务工作。为了解族史，自费到云南大树屯，贵州云山屯、兴义等地。2000年后参加黔西、毕节、贵阳二次、平陆祭祖会议并为之捐资。2005年工作显著的他被省傅氏宗亲推荐为贵州傅氏宗亲联谊会副会长。

傅开文 1949年11月8日出生，高中文化，中共党员，贵州省仁怀县后山乡人。

1965年12月参加中国人民解放军，历任战士、通讯员、文书、营部书记、团政治处干事、股长等职。

1982年3月转业到仁怀县公安局工作，历任茅坝镇派出所指导员，鲁班镇派出所指导员，县公安局办公室负责人，市公安局副政委、政委等职，2007年退休。傅开文热心傅氏宗亲联谊会工作，积极配合省联谊会通谱编纂工作，现任贵州傅氏宗亲联谊会副会长，《中华傅氏通谱•贵州卷》编委成员。

傅永福 1945年12月29日生，贵州省安顺市西门人。1953年9月在安顺县第六小学（今安顺职业高中）读书；1960年小学毕业后考入安顺市第三中学；1963年7月初中毕业后考入安顺地区第一中学（安顺第一高级中学）高中。1964年5月加入共青团，1965年任班级共青团支部书记。1966年6月高中毕业，准备参加7月份全国高考。但“文化大革命”开始，全国大、中、小学校停课“闹革命”，大学美梦破灭。1968年11月8日，到安顺市西关公社西市大队第一生产队当知青两年零四个月。1971年3月1日，招工进入贵州灯泡厂食堂当工人。1972年当采购员，1973年年初，调厂财务科当出纳员。1973年9月3日加入中国共产党。贵州灯泡厂是1969年筹建的县（团）级省直属企业。1974年9月17日，任贵州灯泡厂党政办公室秘书兼团委副书记。1975年11月抽调参加安顺地区“农业学大寨”工作队，到安顺县蔡官公社学大寨工作队任秘书，1976年12月回厂仍任厂办公室秘书。1980年后，历任贵州灯泡厂行政科科长、党委宣传科科长等职。1984年6月任厂办公室主任。8月考入中国轻工管理干部学院政治经济系脱产读书。1986年9月毕业回厂，任厂长助理等职，分管厂销售、供应、运输、黔毅照公司经营工作。1989年6月获经济师职称。1991年年初，筹建安顺市年产5万吨洗涤剂厂，填补贵州工业的空白，同年11月调安顺洗涤剂厂建设指挥部任副指挥长。1993年9月调安顺市铅笔厂任厂长兼党支部书记。安顺铅笔厂生产的纸杆铅笔列入国家星火计划项目，进入批量生产。1994年9月调安顺市乡企局工作。撤地建市后，并入安顺市西秀区安全监督局，2002年提前退休。

傅厚璋 侗族，1967年6月19日生，黔东南自治州锦屏县启蒙镇巨寨村高梅组人。中共党员，省委党校在职法律本科学历。

1988年8月分配到锦屏县乡镇企业局工作，先后任出纳、会计、统计、秘书（1993年6月任局秘书）、局党支部书记、局党组成员。1997年3月调县委办公室（县国家保密局）任秘书。1998年11月调隆里乡党委工作，任党委副书记、纪委书记、政法委书记兼乡机关党总支部书记、工会主席。2002 年 4 月任县残联副理事长（2002 年 10 月至 2003 年 4 月主持工作），任县人民政府残疾人工作委员会办公室主任，2002 年 10 月至 2009 年 6 月任县残联党支部书记。2003 年 4 月抽调平略镇三板溪搞移民工作一年，任工作队副队长；2005 年 11 月抽调河口乡搞移民维稳工作，任工作队队长；2005 年 7 月 6 日县委抽调到新化乡搞共产党员先进性教育活动督导工作，任工作队队长；同年 7 月 26 日县委抽调到县先教办搞督导工作半年，负责三江、平秋、彦洞三个乡镇督查工作；2006 年 9 月至 12 月县委抽调到三江镇指导换届选举工作，具体负责飞山社区选举指导工作；2009 年 6 月至 2011 年年底抽调到县人民政府危房改造办工作。2009 年、2010 年分别被聘任为县人民政府行风评议员。1999 年至 2011 年当选为县第五届、第六届、第七届、第八届政协委员。

傅厚璋在工作之余，十分关心家乡建设，乐于帮助地方群众，家乡通电、修自来水、通组公路及寨上人行道硬化、凉亭建设和村公益事业等都带头作出积极的贡献。2013 年增补为贵州傅氏宗亲联谊会副会长。

傅志坚 贵阳白云区人。在白云区政府工作，认真负责，历年受到好评。退休后参加修谱工作，亲自去江西合谱，参与领导黔支五修族谱工作，圆满完成任务。长期以来积极参加贵州傅氏宗亲联谊会活动，为傅氏联谊会工作的开展做了许多贡献。现任白云区傅氏宗亲联谊会会长、贵州傅氏宗亲联谊会副会长。与傅志磊弟兄俩一起代表白云区傅氏为编修《中华傅氏通谱·贵州卷》前后两次共捐款 8000 元。

傅安招 出生于 1944 年，金沙县新化镇人，初中文化。1964 年至 1969 年在本村务农，教民校；1969 年支铁，任文书工作，兼团支部副书记。1973 年至 1979 年任生产队会计，大队煤厂会计；1979 年至 1989 年均在新化小学、院合小学、大竹小学任教，并兼任新化农工商会计，经合村煤矿会计；1989 年至 1996 年，在水井湾煤矿、杉林煤矿任副董事长、董事长职务；1996 年至 1999 年在傅治华带领下均往山东、山西、福建、贵州各地参加傅氏宗亲联谊会活动，曾任世界傅氏宗亲联谊总会副会长、贵州傅氏宗亲联谊会副会长，后增补为常务副会长。为傅氏宗亲捐款 2000 元。

傅汝云 1964 年 4 月 21 日出生，黔西南自治州普安县新店乡细密村人。长期以来积极参加贵州傅氏宗亲联谊会活动，为傅氏联谊会工作的开展做出了重大贡献。现担任贵州傅氏宗亲联谊会副会长。第二次为联谊会议捐资千元，专为编修《中华傅氏通谱·贵州卷》捐资 1000 元。

傅宇江 生于1956年1月25日。习水县习酒镇黄金坪村傅家田组人，初中文化。

1975年参加工作，任生产队会计。1985年进入国营习酒厂，任包装车间和制曲车间班长，1992年进入习水酒厂任环保科办公室文秘；1998年至今任贵州茅台酒厂（集团）习酒有限责任公司环境保护部绿化队队长一职。1995年至2002年，任黔北傅氏修谱成员，并担任习水县习酒镇傅家田傅氏族长。为编修《中华傅氏通谱·贵州卷》捐资1000元。

在不断变换的工作单位中，严格按照“有事业心、有责任心、有上进心”“团结协作、乐于奉献、勇于探索、积极进取”的要求去规范自己的行为。在不断的学习中，努力使自己的思想觉悟得到较快的提高，参加工作28年以来，始终数十年如一日，带领员工，给公司在环境绿化方面做出了巨大贡献，曾评为贵州茅台酒厂（集团）习酒有限责任公司职工代表、集团公司先进员工、集团公司优秀员工等表彰。

傅大育 遵义市凤冈县人。1988年9月至1990年7月在重庆民政学校民政专业学习，1990年8月毕业。1990月8月在凤冈县花坪区花桥乡政府工作，1992年8月任凤冈县花坪镇东山管理区民政助理员，1994年12月任花坪镇综合治理办公室副主任；1998年7月任凤冈县人民政府办公室信息督办股科员，2000年9月任凤冈县委办公室综合信息股科员、正股级秘书、股长，2003年2月任凤冈县委办公室副主任，兼凤冈县政治协商委员会委员、常委。2006年9月任凤冈县委办公室副主任、县委政研室主任；2009年4月任凤冈县交通运输局副局长、地方海事处处长，兼任凤冈县航务管理所所长。积极参加傅氏联谊活动，现任贵州傅氏宗亲联谊会副会长。

傅善云 1965年4月生，毕节纳雍县昆寨人。本科文化，中教一级，中共党员。1982年9月在纳雍县师范学校学习。1985年8月在纳雍县昆寨民族学校任教；1997年9月任该校副校长、校长；2006年8月起在昆寨民族中学任工会主席、党支部书记。2011年3月当选贵州傅氏宗亲联谊会副会长，致力于纳雍傅氏宗族家谱修撰及家族事业发展工作，多次自费组织宗亲外出考察交流，为纳雍宗亲团结、和谐发展竭尽全力。

傅应芳 1944年4月21日生，黔西南自治州晴隆县碧痕镇碧痕村中街组人。1973至1979年在碧痕中学任教，负责总务工作；1979年至1982年任安谷片区学校副校长；1982年至1992年调碧痕区财政所任副所长；1993年至2000年调碧痕镇国土所任所长，副主任科员。傅应芳7岁就失去父亲，从小吃苦耐劳，学习上刻苦钻研。其性格善良，爱护兄弟姊妹，严格教育子女，和睦邻里。工作认真负责，退休前三年连续被县国土局评为优

秀工作者。关心傅氏联谊工作并积极参加活动，2012年推选为贵州傅氏宗亲联谊会副会长。为修贵州通谱捐1000元。

傅廷碧 生于1941年11月6日，贵州普定县人，高中文化，住贵州省普定县城关镇富强路69号。1962年6月应征入伍，在贵州军区独立师三团任战士，1968年提升内影组长（排级），多次被评为“七好战士”；1968年入党，中共党员；1970年12月转业，先后在普定县教育局、统战部、宣传部、检察院工作，历任教育局教研室副主任、统战部干事、宣传部干事、检察院办公室主任，法纪科科长、正科级检察员、检委会委员。省检察院任命为高四级检察官，工作期间多次被评为“先进工作者”，2001年12月退休。热心傅氏联谊会工作，积极参加各种傅氏活动，普定县傅氏宗亲族谱编写牵头人。现增补为第二届贵州傅氏宗亲联谊会副会长，傅氏通谱编委会成员。

傅顺炎 出生于1948年农历腊月初一。1971年至1972年修湘黔铁路；1978年至1980年在凯里市炉山小学任教（民办教师）；1984年在炉山区清平镇城关村务农，任城关村副村长；1986年4月至1991年12月在凯里市炉山区清平镇工作，其间1989年至1991年12月，任清平镇副镇长、党委书记；1992年1月至1995年12月在凯里市大风洞乡工作，任大风洞乡乡长；1996年1月至2001年12月在凯里市炉山镇工作，任党委书记；2002年退休。傅顺炎热心傅氏宗亲联谊会工作，积极配合省联谊会通谱编纂工作，现任贵州傅氏宗亲联谊会副会长，《中华傅氏通谱•贵州卷》编委成员。

傅先平 生于1948年11月17日，贵州省赫章县人，1969年参加工作，赫章县医院医师，获高级技术工种职称，2004年退休。2006年3月当选为贵州傅氏宗亲联谊会副会长，《中华傅氏通谱·贵州赫章卷》编纂委副主编。

傅善学 1942年10月10日生，家住贵州省毕节市长春堡镇王丰村田湾组。1965年参加卫生工作，1966年参加中国共青团，1971年加入中国共产党，成为一名优秀共产党员。幼年在王丰村小学毕业后入毕节师范学校，一年之后因国家受到自然灾害，回家生产，任生产队长；1965年在毕节卫生学校学习一年，于本年参加村卫生工作，随后被提升到王丰乡卫生院任院长一职，被调离后连任王丰乡党委委员，分管文卫工作，工作期间因工作积极认真，被评为优秀共产党员，受到区级表彰；1991年被评为农民技术员，贵

州省农村经济委员会颁发证书。1992 年再次被评为优秀共产党员，1993 年被选为毕节县第十三届人民代表，1994 年被选为毕节市第一届人民代表，本年调到长春堡镇卫生院工作。曾在 1998 年、2000 年、2001 年受到毕节市人事劳动表彰，被评为优秀等级，于 2004 年 8 月退休。2005 年至今积极参加傅氏联谊活动，共为总会及贵州联谊会出资 2000 多元，现任贵州傅氏宗亲联谊会副会长。

自世界傅氏宗亲联谊总会在山西平陆县成立以来，积极主动参加寻根问祖会议，并大力支持傅氏宗亲联谊会，曾在贵州傅氏宗亲联谊成立会上捐款200元，在山西平陆会上捐款500元，在贵阳中华傅氏通谱编纂会上捐款1000元，在毕节傅氏宗亲联谊会上也有捐款。还自费到普安、水城、威宁、赫章宣传平陆傅氏宗亲联谊会的精神，并在长春、青场、杨家湾、撒拉溪、王丰等地收集整理修改毕节县谱书资料。主动出钱成立王丰傅氏宗亲联谊会，会上提到凤尾山、猛虎山祖坟多，道路行走不便的特殊情况，提出如何保护好祖坟方便扫墓，主动带头捐资，共筹集两万余元修筑了两米多宽全长400米的水泥路，受到傅氏宗亲热烈欢迎。2006年贵州省傅氏宗亲联谊会上授予荣誉证书，2008年3月在世界宗亲联谊总会、中华傅氏通谱编纂委员会上授予荣誉证书。

傅　瑜　原名傅辅瑜，1971年农历二月廿一日生，六盘水市水城县玉舍乡德格村红龙屯（回成屯）人，祖籍江西高安县务农乡长佣保，桐梓崇节公16世孙，现住六盘水钟山区文化北路步行街。

1979年至1981年在底木块小学（民办）读书，1982年至1984年在新河材前龙小学就读，1985年在玉舍中心校就读，1988年就读玉舍中学，1992年，就读贵州省六盘水市师范学院。毕业后，在1996年涉足电脑经营，得到较好发展。2004年参加六盘水的傅氏宗亲活动，成为傅氏宗亲联谊会的一员，于2008年成为水城县傅氏宗亲联谊会副会长，被六盘水宗亲选为六盘水市桐梓支系总族长，参加了中华傅氏通谱第十五卷（桐梓宗谱卷）、水城桐梓支谱、水城大河支谱等的编修，于2011年被推选为贵州省傅氏宗亲联谊会常务副会长。

傅大德　1952年9月9日生，毕节赫章县人，初中文化，民营企业主。近年来，为傅氏宗亲联谊会出资出力，自出车辆油资，四处奔走，八方宣传，为傅氏宗亲联谊工作起到了一定的推动作用。组织则雄傅氏宗亲修缮德谦祖和老五祖的祖坟，编撰《则雄傅氏族谱》，担任二项工作领导小组副组长。在担任副组长期间，为收集资料、考察祖坟提供了车辆。并多次与编撰人员一道亲临则雄、新发、以角、南开、马嘎等地。为祖坟修缮和《则雄傅氏族谱》的编撰作出了极大的贡献。

傅书乾 1954年6月3日生，贵州省铜仁地区思南县人。1975年10月就读于西南交通大学铁道工程系地质工程专业；1978年8月毕业分配在天津铁道部第三勘测设计院工作；1979年11月调贵州省思南县水利电力局工作；1984年9月任思南县水利电力局局长；1993年8月任思南县经济委员会主任、经济贸易局局长、党组书记；2000年6月贵州省人民政府授予“先进工作者”称号。2007年5月卸职，任主任科员，离岗休养。热心宗亲联谊工作，任贵州傅氏宗亲联谊会副会长。

傅大宏 1942年1月生，毕节威宁县人，副研究员，中共党员。1962年应征入伍，在部队从事宣传文化工作，曾在原昆明军区国防话剧团任过10年专业编剧。1982年转业，在云南省民族艺术研究所从事戏剧和民族文化研究，任民族文化研究室主任。在社团组织“云南日本艺术研究会”和“昆明UFO研究会”，分任副秘书长和秘书长职。系中国戏剧家协会、中国戏剧文学学会、中国傩戏学研究会会员。参与编撰大型工具书《云南文化艺术词典》，任常务副主编；与人合作编著《杜文秀帅府秘录》；独立完成云南傩戏文化调查报告《云南省西畴县太平村的汉族阳戏、冲傩戏》，该论文在1994年“云南傩戏文化国际学术研讨会”上获得优秀论文奖；在省级以上报刊发表过《戏剧系统分析泛议》《神奇的民族艺术大观》《彝剧艺术优势管见》等研究评论文章20多篇。此外，还与人合作创作上演过大型话剧《前哨红旗》《四渡赤水》，独立创作《彝山风雪》《甜甜的雾》等短篇小说十多篇。兴趣广泛、思维开放、天性好奇、童心不泯。

傅咏梅、陈　刚 傅咏梅，1973年12月5日生，黔西城关镇人，傅治华大女儿。1996年9月贵州大学经济法系大专毕业，1996年7月加入中国共产党，1998年8月通过公务员招干考入黔西县人民法院。先后出任黔西县人民法院书记员、审判员。

陈刚，彝族，1972年2月5日生。傅咏梅夫。大学文化，中共党员，现任黔西县人民法院审判委员会委员，第五党支部书记，城关镇人民法庭庭长。

夫妇俩为贵州傅氏宗亲联谊会及编修《中华傅氏通谱·贵州卷》多次捐款，计达 1.5 万元。

傅辅平 1967年9月出生，现住金沙县西洛乡群立村，大专文化，中共党员，任西洛乡冒沙井村党支部书记、群立村主任至今，多届党代表、人大代表。多年来，积极关心参加贵州傅氏宗亲联谊会议。在本县积极组织傅氏联谊活动，为建设桐梓傅氏宗祠及编修贵州通谱积极捐资共计2000多元。

傅嘉儒 1943年腊月廿八日生，贵州省遵义县人。9岁起在茅坪、尚嵇小学读书，1961年尚嵇初中肄业，回家务农。勤劳纯朴，忠厚善良，热心宗族事业，为傅氏宗亲联谊做出突出贡献，被推举为贵州傅氏宗亲联谊会副会长。

傅国胜 1953年7月7日生，毕节赫章县珠市乡陆坪村人，小学教师。1960年至1967年在珠市读小学，1967年至1970年在铁矿读初中，1971年至1988年在陆坪民校任教师，1988年至1993年在铁矿小学任教师，1993年至2000年在德块小学任校长，2000年至2010年在陆坪小学任教师，2010年3月退休。热心参加本地区傅氏宗亲联谊活动并作出积极贡献。关心傅氏宗亲联谊工作，为《中华傅氏通谱•贵州卷》捐款1200元。

傅国俊 1936年生，盘县珠东乡傅家大槽子人，高中文化，技术员，绍邦公之五子。国俊自幼聪明，勤奋好学，1957年秋以优异的成绩保送盘中学习。1962年至1965年秋，在普安县地瓜区花月井教民校，教书有方，深受学生和家长的欢迎和尊敬。1965年参加在盘县矿区指挥部汽车队，工改兵后调水矿局三十七处。1973年随三十七处调山东邹县，1985年又由山东调水矿局建安处，任技术员，1996年退休。傅国俊退休后，积极参与傅族族务活动，为修谱曾到正安、土坪、遵义等地落实资料。2005年和2010年两次修宗祠，不仅负责技术指导，还亲历亲为，无私奉献。由于他的细心策划、计算，节约了上万元的开支，被族人称颂赞誉。

傅才贵 1952年10月12日生，毕节威宁县人。1971年进入毕节师范学校学习，1973年下半年毕师毕业，参加教育工作。1988年年底，由于某种政策因素，离开教育界，先后从事商业手工业等各种行业的经营。2005年山西平陆世界傅氏宗亲联谊总会成立后，积极参加傅氏宗亲联谊活动，发动正泰祖后裔修建威宁县羊街大营上正泰祖公祖母碑记，为寻找正泰祖公祖母后辈，废寝忘食，四处联系，并在网络上公开发表有关寻亲之帖，整整花了6年时间，最后全部联络起来，并都进入羊街正泰祖公祖母后裔之谱。2011年被推选为贵州傅氏宗亲联谊会副会长。组织云、贵傅氏宗亲为贵州傅氏通谱共计捐资万余元。

傅超俊 1992年8月5日生，贵州省织金县人，现住毕节市工业技术学院，中专文化。

傅超俊自幼聪明，酷爱体育，在2006年至2009年于地区工业学院读书期间，除认真完成语文、数学等各科学业外，遵照毛泽东主席“发展体育运动，增强人民体质”的谆谆教导，加强了体育锻炼，尤其是对各项射击更情有独钟。在学校的体育活动中，刻苦训练，研究技术，使自己的竞技水平逐步提升，2008年2月，首选参加贵州省体育局举办的体育项目甲组竞赛中，获第一名，在同年7月项目组比赛中获第一名。2009年贵州体育局在清镇举办体育竞赛，2月预赛得两个第一名，8月竞赛获3个第一名。最为突出的是2010年，傅超俊参加了贵州省在清镇举办的第二届青少年运动会。这次运动会是贵州全省青少年竞技体育发展的一次重大的体育盛会，运动会规格高，综合性强，竞争激励，傅超俊克服了时间紧，任务重，训练环境不佳等困难，参加了青少年男子10米气手枪60发赛为66+1环获第一名，男子50米手枪60发赛为520环，获第二届青年男子10米气手枪60发团体赛第一名（三人中傅超俊名列第一位）. 在这次运动会中，举行了“阳光健儿”评选活动，傅超俊被评为三等奖；并获体育运动道德风尚奖，精神物质双丰收。2010年11月，毕节地区行政公署为傅超俊颁发了荣誉证书。

傅汉曦 1931年农历腊月初六日生，毕节织金县实兴乡新场村鱼塘组人。1939年在谌家庄小学就读，1945年桂果高小毕业。1948年织金一中毕业。

1951年参加土改秋征工作，1952年创办实兴乡石底小学，1954年调实兴乡大干坝小学任教，1955年下半年毕师轮训，1956年调织金县龙场区志强小学任教。1958年参加整风运动，1958年下半年调茱藏小学，1959在茱藏区参加扫盲工作，获“先进工作者”称号。1959年下半年调黑土木里农业中学任教，1960年3月调茱藏民族小学，1961年至1968年在织金县实兴乡小学任教，1968年调干河小学任教，1980年调实兴小学任校长。1982年加入共产党。1989年退休后曾五次当选为党代表和实兴乡人民代表。多次参加傅氏宗亲恳亲大会和各种活动。

傅大林 生于1970年4月，中共党员，法律本科文化。1989年3月参加工作，1991年3月入党。1989年3月至1991年12月在部队服役，1992年1月至2001年12月在织金防雹办工作，2001年12月至2006年8月任织金县中寨乡党委委员、武装部部长，中寨乡党委委员、副乡长；2006年8月至2009年4月任板桥乡党委委员、副乡长；2009年4月至2011年7月任以那镇党委委员、副镇长；2011年7月至2013年2月任城关镇党委委员、武装部部长、副书记；2013年2月至今任城关镇党委委员、副书记、城乡规划监察大队大队长（正科）、规划局副局长。为织金县傅氏宗亲联谊会副会长。

傅正祥 1976年5月生，贵州织金人，1996年9月参加工作，历任织金县八步镇计生办主任，织金县猫场镇党委委员、猫场镇党委副书记、纪委书记，2009年1月至2013年1月任猫场镇党委副书记、镇长，2013年月2月至今任织金县牛场党委委员、党委书记。

傅鑫亚 别名道黔，1962年5月24日生，原毕节大方县鸡场区新场乡人，中专文化。1982年11月参加工作，1992年加入中国共产党，工程师。

傅鑫亚在学生时代就较有作为：在大方一中就读时被评为三好生，学雷锋积极分子；在黔西一中时被评为优秀共青团员；在北京建筑学校读书时，学校多次表彰，被选为学生会副主席，分管后勤。

傅鑫亚参加工作后，先在大方县自来水公司当工人，1986年在北京建筑管理学校深造，1989年毕业后到大方县房管站任站长；1999年调到大方县房管局任业务股长；2001年调大方县房管站任站长；2008年抽调到大方县项目办工作。傅鑫亚在长期工作中，主要从事房地产管理，主持工作的单位于1995年被评为贵州省房地产管理先进达标单位，曾多次受到县领导的好评。2001—2006年连续6年被大方县建设局评为先进工作者，获一等奖。

2009年3月，《中华傅氏通谱·贵州大方卷》编委会成立，傅鑫亚被推选为编委会副主任、副主编。工作中，他不仅不取报酬，还积极带头捐资，提供办公场地，作了较大的贡献。贵州傅氏宗亲联谊会于2010年4月将其载入“功德榜”。

傅善翁 1965年8月24日生，毕节县朱昌区岔河公社红星大队17队人。1971年至1986年在校读书，1987年至1989年在贵阳务工，1989年至1996年在毕节市个体承包防水工程，1996年至2004年在毕节地区房屋维修所从事管理，2004年至2006年在毕节市小商品批发市场经商，2007年至今在贵州远程房地产开发有限公司从事管理工作。积极参加傅氏宗亲联谊会活动，为贵州傅氏宗亲联谊作出巨大贡献。现为毕节傅氏宗亲联谊会常务副会长、贵州傅氏宗亲联谊会副秘书长。

傅增林 1964年10月5日生，修文县龙场镇新生村人，高中文化。他19岁时开始任村组干部，现任村党支部书记，县、镇人大代表。他在抓好村级组织经济建设的同时，还抓家庭建设和傅氏宗亲联谊工作。在坚持原则基础上，对族人和亲朋邻里特别关心关爱，力所能及地帮亲帮里，深受族人和亲朋好友的好评。

增林宗亲任村“一把手”以来，一心扑在村务建设上，作为一个在

县城附近的村，发展是第一要务。协助政府做好各项建设工作，一是协调征拨土地300多亩，搬迁房屋5000多平方米。二是协调引进大型企业3个，开发房屋12600平方米，组织修公路5公里，引水沟4公里。还引进农业适用技术在本村进行推广，先后争取上级各种项目资金，近千万元到本村，用于基础设施建设。农民通过种养殖致富，建设阳明大道，阳明洞景区建设占去了该村三分之一的土地，由县城附近村变成了城中村，县城得到了建设，群众得到了实惠。建设得到了村级组织的配合，农民致富得到了村干部的带头，由于工作突出，曾获贵阳市委授予的优秀共产党员称号，深受百姓的好评。

增林宗亲是修文县傅氏宗亲联谊会常务副会长，《中华傅氏通谱·贵阳卷》一编纂委员会副主任。

傅忠书 出生于1966年12月22日，贵州省息烽县流长人。热心族谱事业，千里寻根，寻找辈代源流，2013年2月21日云南昭通地区兴鼠县成立傅氏联谊会，与贵州傅氏联谊会会长傅治华相见，得知贵州傅氏联谊会已成立，已在清理各支系迁徙源流，编纂《中华傅氏通谱·贵州卷》的信息，积极参与，提供资料，填补了息烽县傅氏联谊会的空白。

傅念贵 生于1971年6月13日，贵阳市小关南哑新村人，先后创建了贵阳欣远丰物流有限公司，任总经理，有大中小型货车二十余辆，专门承接省内外各种货物一条龙运输业务，并开通了安顺市、遵义市零担专线，另兼任红昇大酒店总经理。傅念贵平生吃苦勤劳，干过驾驶员培训教练，帮助数十名傅氏子女顺利培训过关，领到驾照。积极参加傅氏宗亲各种联谊活动，孝敬族中长辈，和睦邻里，受到族人、近邻的好评。

傅顺平 1949年10月生，贵州遵义县人。1968年11月参加中国人民解放军，在部队服役6年，1969年7月加入中国共产党，1974年转业，任遵义县尚嵇镇青坑村民兵连连长，当年所在连队被镇、县评为优秀民兵连，出席县先代会。同年参加考试，被遵义县师范录取，进修大专学历，取得小学一级教师资格证书。退休后，2012年.由遵义县尚嵇镇聘任为茶山村党务村务监督委员会主任职务。

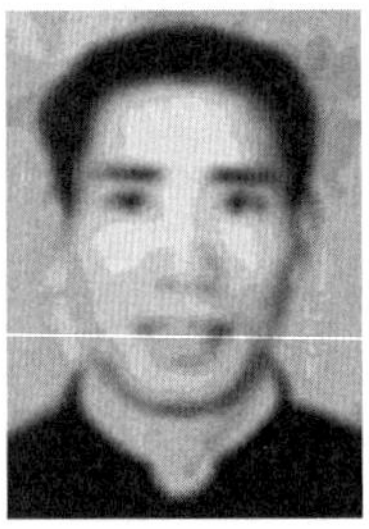

张祥云 1965年3月生，瓮安县草塘人，傅长英之子，初中文化。1984年在瓮安县国土资源局参加工作，从事小车驾驶。现为瓮安傅氏宗亲联谊顾问。

张祥云作为傅家外甥，对傅家很有感情，傅家人是他的亲人，傅家的事等于他的事，他总是热心对待，从行动上毫无怨言地支持和关心。

为了加强宗亲联谊，他首先倡议到外地去走访，2006年8月，他开着自己的车和母亲一道来到下司组织召集傅仕杰、仕策、仕伟、仕林等十余人，在傅玉书故居前商量家事。同年8月14日，他主动开着车与傅天云、仕策、仕伟到龙堂、白沙走访，联谊宗亲，一路烟酒茶水开支，全权负责。不要大家出一分一厘，自己乐意承担。又带着瓮安傅氏三次到黔西，两次到高枧，自己出钱买礼品，三次出钱办清明会，上山祭祖，出钱立碑，修坟。2007年9月参加“黔西扩大会议”，2009年春参加“二次会议”（紫林宾馆）会上获表彰，发给证书。2010年出钱支持母亲到山西平陆参加全国第五届“傅圣文化节”。平时凡傅氏老人过世，均备素祭悼之。6年间，用于傅氏宗亲联谊及修谱的大事上，约耗资上万元。

傅朝骥 1966年5月生，瓮安县草塘镇下司人，傅仕策长子。1988年参加工作，

大专文化，小学语文高级教师，现任瓮安县高榜小学校长、贵州省黔南州小学语文教学专业委员会会员。曾获草塘区学办、建中镇党委政府、瓮安县教育局、瓮安县人民政府、瓮安县党委授予的优秀校长、十佳师德标兵、优秀共产党员、先进工作者、优秀教师等称号，发表论文数篇。热心参加宗族联谊活动，积极为宗亲联谊工作献计出力，世界傅氏宗亲联谊总会、《中华傅氏通谱》编纂委员会曾授予先进个人，现为贵州傅氏宗亲联谊会名誉会长。

傅朝晖 1968年11月28日生，瓮安县草塘下司人，傅仕策次子。1988年考入贵

州省水利水电工程建筑学校，大专文凭、高级工程师、国家注册监理工程师、国家注册二级建造师（建筑工程）、交通部注册专业监理工程师（工程经济和隧道工程）、交通部公路工程检测员。1992年参加工作，曾在湖北省鄂西州修建电站；后又参加贵新高速、三凯高速和贵阳市南二环建设，以及修文阳明大道等工程建设；现任白铃高速公路第二驻监办主任。热爱宗亲联谊，协助父、兄下乡采访多次，常参加宗亲联谊会，修谱、收集资料，积极热情、无私奉献、精神可嘉。

傅仕和 1946年元月生，瓮安草塘下司人，出生于书香门第，高中文化，下乡知

青，中学一级教师。他从小天资聪明，读书奋进，成绩优异，在班上经常名列前茅，年年获“三好生、优秀生”并获得奖状、奖品、奖金等。1966年毕业于瓮安高中，1968年响应党的号召上山下乡当知青，历时8年整。1975年起，先后在瓮安县铁厂、县车队当工人。1984年调入瓮安二中任教，后县教育局借用在招生办工作15年，后又回校管理实验室，上高中、初中实验课。在教育部门二十多年的工作中，工作踏实、成绩显著，常被县教育局、县招生办、州教育局、州招生办授予“先进工作者、招生工作先进个人、招生考试先进工作者”等称号，在教育教学第一线为推进农村教育事业的发展做出了积极贡献，其工作业绩已编入《贵州省优秀教师名典》《世界优秀专家名典》《中华名流世家》《世界名人录》等典籍之中。

瓮安傅氏艺人世家：“瓮安草塘，龙狮之乡。年头年尾，狮舞龙翔。上九出龙，夜晚串乡。十四上街，灯火辉煌。龙狮文化，代代传扬。龙艺传人，清河满堂”。瓮安傅氏民间艺人世家，其舞龙扎龙艺术，以家族传承方式辈代相传。

傅金龙、傅文龙，清朝时期的扎龙艺人，所扎之龙栩栩如生，闻名县内外。傅明晶、傅明亮、傅应德、傅应国、傅应华是民国年间的扎龙艺人，是傅金龙、傅文龙的直接传承人。傅仕浩、傅仕林、傅仕春是当今社会扎龙传承人，每逢正月上九，傅氏扎龙艺人所扎之龙街头巷尾、城内城外飞舞，赢得无数观众声声喝彩。傅朝龙以下的历代后裔有国龙、治龙、恩龙、宏龙、飞龙、腾龙、翔龙、卧龙、藏龙等等，其龙子龙孙后继有人。

傅芳南

（军人世家），1940年生，瓮安县玉华太文人，初中文化，原平定营信用社职工。后回家务农，支撑门户，勤俭持家，抚养儿孙，个个成人，为国效劳。从2006年起积极参与傅氏宗亲联谊工作，他曾多次外出走访，协助工作，参加各种会议，如清明会、祭祖会、联谊会、修谱会等。他的父亲、儿子、孙子均是军人，爱国英雄，是傅氏家族的典范。

傅芳南之父傅腾象，1920年生，瓮安玉华太文人。新中国成立前被拉壮丁入伍，新中国成立后赴朝作战，在战斗中负伤，1954年回国，定为四级伤残军人。

傅芳南之长子傅天鹏，1962年生，瓮安玉华太文人，初中文化，中共党员。1981年参军入伍，班长职务，1984年入党，同年4月赴老山战场参加自卫还击战，在战斗中负伤，失去一条腿，双目失明。曾立二等功，属二级伤残军人。住瓮安伤残军人宿舍。

傅芳南之孙、傅天鹏之独子傅彦锟，1986年生，瓮安玉华太文人，大专文凭。2009年冬参军入伍，编入中国人民解放军十四军（其父当年所在部队）高炮团汽车连。

傅芳南之侄子和次子傅天华、傅天瑶，瓮安玉华太文人，均为初中文化，中共党员，在地方历任村支书、村主任（二人互换），其工作赢得群众好评。

傅天华长子傅开春，1987年生，瓮安玉华太文人，本科文凭，中共党员。毕业于甘肃兰州国防教育学院，现在省国防军校任教。

傅大宪

生于1976年3月9日，住贵州省普定县城关镇红旗路351号，2008年1月毕业于中共贵州省委党校“农村经济管理学专业”，大专文化。2005年1月至2008年任贵州省普定县城关镇人民村委员，2008年2月至今任贵州省城关镇人民村党支部书记。其间2011年被贵州省普定县委组织部评为“农村党员干部现代远程教育站点”优秀操作管理员，2012年6月被普定县委授予“优秀共产党员”称号。2011年被推选为贵州省普定县人大代表，傅氏族谱普定县支系牵头人。积极参与贵州傅氏宗亲联谊会活动，增补为《中华傅氏通谱·贵州卷》编委会委员。

傅青松 1971年9月28日出生于贵州省福泉市龙昌镇杨家林，1991年参加工作，

小学高级教师，出生书香家庭。工作二十余年来，辗转乡间各处从事教育教学工作，曾任老师、班主任、村完小负责人、镇教育辅导站资料员，现就职龙昌镇中心小学。曾多次被评为福泉市、龙昌镇优秀教师、优秀班主任和优秀继续教育辅导教师。自2006年从慈母手中接过父亲遗留下的家谱资料，细细阅读，加上母亲对父亲跋山涉水、挑灯夜战、披荆斩棘，深入乡间与祖坟地询问、取证诸多情境的描述，深深为之折服，萌生了完成先父未竟之事的念头，于是通过网络了解全国各地傅氏家族文化动态及国家对此的政策支持，同时也结识了一些虽未谋面但却热心家族文化的全国各地宗亲，通过交流生出了促成福泉市成立傅氏宗亲联谊会的想法。于是将他对家族文化发扬光大的意义，以及成立宗亲联谊会的作用等，通过书面形式，递交给素未谋面但同样热心家族事业的族中威望较高的傅绍书长辈，在傅兴华的支持下，2010年清明节正式成立了福泉市傅氏宗亲联谊会，是联谊会的核心成员之一。

傅绍兴 德宽公之三子，为说公一百二十世孙，生于1942年2月16日，云南省威信县林凤乡人。初中文化，1958年参加工作，1963年调威信县电影公司工作。本次修谱他担任编委会副主任，负责资料征集。他主动捐资千元以上，并多次参与对傅氏历史进行考察考证，他为《中华傅氏通谱·贵阳卷》一的编修作出了力所能尽的工作。

傅绍芳 1958年12月16日生，云南省昭通市镇雄县雨河镇小洛村人。16岁开始

就在家乡从教，因家庭负担过重，弃教回家务农。在解决温饱的同时，学习泥水工、竹艺、楼房模型设计、石工石刻等手艺，略有所成。平时颇爱诗词歌赋，独自用毛笔手书了一本祖传数百年的傅氏家谱。还爱研究易经风水，常有人邀请他为建房修墓选址和择吉。从2006年6月起，积极投入傅氏家族发起编纂《中华傅氏通谱·贵阳卷》一编修工作，曾同多位宗亲到省内外实地考察考证与《中华傅氏通谱·贵阳卷》一相关的历史资料。他为《中华傅氏通谱·贵阳卷》一的编修费用捐款3000元。在编修过程中，他不计报酬费时两年整。同时发挥自己的特长，为有功勋的傅氏族人都撰写了赞颂的诗，促使傅氏后裔承先启后，继往开来。

傅德华 联仲公之次子。为说公一百十九世孙，生于1946年7月9日，云南省镇

雄县雨河镇人。中专文化，1969 年参加工作，先后担任供销社及烟草系统会计，会计师职称。他认真负责，在财务管理方面，做到严格管理，账账相符，收支平衡，是机关单位的一把理财好手。本次修谱不但积极参加而且主动捐款数千元，并无赏的参加修谱工作。每次十几天，甚至数月的集中编修工作，始终把修谱工作当成己任，他是编修本支系族谱的主编之一，为《中华傅氏通谱·贵阳卷》一的编修出版作出了较大的贡献。现年岁已高，但他还时常教育子女，要团结支持家族事业的发展。

傅　瑶　生于 1978 年 3 月 11 日，贵州六盘水钟山区大湾镇安乐村，自幼好学，因思想活跃，高中毕业后步入社会经商行业，独立门户，敢拼敢闯，游刃于商海，从事多种行业经营业务。对家族事业热心支持，帮助困难宗亲，为六盘水傅氏宗亲活动积极提供经济支持，为本支族族谱做出了大量贡献。为贵州傅氏通谱捐资 1000 元。

傅正昌、傅正友　二人是同胞兄弟，多年来，关心贵州傅氏宗亲联谊工作，多次陪傅治华走访全国各地进行修谱调研工作。并为本村傅氏宗亲争得赔偿几十万元。为编修《中华傅氏通谱·贵州卷》捐款 3000 元。

傅根林　1982 年 3 月 17 日出生，初中文化。原住赫章县珠市方陆坪村，现居住六盘水市钟山区发扬路 12 号附 1 号。1989 年至 1997 年读书，1998 年至 2004 年创业阶段，2005 年至 2013 年任赫章县矿产建材开发服务有限公司法人兼董事长，2010 年至 2013 年任富皇海鲜酒楼法人兼董事长。2010 年，给陆坪小学捐资 40 多万元，修建了一所 8 个教室的教学楼，受到广大人民群众的好评和尊重；2013 年为了进一步加强宗族团结，借清明扫墓，出资 3000 多元购买了两只山羊犒劳宗亲，也赢得了族中的好感。积极参与贵州傅氏宗亲联谊会活动，关心贵州傅氏宗亲联谊会工作。

傅嗣光　1964 年 2 月 17 日生，中国共产党党员。现住贵阳市观山湖区金朱东路金龙国际花园 21 栋 1 单元。

1980 年贞丰县第二中学高中毕业，1980 年 12 月参加工作，在贞丰县委党校学习。1981 年 12 月至 1983 年 6 月在贞丰县木桑人民公社任秘书。1983 年 7 月至 1984 年 8 月在贞丰县小垄公社任秘书。1984 年至 1998

年5月在贞丰县财政局工作，历任科员、办公室主任、副主任科员。1998年6月至2002年3月任贞丰县国有资产管理办公室主任；2002年4月至2009年2月任贞丰县房产管理局副局长；2009年3月因病退休。现为安利日用品有限公司高级营销主任。热衷参与贵州傅氏宗亲联谊会活动。

傅贵贤 生于1963年农历三月初四日，大专文化，1982年10月至1986年1月在部队服役，其间任班长、文化教员。退伍返乡后一直从事税务基层工作，2013年7月退休。曾任威宁县地税局羊街税务所所长、会计。贵州第二届傅氏宗亲联谊会理事、《中华傅氏通谱·贵州赫章卷》副主编。关心贵州傅氏宗亲联谊会工作，积极参与贵州傅氏宗亲联谊会各项活动。

傅正银 生于1967年农历九月初一日，住贵州省威宁县草海镇明珠苑小区，大专文化，1988年考入贵州省威宁县税务局黑石头区税务所工作，1994年至今供职于贵州省威宁县地方税务局。1999 年至今任贵州省威宁县地方税务局分局长（副科级干部）。积极参与贵州傅氏宗亲联谊会活动，关心贵州傅氏宗亲联谊会工作。

左关卫、傅　伟、李大权

左关卫（左）：黔西县金坡乡左家寨人，傅求英大儿子（傅治华外侄子）。

傅　伟（中）：黔西县城关镇犱煤河村人，傅治国孙子（傅治华侄孙子）。

李大权（右）：黔西县金坡街上人，傅爱珍之子（傅治华外甥）。

以上三人从2005年3月起，帮助傅治华、傅长文、傅恩贤、傅培良等开展傅氏联谊活动及编修通谱工作，轮流为他们无偿驾车，7年来走遍了祖国的大江南北及贵州的所有地、市、县、乡、村，行程数十万公里，不计报酬，无怨无悔。他们的意愿是为父母亲敬一份孝心，精神可嘉。

傅　帆　1975年10月出生，教师,中共党员。2006年参加了贵州省傅氏宗亲联谊会、毕节通谱研讨会。2006年成立《则雄傅氏族谱》编写领导小组，为领导小组成员,主要负责编写各支系的支系表及简注,以及各支系的图片摄像,多次奔走于黔西,毕节,南开及傅家大坝等地进行实地考证，于2009年春出版《则雄傅氏族谱》。历次参加贵州省傅氏宗亲联谊会的相关会议，积极配合《中华傅氏通谱·贵州卷》和《毕节卷》的编写领导小组，提供相应资料。为本族尽了绵薄之力。积极参加贵州傅氏的各种联谊活动。帮助贫困宗亲排忧解难，从不推诿，多次为傅氏联谊活动捐资千元，专为编修《贵州傅氏通谱》捐资1000元。

傅育红　贵州黔西县人，1961年3月2日出生，1978年7月高中毕业，同年12月当兵入伍，1982年12月退伍回黔西，分在黔西新华书店工作，历任工会主席、副经理等职。傅育红在工作中认真负责，积极努力，任劳任怨，较好的完成各项工作任务，受到领导和同志们的一致好评，并多次获得上级表彰。

傅育红在家孝敬老人，团结兄弟姐妹，对朋友有义气，助人为乐，热心宗亲联谊，并积极参加联谊活动，为编修《中华傅氏通谱·贵州卷》捐款2000元。

傅一川　苗族，1983年3月出生，贵州松桃人，中共中央党校政法部主任助理，2006年毕业于中国政法大学，获学士学位，2009年获中央党校硕士学位。积极参加《中华傅氏通谱·贵州卷》编修，为《中华傅氏通谱·贵州卷》捐资1000元。

傅定柱　布依族，1939年12月28日生，住普安县江西坡镇细寨村巴山田组，中共党员，初小文化，正科级干部，现已退休。

1948年—1951年在巴山田上学；1951年入伍，在部队任排长；1960年加入中国共产党；1968年退伍后任贵阳永恒厂保卫科科长；1978年任普安县农机管理站副书记、农机局局长等职；1992年退休，现成为中华傅氏联宜会成员，愿把毕生的心血献给中华傅氏编谱的伟大事业。

（以上排名不分先后，大致按照资料报送时间排序）

贵州傅氏女性代表简介

傅　玲　1957年5月生于贵州镇远县，祖籍河南林县，中共党员，本科学历，2006年12月起任凯里市政协第七届委员会副主席、凯里市委统战部部长。

李丽华　1956年12月28日出生，贵州赫章县人，赫章县傅培柱妻，贵州省委党校大学学历。1974年8月参加工作，1987年加入中国共产党。历任赫章县乡镇企业局局长，县委常委、统战部部长，2011年任赫章县政协主席（正县级）。

傅乐欣　侗族，1972年3月生，贵州凯里人，祖籍湖南邵阳。贵州省委党校在职研究生学历，1993年9月参加工作，1995年12月加入中国共产党。历任贵州省凯里市团委副书记、书记，凯里市西门街道办事处党工委书记，黔东南州团委副书记、书记，剑河县委常委、副县长、常务副县长（正县级），贵州省黎平县委副书记（正县级）；2010年2月任三穗县委副书记、代理县长、县长。八届省青联委员，公共管理和社会事务界别委员。

傅野秋　先后任贵州省发改委经贸处副处长、贵阳市花溪区人民政府副区长、贵州省发改委应对气候变化处处长、贵州省政协常委，农工民主党贵州省委副主委。

傅伦英　1971年9月28日选举为中共遵义地委委员，属于22个群众代表之一。

傅贵兰　土家族，1957年12月生，湖南宁乡人，1977年10月入党。1974年6月参加工作，中央党校函授学院党政专业毕业，在职大学学历。1974年6月至1978年11月为下乡知青，1978年12月至1982年3月在贵州省铜仁地区石阡县计划委员会工作，1982年4月至1984年1月在石阡县统计局工作，1984年1月至1998年3月任石阡县统计局局长，1998年4月至1999年3月任石阡县民宗局局长，1999年3月至2002年12月任石阡县政协副主席、统战部部长，2002年12月至2006年12月任中共石阡县委常委、统战部部长，2006年12月起任石阡县政协主席、党组书记。石阡县第十届、十一届、十二届县委委员，石阡县第十三届、十五届、十六届人大代表，石阡县第五届、六届、七届、八届政协委员、常委。

傅　蓉　1977年5月生，江西高安人，大学学历，中共党员。1995年9月至1999年7月，在西安统计学院经济信息管理专业学习。1999年10月至2002年9月，在贵州省遵义市人民政府办公室业务一科工作（其间：2001年3月至2002年3月在遵义县洪关苗族乡参加党建扶贫）；2002年9月至2002年12月，在贵州省遵义市人民政府办公室城建科工作；2002年12月至2004年6月，在贵州省遵义市人民政府办公室科教文卫科工作；2004年6月至2006年12月，在贵州省遵义市人民政府办公室文书科任副科长；2006年12月至2009年5月，在贵州省遵义市人民政府办公室科教文卫科任科长（其间：2007年3月至2008年3月，在遵义县乌江镇挂职，任镇党委副书记；2008年9月至11月，在市委党校中青班学习）；2009年5月至2011年5月，在贵州省遵义市红花岗区委挂职，任区委常委；2011年5月至2011年10月，任贵州省遵义市人民政府金融办副主任；2011年10月起，任贵州省遵义市红花岗区人民政府副区长。

杨鼎英　杨联坤之大女。1938年7月13日生于贵州省毕节市长春堡镇清水塘村高埂子组，高小文化。杨鼎英自幼聪慧，勤奋自强，助母持家，爱护弟妹，孝敬父母。于1956年与傅万宝之子傅丰顺缔结良缘，在贵州水城小河铁路指挥部工作，后因父母老弱多病，无人照料，为尽孝道，于是辞去工作，回家侍奉老母。1983年，傅丰顺去世后，鼎英一人承担抚育儿女之责任，并立下雄心，振兴门庭，历经千辛万苦，终于把4子3女个个抚育成才。

难能可贵的是，晚年犹能身体力行，全身心为家族、为祖宗公益事业出资出力，做出了很大的贡献。2005年，发起云南镇雄的傅氏家族到毕节为良斌祖立墓碑，组织了傅氏4000余人参加立碑典礼，为家族公益事业多次出资，最后大功告成。2006年，又为陈商祖公、祖母，玉葵祖公、祖母重修坟墓，竖碑立祭。杨鼎英热心宗族事业，积极参加各地宗亲联谊活动及会议，并踊跃捐资。她是傅氏家族中既贤惠孝顺，又精明能干的好媳妇，是大家学习的楷模。曾任贵州傅氏宗亲联谊会（首届）副会长，现为贵州傅氏宗亲联谊会（第二届）顾问。

杨登芬　1953年3月27日生，黔西县金坡乡人，初中文化，傅治华之妻。

杨登芬勤俭持家，尊老爱幼，和睦邻里，教子有方。抚育4男2女，5个是大学本科学历，有正科级1人，副科级1人。老三傅爱松是大洞口砂石厂老板，经营得法，产销红火；老四傅劲勇搞房地产开发，上通下联，左右逢源，很有建树；老五傅爱林开设小贝壳餐馆，特色独具，诚信待人，餐饮服务有声有色。

杨登芬对丈夫的事业全力支持。早在改革开放初期，傅治华创办金坡煤矿，开初艰辛的每个环节都有杨登芬的一份功劳。为了矿上工人的安全，经常守护在工地上，有时还戴上安全帽，亲自下到矿井中，检查督导，叮嘱技术员和工人，千万注意安全，个别工人受了轻伤，还为之上药包扎。在严格的管理和杨登芬悉心呵护下，三十多年的生产过程中，矿上没有出现大的事故。在黔西县城内修建10层电梯房期间，杨登芬日夜守护在工地，既当保管，又管安全监督，使整个工程顺利完成。在子女开设的餐馆内，还兼管理员、接待员、采购员。傅治华投身于世界傅氏宗亲联谊会、贵州傅氏宗亲联谊会以及编纂通谱工作中，杨登芬义无反顾，经常随之飞国外，跑国内，走省里，不断地做好后勤服务工作，对传承傅圣傅氏文化，敬祖敬宗爱族，做出了不可磨灭的贡献。

杨登芬除了鼎力支持丈夫的事业外，在社会上是慈善家，扶困助残随处尽力。在家里，不仅独资为母亲立了碑，还为外祖母也立了碑；在社会上，为慈善事业捐资万余元，在跟随丈夫外出期间，每到一地，对傅氏老弱病残都给予资助。可钦佩的是扶助带大孤儿和家庭极困无法生活的傅荣、傅小英、傅元秀以及左连秀、左小菊、左贵梅，现在均各自成家立业并有较好发展，日子过得安稳和谐。更突出的是，为挽救患病的傅老四，自己出资2万多元，还感动傅咏梅、傅爱林等6个子女亦捐资2万多元。

杨登芬的高尚品德，不仅受到社会、族人好评，还于1999年被黔西县人民政府授予女强人称号。

傅家碧 1960 年 6 月 24 日出生，黔西县沙窝区金碧公社万家寨人。中专文化，1976 年 11 月份参加工作，分配在农行沙窝区营业所做会计，1986 年 5 月调雨朵营业所任出纳，次年 12 月份调黔西工商银行任出纳，1992 年 2 月调到城关镇公园路储蓄所，1994 年提任储蓄所主任，助理经济师。

傅家碧天资聪颖，性格豪放，参加工作以后，办事泼辣，敢为人先。2000年9月退休在家，不甘寂寞，立意做化肥生意，与爱人何志远商量用房产证贷款6万元，加上自有资金，注册办起了“志远化肥经营部”，并四处收集资料，千方百计掌握化肥的销售行情，与毕节化肥厂签订合同，成为厂家直销商。签订合同后，厂方要求交保证金20万元，化肥款15万元，后来没有办法了，就用房产证抵押贷款15万元，又请家兄傅家平担保贷款10万元，还在经营部进10万元的化肥。

傅家碧在经营化肥之初，没有销售经验，客户也不太信任，导致化肥卖不出去，因此她下定决心跑遍黔西县28个乡镇，不断与客户沟通，并承诺可以先发货后付款，用诚信打动客户的心，使之接纳了“志远化肥经营部”的化肥，很快将化肥销售到县内外，客户多了，资金又不够周转，傅治华大哥了解情况后又用土地手续帮助贷款50万元，弟弟傅家林帮助把化肥运送到各乡镇偏僻的山村，第一年就销售0.5万多吨，得到了毕节化肥厂各领导的认同。

2002年11月，毕节化肥厂要求黔西所有经营化肥的经营单位联合成立一家公司，公司前三年还可以，后几年因领导、人心、效益等诸多因素制约，傅家碧毅然另辟道路，2009年退出金至农资公司，同年6月，黔西县国土资源局挂牌出让采矿权，傅家碧提交了《竞买申请书》，缴纳了竞买履约保证金，并以最高竞价获得了采矿资格权，在黔西县绿化白族彝族乡创办了“黔西恒生沙石厂”，在办理了有关证照，并完善各种报告，得到红头批文后，即投资423万元，建立了全机械化操作的砂石厂。为了打开产品销路，傅家碧又带着砂石产品到各工程工地宣传推销，很快的以诚实守信打开了销路，得到了较好的投资回报。

傅家碧根据产销情况，市场需要，又投资160多万元办了一个标砖厂，两个厂有技术管理人员4名，常年生产工人30多名，每年为国家纳税20多万元，还为办厂所在村修路投资12万余元。2011年旱灾，慰问灾区群众花费0.8万元，绿化白族彝族乡开展少数民族活动，捐款0.1万余元。所办两厂被评为毕节地区先进企业，个人被选为人大代表、工会副主席及商会副会长。

傅家碧在事业上是女强人，实业家，在家庭内带头与兄弟姊妹孝敬父母，朝夕伺奉，并根据父母性格、脾气，让老人过得舒心。同时还关爱弟妹，也是相夫教子的好榜样。对家族更为热心，为贵州傅氏宗亲联谊会捐资1万余元，并为编纂《中华傅氏通谱•贵州卷》作了无私奉献。

傅学美 1962年11月27日生，贵阳清镇市卫城镇坪塞村，1979年毕业于卫城镇甘河中学，1999年毕业于贵阳市党校南明区分校企业管理专业。1982年从卫城镇到贵阳参加服装培训，1983年至1985在贵阳市公交公司服装厂工作，1986年至1991年自主创业，在蟠桃宫和太慈桥开设小型服装缝纫店。1992年至1994年在贵阳市南明区红岩村工作，1995年至2003年在贵阳红岩集贸综合市场担任总经理，1997年至2009年创办贵阳青云集贸综合市场并担任总经理。2004年创建清镇鹏程实业有限公司，公司下属有2个砂石厂，年产值近1000万元。公司内有职工50余名，其中包括技术人员18名，管理人员9名，股东3名。公司有挖机3台，装载机6台，运输车3台，生产线3条。关口村水淹砂石厂拥有资源260余万吨，现年产量15万吨，年产值约为500余万元。大坪砂石厂拥有资源200余万吨，现年产量12万吨，年产值约为400余万元。2004年至2007年担任清镇鹏程实业有限公司董事长，2007年起兼任总经理。学美曾创办2个集贸市场及2个砂石厂，有13年的集贸市场管理及经营经验。有8年的砂石厂管理及经营经验。

多年来积极参加贵州傅氏宗亲联谊会工作，做出突出贡献，现任贵州傅氏宗亲联谊会副会长。多次为傅氏宗亲联谊活动捐资3000多元。

顾泽会

1954年生，修文傅贵兴之妻，是傅家一位贤淑的媳妇。平时做点小生意，安排好一家的生活，还全力支持丈夫搞好工作，教育子女有方，两个子女均大学毕业，分别在农业系统和金融系统工作。勤俭持家，善待客人，对亲朋好友都是热情接待，赢得好评。孝顺公婆，团结妯娌，和亲睦邻。因丈夫是贵州省傅氏宗亲联谊会常务副会长、修文县傅氏宗亲联谊会会长，众族商议立志编修《中华傅氏通谱·贵阳卷》一，她就支持丈夫做敬宗爱族的工作，主动要求把编修办公室设在她家，每逢集中编修和审查资料时，无论几天十几天或数月，她都主动承担后勤工作，并对上下来往或联系业务的宗亲，给予热情周到的接待，5年多的时间，她默默无闻地做好傅氏宗亲联谊和《中华傅氏通谱·贵阳卷》一编修的后勤工作。为使族谱早日出版，在有限的家庭收入中，挤出1.2万元为修谱捐款。使《中华傅氏通谱·贵阳卷》一仅在三年就顺利修成并出版发行。为了更进一步了解傅圣文化和傅圣思想，2010年5月，她还自己出资随贵州团到山西平陆祖地祭祖，了却敬宗敬孝的愿望。顾泽会在不平凡的生涯中，无论是家庭建设，敬老爱幼，敬宗爱族等方面都作出了一定的贡献。深受本支系宗亲和亲朋好友及邻里的好评、还在继续努力支持丈夫为傅氏宗亲联谊再作新的贡献。

杨　萍

1971年10月20日生，贵州正安县人，傅忠元之妻，大专文化。1991年在遵义道真电力公司从事变电运行和电力调度工作，2012年12月调遵义市郊供电局工作。在工作之余，在道真境内多次下乡进村入户收集道真傅氏宗亲资料，还承担了《道真傅氏族谱》一部分校对工作。孝老爱亲，待人热忱，热心傅氏宗亲联谊工作，全力支持《道真傅氏族谱》和《贵州傅氏通谱》编修工作，倡议并筹划、组织族人回蟠溪清坟祭祖，热情接待各地宗亲客人，在傅氏族人中赢得好评。2011年任贵州傅氏宗亲联谊会第二届理事会理事。

李兴莲

1945年12月生，贵州省正安县人，威宁傅大宏之妻，正处级，三级警监，中共党员。1959年参加工作，曾履职于遵义丝绸厂、贵州日报社、贵州省高级法院、云南省公安厅。曾多次被评为先进生产者，1956年作为贵州省观礼团成员到北京参加国庆观礼，受到毛泽东、周恩来等国家领导人的接见。

傅筑萍 贵州省贵阳市人，贵州师范学院大外部负责人，兼贵州省青少年社会教育协会副会长、贵阳情景英语学校校长等职。原为图书情报学专科毕业，通过自己勤奋、刻苦努力学习，成为英语同声传译专家，贵阳情景英语学校创办人。

傅筑萍开始学英语心思是想出国，后来转变观念，创办学校。在办学之初，从日常生活的吃饭、做家务等身边琐事开始着手，逐渐走出考试成绩不错、口语水平为零的“英语学习怪圈”，凭借文科丰富的想象力，良好的中文语感以及自信的不断累积，通过不断总结经验，不断发现问题，逐渐探索了一套独特的英语学习方法。口语能流出一串串地道的英语，有老外曾问她是否在国外留过学，呆过多少年，实则连国门都未出过。

傅筑萍通过 20 年的奋发努力，凭着对英语的执着追求，对学生的由衷喜爱，出色地完成了在常人看来根本无法实现的事业“大转折”。在其人生旅途中，傅筑萍“时尚不装扮，永远面带微笑”。学生们说，听了傅老师课的同学，是冬天里也有阳光，上课很轻松，却能学到很多。

傅国彦 1947 年生，贵州盘县珠东乡大槽子村人。云南曲靖市西园饭店董事长，独资创办西园饭店、沾益九龙花园。涉足副食品、煤矿、石材等企业的投资。

姊妹四人她排行老大，自幼资质聪颖，眼光独到，行事稳重。少年多困苦，中年自创业。她传承了祖父傅明刚的经商因子，1965 年到云南曲靖，先后做过多种工作，直到 1988 年承包干休所食堂及招待所，从此走上了自主创业的道路。1995 年独资经营老西园饭店，1998 年继续老西园的同时，独资创办了（新）西园饭店。2006 年在沾益独资创建九龙花园。

多年来，西园饭店、九龙花园获得各级嘉奖、殊荣无数，一直是当地的龙头企业。西园饭店可同时容纳 2000 余人用餐。

国彦女士精力充沛，头脑睿智，乐善好施，热爱家乡和族务。老、弱、贫者均给予救助。为祖父母、父母立碑留念。自参与傅族活动以来，为贵州傅氏第二届代表大会和大槽子“清明节”扫墓（同一年）捐资捐物达万元，老家大槽子修祠两次捐资 3 万元，为傅族增添了光辉，作出了典范，为傅圣文化作出了贡献！

傅长英 1934 年五月初八生，瓮安县草塘人，家住瓮安烟草局职工宿舍，她是张祥云之母。

2006 年 8 月，为加强傅氏宗亲联谊，理清家族世系，她与儿子张祥云几次前往下司摆谈傅家往事，主动出钱出力，焚香点烛祭祖先，尽忠尽孝献爱心。

2007年九月初九日，年近八十的傅长英赶赴千里之外的黔西县参加“傅氏扩大会议”，到贵阳参加省联谊会召开工作会议二次，还参加傅氏“清明会”三次。2010年4月8日与傅长书一道，前往山西省平陆县参加全国第五届“傅圣文化节”和祭祖大会，信心百倍，忠孝传家，热情接待宗亲。平时经常下乡看望困难之人，并以钱物扶助。2011年春，号召大家办好瓮安傅氏清明会，带头出资办事，积极为傅氏公益事业作贡献，受到宗亲好评。

傅长华 1939年生，瓮安县草塘下司人，工作于贵阳火车站，退休后居贵阳市。

傅长华是瓮安草塘下司傅玉书公的第六世裔孙。自从2005年来，关心傅氏家族联谊事宜，由于各地“傅氏宗亲联谊会”相继成立，她经常回到家乡，动员族人团结起来，召开清明祭祖会，振兴傅氏家族，继承和传播玉书公文化，教育子孙后代勤耕细读，忠厚传家，为国为民多作贡献。

自开展宗亲联谊以来，她曾参加过“黔西扩大会议”两次，带头和广大族人到老坟去祭祖扫墓。尽忠尽孝，给后代作榜样。多次出钱办会，主动拿钱帮助条件差的族人和亲戚朋友，对穷人特别关心。族人若办喜事，她带着老伴亲临庆贺，对家族方面的大事她作出了无私的奉献，家乡父老、子孙后裔都很欢迎她，崇敬她！

傅艺平 1971年6月14日生，别名赵艺，白族，大方县响水白族彝族仡佬族乡粮丰村长石村民组人，大学文化，中共党员。

傅艺平1993年受聘于贵州省人民代表大会毕节地区工作委员会干部培训中心，任客房部负责人。1994年7月15日凌晨3时，为保护国家财产，奋不顾身与两名歹徒殊死搏斗，身中三刀负重伤，经毕节地区人民医院抢救脱险。为此，原单位录用为合同制工人并奖励1000元。傅艺平将部分奖金捐赠给“希望工程”。同年7月，共青团毕节地委、毕节地区青年联合会授予傅艺平“优秀共青团员”称号。1995年1月，共青团贵州省委、贵州省青少年发展基金会授予傅艺平“希望工程爱心奖”。同年7月，中共毕节地委、行署召开新闻发布会，表彰并号召学习傅艺平见义勇为的先进事迹，破格录用其到共青团毕节地委工作。《贵州日报》《贵州新闻》《贵州公安报》先后报道了其先进事迹。

1995年至2003年11月间，傅艺平在共青团毕节地委负责后勤保障等工作。此间，1996年5月被共青团贵州省委授予“全省优秀共青团员”称号。同年10月被评选为毕节地区第二届“青春献给试验区”十佳青年。2002年当选团省委十一大代表，并获得共青团贵州省委授予的“全省优秀共青团员”称号，其事迹编入《中国当代杰出青年大典》。2003年傅艺平当选为毕节市第三届政协委员，同年12月任毕节地区青联副主席，主要负责希望工程工作。2004 年 4 月至 6 月，根据组织安排，在共青团中央中国青少年发展基金会挂职 3 个月，积极为毕节地区希望工程牵线搭桥，引进修建希望小学和“大红鹰希望书库”，为毕节地区希望工程做出了一定贡献。2005 年 2 月至 2006 年 6 月，傅艺平挂职任毕节大河乡党委副书记，挂职期间因工作成绩突出，经考核评为优秀。2006 年 3 月起，傅艺平任共青团毕节地委团务部部长，除了抓好所负责的工作外，还到团省委接受新团务管理培训，回毕节后举办了一期基层团干部培训班，共培训基层团干部 80 余人次。曾参加中国人民大学行政管理学系贵州毕节第三期研究生课程进修班学习。2007 年傅艺平当选为团省委第十二大代表，团省委授予希望工程先进个人，中共毕节地委授予全区共青团工作先进个人。经过学习培训，政策理论水平得到一定提高，撰写的工作信息和文章，多次在《毕节日报》《贵州希望之窗》《毕节试验区》杂志等媒体刊登。2008 年至 2009 年，分管的希望工程工作排名贵州全省第一，组织工作和农村共青团工作排名全省第二，均分别获最佳工作奖。2011 年 10 月调任毕节地区旅游局党组成员、纪检组组长；2012 年 7 月任毕节市第三纪工委委员、办公室主任兼毕节市旅游局党组成员、纪检组组长。为贵州编修傅氏通谱捐资 1000 元。

甘红梅 1974 年 2 月 19 日出生，回族，贵州赫章县野马川镇人，赫章县傅桂岗妻，大学本科文化。1995 年参加工作，2002 年加入中国共产党，2011 年 11 月当选为贵州省第十一次党代会代表，2011 年 12 月当选为贵州省第十次妇代会代表，2011 年 10 月任赫章县县委常委、宣传部部长至今。

斯婉青 傅建平妻，中共党员，本科学历，教授，贵州省高等院校外语教学研究会副会长、贵州省外语教学研究会常务理事。先后担任贵州商业高等专科学校外语教研室主任、外语系总支副书记、基础部副主任，贵州商专教学督学，长期负责学校公共外语的教学。多次获得省人事年度考核优秀，贵州商专“优秀教师”“优秀党员”等奖项。

傅　春 1973 年 9 月生，布依族，贵州省黔南州长顺县人，1977 年移居息烽县。复旦大学应用经济学博士后，上海财经大学公共经济与管理学院副教授，硕士生导师，联合国教科文组织亚太国际教育与价值教育协会中国分会理事。主要研究领域为公共管理、东方管理学等。著有《民族权利与国家整合》等，曾获上海市第九届哲学社会科学优秀成果三等奖，主持国家社科基金项目和中国博士后基金项目等多项省部级以上科研项目。研究领域：中国政府与政治、比较公共行政学、新公共管理学、东方管理学等。开设课程

及对象：非营利组织管理（本科）、现代国家治理（研究生）、行政法与行政诉讼法（本科生）、Public Administrationand Management（本科）。承担科研课题：参与国家级课题：《西部开发与民族关系》；参与四川省级课题：《四川省社会保障体系研究》；已出版专著《民族权利与国家整合》天津人民出版社在2006年6月出版；发表论文（名称、刊物、时间、作者排名等）：《传统价值与政治文明》载《中华文化论坛》2004 年第 4 期，《性质转型、功能演化与价值变迁》载《兰州学刊》2004年第4期，《关于电子化政府的几点思考》载《西南民族学院学报》2001年12期，《网络政治初探》载《社会科学研究》2001 年增刊。学习简历（自大学始，包括进修、培训等）：1989 年 9 月—1993 年7月在西南民族学院管理系行政管理专业，获法学学士学位；1999年9月—2002年7月在四川省社会科学院中外政治制度专业，获法学硕士学位；2002 年 9 月—2005 年 7 月在复旦大学国际关系与公共事务学院政治学理论专业，获法学博士学位。1993 年 7 月—1994年1月在成都仪表厂政工科任科员；1992年12月—1996年12月在成都人民广播电台商业台交通台任节目主持人；1996年12月—1997年12月在成都八一家具股份有限公司任行政部主任；2005年7月起在上海财经大学公共经济与管理学院任教。

周　敏　1999年7月毕业于贵州大学工程技术系农业机械化专业。2000年1月到黔西县农机安全监理站工作，2003 年 4 月任农机监理站副站长，2013年6月任农机局党支部书记（享受正科级）。

周敏与傅爰平结婚后，生一男孩傅世蛟，聪明伶俐。周敏为人热情好客，家庭敬老爱小，与邻居和睦；工作认真负责，恪尽职守。经常帮助族中困难人群排忧解难，力尽所能。在家庭中是兄妹的典范，工作上多次获地、县级的表彰，登上光荣榜。为修《贵州傅氏通谱》夫妇共捐资1万元。

周康琴　1947年3月生于贵州省兴仁县，安顺傅永福之妻。中共党员，大学文化，中学高级职称。1970年11月参加工作，曾在安顺市工矿公司、安顺市土产公司任会计，1977年恢复高考后考入安顺学院数学系，毕业后在安顺地区一中任教。1982年至1985年参加中国科学院心理学研究所中学自学辅导教学实验中，获中国科学院1986年重大科技成果二等奖，1988年获贵州省教委教学成果三等奖。1989年4月调安顺地区教育局，1993年至1995年，连续3年评为安顺地区先进工作者。1995年至1998年，连续4年评为安顺地区优秀党员。1995年任安顺地区教科所副所长。2005年退休。2010年被安顺人民政府聘为中学督学，任期三年，且聘为安顺市教育系统关心下一代工作委员会副秘书长。

朱正秀　镇雄县人，住南广路29附4号，说公后一百二十世孙傅绍华之妻，生于1953年7月17日。她通过不懈的努力，狠抓经济发展，团结族人，搞好傅氏宗亲联谊，受到本支宗亲和邻里的好评。

20世纪七八十年代。她以经营小吃餐饮服务业为主，解决一家老小温饱问题，改革开放以来，为了搞活经济建设，投资10万参与开办煤矿，年产原煤两万多吨，年产值500多万元，上缴利税100多万元，为国家建设作出了很大贡献。2006年根据国家政策，全面实现小康社会，提高人民生活水平，转产开办一个千头以上规模的生猪养殖场，从贵州引进良种母猪300头，采取良种、良法、良料的措施，形成了二高一优的产业（高产高效益的优质产品），目前，年出栏仔猪6000头，出栏肥猪1000余头，年总产值1000多万元，已成为镇雄昭通一带规模最大的养殖场，产品销往昆明、广州、贵州一带。

朱正秀在抓好经济发展的同时，还注重家族事业的发展，在2005年世界傅氏宗亲联谊总会成立后，贵州省傅氏宗亲联谊会成立之际，组织当地宗亲前往毕节、黔西参会，领会精神后，立即发动周边地区傅氏宗亲修谱，在她的宣传发动下，促成《中华傅氏通谱·贵阳卷》一编纂委员会成立，她担任编委会副主任，负责镇雄片区的宣传发动和资料搜集工作，在其中积极努力为《中华傅氏通谱·贵阳卷》一及时出版发行做贡献。在修谱的过程中她不仅向编委捐款千元，还多次组织本支系宗亲料理祖坟，组织料理说公后113世孙文魁祖公坟，除全族集资，自己投资近10万元，为5个傅氏祖人修坟立碑，以流传千秋万代。2010年还随贵州团前往山西平陆祭祖，更近一步了解傅圣文化思想，实在难得。

朱正秀不但是发展经济的一把好手，而且还在敬宗爱族孝敬老人等方面做出了典范，还团结关照亲朋邻里，帮亲帮里无处不在，深受本支系和亲朋邻里的好评。她确属女中精英，傅氏家族的一位好媳妇，她现在还为社会经济的发展和傅氏宗亲的联谊不懈的努力，力争再做贡献。

傅业春

出生于 1964 年 3 月 3 日，贵州省毕节市人，研究生学历，1983 年 8 月参加工作，1992 年 10 月加入中国共产党，现任贵州省毕节市农业委员会党组副书记、主任、研究员、贵州省省管专家、毕节市第一届党代会代表、贵州省妇女第十次代表大会代表、省妇联第十届执行委员会委员、贵州省科协第八次代表大会代表、中国农学会农业科技园区分会第二届理事会理事。

先后获国家、省、地级科技进步成果奖 13 项，获“全国优秀农业科技工作者”“贵州省省管专家”等荣誉称号 10 多次。1997 年 6 月 9 日获贵州省科技兴农人才奖，2000 年 6 月获省人民政府颁发的“贵州省先进工作者”荣誉证书，2004 年 6 月获国家科技进步一等奖，2005 年被评为“全国优秀农业科技工作者”，2006 年 12 月 8 日获贵州省科技进步三等奖，2009 年 3 月获贵州省农业丰收计划一等奖、10 月被评为贵州省省管专家、11 月获破格晋升研究员正高职称，2010 年 1 月 8 日获毕节地区第四届突出贡献人才奖，2011 年 1 月 28 日获毕节地区 2010 年度考核优秀等次县级干部、2 月 24 日被评为贵州省巾帼建功标兵、5 月 17 日获省政府特殊津贴、8 月被中共毕节地委命名为毕节地区 100 名劳动模范、10 月 15 日获中国农学会农业科技园区分会 2010-2011 年度先进个人荣誉称号，2012 年 1 月获毕节市科技成果转化奖二等奖。

闵崇艺（傅传耀之妻） 1956 年 5 月生，毕业于毕节师专， 本科学历。历任金沙县第一中学教员、纳雍县委宣传部干部、毕节地委宣传部科长，现任遵义市中级人民法院党组成员、纪检组组长、审判委员会委员、正县级审判员。三级高级法官。

罗冬梅（傅军之妻） 1969 年 11 月生，毕业于贵阳工业管理学校，本科学历。

历任县级毕节市（现毕节市七星关区）地税局科员、贵州省地税局副主任科员、主任科员，现任贵州省地税局人事处副处长。

傅恩丽 1966 年 5 月生于贵州黔西，中共党员，大学本科文化，1993年取得全国

统考律师资格，于 1996 年任黔西县司法局副局长，热爱中国传统文化，为毕节市作家协会会员，曾有多篇文章在报刊杂志上发表，现就职于县政法委。

傅恩丽在工作中坚持原则，敬职敬责，认真学习研究法律法规，热心为广大宗亲和普通百姓提供法律援助，帮助大家学法懂法，正确运用法律武器维护自己的合法权利。近年来，傅恩丽广泛联络宗亲，多次参加联谊活动，为编修《中华傅氏通谱·贵州卷》捐资 2000 元。

傅成煦 1973 年 9 月出生，中共党员。1996 年毕业于贵州民族学院，分配到六盘

水市委政策研究室工作。2001 年 3 月任政策研究室办公室副主任。2005 年 12 月调六盘水市纪律检查委员会任综合室副主任。2008 年 4 月任六枝特区纪委副书记。2009 年 6 月任市纪委办公室副主任。2012 年 11 月任市纪委第一纪工委委员、市委宣传部专职纪检监查员，副县级。其中，于 2013 年 6 月攻读研究生毕业。参加工作以来，曾 7 次被评为优秀党务工作者，5 次被评为优秀党员。2013 年起草完成了题为“六盘水市纪

检监察派出机构统一管理体制机制研究”的课题，受到省纪委、中纪委、中国纪检监察学院的领导、专家、学者的肯定和好评。

傅成曼 1983年8月出生，中共党员。2005年毕业于贵州大学经济管理系，当年考取研究生，于2008年毕业于贵州大学经济管理学院行政管理专业，研究生学历，硕士学位。2009年分到毕节学院，现在就职于毕节学院经济与管理学院，任经管院办公室主任。

陈玉华 赫章傅培良妻，生于1939年4月11日，贵州省贵阳市人，1956年响应党的号召到边远山区工作，分配到赫章县妈姑供销社工作、1973年赫章县粮食局工作，先后任财务科出纳、会计、1992年任副主任科员，1996年退休。陈玉华工作上兢兢业业，严格要求自己干好本职工作。在家和睦邻里、团结族人、尊老爱幼，在自己患有严重的疾病的情况下仍然扶持90高龄的老母亲。在2007年《中华傅氏通谱》工作启动以来，不辞辛劳热情接待各方宗亲。

傅　蓉 遵义市桐梓县人，先后任遵义市汇川区民政局局长、遵义市红花岗区委常委。

傅丽明 江西清江县人，1979年参加工作，1986年3月任遵义正安县财政局副局长，1993年任审计局局长，1998年1月任正安县副县长，2001年任正安县委常委、县统战部部长，正安县人大常委会副主任。

傅华芬 2006年12月当选黔西南自治州贞丰县人大常委会副主任。

傅　琼 1967年6月20日生，贵州安顺人。中共党员，大学文化。1989年8月参加工作，2002年5月至2004年5月任安顺地区普定县国家税务局副局长，2004年5月任普定县国家税务局党组成员、总经济师，2009年10月任安顺市国家税务局财务管理科副科长。

傅　燕 1974年4月生，贵州安顺人，中共党员，大学文化。1997年8月参加工作，2011年12月任贵阳市国家税务局办公室副主任。

傅光涛 1971年11月生，黔西南自治州安龙县人，贵阳市花溪区国家税务局办税服务厅主任、人事科科长。

傅岱云 山东人，1953 年 4 月至 1954 年任遵义地区税务局计会股副股长。

傅莉娅 1962 年 6 月生，重庆江津人，中共党员，大学文化。1980 年 4 月参加工作，2006 年 6 月在毕节地区国家税务局任正科级职务，2008 年 5 月任毕节地区国家税务局机关党委办公室主任。

傅贵兰 铜仁地区石阡县政协主席，原任石阡县统战部部长。

傅国珍 贵州大学副研究员，九三学社小关支部副主委。

傅华英 铜仁松桃县水利局局长，政协第十二届松桃苗族自治县委员会常务委员。

傅开维 凤冈县新建乡太河村卫生院医生，遵义凤冈县第十四届人大代表。

傅维云 遵义县委组织部副部长、遵义县信访办主任。

傅平英 1969 年 9 月 4 日生，铜仁松桃县人，松桃县三和锰业集团汇丰有限公司董事长和松桃福利锰粉厂厂长。贵州省第十二届人民代表。

傅仁燕 贵阳市人，1972 年生，1995 年 7 月毕业于黔南民族医学高等专科学校药物制剂专业，贵州健兴药业有限公司 QC 主管；贵州正鑫药业有限公司质检部负责人。

傅胜凤 湖南人，贵州大汉钢铁贸易有限公司总经理。先后当选“全国工商联女企业家商会第三次代表大会代表”“湖南省优秀女民营企业家”“贵州省湖南商会常务副会长”“贵阳市钢铁商会副会长”。

傅　进 重庆人，重庆富侨保健遵义店经理。

傅　杰 盘县矩能加禾工贸有限公司总经理。

傅俊芳 1954 年出生，硕士，高级经济师。深圳市建设投资控股公司董事局办公室主任兼董事局秘书。

傅　进 1971 年 6 月出生，贵阳市人。1992 年重庆建筑工程学院（现为重庆大学）本科毕业。2003 年 6 月加入九三学社。现任广东中山市创能设计顾问有限公司总经理（法人），高级室内设计师、建筑师。获 2005 年全国优秀室内设计师、第五届全国室内装饰设计双年展金奖、第六届深圳室内装饰展佳作奖等。

傅阿黎 1966 年 4 月出生，贵州毕节市人。中学一级教师。1984 年考入贵州省毕节师范专科学校中文系，1987 年分配到毕节三中任教，1992 年至今在毕节二中任教。

傅木兰 1935 年 1 月生，湖北省黄梅县人。1956 年华东艺术专科学校毕业。擅长蜡染、染织设计。曾任中国妇女杂志社美术编辑，1957 年任贵州民族学院艺术系教员，1959 年调任贵州大学艺术系教员，1964 年调贵阳市工艺美术研究所任高级工艺美术师。

傅岱云 1933 年 1 月生，大学文化，高级书画师，擅长书画。贵州省老年书画研究会、贵州省委机关书画研究会会员。

傅丽红 1965 年 2 月生，本科学历，贵州商业高等专科学校科研处处长、教授，贵州省社会科学界联合会第五次代表，《贵州商业高等专科学校学报》副主编，民建贵阳市市委委员，贵阳市人大代表。现任中国商业经济学会理事、全国高职高专学报研究会副秘书长、贵州省经济学会常务理事、贵州省税务学会会员、贵州商业高等专科学校学术委员会委员。

傅丽萍 贵州师范大学心理学副教授、心理学博士、硕士生导师，贵州师范大学教育科学学院党委委员、党支部书记。

傅薇莉 贵阳市第二实验中学数学特级教师，有 30 年教学经验。贵州省政协十届委员。

傅念飞 1970 年 11 月生，贵阳一中高中语文教师。贵阳市妇女第十一次代表大会代表，先进工作者。

傅 萍 贵阳市南明区第二实验小学副校长，小学高级教师。主管学校教育教学、教育科研、小继教工作。从踏上讲台的第一天起，就把学高为师，身正为范，教书育人作为从事教师这项职业的警示语和孜孜以求的目标方向，多次在“南明之春”教学评比、贵州省教学论文评比、班主任工作中获奖，在一次次的磨砺中逐渐成长起来，使自己 30 年的教育生涯变得光彩夺目。

傅辉琳 1982 年 1 月 20 日生，毕业于中央音乐学院。原系北京师范大学艺术与传媒学院声乐教师，中央音乐学院附中南校区音乐系主任、教师，北京民族大学音乐学院声乐教师。2007 年第二届全国“德艺双馨”美声唱法金奖得主，2008 年全国首届“家园杯”通俗唱法金奖获得者，第一届“多彩贵州”遵义赛区通俗唱法金奖得主。在遵义市湘江河畔老城税校门口创办遵义傅辉琳音乐艺术学校，任校长。

傅 萍 1980 年 7 月生，病原生物学本科毕业，贵阳医学院基础医学院助教，专职实验教学，从事人体寄生虫研究。

傅乐琳 1997 年，以优异成绩毕业于贵州师范大学音乐系，并留校任教。1999 年赴中国音乐学院，拜中国国宝级音乐大师、著名琵琶演奏家、教育家刘德海门下，继续深造琵琶技艺。现为贵州师范大学音乐学院民乐系副教授，青年琵琶演奏家。中国音乐家协会会员。

傅　蓉　1994年毕业于贵阳中医学院中医系。现为贵州省心血管病健康室专家组成员，贵阳中医学院第二附属医院心血管内科副主任医师。长期从事心血管内科临床及教学工作。在十几年的临床工作中积累了丰富的经验，尤其在中西医结合治疗高血压、冠心病的治疗中有一定的特色，先后在省级、国家级刊物发表论文十余篇。

傅　婷　贵州大学明德学院副教授。

傅定芳　1958年8月生，1979年7月贵阳师范学院物理系毕业，2009年晋升副教授，贵阳市师范学校党总支书记、校长。

傅红玲　大学学历，贵州省团校副校长，教研室主任，副教授。贵州大学·加拿大魁北克大学项目管理硕士生导师，青岛科技大学第二课堂导师，中国共青团研究会会员，贵州高级管理人才发展促进会副会长，贵州省社会科学界联合会第五次代表大会代表。在省内外学术刊物上发表论文20余篇，获部级表彰，被授予“全国团校优秀教师”荣誉称号。主讲的《共青团工作项目管理》被共青团中央评为全国团校精品课程，获共青团中央表彰。

傅家华　1946年生，贵州省卫生防疫站（现贵州省疾病预防控制中心）副主任技师。

傅林津　贵州省红十字会妇女儿童医院客座教授，妇产科副主任医师。毕业于上海第二军医大学，医学博士、博士生导师。现工作于首都医科大学北京妇产医院妇产科。从事妇产科临床专业近30年，临床基础全面扎实。对妇科、产科常见病、疑难病、多发病有丰富的临床经验，特别是对妇科肿瘤、乳腺癌、老年妇科疾病、宫颈疾病、宫颈癌及癌前病变的诊断治疗有较深的研究。在国家级刊物上发表30多篇有影响力的学术论文，是全国多家医学杂志的常务编委，兼任德国医科集团会诊专家。

傅秀英　1965年9月出生，1984年8月参加工作，1999年3月服从组织安排，到遵义师范学院组织人事处离退休科工作，2005年1月任遵义师范学院离退休科科长。2006年3月轮岗任遵义师范学院人事科科长，2009年5月参加学院处科级干部竞聘上岗，任遵义师范学院组织部（人事处）部长助理。2003年年度考核被评为优秀等次；2004年9月获遵义师范学院2003—2004学年度“优秀共产党员”称号；2005年12月被评为全省关心下一代先进工作者；2006年6月获遵义师范学院2006年第一期干部培训班“优秀学员”称号；2006年年度考核被评为优秀等次；2007年9月获遵义师范学院2006—2007学年度“三育人先进工作者”称号；2007年年度考核被评为优秀等次。2009年9月获遵义师范学院2008—2009学年度“先进教育工作者”称号。

傅永利 黔南州林业局种苗站高级工程师。

傅能琼 1958年12月4日生，遵义桐梓县人，遵义烧烫伤医院院长，遵义汇川区洗马路社区医疗卫生服务站站长。

傅启华 1941年生，在贵阳市市南小学工作，1995年获全国优秀教师表彰。

傅若娟 贵阳酒厂工作，1985年12月至1987年12月任政协贵阳市第六届常务委员。1985年获贵州省“五一”劳动奖章。1992年8月至1997年3月，任九三学社贵州省第三届委员会常务委员。

傅玉华 1935年生，贵阳制药厂针剂车间班长，积极带动全班搞好生产，关心群众疾苦，积极帮助群众解决困难，1978年被评为先进生产者，1979年获贵州省“三八红旗手”称号。

傅明凤 1967年生，贵阳市修文县实验小学教师，改进教学方法，使学生由“学会”变成“会学”。1999年获全县中小学生作文指导奖，2000年获贵州省“三八红旗手”称号。

傅芝泉 贵阳市蔬菜公司，1959、1960年获贵州省人民政府先进工作者奖，全省财贸系统先进工作者代表会表彰。

傅延惠 任职于贵阳棉纺厂子弟学校，1980年获贵州省人民政府先进工作者奖，全省教育战线先进工作者表彰会表彰。

傅有群 2007年获贵州省第二届楹联书法大展书法优秀奖。

张 炜（傅波之妻） 1972年12月生，毕业于毕节师专，本科学历。历任原县级毕节市（现七星关区）第七中学教员，现在毕节市七星关区老年大学干部。

傅善琼 贵州省毕节地区印刷厂厂长，曾任六盘水美通彩印有限公司经理，公司成立于1999年。全国劳模。

熊宝禹（傅汝杰之妻） 生于1947年6月4日，湖南省长沙市，主治医生，任贵阳市老干局医保处处长。

（以上排名不分先后，大致按照资料报送时间排序）

当代行政人物

傅传耀 1955年3月生，贵州省金沙县岚头镇人，中央党校在职研究生。中国共产党十六大、十七大代表，第九届全国人大代表，第九届、第十届贵州省委委员。

傅传耀幼时由于父母会打算、且勤劳，家境相对宽余。1974年高中毕业后回乡当知青，继而任生产大队大队长。1976年5月加入中国共产党，6月参加工作，任公社团委副书记。后任岚头公社党委副书记、团委书记。国家恢复高考制度后，1978年9月至1980年8月考入贵阳师范学院毕节专科学校学习，任校团委副书记，毕业后分配到共青团金沙县委工作。1981年调金沙县委宣传部，认真研究《社会主义经济问题》，向干部作宣讲。1983年机构改革，要求选拔30岁以下干部进入县领导班子，由于傅传耀在读书期间一直担任学生干部，又有一定的基层工作经验，遂当选为县委常委，任农工部部长。1986年1月调任纳雍县委书记。1990年9月后任毕节地委委员、纳雍县委书记、毕节县委书记、毕节市（县级市）委书记。1997年2月调任贵州省遵义地区地委委员、行署常委副专员；7月任地委副书记、行署专员；10月遵义撤地改市，在遵义市一次党代会上当选为市委副书记，同年12月在遵义市一次人代会上当选市长，兼任贵州预备师副政委，某预备役团第一政委。2001年9月任遵义市委书记，遵义军分区党委第一书记。2008年1月当选贵州省第十一届人大常委会副主任、党组成员。傅传耀在毕节、遵义任职期间，于1992年9月至1993年7月在中央党校中青干部培训班学习；1993年8月至1995年12月在中央党校函授学院本科班经济管理专业学习；2000年3月至2003年元月在中央党校在职研究生班经济管理专业学习，师从中央党校副校长刘海藩。

傅传耀在工作中，勤于思考、扎实工作：在金沙县工作时，深入农村，与农民朝夕相处，总结湖水高原营林合作社“统一规划，统一管理，统一技术标准，分户经营”的管理模式，在全县推广实施，并被中央农村经济政策研究室采用。采写的《龙坝乡党员开展联系户活动》刊发于省委宣传部主办的《宣传通讯》《贵州日报》头版头条刊发。《党的生活》杂志把文中涉及的内容拆成单项登载。论文《县域经济的改革》参加在武汉召开的全国农村县级农村综合改革研讨会交流，重要观点被《新华文摘》转载。1985年对湖水、平坝、西洛等乡镇500余农户调查后写成《多数温饱少数富，百分之二十贫困户》的调查报告，对当时农村、农民的经济收入做出深入分析，这篇论文后来被层层转发。

当时贵州省主要领导在农村工作会上评价农民收入状况时援引了该文的观点和数据。论文《金沙股份合作制的六种形式》1986年被《中国农村经济》杂志采用。傅传耀调纳雍县工作后，三分之一的时间步行下基层，通过调查提出“敞开山门，电力先行，搞活两通（交通、融通），开发三个资源”《地上、地下和人力资源》，得到时任省委书记胡锦涛的肯定。在纳雍期间傅传耀特别注重民族团结，为推进苗族同胞实行计划生育，还在当地收了一个苗族儿童作义子，大大融洽了民族关系，有力推进了计划生育工作的开展。在毕节任职期间，傅传耀带领一班人通过不懈的努力，带头捐资助学普及教育，狠抓乡镇企业和烤烟支柱产业。全县财政收入从4000多万元增加到9000多万元，1996年后财政收入以20%的速度递增，甩掉了贫困县的帽子。胡锦涛在毕节考察时，问及傅传耀对甩掉贫困县帽子有何想法时，傅传耀说：“戴着穷帽子就会产生依赖心理，摘了帽子反而可以甩开膀子大干。”其后在全省扶贫工作会上，傅传耀作了《十年扶贫成果，一朝“摘帽”感慨多》的经验交流发言。在遵义工作期间，傅传耀的《一论遵义城市化》《二论遵义城市化》发表于中央政策研究室和国务院研究中心主办的《学习与研究》杂志，《贵州城市化四题》《城市规划三要诀》发表在《当代贵州》颇有影响。遵义市获得的中国人居奖、中国模范绿化城市、卫生城市等十一项奖项，有八项在他任期内获得。针对国家退耕还林政策中，不同意种植经果林的问题，2000年3月5日在全国人大会议上，傅传耀向胡锦涛汇报：“退耕还林应该从实际出发，遵义可以退耕还竹、还茶。竹子具有生态效益、经济效益、社会效益，一次栽下，永续利用。”胡锦涛当即肯定了“退耕还竹”的思路，指出“退耕还竹是条好路子”！随后遵义退耕还竹260多万亩，使竹子面积超过300万亩。在赤水河流域建设了300里竹廊，在娄山山脉种植近百万亩方竹。2002年撰写了《道茶——浅论打造黔北百万亩茶海》被多个刊物转载，由此引发了贵州种茶五百万亩，打造中国第一茶省的决策。随后提出遵义农村产业结构调整“六个一百万”（竹、茶、药、辣椒、蔬菜、沼气池），在全省推广。

及时总结富、学、乐、美，搞好社会主义新农村建设，得到中央领导李长春、曾庆红充分肯定，成为全国学习典型。遵义的新农村建设在2006年春节假期过后上班第一天开始，成为中央电视台、人民日报等几家主流媒体头条新闻，连续三天播放、刊登，在全国引起震动。并在全国多次有关会议上介绍经验，全国除台湾、澳门外均组织到遵义学习参观，就此撰写的《四在农家——遵义的小康新路》在党中央机关刊物《求实杂志》发表，获贵州社科一等奖。结束了遵义新中国成立以来没有社会科学一等奖的历史。

傅传耀勤于思考，工作中的讲话稿均是亲自动手，有些文章被中央级刊物收录。如《我的权力观》、《关于加强五风建设》作为中纪委党课教材编印，《七计连环出奇制胜——浅论毛泽东四渡赤水的指挥艺术》一文在国防大学校刊上发表，并被毛泽东嫡孙毛新宇同志多次引用。特别关心傅氏联谊活动，并要求作为傅氏人要爱国、守法、团结、和谐，搭好联谊平台，优势互补，助学、助教，关心贫困宗亲，共同富裕。

傅传耀题写的“传承版筑，振兴中华”可见对傅圣、傅氏文化的重视，家国利益的不忘。傅传耀还亲自参加了一些傅氏文化活动，积极推动《中华傅氏通谱》的编修，将自己11年的稿费及出差补贴的节余壹万元赞助“中华傅氏通谱”贵州卷的编纂。

傅家祥 1939年6月生，山东巨野人，出生于重庆。中国农工民主党党员。曾任第十届全国政协常委，农工民主党中央常委、贵州省主委，贵州工业大学控制技术研究所所长。教授，硕士生导师，重庆大学兼职博士生导师。1958年至1963年在贵州工学院电机工程系学习；1963年至1977年任贵州工学院电机工程系教研室教师；1977年至1979年任贵州工学院计算机站副站长；1979年至1987年任贵州工学院计算机站中心副主任；1987年至1996年任贵州工学院控制技术研究所所长；1996年至1997年任贵州工学院控制技术研究所所长、计算机系主任；1997年至1999年任农工民主党贵州省副主委，贵州工业大学控制技术研究所所长、计算机系主任；1999年至2001年5月任农工民主党贵州省副主委，贵州工业大学控制技术研究所所长、计算机学院院长；2001年5月至7月任农工民主党贵州省副主委，贵州工业大学控制技术研究所所长；2001年7月至今任农工民主党贵州省主委，贵州工业大学控制技术研究所所长。是第九届全国政协委员，贵州省自动化学会理事长，中国电机工程学会高级会员，中国电子学会高级会员，中国计算机学会贵州省分会常务理事。1990年被授予贵州省有突出贡献的优秀专家称号，1991年起享受国务院政府津贴，1997年被授予贵州省先进工作者称号，1998年被授予省管专家称号。多年从事计算机工业控制、电力系统自动化、测控系统、计算机体系结构、计算机网络与通信技术领域的教学、科研工作。先后主持科研项目十余项，获省部级科技进步二等奖两项，三等奖三项，轻工部金龙腾飞奖一项，省经委省科委联合颁发的优秀成果奖三项。编著《微机SCADA系统的原理和方法》《操作系统》《数字通信工程》等著作，发表论文二十余篇。

傅　京 1956年7月生，贵州安顺人，祖籍四川达县，省委党校在职大专学历，武汉大学工程硕士。1974年5月参加工作，1975年9月加入中国共产党。曾任安顺县（高中）试点班校长，1988年5月任安顺地区普定县县长，1993年6月11日任贵州省普定县资源开发公司法人代表，1997年安顺地区行署副专员，2000年6月地区撤地设市后任安顺市副市长，2003年任贵州省西电东送工程建设领导小组办公室副主任，2007年10月24日任贵州省发改委副主任，西部开发办公室、西电东送办公室副主任，省发展改革委党组成员、副主任，2009年兼任贵州省能源局局长、党组书记，领导省能源局全面

工作，分管基础产业处、产业发展处（除铝业发展以外的部分）、资源节约和环境保护处、贵州省节能减排监察总队。2013 年 3 月任贵州省发展和改革委员会党组书记、主任。

傅迎春 1956 年 2 月生，山东人，大学毕业。当过知青，干过地质，曾赴日本留学。1985 年 10 月至 1987 年 12 月任共青团贵州省委第七、八届委员会副书记；1988 年到毕节地区威宁县任扶贫工作队长、威宁县副县长；1990 年起从事旅游工作，1991 年 9 月任贵州省旅游局党委副书记、副局长，2008 年 10 月任贵州省旅游局党组书记、局长、其社会职务有世界银行项目领导小组副组长、贵州省旅游发展和改革领导小组办公室常务副主任、贵州省旅游协会会长、贵州省旅游饭店星级评定委员会主任。明确提出“要推动贵州旅游发展，育才、引才、聚才、用才很关键”的理念，定位贵州旅游产业“国家公园省，多彩贵州风”的旅游特色。编著出版《景色贵州》《走进西部旅游丛书：贵州》《贵州导游：绿色喀斯特王国与文化千岛》等多套旅游特色书籍。

傅贵林 1962 年 1 月生，四川威远人，1984 年 7 月加入中国共产党，1981 年 9 月参加工作，贵州省委党校在职研究生班经济学专业毕业，省委党校研究生学历。历任兴义市(县)泥凼区林业站技术员、副区长、区委副书记、区长、区委书记、副市长，普安县委副书记、副县长、代理县长、县长，黔西南州副州长、州委常委、州政府党组副书记，州行政学院院长、党委书记。2011 年 12 月当选中国共产党黔西南布依族苗族自治州第六届委员会常务副书记；2012 年 7 月任贵州省发展和改革委员会副主任，贵州省扶贫生态移民工程领导小组办公室主任(正厅级)。贵州省发展和改革委员会党组成员。

傅善俊 1962 年 10 月 20 日生，贵州省毕节市人，研究生学历。1979 年应征入伍，1982 年加入中国共产党，1983 年提干。历任卫生员、管理员、助理员、助理会计师、会计师、财务科长等职。现任昆明陆军学院高级会计师，上校军衔。工作成绩突出，立三等功一次，三次被评为优秀共产党员，曾被成都军区评为清产核资及经费管理先进个人，财务科在他的带领下，2000 年被中国人民解放军总后勤部评为全军事业单位财产清查登记先进单位。任财务机关支部书记期间，所在支部被评为机关先进党支部。学术成果显著。他撰写的多篇论文在全军及全国性的刊物上发表，多次获成都军区财务学术成果奖。在由国防大学出版社出版的《基层管理教育方法新探》书中任副主编。被成都军区聘为军区成人中专教员。为培养人才作出了杰出的贡献。积极参与贵州傅氏宗亲联谊活动，并多次捐款数千元。

傅永华 1956年10月生，贵州省遵义县人，中共党员，大学学历。1978年8月至1982年8月在贵州省财经学院贸易经济专业学习；1982年8月至1984年2月在遵义地区统计局任科员；1984年3月至1986年1月任遵义地区统计局办公室主任；1986年1月至1986年12月参加遵义地委扶贫工作队，任道真县爱国乡党委副书记；1986年12月至1995年6月任遵义地区物价局党组成员、副局长；1995年6月至1995年9月任遵义地区统计局党组书记、局长；1995年9月起任贵州省物价局党组成员、副局长（其间：于2002年3月至2004年2月赴遵义市务川县参加党建扶贫工作，任扶贫工作队队长，挂任务川县委副书记）。正厅级。

傅跃钦 2007年8月中央下派任贵州省安顺市委常委、市人民政府常务副市长。

傅　皓 1959年8月生，安徽省安庆市宿松县千岭乡砂坡村徐傅人，中共党员，大学文化，正师级大校军衔。1978年入伍，历任团新闻干事、师党务干事、军组织干事、连指导员、团组织股股长、成都军区政治部组织部副部长，2007年调任贵州省军区陆军预备役步兵师党委书记、政治委员。2008年5月1日获贵州省“抗凝冻、保民生”工作个人一等功。2010年曾入国防大学联合战役指挥班学习深造，结业后回贵州预备役步兵师继续任职。

傅应林 1960年生，贵州六枝人，贵州教育学院管理系毕业。中共党员，六盘水市计生委党组成员，常务副主任。

傅应林在教育系统工作期间，任教导主任并教授毕业班语文、化学、英语等科目。教学效果突出，使边远乡村中学考取高中、中专、中师数百人，深受学生及家长爱戴。

傅应林在基层计生系统工作期间，亲自动员上万群众做结扎手术。直接查处违反计划生育政策的干部400余人。扭转了六枝特区人口计生工作在全市、全省挂末的局面。创建的“人口计生工作联户管理”“中心户长管理”“人口计生工作层层负责制”及“计划生育优质服务模式”被全省推广（省、市分别在六枝召开计生工作现场会、优质服务工作现场会），本人被评为国家、省、市先进计生工作者。

傅应林在组织部门工作期间，走遍村村寨寨抓党的基层组织建设，抓干部队伍建设和作风建设。被授予优秀基层党组织建设工作者。

傅应林到市计生委工作以来，深入98个乡镇及半数以上村（居）调研、指导、监查。对98个乡镇人口数据及工作深入了解，分管的各项工作均达到了省和市的年度要求，尤其分管的性别比例失调治理工作，敢于碰硬，大胆创新，刻苦工作，使六盘水性别比（多年来徘徊在126以上）首次降到110以下。扭转了六盘水连续多年性别比工作全省挂末的局面。

傅国祥 1962年1月生，贵州毕节地区威宁县人，1984年7月参加工作，1986年3月加入中国共产党，省委党校研究生学历。1984年7月，贵州师范大学毕业，教育学学士学位；1984年7月至1991年7月，六盘水市电大分校任教；1991年7月在六盘水市钟山区纪委监察局工作，历任秘书科长、综合室主任、执法室主任、区纪委常委；1996年1月至2001年9月在钟山区汪家寨镇工作，历任党委副书记、党委书记（其间：1998年7月至2001年7月，在贵州省委党校法律专业学习（函授本科）；2001年9月至2002年5月，任钟山区区委常委、纪委书记；2002年5月至2006年8月，任盘县县委副书记、纪委书记；2006年8月至2006年10月，任盘县县委副书记、纪委书记、常务副县长；2006年12月任盘县县委常委、常务副县长；2009年6月任中共水城县委副书记、代县长，2010年3月任中共水城县委副书记、县长，水城经济开发区党工委副书记；2012年6月任六盘水市钟山区区委委员、常委、书记。

傅承才 男，1964年生，遵义桐梓县人（祖辈于明正德年间从江西高安珠湖迁移到桐梓魁岩），中共党员，重庆邮电学院通信工程专业毕业，中欧国际工商学院工商管理硕士，1984年参加工作，高级工程师。历任贵州省铜仁地区邮电局电信科电力班长、遵义地区邮电局长话科技术员、载波班班长，1992年任遵义地区邮电局长话科副科长、农话科科长、长途线务站站长、办公室主任；1999年任遵义市电信局副局长，2001年任毕节地区电信公司党组书记兼总经理，2003年任遵义市电信公司党组书记兼总经理，2006年任贵州省电信公司副总经理。傅承才热心傅氏宗亲联谊，积极参加傅氏联谊活动，多次为联谊会就餐买单，为修桐梓宗祠及编修《中华傅氏通谱·贵州卷》主动捐资15000元。被推选为贵州傅氏联谊会名誉会长。

傅尔光 1940年4月生，遵义务川县涪洋人，中共党员，初中文化。1954年10月在金融系统参加工作，1958年任务川幸福公社党办主任，1960年任务川县组织部干事，1975年任砚山区委副书记，1979年任涪洋区委书记，1982年任务川县委副书记，1987年任县委书记、人武部第一书记，1990年任凤冈县委书记、人武部第一书记，1995年任遵义地区政协秘书长，1997年12月至2000年3月任遵义市政协副主席，2000年4月退休。2009年8月当选贵州省仡佬族学会会长。担任遵义市老区建设促进会副会长、遵义市慈善总会副会长，是中国未来研究会会员，中国管理科学研究院特约研究员。傅尔光积极关心支持傅氏宗亲联谊活动，聘任为贵州傅氏宗亲联谊会顾问。

傅国汉 1958年8月生，黔西南州普安县人，中央党校导师制经济管理专业研究生毕业。1975年8月参加工作，1983年1月加入中国共产党，现任黔西南州人大常委会党组成员、副主任。历任普安县新寨农场知青、县百货公司统计员、县委办秘书，黔西南州委办秘书、副主任科员，州政府办副科长、科长，州委副秘书长（挂任兴仁县委副书记，浙江宁波开发区管委会主任助理），兴仁县人大常委会主任、县委书记；2007年当选黔西南州人大常委会副主任。

傅亚频 1959年2月生，贵州黔西县人，祖籍河南开封。1977年8月参加工作，1991年10月加入中国共产党，在职大学学历。历任贵州省六盘水市钟山区政协办公室副主任，市委组织部副主任科员、研究室主任、组织科科长，水城县委常委、组织部部长、副书记；六盘水市委组织部常务副部长、市人大选举任免联络委员会副主任委员，市广播电视局局长、党组书记。2004年11月任中共六盘水市委组织部常务副部长（正县级）。2008年11月7日任六盘水市广播电影电视局党组书记、局长。2011年6月任六盘水师范学院党委委员、副院长。六盘水市第五届人民代表大会常委会委员。

傅忠模 1961年2月生，遵义道真县人，大专文化，1979年12月入伍，1984年12月入党。入伍后历任战士、班长、司务长、排长、政治指导员、组织干事、组织股股长、政治教导员、遵义军分区政治部组织干事（副团职），少校军衔。1999年元月任桐梓县人民武装部副部长，同年8月任部长，2004年4月任桐梓县委常委、武装部政委。2007年任遵义市交通局副局长（正县级），2009年7月主持全局工作，2010年1月任遵义市交通局党组书记。1984年在参加云南边防保卫战的“两山”作战中立三等功，1991年和2005年因工作成绩突出又分别荣立三等功；1983年、1988年、1994年、1999年曾4次带领部队争创先进集体，5次当选党代表，7次组织指挥部队完成重大工程任务，8次被评为优秀党务工作者、优秀党员、优秀旅团主官、模范先进个人、抗雪凝保畅通先进个人、西部开发先进个人等荣誉。

傅　翀 1962年9月26日出生，祖籍湖北石首，中国人民解放军驻贵州省军事代表局副局长，大校军衔，高级会计师，全军高级会计师评审委员会委员。热心傅氏联谊工作，多次参加贵州傅氏活动，热情接待傅氏宗亲，多次接待总会及贵州联谊会人员，热心为傅氏宗亲办实事。

傅德黔 1956年10月生，贵州省遵义市人，籍贯山东省茌平县。1974年5月在贵州省贵阳市乌当区水田公社插队，1976年10月入党；1977年1月至1978年1月调入贵阳市乌当区水田公社，任秘书；1978年2月至1982年1月在华东化工学院基本有机合成专业学习，本科毕业；1982年2月进入中国环境监测总站分析室工作（其间于1991年6月至1992年12月在美国E&E公司实验室作为访问学者进修）；1994年8月任中国环境监测总站水、土壤及固体废弃物监测室副主任；1999年2月任中国环境监测总站环境统计室主任；2009年6月任中国环境监测总站副站长。

傅家能 1962年10月出生，中共党员，大学文化。1982年7月毕业于铜仁师专物理系，1982年8月至1985年8月就职于铜仁县川硐中学，任团委书记、教务主任；1985年9月至1987年8月在贵州省委党校理论部经济管理专业学习，任组织委员；1987年9月至1988年6月在铜仁市委党校任教；1988年7月至1991年1月在铜仁市监察局工作；1991年2月至1992年5月在铜仁市谢桥区委工作，任副书记；1992年6月至1995年4月在铜仁市谢桥办事处党委工作，任党委书记；1995年5月至1997年10月在铜仁市委组织部工作，任副部长；1997年11月至2003年7月在松桃县委工作，任组织部长、县委常委、县委副书记；2003年8月至2007年6月在铜仁师专工作，任党委副书记；2007年7月起在铜仁学院工作，任组织部部长。

傅国庆 1959年10月生，贵州遵义人，贵州省委党校在职大学学历，1980年8月参加工作，1986年6月加入中国共产党，任中共遵义市委党校（行政学院）正科级干部，现任中共遵义市委党校（行政学院）科研处处长。

傅绍斌 贵州遵义县人，1979年3月任遵义地区遵义县团溪区区公所（副主任）副区长，1981年1月任遵义县团溪区区公所区长。1988年7月，瓮安县第六次党代会选举傅绍斌为县委常委、县委副书记。1990年2月至1992年8月任瓮安县委常委、书记。

傅体贤 1946年2月出生，遵义务川人，仡佬族，中共党员。1963年8月参加工作，1963年至1969年在步兵某师炮兵三〇七团任战士、班长、师炮兵作战参谋，1969年至1978年在陆军某师任炮兵科参谋、副科长，1978年至1983年在陆军某师炮兵团任参谋长、团长，1983年至1995年在炮兵某师任副师长、政治委员、师党委书记。1995年至1999年在云南省曲靖军分区任政治委员、中共曲靖地委委员、曲靖市委常委。2000年2月于昆明市官渡区退休。指挥炮兵某师参加1984年老山地区云南边防保卫战，炮兵某团某连以96发炮弹全歼敌一个炮兵营，成为被中央军委授予“老山神炮连”的第一个炮兵部队；1990年第一个在全军提出要按江泽民五句话建设军队，并要求炮兵某师率先垂范，该师炮兵第十八团被中央军委授予一等功，誉为“乌蒙铁军”并号召全军学习。1978年9月至1982年5月任陆军某师炮兵团参谋长，并指挥该团参加1979年云南边防保卫战，因战绩突出提前晋级两次。

傅忠诚 1942年3月生，贵州遵义务川都濡镇人，仡佬族，初中文化，中共党员。1958年参军入伍，历任战士、某军某师某团副营长、某军某师某团副参谋长、某军某师某团副团长，1982年转业回务川工作，历任科委副主任、县工会主席、县人大常委副主任、1993年任务川县人大常委主任，1998年任人大调研员，2002年任人大助理巡视员。2002年5月退休。

傅继华 1965年9月14日出生，贵州务川人，傅尔光子，中共党员，高级经济师。

1988年6月自淮北煤炭师范学院毕业后，分配至北京煤炭管理干部学院党委办公室任秘书、科长，1993年任煤炭部机关服务局科长，1998年任国家煤炭工业局机关服务局办公室科长，2000年任国家煤矿安全监察局和国家安全生产监督管理局机关服务局办公室副主任，2002年任机关服务局经营管理处副处长、处长等职。现任国家安监总局机关服务局办公室主任（正处级）。

傅舒安 1962年11月生，贵州安顺市人，贵州省科学技术厅公务员。具有物理学、

经济学、政治学、公共管理科学和哲学等专业和交叉学科学历学位，少数民族高层次骨干人才，具有国内外著名高校和公共研究机构持续学术研修经历。有长期在农村和民族地区一线工作，教师、研究人员、行政机关秘书的从业经历，在政策法规与体制改革等处室担任过负责人。兼任贵州省自然辩证法研究会副理事长、中国地方科技史研究会理事等社团职务。发表过《制度、文化与科教兴黔》《贵州省科技特派员制度试点的主要特点》等多篇学术论文，大多被重要刊物和网站转载，其研究成果有极强的实践性。

傅明勇 1968年10月生，中共党员，贵州晴隆县碧痕镇人。贵州省安顺财政学校

财政专业毕业，曾任黔西南州晴隆县碧痕区财政所、大厂镇财政所副所长，晴隆县大厂镇、莲城镇副镇长，晴隆县莲城镇党委副书记、副镇长，晴隆县莲城镇党委副书记、镇人大主席，晴隆县花贡镇党委书记（其间：在中共贵州省委党校法律本科班学习，任住建局党组副书记、局长，花贡镇党委书记），晴隆县住建局党组副书记、局长，莲城镇党委书记，晴隆县委办常务副主任。2011年12月至今任晴隆县副县长。为《中华傅氏通谱·贵州卷》捐资2000元。

傅延德 1942年生，贵州贵阳人，祖籍江西南昌，傅北萍的大儿子。贵州省山地农机研究所所长，享受国务院特殊津贴。2001年增补为贵州省农机学会理事、常务理事，兼学术工作委员会主任。

傅巧晨 1956年9月出生，山东招远人。1974年7月参加工作，在云南某部队服役，1978年8月加入中国共产党，中央党校经济学专业毕业，研究生学历。历任贵州省税务局科员、副主任科员、主任科员、副处级监察员，贵州省国家税务局纪检组副组长、监察室副主任（其间曾挂任中共凤冈县委副书记）、主任，贵州省黔东南州国家税务局党组书记、局长，贵州省国家税务局税政管理处处长、办公室主任。2007年6月任贵州省国家税务局党组成员，总经济师。

傅　刚 1973年2月生，贵州织金人，中共党员，大学文化。1993年8月参加工作，2010年10月任毕节织金县国家税务局党组成员、副局长。

傅学农 贵州省经济贸易委员会行业管理一处处长、贵州省医药行业协会秘书长，贵州省经济与信息化委员会节约能源处处长，贵州省经贸委黄金管理局局长。

傅勤勇 黔东南自治州公安局副局长，武警黔东南自治州消防支队队长、党委书记。

傅贵庆 贵州省人口和计划生育委员会协调督查处处长。2008年全国农村妇女“双学双比”活动先进工作者。

傅光英 贵州民族学院旅游学院党总支副书记，贵州民族学院党委组织员（正处级）。

傅昭祥 曾任六盘水市计划局局长，六盘水市人民政府办公室党组成员，六盘水市人民政府副秘书长，六盘水市西电东送办公室常务副主任，六盘水市发展和改革委员会党组书记、主任。2009年4月3日兼任六盘水市月照机场有限责任公司总经理。

傅万福 1965年9月出生，贵州省铜仁市人，土家族。1985年7月加入中国共产党，1985年8月参加工作，大学学历，曾任铜仁市川硐镇党委书记、铜仁市规划事业局局长，2009年7月任中共玉屏侗族自治县县委常委、纪委书记。

傅　毅 1974年6月8日生，遵义桐梓县人，昆明陆军学院毕业后在徐州军事工程学院进修，中国人民解放军十三集团军77105部队副参谋长。

傅光成 铜仁地委副秘书长、原铜仁地区房产局局长，2007年5月任铜仁地区房产事业局调研员。

傅　勇 1969年3月生于凯里市，籍贯赫章，贵州省政法学院本科毕业，中共党员，先后任黔东南自治州凯里市公安局刑侦大队队长、凯里市公安局常务副局长。

傅书祥 1962年3月出生，遵义市湄潭县马山镇人，1981年8月参加工作，1986年9月加入中国共产党，大学文化，现任凤冈县人民政府副县长。1979年9月至1981年7月在遵义师范专科学校数学系数学专业学习；1981年8月至1985年8月任湄潭县马山中学教师；1985年9月至1988年8月任湄潭县永兴中学教师;1988年9月至1992年11月任凤冈师范教师;1992年11月至1999年6月先后任凤冈县政府办公室秘书、股长、副局级秘书、副主任；1999年7月至2000年11月任蜂岩镇党委书记；2000年12月至2006年7月任中共凤冈县委办公室主任；2006年7月至2006年9月任中共凤冈县委常委、宣传部部长；2006年9月至今任凤冈县人民政府副县长。

傅顺平 1964年5月生，贵州遵义县人，贵州省委党校在职大学学历。1983年8月参加工作，1985年4月加入中国共产党，1996年11月任遵义县西坪镇人民政府镇长助理，后任遵义县新舟镇党委书记、遵义市新蒲新区新舟镇党委书记。2013年1月任贵州新蒲经济开发区党工委委员、管委会副主任，遵义市新蒲新区党工委委员、管委会副主任。

傅趾骢 （又名付子冲）1988年1月生，遵义绥阳县人，1997年贵州工学院毕业分配到贵州省水文大队任技术员，现任贵州省水利厅江河旅游管理处副处长，贵州省江河旅游开发有限公司总经理、规划师。

傅　旭 1954年12月28日生，遵义县人，曾任遵义县枫香区区公所副区长，南白镇镇长，遵义县财政局局长，遵义县残疾人联合会第三届执行理事会主席团副主席，2007年任遵义县人大常委会副主任。

傅臣信 遵义桐梓县水坝塘田沟人，贵州财经大学毕业，任贵州省六盘水市人民武装部科长、副团职干部。

傅建雄 1970年6月生，贵州遵义道真县上坝乡人，中央党校在职大学学历。1990年2月参加工作，在道真县国土局任会计，1992年8月加入中国共产党。1992年10月在道真县河口乡凌霄办事处任主任、书记，1996年10月洛龙镇任党委副书记，1997年在遵义地委党校中青班学习，2000年6月在西南农业大学学习农业产业化，2009年9月任阳溪镇镇长、阳溪镇党委书记，2005年12月任道真县安全生产监督管理局党组书记、局长，2009年5月挂任遵义市汇川区副区长，分管安全监察工作。2011年5月调到遵义市工业和能源委员会工作，任煤矿督办员、主任科员。2012年2月调遵义市园区建设领导小组办公室工作，2012年11月任贵州娄山经济开发区党工委委员、管委会副主任（副县级）。

傅世海 遵义县人，遵义市公安局副处级退休干部。《遵义县天子宿傅氏家谱》主编。2006—2011年任贵州傅氏宗亲联谊会常务副会长。

傅相华 遵义桐梓松坎人，历任桐梓县副区长、乡党委书记、县农工部长、县计生局局长、县政府助理调研员。

傅　斌 1977年5月生，六盘水市水城县滥坝镇白腻村人，属贵州桐梓傅氏崇节公系天锡祖后裔，大专学历。1997年7月毕业于重庆交通学院，现任水城县双水新区开发建设办公室副主任。主持水城傅氏修谱活动，在多位热心族人的帮助下，完成了水城、威宁、赫章、纳雍等地桐梓傅氏崇节公系天锡祖后裔分支统一修谱工作，于2009年12月修成《水城傅氏宗谱》。多次参与贵州傅氏、桐梓傅氏等宗亲联谊活动，积极宣传宗亲联谊的重要意义，成为六盘水傅氏骨干力量。

傅文华 1966年8月出生，铜仁印江县人，大学文化，1982年12月参加工作，1985年12月加入中国共产党。1982年12月至1985年1月，贵州省铜仁地区档案局工作员；1985年1月至1992年4月，贵州省铜仁地委组织部办公室工作员；1992年4月至1993年12月任共青团贵州省铜仁地委组织部副部长；1993年12月至1997年1月任共青团贵州省铜仁地委组织部部长；1997年1月至1999年5月任共青团贵州省铜仁地委宣传部部长；1999年5月至2008年3月任贵州省铜仁地区残联副理事长；2008年4月任印江自治县县委常委、副县长。

傅　涛 贵阳市人，曾任修文县委副书记、纪委书记，开阳县委副书记。

傅家琨 1935年3月生，贵州省贵阳市人。毕业于贵州工业学校，高级工程师。贵阳矿山机器厂理化室主任。贵阳市八届人大常务委员会委员、财经委员会委员。主要贡献：长于工业化学分析工作，在化学分析新方法方面做出了贡献。

傅　君 1970年2月出生，贵州省松桃县人，省委党校在职本科学历，中共党员。1986年9月至1989年7月在贵州省铜仁师范普师专业学习，1989年7月至1992年2月在贵州省铜仁师范任教，1992年2月至1997年3月贵州省铜仁地区纪委工作员，1997年3月至2001年12月任贵州省铜仁地区纪委副科级纪检员，2001年12月至2005年6月任贵州省铜仁地区纪检监察二室副主任，2005年6月至2005年12月任贵州省铜仁地区纪委信访室副主任（主持工作），2005年12月至2009年3月任贵州省铜仁地区纪委信访室主任（其间于2007年3月至2009年3月，挂任石阡县委常委、副县长），2009年3月任贵州省铜仁地区德江县委常委、县纪委书记。

傅　洪 1960年8月生，山东菏泽人，大学学历。1978年11月至1979年8月在荔波县城关公社三队当知青；1979 年 9 月至 1982 年 1 月在黔南师专读书；1982 年 2 月至 1984 年 8 月在荔波县民族中学任教；1984 年 9 月至 1986 年 7 月在贵州大学读书；1986 年 8 月至 2001 年 9 月在荔波县民族中学任教；2001 年 10 月至 2003 年 2 月在荔波县民族中学任教、科研处负责人；2003 年 3 月起，任荔波县政协副主席、荔波县民族中学科研处负责人。

傅甘霖 1963 年 12 月生，湖北崇阳县人，中共党员，中央党校经济学研究生学历。1987 年 7 月参加工作，1993 年 1 月调入贵州省国家税务局监察室工作，1999 年 2 月晋升主任科员，2001 年 10 月任黔东南自治州国家税务局纪检组长，2005 年 5 月任贵州省国家税务局人事处副处长，2009 年 5 月 11 日任贵州省国税局机关党委办公室主任。

傅子春 1960 年 12 月出生，湖南省黔阳县(今洪江市)雪峰镇人，大学文化。1977 年参加工作，1987 年 9 月加入中国共产党，铜仁地区松桃苗族自治县人民政府副县长。

傅青海 河南人，1995 年 8 月 10 日任贵州省烟草专卖局专卖管理处副处长。

傅　强 贵州省政府办公厅秘书、省委办公厅保密处副处长。

傅家华 黔西南自治州发展和改革委员会办公室主任、副调研员。

傅开科 原仁怀市烟草公司经理、仁怀市烟草专卖局局长，2009 年任遵义市烟草专卖局（公司）副调研员。

傅顺章 1933 年 1 月出生，江西省樟树人。1950 年 8 月毕业于铜仁专区第一期干校。历任铜仁市税务局、财政局副局长，中共铜仁市委党校副校长。铜仁市政协常委、副秘书长，文史委、学委主任等职。

傅立铭 毕节地区林业局副局长、副调研员，毕节地区扶贫开发办公室党组成员、副主任。

傅立勇 1967 年 3 月出生于毕节市七星关区长春堡镇下伍村，研究生文化。1985 年 8 月参加工作，曾从事教育、宣传、新闻、文秘等工作。现任毕节市政府常务副秘书长（正县级）。曾在全国 60 余家报刊发表各类作品 300 多万字，代表作品被选入《贵州杂文集》《仰望乌蒙》等多种文集，获各级各类奖励 40 余次，文学创作成就列入《黔西北文学史》专节介绍。曾公开出版《小学生作文指导》（义务教育配套辅导教材）、《冷面真情》（散文集），主编《月白风清》（新闻作品集），现为贵州省作家协会会员、毕节市作家协会常务理事。

傅松昌 1967 年生，贵州省交通厅铜仁征费稽查所所长、铜仁高速公路管理处副处长。

傅荣芳 曾任遵义地区遵义市（县级市）副市长。

傅立云 男，汉族，1966 年 8 月 2 日（农历）出生，籍贯贵州毕节，大学本科文化，1986 年 5 月加入中国共产党，1986 年 7 月参加工作，现任毕节市政务服务中心党组成员、机关党委书记。历任县委办公室文字秘书、科技副镇长、市计生局副局长、市纪委党委、监察局副局长、市政府办副主任（正科级秘书）、地区（市）政务服务中心办公室主任、机关党委书记等工作。

傅立志 毕节学院副教授。

傅爱平 1972 年 6 月生，中共党员，大学本科，毕节地区黔西县人，傅治华子。1985—1987 年，金坡小学毕业后学习大货车驾驶技术，并参与父母创业的金坡煤矿企业管理。1987—1991 年，云南省开远市 35218 部队服兵役。1991—2000 年，先后在黔西县畜牧局、金坡乡工作。2000—2007 年，先后任金坡乡副乡长，雨朵镇党委委员、副镇长。2007—2013 年，在贵州省毕节市百里杜鹃管理委员会（简称百管委）工作，其中 2007—2009 年，任百管委经济发展局副局长主持工作（管理发改、经贸、建设、交通、农业农村、统计、物价、水利、畜牧、扶贫、招商、商务等 16 个部门），2009—2010 年，任百管委发改局常务副局长，2010—2013 年，任百管委商务与投资促进局党组书记、局长。热心并积极参加傅氏宗亲联谊活动，为贵州傅氏宗亲联谊会名誉会长，为《中华傅氏通谱·贵州卷》捐款 1 万元。

傅国义 1956年12月18日生，贵州铜仁碧江人，祖籍江西丰城，土家族，汉语言文学、经济管理、建筑中级预算员专业，本科学历。原铜仁市文联会员，贵州省土家学会会员、副秘书长、理事，中国、贵州省档案学会会员，《中国档案报》特约记者等。

1975年铜仁一中毕业，曾当过知青、工人、民兵、演员、干部；曾任过团支书记、党支书、办事员、科员、信息员、秘书、副科级秘书、科长、副县级干部、乡镇挂职副书记、扶贫队长等；曾在国家、地方刊物发表多篇文章。1989年，表演的小品《今天发工资》获贵州省首届花灯小品电视大赛三等奖；1993年，《浅论秘书的“制约”与“超越”》获中国秘书期刊第三届学术成果三等奖；档案学方面的文章多次获奖；2009年，《兰台盛开的鲜花》歌词获全国二等奖。曾参与编写《铜仁市志》《铜仁地名录》《铜仁市情简编》，主编《铜仁地区档案志》等，主要编著：《民国档案培训教程》《铜仁地区知青档案实录》《茅溪傅氏家谱》等。

傅辅远 贵州桐梓县人，大学本科学历，中共党员，傅相文长子。高级政工师、副教授，国家二级心理咨询师。至今已出版作品有：《博览群书》《情系贵州》等9部。其子傅诚，贵州省委党校法学专业毕业，中共党员，现任调度长。为编修《中华傅氏通谱•贵州卷》捐款1000元。

傅　刚 1962年7月出生，重庆酉阳县人，1980年8月参加工作，1985年7月加人中国共产党。1978年9月至1980年7月就读于贵州沿河师范学校；1980年8月至1988年3月在贵州省铜仁地区沿河县泉坝完小、土地坳完小、土地坳中学任教师、团委书记；1988年3月任沿河县劳动人事局科员、副股长、编办副主任；1994年12月任铜仁地区行署接待处、外事处、旅游局办公室副主任；1996年1月任铜仁地区旅游局、接待处、外事办办公室副主任（正科级）；1996年8月任铜仁地区行署办人事科科长（其间：1995年9月至1998年7月在贵州省委党校法律专业学习，函授大专）；1998年7月任铜仁地区行署办公室党组成员、纪检组长、行署机关党总支书记（其间：1998年8月—2000年12月在中央党校政法专业学习，函授本科）；2002年6月任铜仁地区行署副秘书长，行署办党组成员、党总支书记；2006年任铜仁地区行署副秘书长，行署办党组成员，行署政务中心党组书记、常务副主任；2007年11月任铜仁地区行署办党组成员，行署政务中心党组书记、主任；2009年2月任铜仁地区安委办主任，安全生产监督管理局党组书记、局长。2013年4月任铜仁市城管局党组书记、局长。

傅宇英 男，出生于1956年12月7日，系贵州省遵义市习水县习酒镇金坪村傅家田组人，于1976年遵义医学院毕业，大学学历，现任内科主治医师，在习水县人口和计划生育局科技科工作，任科长。热心傅氏联谊，积极参加傅氏联谊活动，帮助傅氏族人排忧解难，深得族人敬重，为《中华傅氏通谱・贵州卷》捐款1000元。

傅　恒 1982年7月出生，国家公务员，中共党员。1989年10月至1992年8月在贵州省黔南民族行政管理学校就学；1992年8月至1993年9月在赫章县雉街乡办公室工作；1993年9月至1995年11月任赫章县雉街乡办公室主任；1996年1月至2001年11月任雉街乡副乡长、综治办主任；2001年11月至2005年11月任雉街乡组织委员；2005年11月至2006年8月任赫章县珠市乡组织委员；2006年8月至2011年11月任赫章县珠市乡政法委书记；2011

年11月至2012年8月任赫章县珠市乡党委副书记；2012年8月至今任赫章县古基乡人民政府乡长。

傅成林 1973年8月出生，中共党员，现任大湾镇安乐社区支部副书记。2006年参加了贵州省傅氏宗亲联谊会回来后，积极参宣传贵州省傅氏宗亲联谊会会议精神，《则雄傅氏族谱》领导小组成员，主要负责财务工作。本人出资出力多次奔走于毕节、南开、以角等地，耗资上万元，为编写组考察祖坟、收集资料等提供了便利，使编写工作得以顺利完成。

傅大庆 1946年7月出生，气象工程师，中共党员。1966年毕业于贵州省气象学校，分配到望谟县气象局工作，1975年调水城县气象局工作，1984年提任水城县气象局局长，1991年调六盘水市气象局任业务科科长，1993年任六盘水市人工影响天气办公室主任，1996年任六盘水市气象局办公室主任，2002年改非，任主任科员。2006年退休，因单位工作需求，受返聘负责单位基建管理、环境改造、档案整理、全省气象观测资料整理等工作。2007年起又参与六盘水月照机场建设的气象探测工作，至今仍未结束。

在水城县气象局任职的8年中，单位连续保持县、市、省级先进文明单位称号，本人也多次被评为县、市、省级先进个人、优秀党员、优秀党务工作者等称号。由于本人具有强烈的事业心和高度的责任感，退休后的8年一直受单位返聘，至2013年仍继续工作。

还擅长体育运动，如篮球、乒乓球、羽毛球、长跑、登山等。2003年（58岁）在全市长跑比赛中，获中老年组5000米长跑第一名。2004年在全省气象系统中长跑比赛中，获中老年组3000米跑第一名。2005年在全国气象系统中长跑比赛中，获中老年组3000米跑第十二名。

傅立俊 生于1958年3月10日，大学文化，中共党员，历任毕节县长春堡区王丰小学教民校，水营大队团支部书记、民兵连长、治保主任。云南省富宁县35546部队54分队服役，任文书，团支部副书记。王丰村庙塆民校任教，水营大队团支部书记、民兵连长、团支部书记。王丰乡任乡长，书记兼乡长。毕节县鸭池区任副区长。毕节市梨树镇任党委书记兼人大主席。黔西县政府任党组成员、副县长。毕节地区农办（扶贫办、农业综合开发办）任党组成员、副主任、新农村建设办公室任副主任。毕节市农业委员会任中共毕节市农工委委员、市农委党组成员、机关党委书记。现任毕节市农委调研员。积极参加傅圣文化的研究，多次为活动捐资千余元。

傅　军（傅至军）　1970年1月生，毕业于毕节师专，研究生学历。历任威宁县羊街镇中学教员、威宁县委机要室科员、毕节地委机要局副科长、省委机要局主任科员，现任贵州省委机要局办公室副主任

傅　波（傅至雄）　1973年3月生，毕业于贵州财经学院，本科学历，经济师。历任毕节地区发展和改革局综合科副科长、综合科科长、投资科科长，毕节地区发展和改革委员会党组成员、地区西部开发办公室主任、县级毕节市副市长。现任毕节市七星关区副区长

傅桂岗　籍贯贵州省赫章县，生于1973年10月14日，扬州税务学院财税系本科毕业，1992年参加工作，1994年加入中国共产党，1996年在赫章县国税局工作后，历任赫章县国税局综合业务股副股长、征管科科长、珠市分局副分局长等职，2011年任赫章县国家税务局稽查局副局长、兼任赫章县人民政府税费稽查队副队长至今。

傅汝祥　贵州省安龙县人，生于1944年12月21日。1961年至1968年在中国人民解放军昆明部队某部从事通讯工作，复员后先后任贵州省贞丰县人民政府办公室主任、黄果树宾馆副总经理、安顺西线旅游纪念品开发公司总经理等职。

傅　健　1973年11月生，贵州福泉县人，中共党员，大学本科学历。1993年7月参加工作，2001年5月至2004年4月任黔南自治州福泉县国家税务局党组成员、副局长，2004年4月至2006年4月任长顺县国家税务局党组成员、副局长。2006年4月调贵州省国家税务局，2008年2月晋升主任科员。

傅德康　1952年2月生，毕节地区金沙县人，中共党员，1983年参加工作。曾任木孔乡副乡长，岚头镇副书记，岚头镇人大主席。2012年3月退休后住金沙县安底乡。

傅　刚　遵义桐梓县人，大学文化，中共党员，贵阳市委组织部办公室主任。

傅开屏 1928年冬月25日生，遵义正安县土坪九角溪（小地名兴隆湾）人，正安师范肄业，1950年10月参加工作，中共党员。先后任正安县凤仪区区长、区委书记、组织部长，县商业局下属农场场长，安场区组织部部长，土坪区委常委，正安县农业银行土坪营业所指导员。1991年退休后居土坪镇。

傅辅乾 遵义桐梓县人，贵州省委办公厅秘书。

傅辅勇 遵义桐梓县人，桐梓县坡渡镇人民政府镇长。

傅辅昌 遵义桐梓县人，桐梓官仓乡乡长。

傅辅坤 1962年9月16日生，遵义桐梓县天池人，中专毕业，继读省委党校本科学历。历任桐梓县畜牧局人秘股长、副乡长、县畜牧局副局长、主任科员。遵义市第一届人大代表，桐梓县十届、十一届、十二届政协委员，桐梓县农业职称评委主任、桐梓县草地生态发展中心主任。《中华傅氏通谱第十五卷·桐梓傅氏宗谱》主编。

傅光德 1964年12月生，遵义绥阳风华镇箐箕湾人，1988年毕业于贵州大学法律系，9月在遵义印染纺织厂筹建处工作，1990年调遵义市公安局，2004年任汇川公安分局政治处副主任，2004年11月调高桥派出所任政治指导员，2006年调汇川区公安分局治安大队任政治教导员。

傅光涛 1966年5月生，贵州遵义绥阳县旺草镇大窝人，1987年毕业于贵州师范大学，在绥阳中学任教，1992年调绥阳党校，随后调党史办，1993年调县委办公室，1994年任副主任，2000年任郑场镇党委书记，2006年任县交通局党组书记、局长。2009年任绥阳县财政局局长，2012年9月任贵州绥阳经济开发区管委会副主任（副县级）。

傅世友 1951年2月5日生，遵义凤冈县琊川人，1972年工作，1985年转为半脱产干部，历任琊川公社党委副书记、书记等职，后任凤冈县人口与计生局副局长。《凤冈县志》编委。

傅相元 遵义桐梓县小水乡人，桐梓县工商局副局长、党组书记。

傅小涛 遵义桐梓县人，遵义市中级人民法院审监庭副庭长。

傅泽路 1944年12月生，遵义道真县上坝乡人，1972年至1976年，任城关镇党委副书记、书记，1976年至1979年任隆兴区副区长，1979年至1981年任巴渔乡党委书记，1981年至1986年任城关镇党委书记，1986年至1991年任道真自治县土地管理局局长，1991年至2000年任道真自治县交通局局长、党组书记，2001年至2004年任交通局主任科员。2005年1月退休，次年2月去世。

傅国兴 遵义绥阳县人，绥阳县十四届、十五届人大代表，绥阳县蒲场镇沿河村党支部书记。

傅奇志 黄平县一碗水乡人，中共党员，曾任黄平县委办公室副主任、农工部部长，1984年8月至1987年5月任黄平县委常委，1987年5月任黄平县委副书记、县长。1990年3月，中共黄平县第六次代表大会选举傅奇志为县委副书记。

傅泽民 1938年5月12日生于四川省仁寿县借田区览祥乡栗子村(现划归成都双流县煎茶镇)，1959年由仁寿高级中学考入贵州大学中文系，1963年毕业分配到遵义务川一中教书，1976年在务川师范学校任副校长，1983年8月到北京师范大学进修一年，1984年8月任务川城关中学校长，1985年5月调务川县委宣传部任副部长(主持工作)，1986年8月调贵州省税务学校，任办公室主任、行政党支部书记，1994年评为高级讲师，1998年6月退休。2009年编著《袜子塘川湖傅氏家族文化谱》一书，记叙傅氏族人在湖广填四川时由湖广麻城孝感迁徙到四川仁寿县的历程。

傅小平 1966年3月生，山东菏泽人。中共党员，省委党校本科学历。1982年12月参加工作，2002年10月任黔南自治州荔波县国家税务局党组成员、总经济师，2004年4月任荔波县国家税务局党组成员、副局长，2009年3月任荔波县国税局党组成员、纪检组长。

傅云河 1958年6月生，江西丰城人，中共党员，大学文化。1979年1月参加工作，2000年11月至2002年1月任铜仁地区玉屏县国家税务局党组成员、纪检组长，2002年1月任万山特区国家税务局党组成员、纪检组组长。2012年1月转任主任科员。

傅春生 毕节地区毕节市教育局党委委员、副局长。

傅东流 贵州省政协毕节地区工作委员会秘书长。

傅　俊 黔东南州镇远县人民法院院长、黔东南州人民检察院反贪局局长。

傅宝军 遵义市桐梓县黄连乡乡长、桐梓县委组织部副部长。

傅灿明 遵义市习水县科协主席。

傅百毅 2007年7月任遵义正安县人民法院副院长、正安县人民法院党支部书记。

傅柏柱 黔东南自治州政府办秘书八科秘书。

傅长春 2008年任遵义市中级人民法院执行庭庭长。

傅朝林 1980年10月至1990年4月任遵义地区遵义县板桥区区公所副区长。

傅红华 六盘水市房管局人事科科长。

傅会师 2007年12月任遵义市中级人民法院审判员。

傅家学 1956年11月生，中共党员，初中文化，黔南自治州贵定县新铺乡晓丰村党支部书记，2010年被贵州省政府评为“劳动模范”。

傅江波 1963年5月生，遵义务川县政协委员，务川县民宗局副局长，务川县体育中心主任。2010年被评为全省民族传统体育先进个人。

傅立平 遵义务川县国家税务局征收管理科长，都儒分局局长、办公室主任。

傅胜奎 遵义市余庆县纪律检查委员会副书记。

傅守云 遵义桐梓县芭蕉乡人民政府乡长。

傅舜德 黔东南州镇远县建设局副局长、镇远县傅家大院第七代传人。

傅文怀 1974年5月生，遵义地区遵义县枫香镇党委委员、人大主席、书记，遵义市遵义县枫香镇党委书记。

傅锡仁 六盘水市六枝特区岩脚镇镇长。

傅小波 遵义绥阳县太白镇人民政府镇长。

傅晓涛 遵义市中级人民法院审判监督庭副庭长（2007年8月任）。

傅行中 黔东南州丹寨县交通局局长。

傅志光 贵州省凯里经济开发区国土资源分局局长。

傅德钊 1970年11月29日生，中共党员，大专文化，1997年参加工作，现就职于金沙县后山乡纪委副书记。

傅训义 1989年10月9日生，中共党员，2010年参加工作，大专文化，毕业于贵州财经大学人力管理资源专业，现就职于金沙县邮政局沙土支局。

傅明祥 贵州人，1973年5月至1982年8月任遵义地区习水县税务局副局长。

傅趾福 贵州人，1961年8月至1962年2月任遵义地区绥阳县财税局副局长。

傅兴明 1994年4月至1997年8月任贵阳市云岩区国家税务局党组成员、副局长，1997年9月至2000年12月任开阳县国家税务局党组书记、局长。

傅定芳 1994年11月至1997年7月任贵阳市花溪区国家税务局党组成员、纪检组组长，1997年7月至2001年5月任贵阳市南明区国家税务局党组成员、纪检组组长。

傅益中 1994年10月至1999年2月任毕节地区金沙县国家税务局副局长。

傅光前 1994年11月至1999年3月任黔西南自治州贞丰县国家税务局党组书记、纪检组组长。

傅坤鹏 1982 年生，毕业于贵州职业警官学院，大专学历。现任遵义市检察院干部。

傅成海 中共党员，1973年生，遵义桐梓人，大专文化，1995年参加工作，现任桐梓县公安局小水派出所教导员。

傅光磊 1971年8月8日生于贵阳市，大学学历，任贵州省图书馆馆藏部主任（正科级）、馆员职称。

傅光旭 1975年6月21日生于贵阳市，大学学历，任贵阳市土地蓄备中心开发部主任（正科级）。

傅念平 1966年11月24日生于贵阳市白云区沙文乡，大学学历，历任沙文乡副乡长、白云区乡镇企业局副局长、白云区工业和信息化局局长。

（以上排名不分先后，大致按照资料报送时间排序）

贵州傅氏当代企业、商业人物

傅福远 1945年11月生，四川省大足县长田乡人，大专文化。贵阳市嘉旺公司（原贵阳汪家湾福远屠宰加工场）董事长。1959年走出家乡，来到贵阳三江农场边工作边学习。1985年离职，自办汪家湾福远屠宰加工场，经过数十年的努力和探索，在改革开放的大潮中闯出了一条民营肉食行业的新路子。连年被贵阳市、区政府评为“先进集体”和“先进个人”。任贵阳市政协常委、省工商联执委、云岩区工商联副主席、市民营企业商会副会长、市肉食行业协会会长。他为推进贵阳市肉食体制改革，稳定“菜篮子”工程，替政府排忧解难所做的贡献，被社会承认，得到省市领导多次表彰和接见。曾是贵阳市第七、八、九届政协常委，贵阳市科技经贸委副主任，贵州省科学社会主义暨政治学学会副会长，贵州省非公有制经济促进会副会长，世界傅氏宗亲联谊总会常务副会长，中华傅氏商会常务副会长，贵州省傅氏宗亲联谊会顾问。组织军乐队、舞狮队参会，为贵州联谊会成立添彩。第二届贵州傅氏宗亲联谊会换届，出资5000元人民币，2007年世界傅氏宗亲联谊会总会年会在贵阳召开，几次合计约出资15万元。

傅劲勇 1976年12月12日生，傅治华四子。2001年哈尔滨工业大学毕业，分配到北京华泰集团工作，2002年停薪回家接班办企业，任贵州省黔西县金坡煤矿总经理。2005年转产办重晶石采矿加工企业，任黔西县重晶石开发有限公司董事长。因受国际金融危机的影响，停业亏损数百万元，2008年转向土地开发，现任贵州省劲宏房地产开发有限公司董事长，解决了数百人的就业问题。傅劲勇孝顺父母，积极参加傅氏宗亲联谊会各种活动，被推选为贵州傅氏宗亲联谊会首届副会长，第二届常务副会长，多次为傅氏宗亲联谊会活动及通谱编纂共捐资13万元。

傅升亮 1964年12月生，贵州省遵义市仁怀人，大学文化。仁怀市人民法院执行局局长（正科级）。贵州省仁怀市茅台镇明星酒厂总经理。贵州傅氏宗亲联谊会名誉会长。2005年以来积极参加世界傅氏宗亲联谊总会及贵州傅氏宗亲联谊会活动，多次为傅氏会议捐酒50余件，价值两万多元，为编修《中华傅氏通谱·贵州卷》捐款1万元。

傅其春 1952年7月生，贵阳市乌当区新场乡大桥村二十亩组人，大专文化，中共党员。傅其春小学毕业以后，在家务农。1968年起先后在村组担任组长、经委主任和支部书记，1986年3月以后，在乌当区新场乡农工商公司工作，任过新场乡工业公司经理、硫酸钡厂厂长，新场乡土地管理所所长，乌当区新场乡党委委员、副乡长（其间：在贵州省广播电视大学乌当区党政专业班学习）、乡长、党委书记、人大主席团主席；1999年12月调任乌当区新添寨镇人大主席（其间：1995年3月被选为贵阳市乌当区人大代表、2001年11月当选贵阳市乌当区十三届、十四届人大常委会委员）；2001年拆镇建办以后，调任乌当区人大常委会高新街道工作委员会主任（2003年4月高新街道党工委委派兼任新庄村党支部书记）。

傅其春幼年家境清贫，一边读书一边帮助家里干农活。成年后打过油，办过面条加工厂，学过木工，做过小买卖，赶过马车，当过矿产交易的老板等。由于精明能干，善于总结经验，为人正直，做事稳重，时常得到乡亲父老的赞誉，被村组委以重任。1983年，乡党委和乡政府将其调入乡农工商联合总公司工作。由农村到机关，由一个农民转为国家干部，最后走上了领导岗位。

傅其春在新场乡任乡长书记和新添寨镇任人大主席期间，协助领导负责征地拆迁等项工作，出色地完成了各项任务；2001年拆镇建办以后到高新办事处工作，在村大胆启用人才，加强班子建设，严格依法治村，努力发展经济，提高了村民的生活水平，改善了村民的生活环境，尤其在重点工程和增收工作中，做了许多的工作，为区招商引资做出了一定的贡献，为新庄村创造了财富。在工作之余，傅其春以市场需求为导向，充分利用党在农村、农民和农业中“三农”政策，利用现代科技、地缘、生态等优势，在转变观念、超前运作、开拓市场等方面做出了榜样，在项目选择、投资、管理和销售等方面形成了自身发展模式。尤其是在调整产业结构、带动农民致富，解决就业，创造社会财富和管理等方面做出了显着的成绩，不仅自己成功致富，而且给农民、农村和农业的发展提供了经验，带来了希望。

傅其春在20世纪90年代初，承包了乡林场的100亩果园，在不断优化果树的基础上发展林下养鸡，创生态绿色农业。养殖蛋鸡8万多只，根据市场需求，从2006年开始又种上了紫薇、桂花、广玉兰等绿化苗木，达1000多株。2008年利用土地流转政策，承包新场王坝村130亩为期10年的土地发展大棚蔬菜，不仅解决本地农民就业，增加村民收入，还带动了农户走向致富之路，丰富了城乡菜篮子。

傅其春不忘回报社会，拿出部分资金帮助本村和村外37户村民发展养殖业。2008年5月，四川汶川大地震中捐款两次，计0.6万多元；2005年个人捐资0.5万元，并组织资金8万余元为二十亩村民组修建了一公里多的水泥路。傅其春近十多年来，先后解决了本村及周边群众300多人的就业。2011年拿出1万多元给新场乡13个村的贫困村民交社会养老保险；后来又购买26头仔猪给23户贫困户喂养；2012年年初又承诺为二十亩家族139人连续交5年的养老保险。成功帮助8户村民摆脱了贫困，赢得了大家的赞誉。从1992年开始，先后被乌当区人民政府评为先进工作者；被评为先进个人、贵阳市优秀共产党员，贵州省优秀党员。从1996年起连续四届被选为区人大代表，2007年选为贵阳市人大代表。

傅其春对傅圣、傅氏文化热情很高，积极参与活动。贵州傅氏宗亲联谊会增补为常务副会长，为编修《中华傅氏通谱·贵州卷》捐款1.3万元。

傅　勇　1968年10月29日生，贵州省黔西县林泉镇营脚二组人，大专学历。1989年进入贵州省桥梁公司从事土建工作。1991年在贵黄公路安顺段路面工程任施工员，1992年江界河大桥任引道工程技术负责人，1993年都匀市市政工程化肥厂段路面任工程项目负责人，1994年广州珠海大道路面任工程负责人，1995年至2009年深汕高速路、马遵线、贵毕公路、贵新公路、贵遵公路、谷青公路、金沙电厂—龙坝公路、桂协公路、纳雍—水东公路等多个项目的分段项目负责人及处长。为人正直善良，曾遇流浪人没有钱回家，便出钱送他们回家。在医院遇八十多岁的老人无钱住院，将自己的钱捐给老人治病。在工作中，树新风，荣获表彰，热爱祖国，创新世界，保证路桥工程永古千秋。一心为农村走向小康而奋斗。任贵州傅氏宗亲联谊会副会长，多次为傅氏宗亲联谊会捐款，为编修《中华傅氏通谱·贵州卷》捐款1.2万元。

傅传海　1956年农历七月廿八日生，毕节金沙县岚头镇三桥村人。祖上原籍四川省古蔺县护家乡玉叶村鸭公河，1905年迁往金沙县岚头镇。

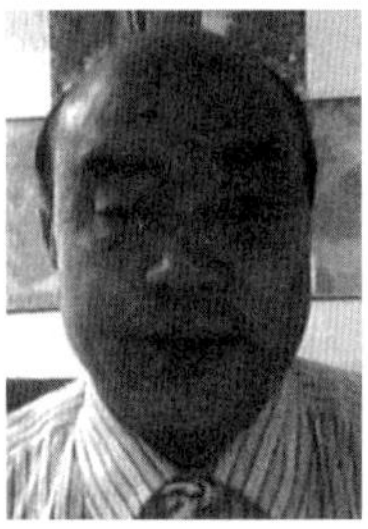

傅传海于1984年至1989在岚头铁厂工作，1989年至1994年任金遵铁业有限公司经警队长，1994年至1999年任金遵铁业有限公司主任（负责管理技术），2000年至2003年任金遵铁业有限公司总经理兼监事会监事长，2003年至2007年任金遵铁业有限公司董事长。现任遵义金鑫水泥有限公司总经理。他热心宗族事业，大力宣传傅氏文化，积极参与《中华傅氏通谱·贵州卷》的工作，2013年增补为贵州傅氏宗亲联谊会常务副会长，《中华傅氏通谱·贵州卷》编修班子成员。

傅大华　1952年11月生，六盘水市钟山区大湾镇人。1959年至1967年就读德坞小学、中学，1967年至1970年就读水城特区师范学校，1970年至1979年在马嘎小学任教。后在水城特区二塘公社开车，1991年至2003年在六盘水钟山区二塘冶炼厂办锌厂从事个体经营，在这12年的经营中，每年解决当地老百姓就业不低于1万人次，每年缴纳税收近百万元。

2004年起在赫章县哲庄乡办经营哲庄发达煤矿，向国家缴纳税收近

5000万元。为哲庄乡修乡村公路捐资25万元，为哲庄乡发达村修河坝两次，捐资25万元，为哲庄阿穴小学捐资5000元，为赫章县珠市乡贫困村捐资8000元。自办煤矿以来，为周围的老百姓供电，支付电费约15万元。

热衷宗族事业，为家乡马嘎支系修缮祖坟捐资近3万元。2006年则雄傅氏宗亲做出修缮德谦祖和老五祖的坟墓并编撰《则雄傅氏族谱》的决定后，受众宗亲的重托，任此次工作领导小组的组长。为修缮祖坟个人出资近万元，为编撰组收集资料、考察祖坟提供车辆和油资，为考察本支系的现有人口分布情况，曾与编撰小组亲临则雄、新发、以角、南开、马嘎等地进行考察，做出了一定的贡献。被推选为六盘水市傅氏宗亲联谊会长，增补为贵州傅氏宗亲联谊会副会长，为编修《中华傅氏通谱·贵州卷》捐款6000元。

傅绍书 1943年7月23日生，贵州省福泉市牛场镇曾家湾人，因排行第五，故人称傅老五。幼年时家境贫困，又逢国内动乱、母亲早逝（绍书才二岁），故童年之时就学艰难，只能时辍时继。虽然天资聪颖，3年内竟读完5年之课程，其师叹曰：长此下去，此子必有大作为。然天意弄人，难圆其梦，3年之后，因家中困窘之至，常无粮以炊，只得洒泪辍学，并四处奔走以求生计。时11岁，着破衣烂衫，赤脚行走于亲友间以求相助，但是亲友见之竞相避之唯恐不及。后愤而自励，学泥瓦木工，贩衣料贩牛马，行走于瓮安都匀贵阳等地谋生。时乡中穷困者甚多，常有追随者，不避亲疏，真诚以待，与之食同器，睡同寝，遇同伴有难事，常倾囊以助，故追随者日众而声望日隆，以致外乡慕名来交者来投者甚多，不计亲疏，皆勉力以助，遇有不平事，必为其力讨公平。后值“文化大革命”，浩劫祸及天下，乡中被害者不计其数，有村中宵小之辈欲以强加之罪名陷害，厉言以抗，宵小畏其义正词严，兼有众乡人相助，而终未能加害。“文化大革命”后，因望重被推举为乡中队长、乡长，受职后不负众望，处事得体公正，为乡人所敬服，故数十年来，虽换届选举多次，而一直未曾断任，其间虽多次推脱而未得。

虽年近七十，由于处事得体公正，为乡人所敬服，不但率领膝下子女开办企业，成为当地致富带头人，同时工作能力强，在当地威望高，处世干练，深得上级领导的赏识，因而在牛场镇东南街村委一直任职几十年至今，仍然精力充沛，深得乡民与政府领导信任。可以说是整个东南街发展与变迁的推动者与见证人。

热心社会公益事业与家族事业，宽宏大度，不论大事小事，善于协调家庭与族中关系，是福泉市傅氏宗亲联谊会的倡导者和首任会长，曾率团参加过贵州省傅氏宗亲联谊会第二届大会，回来后感慨颇深，更热心于家族事业了。凡乡间与族中大小纠纷，他都积极出面妥善调停，也很注重发展与相邻县份的傅氏宗亲联谊会的联系，被增补为贵州傅氏宗亲联谊会常务副会长，福泉市傅氏宗亲联谊会会长。

傅道军 1972年11月29日生，毕节黔西县铁石乡花江村人，1980年入花江小学读书，不久辍学。在幼年时便去贵阳打工，磨练意志，学习技能。1988年开始返回黔西县城创业，搞室内外房屋装修。由于市场物价变化大，所经营的项目不如意，便于1993年放弃经营，毅然返回家乡从事农业生产，积蓄资金，另辟蹊径。通过调查摸底，掌握行情，筹措资金，重新开辟玻璃装饰行业，配合室内装修，把企业做大做活。

傅道军总结了原搞室内装修的经验教训，采取了扩大经营范围，把批发、加工、室内装修等作为一条龙服务，薄利经营，上门服务，诚信待人，生意越做越活，并将黔西县政府行政中心大楼的内装修作为品牌，做出了样子，得到客户的信任。

傅道军虽文化不高，但勤学苦钻，善于待人，企业不断发展，且多数能简单设计，精心施工。遇到大、难工程，才邀请人帮忙设计。拥有1000多平方米的厂房，20多个员工。自己购置了两套房子，有300多个平方米，居住与生活十分充实。活动资金宽裕，且有一定存款积蓄。

傅道军致富后，对家族亲友都给予优惠，有求必应。对傅氏宗亲联谊会的活动，除本人抽时间积极参与外，还慷慨捐资1万余元。2012年，《中华傅氏通谱·贵州卷》正紧张进行的时候，为支持通谱编修工作，又主动捐资1万元作修谱经费，可赞可嘉。

傅建明 1963年12月19日生，贵州习水县人，初中文化。1980年带领全家从农村进入习水县城打拼，寻找发展商机，先为别人打工十余年，在改革开放的机遇到来时，自己创建了习水县建筑工程公司，任总经理、董事长，组织胞弟傅建强、傅建兵、傅建军和胞妹傅建碧、傅建英、傅建群等共同创业，白手起家，终于成为习水鼎鼎有名的成功人士，拥有固定房产价值上亿元，弟妹们每家都有自己的房子、车子。每个成功者的后面都有很好的贤内助在支持，前妻王章琴为帮助创业因劳累过度、生病，于2006年逝世，两年后与袁兴利结婚。袁兴利也是十分能干，孝顺老人，呵护儿女，和谐亲友，帮助丈夫事业的发展，还解决了上百人的就业问题。

2013年12月，傅建明经贵阳宗亲介绍主动与省联谊会傅治华会长联系，并认真理顺了本支系的源流编入通谱，为编修《中华傅氏通谱·贵州卷》捐资1万元。

傅芝国 1967年8月生，高中毕业后从商。现任遵义市九圆房地产公司董事长。为编修《中华傅氏通谱·历史人物卷》捐资11万元。

傅万全 1962年1月1日出生，黔西县洪水乡永平村永丰组人，初中文化。2009年2月创建黔曲志毓牧业有限公司，是（中美合作）美德沃尔多科学养猪联合研究所毕节科技示范种猪场，也是贵州省毕节地区农业综合开发重点龙头企业和毕节地区具有独特法人资格的现代化、集约化的养猪生产企业、农业产业化龙头企业，主要从事繁育和推广从美国WALDO农场引进的新美系祖代红色杜洛克、白色杜洛克、长白、大约克及二元母猪和优质商品猪。

傅安友 1968年12月11日生，贵州省黔西县金坡乡化窝村人，高中文化。2004年11月参加工作，2007年7月加入中国共产党，系贵州百里杜鹃古彝茶叶专业合作社理事长，法人代表。被委任为百里杜鹃管委会农业、招商局党务监督员，百里杜鹃管理委员会企业发展协会会长。

1983年考入黔西二中读高中。1985年回家当驾驶员，搞运输工作，因接交百广，有一定的管理水平，办事诚信，取信于群众，2004年被选作村主任，以发展生产、带领全村村民致富为己任，选取发展茶叶这个项目。又深得到百管委等部门领导重视支持，负责百里杜鹃万亩生态旅游观光茶园建设项目，于2009年在发展中成立了古彝茶叶专业合作社。在发展茶园生产中，大胆创新，开拓进取，在原有850亩茶园基础上，又广泛说服动员群众，并将邻村的群众也发动起来，两村共发动了116户人家，把茶叶基地扩展到2500亩之多。解决了100多人的就业，带动群众脱贫致富。现在，每年可产高、中、低各档次茶叶5吨多，价值170多万元。

傅安友工作扎实，头脑清醒，办事灵活，深得领导重视，群众信任，2009年获大额奖金。2010年百管委授予古彝茶社优秀特色种植专业合作社，2011年毕节地区行署授予傅安友百佳创业小老板称号，2012年百里杜鹃管理委员会授予十佳党员带富之星荣誉称号。傅安友对族中事务认真负责，被选为本支族长，又系贵州傅氏宗亲联谊会骨干成员，积极参与活动，不断捐钱赠物。在2012年编修《中华傅氏通谱·贵州卷》工作中，捐赠价值1万元的茶叶。受到贵州傅氏宗亲联谊会的领导和族人的称赞。

傅爱松 傅治华三子，1973 年 12 月 5 日生，黔西县金坡街上人。16 岁从事驾驶职业，技术精湛，从未出过交通安全事故，一直为贵州黔西县金坡煤矿开车，20 年无怨无悔。与本街黄艳琴结婚，生子女二人，玉如，二婧，家庭有服装商铺一个。2000 年又创办百里杜鹃黔金沙石，任总经理，总投资 500 余万元，年为国家提供税费数万元，解决就业 30 多人（其中傅氏子女 5 人）。热爱傅氏宗族，关心周围傅氏宗亲困难，有求必应。和睦街坊邻里，尊重老人，孝顺父母，得到街坊邻里的好评。关心《中华傅氏通谱·贵州卷》的编纂，主动为修谱捐款 1 万元。

傅开益 1986年6月毕业于黔西南州农校，同年8月到望谟县农业局参加工作，1995年5月从望谟县农业局调到贵州兴义化工总厂工作，1997年停薪留职搞个体到现在，现在所经营的项目有：房地产、爆破公司。2013年创建贵州省鸿益生态种植有限公司，目前正在组建市政府的重点项目——兴义市都市型生态农业科技与产业创新示范园，计划总投资2.19亿元人民币，占地1000亩，2013年8月份正式动工建设，两年完工，将努力把该项目做大做强，成为贵州省的龙头企业。

傅立伦 曾用名傅玉波，1970年12月15日生，贵州省修文县龙场镇人，中专文化，现任贵阳智杰驾校校长。积极参加贵州傅氏宗亲联谊会活动，为《中华傅氏通谱•贵州卷》捐款2200元。

傅仕均 1956年6月2日生于瓮安县草塘下司河底下屋基，应贤公之长子，初中文化，曾任下司村委会主任，1993年在罗尼西亚搞工程建设，1995年返回故乡在草塘信用社、计生股做驾驶员，后辞职搞企业。现任瓮安县傅氏宗亲联谊会会长。

傅永祥 贵州省黔南龙里县人。出生于1942年2月24日，1959年龙里中学毕业，同年9月分配到龙里县人民医院从事医务工作。专长中医，用中草药治疗疑难病症有独到之处，可就地采集中草药二百余种，临床应用疗效理想。1984年至1985年在贵阳中医学院二附院内科临床进修，结业后受聘到华夏医院，贵州中西医结合医院。中医学院借调函经卫生厅中医处处长和省厅副厅长批示同意，由于龙里县人民医院不放未果。1986年撰写医学论文9篇在黔南州中医学会交流宣读，并选载入《黔南卫生》。1993年龙里县医院内退，1996年正式退休。喜欢收藏，对商古玉载体上文字尤感兴趣，有一定的研究。曾是贵阳市收藏协会和省藏协会会员，今为贵州省经济文化促进会、收藏文化研究专业委员会会员。撰写《玉琮之我见》《红山文化真伪辨识》《史前玉为兵时代红山文》《龙年探索龙之源》《中华第一印》《良渚神徽印》《缅甸翡翠人头（商代）》等收藏学术心得与藏界友交流。积极参与傅氏宗亲联谊活动，被增补任贵州傅氏联谊会副会长、编委会委员。

傅光权 1953年6月11日生，贵州省绥阳县风华镇傅家湾人。中共党员。1988—1990年任绥阳县牛心砖厂车间主任，1991—1994年任牛心砖厂副厂长兼财务主管，1995—2011年任绥阳县华辉化学建材有限公司副经理兼财务主管。2012年起任绥阳县诗乡精米厂副经理兼财务主管，专业会计。2006—2012年任贵州省傅氏宗亲联谊会副会长，绥阳县傅氏宗亲联谊会常务副会长。贵州傅氏宗亲联谊会一、二届副会长。

傅雪峰 1968年11月生，贵州省遵义市道真县洛龙镇丁氏坝人，初中文化。先后从事过钟表修理、手机销售、房地产开发、煤炭开采、手机生产等，道真县隆兴煤矿法人代表、深圳福得利科技有限公司总经理等职。傅雪峰平时热心傅氏宗亲联谊工作，多次出车出力、下乡入户收集傅氏宗亲资料，带头出资支持《道真傅氏族谱》编修工作，以实际行动支持贵州傅氏宗亲联谊会的各项工作及通谱编修工作，受到各地宗亲好评。

傅家谷 1953年10月8日生，贵阳市花溪区人，1970年在盘江矿务局月亮田煤矿机电科工作（八级技工），多次得到省煤炭厅及矿务局的技术革新奖。多次在盘特报及贵州日报报道其技术革新先进事迹，1994年元月份因工伤退休，在贵阳市花溪区小碧乡创办了盆景观光园，任总经理。妻子王玉兰1953年10月27日生，夫妻二人共同经营盆景园及餐饮，生意十分火爆。儿子傅艮炀，西南大学公共事业管理系毕业，现在贵州省农经网综合办工作。傅家谷对工作敬业、攻关，退休后勤劳创业孝顺老人，和睦邻里，照顾兄妹。2005年以来积极参加傅氏宗亲的各种联谊会议活动，关心通谱编修，为“中华傅氏通谱”贵州卷捐资5000元。

傅家力（傅松） 1981年8月生，毕业于遵义师院，本科学历。现任交通银行遵义市分行营业部经理。

傅芝伦 1946年11月出生，中国人民解放军转业军官，历任沙土镇电影院经理、承建所所长，现退休在家。

傅锡品 男，民族：汉，1975 年农历十二月二十五日出生于贵州省六枝特区龙场乡云盘村三组。现在定居云南省昆明市晋宁县新街乡宋家营。1982 年至 1988 年在老马小学上学。于 1992 年在老马中学毕业后到昆明市机械技工学校学习机械制造和加工。1995 年至 2010 年在云南 CY 集团有限公司工作。2010 年辞掉工作后，回到贵州省安顺市经营石材生意。

傅启军 1954年出生，土家族，大专文化，中共党员，铜仁市工商业联合会执委，原市工商联副会长，铜仁市个体劳动者协会创始人。第三、四、五届铜仁市政协委员。1993年至1997年任铜仁地区商会副秘书长。

傅启军从1983年起从事个体经营，起步借款300元资金发展到1000多万元的固定资产，经营品种由30多个发展到2000多个。在经营中诚实守信，童叟无欺，深得民众称颂。在铜仁市工商联合会工作分管法制教育和非公人士维权和调解工作。在参政议政过程中撰写提案达100多个。其中调研80多个，联名30多个。经济方面占60%。曾多次参与铜仁地委、行署、地区人大、政协以及市委、市政府等有关非公有制经济发展所涉及经济环境、政策环境、法制环境等方面的活动调研。1998年被铜仁地区行政公署、铜仁市人民政府和铜仁地、市等部门聘为行风巡视员、行风评议代表、行风监督员等。

傅启军多年来出资对铜仁市坝黄镇坪茶村。川硐镇小江口、枫香坪。和平乡龙鱼“渡改桥”等自费调研1万多元。为公益事业捐资6.8万元。1990年为国家修建、光彩体育馆捐资0.8万元。资助寨桂村“科技兴农”1.2万元。捐助特困学生9人，其中大学生3人，高中生1生，小学生5人，捐助费用达1.6万多元，扶持贫困家庭36户，出资达3.6万元。为非公有制经济人士提供法律咨询，在监督执法过程中，多为工商户维权。2001年某部门违规收取铜仁城区3000多户门面字号广告费，每户一年1500～3000元，仅此一项挽回经济损失达500多万元。同年，铜仁大十字购物中心广场120多户经营户强烈要求拆掉大十字购物中心市场中的花鸟市场，挽回经济损失达20多万元。当年9月为湖北孝感外来客户经营小百货的5人从湖南进货，途中在凤凰县城郊发生特大交通事故全部重伤，经多次协调，最终挽回损失20多万元。2003年5月1日，为铜仁中华路，小十字夜市经营饮食户彭波、彭舢被铜仁师专几名教职员工和数百名学生进行打砸，将彭波打致重伤，经出面调解，仅人身伤害就得到了8万多元的赔偿。2007年5月，铜仁市坝黄木弄村滕树成在温州市瓯北区务工被温州市瓯北区协警打死，获得38万元的赔偿。自1996年以来为非公有制经济人士共挽回经济损失达1000多万元。调解各种民事纠纷和提供法律咨询达8000多人次，赢得了当地党委、政府和广大非公有制经济人士及社会各界的高度评价，被非公有制经济人士称为“护法者”。1984年至2004年获得各种荣誉称号达50多项。被国家工商局、中国个体劳动者协会、贵州省工商局、贵州省个体劳动者协会授予“光彩之星”。2000年获贵州省人民政府授予的“优秀个体户”称号，被贵州省税务局、团省委评为“个体工商户税法宣传及教育活动先进个人”，2001年被编入中华全国工商业联合会《二十一世纪的中国工商业群英风采》。2002年12月被中国个体劳动者协会评为“全国个协私协系统先进工作者”。2003年4月被人民日报社推荐为中国企业诚信与发展论坛暨“全国诚信单位光荣榜”上榜单位。2004年和2006年被政协铜仁市第五届职员会评为“优秀委员”。

傅先华 贵州省毕节地区黔西县人，北京联教培训中心校长，北京联教电脑维修公司总经理。

傅能书 遵义桐梓县人，桐梓县人大代表，娄山水泥厂厂长，贵州省劳动模范。

傅能文 遵义桐梓县人，遵义市金山机械厂副厂长。

傅世福 1965年1月生，遵义市道真县玉溪镇天池人，祖籍重庆涪陵。1983年9月考入广西桂林冶金地质学院地质勘探系，1987年毕业后分配在贵州有色地质局三总队工作，1994年至2004年在贵阳市市政工程公司工作。从2004年起在贵州省建工集团公司工作，担任公司副总经理。

傅斯万 遵义桐梓县人，桐梓银山水泥有限责任公司董事长，桐梓县政协委员，贵州省傅氏宗亲联谊会第一届常务副会长，桐梓县傅氏宗亲联谊会会长。

傅相国 遵义桐梓县人，桐梓县人大代表，鞍山水泥厂厂长，贵州省劳动模范。

傅小杰 1976年5月6日生于道真县，遵义正安县土坪人。1995年考入贵阳商业高等专科学校，1998年毕业后在中建四局三公司江苏省昆山公司工作，任材料科副科长，两年后到遵义赤水市建筑工程公司任业务副总经理，经济师。

傅真永 1955年3月生，遵义道真县蟠溪人，1975年入乌江水电八局技工学校读书，毕业后在水电八局设计院、中南勘测设计院岩土工程公司及物资科工作，先后任勘测大队队长、物资科科长。

傅真义 1973年8月生，遵义道真县蟠溪人，中央民族大学历史系毕业，曾在息烽中学教书，两年后辞职，任广东省东莞市宏威数码机械有限公司人力资源部经理。

傅锦岭 1971年6月生，遵义市务川县丰乐镇人。1991年入清华大学工程系读书，1996年考入美国迪比克大学，2000年毕业，获工商管理硕士。2000年7月参加工作，1995年至2006年曾任中国建筑工程总公司现场工程师，中国建筑(南洋)发展有限公司项目经理、项目总监、常务董事总经理，中国建筑结构有限公司董事总经理，大资源机电安装公司董事总经理。2006年6月至2012年3月任凯德中国项目总经理。

傅　明　1964年12月生，遵义市务川县丰乐镇人。1982年10月参加工作，在中国人民解放军35106部队服役，任文秘兼司务长，1986年7月至1994年8月任35108部队营房建设办副主任。1994年8月至1998年7月转业到云南省交警高管支队筹建工作组安楚大队任筹建负责人（其间：1996年3月组织派到云南省贫困县挂职副县长），1998年至2010年任大理云贵商贸联合有限公司董事长、法人代表，2001年至2004年6月任大理恒源汽车销售服务有限公司副董事长兼总经理，2004年6月任云南鑫港龙贸易有限公司董事长兼总经理、法人代表。2009年5月创建并成立云南贵商投资有限公司，任董事长、法人代表。云南省贵州商会、大理州企业家协会、云南省汽车摩托车市场协会副会长，保山商会会长。在部队期间曾多次获得嘉奖，立三等功两次；转业到地方后，2003年被中国民营国际合作发展促进会评为全国优秀民营企业家。

傅章龙　贵州贵阳市人，祖籍四川大足县，傅福远之子，贵阳嘉旺花卉屠宰有限公司总经理，贵阳市政协委员。

傅以明　1944年10月21日生，重庆涪陵人，红枫湖旅游开发实业总公司总经理。

傅兆坤　1947年生，中共党员，毕业于南京无线电工业学校真空器件专业，1968年参加工作，高级工程师。历任宇光电工厂厂长助理、副厂长、党委副书记、纪委书记。现任中国振华（集团）科技股份有限公司宇光分公司党委书记、副总经理。

傅丰水　贵州自然之旅旅游有限公司总经理。

傅纯波　贵州省政协委员、麻江县政协副主席，黔东南州凯宏资产运营有限责任公司董事长。

傅　玲　黔东南州凯里市双鲵酱菜有限责任公司经理。

傅　敏　中国电信集团贵州省电信公司毕节分公司客户经理。

傅　鹏　清镇市达峰实业有限公司经理。

傅　阳　贵州奔腾体育用品有限公司总经理。

傅　雨　毕节利达贸易有限公司总经理。

傅春风　铜仁兴通装饰有限公司总经理。

傅恒洋　重庆市秀山县龙池镇人，铜仁地区沿河恒洋房地产开发公司董事长。

傅继刚 黔东南州烟草专卖局（公司）副经理。

傅家兴 贵州榕江山农发展有限公司（属黔东南州重点龙头企业）总经理。

傅建平 1996年至1999年在广东联邦家私集团从事计算机应用研究和管理工作，2000年至2006年从事市场营销和产品研发的组织管理工作。2006年至今，参与维尚家具的创业和经营管理，任维尚公司总经理。

傅金华 六盘水市盘县盘翼选煤有限公司行政部部长。

傅立鸿 毕节市城投公司总经理。

傅明夏 遵义市汇川区贵州鼎明商务有限责任公司经理。

傅明云 贵盐集团六枝有限责任公司副经理。

傅黔民 贵州金泉实业有限公司印务分公司经理。

傅生华 毕节地区威宁县烟草公司经理。

傅生荣 黔南自治州独山县富城砂石厂厂长。

傅世福 贵州天原生物科技开发有限责任公司总经理。

傅万钧 贵阳万军包装装潢有限公司总经理。

傅卫平 六盘水市野马寨电厂副厂长。

傅习华 贵州遵义县建筑工程公司六枝工程处总经理。

傅先进 遵义务川县工商业联合会会长。

傅贤民 1967年生，中国振华（集团）新云电子元器件有限责任公司副总工程师，深圳振华电子有限公司董事长、深圳市微电子有限公司副董事长、中国振华（集团）科技股份有限公司常务副总经理。

傅学昌 贵阳清镇鹏程实业有限公司总经理。

傅艺国 遵义力臣信用担保有限公司经理。

傅元勇 遵义仁怀傅氏酒业销售有限公司经理。

傅赞春 遵义市金虹大酒店总经理。

傅正品 贵阳黔电印刷厂厂长。

傅忠富 黔西南州兴义兴富煤矿董事长。

傅宗元 遵义仁怀市群发煤矿安全技术咨询服务有限公司经理。

傅德久 1965年9月1日生，1989年9月参加工作，中共党员。大专文化，毕业于贵州财经学院，农行大堂经理，经济师。现就职于金沙县农行。

傅佳序 1985年生，复旦大学本科毕业，美国波士顿大学硕士研究生，现任美国旧金山IT企业项目经理。

傅芝仙 1951年生，中石化公司退休职工。

（以上排名不分先后，大致按照资料报送时间排序）

文化教育人物

傅汝吉 1939年生，黔西南州安龙县人，贵州省文化厅巡视员。1958年考入贵州水利电力学校读书，1962年参军，到云南第十四军野战部队服役，成为陆军十四军步兵一一九团战士业余演出队队员。1964年年底和1965年年初，作为西南边陲昆明部队的普通士兵进京参加全军文艺调演，在人民大会堂两次近距离见到毛泽东主席，并有幸参加合影。1966年历任团政治处宣传干事、宣传股副股长、团政治处副主任、师政治部文化科科长等职。1982年转业到贵州省文化厅主管群众文化工作，任群文处处长。创作《贵州艺术之乡集锦》《贵州文化六十年》等著作。1986年任中国电影发行放映学会贵州分会副会长，1987年当选贵州省群众文化学会第二届副会长。还任贵州省旅游资源保护与开发促进会副会长，贵州省公民道德建设促进会第二届理事会副会长、常务理事。其《说长论短，扬长补短》获1988年1月省第四次学术研讨会论文二等奖。1998年被评为全国"三下乡"先进个人。

傅于川 贵州毕节人，1959年1月生，1975年8月参加工作，中共党员，大学本科学历，教授；历任：毕节师专政史系副主任、党支部书记，毕节师专党政办主任、武装部部长，毕节师专党委委员、校长助理、副校长，毕节教育学院党委委员、副院长，毕节学院（筹）党委委员、副院长，毕节学院科研处处长；2011年8月任毕节职业技术学院党委委员、副院长。第六届贵州制约逻辑学会理事长、贵州省人民政府特殊津贴专家、贵州省先进教育工作者、毕深教育奖励基金获得者、毕节地区拔尖人才。研究方向：哲学与逻辑。主持完成国家级、省级软科学研究计划项目2个，贵州省高校人文社科项目1个；主编和参编出版过《马克思主义原理》《马克思主义经典论述集注》《简明哲学词典》《形式逻辑学》《普通逻辑教与学便览》等13部著作、教材；公开发表研究论文16篇，其中核心期刊5篇。

傅志宇 1977年1月生，贵州遵义县人，中国致公党党员。西南财经大学财政税务学院教授、博士生导师。1994年至1998年在东北财经大学财政税务学院税收学专业学习，获经济学学士学位；2000年至2003年在上海社会科学院经济研究所中国经济思想史专业学习，获经济学硕士学位；2005年至2009年在湖南大学岳麓书院中国思想文化史专业学习，获历史学博士学位。在贵州财经学院财政金融系（财政税务学院）工作，历

任贵州财经大学讲师、副教授、税收教研室主任、教授。中国社会科学院财政与贸易经济研究所“西部之光”访问学者，东京经济大学客座研究员，财政部财政科学研究所高级访问学者，四川省绵阳市财政局副局长。著有《国际税法》《中国税收思想发展论纲》、《中国财政政策报告》《中国近代税制流变初探》《财政学教程》等。

傅体龙 1966 年 9 月生，遵义市务川县砚山乡人。1985 年 8 月参加工作，1998 年 9 月至 2000 年 7 月，担任务川县砚山镇教育办公室主任，负责全镇的教育教学管理工作。2000 年 9 月至 2002 年 7 月，担任务川县砚山中学校长，主持学校工作。2002 年 9 月至 2011 年 7 月，通过全县公开招考，县人民政府任命担任务川民族中学副校长，分管学校教学、团委工作。其间学校中考教学质量一直名列全县第一，多次被评为教育教学先进单位，团委先后被授予遵义市“五四红旗团委”、贵州省“红旗团委”称号。2011 年 9 月任务川县庆中学校长，主持学校全面工作。

傅邦龙 1957 年 2 月 3 日生，贵州省大方县星宿苗族彝族仡佬族乡龙山村人，大专文化，1975 年参加工作，小学高级教师。傅邦龙自从 1975 年 3 月步入教育工作，先在大方县星宿瓜木民校任教，10 年后转入星宿小学。1988 年民转公，任星宿农教专干，次年任星宿小学校长。1992 年 4 月先后任乡教育辅导站副站长、站长，于 2003 年任星宿乡中心校校长。傅邦龙积极跑项目、引资金，新修教学大楼，大大地改善了学生的学习环境。同时还进行教师队伍的整顿，加强师德教育，努力提高教学质量。因其工作成绩显著，1999 年 9 月被中共大方县委、县人民政府表彰为先进工作者；2010 年被县关工委表彰为关心下一代先进个人；2011 年被县委、县政府表彰为优秀校长；其家庭亦被毕节地区行署授予和谐家庭称号。傅邦龙不仅潜心于教育事业，更热心于家族工作。2009 年 4 月，被推选为《中华傅氏通谱·贵州大方卷》编委会成员后，带头集资捐资，搜集、整理星宿支系的各类资料，往返跑乡村、赴县城，做深入细致的思想工作，把本支系持有异议、观望的宗亲团聚起来，为家族做了不少的无私奉献。

傅建平 1963 年生，浙江绍兴诸暨人，2012 年 11 月前任《贵州商报》记者。贵州摄影家协会理事、贵州艺术摄影学会理事，2000 年至 2010 年任贵州青年摄影家协会副秘书长（超龄换届后任常务理事）、贵州科技摄影家协会常务理事、贵阳市摄影家协会常务理事、贵阳市青年摄影家协会常务理事、贵州新闻摄影学会会员。2012 年 11 月调浙江绍兴越秀外国语学院工作。

傅国荣 生于1973年8月，穿青人，大学本科文化，现任织金县教育局党组成员、副局长。1994年7月毕业于毕节学院政史系，1994年9月在三甲中学任教，1998年被评为织金县优秀青年教师；1999年8月至2003年7月任三甲中学校长；2003年7月至2005年7月任三甲乡中心校校长；2005年7月至2011年2月任织金县第三小学校长。2008年9月被评为织金县“优秀教育工作者”，2010年9月被评为毕节市“优秀教育工作者”，2011年元月被评为毕节市“名优校长”。2011年2月至2012年5月任织金六中校长，2011年3月被评为织金县“名校长”，2012年5月到教育局任职。热心傅氏宗亲联谊会工作，积极配合省联谊会通谱编纂工作，为《中华傅氏通谱·贵州卷》编委。

傅　华 原名傅辅华，1951年10月19日生，黔西县洪水镇永平村白岩脚人。1968年7月毕业于黔西二中。1973年3月参加教育教学工作，其间持中小学校长合格证担任小学校长26年，教导主任10年，现为黔西县洪水镇和平小学教师。

傅华教书育人40年，精通教学管理和教学工作业务，教学效果甚好，深受学生家长及社会各界的赞誉。多次被评为县级、乡级优秀教师。他在家庭教育管理上也是成功的，其儿子、儿媳、女儿都是大学本科学历，秉承父母之业继续教书育人。傅华在家族和家庭中是一个热心人和孝子。他多次为有矛盾的家庭调解纠纷，1994年2月起协助傅治华组织编写《傅氏族谱》，多次到家族中收集相关资料，还陪同傅治华参加贵州省傅氏宗亲联谊会筹备大会，并于2013年再次积极参加《傅氏通谱》的编写工作，考察傅氏宗祠的修建地址。在家庭中，傅华以身作则，勤俭节约，尊老爱幼，主持为曾祖辈修墓立碑，为父母养老送终。教育并关心弟弟妹妹的学习和工作，在生活上帮助二弟，把小弟培养成才。

傅加川 1975年8月16日生，贵州省遵义市道真县蟠溪人。1990年考入遵义市仁怀师范，1993年毕业后在道真县杉木学校任教，2004年调隆兴镇浣溪学校任校长，2009年8月调任隆兴中学副校长，2010年8月调任阳溪中学校长，2011年7月调任道真县大磏中学校长。工作之余热心宗族联谊，为弘扬傅氏文化，编修《道真傅氏族谱》作出了积极的努力和贡献，是道真傅氏宗亲活动的主要联络人和召集人。

傅全开 1956年8月18日生。现年57岁，大学文化，贵州省务川人。务川中学，高中英语高级教师。从事教学35年，教过的学生大约有三千多，因为每年有一个辅导班（100人左右），每年上大学就是几十人，加上正式班级几十人，他说共有多少人上大学我真的没算过，清华北大有几个，其他大学就多了。几次被评为市县先进骨干教师，先进党员。他说教学生知识就是要和学生沟通，要有幽默感，做朋友。

妻曾庆容，1959年生，55岁，大学文化，高级教师，从事教学37年，她的学生都称她妈妈老师，她喜欢唱歌，喜欢帮助别人。子女两个，儿子傅倬，大学毕业（在贵州省环保厅工作）。女儿傅曾妮大学毕业（在遵义工作）。

傅　扬　1951年12月生，贵州省贵阳市人，舞美设计师。现在贵州省话剧团工作，系中国舞台美术学会会员，贵州舞台美术学会会员。

傅先锐　1984年8月22日生，贵阳人，2003年入读黔南民族师范学院中文系广播电视新闻专业，2008年任《法制生活报》记者。

傅纪辉　1956年4月生，贵州省贵阳市人，祖籍四川叙永县，1982年春毕业于贵州师范大学中文系，1986年北京大学研究生毕业。贵阳学院地方文化与儿童美术研究所所长，贵阳学院中文系副教授（1998年），贵阳星星儿童美术学校校长。幼儿园教师国培计划专家。全国著名少儿美术教育家。

傅正华　1932年4月8日生，贵州铜仁地区石阡县花桥镇花桥村大塘组木偶戏艺人。10岁开始随父亲傅银州学艺，“泰洪班”至傅正华已传承7代，他们的技艺在石阡民族中学得到了较好的传承。2008年2月，傅正华被有关部门认定为国家级非物质文化遗产项目（石阡木偶）代表性传承人。主要代表剧目有《女娲庙焚香》《苏秦说六国》《过五关》、《李渊过临潼山》《梨花斩子》《五家坡》《三下河东》《百合洞》《三搜相府》《安安送米》等。

傅锦锋　铜仁地区松桃县人。中学高级教师。1997年在铜仁地区举办的“单双三舞蹈”调演中，三人舞《春蕴》获作曲一等奖。2007年1月在中国音乐家协会主办的《歌曲》上发表创作歌曲《我爱我贵州》。另有音乐评论文章和教学论文在多种报刊上发表。

傅光轩　1944年生，贵州松桃县人，教授，贵州大学计算机网络研究所所长。主要学术兼职有：西南计算机学会网络与信息系统专委会副主任委员、贵州省计算机学会网络与信息系统专委会主任委员、贵州省软件行业协会副理事长、贵州省制造业信息化专家组成员、贵州省科技信息化专家组成员、贵阳市科技咨询团成员。发表学术论文30多篇，主编出版专著2本，参编出版2本。获贵州省科技进步三等奖2项、四等奖1项、贵州省科学大会奖1项。

傅贤贵　1940年生，遵义县龙坪镇人，遵义县龙坪区文化中心站站长。1990年12月在人事部、文化部联合举办的全国先进文化馆、站经验交流会暨表彰会上，获全国文化系统首批“劳动模范”及“全国先进文化站长”光荣称号，中共中央政治局常委李瑞环为他们颁奖。

傅同良　1958年4月出生，中共党员，遵义县泮水镇纸厂村人，贵阳市农业科学研究所（后更名为贵阳市农业试验中心）工作。任贵阳市农业试验中心书记，兼任贵阳市种子公司总经理，贵阳市种子学会理事长，贵阳市政协委员。贵阳市农业试验中心农业技术推广研究员，省管专家，获得国务院、市政府特殊津贴专家。主持育成的12个玉米新品种通过了省级和国家级农作物品种审定委员会审定，成为贵州省育成并通过审定农作物品种数量最多的育种专家，被誉为“贵州的袁隆平”。1993年获贵州省农业先进工作者称号；1995年被评为贵阳市有突出贡献的知识分子；2004年被评为贵阳市2004—2008特殊年度专业技术带头人，同年被评为享受贵阳市特殊津贴专家和国务院特殊津贴专家；2005年被评为贵州省管专家。2008年获得全国五一劳动奖章，2009年9月被农业部表彰为新中国成立60周年“三农”模范人物。

傅贵元　1953年生，遵义凤冈县琊川人，爱好写作，在凤冈县教育局工作，《凤冈县教育志》主编。

傅久龙　1968年生，遵义凤冈县土溪镇人，凤冈县土溪镇完小校长、凤冈县绥阳镇一中校长。

傅凌云　1982年生，遵义绥阳县旺草镇马蹄车人，北京第二外国语学院国际传播本科，中国人民大学外国语学院副教授。具有多年高校教学经验，精通雅思听力和阅读授课。尤其注重英语听力思维的培养，多种教学资料（电视、电影视频、音乐）结合教学，内容丰富，注重提高学生实际运用能力。其主要成果是自编《完美英语发音》。

傅体龙　遵义务川县人，务川县民族中学副校长。

傅　雨　1992年5月生，遵义绥阳县旺草镇马蹄车人。2005年8月参加沈阳全国田径运动会，获全国冠军，12月参加全国田径万米越野赛获亚军，2006年5月参加贵州省青年田径运动会，获万米赛第一名，7月获深圳全国人才选拔万米赛冠军。

傅辅明　遵义桐梓县人，四川大学毕业，四川大学冶金部冶金研究所所长。

傅斯喻　遵义桐梓县人，遵义医院医师。

傅向阳　1963年8月19日生，遵义正安县土坪人，中共党员。在贵州省环境科学研究设计院工作，2007年3月任贵州省环境科技咨询中心主任，环境评估专家、工程师。曾三次获贵州省政府“科技进步奖”。

傅小轶　又名谢小轶，正安县土坪人，1978年5月16日生于遵义道真县。1996年9月考入遵义医学院临床医学系，2001年毕业后安排在道真县人民医院内科工作，一年后调安顺贵航302医院工作，任五官科主治医师。

傅体刚 1949年3月生，遵义市务川县大坪镇人。1975年1月参加工作，1976年1月至1979年8月大坪学校任教，1979年9月至1980年8月务川中学任教，1980年9月至1984年8月泥水中学任教，1984年9月至1985年8月务川师范任副校长，1985年9月至1990年8月任城关中学副校长，1990年9月至1998年4月任务川职业中学校长，1998年5月至2011年7月任务川县人民政府正科级督学。

傅　森 1930年生，贵州遵义人，傅春徽之子，出身中医世家，画家。1949年入伍，在部队文工队里从事文化宣传工作，1976年从部队转业后，到贵阳市文物管理委员会等单位任职。1990年退休之后就全身心地投入画卷创作，把贵州所有的锦绣山水浓缩在《贵州山水美》画卷之中。

傅辅永 1972年生，贵州桐梓县人，遵义县林业局林业工程师，主要从事林业有害生物防治工作。

傅　强 1966年生，贵州省务川县人。曾用名司马玉琴，仡佬族，贵州省作家协会会员，现任务川仡佬族苗族自治县文联主席。发表有诗歌、小说、散文等，有诗歌作品入选《2002年度中国诗歌选》《2007年当代诗歌文库》等多种诗歌选本，出版有诗集《学会平常》，曾获得遵义市政府文艺奖、社科论文奖等省内外多种奖项。获遵义市“十大杰出青年”称号。

傅善言 别名付美沿，1956年3月出生，贵州省毕节地区毕节市人。1987年7月于毕节教育学院中文科毕业，分配到吉场中学任教。中学高级教师，先后担任过班主任、语文教研组长、校团委书记等。

傅　斌 1978年出生于贵州毕节。1998年毕业于贵州省艺术学校实用美术专业，2002年毕业于贵州大学艺术学院油画专业，贵州省美术家协会会员。现就职于贵州人民武装学院。

傅安辉 1955年9月10日生，笔名任君，贵州省锦屏县平秋镇石引村人。黔东南民族师专中文科学习，毕业后留校任教。2004年评为教授。现为黔东南民族师专学报副主编、编辑部副主任。系中国民俗学会会员、中国民族理论学会会员、中国少数民族文学学会侗族文学分会副秘书长、贵州省民间文艺家协会会员、贵州省文艺理论家协会会员、贵州省作家协会会员、贵州省侗学研究会常务理事、黔东南民间文艺家协会主席、黔东南州侗学研究会副会长。

傅杨淦 1980年6月生，贵州凯里人，大专学历，现任贵州省黔东南电视台主持人、记者，二级播音员，新闻出版界别委员。

傅兴华 1948年12月生，贵州省开阳县人。1982年1月起在贵州大学物理系任教，1993年晋升教授。电气电子工程学会高级会员，美国物理学会会员。1992起享受国务院“政府特殊津贴”，贵州省首批省管专家。贵州大学微电子学与固体电子学硕士生、博士生导师。被教育部、人事部评为“有突出贡献的留学回国人员”，并授予奖章和荣誉证书。傅兴华教授2001年被中国教育工会表彰为“全国师德先进个人”，2004年被教育部表彰为“全国优秀教师”。

傅小川 1975年生，湖北洪湖人，中南财经政法大学民商法、中国农村土地法律制度研究中心博士研究生，贵州民族学院法学院副教授。

傅治淮 1956年生，重庆綦江县人，遵义市湄潭县文学艺术界专家，贵州省作家协会会员，湄潭县文联副主席，《湄潭县志》副主编。原湄潭县教育局局长、党组书记，湄潭县招委副主任兼招生办主任。

傅润三 1936年5月生，湖南人。高级工程师、国家级注册监理工程师。空军飞行学院毕业。曾任贵州省人防交战办副主任、中国勘协政研会西南大组第一任组长、中国领航理论研究中心特邀研究员。现任贵州三维监理公司总经理、贵州航空联谊会常务副会长。

傅平青 1974年出生于浙江省盘安县，博士，中国科学院地球化学研究所环境地球化学国家重点实验室（贵州贵阳市观水路46号）副研究员，硕士研究生导师。1996年毕业于武汉大学化学系，获理学学士学位；1998年至2004年在中国科学院地球化学研究所学习，先后获理学硕士和博士学位。主要从事极地、海洋和城市大气有机气溶胶，以及湖泊和海洋沉积有机质的分子组成、来源和归宿等研究。中国民主促进会会员，美国地球物理联盟（AGU）会员，美国湖沼与海洋协会（ASLO）会员。

傅锦州 1926年生，四川达县（现为四川省达州市）人，1950年从重庆相辉学院农学系（后为西南农业大学，现为西南大学）毕业，分配在贵州省农业厅工作。1977年任息烽县科技局局长，并且作为当时安顺专区唯一一个县级科技局局长参加了1978年的“全国科学大会”，亲耳聆听了邓小平的重要讲话，随后被选为息烽县副县长。2000年任安顺市农科所所长。

傅绍洪 1963年12月生于四川省冕宁县，博士、中国科学院地球化学研究所矿床地球化学重点实验室（贵州省贵阳市观水路46号）副研究员，从事矿床学和地球化学研究。自1984年以来，参加多项原地质矿产部找矿和科技攻关重点项目及中国科学院基础研究项目。

傅小川 1964年5月生于遵义道真县，祖籍四川，大学文化，遵义市林业科研所工程师。后加入加拿大国籍，以外籍华人身份回内地创业。

傅建勤 贵州省委党校副巡视员、副教授、党建专家、贵州省委党校党史党建教研部主任，贵州省党史学会副会长。编著《新编领导科学》。

傅光大 1947年1月生，1979年结业于四川美术学院雕塑系。在贵州省城市雕塑工作室工作，中国美术家协会会员，中国雕塑家学会会员，贵州省美协雕塑艺术委员会副主任，一级美术师，持有全国城雕设计资格证。作品《新嫁娘》入选第六届全国美展；《雄风》入选第二届全国体育美展，《火凤凰》入选第八届全国美展。

傅存清 1965年出生，贵州省凯里学院后勤处处长，副教授，研究生学历。主要担任《毛泽东思想、邓小平理论和“三个代表”重要思想概论》等课程的教学，发表了《试论中国共产党对社会主义国家理论的创新性贡献》《论培养和弘扬民族精神》、《谈促进青少年成长的社区建设问题》等学术论文十余篇。现任凯里学院法律与政治学院党总支书记。

傅德本 1961年生，大专文化，中共党员，小学高级教师，贵州省金沙县岚头镇茅岗学校任教。

傅　彬 1979年7月10日生，2000年9月参加工作，大专文化，毕业于贵州师范大学汉语教育专业。小学一级教师，现就职于金沙县茅岗学校。

傅德勇 1958年8月生，1978年9月参加工作，中共党员，大专文化，小学高级教师，现就职于金沙县后山乡坎坝小学。

傅忠义 1953年12月10日生，大专文化，小学一级教师，现已退休，住贵州金沙后山乡坎坝村。

傅黔玫 毕节地区聋哑学校教师、贵州省优秀教师、贵州省特殊教育先进个人。

傅锡翔 六盘水市六枝特区岩脚镇第一中学校长。

傅延功 天津南开大学世界历史系本科毕业，上海华东师范大学在读硕士。遵义医学院社科部讲师，主讲中国历史。

傅　钰 贵州民族学院影视编导协会会员。2008年由傅钰编剧和导演的作品《南方，北方》获贵州民族学院与贵州电视台、贵州电视艺术家协会共同举办的首届贵州民族学院DV作品大赛“最佳编剧奖”。

傅爱华 贵州省音协芦笙研究会副会长、黔南州音乐协会理事、黔南州民族文化艺术芦笙学会会长。

傅树湘 贵州省作家协会会员，贵州省摄影家协会会员，遵义赤水市文联主席，政协遵义市第三届委员会委员。其摄影作品《龙灯闹元宵》获文化部第十四届“群星奖”

遵义市“信合杯”选拔赛金奖。《巾帼神雕——卢华英》获遵义市“创建国家级创业型城市”摄影大赛一等奖。

傅晓靖 贵州画院党支部书记，贵州文化音像出版社副社长、法定代表人。2010年任“贵州省第二届美术专业比赛”组委会办公室副主任、联络组组长。

傅秀明 贵州省黔东南自治州党校教师。在省内多家院校学报上发表《用科学发展观统领黔东南的新农村建设》《黔东南州“十一五”扶贫开发对策研究》《贵州新民主主义时期苗族人物述略》等论文。

傅学康 铜仁地区硬笔书法协会秘书长。

傅　全 1980年8月生，中铁八局集团第三工程有限公司混凝土分公司汽车电工和机修工。多年来，他充分利用业余时间自学电工、电学和机械修理基础原理知识，在工作中，傅全处处一马当先，率先垂范，短短半年多就熟练掌握了公司沃尔沃、尼桑、太拖拉、卡特系列等机器设备的性能、维修和保养知识，确保了公司机器设备的正常运转。他向公司提合理化建议30余项，被采用22项，为公司节约成本达80万元，提高公司产值500万余元。他带头成立了农民工学习小组，被公司评为“学习型班组”。为贵州省总工会2007年评选的“贵州十大杰出农民工”候选人之一。

傅　涛 贵州省水利机械化实业总公司监理工程师。

傅超繁 贵州大学明德学院副教授。

傅成兵 贵州大学化学与化工学院讲师一级。

傅登茂 1964年生，贵州农学院园艺系毕业，九三学社遵义市委委员，果蔬专家、遵义市农业技术学院副教授。

傅定淼 教授，贵州省语言学会会员。1984年毕业于贵州教育学院中文系，黔南民族师范学院中文系，教授古代汉语教研室主任，教学情况：主讲古代汉语、文字学、音韵学、训诂学等课程，主要研究中国早期语言学史暨上古汉语。2003年由上海古籍出版社出版专著《反切起源考》一部，获贵州省哲学社会科学优秀成果著作类三等奖。

傅恩宏 2002年9月任黔西南自治州电信分公司助理工程师。

傅家兴 2002年9月任黔西南自治州册亨县电信局助理工程师。

傅举文 遵义地区医院副主任医师，皮肤病性病专家。

傅明华 贵州民族学院音乐舞蹈学院舞蹈教研室主任、副教授。贵州省舞蹈家协会理事、黔南州民族文化艺术芦笙学会顾问。

傅汝林 1968 年毕业于贵阳中医学院医疗系，贵阳中医学院教授、硕士生导师、内科主任医师。国家中医药管理局第三批老中医药专家学术经验继承指导老师，国家级名老中医，全国中医内科委员，全国中医血液病专业委员会常委，贵州省血液专业委员会常委。从事中医内科疑难疾病和中西医结合治疗血液系统疾病的研究近 40 年，在多年的临床工作中积累了丰富的经验，擅长于白血病、再生障碍性贫血的治疗。

傅同涛 1970 年 9 月生，中共党员，大学文化，贵州省遵义市审计局副科长，会计师，2010 年贵州省政府表彰“先进工作者”。

傅贤国 四川大学法学硕士，贵州民族学院法学院副教授。

傅贤礼 贵州大学明德学院讲师三级。

傅晓钟 1972 年 1 月生，博士，贵阳医学院副教授，硕士研究生导师。1996 年贵阳医学院药学系本科毕业，1999 年贵阳医学院获硕士学位，2006 中国科学院上海药物研究所获博士学位。现承担贵阳医学院药学院研究生《药物合成与设计》《高等药物化学》，本科生《药物化学》课程的教学工作。

傅责中 1940 年生，贵州省民族学院历史系副教授，大学本科学历。专长于中国古典自然哲学史研究。对易学研究中的“道家之易”有相当深的研究，有独到的见解。

傅重新 2002 年 9 月任贵州省遵义远程通信工程设备公司高级工程师。

傅筑荫 贵州大学教授，九三学社贵州大学南区支部主委。

傅忠群 黔南布依族苗族自治州人民医院院长。

傅尚伦 1993 年 12 月 28 日至 1996 年 5 月任安顺普定县第一届文学艺术界联合会主席。

傅宜勋 1991 年 10 月任贵州铝厂第二届职工文学艺术界联合会秘书长。

傅天满 1956 年 4 月任中国音乐家协会贵阳分会会员，1985 年 10 月贵州省音乐家协会第二次会员代表大会上当选常务理事、副主席，1995 年 1 月贵州省音乐家协会第三次会员代表大会时任顾问。

傅贵兰 1993 年 9 月评定为贵阳市乌当区文物管理所馆员。

傅子香 1993 年 9 月评定为安龙县文物管理所馆员。

傅维玮 六盘水市委宣传部，“六盘水市煤炭资源开发战略”课题研究负责人。

傅责中 贵州民族学院教授。

傅栋成 贵州省委党校教授。

傅桂馨 1934年贵阳市国魂体育会的发起人之一。

傅季赐 1942年7月26日贵州体育协进会成立，傅季赐任理事兼总务股长。

傅靖章 曾任贵州省群众艺术馆馆长。

傅芝荣 1940年生，毕业于毕节师范。历任金沙县安底镇八里农中教员、教导主任，现退休在家。

（以上排名不分先后，大致按照资料报送时间排序）

历代方志补遗人物

傅　实　江西丰城人，明成化年间（1465—1487）巡按贵州监察御史。

傅顺孙　昆明人，万历十年（1573）贵州巡按监察御史。公正廉惠，时清平军士缺乏，疏请增募站夫二百余名，以济夫役。

傅　习　字传之，江西进贤人，以进士起家授官，明武宗正德年间任贵州右参政，嘉靖元年至二年（1522—1523）任贵州按察使。能操风宪，为群僚表率。

傅应祥　江西进贤人，嘉靖二十二年（1543）任贵州按察司副使。

傅增湝　字雨农，四川江安人，光绪十八年（1892）进士，光绪二十四年（1898）任贵州学政。

傅为霖　字雨农，邑庠生（前清附生），性公正，重道德，热心公益，任事不畏难苟安，稍存退避。充省议员及劝学所长、学校校长。多所补救，乡里称焉。宣统三年（1910）任第一届城议会议长，民国二年（1913）任贵州省议会正式议员。

傅　夔　贵筑县人，光绪癸巳科（1893）举人，光绪二十一年（1895）在北京参加当时著名的“公车上书”活动。

傅作楫　广陵（江苏扬州）人，康熙二十五年（1686）任贵州清军粮驿道。

傅启忠　嘉靖十九年（1540）任辰州卫守备时，领兵1000人镇压铜仁龙答保起义。

傅德胜　同治元年（1862）10月，都司傅德胜被思南凤凰山义军炮击身亡。

傅晋廷　号觉民，1924年袁祖铭为川黔边防督办进入贵州，驻防黔东及贵阳，时任黔军第四混成旅旅长（驻璧山）、第三旅旅长、滇黔靖国联军第一团团长。

傅　杰　1913年9月任黔军刘显世贵州护军使，王文华任陆军总司令，傅杰为第一营营长。

傅少华　贵州贵阳人，1929年5月13日任国民革命军陆海空军总司令部参谋本部第三厅秘书。

傅启学　（1903—1992）字述之，又名叔文，贵阳人，毕业于北京大学政治系、美国加利福尼亚大学研究院。1923年加入中国国民党，1925年任北大学生救国团宣传部部长，1927年5月任北京清党委员。1937年11月1日任国民党贵州省党部执行委员。

1939年成立“三青团”贵州支部，傅启学任干事，3月发起成立贵州文化协会，4月13日贵州省赈济会成立时任委员。1941年至1945年任国民党贵州省党部主任委员。1942年11月7日成立全国慰劳总会文化劳军运动委员会贵州分会，傅启学任副主任委员。1944年7月20日任国民党贵州省第一次全省代表大会执行委员。1945年至1949年任贵州省教育厅厅长。傅启学在主持贵州省国民党党务期间，在党务宣传舆论控制方面做了以下工作：一是控制通俗宣传，改组健全各县宣传委员，作为各县宣传工作的发动机构，调整各县宣传区队，成立民众讲堂；二是举办学术演讲及时事座谈会；三是成立文化服务社和文化运动委员会；四是训练宣传干部；五是编印《贵州党务》及各种宣传品；六是审查报刊及肃清反动宣传。

傅佐卿 又名傅良弼，黔西南州贞丰县人。中华革命党成立之后，孙中山任命18省支部长及司令长官，贵州支部将全省划分为东南西北中五个区，任命傅佐卿为南区司令。

傅熊彬 1930年7月任国民革命军第25军（军长毛光翔）交通处处长。

傅正川 1941年6月10日任贵州省正安县（含道真县）保安警察队大队长。

傅仲芳 （1896—1963）原名翼翰，浙江萧山人。南京中央军校高等教育班第四期毕业。清河陆军第一预备学校，保定陆军军官学校第八期步科毕业。早年加入孙传芳部，任排、连、营长，第四集团军特务团团长。1928年归附国民革命军，任第十一师参谋处长，1930年任团长，1931年任旅长，后任第十八军六十七师师长。1933年9月率部参加对红军的围剿。1935年任第五军第九十九师师长（驻黔）。1935年4月授陆军少将，1937年5月21日授陆军中将。抗日战争爆发后，于1938年3月30日至1939年6月6日任贵州省保安处处长，1938年6月29日任第九十九军军长，1944年3月6日任第二十四集团军副总司令。参加第二、三、四次长沙会战和湘西会战。1945年10月22日任川黔湘鄂边区绥靖公署副主任，1947年任联合勤务总司令部经理署中将署长。1949年到台湾。1963年逝世。

傅亚夫 在任国民革命军新编第二十八师参谋长时，于1939年进驻黔东黄平、镇远等地。

傅忠理 光绪三十四年（1908）初，贵州商务总会改选，增选傅忠理为裁判。民国元年（1912）4月贵州商务总会改选，傅忠理当选总理。民国三年（1914）7月，傅忠理病逝。

傅正理 陆军炮兵学校于1944年11月迁入贵阳时，任该校教育处处长。

傅启廉 1946年7月26日，傅启廉等15人在贵阳发起成立贵阳市体育会，并担任理事长。

傅廷祥 1949年9月30日任国民革命军贵州省保安司令部第四旅第三营少校营长，驻防铜仁。

傅　珠 国民革命军第八十九军独立旅副旅长。1949年12月26日在遵义仁怀中枢镇起义。

傅永昌 1971年8月1日，中国人民解放军空军航空兵第五十师在贵阳磊庄成立时，任该师政治部主任。

傅邦瑞 遵义人，中共地下党员，是贵州很有影响的音乐活动者。1938年任遵义民众教育馆干事，他把原遵义青年抗日救国会歌咏队的全部成员吸收进民教馆筹办的"民众话剧社"继续抗日。1940年演出傅邦瑞编剧作曲的《壮丁》民歌剧，号召青年踊跃抗日。

傅邦荣 遵义人，新中国成立初期与陈福桐、潘名挥等人创作的《胜利花灯》，曾风靡一时。

傅明余 1960年3月至1962年5月任贵州省文化事业管理局副局长。1966年9月至1967年3月任黔东南自治州宣传部部长。

傅天满 民国十三年（1924）9月生，贵州艺术专科学校音乐作曲系副教授。

傅家选 1949年11月至1950年9月任贵阳市军事管制委员会建设接管部部长，1950年6月至1950年7月任贵州省人民政府委员、贵州省复员委员会委员。1950年6月至1950年10月任贵州省军区司令部副参谋长。

傅正明，1967年4月10日，贵州省革命委员会同意建立贵州省民政厅革命委员会，批准傅正明为革命委员会委员。

傅敬中 1992年6月18日，贵州省人民政府成立贵州省减轻自然灾害十年委员会，办公室设在民政厅，傅敬中任减灾委办公室副主任。

傅宜勋 1991年11月29日任贵州铝厂文学艺术界联合会秘书长。

傅宇怀 女，2006年任遵义市乡镇企业局（煤炭管理局）纪检组组长。

傅党生 曾任遵义市物资（集团）有限责任公司总经理。

傅文正 1983年12月至1985年9月，任黔东南自治州对台工作领导小组办公室主任。

傅建彬　1967年4月至1969年12月，任贵州省邮电管理局军事管制组副组长。

傅遵贤　1978年8月至1984年3月，任贵阳市中级人民法院副院长。

傅家谟　1983年4月至1987年12月，任贵州省第六届人民代表大会常务委员会委员。

傅　琨　1983年4月至1987年12月，任贵州省政协第五届常务委员会委员。

傅家琨　1987年12月任贵阳市第八届人大常委会委员。

傅连仲　1964年10月至1966年5月，任贵阳市云岩区人民武装部委员会副政委、副书记；1966年5月至1970年9月，任云岩区武装部副政委、副书记；1970年9月至1972年7月，任云岩区革命委员会主任；1971年7月至1972年7月，任中共云岩区委第一届委员会书记（军代表）、常委。

傅俊琪　1981年2月至1982年12月，任贵阳市粮食局纪检组长。

傅成栋　1980年10月至1983年3月，任贵阳市教育局党组副书记、副局长。

傅镜明　1981年8月至1987年12月，任贵阳市南明区人民法院党组书记、法院院长。

傅廷桢　1955年3月18至23日，任贵阳市第一届人民代表大会主席团成员。1955年4月，任贵阳市工会联合会第二届执行委员，1958年2月，任贵阳市工会联合会第三届执行委员。

傅仁海　1968年9月至1970年3月，任贵阳市南明区革命委员会副主任。

傅　稳　1964年6月，任贵阳市工会联合会第五次代表大会执行委员。

傅定华　女，1953年1月任贵阳市第一次妇代会第一届候补执行委员。1962年12月任贵阳市第四次妇代会执行委员。

傅国基　1981年1月，任贵阳市文学艺术界联合会第一届委员会委员。

傅万镕　1986年至1988年任贵阳医学院党委副书记。

傅鼎华　1926年6月30日生，遵义县人。1947年毕业于贵阳高级工业学校土木科，1950年到水利部门长期从事水文工作，历任乌江渡水文站、贵阳水文站站长，贵州省水文总站测验组副组长、组长等职，陆地水文高级工程师。1969年调铜仁地区水文队，参与铜仁漾头电站工程设计，负责水文计算项目。参与完成铜仁地区县级地表水资源调查估算图表集，该项成果1983年获全省科学技术大会四等奖；1993年参与遵义片区水资源评价、城镇生活及工农业用水综合开发研究课题中的《遵义片区地表水资源及水环境影响评价》研究。

傅思全 1938年11月22日生，四川蓬溪县人。1956年毕业于重庆地质学校，曾在西南地质局505大队、贵州省地质局103大队工作。1963年调铜仁地区农田水利局(即铜仁地区水电设计院)，历任副队长、队长、主任工程师等职。1981年晋升高级工程师。参与完成《贵州汞矿大溪水砌石拱尾矿坝工程勘察》，1991年获贵州省优秀工程勘察二等奖。

傅乾汉 生于民国十二年(1923)十月初六日戌时，在现毕节市岔河镇亦乐村生长。

自幼智勇超群，勤学好近。作为家族长孙，深得其祖父宠爱。十二岁时冬季，连同其祖父，三叔，四叔，幺叔一起被土匪绑架至董地洞中，备受折磨，后趁土匪大部外出之机，首先出手砍杀土匪，逼迫几位叔叔一起与他击毙三匪后逃出魔窟。幼年时在岔河老家读私塾，小学时在毕节百花山小学（现毕节一小）就读，初中、高中时在当时的大定府中学就读，期间兼任小学教员，高中时担任学生自治会主席和大定府三青团筹备主任。高中时常在国民党的中央日报发表文章，并由于一篇《致十万知识青年从军》直接进入黄埔军校，一年后进入当时国民党中央政治大学深造。抗日战争时期曾写过一幅对联“中国捷克日本；南京重庆成都。”解放前夕，到纳雍县成立民教馆，任馆长，代理县长。后因看破时局，既不愿加入新中国工作，又对国民党失去信心，私放了被关押的中国共产党地下党党员，其中一名在解放后任遵义市专员。

因性情比较刚烈，在解放后的运动中多次受到整治，以致在后来二十年中不说话，用笔代言，此习惯一直延续到改革开放初期，并为改革新政所鼓舞。解放后潜心医学、命理、地理古代文学和历代历史。医学方面，擅长针灸，内科和骨科，中、西、草结合，治愈不少疑难杂症，深得周围群众好评。对待儒学思想颇有研究，并要求我们身体力行，讲求信义。晚年时仍然每天坚持看书学习，对国家时事比较关心，遇有节日总要写几幅对联抒发心意。其中有几幅是这样的“推己及人，承先启后；顶天立地，继往开来”“居处家园掌禽兽草木权衡政治；逍遥宇宙参天地日月孕化充实精神”“和诸子百家做朋友；向五谷六畜用功夫”等。常教导我们“活到老学到老。”“常积善之家，必有余庆，积不善之家，必有余殃”。此亦为大家所共勉之。

公元二〇〇〇年农历七月十四日中午，叫人搬椅子到堂屋中央放好，然后扶他到椅子上坐好，于中午13：15在岔河小亦市老宅安然辞世，农历七月十九日葬于本村鹅海大山林，与原配陈鸿璧合葬，申山寅向。

（以上排名不分先后，大致按照资料报送时间排序）

先进人物代表

傅兴舟 贵阳清镇人，1934 年生，在清镇供销社工作，1989 年获全国商业系统劳动模范表彰。

傅振龙 1997 年 6 月获中国书画家研究会社会活动全国书画印技术竞赛优秀奖。

傅贤贵 遵义县龙坪文化站，1990 年获文化部、人事部劳动模范，先进文化站奖章、荣誉证书。

傅耀宗 1990 年 12 月得到财政部表彰，获颁工作满三十年荣誉证。

傅秀亮 镇远县人，昆明军区一等功臣，1979 年参加云南边防保卫战。

傅书荣 铜仁思南县人，昆明军区战斗英雄，1979 年参加云南边防保卫战。

傅金庚 江西新干县人，1937 年生，贵阳酒厂厂长。1960 年获贵州省先进工作者表彰，1984 年获贵州省劳动模范命名表彰会表彰。

傅廷桢 贵阳私营克毅机械厂，1954 年获贵州省人民政府先进个人奖，全省首次工交系统劳模会议表彰。

傅菊生 贵阳市运输公司，1958 年获贵州省人民政府先进生产者奖，全省工交运输行业先进代表会表彰。

傅安庆 贵阳市云岩区，1959 年获贵州省人民政府先进工作者奖，全省财贸系统先进工作者代表会表彰。

傅水庆 贵阳云岩旅社经理，1960 年获贵州省人民政府先进工作者奖，贵州省先进工作者表彰会表彰。

傅在朝 开阳县羊场公社石关口民办小学，1960 年获贵州省人民政府先进工作者奖，贵州省先进工作者表彰会表彰。

傅云开 贵阳市人，1990 年获贵州省民政厅荣誉证书表彰，从事民政工作 30 年以上。

傅自立 1991 年获贵州省民政厅先进工作者，全省民政系统先进表彰。

傅长发 1993 年获贵州省民政厅先进工作者，全省殡葬事业单位先进工作者。

傅绍华 福泉县牛场区桂花乡朵郎平村退伍军人，1990 年获贵州省人民政府先进个人，拥军优属优抚对象。

傅大龙 黎平县中潮区潘老乡口团村复员退伍军人，1990 年获贵州省人民政府先进个人，拥军优属优抚对象。

傅东林 成都军区移交贵州省政府管理军队离休干部，1988 年 9 月 20 日获中央军委中国人民解放军胜利功勋荣誉章，成都军区司令员傅全有、政委万海峰受中央军委主席邓小平之命授予功勋荣誉章。

傅运遵 正安县人民法院，1984 年获贵州省高级人民法院先进个人、荣誉证书。

傅　瑜 织金自强乡中心学校，2011 年 6 月 23 日获毕节地委优秀共产党员证书、奖金。

傅报和 织金县直属机关党委，2011 年 6 月 23 日获织金县委优秀共产党员证书、奖金。

傅国荣 织金第六中学，2010 年 9 月 10 日获毕节地区人事局、教育局优秀校长证书、优秀教育者工作证书。

傅煜林 织金县公安局，2011 年 9 月 30 日获省公安厅嘉奖、证书、奖金。

傅长文 毕节工业学校，2011 年 6 月 17 日获毕节地委、地区行署优秀共产党员证书、奖金。

傅超俊 贵州省军体校，2010 年 11 月 1 日获毕节地区行政公署优秀运动员证书、奖金。

傅洪顺 1995 年 12 月获边界地区监察局先进工作者奖状。

傅耀彩 朝门村支书，2002 年 7 月获毕节地委优秀共产党员奖状。

傅　思 百纳杨柳街，2010 年 9 月获广东省少数民族运动会组委会珍珠球银牌。

傅国军 1979 年获 35211 部队自卫还击战三等功。

傅耀民 黄泥中学，1994 年 9 月获贵州省人民政府教育工作三十年荣誉证、奖金。

傅有智 黄泥乡政府，2009 年 2 月获毕节地委行署民族团结先进个人证书、奖金。

傅凤鸣 1989 年获毕节地委行署先进个人。

傅绍奎 1988 年 12 月获毕节地区行署烤烟生产先进户奖状、奖金。

傅贤能 2000年获毕节地区行署先进个人奖状。

傅梦全 毕节检察分院，1986年获毕节地委行署优秀队员奖状。

傅　强 2008年5月获贵州电网公司“抗凝冻，保民生”工作一等奖。

傅建平 四格中学，2011年7月获贵州教育科学研究所贵州教育学会教学设计二等奖、荣誉证书。

傅汉生 贞丰县税务局，1983年12月获贵州省人民政府省劳动模范称号、奖章、证书。

傅忠元 道真县国家税务局，1997年4月获贵州省国家税务局优秀公务员荣誉证书。

傅忠模 遵义市交通局，2008年4月获贵州省人民政府“抗雪凝，保畅通”先进个人荣誉证书。

傅　皓 贵州陆军预备役师，2008年4月获贵州省人民政府“抗雪凝，保畅通”先进个人荣誉证书。

（以上排名不分先后，大致按照资料报送时间排序）

大事记

修谱大事记

江西石头珠湖傅氏历次修谱记载

（注：此依据《石头傅氏宗谱》《珠湖傅氏宗谱》整理）

首修：主修：傅琰、傅翙（有记载的第一次修谱），时间：约502—515。傅琰公，僧佑子，字季珪。南朝宋永光元年（465）为诸暨武康令，继迁广威将军，授尚书左民郎。宋明帝泰始六年（470）迁山阴令，与父并著能名，武康、山阴二县民众皆谓之傅圣。事见《南史·傅琰传》。

傅翙公，琰公次子。为官有能名。后为吴令。南梁武帝天监初为山阴令，天监中为建康令，复有能名。位至骠骑谘议、光禄大夫。大著名籍，作谱世传。诸傅有谱相传不失声绪。见宋·《子仲公谱序》。

一修：《石头傅氏宗谱》，唐代末期。约修于880-910之间，石头署公同赤渡桥瞟公、联公续修家谱。梦龙公为之序。见《石头傅氏宗谱》、《丰城傅氏宗谱》、《珠湖傅氏宗谱》。

二修：北宋。北宋大观三年（1109）北宋徽宗朝少府监傅燮(字南容)。石头署公八世孙。见临江《石头傅氏族谱》。

三修：时间：南宋孝宗淳熙四年丁丑岁（1177）

主修：大盈公、子仲公、季诲公

大盈公于淳熙四年。创修《珠湖傅氏宗谱》序中，虽收名族，以利后进，而世传则绍自署公，亦由删书断自唐虞也。循次而下，无从附会、俾后之子孙得以知其有自出皆出自公之赐也。子仲公于咸淳丁丑腊月望日为之序。

子仲公，棻公孙。石头署公 15 世孙。行二。讳：恭仲。生于宋高宗绍兴五年乙卯岁（1135 年）。殁于宋理宗淳熙十一年甲辰（1184）。享年四十九岁。

大盈公：子仲公子。石头署公 16 世孙。行四。又名：小。生于宋高宗绍兴二十年庚午岁（1150）。殁于宋光宗绍熙五年甲寅岁（1194）。享年四十有五。见高安石头派《珠湖傅氏宗谱》。

四修：南宋理宗绍定五年壬辰岁（1232）至淳佑九年己酉岁（1249 年）

临江石头傅氏第十二世孙，时任江西分宜主簿的傅实之（原名诚之）号南斋，别名庄父。在南宋理宗绍定五年（1232）和淳佑九年（1249）己酉岁，分别为二修临江《傅氏族谱》作序三篇。见《石头傅氏宗谱》、《珠湖傅氏宗谱》记载。

五修：《石头傅氏族谱》，时间：南宋度宗咸淳十年（1274），石头傅氏第13世孙时任潭州长沙县尉的傅合在南宋度宗咸淳十年（1274）为三修《临江傅氏族谱·扬名录》言明署公为商相81世。以下见石头分支《珠湖傅氏宗谱》。

六修：《珠湖傅氏宗谱》二修：南宋端宗景炎丙子岁（1276）--戊寅岁（1278年）主修人：石头署公十九世孙，汝琛公、均用公、汝霖公、历时二年。汝琛公：若济三子，行六十一。又名：均美。字：汝琛。承侍郎。任知县事。赐紫金鱼袋。进士。与文天祥同砚同榜。官至吏部侍郎。在惠州之甲子门，宋端宗建炎二年、壬午知汀州府，多惠政民勒碑颂之，晋封直正大夫。景炎时（1267）。重修宗谱恐世变失传也。黄氏。子：良仁。大宋景炎二年（1277）丁丑岁季夏上浣，丙辰科及第出身、钦授光禄大夫太子少傅、右丞相知枢密院大学士信国公庐陵年家春乡同学弟文天祥为之序。元代未修谱，四修与五修之间相隔110年。

七修：《珠湖傅氏宗谱》时间：大明洪武十九年丙寅（(1386）八月至洪武二十一年戊辰（1388）主修人：可达、则宝、则忠等（此次江西修谱，后派人负（送）谱入川，自赣瑞州府启程至播州、渝州走了约3个月的旱路，行程5000余里，今巴蜀川黔诸傅乃有谱不失所传也）。时洪武十九年（1386）丙寅岁八月既望翰林承旨同郡程守益为之序。

八修：《珠湖傅氏宗谱》，时间：明宣德十年（1435）乙卯历时三年（五修与六修相隔50年）主修人：江西尚瀚公偕侄伟澄公等尚瀚：则和长子。行一又讳中奇，举人官礼部左侍郎明孝宗宏治八年升礼部尚书赠光禄大夫明史有传。尚志：则和次子。行二又讳中原，举人与兄同榜官通判赠修职郎。伟澄：尚政次子，字尧章。生于元至正丁未，殁于明正统戊午，享年72岁。大明宣德十年（1435）乙卯夏月吉日乡进士郭恽升拜撰。

九修：《珠湖傅氏宗谱》时间：明嘉靖五年（(1526）至嘉靖七年（1528年）戊子岁主修人：希朝公字美政，此次修谱历时三年。希朝：崇珏长子。号北泉，因宦更名朝，公少入太学明世宗嘉靖七年两任福建兴化府同知在延师捐廉修谱，赠奉议大夫。公致仕后遂家福建而为福建始祖，后裔徙福建莆田居住繁衍。嘉靖丁亥（1527）冬十二月甲子，都察院右副都御史致仕莆田林茂达为之序。大明嘉靖七年（1528）戊子岁秋月望日奉政大夫兴化府同知三十代孙希朝顿首百拜敬谨识—摘自《珠湖傅氏宗谱》。

十修：《珠湖傅氏宗谱》主修人：仁泉公（即傅孟春）、元朴公。历时五年，时间：隆庆戊辰（1568）秋八月，仁泉公（即傅孟春）、石头署公三十二代孙，万字派，讳孟春，字体元，号仁泉。已丑赐进士福建布政使司左参议前湖广按察司佥事刑部员外郎武进恽绍芳序。明万历十六年戊寅（1578）秋枢密院大学士王世贞为之序。

十一修：《珠湖傅氏宗谱》，主修：景虞、良范（良范公乃仁泉公从孙）。时间：明

万历 31 年癸卯岁（1613）岁冬月谷旦文林郎知桃源县事三十一世孙良范拜谨撰

十二修：《珠湖傅氏宗谱》时间：清顺治十三年丙申岁（1656），主修人：尔玄公等。历时三年大清顺治十三年丙申岁（1656）秋九月毂旦剑邑罗大任。

大清顺治十年岁次癸己（1653）清河上浣吉旦都察院右佥御史前大理寺右少卿巡按四川陕西道监察御史东吴钱邦芑拜撰。

十三修：《珠湖傅氏宗谱》，时间：清康熙十年辛亥岁（1671）、主修：允懿公、万产公。补修：弼球、弼素、弼岳。康熙三十六年丁丑岁（1697）。

十四修：《珠湖傅氏宗谱》，时间：康熙五十七年戊戌岁（1718），主修：必升公、万产公、廷干公、国栋公。历时两年，大清康熙戊戌（1718）秋九月赐进士出身钦命巡抚浙江等处地方提督军务都察院右副都御史前通政使司通政使奉天府尹光禄寺少。卿提督陕西全省学政翰林院庶吉士年家眷弟朱轼顿首拜撰。

十五修：《珠湖傅氏宗谱》，时间：清乾隆十五年庚午岁（1750）至乾隆二十二年丁丑岁（1757）。主修：润霖，大清乾隆十五年（1750）岁次庚午仲春赐进士出身翰林院修编武英。殿侍值充国史馆纂修官李为栋拜撰，乾隆二十二年（1757）岁在丁丑腊月湖北丁卯科副主考、授兵部左堂管吏部左堂事、吏部经筵讲官右侍郎加四级年家眷世弟裘曰修顿首拜撰。

十六修：《珠湖傅氏宗谱》，时间：清乾隆五十一年丙午岁（1786）至乾隆五十六年辛亥岁（1791）。主修：予怀、文忠偕族侄等。

十七修：《珠湖傅氏宗谱》，时间：道光三年癸未岁（1823）。主修：文治公、礼器公、文学公、谈斋，清道光元年（1821）辛巳岁端阳前十日谈斋、能适、同男、赓夔、赓泰共订。大清道光二年（1822）壬午岁春三月十五世文学字良儒题。十五代嗣孙祖珍席庵氏敬叙大清道光三年（1823）。

十八修：《珠湖傅氏宗谱》，时间：清同治元年壬戌岁（1862）至同治六年丁卯岁（1867）。主修：霖瑶、代金、予根、予团、草言。

十九修：《珠湖傅氏宗谱》，时间：光绪二十二年丙申岁（1896），主修：珍求瑜臣氏。

二十修：《珠湖傅氏宗谱》时间：民国十八年（1939）己巳岁（自署公起已传 46 代），主修：培生公。

二十一修：《珠湖傅氏宗谱》，时间：公元 1995 年丁亥岁腊月。主修：傅求条、傅惟中、傅命世、傅延令、傅贡元、傅命铎、傅命双、傅烈生。

江西石头分支川黔播州支系

《珠湖傅氏宗谱》之《播州傅氏族谱》修纂大事记

首修：迁川一世：明洪武四年入川居重庆文通（字明德），江西珠湖分支川黔《珠湖傅氏宗谱》，时间：明正统八年癸亥岁（1443 年）主修人：迁川三世必然、必胜、必谦。[注]原谱为洪武十九年（1386 年）丙寅岁所修，江西珠湖宗祠派族人负（送）谱入川，自江西瑞州府高安县启程至四川播州、渝州走了约 3 个月的旱路，行程 5000 余里，今巴蜀川黔诸傅乃有谱不失所传也）。珠湖谱各存必字三房保管。此次为补修、补纂。

二修：江西石头珠湖分支四川《珠湖傅氏宗谱》，时间：明正德十五年庚辰岁（1520）至明嘉靖元年壬午岁（1522），主修：傅高、傅焌，[注]此次修纂将珠湖分支迁播的《珠湖傅氏宗谱》本系派（三房），更名为《播州傅氏族谱》。其他两房（长房必然公和次房必胜公）仍为《《珠湖傅氏宗谱》。明正德七年壬申岁（1512）邑教谕、迁播四世孙傅亮（字月明）书于楠岭草堂。明正德十五年庚辰岁（1520）夏。迁播七世孙傅高（字登峰）谨记，明嘉靖元年壬午岁（1522）仲夏。迁播七世孙傅焌（字登善）谨识

三修：江西石头珠湖分支四川《播州傅氏族谱》，明万历 38 年至万历 45 年主修：良升、良爆、良琨，明万历 38 年庚戌岁（1610），迁播 11 世孙良升（字肇琪）为之序。明万历 40 年壬子岁（1612），迁播 11 世孙良爆（字肇瓖）为之序。明万历 45 年丁巳岁（1617），迁播 11 世孙良琨（字肇峰）为之序。

四修：江西石头珠湖分支川黔《播州傅氏族谱》，时间：大清乾隆十二年（1747），主修人：傅誉、傅舆。傅舆公，良国公之三子，字联登。大清雍正戊甲科贡生，叨念傅誉公。于乾隆十二年因谱而加详之，以授长侄文琮，传于后世。

五修：江西石头珠湖分支川黔《播州傅氏族谱》时间：清乾隆三十三年戊子岁（1768），主修：迁播 15 世孙廷康、光瓒。清乾隆三十三年戊子岁（1768）正月迁播 15 世孙廷康、光瓒修缮。

六修：江西石头珠湖分支川黔《播州傅氏族谱》，时间：清嘉庆 22 年（1817）、

主修：芳亭、治凡。清嘉庆己巳赐进士、翰林院编修安岳谭言蔼为之序。

七修：江西石头珠湖分支川黔《播州傅氏族谱》，清道光 21 年辛丑（1841）。主修：启序、芳亭、治凡。清道光 21 年辛丑夏，甲子科举人江西长宁县知县（傅）启序。

八修：江西石头珠湖分支川黔《播州傅氏族谱》，时间：清咸丰十年庚甲岁（1860）。主修：能明、玉田、文辉、渐逵、文蔚、天民。清咸丰六年丙辰岁涪州演公十二世孙玉田、文辉谨序，迁播十四代裔孙能明（字洪顺）于大清咸丰十年庚甲岁（1860）吉立。

九修：江西石头珠湖分支川黔《播州傅氏族谱》，时间：清宣统三年辛亥（1911），

主修：贡生鸾锵、武氧子湘、监生维骥、维翰，清宣统三年辛亥维翰谨序。

十修：江西石头珠湖分支川黔《播州傅氏族谱》，时间：1960 年。主修：綦江乐兴必谦支系傅顺炳。

十一修：江西石头珠湖分支川黔《播州傅氏族谱》，时间：1990—1996。主修：垫江纪伯、纪虞、纪熙、震泉；涪陵兴志、兴勤；綦江光鑫、光晖、自钰、自壁。

十二修：江西石头珠湖分支川黔《珠湖傅氏宗谱》《播州傅氏族谱》，时间：2000 年至 2011 年，统修，（注）此次为明代洪武四年（1371）文通公自江西珠湖入川六百三十年后（必然、必胜、必谦）三大房统修。剑波、福寿、顺炳、光晖、玲武、自钰、开强、天寿、崇玲、之书、光璧、德鹏、纪虞、达贤、兴德、达森、华明、达忠

贵州桐梓傅氏宗谱修谱大事记

首修：尔玄公，大清顺治十年岁次癸巳（1653）。

二修：万产公、廷干公，大清康熙戊戌年（1718）秋九月。

三修：同形，大清乾隆二十年（1755）。

四修：希位、文模、维淳、杰瑞，此修历时四年，大清嘉庆十四年（1839）。

五修：应萃（字鼎元），大清道光十九年（1839）。

六修：傅伯能、傅克俊、傅能熔、傅相学、傅天寿，1992 年。

七修：傅伯能、傅相均、傅辅坤，2008 年。

活动大事记

中华民国

1947 年 8 月 25 日（民国三十六年七月初十日），在湖北省沔阳县仙桃镇（今仙桃市）召开第一次全国傅氏宗亲代表大会，到会 53 人统计报到 160 人。涉及 13 个省 35 个县，选举傅作义为主任，傅斯年、傅汝生、傅秉常为常务副主任，傅云鹏、傅芝鹏等 5 人为常务委员。傅作义、傅瑞华提供赞助，1948 年元月出版发行了《傅氏源流世系汇集》（甲集）。

1948 年 8 月 14 日，在湖北武汉市汉口汉正街五彩正巷 19 号一旅馆会议室，召开第二次傅氏宗亲代表会议，35 位代表出席，形成会议纪要，因战争而未果。

中华人民共和国

1991 年

山西省平陆县批准在始祖傅说故里，重建傅相祠（圣人庙），1992 年动工，1995 年竣工。

1992 年

世界赖罗傅宗亲联谊第六届代表大会在菲律宾版筑傅赖同宗总会会馆召开。本届大会设世界赖罗傅宗亲总会秘书处。

1994 年

10 月 5 日，福建泉州海内外版筑联谊会成立。新加坡、印度尼西亚、菲律宾、马来西亚、澳大利亚和中国台湾、香港共 500 多人参加了会议。

11 月 28—30 日，世界赖罗傅宗亲联谊第七届代表大会，在马来西亚首都吉隆坡召开，由马来西亚赖罗傅宗亲联谊会（筹委）主办。

1995 年

4 月 30 日—5 月 7 日（农历四月初一至初八日），在傅说故里——平陆县城举行了隆重的傅相祠落成剪彩及傅说始祖诞辰 3330 周年大祭典礼。新加坡、印度尼西亚等国家和地区暨全国各地傅氏宗亲组成十多个宗亲代表团，共 120 余位傅氏后裔代表以及平陆县各界人士及傅氏宗亲千余人前往祭祀。

10 月 20—22 日，新加坡南洋傅氏公会为庆祝建会 55 周年，邀请大陆、台湾、香港地区以及印度尼西亚、缅甸、菲律宾、马来西亚的赖罗傅宗亲组团出席会议。在庆典大会上，中华人民共和国驻新加坡大使傅学章及夫人与福建泉州 20 名代表合影留念。

2003年

2003年5月16日，兴义市鸭谷田傅氏祭祖现场合影

5月16日，黔西南自治州兴义市鸭谷田傅氏祭祖大会隆重举行。

2005年

1月8—9日，“世界傅氏宗亲联谊总会筹委会”在河南省三门峡市召开。会议推举傅加星为筹委会会长，傅英辉、傅昌志、傅跃进、傅德棣、傅文山、傅珉、傅炳华、傅大志为筹委会常务副会长，傅达贤、傅岗、傅志富、傅柒生、傅增明、傅正湘、傅宪隆、傅琳、傅乐铜、傅玉坤、傅加、傅荣楷、傅道全、傅光波、傅浙辉、傅肖望、傅学忠、傅溪水、傅天宇、傅子午为筹委会副会长。

1月10日，山西省平陆县委、县人民政府与世界傅氏宗亲联谊总会筹委会在平陆县宾馆联合召开纪念傅圣诞辰3340周年筹备工作会。

2月21—23日，新加坡、马来西亚和国内北京、上海、天津、重庆、福建、四川、山东、山西、安徽、湖南、湖北、河北、江西、浙江、河南、香港、金门等地1万多名傅氏宗亲在福建省南安市丰州镇桃源村武荣傅氏大宗祠举行华夏傅氏元宵灯会。祖地平陆县委、县人民政府组团到会祝贺。

2月25日，祖地平陆王安溟编著的《亘古一圣——傅说》一书出版发行。

3月18—20日，“山东傅氏宗亲联谊会”在泰安市成立并举行首届大会。来自全省各地（市）、县代表150余人参加大会。

4月1—3日，贵州傅氏宗亲傅伯能、傅宗武等人应邀参加了在重庆市召开的“重庆傅氏宗亲联谊会”成立大会。平陆县委副书记苏政辉代表平陆县委、县人民政府到会祝贺。

4月15日，傅治华、傅命怀等陪同桐梓县傅伯能、傅相舜、傅相均等16位宗亲在黔西考察，拜谒黔西傅氏的始迁祖傅弼林，二代祖傅代华、傅代超等陵。

2005 年 5 月 14 日贵州代表傅治华、傅伯能等
17 人参加平陆祭祖盛会

5 月 14—16 日，纪念傅圣 3340 周年诞辰祭祀活动暨傅氏宗亲恳亲大会在山西省平陆县傅相祠胜利召开，新加坡、印度尼西亚、马来西亚、澳大利亚和中国台湾、香港四国两地区 1200 余名傅氏宗亲以及祖地平陆县人民 1 万余人参加大会。山西省人民政府办公厅、省政协、省委统战部等单位发来贺电，省委书记田成平专程到会祝贺。运城市四套班子及平陆县四套班子的领导参加祭祀大会。运城市委书记黄有泉，平陆县委书记姚十保、县长王正风，世界傅氏宗亲联谊总会会长傅加星等分别在会上作了讲话。贵州的傅治华、杨登芬、傅伯能等 17 人参加祭祖大会，傅升亮捐酒 20 件（价值 0.6 万元），傅治华捐款 0.1 万元，傅相均捐款 0.05 万元。

2005 年 5 月 16 日，傅伯能、傅相均与傅命小等
江西傅氏宗亲于珠湖村傅相祠前合影

5月16日，傅治华、傅长文、傅培良等6人到江西高安市珠湖村寻根，受到村书记傅刚辉，傅命小等几十位傅氏族人的热情接待。参观了珠湖小学和傅氏宗祠，傅治华为学校捐款一万元。傅刚辉将村里留存的傅氏宗谱（1995年傅求条主编）一部共4卷赠予。

2005年5月28日，遵义县傅氏天子宿系发谱合影

5月28日，贵州遵义县白马天子宿系傅氏族谱由傅世海主修完成发行。

6月，中共平陆县委、县人民政府成立了“傅氏宗亲联谊办公室”，为正科级政府职能部门，领导职数一正三副，10人编制，主任胡康福，工作人员6名，办公地址设在县政协三楼。

7月8日，傅治华、傅命怀一行经遵义邀傅世海到桐梓，与傅伯能、傅相舜、傅相均、傅辅勇等商议筹建贵州傅氏宗亲联谊会有关事宜，草拟《告贵州傅氏宗亲书》分发全省各地。

7月10日，傅治华到大方县宣传调研，给大方星宿中心校校长傅邦龙，族人傅国顺等分发了平陆祭祖资料，并给大家宣讲了祭祖盛况。

7月12日，傅治华到大方县城会见了傅宗武，经傅宗武引见毕节工业学校校长、党委书记傅长文，毕节检察分院傅梦权，地区乡企公司傅善勤以及原编修毕节傅氏族谱的傅梦舜等，给大家播放了平陆祭祖的盛况，分发了宣传资料，激发族人为傅氏联谊会活动做贡献的热情。

7月18—25日，傅长文、傅报和、傅梦权、傅宗武等人到水城、威宁、纳雍、赫章等县（市）宣传傅氏宗亲联谊，分发平陆祭祖盛况的光盘及资料。在傅长文等的积极宣传发动下，六盘水、毕节地区各县的傅氏联谊工作拉开了序幕。

2005年8月1日，傅传耀、傅治华与傅加星一行合影于遵义

8月1日，世界傅氏宗亲联谊总会会长傅加星，常务副会长傅中华，副会长傅跃进以及重庆傅氏宗亲联谊会副会长傅军一行到贵州遵义考察，傅治华、傅伯能等前往遵义火车站迎接。时任遵义市市委书记傅传耀会见了傅加星、傅治华等，傅传耀对傅加星当选总会会长表示祝贺，并要求广大傅氏宗亲传承好版筑文化，为振兴中华而奋斗。大家对宗亲联谊进行广泛的交谈、沟通。会议一致议定将“传承版筑、振兴中华”作为贵州傅氏宗亲联谊会简报的标题。宗亲们还参观了红军烈士陵园，遵义会议会址，娄山关红军战场。

8月2日下午，贵州傅氏宗亲18人在遵义宾馆召开会议，选举了贵州傅氏宗亲联谊会筹委会领导成员。傅治华任组长，傅新科、傅升亮、傅世海、傅伯能、傅相均、傅清明任副组长，并报总会备案。

8月3日，傅升亮陪同傅加星、傅治华等参观了茅台镇的明星酒厂和茅台酒厂，会见了仁怀的傅开文、傅开科、傅正广、傅爱海等十几位宗亲；路过金沙看望了金沙岩口镇的傅芝燥、傅至力宗亲；在黔西会见了傅命怀、刘本傅、傅爱红、傅正祥等宗亲。

8月13—15日，贵州傅氏宗亲联谊会筹委会傅治华、傅长文、杨登芬、傅伯能、傅相均、傅安招、傅邦龙等9位宗亲组团参加世界傅氏宗亲联谊总会在山东巨野召开的第一次工作会议。

8月17日，傅治华率贵州傅氏代表团参加中共平陆县委县人民政府组织召开的首届傅圣文化研讨会。县委书记姚十保、县长王正风、县委副书记苏政辉分别在会上作了讲话。贵州傅长文、杨登芬、傅安招、傅邦龙等人到傅相陵、傅相祠祭拜。

2005 年 8 月 28 日，贵州傅氏宗亲联谊会筹委会人员傅治华、傅伯能等在遵义合影

8 月 28 日，贵州傅氏宗亲联谊筹委会在遵义市上海路佳家花园汇都皇室咖啡厅召开工作会议，参加会议的有傅治华、傅长文、傅新科、傅世海、傅安招、傅伯能、傅华、傅相均、傅强、傅承才、余红、傅元海、傅报和、傅辅生、傅顺路。傅治华主持会议，通报山东会议情况及平陆傅圣文化研讨情况，讨论贵州傅氏联谊筹委会组成人员设置，确定桐梓会议人员安排部署。会议名称为贵州傅氏宗亲联谊会筹委扩大会。此次会议场地茶水由傅顺路无偿提供，就餐费用由傅承才、余红夫妇承担。

2005 年 9 月 18 日，贵州省傅氏宗亲联谊会筹委扩大会在桐梓召开

2005 年 9 月 18 日，傅治华与金沙傅氏宗亲傅安召、
傅命文、傅辅平等在桐梓会议上合影

2005 年 9 月 18 日，傅治华与桐梓傅氏宗亲代表
在桐梓会议上合影

9 月 18 日，贵州傅氏宗亲联谊会筹委会扩大会议在黔北桐梓县人武部宾馆隆重召开，9 个地州市，32 个县（市、区）的参会代表 144 人，另有四川傅琳、傅昌志、傅命坤应邀参加，总会代表傅跃进到会祝贺，山东、山西、福建、浙江、四川、重庆等省市傅氏联谊会致电祝贺。

11 月 12 日，贵州傅氏宗亲联谊会筹委会在毕节地区织金县金华大酒店召开，参会代表 98 人，云南省宣威县、镇雄县、昭通市的宗亲代表参会。会议由傅治华主持，主要为成立贵州傅氏宗亲联谊会经费及各项工作细化安排做准备。会议费用全部由织金县傅报和、傅大鹏、傅大云等织金宗亲承担。

2006年

1月7日，总会会长傅加星、常务副会长傅文山及傅道杰、傅金水一行再次到贵州走访，傅治华、傅劲勇、傅兰瑜、傅家平前往贵阳机场迎接，来到贵阳花溪傅家瑞宗亲的宏云山庄共叙亲情，午餐后到黔西杜鹃宾馆下榻，傅治华向傅加星等汇报贵州傅氏宗亲联谊会筹备情况。傅恩贤、傅命怀、刘本傅在场陪同。

2006年1月8日，总会傅加星、傅文山一行与贵州傅治华、傅安招、傅恩贤、傅劲勇、傅兰瑜等合影于金沙县

1月8日，由傅治华、傅恩贤、傅劲勇、傅兰瑜、刘本傅陪同傅加星会长一行到金沙县，金沙傅安招、傅命书、傅辅平等数十人热情接待。傅加星、傅治华分别介绍近期联谊会活动情况，并给大家分发了相关资料，就餐后前往仁怀市。傅升亮带大家参观了自己的明星酒厂，谈到做酒的品牌要大量投入，资金缺少时，傅加星当众表态帮助解决，晚餐后傅升亮安排在仁怀宾馆下榻，晚上会见傅正广、傅开文等仁怀宗亲。

2006年1月10日，傅福远、傅家瑞、傅劲勇与来访的傅加星、傅文山、傅道杰、傅金水等合影于贵阳

1月9日，傅加星、傅治华一行由傅升亮陪同到遵义市，会见了傅华、傅世海、傅芝国，晚上与傅宗模、傅斯万、傅相均、傅伯能、傅辅勇等在遵义宾馆共商傅氏联谊发展大计。

1月10日，时任遵义市委书记傅传耀上午会见大家。午餐后，由傅劲勇送傅加星会长一行到贵阳与傅福远、傅家瑞等会见。

2006年3月31日，贵州傅氏宗亲联谊会成立，
六枝参会代表列队进入会场

3月31日至4月3日，贵州傅氏宗亲联谊会在杜鹃花都黔西隆重成立，参会宗亲600余人，大会选举傅治华为会长，傅长文、傅新科、傅培良等为常务副会长，傅恩贤为秘书长。祖地平陆县政府、总会及14个省市派代表参会祝贺。大会得到黔西县委、人大、政府、政协、宣传部、民政局、公安局、工商联等单位的大力支持。桐梓县、黔西县、毕节市、织金县同时宣布成立联谊会，绥阳县于第二天成立了县联谊会，傅文贵当选为会长。

2006年3月31日，贵州傅氏宗亲联谊会成立时，
傅治华于黔西杜鹃宾馆与耄耋老人傅正广、
傅伯能、傅家刚等合影留念

2006年4月2日，傅治华、傅伟、傅华与山西平陆县政府代表合影

2006年4月2日，傅治华、傅长文与盘县参会代表在百里杜鹃合影

2006年4月2日，傅治华、傅长文、傅升亮
与仁怀市参会代表在百里杜鹃合影

2006年4月2日，傅治华、傅长文、傅升亮
与遵义市参会代表在百里杜鹃合影

2006 年 4 月 2 日，傅治华、傅长文、傅升亮
与大方县参会代表在百里杜鹃合影

2006 年 4 月 2 日，傅治华、傅长文、傅升亮
与六枝特区参会代表在百里杜鹃合影

2006 年 4 月 2 日，傅治华、傅长文、傅升亮
与普安参会代表在百里杜鹃合影

2006 年 4 月 2 日，傅治华、傅长文、傅升亮
与黔西县参会代表在百里杜鹃合影

2006 年 4 月 2 日，傅治华、傅长文、傅升亮
与织金县参会代表在百里杜鹃合影

2006 年 5 月 18 日，贵州代表傅治华、傅培良、傅长文、傅国修、
傅升亮、傅红等在山西平陆傅相陵前合影

5 月 18 日（农历四月初八），傅治华，傅长文、傅培良、傅国修、李大权到祖地平陆县参加始祖 3341 周年庆典及第二次傅圣文化研讨会。

珠湖傅氏“十七修”族谱全体工作人员合影

5月20日，傅治华、傅长文、傅培良、傅国修、李大权到江西太和县、高安市寻根，带回了傅氏家谱资料。

2006年6月12日，参加黔西傅氏通谱工作会宗亲代表合影

6月12日，贵州黔西县傅氏修谱工作会议在黔西城关镇里沙大道召开，参会宗亲30多人。

2006 年 6 月 29 日，参加贵州傅氏通谱筹备会宗亲代表合影于毕节

6 月 29 日，贵州傅氏通谱筹备会在毕节毛纺厂会议室召开。

2006 年 7 月 29 日，贵州傅氏通谱研讨会在毕节召开

7 月 29 日，贵州傅氏通谱研讨会在毕节市烟草宾馆召开，会议特邀四川、重庆、云南 3 省市的宗亲代表及毕节市历史文化研讨会副会长、杨氏族谱主编杨大刚，中国管理学会研究员、毕节历史文化研究会副会长兼秘书长、吴氏族谱主编吴铠参会交流指导，介绍经验。大会还对为贵州傅氏联谊工作出钱出力的 110 名宗亲颁发了荣誉证书。会后将捐资及会费收入结余的 1 万多元全部留给毕节傅氏修谱。

2006年8月29日，傅治华、傅长文、傅恩贤
与织金苗族傅氏傅德全宗亲一家合影

8月29日，贵州傅氏宗亲联谊会会长傅治华、常务副会长傅长文、常务副会长兼秘书长傅恩贤到织金宣传《中华傅氏通谱·贵州卷》编纂工作并了解宗亲活动，还在傅报和、傅大鹏、傅大云等陪同下看望了织金的苗族宗亲，了解他们的变迁情况。

2006年9月9日，江西省傅氏宗亲联谊会成立时傅治华（主席台左一）
到会讲话表示祝贺

2006年9月9日，江西傅氏宗亲联谊会成立纪念

9月9日，江西省傅氏宗亲联谊会在南昌召开成立大会，贵州联谊会会长傅治华，顾问傅伯能，常务副会长傅恩贤、傅相均等到会祝贺。会后傅治华、傅恩贤在向塘傅云贵宗亲带领下查看了蜀溪傅氏族谱，重要部分进行了拍照记录。

2006年9月30日，傅治华、傅长文、傅德学与瓮安宗亲
在瓮安草塘前合影留念

9月30日，黔南自治州瓮安县草塘镇傅玉书故居及傅氏祠堂恢复落成庆典，贵州傅氏宗亲联谊会会长傅治华、常务副会长傅长文和傅德学等到会祝贺。并找到傅仕策、傅仕伟等宗亲，向其播放光盘，分发宣传资料。

10月12日，傅治华、傅长文、傅培良、左关卫到都匀市斗篷山查找友德公30万大军的后勤保障基地遗址（百家工厂）。

10 月 19 日，傅治华、傅培良、傅善翁、傅廷修、李大权到赫章则雄参加傅赵氏祭祖大会。在上千人的祭祖大会上，傅治华会长表扬了傅大德、傅大华等宗亲敬祖、敬老精神。

2006 年 11 月 2 日，参加北京五棵松编撰工作会的
宗亲代表合影留念

11 月 2 日，傅治华、傅善翁参加北京五棵松“中华傅氏通谱”研讨会。傅治华作了“同根话联谊，盛世续新篇”的发言。湖北傅传松作了傅氏源流考的发言。

2006 年 11 月 25 日，杨登芬、张永香与傅加星会长夫人
等于新加坡合影留念

11 月 21—25 日，赖、罗、傅三公会，分别成立 75、55、65 周年联合纪念庆典会在新加坡召开，全球 25 个赖、罗、傅宗亲代表团到会祝贺，祖地山西平陆县人民政府接受邀请，组团参加了会议，世界傅氏宗亲联谊总会组团参加。500 多名海外宗亲和 600 多名当地宗亲参加会议。新加坡教育部兼贸工部政务部长曾士生致开幕词，罗明士国会议员担任大会主持。贵州傅治华、杨登芬出席庆祝大会并随团走访了新加坡、马来西亚、泰

国的傅氏华侨宗亲。

2006 年毕节地区威宁朝佐支系《傅氏族谱》发行时编委会成员合影

2006 年威宁朝佐支系傅氏族谱，由傅正威、傅正爱、傅正广、傅正刚、傅正周、傅正清、傅正早、傅正嵩、傅正李、傅正鹏、傅文强主修完成发行。

2006 年 12 月 23 日，绥阳县修谱部分宗亲代表合影

2006 年 12 月 23 日绥阳县傅氏合谱由傅贤鹏、傅光权、傅呈毅、傅绍永、傅汝勇、傅贤坤、傅开亮主修发行

2007 年

2007 年 1 月，傅治华、傅劲勇夫妇、傅大云与平陆县委书记姚十宝、县人大王主任、副县长王永平等党政领导在贵州考察合影

2007 年 1 月 8 日，世界傅氏宗亲联谊总会年会在贵阳市怡京宾馆召开，祖地平陆县四套班子领导出席，费用由傅福远、傅治华承担。会议内容主要是总结 2006 年度工作和促进《中华傅氏通谱》编纂工作。

2007 年 2 月，傅治华到毕节地区赫章县宣传傅氏联谊工作，与傅培良、傅先平夫妇合影

2007 年 4 月 4 日，傅治华、傅培良、傅仕策、傅善翁
在镇远傅家院与傅顺德母子合影

2007 年 5 月 24 日，傅治华为傅相陵的建设捐款 20 万元

5 月 24 日（农历四月初八日），傅治华、傅福远、傅升亮、杨鼎英、傅善学，在平陆参加傅圣诞辰 3342 周年庆典。会上傅治华为傅相陵祠建设捐款 20 万元，傅杨鼎英捐款 1000 元，傅善学捐款 500 元。

2007 年 5 月 24 日，傅加星、傅治华等在山西平陆的
傅氏通谱启动编纂大会上合影

5 月 24 日晚，总会常务副会长傅治华主动请缨负责牵头编修《中华傅氏通谱》，在总会副会长傅冠辉、傅加、傅炎顺、傅剑波等人的响应支持下，傅治华出资 1000 元作会议安排，在平陆宾馆四楼会议室宣布启动《中华傅氏通谱》编纂工程。到平陆祭祖的 38 位傅氏宗亲，人人表态“支持”。傅治华宣布不管大家懂不懂修谱，大家的关心，热心将永远记录在中华傅氏的历史上。

2007 年 6 月 16 日，傅治华与安徽傅氏宗亲在合肥合影

6 月 16 日，应安徽傅氏宗亲联谊筹委会邀请，傅治华前往合肥参加安徽傅氏宗亲联谊会成立大会，会中特别安排了《中华傅氏通谱》研讨，傅治华发表了题为“积极行动，开拓创新，为编修《中华傅氏通谱》而努力奋斗”的讲话，得到全体参会宗亲的热烈响应。

2007 年 6 月 16 日，安徽省傅氏宗亲联谊会成立时傅治华到会祝贺与有关领导在主席台就座

2007 年 6 月 18 日，傅治华与湖北傅氏宗亲联谊筹委会全体成员合影

6 月 18 日，傅治华、傅剑波应湖北省傅占奎、傅加等宗亲邀请前往宣传《中华傅氏通谱》编纂事宜，在武汉市武昌洪山太子轩酒楼与傅天柱、傅传松、傅建桥等宗亲会见后，向湖北省傅氏宗亲通报了编纂《中华傅氏通谱》工作启动情况，给参会人员分发了相关资料。在傅治华的建议下，组建湖北傅氏宗亲联谊筹委会，推选了筹委会会长、副会长，秘书长。

2007年6月22日，傅治华、傅长文在毕节参加傅廷修追悼会后合影

2007年6月22日，傅治华、傅长文、傅培良、傅剑波与威宁傅氏宗亲联谊筹委会成员合影

6月22日，傅治华、傅培良、傅伟、傅剑波驱车前往毕节市参加毕节法院副院长、傅氏宗亲联谊活动的积极参与者傅廷修的追悼会。会后傅治华、傅长文、傅培良等一行赶到威宁县，召集傅正威、傅才贵、傅作明等十几位宗亲成立了威宁县傅氏宗亲联谊筹委会。

6月23日，傅治华、傅长文、傅培良、傅剑波、傅伟一行前往云南省昭通市，找到原任宣威县委书记、昭通市委宣传部长傅梦湘等6位宗亲，向其宣传《中华傅氏通谱》编纂启动情况，并播放了平陆朝圣光盘，分发通谱宣传资料，征求傅梦湘等人对通谱编纂建议。

2007年6月24日，傅治华、傅长文、傅培良、傅剑波与傅善俊、傅开云、傅和青等云南宗亲在昆明合影

6月24日，傅治华一行赶到云南省昆明市宣传《中华傅氏通谱》编纂工作，会见了云南省政府办公厅主任傅世敏和傅开云，傅和青暨昆明都市报社傅碧东，陆军学院傅善俊（正师职），企业家傅善春、傅善杰以及会泽县高级教师、族谱主编傅奎美等十几位宗亲，座谈中，分发了相关资料和光盘，大家对《中华傅氏通谱》的编纂工作提出了一些很好的建议。

2007年6月25日，傅治华、傅长文、傅培良、傅伟与云南鹤庆傅永红、傅福修等宗亲合影

6月25日，傅治华、傅长文等一行经楚雄、大理到丽江，寻访傅友德公祠，依据老谱记载，在鹤庆县双桂镇找到了修缮一新的国公祠，该地的每个村都塑友德公像，香火

不断。并找到傅永红、傅福修，结识了组织集资重修国公庙的李续昌，此庙系第四次重修，耗资50多万元。

6月27日，傅治华一行离开大理，转道云南曲靖市，寻找曲靖麒麟庙古迹，访到曲靖市政协傅春魁宗亲，向他介绍了编纂《中华傅氏通谱》情况。傅春魁招待午餐后，带领大家寻找古庙，但由于城市建设，这座国公纪念庙（原名友德报功祠）已无存。

6月28日，傅治华一行回到贵州，在盘县白果镇，受到会长傅宪邦等宗亲的热情接待，与之交流编纂《中华傅氏通谱》工作，得到宗亲们的赞同支持。

6月29日，傅治华一行到达凉都水城，热爱家族联谊事业的傅一平宗亲前来迎接，邀约傅兴中（市农行行长）、傅大华、傅毕立、傅朝正等十几位宗亲会面，傅治华会长要求各地要配合总会部署，清理好支系源头。根据傅治华的建议，组建了六盘水市傅氏宗亲联谊筹备会，选举傅兴中为筹委会长，傅一平为副会长兼秘书长。下午，傅治华一行前往六枝特区，贵州联谊会常委傅廷海召集了几位德高望重的宗亲等候，谈到编纂《中华傅氏通谱》时，在场宗亲都表示坚决支持。

6月30日上午，告别六枝宗亲来到清镇市，与贵州傅氏联谊会常委傅新科，副会长傅志福一起，拜访乌当区人大常委会委员兼新庄村党支部书记、忠正发展有限公司董事长傅其春。

2007年8月，总会代表团傅加星、傅治华等与山西大学谢教授在太原傅山园合影

8月9—11日，总会组团在山西太原市参加中华傅山园落成及傅山诞辰400周年的庆典活动。傅治华捐资0.2万元。并向总会代表团成员分发了《中华傅氏通谱》的编纂宣传资料。同时在山西大学魏教授处获得了傅山著《傅史》书籍资料。

2007 年 8 月，傅氏宗亲代表在太原傅懋恭（彭真）铜像前合影留念

2007 年 8 月，到凤岗县宣传联谊收集修谱资料，傅治华、傅长文、傅仕策在凤岗县与傅大育、傅大庆、傅明远合影

2007 年 10 月，《织金傅氏族谱》编委会成员合影

10 月，《织金傅氏族谱》由傅长文、傅报和、傅长北、傅长寿、傅长西、傅报才、傅报鑫、傅报华、傅国友、傅报刚、傅报新、傅国荣、傅长仁等主修完成。

2007 年 10 月 20 日，参加省联谊会常委扩大会人员在黔西县傅治华家合影

10 月 20 日，贵州傅氏宗亲联谊会在黔西县城召开常委（扩大）会议，60 余位宗亲参加会议。会上总结了宗亲联谊活动和通谱编纂工作进展情况。

2007年12月，贵州代表傅治华、傅福远与参加总会年终工作会议人员在福建泉州合影

12月8—9日，福建泉州海内外版筑傅氏宗亲联谊会第四届代表大会暨世界傅氏宗亲联谊总会年终总结工作会在福建泉州召开，贵州傅治华、傅升亮、傅福远参加会议。傅治华作了《团结起来，为编纂〈中华傅氏通谱〉努力奋斗》的发言，并向参会人员分发了通谱编纂工作宣传资料。

2007年12月10日，傅治华、傅明与傅恩林、傅瑞宗亲在福建龙岩查阅族谱资料（从右起：傅治华、傅恩林、傅明、傅瑞、傅炎顺）

12月10日，《中华傅氏通谱》主要成员傅治华、傅炎顺、傅明应福建闽西傅为群宗亲邀请，前往福建龙岩地区宣传考察，此间会见了德高望重的傅恩林、傅瑞先生，傅恩林将自己收藏的40多册老谱书资料和苦心研究30多年的傅氏源流资料捐赠给编委会。在傅为群宗亲的带领下走访了红坊、闽杭、白沙、村美村、仕荣等傅氏宗支。通过宣传，在傅为群的带领下，福建龙岩地区十余个县的族谱，一年时间全部修完，并成立了地区傅氏联谊会。

2007 年 12 月，傅治华、傅炎顺、傅国华与江西新余市傅抱石故居宗亲合影

12 月 13—14 日，从福建龙岩前往江西南昌，会见江西联谊会傅荣楷、傅国华等，重新走访了赤渡、大唐、新渝、高安、樟树、丰城、向塘等县市，宣传、收集傅氏历史资料。在江西联谊会领导成员的配合支持下，每到一地，都得到各地宗亲的支持、拥护及热情接待。

2007 年 12 月 15 日，傅治华、傅明、傅传松与湖南
傅正湘、傅佳宏等宗亲合影

12 月 15 日，《中华傅氏通谱》负责人傅治华、傅明告别江西宗亲，前往湖南岳阳地区宣传考察。岳阳傅氏宗亲联谊会傅正湘、傅佳宏、傅维芳等热情接待，傅治华向大家通报了启动通谱工程，得到了在场宗亲的拥护支持。傅正湘还邀请 200 多公里远的傅传松前来商议编辑事宜。傅治华向傅传松通报了 5 月 24 日请缨承担通谱编纂工程的事，请傅传松担任编辑，并将收集到的资料转交傅传松汇总。

2008年

2008年3月1日，总会常务副会长傅治华主持江西南昌《中华傅氏通谱》编纂大会，作通谱编修工作报告

3月1—3日，世界傅氏宗亲联谊总会在江西省南昌市新都宾馆召开了《中华傅氏通谱》编纂工作会议，来自20个省市80余个县的宗亲代表150人参会。会议由江西省傅氏宗亲联谊会常务副会长傅炎顺主持，江西省傅氏宗亲联谊会会长傅荣楷致欢迎词。总会长傅加星到会讲话，常务副会长、《中华傅氏通谱》编委会牵头人傅治华作题为“团结和谐，开拓创新，为编修《中华傅氏通谱》努力奋斗”的工作报告，傅传松作了“中华傅氏共祖世系汇考”的专题发言。会上给全国傅氏宗亲联谊和对修谱工作作出突出贡献者颁发了荣誉证书。会议除了自费开支外，超出的3万多元费用由傅治华承担。

2008年4月5日，瓮安傅氏宗亲清明祭祖会合影

2008 年 4 月 5 日，傅治华与盘县宗亲在盘县傅氏宗祠修缮完工庆祝大会上合影

4 月 5 日清明节，傅治华会长参加了瓮安傅氏承办的清明会，当天还行车 600 多公里赶到盘县，参加傅氏宗祠修复庆祝大会。

2008 年 4 月 6 日，傅治华、傅毕立到盘县宣传联谊工作时与傅宪邦等宗亲合影

2008 年 5 月 11 日，在平陆参加第三届傅圣文化节的宗亲代表合影

5 月 11 日，平陆县第三届傅圣文化节暨傅说诞辰 3343 周年纪念大会预备会在平陆宾馆会议室召开，来自全国各地宗亲代表 60 余人参加会议，傅治华会长代表贵州宗亲参会，并向圣人涧小学捐款 0.2 万元。

2008 年 5 月 12 日，傅治华在平陆宾馆三楼会议室主持通谱编纂工作会议

5 月 12 日，祖地平陆县委、县政府及世界傅氏宗亲联谊总会在平陆召开朝圣祭祖大会。当天下午在平陆宾馆会议室由傅治华主持召开了《中华傅氏通谱》编纂工作会议，参会人员有各省市宗亲代表 25 人（贵州有傅恩贤、傅仕策），会上对傅传松搜集整理的《傅氏世系源流》辈代进行了论证，并对编纂工作的具体事宜形成决议，将傅友德确定为 97 代，参会代表签字认可。会后还有同意讨论意见的宗亲也都签了字。参会人员往返路费及食宿费用全部由傅治华承担。

2008 年 5 月，傅治华、傅荣楷、傅炎顺等到高安珠湖
与本地傅岗辉等宗亲在宗祠前合影

5 月 17—25 日，傅治华两次在江西会长、常务副会长、副会长、秘书长傅荣楷、傅炎顺、傅国华、傅芳德等人的陪同下，走访了高安市珠湖村、丰城市、新余市、大唐、赤渡等市县的傅氏集居地，宣传征求修通谱的意见和建议，得到了各地宗亲的大力支持和响应。

2008 年 5 月，傅治华、傅长文与傅福远母亲（百岁喻老夫人）
及傅福远夫人合影

2008年8月，傅治华、傅恩贤、李大全在湛江与广东傅天兴等宗亲合影

8月6—7日，“广东湛江傅氏宗亲联谊会”成立大会及《中华傅氏通谱》研讨会在湛江隆重举行，100多名宗亲代表参会，会议由湛江傅瑞祯、傅腾强、傅天兴等宗亲组织召开，贵州傅治华会长及江西、广西、海南等省宗亲代表到会祝贺。傅治华作了《中华傅氏通谱》编纂工作的讲话并向参会人员分发通谱宣传资料。

2008年8月8日，桐梓修谱编纂成员合影留念

8月8日，《桐梓傅氏宗谱》出版，并召开发行会。傅治华、傅恩贤、傅忠元、傅福远、李大全等到会祝贺，傅治华捐款0.1万元。

2008 年 9 月，第二届傅圣文化学术研讨会参会人员合影留念

9 月 26—27 日，由中国先秦史学会、山西省社会科学院、平陆县人民政府和世界傅氏宗亲联谊总会联合举办的第二届傅圣文化学术研讨会在祖地平陆县宾馆隆重召开。来自全国各地的傅氏宗亲代表 20 多人参加了会议（贵州代表傅治华、傅长文、傅培良参会）。

10 月 26 日，傅治华会长得知黔南州平塘县傅国辉被抢劫杀害一案，三年时间案件没有突破，案犯逍遥法外，便与傅家国、傅恩贤、傅家平等常委，带上傅国辉的母亲连夜赶到平塘，上访了平塘县委书记、政法委书记、公安局局长等领导，并向黔南州有关部门报送了信访材料，引起各级领导对案件的关心和重视。

2008 年 11 月，傅治华与各省傅氏宗亲联谊会会长合影

11 月 8—10 日，第十三届世界赖罗傅宗亲联谊会在福建省泉州市举办。来自新加坡、马来西亚、印度尼西亚、泰国等国家及香港、澳门特别行政区和国内各省市区代表共 1480 多人参加会议，贵州有傅治华会长、傅钦臣、杨登芬等 12 人参加了会议。

2008 年，修文傅氏族谱编撰人员合影留念

2008 年孟冬月，《中华傅氏通谱修文卷》由傅贵兴、傅先寿、傅绍鼎、朱正秀、傅绍康、傅绍宇、傅德华、傅绍芳、傅绍兴、傅绍林编纂出版发行。

2008 年到古蔺参加发谱大会，傅治华与四川古蔺傅元朋公后裔合影

2009 年

修谱人员与予府公后裔合影

2009 年，《水城傅氏通谱》由傅斌、傅启林、傅启礼、傅启超、傅启明、傅明先、傅启伦主修出版发行。

赫章县则雄修谱人员合影

2009 年春《则雄傅氏族谱》由傅大华、傅大德、傅臣俊、傅成林、傅全才、傅业勇、傅帆、傅大宏、傅成举主修出版发行。

《道真傅氏族谱》编修部分人员合影

2009 年《道真傅氏族谱》由傅忠元总策划、主修，傅忠桓、傅忠模、傅世福、傅建雄、傅加川、傅雪峰、傅贞贵、傅贞荣、傅武碧、傅忠宇、傅科真、傅春风、傅光吉、傅民山、傅永胜、傅贞绪、傅海、傅崇敬、傅忠明等人参与搜集资料，是道真县傅氏的一部通谱。

六盘水六枝新场傅氏宗族首届联谊会全体代表合影

2009 年，《六枝新场傅氏族谱》由傅德厚、傅士华、傅士荣、傅畅穆、傅畅廉、傅舒荣、傅昭隆、傅彦彰、傅昭权、傅畅盛、傅舒霖主修出版发行。

2009 年 3 月 7 日，瓮安傅氏清明会组织现场

3 月 7 日，瓮安傅氏宗亲在瓮安龙塘召开清明会，并成立瓮安傅氏宗亲联谊会，傅仕均当选为会长，傅治华、傅长文、傅恩贤应邀参会祝贺。

2009 年 3 月，傅恩贤、傅国义、傅治华、傅家伦、傅长文合影于铜仁

3 月 8 日至 12 日，傅治华会长、傅恩贤、傅长文、傅仕策等一行 4 人分别走访了余庆傅仕贤，江口傅新江、傅胜岩，铜仁傅国松、傅国义、傅家能、傅万利、傅俐霞，印江傅再美，思南傅书乾，凤冈傅廷宇、傅国礼、傅大育、傅廷万、傅明选等宗亲，就宗亲联谊和通谱编纂工作进行了广泛交流，并搜集了有关资料。

2009 年 3 月，《中华傅氏通谱 · 贵州大方卷》编纂培训人员合影

3 月 22 日，贵州省大方县傅氏宗亲联谊（筹备）会暨《中华傅氏通谱 •贵州大方卷》编委会成立。

2009 年 7 月，傅相陵专线公路竣工通车

7 月，平陆县政府投资 600 万元修建的傅相祠—傅相陵专线公路开工，全程 8.5 公里。

7 月 29 日，中华傅氏商会名誉会长、企业家傅治国，由中华傅氏常务副会长傅文山、傅治华、傅福远、傅文献等 12 位宗亲陪同前往祖地山西平陆考察“傅圣文化园”“傅相祠”“傅相陵”建设情况。傅治国宗亲为重建傅相陵墓捐资 20 万美元。

2009 年 10 月 12 日，傅相陵、祠奠基仪式

10 月 12 日，山西平陆傅相祠、陵奠基仪式在平陆县举行，平陆县委、县人大、县政府、县政协四套班子领导，世界傅氏宗亲联谊总会，傅氏宗亲代表及友人共 150 余人参加。贵州傅治华、傅福远参加奠基仪式。

2009 年 10 月 18 日，傅治华在哈尔滨与傅治国、傅加星、傅建桥合影，
祝贺傅治国 60 岁生日

2010年

2010年2月6日，《道真傅氏族谱》发行会暨道真傅氏宗亲联谊会成立合影留念

2月6日，贵州省遵义市道真县傅氏宗亲联谊会成立暨《道真傅氏族谱》发行会在道真县城举行。选举傅忠桓为会长。傅治华、傅恩贤（黔西）、傅伯能、傅相均（桐梓）、傅光权（绥阳）、傅开强、傅德朋（万盛）、傅剑波（綦江）、傅琳（广安）等到会祝贺。

2010年2月8日，傅文山会长召开傅氏联谊会春节茶话会

2 月 8 日，世界傅氏宗亲联谊总会会长傅文山组织祖地山西平陆县，河南三门峡市傅氏宗亲代表 28 人，在世界傅氏宗亲联谊总会会馆召开迎新春茶话会，会上宗亲们共叙亲情，回眸过去，展望未来，畅谈感想。总会会长傅文山，平陆县傅氏宗亲联谊会会长傅永福、副会长傅宝珠与宗亲们在会上为总会捐款 6.583 万元。傅文山还为傅相祠戏楼建设捐款 30 万元。

2 月 11 日，世界傅氏宗亲联谊总会、平陆傅氏宗亲联谊办公室合办的《中华第一圣人》首期刊物正式出版发行。

3 月 16 日，世界傅氏宗亲联谊总会为举办平陆县第五届傅圣文化节和说祖诞辰 3345 周年祭祀活动，成立了以会长傅文山为组长的筹备工作组，从湖南、山东、四川抽调傅文斌、傅玉坤、傅宪隆在总会办公。

4 月 5 日，岳阳傅氏文化园（岳阳县步仙乡狮上村）竣工剪彩。岳阳傅氏宗亲联谊会会长傅规舟致欢迎辞，平陆县政府代表、平陆县傅氏联谊办公室、世界傅氏宗亲联谊总会会长傅文山、商会名誉会长傅治国在会上讲话，并各捐资 1 万元。各地代表 900 多人参加会议。会上共收到捐款 46 万余元。贵州傅治华到会祝贺。

2010 年 4 月 5 日，皖西傅氏陵园开园庆典

4 月 5 日，皖西傅氏陵园开园庆典。北京、杭州、南京、河南固始县及本省合肥、淮南、淮北、巢湖、六安、阜阳等 10 多个县市的 400 多名宗亲代表参加会议。“皖西傅氏陵园”被安徽省霍邱县批准为县级文物保护单位。贵州傅氏联谊会致电祝贺。

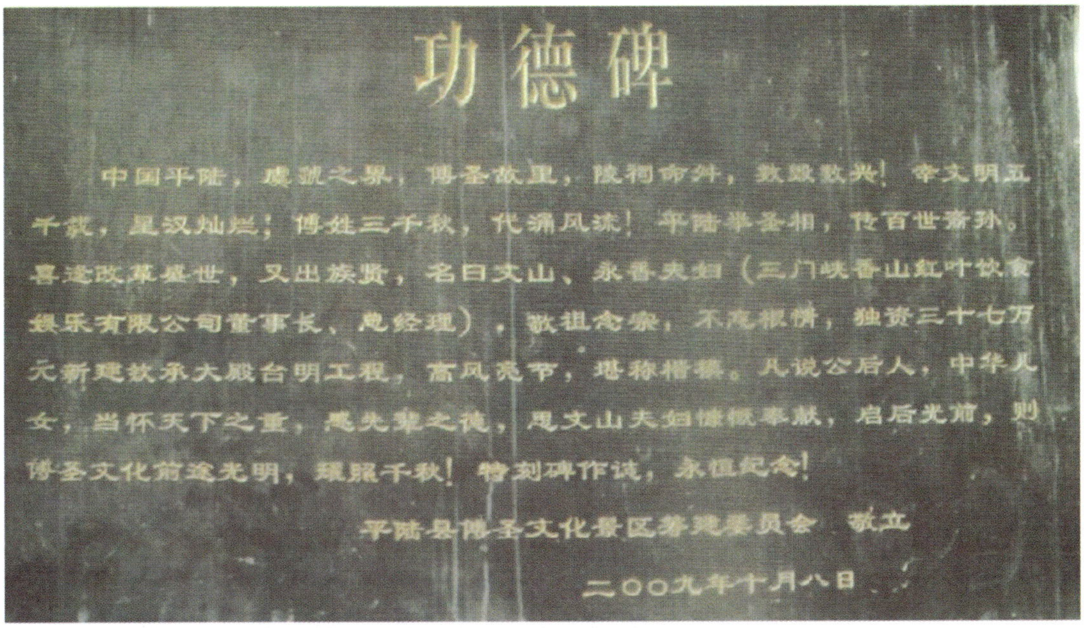

傅文山会长捐款 37 万元的功德碑

4 月 14 日，世界傅氏宗亲联谊总会会长傅文山向傅相祠戏楼捐款 37 万元。

2010 年 4 月，贵州傅氏宗亲联谊会为做出突出贡献的 38 名宗亲代表颁发荣誉证书（部分领证宗亲合影）

4 月 23—24 日，贵州傅氏宗亲联谊会傅圣文化研讨暨《中华傅氏通谱·贵州卷》编辑会在贵阳市紫林宾馆召开。会议决定成立编纂领导小组，主任傅治华，执行主任傅培良，常务副主任傅长文、傅钦臣、傅舒福、傅贵兴、傅仕策、傅忠元、傅光权，秘书长傅恩贤，财务傅恩贤、傅家平，省联谊会的常务副会长、副会长、顾问、名誉会长等均为领导小组成员，负责组织领导本辖区的资料收集整理工作。参会代表 150 余人。会上，对热心宗亲联谊事业并为之积极工作、无私奉献、做出突出贡献的 38 名宗亲代表颁发荣誉证书，对 42 名为傅氏联谊工作及修谱工作积极捐资宗亲刊登功德榜予以表彰。

5 月 14 日，平陆县第五届文化节暨 3345 周年祭祖大会召开，贵州傅升亮宗亲向世界傅氏宗亲联谊总会赠送“大汉龙”酒 15 件。

5 月 20 日《中华傅圣文化研究经典文集》首发式在平陆召开，参加大会的有中国先秦史学会顾问组组长、中国社会科学院历史研究所研究员、著名历史学家、甲骨学家孟世凯，中国社会科学院考古研究所研究员、著名历史学家、考古学家曹定云，中国先秦史学会秘书长、中国社会科学院历史研究所研究员宫长为，北京世纪东润文化传播有限公司董事长丁立功，世界傅氏宗亲联谊总会理事长、北京蟹岛集团董事长傅秀平，世界傅氏宗亲联谊总会会长傅文山，各省、市宗亲联谊负责人，平陆县四套班子领导，各有关单位负责人，各界代表共计 200 余人参会。

2010 年 5 月 21 日，山西平陆，贵州代表团进入庆典会场

5 月 21 日，贵州傅氏代表团 200 多人在傅治华会长的率领下参加了平陆县第五届傅圣文化节暨傅说诞辰 3345 周年纪念。海内外 1000 余名傅氏宗亲及平陆县广大人民群众共一万余人参加纪念大会。

5 月 22 日，世界傅氏宗亲联谊总会（扩大）工作会议在平陆县宾馆三楼会议室召开。各省市区共 35 名代表参加会议。贵州傅治华、傅先平等参加会议，傅治华捐款 10 万元，傅兴中、傅绍元分别捐款 1 万元。

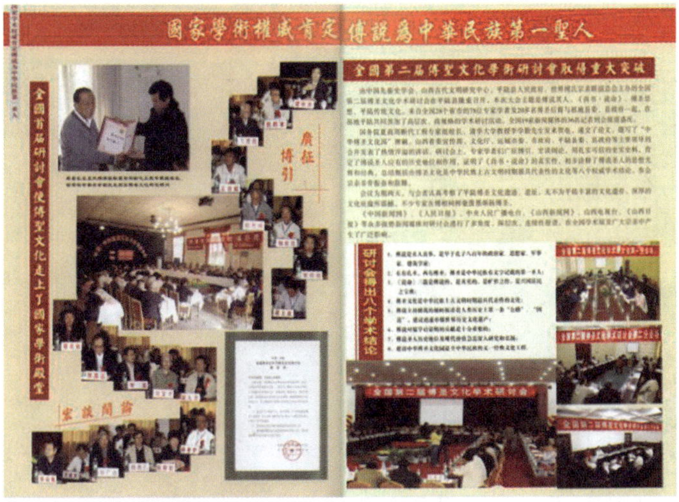

专家对傅说作出的八个学术结论

6 月 20 日，中国先秦史学会正式作出决定，与平陆傅氏宗亲联谊办公室、世界傅氏宗亲联谊总会一起联合主办《中华第一圣人》刊物。聘请国家夏商周断代工程专家组组长、首席科学家、清华大学历史学教授、博士生导师李学勤，中国先秦史学会顾问组组长、著名历史学家、甲骨学家孟世凯，中国先秦史学会会长、全国政协委员、著名历史学家宋镇豪和中国先秦史学会副会长兼秘书长宫长为为世界傅氏宗亲联谊总会顾问。

6 月 21 日，中国先秦史学会正式以公函形式批复平陆县傅氏宗亲联谊办公室，同意以总会为依托，组建“中国先秦史学会傅圣文化研究中心”，使总会工作步入了新阶段。

省联谊会傅治华、傅长文、傅钦臣前往毕节王洪屯调研、
与当地宗亲合影留念

2010年8月，傅治华与兴义市傅克宇等宗亲合影

2010年10月16日(九月初九)，杨登芬、杨鼎英与来访的瓮安宗亲合影纪念

2010年10月，傅治华与来商讨修谱事宜的习水县宗亲傅宇良、傅宇乾、傅宇江、傅华国、傅华义合影

2010年12月，傅治华与广西傅氏宗亲联谊会领导成员合影留念

12月9日，广西傅氏联谊会成立大会在北海市成立，贵州傅治华、杨登芬、傅一平、傅锡品到会祝贺，傅治华向广西联谊会捐款0.2万元。

12 月 14 日，江西省联谊会常务理事会在江西南昌召开，会议总结并安排了工作，增补了 18 位理事。原联谊会会长傅荣楷由于身体原因，向会议提交了辞职申请。经会议讨论，调整组建了新班子，名誉会长傅荣楷，会长傅炎顺。

傅治华、傅长文、傅钦臣与纳雍傅氏宗亲联谊会筹委会领导成员合影

2010 年到安顺宣传收集通谱资料，傅治华、傅长文、傅新科、傅钦臣与安顺市宗亲傅永福、傅臣学、傅锡品全家合影

2011年

2011年仁怀市《傅氏族谱万坤祖系》由傅正广（已故）、傅升亮、傅正康、傅正月、傅正明、傅耳杰、傅耳林、傅耳太、傅宗华、傅再远主修出版发行。

傅治华、傅长文、傅伯能、罗再麟与参加《中华傅氏通谱·大方卷》的审稿人员合影

2011年，《中华傅氏通谱·贵州大方卷》由傅兰瑜、傅宗华、傅洪顺、傅鑫亚、傅钦臣、傅梦淑、傅兴隆、傅耀民、傅梦云、傅亚军、傅静、傅贤荣、傅贤贵、傅官友、傅民武、傅润龙、傅邦龙、傅相阳、傅忠、傅大军、傅光汉、傅清义、赵耀、赵焜、傅梦榆、傅朝刚、傅兴吉、傅绍军、傅修炼、傅汉江、傅国军、傅振龙主修出版发行。

2011年2月27日，傅治华主持召开贵州傅圣文化研讨会

2月27日，贵州傅氏宗亲联谊会会长傅治华在贵阳紫林宾馆二楼会议室主持召开常务理事会，参会人员有傅长文、傅新科、傅培良、傅家国、傅舒祥、傅学书、傅绍元、傅家平、傅宏达、傅钦臣、傅恩贤等人，会议总结了前阶段工作，安排了换届选举的有关事宜。

2011 年 3 月 19 日，贵州傅氏宗亲联谊会第二届代表大会召开

2011 年 3 月 19 日，贵州傅氏宗亲联谊会第二届代表大会召开

3 月 19 日，贵州傅氏宗亲联谊会第二届代表大会在贵阳紫林宾馆胜利召开，200 多名各地宗亲代表参加会议，会议圆满完成了换届选举的各项议程，傅治华被选连任会长。会议还重点安排了经济发展和《中华傅氏通谱·贵州卷》的编纂工作。

2011 年清明节，傅治华带领贵州桐梓系宗亲祭祖

4 月 9 日，贵州傅氏宗亲联谊会经济发展部在贵阳立云酒店 18 楼会议室召开会议，参会宗亲 15 人，主要研究经济发展问题。

4 月 17 日—18 日，由傅治国、傅加星主持召开的《中华傅氏通谱》编纂工作会议在北京国宏宾馆进行，贵州省人大常委会副主任傅传耀应邀参会并作了即席发言。贵州宗亲代表傅治华、傅长文、傅恩贤、傅培良、傅钦臣、傅忠元、傅升亮、傅绍元、傅新科、傅羽、陈维莲等参加会议。

省联谊会傅治华、傅长文在福泉龙昌与宗亲们合影留念

2011年4月21日，傅治华、傅长文、傅钦臣、傅羽、傅家平、傅国、傅恩贤等一行前往修文与修文的宗亲们参加了傅德芳（傅贵兴父亲）老人的祭拜会，祭拜会由傅长文主持，傅治华会长致悼辞，寄托了广大宗亲对德芳老人的哀思和崇敬。

谷雨节气雨纷纷，宗亲叩拜傅公灵。德公仁义留千古，子孙发达富贵兴。

各位宗亲、各位亲朋友人：

今天，我们在这里沉痛举行悼念傅公德方老大人百岁春光仙逝祭拜大会。

我们怀着极其沉痛的心情，为傅德方老大人千古举行祭拜礼。谷雨节气雨纷纷，宗亲叩拜傅公灵。白云飘飘寄哀思，百花含泪诉衷情。各位宗亲，我们对傅公德方老大人百岁春光的仙逝表示沉痛哀悼，我代表世界傅氏宗亲联谊总会及贵州傅氏宗亲联谊会，向傅贵兴兄弟姐妹及其家人表示亲切的慰问。

傅公德方老大人，德高望重，忠厚淳朴，和亲睦族；身经三朝，燕山智能，以身作则，仁德并行，勤劳一生；严父身教，培养儿女，贵兴兄弟，护佑姐妹，成才成人。

傅公德方老大人的一生，是勤劳幸福的一生，已经培养了子孙四代数十人成为栋梁之才。为我们傅氏家族的兴旺发达作出了很大的贡献，是宗亲们可亲可敬的老人。大家在这里悼念老人的仙逝，寄托我们的哀思，就是要引导广大宗亲，继承傅氏祖先版筑宗风的传统美德，尊老敬老，德孝为先，把傅氏宗亲的思想和文化发扬光大。同时，教育我们的子孙后孙，要永传家风祖训，团结大众，和睦家庭，勤奋好学，艰苦创业，共同发展，为建设富裕文明发达的小康社会和家庭而努力奋斗。

最后，叩请傅公德方老大人安息！

请贵兴等兄弟姐妹节哀！

世界傅氏宗亲联谊总会常务副会长

贵州傅氏宗亲联谊会会长　傅治华

率傅氏宗亲代表叩挽

二〇一一年四月十九日

2010 年 5 月 10 日，贵州代表傅治华、傅福远参加傅相陵竣工庆典仪式

5 月 10 日，贵州傅治华会长到山西平陆参加了傅相陵竣工庆典仪式。

5 月 21 日，傅治华、傅恩贤、傅绍元、傅绍俊、傅绍学 5 人前往贵阳花溪区燕楼乡新井村调研，会见了村里的傅玉芳、傅祥海、傅如发、傅玉发、傅祥银、傅玉岗、傅玉荣，傅玉禄等宗亲，召开座谈会，此间还察看了明代入黔的觉灵公墓。返贵阳时，在平坝参观了傅友德率军入黔屯兵之地天龙屯堡。

5 月 22 日，《中华傅氏通谱·贵州卷》编纂工作会在贵阳供销社培训中心会议室召开，傅治华会长主持会议。贵州地方志专家罗再麟、张桂江参加会议并作重要讲话。提出很多建设性意见。会议确定了编纂班子，进行职责分工。

2011 年 6 月 7 日，《中华傅氏通谱·贵州卷》编纂人员于贵阳合影
后左：傅绍元、傅大德、傅贵兴、傅家平、傅舒福、傅忠元、傅剑波
前左：傅钦臣、傅长文、傅治华、罗再麟、傅培良、傅恩贤

6 月 7 日，《中华傅氏通谱·贵州卷》编纂班子十余人在贵阳景怡园傅治华的住宅

召开工作会议，参会宗亲汇报了前段工作情况，并安排下一步工作。

6月25日，《中华傅氏通谱·贵州卷》编纂班子20人在贵阳景怡园傅治华的住宅召开工作会议，对源流、框架、目录等进行了充分讨论。

7月30日，《中华傅氏通谱·贵州卷》编纂班子20余人在贵阳景怡园傅治华住处召开工作会议，讨论辈代等问题，对辈代有错的，找出原因，要求查证。拟制订全省统一字派，便于今后各支系对照。

2011年中旬傅治华到兴仁县帮助处理傅氏农田被煤侵占的赔付事宜，与兴仁县傅氏宗亲合影

2011年10月5日，50余名宗亲于黔西小贝壳酒楼讨论通谱编纂工作进展情况

10月5日，贵州傅氏宗亲联谊会在黔西小贝壳海鲜酒楼召开常委扩大会议，50余

名宗亲参加会议，会议通报了经济发展和《中华傅氏通谱·贵州卷》编纂工作进展情况，对尚缺部分资料要求各地抓紧时间搜集汇总上报。会议由傅长文主持。

2011 年 11 月 12 日，正安傅氏宗亲联谊会成立合影

11 月 12 日，正安县傅氏宗亲联谊会成立，傅开金当选会长，傅开才、傅之坤、傅之贵当选常务副会长，傅汝辉、傅汝贵、傅汝建当选副会长，傅辅君、傅之坤、傅开贵、傅之忠、傅之宇任秘书长。

2012 年

2012 年 3 月 28 日，第七届贵州旅游产业发展大会开幕式

3 月 28 日，相约绚烂花海，情牵浪漫杜鹃。在素有“地球彩带，世界花园，养生福地，避暑天堂”美誉的百里杜鹃国家森林公园，美丽的杜鹃花含苞欲放，喜迎各地宾朋到来之际，贵州省旅游局局长傅迎春为百里杜鹃风景区授“2012 年全省旅游行业十佳旅游景区”牌匾，并宣布 2012 年中国·贵州百里杜鹃国际杜鹃花节开幕。

2012 年 4 月 4 日，贵阳市白云区傅氏宗族领导小组成员合影

4 月 4 日（清明节），贵阳市白云区傅氏宗亲联谊会成立。傅治华应邀参加了贵阳市白云区傅氏通谱发行大会，并致辞祝贺。

2012 年 4 月 16 日，安徽傅道全会长前来贵阳拜访，沟通交流通谱编修事宜，贵州傅氏联谊会会长傅治华，常务副会长傅长文、傅钦臣、傅恩贤与傅道全合影留念

2012年5月11日，傅治华、傅培良、傅桂国与锦屏宗亲合影

5月11日，傅治华、傅培良到凯里市与傅桂国会合，前往锦屏县城，找到了时任残联主席的傅厚章和傅忠锡、傅中华、傅厚坤、傅厚俊、傅忠训、傅忠玉、吴子芬、吴子香等宗亲，傅治华给大家说明了来意，通报了2005年以来平陆祭祖，贵州傅氏联谊会成立，编纂《中华傅氏通谱》以及贵州傅氏的历次重大活动，给大家分发了宣传资料、光盘，组建了联谊组织并合影留念。

2012年5月12日，傅治华、傅培良、傅桂国夫人与锦屏县
傅厚章宗亲在国家重点工程三板桥大坝合影

5月12日上午，参观了黔东南州最大的锦屏县水电站。下午前往三惠县长吉乡孝杏村，与已等候在三惠县长吉街上的傅庆福、傅锡万宗亲会面，带路找到了长吉乡机寨

村傅成学、杨秀莲等，了解了该地傅氏的迁徙情况，介绍了通谱编纂情况，给他们分发资料，告别时合影留念。返回三惠县城，会见了傅锡万、傅先模、胡小明等，就餐后下榻凯里宾馆。

2012 年 5 月 12 日，傅培良、傅桂国与三惠县宗亲合影

5 月 13 日，由傅贵国带领前往凯里市炉山镇会见了原党委书记傅顺炎及傅运国等宗亲，与大家座谈《中华傅氏通谱·贵州卷》的编纂工作，要求大家积极报送资料。就餐后告别了炉山宗亲，从福泉市马场坪返回贵阳。这次凯里采访了涉及剑河县、锦屏县、镇远县、三惠县，铜仁地区的石阡县，凯里市等五县一市。

2012 年 5 月 13 日，傅治华、傅培良、傅桂国
与炉山镇傅顺炎、傅运国等宗亲合影

2012 年 6 月 4 日，傅治华、傅恩贤、傅钦臣与傅家刚、傅克孝、傅强明等合影

6 月 4 日，世界傅氏宗亲联谊会常务副会长、贵州傅氏宗亲联谊会会长傅治华，常务副会长傅恩贤、傅钦臣赴四川叙永，受到叙永宗亲水流岩傅氏家族理事会理事长、族长傅克孝，副族长傅光前，常务副族长傅正华，秘书长傅强明等的热情接待。在傅光前家举行的盛宴中，傅治华介绍了《中华傅氏通谱》的前期工作和《中华傅氏通谱·贵州卷》的编纂情况，并为叙永宗亲理事会赠送了《中华傅氏通谱·大方卷》，叙永宗亲亦回赠了水流岩《傅氏族谱》。傅强明在鱼凫古街“上会酒楼”举行了丰盛晚宴，并邀来古蔺县在叙永工作的台湾工作办公室、台胞台属联谊会秘书长傅炼红及其父傅家刚。这位德高望重的退休耄耋老人很健谈，傅家刚详细介绍了古蔺县护家乡（原为傅家乡，后按当时政治形势更改）锅厂坝、傅家坡宗亲情况，并当即电话通知其家老宗亲作好接待贵州客人的准备。在傅家刚引领、傅强明陪同下，驱车赴古蔺，到护家乡。此地在历史上称锅厂坝、傅家坡，基本为傅氏族人所居，此地葬有较有名气的傅华峰墓。泸州市、古蔺县将护家乡护家街居民委员会、敬老院前约 10 米处矗立雄伟壮观的市、县两级文物保护单位标志。贵州宗亲与四川宗亲一行在观瞻考察傅华峰墓后，即赴该地族长傅至松家，与傅元政等族人见面叙话，畅谈了编纂《中华傅氏通谱·贵州卷》的相关事宜，并互赠了谱书。

2012年6月5日，傅治华、傅钦臣与习水傅宇江、傅华印、傅宇昌等合影

6月5日中午，在古蔺县城车站告别了古蔺、叙永宗亲后，驱车经太平古镇达二郎镇转习水县，在习水宗亲族长傅宇江家召开了座谈会。会上傅治华会长较为详细地介绍了《中华傅氏通谱》编修的前期工作以及《中华傅氏通谱·贵州卷》编纂进展情况，傅恩贤作了详细补充。会前傅宇江出示了搜集整理的表格资料，会上任过40年支部书记的傅华印发了言。傅宇江介绍了族谱整理进展情况和打算，傅钦臣针对资料搜编补充了意见。

6月6日早晨，傅治华等一行离开习水，冒雨沿赤水河赴仁怀。赤水沿河路段较长，风光旖旎，傅传耀在遵义任市委书记时所提出的“退耕还竹”已见成效，竹韵幽长，既有观赏旅游价值，又有水土保持与经济价值。所以还受到党中央的重视，受到胡锦涛总书记的赞赏。国酒茅台飘香，不仅富了茅台，更富了仁怀。进入仁怀市主街道，城市美景风光甚过花园，要访的宗亲傅升亮忙于党委会，未来百砚畅谈，提供通谱资料，只好往遵义进发。下午，在石大的沙湾小街上找到了傅天福宗亲，查看了搜集的资料，了解其本支系复杂的源流，经介绍又去里许找到双目失明的傅文希，这位宗亲对族谱十分关心，得知傅治华一行是搜集资料，编纂贵州通谱，便摸着去把珍藏于木匣内的一本手抄本《傅氏族谱》取来给考察组观看。谱中载明本支系为桐梓官仓坝迁来，到傅文希（76岁）已有11代，其下还有3代，现实已流传达14代。

2012 年 9 月 18 日，傅治华等宗亲于大会主席台就坐

9 月 18 日，广东省云浮市郁南县连滩镇傅氏奖学金基金会成立二十周年华诞暨《中华傅氏通谱》会议在连滩召开。贵州傅治华、傅正昌到会祝贺。

2012 年 11 月 26 日，傅其春在温州龙港（孙店）宗祠前

11 月 26 日，温州龙港（孙店）傅氏宗祠竣工，举行隆重的剪彩仪式和落成典礼。贵州傅治华、傅永福、傅其春到会祝贺。

2012年12月9日，广西河池傅氏联谊会成立大会，贵州傅治华到会祝贺

12月9日，广西傅氏宗亲联谊会周年庆典暨河池市联谊会成立大会。傅治华到会祝贺。

2013年

福泉傅氏宗亲祭祖会，瓮安宗亲派代表参会合影留念

2013 年 2 月 21 日，云南彝良傅氏宗亲联谊会成立，总会常务副会长、贵州傅氏联谊会会长傅治华应邀到会祝贺

2013 年 3 月 2 日，《傅氏通谱》金阳酒店首次审稿会成员合影
傅舒福、傅钦臣、傅汝杰、傅治华、傅安招、
傅仕策、傅恩贤、傅贵兴、傅仕和、傅修文

2013 年清明节，傅传耀、傅文山在傅彭真题字石碑前合影

2013 年 5 月 18 日，桐梓为建设宗祠功臣颁发荣誉证书

2013 年 8 月 24 日《中华傅氏通谱 · 务川卷》终审出版发行，编委会成员合影

2013 年 12 月《中华傅氏通谱 · 毕节卷》终审出版发行，终审人员合影

中国贵州黄果树留影

古人言：白水如棉，不用弓弹花自散；红霞似锦，何须梭织天生成。著名的黄果树瀑布是世界四大瀑布之一，它高 77.8 米，宽 101 米，其气势之雄伟给中外游客留下美好难忘的纪念。

《中华傅氏通谱》主编人员傅传松、傅乃吉、傅嘉前来贵州考察并收集资料参观黄果树时与贵州傅治华、傅恩贤宗亲合影

附　录

世界傅氏宗亲联谊总会文件

《中华傅氏通谱》编纂委员会

告世界傅氏宗亲书

尊敬的傅氏宗亲：

大家好！

我傅氏宗族历史悠久，版筑家风源远流长。自始祖傅说开基创业，传世至今，已逾3342年，繁衍后裔达千万之众。

始祖傅说是我国唯一有文字记载活着时就被称为圣人的人。在天，有我们说祖耀眼的星座——天策星，被人们尊称为天神。于地，我们有记载圣公的传世杰作，千古不朽的《说命》三篇宏文大作，是治国安邦，使国家繁荣昌盛、社会安定团结的指导思想。版筑技术、甲骨文、青铜器、“干支”计时等发明创造是对中华民族灿烂文明史的巨大贡献，推动了社会经济发展和社会文明进步。说祖的丰功伟绩和杰出贡献彪炳史册，光照千秋，我们作为傅氏后裔当为之而荣耀，以此而自豪。

跨越历史长河，我们傅氏族众，继承和发扬了先祖的优良美德，活跃在中华民族历史的大舞台，艰苦奋斗，浴血拼搏，勇于求索，开拓创新，为傅氏家族的兴旺发达，为国家的繁荣昌盛作出了卓越的贡献！傅氏家族是中华民族中优秀的民族，傅氏后裔已遍布全球，傅氏家族的历史永远光耀于世界。

“家之有谱，犹国之有史，史以记事实，谱以记昭穆，昭穆能明，则家派无得而混哉。”姓氏文化，家乘谱牒，源远流长，根之所在，博大精深。它蕴藏着大量有关人口学、社会学、经济学、历史学、民族学、教育学、人物传记以及地方史志的资料，对溯本追源，寻根问祖、增强民族凝聚力有着深远而重大的意义。

我傅氏后裔，同根同祖，但是，由于数千年的传承、历史的变迁、朝代的更替、频繁的战争等因素，导致傅氏宗亲天各一方，一祖化为千万脉，一脉分为万千支，宗亲间互不相识，很少往来。更重要的是，虽然我傅氏家族谱牒众多，但世系源流紊乱不一，傅氏家族还没有一部完整、统一源流辈代的通谱，致使我们广大宗亲，对自己的姓氏来源、先祖世系源流了解甚少，而且还造成了宗辈错乱，老少难分，长幼无序，称呼不便，严重影响着宗亲间的交往和沟通，严重阻碍了傅氏家风的振兴和经济的发展，这是我们傅氏家族的一大憾事。

为了缅怀傅圣先祖、弘扬傅氏文化，促进社会进步和经济发展，实现中华民族的伟大复兴，也是顺应历史发展要求，实现广大族众多年夙愿，世界傅氏宗亲联谊总会研究决定，成立了通谱编纂委员会，由世界傅氏宗亲联谊总会常务副会长，傅相陵、祠重修委员会常务副主任，贵州傅氏宗亲联谊会会长傅治华宗亲牵头负责，并正式启动了《中华傅氏通谱》的编修工作。

我们的编修工作要坚持科学发展观，以历史唯物主义和辩证唯物主义观点，求真务实。致力于傅姓三千余年灿烂文化的研究、搜集和整理，传承傅圣文化精华，完成傅氏宗族谱牒断代的续接，弄清族人在各地区的分布、分支和各地族人的来龙去脉情况。对重大的文史资料、古墓、碑记等进行实地考察研究，并作好登记、搜集、整理。要使广大宗亲了解傅氏源流，认祖归宗，分清老幼辈份，伦次有考，命名有据，追宗溯祖，正本清源，重振家族宗风。

要坚持“以人为本、以德为先、以孝为荣、以和为贵”的人文精神，动员傅氏族人热情关心，积极支持，广泛参与《中华傅氏通谱》的编修工作，要充分发挥大家的聪明才智，各抒己见，发挥所长。我们要万众一心，克服困难，共同努力，编纂出一部源流统一、辈代统一、高质量的《中华傅氏通谱》，以进一步增强我傅氏族人的团结和凝聚力。

各位族人，机遇可遇而不可求，适逢太平盛世，我们肩负历史的使命和宗亲的重托，当以满腔热情和无私奉献精神，以对先祖的忠诚大孝之心、对子孙后代认真负责的态度，尽情书写我们家族光辉灿烂的过去，浓墨描绘后代充满希望的未来。

世界傅氏宗亲联谊总会《中华傅氏通谱》编纂委员会

2007年5月24日

世界傅氏宗亲联谊总会 山西平陆

世界傅氏宗亲联谊总会文件

关于启动《傅氏通谱》编纂工作的通知

各省、自治区、直辖市及海外傅氏宗亲联谊会及全体傅氏宗亲：

为传承说祖精神，弘扬傅圣文化，我们要编纂出源流清晰、辈代清楚、高质量、高水平的《中华傅氏通谱》，更进一步增强我傅氏族人的团结和凝聚力，以告慰全世界傅氏高龄老人的迫切要求和殷切希望，经世界傅氏宗亲联谊总会研究，决定成立《中华傅氏通谱》编纂委员会，由世界傅氏宗亲联谊总会常务副会长，傅相陵、祠重修委员会常务副主任，贵州傅氏宗亲联谊会会长傅治华宗亲牵头负责，自2007年5月24日起开始启动《中华傅氏通谱》的编纂工作。现将有关事宜通知如下，希遵照执行。

一、各省市、自治区直辖市及海外傅氏宗亲联谊会和全体傅氏宗亲要积极配合《中华傅氏通谱》编纂委员会的工作，推荐热心宗族事业、有奉献精神，了解历史、族史、家史，有研究傅氏文化、编修家谱、族谱经验的各界能人贤士组成编修班子。

二、各地区傅氏宗亲联谊会或负责人要广泛宣传，运用现代舆论工具和宣传资料，发动本地区族人，积极开展征集傅氏谱牒和有关文献资料，对重大的文史资料、古墓、碑记、祠堂、古建筑等进行实地考察研究。

三、搜集当地的古代和近代有影响力，对国家、民族和社会作出重大贡献的傅氏名人的丰功伟绩，例如：

1 古代傅氏名人，如傅说、傅介子、傅友德、傅青主等的资料。

2 近现代傅氏名人，如傅增湘、傅作义、彭真（傅懋功）、傅全有等（包括军政任职人员）的资料。

3 当代有千万元以上资产的傅氏企业家。

4 傅氏古今书画家、历史学家、诗人等著名人士。

四、请作好以上内容的详细登记、分类整理，报通谱编纂委员会，为编纂《中华傅氏通谱》提供一切必备资料。

五、未遵照本《通知》执行、没有上交材料而未入《中华傅氏通谱》的，请自行负责。

特此通知。

世界傅氏宗亲联谊总会 山西平陆

二〇〇七年五月二十四日

世界傅氏宗亲联谊总会文件

世傅总办字〔2007〕第 004 号　签发：傅加星

世界傅氏宗亲联谊总会
关于成立“《中华傅氏通谱》编纂委员会”的通知

各省（市）联谊会、各县（区）联谊分会：

为了更好地弘扬傅圣文化，凝聚傅氏宗亲，让世界七百万傅氏宗亲全面了解傅姓的历史渊源、繁衍迁徙和傅圣文化内涵，使自己不忘历史，不忘血统，不忘根本，世界傅氏宗亲联谊总会通过征求各地宗亲意见，决定成立《中华傅氏通谱》编纂委员会。

现将委员会组成及人员通知如下：

名誉主任：傅军(北京)　傅子伍　傅永水　傅仕敏　傅纪成　傅翠河　傅国泰　傅胜龙　傅森林　傅企平　傅道杰　傅文山　傅达全　傅福远　傅炳华　傅冠辉　傅伯能　傅子仪　傅孙灿　傅孙成

主任：傅加星

执行主任：傅治华

常务副主任：傅昌志　傅传松　傅占魁　傅玉林　傅文彬　傅柒生　傅中华　傅主光　傅瑞典　傅金桥　傅科技　傅波　傅占鹉　傅维石　傅荣楷　傅炎顺　傅加　傅培良　傅万里　傅华　傅幻石　傅增明　傅正湘　傅乐铜　傅长文　傅恩贤　傅太平　傅达贤

副主任：傅跃进　傅大志　傅军(重庆)　傅宪隆　傅新科　傅冠湘　傅梦湘　傅宏民　傅天昌　傅仕策　傅明　傅晓东　傅维生　傅孙义　傅奎美

成员：傅家成　傅有新　傅世槐　傅福寿　傅光壁　傅宝柱　傅光涛　傅碧东　傅昌俊　傅廷海　傅家平　傅家国　傅相均　傅报和　傅汉江　傅开文　傅善学　傅芳德　傅仰恩　傅新超　傅先平　傅善翁　傅杨鼎英

财务管理组组长：傅炎顺

副组长：傅恩贤　傅正湘

成员：傅剑波(会计)　傅家平(出纳)

请广大宗亲和各地宗亲组织加强宣传，积极参与《中华傅氏通谱》编纂工作，自荐或推荐优秀编纂人员充实编纂委员会。

世界傅氏宗亲联谊总会

二〇〇七年五月二十六日

世界傅氏宗亲联谊总会文件

《中华傅氏通谱》编纂委员会关于《中华傅氏通谱》编修工作的安排意见

为了弘扬傅说祖的丰功伟绩，研究傅氏历史文化，更加广泛地团结全世界傅氏宗亲，搞好全球傅氏宗亲联谊，根据世界傅氏宗亲联谊总会的工作安排，编修《中华傅氏通谱》是重要的工作任务之一，我们要齐心协力，共同完成编修工作。现特提出以下安排意见：

一、指导思想

我们要在党和政府的领导下，遵纪守法，坚持科学发展观，以历史唯物主义和辩证唯物主义思想，开拓创新，客观公正，权威定位，实事求是的反映历史，反映全球傅氏宗亲的基本情况，加强全族宗亲的团结和睦，为构建和谐社会，促进社会进步和经济发展作出贡献。

二、工作目标

争取在三年半的时间内，编纂出一部高质量、高水平、全面完整、客观公正、权威定位、源流统一、辈代清楚的世界傅氏大通谱。通谱要真实地反映全球各支脉傅氏宗亲的源流关系、发展变迁，总结辉煌史，展示新成就，续写新篇章！

三、工作班子

1 《中华傅氏通谱》的编纂工作要在世界傅氏宗亲联谊总会的统一领导下，精心组织、统一安排、分步实施。由世界傅氏宗亲联谊总会通谱编纂委员会负责总体规划和框架设计，适时召集会议，研究讨论重大事宜，作出决策。

2 组建一支高效、精干的编修工作班子，各地要把德才兼备、文化水平高、业务素质好、热心宗族事业、有奉献精神，了解历史、族史、家史，有研究、编修家谱经验，对本地区迁徙源流情况了解，无后顾之忧，能到编委会办公地点坚持工作，有一定分析、写作及语言表达能力的人员推荐到编委会来组成编写组，负责具体编写事宜。各省市地区要明确3—5人负责本辖区资料的搜集和汇总，上报通谱编纂委员会。

四、工作步骤

1 组织宣传发动。预计时间为六个月。要通过宣传发动，使广大的宗亲充分认识到编纂全球傅氏大通谱的重要意义和深远影响，从而更积极参与、关心、支持编修工作。

2 资料收集和整理阶段。预计时间为六个月。资料的收集原来已经做了大量的工作，但是还需要更广泛的收集，同时进行研究整理，要求各省、市、县参加编修工作的人员分头行动，把已收集的资料汇总到通谱编纂委员会编修组。

（注：第1阶段和第2阶段可以交叉进行，即宣传发动阶段同时进行资料的收集，在资料收集时亦需进行宣传发动）

3 构思通谱框架内容。计划时间为二个月。根据已经掌握的资料，构思通谱框架内容，同时总结前段的工作情况，尚有缺漏的内容要明确有关人员搜集上来，进一步补充和完善。

4 通谱内容的撰写。计划时间为十个月。根据参加编修人员的情况，进行任务的安排，分工协作，各自负责部分章节内容的撰写，按时完工交卷。

5 审稿、改稿。计划时间为四个月。先将各自撰写的稿件，相互传阅，用一定的时间集中审议，提出修改意见。提出来的修改草案内容必须大家意见统一后，才能进行修改。审稿和改搞计划各用一个月的时间。

6 编辑成通谱初稿。计划时间为四个月。由编修人员根据设计好的通谱框架结构，编入内容，完成通谱的初稿样本。

7 审查通谱的初稿和第二稿。计划时间为四个月。由编修组将通谱的初稿提交通谱编委会审定。对提出的修改意见再次进行修改，经重新审定认可后，即可递交印刷厂排版。

8 排版、定稿、印刷。进行通谱第三稿的文字校对，最后出清稿（定稿），由编修组签字后交由印刷厂印刷、装订。约需半年时间。

五、工作方法

通谱编纂委员会的全体工作人员一定要认真、严谨，要怀着忠诚大孝之心，对历史负责，对祖先负责，对我们的子孙后代负责的态度来搞好这次通谱的编修，我们将采取集中与分散相结合、走出去与请进来相结合的方法：

1 我们的工作人员主要分散在各地开展活动。各省、市、地区要确定至少3—5名人员在本地区发动宣传，收（搜）集资料，积极配合编纂委员会的工作，把本地区的资料整理、撰写，上呈编纂委员会汇总。

2 适时集中各地编修人员进行意见交换，研究、考察、论证疑难问题，对有线索的资料要寻根摸底，弄清情况，要派人走出去调查，也要请进来进行介绍。要充分利用先进的通讯设施进行信息的传递和资料的交流。

3 集中编纂。把各省、市、地区推荐和自荐，经编委会审查确定能胜任编纂工作的人员，集中在一起，进行通谱的编纂。

4 各地区傅氏组织和宗亲必须积极配合，为编委会采编资料提供方便，有钱出钱，有力出力，支持通谱的编修工作。

六、工作要求

1 编纂委员会要加强对编纂工作的领导、检查和督促，要及时解决重大疑难问题，促进编修工作的顺利进行。

2 编修人员要无私奉献，勇挑重担，克服困难，积极工作，认真负责，要顾全大局，排除一切干扰，服从安排，搞好编修工作。

3 对收（搜）集的资料必须进行认真的核查考证，经共同确认后方能采用，对重大疑难问题要经过集体讨论通过或者请专家学者论证，要保证内容的真实和准确性。

4 要坚持开拓创新思想，摒弃不合时代要求的内容，增加有利于社会精神文明的新思想、新内容，要顺应历史的发展潮流和时代要求。

5 文章要做到简明扼要，不要繁杂，语言要通俗易懂，达到真实性、知识性、实用性、可读性。

我们要不断加强学习，同心协力，万众一心，克服困难，共同努力，同心同德，要充分发挥大家的聪明才智，各抒己见，发挥所长，为编纂好这部世界傅氏大通谱，弘扬傅圣精神和傅氏文化，为我全球傅氏香火万代相传而努力奋斗！

世界傅氏宗亲联谊总会《中华傅氏通谱》编纂委员会

世界傅氏宗亲联谊总会 山西平陆

二〇〇八年三月一日

世界傅氏宗亲联谊总会文件

世傅总办字（2008）第 002 号　　签发：傅治华

关于为傅传松等宗亲颁发荣誉证书的通知

各省、市、县联谊会：

傅传松等宗亲在宗亲联谊、傅圣文化及傅氏族谱的研究中，工作积极，无私奉献，成绩显著，贡献突出，总会决定予以表彰，特颁发荣誉证书。

表彰宗亲名单：

姓名	所在地	姓　名	所在地	姓名	所在地
傅传松	湖北石首绣林	傅恩林	福建龙岩上杭	傅文彬	河南睢县
傅明	天津市	傅荣楷	江西南昌	傅炎顺	江西南昌
傅瑞	福建龙岩连城	傅为群	福建龙岩	傅国龙	江西丰城
傅美生	山东龙口	傅伯能	贵州遵义桐梓	傅相钧	贵州遵义桐梓
傅长文	贵州毕节	杨鼎英(女)	贵州毕节	傅培良	贵州赫章
傅仕策	贵州瓮安	傅成明	贵州六盘水	傅恩贤	贵州黔西
傅家平	贵州黔西	傅家碧(女)	贵州黔西	傅正威	贵州威宁
傅报新	贵州贵阳	傅求条	江西高安	傅晓东	云南思茅
傅业松	云南镇雄	傅正湘	湖南岳阳	傅冠湘	湖南长沙
傅开祥	重庆市	傅剑波	重庆綦江	傅祖顺	重庆云阳
傅光权	贵州绥阳	傅登仁	江西	傅俊石	辽宁
傅永瑞	河北承德	傅堂标	江西	傅乔秀	广东湛江
傅天兴	广东湛江	傅大志	总会（河南人）	傅向明	福建光泽
傅光明	福建光泽	傅维生	福建泉州	傅荣火	福建泉州
傅卿哲	福建泉州	傅炳基	福建泉州	傅国伟	江西南昌
傅建桥	湖北武汉	傅芳德	江西南昌	傅善勤	贵州毕节
傅毕立	贵州威宁	傅善修	贵州毕节	傅才贵	贵州威宁
傅善学	贵州毕节	傅朝正	贵州六盘水	傅长华	贵州瓮安
傅文彬	贵州六盘水	傅长仁	贵阳三桥	傅廷贵	贵州六盘水
傅长寿	贵州织金	傅先平	贵州赫章		

特此通知。

世界傅氏宗亲联谊总会

二〇〇八年三月三日

世界傅氏宗亲联谊总会文件

《中华傅氏通谱》编修工作会议纪要(一)

时间：2008年3月1日至3月3日

地点：江西省新都市空间宾馆

世界傅氏宗亲联谊总会《中华傅氏通谱》编修委员会于2008年3月1日至3月3日(会期3天)在江西省新都市宾馆会议室召开了《中华傅氏通谱》编修工作会议，来自14个省、市，80余个县的代表共计94人参加了会议，参会名单如下：

福建：傅加星　傅荣大　傅卿哲　傅向明　傅茂隆　傅为群　傅庆祥　傅恩林　傅瑞

贵州：傅治华　傅长文　傅善学　傅善勤　傅善修　傅长仁　傅恩贤　傅家平　傅培良　傅先平　傅长寿　傅家国　傅长华(女)　傅发德　傅方模　傅伯能　傅相均　傅毕立　傅才贵　傅朝正　傅文彬　傅廷贵　傅光权

山东：傅道杰　傅乐铜　傅美生　傅科华

湖北：傅传松　傅世槐　傅光宙　傅建桥　傅如国　傅占魁

天津：傅明

江西：傅荣楷　傅炎顺　傅芳德　傅国华　傅朝宏　傅庸玉　傅骏勇　傅云桂　傅乃吉　傅国龙　傅明喜　傅日新　傅建洪　傅和年　傅有元　傅李琦　傅俞光　傅志远　傅日华　傅宗良　傅堂标　傅朝玄　傅银根　傅邦光　傅朝明　傅晓华　傅声湖　傅开娇(女)　傅诚慈　傅芳景　傅声杰　傅声祺　傅忠　傅命华　傅克平　傅命晓　傅新安　傅贵龙

辽宁：傅俊石

重庆：傅达贤　傅祖顺

北京：傅占武

广东：傅天兴

河北：傅永瑞

河南：傅文彬　傅大志

湖南：傅良斌　傅华放

安徽：傅昌俊　傅应天　傅曹敬芳(女)

会议由傅炎顺宗亲主持，江西傅氏宗亲联谊会会长傅荣楷宗亲首先致欢迎词，热情的欢迎，深情的问候，使到会宗亲们倍感亲切；热切的期盼和衷心的祝福，更使我们增强信心，汇聚力量。

接着，世界傅氏宗亲联谊总会傅加星会长作了热情洋溢的讲话，他鼓励大家要团结和睦，齐心协力，克服困难，努力搞好《中华傅氏通谱》的编修工作。要充分调动全族各方面的积极因素参与，经过大家的共同努力，编修好通谱，大家都是功臣。

世界傅氏宗亲联谊总会常务副会长，《中华傅氏通谱》编纂委员会执行主任傅治华宗亲作了题为“团结和谐，开拓创新，为编修《中华傅氏通谱》而努力奋斗”的工作报告。报告的第一部分是介绍对编修《中华傅氏通谱》的思想认识和组织准备情况，第二部分是就编修工作及一些具体事宜谈了六点意见：一是编修《中华傅氏通谱》的时机已经成熟，我们要积极行动，承担起这一艰巨的历史重任；二是我们要克服困难，知难而进，搞好编修工作；三是编修工作要坚持创新思想；四是尊重历史，尊重事实，讲求实效；五是编修内容；六是加强组织领导，组建编修班子，落实措施。治华宗亲最后讲到：我们的任务是艰巨的，道路是曲折的，前途是光明的，让我们积极行动起来，统一思想，团结协作，开拓奋进，不懈努力，为编修好《中华傅氏通谱》作出我们应有的贡献。

通谱执行主编、湖北石首的傅传松宗亲在会上作了“中华傅氏共祖世系汇考”的专题发言，传松宗亲花费了大量心血，认真研究了傅圣文化及傅氏族谱，查阅历史资料，总结汇集了前人及现代正在热心这方面研究的广大宗亲们的经验和资料，撰写了约八万字的《中华傅氏共祖世系谱》、《中华傅氏共祖世系汇考》，设计了《中华傅氏通谱》总谱目录，给我们理出了一条非常清晰的主线和编修框架。传松宗亲的专题发言得到了参会代表的赞同和拥护。

这次会议采取了大会发言，专题讨论，分散交流等灵活多样的形式，使会议收到了良好的效果，为编修好通谱打下了良好的基础。各地代表紧紧围绕会议主题发言，献计献策，提出了很多宝贵意见和建议。会议期间，还进行了编修工作经验和资料的交流。各地在编修族谱方面已经取得了很多成功经验，很多地方都带了老谱、新修谱及经验介绍来进行交流，相互学习，取长补短，进一步地提高了大家的编谱水平。这次带来交流的资料、谱书多达六十余部、册，总会编修委员会还派专人负责，对有价值的内容进行了拍照或复印。会上还邀请彭堂华先生作了关于族谱文化数字化网络化的发言，我们的通谱编修要引进高科技、新技术，还要学习借鉴外姓族谱的先进经验。

会议总结时，总会表彰了一批在宗亲联谊、傅圣文化及傅氏族谱的研究中，工作积极、无私奉献、成绩显著，贡献突出的宗亲，对他们的奉献精神给予了广泛的宣传，号召大家向他们学习，为构建和谐宗亲贡献力量。

会上共收到捐款计 55700 元，其中傅向明（福建圣农集团）捐款 50000 元（已入总会傅加星会长账户），傅为群（福建龙岩）捐款 1000 元，傅恩林（福建上杭）捐款 500 元，傅瑞（福建连城）捐款 500 元，傅长文（贵州毕节）捐款 1000 元，傅报新（贵州贵阳）捐款 600 元，傅劲勇（贵州黔西）捐款 1100 元，傅咏梅（贵州黔西）捐款 1000 元。

大会经过充分讨论，对下一步的编修工作进行了具体安排：

一、关于建立班子问题，要求各地及时发现人才，积极向编委会推荐充实编修班子。

二、下一步开始要做的工作有：

1. 参会代表要及时把会议精神带回去，广泛宣传，统一思想认识，要克服消极因素，加强沟通，和谐发展。

2. 组织专家对传松所作的《中华傅氏共祖世系谱》进行论证，请大家深入研究探讨，发表意见。

3. 各地要按总谱目录进行资料的收集，待确定汇集地后，再集中汇总。

这次会议经过大家的共同努力，圆满完成了会议议程，在《中华傅氏通谱》的编修史上是一次具有重要历史意义的会议，是一次团结的大会，胜利的大会。

世界傅氏宗亲联谊总会 山西平陆

《中华傅氏通谱》编修委员会

二〇〇八年三月九日

贺 信

欣闻《中华傅氏通谱》编纂工作会议在南昌召开。谨此，对大会隆重而热烈的召开，表示热烈而诚挚的祝贺，并向傅氏宗亲与会议嘉宾致以亲切的慰问和吉祥的祝愿。

傅氏族人是中华民族大家庭中重要的成员，历史悠久，名人辈出。文化积淀深厚，为中华民族的发展和兴盛做出过杰出的贡献。

为弘扬祖国优秀的传统文化，《中华傅氏通谱》编纂意义重大，对中华民族大团结和祖国的统一大业，对构建社会主义和谐社会和复兴中华伟业，有着积极而深远的意义。

预祝大会取得圆满成功！

祝会议全体代表身心健康，事业有成，阖家欢乐！

江西省谱牒研究会

江西省谱牒研究会

会长：彭堂华

2008 年 3 月 1 日

世界傅氏宗亲联谊总会文件

《中华傅氏通谱》编修工作会议纪要(二)

时间：2008年5月12日下午

地点：山西省平陆县平陆宾馆

世界傅氏宗亲联谊总会《中华傅氏通谱》编修委员会于2008年5月12日下午16时在山西省平陆县平陆宾馆三楼会议室召开《中华傅氏通谱》编修工作会议，参会成员共15人：

傅治华(贵州)、傅传松(湖北)、傅文彬(河南)、傅炎顺(江西)、傅明(天津)、傅祖顺(重庆)、傅乃吉(江西)、傅天兴(广东)、傅昌俊(安徽)、傅为群(福建)、傅仕策(贵州)、傅国龙(江西)、傅美生(山东)、傅道安(安徽)、傅恩贤(贵州)。

会议由世界傅氏宗亲联谊总会常务副会长、《中华傅氏通谱》编纂委员会执行主任傅治华宗亲主持，治华宗亲首先发表了《统一思想、积极行动、加快〈中华傅氏通谱〉编修工作步伐》的讲话，治华宗亲在讲话中明确了会议的主题：我们再次相聚祖地平陆，一是参加朝圣祭祖活动，二是研究《中华傅氏通谱》编修工作的具体事宜，这次会议也可以说是南昌会议的继续。根据南昌会议的安排，要求把会议精神带回去，广泛宣传，发动广大宗亲积极投入通谱的编修工作中来，积极行动，收集资料，要请大家介绍一下各地宣传发动和收集资料的进展情况。还有这也是一次论证会议，要求通过大家的深入研究，对传松宗亲的《中华傅氏共祖世系谱》进行论证，发表意见。

接着，由传松宗亲归纳提出了六个讨论议题，内容是：

一、论证《中华傅氏共祖世系谱》；

二、关于《中华傅氏通谱》的编修方式；

三、关于《中华傅氏通谱》的篇幅内容问题；

四、收集资料采用什么方案；

五、关于冠名问题；

六、关于集资奖励办法。

参会代表围绕这六个方面的内容积极发言，有的还写有书面意见，提得很中肯，很有参考价值，最后统一了意见，达成共识，形成最后决议：

一、大家一致同意传松宗亲关于《中华傅氏共祖世系谱》的意见，并明确傅友德公辈代为九十七代，便于各支系的辈代对接。大家对意见还提出了进一步修改、充实、完善。

二、关于《中华傅氏通谱》的编修方式，大家一致同意修总谱，由总会编委会负责，各支系的内容留给各省、市、县去搞。

三、关于总谱的篇幅、内容问题，大家一致认为应按总谱目录内容来收集资料，内容要精简，篇幅不宜太长，在全国、全族具有代表性的内容均应收入总谱，其他带地方性特点的内容则留给省、市、县的分谱去收录。

四、关于收集资料的方案，大家同意采用专班调查、集中编修的办法进行，要求大家作好准备，听候调遣。同时采用一些分散的收集与之配合。

五、关于冠名问题，统称为《中华傅氏通谱》，以下各省、市、县的分谱只要相应冠上省、市、县名即可。

六、大家一致同意集资奖励办法，以编委会名义发文即可施行。

最后参会代表都进行了签名，这是历史的见证，这也是一种认真负责的态度，要对历史负责，对先辈负责，对子孙后代负责。

同时要说明的是，有傅恩林(福建)、傅瑞(福建)、傅长文(贵州)、傅培良(贵州)、傅伯能(贵州)、傅相钧(贵州)、傅家平(贵州)、傅道全(安徽)等宗亲因特殊情况没有能参加会议，看到决议内容后，也欣然签名表示同意。

另附签名录及签名人员情况表。

世界傅氏宗亲联谊总会
山西平陆

《中华傅氏通谱》编修委员会
二〇〇八年五月十五日

云南省西双版纳景洪市
嘎洒镇种植场
傅庭帅

傅绍臣

傅绍元

傅剑波

傅明

傅道全

傅道安

傅世光

傅长文

傅乃仲

傅在煌

傅启会

傅建松

傅福军

傅汝忠

傅瑞宇

刘傅海其

傅恩林

傅瑞

傅超棣(文昌市)

傅家平

傅羽

《中华傅氏通谱》编修意见及《中华傅氏共祖世系谱》论证签名录

姓　名	所在地	姓　名	所在地	姓　名	所在地
傅治华	贵州黔西	傅道全	安徽合肥	傅家成	安徽合肥
傅传松	湖北石首	傅道安	安徽合肥	傅恩贤	贵州黔西
傅文彬	河南睢县	傅庭帅	云南景洪	傅钦臣	贵州大方
傅祖顺	重庆云阳	傅世尧	广东太平	傅家平	贵州黔西
傅乃吉	江西鹰潭	傅庆祥	福建龙岩	傅　羽	贵州水城
傅美生	山东龙口	傅乃仲	广西北海	傅冠辉	湖北仙桃
傅国龙	江西丰城	傅振挺	福建龙岩	刘傅海其	广东廉江
傅为群	福建龙岩	傅在煜	广东合浦	傅升亮	贵州仁怀
傅炎顺	江西南昌	傅福星	福建龙岩	傅伯能	贵州桐梓
傅仕策	贵州瓮安	傅启合	广西防城港	傅相均	贵州桐梓
傅昌俊	安徽合肥	傅建桥	湖北武汉	傅培良	贵州赫章
傅　明	天津	傅福军	广东陆川	傅绍元	贵阳花溪
傅天兴	广东湛江	傅学文	湖北	傅剑波	重庆綦江
傅长文	贵州毕节	傅汝忠	广西博白	傅瑞宇	广东湛江
傅德汉	广西北海	傅如通	福建	傅晓东	云南思茅
傅恩林	福建上杭	傅乔秀	广东湛江	傅梅森	海南文昌
傅　瑞	福建连城				

世界傅氏宗亲联谊总会文件

世傅总办字（2010）第021号　　签发：傅治华

关于为傅章龙等宗亲颁发荣誉证书的通知

各省、市、县联谊会：

贵州傅章龙等宗亲在宗亲联谊、傅圣文化及傅氏族谱的研究中，工作积极，无私奉献，成绩显著，贡献突出，总会决定予以表彰，特颁发荣誉证书。（该文件报经总会傅文山会长同意）附表彰宗亲名单：

姓名	所在地	姓名	所在地
傅章龙	贵州贵阳	张祥云	贵州瓮安
傅升亮	贵州仁怀	傅仕均	贵州瓮安
傅舒福	贵州六枝	傅朝骥	贵州瓮安
傅兰瑜	贵州大方	傅永久	贵州瓮安
傅爰海	贵州仁怀	傅冠辉	贵州贵阳
傅学书	贵州贵阳	傅国彦	云南曲靖
傅学美	贵州贵阳	傅兴章	贵州黔西
傅贵兴	贵州修文	傅报和	贵州织金
傅　红	贵州六枝	傅汉曦	贵州织金
傅忠元	贵州道真	傅家兴	贵州织金
傅舒荣	贵州六枝	傅新科	贵州清镇
傅道军	贵州黔西	傅定文	贵州水城
傅辅刚	贵州仁怀	傅大华	贵州威宁
傅德华	云南镇雄	傅贤鹏	贵州绥阳
傅绍芳	云南镇雄	傅再忠	贵州六枝
傅舒祥	贵州六枝	傅书乾	贵州思南
傅先寿	云南镇雄	傅宪邦	贵州盘县
傅钦臣	贵州大方	傅学昌	贵州盘县
傅咏梅	贵州黔西	杨　萍	贵州道真

特此通知。

世界傅氏宗亲联谊总会

二〇一〇年四月二十四日

贵州傅氏宗亲联谊会文件

贵傅联谊字（2006）第 01 号　　签发：**傅治华**

关于贵州傅氏宗亲联谊会首届委员会领导成员任命及聘任名单的通知

由贵州傅氏宗亲联谊会筹委会提名推荐，经宗亲联谊会首届代表大会审议、选举，决定任命贵州傅氏宗亲联谊会首届委员会会长、常务副会长、副会长、秘书长；决定聘任贵州傅氏宗亲联谊会首届委员会名誉会长、顾问。现通知如下。

名誉会长：傅升亮（仁怀）　傅爰平（黔西）　傅忠模（遵义）　傅大贵（毕节）　傅立俊（毕节）　傅承才（贵阳）　傅立铭（毕节）

顾　　问：傅福远（贵阳）　傅伯能（桐梓）　傅正广（仁怀）　傅尔光（遵义）　傅汉曦（织金）　傅克儒（黔西）　傅道高（遵义）　傅克铭（安龙）　傅兴荣（黔西）　傅文广（遵义）　傅文明（遵义县）　傅长春（织金）

会　　长：傅治华（黔西）

常务副会长：傅长文（毕节）　傅劲勇（黔西）　傅新科（清镇）　傅培良（赫章）　傅华（遵义）　傅世海（遵义）　傅桂国（凯里）　傅斯万（桐梓）　傅长福（普安）　傅相均（桐梓）　傅报和（织金）　傅汉江（毕节）　傅家平（黔西）　傅国义（铜仁）　傅兴中（水城）　傅清明（仁怀）　傅贵兴(修文)　傅兰瑜（大方）　傅忠元（道真）　傅冠辉（贵阳）　傅家瑞（贵阳）　傅恩贤（黔西）

副 会 长：傅开文（仁怀）　傅明祥（遵义）　傅国才（遵义县）　傅旭（毕节）　傅安招（金沙）　傅志福（清镇）　傅大鹏（织金）　傅先平（赫章）　傅仕均（瓮安）　傅大育（凤冈）　傅光权（绥阳）　傅书乾（思南）　傅正威（威宁）　傅元芳（长顺）　傅文贵（正安）　傅云（毕节）　傅才贵（威宁）　傅善云（纳雍）　傅庆军（镇远）　杨鼎英（毕节）　傅锡品（安顺）　傅明生（普安）　傅成学（安顺）　傅贵俊（盘县）　傅宪邦（盘县）　傅志坚（白云）　傅斌　傅朝相（长顺）　傅德学（福泉）　傅毕立（威宁）　傅应祥（罗甸）　傅平西（惠水）　傅堂亮（罗甸）　傅学书（贵阳）　傅善勤（毕节）　傅仕策（瓮安）

秘 书 长：傅恩贤（黔西）

副秘书长：傅钦臣（大方）　傅仕策（瓮安）

特此通知。

贵州傅氏宗亲联谊会

二〇〇六年三月三十一日

贵州傅氏宗亲联谊会文件

贵傅联谊字（2010）第03号　　签发：傅治华

关于为傅贵兴等宗亲颁发功德榜的通知

各市、县宗亲联谊会、联谊会筹委会：

各地宗亲为编修通谱、维修祠堂、维修祖墓等积极捐资奉献，功德无量。现对在各地捐资千元以上人员予以上榜嘉奖。

附：捐资名单

姓　名	地　址	捐资金额	姓　名	地　址	捐资金额
傅治华	黔西县	150000元	傅国彦	盘县(住曲靖)	10000元
傅贵兴	修文县	10000元	傅克俊	盘县(住昆明)	5000元
傅世福	道真(住贵阳)	6000元	傅斯万	桐梓县(道真谱)	4000元
傅德华	修文县	4000元	傅家碧	黔西县	3000元
傅前邦	盘县	3800元	傅国成	盘县	3000元
傅德邦	盘县	3000元	傅忠模	道真县(住遵义)	2000元
傅绍芳	修文县	3000元	傅宪邦	盘县	2000元
傅先寿	修文县	2000元	傅兰瑜	大方县	2000元
傅畅穆	六枝特区	2000元	朱正秀	修文县	1200元
傅建雄	道真县	1500元	傅洪顺	大方县	1000元
傅家耀	盘县	1000元	傅相阳	大方县	1000元
傅舒荣	六枝特区	1000元	赵　耀	大方县	1000元
傅舒明	六枝特区	1000元	傅兴隆	大方县	1000元
傅先兵	修文县	1000元	傅鑫亚	大方县	1000元
傅　娟	修文县	1000元	傅梦淑	大方县	1000元
傅增林	修文县	1000元	傅宗华	大方县	1000元
傅绍兴	修文县	1000元	傅永福	大方县	1000元
傅绍鼎	修文县	1000元	傅国文	大方县	1000元
傅绍康	修文县	1000元	傅家贤	盘县(住贵阳)	1000元
傅先华	修文县	1000元	傅雪峰	道真县	1000元
傅舒福	六枝特区	1000元	傅春松	道真县	1000元

特此通知。

贵州傅氏宗亲联谊会

二〇一〇年四月二十四日

贵州傅氏宗亲联谊会文件

贵傅联谊字（2010）第04号　　签发：傅治华

关于成立贵州傅氏通谱编修班子的通知

各市、县宗亲联谊会、联谊会筹委会：

经贵州傅氏宗亲联谊会常委会研究，决定成立贵州傅氏通谱编修班子，负责领导、组织实施贵州傅氏通谱的编修工作事宜。

领导小组成员名单：

主　　任：傅治华

执行主任：傅培良

常务副主任：傅长文　傅新科

常务委员：傅国义　傅钦臣　傅舒福　傅贵兴　傅仕策　傅忠元　傅贤鹏

秘 书 长：傅恩贤　傅舒祥

财　　务：傅恩贤　傅家平

省联谊会的常务副会长、副会长、顾问、名誉会长等均为领导小组成员，负责组织领导本辖区的资料收集整理工作。

特此通知。

贵州傅氏宗亲联谊会

二〇一〇年四月二十四日

贵州傅氏宗亲联谊会文件

贵傅联谊字（2010）第 06 号　　签发：傅治华

关于编修《中华傅氏通谱·贵州卷》集资捐款的奖励办法

贵州傅氏宗亲：

贵州傅氏通谱的编修工作已正式启动，为肯定大家的奉献精神，经研究，特制定集资捐款奖励办法，现予以公布执行。

一、凡捐款 200 元（人民币，下同）以上至 1000 元以下者，赠纪念册一本，入谱首《功德榜》。

二、凡捐款 1000 元以上至 5000 元以下者，赠纪念册一本，赠通谱一套，入谱首《功德榜》。

三、凡捐款 5000 元以上至 1 万元以下者，发给修谱纪念品一件，赠纪念册一本，赠通谱二套，入谱首《功德榜》，增加名字（职务、职称）配一寸照片。

四、凡捐款 1 万元以上至 2 万元以下者，发给修谱纪念品一件，赠纪念册一本，赠通谱二套，入谱首《功德榜》，增加名字（职务、职称）配二寸照片。

五、凡捐款 2 万元以上至 3 万元以下者，发给修谱纪念品一件，赠纪念册一本，赠通谱三套，入谱首《功德榜》，增加四分之一 A4 版面（含照片，个人简历等）内容的情况介绍，个人为通谱荣誉理事。

六、凡捐款 3 万元以上至 4 万元以下者，发给修谱纪念品一件，赠纪念册一本，赠通谱四套，入谱首《功德榜》，增加二分之一 A4 版面（含照片、个人、家庭情况等）内容的介绍，个人为通谱常务理事。

七、凡捐款 4 万元以上至 5 万元者，发给修谱纪念品一件，赠纪念册一本，赠通谱五套，入谱首《功德榜》，增加全页 A4 版面（含照片、个人、家庭或企业情况等）内容的介绍，个人为通谱顾问。

八、凡有突出贡献者，视其贡献大小，亦比照上款给与奖励。

贵州傅氏宗亲联谊会

二〇一〇年四月二十四日

贵州傅氏宗亲联谊会文件

贵傅联谊字（2011）第 03 号　　　签发：傅治华

关于贵州傅氏宗亲联谊会 第二届委员会领导成员任命及聘任名单的通知

由贵州傅氏宗亲联谊会常委会提名推荐，经第二届傅氏宗亲代表大会审议同意，决定任命贵州傅氏宗亲联谊会第二届委员会会长、常务副会长、副会长、秘书长；决定聘任贵州傅氏宗亲联谊会第二届委员会名誉会长、顾问。现通知如下：

会　　长： 傅治华（黔西）

常务副会长： 傅长文（毕节）、傅劲勇(黔西)、傅培良（赫章）、傅新科（清镇）、傅家碧（女，黔西）、傅贵兴（修文）、傅兰瑜（大方）、傅忠元（道真）、傅华(遵义)、傅桂国（凯里）、傅长福（普安）、傅相均（桐梓）、傅报和（织金）、傅家平（黔西）、傅国义（铜仁）、傅红（六枝）、傅学书（贵阳）、傅启军（铜仁）、傅绍元（贵阳）、傅宇坤（贵阳）、傅舒祥（贵阳）、傅舒福（六枝）、傅振江（开阳）、傅钦臣（大方）、傅永福（安顺）、傅瑜（水城）、傅恩贤（黔西）

副 会 长： 傅开文（仁怀）、傅　旭（毕节）、傅安招（金沙）、傅大鹏（织金）、傅先平（赫章）、傅仕均（瓮安）、傅大育（凤冈）、傅光权（绥阳）、傅一平（水城）、傅书乾（思南）、傅元芳（长顺）、傅应林（六盘水）、傅仕策（瓮安）、傅才贵（威宁）、傅善云（纳雍）、傅庆军（镇远）、傅锡品（安顺）、傅明生（普安）、傅成学（安顺）、傅贵俊（盘县）、傅宪邦（盘县）、傅志坚（白云）、傅斌（水城）、傅朝相（长顺）、傅德学（福泉）、傅毕立（威宁）、傅堂亮（罗甸）、傅善勤（毕节）、傅学美（女，贵阳）

秘 书 长： 傅恩贤（黔西）

名誉会长： 傅升亮（仁怀）、傅承才（贵阳）、傅忠模（遵义）、傅家能（铜仁）、傅大贵（毕节）、傅立俊（毕节）、傅立铭（毕节）、傅爰平（黔西）

顾　　问： 傅尔光（遵义）、傅福远（贵阳）、傅伯能（桐梓）、傅宏达（贵阳）、傅家瑞（女，贵阳）、杨鼎英（女，毕节）

特此通知。

贵州傅氏宗亲联谊会

二〇一一年三月十九日

贵州傅氏宗亲联谊会文件

贵州傅氏宗亲联谊会章程

（二〇一一年三月十九日修改审议通过）

第一章　总则

第一条　名称：贵州傅氏宗亲联谊会

第二条　宗旨、基本原则和指导思想

宗旨：传承和发扬傅圣文化，引导广大傅氏宗亲，热爱中国共产党，坚持社会主义道路，遵纪守法，明礼诚信，做新时代的傅氏传人，为中华民族的振兴和崛起，为祖国的繁荣昌盛，为家族的兴旺发达作贡献；广泛联络各地宗亲，促进和加强彼此间的团结协作，并与其他姓氏和睦相处，共同构建社会主义和谐社会，促进共同发展；积极保护和抢救历史文化遗产，广泛搜集、整理、核实各支系傅氏谱谍及相关文献资料，认真研究考证，搞好《中华傅氏通谱·贵州卷》的编修。

基本原则：坚持科学发展原则，促进社会和谐发展；坚持民主集中制原则，增强宗亲凝聚力；坚持以人为本原则，提高宗亲素质和能力；坚持诚实守信原则，推动联谊会持续发展；坚持节约高效原则，真心为广大宗亲多办实事、好事。

指导思想：联谊会以马列主义、毛泽东思想、邓小平理论和“三个代表”重要思想为指导，按照科学发展观的要求，认真贯彻党和国家的方针政策，遵守国家的法律法规，团结和带领广大傅氏宗亲爱国敬业，诚信做人，开拓创新，为祖国繁荣富强，为社会稳定和谐，为人民安康幸福作贡献。

第三条：会址：贵阳

第二章　会员

第四条　会员条件

凡贵州籍年满十六周岁的傅氏宗亲，不分国籍、民族、性别、信仰、职业，只要承认本会章程，执行本会决议，由本人自愿填写会员表，并经登记后即可成为本会会员。

第五条　会员享有下列权利

1．参加本会的有关会议、学术研究和其它各项活动，对本会的工作有权提出建议

和倡仪；

2．享有本会的选举权和被选举权；

3．对本会的工作和发展行使监督权；

4．对本会工作积极者、重大贡献者有获奖的权利；

5．有权要求罢免、撤换本会不称职的负责人。

第六条 会员应履行的义务

1．遵守国家法律法规和傅氏族规、族训；

2．执行本会的决议决定，维护本会的声誉和合法权益；

3．关心本会的发展，本着自愿的原则，有钱出钱，有力出力，自愿为宗亲作奉献；

4．维护团结，和睦宗亲，传承和发扬向上、向善的优良品德，及时反映有关情况和信息；

5．教育、教化本族宗亲，特别是青少年文明诚信，崇尚科学，热爱祖国，积极奋进，追求真理，抵制不法行为。

第三章 组织机构

第七条 组织机构

本会实行会员代表大会领导下的会长负责制，会员代表大会为最高权力机构，常务委员会为最高执行机构。

按民主集中制的原则，由各地（州）、市、县（区）联谊会选举产生出席贵州傅氏宗亲联谊会大会的会员代表，由会员代表大会选举产生联谊会的常务委员（常务委员由若干人组成），再由常务委员选举产生会长、常务副会长、副会长、秘书长。

换届选举，由上届常委会委员提名产生下届会长、常务副会长、副会长、秘书长任职候选人建议名单。

常务委员会设会长 1 人，常务副会长若干人，副会长若干人，顾问若干人，名誉会长若干人。

各地（州）、市、县（区）分设联谊会，设会长 1 人，常务副会长 2 人，副会长若干人。

第八条 职责

联谊会会员代表大会闭幕后，会长或由会长指名常务副会长负责主持常务委员会的日常工作。

1．常务委员会讨论决定本会的重大决策和发展规划，监督执行；

2．会长有权任命本会常设机构部门负责人，常务委员会可聘请本会的名誉顾问；

3．根据本会的发展需要，对重大事项的提案由常务委员会讨论决定并作出决议，形成文件下发执行；

4．会长、常务副会长、副会长、秘书长的更换、罢免，应由常务委员会三人以上提议，经常务委员会讨论通过，报会员代表大会备案；

5．联谊会的领导班子要特别强调组织纪律，如不能认真履行职责，且无故不参加联谊会活动的，亦可按以上程序进行更换或罢免；

6．对本会《章程》的修改，由常务委员会集体讨论，提交会员代表大会审议通过。

第九条　本会代表大会每五年举行一次，常务委员会每一年举行一次（亦可根据实际情况提前或推迟举行）。

第十条　本会会长、常务副会长、副会长、秘书长任期五年，可连选连任，如未被连选，其原任职务自然免除。

第十一条　本届的会长、常务副会长、副会长在任期内因故空缺，由常务委员会讨论决定依次替补继任，直至届满。

第十二条　本会常设机构有：秘书处、文化宣传部、经济发展部、傅圣文化研究及傅氏通谱编辑部、联络部、财务部、教育基金会。

第十三条　常设机构编制及工作职责

秘书处：设秘书长 1 人，常务副秘书长 1 人，副秘书长若干人。负责起草、收发各种文件、资料，做好各种会议记录，处理好日常事务，联系和督促各部门的工作，负责各项活动的开展，整理和保管好档案，接待和安排好宗亲来信来访。

文化宣传部：设部长 1 人，常务副部长 1 人，副部长若干人。负责宣传教育，加强有关法律法规的学习，不断提高傅氏宗亲的文化素质及法律意识，认真宣传傅圣文化，表彰好人好事，提高傅氏宗亲的道德素质，搞好精神文明建设。办好简报，及时反映本会及各地联谊工作情况，进行交流学习，促进联谊工作健康发展。

经济发展部：设部长 1 人，常务副部长 1 人，副部长若干人。负责经济信息的交流、发展与管理，为宗亲建立文化产业平台，建立企业之间、区域之间的经济协作平台，共谋发展，为本会创造财富，增加经济收入。

傅圣文化研究及傅氏通谱编辑部：设部长 1 人，常务副部长 1 人，副部长若干人。负责研究、挖掘、弘扬和传播傅圣文化并负责收集有关族谱的资料，整理编辑《中华傅氏通谱·贵州卷》，对总会通谱编辑部的工作给予积极的支持与配合，争取早日成书发行。

联络部：设部长 1 人，常务副部长 1 人，副部长若干人。负责省内外傅氏宗亲的组织联络，吸收会员与企业家，促进交流与合作，互利互惠，随时了解情况，发现问题及时向联谊会反映。重视与其他姓氏的联络，和睦相处，促进安定团结，共谋发展。

财务部：设部长 1 人，副部长 2 人，监事长 1 人，会计、出纳各 1 人。负责本会的财务管理，须建立严格的财务管理制度，经费实行专人负责，严格审核审批手续，由民主监督管理，实行年度报告审计制度。

教育基金会：设主任 1 人，常务副主任 1 人，副主任若干人。负责组织和发动傅氏企业家及热爱宗亲事业的各界人士向基金会捐款，救助贫困学生完成学业。对考取国家和地区的重点院校、经济上有重大困难的学子（由各地宗亲组织申报，经本会基金会核实审定）给予一定数额的奖学金、助学金。

第四章　财务收支管理

第十四条　本会活动经费不搞摊派，由会员和宗亲自愿捐赠、赞助筹集。

第十五条　建立严格的财务制度，经费由常务委员会提名组成监事会，负责对财务工作进行监督管理。严格审核审批、合理使用，做到收支有据，账目公开，进行年度报告审计制度，反对铺张浪费的行为。

第五章　附则

第十六条　本《章程》在实施过程中，可根据实际情况和具体操作的需要进行修改、增补、完善。

第十七条　本《章程》经会员代表大会通过生效，本《章程》的解释权属贵州傅氏宗亲联谊会常务委员会。

贵州省傅氏宗亲联谊会

二〇一一年三月十九日

贵州傅氏宗亲联谊会文件

关于编纂《中华傅氏通谱·贵州卷》征集资料的通告

编纂《中华傅氏通谱·贵州卷》是贵州傅氏宗亲生活中的一件大事，是弘扬先祖、服务当代、惠及子孙的千秋功业。为编纂好《中华傅氏通谱·贵州卷》，使其内容更加全面详实，我们决定广泛征集中华傅氏有史以来到2010年12月31日期间，有关傅氏宗族有价值的文字与口碑资料及实物资料。现就有关事项通告如下：

一、征集范围

（一）文字资料

1．谱牒资料：凡傅氏宗亲的族谱、房谱、支谱、家谱、系谱、年谱等，不论新修的或历史遗存的，均为资料首要征集对象，或原件或复印件均可。对有以上内容的光牒、影带等也属其中。

2．档案资料：与中华傅氏有关的自然、地理、人口、经济、政策、法律、军事、外交、文化等方面的重要文件、证书、证券、判决书、会议记录、会议纪要、报告、函电、公文等，个人书信、日记、手稿等。

3．图书资料：与中华傅氏相关的各种版本的旧志书和各种公开出版或非公开出版的专著、论著、传记、诗集、影集、画集等，游记、碑刻、拓片、影印件、言行录、回忆录、文集等。

4．报刊杂志：不论何时、何地、何级别、何组织编纂的刊登过傅氏宗亲人和事的报刊杂志。

5．照片、图表资料：傅氏宗亲在各个时期的各种照片，如中央、省、市领导或名人与宗亲共同活动的照片，反映傅氏集居地社会及环境对比变化、傅氏集居地内的标志性建筑；宗亲好人好事的照片；宗亲企业的照片；各个时期的图表资料等。

6．其它文字材料：与傅氏族群和历史有关的厂史、村史、交通史、组织人事档案、部门编写的机关沿革、机关大事记、工作参考资料、统计部门的有关统计资料，载有傅氏宗亲人和事的各类百科全书、辞书、手册、年鉴等各种参考工具书、行业会刊、工商业名录、同乡录、技术说明书、产品说明书、预算等资料，以及散落在民间的古今资料等。

7．影像书画资料：凡傅氏宗亲参编、参著、参演的各类文艺作品的拷贝、影牒、光盘、宗亲创作的省级以上展出的书法作品、美术作品、镌刻作品、雕塑作品、剪纸作品、手工制作、音乐作品等。

8．被确定为县级以上非物质文化遗产传承人。

9．流传于傅氏宗亲中的各类奇闻轶事、民间传说、神话故事、民歌、童谣等。

(二)实物资料

10．有关傅氏历史上的各类遗址、遗迹的文字及图片资料。

11．文物：宗亲家中收藏的具有历史价值的实物，如金石、古钱币、牌匾、印章、军功章、书画、生物化石、残骸、武器、生活用品、生产工具。

12．与傅氏相关的纪念碑、纪念塔、纪念馆、寺庙、宗祠、桥梁、古宅、古树等的文字材料及图片。

13．有史以来宗亲发明的新工艺、新产品、新设备、各种特色工具、各种特色建筑、各种特色食品、艺术品等。

(三)人物资料

14．立传人物：已故的担任过副县团级、副高级职称以上的宗亲；已故的老红军、老八路、新四军宗亲；已故的全国、省级劳模及相当于全国、省级劳模的宗亲；历史上宗亲中著名企业家、社会名流等；全国含省级各类竞赛纪录创造者；各支系的开族祖先；历史上的曾相当于以上级别的宗亲等。提供资料的不仅要有文字介绍，最好要有图片、照片等。

15．简介人物：相当于立传人物条件的尚健在的宗亲，提供简介。简介内容包括姓名、籍贯、出生年月、担任过最高职务、简历说明等，并附免冠照片。

16．列表人物：(1)健在的地、市、州、县以上的人大代表、政协委员；全国各行业协会的县级会员；年纳税十万的企业家；获得县级以上奖励的各类人员；各地县市级以上宗亲联谊会负责人。(2)各地分支中历代进士、历代重要官员。

17．被确定为县级以上非物质文化遗产传承人。

18．总谱设置了三个表格，贵州卷设置了十二个表格同时印发，请大家在报送征集资料时，按表格的要求一并填报。

二、征集时限

《中华傅氏通谱·贵州卷》征集资料的时限定为 2011 年 12 月 31 日止，请大家高度重视，认真负责地按照要求组织报送。如因迟报或漏报而影响资料收录所产生的后果，责任自负。

三、征集办法

请各地宗亲根据本通告资料征集范围，采取来电、来函或直接见面等方式向《中华傅氏通谱·贵州卷》编纂委员会秘书处提供资料或线索。报送的资料有电子文本的均以电子文本报送，便于征集利用。

《中华傅氏通谱·贵州卷》编纂委员会秘书处联系方法如下：

地址：贵阳市金阳新区明诚景怡园二组 3 栋 7 单元 601 号

特此通告。

《中华傅氏通谱·贵州卷》编纂委员会

2011 年 5 月 16 日

贵州傅氏宗亲联谊会文件

贵傅联谊字（2013）第01号　　签发：傅治华

关于增补省傅氏联谊会成员的通知

各位宗亲：

经贵州傅氏宗亲联谊会第二届常委会研究，决定增补第二届委员会的常务副会长、副会长、名誉会长、顾问。现将任命名单通知如下：

常务副会长：	傅其春（乌当）	傅传海（金沙）	傅仕策（瓮安）
	傅绍书（福泉）	傅大华（威宁）	傅安招（贵阳）
副　会　长：	傅宇江（习水）	傅汝云（普安）	傅顺平（遵义）
	傅应芳（晴隆）	傅厚章（锦屏）	傅顺炎（凯里）
	傅永祥（龙里）	傅善学（毕节）	傅廷碧（普定）
名誉　会长：	傅朝骥（瓮安）	傅宗华（大方）	
顾　　　问：	傅汝吉（贵阳）	傅克宇（兴义）	傅舒荣（六枝）
	傅翰生（贞丰）	傅绍先（织金）	傅克铭（安龙）
	傅益顺（罗甸）	傅正恒（盘县）	傅作明（威宁）
	傅志磊（贵阳）	傅和先（平塘）	傅廷贵（威宁）
	傅书文（大方）	傅天德（普安）	傅克儒（黔西）
	傅兴成（大方）	傅绍红（毕节）	傅举贤（贵定）
	傅光汉（大方）	傅书国（黔西）	傅庆福（凯里）

特此通知。

贵州傅氏宗亲联谊会

二〇一三年元月三十日

（印章：贵州傅氏宗亲联谊会 1427320001080）

《中华傅氏通谱》编纂方案

一、指导思想

以国家科学发展，构建和谐社会，弘扬传统文化和振兴中华民族的思想为指针，坚持历史唯物主义和辩证唯物主义，坚持实事求是，力争编纂出上品宝典，使傅氏文化成为中华传统文化宝库中的典范。

（一）盛世修志，盛世修谱，改革开放三十年来，在中国共产党的领导下，全国人民在物质文明和精神文明当中发生了天翻地覆的变化，傅氏宗族也同样受益多多。为践行科学发展观、振兴中华民族，弘扬传统文化、构建和谐社会、贯彻“以人为本”的思想，挖掘、整理、编纂地方史料和家族史料，提供社会利用是一件功在当代，利在千秋的大好事。

（二）挖掘、整理、编纂地方史料和家族史料，要以马克思主义、毛泽东思想、邓小平理论为指针，运用历史唯物主义和辩证唯物主义的观点和方法，全面、真实、准确、科学地记述中华傅氏在贵州的迁徙、繁衍、发展进步的历史。

（三）在“世界傅氏宗亲联谊总会贵州傅氏宗亲联谊会”的领导和指导下，符合《中华傅氏通谱》的编纂原则和要求，力求做到体例完备、史事准确、内容精当，确保撰稿高水平、编纂高质量、装帧高档次的精品工程，实现贵州全省傅氏千百年来合修通谱的夙愿。

二、编纂目的

理清共祖世系源流、统揽宗支繁衍信息、理清中华傅氏贵州支系分宗脉络；归纳提炼傅圣文化，彰显族贤功业；统一中华傅氏在贵州受姓源流、“说公”世系、特别是延接江西石头“傅署公”世系繁衍支系。使通谱起到存史、资政、教化作用，增强全族宗亲的亲情和凝聚力，为各地宗亲编修族谱提供统一的源流和范本，为贵州及海内外宗亲寻根认祖提供依据，促进祖国和平，促进社会发展。

三、编纂原则

尊重历史，实事求是；继承传统，力求创新；主线突出，特色鲜明；语言精炼，图文并茂。搜集和酌情运用贵州全省傅氏家谱、族谱的内容及谱例谱式，综合研究和整理，用新的方法，新的观点，新的体例和原则进行编纂。详今略古，详近略远，重点记述现当代贵州傅氏传人的历史和现状。对国家、对社会、对宗族有贡献的傅氏传人，要准确定位。弘扬正气，鞭笞恶习，不惟书，不惟上，只惟实。去粗存精，去伪存真，保存珍贵史料。

四、组织机构

成立《中华傅氏通谱•贵州卷》编纂委员会，编纂委员会下设编辑部负责编纂，秘书处负责日常工作，上传下达、资料档案、会议组织和网站管理等工作。财务工作按财务管理制度执行。具体组成人员（略）。

五、编修体例

主要内容按篇、章、节、目 4 个层次，分级用述、记、谱、传、图、表、录等多种形式表述。人名、地名、书篇名及古籍文句，可能引起误解的，保留原繁体字或异体字。只校注，标点，不翻译成白话文体，一律使用正式颁布的简化字和通用字。行文规范按《中华傅氏通谱•贵州卷编纂手册》执行。力求写清重点，写出亮点，写好焦点。展现贵州傅氏风貌，弘扬贵州傅氏精神。

六、最终目的

严格审稿程序，做到科学定位，所有入谱的宗派支系，负责人也就是各大小支派的代表，　必须提高认识，统一思想，克服错误的观点及想法，要树立天下傅氏同根、同祖，一脉之亲的观点。要用认真负责的态度，审查、校对好各自支派的迁徙，源流及字派辈代的对照关系，要树立对历史负责，对子孙后代负责的工作责任。认真审查好各自支派的源流，检查对照各自辈代是否合情合理的作到定位，每位参加《中华傅氏通谱 •贵州卷》编纂人员，都要通过签字认可的程序，才能进入辈代对照表，确认本支系辈代位置，本谱以各支系代表签字认可为准，不参加签字的，不入对照表。责任自负。

贵州傅氏宗亲联谊会成立大会工作报告

尊敬的各位领导、各位宗亲，女士们、先生们：

你们好！你们辛苦了！

首先我代表贵州傅氏联谊筹委会及贵州傅氏宗亲向到会的各位表示热烈欢迎和衷心感谢！

春光明媚无限好，杜鹃吐蕊迎亲人。今天，我们贵州傅氏宗亲联谊会胜利召开了，这是值得庆贺的大喜日子，我们为之欢呼，为之振奋，我们了了一个心愿，圆了一个梦想。

一、宗亲联谊筹备工作回顾

2005年5月15日（农历四月初八日），获悉中共平陆县委、县政府举行傅圣（说公）诞辰3340周年公祭、族祭大典，我们更清楚地知道，傅氏宗族同祖同宗，一脉相传，我们的祖在山西，根在平陆。受公祭活动的感召，我们赴山西平陆参加朝圣的一行17人萌动了要成立贵州傅氏宗亲联谊会、积极开展宗亲联谊活动的构思。2005年7月7日，黔西的我（傅治华）、傅命怀、杨登芬、傅正祥经遵义邀了傅世海一同赴桐梓拜访傅伯能、傅相均、傅相舜等宗亲，大家欢聚一堂，由傅治华首先提出，为了更早筹建贵州联谊会，我们即可起草倡议书，并电话告知清镇的傅新科，仁怀的傅升亮、傅清明，倡议得到了众多宗亲的响应和支持。2005年8月1日，世界傅氏宗亲联谊总会会长傅加星一行四人来贵州考察联谊工作和组织情况，我（傅治华）和十余位宗亲到遵义火车站迎接，互致问候，晚宴后下塌遵义宾馆，遵义市委书记傅传耀在遵义宾馆会见了大家，傅加星、傅传耀均发表了热情洋溢的讲话。傅传耀说，姓氏文化是祖国三大文化支柱（即国史、方志、族谱）之一，搞好我们姓氏文化，其意义非常深远，传承版筑，振兴中华。在场宗亲一致赞同傅传耀题的“传承版筑、振兴中华”，这话非常精辟，表达了我们广大宗亲的共同心声。8月2日，在遵义宾馆成立了贵州傅氏宗亲联谊会筹委会，开支费用由傅芝国、傅承才宗亲负担。筹委会决定用“传承版筑、振兴中华”的题词作为贵州联谊会简报刊头，已先后出了五期简报，系列报道了联谊工作情况。2005年8月29日，筹委会在遵义召开会议，决定于2005年9月18日在桐梓召开贵州傅氏宗亲联谊会筹备工作扩大会。本着高效、精干的原则，设一室（办公室）两部（宣传联络部、经济协调部），并制定了工作职责。这次遵义会议，是我省宗亲联谊活动从消极到积极的一个重要转机，经过筹委会一班人的带动，脚踏实地的工作，默默的奉献，推动了我省傅氏宗亲联谊工作的健康发展。按预定部署，贵州傅氏宗亲联谊会筹备扩大会如期在桐梓县召开，参会人员200余人，有来自省内6个地州市（贵阳、毕节、遵义、黔西南、铜仁、六盘水）19个县的宗亲代表参加。2005年11月12日，又在织金县召开了筹委会工作会议，参会人员100余人，会议主要内容是加大对空白地市县傅氏宗亲宣传工作的力度，挖掘、收集历史遗留资料，清理、掌握支系来龙去脉，为中华傅氏通谱的编修作好前期准备。会议表扬了在宗亲联谊工作中成绩突出的桐梓、织金、黔西等县。另外，有桐梓德高望重的伯能宗亲，76岁高龄仍在为宗亲联谊事业奔走操劳、献计献策；毕节的长文宗亲，也是为了宗亲事业，足迹踏遍大半个贵州，且是自费乘车，广泛宣传。遵义的世海也为宗亲事业脚踏实地、兢兢业业的地工作。他们这样的奉献精神，可真是我们学习的楷模。今年新年伊始，元月7日，总会的加星、道杰、文山、金水一行四人再次来贵州走访看望宗亲，一路经贵阳、黔西、金沙、仁怀、遵义、桐梓，每到一地都和宗亲们拉家常、叙亲情、谋发展，虽是寒冬腊月，却是一路温馨、处处亲情，更进一步地推动了贵州宗亲联谊工作的发展。

平陆朝圣回来，本人和桐梓的傅伯能、傅相均，遵义的傅世海，毕节的傅长文，大方的傅宗武，织金的傅报和，黔西的傅命怀、刘本傅、傅元洪、傅顺祥等宗亲多次联络，分别走访了省内9个地州市45个县市区及周边的川南及云南昭通、曲庆、镇雄等地，历时10个月，向傅氏宗亲进行了广泛的宣传。还南下江西高安、珠湖寻根，到山东巨墅参加世界傅氏宗亲联谊总会的第一次工作会议，又第二次到平陆参加傅圣文化研讨会，赴南洋参加傅赖罗周年庆祝会，到福建泉州参加中华傅氏总商会的成立大会及元宵灯会，还受总会委托到内蒙古考察，另外分别复制宣传资料、光盘、印制会议资料，各种车旅费用共耗资20万余元。我是这样想的，作为傅说公的后代，我们在有生之年，是应该为老祖宗增光，为宗族做些事情，最主要的事，组织把中华傅氏通谱修出来，这是义不容辞的责任，因此需要我们作出牺牲和奉献。还有，为了搞好我们的联谊工作，在桐梓筹备的会议和织金会议，有我们桐梓的傅忠模、傅思万、傅相均，织金的傅报和、傅大鹏、傅大云、傅邦祥等众多宗亲，积极捐资出力，为两次会议的圆满成功，推动宗亲联谊事业作出了很大贡献。正因为有了我们众多宗亲热情的参与、积极的支持、无私的奉献，才迎来了我们宗亲联谊工作发展的春天。

二、思想认识的升华

经过朝圣及对傅圣文化的学习，广泛宣传，我们广大傅氏宗亲的思想认识得到了新的升华。

忆昔殷商中兴日，傅圣治国开盛世。我们的先祖傅说公是殷商时期的一代名相，是我国有文字记载的第一位圣人，他勤朴睿智，仁义贤明，为炎黄子孙称颂。他发明的版筑技术，是我国建筑史上的伟大创举。他任宰相后，完善了甲骨文字、夏历和青铜器，推进了社会文明。他辅佐商高宗武丁安邦治国，实现了“武丁中兴”宏业，留下了千古不朽的《说命》三篇，是历朝历代的治国方略。傅说公的丰功伟绩和杰出贡献彪炳史册，光照千秋。傅说公的伟大思想和精神，他的聪明才智及创造发明，经过后人的继承、弘扬，使其内容更加丰富，形成了独具特色的傅圣文化，傅圣文化也是中华历史文化的重要组成部分。我们作为傅氏后裔，当引以为荣耀，引以为自豪。

但是由于历史的原因，有相当的一段时间的历史已无记载，也无法考证，形成断代，这是一件非常遗憾的事情。

为了更好地弘扬中华民族的传统文化，研究历史，启迪后人，首先我们要学习好、研究好我们的傅圣文化，以此为切入点，努力搞好我们的宗亲联谊及修谱工作。

家庭和家族，联系着每一个中国人的历史血脉，寻根问祖、崇敬祖先是中华民族千年不解的情结，是中华民族的向心力和凝聚力之所在。宗亲文化也早已不是一个家庭或一个家族的私事，而是致力于统一伟业，促进经济发展，祖国繁荣，呼唤中华民族的伟大复兴的号角，我们当努力为之而奋斗。

经过一段时间的筹备，在杜鹃花盛开的春天，邀请了各地的宗亲代表、省外嘉宾欢聚黔西，大家共举圣祖旗帜，共话同根情意，共谋联谊大计，共绘发展蓝图，这是大事，是壮举。其情之浓，感天地、照日月；其举之重，比泰山、赛五岳。

三、今后的工作任务及发展目标

各位宗亲，我们赶上了太平盛世，喜迎“十一五”规划的开局之年，这又是一个发展的大好时期，党中央绘制了经济社会全面发展的宏伟蓝图，全国人民在以胡锦涛同志为总书记的党中央领导下，以邓小平理论和“二个代表”重要思想为指导，全面落实科学发展观，加强社会主义经济建设、政治建设、文化建设与和谐社会建设，社会进步，国家安定，经济繁荣，人民安康，这是好的大环境。我们得到老祖宗的保佑，有相当一部分宗亲已有好的发展，经济雄厚、人才辈出，我们已有能力、有时间来进行我们的傅圣文化研究，也有能力和时间来搞我们的联谊工作。从大家的积极性和热情来看，就说明了我们的信心和决心，我们要团结一心，把我们家的事情办好。

下面就今后的工作任务及目标谈几点意见：

（一）、统一思想、提高认识，开拓创新促发展

我们要乘这次会议的东风，进一步推动傅圣文化研究和宗亲联谊工作的发展。要采取各种形式深入广泛地宣传发动，要用真心、动真情，使广大宗亲提高认识，统一思想，克服一些错误观点和想法，热情关心，积极参与。我们贵州傅氏宗亲联谊会的召开，标志着我们已经结束了各在一方、自我封闭、不相往来的局面。我们要通过宗亲联谊会这个平台，进一步加强联系，扩大交往，促进共同发展。

（二）、把握方向，紧抓修谱编谱工作重点，推动联谊工作发展

进行家谱族谱的修编工作，也是我们研究傅圣文化、抢救和保护历史文化的一个重要举措。过去的家谱不完整，很乱，有的甚至没有，有的内容不实，这些问题有待我们逐一解决。我们要组织强有力的队伍，希望各地推荐优秀能人及有经验的宗亲到修编队伍中来，本着“古为今用，洋为中用”，“去粗取精，去伪存真”的原则，广泛收集、整理历史文物及资料，认真研究考证，以此来补充、丰富、完善已有的谱书内容。要努力编纂出一部较为完整的谱书供族人享用，大家都有这个共同的期盼，我们一定要满足大家的意愿。同时，要积极支持、配合总会的《中华傅氏通谱》的编写工作。

（三）、建设一支强有力的、工作高效的核心队伍，致力于服务宗亲事业

我们这次组建的这个班子成员，大家都非常热心于宗亲联谊事业，具有对老祖宗的虔诚崇敬，具有报效宗亲的拳拳爱心，具有开拓创新、无私奉献的精神，在前阶段的工作中，积极努力，默默奉献，作出了好的表率。大家肩负历史赋予的使命，宗亲赋予的职责，我们要继续加强班子建设，努力学习，不断提高政治素质和业务素质，认真履行职责，求真务实，积极为宗亲办实事，办好事，不断增强宗亲凝聚力，大家共同把贵州傅氏宗亲联谊工作不断推向深入。

各位宗亲，在先圣的福光照耀下，由于我们无私的奉献，不懈的奋斗，尘封历史的画卷将就此展开，承载历史的前景将会更加美好，傅氏家族会由此而兴旺，傅圣文化将由此而精彩。让我们共同携起手来，创造更加美好的未来。

天下傅氏一脉亲，源远流长同根生。历史原因宗辈乱，如今要把辈代清。全球族众齐努力，了却宗亲夙愿心。消除历史旧观念，走遍天下一家亲。

傅治华

二〇〇六年三月三十一日

团结和谐　开拓创新
为编修《中华傅氏通谱》而努力奋斗

各位代表、各位宗亲：大家好！

在全国政治经济形势一片大好、傅氏宗亲联谊事业蓬勃发展的今天，我们召开《中华傅氏通谱》编修工作会议，各位代表、宗亲们远道而来参加会议，共商通谱编修工作大计，你们辛苦了！在这里，我代表世界傅氏宗亲联谊总会、《中华傅氏通谱》编纂委员会向前来参加这次会议的全体代表致以崇高的敬礼和衷心的感谢！江西作为第二祖地，为这次大会的胜利召开，广大江西宗亲作了大量的工作，精心组织，热情接待，使我们如同回到家的感觉，在此，我特代表大家向江西的宗亲们致以崇高的敬礼和衷心的感谢！

首先，我想谈一下对编修《中华傅氏通谱》的思想认识和组织准备情况：

同根话联谊，盛世续新篇。中华傅氏家族自傅说始祖受姓至今已有3342年的历史，由于朝代变更和战乱原因，致使我傅氏家族没有一部完整的、统一辈代源流的族谱。我也走访了很多省、市、县，接触了很多宗亲，有相当一部分宗亲对自己的源流姓氏来历了解甚少，源流不清、字派混乱、辈份难分、长幼无序、称呼不便的情况比较普遍，长期以来阻碍着宗亲间的交往，阻碍着傅族家风的振兴发展。为了扭转这个局面，1947年，由现在仙桃市的傅云鹏（原国民党参议员）等人发起全国全族通谱编修，8月25日在仙桃镇召开了第一次全国全族工作会议，到会代表101人，推举了傅芝鹏为董事，会议通过了全族合纂通谱宣言，通过了“傅氏源流世系汇集”甲、乙、丙三集。1948年元月，由傅作义将军、傅瑞华赞助，傅汝森题写谱名，出版了《傅氏源流世系汇集》甲集。1948年8月，在武汉市汉正街五彩巷举行会议，参加会议的53人，分别来自13个省、35个县市。会议主席由傅云鹏担任；会议推选主席团9人；讨论决议案12个；选举傅作义将军为主任委员，傅斯年、傅汝霖、傅秉常为副主任委员，傅芝鹏等5人为常务委员。参会代表提议案30个，出版了第二次会议纪要。由于时局混乱和战争的影响，刚刚启动的这次全国全族通谱编修就此告终。虽然我们的先辈们没有能够完成原定计划，未能实现既定目标，但参加会议的各地宗亲却表现了他们高度的热情、强烈的责任心、严肃认真的态度、团结合作的精神，在60年后的今天，为我们重新启动《中华傅氏通谱》的编修做出了好的榜样，也给我们留下了很多有价值的历史资料。我们必须团结起来，努力实现先辈们的遗愿，也是全族宗亲的共同期盼。

历史的使命，族人的重托，已义不容辞地落在了我们的肩上。关于编修通谱的工作，总会原来已作过安排，时光已过三年，全族傅氏宗亲，特别是我们健在的高龄宗亲们更是希望《中华傅氏通谱》早日问世。但由于种种原因，这项工程一直未能启动，我是看在眼里，急在心头。为了告慰老祖宗在天之灵，为了了却全族人的心愿，给子孙后代留下一笔宝贵的精神财富，我经过再三考虑，于今年5月24日，参加在山西平陆召开的第二次傅圣文化节暨傅相陵、祠重修启动大会期间，即向总会主动请缨，愿牵头承担《中华傅氏通谱》的编修任务，并出资5万元作为编修工作的启动资金。作出这一决定，是需要胆识，需要勇气，更需要无私的奉献精神。这也是一次挑战，我深知自己的知识和水平有限，但我想只要有信心，有决心，坚持不懈的努力，刻苦钻研，就一定能够实现我们的理想。当然，靠我一个人的能力，靠少数几个人都是不行的，我们要依靠集体的智慧和力量，要依靠广大族人积极参与、支持，大家齐心协力、艰苦奋斗，共同完成《中华傅氏通谱》的编修任务。我的这一决定得到了参会的30多位宗亲的支持和拥护，同时，在全国部分族人中引起了强烈的反响。在网上，大家非常关注，热情支持我们的工作，但也不乏少数人，不顾社会影响，不怕被别人笑话，以旁观者的姿态，冷嘲热讽、指责攻击，这种不利于宗亲团结和谐、不利于宗亲联谊大计、影响通谱编修工作的消极因素和干扰，我们一定要严加批评，坚决排除干扰。我们应该向河南睢县八十多岁高龄的文彬宗亲学习，文彬宗亲研究通谱数十年，从来无怨无悔，去年5月份后，又用约四个月的时间，重新完善了他原来研究十年的资料向全国散发。文彬先生在简论中这样说到："为实现这一夙愿，我虽患高血压、脑栓塞、半身不遂多年，仍坚持对始祖和《通谱》的研究，历经10年，不仅收集了大量资料，撰写了《中华傅姓探源资料汇编》，也为睢县续谱作出了应有的贡献。我决心把晚年微力奉献给全傅族的事业。我多么期盼能在会见始祖傅说以前，能亲眼看到、亲手捧到一部有厚重分量精制完善的《中华傅氏通谱》啊！也好向他老人家当面荣幸地禀报：由我们这一代填补了3000多年傅族断层断代历史的空白。至此，也了却我一生的梦幻。"另外，曾为编修傅氏通谱操劳数十载的还有湖北石首的传松宗亲，江西南昌的国华宗亲，湖南的冠湘、如斌宗亲，湖北的为群宗亲，重庆的开祥、剑波、祖顺宗亲，云南的晓东、梦湘宗亲，山东的美生宗亲，广东的祖光、天兴宗亲、天津的傅明宗亲、贵州的伯能、培良、长文、仕策宗亲，还有福建龙岩上杭县八十六岁高龄的恩林宗亲，多年从事傅圣文化及傅氏族谱的研究，向总会赠献了30多册资料。这一大批辛勤工作、无私奉献的宗亲真是数不胜数，在他们的身上，我们看到的是对始祖、对先辈的大孝之心，是对宗亲、对子孙后代的大爱之心，是对国家、对人民的忠诚之心。这也是一种精神，一种高尚无私的精神，永远值得我们提倡和学习的。我们应该脚踏实地，不为名、不为利，多为宗亲办好事、办实事。

接受牵头组织编修《中华傅氏通谱》的工作任务后，我及时地组织召开了一系列会议，根据总会提供的各地推荐名单和我掌握的情况，成立了《中华傅氏通谱》编纂委员会，并研究制定了编修工作的安排意见，提出了编纂《中华傅氏通谱》有关内容的征求意见，写了《告世界傅氏宗亲书》等等，这些内容均在网上发布，征求意见和建议，还先后在去年的6月16日，借安徽成立傅氏宗亲联谊会之机组织召开了征求意见会，10月20日贵州召开2007年常委扩大会议上也进行了讨论，12月9日，总会在福建泉州召开年度工作会期间也向参会宗亲征求了意见。我还分别走访了江西、河南、河北、山东、北京、天津、云南等地。江西作为第二祖地，倍感亲切，我是四次光临，与宗亲们交谈、征求意见，并收集了大量的历史资料。经过这段时间的充分准备，时机已经成熟，报经世界傅氏宗亲联谊总会同意，决定召开《中华傅氏通谱》编修工作会议，会议要求对有关的问题进行充分的讨论，再次征求大家的意见，最后达成共识，统一思想、统一认识、统一意见后，组建起工作班子，即开始实质性的工作，进入倒计时。

下面，我想就编修工作及一些具体事宜谈几点意见，供大家探讨。

一、编修傅氏通谱的时机已经成熟，我们要积极行动，承担起这一艰巨的历史重任

一个国家要有历史记载，才能知道兴衰原因，好以此教育后人，找出治国之道。一个家族需要有谱，才能知道家族的起源、传承、发展、迁徙、壮大的脉络；知道族中历朝历代涌现的优秀人才，并对其作总结宣传，以启迪后人努力学习，不断奋进，并追赶和超越前人，创造更大的辉煌。我们国家是一个有着悠久历史的文明古国，国人无论走到哪里，都会思念自己的祖国，永远不会忘记自己的根，中华民族有着一种血浓于水的深厚感情。而家庭呢，不论走到哪里，只要遇到了同姓，都会格外亲切。在日常生活中，特别是现在国家倡导构建和谐社会，提倡文明礼貌，要求全面落实科学发展观，以仁德治理国家。我们傅氏家族，是一个有着 3342 多年悠久历史的大家庭，人口已达 700 多万。随着世界傅氏宗亲联谊总会的成立，全球各地区的联谊会也像雨后春笋般地相继组建，已经为我们的联谊活动搭建了一个很好的平台，为促进我们宗亲团结和睦，共谋发展开辟了广阔的前景。编修《中华傅氏通谱》是我们世界傅氏宗亲联谊总会制定的重要任务之一，同时也是广大族人非常关心的大事，我们要团结全球傅氏宗亲，积极行动，勇敢地承担起这一艰巨的历史任务。

根据历史记载，全国各地的分流支系均在各时期进行过续修，特别是清朝统治时期最为盛行，但由于受历史条件的制约和战争的影响，交通不便，通讯不畅，文化落后，各地的源流不明，世系不通，辈代紊乱，原来的族谱，经过数次修改已改变了原样，有的则是全凭老人的记忆进行言传，没有确凿的记载，往往会因为记错而出现断章、走音或脱节的现象，这些都给我们后人追根寻源带来了很大的困难。在民国 37 年，作义先生发起修纂全国通谱的未竟事业，已毫无疑问地落在了我们的肩上。为了更好更广泛团结傅氏宗亲，构建和谐傅氏，促进社会经济更快地发展，我们必须赶快行动起来，搞好我们的通谱编修工作，一是抢救性地整理和完善我们的家谱资料；二是进一步充实和丰富我国历史文化的内容，我们进行的是一项功在老祖、利在后世的伟业，我们应当义不容辞。

国家正处盛世、编修通谱工作正当其时，国家宽松的政策环境，社会经济的飞速发展，已经为我们的修谱工作创造了良好的条件，我们已有现代化的办公设施和通讯设备以及交通便利条件，加之我们傅氏家族还有一大批优秀的企业家和学识渊博的专家学者，可谓人才济济；只要我们积极行动起来，齐心协力，有钱出钱，有力出力，我们将不负众望，一定能编修出一部统一源流、分清辈代、高水平的全球傅氏大通谱，让大家的贡献永垂青史，名扬万代。

二、我们要克服困难，知难而进，搞好编修工作

编修一部全球傅氏大通谱，这是一项庞大而繁琐的系统工程，我们虽然占据了诸多好的条件和有利因素，但也要清楚地认识到我们面临的困难和问题。家谱是我国宝贵的文化遗产的重要内容之一，它蕴藏着有关人口学、社会学、民族学、民俗学、经济史资料、人物传记、宗族制度等多方面的知识，这就对我们的编修人员提出了更高的要求，要求我们的编修人员要具有比较广泛渊博的知识。还有就是我们要对数量惊人的资料、错综复杂的源流关系、历史久远的发展变迁，需要进一步考查论证，去粗取精，去伪存真，纠正错误，补充遗漏，增添新内容，这些涉及面广、工作量大，给编修工作带来较大的困难和不少问题。面对这些困难和问题，我们不能有畏难的思想，要知难而进，勇挑重担，要有坚忍不拔的毅力，排除万难的决心，认真负责，积极工作，一丝不苟，努力完成《中华傅氏通谱》的编修任务。

三、编修工作要坚持创新思想

我们的始祖傅说公为相，辅佐殷商武丁执政59年，促成殷商中兴的鼎盛时期，留下了千古宏伟的“说命三篇”，充分体现了积极向上的创新思想，即：对选拔录用人才的创新；工程技术，也就是版筑营造是伟大的工程技术发明创新；纳谏方式的创新，并由此而产生的政治文化创新；对地方文化管理制度的创新；行政行为学的创新；国家祭祀礼仪的创新；哲学思想的创新；教育子女的创新；教育观念的创新；治国价值观的创新；对指导农时的创新等等。这些创新思想需要我们继承和发扬，我们的编修工作始终都要贯彻创新思想，高举先祖创新思想大旗，更新观念，开拓奋进，决不能顾虑重重，不要怕被人说长道短，讥笑讽刺，要坚定不移，脚踏实地走自己的路，任劳任怨地搞好编修工作。

四、尊重历史，尊重事实，讲求实效

我们编修的通谱一定要体现一个新字，即要摒弃不合时代要求的内容，增加有利于社会精神文明的新内容，要借鉴原有谱书的精华部分，并吸收其它姓氏谱书的先进经验，重新理清层次结构，进一步增加信息量，增强条理性。对于原有谱书的内容要引用的，必须经过认真的考证核查其真实性，准确无误后方能引用。要尊重历史，尊重事实，不做假设文章，不做虚构文章，不要以错传错，更不能重复出错。对各大支系分流迁徙的情况，作好认真摸底，查清来龙去脉，不能张冠李戴，资料要从简从实。上谱人员的基本情况要简明扼要，不要繁杂，语言要通俗易懂。家族世系查找结构要具备四性，即：真实性、知识性、实用性、可读性。《中华傅氏通谱》主体框架及结构经过讨论决定后，以各省、市、县为单位，在各自的范围内收集资料，编排内容上报通谱编纂委员会。

五、编修内容

编修内容初步设想有以下几方面：

1 追溯傅氏源流；

2 记录迁徙发展过程；

3 编写各世世系表，权威定位，统一源流辈代；

4 收录名人贤达的情况简介；

5 转载老谱重要诗文和现代族人撰写的典型文章。

六、加强组织领导，组建编修工作班子，落实措施

傅氏通谱的编修工作要在世界傅氏宗亲联谊总会的统一领导下，精心组织，统一安排，分步实施。由联谊会组成《中华傅氏通谱》编纂委员会负责总体指导，适时召集会议，研究讨论重大事宜，作出决策。

要组建一支高效、精干的工作班子，各地要把德才兼备、文化水平高、业务素质好、工作责任心强、且具有修谱工作经验的人员推荐到编修班子中来，组成《中华傅氏通谱》编辑部，编辑部负责具体的编修事宜，包括讨论篇章结构，汇总各地报送的资料，决定材料取舍，审查落实，校对，印刷等。另外分设秘书处负责日常工作，接待往来交流走访的宗亲，作好后勤保障，管理财务收支、捐资等。我们参加编修工作的人员要不断加强学习，提高和丰富自己的知识面，以便更好地承担起编修工作任务，不负众望，不辱使命。我们还要争取得到广大宗亲的热情支持，积极参与，不光是男宗亲，还有我们傅家的媳妇和女儿们也不例外，要靠大家动脑筋，想办法，出谋献策，共同搞好我们的编修工作。我们还要热情欢迎专家学者及具有修谱工作经验的外姓人士对我们的编修工作进行指导和帮助。

各位宗亲，我们的任务是艰巨的，道路是曲折的，前途是光明的，让我们积极行动起来，团结协作，开拓奋进，不懈努力，为编修好《中华傅氏通谱》作出我们应有的贡献。

谢谢大家！

世界傅氏宗亲联谊总会　　常务副会长
傅相陵、祠重修委员会　　常务副主任
《中华傅氏通谱》编纂委员会　　执 行 主 任
贵州傅氏宗亲联谊会　　会　　长　　傅治华

于江西南昌组织通谱工作会议上的讲话

二〇〇八年三月一日

团结起来，加强宗亲联谊，集中精力 完成《中华傅氏通谱》编纂工作

尊敬的各位领导、各位宗亲，女士们、先生们、朋友们：

大家好！今天，我们大家从四面八方汇聚祖地平陆，参加纪念始祖傅说诞辰3345周年庆典活动，在这喜庆的时刻，我的心情万分激动，我代表全族傅氏宗亲，首先衷心地感谢平陆县委、县人民政府，您们把研究、宣传傅圣文化作为大事来抓，为我们传承说祖精神，弘扬傅圣文化开创了大好局面，我们广大傅氏宗亲会永远铭记您们的功劳。我们也要衷心感谢平陆人民，您们对傅说始祖的爱戴，虔诚的供奉，并且对傅相陵祠的保护和多次修缮都做出了很大贡献。我们世界傅氏宗亲联谊总会在平陆县委、政府的正确领导下，充分发挥了总会的职能作用，团结宗亲、服务宗亲，为共同构建和谐、促进发展而不懈努力。我们对为准备这次盛典作出奉献并辛勤工作的同志们、宗亲们表示衷心的感谢和崇高的敬意！

几千年来，随着历史的发展和变迁，我们傅氏宗亲的人口已经发展到千万之多，遍布祖国的大江南北和世界各地，如同我们的族歌中写到的，凡是有海水流到的地方都有我们的傅氏宗亲。而且在不同的历史时期，我们傅氏族人都展示了自己的聪明才智，涌现了以傅说为代表的一大批杰出人物，为推动社会的文明进步和经济发展作出了巨大贡献，我们为此感到骄傲，引以为自豪。今天，在中国共产党的英明领导下，在改革开放的大好形势下，国家繁荣富强，人民安居乐业。恰逢盛世，经过大家的不懈努力，积极宣传动员，我们的宗亲联谊事业得到空前的蓬勃发展，这是我们很多宗亲、同志们、朋友们无私奉献的结果，是大家辛勤工作的结果。开创的大好局面来之不易，我们必须要加倍地珍惜，我们要为维护安定团结，促进社会发展进步作出应有的贡献。

为了顺应历史的发展要求，为了满足广大族人的期盼，我们《中华傅氏通谱》的编修工作已于2007年5月正式启动，经过充分的准备，广泛的宣传发动，征求意见，已经形成了比较清晰的编修思路，已经构建了一套成熟的编修框架，在收集大量资料的基础上已经基本完成了世系谱的考证，各地宗亲按照总会编委会的安排，积极行动，制定方案，进行资料的收集，很多地方同时筹划启动了本辖区、本支系的族谱编修。而且很多地方由于起步早、行动快，认真安排，落实措施，在较短的时间里即完成了本辖区、本支系的族谱编修并已出书，各地的编修工作正积极稳妥地展开。

我们的通谱编修在历朝历代很多有识之士都在为之努力。在1948年，以傅作义、傅汝霖、傅斯年、傅之鹏等先贤发起的全国全族的通谱编修工程，由于战争的原因而未

能如愿，以致后来，也有不少族人进行了一定范围的编修。前人的工作为我们留下了很多有价值的历史资料，这些先辈永远值得我们敬仰和怀念。今天，为了完成先辈们的未竟事业，为了修好《中华傅氏通谱》，我们也有很多宗亲勇敢地担负起历史的重任，在默默地工作，无私地奉献。福建的傅恩林老先生、贵州的傅伯能老先生都已84岁高龄，历时30多年的调研，走遍祖国的大江南北，收集整理了很多可贵的历史资料；湖北石首市的傅传松宗亲根据各方面收集的资料撰写了数万字的《中华傅氏共祖世系谱》、《中华傅氏共祖世系汇考》、中华傅氏通谱总谱目录等；河南睢县的傅文彬宗亲得脑栓塞，半身不遂，仍然没有放弃对傅氏族谱的研究，坚持收集整理资料十余年；福建龙岩红坊的傅为群宗亲身患重病，在生与死的关键时刻还不停地为谱写傅族历史作贡献，并且带动整个龙岩地区8个县的修谱工作；天津70多岁的傅明宗亲也是个热心人，把自己多年的积蓄都花在了联谊和修谱事业上。还有安徽的傅道权，广东湛江的傅天兴，重庆的傅剑波、傅开祥、傅祖顺，贵州的傅贵兴、傅舒福、傅清臣、傅新科等宗亲都为我们傅氏家族的修谱大业做出了突出的贡献。这些典型的例子，感人的事迹真是太多太多。广大宗亲对我们的始祖，对傅氏文化研究都是怀着极大的热情，为了孝祖敬祖，传承傅圣文化，搞好《中华傅氏通谱》的编修，他们不为名、不图利，积极工作，无私奉献，给我们作出了好的表率，是我们大家学习的好榜样。但是也有少部分人不是为了一个共同的目标把通谱修好，而是怀着个人目的，不干正事，搞分裂、唱反调，拉帮结派，尽干些不利于团结、不利于宗亲联谊、不利于修谱大计的事。他们评头论足，指手画脚，自己不干事，还要阻止别人干事，在宗亲中制造混乱，造成了极坏的社会影响，严重地阻碍我们修谱工作的顺利开展，这是广大宗亲不欢迎的，是要坚决摒弃的。我们的时间已经很紧了，已再经不起内耗，我们应该集中精力，举全族之力，大家心往一处想，劲往一处使，群策群力。我们要下定决心，排除万难，不管是多大的阻力，也不管来自哪方面的压力，都决不能动摇我们修好通谱的信心和决心。

各位代表、各位宗亲，我们虽然耽误了一些时间，但是我们决不放弃，要采取紧急措施，马上转入实质性的编修阶段。我们编修的《中华傅氏通谱》应该是具有创新思想、具有时代特点、具有老傅家风格的精典之作，要真实、完整、系统地反映出我们傅氏宗亲艰苦创业、兴旺发达的历程，总结过去，启迪后人，发奋图强，再创辉煌。我们从事的是功在老祖，利在后世的伟业，我们一定要万众一心，克服各种困难，努力完成编修任务。

最后，祝大家身体健康，家庭幸福，万事如意！

——在纪念始祖傅说诞辰3345周年庆典活动时的讲话

傅治华 二〇一〇年五月二十一日

贵州傅氏宗亲联谊会第二届代表大会工作报告

各位宗亲、各位来宾：

大家好！新春伊始，我们喜迎 2011 年“十二五”发展开局之年，我首先向大家致以新年的问候，祝大家新年好！

我们这次贵州傅氏宗亲联谊会第二届代表大会，是继 2006 年省联谊会成立后的又一次盛会，是全省广大宗亲的大喜事。会议主要安排四个方面的内容。一是对过去的 2010 年包括联谊会成立 5 年来的工作进行总结；二是对省联谊会的换届进行具体安排；三是安排贵州通谱的编修工作；四是对大方通谱的有关问题进行论证。关于第三、第四方面分别有培良宗亲和清臣宗亲作专题报告，现在我主要对联谊会的工作进行总结和关于换届工作谈几点意见。

联谊会成立 5 年来的工作回顾。

2005 年 5 月 15 日（农历四月初八），我们贵州傅氏宗亲代表一行 17 人赴祖地山西平陆参加朝圣祭祖活动，回黔后，积极开展宗亲联谊活动，经过了在遵义、桐梓、织金等地召开的筹备会及各项准备工作就绪后，于 2006 年 3 月 31 日在黔西召开大会，成立了贵州傅氏宗亲联谊会。此次参会人员有代表省内 40 多个市县的宗亲和省外来宾，共计 600 余人，大会规模空前，气氛热烈，影响广泛。借成立大会的东风，各地宗亲积极努力，按照联谊会提出的指导思想和制定的工作目标，深入、持久、扎实地开展宗亲联谊工作。

在省联谊会成立的同时，有桐梓、毕节、织金、黔西成立了县傅氏宗亲联谊会，经过宣传发动，有六盘水、绥阳、普安、道真、修文、瓮安、赫章、纳雍、大方等县联谊会相继成立，同时有很多市县也积极酝酿成立了筹委会。在省联谊会和各市县联谊会及骨干成员的带领下，宗亲联谊和通谱编修等工作都得到了长足发展，开创了新局面，取得了新成绩。

我们的联谊会是一个很好的平台，充分地发挥着桥梁纽带的作用，把广大傅氏宗亲团结起来，共举圣祖旗帜，共话同根情意，共谋联谊大计，共绘发展宏图。我们通过广泛的宣传发动，深入各地走访，散发各种宣传资料数万份，光盘 15000 多张。每到一处，都要访亲人，叙亲情，收集各种资料，追根溯源，使更多的宗亲知道自己的根，了解始祖的伟大思想和精神，以及对人类社会所作的杰出贡献。也使大家了解到我们的族人在不同历史时期涌现的优秀人才，为推动社会的文明进步发挥的巨大作用，我们作为傅氏后裔都为自己因姓傅而感到骄傲和自豪。

为了扩大交往，我们还通过召开各种会议，通过民间的婚丧嫁娶，乔迁寿庆等进行聚会，加强联系，增进情谊。我们注重用真心，动真情来开展宗亲联谊，有很多宗亲在本地，在族中都是有影响、很有名望的，族人有难事，或是起纠纷、闹矛盾都要求助，所以我们各地的联谊会都是根据各自的情况和特点，在扶贫、济困、敬老、助学、助教以及法律援助等方面做了大量工作，增强了联谊会的凝聚力，推动了联谊工作的健康发展。

我们不仅省内的各种会议活动都是有请必到，而且还积极地参加总会和外省的宗亲联谊方面的各种会议、文化研讨等活动，广泛地结交宗亲，增进了解，做到互通信息，共享资源，共同发展。2010 年 5 月 21 日参加平陆祭祖活动，由于我们大力宣传，精心组织，周密安排，我省前往参会的人数达 200 余人，居全国之最，队伍整齐，充分展示了我们贵州傅氏宗亲良好的精神风貌，得到祖地、总会及外省宗亲的一致好评。从 2005 年自发的 17 人到场发展为 2010 年 200 余人的庞大队伍参加，真是情况大不一样，又是一次大的进步。2008 年 3 月，总会编委会在江西南昌召开《中华傅氏通谱》编修工作会议，我们贵州有 23 人，18 个县参加，与其它各省市比较，我们的表现也是非常积极和热情。

在宗亲联谊工作中，我们还注重抓典型、树榜样的工作，鼓励先进，学习先进。我们的事业之所以能够蓬勃发展，正是有了我们众多宗亲的热情关心、积极参与、努力工作、无私奉献。为了肯定大家的成绩，让子孙后代能够记住宗亲们的功劳，省联谊会于 2006 年 7 月通报表彰了 120 名宗亲，2010 年 4 月通报表彰了 38 名宗亲，同时制作功德榜，有 42 名宗亲上榜受到嘉奖，2008 年 3 月，我们贵州的 25 名宗亲得到总会《中华傅氏通谱》编委会的表彰。

在我们这届联谊会完成其历史使命时，我们准备对本届联谊会的会长、名誉会长、常务副会长、副会长、顾问颁发荣誉证书，这是一次历史阶段的总结，是对大家的工作、大家的贡献和取得的成绩表示肯定，一定要载入史册。

关于换届工作。按照联谊会章程，本届联谊会 5 年的任期已经届满，需要进行换届选举，这是必须履行的程序，我们这次会议就是作好具体安排，完成换届工作。

本届联谊会，经过大家的共同努力，5 年的辛劳，5 年的汗水，我们已是取得了骄人的成绩，有效地推动了宗亲联谊事业的发展。对于宗亲联谊这一新事物、新课题，我们是在实践中学习、在学习中实践，不断总结、不断提高、不断前进。我也可以问心无愧地说，我们是尽心、尽职、尽责的，是对得起始祖说公和列祖列宗先辈的，也是对得起广大傅氏宗亲和子孙后代的。当然，缺点和错误也是难免，需要更好地改进和提高。

同时让我们感到欣慰的是，经过这几年的努力，我们很多年轻宗亲逐渐成熟成长起来，他们在干好本职工作的同时，能够关心家事、关心族事，积极参与，无私奉献，这是我们的希望所在。我们要很好地培养他们，让他们脱颖而出，担当起宗亲联谊的重担，让我们的事业后继有人。

我们要充分发扬民主，做到公平、公正、公开，我们既要讲感情，更要讲原则，一切应从继承弘扬始祖文化的大局出发来对待换届工作，亲情永远在，原则不能丢，我们要用我们每个傅姓人的实际行动去迎接傅圣文化新高潮的到来。我们要堂堂正正地做一个无愧始祖先圣、无愧广大宗亲的傅氏传人。新起点、新征程，我们任重而道远。请大家积极发表意见和建议，要选好带头人，提出会长候选人，是这次换届的关键。我们要非常慎重，要本着对广大宗亲负责、对宗亲联谊事业负责的态度，一丝不苟地做好换届选举工作。

关于会长人选的条件，我想应该是对始祖、对先辈有大孝之心，对宗亲有大爱之心，对宗亲联谊事业有开拓创新的思路，有工作热情，有奉献精神。

最后，我再简单谈一下关于《中华傅氏通谱》的编修问题。为顺应历史发展的要求，为满足广大族人的期盼，于2007年5月24日在山西平陆我即向总会主动请缨，牵头承担《中华傅氏通谱》的编修任务。回黔后及时地组织召开了一系列会议，根据总会提供的各地推荐名单和我掌握的情况，成立了《中华傅氏通谱》编纂委员会，并研究制定了编修工作的安排意见，提出了编修《中华傅氏通谱》有关内容的征求意见，写了《告世界傅氏宗亲书》，等等。这些内容均在网上发布，广泛征求海内外宗亲的意见和建议。为了做好宣传发动工作，分别在安徽会议、贵州常委扩大会议、福建泉州会议上征求宗亲们的意见，多次进行修改，并于2008年3月在江西南昌，同年5月在山西平陆召开《中华傅氏通谱》编修工作会议，最后形成了比较清晰的编修思路，构建一套成熟的编修框架，在收集大量资料的基础上经过论证完成了世系谱。各地分头进行了资料的收集。

在2010年7月，东北的傅治国宗亲提出由他独资进行《中华傅氏通谱》的编修工作，对治国宗亲的这种精神我表示支持，主动地提供了很多相关资料。这样一来，给我减轻了不少的压力，轻松下来，我就可以集中精力和大家一起抓好我们贵州的工作。这次会议以后，我们即正式启动《中华傅氏通谱·贵州卷》的编修。为了确保编修工作正常进行，我决定出资10万元作为启动资金。我也希望关心、热心的宗亲们积极支持，本着有钱出钱、有力出力的原则，大家都来尽一份孝心，献一片爱心，履行天职，延续香火，为子孙后代造福。我们一定要团结协作，为贵州傅氏的辈代统一作出应有的贡献。让我们大家认真负责，积极工作，共同努力，为实现我们的共同目标而奋斗。

我们贵州通谱的编修也必须是按照总会编委会制定的方案来操作，是切实可行的。我们先要选好编修班子，即可开展工作。我们要通过对大方通谱的有关问题进行论证，进一步总结经验，更好地推广到全省乃至全国，所以我们要特别重视。大方的宗亲们已经做了很多努力，清臣宗亲也作了很充分的准备，提出了重点，请大家很好地发表意见，不能马虎，要慎重，要对历史负责，对子孙后代负责。

各位宗亲，让我们在新的征程，团结协作、开拓奋进，为开创傅氏宗亲工作新局面作出更大的贡献。

祝大家新年好运！健康快乐！万事如意！

傅治华

二〇一一年三月十九日

贵州省各市、县（区）联谊会及编谱组成员名单

（排名不分先后）

毕节市

顾问：傅长文、杨鼎英

会长：傅汉江

常务：傅汉忠、傅善翁、傅善林、傅绍琼、傅旭、傅善勤、傅伟、傅修朝、傅汉林、傅世昆、傅祥、傅贵权、傅善学、傅善兴、傅业华

黔西县

顾问：傅治华、傅克儒

会长：傅恩贤

常务：傅家碧、傅劲勇、傅志俊、傅道军、傅兴章、傅家平、傅国、刘本傅、傅正祥、傅国修、傅华、傅学贵、傅命祥

大方县

组长：傅兰瑜

副组长：傅宗华、傅鑫亚、傅洪顺、傅邦龙、傅相阳、赵（傅）耀、傅凤鸣、傅兴隆、傅梦淑

秘书长：傅宗华

副秘书长：傅洪顺、傅鑫亚、傅忠

桐梓县

顾问：傅伯能、傅世全

会长：傅斯万

常务：傅相均、傅相舜、傅辅勇、傅福田、傅代良、傅相学（兼办公室主任）

织金县

顾问：傅长文、傅家兴、傅汉义、傅良银、傅良华、傅长春

会长：傅报和

常务：傅大鹏、傅大荣、傅大云、傅大贵、傅祖国、傅帮祥、傅大荣、傅大云、傅报刚、傅敏健、傅强、傅大季、傅大军、傅报华、傅应昌、傅正强、傅大林、傅绍先、傅勇、傅泽明、傅习华、傅应学、傅大顺、傅汉明、傅少文、傅报新、傅国昌、傅习忠、傅国荣、傅志荣、傅汉平

绥阳县

顾问：傅启伦

会长：傅文贵

常务：傅光权、傅呈毅、傅贤钰、傅明贵、傅开亮、傅乾坤、傅阁清、傅忠华、傅德江、傅建国、傅国强、傅乐刚、傅光厚、傅少胜、傅文仁、傅宇、傅少伦、傅文财、傅安财、傅光权

秘书长：傅贤鹏

白云区

顾问：傅志磊

会长：傅志坚

常务：傅念泽、傅念平、傅志刚、傅志诚、傅志鸣、傅志游、傅志坤、傅念典、傅念华、傅念驹、傅念林、傅念冰、傅念奇、傅师学、傅先发、傅念祖、傅师海、傅念波

修文县

会长：傅贵兴

常务：傅增林、傅增华、傅绍芳、傅玉波、傅业贵、傅绍平、傅再华、傅荣明、傅先寿、傅芝信

瓮安县

顾问：傅仕策、张祥云

会长：傅仕均

常务：傅朝骥、傅永久、傅发权、傅发德、傅启贵、傅天明、傅春华、傅家伦、傅天华、傅应禄、傅文阳、傅天武、傅其麟、傅国平、傅芝阳、傅昭全

福泉市

顾问：傅启林、傅绍元、傅绍明、傅绍凯、傅绍文、傅德学

会长：傅绍书

常务：傅青松、傅启勇、傅勇、傅昌忠、傅纪平、傅明元、傅继祥、傅成银、傅英明、傅青华、傅启贵、傅英祥

六盘水市

会长：傅大华

副会长：傅家祥、傅渝、傅立军、傅朝臣、傅晓高、傅红、傅鹏、傅舒明、傅正国、傅国胜、傅一平、傅应林、傅斌、傅朝正、傅先全、傅定文

顾问：傅舒福

威宁县

编委：傅大华、傅正威、傅才贵、傅大德、傅臣俊、傅成林、傅全才、傅业勇、傅帆、傅正爱、傅正广、傅正刚、傅正周、傅正清、傅正早、傅正嵩、傅正李、傅正鹏、傅文强

锦屏县

成员：傅厚彰、傅忠锡、傅忠华、傅厚坤、傅厚俊、傅忠训、傅忠玉、傅厚章

凯里市

成员：傅贵国、傅庆福、傅贵军、傅运国、傅运华、傅顺炎、傅祥军、傅祥红、潭昌菊、傅顺彬、傅远华

普安县

顾问：傅长福

会长：傅明生

常务：傅天德、傅定柱、傅汉云、傅正芳、傅辅伦、傅应江

纳雍县

会长：傅善云

常务：傅洪、傅业智、傅淋、傅业勇、傅彬涛、傅业高

习水县

成员：傅华印、傅华万、傅元贵、傅元义、傅华学、傅明学、傅宇坤，傅宇江、傅宇乾、傅宇良。

仁怀市

成员：傅正广、傅升亮、傅正康、傅正月、傅正明、傅耳杰、傅耳林、傅耳太、傅宗华、

正安县

顾问：傅辅君、傅开贵、傅开文

会长：傅开金

秘书长：傅芝坤

道真县

会长：傅忠桓

常务：傅雪峰、傅贞贵、傅贞荣、傅启财、傅崇敬、傅武碧、傅忠荣

长顺县

会长：傅朝相、傅爱芳、傅义、傅和兵、傅朝明、傅朝荣

贞丰县

会长：傅汉生

常务：傅启江、傅华祥、傅贵和、傅光荣

贵州傅氏通谱引用资料目录

表 5

序号	资料名称	主编	年代	地区	报送人	联系电话	备注
1	《中华傅氏通谱·大方卷》	傅钦臣	2011.09	大方县	傅钦臣		
2	思南·傅氏族谱	傅选培	2009.12	思南县	傅一平		安岳、思南、水城
3	六枝新场·傅氏族谱	傅彦彰	2009.10	六枝特区新场			
4	《中华傅氏通谱·白云卷》	傅念平	2011.11	贵阳白云区			
5	珠湖·傅氏宗谱	傅求条	1995	江西高安县			共 4 卷
6	珠湖·傅氏宗谱	老　谱	民国 18 年	江西高安县			共 2 卷
7	南安·傅氏族谱		戊寅年冬月	福建泉州			
8	傅氏族谱	傅开国	2006.08	贵州金沙县			
9	傅氏家谱清河郡	傅新科	2005.07	贵州清镇	傅新科		
10	重庆垫江·傅氏族谱	傅纪虞	2011	重庆垫江	傅剑波		
11	茅台镇·傅氏族谱	傅正康	1981	遵义茅台镇	傅剑波		
12	播州·傅氏族谱		乾隆 33 年	重庆垫江	傅剑波		
13	万盛·傅氏宗谱	傅开强	2006	重庆万盛	傅治华		
14	华夏风情	傅中华	2006	中华傅圣			
15	桐梓·傅氏通谱	傅辅坤	2008	遵义桐梓			
16	黔北·傅氏宗谱		2000	习水县习酒镇			
17	织金·傅氏族谱	傅长文	2007	织金县			
18	桐梓·傅氏宗谱雍睦堂	傅伯能	1992	桐梓县	傅伯能		
19	威宁·傅氏族谱	傅世荣	2002	威宁县			

续表 5

序号	资料名称	主编	年代	地区	报送人	联系电话	备注
20	《刘傅氏族谱》	刘傅鸣	2009	广东廉江			共 2 卷
21	清河郡·傅氏家谱	傅德森	1812	重庆江津县	傅德森		
22	傅氏源流世系	傅之鹏	民国 37 年	湖北			
23	傅氏宗谱·清河郡存	傅甫贵	2000	四川古蔺			
24	桐梓·傅氏宗谱	傅克昌	民国 23 年	遵义桐梓	傅伯能		共 6 卷
25	松桃·傅氏族谱			贵州松桃	傅一川		
26	叙永·傅氏族谱		2012	四川泸州			水流岩支谱
27	盘县·傅氏族谱		2012	盘县四格乡	傅建平	13595873491	傅成东：15285131953
28	织金·傅氏族谱			织金县			
29	傅氏资料			福建南安	傅明光		
30	安顺·傅氏家谱		2012	安顺西秀区			轿子山镇郭家庄村塘边寨
31	盘县傅氏资料			珠东乡大槽子			
32	威宁羊街分卷		2011.05	贵州威宁羊街			
33	水城傅氏资料			双戛乡底母落村一组	傅荣祥 傅荣华		
34	威宁傅氏资料	乾隆年间由福建汀州府连城县河元里朋口林迁入四川叙永府永宁县河东府，光绪年间迁入威宁羊					
35	遵义县·傅氏族谱	傅世海	2005	白马天子宿			老房子支派
36	盘县傅氏资料						珠东支系
37	盘县傅氏资料			平关镇龙吉村			平关支系
38	盘县傅氏资料		2011.10	洒基			锅厂河宗支系
39	盘县傅氏资料		2011.10	羊场乡傅家小河	傅朝臣	13595979186	傅家小河、普安七姊妹支系

续表 5

序号	资料名称	主编	年代	地区	报送人	联系电话	备注
40	长顺县傅氏资料			威远傅家院	傅家国		
41	黔东南傅氏资料			镇远	傅庆荣	13638092333	
42	云南曲靖傅氏资料						
43	黔西·傅氏族谱						清河郡
44	曲靖傅氏宗枝族谱	傅文宗		盘县新民乡	傅宪邦	15121791792	
45	山东聊城傅氏源流	傅乐铜	2008.03				
46	东乡·傅氏族谱			兴仁县			共 3 卷
47	盘县部分傅氏族谱				傅学昌		呈报编纂委员会资料
48	贞丰·傅氏通谱		2011.09		傅汉生		
49	傅氏宗族（黔支）		1990.01				四修族谱
50	黔西·傅氏族谱			沙窝水草冲			慕义诸支系
51	桐梓傅氏源流【六大房系谱】						
52	傅氏宗谱	清河郡		水城	傅定文		
53	毕节·傅氏族谱				傅善翁		
54	威宁·傅氏族谱（2 份）		2006.02	威宁羊街			蒋朝文打印
55	贞丰傅氏资料				傅汉林		
56	黔西傅氏资料				傅贵平		
57	瓮安傅氏资料				傅仕策		
58	湖南湘潭·傅氏族谱			贵定养马寨			共 17 卷
59	重庆西彭·傅氏族谱			江津、西彭			
60	金沙·傅氏族谱				傅传耀		

续表 5

序号	资料名称	主编	年代	地区	报送人	联系电话	备注
61	昭通·傅氏族谱	傅茂相	2008				
62	傅氏族谱	傅正威	2006				朝佐祖支系
63	中华傅氏通谱·贵阳卷	傅贵兴	2008				友德公后闲公支系
64	绥阳县傅氏合谱	傅贤鹏	2007				
65	水城傅氏宗谱	傅　斌	2009				
66	道真傅氏族谱	傅忠元	2009	遵义市道真县	傅忠元	13885242777	道真全县 20 余支通谱
67	盘县傅氏家谱	傅忠贵	2010				盘县真龙地支
68	福建、浙江傅氏宗谱	傅文钰	民国 17 年	上杭、龙游、白砂			共 24 卷
69	龙岩村美傅氏族谱		2009.12	福建龙岩			聚星堂
70	邻水傅氏族谱	傅东述	2005.06	四川邻水			
71	涪陵傅氏族谱	傅以平	2007	重庆涪陵			
72	中华傅氏通谱第七卷	傅冠发	2006				重庆云阳县支
73	清河傅氏宗谱		庚戌				
74	《白砂傅氏宗谱》	傅盛富		浙江衢州市			
75	寻访傅氏宗谱	傅盛富					沧州傅氏宗谱
76	中都凹头傅氏族谱	傅恩林	2008.05	福建上杭			
77	闽杭白砂傅氏族谱		2002.10				共 15 卷
78	龙岩红坊傅氏族谱		2008.08	福建龙岩			共 2 册
79	太平山尾傅氏族谱			广东湛江			共 2 册
80	蛟洋傅氏族谱	傅镜高	2010	福建上杭蛟洋			
81	南三清训傅氏族谱		2008．12	广东湛江			共 3 册

续表 5

序号	资料名称	主编	年代	地区	报送人	联系电话	备注
82	闽西傅氏族谱	傅华生	2006.01	福建连城			必达、祖福分册
83	闽西傅氏族谱	傅　瑞	2005	连城、宁化			仕荣分册
84	广东郁南傅氏宗谱	傅锦才					
85	重庆傅氏族谱	傅祝君	2006	綦江巴南渝北			
86	中华傅圣文化研究文集	宋镇毫	2010.05				
87	龙口傅氏族谱			山东龙口			傅友德支系
88	福建上杭资料				傅恩林		
89	河南省睢县资料				傅文彬		
90	万盛资料						
91	海南傅氏资料				傅召仲		
92	傅氏源流甲级	傅作义	1948				
93	湛江清训村资料				傅天星		
94	河南卫辉县资料				傅承州	0722-3683515	
95	安徽庐州傅氏宗谱						共 2 卷
95	山东聊城资料				傅乐铜	0635-8205009	
97	广东陆丰县傅氏族谱				傅金水		
98	广东湛江坡头傅氏资料						
99	泸州石桥傅氏				傅善银		
100	江西赣南傅氏族谱				傅为群	13959035558	
101	郎川傅氏宗谱·卷一						
102	海南傅氏资料						

续表 5

序号	资料名称	主编	年代	地区	报送人	联系电话	备注
103	山东龙口资料		2006.12				
104	广东廉江刘傅族谱						
105	广东潮阳资料						
106	广西陆川县族谱		1982.02				
107	山东傅氏	傅珍立					
108	盘县傅氏族谱	傅权邦	2000.04				
109	岭南傅氏南边史话	傅云若					
110	傅·家谱姓氏起源						
111	中华百家姓秘典·傅						
112	傅氏家谱修补资料		戊子岁				

贵州傅氏通谱工具书目录

表 6

序号	资料名称	主编	年代	备注
1	中华国学传世藏书	同利军、匡俊英、张春林、翟津壮、李永平、郭丽双、王汉卿、孙磊	2010.04	经部 1 册、吏部 2 册、子部 8 册、集部 4 册、共 15 册
2	中国通史	徐继素、陈君慧	2008	共 6 册
3	大定府志	吴学香	2000	共 1 册
4	黔西县志	张仁德	1990.08	共 1 册
5	普安县志	傅贵林	1999.10	共 1 册
6	四库全书	李志敏	2010.08	共 4 册
7	二十四史	李志敏	2010.08	共 4 册
8	史记	李志敏、原著：司马迁	2010.08	共 4 册
9	元史·明史	张家林		共 1 册
10	魏·北齐·周书	张家林		共 1 册
11	史记·汉书	张家林		共 1 册
12	清史稿	张家林		共 1 册
13	三国志·晋书	张家林		共 1 册
14	傅氏古今诗联选	傅孙义、傅占魁	2006.04	共 1 册
15	论傅氏文化	傅琳（四川）	2005.04	共 1 册
16	中国历代战争史			共 18 册
17	康熙字典			上、下册
18	贵州省古今地方志图书			数百卷

中国朝代表

表 7

朝代	起止年代（公元）	创始人	都城
夏	前 2100 年-前 1600 年	启	阳城
商	前 1600 年-前 1100 年	汤	亳→殷
西周	前 1100 年-前 771 年	武王	镐
东周	前 770 年-前 256 年	周平王	洛邑
春秋/战国	前 770 年-前 221 年	/	洛邑
秦	前 221 年-前 206 年	始皇（嬴政）	咸阳
西汉	前 202 年-8 年	高祖（刘邦）	长安
新	8 年-23 年	王莽	长安
东汉	25 年-220 年	光武帝（刘秀）	洛阳
魏	220 年-265 年	曹丕	洛阳
蜀	221 年-263 年	刘备	成都
吴	229 年-280 年	孙权	建业
西晋	265 年-316 年	武帝（司马炎）	洛阳
十六国	304 年-439 年	/	洛邑
东晋	317 年-420 年	元帝（司马睿）	建康
南朝宋	420 年-479 年	刘裕	建康
南朝齐	479 年-502 年	萧道成	建康
南朝梁	502 年-557 年	萧衍	建康
南朝陈	557 年-589 年	陈霸先	建康
北朝北魏	386 年-534 年	拓跋圭	平城→洛阳
北朝东魏	534 年-550 年	元善见（高欢立）	邺
北朝西魏	535 年-557 年	元宝炬（宇文泰立）	长安
北朝北齐	550 年-577 年	高洋	邺
北朝北周	557 年-581 年	宇文觉	长安
隋	581 年-618 年	文帝（杨坚）	大兴
唐	618 年-907 年	高祖（李渊）	长安
五代十国	907 年-960 年	/	/
辽	916 年-1125 年	耶律阿保机	上京

续表 7

朝代	起止年代（公元）	创始人	都城
北宋	960 年-1127 年	太祖（赵匡胤）	开封
西夏	1038 年-1227 年	李元昊	兴庆
金	1115 年-1234 年	完颜阿骨打	中都
南宋	1127 年-1279 年	高宗（赵构）	临安
元	1271 年-1368 年	忽必烈	大都
明	1368 年-1644 年	朱元璋	南京→北京
清	1644 年-1840 年	爱新觉罗·福临	北京

天干地支序列表

表 8

<table>
<tr><td>天干</td><td>甲</td><td>乙</td><td>丙</td><td>丁</td><td>戊</td><td>己</td><td>庚</td><td>辛</td><td>壬</td><td>癸</td></tr>
<tr><td>地支</td><td colspan="10">子·丑·寅·卯·辰·巳·午·未·申·酉·戌·亥</td></tr>
<tr><td>一甲子六十年</td><td colspan="10">▪甲子▪乙丑▪丙寅▪丁卯▪戊辰▪己巳▪庚午▪辛未▪壬申▪癸酉
▪甲戌▪乙亥▪丙子▪丁丑▪戊寅▪己卯▪庚辰▪辛巳▪壬午▪癸未
▪甲申▪乙酉▪丙戌▪丁亥▪戊子▪己丑▪庚寅▪辛卯▪壬辰▪癸巳
▪甲午▪乙未▪丙申▪丁酉▪戊戌▪己亥▪庚子▪辛丑▪壬寅▪癸卯
▪甲辰▪乙巳▪丙午▪丁未▪戊申▪己酉▪庚戌▪辛亥▪壬子▪癸丑
▪甲寅▪乙卯▪丙辰▪丁巳▪戊午▪己未▪庚申▪辛酉▪壬戌▪癸亥</td></tr>
</table>

华夏第一圣

（傅氏宗亲联谊会会歌）

1=C　4/4　　　　　　　　　　　　　　　　词曲：王少华

(深情豪迈、刚劲有力)

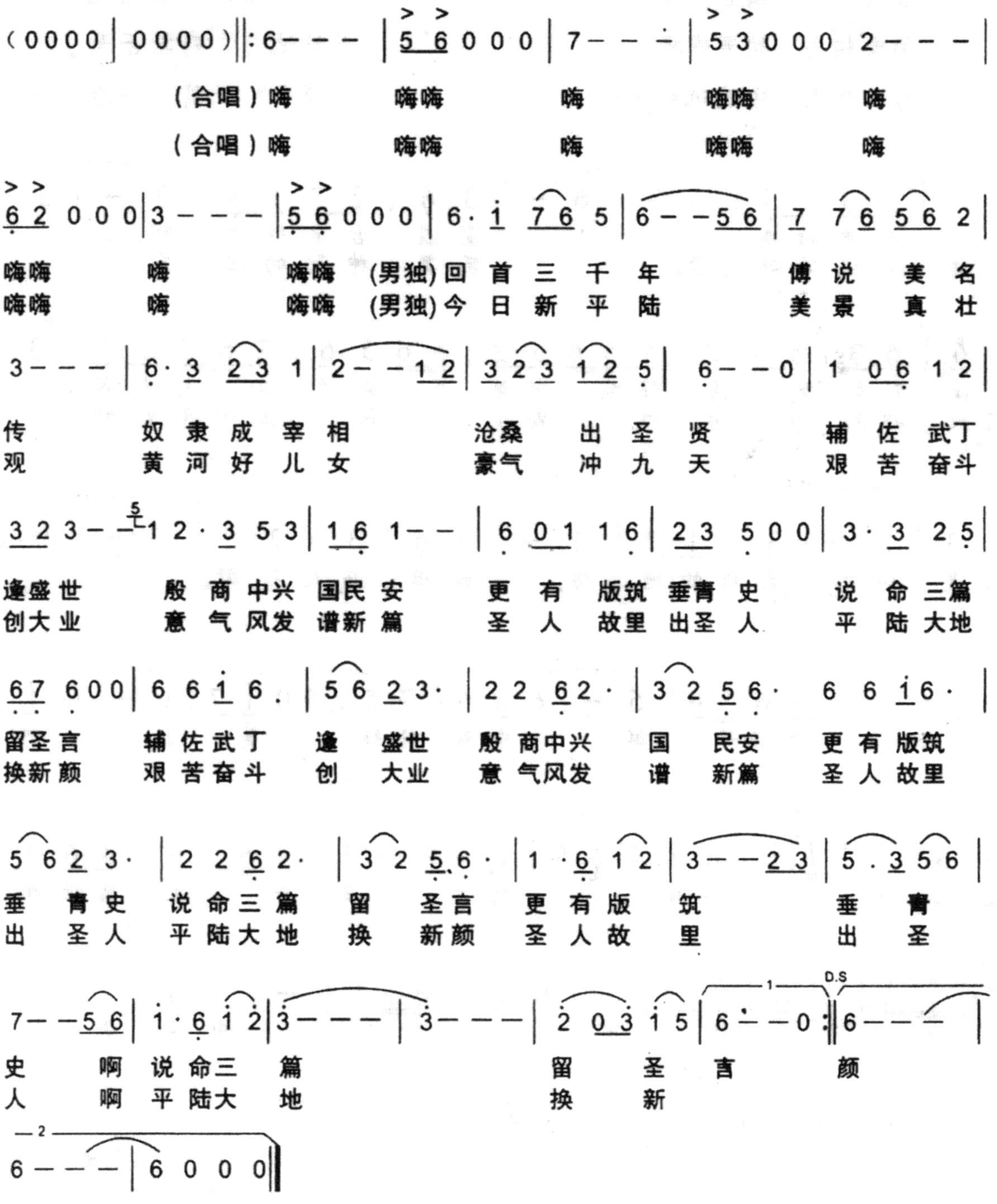

傅圣祭歌

1=♭B $\frac{2}{4}$

作词 傅中华

作曲 南　江

① 乃聖乃神，秉國之鈞；
經綸天下，萬古咸欽。
伯樂相馬、按圖索驥；
唇亡齒寒、中流砥柱……

② 版築之父、甲骨至尊；
文明始祖，儒道之魂。
天幹地支、對話蒼天；
《說命》三篇、長治久安！

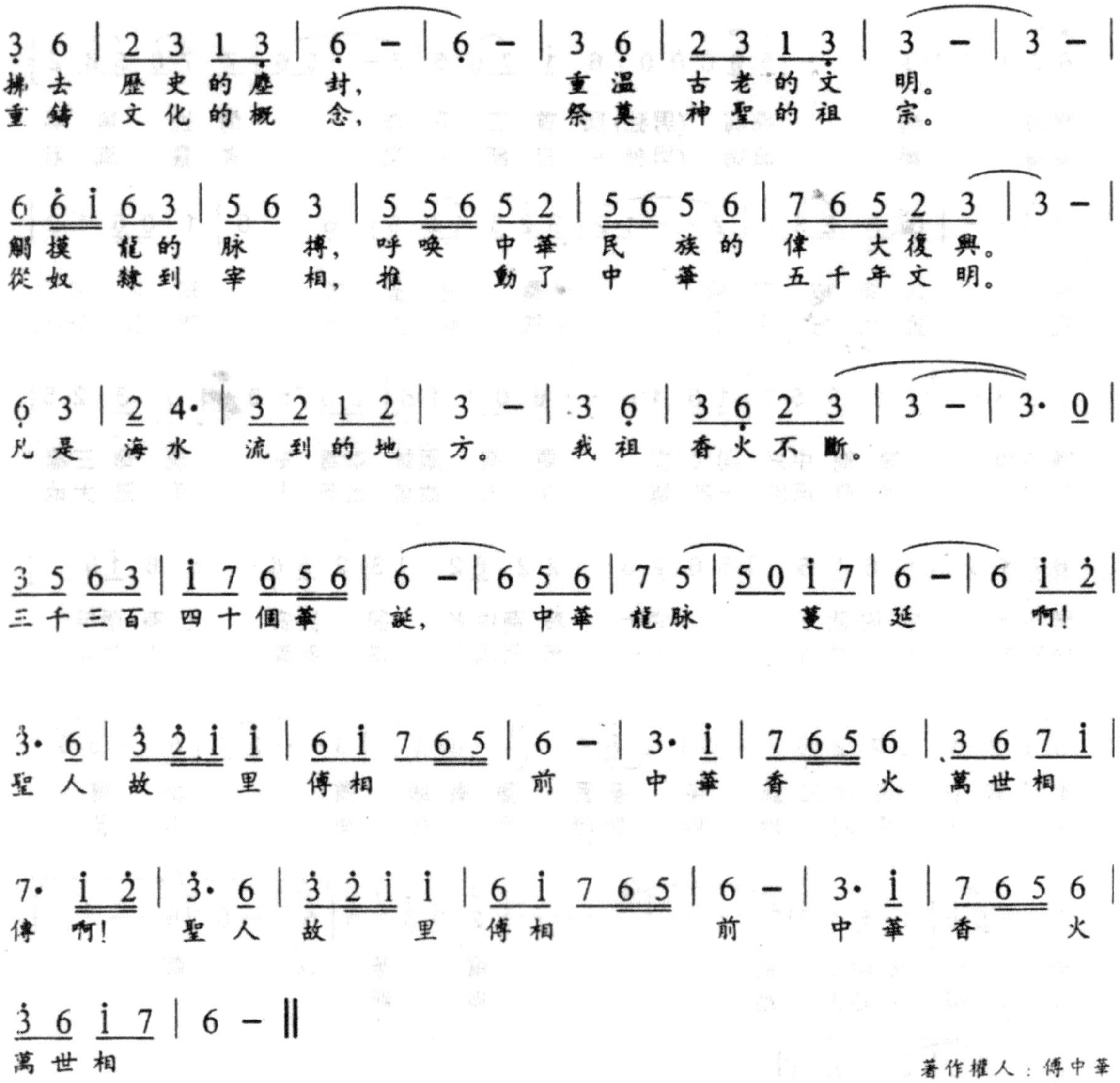

《中华傅氏通谱·贵州卷》捐资名录

表 9

姓名	性别	住址	捐资金额（元）
傅忠贵		盘县柏果镇	300
傅家祥		六盘水市黄土坡	
傅先迅	男	云南省宜良县	100
傅先金	男	云南省宜良县	100
傅绍芳		云南省镇雄县雨河镇	100
傅德希		瓮安县银盏镇新场村	100
傅仕策	男	瓮安毕场下司	100
傅先银	男	威宁县云贵	100
傅先连		威宁县兔街	100
傅元义	男	四川省叙永县后山镇	100
傅万昌	男	黔西县金兰镇	100
傅　毅	男	黔西县城关镇	100
傅兰军		黔西县甘棠镇田坎村	100
傅家财	男	黔西县甘棠镇毕架村	100
傅荣书		黔西县东门变电站	100
傅顺忠		黔西县定新乡建明村	100
傅顺友		黔西县定新乡建明村	100
傅元友		黔西县城关塔山坡	100
傅顺华		黔西县北门	100
傅仁勇		平塘县塘边镇	100
傅仁权		平塘县塘边镇	100
傅仁建		平塘县塘边镇	100
傅仁洪		平塘县塘边镇	100
傅朝亮		盘县羊场	100
傅朝臣		盘县羊场	100
傅和斌	男	罗甸县董王乡	100
傅廷贵		六盘水市钟山区	100
傅文忠		六盘水市钟山区	100
傅文义		六盘水市钟山区	100
傅勇昌		赫章县则雄	100
傅立举		赫章县则雄	100
傅顺阳		百里杜鹃风景区嘎木街上	100

《中华傅氏通谱·贵州卷》修谱有感

国家修史，地方修志，百姓修谱，是华夏子孙传承历史文化的一种重要方式。修史撰志都是政府行为，有严格的标准、专门的人员，有足够的经费作保障，惟独修谱是民间老百姓自发的一种文化活动，历史上只有显赫世家和达官贵人才有条件编修家谱，以记叙其辉煌的业绩，作为一般百姓是很少有修家谱的。

家谱是记载一个姓氏家族繁衍生息、世代传承，以人物为中心的历史文化图谱，是一部与天地同在的记叙根系血脉源流的家族百科全书。小而言称家谱，中而言称族谱，均属血缘谱的范畴。大而言称合谱、通谱，是具有广泛意义的姓氏文化谱，其涵盖的内容已远远超出血缘之外，具有一定的地域性和包容性。《中华傅氏通谱·贵州卷》的主要内容就是对历史以来贵州各系傅氏生活繁衍轨迹的简述，对各个时期的贵州重要傅氏人物以及在傅氏联谊工作中作出较大贡献的人物作简介的具有通用性质的文化谱。

现在全国各地大部分县级以上地区都成立了傅氏宗亲联谊会，都在积极酝酿编修傅氏家谱，以弘扬傅氏文化，告慰傅氏先灵，启迪傅氏后人，光大华夏文明。但这项工作说起容易，具体做起来难度非常大。联谊会本身就是一个松散的民间组织，是靠大家对傅氏宗族事业的热情和共同的兴趣爱好而聚集起来的，是一种完全自愿、只讲付出的义务劳动，不能采取强制的行政措施和惩罚性的经济措施来约束人，任何一件事情实施的力度和效果，往往都会大打折扣。因此，开展联谊活动和纂修傅氏谱都需要做好以下几方面的工作。

一、要选好领头人。任何工作都需要有人带头干，一个地方的修谱工作搞得怎么样，关键看领头人选得好不好。他必须要有宽广的胸怀，要热心于这项无偿的劳动，要有号召力，在群众中有较高的威信，能带动大家积极努力干，要有充裕的时间去实施，要有一定的文化研究能力和一定的经济基础。

二、要有一个合作团队。领头人选好后，就必须要组建一个团队，一般是成立宗亲联谊会和编委会这种民间合作组织，要发挥好团队的主观能动性，调动他们的积极性，去具体落实好每一样工作，比如宣传动员、资料收集、编辑打印、后勤保障等分工负责的落实。

三、要明确工作目标。比如修谱，对这个谱要搞成个什么样子，必须要定一个标准，定出一个可行性的计划去逐步落实，不能仅靠一个人单打独斗，要把多数人都发动起来才行，要靠大家共同努力去实现目标。比如下户收集基础资料，会遇到很多意想不到的困难，需要做耐心细致的工作，能出钱的出钱，能出力的出力，能出车的出车，能出嘴的出嘴，这需要集体的力量。

四、要募集活动经费。修谱工作如果没有相应的经费作保障，那就相当于纸上谈兵，这是修谱工作面临的最大的困难。资料收集、编排打印、出差下乡、调查研究、摄影刻录、接待外地宗亲、与外地的电话传真联系、组织开会、印刷出版等相关费用是必须要支出的，纯粹依靠老百姓十元八元的自愿捐助是不可能办成的。主要靠领头人自身的力量，靠团队的力量，要把有经济实力的人员都纳入团队来，并担当重要的角色，还要制订一个激励机制，对出钱的人要给予明示，对出钱多的人专列简介、上相片等等方式在谱中铭记其功德。

五、要有无私奉献的精神。这不仅需要领头人和主编者要有无私奉献的精神，其家庭成员的支持和关注也是一个不可缺少的重要因素，家人要分担起平时没有的一些工作，都需要大家共同克服和大力支持才能做好的。

六、要准确把握族谱编修工作的相关标准。

（一）认真学习和借鉴外地修谱的成功经验和研究成果。比如已经定型的世系关系，被普遍公认的历史文化资料对本地修谱有用的部分，选择比较合适的世系编排法等。

（二）认真把握好族谱的编排体例规则。规则一旦制定，就要通篇贯彻，不能随心所欲另创新招，以免给阅读者造成不必要的误会。

（三）现代修谱要体现新时代的气息，不能墨守成规，旧谱中一些属于糟粕之类过时的东西要摈弃，比如姑娘入不入谱的问题，女婿外孙入不入谱的问题，身份职业低贱者入不入谱的问题，触犯法律、违背伦理道德者入不入谱的问题，过继填房进出者入不入谱的问题，我觉得从尊重人权的角度讲，只要客观叙述清楚，就不必一概否定。

（四）历史渊源问题必须客观。要确保世系的真实性，就不攀附、不枉断、不排斥其他宗族。历史上没有搞清楚的问题可以慢慢研究，我们今天绝大多数傅氏族人由于没有连贯的世系族谱记载，都出现了断代无法衔接，我们没有必要去硬套硬接，只要把现在能够搞清楚的记录下来，供其他有研究能力的人或子孙后代参考和研究就不错啦。在记录本系的同时，对其他非本宗的傅氏也不要随便排斥，因为究竟是从哪一代人分宗出去的一时还没搞清楚，说不定 300 年前就是一家人呢！

七、对现存各支傅氏世系的归宗问题。傅说老祖公是中华傅氏的开姓始祖，这是大家公认的。但也要认识到这个始祖的真正含义是文化意义上的始祖，天下傅氏皆尊傅说为始祖，就相当于今天我们中华民族都称炎黄子孙一样，不能狭义地把傅说公理解为血统意义上的始祖，因为我们今天没有办法把说公在生时代的详细情况搞清楚。又比如现今记载的各大世系来看，记录到第 40 代左右时，全部都归集到汉初开国功臣傅宽公门下，难道从殷商到汉初的 1000 多年发展，天下姓傅的就只有一个宽公了吗？这显然是不符合人类发展的自然规律的。能够说明这个问题的只有三种解释：一是确属宽公后裔有家谱记载并流传下来，二是其他傅氏家谱都失传了或根本就没有谱；三是攀附宽公而记叙的。因此，无论是傅说公还是傅宽公，只要是傅氏先祖，都是我们共同敬重的傅氏祖人，这就已经超越了血缘的限制。

在宽公以前的战国时期或秦汉时期，我们贵州本土叫夜郎，后叫牂牁，龙、傅、董、尹是当时贵州的大姓，傅姓人口在当时就很多，但我们目前还没有发现记录贵州傅氏繁衍生息的任何谱系资料。到了东汉才有傅宝任尚书郎、长安令、巴郡太守的官方记录。一直到明初开国大将傅友德平定大西南后，傅氏族人的活动才有比较明确的记载。今天在贵州大地上生活的各支傅氏，都有一个比较清晰的迁徙脉络，有世代口传心记的江西填湖广、湖广填四川的传说，对“江西老表”和“清河郡”都有很深的情结，多数贵州傅氏都把自己的祖籍地定位在江西或湖广或清河，其迁徙的缘由无外乎强制移民、避难逃荒、随军屯垦、经商宦游、隐逸流寓等而落籍贵州，能携带家谱入籍的微乎其微，少之又少。绝大多数傅氏在领照落业、入籍贵州后，因信息不通、交通不畅，就与祖地失去了联系，与弟兄失去了联系，就连流传的字派都忘记了。为了维系宗族的血缘关系，都要自定字派或者请当地有文化的人拟定字派，以便同宗之人明尊卑、论辈代，世代相传。因此，有的亲弟兄失散后，其后代的字派会各不相同，导致今天傅氏字派繁多的局面。如果没有宗谱的明确记录，那就无法确定各支系傅氏的具体传承关系。

所以，就现今各地世系与说公世系如何衔接的问题，应遵循一个共同的原则，以解决各地世系辈代混乱的问题。需要综合参考多种排列因素，求得大多数族人的共识：一是从各支系的最低一辈开始往上依序排列，二是根据平时大家共同认可的称呼班辈排列，三是参考其他地方定型的说公世系排列，四是根据各地祖人进入本地的年代按平均年限法排列，五是按各系最高一辈的大致年龄排列。目前贵州傅氏辈代衔接就主要参照江西石头傅署公后裔在贵州连续传承的辈代关系，综合参考上述排列因素进行世系对照衔接，以解决目前各地傅氏辈代关系无法明确的问题。

八、统一字派是辈代明晰的象征，并非是强制性合谱，不否定继续沿用本支字派，本着自愿的原则灵活处理。合谱的本意即各大支系傅氏联合编修族谱，不是忘掉以前本支傅氏祖人，而是各系分别叙述祖源及世系传承关系。合谱统一续字派，一是解决部分小系无法议定世系字派的问题；二是便于以后同族宗亲见面，解决好称呼的问题；三是有利于家族尊卑伦常秩序不致混乱的问题。这在一定区域范围内是完全可行的，但要是放在全省甚至全国这个层面上来看就不科学了，不能主张，应保持现有各支各宗自立字派流传为好，再对照为说公第几代（比如某人是说公第 120 代孙）就行了。这虽然不完全准确，但可行性强。

九、现代修谱要赋予时代性和创新性。无论是家谱、族谱，还是通谱，其篇章结构都应有规范。对题图、谱序、源流、世系、人物、文化等内容均应作客观描述。谱中最重要的是世系，没有世系不成谱。但如果仅有世系又没有多大看头，就需要丰富现代家谱的文化内涵，可以参考志书的一些体例进行编排，真正体现出家谱的文化和世系传承特点，要有可读性。主要还是应以特殊形式记载我们“傅氏家庭”、“傅氏族人”祖祖辈辈创业和繁衍的艰辛历程及辉煌成就，忠实地记录傅氏家族的迁徙发展脉络，生生不息、无始无终、世代繁衍的过程，它是一部与时间并存的生命史，活在谱中的一代代傅氏族人，作为一个文化载体，客观地反映出他们所处时代的种种特征。

基于以上诸多的因素，在众多傅氏宗亲及其家属子女的大力关心和支持下，在傅治华会长的带领下，贵州傅氏通谱编修工作历经多年艰辛，克服众多困难，终于完成了这一浩大的历史工程。虽然还无法统计出贵州傅氏的具体数据，作出准确的描述，现有的资料还是一个梗概，很多资料还在搜集之中，很多工作还在继续进行之中，很多想法还在探索之中，但给以后的傅氏文化研究和实践理出了一个脉络和头绪，也给各地傅氏寻根提供了一点参考。这在贵州傅氏历史上是一大盛事，前无古人，后超前人的大业，是大家共同辛苦努力的结果。当然，通谱所留下的错漏和遗憾还很多，望族中有识之士稽补完善。不揣冒昧，权当作序，仅供参考。

遵义 傅忠元 拙笔

2013 年 6 月 28 日

张桂江点评

《中华傅氏通谱·贵州卷》拜读之余，倍受教育。本谱继承中华谱学传统精华，引入当代创新理论，精心组织，广集文献，条分缕析，认真结撰，成为当代谱坛佳构。作为贵州傅氏家族宝典，全谱有细梳傅说始祖以降百代世系；详述唐、宋入黔千年繁荣；传承勤于学习、善于思考、敢于挑战、勇于创新的胆略和智慧的傅氏家族精神及古今傅氏人才辈出的四大傅氏家族文化宝藏。本谱将鼓励贵州傅氏家族继承光荣历史和家族精神，为中华民族的伟大复兴作出更多更大贡献。

黔北后学　张桂江　谨识

二〇一三年十月

注：张桂江，贵州省地方志主编，享受国务院专家津贴。

罗氏宗亲的一封信

傅氏是一个古老的姓氏，在公元前 1300 年前就有定姓。以版筑出身，从奴隶到宰相，号令天下，中兴殷朝的傅说，传到于今已有 3300 余年。我们知道，殷商特别是武丁时期是甲骨文成熟的时代，傅说是殷高宗武丁最得力的辅臣，武丁梦傅说于傅险，“举以为相，殷国大治”。傅说子孙传到于今，有 125 代，比孔夫子世系还多 32 代。125 代，基本上贯穿了中国有文字记载的历史，也就是说，傅氏家族是我国有文字记录以来的历史见证。

从春秋时代开始，傅氏代不乏人，而且名震朝野，非泛泛之辈。其中我敬佩的傅氏传人有汉代的傅嘏，晋代的傅玄，明末的傅山，清中叶的傅玉书，近现代的傅斯年。他们都有很多共同点，一是有学问，诗文著述等身；二是名满天下，天下无人不识君；三是帝王领袖或地方长官拉拢的对象；四是从不受宠若惊，看功名若浮云。

“既是为山平不得，我来添尔一峰青”，这是傅山（字青竹，后改字青主）一首七绝中的两句，也是他名和字的注脚，更是他一生的注脚，同时也代表了傅氏宗族的性格。世有不平，若山之起伏，起则用事，伏则潜藏。

孟子曰：“威武不能屈，贫贱不能移，富贵不能淫，此之谓大丈夫。”其傅氏之谓乎？宋代范仲淹有云：“居庙堂之高而忧其君，处江湖之远而忧其民。”以天下为己任，其傅氏之俦乎？

傅氏一门，高风亮节，足为后人表率；傅氏先贤，文韬武略，足为后人效法。我们编纂通谱，就是要教育后人，就是要资鉴政事，就是要保存历史，让我们循着祖宗合理的家法，与时俱进，从而为社会做出贡献。

据我了解，世界傅氏宗亲联谊总会，是中国第一个经国家批准成立的宗族研究组织，于 2004 年在香港注册的“世界傅氏宗亲联谊总会”，目的是为了传承傅氏宗族文化，推动家谱编修及宗亲联谊活动，让世界各地傅说后人了解傅氏历史及回祖国寻根。《中华傅氏通谱·贵州卷》是其重要的组成部分，它不仅见证了明朝初年傅氏由北转南的过程，还详细记载了傅氏与本地少数民族团结融合的过程，还记载了傅氏各支系在贵州的发展状况。我们有理由相信，贵州傅氏通谱将会为《中华傅氏通谱》增辉。

承主编邀聘，本人忝为本书顾问，恰好，傅赖罗三家在春秋时就已联宗，我作为罗氏子孙，本应为傅氏通谱作一点力所能及的工作，实在是很荣幸的事，故乐之为信。

罗再麟（副编审）

二〇一一年七月

注：罗再麟，原贵州省地方志编纂委员会委员，贵州省地方志办公室副主任，中国地方志协会常务理事，贵州省地方志副总编，贵州省地方志协会副会长。二〇一二年五月不幸病逝，深表哀悼。

后 记

《中华傅氏通谱·贵州卷》的编纂工作已完成，且作一记，补充说明一下这些年来傅氏宗族工作中的一些感受以及《中华傅氏通谱·贵州卷》的编修情况。

自 2005 年以后，工作事业基本已退居二线。多年来一直关心的傅氏宗族事业总算有时间来处理了，故把主要的精力都投入到世界傅氏宗亲联谊总会活动及贵州傅氏宗亲联谊会的工作中，为弘扬傅圣文化尽自己的一份绵薄之力。

2006 年 3 月 31 日，经过近一年的努力筹备，贵州傅氏宗亲联谊会在黔西县城东山影剧院宣告成立，大会选举我担任首届会长。同时，桐梓县、黔西县、毕节市、织金县、绥阳县等地的傅氏宗亲联谊会也同时宣布成立。接着，威宁县、六盘水市、修文县、瓮安县、白云区、大方县、长顺县、道真县、普安县、福泉市等 20 多个县级傅氏宗亲联谊会也相继成立。贵州傅氏宗族事业步入高速发展的里程，呈现出一片欣欣向荣的景象。

在联谊会发展的同时，全省各地的傅氏族谱编修也在紧锣密鼓地进行着，进入了重修傅氏宗谱的新阶段。先后出版了毕节、威宁、绥阳、织金、桐梓、修文、水城、则雄、六盘水、道真、仁怀、六枝、习水、大方等地方族谱共计 15 部，为贵州傅氏通谱的编纂提供了丰富的题材。贵州傅氏宗族事业取得了前所未有的成果，为全面展开贵州傅氏联谊及“中华傅氏通谱贵州卷”的编纂起到积极的推动作用，也为今后的宗族联谊事业的发展打下了基础指明了方向。

我傅氏家族自古就有修谱的优良传统，谱牒众多，但杂乱无章，特别是部分地方支系提供的资料、迁徙源流说不清道不明，给编纂工作带来了巨大的麻烦。由于历史原因，导致傅氏宗亲各支系之间很少有来往，即使是同支系不同地方的宗亲也很少交流，呈现出一种各自为政的尴尬局面。世系源流紊乱，宗辈错乱，各地方的族谱协调统一性不强，严重阻碍了傅氏宗族事业的发展。有感于此，故主动请缨牵头发起编纂《中华傅氏通谱》，以进一步增强我傅氏族人的团结和凝聚力。自从请缨迁头发起编纂《中华傅氏通谱》工作以来，作为负责人，尤感使命之重，丝毫不敢怠慢。这是荣耀，但更多的是责任。在全国各地宗亲的积极支持配合下，先后召开了多次通谱编修工作会议。经过大家的不懈努力，目前已经编纂出版了《中华傅氏通谱·安徽卷》，总会的《中华傅氏通谱·历史人物卷》也即将出版。

《中华傅氏通谱·贵州卷》作为《中华傅氏通谱》的重要组成部分，应通谱编修要求，我们启动了这项编纂工作，并关于贵州卷的编修组织了多次全省及各地方的会议。

近年来我们一直致力于通谱的编纂工作，奔赴各地收集资料，先后到新加坡、马来西亚、泰国等国和中国香港、澳门、台湾地区和祖国的大江南北，如四川、云南、陕西、甘肃、内蒙古、山西、山东、河北、江西、河南、黑龙江、福建、浙江、广东、海南、广西、安徽、湖南、云南、湖北等20多个省市、自治区，以及北京、天津、上海、重庆4个直辖市，还有贵州的6个地级市、3个自治州（共管辖88个市、县、区），历时6余年，航空飞行40余次，地面行程达30余万公里。包括对各地捐赠在内，耗资300余万元。收集了全国各地家谱资料达360余份（本），并查阅了“二十五史”（明史、通史、史记等）及中国国民党军事志，各地方志等文献资料，还参考了罗、孔、曾、黄、董、李、杨、王、赵等姓氏的通谱和族谱。

《中华傅氏通谱·贵州卷》收集的人物资料较多，其中副部级2人，正厅级11人，副厅级14人，正处级39人，副处级56人，正科级88人，还有工商企业界人物68人，文化教育界人物102人，再加上历代傅氏代表人物包括英雄烈士394人，女性代表上100人，可谓人文资料丰富，弘扬人本精神，可算是《贵州卷》的一大特点。

自2010年5月份正式启动了《中华傅氏通谱·贵州卷》编纂工作以来，历时两年半，经过贵州傅氏宗亲的积极参与和全国傅氏宗亲的支持，全省各地傅氏宗亲代表签字认可和聘请权威人士及专家评审论证，《中华傅氏通谱·贵州卷》已圆满完成。

《中华傅氏通谱·贵州卷》的成功编纂出版并发行，主要得到了广大傅氏宗亲热情支持和关心，特别是贵州傅氏宗亲热心的直接参与，这是全体宗亲的智慧结晶。一些宗亲事无巨细、事必躬亲，对我们的工作始终如一的支持。为本次编纂提供资料的有贵州傅氏联谊会常务副会长大方傅氏通谱主编傅钦臣、常务副会长修文傅氏通谱主编傅贵兴、常务副会长六枝傅氏族谱主编傅书福，道真族谱主编常务副会长傅忠元宗亲提供及整理的历代人物资料，以及毕节、威宁、六盘水、修文、桐梓、遵义、仁怀、习水、金沙、织金、白云区、贵定、绥阳、正安等编委会的宗亲们。感谢全省各地为《中华傅氏通谱·贵州卷》的编修而积极参与，提供资料、出钱出力的所有宗亲。感谢四川广安职业技术学院客座教授、作家傅琳宗亲对封面、封底及彩页编排的建议。还要特别感谢贵州省地方志办公室副主任罗再麟宗亲草拟了通谱的纲目结构，为提高质量、加快进度奠定了贵州通谱基础。感谢曾氏黔北族谱主编曾庆文先生、德高望重的滕居位县长！我们的事业依赖于各位宗亲的支持，大家的关心是成功的保证、前进的动力。谨以此书献给贵州傅氏宗亲及关心支持我们事业的海内外宗亲们，以此表达感激之情。

此书虽历时两年半，但难免有挂一漏万之处，还恳请广大宗亲朋友加以补充，使之更加全面。亦有错误或不当之处，限于编者水平有限，恳请宗亲们给予批评指正。长江后浪推前浪，一代更比一代强，望将来更多的有识之士不断完善。

此书的编纂完成，也算了却了本人的一大心愿，圆了本人的人生梦想。但这只是我们一个阶段性成果，还有更多的工作等待我们去做。我虽已过花甲之年，还将继续投入到宗族事业和傅氏文化研究的活动中去，为这份神圣而光荣的事业奋斗终身！

傅治华

二〇一三年十月十五日